国家出版基金项目
NATIONAL PUBLICATION FOUNDATION

中国共产党历史系列辞典

中国中共党史学会 编　　欧阳淞 总主编

中國共產党歷史
重要会议辞典

张启华 主编

中共党史出版社
党建读物出版社

图书在版编目（CIP）数据

中国共产党历史重要会议辞典 / 张启华主编 . -- 北京 : 中共党史出版社：党建读物出版社 , 2019.8
（2023.2 重印）
（中国共产党历史系列辞典 / 欧阳淞总主编）
ISBN 978-7-5098-4693-3

Ⅰ . ①中… Ⅱ . ①张… Ⅲ . ①中国共产党—会议—词典 Ⅳ . ① D23-61

中国版本图书馆 CIP 数据核字 (2018) 第 140085 号

出版发行：中共党史出版社　党建读物出版社
协调编辑：姚建萍　朱玲
责任编辑：王兵　李亚平　董文墨
责任校对：龚秀华
责任印制：段文超
社　　址：北京市海淀区芙蓉里南街 6 号院 1 号楼
邮　　编：100080
网　　址：www.dscbs.com
经　　销：新华书店
印　　刷：北京盛通印刷股份有限公司
开　　本：185mm × 260mm　1/16
字　　数：860 千字
印　　张：48.75
印　　数：11001—14000 册
版　　次：2019 年 8 月第 1 版
印　　次：2023 年 2 月第 4 次印刷
ISBN 978-7-5098-4693-3
定　　价：195.00 元（精装）

此书如有印制质量问题，请与中共党史出版社出版部联系
电话：010-82517197

《中国共产党历史系列辞典》
总编委会

《中国共产党历史系列辞典》

顾问

（按姓氏笔画为序）

王健英　王梦奎　石仲泉　孙　英　沙健孙　金冲及

《中国共产党历史重要会议辞典》

编委会

《中国共产党历史系列辞典》
编写说明

在庆祝中国共产党成立95周年大会上，习近平总书记深刻指出："中国产生了共产党，这是开天辟地的大事变。这一开天辟地的大事变，深刻改变了近代以后中华民族发展的方向和进程，深刻改变了中国人民和中华民族的前途和命运，深刻改变了世界发展的趋势和格局。"这三个"深刻改变"追本溯源而又高瞻远瞩地勾勒出了中国共产党恢弘壮丽的历史。中国共产党的历史是党和人民宝贵的精神财富，是建设伟大工程、进行伟大斗争、推进伟大事业、实现伟大梦想的重要力量源泉。党的十八大以来，习近平总书记对党的历史作出了一系列重要论述，对党史工作提出了一系列重要要求。习近平总书记指出："历史是最好的教科书。""学习党史、国史，是坚持和发展中国特色社会主义、把党和国家各项事业继续推向前进的必修课。"要求党史部门要把深化党史研究作为第一位的任务抓好，更好地发挥以史鉴今、资政育人的重要作用，为党史工作进一步指明了方向。

作为国家出版基金资助项目，《中国共产党历史系列辞典》（以下简称《党史系列辞典》）是党史研究的一项重大基础工程。编写工作自2011年启动以来，得到中央领导同志的高度重视和亲切关怀，这是《党史系列辞典》能够顺利问世的强大动力和重要条件。

《党史系列辞典》的编写工作坚持以马克思列宁主义、毛泽东思想、邓小平理论、"三个代表"重要思想、科学发展观、习近平新时代中国特色社会主义思想为指导，以中共中央《关于若干历史问题的决议》《关于建国以来党的若干历史问题的决议》和十一届三中全会以来党中央关于历史问题的重要结论为基本遵循，以中共中央党史研究室编写出版的《中国共产党历史》第一卷、第二卷，《中国共产党的七十年》《中国共产党的九十年》等党史基本著作为重要依据。注意吸收其他同类辞书之所长，始终把握党性原则和科学精神的统一，力求实事求是、全面准确反映党的历史的主题和主线、主流和本质，为全党全社会开展党史学习和宣传教育提供服务。

《党史系列辞典》按专题分类编写，特色鲜明、全面系统，适合党员干部和党史教学、研究人员以及广大党史爱好者使用。《党史系列辞典》共分五卷:《中国共产党历史重要事件辞典》《中国共产党历史重要会议辞典》《中国共产党历史组织机构辞典》《中国共产党历史重要文献辞典》《中国共产党历史重要人物辞典》。各卷收录的内容，时间起止大体从1919年五四运动到2016年7月1日建党95周年，分别反映中国共产党历史上的重要事件、重要会议、组织机构、重要文献、重要人物及其他相关内容，共收入一万余个辞条，近500万字。这是我国第一部按专题编写的大型党史知识工具书，也是收录辞条距今最近的一部大型党史系列辞典。

《党史系列辞典》的编写、出版工作，是在原中共中央党史研究室室务会和中共中央党史和文献研究院院务会的指导和支持下完成的，具体由中国中共党史学会牵头，中国中共党史人物研究会协助，总编委会负责宏观谋划、体例设计、把关示范和组织协调，五个分卷编委会分别承担编写把关任务。《党史系列辞典》的编写汇集了全国党史学界诸多专家学者的辛劳和智慧，中国中共党史学会、中国中共党史人物研究会、各省区市委党史研究室、有关军事院校、地方高等学校及科研机构的部分党史研究人员参加了编写、审稿等工作。党史学界的六位资深专家担任《党史系列辞典》的顾问，在编写工作中发挥了重要作用。在此，谨向有关部门、单位，向有关方面的领导和专家学者表示诚挚的谢意！

在编写《党史系列辞典》过程中，我们参考了国内已经出版的部分党史著作和有关辞书，借鉴了党史学界关于党史研究的最新成果。中共党史出版社、党建读物出版社为《党史系列辞典》的出版付出了辛勤劳动。在此，谨向有关部门、相关教学科研机构及出版单位和个人表示衷心的感谢！

《党史系列辞典》从策划到出版，历时六年，虽经艰辛努力，但限于编写人员的水平，加上《党史系列辞典》收录内容的广泛性，还会存在许多不足和疏漏。我们热忱欢迎广大读者提出宝贵意见。

最后我们特别需要强调的是，在《党史系列辞典》进入审定、出版程序期间，适逢中国共产党第十九次全国代表大会胜利召开。党的十九大是在全面建成小康社会决胜阶段、中国特色社会主义进入新时代的关键时期召开的一次十分重要的大会。大会高举中国特色社会主义伟大旗帜，以马克思列宁主义、毛泽东思想、邓小平理论、“三个代表”重要思想、科学发展观、习近平新时代中国特色社会主义思想为指导，分析了国际国内形势发展变化，回顾和总结了过去五年的工作和历史性变革，作出了中国特色社会主义进入了新时代、我国社会主要矛盾已经转化为人民日益增长的美好生活需要和不平衡不充分的发展之间的矛盾等重大政治论断，深刻阐述了新时代中国共产党的历史使命，确立了习近平新时代中国特色社会主义思想的历史地位，提出了新时代坚持和发展中国特色社会主义的基本方略，确定了决胜全面建成小康社会、开启全面建设社会主义现代化国家新征程的目标，对新时代推进中国特色社会主义伟大事业和党的建设新的伟大工程作出了全面部署。深入学习贯彻习近平新时代中国特色社会主义思想，对于凝聚全党全国各族人民的思想共识和智慧力量，决胜全面建成小康社会，夺取新时代中国特色社会主义伟大胜利，实现中华民族伟大复兴的中国梦，具有重大现实意义和深远历史意义。本《党史系列辞典》所收辞条内容按照中央领导同志2015年12月批复的要求，截止到中国共产党建党95周年。自此之后至党的十九大召开，以及十九大后以习近平同志为核心的党中央团结带领全党和全国各族人民迈入中国特色社会主义新征程的内容十分重要，但因书稿已经有关方面审定，这次暂未能编入《党史系列辞典》。今后几年，总编委会将以习近平新时代中国特色社会主义思想为指导，紧紧围绕建党100周年这个重要时间节点，组织人员续编相关内容，争取以修订后的《中国共产党历史系列辞典》向中国共产党100周年华诞献礼！

《中国共产党历史系列辞典》总编委会

2018年5月

《中国共产党历史重要会议辞典》凡例

一、《中国共产党历史重要会议辞典》按照《中国共产党历史系列辞典》总体要求编写，是一部集中反映中国共产党重要会议的辞典。

二、本辞典共收入1805个辞条。所收辞条范围从1918年4月14日新民学会成立会议起，至2016年7月1日庆祝中国共产党成立95周年大会止。按照新民主主义革命时期、社会主义革命和建设时期、改革开放和社会主义现代化建设新时期三个历史时期编排。每个时期的辞条原则上按时间顺序排列。

三、本辞典辞条内容包括会议名称、时间、地点、主题等。一般不作评价，个别重要会议如需评价的，均采用中央有关文件或经中央审定的相关表述。

四、本辞典所收入会议的名称，除中国共产党历次全国代表大会和历届全国人民代表大会、历届中国人民政治协商会议的第一次会议用全称外，其余会议一般用简称，如“中国共产党第十一届中央委员会第三次全体会议”简称“十一届三中全会”，“中国共产党第十八届中央纪律检查委员会第六次全体会议”简称“十八届中央纪委六次全会”。有的会议沿用了习惯性称谓，如1962年1月11日至2月7日召开的中共中央扩大的工作会议简称“七千人大会”。

五、为便于读者查询使用，本辞典附有汉语拼音音序索引和笔画索引。

六、关于数字、标点符号和其他编写规范的使用，参照最新修订和实施的《出版物上数字用法》《标点符号用法》和《作者编辑常用标准及规范》。

《中国共产党历史重要会议辞典》编委会

2017年7月

目 录

第一部分　新民主主义革命时期

第二部分　社会主义革命和建设时期

第三部分　改革开放和社会主义现代化建设新时期

第一部分　新民主主义革命时期

【新民学会成立会议】（1918年4月14日）　新民学会于1918年4月14日在长沙召开成立会议。受新文化运动的影响和鼓舞，湖南省立第一师范学校的进步青年学生抱着要革新、求进步的愿望，在进步教师杨昌济的鼓励和启发下，决定发起组织新民学会。成立会在岳麓山刘家台子蔡和森家中召开。出席者有萧子升、萧三、何叔衡、毛泽东、张昆弟、蔡和森、罗章龙等13人。会议通过的学会《会章》规定：学会以“革新学术，砥砺品行，改良人心风俗”为宗旨。会议选举萧子升为总干事，毛泽东、陈书农为干事。学会成立不久，即组织部分会员分期分批赴法国勤工俭学。新民学会是当时国内成立较早、影响较大的进步社团之一。在中国共产党成立以前，新民学会在湖南革命运动中起着核心领导作用，为湖南地区的建党建团做了思想上和组织上的重要准备。

【北京大学学生大会】（1919年5月3日）　巴黎和会中国外交失败的消息传到北京后，北京大学学生于1919年5月3日晚在北大法科礼堂召开大会。北大千余名学生和北京十几所学校的学生代表参加会议。与会者发言踊跃，群情激愤。有一位学生当场咬破中指，裂断衣襟，血书“还我青岛”。大会决定：（1）联合各界一致力争；（2）通电巴黎专使，坚持和约上不签字；（3）通电全国各省市，于5月7日举行游行示威；（4）定于5月4日（星期日）齐集天安门举行学界大示威。这次会议成为五四爱国运动的先导。

【觉悟社成立会议】（1919年9月16日）　觉悟社成立会议于1919年9月16日在天津召开。为了打破封建旧习俗和加强斗争的力量，天津学生联合会和天津女界爱国同志会的男女青年在天津学生联合会办公室秘密召集开会，决定成立觉悟社。社址设在河北区宙纬路三戒里4号。成立时共有社员20人，男女各占半数，其中男社员有谌志笃、马骏、周恩来、谌小岑、李震瀛等十名；女社员有郭隆真、邓颖超、刘清扬、张若名、李毅韬等十名。觉悟社规定社员对外不用真名，以抽签的号码为代号称呼，再依据汉字的谐音安排代名。觉悟社的组织形式为委员制，周恩来被公认为实际的领导人。出版不定期刊物《觉悟》（只出了一期）。觉悟社是天津学生运动的领导核心，它的成立，标志着天津青年运动进入了一个新阶段。

【北京大学马克思学说研究会成立会】（1920年3月） 北京大学马克思学说研究会于1920年3月在北京秘密召开成立大会。该研究会由李大钊组织和发起，主要成员有北大学生邓中夏、罗章龙、黄日葵、刘仁静、范鸿劼、高君宇、何孟雄、朱务善等19人，王有德为首任书记。1921年11月研究会正式公开，罗章龙任书记。研究会设有劳动运动研究、《共产党宣言》研究和远东问题研究三个特别研究组，还有唯物史观、阶级斗争、剩余价值、无产阶级专政、社会主义史、经济史、俄国革命及其建设、布尔什维克党及共产国际等十个研究组。研究会成立了翻译室，下设英文、德文和法文三个翻译组。翻译了德文版的《马克思传》《共产党宣言》《资本论》第一卷初稿等。研究会成立了专门图书室，取名为“亢慕义斋”（系英文“共产主义小室”之意），搜集了马克思主义的汉、英、俄、德等各种文字的书报杂志达数百种。研究会定期举办讨论会、讲演会、报告会，邀请北大教授李大钊、顾孟余、高一涵、陈启修等作专题学术报告。同时，还经常利用各种纪念日开展活动，进行马克思主义的宣传。研究会公开成立一年后，会员迅速发展到200余人，是中国最早研究马克思主义的革命团体，对于传播马列主义和提高革命青年马克思主义理论水平发挥了重要作用，不少会员后来成为共产党员及青年团员，为北京共产党和青年团组织的建立做了思想上和干部上的准备。

【社会主义者同盟成立会议】（1920年7月中旬） 社会主义者和无政府主义者于1920年7月在上海联合召开成立会议。出席者有维经斯基、陈独秀、李汉俊、杨明斋、袁振英、俞秀松、郑佩刚、尉克水等十余人。会议决定新组织定名为“中国无政府社会主义者同盟”，工作重点是做好宣传工作，先建立一个印刷厂（后取名又新印刷所）。这是一个马克思主义者与无政府主义者的联合组织。随后，陈独秀、李大钊等以上海、北京、广州为三个活动中心，分别成立了社会主义者同盟。上海有陈独秀、李汉俊、俞秀松、施存统、杨明斋、郑佩刚、袁振英、沈玄庐、沈仲九、刘大白、尉克水等；北京有李大钊、黄凌霜、华林、陈德荣、张伯根、袁明熊、王竟林等；广州有梁冰弦、刘石心、区声白、黄鹃声、谭祖荫等。随着革命形势的发展，同盟内部的马克思主义者和无政府主义者的矛盾越来越尖锐，因两种思想体系不能长期共存，上海的社会主义者同盟于1920年底解体。接着，北京、广州的社会主义者同盟也相继解散。

【上海共产党早期组织成立会议】（1920年8月） 上海共产党早期组织于1920年8月在上海法租界老渔阳里2号《新青年》编辑部举行成立会议，当时取名为“中国共产党”。这是中国成立的第一个共产党组织，亦称“上海发起组”。参加者有陈独秀、李汉俊、李达、陈望道、俞秀松等。小组拟定过一个类似党纲党章的文件。“首次决议，推陈独秀担任书记，函约各地社会主义分子组织支部。”此后，陈独秀负责武汉、广州、长沙、济南四个城市党组织的筹建；李汉俊负责组织工人和宣传马克思主义；俞秀松负责组建社会主义青年团；施存统和陈公培分别到日本和法国，参与筹建东京和巴黎两个中共早期组织。12月，陈独秀去广州，书记一职先后由李汉俊和李达代理。上海的共产党早期组织通过写信联系、派人指导或具体组织等方式，积极推动各地共产党早期组织的建立，实际上起着中国共产党发起组的作用，为1921年7月建立全国统一的中国共产党奠定了坚实基础。

【武汉共产党早期组织成立会议】（1920年8月）　武汉共产党早期组织于1920年8月在武昌抚院街（今民主路）97号董必武寓所举行成立会议。刘伯垂主持，参加会议的有董必武、陈潭秋、张国恩、郑凯卿、包惠僧、赵子健等。会议决定成立武汉的共产党早期组织，当时取名为“共产党武汉支部”。刘伯垂在会上介绍了上海的共产党早期组织成立的有关情况，传阅了从上海带来的中国共产党纲领草案，研究武汉党组织日后的工作安排。由刘伯垂提议，会议推选包惠僧任书记。随后，又发展赵子俊、刘子通、黄负生入党。包惠僧1921年初赴上海，武汉党组织交由陈潭秋负责。不久，因张国恩时有反党言论，陈潭秋和董必武决定将其开除。

【北京共产党早期组织成立会议】（1920年10月）　北京共产党早期组织于1920年10月在北京大学图书馆李大钊的办公室举行成立会议。参加会议的有李大钊、张申府和张国焘，主要商谈筹建党组织问题，当时取名为“共产党小组”。不久，发展了罗章龙、刘仁静、李梅羹等。11月，张申府离开北京赴法国里昂中法大学执教。又有黄凌霜、陈德荣、张伯根、袁明熊、陈友琴、华林六名无政府主义者加入北京党组织。在讨论临时纲领时，由于黄凌霜等无政府主义者主张自由的联合，反对党的纪律和职务分工，反对建立无产阶级专政的政府，结果除陈德荣外，其余五人退出党组织。之后，青年团员邓中夏、高君宇、何孟雄、缪伯英（女）等转为共产党员。1920年底，北京党组织召开会议，决定成立“共产党北京支部”，李大钊为书记，张国焘负责组织工作，罗章龙负责宣传工作。随后，北京党支部又发展了范鸿劼、宋介、张太雷等。到中国共产党成立前，北京早期党员约有14人。

【广州共产党早期组织成立会议】（1921年春）　广州共产党早期组织于1921年春举行成立会议。1920年12月，陈独秀从上海到达广州。他把自己起草的党纲拿到会上进行讨论时，一些无政府主义者反对党纲中关于无产阶级专政的条文。陈独秀等与他们“进行过非常热烈的争论，认为必须摆脱无政府主义者”。于是无政府主义者退出了党组织。在陈独秀的主持下，于1921年春“开始成立真正的共产党”。当时取名为“广州共产党”。广州的共产党早期组织先由陈独秀、后由谭平山任书记，陈公博负责宣传工作，成员有袁振英、李季等。

【中国共产党第一次全国代表大会】（1921年7月23日至8月初） 中国共产党第一次全国代表大会于1921年7月23日至8月初在上海法租界望志路106号（现兴业路76号）和浙江嘉兴召开。上海的李达、李汉俊，北京的张国焘、刘仁静，武汉的董必武、陈潭秋，长沙的毛泽东、何叔衡，广州的陈公博，济南的王尽美、邓恩铭，旅日的周佛海，以及由陈独秀指定的代表包惠僧等13名代表出席会议，代表全国50多名党员。共产国际代表马林和尼克尔斯基也出席了大会。陈独秀和李大钊两人均因事务繁忙，未出席会议。7月30日晚，会议召开中，一名陌生的中年男子突然闯入会场，又匆忙离去。具有长期秘密工作经验的马林立即断定此人是敌探，建议中止会议。大部分代表迅速转移。随后法租界巡捕包围和搜查会场，结果一无所获。由于代表们的活动受到监视，会议无法继续在上海举行。之后，代表们分批转移到浙江嘉兴，最后一天的会议在南湖一艘游船上召开。会议通过了中国共产党第一个纲领，确定党的名称为“中国共产党”，规定党的纲领是：革命军队必须与无产阶级一起推翻资本家阶级的政权；承认无产阶级专政，直到阶级斗争结束，即直到消灭社会的阶级区分；消灭资本家私有制，没收机器、土地、厂房和半成品等生产资料，归社会公有；联合共产国际。纲领明确提出要把工人、农民和士兵组织起来，并确定党的根本政治目的是实行社会革命。纲领还包含属于党章性质的一些条文：关于党员条件，规定凡承认本党纲领和政策，并愿成为忠实的党员者，经党员一个介绍，均可接收为党员，但在入党前必须与企图反对本党纲领的党派和集团断绝一切联系；新党员入党后为候补党员，接受党组织的考察，考察期满经党员讨论和党组织批准，才能转为正式党员等。会议还通过了《关于当前实际工作的决议》，对开展工人运动的组织工作和宣传工作，作了具体的规定。党的一大考虑到党员数量少和地方组织尚不健全的情况，决定暂不成立中央执行委员会，只设立中央局作为中央的临时领导机构。大会选举陈独秀、张国焘、李达组成中央局，选举陈独秀担任书记，张国焘负责组织工作，李达负责宣传工作。党的一大宣告了中国共产党的正式成立。毛泽东说：“中国产生了共产党，这是开天辟地的大事件”。中国历史从此揭开了新的篇章。

【中央局第一次扩大会议】（1921年9月） 中央局第一次扩大会议于1921年9月在上海召开。中央局书记陈独秀主持会议。会议着重讨论党团组织发展以及工人运动和宣传工作等问题。出席会议的有上海的李震瀛、袁达实，北京的罗章龙、邓培，武汉的许白昊，山东的王尽美，湖南的毛泽东，广东的冯菊坡等十余人。马林出席会议并作关于工人运动的报告。各地代表作了当地工人生活问题报告。会议决定首要任务是加强党的建设，发展党的组织；制定了工作计划，调整中国劳动组合书记部北方分部的组织机构及人选，并调王尽美到北京工作。这次会议对于党开展工人运动，起了重要的推动作用。会后不久，山东分部合并于北方分部，罗章龙仍任北方分部主任，王尽美任分部秘书兼任京奉铁路工会特派员。11月，陈独秀以中央局书记的名义，向全国各地党组织发出《中国共产党中央局通告》，这是中央领导机构成立后下发的第一份文件。不到半年，全国掀起了第一次工人运动高潮。

【衙前农民大会】（1921年9月27日） 衙前农民大会于1921年9月27日在浙江萧山衙前村召开。1921年夏，早期共产党员沈玄庐回到家乡，向农民宣传革命道理。在上海、杭州等地求学或教书的萧山籍人宣中华、杨之华等也相继回到乡里，向农民讲述革命道理，萧山农民的觉悟有了一定提高。经过一系列的酝酿和准备，9月27日，衙前及附近的农民在衙前东岳庙集会，宣告衙前农民协会成立。大会通过了《衙前农民协会宣言》和《衙前农民协会章程》，并按规定选出6名农协委员，推举贫苦农民李成虎为领导人。至此，中国第一个新型的农民组织正式成立。在衙前农民协会的带动下，绍兴、萧山一带几百里内，先后建立了80个农民协会。这些农会把农民团结起来，为维护农民的利益进行了多方面的斗争，由此推动了浙江农民运动的广泛开展。

【远东各国共产党及民族革命团体第一次代表大会】（1922年1月21日至2月2日） 远东各国共产党及民族革命团体第一次代表大会于1922年1月21日至2月2日先后在莫斯科、彼得格勒召开。出席这次大会的中国代表团有44人，其中共产党员14人，还有社会主义青年团的代表，国民党的代表，以及工人、农民、学生、妇女等革命团体的代表。这是中国共产党成立后第一次正式派出代表参加大型国际会议。大会揭露了华盛顿会议的实质及其瓜分中国的图谋，总结和交流了远东各国人民开展革命斗争的情况和经验。会议根据列宁的民族和殖民地问题的理论，阐明了被压迫民族所面临的反帝反封建的历史任务，讨论共产党人在民族和殖民地问题上的立场，以及共产党同民族革命政党进行合作的问题，强调吸收农民群众参加民族民主革命运动的重大意义。会议期间，列宁抱病接见了中国共产党代表张国焘、中国国民党代表张秋白和铁路工人代表邓培3人，希望国共两党实现合作，勉励中国工人阶级和革命群众加强团结，推动中国革命向前发展。此次会议，对于帮助中国共产党人认清中国国情和制定中国民主革命的纲领，建立民主主义的联合战线，起了至关重要的作用。

【广州党团干部会议】（1922年4月底） 广州党团负责干部会议于1922年4月底在广州召开（亦称广州会议）。参加者有陈独秀、蔡和森、张太雷、张国焘、谭平山、林伯渠等20余人。会议的主题是讨论中国共产党对国民党的关系问题。陈独秀作了劳动大会和青年团大会的意义和国共关系问题的报告。少共国际代表达林在讲话中强调建立反帝统一战线的必要性，并提议中共在保持政治独立性的条件下整个组织应加入国民党。这一提议，引起了与会者的激励争论。大多数人不反对和国民党建立联合战线，但反对加入国民党。陈独秀在作结论时，“主张中共应与国民党所有革命分子合作，国民党内部既有斗争，我们现在应先观察清楚，再作决定”。会议接受了陈独秀的提议。广州会议虽然未能就加入国民党的问题作出决议，但大多数与会者同意了建立国共合作统一战线的基本方针，这标志着共产党对国民党的政策开始有了转变。会后不久，中共中央于6月15日发表了第一次《中国共产党对于时局的主张》，首次公开表示愿意与国民党等革命的民主派建立联合战线。

【第一次全国劳动大会】（1922年5月1日至6日） 第一次全国劳动大会于1922年5月1日至6日在广州举行。会议由中国劳动组合书记部发起，到会代表173人，代表着12个城市、110多个工会、34万有组织的工人。代表中有共产党员，也有国民党员、无政府主义者以及无党派人士。大会接受中国共产党提出的“打倒帝国主义”“打倒封建军阀”的政治口号，通过《八小时工作制》《罢工援助》和《全国总工会组织原则》等决议案。大会决定，在全国总工会成立以前，中国劳动组合书记部为全国工人组织的总通讯机关。这次大会，表明代表无产阶级利益的中国共产党在全国工人运动中的领导地位已经得到认同，并给予全国工人巨大的影响，继续推动着第一次工人运动高潮向前发展。

【中国社会主义青年团第一次代表大会】（1922年5月5日至10日） 中国社会主义青年团第一次代表大会于1922年5月5日至10日在广州东园举行。出席大会的代表25人，代表15个地方团组织、5000多名团员。中共领导人陈独秀等和青年共产国际代表达林也出席了会议。会议主要任务是制订青年团的纲领和章程，建立团的中央领导机构。陈独秀在会上做了《马克思主义两大精神》的演讲，达林在会上作了《国际帝国主义及中国社会主义青年团》的演讲。大会通过了社会主义青年团的纲领。纲领确定中国社会主义青年团是“中国无产阶级的组织”，最终奋斗目标是为在中国建立“一切生产工具收归公有和禁止不劳而食的初期共产主义社会”。大会接受了中国共产党的主张，第一次明确地提出“铲除武人政治和国际资本帝国主义的压迫”。大会选举高君宇、施存统、张太雷、蔡和森、俞秀松五人组成团中央执行委员会。施存统当选为中国社会主义青年团第一届中央执行委员会书记。这次大会的召开，实现了社会主义青年团在组织上和思想上的统一，从此之后，中国社会主义青年团作为中国共产党的助手和后备军，成为纲领明确的、全国性的先进青年组织。

【旅欧中国少年共产党成立大会】（1922年6月3日） 旅欧中国少年共产党于1922年6月3日在巴黎西郊布洛涅森林里召开成立大会。会议由中共巴黎小组发起，来自法国、德国、比利时的赵世炎、周恩来、刘伯坚等18名代表出席。赵世炎主持会议并报告旅欧共产主义青年团成立的重要意义及建团的筹备经过。会议讨论通过了组织章程和工作计划，决定成立旅欧中国少年共产党，选举赵世炎、周恩来、李维汉三人组成中央执行委员会，赵世炎任书记，周恩来任宣传委员，李维汉任组织委员。决定出版机关刊物《少年》（后改名《赤光》）。旅欧中国少年共产党的成立，标志着统一的旅欧青年团组织的诞生，这是留法勤工俭学史上的一个重要里程碑。是年10月，旅欧中国少年共产党一致同意加入中国社会主义青年团，并改称旅欧中国共产主义青年团，后又改为旅欧中国社会主义青年团支部。

【中国共产党第二次全国代表大会】（1922年7月16日至23日）　中国共产党第二次全国代表大会于1922年7月16日至23日在上海举行。出席大会的有中央局成员、党的地方组织的代表和参加远东各国共产党及民族革命团体第一次代表大会后回国的部分代表，他们是陈独秀、张国焘、李达、杨明斋、罗章龙、王尽美、许白昊、蔡和森、谭平山、李震瀛、施存统等12人（尚有一人姓名不详），代表着全党195名党员。陈独秀主持大会，并代表中央局向大会作一年来的工作报告；张国焘报告出席远东各国共产党及民族革命团体第一次代表大会的经过以及第一次全国劳动大会的情况；团中央代表施存统报告社会主义青年团第一次全国代表大会的经过以及大会通过的决议。

大会根据列宁关于殖民地半殖民地革命的学说，根据远东大会的精神，讨论通过了《中国共产党第二次全国代表大会宣言》《中国共产党章程》及九个决议案。大会宣言指出，帝国主义列强历来侵略中国的进程，最能表现世界资本帝国主义的本相。中国人民的革命运动必须与世界革命运动联合起来，才能迅速地打倒共同的压迫者——国际资本帝国主义。大会分析了中国的政治经济状况，提高了对中国的社会性质和革命性质的认识，明确了中国民主主义革命的方向。宣言明确指出，只有无产阶级的革命势力和民主主义的革命势力合同动作，才能使真正的民主主义革命取得成功。大会根据世界革命形势和中国政治经济状况，制定了党的最高纲领和最低纲领。最高纲领是组织无产阶级，用阶级斗争的手段，建立劳农专政的政治，铲除私有财产制度，渐次达到一个共产主义的社会。这也是党的最终奋斗目标。最低纲领是“消除内乱，打倒军阀，建设国内和平”；“推翻国际帝国主义的压迫，达到中华民族完全独立”；“统一中国本部（东三省在内）为真正民主共和国”。大会正式决定加入共产国际，成为共产国际的一个支部。大会依据《中国共产党章程》，选举产生了中央执行委员会，陈独秀、张国焘、蔡和森、高君宇、邓中夏为中央执行委员，陈独秀任中央执行委员会委员长，张国焘、蔡和森分别负责组织工作和宣传工作，另外选出三名候补执行委员。

党的二大的主要功绩是，在中国近代史上第一次明确地提出了反帝反封建的民主革命纲领，指明了中国人民革命斗争的方向，表明了共产党已经接受了列宁关于殖民地革命的理论，并将这一理论与中国的革命实际初步结合起来，为党确立新民主主义革命的基本思想奠定了基础。同时，为了把党建设成为一个革命的群众性的无产阶级政党，大会提出了两个重要原则：一是党的一切活动都必须深入到广大的群众里面去；二是党的内部必须有严密的、高度集中的、有纪律的组织和训练，并要求“个个党员不应只是在言论上表示是共产主义者，重在行动上表现出来是共产主义者”。这些对党员条件、党的各级组织的建设和党的纪律的具体规定，标志着中国共产党从政治上、理论上和组织上完备的建成。它客观地反映了一个无产阶级政党的形成过程。大会的缺点是对无产阶级领导权问题和农民同盟军问题还缺乏认识。

【民权运动大同盟成立大会】（1922年8月24日） 民权运动大同盟于1922年8月24日在北京大学召开成立大会。为了贯彻中共二大提出的统一战线策略，推动国民革命的进行，中共决定建立一个公开的社会团体，由北京的共产党员和进步人士缪伯英、高君宇、蔡和森、范鸿劼等八人负责筹备。400余人出席成立大会。会议讨论通过了《简章》和《宣言》，提出集会、结社、言论、出版自由；实行普通选举；制定劳动保护法；男女平权等四大政治要求。会后，选举邓中夏、杨廉为正副主席。民权运动大同盟成立后，积极开展多种形式的宣传和联络活动，各界人士加入者达数百人。至1923年初，该组织遍布全国各地。这是中共利用公开的群众运动形式组织联合战线的一种有益尝试，对于宣传党的政治主张，组织和动员群众，起了积极的作用。

【西湖会议】（1922年8月29日至30日） 中央执行委员会于1922年8月29日至30日在杭州西湖举行会议。这次会议是在国共两党如何进行合作的背景下召开的。中心议题是讨论共产党员加入国民党的问题。陈独秀、李大钊、蔡和森、张国焘、高君宇及马林、张太雷出席会议。马林根据共产国际的指示，建议中国共产党党员以个人资格加入国民党，实现国共合作。起初，与会的中央执行委员不赞成马林的建议，经过马林解释与说服，并经过充分讨论，会议决定在孙中山改组国民党的条件下，由共产党少数负责人先加入国民党，同时劝说全体共产党员以个人名义加入国民党。西湖会议是中国共产党历史上的一次重要会议，是中国共产党在共产国际的帮助下，从主张国共两党由党外合作到党内合作的转折点，为实现国共合作迈出的重要一步。会后，李大钊、陈独秀、蔡和森、张国焘、俞秀松等首先以个人身份加入国民党，并开始帮助孙中山筹备改组国民党。但是党内大多数人对于这种做法仍有疑虑，直到一年后，西湖会议的决定才得到贯彻执行。西湖会议的召开，为党的第三次全国代表大会确定全体党员加入国民党，实行党内合作的策略方针奠定了基础。

【安源支部会议】（1922年9月12日） 安源支部会议于1922年9月12日召开。中共安源支部书记、安源工人俱乐部主任李立三主持会议，主要讨论工人罢工问题。会议决定成立罢工指挥部，李立三任总指挥，刘少奇任俱乐部全权代表，同时，还成立侦察队等组织，以负责维持罢工期间的秩序。经过充分的准备，安源路矿工人于9月14日举行声势浩大的罢工。这次罢工，是中国共产党第一次独立领导并取得完全胜利的工人斗争，是中国工人运动史上的一次壮举。

【中国共产党第三次全国代表大会】（1923年6月12日至20日）　中国共产党第三次全国代表大会于1923年6月12日至20日在广州举行。出席大会的代表30多人，代表全国420名党员。共产国际代表马林参加大会。大会的主要议题是讨论共产党员加入国民党的问题。陈独秀主持大会，并代表第二届中央执行委员会作工作报告，总结中共二大以来的工作情况，特别是京汉铁路工人大罢工的经验教训，着重阐明中国共产党同国民党建立联合战线的必要性。陈独秀还作了《中国时局和国际形势》的报告，马林作了关于国际形势与国际工人运动的报告，瞿秋白作了关于出席共产国际第四次代表大会的报告。各地区代表报告了本地区的工作情况。

大会讨论中就如何与国民党合作问题发生了激烈争论。陈独秀、马林赞成全体共产党员和产业工人都应参加国民党，并主张“一切工作归国民党”，以此推动国民革命运动；张国焘、蔡和森等强调保持共产党的独立性和加强党对工人运动的领导，反对全体共产党员特别是产业工人加入国民党。经过两天的激烈争论，大会接受共产国际关于共产党同国民党合作的指示，决定采取党内合作的形式同国民党建立联合战线，同时规定了保持党在政治上的独立性的一些原则。大会通过了《中国共产党第三次全国大会宣言》《关于国民运动及国民党问题的议决案》《中国共产党中央执行委员会组织法》《中国共产党第一次修正章程》和《中国共产党党纲草案》，以及关于劳动运动、农民问题、妇女运动和青年运动的决议案等11个文件。大会选举产生了新的中央执行委员会，陈独秀、蔡和森、李大钊、谭平山、王荷波、毛泽东、朱少连、项英、罗章龙当选为中央执行委员；邓培、张连光、徐梅坤、李汉俊、邓中夏当选为候补中央执行委员。中央执行委员会的常设机构是中央局，由陈独秀、蔡和森、毛泽东、罗章龙、谭平山（1923年9月以后王荷波接替谭平山入中央局）五人组成。陈独秀任委员长，毛泽东任秘书，罗章龙任会计（1923年9月以后兼任秘书），负责中央日常工作。

中共三大根据马克思列宁主义的策略原理和中国的实际情况，正式确定了建立国共合作统一战线的策略方针，决定共产党员以个人身份加入国民党，共同进行和发展国民革命运动，为国共合作的建立和大革命的到来，做了思想上、理论上和策略上的重要准备。但中共三大也有不足之处，那就是没有提出工人阶级应当努力争取对民主革命的领导权的问题。

【中国社会主义青年团第二次全国代表大会】（1923年8月20日至25日）　中国社会主义青年团第二次全国代表大会于1923年8月20日至25日在南京召开。出席大会的代表有30余人，代表全国16个省30多个地方团组织的2000多名团员。中共三大通过的《关于青年运动议决案》成为这次大会一切决议的依据和基础。大会总结了过去15个月的工作，着重讨论了如何贯彻党的统一战线方针问题，特别是要不要加入国民党的问题。大会讨论决定团员可以和共产党员一样，以个人身份加入国民党。大会还通过了青年工人运动、学生运动、农民运动、教育及宣传、青年妇女运动等决议案。大会最后选举组成新的团中央执委会。其中执行委员有邓中夏、施存统、刘仁静、夏曦、卜世畸、林育南、李少白；候补委员有恽代英、梁鹏云、李求实、张秋人。这次大会最突出的成就在于它坚决地接受了党的统一战线的方针，并采取了与党统一的步骤，保证了在统一战线的政策方面与党在思想上、行动上的完全一致。

【三届中央执委会第一次会议】（1923年11月24日至25日） 三届中央执委会第一次会议于1923年11月24日至25日在上海召开。会议着重检查了中共三大以来执行决议的情况，讨论了国民革命运动、工人运动和教育宣传等工作。会议认为，国民革命运动是目前党的全部工作，全党"当以扩大国民党之组织及矫正其政治观念为首要工作"。讨论通过了《国民运动进行计划决议案》《劳动运动进行方针议决案》《教育宣传问题议决案》等文件。这次会议对进一步贯彻落实中共三大的策略方针起了积极作用。

【中国国民党第一次全国代表大会】（1924年1月20日至30日） 中国国民党第一次全国代表大会于1924年1月20日至30日在广州举行。这次会议是在改组国民党和推动国共合作的背景下召开的。按照中共三大的决定，共产党员李大钊、谭平山、毛泽东、林祖涵、张国焘、李立三、瞿秋白等20多人参加了会议。李大钊被孙中山指派为大会主席团成员。孙中山主持开幕式并致开会词。谭平山任共产党党团书记，并代表国民党临时中央执行委员会在大会上作工作报告。

大会审议并通过了《中国国民党第一次全国代表大会宣言》草案。草案对三民主义作了新解释，包含了新的内容和新的革命精神，确定了联俄、联共、扶助农工的三大政策，称之为新三民主义。新三民主义的政纲同中国共产党的民主革命纲领在基本原则上是一致的，因而成为国共合作的共同纲领。代表们在是否容许共产党员参加国民党的问题上发生了激烈争论。在讨论《中国国民党章程》草案时，有代表提出在章程中增加"本党党员不得加入他党"的条款，其目的是反对共产党员"跨党"，遭到了李大钊等代表的坚决反驳。最后，会议通过了《中国国民党章程》，确认了共产党员以个人身份加入国民党的原则。大会通过的宣言和章程，是国共合作的政治基础。由于孙中山的坚持，国民党右派在口头上对此不能不表示赞成，但并不愿意执行。是否真正执行大会的宣言，实际上成为后来共产党员和国民党左派同国民党右派斗争的核心问题。大会选举产生了中国国民党中央执行委员会。共产党员李大钊、谭平山、于树德、毛泽东、林祖涵、瞿秋白、张国焘、于方舟、韩麟符、沈定一当选为中央执行委员或中央候补执行委员，约占委员总数的四分之一。接着召开的国民党一届一中全会，推选廖仲恺、谭平山、戴季陶为中央常务委员。并决定成立中央党部。在中央党部各部门任重要职务的共产党员有：组织部部长谭平山，农民部部长林祖涵，工人部秘书冯菊坡，农民部秘书彭湃，组织部秘书杨匏安。

中国国民党第一次全国代表大会的召开，标志着国民党改组的完成和第一次国共合作的正式形成。实行国共合作，既是国共两党反对帝国主义和封建军阀的共同需要，也是两党各自发展的需要。

【三届中央执委会第二次会议】

（1924年2月底）　三届中央执委会第二次会议于1924年2月底在上海召开。会议的主要任务是进一步认识国共合作的意义和使命，并督促国民党履行国民党一大通过的章程及各项决议案。会议通过了《同志们在国民党工作及态度决议案》，阐明了国共合作的必要性，提出了中共党员在国民党中工作的态度及方法。这次会议对于全党全力投入到国民党中去工作，给予正确和及时的指导。

【三届中央执委会第一次扩大会议】

（1924年5月10日至15日）　三届中央执委会第一次扩大会议于1924年5月10日至15日在上海召开。陈独秀、蔡和森、瞿秋白、张国焘等十人及共产国际代表维经斯基出席会议。会议听取了陈独秀代表中央局作的工作报告。上海、汉口、湖南、北京、山东等地委或区委在会上分别报告本区党务、国民运动、劳动运动、学生运动等情况。会议强调要坚持国民党一大宣言中的革命政纲，并以这个政纲作标准来正确对待国民党左右派之间的斗争；通过了《共产党在国民党内的工作问题议决案》；会议改变了中共三大要求产业工人全部加入国民党的决定，同时还就党、团关系问题，党内组织、宣传教育问题以及在农民、士兵间的工作问题作出决议。这次会议对纠正党的工作中的偏差，巩固和发展国共合作，起了积极作用，并为党的四大的召开做了必要的准备。

【中国共产党第四次全国代表大会】

（1925年1月11日至22日）　中国共产党第四次全国代表大会于1925年1月11日至22日在上海召开。这次大会是为了总结统一战线建立一年来的经验，加强对革命运动领导的背景下召开的。出席大会的代表有20人，代表全国994名党员。共产国际代表维经斯基参加了大会，陈独秀主持大会，并代表第三届中央执行委员会作工作报告。彭述之作了关于共产国际五大的情况和决议精神的报告；维经斯基作了关于世界共产主义运动状况的报告。各地代表分别报告了本地区情况。

大会对中国革命的一些基本问题进行了比较系统的探讨，在党的历史上第一次明确提出无产阶级在民主革命中的领导权和工农联盟问题。关于无产阶级领导权问题，会议认为，中国的民主革命运动，无产阶级必须取得领导的地位，才能够得到胜利。关于工农联盟问题，大会强调，中国革命需要“工人农民及城市中小资产阶级普遍的参加”，阐明了农民是无产阶级同盟军的思想，指出没有农民的支持，无产阶级要想取得领导地位以及使革命取得成功，都是不可能的。此外，大会还提出在“反对国际帝国主义”的同时，既要“反对封建的军阀政治”，又要“反对封建的经济关系”，表明党对反封建的内涵有了进一步认识。大会通过了《中国共产党第四次全国大会宣言》《中国共产党第二次修正章程》和《对于出席共产国际第五次大会代表报告之议决案》等11个议决案。决定加强《向导》《新青年》《中国工人》等刊物的工作以及设立党校和工人补习学校等，使其成为运用马列主义理论解决中国实际问题的重要宣传阵地。大会选举产生新的中央执行委员会，陈独秀、李大钊、蔡和森、张国焘、项英、瞿秋白、彭述之、谭平山、李维汉为中央执行委员；邓培、王荷波、罗章龙、张太雷、朱锦棠为候补中央执行委员。陈独秀任总书记兼中央组织部主任，彭述之任中央宣传部主任，张国焘任中央工农部主任，蔡和森、瞿秋白任中央宣传部委员，以上五人组成中央局。李大钊、谭平山、项英、李维汉、邓培、朱锦棠分别驻北京、广东、汉口、长沙、唐山、安源，直接指导工作；罗章龙、王荷波负责铁路总工会，张太雷负责青年团中央工作。

党的四大提出了无产阶级领导权和农民同盟军问题，总结了党成立以来特别是国共合作一年来的经验教训，重新审定国共合作以来的政策和策略，表明党在革命理论和革命策略上有了重大突破，初步形成了新民主主义革命的基本思想，为随后出现的革命新高潮做了思想上、理论上和政策上的准备。但大会对于怎样取得领导权、怎样实现工农联盟的问题，缺乏具体明确的主张，没有认识到解决农民土地问题、革命武装和革命政权的重要性。

【中共中央和上海地委紧急联席会议】（1925年5月28日） 中共中央和上海地委于1925年5月28日召开紧急联席会议。参加者有陈独秀、瞿秋白、彭述之、蔡和森、恽代英、李立三等。陈独秀在会上指出，中国工人不但要扩大及巩固自己阶级的联合战线，且急需工农联合的成立，如此才能取得工人阶级在政治斗争和经济斗争上的初步胜利。会议决定以反对帝国主义屠杀中国工人为中心口号，使斗争表现出明显的反帝性质，以争取一切反帝力量的援助。会议还决定5月30日在租界内举行大规模的反帝示威活动，反对公共租界提出的压迫华人的四项提案，援助罢工工人。中央同时还决定成立上海总工会，由李立三、刘华等主持。

【中共中央紧急会议】（1925年5月30日） 中共中央于1925年5月30日晚在上海召开紧急会议。此次会议是在当天发生五卅惨案的背景下紧急召开的。与会者有陈独秀、蔡和森、李立三、刘少奇、恽代英、王一飞、罗亦农、张国焘等。会议决定由瞿秋白、蔡和森、李立三、刘少奇和刘华等组成行动委员会，具体领导这次斗争，组织全上海民众罢工、罢市、罢课，抗议帝国主义者屠杀中国人民。

【四届中央执委会第一次扩大会议】（1925年9月28日至10月2日）　四届中央执委会于1925年9月28日至10月2日在北京召开第一次扩大会议（也称十月扩大会议）。共产国际代表维经斯基参加了会议。会议听取了陈独秀所作的中央局报告和京区、粤区、湘区、河南、山东、湖北等地代表的工作报告；总结了五卅运动以来的斗争经验，讨论了当前形势和党的任务、国共两党关系、党的组织和宣传工作、党的军事工作、农民土地等问题，确定了党在革命高潮中领导工农运动的方针。会议还通过了《中国现时的政局与共产党的职任议决案》《组织问题议决案》《职工运动议决案》《中国共产党与中国国民党关系议决案》《救济问题议决案》等文件。这次会议，为发展党的组织和加强对群众的宣传，迎接更大规模的斗争，做了思想上和组织上的准备。

【北京特别会议】（1926年2月21日至24日）　北京特别会议于1926年2月21日至24日在北京召开。出席会议的有李大钊、张国焘、瞿秋白、陈延年、任弼时、谭平山等12人。会议的中心议题是解决当时总的战略方针问题，重点讨论了两个问题：一是北伐准备问题；二是农民问题。关于北伐问题，会议认为要从各方面准备广东政府的北伐，同时在广东以外北伐路线必经之湖南、湖北、河南、直隶等省组织民众接应。关于农民问题，会议强调北伐的过程就是发动和组织农民群众的过程，二者互为条件，同步进行。会议通过了《关于现时政局与共产党的主要职任议决案》《中央地址问题》《广东问题》等11个文件。会议决定成立军事委员会，张国焘任主任。这是党最早成立的军事委员会，下设北京、广州、河南3个军委分会。这次会议，为党动员多方面力量特别是农民力量，迎接当时即将进行的北伐战争做了重要的准备。

【北伐军战时政治工作会议】（1926年6月21日至24日）　北伐军战时政治工作会议于1926年6月21日至24日在广州召开。北伐军总政治部主任邓演达主持，周恩来、恽代英、李富春、林祖涵等许多共产党员参加并作重要报告。会议为适应北伐新形势发展的需要，制定了北伐政治工作的方针、任务、工作条例和《北伐军最近宣传大纲》，筹建了北伐宣传队。军队中的政治工作对北伐军迅速取胜起了重要作用，而共产党人实际上领导了北伐军的全部政治工作。

【四届中央执委会第二次扩大会议】（1926年7月12日至18日）　四届中央执委会第二次扩大会议于1926年7月12日至18日在上海召开。出席会议的有陈独秀、李大钊、瞿秋白、张国焘、谭平山、李维汉、项英、彭述之、王荷波、罗章龙、张太雷等中央委员和候补委员，各主要省区负责人陈延年、罗亦农、赵世炎等也参加了会议。陈独秀作了《中央政治报告》。会议虽然指出了资产阶级的妥协性，但对资产阶级在革命中的作用估计偏高；虽然提出要防止右的和“左”的两种错误倾向，但又害怕斗争会吓跑资产阶级，“使革命运动流产”。会议把蒋介石列为新右派，但又强调他与老右派有质的区别，并幻想争取他向左转。会议通过了《中央政治报告》《中国共产党与国民党关系问题议决案》《军事运动议决案》等15个文件。《军事运动议决案》是中共第一次正式作出的关于军事问题的决议，强调党要“进行相当政治宣传”，助长“进步的军事势力”，但没有提出党应当力争直接掌握军队的任务，说明党对军事工作的极端重要性还缺乏认识。这次扩大会议对发动工农运动配合北伐战争起了积极作用，但会议没能提出对国民党新右派力量增长的有效对策。

【共产国际远东局委员与中共中央委员联席会议】（1926年9月16日） 共产国际远东局委员与中共中央委员于1926年9月16日在上海召开联席会议。会议讨论广东党组织的问题及近期工作任务。到会者有共产国际远东局的维经斯基、拉菲斯、曼达良、福京，中共中央的陈独秀、瞿秋白、彭述之、任弼时、王若飞，共九人。维经斯基代表远东局俄国委员会作关于广东政治关系和党派关系调查结果的报告；陈独秀作关于中国总的政治局势的报告。会议就上述两个报告交换了意见，最后通过《共产国际执行委员会远东局委员与中共中央执行委员会委员联席会议决议》。这次会议，重申了中共中央在三二〇事件和整理党务案问题上采取妥协让步政策的正确性，进而制定了对待汪精卫、蒋介石和国民党左派以及其他各项工作的现行政策。

【共产国际远东局委员与中共中央委员联席会议】（1926年10月28日） 共产国际远东局委员与中共中央委员于1926年10月28日在上海召开联席会议。到会者有共产国际远东局的维经斯基、拉菲斯等，中共中央的陈独秀、彭述之、罗亦农等。会议听取罗亦农作关于上海工人第一次武装起义情况的报告，总结了第一次武装起义失败的原因及经验教训。根据维经斯基讲话结论的精神和陈独秀关于必须更仔细地进行军事发动准备的补充修改意见，会议决定加紧进行准备工作。这次会议，对于中共发动上海工人第二次，特别是第三次武装起义及其胜利，提供了宝贵的历史借鉴。

【汉口特别会议】（1926年12月13日） 中共中央于1926年12月13日在汉口召开特别会议。出席会议的有陈独秀、张国焘、彭述之、瞿秋白、项英、李维汉及共产国际代表维经斯基、鲍罗廷。陈独秀在会上作了以中国共产党同国民党关系为中心内容的政治报告。他承认对国民党和蒋介石的右倾，但把共产党内的“左”倾看成是造成联合战线危机倾向的主要原因，并认为只要蒋介石继续反军阀反帝国主义，哪怕是压制工农运动，同无产阶级争夺领导权，中共依然可以同他继续合作。会议通过了《关于政治报告议决案》《关于国民党左派问题议决案》等七个文件。这次会议所提出的挽救危机的政策的立足点，不是放在尽力巩固并加强共产党自己力量的基础上，而是把希望完全寄托在汪精卫和其他国民党军将领身上，幻想以退让求团结。这种政策实质上是牺牲工农群众的根本利益，去迁就国民党右派，为蒋介石和汪精卫夺取国民党的领导权提供了方便。汉口特别会议没有解决党在迫在眉睫的危局中如何生存并坚持斗争这个极端重要的问题，反而指引了错误的方向，使党内的右倾错误逐步发展为右倾机会主义。这次会议的决定得到中央政治局和共产国际代表联席会议的同意，这是导致大革命失败的一个重要的主观因素。

【上海区委第一次全体会议】（1927年2月16日）　上海区委于1927年2月16日召开第一次全体会议。会议的主要任务是准备和指导上海工人第二次武装起义。出席会议的有罗亦农、赵世炎、汪寿华、张昆弟、尹宽等16人。会议着重讨论关于上海总罢工、武装暴动等问题。会议选举上海区委领导机构，罗亦农任书记，赵世炎分工负责组织，汪寿华分工负责职工，尹宽分工负责宣传。会议还成立了各种委员会，由赵世炎、余泽鸿、王亚璋、顾顺章、王弼，分任职工、学生、妇女、军事、救济各运动委员会的主任；罗亦农兼农民运动委员会主任。

【中央和上海区委联席会议】（1927年2月23日）　中央和上海区委于1927年2月23日举行联席会议。会议在总结前两次武装起义失败教训的基础上，决定扩大武装组织，以更充分的准备发动第三次武装起义。会议决定成立特别委员会，作为起义的最高领导机关，以应付一切工作。特别委员会由陈独秀、周恩来、罗亦农、赵世炎、彭述之、尹宽、汪寿华、王亚璋八人组成，同时成立以周恩来为首的六人特别军事委员会和以尹宽为首的五人特别宣传委员会。

【中央特委会议】（1927年2月26日）
中央特委会议于1927年2月26日晚在上海召开。出席者有陈独秀、罗亦农、周恩来、赵世炎、彭述之、汪寿华、尹宽等。罗亦农作上海罢工和第二次武装起义经过的报告，要求各部门继续做好总同盟罢工的武装暴动的准备。陈独秀在会上提出：在总同盟罢工的基础上进行武装暴动，在暴动中夺取武装，武装暴动必须有广大群众参加。会议接受陈独秀的意见，对党的工作、军事工作、政治工作及总同盟罢工问题，都作出具体决议。如组建武装工人纠察队，进行秘密的军事训练，在市民中开展政治动员，召开市民代表会议，等等。

【中央特委会议】（1927年3月5日）
中央特委于1927年3月5日晚召开会议。到会者有陈独秀、彭述之、周恩来、王亚璋、罗亦农、王一飞、尹宽、赵世炎、徐玮等。会议着重研究上海工人第三次武装起义的准备工作，并确定指挥人员及市民会议、市政府名单等问题。会议决定整个起义行动由特别委员会指挥，紧急时由罗亦农、周恩来、汪寿华、陈独秀四人负责；起义总指挥由周恩来担任。赵世炎代理上海区委书记；提出各界参加市政府的15人名单。这次会议是中共领导上海工人第三次武装起义前召开的一次重要会议，从思想上、组织上为夺取这次武装起义的胜利，做了最重要的准备。

【中央执行委员会、湖北区委、共产国际代表联席会议】（1927年4月4日）　中央执行委员会、湖北区委与共产国际代表于1927年4月4日在汉口举行联席会议。瞿秋白主持会议，出席会议的有谭平山、蔡和森、苏兆征、李立三、张国焘、张太雷、罗章龙、陈延年、毛泽东、罗易、维经斯基等15人。会议决定取消中共中央临时委员会，成立常务委员会，选举瞿秋白、谭平山、张国焘三人为常务委员。会议讨论决定了中共五大的议程、召开日期和大会的准备工作。

【中国共产党第五次全国代表大会】（1927年4月27日至5月9日） 中国共产党第五次全国代表大会于1927年4月27日至5月9日在武汉举行。这次大会是在蒋介石发动四一二反革命政变之后，大革命处于生死存亡的紧急关头召开的。出席大会的代表82人，代表全国57967名党员，以罗易、多里奥、维经斯基组成的共产国际代表团和苏联顾问鲍罗廷出席大会；由谭延闿、徐谦和孙科组成的国民党代表团到会祝贺。汪精卫应邀列席了一天会议。会前，共产国际发来指示，要求中共五大的一切政治决议“都完全应以共产国际执委会第七次扩大全会关于中国问题的决议为依据”。瞿秋白针对陈独秀、彭述之等人的机会主义理论和政策，写成《中国革命中之争论问题》一书，主要论述无产阶级同资产阶级争夺领导权问题，以及农民土地、武装斗争等问题，交由代表讨论。会上，陈独秀代表第四届中央执行委员会作了《政治与组织的报告》，报告涉及中国各阶级、土地、无产阶级领导权、军事、国共两党关系、党的组织建设等11个问题。但报告既没有正确总结大革命和国共合作的经验教训，也没有提出挽救时局的方针和措施，反而继续提出一些错误主张。

大会就土地革命及革命发展方向等问题进行了讨论，批评了陈独秀报告中的错误，但对至关重要的土地问题没有在大会上进行广泛的讨论。同时，也没有认真讨论军事问题，更没有在这方面制定有力的措施，认为只要依靠以唐生智等武装力量为支柱的武汉国民政府和冯玉祥的国民军，就能够实现大会规定的任务。大会讨论通过了《中国共产党第五次全国代表大会宣言》及《中国共产党接受〈共产国际执行委员会第七次扩大全体会议关于中国问题决议案〉之决议》《政治形势与党的任务议决案》《土地问题议决案》《职工运动议决案》《组织问题议决案》《对于共产主义青年团工作决议案》等决议案。大会选举产生了党的中央委员会，由31名正式委员和14名候补委员组成。首次选举产生了由正式委员7人、候补委员3人组成的中央监察委员会。随后举行的五届一中全会，选举陈独秀、蔡和森、李维汉、瞿秋白、张国焘、谭平山、李立三、周恩来为中央政治局委员；苏兆征、张太雷等为中央政治局候补委员；选举陈独秀、蔡和森、张国焘（后增补瞿秋白、谭平山）为中央政治局常务委员会委员（周恩来曾代理常委）；陈独秀任总书记。张国焘、蔡和森、周恩来、李立三、谭平山分别担任组织、宣传、军事、工人、农民部部长。

中共五大是在陈独秀右倾机会主义占

统治地位的情况下召开的。大会虽然提出了争取无产阶级对革命的领导权、建立革命民主政权和实行土地革命的一些正确的原则，但对无产阶级如何争取革命领导权、如何领导农民实行土地革命，如何对待武汉国民政府和国民党，特别是如何建立党领导的革命武装等问题，都没有提出有效的具体措施，致使党的五大没有担负起挽救革命的任务。

【中央政治局会议】（1927年6月7日） 中央政治局于1927年6月7日在汉口召开会议，专门讨论如何答复共产国际5月30日的“紧急电令”。参加会议的有陈独秀、瞿秋白、周恩来、李立三、蔡和森、任弼时、谭平山和共产国际代表罗易等。陈独秀认为指示的精神是好的，但问题是中共未必能够贯彻执行。谭平山也表示不能接受紧急指示。鲍罗廷抱怨莫斯科不了解中国的形势。罗易虽然坚持应该执行指示，但却提不出切实可行的办法。中共中央政治局于6月26日公开表态，正式拒绝执行共产国际的紧急指示。

【中央扩大会议】（1927年7月3日） 中央扩大会议于1927年7月3日在武汉召开。会议的中心议题是商讨对汪精卫等加紧勾结冯玉祥、蒋介石共同反共反苏，致使革命的危机急转直下的情况下的对策，进行与国民党左派合作的最后尝试。会议通过了《国共两党关系决议案》（即“国共关系十一条”）。决议仍然承认汪精卫等控制的国民党“当然处于国民革命之领导地位”，要求工农等民众团体均应受国民党党部之领导与监督，工农武装均应服从政府之管理与训练。武汉现有的武装纠察队则可以减少或编入军队。该决议实际上是企图以投降式的让步来拉住汪精卫。会议完全放弃了共产党的独立性，实际上取消了中共五大的一切决议。会上，任弼时代表共青团中央提出意见书，批评陈独秀，要求公布五月紧急指示，陈独秀竟将意见书当场撕毁，标志着陈独秀为代表的右倾机会主义发展到顶点，也使得汪精卫更加肆无忌惮地公开叛变革命，于7月15日实行“分共”，第一次国共合作彻底破裂。

【中央政治局会议】（1927年7月12日）　中共中央于1927年7月12日在汉口召开政治局会议。这次会议是在共产国际提出改组中共中央，并明确要求中国共产党公开宣布退出国民党、开展土地革命、武装工农的背景下召开的。在鲍罗廷主持下，会议决定让陈独秀去共产国际讨论中国革命问题，未让他参加会议。陈独秀拒不服从这一决定，提出辞职要求，从此离开中央领导岗位。会议通过了共产党退出武汉政府的声明，并于次日在报纸上公布于众。会议根据共产国际的指示，成立了中央政治局临时常务委员会代行中央政治局职权，成员有张国焘、周恩来、李维汉、李立三、张太雷。这次会议实际上结束了陈独秀右倾机会主义在全党的统治。

【九江会议】（1927年7月20日、24日） 部分中共领导人于1927年7月20日和24日在江西九江举行两次会议。汪精卫在武汉实行“分共”后，中央最初决定集合自己的武装，依附张发奎回广东徐图发展，但张发奎态度犹豫。此时，在九江的李立三、邓中夏、谭平山、叶挺、聂荣臻等召开会议。分析了政治与军事形势，主张立刻抛开依附张发奎的政策，将共产党掌握的武装尽快集中于南昌，同时动员国民革命军第二十军军长贺龙与中共采取一致行动，举行武装暴动。贺龙表示赞成中共在南昌起义的计划。在张发奎更加右倾的情况下，李立三、邓中夏、谭平山、恽代英召开九江第二次会议，决定叶（挺）贺（龙）军队于28日以前集中于南昌，28日晚举行暴动。中央临时中央常委和共产国际新派代表罗米那兹均表示赞成这一计划，即组成以周恩来为书记的前敌委员会，赶往南昌领导起义。

【八七会议】（1927年8月7日） 中共中央于1927年8月7日在汉口原俄租界三教街41号（今鄱阳街139号）召开紧急会议（即八七会议）。这次会议是在中国革命处于严重危机的情况下召开的。出席会议的有部分中央委员、候补中央委员、中央监察委员，还有中央军委、共青团中央、中央秘书处、湖南、湖北的代表和负责人，共产国际驻中国代表罗米那兹等参加了会议。会议由瞿秋白、李维汉主持。会议的主要目的是为了审查和纠正党在大革命后期的严重错误，决定新的路线和政策。鉴于当时形势紧张，会议只开了一天。会上，共产国际代表罗米那兹作关于党的过去错误及新的路线的报告和结论，瞿秋白代表中央常委会作将来工作方针的报告。许多同志发言批评中央在处理国民党问题、农民土地问题、武装斗争问题等方面的右倾错误。有的同志还批评了苏联顾问、共产国际代表的一些错误。会议总结了大革命失败的教训，讨论党的工作任务，确立了实行土地革命和武装起义的方针，提出了整顿队伍、纠正错误而“找着新的道路”的任务。关于土地革命，会议明确提出土地革命是中国资产阶级民主革命的中心问题，是中国革命新阶段的主要的社会经济内容；指出中国共产党要独立地领导革命斗争，就必须废除封建地主土地所有制，实行“耕者有其田”的制度，只有这样，才能使武装斗争和建立革命政权拥有广泛可靠的群众基础。关于武装斗争，会议明确提出党的现实最主要的任务是有系统、有计划、尽可能地在广大区域准备农民的总暴动。毛泽东在发言中批评了陈独秀不做军事工作的错误，第一次提出了枪杆子里面出政权的思想。毛泽东还提出了应当规定大中地主的标准问题。会议讨论通过了《中国共产党中央执行委员会告全党党员书》《最近农民斗争的议决案》《最近职工运动议决案》《党的组织问题议决案》等文件。会议选出中共中央临时政治局，苏兆征、向忠发、瞿秋白、罗亦农、顾顺章、王荷波、李维汉、彭湃、任弼时被选为委员；邓中夏、周恩来、毛泽东、彭公达、张太雷、张国焘、李立三被选为候补委员。八七会议的召开，制定继续进行革命斗争的正确方针，为挽救党和革命作出了巨大贡献。中国革命从此开始由大革命失败到土地革命战争兴起的历史性转变。

【临时中央政治局第一次会议】（1927年8月9日） 八七会议后的临时中央政治局于1927年8月9日召开第一次会议。瞿秋白主持会议。苏兆征、瞿秋白、李维汉、王荷波、顾顺章、张太雷、毛泽东、彭公达、蔡和森及共产国际代表罗米那兹等出席。会议选举瞿秋白、李维汉、苏兆征为中央政治局常委。会议讨论了政治局的分工，决定由李维汉任中央组织部长兼管中央秘书厅；瞿秋白任中央宣传部长、农委主任兼党报总编辑；苏兆征任中央职工运动委员会主任；周恩来任中央军事部长，由秘书王一飞代理部务；杨之华任中央妇女部长；顾顺章任中央交通局长；郑超麟暂时负责中央出版局。会议还决定王荷波任北方局书记，蔡和森为秘书；张太雷任广东省委书记；毛泽东去湖南领导秋收起义。

【沈家大屋会议】（1927年8月18日） 改组后的湖南省委于1927年8月18日在长沙市郊沈家大屋召开第一次会议。会议主要根据八七会议精神讨论和制定秋收起义计划。毛泽东以中央特派员的身份出席会议并传达八七会议精神。毛泽东指出：湖南秋收暴动单靠农民的力量是不行的，必须有一个军事的帮助，要实行在枪杆上夺取政权、建设政权。会议认为起义不应再用国民党的名义，而必须用共产党的名义来号召，并应竭力宣传和建设工农政权。会议决定实行以长沙为中心，包括湘潭、宁乡、醴陵、浏阳、平江、岳阳、安源等七个县镇的起义。同时，会议还决定成立以毛泽东为书记的中共前敌委员会，作为秋收起义的领导机构；成立以易礼容为书记的行动委员会，负责组织上述各县工农起义，并在长沙工人起义接应下，配合工农革命军第一师夺取长沙。

【安源军事会议】（1927年9月初） 安源军事会议于1927年9月初在张家湾工人补习学校召开，毛泽东主持会议，参加会议的有安源县委书记潘心源、安源市委书记蔡以忱、安福县农军负责人王兴亚等。毛泽东传达了八七会议的精神以及湖南省委改组、发动秋收暴动的决定、暴动准备情况等。会议研究部署湘赣边界秋收起义，确定了湘赣边界秋收起义的编制，部署了起义的进军路线，决定组建工农革命军第一军第一师，师长余洒度，副师长余贲民，下辖三个团，共5200余人。卢德铭任起义军总指挥。会议决定起义部队分三路向长沙进攻。

【文家市前委会议】（1927年9月19日） 湘赣边界秋收起义前委于1927年9月19日在湖南省浏阳县文家市里仁学校召开会议。毛泽东主持会议。出席会议的有卢德铭、余洒度、余贲民、苏先骏等师团主要负责人。会上，对于“攻”与“退”的问题，发生了意见分歧。毛泽东提出放弃攻打长沙退却萍乡的主张。经过热烈地争论，与会者多数同意毛泽东的主张，否定了余洒度“取浏阳直攻长沙”的意见，决定停止进攻长沙，部队向萍乡退却。这次会议及时作出从进攻大城市转向农村进军的决定，初步形成了农村包围城市的战略思想，中国人民革命史开始了具有决定意义的新起点。

【陕西省委第一次扩大会议】（1927年9月26日至27日） 陕西省委于1927年9月26日在西安召开第一次扩大会议（简称九二六会议）。出席会议的有耿炳光、李子洲、李子健、潘自力、杜衡等省委委员、各路特派员、各县委及共青团代表共15人。会议听取了省委书记耿炳光作的《政治报告》和赴中央代表李子洲的报告。通过了《接受中央八七会议及其指示之决议案》和《政治形势与工作方针决议案》，以及相应的组织、宣传、农运、军运等九个决议案。会议强调军事运动和农民运动的重要性，指示由中共掌握的许权中旅参加渭北国民军二军夺取政权的反冯战争，并强调要进行土地改革。会议进行了改选，由九人组成省委，其中常委三人，耿炳光任书记、李子洲、李子健分别负责组织和宣传。会议接受了八七会议精神，克服了右倾错误，澄清了党内混乱思想，明确了革命方向，推动陕西革命斗争进入新的时期。

【古城会议】（1927年10月初） 湘赣边界秋收起义前委于1927年10月初在江西宁冈县古城联奎书院召开扩大会议（即古城会议）。毛泽东主持会议。出席会议的有前委委员余洒度、余贲民、陈皓、何挺颖、宛希先、熊寿祺，及工农革命军营以上干部，还有湘赣边界党组织负责人龙超清、谢汉超等，以及袁文才的代表共40余人。会议传达了八七会议精神，初步总结湘赣边界秋收起义的经验教训，研究建立根据地和对井冈山地区农民武装袁文才、王佐采取团结改造方针的问题。这次会议明确了向农村进军的方向，初步确立了在井冈山建立革命根据地的决策。

【中央临时政治局扩大会议】（1927年11月9日至10日） 中央临时政治局于1927年11月9日至10日在上海举行扩大会议（简称十一月扩大会议）。会议由瞿秋白主持。共产国际代表罗米那兹参加会议。会议通过罗米那兹起草的《中国现状与共产党的任务决议案》，以及组织问题、政治纪律问题等决议。会议接受罗米那兹的“左”倾观点，认为蒋介石的叛变就是整个民族资产阶级的叛变，汪精卫的叛变就是小资产阶级的叛变，因而提出在反帝反封建的同时，还要反对民族资产阶级和上层小资产阶级。会议不承认革命形势处于低潮，认为国民党新军阀的统治已处于崩溃的边缘，现时全中国的状况是直接革命的形势。会议据此确定了实行全国武装暴动的总策略，并要求农村暴动同城市暴动相结合，而且以城市暴动为“中心及指导者”，以形成城乡的武装总暴动，直到造成一省或几省的革命胜利的局面。会议还规定了一系列过左的政策。会议对八七会议后各地武装起义所遭受的失败和挫折不作具体分析，片面地指责起义领导人“犹豫动摇”“违背中央政策”和犯了“机会主义”的错误，并决定给予南昌起义和湘赣边界秋收起义的领导人及有关省委的负责人周恩来、谭平山、毛泽东、彭公达等以不同的政治纪律处分。这次会议，一方面包含着一些正确的思想和主张，如严厉批判了党内的悲观思想，强调要深入批判陈独秀的右倾机会主义；重申放弃国民党的旗帜，打出苏维埃的旗帜；号召深入土地革命，进行工农武装暴动，等等；另一方面也发展了八七会议以来滋长起来的“左”倾情绪，在革命性质、革命形势、革命总策略以及惩办主义的政治纪律上，都充分表现出严重的“左”倾错误，表明以瞿秋白为代表的“左”倾盲动错误在党中央领导机关取得了统治地位。

【木城寨会议】（1927年12月下旬）　麻城特委和工农革命军鄂东军领导人于1927年12月下旬在湖北黄安县北乡的木城寨召开会议。与会者有吴光浩、戴克敏、曹学楷、汪奠川、戴季英等。会议总结了黄麻起义失利的教训，决定留少数人就地坚持斗争，将大部分武装由吴光浩带领转移到黄陂县以北的木兰山地区，开展敌后游击战争。这次会议作出实行战略转移的决策，以主力打到外线去，从而保存和积蓄了革命力量。

【窖头会议】（1928年1月2日）　赣东北的弋阳、横峰、贵溪、铅山、上饶五县的共产党员于1928年1月2日在弋阳窖头村召开联席会议（即窖头会议）。会议由方志敏召集并主持。出席者有邵式平、方志纯、黄道、吴先民等十余人。方志敏传达了八七会议的精神并作报告。会议制定了宣传大纲和武装起义纲领，决定党的方针是以武装起义夺取政权；中心任务是土地革命。选举方志敏、黄道、邵式平等七人组成中共弋（阳）横（峰）贵（溪）铅（山）上（饶）五县工作委员会，方志敏任书记。在党委会之下，成立起义指挥部，方志敏兼任总指挥。这次会议，标志着赣东北的农民运动进入一个新的阶段。不久，即爆发了弋（阳）横（峰）农民年关暴动。

【中央临时政治局常委会议】（1928年4月2日）　中央临时政治局于1928年4月2日在上海召开常委会议。出席者有瞿秋白、李维汉、项英、任弼时、蔡和森等。会议主要研究召开中共六大的问题。任弼时根据共产国际来人关于召开中共六大的决定内容作了传达报告。会议决定李维汉、任弼时留守，负责中央的日常工作；邓小平为留守中央秘书长。会议认为，中共六大意义重大，应当立即着手准备报告，并决定各种报告的起草人或负责人；提出了湖南、湖北、顺直（今河北）、江苏等重要省份应出席者名单。还决定随即发出召开中共六大的通告，并规定了出席中共六大的大的省份和各省共青团的代表人数。

【湘赣边界党的第一次代表大会】（1928年5月20日至22日）　湘赣边界党的第一次代表大会于1928年5月20日至22日在江西宁冈县茅坪谢氏慎公祠举行。出席会议的有宁冈、永新、遂川、莲花、酃县5个县委和茶陵特别区委以及红四军党的代表共60余人。大会讨论了发展党的组织、深入土地革命、巩固和扩大红军和革命根据地等项任务，初步回答了“红旗到底打得多久”的问题。大会通过了《政治纪律决议案》，选举产生19人组成的湘赣边界第一届特委会，作为边界地方党的最高领导机关，毛泽东为书记，谭震林为副书记。这次大会，对边界工作起了很大的推动作用。

【中国共产党第六次全国代表大会】（1928年6月18日至7月11日） 中国共产党第六次全国代表大会于1928年6月18日至7月11日在莫斯科近郊五一村召开。由于当时国内白色恐怖严重，难以找到一个能够保证安全的地方开会，再加上赤色职工国际第四次代表大会和共产国际第六次代表大会分别于当年春天和夏天在莫斯科召开，少共国际也将在莫斯科召开第五次代表大会，考虑到中共都将派代表团出席这几个大会，而且中共中央也希望能够得到共产国际的及时指导，遂将中共六大放在莫斯科召开。出席这次大会的代表共142人，其中有表决权的代表84人。瞿秋白代表第五届中央委员会作政治报告，周恩来作组织报告和军事报告，李立三作农民问题报告，向忠发作职工运动报告，布哈林代表共产国际作《中国革命与中国共产党的任务》的政治报告和关于政治报告的结论。会议筹备期间，苏联和共产国际的领导人斯大林、布哈林等分别予以指导，使中共领导人澄清了在革命性质和革命形势上的模糊认识。共产国际东方书记处派出大量人员参加了大会各项决议案的起草工作。

大会分析大革命失败后中国的政治经济状况，明确指出中国仍然是半殖民地半封建社会，中国革命现在阶段的性质是资产阶级民主革命；总结党领导的军事运动和红军建设的经验，提出了加强军事斗争的任务；总结过去革命斗争的经验教训，提出反对“左”、右两种错误倾向。大会通过了政治、军事、组织、苏维埃政权、农民、土地、职工、宣传、民族、妇女、青年团等问题的决议，以及经过修改的《中国共产党党章》。选举产生了第六届中央委员会，选出中央委员23人、候补中央委员13人；选出由3名委员、2名候补委员组成的中央审查委员会。随后召开的六届一中全会，选举苏兆征、项英、周恩来、向忠发、瞿秋白、蔡和森、张国焘为中央政治局委员。关向应、李立三、罗登贤、彭湃、杨殷、卢福坦、徐锡根为政治局候补委员。选举苏兆征、向忠发、项英、周恩来、蔡和森为中央政治局常委会委员，李立三、杨殷、徐锡根为常委会候补委员。7月20日召开的第六届中央政治局第一次会议，选举向忠发任中央政治局主席兼中央政治局常委会主席，周恩来任中央政治局常委会秘书长。

党的六大是一次具有重大历史意义的会议。它认真总结了大革命失败以来的经验教训，对有关中国革命的一系列存在严重争论的根本问题，作出了基本正确的回答。它集中解决了当时困扰党的两大问题，即中国社会性质和革命性质问题，革命形势和党的任务问题，认为当时中国革命依然是资产阶级性质的民主主义革命，党的中心工作不是千方百计地组织暴动，而是做艰苦的群众工作，积蓄力量。这两个重要问题的解决，基本上统一了全党的思想，对中国革命的复兴和发展，起了积极的作用。但是，六大对中国社会的阶级关系缺乏正确的认识，仍然把党的工作重点放在城市，对中国革命的长期性估计不足，同时在组织上片面强调党员成分无产阶级化和“指导机关之工人化”，工人出身的向忠发被选为中共中央最高领导人，实际上他没有能够起到应有的作用。尽管存在着上述缺点，但六大的路线基本上是正确的。

【方胜峰会议】（1928年6月25日）　江西省弋阳、横峰两县县委常委会于1928年6月25日在两县交界的方胜峰的和尚庙里召开干部会议。方志敏主持会议，参加者有邵式平、黄道、方志纯、吴先民、邹秀峰等20余人。会议讨论如何对付两县年关暴动失败后的严重局势，并发生了激烈争论。有些人主张将队伍拉到白区；方志敏等则坚决反对，提出“坚持在根据地打游击，与群众共存亡”。会议最后赞成方志敏的意见，并作了具体分工：邵式平负责统一指挥军事；方志敏负责做争取群众的工作；黄道等负责开辟新的割据区域。这次会议，是赣东北党由游击战争转变到创造红军与苏维埃运动的新起点。

【永新联席会议】（1928年6月30日）　1928年6月30日，受“左”倾盲动错误影响的中共湖南省委派出杜修经作为巡视员到达井冈山，要求红四军“立即向湘南发展”。当晚，毛泽东在永新商会楼召开湘赣边界特委、红四军军委、永新县委联席会议。杜修经首先传达了湖南省委6月26日对边界的指示信。会议对指示信进行讨论，认为当前统治阶级正处于暂时稳定时期，分兵去湘南必将不利于坚持罗霄山脉中段政权。会议决定报告湖南省委，不能执行向湘南发展的意见。同时决定红四军继续在湘赣边界各县作深入的群众工作，建设巩固的根据地后再向湘、赣推进。

【桂东唐家大屋会议】（1928年8月23日）　1928年8月23日，红四军前委扩大会议在湖南桂东县唐家大屋召开。会议的主要任务是总结红军冒进湘南的教训，确定今后的行动和工作。毛泽东主持会议，参加者有朱德、陈毅、王尔琢、何长工、宛希先、龚楚、杜修经等以及二十八团、三十一团营以上干部。鉴于省委代表杜修经在红军冒进湘南而造成失败的严重错误，会议决定建议湖南省委予以处分，并决定重回井冈山根据地。会议决定撤销湖南省委任命的前委，另组行动委员会。会议推选毛泽东为行动委员会书记，带领红四军主力重返井冈山。

【六届中央政治局第一次常委会议】（1928年9月2日）　六届中央政治局于1928年9月2日召开第一次常委会议。向忠发主持会议。出席者有蔡和森、李立三、徐锡根、李维汉、任弼时、罗登贤等。会议决定新的中央开始工作，原留守的同志帮助工作。会议讨论了广西、河南两个省委的改组和充实问题，听取了广东省委宣传部部长恽代英的报告，并通过了任弼时起草的致河南省委的信。

【幽居联席会议】（1928年9月17日）　红五军党委与平江、浏阳、修水、铜鼓四县县委负责人于1928年9月17日在湖南铜鼓静观幽居王家祠召开联席会议。根据湖南省委多次关于建立特委的指示精神，会议总结了平江起义的经验教训，研究了红五军的去向问题。决定红五军到井冈山与红四军会合，并正式组建中共湘鄂赣边界特委，滕代远任书记，彭德怀负责军事。这次会议，为湘鄂赣边境红色割据局面的形成起了决定作用，促进了湘鄂赣革命根据地的发展，对红五军与红四军会师井冈山起了决定性的作用。

【湘赣边界党的第二次代表大会】（1928年10月4日至6日） 湘赣边界党的第二次代表大会于1928年10月4日至6日在江西宁冈县步云山白云寺举行。出席者有宁冈、永新、遂川、莲花、酃县5个县委和茶陵特别区委以及红四军党的代表，共100余人。大会讨论并通过了毛泽东起草的《政治问题和边界党的任务》和《边界各县党的改造与建设》等决议案，选举产生了以谭震林为书记、陈正人为副书记的中共湘赣边界第二届特委。湘赣边界党的二大，在毛泽东等的指导下，以井冈山革命根据地和各地建立的红色政权的斗争实践为基础，第一次从理论上论证了中国红色政权存在和发展的规律，提出了"工农武装割据"的光辉思想，为中共最终确立适合中国特点的农村包围城市、武装夺取政权的革命新道路奠定了重要的理论依据。

【六届中央政治局常委会议】（1928年11月14日） 六届中央政治局于1928年11月14日召开常委会议。研究决定健全党的领导部门组织：（1）职工运动委员会由项英、罗登贤、周秀珠、王克全、徐锡根、罗章龙组成，项英任书记，罗章龙任秘书；（2）妇女运动委员会由项英、张金保、周秀珠、邓颖超、彭湃、蔡畅等组成，项英任书记，周秀珠任秘书；（3）特务委员会由向忠发、顾顺章、周恩来组成，顾顺章为负责人。

【红四军第六次党代表大会】（1928年11月14日至15日） 红四军第六次党代表大会于1928年11月14日至15日在江西宁冈新城召开。出席代表79人，提出议案共30余种，整理归纳为17种。大会讨论了政治、军事、党务等各种重要问题，尤其对于中国革命性质问题有较长时间之辩论。因各代表身负重任，急需回部工作，提案不能逐一讨论，乃决定移交新军委讨论执行。大会通过了《政治问题决议案》《党务决议案》《军事问题决议案》《经济问题决议案》和《纪律问题决议案》。选出23人组成六届军事委员会，朱德任书记。这次会议，对红四军党的建设和井冈山根据地的巩固，具有重要的意义。

【柏露会议】（1929年1月4日至7日） 井冈山前敌委员会于1929年1月4日至7日在宁冈县柏露村召开边界联席会议（即柏露会议）。参加会议的有红四军前委、湘赣边界特委、红四军和红五军军委以及各县县委负责人共60余人。毛泽东主持会议。会议讨论反"会剿"的部署，决定采取"攻势的防御"战略，由彭德怀、滕代远指挥红五军主力和红四军第三十二团留守井冈山，由毛泽东、朱德、陈毅率红四军主力向赣南出击，以便解决由于敌人的军事"会剿"和经济封锁造成的困难，以内线和外线相互配合的办法打破敌军的"会剿"，保卫和发展根据地。

【湘赣边特委扩大会议】（1929年3月14日） 湘赣边特委于1929年3月14日在江西永新县召开扩大会议。1929年1月下旬，敌人攻占井冈山五井之后，特委被冲散，特委书记邓乾元下落不明。特委巡视员陈正人会合临时特委书记朱昌偕、委员宛希先等，于3月12日召集特委常委会议，议定14日在永新召开扩大会议，讨论边界目前工作及特委本身问题。扩大会议决定取消1928年12月产生的正式特委及1929年2月三县联席会议所产生的临时特委，成立新的临时特委，朱昌偕、何长工、宛希先、刘真、陈正人为常委，以刘宗义、王怀、龙超清、谭思聪四人为候补常委，朱昌偕任书记。新临时特委的任务是，指挥边界各县目前的工作和召集边界党第三次代表大会，产生正式特委。

【湘鄂赣边特委扩大会议】（1929年4月12日至15日）　湘鄂赣边特委于1929年4月12日至15日在湖南平江县东乡八区召开扩大会议〔亦称平（江）浏（阳）修（水）铜（鼓）四县联席会议〕。出席会议的正式代表27人，旁听代表20人。会议通过了《边区特委的任务与前途及目前工作计划决议案》《党的组织与改选问题决议案》《军事问题决议案》等文件。会议决定将原湘鄂赣边特委改为湘鄂赣边境特委，王首道任书记；成立了以赖汝樵为主席的湘鄂赣边境暴动委员会，作为边区的统一政权机构。同时，决定成立湘鄂赣边境红军支队，黄公略任支队长。这次会议进一步加强党的领导，奠定了湘鄂赣边党、政、军组织的基础。

【湘赣边界特委第四次执委扩大会议】（1929年5月10日）　湘赣边界特委于1929年5月10日在江西宁冈召开第四次执委扩大会议。参加会议的有地方党组织负责人邓乾元、朱昌偕、宛希先、陈正人等及红五军领导人彭德怀、滕代远等。会议根据前委4月13日来信介绍的东固秘密割据经验，总结了过去的工作，决定将边界公开割据的形式，改变为公开与秘密相结合的割据形式；党的组织由公开转为秘密。会议制定了《游击工作大纲》，划分了四个游击区，重新安排了边界的宣传、组织等各项工作。会议改组了临时特委，产生正式特委，邓乾元为书记。这次会议，对井冈山根据地的恢复和巩固，起了重要的推动作用。

【鄂东北特委第二次联席会议】（1929年6月）　鄂东北特委于1929年6月召开第二次联席会议。参加者有黄安、麻城、黄陂、孝感四县县委和红军第三十一师党委负责人。会议通过了《目前政治形势与党的任务》及农民运动、组织问题、苏维埃问题、扩大游击战争、职工运动、士兵运动、训练与宣传等八个决议案。会议针对党内存在的不良倾向，对“建立健全布尔什维克的党”和发展新党员作出新的规定；制定了比较完整的革命纲领《临时土地政纲》；选举产生了鄂东北特委，徐朋人任书记。这次会议所通过的各项决议，其主要方面是正确的，对于鄂豫边苏区的发展起了重要作用，初步形成了鄂豫边工农武装割据的局面。

【红四军第七次党代表大会】（1929年6月22日）　红四军第七次党代表大会于1929年6月22日在福建龙岩县城召开。红四军政治部主任、代理前委书记陈毅主持会议。

会议总结了红四军建立一年来的工作，对过去红四军党内争论的若干问题作了结论，选举了新的前委会。毛泽东本打算通过总结建军以来的经验来解决争论的问题。但他的正确主张未能为多数同志所认识和接受。大会在中央并未指示改组前委的情况下，改选了前委。中央指定的前委书记毛泽东没有继续当选，这一职务改由陈毅担任。会后，毛泽东离开红四军的主要领导岗位，到闽西协助指导地方工作。红四军党的七大是红军创建初期的一次重要会议。这次大会充分肯定了1928年5月以来毛泽东主持的前委工作，特别是明确肯定了前委在井冈山时期创造的“工农武装割据”的理论和政策以及无产阶级新型人民军队的基本原则。同时，实事求是地指出了实际工作中存在的若干缺点和问题，对红四军党内长期争论的几个主要问题作出原则上正确的结论，对于停止党内争论，清除思想隔阂，增进团结起了一定的积极作用，为后来召开的红四军第九次党的代表大会奠定了政治思想基础。

【六届二中全会】（1929年6月25日至30日） 六届二中全会于1929年6月25日至30日在上海召开。周恩来、罗登贤、向忠发、关向应、项英、卢福坦、徐锡根、周秀珠等过半数的中央委员和候补中央委员出席了会议。列席会议的有贺昌、张金刃等6人。会议听取了中央政治局的工作报告及关于政治、组织、农民、土地问题等方面的报告，通过了《二中全会关于中央政治局工作报告的决议》《政治决议案》《组织问题决议案》《宣传工作决议案》《职工运动决议案》及《中国共产党中央执行委员会第二次全体会议宣言》等文件。全会根据党的总路线和目前政治局势，确定了以后斗争的路线与策略，提出了加强反帝反军阀斗争，继续深入土地革命，开展游击战争，扩大苏维埃区域，建立和扩大红军，纠正非无产阶级意识，加强公开工作与秘密工作等15项政治任务。全会还批准了中央政治局开除王藻文中央委员和开除王仲一候补中央委员职务的决定。补选恽代英等为中央委员。这次会议基本上坚持了六大的路线和策略，对此后的各项工作任务与工作方法，都给予更实际更周密的指示，对全党进一步贯彻六大路线，推动各项工作的开展，尤其是党内工作的转折起了重要作用。但会议夸大了右倾是目前党内特别危险的倾向，错误地认为主要是“反右防左”，从而忽视并助长了党内“左”倾危险的抬头。

【闽西党的第一次代表大会】（1929年7月20日至29日） 闽西党的第一次代表大会于1929年7月20日至29日在福建上杭县蛟洋学校举行。这次大会是红四军前委决定召开的，并派毛泽东、江华、蔡协民三人前来指导。出席会议的主要是各县委、区委书记，共54人。闽西特委书记邓子恢主持会议并代表闽西特委作工作报告。毛泽东代表前委作了报告。会议集中讨论了政治问题和土地问题，讨论并通过了《中共闽西第一次代表大会之政治决议案》和《苏维埃政权决议案》《土地问题决议案》《CY问题决议案》《妇女问题决议案》等重要文件，选举了由15人组成的中共闽西特委，邓子恢为特委书记，蔡协民为组织科长，蓝鸿翔为宣传科长，张鼎丞为军事书记。这次大会为闽西党和人民制定了明确的路线、方针和政策，引导闽西革命胜利地发展。

【六届中央政治局会议】（1929年8月13日） 六届中央政治局于1929年8月13日在上海召开会议，专门讨论红四军问题，决定由周恩来代表中央起草一封给红四军前委的指示信（即八月来信），要求待即将到上海参加会议的陈毅讨论后再作整个的答复。会议提出调江苏省委书记罗登贤到中央工作，由任弼时暂代理书记。会议讨论并发出《关于中国党内反对派问题》的中央通告，规定了对于“中国党内的托洛斯基反对派”的处理意见。20日，指示信写成并发出，信中对红四军党内争论的几个主要的原则问题提出明确意见，明显地赞同毛泽东的观点。

【广西党的第一次代表大会】（1929年9月10日至14日） 广西党的第一次代表大会于1929年9月10日至14日在广西南宁津头村召开。与会代表共19人。中央代表邓小平讲话；中央巡视员、广东省委常委贺昌传达中共六大和六届二中全会精神并作政治报告；广西党的负责人雷经天作关于广西工作报告。会议总结广西党工作的经验教训，着重讨论政治任务，通过了《广西党的政治任务决议案》，提出了开展土地革命，建立工农武装，准备武装暴动夺取政权等行动纲领。大会选举产生了六人组成的新特委，何晳达任广西特委书记。这次大会，对于后来举行的百色起义和龙州起义，具有重要的指导意义。

【江苏省党的第二次代表大会】（1929年11月18日至26日） 江苏省党的第二次代表大会于1929年11月18日至26日在上海召开。出席大会的正式代表37人。中央代表李立三、周恩来到会指导，省委常委李维汉主持会议。会议通过了《政治决议案》《关于组织问题决议案》《关于反对党内取消派的决议》《关于武装保护苏联的工作大纲决议案》《农民运动决议案》《青年运动决议案》《妇女运动决议案》等文件。选举产生了新一届江苏省委，正式委员17人，候补委员9人。审查委员会正式委员3人，候补委员2人。在新省委举行的第一次会议上，推举李维汉、李富春、康生、徐锡根为正式常委，陈云、王克全为候补常委，李维汉任省委书记。

【鄂豫边党的第一次代表大会】（1929年11月20日至12月2日） 鄂豫边党的第一次代表大会于1929年11月20日至12月2日在河南光山县胡子石举行。出席代表29人，中央巡视员曹大骏、王平章到会指导。大会总结了两年来军事斗争和根据地建设的经验，讨论通过了政治任务、军事问题、群众运动、宣教问题、共青团和青年运动、救济问题等九个决议案，选举产生了中共鄂豫边特委，徐朋人任书记。会议决定建立鄂豫边革命委员会，并组建军事委员会，指挥鄂豫边整个的军事行动。12月27日，鄂豫边区第一次工农兵代表大会召开，成立以曹学楷为主席的鄂豫边革命委员会，标志着鄂豫边苏区的正式形成。

【六届中央政治局特别会议】（1929年12月24日） 六届中央政治局于1929年12月24日在上海召开特别会议。向忠发主持会议，出席者有李立三、项英、关向应、周恩来、罗登贤、徐锡根，共七人。会议主要讨论关于接受共产国际执行委员会第十次全会的远东局决议问题和远东局对于争取废除领事审判权斗争的策略问题。会议认为远东局从根本上忽略了中央旨在反对右的倾向的基本路线和工作，尤其是在陈独秀问题上犹豫不决，摇摆不定。而对于第二项议程，向忠发认为要亲自去同远东局谈判，争取得到正确而明确的解决。这次会议，开始反映出在上海的共产国际远东局同中共中央之间的深刻矛盾。

【古田会议】（1929年12月28日至29日） 红四军第九次党代表大会于1929年12月28日至29日在福建上杭县古田村召开（即古田会议）。这次会议是在中央高度肯定红四军建党建军和政治工作经验，以及红四军已有条件全面总结两年来红军建设的经验，纠正党内的错误思想的背景下召开的。大会由陈毅主持，出席的代表120余人。毛泽东作政治报告，朱德作军事报告，陈毅传达中央指示信（即“九月来信”）并作反对枪毙逃兵的报告。

会议总结了红军创建以来党在同各种错误思想、错误倾向作斗争的过程中积累起来的丰富经验，统一了思想认识，一致通过了毛泽东主持起草的《中国共产党红军第四军第九次代表大会决议案》，即著名的古田会议决议案。其中心思想是要用无产阶级思想进行军队和党的建设。在军队建设方面，决议明确了红军的性质、宗旨和任务，指出“中国的红军是一个执行革命的政治任务的武装集团”，军队必须绝对服从党的领导，必须全心全意地为着党的纲领、路线和政策而奋斗，批判了单纯军事观点，批判了脱离党的领导、轻视政治工作的倾向。决议规定了红军政治工作和政治机关的重要地位，提出要在军队内部实行民主制度，建立官兵一致的新型关系。在党的建设方面，决议着重强调加强党的思想建设的重要性，指出要注重调查研究，坚决反对各种形式的主观主义；要加强党内教育特别是党的正确路线的教育和开展党内的正确批评；在加强党的思想建设的同时，必须加强党的组织建设，坚持党的民主集中制，反对极端民主化、非组织观点等错误倾向。大会选举产生了新的中共红四军前敌委员会，毛泽东、朱德、陈毅、罗荣桓、林彪、伍中豪、谭震林等11人为前委委员，杨岳彬、熊寿祺等3人为候补委员。毛泽东当选为书记。

古田会议系统回答了建党、建军的一系列根本问题，不仅把中央九月来信的精神具体化，而且结合红四军的实际情况，发展了中央九月来信的内容，具有伟大的意义和深远的影响。它结合中国共产党和中国革命的具体情况，灵活地、创造性地运用马克思列宁主义，初步回答了在党员以农民为主要成分的情况下，如何从加强党的思想建设着手，保持党的无产阶级先锋队性质的问题；

初步回答了在农村进行革命战争的环境中，如何将以农民为主要成分的军队，建设成为无产阶级领导的新型人民军队的问题。此次会议所做的努力，会议决议所规定的基本原则，集中体现了着重从思想上建设党这一独特的党的建设的道路。这些原则，不但很快在红四军得到贯彻，而且随后在其他各部分红军中也逐步得到实行，并对以后不断加强党的建设产生了深远影响。

【鄂西特委第二次代表大会】（1929年12月） 鄂西特委于1929年12月在湖北石首县袁家铺召开第二次代表大会。到会者有12个县的代表35人，周逸群主持。会议讨论了武装斗争、土地革命、苏维埃政权建设等问题，通过了《关于鄂西党目前的政治任务与工作方针决议案》《关于军事问题决议案》《关于鄂西党的组织决议案》等12个文件。大会要求扩大红军组织，实行党员军事化和武装工农。选举产生了新的中共鄂西特委，周逸群任书记。决定出版《鄂西生活》和《党的生活》等刊物。这次大会贯彻了中共六大的路线和方针，对湘鄂西斗争的继续发展起了重要的推动作用。

【遂川联席会议】（1930年1月18日至21日） 赣西特委、湘赣边界特委、红五军临时军委于1930年1月18日至21日在江西遂川县雩田召开联席会议。与会者共九人，中央巡视员彭清泉（即潘心源）到会指导。会议决定将赣西特委和湘赣边界特委合并为新的赣西特委，刘士奇任特委书记；将赣西南的红军独立第二、第三、第四、第五团合并编为红军第六军，军长黄公略、党代表刘士奇；准备夺取吉安，同时作出武力解决袁文才、王佐的错误决定。2月，酿成袁、王在永新被错杀的历史悲剧。

【二七会议】（1930年2月7日至9日） 红四军前委、赣西特委（赣南特委因来不及赶到未参加）和红五、红六军军委于1930年2月7日至9日在江西吉安县陂头（今渼陂古村）举行联席会议（亦称陂头会议或二七会议）。出席代表40余人，毛泽东代表红四军前委主持会议并作《目前政治形势及党的任务》的报告。会议讨论了政权、土地、武装、组织、行动等问题，决定扩大苏维埃区域，彻底分配土地和扩大工农武装为赣西南党的三大任务。会议制定了土地法，决定没收一切土地按人口彻底平均分配，抽多补少。决定将赣西、赣南两特委合并为赣西南特委，刘士奇为书记；将红四军前委扩大为红四、红五、红六军的共同前委，各军成立军委，受前委统一指挥。扩大后的前委由17人组成，毛泽东、朱德、潘心源、刘士奇、曾山为前委常委，彭德怀、黄公略为候补常委，毛泽东任书记；同时还决定召集赣西南党的代表大会及江西全省工农兵代表大会。

【赣西南党的第一次代表大会】（1930年3月22日至29日） 赣西南党的第一次代表大会于1930年3月22日至29日在吉安县富田村陂下召开。30余县的代表出席。会议讨论了政治、组织、宣传、武装、政权等问题，并作出了相应的决议案。大会提出汇合湘鄂赣闽粤五省革命势力，促进全国革命高潮；决定召集全省工农兵代表会议，建立江西全省苏维埃政府；选举产生了由17人组成的新的赣西南特委，刘士奇任书记，曾山为苏维埃政府主席。特委之下设立东西南北四路行委。这次大会继续贯彻二七会议的精神，各种决议和政策比二七会议更深入、更具体。

【湖北省党的第四次代表大会】（1930年4月15日至24日） 湖北省党的第四次代表大会于1930年4月15日至24日在上海举行。会议在中央代表李立三指导下进行，共有中央代表、红军代表、湖南、河南、汉口党组织代表22人出席。鄂西和鄂东北地区的代表没有参加。李立三作政治报告和总结讲话。会议提出湖北党的总路线是：组织城市政治罢工、农村暴动和士兵哗变，扩大红军主力，坚决地向中心城市和铁路、水路交通要道发展。大会通过了《中国革命高潮前的湖北党的任务》，以及职工运动、农民运动、土地问题、士兵运动、组织问题等决议案。选举新省委委员17人，候补委员9人，任弼时任书记。

【琼崖第四次党代表大会】（1930年4月中旬） 琼崖特委于1930年4月中旬在海南岛母瑞山召开第四次党代表大会。广东省委派邓发到会指导，出席会议的正式代表共21人，特委书记冯白驹主持会议。邓发代表广东省委作了《关于当前斗争形势和任务》的报告；冯白驹传达了赴省委、中央汇报工作的情况和周恩来对琼崖工作的指示；特委委员符明经作了《关于特委工作的报告》。会议通过了6项决议，决定进一步恢复和发展各级党组织和苏维埃政权，发展农村革命根据地；深入开展土地革命；扩大红军，建立红军独立师，并选举新的特委，冯白驹仍任书记。

【东江第一次工农兵代表大会】（1930年5月1日） 东江第一次工农兵代表大会于1930年5月1日在广东丰顺县八乡滩下庄屋坪召开。广东省委派林道文到会指导，出席代表184人，中共东江特委常委兼军委书记古大存主持会议。林道文宣布中央军委和广东省委关于建立东江苏维埃政府和红十一军的决定。大会通过了关于没收分配土地，取消反动政府的一切捐税，取消田契和债约，禁止买卖婚姻和婚姻自由以及劳动法令等多项决议案。选举产生了东江苏维埃政府，陈魁亚为委员长，古大存、陈耀潮为副委员长。大会正式宣布成立红十一军，古大存任军长，颜汉章任政治委员。

【全国红军代表会议】（1930年5月中旬） 全国红军代表会议于1930年5月中旬在上海召开。14个红军军团的代表出席，李立三和关向应主持会议。会议对政治形势和红军的任务、战略与战术、编制及组织系统、政治委员制度、士兵委员会、政治工作和红军中党的工作等问题进行了讨论，并作出相应的决议。会议颁布了《中国工农红军编制草案》，作为统一的军制，决定各地红军相对集中，主要战略区域的红军合编成军团，军团以下按“三三制”建立师、团、营、连、排、班。这次会议，对扩大红军和从游击战向运动战略转变，起到了促进作用。但“左”倾错误开始在红军中得到贯彻。

【全国苏维埃区域代表大会】（1930年5月20日至23日） 全国苏维埃区域代表大会于1930年5月20日至23日在上海召开。会议分为两个阶段进行。5月5日至10日举行预备会议，出席代表57人，讨论通过了准备提交正式会议审定的各项决议草案。正式会议于5月20日举行，出席会议的有中共中央、中华全国总工会、各苏维埃区域、红军各军、各游击战争区域、各赤色工会，以及其他革命团体的代表，共50人。共产国际驻华代表罗伯特斯出席了会议。李立三致开会词。会上，李立三代表中国共产党作政治报告，提出党对政治的估量和总的策略及任务，以及苏维埃大会的政治任务。王宏作《关于苏维埃组织法的报告》；项英作《关于劳动保护法令报告》；王太沧作《红军问题报告》等。大会讨论通过了《全国苏维埃区域代表大会宣言》和《目前革命形势与苏维埃区域的任务》《苏维埃组织法》《劳动保护法》《暂行土地法》《红军及武装农民扩大计划》等重要决议。大会主席团决定于1930年11月7日举行第一次全国工农兵贫民苏维埃大会，建立全国工农兵贫民政府。后因全力准备反第一次“围剿”，未能按预定日期举行。这次会议，为中华全国苏维埃第一次代表大会的召开做了必要的准备。但大会关于形势、任务、策略、政策的分析、主张和规定，全面贯彻执行了李立三“左”倾冒险错误，给党在实际工作中造成很大的损害。

【六届中央政治局会议】（1930年6月9日至11日） 六届中央政治局于1930年6月9日至11日在上海召开会议。出席会议的有向忠发、李立三、关向应、项英、李维汉、温裕成等，李立三主持会议并作《关于目前政治任务决议草案内容的报告》，提出了中国革命根本问题上的一系列“左”倾错误主张。会议通过了由李立三起草的《新的革命高潮与一省或几省首先胜利》的决议，对于中国革命形势、性质和任务等问题提出了一整套错误主张，认为中国革命高潮已经成熟；否认革命发展的不平衡性和中国革命的长期性；提出组织全国武装暴动夺取政权的任务和路线，以实现一省数省的首先胜利，建立全国政权。这次会议，标志着李立三“左”倾冒险错误在党中央取得了统治地位。

【红四军前委和闽西特委联席会议】（1930年6月11日至22日） 红四军前委和闽西特委于1930年6月11日在福建长汀县南阳（今属上杭县）龙田书院召开联席会议（即南阳会议）。12日，中央派代表涂振农来到汀州，传达党中央相关的决议和命令，会议从南阳移至汀州继续举行（即汀州会议）。毛泽东主持会议，朱德、陈毅、邓子恢、张鼎丞、蔡协民、曾志、方方等60余人参加会议。邓子恢代表闽西特委作工作报告，着重介绍了在分配土地中实行“抽肥补瘦”的意义和效果。会议对闽西的土地、婚姻、经济、财政等政策，作了重要的补充和修改，通过了由邓子恢起草、毛泽东审订的《富农问题》《流氓问题》决议，规定在“抽多补少”之外还加上“抽肥补瘦”的原则。涂振农传达红军代表会议和全国苏维埃区域代表大会精神，以及党中央关于整编红军的命令。会议决定红军开始从游击战向运动战转变的路线、方针、方法，并决定红四军与闽西、赣西南的地方主力红军进行混合整编，即以红四军为基础，成立中国工农红军第一军团，朱德任总指挥，毛泽东任政治委员和前委书记。这次会议进一步完善了党的土地分配政策，对于闽西苏区的建设和发展，起了积极的推动作用。由于受到李立三“左”倾冒险错误的影响，这次会议也产生了若干“左”的规定。

【闽西党的第二次代表大会】（1930年7月8日至24日） 闽西党的第二次代表大会于1930年7月8日至24日在福建龙岩县列宁师范学校举行。到会代表64人。闽西特委书记邓子恢致开幕词，福建省委代表卢哇利致词。大会先后听取了邓子恢的闽西特委工作报告，郭滴人的政治报告，以及平和、长汀、上杭、永定、龙岩县的工作报告。大会在李立三“左”倾冒险错误影响下，通过了《中共闽西第二次代表大会政治任务决议案》，提出闽西党的政治总路线是：“集中一切革命力量，扩大斗争到广东去，首先夺取闽粤桂三省政权，争取全国革命胜利。”同时强调把猛烈的扩大红军和加紧反对富农的斗争作为今后工作的中心任务。

【全国组织会议】（1930年7月18日至22日） 全国组织会议于1930年7月18日至22日在上海举行。主要任务是贯彻实施6月11日中央政治局会议决议精神和冒险主义计划。会议听取了《关于支部的报告与总结》《党的组织任务报告》《组织任务的总结》《政治报告讨论结论》等报告；通过了《目前政治形势与党的组织任务》的决议案。会议期间，发布了《中央通告第八十三号》《中央通告第八十四号》《中央通知第一四七号》等文件。会议提出当时党的任务和中心策略是：应积极准备武装暴动，组织总同盟罢工；要求党员和党的组织军事化，决定在红色区域建立工农革命委员会；决定将党、团、工会的各级领导机关合并，组成从中央到地方的各级行动委员会。这次会议，充分暴露出“左”倾冒险错误的种种特征，进一步强固了“左”倾错误对全党的统治，导致了实际工作的失败。

【鄂西特委和红二军团前委联席会议】（1930年9月24日） 鄂西特委和红二军团前委联席会议于1930年9月24日在监利县城召开。会议讨论通过了《湘鄂西目前政治任务决议案》《土地问题决议案》和《苏维埃县政府问题决议案》等，拟定了“将监利、沔阳、潜江、江陵、石首、公安、南县、华容、安乡9县打成一片，成为整个的苏维埃区域”的计划。决定将鄂西特委改为湘鄂西特委，选举产生特委委员21人，邓中夏任书记；周逸群调地方工作，任鄂西苏维埃联县政府主席。会后，邓中夏随军行动，湘鄂西特委书记由周逸群代理。

【六届三中全会】（1930年9月24日至28日） 六届三中全会于1930年9月24日至

28日在上海举行。这次会议是在中心城市总同盟罢工和武装暴动相继失败，“左”倾冒险错误受到共产国际批评和指责，瞿秋白、周恩来奉命回国纠正李立三等错误的情况下召开的。到会的有中央委员14人，审查委员2人，其他代表20人。会议由瞿秋白、周恩来主持。向忠发作《中央政治局工作报告》，周恩来作《关于传达国际决议的报告》和《组织报告》，瞿秋白作政治问题讨论的结论。会议接受共产国际七八月间关于中国问题的一系列决议，通过了《对于中央政治局报告的决议》《关于政治状况和党的总任务议决案》等，并改选了中央政治局。又因中央委员会中一些成员牺牲，补选中央委员七人、候补委员八人，审查委员正式二人、候补二人。这次补选，把毛泽东重新选为中央政治局候补委员，把朱德等选入中央委员会。会议还决定建立苏区中央局。会议通过的决议，批评李立三等对帝国主义和国民党反动统治崩溃的形势作了不切实际的估量，对革命形势发展的速度和革命力量的现状作了过高的估量，对不平衡发展的规律观察不清，不重视建立巩固的根据地和扩大红军，忽视对大城市和产业中心区更广大群众的发展和组织。李立三在会上作了自我批评，承认错误，接着便离开中央领导岗位。这次会议基本上结束了“立三路线”在全党的统治，但未能从根本上对“左”倾错误思想的实质予以清算，致使后来重犯更为严重的“左”倾错误。尽管如此，六届三中全会的功绩是不容抹煞的，对于停止李立三等的“左”倾冒险计划的执行，起了重大的作用。

【罗坊会议】（1930年10月25日至11月1日） 红一方面军总前委和江西省行动委员会于1930年10月25日至11月1日在江西新余县罗坊陈家闹村召开联席会议。会议由毛泽东主持，参加会议的有总前委成员和军以上负责人，以及江西省地方党组织、省苏维埃负责人等20余人。会议的中心议题是讨论红军打不打南昌、九江，会师武汉的行动方向问题。毛泽东以极大的耐心，说服了与会的一部分干部，使他们接受了不去打南昌的正确意见。会议还对当时的政治形势作了正确估计，批评了“左”倾冒险错误的主观唯心主义估量，总结了攻打长沙和吉安的经验教训，通过了《目前政治形势与一方面军及江西党的任务》的决议。会议确立的“诱敌深入”的方针，是对红军战略战术原则的一个重大发展。罗坊会议表明总前委由开始怀疑“立三路线”，进而反对“立三路线”，转变到正确的路线上来。但决议中也存在着受李立三“左”倾错误影响的历史局限性。

【红七军第一次党代表大会】（1930年11月7日） 红七军第一次党代表大会于1930年11月7日在广西河池举行。会议主要讨论目前政治形势和红七军党的任务。中央代表邓拔奇（即邓岗）作政治报告，传达中央政治局6月11日决议精神和中央给红七军的指令，要求红七军出动配合中央红军夺取武汉、广州，争取一省或数省首先胜利。大会决定红七军执行中央命令，攻打柳州、桂林、广州；将红七军第一、第二、第三、第四四个纵队，整编为第十九、第二十、第二十一师；改选了红七军前委，邓小平仍任书记；组织敌军士兵运动委员会，陈豪人任兵委书记。这次大会因执行“立三路线”的错误，给红七军的前途带来很大的危害。

【六届中央政治局会议】（1930年11月18日、22日、25日） 六届中央政治局于1930年11月18日、22日、25日在上海召开会议。出席会议的有向忠发、周恩来、瞿秋白、温裕成、徐锡根和共产国际代表米夫等六人。向忠发主持会议，中心议题是讨论共产国际执委会“十月来信”。25日，会议通过了《中央政治局关于最近国际来信的决议》，表示完全同意国际执委的来信，说明六届三中全会“一般的已经接受了国际的”，但承认没有把“立三路线”彻底揭发出来，其中“包含着对于‘左’倾错误的调和态度”。会议决定将国际“十月来信”和这一决议发给各级党部；由周恩来起草一信给已赴苏联的李立三，要求他公开承认过去的错误。

【六届四中全会】（1931年1月7日） 六届四中全会于1931年1月7日在上海召开。这次会议是在共产国际代表米夫的操纵下召开。其主要内容是严厉谴责“立三路线”及其后中央的“调和主义”和打着“反调和路线”旗号，部分地改组中央及政治局。参加会议的有中央委员和候补委员22人，列席会议的有江南省委、北方局、团中央、全总党团等单位的代表15人，共产国际代表米夫参加了会议。向忠发代表中央政治局作报告，米夫代表共产国际远东局作结论。会上不断发生激烈的争论，米夫多次使用不正常的组织手段控制会议的进行。王明作了长篇发言，极力宣扬他会前写出的《两条路线》（后更名为《为中共更加布尔塞维克化而斗争》）的观点，指责六届三中全会继续“立三路线”，点名批判瞿秋白，宣称必须从思想上、政治上、组织上全面彻底改造党。在极不正常的气氛中，瞿秋白、周恩来事实上成为会议的主要批判对象。会议通过《四中全会决议案》，最后按照米夫以远东局名义同中共中央政治局事先议定的名单，补选了中央委员和改选了中央政治局，李维汉、贺昌退出中央委员会，增补王明、沈泽民、夏曦等九人为中央委员；李立三、李维汉和瞿秋白退出中央政治局，新选王明、任弼时、陈郁、刘少奇、王克全五人为政治局成员。六届四中全会以后，中央的领导实际上由得到米夫全力支持的王明所操纵，开始了以王明为代表的“左”倾教条主义错误在党中央长达四年的统治，给中国革命造成了极为严重的危害。

【六届中央政治局会议】（1931年1月27日） 六届中央政治局于1931年1月27日在上海召开会议。六届四中全会决议发表后，罗章龙等以全国总工会党团为基础，反对六届三中全会和中央，并公开发表《力争紧急会议反对四中全会报告大纲》，非法成立“第二中央”“第二省委”“第二区委”等组织，在全国各地进行分裂党的活动。会议通过了《关于开除罗章龙中央委员及党籍的决议案》，罗列了全总机关作为进行“第二党”的组织与活动的大本营，指出罗章龙“反四中全会即是反党反国际的”。会议一致通过，开除罗章龙的中央委员和党籍。后又开除王克全中央委员和党籍，撤销政治局候补委员职务。

【鄂豫皖临时特委扩大会议】（1931年2月初）　鄂豫皖临时特委于1931年2月初在湖北黄安召开扩大会议。会议由中央特派员曾中生主持，着重讨论了党的组织、军事、土地、财经等问题，决定正式组成鄂豫皖边特区委员会和鄂豫皖边特区革命军事委员会，曾中生任特区委书记兼军委会主席。在鄂豫皖边特区委领导下，设立五个分特委和麻城中心县委。这次会议总结了鄂豫皖苏区第一次反“围剿”斗争的经验，为后来反“围剿”斗争的胜利奠定了思想基础；提出了根据地建设的一整套方针政策，有力地推动了鄂豫皖苏区经济建设的恢复和发展。

【苏区中央局第一次扩大会议】（1931年3月18日至21日、4月17日）　苏区中央局第一次扩大会议于1931年3月18日至21日在黄陂举行。到会的有红军及地方党部的代表。苏区中央局代书记项英致开会词，并作接受共产国际1930年10月给中共中央关于“立三路线”问题的来信的报告。会议接受了共产国际的来信，讨论了土地问题，红一、红三军团过去的工作等。当中央代表团及六届四中全会文件到达时，又于4月17日在青塘续会一天，听取了关于六届四中全会及中央对目前形势估量的报告，以及中央代表团关于富田事变的意见。会议坚决反对“立三路线”及六届三中全会的“调和路线”，通过了《接受国际来信及四中全会决议的决议》《土地问题决议》《关于一、三军团工作总结的决议》等文件。增选彭德怀、林彪、周以栗、曾山、陈毅五人为苏区中央局委员，请求中央批准。

【鄂豫皖苏区中央分局第一次扩大会议】（1931年6月28日至30日）　鄂豫皖苏区中央分局第一次扩大会议于1931年6月28日至30日在河南光山县新集举行。会上，曾中生、余笃三、许继慎等再次提出红军向外发展的问题。经过激烈的争论，会议通过了《中共鄂豫皖苏区中央第一次扩大会议政治决议案》《鄂豫皖苏区第一次扩大会议的总结》和《对皖西北特委工作决议》；确定了红四军南下的行动方针，同时决定由张国焘、陈昌浩、沈泽民、周纯全、高敬亭、王平章、郭述申组成中央分局常务委员会，张国焘任书记，并成立分局党的监察委员会，蔡申熙任主席。这次会议站在比李立三更“左”倾的立场上来反对李立三的所谓右倾错误，使王明“左”倾教条主义错误在鄂豫皖苏区占了统治地位。

【赣东北省党的第一次代表大会】（1931年9月1日至5日）　赣东北省于1931年9月1日至5日在江西横峰县葛源村举行第一次党代表大会。中央代表曾洪易主持大会，到会代表共74人。大会通过了《政治问题决议案》《组织问题决议案》《苏维埃工作决议案》《职工运动决议案》《宣传鼓动工作决议案》《军事工作决议案》和《C.Y.工作决议案》等七个文件。这些决议案，无端指责赣东北党是“立三路线”的执行者和发挥者，批评方志敏等犯有“富农路线”错误。大会选举成立了赣东北省委，万永诚任书记，方志敏为省苏维埃政府主席、党团书记，邵式平为军委书记。这次大会是王明“左”倾教条主义错误在赣东北全面推行的起点。

【湘赣根据地党的第一次代表大会】（1931年10月8日至15日） 湘赣根据地党的第一次代表大会于1931年10月8日至15日在江西莲花县花塘村举行。到会170人，王首道代表湘赣临时省委作工作报告。大会讨论通过了政治、组织、苏维埃等问题的决议案。选举产生了中共湘赣省委员会，王首道任书记。省委下辖北路、南路、湘南三个特委和八个县委及两个临时县委。会后，湘赣根据地第一次苏维埃代表大会召开，正式成立了湘赣省苏维埃政府，袁德生任主席。

【赣南会议】（1931年11月1日至5日） 中央苏区第一次代表大会于1931年11月1日至5日在江西瑞金县叶坪村谢氏宗祠召开（即赣南会议）。这次会议是为了贯彻中央八月指示信的精神，对照总结检查中央苏区过去的工作，在中央代表团主持下召开的。出席大会的代表共70余人。苏区中央局代理书记毛泽东代表苏区中央局向大会作报告。会上出现了争议。“左”倾教条主义者批评毛泽东关于红军和根据地建设的正确主张，斥责为“非无产阶级观点”“单纯防御和游击主义”“狭隘经验主义”等。会议通过了《政治决议案》《党的建设问题决议案》《红军问题决议案》等五项决议案，决定设立中央革命军事委员会，并通过了取消红一方面军总司令和总政委、总前委书记的名义。会后，撤销了毛泽东苏区中央局代理书记的职务。此次会议，表明苏区中央局事实上已经全面接受了中央指示信中的错误主张，开始排挤毛泽东在中央苏区对红军的正确领导。

【中华苏维埃第一次全国代表大会】（1931年11月7日至20日） 中华苏维埃第一次全国代表大会于1931年11月7日（十月革命纪念节）至20日在江西瑞金叶坪村举行。来自闽西、湘赣、赣东北、湘鄂西、琼崖、中央等根据地，红军部队，以及在国民党统治区的全国总工会、全国海员总工会的610名代表出席了大会。毛泽东代表苏区中央局向大会作《政治问题报告》。大会通过根据临时中央有关宪法大纲的来电原则制定的《中华苏维埃共和国宪法大纲》，以及临时中央提供大会讨论的《中华苏维埃共和国土地法令》《中华苏维埃共和国劳动法》《中华苏维埃共和国关于经济政策的决定》等法律文件。《宪法大纲》规定：“中国苏维埃政权所建设的是工人和农民的民主专政的国家”，苏维埃全部政权是属于工人、农民、红军士兵及一切劳苦民众的。在苏维埃政权领域内的工人、农民、红军士兵及一切劳苦民众和他们的家属，不分男女民族和宗教信仰，在苏维埃法律面前一律平等。苏维埃政权的最高权力机关为全国工农兵代表大会，在大会闭会期间，中华苏维埃共和国中央执行委员会为最高政权机关，中央执行委员会之下组织人民委员会，处理日常政务，并发布一切法令和决议案。

大会选出63人组成的中央执行委员会，宣告了中华苏维埃共和国临时中央政府成立。大会授予红一军、红二军、红三军、红四军、红六军、红七军、红十军、红十二军、红十六军和红三军团以奖旗；授予毛泽东、朱德、彭德怀、方志敏等八人以奖章。大会还决定瑞金改名为瑞京，作为苏维埃共和国首都。毛泽东在闭幕词中号召苏维埃政府要组织广大群众致力于革命战争，用革命战争武装自己，打倒敌人。

11月27日，中央执行委员会举行第一次会议，选举毛泽东为中央执行委员会主席，项英、张国焘为副主席。在中央执行委员会之下，组织人民委员会，作为中华苏维埃共和国中央行政机关，选举毛泽东为主席，项英、张国焘为副主席。同时选举人民委员会组成人员。根据第一次全苏大会的决议，成立15人组成的中华苏维埃共和国中央革命军事委员会，朱德为主席，王稼祥、彭德怀为副主席。

历时14天的中华全国苏维埃第一次代表大会，成立了中华苏维埃共和国，产生了苏维埃临时中央政府，对各根据地在一定程度上起到了加强中枢指挥的作用，在政治上也产生了很大影响，对于鼓舞革命群众的斗志，推动革命斗争的进程，有着积极的作用。但在当时条件下，大会通过的决议、法令和条例，不可避免地包含着许多过左的政策，这对于根据地的发展是有害无益的。

【湘鄂西省委扩大会议】（1931年11月20日）　湘鄂西省委于1931年11月20日在湖北监利县周老嘴举行扩大会议。湘鄂西分局书记夏曦、常委贺龙因在前方未出席。会议讨论中央分局的领导问题，发生激烈的争执。常委万涛、段德昌等绝大多数与会者，对夏曦领导的中央分局公开表示怀疑和不满，认为夏曦是“一贯的右倾机会主义或取消主义”，同时认为夏曦也不适宜担任红军的领导。但省委常委的发言和结论，极力为夏曦辩解，认为湘鄂西中央分局的领导“总的政治路线还是正确的”。不过，省委也认为夏曦在红军中的领导“不适宜”，请中央迅速解决这一问题。

【左联执委会会议】（1931年11月）　中国左翼作家联盟（简称左联）于1931年11月在上海秘密召开执委会。为了反抗国民党的文化“围剿”，在瞿秋白、鲁迅的指导帮助下，左联召开此次执委会，通过了左联党团书记冯雪峰起草的《中国无产阶级革命文学的新任务》的决议，提出加紧反对帝国主义、反对国民党政权、宣传革命斗争和扩大文学在工农大众中的影响。这一决议，扭转了以往要求其成员去参加飞行集会，而根本不提倡创作活动等“左”的倾向，使左联开始进入一个新的阶段。左联在中共领导下，以鲁迅为旗手，荟萃了文坛精英，创作无产阶级革命文学，成为中共在文化战线上的一面团结战斗的旗帜。

【鄂豫皖省党的第一次代表大会】（1932年1月10日至20日）　鄂豫皖省党的

第一次代表大会于1932年1月10日至20日在河南光山县新集举行。与会代表有张国焘、沈泽民等326人。会议讨论通过了政治、组织、红军、反帝、白区工作、青年工作、职工运动等决议。正式成立了中共鄂豫皖省委，沈泽民任书记，下辖鄂东北、豫东南、皖西三个特委。

【湘鄂西根据地党的第四次代表大会】（1932年1月22日至29日） 湘鄂西中央分局于1932年1月22日至29日在洪湖苏区监利县周老嘴召开党的第四次代表大会。到会代表有夏曦、贺龙、关向应、万涛、段德昌、杨光华等127人，夏曦作政治报告。会上，大多数代表对夏曦到湘鄂西苏区半年多来的工作提出严厉的批评，也有代表支持夏曦而反对万涛、潘家辰。在中央指示的压力下，会议最终还是接受了夏曦政治报告的结论。通过《政治任务决议案》《关于土地经济及财政问题决议案》等文件，提出党的中心任务是“扩大苏区”和“会师武汉”。会议还选举产生了新的湘鄂西省委，正式委员19人，候补委员6人，杨光华任书记。这次大会，接受了王明“左”倾教条主义的错误，巩固了“左”倾错误在湘鄂西苏区的领导地位。

【北方各省委代表联席会议】（1932年6月24日至26日） 北方各省委代表联席会议（又称北方会议）于1932年6月24日至26日在上海秘密召开。会议由博古主持，出席者有满洲、河北、河南、山东、山西、陕西等省委负责人以及临时中央的张闻天、李竹声、康生等。会议听取了各省情况的汇报，博古代表临时中央作会议总结，讨论通过了《革命危机的增长与北方党的任务》《关于北方各省职工运动中几个主要任务的决议》和《开展游击运动与创造北方苏区的决议》。这次会议全面接受了“左”倾教条主义的观点，对北方党的工作进行了严厉指责和批判，并按其“左”倾教条主义的思想加以改造。北方会议的召开和会议决议的贯彻，使北方各省党的工作纳入了王明“左”倾教条主义错误的轨道，使北方地区尤其是东北地区党的工作中心未能适应九一八事变以后向抗日斗争方向转变，在新抗日民族革命高潮面前无能为力，丧失了促进革命发展的大好时机，因而对北方各省党的城乡实际工作产生了极大的危害。

【宁都会议】（1932年10月3日至8日） 苏区中央局于1932年10月3日至8日在江西宁都县东山坝乡小源村榜山祠召开全体会议（即宁都会议）。毛泽东、朱德、王稼祥、任弼时、顾作霖、邓发、项英等出席会议，周恩来主持会议。会议在“左”倾思想占上风的情况下，通过了“左”的军事行动方针，要求红军以进攻战略粉碎敌人大举进攻，进而夺取中心城市，争取江西及邻近省区的首先胜利。会议主要对毛泽东和他在红军中实行的战略战术进行了错误的批评，指责毛泽东提出的“诱敌深入”的方针，是“专去等待敌人进攻的右倾主要危险”；批评毛泽东提出的向赣东北方向发展的主张，是对夺取中心城市方针的“消极怠工”；对毛泽东批评临时中央和苏区中央急于进攻中心城市的错误战略方针之事，被指责为“否认过去胜利成绩”和“不尊重党领导机关”。毛泽东在会上发言，不同意上述评价和批评，坚持了自己的意见。会议在毛泽东是否继续留在前方指挥作战问题上发生意见分歧。周恩来主张让毛泽东继续留在前线，朱德、王稼祥也表示不同意解除毛泽东在红军中的领导职务。但这种意见未被会议接受。会议决定取消前线最高军事会议制度，通过周恩来的提议，毛泽东“仍留前方助理”，同时批准毛泽东“暂时请病假，必要时到前方”。会后不久，临时中央先以要毛泽东主持临时中央政府工作的名义把他调回后方，接着撤销了他所担任的红一方面军总政治委员的职务，总政治委员一职由周恩来代理。宁都会议是在敌强我弱的情况下，王明“左”倾教条主义的“积极进攻战略”同毛泽东为代表的“积极防御战略”斗争的总爆发。这次会议在红军第四次反“围剿”即将到来的情况下，排挤和剥夺毛泽东对红军的领导和指挥，不仅给当时红军的前线指挥机关造成了困难和不利局面，而且成为后来红军第五次反“围剿”失败的一个重要原因。

【黄柴畈会议】（1932年10月10日） 鄂豫皖中央分局于1932年10月10日在红安县河口北的黄柴畈召开紧急会议（即黄柴畈会议）。参加会议的有张国焘、沈泽民、陈昌浩、徐宝珊、王平章、徐向前、吴焕先等。会上在讨论红四方面军的行动方向时，发生了争执。分局书记张国焘主张退出鄂豫皖苏区，向外线转移；鄂豫皖省委书记沈泽民主张红军不脱离苏区，分散游击，坚持游击战争。徐向前等多数与会者同意张国焘转移外线作战的意见。会议最后决定，红四方面军主力越过京汉路以西地区活动，把敌人引出苏区，一待形势好转，再回来恢复苏区。同时还决定沈泽民等留下，率领红军在鄂豫皖苏区坚持斗争。

【川陕省第一次党员代表大会】（1933年2月7日至13日） 川陕省第一次党员代表大会于1933年2月7日至13日在四川通江县城举行。到会代表500余人，中心议题是创建川陕边革命根据地问题。大会通过了《关于目前政治形势与川陕省党的任务》《发展党的组织与扩大红军》和立即召开川陕省第一次工农兵代表大会等决议。决定开展分配土地的斗争，彻底打垮封建统治势力。同时号召广大人民立即掀起建军热潮，准备粉碎敌人的围攻。大会选举产生了37人组成的中共川陕省委员会，袁克服任书记。决定创办省委机关报《川北穷人》（后改名为《共产党》）和川陕省委党校。会后，红四方面军前委领导地方党的任务移交给了川陕省委。不久，召开了川陕省第一次工农兵代表大会，成立了工农民主政府，标志着川陕革命根据地的形成。

【满洲省委扩大会议】（1933年5月15日） 满洲省委于1933年5月15日在哈尔滨举行扩大会议。会议主要讨论和研究贯彻党中央“一·二六指示信”，会议通过了《中共满洲省委关于执行反帝统一战线与争取无产阶级领导权的决议》，完全接受中央这一指示，确定各地党组织和反日游击队当前的中心任务是执行反日统一战线方针、巩固无产阶级领导权，建立东北人民革命军与民选政府。

【川陕省第二次党员代表大会】（1933年6月23日） 川陕省第二次党员代表大会于1933年6月25日在四川通江举行。到会代表248人。省委常委曾中生作政治报告。会议通过了《目前政治形势与川陕省党的任务》《组织问题决议案》《红军与地方武装决议案》等文件。会议确定川陕党的当前任务是，采取最坚决的进攻敌人的路线，消灭四周敌人，巩固已得胜利，争取更伟大的胜利。大会改选了川陕省委，袁克服仍任书记。决定创办理论刊物《干部必读》。这次大会，对于红四方面军的发展和川陕省苏维埃政府的成立，起了积极的推动作用。

【陈家坡会议】（1933年8月14日） 陕甘边特委于1933年8月14日在陕西耀县陈家坡召开党政军联合扩大会议（即陈家坡会议）。参加者有秦武山、习仲勋、李妙斋、高岗、张秀山、杨森、黄子祥、张邦英等，陕甘边特委书记秦武山和陕甘边军委书记习仲勋主持。会议着重讨论红军统一领导和战略方针问题。批判了杜衡等的"左"倾错误，纠正了部分领导由于红二十六军第二团南下失败而产生的右倾悲观情绪。决定巩固和扩大以照金为中心的陕甘边革命根据地，将渭北红二十六军第四团、西北抗日义勇军和耀县游击队、陕甘边各游击队等武装力量统一起来，成立陕甘边区红军临时总指挥部，王泰吉任总指挥，高岗任政治委员。会议还制定了保卫照金根据地的作战方针。这次会议统一了渭北、陕甘边党和红军的领导，对于坚持和发展陕甘边苏区和游击战争，重建红二十六军起了重要作用。

【包家寨会议】（1933年11月3日至5日） 陕甘边特委和红军临时总指挥部于1933年11月3日至5日在甘肃合水县包家寨举行联席会议。刘志丹、高岗、王泰吉、黄子文等参加了会议。会议清算了杜衡的"左"倾错误，总结了退出照金苏区和薛家寨失守的经验教训，讨论了部队改编、根据地重建以及今后的行动方针等重大问题。根据刘志丹的建议，决定撤销陕甘边红军临时总指挥部，恢复红二十六军，成立第四十二师；划分陕北、陇东、关中三路游击区，组成三路游击总指挥部，第一路以安定为中心，第二路以南梁为中心，第三路以照金为中心，红二十六军主力南北策应；军事后方北移至南梁，开辟以南梁为中心的陕甘边区革命根据地。这次会议改变了以照金作为战略后方向渭北发展的原定方针，确立了开辟以南梁为中心广泛开展游击战争的战略决策，解决了长期未能解决的陕甘边根据地的发展战略方向问题，标志着陕甘边根据地进入一个新的发展阶段。

【湘鄂西中央分局会议】（1933年12月19日） 湘鄂西中央分局于1933年12月19日在湖北咸丰县大村召开会议。夏曦、贺龙、关向应等出席。会议主要讨论湘鄂边失败的教训与当前的任务。会议决定放弃恢复湘鄂边苏区，向川东的酉阳、秀山、黔江、彭水一带发展，创造湘鄂川黔边新的苏区。根据黔江神兵“联英会”送来的情报，会议同时决定红三军立即进入川东，占领黔江县城。此后，红三军根据这次会议精神，多方寻求战机和立足之地。

【六届五中全会】（1934年1月15日至18日）　六届五中全会于1934年1月15日至18日在江西瑞金沙洲坝乡大埠村举行。这次会议是在国内政治形势发生重大变化，蒋介石加紧向革命根据地发动第五次“围剿”的关键时刻召开的。出席会议的有中央委员、候补中央委员和一些省的代表。博古主持会议并作《目前的形势与党的任务》报告，陈云作《国民党区域中的工人经济斗争与工会工作》报告，张闻天作《中国苏维埃运动与它的任务》报告。会议集中讨论了上述三个报告，通过了《中共五中全会政治决议案》《五中全会关于白色区域中经济斗争与工会工作的决议》《五中全会给二次全苏大会党团的指令》等文件。全会完全接受共产国际执委第十二次全会对于世界形势和中国形势的分析，高度评价六届四中全会，规定了党在苏维埃区域和国民党区域的各项任务。全会增选王稼祥、凯丰为中央委员，增选彭德怀、杨尚昆、李富春、李维汉、孔原为候补中央委员；改选了政治局，博古、张闻天、周恩来、王稼祥、项英、陈云、王明、康生、任弼时、张国焘、毛泽东为政治局委员，刘少奇、朱德、关向应、邓发、凯丰为政治局候补委员；全会决定设立中央书记处（即中央政治局常委），博古、张闻天、周恩来、项英为书记处书记，博古负总责。全会还选举了中央党务委员会，李维汉任书记，张闻天兼任中央党报委员会主任。会议肯定了六届四中全会以来的“左”倾错误路线，并且通过了一系列“左”倾错误的理论和政策，将“左”倾错误发展到顶点。

【第二次全国苏维埃代表大会】（1934年1月22日至2月1日）　第二次全国苏维埃代表大会于1934年1月22日至2月1日在瑞金沙洲坝举行。出席会议的有江西、福建、粤赣、闽粤、湘赣、闽浙赣、鄂豫皖等地区和红军、地方武装的代表，共计正式代表693人，候补代表83人，旁听的有1500人左右。大会的任务是总结中华苏维埃共和国两年来的工作，全面加强苏区建设。大会选举了主席团和六个委员会。毛泽东致开幕词并代表中央执行委员会和人民委员会作《对第二次全国苏维埃代表大会的报告》《关于中央执行委员会与人民委员会报告的结论》；朱德、林伯渠、吴亮平分别作了红军建设决议案、经济建设决议案、苏维埃建设决议案的报告；项英作了《关于修改宪法的报告》。大会通过了《第二次全国苏维埃代表大会宣言》《关于苏维埃建设的决议案》《关于红军问题的决议案》《中华苏维埃共和国宪法大纲》等文件。选举了第二届中央执行委员会。2月3日召开的中央执行委员会第一次会议，选举毛泽东为中央执行委员会主席，项英、张国焘为副主席；选举张闻天为人民委员会主席，以及选举外交、军事、劳动、土地、财政、国民经济、粮食、司法、内务、教育、工农监察等11个部门的部长。会议期间，改组中央革命军事委员会，选举朱德为中革军委主席，周恩来、王稼祥为副主席。这次大会对于动员苏区全体军民进行第五次反“围剿”战争，起了积极的作用。

【红军第一次全国政治工作会议】（1934年2月7日至12日） 红军第一次全国政治工作会议于1934年2月7日至12日在瑞金沙洲坝举行。出席会议的有各军团、军、军区、军分区、学校、医院、兵站和各地赤少队、地方武装等团以上政治工作领导干部及部分基层政治工作干部共258人。红军总政治部主任王稼祥致开幕词，博古作关于五中全会总结的报告，王稼祥代表总政治部作《目前形势与政治工作任务》的报告；李卓然作战时政治工作的报告；陈云作关于争取白军工作的报告；周恩来作《一切政治工作为着前线上的胜利》的演说。共产国际军事顾问李德也参加了会议，并作了第五次反“围剿”的军事问题的报告。会议总结了自古田会议以来政治工作的经验教训，提出了“政治工作是红军的生命线”“政治工作要保证作战的胜利”“政治工作要保证提高部队的军事素养，政治干部要学习军事，要会指挥打仗”“加强与改善政治教育工作”等重要原则。这次会议在中国红军建设史和中国革命史上占有重要的地位，对于人民解放军政治工作的一些理论原则、方针和方法的发展与确立，作出了重要贡献。但会议是在“左”倾教条主义盛行之时召开的，使政治工作不可避免地受到一定的影响。

【阎家洼子联席会议】（1934年7月28日） 陕甘边特委、红军四十二师党委和陕北游击队总指挥部于1934年7月28日在甘肃南梁阎家洼子召开联席会议（即阎家洼子联席会议）。出席会议的有刘志丹、谢子长、贺晋年、习仲勋、郭洪涛、张秀山、张邦英、杨森、王世泰、惠子俊、杨琪、高岗、龚逢春等，红四十二师连以上干部和陕北游击队总指挥部支队长以上干部也都参加了会议。谢子长以西北军事特派员的身份主持会议。会上着重讨论陕甘边、陕北所面临的现实问题，确定了这两个根据地互相配合和协同作战的战略方针。宣读了上海临时中央局和中央驻北方代表给陕甘边特委及红二十六军的两封信，信中不顾红二十六军坚持游击战争开创革命根据地取得的成绩，给红二十六军扣上“右倾机会主义领导”“逃跑主义”“梢山主义”等大帽子。决定撤销高岗红二十六军四十二师政治委员的职务，由谢子长兼任，杨森仍任师长；贺晋年任陕北游击队总指挥，郭洪涛兼任政治委员；红四十二师三团北上，配合陕北游击队和广大群众，粉碎敌人对陕北的第一次“围剿”，发展和扩大根据地，尽快把陕北和陕甘边根据地连成一片。会议一致认为，需要中央派得力同志去组织西北工作委员会，领导西北全部工作。还要求中央派军政同志领导四十二师。会后，陕甘边特委进行了组织上的调整，惠子俊任特委书记。这次会议，标志着陕北和陕甘边根据地开始形成一体，为两支红军和两块根据地的最终统一奠定了初步的基础。

【湘鄂赣省委八月紧急会议】（1934年8月） 湘鄂赣省委于1934年8月在江西平江县黄金洞何家垅召开紧急会议。会议由省委书记兼省军区政委陈寿昌主持，出席会议的有徐彦刚、傅秋涛、刘玉堂、钟期光、谭启龙以及一部分中心县委书记等。会议总结了湘鄂赣苏区第五次反"围剿"失败的经验教训，检查了省委在反"围剿"工作中的错误，提出当时党的主要任务是"恢复与壮大红军主力，保卫并联系苏区"。会议作出抽调干部到各地搜集武装，开展扩大红军运动，发展红军第十六师的决议。这次会议是湘鄂赣游击区三年游击战争的一次极为重要的会议，对于推动这一地区游击战争和红军的恢复与发展，有着重要的意义。但是会议未能正确认识湘鄂赣苏区第五次反"围剿"失败的主要原因，反而认为是省委没有坚决执行党的"左"的进攻路线。

【红四方面军党政工作大会】（1934年11月1日至9日） 红四方面军于1934年11月1日至9日在四川通江县毛浴镇举行党政工作大会。到会代表800余人。大会的中心任务是："在坚决的进攻路线之下，彻底消灭刘湘，冲破川陕反革命的'川陕会剿'，来汇合红二、六集团军、中央苏区红军，争取苏维埃新中国的实现。"会议不仅讨论了许多原则上的问题，而且同时解决了包括组织问题在内的许多实际问题，并且检查了过去工作的缺点，解决了政治工作、党的工作、白军工作、地方工作等问题。大会通过了各军革命竞赛的条例，并举行了全方面军的授旗典礼。这次会议为冲破敌人的"川陕会剿"，"赤化全川"争取整个西北革命的首先胜利与粉碎五次"围剿"，做了重要的准备。

【南满党的第一次代表大会】（1934年11月5日） 南满党的第一次代表大会于1934年11月5日在临江县四道二岔召开。出席者共32人，杨靖宇作《关于目前世界、中国、满洲的形势》的报告。会议通过了《中共南满第一次代表大会决议》，提出扩大人民革命军，扩大反日游击战争，团结一切反日力量，创造革命政权和根据地的战斗任务。决定成立中共南满临时特委，选举李东光为特委书记。同时正式组建东北人民革命军第一军，杨靖宇任军长兼政治委员，下辖2个师和1个教导团，共1600余人。

【鄂豫皖省委花山寨会议】（1934年11月11日） 鄂豫皖省委于1934年11月11日在光山县花山寨举行第十四次常委会议，省委常委徐宝珊、吴焕先、徐海东、郑位三、戴季英等出席。会议传达学习了中共中央1934年7月26日《关于组织抗日先遣队的通知》、7月29日《致鄂豫皖省委训令》等文件和中革军委副主席周恩来关于鄂豫皖红军主力要做战略转移、建立新的根据地的指示，并结合鄂豫皖革命根据地的斗争实际，讨论了红二十五军实行战略转移的问题。会议还讨论了部队整编和红二十五军领导人的变动及省委成员的补充、工作安排问题。决定由中央派来的程子华担任军长、原军长徐海东改任副军长，吴焕先为军政治委员。同时决定，补选程子华为省委常委，省委常委高敬亭留在鄂豫皖革命根据地领导红二十八军坚持游击战争。

【通道会议】（1934年12月12日） 中华苏维埃共和国中央革命军事委员会（简称中革军委）于1934年12月12日在湖南通道县城召开紧急会议。博古、朱德、周恩来、张闻天、毛泽东、王稼祥和李德等七人参加。会议着重讨论红军战略转移的前进方向问题。毛泽东极力说服博古等主要领导人，建议放弃原定计划，改向敌人力量薄弱的贵州前进，到川黔边建立根据地。毛泽东的建议，得到与会多数人的支持。但李德等人拒不接受。会后，博古、李德执意坚持北上湘西与红二、红六军团会合的原定计划。通道会议是中央红军长征后第一次召开的重要会议，虽然多数人赞同毛泽东的建议，但因中央领导层的意见不统一，未能就战略转移的方向作出决定。但是，通道会议为促进黎平会议决策红军战略转兵，创造了良好条件。

【黎平会议】（1934年12月18日） 六届中央政治局于1934年12月18日在贵州黎平县城召开会议。周恩来主持会议，参加者有博古、朱德、张闻天、毛泽东、王稼祥、陈云、刘少奇等。李德因病没有出席。会议继续讨论红军的战略方针与进军路线问题。博古仍坚持中央红军进入湘西北，同红二、红六军团会合的意见；毛泽东则主张放弃原定计划，改向黔北进军，创建以遵义为中心的川黔边根据地。经过激烈争论，毛泽东的建议得到与会多数同志的赞同，通过了《中央政治局关于战略方针之决定》，决定放弃与红二、红六军团会合的原定计划。同时还决定在适当的时候召开政治局扩大会议，以便审查黎平会议的决定和总结第五次反"围剿"以及长征以来军事指挥上的经验教训。黎平会议是通道会议争论的继续，是长征以来具有决定意义战略转变的关键，最后确定了向贵州转兵的战略方针，为遵义会议纠正"左"倾军事冒险主义错误，做了重要的准备。

【苏区中央分局十二月会议】（1934年12月下旬） 苏区中央分局于1934年12月下旬在瑞金召开会议。此次会议是为了摆脱中央分局和红二十四师等部队被"清剿"的形势，由项英主持以研究对策。陈毅在会上提出，应迅速转变战略思想和斗争方式，分散部队广泛发动群众开展游击战争，以粉碎敌人的"清剿"。项英也意识到再不能照老办法坚持下去，表示同意陈毅的意见。会议决定放弃依赖主力红军胜利回师反攻的想法，提出"独立自主坚持游击战争"的方针，开始由正规战到游击战的转变。

【猴场会议】（1935年1月1日） 六届中央政治局于1935年1月1日在黔北地区的瓮安县猴场（今草塘）召开会议。周恩来主持会议，参加者有博古、毛泽东、朱德、张闻天、陈云、王稼祥、刘少奇、邓发、李德等。会议重申黎平会议关于在川黔边建立新根据地的战略决定，批评了博古、李德同红二、红六军团会合的错误主张，作出了《关于渡江后新的行动方针的决定》，重申"建立川黔边区新苏区根据地"的战略任务，并改变了李德取消军委集体领导，压制不同意见，个人包办的状况。猴场会议巩固了黎平会议的成果，实现了中央红军的战略转变，并且提出了渡江后新的行动方针，为遵义会议的召开做了重要准备。

【闽北大安紧急会议】（1935年1月初）　闽北分区委于1935年1月初在闽北苏区首府崇安县大安召开紧急会议。闽北分区区委书记黄道主持会议，出席者有李德胜、曾镜冰、曾昭铭、吴华友、王助等。会议分析了中央红军主力转移后，闽北苏区受国民党军重兵包围的形势下，如何坚持游击战争的问题。会议最后确定“保存实力，撤出大安，依靠革命老区群众，坚持开展游击战争”的方针。这次会议决定由苏区斗争方式转变为游击区斗争方式，为闽北三年游击战争的坚持与胜利奠定了基础。

【遵义会议】（1935年1月15日至17日）　六届中央政治局于1935年1月15日至17日在贵州遵义召开扩大会议（即遵义会议）。这次会议是在中央红军长征途中，许多干部对中央主要领导人在军事指挥上的错误逐渐产生怀疑和不满，酝酿着要求纠正错误、改变领导的情况下召开的。出席会议的政治局委员有毛泽东、张闻天、周恩来、朱德、陈云、博古，候补委员有王稼祥、刘少奇、邓发、何克全（凯丰），红军总部和各军团负责人刘伯承、李富春、林彪、聂荣臻、彭德怀、杨尚昆、李卓然，还有中央秘书长邓小平。共产国际军事顾问李德及担任翻译工作的伍修权列席了会议。

会议由博古主持，中心议题是总结和清算第五次反“围剿”和突围西征中军事指挥的错误。博古首先作关于第五次反“围剿”的总结报告，他过分强调客观困难，把第五次反“围剿”的失败归之于帝国主义、国民党反动力量的强大，而不承认主要是由于他和李德压制正确意见，在军事指挥上犯了严重错误而造成的。周恩来就军事问题作副报告，他指出第五次反“围剿”失败的主要原因是军事领导的战略战术的错误，并主动承担责任，作了自我批评，同时也批评了博古和李德。张闻天按照会前与毛泽东、王稼祥共同商量的意见，作反对“左”倾军事错误的报告，比较系统地批评了博古、李德在军事指挥上的错误。毛泽东作了长篇发言，对博古、李德在指挥上的错误进行了分析和批评，并阐述了中国革命战争的战略战术问题和今后在军事上应该采取的方针。王稼祥在发言中也批评博古、李德的错误，支持毛泽东的正确意见。会议经过激烈争论，指定张闻天起草《中央关于反对敌人五次“围剿”的总结决议》。这个决议，在中央离开遵义到达云南扎西（今威信）县境后召开的会议上正式通过。决议充分肯定毛泽东等指挥红军多次取得反“围剿”胜利所采取的战略战术的基本原则，明确指出博古、李德“在军事上的单纯防御路线，是我们不能粉碎敌人五次‘围剿’的主要原因”。会议改组了中央领导机构，增选毛泽东为政治局常委；取消长征前成立的“三人团”（由博古、李德、周恩来组成），仍由最高军事首长朱德、周恩来为军事指挥者，而周恩来是党内委托的对于指挥军事下最后决心的负责者。此后，中央政治局常委分工，决定以毛泽东为周恩来的军事指挥上的帮助者。3月中旬，在贵州鸭溪、苟坝一带，成立了由毛泽东、周恩来、王稼祥组成的新的“三人团”，以周恩来为团长，负责指挥全军的军事行动。

遵义会议结束了王明“左”倾教条主义错误在全党的统治，开始确立以毛泽东为主要代表的马克思主义正确路线在中共中央和红军的领导地位，解决了当时最迫切的组织问题和军事问题，在最危急的关头，挽救了党和红军，成为中国革命生死攸关的转折点，标志着中国共产党在政治上开始走向成熟。

【闽东洋面山会议】（1935年1月中旬） 闽东特委于1935年1月中旬在福建福安县洋面山召开紧急会议。参加会议的有詹如柏、马立峰、冯品泰、赖金彪、叶秀蕃等闽东党政军主要领导人。会议由叶飞主持。中心议题是研究如何对付国民党军的大规模“清剿”。讨论中发生了意见分歧。最后决定：迅速转变战略方针，变苏区方式为游击区方式；党政机关和地方武装就地坚持斗争，开辟新的游击区。这次会议对于闽东三年游击战争的深入开展，起到了决定性的作用。

【周家峪会议】（1935年2月5日） 陕北特委和陕甘边特委于1935年2月5日在陕北赤源县周家峪（今子长县）召开联席会议。出席会议的有陕北特委委员崔田夫、郭洪涛、马明方，陕甘边特委委员刘志丹、张秀山等。谢子长因病没有出席。刘志丹主持会议，并传达了他和谢子长商定的意见。与会者一致同意统一陕甘边、陕北两个苏区的党组织和红二十六、红二十七军的领导。决定成立中共西北工作委员会，惠子俊任书记（惠未到任前由崔田夫代理），成员有谢子长、刘志丹、张秀山、习仲勋、崔田夫、郭洪涛、马明方、高岗等。同时成立西北革命军事委员会，选举谢子长为主席，刘志丹为副主席（谢因病未到职，实际上由刘志丹负责）。这次会议统一了两个苏区党政军的领导，确定了反敌人第二次“围剿”的战略方针，将西北地区的革命斗争推上一个新的发展阶段。

【扎西会议】（1935年2月5日至9日） 六届中央政治局于1935年2月5日至9日在云南威信县扎西镇境内连续召开会议，统称扎西会议。会议由张闻天主持，参加者有周恩来、毛泽东、博古、王稼祥、朱德、陈云、刘少奇、邓发、凯丰等。会议讨论红军战略方针，并作出了《遵义会议决议》《决议大纲》《中央书记处致项英转中央分局电》《中共中央给中央分局的指示》《军委关于我军向川滇黔边发展的指示》《关于各军团缩编的命令》《为创造云贵川边苏区而斗争》等一系列重要文件。会议决定由张闻天接替博古在党内负总的责任，成立中共川南特委和组建中国工农红军川南游击纵队，红军回师黔北和缩编部队。扎西会议是长征中十分重要的会议，实际上是遵义会议的继续和最后完成，也是张闻天同毛泽东紧密合作，协力领导全党全军的良好开端。

【中央分局紧急会议】（1935年2月中旬） 中央分局于1935年2月中旬在江西于都县以南的禾丰地区召开紧急会议。项英、陈毅、贺昌、陈潭秋以及谭震林、毛泽覃、汪金洋、李才莲等参加会议，项英主持。会议根据中央的指示，决定实行组织方式和斗争方式的转变，将部队分成九路向外突围，分别到中央苏区周围地区开展游击战争。同时，决定将中央分局、中央政府办事处和中央军区负责人及工作人员分配到各部队行动或派到其他地区加强领导。此次会议标志着中央分局实行战略转变的最终完成，对于中央苏区及其他地区游击战争的坚持与发展产生了重要影响。

【荀坝会议】（1935年3月11日） 六届中央政治局于1935年3月11日在贵州苟坝附近召开会议（即苟坝会议）。主要讨论毛泽东关于成立“三人团”负责指挥军事的提议。张闻天主持。会议认为军事行动需要集中指挥，经常由中央直接开会讨论军事行动确实于指挥不利。决定成立由毛泽东、周恩来、王稼祥3人组成的新的“三人团”（即“三人军事小组”），周恩来任团长，全权指挥军事行动。

【长岭会议】（1935年4月上旬） 中央分局和赣粤边特委于1935年4月上旬在江西大余县长岭村召开干部会议。出席会议的有项英、陈毅、蔡会文、李乐天、杨尚奎、陈丕显等近70人。项英主持并作报告。会议根据中央“二月来电”的精神，结合赣粤边的实际，制定了“依靠群众，坚持斗争，积蓄力量，创造条件，迎接新的革命高潮”的方针。决定以油山、北山为主要根据地，以南岭山脉为依托，长期坚持游击战争；同时采取机动灵活的斗争策略，划分为五个游击区。还决定分散特委机关，特委下面设立信康赣县委和南雄县委，并建立秘密交通联络网，以保持中央分局和特委与各地游击队的联系。这次会议制定了正确的方针和策略，成为赣粤边游击区由正规战争转入游击战争的新起点。

【闽西南党政军领导干部会议】（1935年4月10日） 中央分局于1935年4月10日在闽西永定县溪南赤寨村召开闽西南党政军领导干部会议。陈潭秋主持会议并代表中央分局传达了党中央给中央分局的电报指示。张鼎丞在会上作了报告，分析了闽西的形势和当前的主要任务。会议决定改变“保卫苏区，等待主力回头”的方针，制定了广泛开展游击战争的基本任务，并将红军游击队划分为四个作战分区，同时将闽西军政委员会改为闽西南军政委员会，张鼎丞任主席。这次会议对闽西南党组织统一领导，以及由正规战向游击战转变，有着十分重要的意义。

【会理会议】（1935年5月12日） 六届中央政治局于1935年5月12日在四川会理县城郊铁厂举行扩大会议。张闻天主持会议，参加者有毛泽东、周恩来、朱德、王稼祥、彭德怀、杨尚昆、林彪、聂荣臻以及共产国际军事顾问李德等。张闻天、毛泽东、周恩来、朱德、彭德怀等在会上发言，批评林彪所谓“走了弓背”和要求撤换军事指挥的错误意见，支持毛泽东的指挥，并决定立即北上，同红四方面军会合。这次会议统一了认识，对维护党和红军的团结，对巩固遵义会议的成果，有着重要的意义。

【两河口会议】（1935年6月26日） 六届中央政治局于1935年6月26日在四川懋功以北的两河口举行会议。会议由张闻天主持，出席会议的有毛泽东、朱德、周恩来、张国焘、王稼祥、博古、刘少奇、凯丰、邓发、刘伯承、彭德怀、林彪、聂荣臻、林伯渠、李富春共16人。周恩来代表党中央和中央军委作关于目前战略方针问题的报告，着重阐明战略方针、行动方针和战略指挥三个问题，强调两个方面军要统一指挥，集中于中央军委。张闻天作会议总结。会议一致通过周恩来报告中提出的建立川陕甘根据地的战略方针，并责成张闻天起草一个中央政治局决定。6月28日，中央政治局作出《关于一、四方面军会合后战略方针的决定》。两河口会议确定了新的战略方针，为两个方面军共同北上，进一步扩大苏维埃运动指明了方向。

【芦花会议】（1935年7月21日至22日） 六届中央政治局于1935年7月21日至22日在四川西北的芦花（今黑水）县城举行会议。会议由张闻天主持，参加会议的有毛泽东、朱德、周恩来、张国焘、王稼祥、博古、凯丰、邓发、李富春、刘伯承、陈昌浩、徐向前等13人。中心议题是讨论红四方面军的工作问题，总结红四方面军从鄂豫皖根据地到川陕根据地这段历史的经验教训。张国焘作红四方面军发展历史情况的报告，徐向前和陈昌浩分别作关于红四方向军情况的补充报告。会议对上述3个报告进行了讨论。会议在肯定红四方面军成绩的同时，也指出其主要问题。芦花会议对增强两大主力红军的团结，统一部队组织与指挥，起了一定的作用。

【沙窝会议】（1935年8月4日至6日） 六届中央政治局于1935年8月4日至6日在毛儿盖以南的沙窝召开会议。参加会议的有毛泽东、朱德、周恩来、张闻天、张国焘、博古、凯丰、邓发、陈昌浩、刘伯承、傅钟等11人。会议共两项议程：一是讨论红一、红四方面军会合后的形势与任务；二是讨论组织问题。张闻天作关于红一、红四方面军会合后的决议草案的报告，毛泽东就决议草案作补充说明。与会者相继发言，赞同张闻天的报告，强调必须提高党在红军中的威信。张国焘在会上极力为错误进行辩解，认为退出川陕根据地和在少数民族地区建立联邦政府是正确的。会议通过了《关于红一、红四方面军会合后的政治形势与任务的决议》，决定增补陈昌浩、周纯全为政治局委员；恢复一方面军司令部，由周恩来任一方面军司令员兼政治委员；由陈昌浩、周纯全分任红军总政治部正、副主任。沙窝会议对于加强两个方面军的统一领导与指挥，推动张国焘执行中央的北上方针，坚定创建川陕甘根据地的信心，起了积极的作用。同时也开始公开暴露出张国焘与党中央的政治分歧。

【毛儿盖会议】（1935年8月20日） 六届中央政治局于1935年8月20日在毛儿盖

召开会议。会议由张闻天主持，参加会议的有毛泽东、博古、王稼祥、陈昌浩、凯丰、邓发、徐向前、李富春、聂荣臻、林彪、李先念共12人。朱德和张国焘因在前方指挥左路军攻阿坝未能参加会议，周恩来因重病也未到会。毛泽东在会上作关于夏洮战役后的行动问题报告，指出红军主力应向东向陕甘边界发展，不应向黄河以西。毛泽东作会议讨论结论时，再次强调左路军应向右路军靠拢。与会者一致同意毛泽东的报告。会议决定由毛泽东起草一决议，作为对两河口会议决议的补充，即《关于目前战略方针政策之补充决定》。毛儿盖会议是两河口会议、沙窝会议的继续和深入，对于明确红军主力发展方向，克服张国焘的分裂危险，起了积极的作用。

【巴西会议】（1935年9月2日）　六届中央政治局于1935年9月2日在四川诺尔盖县巴西召开会议。会议由张闻天主持，到会者有毛泽东、博古、王稼祥、凯丰、陈昌浩、刘少奇、李卓然、邓发、彭德怀、杨尚昆、李富春、徐向前、傅钟共14人。毛泽东在会上作报告，提出一方面军整理的方针，可参考中央苏区时的制度，学习红四方面军的优良制度。强调红军要加强领导，仔细地建立与群众的关系，重新进行“三大纪律、八项注意”的教育。毛泽东作会议结论时指出：整理训练是为了完成战略方针、战斗任务，建立根据地，消灭敌人。会议决定，由张闻天起草给红一方面军的指示信，并责成军委总政治部监督执行。

【俄界会议】（1935年9月12日）　六届中央政治局于1935年9月12日在甘肃南部迭部县俄界举行扩大会议。会议由张闻天主持，参加会议的有毛泽东、博古、王稼祥、凯丰、刘少奇、邓发、蔡树藩、叶剑英、林伯渠、李维汉、杨尚昆、林彪、聂荣臻、朱瑞、罗瑞卿、彭德怀、李富春、袁国平、张纯清以及共产国际军事顾问李德等。毛泽东作今后行动方针的报告，着重说明中央与红四方面军领导人张国焘的分歧与斗争，不仅是战略方针的分歧，而且“是两条路线的分歧，是布尔什维主义与军阀主义的斗争”。与会者一致同意毛泽东的报告。会议决定将原有红一、红三军团缩编为中国工农红军陕甘支队，彭德怀任司令员，毛泽东任政治委员；成立由彭德怀、林彪、毛泽东、王稼祥、周恩来组成的“五人团”，作为全军最高领导核心；组成编制委员会，由李德（主任）、叶剑英、邓发、蔡树藩、李维汉组成。会议通过《关于张国焘同志的错误的决定》，指出张国焘的错误性质及其历史根源，号召红四方面军全体忠于党的同志团结在党中央周围，同张国焘的错误路线作斗争。俄界会议改变了在陕甘建立根据地的战略方针，确定用游击战争来打通国际联系，创造新根据地的战略方针，对于克服张国焘的分裂主义、保证党中央北上方针贯彻实施，有着重大的意义。

【阿坝会议】（1935年9月中旬）　川康省委和红四方面军于1935年9月中旬在阿坝格尔登寺召开党员活动分子会议。张国焘主持会议。会上，他煽动一部分不明真相者批评党中央率部北上是分裂逃跑，还对拥护中央北上方针的朱德、刘伯承进行围攻。朱德、刘伯承在十分困难的情况下，同张国焘的错误作斗争。最后会议作出《关于反右倾机会主义斗争的决议》，诬称中央坚持北上为“机会主义”“右倾逃跑”，美化张国焘向南逃跑为“进攻路线”，并扬言对“进攻路线”的反对者，予以“纪律制裁”。

【榜罗镇会议】（1935年9月27日）

六届中央政治局于1935年9月27日在甘肃通渭县榜罗镇召开常委会议。张闻天主持，中央政治局常委毛泽东、周恩来、博古等参加。会议讨论研究了当时的形势和陕北的军事、政治、经济状况，决定改变俄界会议关于首先赤化甘南，在靠近苏联的地方建立根据地，打通国际路线的战略方针，作出把红军长征落脚点放在陕北的重大决策，一致同意毛泽东提出的陕甘支队迅速到陕北与红二十五、红二十六军会合，并提出“保卫与扩大陕北苏区”的新的战略方针。会议还决定派一支部队，与国际联系，取得国际的技术帮助（后因条件不具备而未能实现）。榜罗镇会议是党中央在长征途中召开的一次极为重要的会议，它解决了红军长征以来一直未能解决的建立巩固的根据地的问题，最后决定把全国革命的大本营放在陕北苏区。这一决定在10月22日中央政治局会议上（即吴起镇会议）得到批准，从而为胜利结束长征，开辟以陕北苏区领导全国革命的新局面，迈出了关键性的一步。

【卓木碉会议】（1935年10月5日）

张国焘于1935年10月5日在四川理番县卓木碉（今马尔康县脚木足乡）召开高级干部会议。会上，张国焘攻击党中央率红一、红三军北上是“右倾机会主义逃跑路线”，公开打出反党旗帜，非法作出《关于成立第二中央的组织决定》，宣布成立“中共中央”“中央政府”“中央军委”和“团中央”，并宣布“毛泽东、周恩来、博古、洛甫应撤销工作，开除中央委员及党籍，并下令通缉”。这次会议，标志着以逃跑主义和军阀主义为特征的张国焘路线已发展到顶峰。

【吴起镇会议】（1935年10月22日）

六届中央政治局于1935年10月22日在陕甘革命根据地的吴起镇召开扩大会议。这次会议是在党中央和中央红军胜利完成长征，实现历史性战略转移后召开的。会议由张闻天主持，参加会议的有毛泽东、博古、周恩来、王稼祥、邓发、李富春、聂荣臻、刘少奇、叶剑英、凯丰、贾拓夫、彭德怀共13人。会议的中心议题是总结俄界会议后红军的行动，确定当时形势下陕甘支队的行动方针。毛泽东作了《关于目前行动方针》的报告和讨论总结，提出“我们的任务是保卫和扩大陕甘苏区，以陕甘苏区领导全国大革命。陕甘晋是发展的主要区域”。张闻天作会议总结。会议批准了榜罗镇会议的决定，明确提出把红军长征落脚点放在陕北的战略决策，宣告中央红军二万五千里长征胜利结束，确定之后的战略任务是“建立西北的苏区，领导全国大革命”，开创了党中央全国革命大本营放在陕北的新时期。

【下寺湾会议】（1935年11月3日） 六届中央政治局于1935年11月3日在甘泉县下寺湾召开常委会议，同日，召开中央政治局会议。张闻天主持，出席者有毛泽东、周恩来、博古、王稼祥、凯丰、刘少奇、林伯渠、彭德怀、李维汉、李德。会议听取陕甘晋省委副书记郭洪涛和西北军委主席聂洪钧关于陕北苏区根据地和红军的历史及现状的汇报，讨论红军当时的行动方针及中央组织问题。会议决定：中央对外公开用“西北中央局”；成立西北军事委员会，主席毛泽东，副主席周恩来、彭德怀；中央分两路行动，张闻天、博古等率领中央机关北上，进驻陕甘晋省委所在地安定县瓦窑堡。毛泽东、周恩来、彭德怀等率领陕甘支队南下甘泉象鼻子湾，与红十五军团会合，准备粉碎国民党军对陕北苏区的“围剿”。同日，中央红军恢复红一方面军番号，彭德怀任司令员，毛泽东任政治委员，叶剑英任参谋长，王稼祥任政治部主任。

【六届中央政治局会议】（1935年12月6日） 六届中央政治局于1935年12月6日在瓦窑堡召开会议。中心议题是讨论改变对富农的策略问题。张闻天主持会议并作报告和会议结论。出席者有博古、凯丰、邓发、罗迈、阿金（金维映）、吴亮平、贾拓夫、郭洪涛、马明方、欧阳钦、刘少奇、张浩（林育南）13人。会议决定组织整个农民战线，反对主要敌人，适当放宽对富农的政策，作出《关于改变对富农策略的决定》。指出：在白区，应联合整个农民，造成广泛的农民统一战线。在苏区，应集中力量消灭地主阶级；对于富农只取消其封建式剥削的部分，即没收其出租的土地，并取消其高利贷，其他经营的土地、商业和财产不予没收；苏维埃政府应保障富农扩大生产与发展工商业等自由。这次会议，为党正确对待和解决富农问题指明了方向。

【瓦窑堡会议】（1935年12月17日至25日） 六届中央政治局于1935年12月17日至25日在陕北安定县（今子长县）瓦窑堡举行扩大会议（即瓦窑堡会议）。这次会议是根据共产国际七大的决议，在抗日救亡运动重新高涨的形势下，极需制定新的战略策略的情况下召开的。会议由张闻天主持，与会者有毛泽东、周恩来、博古、李维汉、王稼祥、刘少奇、邓发、凯丰、张浩、邓颖超、吴亮平、郭洪涛等十余人，共产国际军事顾问李德也参加了会议。中共驻共产国际代表张浩传达了共产国际七大的精神和中共代表团发布《八一宣言》的经过；毛泽东作《军事战略问题》的报告；张闻天作《政治形势与策略问题》的报告。会议分析了华北事变后国内阶级关系的新变化，讨论了抗日民族统一战线、国防政府和抗日联军等问题，批判了党内长期存在着的“左”倾冒险主义和关门主义错误，制定了正确的策略。会议通过了毛泽东起草的《中央关于军事战略问题的决议》，提出红军行动的战略方针是把国内战争同民族战争结合起来，准备直接对日作战力量和猛烈扩大红军。通过了张闻天起草的《中央关于目前政治形势与党的任务决议》，决议提出：中国共产党是无产阶级的先锋队，同时又是全民族的先锋队。为了扩大抗日民族统一战线，提出将“工农共和国”的口号改变为“人民共和国”。

这次会议是土地革命战争到抗日战争转折时期召开的一次极为重要的会议，是遵义会议的继续和发展。这次会议所提出的关于建立抗日民族统一战线的理论和策略，既说明在抗日前提下，有必要和可能与民族资产阶级以至地主买办阶级中的一部分力量重新建立统一战线，也着重说明无产阶级在统一战线中能够和必须掌握领导权；既着重批判“左”倾教条主义在政治策略上的错误，也提醒全党警惕1927年无产阶级放弃领导权而导致革命遭受失败的教训。这说明中国共产党已经善于总结过去革命失败的经验，学会从中国实际出发，把共产国际七大提出的关于建立反法西斯统一战略的总方针，创造性地运用来指导中国的革命运动。

【中央政治局常委会议】（1935年12月29日） 六届中央政治局于1935年12月29日在瓦窑堡召开常委会议。张闻天主持，出席者有毛泽东、周恩来、博古、张浩、李维汉，主要议题是讨论北方局工作。张闻天、毛泽东、周恩来先后发言。会议决定，由周恩来准备作组织问题的报告；派刘少奇为中共中央驻北方局代表，任务是贯彻瓦窑堡会议精神，大胆地运用党的策略，同时巩固党的秘密组织，使秘密工作与公开工作联系起来。

【东北民众反日联军军政联席扩大会议】（1936年1月28日至29日） 东北民众反日联军于1936年1月28日至29日在黑龙江汤原县吉兴沟举行军政联席扩大会议（即汤原会议）。出席者有赵尚志、李延禄、张寿篯（即李兆麟）、夏云杰、李华堂、谢文东、冯治纲等。会议通过了《东北反日联军军政联席扩大会议决议》，决定成立东北民众反日联军总司令部（后改为北满抗日联军总司令部），推举赵尚志为总司令，李华堂为副司令，张寿篯为总政治部主任。这次会议为推动北满和东北的各种抗日武装进一步联合起来，统一改编为东北抗日联军做了重要准备。

【晋西会议】（1936年3月20日至27日） 六届中央政治局于1936年3月20日至27日在晋西地区举行扩大会议（即晋西会议）。会议由张闻天主持，与会者有毛泽东、周恩来、邓发、博古、王稼祥、张浩、林伯渠、彭德怀、杨尚昆、凯丰、陆定一等。会议讨论了政治、军事、外交三个问题。张闻天作《共产国际“七大”与我党抗日统一战线的方针》报告；毛泽东作军事问题和统一战线问题报告。会议决定“争取迅速对日作战为党与红军的重要任务”；“以发展求巩固”为红军的战略方针。会议批准了中央军委的8项提议，确定“在争取迅速对日作战方针下，第一时期以经营山西为基本战略方针”；“在十月革命节前，扩大红军三万六千人”；在“陕甘及华北五省发展游击战争”等。同时会议还决定派周恩来为全权代表去同张学良谈判，并决定党中央今后不再随军行动。晋西会议贯彻了瓦窑堡会议精神，对统一思想，确定统一战线实施原则，争取东进抗日起了重要作用。

【鄣公山会议】（1936年4月）　闽浙赣省委于1936年4月在江西皖赣两省交界的鄣公山村召开扩大会议（即鄣公山会议）。会议由关英主持，出席者有余金德、滕国荣、邵长河等部分省委委员及各游击区负责人。会议在总结经验和分析形势的基础上，确定总的工作方针是开展广泛的游击战争，为扩大边区根据地而斗争。会议决定将闽浙赣省委改名为皖浙赣省委，关英仍为书记，并组建皖浙赣独立团；将皖浙赣边区重新划分为赣东北、皖赣、上浙皖、下浙皖、开婺休五个游击区，每个游击区设立党的特委和军分区。这次会议实现了皖浙赣省委的统一领导，各游击区相互配合，从此皖浙赣边游击战争进入新的时期。

【甘孜会议】（1936年7月2日）　红二、红四方面军于1936年7月2日在四川省甘孜召开干部联席会议（即甘孜会议）。1936年7月1日，长征中的红二、红六军团与红四方面军在西康省甘孜（今四川省）会师后，改编为红军第二方面军，由贺龙任总指挥，任弼时任政治委员。会上，朱德、刘伯承、任弼时、贺龙、关向应等同张国焘作了坚决斗争。会议确定了北上与党中央会合的行动方针。会后，中央正式批准成立西北局，张国焘任书记，任弼时任副书记。张国焘企图分裂党和红军的行径遂告失败。

【中共南满、东满特委和抗联第一、第二军主要领导干部联席会议】（1936年7月）　南满、东满和抗联第一、第二军主要领导干部于1936年7月在吉林金川县河里后方基地金家沟召开联席会议（即河里会议）。会议由杨靖宇、魏拯民主持。魏拯民传达了共产国际七大的精神和中共代表团关于撤销满洲省委、组建四个省委和建立统一的东北抗日联军以及各军等的指示。会议决定南满、东满党组织合并为南满省委，魏拯民任书记。还决定东北人民革命军第一军正式改编为东北抗日联军第一军，并将第一、第二军合编为东北抗日联军第一路军，杨靖宇任总司令，王德泰任副总司令，魏拯民兼任总政治部主任，下辖第一军第一、第二、第三师；第二军第四、第五、第六师。

【六届中央政治局会议】（1936年8月10日）　六届中央政治局于1936年8月10日在陕北保安（今志丹县）召开会议。张闻天主持，出席会议的有毛泽东、周恩来、博古、林育英、李维汉、王稼祥、李德等16人，主要议题是讨论国共关系与统一战线问题。会上，毛泽东作国共两党关系和统一战线等问题的报告，指出："抗日必须反蒋"的口号，现在已不适合，要在统一战线下反对卖国贼。同时要注意提高对同盟者的警惕性，保持党的独立性。周恩来在发言中主张放弃抗日必反蒋的口号；在与南京谈判时提出停止内战和允许人民抗日，发动抗日战争。张闻天作总结发言。会议决定继续国共谈判，并将这次会议内容形成正式文件公开发表，即8月24日《中国共产党致中国国民党书》和9月1日《中央关于逼蒋抗日问题指示》。

【六届中央政治局常委扩大会议】（1936年9月15日至17日） 六届中央政治局于1936年9月15日至17日在陕北保安举行扩大会议。会议的任务是总结瓦窑堡会议以来党在实行抗日民族统一战线中的经验教训，制定党的统一战线方针。张闻天主持会议，出席者有毛泽东、周恩来、博古、李维汉、凯丰、林伯渠、叶剑英、林彪、胡耀邦、邓颖超、王稼祥等34人。张闻天作《目前政治形势与一年来民族统一战线问题》的报告，主张实现联合国民党抗日。毛泽东发言，着重阐明党对统一战线的领导和建立民主共和国问题。会议讨论通过了《中央关于抗日救亡运动的新形势与民主共和国的决议》。这次会议，为争取国民党政府及军队参加抗日战争，建立和发展抗日民族统一战线，起了积极作用。

【岷州会议】（1936年9月16日至18日） 中央西北局于1936年9月16日至18日在岷州三十里铺召开会议（即岷州会议）。参加会议的有朱德、张国焘、徐向前、贺龙、关向应、陈昌浩等。会议就党中央《静会战役计划》出现了两种意见，张国焘等少数人认为与胡宗南在静会地区作战是不利的，主张红四方面军由临潭西进青海，占领甘西。以朱德为代表的多数同志认为党中央的方针是正确的，集中红一、红四方面军主力，在静会地区击败胡宗南部是完全可能的。朱德的主张得到了陈昌浩等同志的支持。会议最后说服了张国焘，接受了中央方针，制定了《通（渭）庄（浪）静（宁）会（宁）战役计划》。

【六届中央政治局常委扩大会议】（1936年12月13日） 六届中央政治局于1936年12月13日在陕北保安召开常委扩大会议。张闻天主持，出席会议的有毛泽东、周恩来、博古、朱德、张国焘、林伯渠、林彪、冯文彬、郭洪涛、吴亮平、欧阳钦等12人。会议讨论西安事变问题，肯定了西安事变是革命的、抗日反卖国贼的，其行动和纲领都有积极意义。中共应明确表示拥护西安事变；应以西安为中心，以西北为抗日前线，来影响和领导全国，形成抗日战线的中心。在如何处置蒋介石问题上存在意见分歧。多数人主张不把反蒋抗日并列，主要指出蒋个人错误。决定采取不与南京对立，不正面反蒋的方针。毛泽东作会议结论。会议未作出明确一致的方针决定，其所确定的基本方针是正确的，但“审蒋”“除蒋”的基调没有变。这次会议使西安事变的和平解决，有了一个良好的开端。

【六届中央政治局扩大会议】（1936年12月19日） 六届中央政治局于1936年12月19日在陕北保安召开扩大会议。张闻天主持会议，出席会议的有毛泽东、博古、张国焘、林伯渠、周兴、罗荣桓、林彪、朱德、凯丰、李德、伍修权、冯文彬、郭洪涛、吴亮平等15人。主要任务是讨论中共中央关于西安事变的通电，以及力争和平解决西安事变的有关问题。毛泽东发言指出：“我们应争取和帮助西安方，把阵线整理好，打击讨伐派，反对内战，要求和平，夺取胜利。”张闻天强调：“我们的方针应确定争取成为全国性的抗日，坚持停止内战，一致抗日的方针。”毛泽东作会议结论。会议通过了两个文件：一是对外公开的《中华苏维埃中央政府及中共中央对西安事变的通电》，向事变双方提出四项建议；二是对党内的《中央关于西安事变及我们的任务的指示》，全面阐述了西安事变的背景、意义、前途及解决事变的方针和任务，“主张南京与西安间在团结抗日的基础上，和平解决”。这次会议，放弃了“审蒋”“除蒋”主张，正式确定了中共和平解决西安事变的方针。

【石窝会议】（1937年3月14日）　西路军军政委员会于1937年3月14日在祁连山麓康龙寺石窝山头举行师以上干部会议（即石窝会议）。会上，陈昌浩提出下一步的行动计划：一是陈昌浩、徐向前离开部队，回陕北向党中央汇报西路军失败的情况；二是剩余部队分散在祁连山去打游击，保存实力，待刘伯承率领的援西军过黄河以后，再去会合；三是由李卓然、李先念、李特、曾传六、王树声、程世才、黄超、熊国炳八人组成西路军工作委员会，李先念统一军事指挥，李卓然负责政治领导。与会者一致表示同意，并作出了相应的决议。当晚，西路军军政委员会成员联名向党中央和中革军委发出最后一份电报，报告了这次会议的决定。午夜，西路军余部开始分散转移。至此，红军西路军经过四个月的浴血奋战，终归失败。

【延安会议】（1937年3月23日至31日）　六届中央政治局于1937年3月23日至31日在延安召开扩大会议（亦称延安会议）。张闻天主持，出席会议的共56人。会议有两项议程：一是从3月23日至26日，讨论西安事变和国民党三中全会后中国共产党的任务。听取并讨论通过了张闻天、毛泽东的两个报告。张闻天作讨论的结论。二是从3月27日至31日，讨论张国焘右倾机会主义错误。张国焘在会上检讨了自己的错误，承认自己“是路线错误，是退却逃跑的错误，是反党反中央的错误”，但在一些具体错误事实上，却又加以狡辩，拒不认错。会上，毛泽东、张闻天、凯丰、朱德、彭德怀等30多人发言，揭发和批判张国焘分裂党、分裂红军的严重错误。张闻天作会议总结讲话，代表党中央提议，暂不给张国焘作组织结论，因为在估计到张国焘错误的重大性质之后，也考虑到他在党内的历史，并已开始承认错误。为了挽救张本人，给他改正错误的机会和时间。与会大多数人同意党中央的这一提议。会议通过了《中央政治局关于张国焘错误的决议》，指出张国焘错误的性质和主要内容。延安会议为第二次国共合作和全民族对日作战做了重要准备，同时对于彻底清算张国焘的错误，肃清张国焘路线在党内和军内的影响，教育全党全军，特别是红四方面军的广大指战员，起到了决定性的作用。

【中国共产党苏区代表会议】（1937年5月2日至14日）　中国共产党苏区代表会议于1937年5月2日至14日在延安中央大礼

堂举行。会议主要讨论目前政治形势与党的任务以及苏区党的组织问题。出席会议的有苏区、白区和红军的代表，又称党的全国代表会议，正式代表226人，列席代表74人，代表着4万多党员。大会选举毛泽东、张闻天、博古、朱德、张国焘、刘少奇等19人组成大会主席团。张闻天致开幕词。毛泽东代表党中央作了《目前政治形势与党的任务》的报告和《为争取千百万群众进入抗日民族统一战线而斗争》的结论；朱德作《红军在新阶段中的任务》的发言；博古作《关于苏区党的组织问题》的报告。各代表团进行分组讨论。会议通过了《苏区党代表会议组织问题报告提纲》，指出全党目前的迫切任务是“巩固国内和平，争取民主权利，与实现对日抗战”，强调在抗日民族统一战线中坚持无产阶级领导权的重要性。林伯渠致闭幕词。这次会议，批准了遵义会议以来的政治路线，为迎接全国抗战的新形势，确定党在新时期的方针和任务做了重要准备。

【中国共产党白区工作会议】（1937年5月17日至6月10日） 中国共产党白区工作会议于1937年5月17日至6月10日在延安举行。张闻天主持，出席会议的有北方局及其所辖的北平、天津、河北、河南、山西、山东、绥远，以及华南地区党组织的负责人。会议分两个阶段，第一阶段从5月17日至26日，刘少奇作《关于白区的党和群众工作》的报告，强调党的组织工作需要全盘转变，需要工作方式、组织方式、斗争方式的创新。讨论中发生不同意见的争论，争论的焦点是中央过去对白区工作的领导是否正确，是否存在“左”倾错误的问题。至5月26日，暂时休会。接着，中央政治局连续四天召开会议，讨论会上提出的问题。毛泽东作长篇发言，肯定“少奇的报告基本上是正确的，错的只是在报告中个别问题上”。第二阶段从6月6日至10日，继续开会。张闻天根据中央政治局会议的精神，作了《白区党目前的中心任务》的报告；刘少奇对会议作结论发言。会议表决通过了张闻天的报告和刘少奇的结论，制定了《关于职工运动的经验及转变方式》等重要文件。这次会议，对于推动党的白区工作的根本转变，起了积极的作用。

【洛川会议】（1937年8月22日至25日） 六届中央政治局于1937年8月22日至25日在陕北洛川冯家村召开扩大会议（即洛川会议），讨论制定动员全国军民开展民族解放战争，实行全面持久抗战的方针，进一步确定在抗日战争时期的任务及各项政策。张闻天主持，出席者有毛泽东、周恩来、博古、朱德、张国焘、任弼时、彭德怀等22人。毛泽东作军事问题和国共两党关系问题的报告。他分析了抗战开始以后的新形势和战争的持久性，指出共产党的中心任务是动员一切力量争取抗战的最后胜利，而关键在于实行共产党的全面抗战路线，反对国民党的片面抗战路线；提出必须坚持统一战线中无产阶级的领导权；在敌人后方放手发动独立自主的山地游击战争，配合正面战场，开辟敌后战场，建立敌后抗日根据地；在国民党统治区，放手发动抗日的群众运动；以减租减息作为抗战时期解决农民土地问题的基本政策等任务。会议就国共关系、战略方针和出兵等问题进行了讨论，张闻天、周恩来、朱德等就有关问题作了报告和发言。毛泽东作了会议总结。会议通过了《关于目前形势与党的任务的决定》《抗日救国十大纲领》和毛泽东起草的《为动员一切力量争取抗战胜利而斗争》的宣传鼓动提纲。会议决定组成中共中央革命军事委员会（简称中央军委），毛泽东为军委主席，朱德、周恩来为军委副主席。8月25日，中央军委发布红军改编为国民革命军第八路军的命令。

洛川会议是在全国抗战刚刚爆发的历史转折关头召开的一次重要会议。会议制定的党的全面抗战路线，把实行全民族抗战与争取人民民主、改善人民生活结合起来，把反对外敌入侵与推动社会进步统一起来，正确处理了民族矛盾与阶级矛盾的关系。会议通过的《抗日救国十大纲领》阐明了共产党在抗日战争时期的基本政治主张，指明了坚持长期抗战、争取最后胜利的具体道路，这是同国民党领导集团所实行的片面抗战路线不同的正确的抗战路线。

【北方局和八路军总部会议】（1937年9月21日）　中央北方局和八路军总部于1937年9月21日在山西太原举行会议。刘少奇、朱德、任弼时、彭德怀、邓小平、杨尚昆、左权等北方局和八路军总部领导人参加，讨论华北抗战形势和八路军行动方针。刘少奇在会上指出，要准备广泛发展游击战争，扩大八路军到拥有数十万人枪的强大集团军，建立起很多根据地，这样才能担负起独立坚持华北抗战的重大任务。会后，朱德、彭德怀、任弼时向八路军各师首长发出《八路军作战方针训令》，对一二〇师、一一五师、一二九师的军事行动做了具体部署。

【四道河子会议】（1937年9月29日）
吉东省委于1937年9月29日在黑龙江依兰县四道河子密营召开常委工作会议（即四道河子会议）。会议分析了东北抗日战争的形势和任务，决定由周保中、姚振山、柴世荣、李延平等14人组成东北抗联第二路军筹备委员会，将东北抗联第四、第五、第七、第八、第十军合编，并联合王荫武的救世军、姚振山义勇军组成第二路军，周保中任总指挥。1938年春，第二路军正式建成，总兵力达两万余人，主要在吉林省东部山区进行抗日游击。

【牺盟会第一次代表大会】（1937年9月下旬）　牺盟会（全称山西牺牲救国同盟会）第一次代表大会于1937年9月下旬在山西太原召开。1936年10月下旬，薄一波受中央北方局委派任山西公开工委书记，积极做山西阎锡山的统战工作，并对牺盟会进行改组。牺盟会名义上阎锡山任会长，实际工作由薄一波主持，成为共产党领导下的特殊形式的统一战线的组织。参加大会的代表共300余人，代表会员几十万人。周恩来代表中国共产党在大会上致祝词并发表长篇讲演，希望牺盟会成为武装山西民众的领导者和组织者，完成保卫山西、保卫华北、保卫全中国的大业。

【十二月政治局会议】（1937年12月9日至14日） 六届中央政治局于1937年12月9日至14日在延安召开会议（亦称十二月政治局会议）。出席会议的有张闻天、毛泽东、王明、康生、陈云、周恩来、博古、林伯渠、彭德怀、凯丰、刘少奇、项英、张国焘等13人。张闻天主持会议并作《目前的政治形势与党的任务》的报告，指出抗战以来党所取得的成绩证明洛川会议的决定是正确的。王明作《如何继续全国抗战和争取抗战胜利呢？》的报告，批评洛川会议过分强调“独立自主原则”，没有提出“抗战高于一切”，并在如何巩固和扩大抗日民族统一战线方面，提出了比较系统的右倾投降主义主张。项英作了《三年来坚持的游击战争》的报告。由于毛泽东、张闻天等的抵制，王明的错误意见未能形成会议决议。会议讨论通过了《中央政治局关于召集第七次全国代表大会的决议》，决定成立一个由25人组成的第七次全国代表大会准备委员会，毛泽东任准备委员会主席。会议还通过了《中央政治局关于中共驻共产国际代表团工作报告的决议》和《中央政治局对南方区游击工作的决议》。会议决定增补王明、陈云、康生为中央书记处书记；由项英、周恩来、博古、董必武组成长江局，领导南方各省党的工作；由周恩来、王明、博古、叶剑英组成中央代表团，到武汉负责与国民党谈判；由刘少奇、杨尚昆负责北方局，由朱德、彭德怀负责北方军政委员会，加强对华北游击战争的领导；由项英、曾山、陈毅等五人组成东南分局，项英任书记，领导新四军工作。

【晋察冀边区军政民代表大会】（1938年1月10日至15日） 晋察冀边区军政民代表大会于1938年1月10日至15日在河北阜平县召开。出席会议的有共产党员、国民党员、各抗日军队和抗日群众团体的代表，有工人、农民、开明绅士和资本家的代表，有蒙、回、藏等少数民族的代表，以及五台山的和尚与喇嘛的代表等140余人，代表边区30余县的广大民众。聂荣臻致开幕词，他指出：今后只要我们坚持统一战线，广泛地组织和发动群众，坚持团结，坚持持久战斗，就一定能够取得抗日战争的胜利。他又在闭幕词中说：一切抗日武装要坚决拥护政府；抗日政府要与人民打成一片。会议通过了统一边区的军事、行政、财政、经济、文化教育、群众运动、妇女运动七个决议案以及宣言和通电。选举成立了由九人组成的晋察冀边区行政委员会（即边区政府），宋劭文为主任委员，胡仁奎为副主任委员。这是敌后第一个由共产党领导的统一战线性质的抗日民主政权。

【六届中央政治局会议】（1938年2月27日至3月1日） 六届中央政治局于1938年2月27日至3月1日在延安召开会议（亦称“三月政治局会议”），主要讨论抗战形势、国共两党关系和抗日军事问题。张闻天主持，出席会议的政治局委员有毛泽东、王明、周恩来、康生、凯丰、任弼时、张国焘等八人。王明作政治报告，坚持他在1937年12月政治局会议上的右倾主张。毛泽东作关于军事问题的发言，指出中国抗战的长期性；强调坚持抗战和争取抗战的胜利，要以自力更生为主。会议决定由周恩来起草对国民党的军事建议，并同意周恩来出任国民政府军事委员会政治部副部长；决定派任弼时立即去莫斯科，向共产国际交涉军事、政治、经济技术人才等问题。会议没有形成正式文件。会后，王明以个人署名公开发表了《三月政治局会议的总结》，继续坚持其错误主张。

【晋察冀边区党的第一次代表大会】（1938年4月上旬） 晋察冀边区党的第一次代表大会于1938年4月上旬在山西五台山金刚库召开。北方局派彭真传达中央精神，指导会议的进程。聂荣臻作《几个月来支持华北抗战的总结与我们今后的任务》报告，阐述了目前中日战争的形势与任务，坚持华北抗战的意义，冀中平原游击战和冀东挺进游击战以及晋察冀边区在抗战中的地位等，强调指出晋察冀是“敌后全国唯一统一战线的政府”。会后，根据中央指示，将晋察冀省委改为晋察冀区党委，刘澜涛任书记；将冀中省委改为冀中区党委，黄敬任书记。

【六届中央政治局会议】（1938年9月14日至27日） 六届中央政治局于1938年9月14日至27日在延安召开会议。张闻天主持，出席会议的有毛泽东、王明、康生、朱德、项英、王稼祥、周恩来、博古、陈云、刘少奇、彭德怀。王稼祥传达共产国际的指示和共产国际执行委员会总书记季米特洛夫的意见：中共一年来的政治路线是正确的；中央领导机关中，要以毛泽东为核心，解决统一领导问题；领导机关要有亲密团结的空气。朱德作八路军工作报告，周恩来作关于中共中央代表团的工作报告，刘少奇作关于北方局工作的报告，毛泽东在会上作长篇发言。会议根据形势的变化，重新调整了各地组织机构，决定设立中原局、东南局、北方局、南方局四个中央分局；通过了扩大的六届六中全会的议程，决定由毛泽东向全会作政治报告。这次会议，为召开六届六中全会的召开做了重要的准备。

【六届六中全会（扩大）】（1938年9月29日至11月6日） 六届六中全会（扩大）于1938年9月29日至11月6日在延安举行。出席会议的有中央委员和候补中央委员17人，中央各部门和各地区领导干部30余人。毛泽东作《论新阶段》的政治报告，这是会议的中心议题。王稼祥、周恩来、王明、朱德、项英、张闻天、陈云、刘少奇分别作了报告和发言。彭德怀、秦邦宪（博古）、贺龙、杨尚昆、关向应、邓小平、彭德怀、罗荣桓、林伯渠、吴玉章等围绕总结抗战以来的经验作了发言。最后，毛泽东作会议总结。全会围绕毛泽东的报告，进行了充分的讨论，基本上取得了一致意见。会议通过了《政治决议案》《关于中央委员会工作规则与纪律的决定》《关于各级党委暂行组织机构的决定》《关于各级党部工作规则与纪律的决定》和《关于召集第七次全国代表大会的决议》等。决定撤销长江局，设立南方局和中原局，周恩来任南方局书记，刘少奇任中原局书记；将东南分局改为东南局，项英仍任书记；充实北方局，杨尚昆任书记。全会还补选林伯渠、董必武、吴玉章为中央委员会委员。这次会议是一次具有重大历史意义的会议，它正确地分析了抗日战争的形势，规定了党在抗战新阶段的任务，基本上克服了党内以王明为代表的右倾错误，进一步确定了毛泽东在全党的领导地位，推动了各项工作的迅速发展。

【陕甘宁边区第一届参议会】（1939年1月17日至2月4日） 陕甘宁边区第一届参议会于1939年1月17日至2月4日在延安召开。到会的参议员有145人，毛泽东、张闻天等出席开幕式和闭幕会并发表演讲。会议听取了边区政府主席林伯渠所作的陕甘宁边区政府工作的报告和各部门的工作报告，通过了《陕甘宁边区抗战时期施政纲领》，以及边区政府组织条例、选举条例、各级参议会组织条例、高等法院组织条例、土地条例共5个法规及12项重要提案。选举高岗为边区参议会议长，张邦英为副议长；林伯渠为边区政府主席，高自立为副主席。

【延安生产动员大会】（1939年2月2日） 延安生产动员大会于1939年2月2日在延安召开。与会者有党、军、学、群众团体的干部及全体参议员。中央财政经济委员会第一副主任李富春代表中共中央作了《加紧生产，坚持抗战》的动员报告，着重阐明了生产运动的意义、目的、计划及实施办法，强调要以“自力更生”精神克服困难，还要求边区党、政、军各机关、团体、学校，成立领导生产的指导机关。张闻天在讲话中号召“每个共产党员要做劳动的先锋”。会上，毛泽东首次提出了“自己动手”的口号，号召军民“一面工作，一面学习，一面生产”。这次会议，为边区军民开展经济建设指明了方向。会后，成立了大生产运动的指导机关——边区生产委员会。

【北满临时省委第二次执委会议】（1939年4月12日） 北满临时省委于1939年4月12日在通河县召开第二次执委会议。会议决定：一是改北满临时省委为北满省委，选举金策为书记。二是重新整顿抗联第三、第六军，许亨植任第三军军长、张兰生任政治部主任；张寿篯任第六军军长，冯仲云任政治部主任。三是将活动于松花江、嫩江和黑龙江之间的抗联第三、第六、第九、第十一军，合编为东北抗日联军第三路军并设立总指挥部，李兆麟任总指挥、许亨植任总参谋长。

【六届中央政治局会议】（1939年7月3日、6日） 六届中央政治局于1939年7月3日在延安召开会议。讨论中共中央为纪念抗战两周年对时局宣言和致国民党书等文件。张闻天主持会议，参加会议的有毛泽东、周恩来、博古、王明、陈云、刘少奇、张鼎丞、邓小平等。毛泽东发言指出，这些文件中都要强调反对内战，指出国民党的反共、防共、限共问题。周恩来发言指出，对时局宣言应成为动员全国舆论反对日本诱降政策和国民党中投降妥协倾向的有力武器；强调在宣言中向国民党指出要以坚持敌后游击战争来支持长期抗战，请毛泽东作《再论持久战》，答复如何继续支持抗战的办法。6日的会议继续讨论对时局的宣言，决定由毛泽东、博古负责修改。7日，《中国共产党中央委员会为抗战两周年纪念对时局宣言》发表。

【六届中央政治局会议】（1939年8月23日至24日）　六届中央政治局于1939年8月23日至24日在延安召开会议。主要讨论当时时局及南方党的工作、东南地区党的工作。到会者有毛泽东、康生、陈云、王明、王稼祥、刘少奇、周恩来、博古、邓发、邓小平、张鼎丞等。张闻天主持会议并作长篇发言，着重讲投降妥协的危险性问题，指出今后的任务是："要团结一切进步的力量，与妥协、投降、退步的倾向作斗争，把统一战线推向前进。"毛泽东发言主要讲中共对三民主义的态度，并称赞周恩来领导下的南方工作"做得好，各省工作有成绩"，同时也指出其存在的弱点。王稼祥发言讲巩固党的工作问题，指出：三民主义是抗日民族统一战线的政治基础，但并不是共产党的思想和信仰。周恩来作会议结论，认为会议对时局的估计是一致的，并同意毛泽东提出的南方局应以巩固党、深入开展群众运动、向中层阶级发展统一战线为工作方针的意见。

【陕甘宁边区党的第二次代表大会】（1939年11月13日至12月17日）　陕甘宁边区委员会于1939年11月13日至12月17日在安塞县徐家沟举行边区党的第二次代表大会。毛泽东向大会作了政治报告，提出要把边区进一步建设成为全国抗日民主模范区的任务。边区党委书记高岗作《抗战新阶段中陕甘宁边区的任务》的报告；张邦英作《关于组织工作》的报告。大会通过了《关于拥护和扩大八路军的决议》《关于发展边区经济改善人民生活的决议》《关于边区征收农业税与商业税的决议》等十个决议。选举产生了出席中共七大的代表。选举中共陕甘宁边区新的委员会，高岗当选为书记。这次大会对于建设边区和支援抗战，起了很大的指导作用。

【中共中央中原局会议】（1939年12月中旬至1940年2月）　中共中央中原局于1939年12月中旬至1940年2月下旬先后召开三次会议。刘少奇主持会议。第一次会议于1939年12月中旬在安徽滁县、定远交界的瓦屋薛村召开。会议决定新四军越过津浦铁路，深入到敌人后方去，创造苏北根据地，从而解决了新四军的战略发展方向。并增补张云逸、徐海东、刘子久三人为中原局委员。第二次会议于1940年1月在安徽定远县黄家村召开。主要讨论发展苏北，建立并巩固皖东根据地需要解决的问题。会议决定建立苏北、皖东根据地，确定对顽固派的斗争策略，决定对廖磊、韩德勤区别对待。第三次会议于2月下旬在安徽定远县大桥集湾杨村召开。主要讨论反磨擦方针。会议决定对北取攻势，对南取守势，强调在抗日民族统一战线中，要坚持独立自主原则和又团结又斗争、以斗争求团结的方针。这三次会议，为实现党中央发展华中的战略方针，打下了坚实的基础，创造了向苏北发展的有利态势。

【伯力会议】（1940年1月24日）　吉东、北满临时省委于1940年1月24日在苏联伯力（今哈巴罗夫斯克）召开代表联席会议

（亦称伯力会议）。与会者有周保中、冯仲云、赵尚志等。会议总结了东北游击运动的经验教训，形成了《关于东北抗日救国运动的新提纲草案》，确定此后斗争策略，决定采取逐渐收缩、保存实力的方针，将抗日联军各路军缩编为支队建制分散活动，拟将第一路军编为第一、第四、第七支队，第二路军编为第二、第五、第八支队，第三路军编为第三、第六、第九、第十二支队。同时解决了与苏共远东组织和军队建立临时指导关系的问题。

【黎城会议】（1940年4月11日至26日） 中央北方局于1940年4月11日至26日在晋东南黎城召开会议（即黎城会议）。参加会议的有冀南、太行、太岳地区的军政高级干部。北方局书记杨尚昆主持会议并作《目前政治形势与统一战线中的策略问题》的报告，传达毛泽东《目前抗日统一战线中的策略问题》的讲话内容，并提出“建党、建政、建军”的三大任务和具体工作方针。李菁玉、李雪峰、安子文分别报告了冀南、太行、太岳三个区党委的工作。刘伯承作《关于党军建设问题》的报告；薄一波作《关于建政问题的结论》。会议根据邓小平的建议，决定成立冀南、太行、太岳行政联合办事处，并将“太北军政委员会”改为“太行军政委员会”，邓小平任书记。会议还颁布了《人权保障法令》，初步制止了冀南工作中的“左”倾错误。

【六届中央政治局会议】（1940年7月30日至8月8日） 六届中央政治局于1940年7月30日和8月1日、4日、7日、8日连续五天在延安召开会议。毛泽东、周恩来、朱德、任弼时等出席，会议用四天时间听取并讨论周恩来关于统一战线工作和南方党的工作的长篇报告。毛泽东在8月8日作长篇发言，讲政治形势和党的各项工作。会议根据周恩来提议，决定今后由中央每周（或十日）发出宣传要点，由全国各地党报遵照宣传。会议根据毛泽东提议，决定由任弼时负责中共七大各种材料的准备工作；还决定成立中共天津工作委员会，陈云为召集人。

【中共中央华中局第一次会议】（1941年4月27日） 中共中央华中局于1941年4月27日在江苏省盐城召开第一次会议。刘少奇主持会议，出席者有陈毅、饶漱石、张云逸、曾山等七人。刘少奇作关于地方党的问题的报告；饶漱石作关于东南党的状况的报告。会议决定东南局与中原局合并，组成中央华中局，同时，成立华中军分会，刘少奇任华中局书记兼任华中分会书记，饶漱石任副书记兼宣传部部长。会议传达了中共中央关于项英、袁国平错误的决定，总结了皖南事变的教训。

【六届中央政治局会议】（1941年4月27日） 六届中央政治局于1941年4月27日在延安召开会议。会议审查陕甘宁边区中央局拟在第二届参议会竞选时提出的施政纲领，决定照毛泽东修改稿通过，于“五一”劳动节发布，并责成边区政府认真实行。并由中央发出通知，责成各根据地党委依此纲领检讨过去的施政纲领。会议通过中央西北局成员名单，高岗任书记；将陕西省委隶属中央西北局；决定成立一个由任弼时召集，李富春、王首道、陈正人、康生、陈云参加的委员会，以解决边区党内关系问题。

【中共中央华中局高级干部会议】（1941年5月15日至19日）　中共中央华中局于1941年5月15日至19日在江苏盐城召开高级干部会议。刘少奇主持会议，出席者有华中局、新四军军部、中共盐阜区委及有关方面负责同志共92人。刘少奇作《皖南事变的经验教训》的报告，深刻分析了皖南事变发生的内外原因及其经验教训。刘少奇作会议总结，具体地分析了项英、袁国平的错误，提出："加强党性的学习和教育，这是一个绝大的问题"，"党性就是一切为党为无产阶级利益打算，这个基本点每个共产党员要把它贯彻到实际行动中去"。

【六届中央政治局扩大会议】（1941年9月10日至10月22日）　六届中央政治局于1941年9月10日至10月22日在延安召开扩大会议。张闻天主持，参加会议的政治局委员和候补委员有毛泽东、任弼时、王稼祥、王明、朱德、康生、刘少奇、彭德怀、凯丰、博古、邓发、陈云，参加会议的还有在延安的李富春、杨尚昆、李维汉、陈伯达、高岗、林伯渠、叶剑英、王若飞等120多名高级领导干部。期间，共举行五次会议。集中讨论党在土地革命战争后期即1931年9月开始的中共临时中央的领导路线问题。毛泽东作反对主观主义和宗派主义的主题报告，指出苏维埃运动后期的"左"倾机会主义是主观主义的统治，分析了主观主义的根源和遗毒，提出了克服主观主义和宗派主义等不正之风的办法，强调"要分清创造性的马克思主义和教条式的马克思主义"，"宣传创造性的马克思主义"，"使中国革命丰富的实际马克思主义化"。绝大多数与会者表示拥护毛泽东的报告，认为在中央内部开展反对主观主义和宗派主义的斗争，对于党的路线的彻底转变有极大的意义。大家列举主观主义和宗派主义的种种表现和危害，积极开展批评与自我批评。王明不仅没有作自我批评，还声称全国抗战以来中央的路线错了，要到共产国际去告状，此后一直称病，不再参加中央会议。会议决定在全党组织反对主观主义和宗派主义的整风学习；成立中央研究组（亦称中央学习组），毛泽东任组长，王稼祥任副组长；各中央局、分局成立高级学习组，组织高级干部学习马克思列宁主义，总结党的历史经验。会议还决定自9月16日起《解放日报》扩大为4版，增加反对主观主义和宗派主义的宣传教育内容。这次会议，是党在整风时期的一次极其重要的会议。

【陕甘宁边区第二届参议会第一次会议】（1941年11月6日至21日）　陕甘宁边区第二届参议会第一次会议于1941年11月6日至21日在延安召开。到会参议员219人，其中共产党员123人。毛泽东在开幕会上发表演说，强调说明中共的主张就是要团结全国一切抗日力量打倒日本帝国主义，建设新民主主义的中国。大会听取了边区政府主席林伯渠所作的《陕甘宁边区政府三年来的工作概况》报告和参议会副议长张邦英所作的参议会常驻会工作报告，以及有关边区军事、财政、经济、民主建设等方面的工作报告。大会接受了中央西北局提出的《五一施政纲领》作为边区政府的施政纲领；通过了《陕甘宁边区政府保障人权财权条例》《陕甘宁边区各级参议会选举条例》等以及各种提案380余件。大会选出的9名常驻议员中有3名共产党员；选出的18名边区政府委员中有7名共产党员。毛泽东在闭幕会上讲话指出："共产党员只有对党外人士实行民主合作的义务，而无排斥别人、垄断一切的权利。"会议选举高岗为边区参议会议长，谢觉哉、安文钦为副议长；林伯渠、李鼎铭为边区政府正、副主席，雷经天为边区高等法院院长。

【中共中央南方局会议】（1941年12月至1942年1月） 中共中央南方局于1941年12月至1942年1月在重庆红岩召开会议。周恩来主持，出席者有孔原、钱瑛、荣高棠、廖志高、高文华等。中心议题是总结南方局两年来的工作经验教训，研究此后的任务，以更好地贯彻执行党中央关于"隐蔽精干，长期埋伏，积蓄力量，以待时机，反对急性和暴露"的方针。与会者展开充分讨论，发表许多建设性的意见。会议作出了《关于大后方党组织彻底改组和扩大党外活动的决定》。周恩来作总结发言，提出了党在国民党统治区开展工作应遵循的七项基本原则。

【广东人民抗日游击队干部会议】（1942年1月） 广东人民抗日游击队于1942年1月在宝安县石龙村召开干部会议。中共南方工委副书记张文彬主持会议。会议分析了形势和任务，强调依靠人民群众，正确运用游击战争的战略战术，避免打硬仗和消耗仗。决定将广东人民抗日游击队改称广东人民抗日游击总队，梁鸿钧任总队长，尹林平任政治委员；成立东江军政委员会，尹林平任主任，统一领导东江下游和珠江抗日游击区的军政工作。

【中共中央华中局第一次扩大会议】（1942年2月15日至3月5日） 中共中央华中局于1942年2月15日至3月5日在安徽阜宁西北边境召开第一次扩大会议。参加会议的有新四军第一、第二、第三、第四、第六师的军政代表及各根据地党政军负责人。刘少奇主持会议，并作了《目前形势，我党我军在华中三年工作的基本总结及今后任务》的报告。报告分析了国际形势，总结了华中我党我军三年来的工作，提出了华中各根据地今后工作的总任务、总方针；继续坚持华中敌后抗战；完全巩固各根据地；加强与聚集力量，以便在适当的时机反攻敌人，争取中国抗战的最后胜利与中国人民的彻底解放。会议完全同意刘少奇所作的工作报告，并决定由各级党的组织将此报告向下传达，作为以后的奋斗目标和行动路线。刘少奇作会议总结报告，宣布党中央决定调他回延安，他走后由饶漱石代理华中局书记和新四军政治委员，由陈毅代理军委华中分会书记。

【山东分局和山东军政委员会联席会议】（1942年4月27日） 山东分局和山东军政委员会于1942年4月27日召开联席会

议。刘少奇召集此次联席会议，主要是讨论山东工作的方针部署和主要干部配备。会议决定：一切领导集中于山东分局，下设军政委员会；八路军一一五师师部、山东纵队司令部与山东分局合署办公，3个机关由万余人精简至3500人；山东纵队一旅拨归一一五师建制；山东分局书记朱瑞、副书记黎玉，均驻一一五师师部，与一一五师代师长陈光、政治委员罗荣桓一起办公。

【延安文艺座谈会】（1942年5月2日至23日）　中共中央于1942年5月2日至23日在延安杨家岭召集文艺工作者举行座谈会（史称延安文艺座谈会）。分别于5月2日、16日、23日举行3次座谈会。会议由毛泽东和凯丰主持。出席者共100余人。毛泽东在会上作“引言”指出：会议的目的是要和大家交换意见，“求得革命文艺的正确发展，求得革命文艺对其他革命工作更好的协助，借以打倒我们民族的敌人，完成民族解放的任务”。文艺要很好地“作为团结人民、教育人民、打击敌人、消灭敌人的有力的武器”。会议围绕主题进行了热烈的讨论，有几十位作家发言。毛泽东在最后一天作的结论中，针对讨论的问题，联系五四运动以来革命文艺运动的经验，从马克思主义理论高度，系统回答了文艺运动中有争论的问题，强调党的文艺工作者必须从根本上解决立场、态度问题，阐明革命文艺为人民群众，首先是为工农兵服务的根本方向。会议期间，《解放日报》特开辟专栏，介绍与此会有关的材料，及各作家的意见。此次会议，对于文艺界的整风运动起了积极的推进作用，也促进了各抗日根据地文艺运动的发展。毛泽东在延安文艺座谈会上的讲话中所提出的文艺为人民群众，首先是为工农兵服务等一系列重要思想确立了党领导文艺工作的根本方针，直到今天仍然具有重要的指导意义。

【中共中央西北局高级干部会议】（1942年10月19日至1943年1月14日）　中共中央西北局于1942年10月19日至1943年1月14日在延安城南花厂崖砭举行高级干部会议（亦称陕甘宁边区高级干部会议）。会议的任务是根据整风精神总结陕甘宁边区的历史和检查陕甘宁边区的工作。党政军民各方面的主要负责人300多人参加会议。林伯渠主持开幕式，高岗致开幕词。毛泽东在会上作《经济问题与财政问题》的书面报告和《关于党的布尔塞维克化的十二条》的讲演。会议讨论了中共中央到陕北前边区党的历史经验，清算了“左”倾错误对西北革命根据地造成的危害，检查了抗战以来边区党内在思想、组织和实际工作中的某些偏向。会议确定生产和教育是边区建设的两大任务，而以生产为第一。此次会议历时88天，是陕甘宁边区历史上最成功的一次会议，也是整风运动中的一件大事，有力地推动了陕甘宁边区整风运动和大生产运动的深入发展。

【六届中央政治局会议】（1943年3月16日至20日）　六届中央政治局于1943年3月16日至20日在延安举行会议。出席会议的有毛泽东、刘少奇、任弼时、朱德、康生、凯丰、博古、邓发、张闻天、杨尚昆、彭真、高岗、叶剑英等13人。会议进一步明确了中央政治局与中央书记处的职责，讨论通过了《中共中央关于中央机构调整及精简的决定》。会议推举毛泽东为中央政治局主席和中央书记处主席；由毛泽东、刘少奇、任弼时三人组成中央书记处，对会议所讨论的问题，“主席有最后决定之权”；在中央政治局和书记处之下，设立中央宣传委员会，由毛泽东、王稼祥、凯丰、博古组成，毛泽东任书记、王稼祥任副书记；设立中央组织委员会，由刘少奇、王稼祥、康生、陈云、张闻天、邓发、杨尚昆、任弼时组成，刘少奇任书记；刘少奇参加中央军委，为军委副主席之一；设立中央研究局，刘少奇兼任局长，杨尚昆任副局长；毛泽东任中央党校校长，彭真任副校长；为统一党中央对各地区工作的领导，王稼祥负责华北、刘少奇负责华中、任弼时负责陕甘宁和晋西北、陈云负责大后方、杨尚昆负责敌占区。这次会议，确定了毛泽东在中央政治局和书记处的领导地位，调整和精简了中央机构，加强了中央的集中领导，是延安整风运动的一大成果。

【六届中央政治局会议】（1943年4月28日） 六届中央政治局于1943年4月28日在延安召开会议，讨论肃清内奸问题。毛泽东主持会议。刘少奇作关于华中工作的报告，任弼时介绍4月15日至28日书记处会议的各项决定。会议讨论了中央《关于目前各抗日根据地职工运动的决定》草案和在党内肃清内奸问题，决定成立中央反内奸斗争委员会，以刘少奇、康生、彭真、高岗为委员，刘少奇任主任；还讨论了中国共产党党旗样式，决定长阔为三与二之比，左上角有锤子镰刀，无五角星。

【六届中央政治局会议】（1943年7月13日） 六届中央政治局于1943年7月13日在延安召开会议。毛泽东主持会议。会议讨论关于国民党准备进攻陕甘宁边区和中央的对策问题。会议决定除继续在全党贯彻整顿三风、精兵简政、一元化领导、拥军爱民、发展生产、审查干部外，迅速进行下列工作：一是实行政治攻势，打击国民党的反共气焰；二是在军事上进行必要的准备，调若干兵力来陕甘宁边区和晋西北根据地；三是加紧进行清查特务奸细的普遍突击运动及反特的宣传教育；四是加强党内外的阶级教育；五是加强对国民党罪恶行为、反动思想、反动政策的揭露。

【六届中央政治局扩大会议】（1943年9月7日至10月6日） 六届中央政治局于1943年9月7日至10月6日在延安召开扩大会议。毛泽东主持，先后参加会议的有刘少奇、任弼时、朱德、周恩来、陈云、康生、彭德怀、张闻天、博古、邓发等11人；列席者有李富春、杨尚昆、林伯渠、吴玉章、彭真、高岗等19人。由于王明没有到会，会议主要采取由犯错误的同志进行整风检查，并批判王明“左”倾错误。毛泽东发言着重讲了党内的“两个宗派”问题，即教条主义的宗派主义和经验主义的宗派主义。他关于“两个宗派”的发言，实际上为会议的整风主题定下了基调。会议期间，毛泽东、刘少奇、周恩来、康生、张闻天、任弼时举行书记处会议。会议结束时，毛泽东通报了书记处会议关于整风检查暂停，高级干部先行学习的决定，并作小结讲话。这次会议，为中央政治局整风会议的第一阶段。

【中央书记处会议】（1943年12月22日）　中央书记处于1943年12月22日在延安召开会议。毛泽东主持，主要讨论反特务斗争问题。会议认为“抢救运动”应予否定，决定将拟定的反特斗争的过程和方法等方面的意见分别传达到各系统的高级干部，加以研究后再交书记处最后决定。会议根据毛泽东的提议，决定任弼时负责主持由七人组成的财经问题座谈会，同时还决定延安审干转入甄别是非轻重的阶段。

【中央书记处会议】（1944年2月24日）　中央书记处于1944年2月24日在延安召开会议，讨论中共七大的准备工作和党的历史问题等。毛泽东、刘少奇、任弼时、周恩来等参加，毛泽东主持。关于中共七大的准备工作，决定由毛泽东作政治报告，朱德作军事问题报告，刘少奇作组织问题（包括党章）报告，彭德怀、陈毅、高岗各自准备发言。关于党的历史问题，统一了五个方面的认识：王明、博古的错误视为党内问题；临时中央与六届五中全会因有共产国际承认，应承认是合法的，但必须指出手续不完备；学习路线时，对于历史上的思想问题要弄清楚，对结论必须力求宽大，目前是应该强调团结，以便团结一切同志共同工作；学习路线时，须指出六大基本方针是正确的，六大是起了进步作用的；对六届四中全会到遵义会议时期，也不采取否定一切的态度，凡做得对的，也应承认它。关于宪政问题，决定在延安举行宪政问题座谈会，中央对各根据地发一关于宪政运动的指示。会议还决定由周恩来代替任弼时主持军事政治工作总结委员会。这次会议，实际上对党的历史问题作了明确结论。

【延安党的高级干部会议】（1944年4月12日）　中央西北局于1944年4月12日在延安召开高级干部会议。毛泽东作关于学习与时局问题的报告，并传达中央政治局关于几个历史问题的结论。会议强调研究党的历史经验，既要使干部对于党内历史问题在思想上完全弄清楚，又要对于历史上犯过错误的同志在作结论时取宽大方针；不要着重于一些个别同志的责任方面，而应着重于当时环境的分析，当时错误的内容，当时错误的社会根源、历史根源和思想根源；对于人的处理问题取慎重态度，既不含糊敷衍，又不损害同志；对于任何问题取分析态度，不要否定一切，尽量避免作绝对肯定或绝对否定的简单结论。报告还总结了抗日战争的经验，指出中共领导的人民革命力量，已完成打败日本侵略者，解放全中国的必要的思想准备和物质准备。

【六届七中全会】（1944年5月21日至1945年4月20日）　六届七中全会于1944年5月21日至1945年4月20日在延安杨家岭举行。出席会议的中央委员和候补中央委员17人；列席会议的各中央局、分局和其他方面的负责人12人。全会选举毛泽东、朱德、刘少奇、任弼时、周恩来组成主席团，毛泽东为主席团主席。会议通过了刘少奇提出的以原中央政治局主席毛泽东为中央委员会主席的提议；决定全会期间由主席团处理中央日常工作，书记处和政治局停止行使职权。全会讨论了中共七大的各项准备工作，通过了中共七大的议事日程和报告负责人，决定除毛泽东的政治报告由主席团和全会讨论外，其他如军事报告、修改党章的报告、党的历史问题报告、统一战线报告等，分别成立委员会起草。全会后期，讨论通过了准备提交中共七大的政治报告、军事报告和党章草案、七大主席团名单草案、代表资格审查委员会候选人名单和会场规则草案等。全会还通过了毛泽东起草的《中共中央关于城市工作的指示》等文件。

此次会议最重要的成果是通过了《关于若干历史问题的决议》，该决议是一个马列主义的重要文献，对党的斗争历史经验和教训作了科学的总结和概括，高度评价了毛泽东运用马克思列宁主义基本原理解决中国革命问题的杰出贡献，肯定了确立毛泽东在全党的领导地位的重大意义。同时，全面阐述了历次“左”倾错误的表现及其造成的严重危害，并着重分析了产生错误的社会根源和思想根源。这次会议，标志着历时三年八个月的整风运动结束，为中共七大的胜利召开作了重要的准备。

【广东省临委和东江军政委员会联席会议】（1944年8月） 广东省临时委员会和东江军政委员会于1944年8月在大鹏半岛土洋村举行联席会议。尹林平、梁广、曾生、连贯、王作尧、杨康华、罗范群等参加。会议提出今后总任务是：“巩固部队，动员民众，瓦解敌伪，粉碎反动派阴谋，迎接大变化的到来。”对东江、珠江两块抗日根据地的发展等问题作出具体的规定，并决定东江纵队建立支队编制，下辖大队。这次会议，对加强广东党组织的建设和军队建设，发展抗日武装和抗日民主政权，具有重要的战略意义。

【华北座谈会】（1945年2月1日至7月25日） 华北座谈会于1945年2月1日至7月25日在延安举行。薄一波、彭德怀主持会议，出席者有李富春、陈毅、康生、杨尚昆、安子文等。整个座谈会共开会40余次。彭德怀作报告，回顾和总结了华北七年的抗战工作，系统总结了华北斗争各个阶段、各根据地的经验教训，并对工作中的缺点错误，作了自我检讨。但是，在讨论彭德怀的报告时，由于受整风运动中一度出现的过火斗争的影响，会议发展为对彭德怀历史问题的“清算”，集中在关于自由平等博爱的谈话、百团大战、“闹独立性”等问题。有些批评是正确的，有些是过火批判，有失公允。会上，根据大家指出的批评，彭德怀多次作了自我总结与检查。

【中国共产党第七次全国代表大会】（1945年4月23日至6月11日） 中国共产党第七次全国代表大会于1945年4月23日至6月11日在延安杨家岭中央大礼堂举行。出席大会的共755人，其中正式代表547人，候补代

表208人，代表着全党121万名党员。任弼时主持开幕式，毛泽东致开幕词和闭幕词，并作了《论联合政府》的书面政治报告、关于形势和思想政治问题的报告、关于讨论政治报告的结论和关于选举的问题的讲话；朱德作《论解放区战场》的军事报告和关于讨论军事问题的结论；刘少奇作《关于修改党章的报告》和关于讨论组织问题的结论；周恩来在会上作《论统一战线》的讲话。

毛泽东在《论联合政府》的报告中，科学分析了国际国内形势，抓住了当时时局的关键，着重提出了中国人民强烈希望建立民主联合政府，打败日本侵略者，建设新中国的基本要求。他号召全党要发扬党的理论和实践相结合的作风，和人民群众紧密地联系在一起的作风以及批评与自我批评的作风。围绕上述报告，各代表小组、代表团进行了充分讨论。任弼时、陈云、彭德怀、张闻天、陈毅、叶剑英、杨尚昆、刘伯承、彭真、聂荣臻、陆定一、乌兰夫等20多人作了大会发言。这些报告和发言从各个方面论述党的政治路线、军事路线、组织路线的基本精神，总结党的历史经验，并对各条战线的任务和政策提出了具体意见。大会一致通过了毛泽东的政治报告、朱德《论解放区战场》的军事报告和刘少奇修改党章的报告及新党章。七大党章提出："毛泽东思想，就是马克思列宁主义的理论与中国革命的实践之统一的思想，就是中国的共产主义，中国的马克思主义。""毛泽东思想，就是马克思主义在目前时代的殖民地、半殖民地、半封建国家民族民主革命中的继续发展，就是马克思主义民族化的优秀典型。"确立毛泽东思想为党的指导思想并写入党章，是七大的历史性贡献。大会首次以无记名投票方式选举新的中央委员会，其中，中央委员44人，候补中央委员33人。6月19日召开的七届一中全会，选举毛泽东、朱德、刘少奇、周恩来、任弼时、陈云、康生、高岗、彭真、董必武、林伯渠、张闻天、彭德怀为中央政治局委员；选举毛泽东、朱德、刘少奇、周恩来、任弼时为中央书记处书记；选举毛泽东为中央委员会主席、中央政治局主席、中央书记处主席。8月，中央政治局会议决定毛泽东为中央军事委员会主席，朱德为副主席。

七大历时50天，是党在民主主义革命时期极其重要的一次代表大会。它总结了中国新民主主义革命20多年曲折发展的历史经验，制定了正确的路线、纲领和策略，克服了党内的错误思想，使全党特别是党的高级干部对于中国民主革命的发展规律有了比较明确的认识，从而使全党在马克思列宁主义、毛泽东思想的基础上达到了空前的团结与统一，为迎接抗日战争的胜利和新民主主义革命在全国的胜利，奠定了政治上、思想上、组织上的基础。

【中央书记处会议】（1945年7月12日）　中央书记处于1945年7月12日召开会议，专门研究人事问题。毛泽东主持会议，出席会议的有朱德、刘少奇、周恩来、任弼时等。会议讨论决定：一是暂拟定提交中央政治局会议通过的中央各部委分工如下：

（1）中共中央军事委员会，主席毛泽东，副主席朱德、刘少奇、周恩来、彭德怀，总政治部主任刘少奇，总参谋长叶剑英（后改为总参谋长彭德怀，副总参谋长叶剑英）。（2）中央组织部部长彭真（兼中央党校副校长）。（3）中央宣传部部长陆定一，副部长陈伯达。（4）中央社会部（中央情报部在内）部长康生。（5）解放区人民代表会议筹备委员会主任委员周恩来。（6）中央政治研究室主任张闻天，副主任凯丰。（7）中央职工委员会主任邓发，中央妇女委员会主任蔡畅，中央青年委员会主任冯文彬。二是由16人组成解放区人民代表会议筹备会党组干事会，周恩来任书记。三是由15人组成解放区临时救济委员会，董必武任主任，李富春任副主任。

【延安干部会议】（1945年8月13日） 中共中央于1945年8月13日在延安召开干部会议。毛泽东作《抗日战争胜利后的时局和我们的方针》的报告，分析了抗战胜利后国内的政治形势，指明了新时期的战略任务和斗争的策略方针。面对蒋介石坚持内战的方针，明确指出："我们的方针是针锋相对，寸土必争。""人民得到的权利，绝不允许轻易丧失，必须用战斗来保卫。"还提出要坚持自力更生的方针，强调依靠自己的力量，打败一切中外反动派。

【七届中央政治局扩大会议】（1945年8月23日） 七届中央政治局于1945年8月23日在延安召开扩大会议。这次会议是在日本宣布无条件投降后，蒋介石邀请毛泽东赴重庆谈判的情况下召开的。毛泽东主持会议。会议主要讨论当时的时局、中央机构分工及同国民党谈判等问题。通过了《中共中央对时局的宣言》，认为内战是可以避免和必须避免的，和平是可能取得的。为此，中共提出"和平、民主、团结"的口号。毛泽东在会上指出：我们应当利用这个暂时和平时期，"以局部的让步换取在全国的合法地位，养精蓄锐来迎接新形势"。会议确定今后对国民党的方针是："蒋反我亦反，蒋停我亦停"，以斗争达到团结，做到有理、有利、有节。会议决定：（1）先派周恩来前往重庆，随后毛泽东再去谈判。（2）在毛泽东去重庆期间，由刘少奇代理中央主席职务。（3）增选陈云、彭真为中央书记处候补书记。（4）毛泽东为中央军委主席，朱德、刘少奇、周恩来、彭德怀为副主席。

【七届中央政治局会议】（1945年9月14日至15日） 七届中央政治局于1945年9月14日至15日在延安召开会议。会议讨论研究东北的形势和对东北工作的方针。出席会议的有刘少奇、朱德、任弼时、陈云、彭真、张闻天、彭德怀等人。会议由刘少奇主持。会前，苏联元帅马林诺夫斯基派代表向朱德和任弼时转述口头通知，要求八路军在苏军退出东北前，不得进入东北；已经进入的部队要退出苏军占领地区；苏军撤退后，中国军队如何进入东北，由中国自行解决。会议听取先期进入东北的八路军冀热辽军区第十六分区司令员曾克林关于东北情况的汇报，讨论答复马林诺夫斯基口头通知和东北工作问题。会议决定：（1）致信马林诺夫斯基：进入沈阳、长春、大连、平泉及东北其他地点之八路军个别部队，迅速退出苏军占领地区；在热河、辽宁的各一部八路军，自抗战爆发后即在那里活动，并创有根据地，故不撤兵。（2）根据刘少奇的提议，成立东北局，以彭真、陈云、程子华、林枫、伍修权为委员，彭真任书记。会议要求东北局成员立即赶赴东北开展工作，力争在东北建立根据地；原来准备南下的10万部队2万干部，转而挺进东北。

【七届中央政治局会议】（1945年10月11日）　七届中央政治局于1945年10月11日毛泽东在参加重庆谈判返回延安的当天召开会议。毛泽东主持会议，刘少奇、任弼时、朱德等出席会议。毛泽东和王若飞报告了重庆谈判的情况。毛泽东在报告中指出：重庆会谈纪要是恩来同志起草的，采纳国民党方面意见略有修改。其中，国民大会与解放区问题未解决，对我们重要的是和平与解放区问题。蒋介石不给解放区几个省主席，省以下可以给。我们乃提出维持现状，将来解决。赫尔利回美国前，要我们交出解放区，说要么承认蒋介石的要求，要么破裂。我说不承认也不破裂，问题复杂，还要讨论。这个会谈纪要，第一个好处是采取平等的方式双方正式签订，这是历史上没有过的。第二，有成议的六条，都是有益于中国人民的。会议一致同意《国民政府与中共代表会谈纪要》。

【政治协商会议】（1946年1月10日至31日）　政治协商会议于1946年1月10日至31日在重庆召开。会议由国民党政府主持召集。出席会议的有国民党代表八名、共产党代表七名、中国民主同盟代表九名、中国青年党代表五名以及无党派代表九名。共产党代表是周恩来、董必武、王若飞、叶剑英（后由博古代）、吴玉章、陆定一、邓颖超。会议的中心议题是关于"政治民主化"和"军队国家化"的问题。会议通过了《政府组织案》《国民大会案》《和平建国纲领》《军事问题案》《宪法草案》五项协议。上述协议否定了国民党一党专政及其奉行的内战政策，基本上符合全国人民的和平民主愿望。这是中国共产党同各民主党派、民主人士亲密合作、努力斗争的结果，也是中国共产党统一战线政策的胜利。

【中共中央会议】（1946年5月4日）　中共中央于1946年5月4日在延安召开会议。刘少奇主持会议。毛泽东在会上发言指出：（1）解决土地问题的方针，七大讲的是减租减息，寻找适当方法实现"耕者有其田"。当时七大代表多数在延安时间太久，各地新的经验没有能够充分反映。现在中央的这个指示，就是群众所创造的适当方法，为中央所批准的。（2）国民党有一大弱点，即不能解决土地问题，民不聊生。我们只有依靠人民同他们作斗争。如能在一万万几千万人口中解决了土地问题，即可长期支持斗争。（3）解决土地问题，是一个最根本的问题，是一切工作的基本环节，全党必须认识这一点。（4）农民的平均主义，在分配土地以前是革命的，不要反对，但要反对分配土地以后的平均主义。(5) 现在类似大革命时期，农民伸出手来要土地，共产党是否批准，今天必须表明态度。(6) 土地改革时期，不要怕自由资产阶级动摇，只要我们实行了土地改革，农民得到土地，我们的力量更强大，则更能巩固地团结他们。(7) 暂不宣传“耕者有其田”，仍叫反奸清算、彻底减租减息，将来一定要宣传。(8) 对工商业政策和工人运动与此不同。只管工人眼前的、片面的利益，不顾资本家乃至公营工厂的死活，那是自杀。刘少奇在会上讲了农民土地问题的重要性。会议原则通过《中共中央关于土地问题的指示》(又称“五四指示”)。

【中共中央东北局扩大会议】(1946年7月3日至11日) 中共中央东北局于1946年7月3日至11日在北满根据地的哈尔滨召开扩大会议。出席会议的有林彪、彭真、罗荣桓、陈云、高岗、李富春、李立三、张闻天等20余人。林彪主持会议。会议根据中央对东北工作的指示精神，详细分析了国际、国内和东北地区的形势，总结了近一年来创建东北根据地和阻击国民党军进攻的经验教训，着重讨论东北之后的任务，以及创建巩固的东北根据地的问题，确立新的作战方针。会议通过了由陈云起草的《关于东北目前形势与任务的决议》(即“七七决议”)。决议根据中央建立巩固的东北根据地的方针，强调指出：创造根据地，发动群众，准备作长期的艰苦斗争，是目前和今后一个时期内第一位的工作。中共中央经修改后于7月11日批准这个决议，对于统一东北全党全军的思想，起了十分重要的作用。

【中共中央会议】(1946年11月21日) 中共中央于1946年11月21日在延安召开会议。刘少奇主持会议。毛泽东、周恩来、朱德、任弼时等出席会议。周恩来报告国共谈判和国民党统治区的情况，指出：为了实现党的和平、民主、统一、独立方针，武装斗争是主要的。毛泽东分析了全国军事形势，指出：现在是否要提出打倒蒋介石？我们做这个工作而不提这个口号，口号仍然是恢复1月13日停战协定生效时的双方位置和实现政协决议。会议充分肯定中共代表团一年来的谈判。会议预计共产党用3年到5年时间，能够战胜蒋介石集团，也可能10年到15年。这是中国革命发展进程中党的战略指导思想的一个根本性的转变。

【中央书记处会议】(1946年12月2日) 中共中央于1946年12月2日在延安召开书记处会议，专门研究国民党统治区的工作。刘少奇、朱德等出席会议。会议听取周恩来关于国民党统治区中共组织和群众斗争、统战工作等情况的报告。确定在伪国大闭幕后发表声明；对马歇尔复电，表示只要解散非法国大，撤退侵犯军队，则仍可继续谈判。会议决定改组中共中央城市工作部，由周恩来兼任部长，李维汉任副部长。

【七届中央政治局扩大会议】(1947年2月1日) 七届中央政治局于1947年2月1日在延安召开扩大会议(即二月会议)。这次会议是为统一全党对当时形势的认识，作好迎接中国革命新高潮的思想和物质准备而召开的。出席会议的共54人。毛泽东主持会议并就迎接中国革命高潮问题作了重要讲话。刘少奇对会议的议题作了说明；彭德怀作军事形势报告；周恩来作国民党统治区人民运动的情况报告。会议通过了毛泽东为中共中央起草的党内指示——《迎接中国革命的新高潮》，指出："目前各方面情况显示，中国时局将要发展到一个新的阶段。这个新的阶段，即是全国范围的反帝反封建斗争发展到新的人民大革命的阶段。现在是它的前夜。我党的任务是为争取这一高潮的到来及其胜利而斗争。"会议通过了《中共中央关于不承认蒋政府一切卖国协定的声明》和《收复区某些分子奖惩问题的指示》两个文件。会议对鼓舞全党全军的必胜信心，加速人民解放战争的胜利进程，做好迎接中国革命新高潮的各项准备，发挥了重要作用。

【枣林沟会议】（1947年3月29日至30日） 七届中央政治局于1947年3月29日至30日在陕西清涧县枣林沟村召开会议（即枣林沟会议）。毛泽东主持会议。刘少奇、朱德、任弼时等出席会议。会议讨论中央机关行动问题。会议决定：由毛泽东、周恩来、任弼时率中央机关和人民解放军总部留在陕北，主持中央工作，指挥全国解放战争；由刘少奇、朱德、董必武组成中央工作委员会，以刘少奇为书记，前往晋西北或其他适当地点，进行中央委托的工作。为适应战争需要，还决定中央机关按军事编制组成中央直属支队，任弼时任司令员，陆定一任政治委员。

【内蒙古人民代表会议】（1947年4月23日至5月3日） 内蒙古人民代表会议于1947年4月23日至5月3日在王爷庙（今乌兰浩特）举行。出席会议代表398人。会议通过《内蒙古自治政府施政纲领》《内蒙古自治政府暂行组织大纲》等文件。会议选出临时参议会，产生了内蒙古自治政府。5月1日，内蒙古自治政府正式宣告成立，云泽（乌兰夫）当选自治政府主席。这是抗日战争以来中国共产党领导内蒙古自治运动所取得的积极成果，也是中共领导的第一个少数民族自治政权。

【全国土地会议】（1947年7月17日至9月13日） 中央工作委员会于1947年7月17日至9月13日在河北省建屏县（今平山县）西柏坡村召开全国土地会议。出席会议的有中央工委负责人刘少奇、朱德、董必武、彭真、康生和各解放区负责人以及华北地区的党政军代表，共107人。朱德致开幕词、闭幕词并作报告。刘少奇主持会议并作报告和会议总结。董必武也作了报告。会议重点讨论土改和整党问题。会议分为两个阶段：第一阶段，从7月17日至8月下旬，听取各地方关于土改情况的汇报，研究讨论各地提出的问题和解决的方法。刘少奇作第一次总结报告中，肯定了各解放区土改运动取得的成绩，指出大部分地区土改不彻底的问题及其原因，提出了土地改革的路线、方针和政策。中央批准了刘少奇的总结报告并要求将报告拿到会议上去讨论。第二阶段，从8月底至9月13日，讨论土地改革政策问题，制定《中国土地法大纲（草案）》。《大纲》共16条，规定了彻底平分土地的基本原则。规定“废除封建性和半封建性剥削的土地制度，实行耕者有其田的土地制度”；“废除一切地主的土地所有权”。《大纲》虽然还存在一些缺点与不足，但较之一年多前的“五四指示”，还是前进了一大步。《大纲》是一个彻底的比较完善的解决土地问题的纲领性文件，对各解放区土改运动的深入开展，加速解放战争的胜利，动员广大农民投身解放战争，起了巨大的推动作用。

【小河会议】（1947年7月21日至23日） 中央前委于1947年7月21日至23日在陕北靖边县小河村召开扩大会议（又称小河会议）。会议的中心议题是如何进一步组织和发展战略进攻，集中商讨今后的作战计划和方针问题。毛泽东主持会议，出席者有周恩来、任弼时、陆定一、杨尚昆、彭德怀、习仲勋、马明方、贾拓夫、张宗逊、王震、贺龙、张经武、陈赓等人。期间共开了三次会议，每天上午自由交谈。毛泽东就军事计划、战争形势作了讲话，首次提出对蒋介石的斗争计划用五年（从1946年7月算起）来解决。周恩来总结了解放战争第一年的战绩。任弼时、彭德怀、贺龙、习仲勋、马明方、贾拓夫等在会上作了发言。会议进一步确定了晋冀鲁豫野战军太岳纵队的使用方向及其有关问题，确定太岳纵队不来陕北，改为渡黄河南下，出击豫西，协助刘邓大军经略中原，从战略上配合陕北战场。之后，会议研究了如何加强西北战场的措施，决定组成以彭德怀为书记的西北野战军前委，使西北野战军进一步发挥吸引、牵制和逐步歼灭胡宗南集团的作用；由陕甘宁晋绥联防军司令员贺龙统一领导这两个解放区的地方工作，使晋绥解放区进一步成为陕北的后方基地。这次会议对于解放军由战略防御转入战略进攻，迅速将战争引向国民党统治区，有着重要战略意义。

【十二月会议】（1947年12月25日至28日） 中共中央于1947年12月25日至28日在陕北米脂县杨家沟召开扩大会议（即十二月会议）。这次会议是在人民解放军转入战略进攻，中国革命进入新的高潮时期召开的，任务是制定党的行动纲领，从各方面准备夺取全国胜利。会议由毛泽东、周恩来、任弼时主持，参加者有陆定一、彭德怀、贺龙、林伯渠、张宗逊、习仲勋、马明方、张德生、甘泗淇、王维舟、李井泉、赵林、王明、谢觉哉、李维汉、李涛等当时能够到会的中央委员、候补中央委员以及陕甘宁边区、晋绥边区的主要负责人，共19人。会议举行之前，召开了18天的预备会议。会议着重讨论并通过了毛泽东的书面报告《目前形势和我们的任务》。这篇报告深刻阐明了打败蒋介石，夺取全国胜利的军事、经济、政治等方面的纲领和政策。会议指出：“这个报告是整个打倒蒋介石反动统治集团，建立新民主主义中国的时期内，在政治、军事、经济各方面带纲领性的文件。”会议还讨论通过了毛泽东起草的《关于目前国际形势的几点估计》；讨论了解放区在土改和整党中出现的“左”的偏向及其纠正的办法。这是在中国革命历史转折关头召开的一次具有重大意义的会议。它所制定的政治、经济纲领，进一步丰富和发展了新民主主义革命理论，为夺取全国胜利做了充分的准备。

【西北野战军前委第一次扩大会议】（1948年1月7日至20日）　西北野战军前委于1948年1月7日至20日在陕北米脂县杨家沟召开第一次扩大会议。彭德怀主持会议并先后作《关于陕北九个月作战的基本总结》和《关于我军转入外线作战的基本任务和进入蒋管区的各项政策》的报告；周恩来作《关于全国战争形势》的报告；任弼时作《土地改革中的几个问题》的重要讲话。毛泽东在讲话中强调，中国革命要胜利，就必须实行无产阶级领导的、人民大众的、反帝反封建的统一战线。会议通过了《西北人民解放军前委扩大会议决定》，对野战军进入蒋管区的基本任务和执行十大军事原则等问题，作出了明确的规定。

【晋绥干部会议】（1948年4月1日）　晋绥干部会议于1948年4月1日在晋绥军区司令部所在地山西省兴县蔡家崖召开。贺龙主持会议。毛泽东到会讲话，完整地阐明了中共在新民主主义时期的总路线和总政策：无产阶级领导的，人民大众的，反对帝国主义、封建主义和官僚资本主义的革命。还指出土地改革工作的总路线和总政策：依靠贫农，团结中农，有步骤地、有分别地消灭封建剥削制度，发展农业生产。同时在肯定晋绥土改、整党工作成绩的基础上，也指出了晋绥地区已经纠正的"左"的偏向，强调"按照实际情况决定工作方针，这是一切共产党员所必须牢牢记住的最基本的工作方法"。

【城南庄会议】（1948年4月30日至5月7日）　中央书记处于1948年4月30日至5月7日在河北省阜平县城南庄晋察冀军区司令部召开扩大会议（即城南庄会议）。这是中央前委和中央工委会合以后的第一次书记处扩大会议。毛泽东主持会议。刘少奇、周恩来、朱德、任弼时、李先念、张际春、陈毅、粟裕、彭真、聂荣臻、黄敬、罗瑞卿、薄一波等出席。会议讨论了三项议题：（1）把战争引向国民党地区；（2）发展生产，减轻人民负担；（3）反对无政府无纪律状态，适当缩小地方权力。会议围绕毛泽东提出的"军队向前进，生产长一寸，加强纪律性"的三点意见展开讨论。这个意见成为党在相当长的一段时间内的行动方针。会议通过了中共中央庆祝"五一"劳动节口号，提出迅速召开政治协商会议，成立民主联合政府的提议。会议听取了粟裕的汇报，决定解放军暂不渡江南进，而先集中兵力在中原黄淮地区打大仗，尽可能多地把国民党的主力消灭在长江以北。会议还决定将晋察冀与晋冀鲁豫两解放区合并为华北解放区，两中央局合并为华北中央局，两军区合并为华北军区，两边区政府合并为华北联合行政委员会。

【第六次全国劳动大会】（1948年8月1日至22日）　第六次全国劳动大会于1948年8月1日至22日在哈尔滨举行。出席代表518人，不仅有各解放区职工代表，还有国统区各大城市及各大产业职工代表，代表全国有组织的工人283万余人。会议由陈云、李立三、蔡畅等34人组成大会主席团。中央向会议发来贺词。李立三致开幕词，东北局及东北军区代表罗荣桓、东北行政委员会代表林枫致词。东北局代表高岗作政治报告；陈云作《关于中国职工运动的当前任务》的报告；朱学范、刘宁一、李立三分别作《国民党统治区职工运动》《关于国际职工运动工作》《中华全国总工会章程》的报告。会议决定恢复中华全国总工会，通过《关于中国职工运动当前任务的决议》《关于国民党统治区职工运动报告的决议》《中华全国总工会章程》。朱学范致闭幕词。这次会议是中国工人阶级在中国共产党领导之下的第一次大联合，标志着中国职工运动发展到新阶段。

【华北临时人民代表大会】（1948年8月7日至19日） 中央华北局于1948年8月7日至19日在河北省石家庄召开华北临时人民代表大会。出席会议的各界代表有541人。大会主席团常务主席董必武主持会议并致开幕词。薄一波代表华北局作《关于华北人民政府施政方针的建议》。会议通过了《华北解放区施政方针》《华北人民政府组织大纲》《村县（市）人民政府组织条例》以及《农业税则》等文件。选举董必武、聂荣臻、薄一波、徐向前等27人为华北人民政府委员会委员。9月，召开华北人民政府委员会第一次会议，选举董必武为政府主席，薄一波、蓝公武、杨秀峰为副主席。薄一波兼任政府党组书记。

【东北城市工作会议】（1948年8月17日至31日） 中央东北局于1948年8月17日至31日在哈尔滨召开第一次城市工作会议，讨论如何发展城市生产和如何加强对城市的集中领导等问题。大部分东北局委员和各地党政军主要领导干部参加了会议。中央东北局解放区城市工作部部长王稼祥主持会议。后来由于王稼祥生病，东北局常务委员张闻天受东北局的委托向会议作总结报告。报告阐明了“城市领导乡村”的战略思想，指出：“我们要加强城市工作，把注意力向这方面转移，要把城市工作看得同农村工作同样重要，有些地方还要看得比农村工作更重要。”还说：“离开了代表先进生产力的城市工业和城市工人阶级，社会不能前进，社会主义也不能实现。”会议通过了张闻天的总结报告。会后，张闻天为东北局起草了《关于东北经济构成及经济建设提纲》上报中央。

【七届中央政治局扩大会议】（1948年9月8日至13日） 七届中央政治局于1948年9月8日至13日在河北西柏坡召开扩大会议（即九月会议）。到会的政治局委员7人，中央委员和候补中央委员14人，其他重要与会人员10人。这是自1947年3月中央撤离延安后的第一次政治局扩大会议，也是自抗日战争结束以后到会人数最多的一次中央会议。毛泽东主持会议。会议的主要任务是检查过去的工作，规定今后的工作任务。中心议题是“军队向前进，生产长一寸，加强纪律性”。毛泽东在会上就国际形势、战略任务、政权性质、财政统一以及发展党内民主和加强纪律等八个问题作了深刻阐述。刘少奇、周恩来、朱德、任弼时作了重要发言。会议根据战争的胜利发展和敌我形势，提出全党的战略任务是：今后3年建设500万人民解放军，在大约5年左右时间内（从1946年7月算起），从根本上打倒国民党的反动统治。会议对战争第三年的军事、政治、经济工作，作出了具体部署。还讨论了党的建设问题，通过了《关于各中央局、分局、军区、军委分会及前委会向中央请示报告制度的决议》和《中共中央关于召开党的各级代表大会和代表会议的决议》。这次会议对于人民解放军进行战略决战，为最后打倒蒋介石集团，夺取新民主主义革命在全国的胜利，从军事上、政治上、组织上做了充分准备。

【七届中央政治局会议】（1949年1月6日至8日） 七届中央政治局于1949年1月6日至8日在河北西柏坡召开会议。毛泽东主持会议。刘少奇、朱德、周恩来、任弼时等出席会议。会议通过了毛泽东起草的《目前形势和党在一九四九年的任务》的决议。决议规定了党在1949年的17项任务，其中包括在北平解放后召开七届二中全会；召集没有反动派参加的各民主党派、各人民团体的协商会议，制定共同纲领，成立中华人民共和国，组成中央人民政府等。会议认为，1949年和1950年将是中国革命在全国范围内胜利的两年，会议强调："我们必须将革命进行到底，而不容许半途而废"。

【七届二中全会】（1949年3月5日至13日） 七届二中全会于1949年3月5日至13日在河北省建屏县（今平山县）西柏坡村举行。出席这次中央全会的有中央委员34人（中央委员出缺4人，由候补中央委员递补出席3人），候补中央委员19人，列席会议的11人。会议主席团由毛泽东、刘少奇、周恩来、朱德、任弼时组成，轮流主持会议。毛泽东主持开幕会议，并于3月5日代表中央政治局作了工作报告。朱德、刘少奇、周恩来、任弼时等27人在会上发言。全会着重讨论了党的工作重心由乡村转移到城市的问题，强调从现在起，开始了由城市到乡村并由城市领导乡村的时期，党要立即开始着手建设事业，一步一步地学会管理城市，并将恢复和发展城市中的生产作为中心任务。全会充分研究了经济政策。全会强调应加强党的思想建设，全党同志务必继续地保持谦虚、谨慎、不骄、不躁的作风，务必继续地保持艰苦奋斗的作风。全会还根据毛泽东的提议，作出禁止给党的领导者祝寿和用党的领导者的名字作地名等规定。全会通过了《中国共产党第七届中央委员会第二次全体会议决议》，批准了1945年6月党的七届一中全会以来中央政治局的工作，批准了1949年1月14日毛泽东对时局的声明，批准了由党所发起召开的新政治协商会议及成立民主联合政府的建议。全会还通过了《关于军旗的决议》。毛泽东代表中央政治局对全会作了结论报告，总结了"党委会的工作方法"的12条经验，强调要发扬党内民主，加强集体领导，改进工作作风和工作方法。这次全会具有重大的历史意义。全会确立了革命胜利后建设新民主主义社会的蓝图，全会所作出的各项政策规定，不仅对迎接中国革命在全国的胜利，而且对新中国的建设事业，都具有巨大的指导作用。

【中华全国妇女第一次代表大会】（1949年3月24日至4月3日） 中华全国妇女第一次代表大会于1949年3月24日至4月3日在北平举行。出席大会的代表包括各解放区妇女联合会、国统区民主妇女团体及各界妇女人士的代表411人。中央代表董必武向大会致祝词。朱德出席了闭幕式。大会通过了《中国妇女运动当前任务》的决议，成立中华全国民主妇女联合会，何香凝为全国妇联名誉主席，蔡畅为主席。

【中国新民主主义青年团第一次全国代表大会】（1949年4月11日至18日） 中国新民主主义青年团第一次全国代表大会于1949年4月11日至18日在北平举行。出席大会的代表共364人，代表全国青年团员19万人。朱德出席了大会开幕式。毛泽东、朱德分别为大会题词。任弼时代表中央作政治报告。冯文彬作《中国新民主主义青年团的任务与工作》的报告；蒋南翔作《关于团章》的报告。大会通过了《中国新民主主义青年团工作纲领》《中国新民主主义青年团团章》。选出第一届团中央委员会委员45人，冯文彬任团中央书记；任弼时为团中央名誉主席。大会决定以《中国青年》为团中央机关刊物。

【中华全国青年代表大会第一次会议】（1949年5月4日至11日） 中华全国青年代表大会第一次会议于1949年5月4日至11日在北平举行。出席大会的代表480人。朱德、周恩来、叶剑英等先后到会致词。大会通过了中华全国青年联合会会章，制定了全国青年运动的方针。选举87名中华全国民主青年联合会委员和22名候补委员。决定把解放区青年联合会扩大为中华全国民主青年联合会（后改称中华全国青年联合会），廖承志为主席，钱俊瑞、谢雪红、钱三强、沙千里为副主席。

【新政协筹备会第一次全体会议】（1949年6月15日至19日） 新政协筹备会于1949年6月15日至19日在北平召开第一次全体会议。出席会议的代表共23个单位134人。在开幕典礼上，周恩来担任临时主席并致开幕词；毛泽东代表中国共产党讲话。会议通过了《新政治协商会议筹备会组织条例》。选出毛泽东、朱德、周恩来等21人组成新政协筹备会常务委员会，正式成立新政协筹备会，并选举毛泽东为常务委员会主任，周恩来、李济深、沈钧儒、郭沫若、陈叔通为副主任，李维汉为秘书长（后因病由林伯渠代理）。会议通过《新政治协商会议筹备会组织条例》和《关于参加新政治协商会议的单位及其代表名额的规定》等文件。会议决定在常委会领导下设立六个小组，分别完成以下各项任务：（1）拟定参加新政协的单位及其代表名额；（2）起草新政协的组织条例；（3）起草共同纲领；（4）拟定中华人民民主共和国（以后在中国人民政治协商会议第一届全体会议上决定国名为中华人民共和国）政府方案；（5）起草宣言；（6）拟定国旗、国歌及国徽方案。

【中华全国文学艺术工作者第一次代表大会】（1949年7月2日至19日） 中华全国文学艺术工作者第一次代表大会于1949年7月2日至19日在北平举行。朱德代表中央和人民解放军总部到会祝贺。7月6日，毛泽东出席会议。会上，周恩来作政治报告；郭沫若作《为建设新中国的人民文艺而奋斗》的总报告；茅盾作《在反动派压迫下斗争和发展的革命文艺》的报告；周扬作《新的人民文艺》的报告。大会成立中华全国文学艺术界联合会，通过了文联的章程，选举87人组成文联全国委员会，郭沫若为主席，茅盾、周扬为副主席。

【上海财经会议】（1949年7月22日至8月15日） 中央财经委员会于1949年7月22日至8月15日在上海召开财经会议。陈云主持会议。参加会议的有华东、华北、华中、西北、东北五个大区负责财经工作的领导人，以及即将进军广东、广西和西南的野战军代表。会议先由各解放区和上海代表汇报各地财经状况，然后组成金融、贸易、财政、综合四个组进行讨论，形成了《关于若干问题的共同意见》。会上，陈云作了《克服财政经济困难的严重困难》的讲话和《目前财经工作中应注意的问题》的总结。陈云强调指出：要战胜目前的困难，要有全局观点、长远观点；要掌握全国财经情况，从实际出发。会议就财政支出、物资收购、货币发行、控制物价等方面作出预测和安排。这次会议，为新中国的财政经济的恢复和发展奠定了基础。

【新政协筹备会第二次全体会议】（1949年9月17日至19日） 新政协筹备会于1949年9月17日至19日在北平召开第二次全体会议。会议由常务委员会副主任周恩来报告3个月来的筹备工作。会议基本通过由各小组分头起草的政协组织法草案、共同纲领草案、人民政府组织法草案等，作为向即将召开的中国人民政治协商会议提出的议案。会议决定将新政治协商会议改称“中国人民政治协商会议”。还决定扩大参加人民政协第一届全体会议的代表名额，由原来的510人增加为612人。

【中国人民政治协商会议第一届全体会议】（1949年9月21日至30日） 中国人民政治协商会议于1949年9月21日至30日在北平召开第一届全体会议。出席会议的代表635人，来宾300人。毛泽东、朱德、刘少奇、周恩来、李济深、张澜、沈钧儒、黄炎培、郭沫若、马叙伦等89人组成大会主席团。林伯渠为大会秘书长。毛泽东致开幕词。林伯渠、谭平山、董必武、周恩来分别就政治协商会议筹备工作、政治协商会议组织法、中华人民共和国中央人民政府组织法和政治协商会议共同纲领等文件作了说明。会议通过了《中国人民政治协商会议第一届全体会议宣言》《中国人民政治协商会议共同纲领》《中国人民政治协商会议组织法》《中华人民共和国中央人民政府组织法》。其中，《中国人民政治协商会议共同纲领》在一个时期内起着临时宪法的作用。会议决定：中华人民共和国的国都定于北平，将北平改为北京；采用公元纪年；以《义勇军进行曲》为国歌；国旗为五星红旗。会议选举毛泽东为中央人民政府主席，朱德、刘少奇、宋庆龄、李济深、张澜、高岗为副主席，周恩来、陈毅、董必武等56人为委员。会议通过在天安门前建立一座纪念碑，以永久纪念在革命中牺牲的人民英雄的决定。同时，还选出第一届全国政协委员会委员180人，毛泽东为全国政协主席，周恩来、李济深、沈钧儒、郭沫若、陈叔通为副主席。朱德致闭幕词。中国人民政治协商会议的召开，是中国共产党领导的中国革命民族统一战线的伟大胜利。

第二部分　社会主义革命和建设时期

【中央人民政府委员会第一次会议】（1949年10月1日）　中央人民政府委员会第一次会议于1949年10月1日在北京召开。毛泽东主持会议。出席会议的毛泽东、朱德、刘少奇、宋庆龄、李济深、张澜、高岗及周恩来、陈毅、董必武等56位委员宣布就职。会议一致决议接受《中国人民政治协商会议共同纲领》为中央人民政府施政方针；选举林伯渠为中央人民政府委员会秘书长，任命周恩来为中央人民政府政务院总理兼外交部长、毛泽东为中央人民政府人民革命军事委员会主席、朱德为人民解放军总司令、沈钧儒为中央人民政府最高人民法院院长、罗荣桓为中央人民政府最高人民检察署检察长；并责成他们从速组成政府机构，执行各项政府工作。会议还通过《中华人民共和国中央人民政府公告》。

【民建全国会务推进委员会会议】（1949年10月7日）　民建全国会务推进委员会会议于1949年10月7日在北京召开。根据"会务推进工作综合小组"的建议，推选了97名会务推进委员会委员。在此基础上，推选出常务委员组成常务委员会，处理日常会务。会议通过了《民主建国会全国会务推进委员会组织大纲》，对全国会务推进委员会的组成、任务、工作机构作了明确规定，进一步规范和加强了会务工作。10月9日，在常务委员会第一次会议上，根据施复亮的提议，经会议讨论后作出"本会以中国人民政治协商会议通过的共同纲领替代本会原有之政纲"的决议，会议推选黄炎培、章乃器、南汉宸为常务委员会召集人。1950年7月18日，总会第十五次常委会议通过了《民主建国会加强组织方案》，提出"在政治上接受中国共产党的领导，并与其他民主党派密切合作"。

【全国政协一届一次会议】（1949年10月9日）　全国政协一届一次会议于1949年10月9日在北京举行。出席这次会议的全国委员会委员，共有毛泽东、朱德、刘少奇、李济深、张澜、周恩来、沈钧儒、黄炎培、陈叔通、郭沫若等151人。全国委员会的委员总额是198名，其中18名是保留着准备容纳新解放地区适当代表人物的空额，21名已经离开北京，8名因事或因病请假，此外全部出席了会议。会议推林伯渠为主席。周恩来报告参加第一届全国委员会各单位协商的经过。周恩来在叙述了关于主席、副主席、常务委员的人选协商经过，并分析了全国委员会所应当进行的政治性的和组织性的工作内容以后，说明拟订中的全国委员会工作条例，已根据各方意见，规定在全国委员会内设立政治法律、财政经济、文化教育、外交、国防、民族事务、华侨事务、党派事务等八个组，以利工作的进行。会议接着一致通过了本届全国委员会的主席、副主席5人、常务委员28人和秘书长的名单。名单如下：(1) 主席：毛泽东。(2) 副主席：周恩来，李济深，沈钧儒，郭沫若，陈叔通。(3) 常务委员：毛泽东，刘少奇，周恩来，李维汉；李济深，王昆仑，蒋光鼐；张澜，沈钧儒，章伯钧；黄炎培，陈叔通，章乃器；郭沫若，马叙伦，张奚若；杨秀峰，乌兰夫；朱德，林彪；刘宁一，邓颖超，冯文彬；沈雁冰，梁希；吴鸿宾；陈嘉庚；邵力子。(4) 秘书长：李维汉。会议通过了许广平委员代表因病请假的马叙伦委员提出的"以十月一日为中华人民共和国开国的国庆纪念日"的建议案，决定送请中央人民政府采纳施行。

【中央军委第一次会议】(1949年10月20日) 中央人民政府人民革命军事委员会第一次会议于1949年10月20日在北京召开。毛泽东主持会议。朱德、刘少奇、周恩来、程潜、贺龙、刘伯承、陈毅、聂荣臻、高岗、粟裕、张云逸、邓小平、罗瑞卿、张治中、傅作义、蔡廷锴、刘斐等人出席会议。会议讨论了人民解放军的进军和建军问题。聂荣臻副总参谋长就目前军事情况作了报告。毛泽东在讲话中指出：现在我们对付帝国主义有两个中心：一是上海，一是天津。进军西南，由刘、邓三个兵团及贺龙一个兵团共60万人承担，任务是解放云、贵、川、康。贺龙直下川北、川康边，刘、邓则从大别山到峨眉山，估计今冬除昆明外，西南可全部解放。会议决定在人民革命军事委员会下成立国防研究小组，主持今后国防的研究设计事宜。决定张治中任国防研究小组组长。

【中央政治局会议】(1949年10月26日) 中央政治局会议于1949年10月26日在北京召开。毛泽东主持会议。刘少奇、朱德、周恩来、陈云、彭真、董必武、林伯渠出席，薄一波、聂荣臻列席。会议决议的事项有：政府工作人员实行薪水制和军队中实行薪水制问题、政府各部门与党的领导机关的工作关系问题、目前统一战线及共产党干部与非党干部合作问题、政权系统中的党组及党委组织和工作要点等问题，并分别指定相关人员提出意见，报政治局审定、讨论。会议还讨论了催促王明写申明书和罗章龙要求恢复党籍等事宜。

【中央政治局会议】(1949年11月2日) 中央政治局会议于1949年11月2日在北京召开。毛泽东主持会议。刘少奇、朱德、周恩来、陈云、彭真、董必武、林伯渠出席，薄一波、聂荣臻列席。会议决定：成立中央内蒙古分局；中央人民政府委员会、全国政协委员会、人民革命军事委员会中负责的共产党员，直接受中央政治局领导，不另设党组；最高人民法院和最高人民检察署设联合党组，罗荣桓为书记；周恩来为政务院党组书记，董必武、陈云为副书记；为整饬党纪，组织中央纪律检查委员会，朱德为书记。会议还同意陈云关于政务院财政经济委员会所属部门在最近数月内分别召集水利、农业、粮食、茶业、丝绸、猪鬃皮毛、油脂煤炭、钢铁、机器制造、电器、税务、财政等一系列会议。

【中央政治局会议】（1949年11月9日） 中央政治局会议于1949年11月9日在北京召开。毛泽东主持会议。刘少奇、朱德、周恩来、彭真、林伯渠出席，薄一波、聂荣臻列席。会议讨论并通过如下决定：《关于在中央人民政府内组织中国共产党党委会的决定》《关于在中央人民政府内建立中国共产党党组的决定》《关于成立中央及各级党的纪律检查委员会的决定》。

【中国国民党民主派代表会议】（1949年11月12日至16日） 中国国民党民主派代表会议于1949年11月12日至16日在北京举行。参加会议的有四个方面的代表，即民革、民联、民促和国民党其他爱国民主分子，共58人。会议决定，民革、民联、民促和国民党其他爱国民主分子统一成为一个组织——中国国民党革命委员会，民联、民促同时宣告结束。会议经过五天的讨论，通过了《中国国民党革命委员会关于当前政治任务决议案》，决定以《中国人民政治协商会议共同纲领》作为民革的政治纲领。会议通过了《中国国民党革命委员会组织总章》；通过了《中国国民党民主派代表会议宣言》，宣告中国国民党革命委员会继承和发扬中山先生的革命精神，在中国共产党和毛主席领导下，为巩固人民民主专政、实现人民政协共同纲领而努力。会议选举产生了由45名委员和20名候补委员组成的民革第二届中央委员会，李济深当选为主席。会议还决定成立以联系和团结国民党爱国民主人士为任务的民革中央团结委员会。

【中央政治局会议】（1949年11月13日） 中央政治局会议于1949年11月13日在北京召开。毛泽东主持会议。会议主要讨论物价等问题。在陈云作关于制止物价猛涨的发言后，毛泽东说：拟开会，准备讨论财经问题。首先党内问题，要有决心。决定由财经委员会研究后提交政务院讨论准备发行公债的问题。本月底召开的政府会议上，由陈云作报告，讲一讲如何做到逐步平衡预算，求得明年稳定的问题。对财经问题应在党中央通过一个决议，这个决议由陈云负责起草。明年冬季开始土改，大体要在三至五年内完成，准备发一个通知。华中提出的以农村为中心，也是有毛病的。军区部队准备明年进行开垦，由聂荣臻起草一个通知。

【农工党第五次全国干部会议】（1949年11月14日至26日） 农工党第五次全国干部会议于1949年11月14日至26日在北京举行。出席会议的代表99人。章伯钧致开会词并作政治报告。会议传达学习了全国政协一届一次会议文件；通过了《党务报告》《关于各级组织的决定》《执监委员会会议组织规程》《工作委员会组织规程》《政治决议》和《第五次全国干部会议宣言》；选举了中央执行委员会委员23人、候补委员7人，中央监察委员会委员8人、候补委员3人。推举章伯钧为执行委员会主席，彭泽民为监察委员会主席。《政治决议》明确规定：接受中国共产党的领导，以马列主义、毛泽东思想和无产阶级国际主义思想教育全党；以政协《共同纲领》为全党的行动纲领。农工党最初建立于1930年8月，当时名为中国国民党临时行动委员会。1935年11月，改名为中华民族解放行动委员会。1947年2月，正式改名为中国农工民主党。

【民盟一届四中全会扩大会议】（1949年11月15日至12月20日） 民盟一届四中全会扩大会议于1949年11月15日至12月20日在北京举行。出席会议的代表92人，代表约1.51万名国内外盟员。会议讨论通过了《政治报告》《盟务讨论总结报告》《地方盟务总结》，通过了修改后的《中国民主同盟盟章》和《关于接受共同纲领及停止民盟纲领的决议》《中国民主同盟四中全会扩大会议宣言》等重要决议和文件。修改后的《盟章》指出："本盟接受中国共产党的领导，与之密切配合工作，以期在革命建国的伟大事业中尽其最大的努力。"会议增选了47位中央委员，32位中央候补委员。12月5日，毛泽东和中共中央其他领导同志在中南海颐年堂接见了参加民盟一届四中全会的全体代表。12月27日召开的民盟一届五中全会选举张澜为主席。

【中央政治局会议】（1949年11月25日） 中央政治局会议于1949年11月25日在北京召开。毛泽东主持会议。刘少奇、朱德、周恩来、彭真、董必武、林伯渠出席，饶漱石、李富春、薄一波、聂荣臻列席。会议决定毛泽东于12月初访问苏联，在此期间，中央委员会主席职务及中央人民政府主席职务由刘少奇代理，朱德代理人民革命军事委员会主席，周恩来代理全国政协主席。会议指定陈云、薄一波、李富春、饶漱石、邓子恢拟定预算问题预案。

【中央政治局会议】（1949年11月28日） 中央政治局会议于1949年11月28日在北京召开。毛泽东主持会议。刘少奇、朱德、周恩来、陈云、董必武、林伯渠出席，薄一波、聂荣臻、李富春、饶漱石列席。会议研究1950年全国收支概算和发行人民胜利折实公债问题，以便在新的一年里减少现钞发行量，平抑全国物价，减少财政赤字，安定民生，逐步恢复和发展生产。

【中央政治局会议】（1949年12月1日） 中央政治局会议于1949年12月1日在北京召开。毛泽东主持会议。刘少奇、朱德、周恩来、陈云、彭真、董必武、林伯渠出席，薄一波、聂荣臻、饶漱石、李富春、邓子恢、安子文列席。会议通过准备提交中央人民政府委员会第四次会议讨论通过的东北人民政府委员会、华东军政委员会、中南军政委员会、西北军政委员会、西南军政委员会、绥远省军政委员会等的负责人员名单，以及绥远、陕西、甘肃、青海、宁夏、贵州、广西、北京、上海、内蒙古等省、市、自治区人民政府的负责人员名单。

【中央政治局会议】（1949年12月4日） 中央政治局会议于1949年12月4日在北京召开。毛泽东主持会议。刘少奇、朱德、周恩来、陈云、彭真、董必武、林伯渠出席，薄一波、聂荣臻、李富春、饶漱石、邓子恢列席。会议研究土地政策和财政工作问题。毛泽东指出：土地改革是中国人民民主革命继军事斗争以后的第二场决战，需要更加谨慎，领导机关要掌握得很紧，随时了解情况，纠正偏向，以求少犯错误。土地改革将分配地主土地和分配富农土地分为两个阶段有好处，便于保护中农。关于财经工作，毛泽东强调：财政经济工作已成为中央和中央局的主要议程，应该认真研究财经问题，并进行适时的宣传，使人民了解情况和政策。在城乡关系中，从有城市起，城市就是中心。在工商关系中，应当工业是中心；在公私关系中，应当公营经济是中心；在劳资关系中，应当依靠工人阶级，而不是依靠资产阶级。

【中央政治局会议】（1950年2月9日） 中央政治局会议于1950年2月9日在北京召开。刘少奇主持会议。会议讨论并同意中苏友好同盟互助条约草案，中苏关于中国长春铁路、旅顺口及大连的协定草案，苏联关于贷款的协定草案。《中苏友好同盟互助条约》规定："缔约国双方保证共同尽力采取一切必要的措施，以期制止日本或其他直接间接在侵略行为上与日本相勾结的任何国家之重新侵略与破坏和平。一旦缔约国任何一方受到日本与日本同盟的国家之侵袭而处于战争状态时，缔约国另一方即尽全力给予军事及其他援助。"《中苏关于中国长春铁路、旅顺口及大连的协定》规定：一旦对日和约缔结后，苏联应不迟于1952年末将中长铁路的一切权利和财产无偿移交中国政府。苏联军队从旅顺口撤退，中国政府偿付苏联自1949年以后在此处的建设费用。大连的行政由中国政府管辖，苏联在大连临时代管和租用的财产于1950年内由中国政府接收。《中苏关于贷款给中华人民共和国的协定》规定：苏联政府给予中国政府的贷款以美元计算，总数为3亿美元，年利为1%。

【第一次全国统战工作会议】（1950年3月16日至4月中旬） 第一次全国统战工作会议于1950年3月16日至4月中旬在北京召开。中央统战部部长李维汉主持会议。出席和列席会议的代表共93人。周恩来于4月12日到会作了报告，论述了党在现阶段统一战线工作方针政策。13日，周恩来作了《发挥人民民主统一战线积极作用的几个问题》的报告，指出："今天我们中心的问题，不是推翻资产阶级，而是如何与他们合作。"会议期间，毛泽东看了会议发言记录，听取了汇报并作了一系列指示。这次会议主要解决了如下几个方面的问题。第一，对民族资产阶级要采取既团结又斗争的政策，以达到团结其共同发展国民经济之目的；第二，各民主党派，不论名称叫什么，仍然是政党，都有一定的代表性，但不能用英美政党的标准来衡量他们；第三，中国工会既是工人阶级的群众性组织，同时也带有统一战线性质。青联、学联、妇联这些团体都带有统一战线性质，其他学术团体也一样。

【中央政治局会议】（1950年3月27日至4月6日） 中央政治局会议于1950年3月27日至4月6日在北京召开。毛泽东主持会议。刘少奇、朱德、周恩来、陈云、高岗、彭真、董必武、林伯渠、张闻天、彭德怀出席，林彪、李雪峰、方方、邓小平、饶漱石、薄一波、聂荣臻、粟裕列席。会上，林彪、饶漱石先后汇报中南、华东情况；粟裕汇报华东军事情况和攻台准备；邓小平汇报西南军事、财经情况及西藏问题；彭德怀汇报西北情况；高岗汇报东北工农业情况；方方汇报广东工作；薄一波汇报华北工作；陈云报告财政情况；聂荣臻报告军事工作；彭真汇报北京市工作；黄敬汇报天津市工作。与会人员进行了交流发言。毛泽东多次作了插话和主题讲话。他指出：渡江及大进军以来，做了几个工作：（1）打仗，是一恶战。（2）剿匪。（3）征粮、公债、收税。（4）华东、中南及西北部分的减税减息。（5）城市工作（接收、管理、肃奸、文教），几个月中接收了全国的城市。他强调："一年一大整，半年一小整，因为情况发生了变化，不改造就要犯错误。""共产党员不能太多，多则无力，不多不少则力量大。"他还说：基本工作是平衡收支，稳定物价。必须土改以恢复农业，调整以恢复工业，整干以执行政策。人员与财政之间的矛盾，战争与和平的矛盾，这是问题的本质。他最后强调：不动富农的策略，是必须的，而且可能的，因为蒋介石倒了，土匪肃清了。我还是提议今天不动富农。

【民进第一次全国代表大会】（1950年4月15日至25日） 民进第一次全国代表大会于1950年4月15日至25日在北京举行。出席大会的代表共43人，他们是上海、广州、北京、天津、沈阳各地代表及该会参加人民政协代表。王绍鏊致大会开幕词。马叙伦向大会作政治报告。许广平代表民进二届理事会向大会作了会务总结报告。雷洁琼向全体代表汇报了出席中国人民政治协商会议的经过。大会通过了《关于接受中国共产党的领导，学习"中共加强与非党群众及民主人士团结合作"的精神以巩固扩大人民民主统一战线》等重要决议，通过了新的中国民主促进会章程，发表了大会宣言和向毛泽东主席、朱德总司令的致敬电。大会选出25名中央理事，7名候补理事。26日召开的民进第三届中央理事会第一次全体会议，互推马叙伦为主席。1945年12月30日，中国民主促进会在上海召开第一次会员大会，宣告成立。1946年1月2日，全体会员选举产生民进第一届理事会。以后又召开几次会员大会。1947年2月9日，民进第五次会员大会选举产生第二届理事会。新中国成立后，民进会员大会改为全国代表大会。

【致公党第四次全国代表大会】（1950年4月15日至25日） 致公党第四次全国代表大会于1950年4月15日至25日在广州举行。会议回顾和总结了致公党三大以来的工作，通过了政治报告和《第四次全国代表大会宣言》。大会一致决议“以人民政治协商会议所制订的共同纲领为本党的政治纲领”。大会确定致公党今后的任务是“加强和中共及民主党派的团结合作”，“巩固人民民主的专政，加紧恢复和发展生产，完成新民主主义的伟大建设”。大会修改并通过新党章，将中央委员会主席制改为中央委员会主席团制。大会选举产生了由42名委员组成的致公党第四届中央委员会。按新党章规定，由陈其尤、陈演生、官文森、雷荣珂和司徒俊葱组成中央主席团，陈其尤为主席团召集人。

【中央政治局会议】（1950年4月19日） 中央政治局会议于1950年4月19日在北京召开。毛泽东主持会议。刘少奇、朱德、周恩来、陈云、林伯渠、彭德怀出席，聂荣臻、薄一波、李立三、陆定一、陈伯达、乌兰夫列席。会议讨论关于在报纸上开展批评与自我批评的决定和失业问题。在讨论时，有人说各地反映都有压制批评的事，受到批评不高兴，甚至拒绝接见记者，还有叫去反省的。毛泽东说：谁叫记者反省就要他自己反省，谁拒绝接见就撤换谁！有许多人写信给我们，不管他是什么人，是很有好处的。党中央与中央政府应该有专门机关，来处理这类的事情。又说：我们的报纸需要提高一步，有许多消息确实是不真实的，不合实际情况的，根本把事情的面目搞错了！有些新闻因没有分析，所以缺乏说服性。批评这个武器不要拿在反动分子手中去。在讨论失业问题时，李立三说，上海失业最为严重，失业工人3月份10万，4月份15万，还可能增加。毛泽东问陈云：拿出4亿斤粮食来救济失业工人，可以吗？陈云答：可以的。救济经费是可以拿出来的，但方式应研究，不要把总工会置于火炉之上，处于被动地位，变为斗争对象。

【七届三中全会】（1950年6月6日至9日） 七届三中全会于1950年6月6日至9日在北京举行。出席这次会议的中央委员36人、候补中央委员27人。各省区市委、中央各部委负责人及有关工作人员43人列席了会议。会议的中心议题是，确定党在国民经济恢复时期的主要任务，以及为此必须进行的各项工作和所应采取的战略策略方针。毛泽东主持会议。会议讨论了毛泽东提交的《为争取国家财政经济状况的基本好转而斗争》的书面报告。毛泽东在报告中指出：我们国家的财政经济状况已经开始好转，但还不是根本的好转。要获得财政经济状况的根本好转，需要三年左右的时间，创造三个条件，即土地改革的完成、现有工商业的合理调整、国家机构所需经费的大量节减。毛泽东在会上作了《不要四面出击》的讲话，指出：四面出击，全国紧张，很不好。我们绝不可树敌太多。会议听取了刘少奇、周恩来、陈云、聂荣臻等人分别就土地改革、外交与统战、财经、军事等问题所作的报告，还听取了薄一波、安子文、胡乔木分别关于税收问题、党的组织情况及发展和巩固党的组织问题、整党工作的报告。会议确定要做好土改、稳定物价、调整工商业、外交、统一战线、肃清反革命、军队整编、整党等八项工作，以争取在三年时间内，实现国家财政经济状况的根本好转，为有计划的经济建设创造条件。全会批准陈云在任弼时休假期间参加中央书记处工作。决定递补廖承志、王稼祥、陈伯达、黄克诚为中央委员。决定撤销黎玉、刘子久的候补中央委员资格。

【全国政协一届二次会议】（1950年6月14日至23日）　全国政协一届二次会议于1950年6月14日至23日在北京举行。毛泽东致开幕词。出席此次会议的有全国委员会委员149人，及不兼全国委员会委员的中央人民政府委员25人。列席会议的共164人。会议收到各项提案和建议案一共74件。会议原则上通过中华人民共和国土地改革法草案，建议中央人民政府委员会把它审核通过后颁布施行。会议一致同意刘少奇副主席、周恩来总理、陈云副总理、薄一波副主任、郭沫若副总理、聂荣臻代总参谋长、沈钧儒院长关于土地改革、政治、经济财政、税收、文化教育、军事、法院工作的各项报告。会议接受中国保卫世界和平大会委员会的建议，通过了号召全国人民展开保卫世界和平签名运动的办法，并决定以7月1日到7月7日的一星期为和平签名运动周。会议通过了关于中国人民政协地方委员会的决定。会议同意国徽审查组关于国徽图案审查意见的报告，并通过了国徽图案，建议中央人民政府委员会采用。会议通过了致人民解放军全体指战员的慰问电。

【中央军委扩大会议】（1950年7月7日、10日）　中央军委扩大会议于1950年7月7日、10日在北京召开。周恩来主持会议。会议研究保卫国防、组建东北边防军问题。参加会议的有朱德、聂荣臻以及各军种、兵种和东北军区的负责人。周恩来在会上传达了中央、毛泽东关于成立东北边防军的决定，讨论保卫东北边防问题，提出并同与会者初步商议了边防军新辖部队与部署、指挥机构设立与领导人选配置、政治动员与后勤保障、车运计划与兵员补充等问题。10日，周恩来继续主持召开第二次会议。这次会议最后商定组织东北边防军的各项问题。会议决定：（1）抽调第十三兵团（第三十八军、三十九军、四十军），第四十二军，炮兵第一师、二师、八师和一定数量的高射炮兵、工兵、战车部队组成东北边防军。这些部队最迟限于8月5日前抵达指定地点，完成集结。（2）以粟裕为东北边防军司令员兼政治委员，萧劲光为副司令员，萧华为副政治委员，李聚奎为后勤司令员。（3）以十五兵团领导机关为基础组成十三兵团领导机关，以邓华为司令员，赖传珠为政治委员，解沛然（解方）为参谋长，杜平为政治部主任。

【中央政治局会议】（1950年8月4日）　中央政治局会议于1950年8月4日在北京召开。毛泽东主持会议。会议讨论美国武装侵略朝鲜后中国应该采取的对策问题。毛泽东在讲话中指出：如美帝得胜，就会得意，就会威胁我。对朝不能不帮，必须帮，用志愿军形式，时机当然还要选择，我们不能不有所准备。周恩来在讲话中指出：如果美帝将北朝鲜压下去，则对和平不利，其气焰就会高涨起来。要争取胜利，一定要加上中国的因素，中国的因素加上去后，可能引起国际上的变化。我们不能不有此远大设想。这次会议实际上作出了抗美援朝的战略决策。

【中央政治局会议】（1950年8月16日） 中央政治局会议于1950年8月16日在北京召开。毛泽东主持会议。刘少奇、朱德、周恩来、任弼时、林伯渠、董必武出席，薄一波、聂荣臻、李富春列席。会议内容为：薄一波作关于农业税问题的报告，讨论私营企业暂行条例、铁道部政治部隶属问题。

【中央书记处会议】（1950年10月2日） 中央书记处会议于1950年10月2日在北京召开。毛泽东主持会议。会议讨论朝鲜战局和中国出兵问题。毛泽东认为出兵朝鲜已是万分火急，但会上多数不赞成出兵。会议决定10月4日召开扩大的中央政治局会议，讨论出兵入朝作战问题。陈云起初担心东北工业基地遭受破坏，也不赞成出兵。后来他问毛泽东："美国飞机会不会越过鸭绿江轰炸内地？"毛泽东说："不会。"陈云说："那我同意出兵。"会上，毛泽东要周恩来派飞机到西安接彭德怀到北京参加会议。

【中央政治局扩大会议】（1950年10月4日至5日） 中央政治局扩大会议于1950年10月4日至5日在北京召开。继续讨论准备出兵朝鲜的问题。会议在4日的讨论中，对出兵支援朝鲜有些不同意见。有的主张不出兵，有的主张暂不出兵，其理由是：（1）我国经过了几十年的战争摧残，战争的创伤急待恢复，而财政又十分困难；（2）国内还有部分边远地区和沿海岛屿尚未解放，约有100万国民党残余部队和土匪尚急待肃清；（3）广大的新解放区尚未进行土地改革，新建的政权也还不巩固；（4）我军的武器装备远远落后于美军的装备，更无制空权和制海权；（5）由于长期战争的艰苦生活，有些干部和战士产生了和平厌战思想情绪，等等。参加会议的大多数认为目前我国的情况是困难重重，出兵问题应慎重从事。毛泽东听完与会者的讨论后讲话指出：你们说的都有理由，但是别人处于国家危急时刻，我们站在旁边看，不论怎么说，心里也难过。5日的会议对是否出兵援朝问题再次进行讨论。在发言中，仍有两种观点。彭德怀在会上讲了自己的观点，即：出兵援朝是必要的，打烂了，等于解放战争晚胜利几年。如美军摆在鸭绿江岸和台湾，它要发动侵略战争，随时都可以找到借口。毛泽东针对林彪提出的美军高度现代化，还有原子弹等观点，说：它有它的原子弹，我有我的手榴弹，我相信我的手榴弹会战胜它的原子弹，它无非是个纸老虎。经过会上充分讨论，大家统一了认识，会议最后作出"抗美援朝，保家卫国"的战略决策。会议还决定由彭德怀率志愿军入朝作战，并决定派周恩来、林彪去苏联同斯大林会谈。

【中央政治局会议】（1950年10月13日） 中央政治局会议于1950年10月13日在北京召开。毛泽东主持会议。彭德怀就出兵援朝准备情况在会上汇报了三个问题：（1）与朝鲜代表朴一禹会谈的内容。（2）当前侵朝"联合国军"兵力部署和动向。（3）志愿军各部备战情况和存在的亟待解决的问题。会议针对斯大林对朝鲜战场的形势表现忧虑，对我国决定出兵援朝又顾虑重重，因而又取消了原定苏联出动空军支援志愿军作战的协商方案等新情况进行了认真研究和讨论，对出兵和不出兵的利害关系反复考虑、反复研究。因为朝鲜战场朝鲜人民军情况危急，时间紧迫，不容犹豫，经彻夜会议后政治局一致认为，即使没有苏联空军的支援，也必须立即出兵援朝。会议号召要自力更生，发扬我军历史上以劣势装备战胜优势装备敌人的丰富经验，克服各种困难，即刻入朝迎击向北冒进之敌。

【中央政治局会议】（1950年10月18日） 中央政治局会议于1950年10月18日在北京召开。毛泽东主持会议。会议再次研究出兵援朝问题。会上，周恩来汇报去苏联同斯大林、莫洛托夫等商谈中国出兵援朝等问题的情况，彭德怀汇报志愿军准备入朝作战的部署情况。毛泽东听取大家的意见后说：现在敌人已围攻平壤，再过几天敌人就进到鸭绿江了。我们不论有天大的困难，志愿军渡江援朝不能再变，时间也不能再推迟，仍按原计划渡江。会议决定：中国人民志愿军按预定计划于10月19日跨过鸭绿江入朝作战。

【九三学社第一次全国工作会议】（1950年12月1日至5日） 九三学社第一次全国工作会议于1950年12月1日至5日在北京举行。出席会议的代表63人。许德珩致开幕词。李维汉出席开幕式并讲话。李维汉还作了统战工作报告，彭真作了土改工作报告。九三学社各部、会作了工作报告。大会通过了《现阶段本社的任务和工作》《本社组织的巩固与发展》两个决议。大会明确了九三学社是新民主主义政党的性质，宣布接受中国共产党的领导，以人民政协《共同纲领》为自己的纲领。大会选举产生了第二届中央理事会，即在原有19名理事基础上，增选9名理事，7名候补理事。会议选举许德珩任主席。1946年5月九三学社成立，产生了第一届理事会。在中国共产党的关怀和帮助下，九三学社于1950年3月恢复中央理事会，并于20日在北京召开理事会，决定废除九三学社原有纲领，以政协共同纲领为纲领，推举许德珩为主席。

【第二次全国统战工作会议】（1951年1月16日至25日） 第二次全国统战工作会议于1951年1月16日至25日在北京召开。出席和列席这次会议的有各地代表19人，中央和国家机关代表20人，中央统战部22人，共61人。这次会议的中心议题有两个：一是反对美国帝国主义统一战线问题；二是帮助民主党派发展组织问题。李维汉致开幕词。会议的进程，采用分阶段按专题来进行。第一阶段，主要是各地报告开展抗美援朝运动的情况及经验。第二阶段，主要是座谈研究帮助民主党派发展组织问题。1月20日，周恩来就会议中提出的问题讲了话。主要谈到三个问题：一是抗美援朝的巩固、扩大和深入；二是民主党派的发展问题；三是对待民主党派的态度问题。会议结束时，彭真作了报告，强调土改、抗美援朝和镇压反革命都与统一战线有密切关系。统战工作不是只同那几个人打交道的，是做团结全体人民群众的工作，这三大运动搞好了，统战工作也会搞好，三大运动不但不会妨碍统战工作，而且会推动统战工作，同时在运动中也会更加巩固和扩大统一战线。会议期间，毛泽东接见了中央局、分局和六市党委统战部负责同志，同与会代表作了长时间的谈话。围绕着中心议题进行了讨论，会议形成如下几个主要文件：《1951年协助各民主党派发展党员的建议》《关于各级统一战线工作部门的业务与组织机构的建议》以及李维汉作的会议总结报告《关于目前统一战线工作中的几个问题》。这次会议对于全党认真做好三大运动中的统战工作，使统一战线更加巩固和发展起到了重要的作用。

【中央政治局扩大会议】（1951年2月14日至18日）　中央政治局扩大会议于1951年2月14日至18日在北京召开。毛泽东主持会议。中央政治局委员、候补委员以及各中共中央局的负责人刘少奇、朱德、周恩来、陈云、高岗、彭真、林伯渠、张闻天、邓小平、饶漱石、陈毅、薄一波、李富春、邓子恢、刘伯承、叶剑英、聂荣臻、李立三、习仲勋、李维汉、杨尚昆、胡乔木、安子文等参加了会议。会议听取了各中央局负责人的汇报，讨论了“三年准备，十年计划经济建设”的问题和抗美援朝的宣传教育运动、土地改革、镇压反革命、城市工作、整党建党、统一战线工作、整风等八个问题。毛泽东作了主题讲话。陈云作关于财经工作的讲话。会议通过毛泽东起草的《中共中央政治局扩大会议要点》，并向党内通报。会议强调省级以上干部要清楚“三年准备，十年计划经济建设”的思想。会议要求在全国范围内继续深入普遍开展抗美援朝的宣传教育运动。会议指出，在镇压反革命中，必须注意“中层”，谨慎地清理旧人员及新知识分子中暗藏的反革命分子；注意“内层”，谨慎地清理侵入党内的反革命分子，必须严格控制。会议号召要分期分批搞好土改工作，并规定土改工作，进入农忙时节一律停一下。会议还对加强党对城市工作的领导、整党建党、党的统一战线工作和整风作出部署。会议采纳周恩来的提议，成立了由周恩来、陈云、薄一波、李富春、聂荣臻、宋劭文六人组成的领导小组，组织领导第一个五年计划的编制工作。

【第一次全国组织工作会议】（1951年3月28日至4月9日）　第一次全国组织工作会议于1951年3月28日至4月9日在北京召开。490人出席会议。大会主席团由刘少奇、周恩来、陈云、彭真、王稼祥、陆定一、李立三、蔡畅、王从吾、李维汉、冯文彬、萧华、马文瑞、刘秀峰、于震江、胡立教、钱瑛、陈伯村、曾三、贾震、安子文等21人组成。会上，刘少奇作了《关于整顿党的基层组织的意见》的报告和《为更高的共产党员的条件而斗争》的总结；会议通过了《关于整顿党的基层组织的决议》和《关于发展新党员的决议》。决议对整党建党作出具体安排，指出：为了领导和团结全国人民完成新的历史任务，必须在对全体党员进行党员标准八项条件教育的基础上，对党的基层组织进行一次普遍的整顿，克服党在某种程度上的组织不纯和思想不纯的现象。会议决定：从1951年至1953年，分期分批有计划、有步骤地逐步完成党的基层组织的整顿工作。要搞好整党的准备工作，包括干部准备、思想准备、典型试验，规定了组织处理应注意的原则、政策界限。其具体步骤分为教育和讨论、登记、审查和处理。

【第一次全国监察工作会议】（1951年4月12日至22日） 第一次全国监察工作会议于1951年4月12日至22日在北京召开。刘少奇在大会上作报告，指出党的各级纪律检查委员会和各级人民监察委员会在工作中取得密切配合，同违反政府法令以及阳奉阴违、官僚主义、贪污浪费、不负责任等现象进行斗争，保护了国家和人民的利益。会议讨论了《1950年人民监察委员会工作总结及1951年工作任务的报告》，讨论了关于1951年人民监察工作的任务。会议要求根据抗美援朝、土地改革、镇压反革命、生产建设、民主建设等中心任务，以贯彻财经生产政策、民主制度、国家保密制度为重点，本着“教育启发与纪律制裁相结合”，“平时检查与事故检查相结合”的原则，继续与国家机关及公务人员中不负责任的官僚主义及贪污、腐化、铺张浪费、阳奉阴违等违法乱纪行为作斗争，同时提高警惕，严密注意潜伏的反革命分子。

【全国党的纪律检查工作干部会议】（1951年4月24日） 全国党的纪律检查工作干部会议于1951年4月24日在北京召开。朱德在会上作了《为加强党的纪律性而斗争》的报告，指出：为了加强党的纪律性，必须加强领导，健全组织；党员处处要起模范作用，以身作则；党的各级纪律检查委员会应与党的各级组织部门保持密切的联系，以便及时了解情况，制止或预防违犯党纪国法的行为和倾向发生。安子文在会上作了《如何做好党的纪律检查工作》的总结报告。

【第一次全国宣传工作会议】（1951年5月7日至23日） 第一次全国宣传工作会议于1951年5月7日至23日在北京举行。刘少奇在5月7日的大会上作报告，阐述了国际国内形势和党的宣传工作的重要性。指出：对于群众宣传，对于党员的教育，思想的批判工作，都是党的工作，各级党委要领导这个工作。5月23日，刘少奇又作了题为《党的宣传战线上的任务》的总结报告。指出：中国共产党在长期的、艰苦的革命斗争中，一方面在广大的范围内宣传了马列主义，使马列主义的原则通俗化，具有中国的民族形式；另一方面在极为深刻的意义上丰富和发展了马列主义理论，在马列主义总武库中增加了不少新的武器。在新形势、新条件下，党的宣传工作的任务，就是用马列主义的思想原则在全国范围内和全体规模上教育人民。宣传工作可以分作两项，一项是当前的中心工作、时事政策的宣传，一项是马列主义基本理论的宣传。要建立经常的宣传机构和工作，注意思想斗争，反对自由主义。

【全国第一次农业互助合作会议】（1951年9月20日至30日） 全国第一次

农业互助合作会议于1951年9月20日至30日在北京召开。会议批评了在农业互助合作问题上“左”、右两种错误思想，讨论并通过了《中共中央关于农业生产互助合作的决议（草案）》。《决议（草案）》根据土改后农民中存在的个体经济与互助合作两种积极性，以及农村中出现两极分化的情况，要求各级党委根据生产发展的需要和可能的条件，按照积极发展、稳步前进的方针和自愿互利的原则，逐步引导农民走集体化道路。

【中央政治局扩大会议】（1951年10月5日） 中央政治局扩大会议于1951年10月5日在北京召开。毛泽东主持会议。刘少奇、朱德、高岗、彭真、董必武、林伯渠、饶漱石、陈毅、薄一波、邓小平、邓子恢、刘伯承、贺龙、李立三、叶剑英、聂荣臻、王稼祥、习仲勋、粟裕、王震、邓颖超、陈伯达、罗瑞卿、杨尚昆、胡乔木、安子文、李维汉、杨立三、冯文彬、赵尔陆出席会议。会上，陈云报告财政问题；周恩来报告关于节约兵力、整编队伍、减少机关、精减人员、收缩开支、清查家底、提倡节约、严禁浪费等问题。毛泽东在会上提出：“战争必须胜利，物价不许波动，生产仍需发展”。

【全国政协一届三次会议】（1951年10月23日至11月1日） 全国政协一届三次会议于1951年10月23日至11月1日在北京举行。出席开幕会的委员143人；列席会议的共518人。毛泽东致开幕词。会议于10月23日听取了中央人民政府政务院周恩来总理的政治报告，全国委员会周恩来副主席于11月1日作了关于各项报告讨论的总结讲话。会议通过了关于中央人民政府各项报告的决议、关于常务委员会工作报告的决议、关于提案审查委员会审查提案报告的决议。通过了宋庆龄提出的关于支持五大国缔结和平公约的要求的决议。通过了致世界和平理事会第二次会议电和复西藏地方政府电。在会议闭幕前，毛泽东作了简短讲话，指出，“我国的人民民主统一战线是在伟大的革命斗争中一步一步地形成的，它是一个包括全国各民族、各民主阶级、各民主党派、各人民团体以及一切爱国民主人士在内的几万万人的统一战线，它是以工人农民为基础的，它是在工人阶级和共产党领导之下的”。

【农工党第六次全国干部会议】（1951年11月22日至12月3日） 农工党第六次全国干部会议于1951年11月22日至12月3日在北京举行。出席会议代表82人。章伯钧致开幕词。黄琪翔作了关于全国政协一届三次会议的各项报告及决议的传达报告。会议通过了《党务报告》《政治报告》《中国农工民主党党章》和《关于发展组织的决议》等；决定合并五届中央执行委员会和中央监察委员会为中央委员会，增选周谷城等为中央委员，新的农工党六届中央委员33人，候补委员8人，推选章伯钧为主席。1958年4月4日召开的农工党中央执行局第三十五次会议推举季方为代理主席。

【中央书记处会议】（1951年12月5日） 中央书记处会议于1951年12月5日在北京召开。毛泽东主持会议。朱德、彭真出席，薄一波、李富春、林彪、聂荣臻、李维汉列席。会议听取周恩来介绍中央军委的《军事整编计划（草案）》。会议讨论通过：（1）中央复员委员会（1951年12月7日，中共中央决定将各级复员委员会改名转业建设委员会，以统一领导全军转业建设工作）主任周恩来，副主任林彪、李富春等；（2）中共中央节约委员会，书记薄一波；（3）中央党派团体节约委员会，主任朱德，副主任安子文、杨尚昆；（4）中央人民政府节约检查委员会，主任薄一波，副主任彭真、沈钧儒等。

【第三次全国统战工作会议】（1952年6月6日至24日） 第三次全国统战工作会议于1952年6月6日至24日在北京召开。出席和列席这次会议的共有75人。会议分两个阶段进行，第一个阶段共8天，由各地统战部长汇报“三反”“五反”运动以来工商界和民主人士的情况，私营工商业面临的问题及处理意见。6月11日，陈云到会作了《市场情况及公私关系》的报告。第二阶段共10天，集中讨论了对民族资产阶级和民主党派工作的问题。6月14日，李维汉作了报告。会议作出《关于民主党派工作的决定》《关于民主建国会工作的要点》《关于改组工商业联合会的指示》《关于继续加强各界民主人士思想改造的学习运动的意见》。上述几项决议，均经中共中央批准。会议明确了工人阶级同资产阶级的矛盾已经成为国内主要矛盾，民族资产阶级已不再是中间阶级。会议指出民族资产阶级仍具有两面性，党对民族资产阶级必须继续坚持又团结又斗争、斗争是为了团结的政策。会议提出对资产阶级的改造要求，在当时主要是把带“五毒”的改造成不带“五毒”的，把违法的改造成守法的，而不是把资产阶级改造成工人阶级。会议要求民主党派发展成员，应以其所联系的阶级、阶层的中上层代表人物为主要对象。会议明确应支持民主党派依照共同纲领从事合法活动。会议动员各级统战部和民主党派中的骨干分子一起，检查克服关门主义和宗派主义，加强对中间分子和右翼分子的联系工作，切实发挥骨干分子的作用。

【中央军委会议】（1952年7月24日） 中央军委会议于1952年7月24日在北京召开。毛泽东主持会议。刘少奇、周恩来、彭德怀、聂荣臻、粟裕、张震、苏静等出席。毛泽东在会上说：今天这个会，算是军委主持日常工作的副主任交班会。我与彭德怀谈过，总理太忙了，今后军委的日常工作由他主持，但对外暂不公布。朝鲜战场，看来大打打不起来，最后是要和谈停战的，待停战后再正式公布。

【九三学社第二次全国工作会议】（1952年9月11日至20日） 九三学社第二次全国工作会议于1952年9月11日至20日在北京举行。出席会议的代表93人。会议听取并讨论了总社的组织工作报告，宣传、学习工作报告，秘书处工作报告，各地分社的工作报告。学习并研究了统一战线工作方向问题，讨论了九三学社的性质、方针与任务，修订了社章。初步建立了社的基本制度。会议决定社的中央领导机构名称由原来的理事会改为社会政治团体通常采用的委员会。大会选举产生了由47名委员、9名候补委员组成的九三学社第三届中央委员会，许德珩任主席。

【中央书记处会议】（1952年9月24日） 中央书记处会议于1952年9月24日在北京召开。毛泽东主持会议。刘少奇、周恩来、陈云、彭真出席，彭德怀、邓小平、饶漱石、陈毅、薄一波、习仲勋、聂荣臻、粟裕、罗瑞卿、杨尚昆、安子文列席。会议听取周恩来关于“一五”计划轮廓问题同苏联商谈情况的汇报，并讨论“一五”计划的方针和任务。会上，毛泽东在讲话中指出：我们现在就要开始用10年到15年的时间基本上完成到社会主义的过渡，而不是10年或者以后才开始过渡。七届二中全会提出限制与反限制的斗争问题，现在这个内容就更丰富了。工业中，私营占32.7%，国营占67.3%，是三七开；商业零售是倒四六开。再发展5年，私营比例会更小，但绝对数字仍会有些发展，这还不是社会主义。5年以后如此，10年以后会怎么样，15年以后又怎么样，要想一想。到那时私营工商业的性质也变了，是新式的资本主义，公私合营、加工订货、工人监督、资本公开、技术公开、财务公开，他们已经挂在共产党的车头上，离不开共产党了。他们的子女们也接近共产党了。农村也要向互助合作发展，前5年不准地主、富农参加，后5年可以让他们参加。毛泽东又说，争取15年不打仗是可能的。这次会议及毛泽东的讲话表明，由新民主主义向社会主义转变的步骤、方法同原来的设想，发生了变化。

【致公党第五次全国代表大会】（1952年11月8日至17日） 致公党第五次全国代表大会于1952年11月8日至17日在广州举行。出席大会的代表有52人。陈其尤在大会上作《目前的政治形势和我们的任务》的政治报告。郑天保作《五大党务报告》。大会代表听取了《关于修改党章报告》。这次修改党章最主要的是将主席团制改为主席制。郑天保作了《五大总结报告》。大会选举产生了由27名委员组成的致公党第五届中央委员会。致公党五届一中全会选举陈其尤为主席。

【全国政协一届四次会议】（1953年2月4日至7日） 全国政协一届四次会议于1953年2月4日至7日在北京举行。出席开幕式的委员148人；列席会议的共49人。周恩来作了政治报告，陈叔通作了关于会务的报告，郭沫若作了关于世界人民和平大会的经过和成就的报告。会议一致通过关于政治报告的决议、关于常务委员会会务报告的决议、关于支持世界人民和平大会各项要求的决议、关于提案审查报告的决议。通过了致中国人民志愿军电。会议闭幕前，毛泽东作了重要讲话，作了三点指示：一是要加强抗美援朝的斗争；二是要学习苏联；三是要在我们各级领导机关和领导干部中反对官僚主义。

【第一次全国农村工作会议】（1953年4月3日至23日） 第一次全国农村工作会议于1953年4月3日至23日在北京召开。会议主要议题是讨论如何把“从小农经济现状出发”和过渡时内容要达到远大目标联系起来。中央农村工作部部长邓子恢在会上所作的总结报告，对党的农村政策作了全面的阐述。报告明确阐明农村工作的基本任务是发展农业生产，中心环节是领导农民组织起来搞互助合作，必须从小农经济的现状出发等思想，并对如何在保护农民生产积极性的基础上，逐步引导他们走互助合作的道路，以及现阶段互助合作应着重贯彻的政策原则，提出了很多极有见地的重要思想。

【中央政治局会议】（1953年5月18日） 中央政治局会议于1953年5月18日在北京召开。毛泽东主持会议。会议讨论文化教育工作。刘少奇、周恩来在会上发言。毛泽东作了讲话。在谈到办学问题时说：办好学校，首先要解决学校的领导骨干问题，而且先要解决大学的领导骨干问题。在谈到教材编写问题时说：目前30个编辑太少了，增加到300人也不算多。宁可把别的摊子缩小点，必须抽调大批干部编写教材。确定补充150个编辑干部，由中央组织部负责解决配备。在谈到历史与语文教学问题时说：历史与语文应分开教学，责成组织委员会讨论解决。在谈到文字改革问题时说：第一个五年计划期间，要搞出简体字来，简体字可以创造。同时要研究注音字母，它有长期历史。将来拼音，要从汉字注音字母中搞出字母来。文字改革，第一步用简体字，注音字母，第二步拼音化。在谈到小学的整顿问题时说："整顿巩固，保证质量，重点发展，稳步前进"的方针很好，但不要整过头了。

【中央书记处扩大会议】（1953年5月22日） 中央书记处扩大会议于1953年5月22日在北京召开。毛泽东主持会议。刘少奇、周恩来、朱德、高岗、彭德怀、张闻天、邓小平、饶漱石、薄一波、贺龙、习仲勋、杨尚昆、安子文出席会议。会议讨论私营企业问题。毛泽东作主题发言。他指出：私营企业中各项问题集中于民主改革和增产节约。在私营企业中可以搞竞赛。"一视同仁，有所不同"，是领导与被领导不同。中国的上层建筑已为人民所有（政治关系），很大地影响私人所有权，且受限制，极不巩固。私营企业基本上是无政府主义与分散主义。生产经营搞不好，公私关系永远不得解决。增产（生产改革）包含数量与质量（价廉物美）。资本家究竟三分天下有其几，值得研究。四马分肥，资方很赞成。公私、劳资关系，应以增产节约为方针。利用私营工厂训练技工、熟练工人，口号为统筹兼顾。工人为有利于国计民生的私营企业生产，同样光荣，要对私营企业的工人进行教育。在民主改革、生产改革和增产节约的基础上，提高物质待遇。资方分去的红利，由其自己处理。会议通过中央关于6月11日中财委召开全国财经工作会议的议程及出席人员的通知，通过《中共中央关于中央一级各部门派人下去检查工作的几项规定》。会议决定，今后凡用中央和军委名义发出的电报、文件，由分工负责的同志审阅核定后，必须再送主席看过后方能发出，否则无效。主席因病、因事请假或出行时，由代理人负责阅看。今后各部门在工作中必须严格遵守："一切主要的和重要的方针、政策、计划和重大事项必须经过党中央的讨论和决定或批准”的原则，克服分散主义的倾向。

【中央政治局扩大会议】（1953年5月25日） 中央政治局扩大会议于1953年5月25日在北京召开。毛泽东主持会议。刘少奇、周恩来、朱德、高岗、彭真、林伯渠、张闻天、彭德怀、邓小平、饶漱石、邓子恢、薄一波、习仲勋、陈伯达、罗瑞卿、杨尚昆、贾拓夫、张玺、安子文、张有萱、段君毅、汪道涵出席会议。会议讨论第一机械工业部的工作问题。会议批准第一机械工业部关于目前机械工业的情况和今后工作部署的指示（草稿），决定由高岗加以修改，并代中央起草一指示；批准高岗提出的努力争取在三年内完成长春第一汽车制造厂建设的意见。会议决定：今后三个月内将所有各财经部门的工作，提交中央讨论一次，并作出适当指示；关于中央办公制度及文电处理的改善办法，指定周恩来（负责）、刘少奇、邓小平、饶漱石、杨尚昆提出意见，交中央决定。

【中央书记处扩大会议】（1953年5月26日） 中央书记处扩大会议于1953年5月26日在北京召开。毛泽东主持会议。刘少奇、周恩来、朱德、高岗、彭真、张闻天、邓小平、饶漱石、邓子恢、薄一波、习仲勋、刘澜涛、罗瑞卿、杨尚昆、安子文、李维汉出席会议。会议讨论公安部第二次全国基本建设保卫工作会议决议稿、罗瑞卿关于第二次全国基本建设保卫工作会议的报告以及彭真为中央起草的批语稿。会议决定：为了促进我国同苏联和各民主主义国家的贸易，我国对外贸易部门应经常了解其需要，提出确定的计划。在我国生产方面，应为苏联和各民主主义国家生产一部分必需的产品。此事应由国家计委加以注意。同时，鉴于1953年变化甚大，为保证国家预算的平衡，应注意增加收入和紧缩支出。6月11日召开的全国财经工作会议应将此问题列入议程进行讨论，提出意见报告中央。

【中央政治局扩大会议】（1953年5月28日） 中央政治局扩大会议于1953年5月28日在北京召开。毛泽东主持会议。刘少奇、周恩来、朱德、高岗、彭真、林伯渠、张闻天、彭德怀、邓小平、饶漱石、薄一波、习仲勋、刘澜涛、陈伯达、罗瑞卿、杨尚昆、安子文、刘景范出席会议。会议听取安子文关于5月4日召开的第二次编制工作准备会议讨论编制方案所提意见的报告，决定将编制问题列入全国财经工作会议的议程。会议批准对外贸易部向日本出口食盐30万吨，并减低税收及利润的意见。

【中央政治局会议】（1953年6月1日） 中央政治局会议于1953年6月1日在北京召开。毛泽东主持会议。会议讨论税制改革及全国财经工作会议准备等问题。会议通过周恩来提出的朝鲜停战谈判中关于战俘遣返问题的决议草案。听取并讨论财政部副部长、党组副书记吴波关于修正税制执行情况及今后税制修订的方向的报告。会议认为：1952年12月31日政务院财经委员会所公布的对税制的若干修正（政务会议核准的），在政治上有原则性的错误。同时，这一问题事前未向中央请示，也未提交中央讨论，在组织上也是严重错误的。关于税制修订问题，由薄一波、曾山、姚依林、许涤新、程子华、戎子和、吴波等再加研究，提交全国财经工作会议征求意见，再交中央讨论。会议提出，原决定由薄一波准备全国财经工作会议，现决定由周恩来主持。

【中央政治局会议】（1953年6月11日） 中央政治局会议于1953年6月11日在北京召开。毛泽东主持会议。刘少奇、周恩来、朱德、高岗、彭真、林伯渠、张闻天出席，邓小平、饶漱石、薄一波、邓子恢、习仲勋、刘澜涛、陈伯达、胡乔木、杨尚昆、曾山、陈希云、程子华、戎子和、李哲人列席。会议讨论新疆民族自治区成立时的称谓问题，名称定为新疆维吾尔自治区；听取姚依林关于1953年春季国营商业工作的检查及下半年工作部署的报告。毛泽东在讲话中指出：新税制违背了二中全会路线和《共同纲领》的路线，写了社论一篇，说它完全平等，资产阶级马上热烈拥护，共产党至少也得热烈拥护。税制报告没有批准，应作大的修改。会议认为：国家商业工作是有成绩的。过去的基本缺点是，对于市场情况估计不足，国营工业利润过高，1953年1月全国商业局长会议后，在压缩库存与实行经济核算制方面，要求太快，收购和推销都太少。今后应注意扩大商品流通，加速资金流转，对于大批发商人必须采取适当的办法加以限制。姚依林的报告基本方向是正确的，可提交全国财经工作会议讨论。

【全国财经工作会议】（1953年6月13日至8月13日） 全国财经工作会议于1953年6月13日至8月13日在北京召开。中共中央、政务院各部门、各中央局、分局及部分省、市负责同志100多人参加了会议。周恩来主持会议的开幕式。会议围绕如何贯彻过渡时期总路线，主要讨论关于五年计划、财政、民族资产阶级三个方面的问题，以及财经方面其他一些具体问题。会议期间，高岗、饶漱石利用党纠正财经工作中的缺点、错误的机会，在会内会外进行分裂党的活动，大肆散布流言蜚语，攻击刘少奇、周恩来等党和国家领导人，阴谋攫取党和国家的最高权力。在一段时间里，讨论和批评“新税制”成为会议的中心议题。会议着重检查了财税工作中背离总路线的错误。中央政治局于8月10日晚讨论了周恩来将在会上作的结论报告，并进行修改。此前，毛泽东曾对结论有关段落进行多次修改，其中加写了他概括的关于过渡时期总路线的比较完整的提法。8月11日晚，周恩来在会上所作的经过毛泽东修改和中央政治局会议讨论过的结论报告，全面阐释了中国共产党在过渡时期的总路线和总任务，正确总结了经济建设中的经验与教训，批评了前一时期在税收、商业、财政、银行工作中出现的错误，并客观地指出，有些错误虽然是严重的，但不应该说成是路线错误。

【中央政治局扩大会议】（1953年6月15日） 中央政治局扩大会议于1953年6月15日在北京召开。毛泽东主持会议。会议讨论并肯定了中央统战部部长李维汉《关于利用、限制和改造资本主义工商业的若干问题》的报告。在讨论关于利用、限制和改造资本主义工商业的若干问题时，周恩来指出："我们在调查、寻找对私人资本家实行社会主义改造的方针和途径，李维汉的报告解决了这个问题。"毛泽东强调：国家对资本主义工商业的社会主义改造，必须有一个机关来统一负责。陈云提出：对工商业的改造，不应限于加工订货，而应逐步扩大为公私合营。会上，毛泽东第一次对党在过渡时期的总路线和总任务的内容作了比较完整的表述，他说："党在过渡时期的总路线和总任务，是要在10年到15年或者更多一些时间内，基本上完成国家工业化和对农业、手工业、资本主义工商业的社会主义改造。"这条总路线是照耀我们各项工作的灯塔。不要脱离这条总路线，脱离了就要发生"左"倾或右倾的错误。会议决定：由李维汉、胡乔木、陈伯达、李立三根据大会讨论的意见加以修改，写成中共中央关于利用、限制和改造资本主义工商业问题的决议，下发各地征求意见，待将来提交党的全国代表会议或其他适当的会议讨论决定。同时，由中央统战部管理对资本主义工商业社会主义改造，由李维汉兼任中财委副主任；中财委设立第六办公室，由许涤新任主任。

【中央书记处扩大会议】（1953年6月17日）　中央书记处扩大会议于1953年6月17日在北京召开。毛泽东主持会议。刘少奇、周恩来、朱德、彭真、高岗、林伯渠、张闻天、彭德怀、邓小平、饶漱石、李富春、薄一波、邓子恢、黄克诚、习仲勋、刘澜涛、胡乔木、杨尚昆、萧华、刘景范出席。会议议程有18项。会议讨论并原则同意习仲勋关于开展上海天主教工作的几点意见，提出目前对天主教的工作，可不提"三自革新"口号，只提爱国运动。会议责成由萧华召集军委卫生部、中央人民政府卫生部和内务部及东北、华北和华东各一人开会，研究改进康复医院工作问题，并起草一指示交中央批准。

【中央书记处扩大会议】（1953年6月24日）　中央书记处扩大会议于1953年6月24日在北京召开。毛泽东主持会议。刘少奇、周恩来、朱德、高岗、张闻天、邓小平、饶漱石、李富春、薄一波、邓子恢、习仲勋、刘澜涛、杨尚昆、安子文、萧向荣等出席。会议议程有15项。会议讨论并批准周恩来6月13日关于聘请苏联专家的程序、统一管理专家工作及文教政法系统增聘专家等问题的报告；讨论并基本上批准政务院关于发动群众开展造林、育林、护林运动的指示（草稿）和林业部党组关于私有林区木材经营管理方针、政策的报告。

【第四次全国统战工作会议】（1953年6月25日至7月22日）　第四次全国统战工作会议于1953年6月25日至7月22日在北京举行。参加这次会议的正式代表共有134人。另有67人列席了会议。会上，李维汉作了《关于利用、限制和改造资本主义工商业问题的意见》的报告；徐冰传达了周恩来在全国财经工作会议上的讲话，作了《关于人民代表大会制实行后统一战线组织问题的意见》的说明；于毅夫作了《关于实行人民代表大会制时安排民主人士的意见》的说明和关于统战系统编制问题的说明；汪锋作了关于成立宗教团体问题的报告；于刚作了关于介绍民盟七中全会情况的报告；习仲勋作了关于如何搞好文教统战工作的报告。会议分组讨论了中央统战部提交大会的4个文件及李维汉、徐冰的报告。会议充分认识到在今后相当长的历史时期内，统一战线都是重要的和必要的。会议明确人民民主统一战线包括工农及其他劳动者和劳动人民同一部分可以联合的剥削者及其代表的两个联盟，及其互相关系问题。会议提出了改造资本主义工商业的政策和途径。会议阐述了实行人民代表大会制与统一战线的关系问题。并指明了党在过渡时期民族工作的任务和各项具体政策。

【中央政治局会议】（1953年6月26日） 中央政治局会议于1953年6月26日在北京召开。毛泽东主持会议。刘少奇、周恩来、朱德、彭真、林伯渠、张闻天出席，邓小平、饶漱石、邓子恢、李富春、习仲勋、刘澜涛、陈伯达、杨尚昆、安子文、胡乔木、马明方、潘复生、李葆华、向明列席。会议听取并讨论邓子恢关于治理黄河的意见和王化云关于根治黄河与防洪措施的意见；听取并批准李富春《关于在苏联商谈我国五年计划问题的几点体会》的报告、山东省关于山东政权机构编制情况的报告；批准成立马列学院管理委员会，由饶漱石、胡乔木、安子文、陈伯达、凯丰、侯维煜、胡绳等组成，胡乔木召集。

【中央政治局扩大会议】（1953年6月29日） 中央政治局扩大会议于1953年6月29日在北京召开。毛泽东主持会议。刘少奇、周恩来、朱德、高岗、彭真、林伯渠、张闻天、邓小平、饶漱石、李富春、邓子恢、曾山、李立三、习仲勋、刘澜涛、陈伯达、程子华、宋任穷、杨尚昆、胡乔木、李维汉、赖若愚、许涤新、陈希云、陈丕显、陶铸、王任重、李雪峰、何伟、王恩茂、李井泉、曹荻秋、乌兰夫、黄火青、刘秀峰、张明远、胡景沄等出席。会议集中讨论《关于利用、限制和改造资本主义工商业的若干问题（修改稿）》。毛泽东在讲话中指出：关于资本主义工商业的改造问题，主要问题是方针、路线。中国的资产阶级与苏联和东欧新民主主义国家不同，是从历史不同来的，他们参加过反对帝国主义的斗争，没有理由没收他们的企业。我们对帝国主义国家在华的资产，也分两种处理办法，对英国、美国、法国是征用，所有权没有变。现在中国的资本主义是在人民政府管理下的、和社会主义经济联系着的并受其领导的、受工人监督的资本主义，即国家资本主义。国家资本主义有多种形式。对资本主义工商业改造问题的领导，集中于党中央及各级党委，因为政策性太强。日常工作交给统战部。会议决定：由李维汉、许涤新、胡乔木、陈伯达、李立三等根据会议意见，对修改稿再加以修改，写成《中共中央关于利用、限制和改造资本主义工商业问题决议（草案）》，经此次财经工作会议讨论后，再加修改，然后发给中央局、分局、省市委讨论，俟收集意见再加以修改后，准备提交将来的党的全国代表大会或其他适当的会议讨论和决定。同时，李维汉报告中提出来的，在资本主义工商业现存的问题中，有许多当前要争取时机迅速解决的问题，应予即行解决，要做的工作应即动手去做。会议决定决议草案由毛泽东修改定稿。

【中央政治局会议】（1953年7月6日） 中央政治局会议于1953年7月6日在北京召开。毛泽东主持会议。刘少奇、周恩来、朱德、高岗、彭真、林伯渠、张闻天出席，饶漱石、李富春、薄一波、习仲勋、刘澜涛、陈伯达、杨尚昆列席。会议批准劳动部党组7月4日关于国营企业中的工资、年终双薪、年休假问题的处理办法的报告，指定由饶漱石代中央起草一个通知，送毛泽东阅后发出；政务院也应发出通知，由周恩来办。会议指出：鉴于今年未经中央正式决定，即已将拟于7月1日增加工资的计划普遍传达下去的情况，今后关于涉及广大人民群众利益的事项，凡尚属拟议，未经正式决定并允许下达者，一律不得下达。会议还批准外交部党组关于1953年度外事会议的报告、外交部关于1953年至1954年内进一步基本肃清帝国主义国家在华残余经济势力的方案和公安部关于外侨基本情况及今后一年内外侨管理工作的意见。

【中央政治局会议】（1953年7月29日） 中央政治局会议于1953年7月29日在北京召开。毛泽东主持会议。会议听取并讨论陈伯达关于国家资本主义问题的报告。毛泽东发表讲话时指出：在过渡时期，我们对私营资本主义工商业的改造，必须通过国家资本主义逐步过渡到社会主义。资产阶级不接受国家资本主义，没有别的路可走，大势所趋，非走这条路不可。我们对资产阶级不实行国家资本主义，也没有别的路，因为现在不能没收他们的财产，而且需要他们。会议决定：(1)中央各部门和中央人民政府各委、部、署、行的高级干部，应在最近期内，对国家资本主义问题进行一次研究与讨论；(2)各大区来京参加全国财经工作会议的干部，亦应利用时间讨论一次国家资本主义问题；(3)中央政治局准备讨论一次价值问题，由陈伯达负责汇集马克思、恩格斯、列宁、斯大林关于论价值问题的若干文献，印成一册，先送中央各同志阅读。

【中央政治局扩大会议】（1953年10月2日） 中央政治局扩大会议于1953年10月2日在北京召开。毛泽东主持会议。会议听取陈云作关于粮食问题的报告。陈云介绍国家粮食收购少销售多，不少地方粮食市场已出现混乱等严重情况，提出实行农村征购、城市逐步采取粮食配售、严格管制私商、逐步消灭粮食贩子等应对办法。他还汇报了召集全国粮食紧急会议需要做的几项准备工作。陈云报告后，毛泽东作结论，赞成陈云的报告，指出：征粮的布置要推迟一个月。要充分准备，紧急动员。有人要摸农村的底。对农民实行粮食征购制，主要依靠党员，他们是干部和农民中的积极分子。粮食征购、整顿私商、统一管理势在必行，配售问题看来也势在必行。这样做可能出的毛病，第一是农民不满，第二是市民不满，第三是外国舆论不满。问题是看我们的工作。关于宣传问题，要大张旗鼓，但报纸一字不登。这次会议还通过了召开全国粮食紧急会议的通知。

【全国粮食紧急会议】（1953年10月10日至13日） 全国粮食紧急会议于1953年10月10日至13日在北京召开。在会上，陈云作了《实行粮食统购统销》的报告，详细分析了全国粮食问题的严重形势，提出实行农村征购，城市配售的办法。他指出：总起来说，我们要在农村中采取征购粮食的办法，在城镇中采取配售粮食的办法，名称可以叫做“计划收购”“计划供应”，简称“统购统销”。邓小平在会上的讲话，中心是讲粮食问题和过渡时期总路线的关系，并着重论述了粮食统购统销对巩固工农联盟，对国家有计划经济建设的关系。经过讨论，大家同意中央的决策。10月13日，陈云作会议总结，传达毛泽东的一些新的意见：农村的征购面，今年控制在50%左右，而重点又是这50%中的50%，即占农村总户数25%左右的余粮较多的户；“征购”“配售”的名词可否改一下？因为日本人搞过这个事情，这两个名词吓人；征购要照顾农民的需要，不要把余粮都收走，还要留点给他；今冬明春农村工作仍然以生产为中心，粮食征购在春节前基本办完；要特别注意做落后乡的工作。

【全国工商联第一届会员代表大会】（1953年10月23日至11月12日） 全国工商联第一届会员代表大会于1953年10月23日至11月12日在北京举行。出席代表673人。陈叔通致题为《为实行国家总路线，正确地发挥私营工商业的积极作用而奋斗》的开幕词。董必武、李济深、赖若愚、黄炎培分别向大会致词。李维汉作了重要讲话。沙千里作筹备委员会工作报告。项叔翔作了筹委会的财务工作报告。大会通过了《中华全国工商业联合会章程》《中华全国工商业联合会主任委员、副主任委员、执行委员及秘书长选举办法》等文件。通过了向民主党的《致敬电》。选举209人（台湾空额3人）组成的第一届执行委员会，陈叔通为第一届执行委员会主任委员。李烛尘致闭幕词。本次大会宣布中华全国工商业联合会正式成立。

【第三次农业互助合作会议】（1953年10月26日至11月5日） 中共中央于1953年10月26日至11月5日在北京召开第三次农业互助合作会议。10月15日、11月4日，毛泽东两次同中共中央农村工作部负责人谈话。他说，各级农村工作部要把互助合作看作极为重要的事。对于农村阵地，社会主义不去占领，资本主义就必然会去占领。“纠正急躁冒进”是一股风，吹倒了一些不应当吹倒的农业生产合作社。“确保私有”是资产阶级观念。“纲举目张”，社会主义和资本主义的矛盾，并且逐步解决这个矛盾，这就是纲。总路线就是逐步改变生产关系。在三亩地上“确保私有”，搞“四大自由”（指在土改后的农村中允许农民有借贷、租佃、雇工、贸易的自由），结果就是发展少数富农，走资本主义道路。到明年秋收前，合作社要发展到3200多个，1957年可以发展到70万个，甚至100万个。这两次谈话对后来的工作影响很大，其中提出许多正确意见，但对工作中缺点的批评不够实事求是，也表现出在农业合作化问题上有急于求成，贪多图大的思想。会议根据党在过渡时期总路线的精神和毛泽东的谈话，认真总结了农业互助合作的经验教训，讨论通过了《中共中央关于发展农业生产合作社的决议（草案）》（12月16日经中共中央批准实施，但它不适用于某些少数民族地区）。

【第三次全国手工业生产合作会议】（1953年11月20日至12月17日）　中华全国合作社联合总社于1953年11月20日至12月17日在北京召开第三次全国手工业生产合作会议。会议总结了新中国成立以来手工业生产合作社的发展经验，讨论了对手工业逐步实行社会主义改造的计划和设想。12月4日，朱德在会上作了题为《把手工业者组织起来，走社会主义道路》的讲话。12月8日，刘少奇听取了汇报并作了指示。他指出：手工业生产合作社不仅是国营工业的助手，既供应城乡人民消费资料的需要（手工业品约占农民需要的80%），也供应农民生产资料的需要，更重要的是，它在实现党的总路线和总任务中，担负着对手工业实现社会主义改造的任务。会议确定党对手工业进行社会主义改造的方针是：根据手工业的具体情况，根据生产发展的需要和手工业劳动群众的觉悟程度，采取群众所能接受的组织形式，由群众自愿地组织起来，必须坚持积极领导，逐步前进的方针，既反对要求过高、过急，贪大贪多，盲目发展，也反对放任自流，停步不前。会议总结了几年来群众创造的经验，提出了办好手工业合作社的六条原则，确定了手工业合作化的三种形式：手工业销售小组、手工业供销合作社、手工业生产合作社。方法是从供销入手，实行生产改造。步骤是由小到大，由低级到高级。

【中央政治局扩大会议】（1953年12月9日）　中央政治局扩大会议于1953年12月9日在北京召开。毛泽东主持会议。刘少奇、周恩来、朱德、陈云、高岗、彭真、董必武、林伯渠、彭德怀、邓小平、邓子恢、饶漱石、刘伯承、陈毅、叶剑英、陈伯达、习仲勋、李维汉、杨尚昆、胡乔木出席会议。会议讨论李维汉的汇报提纲《关于将资本主义工业纳入国家资本主义的轨道的意见》和关于民主人士安排问题的报告。毛泽东在会上讲话指出：必须经过国家资本主义，改造资本主义工商业。不这样做，一切矛盾不能解决，公私、劳资、资资、劳劳、国劳（公公）的矛盾，不可终日。在讲到统一战线问题时指出：统一战线中工农联盟是工人阶级同劳动人民的联盟，对第一个联盟没有争论。第二个联盟，也就是劳动人民同资产阶级的联盟。统一战线的根本问题，是资产阶级的问题。资产阶级是一个敌对阶级，但不同于别的敌对阶级，它同我们合作。不善于区别能合作和不能合作的敌对者，就会犯路线错误。

【中央书记处扩大会议】（1953年12月15日）　中央书记处扩大会议于1953年12月15日在北京召开。毛泽东主持会议。刘少奇、周恩来、朱德、陈云、高岗、彭德怀、邓小平、杨尚昆、胡乔木出席会议。会议讨论和决定的事项有：（1）通过《中国共产党中央委员会关于发展农业生产合作社的决议》，决定在报上公开发表；通过《为动员一切力量把我国建设成一个伟大的社会主义国家而斗争——关于党在过渡时期总路线的学习和宣传提纲》。（2）决定增加刘伯承、贺龙、陈毅、罗荣桓、徐向前、聂荣臻、叶剑英为人民革命军事委员会副主席。（3）讨论了中华人民共和国宪法的起草问题。（4）决定毛泽东外出期间中央书记处会议由刘少奇、周恩来、朱德、陈云、邓小平、高岗、彭德怀参加，集体解决问题。（5）王震任铁道兵团司令员。

【中央政治局扩大会议】（1953年12月24日） 中央政治局扩大会议于1953年12月24日在北京召开。毛泽东主持会议。刘少奇、周恩来、朱德、高岗、彭真、董必武、彭德怀、邓小平、饶漱石、邓子恢、李富春、薄一波、刘伯承、陈毅、贺龙、聂荣臻、叶剑英、王稼祥、黄克诚、陈伯达、罗瑞卿、习仲勋、刘澜涛、杨尚昆、李维汉、安子文、胡乔木、凯丰出席会议。会议揭露高岗的问题。毛泽东在讲话中说：北京有两个司令部，一个是以我为首的司令部，就是刮阳风，烧阳火，一个是以别人为司令的司令部，叫做刮阴风，烧阴火，一股地下水。会议一致同意毛泽东的建议，决定起草关于增强党的团结的决议。会议决定，毛泽东外出期间，由刘少奇代理主持中央工作。

【中央书记处扩大会议】（1953年12月29日） 中央书记处扩大会议于1953年12月29日在北京召开。刘少奇主持会议。会议讨论通过根据毛泽东在12月24日中央政治局扩大会议的提议起草的《中共中央关于增强党的团结的决定（草案）》。这个决定草案是针对高岗、饶漱石在全国财经工作会议和全国第二次组织工作会议及其前后暴露出来的反党分裂活动而写的。

【七届四中全会】（1954年2月6日至10日） 七届四中全会于1954年2月6日至10日在北京举行。出席这次全会的中央委员35人，候补中央委员26人。中央各部委、中央人民政府党组、军委各部门和人民团体的主要负责同志共52人列席了全会。毛泽东因在杭州主持起草宪法未出席这次全会。刘少奇主持会议。全会听取了刘少奇代表中央政治局作的工作报告。朱德、周恩来、陈云、邓小平等44位同志在全会上作了重要发言。全会一致同意刘少奇作的报告，并通过了《中国共产党第七届中央委员会第四次全体会议决议》。全会讨论并通过了《关于增强党的团结的决议》。全会进一步揭露和批判了高岗、饶漱石的反党分裂活动。刘少奇的报告指出：从1950年6月党的三中全会到现在，已经过了三年半，党中央领导全党和全国人民进行了抗美援朝运动、和平解放西藏、土地改革、镇压反革命、对知识分子的思想改造、“三反”“五反”以及其他一系列的社会改革运动。报告强调，国家第一个五年计划的胜利完成是实现党在过渡时期总路线一个决定性的关键。因此，中央政治局请求四中全会批准在1954年内召开党的全国代表会议，以讨论国家第一个五年建设计划纲要及其他有关各项问题。报告要求为增强党的团结而斗争。

全会通过的《关于增强党的团结的决议》不点名地批评了高岗、饶漱石的非组织活动，向全党特别是中央委员和高级干部强调增强和维护党的团结的极端重要性。《决议》明确规定：党的团结的唯一中心是党的中央，必须反对任何妨碍中央统一领导、损害中央的团结和威信的言论和行动；党的团结的重要保证之一是严格遵守民主集中制和集体领导的原则，必须反对把自己领导的地区和部门当作独立王国，反对把个人放在组织之上，反对不适当地过分地强调个人的作用，反对骄傲情绪和个人崇拜；全党高级干部的重要政治活动和政治意见应该向所属的党组织报告和反映，其关系特别重大者，应直接向党中央政治局、书记处或中央主席报告和反映；如果避开党组织和党中央，进行和散布个人或者小集团的政治活动和政治意见，这在党内就是一种非法活动，就是违反党的纪律、破坏党的团结的活动，必须加以反对和禁止。七届四中全会是新中国成立初期一次重要的会议，对增强党的团结，保证过渡时期总路线的实施起到了重要作用。

【第五次全国统战工作会议】（1954年3月20日至4月11日） 第五次全国统战工作会议于1954年3月20日至4月11日在北京举行。参加这次会议的有各中央局、分局、省委、市委统战部部长或副部长、西南局民族工作委员会主任或副主任共97人。这次会议的中心议题是贯彻经中共中央批准的中央统战部起草的三个文件，通盘考虑和研究中央及各省、市民主人士的安排问题。3月25日，李维汉在大会上作《关于国家资本主义和对资产阶级代表人物安排问题》的报告。会议分组对会议文件和李维汉的报告进行了讨论，最后形成了《关于各省、市人民代表大会和省、市人民政府委员会中民主人士安排方案的意见》。4月11日，李维汉在大会的总结报告中，对《安排方案的意见》作了说明。

【第二次全国农村工作会议】（1954年4月2日至18日） 中央农村工作部于1954年4月2日至18日在北京召开第二次全国农村工作会议。到会的有各大区各省市农村工作部和中央农、林、水利等部门的负责人。会议肯定了1953年冬和1954年春农业生产合作运动的成绩。会议认为，党在农村的基本任务，就是开展以互助合作为中心的大生产运动。会议进一步明确了合作化运动的指导原则，指出：必须贯彻群众的自愿互利原则，必须正确执行党对农民的基本政策，必须坚持依靠教育说服、实例示范的方针，加上国家适当的援助，办好已有的合作社和互助组，吸引群众逐步转到合作化方面来。绝不能强迫命令，绝不能因整个形势有利而忽视积极领导稳步前进的方针，重复急躁冒进，从而产生强迫命令或变相强迫的错误。

【中央政治局扩大会议】（1954年4月27日） 中央政治局扩大会议于1954年4月

27日在北京召开。毛泽东主持会议。会议讨论决定撤销大区一级党政机构和增设一些中央工作机构。会议决定：（1）任命邓小平为中央秘书长，谭震林、马明方、宋任穷、刘澜涛、林枫、李雪峰、杨尚昆、胡乔木为中央副秘书长。（2）任命邓小平兼任中央组织部部长，增加马明方、宋任穷为中央组织部副部长。（3）撤销饶漱石的中央组织部部长职务。

【中华人民共和国第一届全国人民代表大会第一次会议】（1954年9月15日至28日） 中华人民共和国第一届全国人民代表大会第一次会议于1954年9月15日至28日在北京举行。9月15日的开幕式由毛泽东主持，出席代表1141人。毛泽东宣布开会并致题为《为建设一个伟大的社会主义国家而奋斗》的开幕词。刘少奇作《关于中华人民共和国宪法草案的报告》。周恩来作《政府工作报告》。9月20日，大会通过了我国第一部社会主义类型的宪法——《中华人民共和国宪法》。会议还通过了《中华人民共和国全国人民代表大会组织法》《中华人民共和国地方各级人民代表大会和地方各级人民委员会组织法》《中华人民共和国国务院组织法》《中华人民共和国人民法院组织法》《中华人民共和国人民检察院组织法》。9月27日，会议选举毛泽东为中华人民共和国主席、朱德为副主席；选举刘少奇为第一届全国人民代表大会常务委员会委员长，宋庆龄、林伯渠、李济深、张澜、罗荣桓、沈钧儒、郭沫若、黄炎培、彭真、李维汉、陈叔通、达赖喇嘛•丹增嘉措、赛福鼎•艾则孜为副委员长，选出秘书长和委员65人；选举董必武为最高人民法院院长，张鼎丞为最高人民检察院检察长；根据毛泽东提名，决定周恩来为中华人民共和国国务院总理。9月28日，根据周恩来的提名，通过国务院组成人员人选的决定，陈云、林彪、彭德怀、邓小平、邓子恢、贺龙、陈毅、乌兰夫、李富春、李先念任副总理；根据毛泽东提名，通过中华人民共和国国防委员会副主席和委员人选的决定，朱德、彭德怀、林彪、刘伯承、贺龙、陈毅、邓小平、罗荣桓、徐向前、聂荣臻、叶剑英、程潜、张治中、傅作义、龙云等15人任国防委员会副主席；根据会议主席团的提名，通过民族委员会、法案委员会、预算委员会的主任委员和委员的人选。第一届全国人民代表大会的召开，标志着人民代表大会制度作为新中国根本政治制度的正式确立。

【第四次农业互助合作会议】（1954年10月10日至31日） 中央农村工作部于1954年10月10日至31日在北京召开第四次农业互助合作会议。会议认为，我国农业社会主义改造事业发展的大体步骤将是：第一步，先于1957年前后基本完成初级合作化，第二个五年计划期间再陆续转入高级合作化，在这时期内只实施初步的技术改良和部分的机械耕作。第二步，约在第三、第四个五年计划时期，将依靠发展起来的工业装备农业，实现大规模的农业机械化。为了用三年左右时间基本上完成主要地区初级合作化任务，会议计划1955年春耕前将农业生产合作社发展到60万个。会议认真总结了农业互助合作的成功经验。会议提出在合作化运动中的阶级政策是：依靠贫农（包括全部原来是贫农的新中农在内，这样贫农占农村人口总数的50%—70%），巩固地团结中农；发展互助合作，由逐步限制到最后消灭富农剥削。互助合作必须贯彻自愿互利原则。现阶段对私有土地、耕畜仍给予一定报酬，需要转化为公有时，也必须采取曲折缓进的办法。会议要求领导农村工作的党委，必须将农村工作的中心及时转移到互助合作运动方面来，并且对运动始终保持集中的具体的领导，保证运动迅速健康地发展。

【第一次全国农村党的基层组织工作会议】（1954年11月8日至12月6日） 第一次全国农村党的基层组织工作会议于1954年11月8日至12月6日在北京召开。各中央分局，省、市委组织干部等共209人参加了会议。会议的主要议题是讨论过渡时期农村党的基层组织的任务，交流农村支部工作的经验。会上，马明方作了《发展和巩固党的农村的基层组织，为实现对农业社会主义改造而斗争》的报告。邓小平就过渡时期农村的任务、发展和巩固党、坚持群众路线和县委领导等问题作了报告。会议明确了过渡时期农村党的基层组织的一切工作是为了实现农业的社会主义改造，要加强党在农村生产合作社中的政治工作。会议要求在第一个五年计划的后三年农村发展200万到300万党员，使农村党员总数达到600万到700万人。会议根据互助合作运动发展的需要，提出改变按地区建立党的基层组织的做法，改为在农业生产合作社和手工业合作社中建立党小组和党支部。会议强调发扬党的民主，健全党的生活，要用说服教育的方法进行工作，反对强迫命令。并且指示县、区委要把管好支部工作列入党的经常工作日程，加强和改进对支部工作的领导。

【中央军委扩大会议】（1954年12月12日） 中央军委扩大会议于1954年12月12日在北京召开。会议讨论实行义务兵役制、军衔制、军官薪金制三大制度，全国军区划分，以及部队的军事训练和干部的培养问题。会议通过了实行三大制度的政治工作报告和全国各大军区的划分方案。原来的东北、华北、西北、华东、中南、西南6个大军区改划为12个大军区，即沈阳、北京、济南、南京、广州、武汉、成都、昆明、兰州、新疆、内蒙古、西藏军区。

【全国扩展公私合营工业计划会议】（1954年12月5日至1955年1月8日） 全国扩展公私合营工业计划会议于1954年12月5日至1955年1月8日在北京举行。会议原拟讨论1955年与1955年到1957年扩展公私合营工业的计划和对资本主义工商业进行社会主义改造的组织领导方案，并交流扩展公私合营工作的经验。但会议一开始，各地代表（主要是上海、天津、沈阳等地的代表）反映：私营工业中若干行业的生产，困难相当严重，如不加以解决，对扩展合营的计划，难以制定。鉴于这一问题的迫急与重要，随即将讨论转向研究私营工业生产的安排问题。经过党内反复讨论，并同时征求了党外人士的意见。12月31日，陈云根据中共中央决定在会上作了《解决私营工业生产中的困难》的讲话。对于私营工业生产问题，提出了明确的调整方案，提请第二次全国省、市计划会议研究决定。陈云的重要讲话，使会议对扩展公私合营工业计划的研究，得以顺利进行。经过研究，会议提出：1955年扩展合营的计划数字是：产值17亿元（按1953年计算，以下同）；户数2508户；职工约20万人。1955年到1957年扩展合营的计划数字是：产值54.53亿元；户数1.5万户；职工约60余万人。为贯彻统筹兼顾的政策，会议提出，在扩展合营方式上，应采取个别合营与按业改造相结合的办法。

【第四次全国手工业生产合作会议】（1954年12月8日至1955年1月6日） 中央手工业管理局于1954年12月8日至1955年1月6日在北京召开第四次全国手工业生产合作会议。出席会议的有29个省市（包括内蒙古自治区）的代表167人。朱德在会上作了重要指示。陈云作了关于资本主义工业生产问题的报告。苏联专家叶夫谢也夫在会上作了《苏联社会主义计划化和工艺合作社系统经济计划工作的组织》的报告。会议总结了一年来的经验，指出：根据党在过渡时期的总任务，对手工业社会主义改造工作，应该而且必须和国家的社会主义工业化，对农业和对资本主义工商业的社会主义改造密切联系起来考虑，统筹兼顾，合理安排。手工业生产的方向，应面向农村，为农业生产服务，并为城乡人民生活需要及国家工业建设和出口需要服务。会议认为：把手工业主要行业的基本情况继续摸清，分别轻重缓急按行业拟定供、产、销和手工业劳动者的安排计划，以便有准备、有步骤、有目的地进行改造；整顿、巩固和提高现有社（组），每一县（市）分别总结出主要行业的社会主义改造和整顿社的系统的典型经验，为进一步开展手工业社会主义改造工作奠定稳固的基础。在上两项工作的基础上，以供销入手，适当地发展新社（组）。这就是统筹兼顾、全面安排、积极领导、稳步前进方针的具体贯彻。

【中国人民政治协商会议第二届全国委员会第一次会议】（1954年12月21日至25日） 中国人民政治协商会议第二届全国委员会第一次会议于1954年12月21日至25日在北京举行。毛泽东主持开幕式，出席开幕式的委员493人。周恩来在会上作了《政治报告》，陈叔通在会上作了《中国人民政治协商会议第一届委员会工作报告》，章伯钧在会上作了《中国人民政治协商会议章程（草案）》的说明。大会通过了《中国人民政治协商会议章程》《中国人民政治协商会议第二届全国委员会第一次会议宣言》和《关于第一届全国委员会工作报告的决议》；大会还通过了《致中国人民解放军的慰问电》《致中国人民志愿军的慰问电》等。大会推举毛泽东为政协二届全国委员会的名誉主席，选举周恩来为主席，宋庆龄、董必武、李济深、张澜、郭沫若、彭真、沈钧儒、黄炎培、何香凝、李维汉、李四光、陈叔通、章伯钧、陈嘉庚、班禅额尔德尼·确吉坚赞、包尔汉为副主席，邢西萍为秘书长，选举65人为常务委员。从22日至25日，共有67为委员在大会上发言。

【中央书记处扩大会议】（1955年1月15日）　中央书记处扩大会议于1955年1月15日在北京召开。毛泽东主持会议。刘少奇、周恩来、彭真、邓小平、李富春、薄一波出席会议。会议听取地质部长李四光、副部长刘杰及核物理学家钱三强等关于中国原子能科学的研究现状、铀矿资源情况的汇报以及有关核反应堆、原子武器、原子能和平用途等的讲解，讨论发展原子能事业问题。周恩来在会上插话补充情况，强调一定要大力加强人才的培养，提醒汇报人对重点问题要讲得尽可能详细些，通俗一些。毛泽东强调说："我们国家已经知道有铀矿，科学技术也有了一定的基础，现在到时候了，该抓了。认真抓一下，一定可以搞起来。现在有苏联对我们帮助，我们一定要搞好！自己干，也一定能干好！"会议作出中国要发展原子能事业的战略决策。

【中国共产党全国代表会议】（1955年3月21日至31日）　中国共产党全国代表会议于1955年3月21日至31日在北京举行。毛泽东主持会议。出席会议的有中央委员和候补中央委员62人，全国各级党组织所选出来的代表257人。毛泽东致开幕词。陈云作《关于发展国民经济第一个五年计划的报告》。邓小平作《关于高岗、饶漱石反党联盟的报告》。会议用八天时间讨论了两个报告，有100多人发言。3月31日，会议一致通过《关于中华人民共和国发展国民经济的第一个五年计划草案的决议》《关于高岗、饶漱石反党联盟的决议》《关于成立党的中央和地方监察委员会的决议》。会议选出中央监察委员会委员15人，候补委员6人，董必武为书记，刘澜涛、谭政、王从吾、钱瑛、刘锡五为副书记。会议确定第一个五年计划的基本内容，包括社会主义工业化建设和对非社会主义经济成分进行社会主义改造这两个方面。会议总结了对高岗、饶漱石反党分裂活动斗争中的经验教训，特别指出：我们党必须经过一定的组织对任何一个党员（哪怕是最负责的党员）的工作实行严格的有系统的监督。会议决定开除高岗、饶漱石的党籍，撤销他们党内外的一切职务。会议强调各级党组织必须贯彻集体领导的原则，坚决同破坏集体领导原则的个人独裁倾向和分散主义倾向作斗争。最后，毛泽东作会议总结。

【民建第一次全国代表大会】（1955年4月1日至12日）　民建第一次全国代表大会于1955年4月1日至12日在北京举行。出席会议的代表共318人，代表43个地方组织的7000多名成员。这是民建成立十年来规模最大的一次全国性会议。黄炎培致开幕词。章乃器代表总会作工作报告。大会通过了《中国民主建国会章程》。新会章规定，民建"是中国人民民主统一战线中的一个民主党派，以中国人民政治协商会议章程的总纲为本会的纲领，在中国共产党领导下，根据国家过渡时期总任务的要求，团结、教育中国民族资产阶级分子积极接受社会主义改造、坚持对国内外敌人的斗争，为建设社会主义社会而奋斗”。大会选举了由157名委员组成的第一届中央委员会。民建一届一中全会选举黄炎培为主任委员。

【七届五中全会】（1955年4月4日） 七届五中全会于1955年4月4日在北京举行。毛泽东主持会议。全会批准了中国共产党全国代表会议通过的《关于中华人民共和国发展国民经济的第一个五年计划草案的决议》《关于高岗、饶漱石反党联盟的决议》《关于成立党的中央和地方监察委员会的决议》和选出的中国共产党中央监察委员会的人选，通过了中国共产党中央委员会关于全国代表会议的公报。全会委托中央政治局根据全国代表会议讨论的意见，对《中华人民共和国发展国民经济的第一个五年计划草案》作适当的修改，然后提交第一届全国人民代表大会第二次会议审议和通过。全会补选林彪、邓小平为中央政治局委员。

【中央政治局会议】（1955年4月5日） 中央政治局会议于1955年4月5日在北京召开。毛泽东主持会议。会议听取周恩来汇报参加亚非会议的准备情况，讨论通过《参加亚非会议的方案（草案）》《访问印度尼西亚计划（草案）》和《关于目前中缅两国一些实际问题的处理方针》三个文件。《参加亚非会议的方案（草案）》指出：“我们在亚非会议的总方针应该是争取扩大世界和平统一战线，促进民族独立运动，并为建立和加强我国同若干亚非国家的事务和对外关系创造条件”。

【中央书记处会议】（1955年4月20日） 中央书记处会议于1955年4月20日在北京召开。刘少奇主持会议。会议讨论农业合作化问题。刘少奇在讲话中指出：今后一年农业合作化的总方针是“停止发展，全力巩固”。现在全面停下来，秋后看情况再定，个别县、区、乡未办的，有条件的可以试办。全国合作社已经发展67万个，其中发展过多的省份有超过两三万的，主观力量控制不了，要收缩一些。能巩固住50万个社，即是最大胜利。

【第三次全国农村工作会议】（1955年4月21日至5月6日） 中共中央委托中央农村工作部于1955年4月21日至5月6日在北京召开第三次全国农村工作会议。4月21日，邓子恢向会议传达了4月20日中共中央书记处确定的“停止发展，全力巩固”的农业互助合作的总方针，并致开幕词。5月6日，邓子恢在会议上作总结报告，在肯定成绩的基础上，指出产生冒进现象的原因以及今后贯彻总方针的四条政策。

【华东、华南、华北的十五省市委书记会议】（1955年5月17日） 中共中央于1955年5月17日在北京召开华东、华南、华北的15省市委书记会议。毛泽东在会上作《关于农业合作化问题的讲话》。他说：合作社问题，也是乱子不少，大体是好的。不强调大体好，那就会犯错误。他批评说：在合作化的问题上，有种消极情绪，我看必须改变。再不改变，就会犯大错误。重申了“停、缩、发”的三字方针。但是，在解释三字方针时，他强调了“发”的方针。他认为，在发展合作化问题上，要分清情况采取“停、缩、发”的方针。缩有全缩，有半缩，有多缩，有少缩，收缩要按实际情况，在新区不是停，不是缩，“一般是发”，“基本是发”；老解放区，如东北、华北，有的也要发。对合作化的速度，毛泽东有了新的考虑，改变了他原来每个五年计划发展三分之一的设想。而中央农村工作部部长邓子恢坚持经中央政治局批准的农村工作部翻半番的主张，应该慢一点打好基础。毛泽东却认为这个发展数字少了，主张在原有的基础上，加一倍，也就是要发展到130万个社。这本来是有关步骤、方法上的不同看法，未涉及更大的原则问题。但当毛泽东调查了农村工作部的文件档案后，得出了邓子恢和中央农村工作部的思想右了，对合作化不积极的结论。因此，他认为合作化运动需要解决的问题，不是纠“左”，而是反右。

【一届全国人大二次会议】（1955年7月5日至30日） 一届全国人大二次会议于1955年7月5日至30日在北京举行。7月5日的开幕式由刘少奇主持，出席代表1105名。大会通过了中华人民共和国发展国民经济的第一个五年计划，并同意李富春关于发展国民经济的第一个五年计划的报告；批准了1954年国家决算和1955年国家预算，并同意李先念关于1954年国家决算和1955年国家预算的报告；批准了国务院提出的关于根治黄河水害和开发黄河水利的综合规划的原则和基本内容，同意邓子恢关于根治黄河水害和开发黄河水利的综合规划的报告；通过了关于全国人民代表大会常务委员会工作报告的决议；通过了《中华人民共和国兵役法》；通过了关于授权常务委员会制定单行法规的决议。根据国务院提出的建议，会议还通过了两项决议：一项是关于撤销热河省、西康省并修改中华人民共和国地方各级人民代表大会和地方各级人民委员会组织法第二十五条第二款第一项规定的决议；另一项是关于撤销燃料工业部，设立煤炭工业部、电力工业部、石油工业部、农产品采购部，并修改中华人民共和国国务院组织法第二条第一款条文的决议。

【省、市、自治区党委书记会议】（1955年7月31日至8月1日） 省、市、自治区党委书记会议于1955年7月31日至8月1日在北京召开。会议讨论农业合作化和粮食“三定”等问题。毛泽东在7月31日的会上作《关于农业合作化问题》的报告，总结了我国农业互助合作运动的历史经验，进一步阐明了我国农业社会主义改造的道路，以及党对农业合作化的方针、政策的正确性，说明了农业合作化和社会主义工业化的关系，论述了农业合作化和资本主义工商业改造的关系，对于工农联盟的基础进行了新的阐述，指出了我国农村中合作化的社会改革高潮即将到来。报告强调，我国广大农民有走社会主义道路的积极性，社会主义工业化不能建立在小农经济基础上，只有实现合作化才能巩固工农联盟。因此，合作化必须赶快上马。报告否定了1953年和1955年春对合作社的两次整顿工作，批评主张发展生产合作社要适应群众的觉悟程度稳步前进的同志像“小脚女人”，对合作化运动过多的评头品足，不适当的埋怨，无穷的忧虑，数不尽的清规戒律，看不到主流，犯了右倾错误；是站在资产阶级、富农，或具有资本主义自发倾向的富裕中农的立场上替少数人打主意。报告认为，到1956年，全国将有5500万户，占农村一半人口加入初级社，到1960年基本上完成半社会主义的改造，并有更多的初级社转为高级社。

【七届六中全会（扩大）】（1955年10月4日至11日） 七届六中全会（扩大）于1955年10月4日至11日在北京举行。中央委员38人、候补中央委员25人出席了会议；列席会议的有上海局、各省市自治区党委书记和各地委书记，中央各部委和国家机关各部门党组负责人等388人。会议主要议程是讨论通过关于农业合作化问题的决议和关于召开党的第八次全国代表大会的决议。全会由毛泽东主持。全会听取了陈伯达代表中央政治局所作的《关于农业合作化问题的决议草案的说明》，邓小平代表中央政治局所作的《关于召开党的第八次全国代表大会的决议草案的说明》。全会对上述两项议程进行了热烈的讨论。刘少奇、周恩来、朱德、陈云、彭真、邓小平等80人发了言，还有167人作了书面发言。全会根据毛泽东《关于农业合作化问题》的报告，通过了《关于农业合作化问题的决议》。《决议》共12个部分，其中最主要的内容有：分析了实现农业合作化的必要性和可能性。规定了发展农业生产合作社的基本原则和政策是“自愿和互利”，以及社员其他生产资料的一系列的具体政策。全会通过《关于召开党的第八次全国代表大会的决议》和《关于党的第八次全国代表大会代表名额和选举办法的规定》。为召开党的第八次全国代表大会做了思想上、政治上和组织上的准备。在全会最后一天，毛泽东作了题为《农业合作化的一场辩论和当前的阶级斗争》的总结。全会还原则通过了在试行中经过反复修改的《农业生产合作社的示范章程（草案）》，决定将它提交国务院和全国人大常委会讨论。

【省、自治区和大中城市党委负责人会议】（1955年11月16日至24日） 中央政治局于1955年11月16日至24日在北京召开各省、自治区和人口50万以上的大中城市党委负责同志会议。会议听取陈云作的《资本主义工商业社会主义改造的新形势和新任务》的报告。刘少奇在大会发言中指出：现在我们要全面地进行对资本主义工商业的社会主义改造，废除资本主义所有制，要在3年之内搞出一个头绪来。周恩来在大会发言中，着重就民族资产阶级两面性问题发表意见，批评有人认为资产阶级已经没有积极性的错误观点。会上，周恩来还就关于知识分子的问题讲了话。毛泽东在发言中说：“关于知识分子问题，我同意周恩来同志的讲话。”请各省、市、自治区根据周恩来的提议，“在十二月开这么一次知识分子的会议”。会议讨论通过了《关于资本主义工商业社会主义改造的决议（草案）》。

【资本主义工商业改造会议】（1955年11月16日至24日） 中央政治局于1955年11月16日至24日在北京召开资本主义工商业改造会议。各省、市、自治区党委代表出席会议。会上，刘少奇作了讲话，陈云作了《关于资本主义工商业改造问题》的报告。会议认真讨论并通过了《中央关于资本主义工商业改造问题的决议草案》。《决议草案》指出："我们现在已经有了充分有利的条件和完全必要把对资本主义工商业的改造推进到一个新的阶段，即从原来在私营企业中实行的由为国家加工订货，为国家经销代销到个别实行公私合营的阶段，推进到在一切重要行业中分别在各地区实行全部或大部公私合营的阶段。"

【省、市、自治区负责人座谈会】（1955年12月5日） 中央政治局于1955年12月5日在北京召开各省、市、自治区负责人座谈会。刘少奇主持会议。会上，刘少奇传达毛泽东的指示，要求在各项工作中都要反保守主义，提前实现社会主义工业化和社会主义改造，更快、更早地完成第一个五年计划。并传达了毛泽东关于准备召开中共第八次代表大会的指示：八大的中心思想是反对右倾思想，反对保守主义，提前完成我国的社会主义工业化和社会主义改造，要保证15年同时争取15年以前超额完成。并提出：要全党准备八大，迎接八大，使八大开好，使八大的准备工作和各地方各部门的工作结合起来。为了起草中共中央向八大的报告，准备找各部门的同志谈话，请各部门同志预做准备。周恩来在发言中表示：同意毛泽东的意见，并检查说：最近政府在各方面的工作，或多或少都存在保守的倾向，反对盲目冒进是对的，但又带来了副作用。

【全国农业工作会议】（1955年12月12日至23日） 中共中央于1955年12月12日至23日在北京召开全国农业工作会议。会议提出1956年的农业生产要达到第一个五年计划原定1957年的指标。会议还讨论了第二、第三个五年计划期间农业生产的远景规划。会议期间，12月21日，毛泽东为中共中央起草了给上海局、各省委、自治区党委的通知《征询对农业十七条的意见》。《意见》提出了关于农业合作化的速度，是"争取于1959年基本完成"合作化的高级形式。《意见》要求，1956年内，一切省、地、县、区、乡都要作出一个包括一切必要项目的全面规划。《意见》提出，在12年内，平均粮食亩产量，黄河以北，要求达到400斤，黄河以南、淮河以北500斤，淮河、秦岭、白龙江以南800斤。《意见》提出了在七年内要达到的各项标准，实际上为《全国农业发展纲要》的制订提供了最初的蓝本。

【第五次全国手工业生产合作会议】（1955年12月21日至28日） 中央手工业管理局和中华全国手工业生产合作社联合总社筹备委员会于1955年12月21日至28日在北京召开第五次全国手工业生产合作会议。会议制定了手工业社会主义改造的全面规划。1956年1月17日，中共中央批转了《关于第五次全国手工业生产合作会议报告》。党中央指示，要加快手工业合作化的发展速度，争取全面规划的实现，实行全行业分期、分批、分片改造的方法，建立手工业生产合作社。确定在第一个五年计划期间基本上完成全国手工业合作化的任务，并要求积极推动低级形式的合作组织向完全社会主义性质的高级生产合作社过渡。3月5日，毛泽东在国务院有关部门汇报手工业工作情况时，作了《加快手工业的社会主义改造》的发言，提出了手工业生产合作社的规模、下乡服务、保留手工业好东西、国家援助、把手工业纳入国家计划等问题。

【中央政治局会议】（1955年12月28日） 中央政治局会议于1955年12月28日在北京召开。周恩来主持会议。会议讨论通过周恩来提出的关于在押日本战犯的处理意见。随后，周恩来向抚顺战犯管理所负责人传达中共中央的决定：宽大处理日本战犯，不判死刑和无期徒刑，极少数判有期徒刑。

【省市委书记会议】（1956年1月5日至9日） 省市委书记会议于1956年1月5日至9日在杭州召开。毛泽东主持会议。陈毅、柯庆施、刘顺元、江华、曾希圣、陈伯达、廖鲁言、李井泉、舒同、陶铸、陈漫远、杨尚奎、江一真、吴芝圃、王任重、周小舟、谭震林、罗瑞卿、陈丕显、张仲良、张德生、陶鲁笳、林铁、黄欧东出席会议。会议讨论农业发展问题的纲要。会议期间，关于农业发展问题的纲要，又由22条增至36条、38条，最后扩充为40条，形成《一九五六年至一九六七年全国农业发展纲要（草案）》。在此期间，毛泽东对纲要草案做过多次修改。

【关于知识分子问题会议】（1956年1月14日至20日） 中共中央于1956年1月14日至20日在北京召开关于知识分子问题会议。刘少奇主持会议。毛泽东、周恩来、陈云、彭真、邓小平等1279名代表出席会议。会上，毛泽东作重要讲话。他号召全党努力学习科学知识，同党外知识分子团结一致，为迅速赶上世界科学先进水平而奋斗。周恩来代表中央作《关于知识分子问题的报告》，对我国知识分子的现状作了科学的分析，充分肯定了我国知识分子在政治上、业务上的巨大进步及其在社会主义建设事业中的重大作用。他明确地指出，新中国成立后，由于党对知识分子实行了团结教育改造的政策，经过一系列的政治运动，旧社会遗留下来的知识分子的精神面貌已经发生了巨大变化，他们已是社会主义建设事业中一支伟大力量，是工人阶级的一部分，他们已经成为我国各方面生活中的重要因素。会后，全国形成“向科学进军”的热潮。

【中央政治局扩大会议】（1956年1月29日） 中央政治局扩大会议于1956年1月29日在北京召开。毛泽东主持会议。刘少奇、周恩来、陈云、彭真、邓小平、陆定一、罗瑞卿、胡乔木等出席会议。会议进一步讨论并通过周恩来即将在全国政协二届二次会议上的《政治报告》。报告指出：我国目前国内状况的特点，是处在伟大的社会主义革命的高潮中。“可以说，在社会主义和资本主义两条道路的斗争中，胜负已经被决定了。”在谈到手工业和资本主义工商业社会主义改造中的问题时指出：“我国手工业有经营分散、散布面广、行业复杂、一般技术落后、社会经济性质不同等等特点。”“应该注意保持过去手工业者十分关心他们自己的产品质量和市场销路的优点。在合作化以后，凡是不易集体生产的，就应保持分散生产的形式。”“还应注意某些手工业在手工艺方面所具有的特殊性质和历史传统。”在一切私营企业中实行按行业的全部公私合营，是资本主义工商业社会主义改造中有决定意义的一个步骤。在进行这个工作时，“必须十分注意不要轻易改变原有企业的经营管理办法，并且必须善于保存原有经营方法中一切好的经验，作为历史遗产加以继承和发扬”。“对于那些分散的肩挑小贩，不要急于改变他们的经营方式，因为这种经营方式对人民是方便的，也是受人民欢迎的，应该在长时期内将它保留下来。”

【全国政协二届二次会议】（1956年1月30日至2月7日）　全国政协二届二次会议于1956年1月30日至2月7日在北京举行。出席开幕式的委员586名；党和国家领导人毛泽东、刘少奇等出席会议；列席会议的共611人。周恩来在会上作了政治报告，郭沫若作了关于知识分子问题、陈叔通作了关于资本主义工商业的社会主义改造问题、董必武作了关于肃清一切反革命分子问题、陈伯达作了关于中国农业的社会主义改造问题的四个补充报告；李济深作了中国人民政治协商会议第二届全国委员会常务委员会工作报告。委员们和列席人员除了在36个小组会上进行讨论以外，在大会上发表意见的有235人。这次会议收到的提案有125件。在这些发言和提案中，大家提出了很多好的意见和积极的建议。在许多位的发言中，进行了批评和自我批评。会议一致通过了中国人民政治协商会议第二届全国委员会第二次全体会议关于政治报告的决议、关于常务委员会工作报告的决议，通过了关于提案审查报告的决议。

【九三学社第一届全国社员代表大会】（1956年2月9日至16日）　九三学社第一届全国社员代表大会于1956年2月9日至16日在北京举行。出席会议的代表144人，列席21人，代表九三学社全国3800多名社员。许德珩致开幕词。薛愚代表大会资格审查委员会作关于代表资格审查的报告。许德珩向大会作社务报告。涂长望作关于修改社章的报告。大会选举产生由78名委员、5名候补委员组成的九三学社第四届中央委员会，许德珩任主席。

【民盟第二次全国代表大会】（1956年2月9日至20日）　民盟第二次全国代表大会于1956年2月9日至20日在北京举行。出席会议的代表348人。沈钧儒致开幕词。章伯钧作了题为《全盟更紧密地团结起来，充分发挥知识分子的积极性和创造性，努力改造自己，为完成伟大的社会主义革命事业而奋斗》的盟务报告。罗隆基作了《关于中国民主同盟章程（修正草案）的说明》。修改后的盟章，明确规定民盟的性质为“中国人民民主统一战线中的一个民主党派”。会议期间，代表们认真学习讨论了周恩来作的《关于知识分子问题的报告》。大会选举产生由144名委员和41名候补委员组成的民盟新的中央委员会。大会通过了《中国民主同盟第二次全国代表大会决议》。2月21日召开的民盟二届一中全会选举沈钧儒为主席。

【第六次全国统战工作会议】（1956年2月16日至3月3日） 第六次全国统战工作会议于1956年2月16日至3月3日在北京召开。出席会议的有各省、市、自治区和50万人口以上的省辖市党委统战部的负责同志共57人。会议的中心议题是讨论《七年方针（草案）》。此外，会上还讨论了《关于一九五六年到一九六二年全国民族工作的规划大纲（草案）》《中央统一战线工作部关于帮助民主党派工作的意见》《关于加强人民政协地方委员会工作的意见（草案）》《中央关于公私合营运动中资方人员的工作安排和薪金待遇的指示（草稿）》《关于帮助民主人士、资产阶级分子进行政治学习和理论学习的办法（草稿）》《中央及各级党委统战部干部管理工作试行方案（草稿）》《关于一九五六年到一九五七年干部管理工作的规划》《关于在省、市、自治区的人民政协、民主党派、工商联等机关干部中进行肃反斗争的意见》。

【民革第三届全国代表大会】（1956年2月21日至29日） 民革第三届全国代表大会于1956年2月21日至29日在北京举行。出席大会的代表337人，列席47人，李济深在会上作第二届中央委员会的工作报告，程潜作民革章程的说明。大会通过了《中国国民党革命委员会章程》；发表了《告台湾军政人员书》；选举产生了由132名委员和43名候补委员组成的第三届中央委员会。3月5日召开的民革三届一中全会选举李济深为主席。

【中央政治局扩大会议】（1956年4月3日至4日） 中央政治局扩大会议于1956年4月3日至4日在北京召开。刘少奇主持会议。会议讨论根据毛泽东提出的观点写成的《人民日报》编辑部文章《关于无产阶级专政的历史经验》。刘少奇在会上发言时指出：文章在谈到错误不可避免时，应补充领导人的责任是力求使某些个别的、局部的、暂时的错误不至于变成全国性的、长期的错误。还要指出剥削阶级无法克服它的错误直至最后灭亡，无产阶级能够克服自己的错误不断前进。还指出，斯大林的错误不能统统归结为个人崇拜，从根本上说还是主观不符合客观，脱离实际和脱离群众，是思想方法问题。毛泽东将文章中“我们需要建立一定的制度来保证群众路线的贯彻实施，而避免个人的专断”一句中的“个人的专断”改为“脱离群众的个人主义和个人英雄主义”。

【致公党第六次全国代表大会】（1956年4月5日至13日） 致公党第六次全国代表大会于1956年4月5日至13日在北京举行。出席大会的代表57人，列席2人。陈其尤致开幕词。黄鼎臣作了《党务报告》。严希纯作了《关于本党章程的说明》。大会讨论通过了新党章，强调以《中国人民政治协商会议章程》的总纲为致公党的政治纲领，在中国共产党领导下，全力贯彻宪法的实施，为实现国家在过渡时期的总任务，为祖国建设成为社会主义社会而奋斗。大会选举产生了由28名委员和5名候补委员组成的致公党第六届中央委员会。致公党六届一中全会选举陈其尤为主席。

【中央政治局会议】（1956年4月12日）　中央政治局会议于1956年4月12日在北京召开。会议讨论并批准周恩来提出的建立和平利用原子能委员会和航空工业委员会及领导成员名单。和平利用原子能委员会直属国务院，主任陈云，副主任郭沫若、李富春、李四光、宋任穷，秘书长刘杰。航空工业委员会直属国防部，主任聂荣臻，副主任黄克诚、赵尔陆，秘书长安东。

【中央政治局扩大会议】（1956年4月25日至28日）　中央政治局扩大会议于1956年4月25日至28日在北京召开。毛泽东主持会议。25日，毛泽东就社会主义建设中的问题发表了《论十大关系》的讲话，以苏联经验为鉴戒，初步地总结了我国社会主义建设的经验，提出了探索适合我国国情的社会主义建设道路的任务。毛泽东指出，要正确处理重工业同农业、轻工业的关系，沿海工业和内地工业的关系，经济建设和国防建设的关系，国家、生产单位和生产者个人的关系，中央和地方的关系，汉族和少数民族的关系，党和非党的关系，革命和反革命的关系，是非关系，中国和外国的关系。他说：正确处理这些关系，是为了把党内外、国内外的一切积极因素调动起来，把我国建设成为一个强大的社会主义国家。27日，周恩来代表中央政治局就苏共中央政治局关于苏联国内纪念“五一”国际劳动节游行不再抬恩格斯、斯大林像，只抬马克思、列宁像给中共中央通知一事作说明，说毛泽东建议中国国内纪念“五一”国际劳动节的游行一律不再抬古今中外领袖人物像。这个建议获得与会者的一致赞成。同日，朱德在讨论毛泽东《论十大关系》的报告时作专题发言。周恩来就体制问题作专题发言。28日，毛泽东在会议的总结讲话中指出：艺术问题上的“百花齐放”，学术上的“百家争鸣”，应该成为我国发展科学、繁荣文学艺术的方针。中央赞同毛泽东的意见，确定“百花齐放，百家争鸣”为党的科学和文化工作的方针。在5月2日召开的最高国务会议第七次会议上，毛泽东再次系统阐述十大关系问题。

【一届全国人大三次会议】（1956年6月15日至30日）　一届全国人大三次会议于1956年6月15日至30日在北京举行。6月15日的开幕式由刘少奇主持，出席代表1025名。会议批准1955年国家决算和1956年国家预算，并且同意李先念在报告中提出的关于实现1956年国家预算的各项方针和措施；通过了高级农业生产合作社示范章程；通过了关于全国人民代表大会常务委员会工作报告的决议；通过了关于修改中华人民共和国地方各级人民代表大会和地方各级人民委员会组织法第二十五条第二款第四、第五项规定的决议。

【民进第二次全国代表大会】（1956年8月11日至23日） 民进第二次全国代表大会于1956年8月11日至23日在北京举行。出席大会的正式代表216人，列席代表56人。马叙伦致开幕词。周建人作民进第三届中央理事会工作报告，王绍鏊作关于民进章程修改草案的说明。18日，周恩来、朱德接见了出席大会的全体代表，并且同大会主席团人员进行了谈话。陈毅应邀向代表们作了贯彻党的“长期共存、互相监督”和“百花齐放、百家争鸣”方针以及国际形势的报告。国家教育部副部长董纯才到会作了中小学教育工作和师范教育问题的报告。大会选举产生了由62名委员、28名候补委员组成的民进第四届中央委员会。另外，中央委员名额中还保留15个名额，其人选授权民进第四届中央委员会根据需要选举产生。大会以“长期共存、互相监督”为指导，确定了继续坚持与共产党紧密合作，接受共产党政策领导与思想领导这一方针，规定了民进的根本任务是调动一切力量为社会主义服务，并提出了五项具体工作。24日召开的民进四届一中全会选举马叙伦为主席。

【七届七中全会】（1956年8月22日、9月8日、9月13日） 七届七中全会于1956年8月22日、9月8日和13日在北京举行。毛泽东主持会议。中央委员44人、候补中央委员23人出席了这次全会。全会对召开党的第八次全国代表大会的各项准备工作进行了认真的讨论。通过了《中国共产党第八次全国代表大会日程（草稿）》《大会规则（草稿）》《八大预备会议安排（草稿）》《七届七中全会关于第八届中央委员会选举工作的建议（草稿）》《各代表团团长、副团长名单（草稿）》《第八次全国代表大会代表资格审查委员会名单（草稿）》《中央委员会向第八次全国代表大会的工作报告（草案）》《中国共产党章程（草稿）》《关于修改党的章程的报告（草稿）》《中国共产党第八次全国代表大会关于发展国民经济的第二个五年计划（1958年到1962年）的建议（草案）》《关于发展国民经济第二个五年计划的建议的报告（草稿）》《党的第八次全国代表大会主席团名单（草案）》《党的第八次全国代表大会秘书处名单（草案）》。全会确定了八届中央委员的候选人名单，决定：八届中央委员名额为170人；递补王首道、邓颖超、陈少敏为中央委员。

【中国共产党第八次全国代表大会预备会议】（1956年8月30日至9月12日） 中国共产党第八次全国代表大会预备会议于1956年8月30日至9月12日在北京召开。毛泽东主持会议。预备会议研究讨论了七届七中全会对党的第八次全国代表大会有关事项的建议；成立代表团、组的组织机构；八大政治报告、党的章程（草案）、第二个五年计划建议（草案）等大会重要文件；酝酿研究第八届中央委员的名额、候选人，并进行了预选。在预备会议全体会议上，邓小平代表中央政治局就八大的相关工作作说明。会议听取了陈云就八届中央委员候选人名单及其提出的经过所作的说明。毛泽东在预备会议全体会议上作了《增强党的团结，继承党的传统》的讲话，强调要“团结全党，团结国内外一切可以团结的力量，为建设伟大的社会主义中国而奋斗”，“领导我们革命事业的核心是我们的党”。

【中国共产党第八次全国代表大会】（1956年9月15日至27日）　中国共产党第八次全国代表大会于1956年9月15日至27日在北京全国政协礼堂举行。这是党取得全国执政地位后召开的第一次全国代表大会。出席大会的代表1021人，代表全国1073万党员。50多个外国共产党、工人党代表团以及国内各民主党派和无党派民主人士的代表应邀参加大会。在大会上，毛泽东致开幕词，刘少奇作《中国共产党中央委员会向第八次全国代表大会的政治报告》，周恩来作《关于发展国民经济第二个五年计划的建议的报告》，邓小平作《关于修改党的章程的报告》，朱德、陈云、董必武等作了重要发言。大会的政治报告以《论十大关系》为指导思想，突出经济建设的主题，集中了党在探索过程中提出的新的理论观点和方针政策。

大会正确分析国内形势和国内主要矛盾的变化，明确规定了党和全国人民在新形势下的主要任务。大会宣布：我国无产阶级同资产阶级之间的矛盾已经基本上解决，几千年来的阶级剥削制度的历史已经基本上结束，社会主义的社会制度在我国已经基本上建立起来。我国国内的主要矛盾已经是人民对于建立先进的工业国的要求同落后的农业国的现实之间的矛盾，已经是人民对于经济文化迅速发展的需要同当前经济文化不能满足人民需要的状况之间的矛盾；党和全国人民当前的主要任务，就是要集中力量来解决这个矛盾，把我国尽快地从农业国变为先进的工业国。在此基础上，八大进一步确定了社会主义建设的战略目标，即“尽可能迅速地实现国家工业化，有系统、有步骤地进行国民经济的技术改造，使中国具有强大的现代化的工业、现代化的农业、现代化的交通运输业和现代化的国防”。

党的八大坚持既反保守又反冒进，即在综合平衡中稳步前进的经济建设方针。根据这一方针，确定了发展国民经济第二个五年计划的基本任务。大会还提出在三个五年计划或者再多一点的时间内，在我国建成一个基本上完整的工业体系的战略设想。

党的八大还着重提出了执政党的建设问题。大会《关于修改党的章程的报告》，一方面突出地提出反对党内主观主义、宗派主义、官僚主义，批评那种脱离实际、脱离群众的思想作风；另一方面，根据苏联社会主义建设的经验教训，强调坚持民主集中制和集体领导制度，反对个人崇拜，反对突出个人，反对对个人歌功颂德。大会通过的新党章规定，党的全国代表大会实行常任制，每届任期五年，每年开一次全国代表大会会议（后来除1958年5月召开八大第二次会议外，八大再没有举行过全国会议）。党章增加了“中央委员会认为有必要的时候，可以设立中央委员会名誉主席一人”一款。这是因为这年夏天毛泽东已向中央提出，他准备在适当的时候不当党的主席。他还提出不再担任下一届国家主席，并且建议修改宪法，规定国家主席、副主席连选只得连任一届。这些可以说是初步酝酿废除实际存在的领导干部职务终身制，准备实行党和国家领导体制改革的重要设想。根据毛泽东本人的多次提议，新党章在党的指导思想中没有提“毛泽东思想”，但这丝毫没有影响毛泽东思想在全党的指导地位，也没有影响毛泽东在全党的领袖地位。

大会还强调要扩大人民民主，建立健全社会主义法制；确认“百花齐放、百家争鸣”为繁荣科学和文化艺术工作的指导方针；在坚持和平共处五项原则的基础上，阐明了我国在国际事务中的方针。陈云提出了“三个主体，三个补充”的思想，为大会决议所采纳。董必武着重谈了有法可依、有法必依的问题，建议尽快制定刑法、民法、诉讼法、劳动法、土地使用法等法律。

大会讨论通过了各项报告和《中国共产党第八次全国代表大会关于政治报告的决议》《中国共产党章程》《关于发展国民经济的第二个五年计划（一九五八——一九六二年）的建议》，选举产生由委员97人、候补委员73人组成的中央委员会。

【八届一中全会】（1956年9月28日） 八届一中全会于1956年9月28日在北京举行。中央委员96人、候补中央委员70人出席会议。全会选出了新的中央领导机构。选举毛泽东为中央委员会主席，刘少奇、周恩来、朱德、陈云为中央委员会副主席。选举邓小平为中央委员会总书记。选举毛泽东、刘少奇、周恩来、朱德、陈云、邓小平、林彪、林伯渠、董必武、陈毅、罗荣桓、李富春、彭真、彭德怀、刘伯承、贺龙、李先念为中央政治局委员，乌兰夫、张闻天、陆定一、陈伯达、康生、薄一波为中央政治局候补委员，选举毛泽东、刘少奇、周恩来、朱德、陈云、邓小平为中央政治局常务委员。邓小平、彭真、王稼祥、谭震林、谭政、黄克诚、李雪峰为中央书记处书记，刘澜涛、杨尚昆、胡乔木为中央书记处候补书记。选举董必武为中央监察委员会书记，刘澜涛、萧华、王从吾、钱瑛、刘锡五为中央监察委员会副书记。

【第七次全国统战工作会议】（1956年10月16日至11月8日） 第七次全国统战工作会议于1956年10月16日至11月8日在北京召开。出席会议的有各省、市、自治区党委统战部部长、副部长34人；中央统战部部长、副部长，秘书长、副秘书长，处长、副处长，主任、副主任，国务院八办组长、副组长39人；有关单位的党组成员、负责干部32人，共105人。另有114人列席了会议。李维汉致开幕词、平杰三作了《关于检查统一战线工作问题的报告》，总结了上次统战工作会议以来统战工作检查的情况、成绩和经验，并提出进一步开展统战工作检查的意见。会议除主要讨论了上述问题外，还讨论了改善党与民主党派关系问题的五个文件：《关于统战部门如何协助民主党派工作的意见》《在国家机关和学校中我党组织如何帮助民主党派基层工作的意见》《关于民主党派发展组织问题的通知》《关于在民主党派中吸收我党党员的补充规定》《关于解决民主党派机关编制、干部调动、经费和干部生活待遇等问题的意见》。会议还讨论了以下几个文件：《关于加强政协地方委员会工作的意见》《关于资本家代理人摘帽子问题的意见》《关于对资产阶级代表人物工作安排中的平衡问题的意见》《关于继续发挥工商业联合会的作用的意见》《关于工商业联合会机关干部评级、医疗、福利、学习和工商联经费问题的意见》《关于统战部门进行对知识分子的统一战线工作的意见》《关于各省、市、自治区参事室工作的意见》《对各省、市、自治区文史研究馆工作的意见》。会议还讨论了民族、华侨和对资本家改造等问题。

大会进行过程中，李维汉针对讨论的问题作了多次发言。会议结束前，中共中央政治局委员、中央书记处书记彭真到会讲了话。他指出：统战工作就是团结全体的工作，要把国内所有可能团结的人都团结起来，建设社会主义。

【中央政治局常委扩大会议和政治局扩大会议】（1956年10月21日至11月4日） 中央政治局常委扩大会议于1956年10月21日在北京召开。毛泽东主持会议。讨论1956年6月在波兰的波兹南市发生反政府事件、波兰的形势问题及苏共中央给中共中央的通知。在听取新华社社长吴冷西介绍外国通讯社有关波兰情况的介绍后，毛泽东指出：苏联准备对波兰进行武装干涉违反起码的国际关系准则，是严重的大国沙文主义。与会者一致同意中共中央采取紧急措施，表示坚决反对苏联干涉。21日晚的会议于22日零时45分结束。1时许，毛泽东由刘少奇、周恩来、陈云、邓小平陪同，紧急约见苏联驻华大使尤金，指出：中共中央政治局一致认为，苏联武装干涉波兰是违反无产阶级国际主义原则的。中共中央坚决反对这样做。如果不听劝告，中共中央和中国政府将公开谴责你们。约3时，毛泽东、刘少奇、周恩来、邓小平再次开会讨论波兰局势问题，决定应苏共中央的邀请由刘少奇、邓小平、王稼祥、胡乔木组成中共代表团前往莫斯科同苏共中央领导人会谈。代表团的任务是调解，方针是着重批评苏共的大国沙文主义，同时劝说波兰党顾全大局，方式是只分别同苏共或波兰党会谈，不参加苏波两党会谈。23日上午9时，中共代表团飞离北京前往苏联。当晚到达莫斯科，同苏共中央第一书记赫鲁晓夫就波匈事件交换意见。24日、26日中共代表团列席苏共中央主席团会议讨论波匈事件等问题。29日、30日，中共代表团同苏共中央领导人赫鲁晓夫、莫洛托夫、布尔加宁等会谈。31日，中共代表团离开莫斯科回国。11月2日凌晨，毛泽东、周恩来、陈云、彭真听取刚刚返抵北京的刘少奇、邓小平、王稼祥汇报赴苏会谈情况。5时散会。晚，中共中央政治局召开扩大会议听取刘少奇汇报与苏共领导人会谈情况。4日，中共中央政治局召开常委扩大会议，讨论苏军进入匈牙利首都布达佩斯等问题。

【八届二中全会】（1956年11月10日至15日） 八届二中全会于1956年11月10日

至15日在北京举行。出席这次全会的有，中央委员84人，候补中央委员65人；中央和地方、军队的负责人147人列席了会议。毛泽东主持会议。刘少奇作了《目前时局问题的报告》。报告分析了国际形势，说明了中国共产党在一系列国际事务问题上所采取政策及其应当记取的教训。报告了他不久前访问苏联，就波匈事件等问题同苏共领导会谈的情况。周恩来作了《关于1957年度国民经济发展计划和财政预算控制数字的报告》。报告说明了1956年度经济计划和财政预算执行的情况，充分肯定了成绩，指出了缺点，正确地总结了经验教训，批评了1956年的冒进倾向，也提出了1957年发展国民经济的控制数字。陈云作了《关于粮食和主要副食品（猪肉和食油）问题的报告》。报告对改善粮食的收购工作和销售工作，对于增加猪肉和食油的生产，提出了一系列具体措施。全会对上述三个报告作了认真的讨论。全会完全同意中央政治局对于国际形势的分析及其采取的立场和政策，并深信全世界反帝国主义力量的强大团结，必然能够战胜帝国主义制造国际紧张局势的阴谋。全会指出，1956年我国社会主义改造基本完成，工农业生产和基本建设都有增长和取得了好成绩。人民生活有改善，就业有增加，人民对这些是满意的。但是，人民生活的改善是渐进的，过高的要求和暂时办不到的事情，要向人民公开地解释清楚。全会一致同意周恩来提出的压缩1957年经济指标的意见，并确定在全党和全国人民中发动增产节约运动。最后，毛泽东作了总结发言。他表示完全同意全会所采取的各项方针和措施，并着重谈了经济问题、国际形势问题、整风问题及中苏关系问题。

【省、市、自治区党委组织部长会议】（1956年12月4日） 中共中央于1956年12月4日在北京召开各省、市、自治区党委组织部长会议。刘少奇在会议上的讲话中指出：现在干部有脱离生产的道路，却没有回到生产中的道路。应该有两条路，而我们只有一条路，这是不好的。脱离生产很容易，回到生产中去却很难，只进不出，脱离生产的人越来越多，官僚主义越来越多，脱离群众的危险也越来越严重，这是一个大问题。现在我们的国家组成了，这个国家机构有两条任务：一条是实现专政；另一条是组织社会生活。第一条任务愈来愈小，不是愈来愈大了。阶级斗争基本结束，反革命分子少了，刑事犯也少了，所以国家专政的机构可以缩小，但是工作质量要提高。最危险的是犯了可以避免但没有避免的错误，例如脱离群众的错误是可以避免的而且也应该避免。脱离群众是根本性的错误，是十分危险的错误。强调组织部门的工作就是要把干部管好，首先是要把成为“统治阶层”的几十万干部管好。要经常了解他们的思想情况，了解他们的工作和生活情况，看看他们是否脱离群众，是否有特权，并且规定一些制度，限制他们的权力，要他们把工作做好，要他们永远不脱离群众。这是组织工作、干部工作的根本问题，要做好这件事，便是很大的成绩。

【全国工商联第二届会员代表大会】（1956年12月10日至23日） 全国工商联第二届会员代表大会于1956年12月10日至23日在北京举行。出席大会的代表和列席人员共有1400名。开幕式上，包尔汉、黄炎培、赖若愚、廖承志分别向大会致词。10日，薄一波在大会上阐述了发展我国国民经济第一个五年计划的执行情况和第二个五年计划的主要任务，并就党和国家的赎买政策、定息政策及工商业者的思想改造和“摘帽子”等问题作了详细说明。12月15日，陈云在大会上讲解了有关政策性的五个问题：定息问题；小型工商业者的问题；在公私合营企业恢复和建立企业管理委员会问题；公私共事问题；市场问题。会上，陈叔通作了《全国工商业者继续接受社会主义改造，充分发挥积极作用，为祖国伟大的社会主义建设而奋斗》的报告。荣毅仁代表第一届执委会作了《三年来的工作报告》。会议修改了《工商业联合会章程》。大会选出265名执行委员。12月24日召开的全国工商联二届一次执委会议选举陈叔通为主任委员。

【中央政治局扩大会议】（1956年12月12日） 中央政治局扩大会议于1956年12月12日在北京召开。刘少奇主持会议。朱德、陈云、薄一波、康生、张闻天、陆定一、胡乔木、杨尚昆、吴冷西、王稼祥等出席会议。会议讨论了再论无产阶级专政的历史经验的问题。12月29日《人民日报》又发表编辑部根据中共中央政治局扩大会议的讨论写成的文章《再论无产阶级专政的历史经验》。这篇文章第一次提出了两类社会矛盾的问题，并指出：“人民内部的矛盾可以而且应该从团结的愿望出发，经过批评或斗争获得解决，从而在新的条件下得到新的团结。”

【省、市、自治区党委书记会议】（1957年1月18日至27日） 中共中央于1957年1月18日至27日在北京召开了省、市、自治区党委书记会议。会议主要讨论了思想动向问题、农村问题和经济问题。毛泽东18日和27日两次在会上讲话。主要内容是：（1）批评党内有些干部争名争利，唯利是图；（2）批评“反冒进”，说“前年反右倾，去年‘反冒进’，‘反冒进’的结果又出了右倾”，“主要是在农村社会主义改造问题上的右倾”；（3）关于闹事问题，说好多地方学生闹事，一些教授中出现了“不要共产党”“社会主义不好”等怪议论。毛泽东对形势的分析基本上是符合实际的，但是对某些问题已开始估计得过于严重。陈云在18日的会议上作了《建设规模要和国力相适应》的讲话。1957年1月10日，中共中央成立中央经济工作五人小组，陈云任组长，其成员有：李富春、薄一波、李先念、黄克诚。该小组在中央政治局领导下统一领导国家的经济工作。关于财政经济的问题，陈云讲了1956年财政经济工作的主要情况和经验教训。他认为，制定计划必须切合我国的实际情况，并提出了建设规模必须同国力相适应的重要论点。为了解决当时财政经济方面所存在的问题，陈云提出了三条切实的措施：一是开展增产节约运动；二是适当压缩基本建设的投资额；三是有计划地控制社会购买力增长的速度。这些措施对1957年国民经济的健康发展起了重要作用。1月27日，陈云在会上谈到中央和地方的权力和财力的分配问题时指出：有些企业的管理权要下放，财务权要下放，利润也要下放。地方上要求税收和企业利润收入按比例分成，三年不变。中国一个省等于外国一个国，如果现在这样，地方机动的余地很少，这种情况不能是经常的。中央不可能包揽全国的事情，所以应该有适当的分权，重点不能过分集中。

【全国政协二届三次会议】（1957年3月5日至20日） 全国政协二届三次会议于1957年3月5日至20日在北京举行。3月5日的全体会议由宋庆龄主持，出席委员621名；毛泽东等国家领导人参加了会议；政协各省、自治区和市委员会主席、副主席，常务委员和其他方面人士260多人列席。周恩来作了关于访问亚洲和欧洲十一国的报告，陈叔通作了政协全国委员会常务委员会工作报告和工作报告的附件——政协全国委员会学习委员会关于工商业者短期讲习班工作的总结报告。会议通过了政协第二届全国委员会第三次全体会议的政治决议，通过了关于常务委员会工作报告的决议，通过了关于增产节约问题的决议，通过了关于提案审查的决议。

【全国宣传工作会议】（1957年3月6日至13日） 中共中央于1957年3月6日至13日在北京召开全国宣传工作会议。参加会议的有中央和省（市）两级党的宣传、文教部门的负责同志380余人。此外，还有科学、教育、文学、艺术、新闻出版等部门的党外人士计100余人参加了会议。会上传达和讨论了毛泽东《关于正确处理人民内部矛盾的问题》的讲话。3月12日，毛泽东在会上发表了重要讲话，内容十分丰富，讲了八点：第一点，社会的大变动。第二点，关于我国知识分子的情况。第三点，知识分子的改造问题。第四点，知识分子同工农群众结合的问题。第五点，关于整风。第六点，片面性问题。第七点，“放”还是“收”？这是个方针问题。第八点，各省、市、自治区党委应该把思想问题抓起来。毛泽东的讲话着重谈了知识分子的状况，认为我国500万知识分子中，90%以上都是爱国主义者和拥护社会主义的；对我们社会主义制度的国家抱着敌对情绪的，是极少数，可能是1%到2%，或者更少一点；对知识分子要好好团结他们，知识分子要改造自己的世界观；国家机关工作人员、文学家、艺术家、教员和科学研究人员，都应该尽可能地利用各种机会去接近工人农民。同时，他宣布：中共中央作出决定，准备党内在今年开始整风，主要是批评主观主义、官僚主义、宗派主义。他指出：“百花齐放，百家争鸣”是一个基本性的同时也是一个长期的方针，不是一个暂时性的方针，不能收，只能放。并且提出：我们现在思想战线上的一个重要任务，就是要开展对修正主义的批判。

【第八次全国统战工作会议】（1957年3月21日至4月4日） 第八次全国统战工作会议于1957年3月21日至4月4日在北京召开。出席这次会议的有各省、市、自治区及若干省辖市委统战部长、副部长共55人。中央统战部部长、副部长，各处、室的正副处长、主任出席了会议。这次会议主要议题是学习毛泽东《关于正确处理人民内部矛盾的问题》的报告，联系统战工作的实际，进行讨论。4月4日，李维汉就学习这篇报告的体会，并结合统一战线工作的实际问题作了长篇发言。

【中央政治局扩大会议】（1957年5月8日） 中央政治局扩大会议于1957年5月8日在北京举行。刘少奇主持会议。会议讨论了毛泽东提出的他本人是否担任下届中华人民共和国主席的问题；讨论了陈叔通、黄炎培给全国人大常务委员会副委员长和全国政协委员会主席周恩来的一封信。信的主要内容是不同意毛泽东关于下届全国人大召开时不再提名选举他为国家主席的建议，认为在国家完全巩固之前，最高领导人还是不变动为好。刘少奇在发言中谈到：毛主席还是党的主席，还是国家的领袖。我们希望他健康长寿，但人总归是不能违背生命规律的，总是要见马克思的。我们考虑的，是他在余年做什么事情好。主席讲的是对的，要集中精力研究重大的政治问题和理论问题。这是对中国很有意义的事情。

【民主党派负责人座谈会】（1957年5月8日至6月3日） 中共中央统战部于1957年5月8日至6月3日期间邀请民主党派负责人举行13次座谈会，帮助共产党整风，提意见。5月16日，中共中央发出关于对待当前党外人士批评的指示。指出：党外人士对我们的批评，不管如何尖锐，包括北京大学化学教授傅鹰在内，基本上是诚恳的，正确的。6月3日，李维汉在民主党派负责人座谈会上的讲话中指出：许多朋友提出，今后要进一步加强互相间的监督和帮助。我们应该这样做。对于中共来说，这是一个既定的方针。中共诚恳地欢迎各民主党派和党外人士的监督和帮助。他指出：中共和各民主党派之间是存在着长期共存的政治基础的，这就是社会主义道路和社会主义建设的根本利益。各党派之间，尤其是中共和各民主党派之间，即以中华人民共和国宪法为准则，互相尊重平等、独立的地位，又能以社会主义建设的根本利益为依据，实行互相间的监督和帮助，就一定能够长期共存得好，长期合作得好。

【中央政治局会议】（1957年5月22日至23日） 中央政治局会议于1957年5月22日至23日在北京召开。会议由刘少奇主持。5月22日，会议讨论了关于召开第一届全国人民代表大会第四次会议的问题。刘少奇在发言中谈到开展整风运动和孤立右派的问题。他指出：我们党实行整风，很有必要。现在党外有很多的意见，党内也有意见。相当严重地脱离群众，不整风，我们党就会慢慢地毁掉。党外人士的意见，90%是正确的。有些不正确的意见，不要忙，不要一下子顶回去。现在大家都搞社会主义，社会主义有真有假，包括党内，也是有真有假。国际有修正主义思潮，国内也有这种思潮，党内也有。我们让它放一个时期，然后准备反击。让修正主义攻一下教条主义有好处，但是修正主义不能够克服教条主义，教条主义也不能克服修正主义，必须用马克思主义原理。有许多人用修正主义反对教条主义，所以我们在整风中间要正确地区别。现在党内许多同志受到党外的攻击，这种攻击有好处，使得我们的头脑清醒一点。我们国内各条战线现在都发生重新改组的问题，各个阶级都有左、中、右三派。在斗争没有开展的时候，中派总是跟右派站在一起。因此，我们考虑做中派的工作，要搞政治的“化学工业”，把中派和右派分开，让中派和我们结合，使右派孤立起来，办法是充分暴露右派。23日，刘少奇主持中共中央政治局扩大会议，听取邓小平关于整风运动和反右派斗争的报告。

【一届全国人大四次会议】（1957年6月26日至7月15日） 一届全国人大四次会议于1957年6月26日至7月15日在北京举行。6月26日的第一次全体会议由刘少奇主持，出席代表1064名。大会批准周恩来的政府工作报告；批准1956年国家决算，修正批准1957年国家预算和李先念关于1956年国家决算和1957年国家预算草案的报告；批准1957年度国民经济计划、薄一波关于1956年度国民经济计划的执行结果和1957年度国民经济计划的报告。会议批准彭真所作的关于全国人民代表大会常务委员会的工作报告，批准董必武关于最高人民法院工作的报告，批准张鼎丞关于1956年以来检察工作情况的报告。会议通过的关于第二届全国人民代表大会代表选举问题的决议，决定第二届全国人民代表大会代表的选举，必须在1958年7月15日以前完成，代表的名额仍然为1226人。会议通过了关于成立广西僮族自治区（根据广西僮族自治区人民委员会的请示，国务院于1965年10月12日批准将“僮族”改为“壮族”；“广西僮族自治区”改为“广西壮族自治区”）和宁夏回族自治区的决议。会议决议：今后一切死刑案件，都由最高人民法院判决或者核准。会议还就周恩来关于中缅边界问题的报告通过决议，同意政府继续根据解决中缅边界问题的原则性建议同缅甸联邦政府进行具体协商，以求得中缅边界问题的全面的和公平合理的解决。

【青岛会议】（1957年7月17日至21日） 省、市委书记会议于1957年7月17日至21日在青岛召开（即青岛会议）。毛泽东、刘少奇、周恩来、朱德、邓小平、彭真、陆定一、陈伯达、谭震林、胡乔木、李维汉、徐冰、田家英、李井泉、张仲良、张德生、陶鲁笳、陶铸、周惠、王任重、张平化、马国瑞、潘复生、舒同等出席会议。在第一天的会上，毛泽东谈了以下问题：（1）农村中的阶级路线问题；（2）反右派问题；（3）知识分子问题。会议根据毛泽东的建议，确定整风为四个阶段：大鸣大放阶段；反击右派阶段；着重整改阶段；研究文件，批评反省，提高自己阶段。会上，着重讨论了反右派斗争的问题。会议对如何将反右派斗争进行到底，如何继续开展全党、全国人民的整风运动和社会主义教育运动作了分析和部署。会议印发了毛泽东在会议期间写的《一九五七年夏季的形势》一文。文章正确地提出了整风运动的目标“是想造成一个又有集中又有民主，又有纪律又有自由，又有统一意志、又有个人心情舒畅、生动活泼，那样一种政治局面”，并强调整风运动“总题目是正确地处理人民内部的矛盾和正确地处理敌我矛盾。方法是实事求是，群众路线”。

【八届三中全会（扩大）】（1957年9月20日至10月9日） 八届三中全会（扩大）于1957年9月20日至10月9日在北京中南海怀仁堂召开。参加会议的有中央委员91人，候补中央委员62人。各省、市、自治区党委第一书记，各地委第一书记，直辖市区委书记以及中央各部门党的负责人416人也参加了这次会议。会上，邓小平作了《关于整风运动的报告》和会议的总结发言；陈云作了《关于改进国家行政管理体制问题和关于农业增产问题的报告》；周恩来作了《关于劳动工资和劳保福利问题的报告》；毛泽东在会议结束前作了题为《做革命的促进派》的讲话。这次会议主要讨论了五个问题：一是关于整风和反右派斗争问题，二是关于农业问题，三是关于国家行政管理体制问题，四是关于劳动工资和劳保福利问题，五是关于国内主要矛盾问题。

【第九次全国统战工作会议】（1957年12月2日至16日） 第九次全国统战工作会议于1957年12月2日至16日在北京召开。这次会议主要讨论了中央统战部提出的四个文件，即《关于处理五个方面民主人士中的右派分子的若干原则规定》《关于各民主党派处理右派分子的原则规定》《关于帮助民主党派改组各级领导机构的意见》《关于人民代表大会、政协各级委员会安排民主人士的通知》。会议还研究了第二届全国人民代表大会代表和第三届政协全国委员会委员候选人中的民主人士的安排方案。会议根据整风精神，初步讨论了统一战线的政策方针，检查了半年多来的统一战线工作。会议进行中，听取了周恩来作的《关于目前世界形势和整风任务的报告》；传达了毛泽东邀请各民主党派负责人谈话会上的讲话。12月13日，刘少奇接见了参加会议的部分同志，并就会议中提出的问题作了重要指示。平杰三最后作了总结发言。

【杭州会议】（1958年1月3日至4日） 中共中央于1958年1月3日至4日在浙江省杭州市召开了华东四省一市党委第一书记参加的工作会议。毛泽东主持会议。这次工作会议主要讨论工作方法问题。毛泽东在会上作第一次发言时，提出工业、手工业、农业等12条，反浪费、红与专的关系、除四害、绿化、两类矛盾等17个问题。毛泽东的讲话除关于经济工作中的工作方法问题外，也涉及工作任务、工作方针和指导思想。这些问题，成为毛泽东后来写成的《工作方法六十条（草案）》的基本内容。在他的这次讲话中又一次批评了1956年的反冒进和右倾保守。他说：1956年工业产值增加了31%，没有1956年的突飞猛进，就不能完成第一个五年计划。1月4日，毛泽东在会上作了第二次发言，提出了积极平衡和不断革命的思想。他谈到量变和质变的关系，事物相对固定性与变化的对立统一关系，提出平衡、巩固、一致等等都是相对的，事物、计划的不平衡性、矛盾性才是绝对的。毛泽东在讲话中指出：消费和积累的比例要当作大问题来研究。搞得不好工人农民不满意。在谈到关于两类矛盾和对资产阶级改造问题时指出，一个是敌我矛盾，一个是人民内部矛盾，人民内部矛盾又有两类，一类是阶级斗争性质的，一类是劳动人民内部的；劳动人民内部的矛盾，也有一部分属于阶级斗争性质的。大量的两类矛盾中，阶级斗争是主要的，是过渡时期的主要矛盾。他谈到政治和业务的关系时，指出：红与专、政治与业务是对立的统一，政治与技术不能相脱离；政治是统帅，政治是业务的保证；政治与业务结合，一定要批评不问政治的倾向，同时也要反对空头政治家。他还讲到，要在全国划分几个经济协作区，打掉官气，以及1958年工农业生产的问题。

【南宁会议】（1958年1月11日至22日） 中共中央于1958年1月11日至22日在广西南宁召开了有部分中央领导人和部分中央部委、地方负责人参加的工作会议（通称南宁会议）。毛泽东主持会议。这次会议的主要议题是总结第一个五年计划期间革命和建设的经验，讨论和研究1958年国民经济计划、国家预算和第二个五年计划以及长远规划的有关问题，进一步掀起生产建设"大跃进"的高潮。15日，会议听取了薄一波所作的《关于一九五八年计划汇报提要（草案）》的发言。会议还听取了李先念关于1958年国家预算的报告和王鹤寿关于钢铁生产的指标问题报告。在这次会议上，毛泽东在讲话和插话中，比杭州会议更为严厉地批评了"反冒进"。他说，1955年12月，我写了农村社会主义高潮一书序言，产生了很大影响，这样我就成了冒进的罪魁祸首。毛泽东的严厉批评，造成会议气氛异常紧张，使反过冒进的领导人感到坐卧不安。这次会议，根据毛泽东提出的平衡是相对的，不平衡是绝对的，不断打破旧的平衡，组织新的平衡的"积极平衡论"观点提出的中央和地方都搞两本账的工作方法，提出中央和地方都要有两本账，一本是必成的计划，这一本公布；第二本是期成的计划，不公布。这种方法其结果是造成主观主义的高指标，生产计划层层加码，并且指标随意提高，这是与客观经济规律相违背的。由于这次会议更加严厉地大批"反冒进"，结果使党内急于求成的"左"倾思想迅速发展起来。南宁会议以后的两三个月的时间里，在批判"反冒进"的气氛下，在党内还提出了用三个五年计划的时间赶上英国的口号，以及苦战三年，使部分地区面貌基本改观等急于求成的、不切实际的号召。

【一届全国人大五次会议】（1958年2月1日至11日） 一届全国人大五次会议于1958年2月1日至11日在北京举行。2月1日的第一次全体会议由刘少奇主持，出席代表975名。周恩来于2月10日在会上作了题为《目前国际形势和我国外交政策》的讲话。会议通过了代表资格审查委员会关于补选的代表资格和右派分子章乃器等38人的代表资格问题的审查报告；通过关于罢免全国人民代表大会常务委员会、民族委员会法案委员会和国防委员会中的右派分子黄绍竑等十人的职务的决议。会议通过关于1957年国家预算执行情况和1958年国家预算及1958年度国民经济计划的决议；通过关于全国人民代表大会常务委员会工作报告的决议；通过关于汉语拼音方案的决议；通过关于调整国务院所属组织机构的决定；通过关于中国科学院院长、副院长任免问题的决议。会议通过关于将直辖市天津市改为河北省省辖市的决议。补选程潜为第一届全国人民代表大会常务委员会副委员长。

【成都会议】（1958年3月8日至26日）中共中央于1958年3月8日至26日在四川成都举行了政治局扩大会议。出席会议的有毛泽东、刘少奇、周恩来、陈云、邓小平、罗荣桓、李富春、李先念、陈伯达、薄一波、谭震林、胡乔木、廖鲁言、王鹤寿、彭涛、滕代远、田家英、黄欧东、吴德、欧阳钦、张德生、张仲良、汪锋、王恩茂、林铁、陶鲁笳、乌兰夫、刘仁、黄火青、李井泉、周林、谢富治、柯庆施、王任重、陶铸。毛泽东主持会议。这次会议的中心议题是总结新中国成立八年来的工作，研究了经济建设的有关问题，树立经济建设高速度的思想，确立多、快、好、省地建设社会主义总路线。会议讨论并通过了《关于1958年计划和预算第二本账的意见》《关于发展地方工业问题的意见》《关于把小型的农业合作社适当地合并为大社的意见》《关于农业机械化问题的意见》《关于在发展中央工业和发展地方工业同时并举的方针下有关协作和平衡的几项规定》《关于继续对残存的私营工业、手工业和对小商小贩进行社会主义改造的指示》等37个文件。会议通过的1958年计划和预算第二本账的指标是：要求比1957年工业总产值增长33%，农副业增长16.2%，财政增长20.7%，基本建设投资增长41.5%，钢煤等产品增长30%—35%，粮食增长16.6%，棉花增长24.8%。这些指标已开始严重脱离客观实际。会议期间，中共中央发出了《关于开展反浪费、反保守运动的指示》，要求各级党委抓好“反右倾”运动，认为这是一个生产“大跃进”和文化“大跃进”的运动，只要抓好这个运动，就可以用同样的人力、财力、物力，办出比原计划多百分之几十以至数倍计的事业。

【武汉会议】（1958年4月1日至9日）中共中央于1958年4月1日至9日在武昌召开了工作会议。毛泽东主持会议。这次会议是成都会议的补充。会议依次听取河南省委第一书记吴芝圃、安徽省委第一书记曾希圣、山东省委第一书记舒同、江苏省委第一书记江渭清、湖南省委第一书记周小舟、广西壮族自治区党委第一书记刘建勋、福建省委第一书记叶飞、江西省委第一书记杨尚奎、浙江省委第一书记江华关于本省、区跃进计划的汇报。毛泽东在会上提出，生产要务实，不要搞得不实在。报纸宣传，不要尽是规划，宣传工作要深入、细致、踏实。现在宣传注意了多、快，但对好、省注意不够。大话不须讲。好大喜功需要，但华而不实不好。他提出，整风挂帅，生产是当前的中心工作，带动其他工作。政治是统帅，用政治带动业务。对科学家要破除迷信，号召各省搞民歌，大、中、小学生要写，军队也要写。他还分析了我国阶级状况和政治形势，进一步阐述了他在成都会议上提出的我国存在着两个剥削阶级、两个劳动阶级的观点，认为第一个剥削阶级是帝国主义、封建主义、官僚资本主义、国民党残余，地、富、反、坏及右派；第二个剥削阶级是民族资产阶级和它的知识分子。同时还提出对两个剥削阶级的方针，是团结后一个，孤立并打倒前一个，即团结中间，孤立右派。两个劳动阶级是工人和农民。这不仅错误地把知识分子划为剥削阶级，而且从理论上提出了生产资料私有制的社会主义改造完成以后，剥削阶级依然存在的错误论点。

【教育工作会议】（1958年4月15日至24日、6月10日至28日） 中央教育工作会议于1958年4月15日至24日、6月10日至28日分两个阶段在北京召开。参加会议的有全国各省、市、自治区党委负责教育工作的书记、文教部长，以及武汉、南京、成都、西安、沈阳、重庆6市市委主管教育工作的书记，中国人民大学校长等100多人。会议讨论了教育方针，批判了教育部门的教条主义、右倾保守思想和教育脱离生产劳动、脱离实际，并在一定程度上忽视政治、忽视党的领导的错误。会议传达了刘少奇6月8日、20日关于教育工作的指示。会议讨论的结论，经过8月中央北戴河会议研究同意，形成了《关于教育工作的指示》。《指示》规定：“党的教育工作方针，是教育为无产阶级的政治服务，教育与生产劳动相结合。”并强调教育是改造旧社会和建设新社会的“强有力的工具之一”，“为消灭一切剥削阶级和一切剥削制度的残余服务，为建设消灭城市与乡村的差别和消灭脑力劳动与体力劳动的差别的共产主义社会服务”。《指示》还规定：“在一切学校中，必须把生产劳动列为正式课程”，“今后的方向，是学校办工厂和农场，工厂和农业合作社办学校”。

【中央领导人及部分部委负责人会议】（1958年4月27日至28日） 中共中央领导人及部分部委负责人会议于1958年4月27日至28日在广州召开。出席会议的有：毛泽东、刘少奇、周恩来、陈云、邓小平、彭德怀、李富春、宋任穷、赵尔陆、王鹤寿、滕代远、张霖之、刘澜波、余秋里、刘景范、李葆华、吕正操、李锐。28日出席会议的增加了陶铸、陈伯达、康生、杨尚昆。毛泽东主持会议。会议讨论工业问题。毛泽东在会上讲话的主要内容是：(1) 两个部提出15年赶美国，有无可能？能不能超过？我们暂时不提超美国，要苏联提，我们只提超英国，口号超英不变，超美国是第二本账，是内部问题。(2) 各部的资金、措施问题。总的投资有无问题？设备有无问题？措施要适应15年，每年抓4次。党代会，各部的报告写出来，要虚实并顾，谈一些方针、政策、路线。即使一年能完成的，也应该说二三年好。绿化、除四害，不可能一年完成。(3) 现在都从正面来讲15年赶美国，从反面来看，这样调动6亿人民的积极性，究竟对不对？要提出想反面，不要只想好的一面。反面问题要分析一下，设想可能发生的灾难，如发生战争，社会主义阵营不巩固。

【八届四中全会】（1958年5月3日） 八届四中全会于1958年5月3日在北京中南海怀仁堂举行。到会人员除中央委员、候补中央委员外，各省、市、自治区党委第一书记也列席了会议。毛泽东没有出席这次会议。八届四中全会讨论了党的八大二次会议的议程、代表团的组成和大会主席团的组成。讨论了《中央委员会向八大二次会议的工作报告（修正稿）》和《八大二次会议关于在莫斯科举行的各国共产党、工人党代表大会的决议（草案修正稿）》等文件。

【中国共产党第八届全国代表大会第二次会议】（1958年5月5日至23日） 中国共产党第八届全国代表大会第二次会议于1958年5月5日至23日在北京中南海怀仁堂召开。出席大会的有正式代表977人，列席代表389人（其中有各省、市、自治区选派的部分县委书记、大城市区委书记、省辖市委书记、企业党委或基层党委书记、军队负责干部）。刘少奇代表中央向大会作《中国共产党中央委员会向第八届全国代表大会第二次会议的工作报告》，邓小平作《关于各国共产党和工人党的莫斯科会议的报告》，谭震林作《关于1956年到1967年全国农业发展纲要（第二次修正案）的说明》。代表们对上述三个报告进行了充分而热烈的讨论。毛泽东在会议期间先后作了五次讲话。

23日的全体大会通过了《关于中央委员会工作报告的决议》《关于各国共产党和工人党莫斯科会议的决议》和《关于1956年到1967年全国农业发展纲要的决议》。大会增选了25位中央委员会候补委员：王任重、张仲良、陶鲁笳、彭涛、刘建勋、赵毅敏、孔原、唐亮、刘子厚、张苏、杨易辰、汪锋、周小舟、方毅、王尚荣、刘震、张平化、张劲夫、韩先楚、李颉伯、廖志高、赵伯平、孙志远、张爱萍、姚依林。大会决议的主要内容：一是对我国主要矛盾作了新的分析，正式改变了八大一次会议关于国内主要矛盾问题的正确提法。二是正式制定了党的建设社会主义的总路线，并规定了这条总路线的基本点。三是提出了改进党的作风、加强党的建设，以及改进管理体制和改进国家工作的任务。

八大二次会议，在党的工作重点转移到经济建设上来作出了一些相应的正确的决定。但会议对我国阶级斗争形势和国内主要矛盾等重大问题作了错误的分析，轻率地改变了八大一次会议关于我国阶级斗争形势和国内主要矛盾的正确结论，给阶级斗争扩大化的错误提供了理论依据。这样既干扰了党的工作重点的转移，又使党在阶级斗争方面"左"的错误愈来愈严重起来。这次会后，全国各条战线就迅速掀起了"大跃进"的高潮，严重影响了社会主义建设事业的健康发展。这次大会前和会议期间，连续不断地批评和指责1956年"反冒进"的正确主张，使党的民主集中制和中央集体领导受到损害，党内"左"倾急躁思想随之滋长起来。

【八届五中全会】（1958年5月25日） 八届五中全会于1958年5月25日在北京中南海怀仁堂举行。这次会议增选林彪为中央委员会副主席、政治局常务委员；增选了柯庆施、李井泉、谭震林为政治局委员；增选了李富春、李先念为中央书记处书记。同时将杨献珍、王恩茂由中央委员会候补委员依次递补为中央委员会委员。这次会议还决定中央主办一个“革命的、批判的、理论和实践相结合的杂志”，定名为《红旗》，每半月出版一次，由陈伯达担任总编辑。会议要求全党积极支持这个杂志，要求各级党委经常供给稿件。会议决定，除了在中央成立一个编辑部以外，上海局和各省、市、自治区党委都应成立一个编辑小组，负责征集、初步审定和修改稿件。

【中央政治局扩大会议】（1958年5月26日至30日） 中央政治局扩大会议于1958年5月26日至30日在北京中南海怀仁堂召开。出席会议的有中央政治局和书记处的成员、各省市区党委第一书记和中央有关部委的负责人。毛泽东主持会议。会议讨论经济协作区和工业企业下放问题。5月26日，毛泽东致信政治局、书记处各同志，省、市、自治区党委第一书记，参加这次政治局扩大会议的其他同志。信中让大家重看1957年11月13日《人民日报》社论（即《发动全民，讨论四十条纲要，掀起农业生产的新高潮》的社论。社论指出，1956年公布全国农业发展纲要草案以后，曾经鼓舞起广大农民的生产热情，造成全国农业生产高潮，但是，有些人却把这种跃进看成了“冒进”，他们害了右倾保守的毛病，像蜗牛一样爬行得很慢，不了解在农业合作化以后，我们有条件也有必要在生产战线上来一个大跃进。社论号召批判右倾保守思想，在生产建设上“来一个大跃进”）。5月30日，刘少奇在会议上作了《我国应有两种教育制度、两种劳动制度》的讲话。周恩来作了对《中共中央关于企业、事业单位和技术力量下放的规定（初步方案）》的说明。会议基本通过《中共中央关于加强协作区工作的决定》。关于协作区的决定指出：全国划分为七个协作区，每个协作区都成立协作区委员会，作为各个协作区的领导机构。各协作区分列如下：（1）辽宁、吉林、黑龙江为东北协作区，以欧阳钦为主任委员。（2）北京、河北、内蒙古自治区、山西为华北协作区，以林铁为主任委员。（3）上海、江苏、浙江、安徽、江西、福建、山东为华东协作区，以柯庆施为主任委员。（4）广东、广西壮族自治区为华南协作区，以陶铸为主任委员。（5）湖南、湖北、河南为华中协作区，以王任重为主任委员。（6）四川、云南、贵州、西藏地区为西南协作区，以李井泉为主任委员。（7）陕西、甘肃、青海、新疆维吾尔自治区、宁夏回族自治区为西北协作区，以张德生为主任委员。

【中央军委扩大会议】（1958年5月27日至7月22日） 中央军委扩大会议于1958年5月27日至7月22日在北京召开。会前在5月24日召开了小型会议。27日中央军委扩大会议正式开幕，继续举行小型会议。从6月7日起转成大会。参加大会的有中央军委委员、军队系统中的中央委员和候补中央委员，各军区、各军兵种的负责人及一些军、师的负责人共计1400多人。会议的内容一是整风，二是整编。要解决人民军队的三个问题：一是建军原则，二是建军方针，三是战略方针问题。方法是“大鸣、大放、大字报、大辩论”。6月21日、23日、29日，毛泽东在会上讲了话。7月19日大会通过了《中共中央军事委员会扩大会议决议》。这次军委扩大会议，由原来从思想方法和工作方法上纠正缺点的努力，变成了反对教条主义的“两条军事路线斗争”。毛泽东提出了“打倒奴隶主义、埋葬教条主义”。会议以“四大”（“大鸣、大放、大字报、大辩论”）的方式进行了所谓揭发批判。7月10日，刘伯承带病由人扶上中南海怀仁堂讲台，作了检查发言。萧克、李达和刘伯承一样受到不公正的对待，叶剑英也受到牵连。经过这场斗争，组织上也作了变动。刘伯承被免掉高等军事学院院长兼政治委员的职务。叶剑英被解除了主管全军军事训练和院校的领导工作，调任军事科学院院长（曾兼任过一段时间的高等军事学院院长和第一书记）。粟裕被免掉总参谋长职务，调任军事科学院副院长。萧克、李达被免掉国防部副部长职务，训练总监部撤销，所任职务也自行免除，萧克调出军队，任国家农垦部副部长，李达也被调出军队，任国家体育运动委员会副主任。还有一些干部因这件事受牵连，被处分或处理。1980年，邓小平指出：1958年“那次反教条主义是错误的”。1986年10月7日，胡耀邦代表中共中央宣布了邓小平的话，并说：“这也是党中央一致的意见。”被错误批判的人也均得彻底平反。

【中央政治局常委会议】（1958年6月9日） 中央政治局常委会议于1958年6月9日在北京中南海游泳池毛泽东住处召开。毛泽东主持会议。会议讨论了周恩来、彭德怀两同志的工作问题（彭德怀提出不担任国防部部长的工作，周恩来提出继续担任国务院总理是否适当），会议认为他们应该继续担任现任的工作，没有必要加以改变。

【第十次全国统战工作会议】（1958年6月15日至7月22日） 第十次全国统战工作会议于1958年6月15日至7月22日在北京召开，参加会议的有：中央、国家机关统战部负责人或主管统战工作的负责同志，省、市、自治区、地（市）、部分县以及相当于这些级别的一些大专院校、大型工矿企业党委主管统战工作的同志。到会人数达1009人。会议分两个阶段进行：第一个阶段开了半个月的预备会议；第二个阶段即中央、省、地、县四级统战干部会。会议讨论了徐冰作的《关于资产阶级分子、资产阶级知识分子和民主党派的根本改造问题》的报告、《改造资产阶级分子的工作纲要（草案）》《改造民主党派的工作纲要（草案）》，还讨论了《中央统战部关于改造方法的试行方案（初稿）》及平杰三关于这一方案的说明。还有352人在大会上作口头或书面发言。7月11日，邓小平到会就国际国内形势作了报告，并对统战工作作了指示。7月16日，彭真到会作了长篇讲话。同日，毛泽东和中共中央政治局的同志在中南海接见了全体与会人员并合影留念。会议结束前，李维汉就改造、团结、学习三方面的问题，向与会代表作了两个半天的报告。

【中央政治局会议】（1958年6月20日） 中央政治局于1958年6月20日召开会议，刘少奇主持会议。听取陆定一、康生关于“二五”期间学校教育问题的汇报。刘少奇在发言中指出：教育工作成绩是主要的，缺点是严重的，一个时期内有方针性错误，劳动教育在1954年就提出来了，但没有很好进行。教育工作中事务主义也很严重，对思想、方针不关心。这是最重要的缺点。政治教育很重要，对思想改造要重视。对学生要讲阶级观点、群众观点、集体观点、劳动观点，高中以上要多讲一些唯物观点、辩证观点。教育同劳动结合的道路，现在还没有走出来，还要想很多办法。学校分两类：一类是全日制学校，一类是半工半读学校。第一类学校是国家办的，质量要求高，这只能吸收一部分人，因此势必要有第二类学校。两类学校都算正规学校。全日制学校要增加一点劳动，目的是使学生得到思想锻炼、体力锻炼和学习技术。21日，刘少奇致信劳动部部长马文瑞，建议在新建的工厂中试办半工半读。指出：“实行这种劳动制度和学校制度的工厂，就使工厂和学校完全合而为一了。工厂管理机关不只是要管理工厂生产，而且要管理学校教育。国家只在工厂附近加建一些教室和集体宿舍，增加些专业教员，所费不多，却可以多办中等技术学校和大学。”针对当时劳动力紧张的问题，提议“把妇女的家务劳动以及其他为生活服务的事业集体化”，把城中闲散的全劳动力和大批的半劳动力在自愿的基础上组织起来，以便从社会上解放极大的一批劳动力来进行生产，并使青年们能够腾出时间进行学习。

【中央政治局常委会议】（1958年7月21日至22日） 中央政治局常务委员会于1958年7月21日晚9时召开会议。10时，毛泽东、刘少奇、周恩来、朱德、陈云、邓小平、陈毅、彭德怀一起接见苏联驻华大使尤金和大使馆临时代办安东诺夫等，商谈苏联关于同中国建立一支共同潜艇舰队的建议。参加接见的还有外交部副部长王稼祥。次日，继续商谈，参加者增加了林彪。8月1日至3日，毛泽东等和来华访问的苏共中央第一书记赫鲁晓夫会谈。参加会谈的除中共中央政治局全部常委外，还有彭德怀、彭真、陈毅、王稼祥、黄克诚、胡乔木、杨尚昆。苏方参加会谈的还有国防部长马利诺夫斯基、海军部长库兹涅佐夫及波诺马廖夫、安东诺夫和费德林。在会谈讨论了国际形势和中苏关系后，中共中央拒绝了不久以前苏共提出的关于建立长波电台和联合舰队的建议。

【北戴河会议】（1958年8月17日至30日） 中央政治局于1958年8月17日至30日举行扩大会议。因为这次会议是在北戴河召开的，所以通称北戴河会议。参加会议的有中央政治局成员和各省、市、自治区党委第一书记以及政府各有关部门党组的负责人。

会议通过了《中共中央政治局扩大会议号召全党全民生产1070万吨钢而奋斗》的公报和《中共中央关于在农村建立人民公社问题的决议》。同时还通过了关于计划和体制方面的八个文件，农业方面的九个文件，财贸方面的十个文件，教育方面的一个文件，其他方面的九个文件。其中有《关于1959年计划和第二个五年计划问题的决定》《中共中央关于今冬明春在农村中普遍展开社会主义和共产主义教育运动的指示》《中共中央关于深耕和改良土壤的指示》《中共中央关于肥料问题的指示》《中共中央关于继续展开除四害运动的决定》等。

【文艺创作座谈会】（1958年9月13日至20日）　中央宣传部于1958年9月13日至20日召开文艺创作座谈会。会议指出：创作和批评都必须发动群众，依靠全党全民办文艺。与会者表示要像生产1070万吨钢铁一样，在文学、电影、戏剧、音乐、美术、理论研究方面都争取“大跃进”，放“卫星”。

【全国工业书记会议】（1958年10月4日至11月14日）　中共中央于1958年10月4日至11月14日在北京召开全国工业书记会议。会议认为两个月以来“以钢为纲”的全民办工业的群众运动成绩很大，收获很多。巨大成就不仅表现在经济上，更重要的还表现在它伟大的政治意义上，找到了“以钢为纲”的工业战线上大搞群众运动的道路。会议要求1958年冬和1959年春要广泛发动群众，把“以钢为纲”的群众运动引向更高阶段，要调整、解决已经暴露出来的问题，对“小土群”进行调整、巩固、提高工作。为迎接1959年工业生产更大的跃进而奋斗。

【第一次郑州会议】（1958年11月2日至10日）　中共中央于1958年11月2日至10日在郑州召开了有部分中央领导人、大区负责人和部分省、市委第一书记参加的工作会议，即第一次郑州会议。这次会议是在毛泽东倡导下召开的。毛泽东在会上领读了斯大林著的《苏联社会主义经济问题》一书，并作了多次讲话。毛泽东讲话的主要内容是：（1）明确提出要划清社会主义与共产主义、集体所有制与全民所有制两个界限。（2）批驳了在现阶段就废除商品生产、价值规律、商品交换，实行商品调拨的错误主张。这次会议还针对当时全民大办钢铁、大兴水利、深翻耕地等连续苦战需要休整的实际情况，规定了要实行劳逸结合，既抓生产又抓生活的方针。

【民革第四届全国代表大会】（1958年11月12日至12月2日）　民革第四届全国代表大会于1958年11月12日至12月2日在北京举行。出席大会的有中央委员、中央候补委员和各地组织代表300多人。其他民主党派的代表也出席了大会开幕式。会上宣读了何香凝的题为《纪念孙中山先生诞辰，为完成祖国统一而努力》的书面发言，李济深代表第三届中央委员会作了工作报告。程潜作关于修改《中国国民党革命委员会章程》的说明。大会于12月2日通过决议，选举产生了由132名委员和43名候补委员组成的第四届中央委员会。12月4日召开的民革四届一中全会选举李济深为主席。1960年8月召开的民革四届二中全会选举何香凝为主席。

【民盟第三次全国代表大会】（1958年11月12日至12月4日） 民盟第三次全国代表大会于1958年11月12日至12月4日在北京举行。出席会议的代表298人。沈钧儒致开幕词并代表民盟二届中央委员会作工作报告。大会通过了《中国民主同盟关于社会主义改造规划》，选举产生了由152名委员和38名候补委员组成的第三届中央委员会。12月5日召开的民盟三届一中全会选举沈钧儒为主席。

【武昌会议】（1958年11月21日至27日） 中央政治局扩大会议（即武昌会议）于1958年11月21日至27日在武昌召开。参加会议的有部分中央领导同志和各省、市、自治区党委第一书记。会议主要讨论人民公社问题、郑州会议起草的两个文件和1959年国民经济计划草案，并着重讨论了高指标和浮夸风问题。会议首先传达了第一次郑州会议精神，然后毛泽东在一些重要问题上讲了话。毛泽东于11月21日上午在会上讲了八个问题：过渡到共产主义的问题，十五年规划问题，这次会议的任务，划线问题，消灭阶级问题，商品经济问题，减少任务问题，人民公社整顿问题。23日中午在大会上讲了七个问题：写文章问题，想压一压省市委的同志，指标问题，作假问题，破除迷信，破除资产阶级法权问题，苏联先进入共产主义问题。这次会议沿着郑州会议的思路，继续批评急于过渡的倾向以及工业生产上的高指标和浮夸风。

【九三学社第二届全国社员代表大会】（1958年11月28日至12月3日） 九三学社第二届全国社员代表大会于1958年11月28日至12月3日在北京举行。周培源代表九三学社第四届中央委员会作了社务报告。大会通过了《九三学社改造规划》，选出由91名委员和4名候补委员组成的九三学社第五届中央委员会。涂长望致闭幕词。12月5日召开的九三学社五届一中全会选举许德珩为主席。

【八届六中全会】（1958年11月28日至12月10日） 八届六中全会于1958年11月28日至12月10日在武昌召开。参加会议的有中央委员84人，候补中央委员82人。不是中央委员和候补中央委员的中央有关部门的负责同志和省、市、自治区党委第一书记列席了会议。会议的主要议题是：讨论关于人民公社问题；讨论1959年国民经济计划；毛泽东提出关于他不作下届国家主席候选人的建议；讨论国际形势。会上，邓小平作了《关于人民公社若干问题的决议的说明》，李富春作了《关于1959年国民经济计划安排的说明》。毛泽东在会上作了重要讲话。全会通过了《关于人民公社若干问题的决议》《关于改进农村财政贸易管理体制的决议》《关于1959年国民经济计划的决议》和《同意毛泽东同志提出的关于他不作下届中华人民共和国主席候选人的建议的决定》。

【民进第三次全国代表大会】（1958年12月1日至9日） 民进第三次全国代表大会于1958年12月1日至9日在北京举行。出席大会的共313人，其中正式代表235人。11月16日至30日召开了预备会议。12月1日至9日为正式会议。周建人致开幕词。王绍鏊代表民进四届中央委员会作工作报告。车向忱作《中国民主促进会组织改造规划》。大会选举产生由76名委员、29名候补委员组成的民进第五届中央委员会。10日召开的民进五届一中全会选举马叙伦为主席。

【农工党第七次全国代表大会】（1958年12月8日至10日）　农工党第七次全国代表大会于1958年12月8日至10日在北京举行。出席会议的代表205人，列席21人。季方代表农工党六届中央委员会作了工作报告。何世琨作了《中国农工民主党社会主义改造规划（草案）》的报告；王深林作了《中国农工民主党章程（试行草案）》的说明。大会选举产生了由委员48人、候补委员17人组成的农工党第七届中央委员会。12月11日召开的农工党七届一中全会选举季方为主席。

【中央政治局常委和各协作区主任会议】（1958年12月12日）　中央政治局常委和各协作区主任会议于1958年12月12日在武昌东湖宾馆召开。毛泽东、彭真、罗荣桓、陈毅、彭德怀、谭震林、陆定一、陈伯达、王稼祥、胡乔木出席会议。毛泽东主持会议。会议主要讨论国际国内形势问题。

【第十一次全国统战工作会议】（1958年12月18日至1959年1月7日）　第十一次全国统战工作会议于1958年12月18日至1959年1月7日在北京召开。出席和列席这次会议的有各省、自治区、直辖市党委（工委）统战部长或副部长，民委主任或副主任（党员），主管民族、宗教工作的局、处长（党员）及自治州与自治区内的地委书记（州委书记）或统战部长，自治县县委书记以及中央各有关单位的人员共466人。会上听取了党的八届六中全会精神的传达，学习了《关于人民公社若干问题的决议》，听取和讨论了汪锋《关于少数民族整风情况和今后党在民族问题方面的任务》的报告、《全国民族工作规划大纲（草案）》和张执一《关于汉族地区宗教问题》的发言。会议在进行过程中先后有22人作了大会发言，8人作了大会书面发言。在一些人的发言中，反映出在民族、宗教工作中存在着一些“左”的思想及一些错误的观点。会议将结束时，汪锋、张执一分别作了总结性发言，最后徐冰对当时的阶级斗争形势和1959年工作安排的问题讲了话。这次会议围绕着民族和宗教问题上的一些“左”的思想给了明确的回答。

【全国农村工作部长会议】（1959年1月13日至26日）　全国农村工作部长会议于1959年1月13日至26日在北京召开。参加会议的有各省、市、自治区党委的农村工作部的负责人，以及个别人民公社的社主任。会议的中心议题是讨论贯彻八届六中全会关于人民公社若干问题的决议，分析公社化以来的农村形势，以及如何适应1959年形势的需要，加强和改进农村人民公社的经营管理问题。会议进行过程中，谭震林、邓子恢、陈正人等对农村工作作了重要讲话。会议认为：正在全面展开的整社运动，还须继续贯彻抓思想、抓生产和抓生活相结合的原则，但当前更重要的是抓好生产。会议认为：提高人民公社的经营管理水平是1959年更大跃进的一个重要保证，人民公社应在国家统一计划指导下实行比农业社更高的计划管理。当前实行定额管理制度和贯彻生产责任制尤为必需。过去农业社曾经行之有效的分层包干责任制，以及五定到田、责任到队到人、检查验收等制度，应当继续广泛推行，并在实践中逐步加以充实和提高，使之更加完善。全会要求各地进一步贯彻执行关于人民公社若干问题的决议，以社会主义和共产主义教育为纲，充分发动群众，运用大鸣、大放、大辩论和大字报，把整社工作搞好。

【中央政治局常委扩大会议】（1959年1月24日） 中央政治局常委扩大会议于1959年1月24日在北京召开。毛泽东主持会议。会议磋商苏共中央来信谈到的赫鲁晓夫将在苏共二十一次大会上提出取消社会主义阵营以苏联为首和国际共产主义运动以苏共为中心的提法问题。同日，周恩来率中共代表团出席苏共第二十一次代表大会。中共代表团在同苏共苏斯洛夫等会谈中说：中共中央认为在现在条件下取消以苏联为首和以苏共为中心的提法不妥当，我们不赞成，莫斯科宣言是正确的，应当继续坚持。社会主义阵营要有一个头，以苏联为首，这是自觉的，莫斯科会议也写进去了，这个武器不能取消，否则就等于把刀子交给敌人，让他们搞我们。苏联领导人苏斯洛夫说，他们提出这个问题，是因为考虑到这个提法已不能充分反映客观的事态，因而害多利少，表示将向苏共中央反映中共中央的意见。25日，中共代表团与苏共中央赫鲁晓夫等会谈。苏方参加的有米高扬、苏斯洛夫、基里钦科、安德罗波夫等。赫鲁晓夫说明，考虑中共中央的意见，已对报告中“为首”部分作了修改，词句有些改变，但“为首”的问题不提了，“为首”会给资本主义国家的党造成困难，改变这个提法是必要的。改变有助于社会主义阵营所有国家以及世界各国的共产党团结群众同敌人斗争。

【省、市、自治区党委书记会议】（1959年1月26日至2月2日） 省、市、自治区党委书记会议于1959年1月26日至2月2日在北京中南海颐年堂召开。毛泽东主持会议。这次会议主要讨论了1959年国民经济计划和工业、农业、商业、交通运输、轻工业、人民公社等方面的问题。会上，邓小平、李富春、刘少奇作了报告。在大会讨论中毛泽东作了多次发言。经过会议的讨论和修改最后形成的《关于一九五九年国民经济发展计划几个重要问题的说明》，其主要内容如下：（1）如何保证钢产量跃进到2000万吨的问题。指出：“党的六中全会决定今年的钢产量达到二千万吨，是必须力争完成和超额完成的。从需要方面说，有二千万吨钢和相应的钢材，才能适应一九五八年已经展开的社会主义建设大跃进的局势，既可以保证今年国民经济的全面跃进，又可以为一九六〇年新的跃进打下基础。只要全党努力，依靠群众，并且把工作安排得当，千方百计地消除薄弱环节，今年生产二千万吨钢的任务是可以完成的。”（2）对某些生产和建设指标进行调整的问题。经过这次省、市、自治区书记会议讨论，对生产、建设指标又作了必要的修改。（3）保证计划实现的问题。会议认为：“一九五九年以二千万吨钢为纲的工业发展计划，只要全党全民继续鼓足干劲，集中力量，经过努力，是能够实现。最根本的保证是因为我们既有一条能够调动一切积极因素的社会主义建设总路线，又有一九五八年大跃进的物质基础和在这个跃进中所取得的丰富经验。”

【第二次郑州会议】（1959年2月27日至3月5日） 1959年2月27日至3月5日，中央政治局扩大会议（即第二次郑州会议）在郑州召开。先后出席会议的有中央领导人20人，各省、市、自治区党委第一书记27人。毛泽东主持会议。会议的中心议题是解决人民公社所有制问题和纠正“一平二调”的“共产风”问题，以及继续压低1959年经济指标问题。毛泽东在会上就所有制、劳动力分配、消费资料的分配和干部下放当社员等问题作了五次讲话。根据毛泽东讲话的思想，会议确定了整顿和建设人民公社、遏制“共产风”的基本政策：统一领导，队为基础；分级管理，权力下放；三级核算，各计盈亏；分配计划，由社决定；适当积累，合理调剂；物资劳动，等价交换；按劳分配，承认差别。会议还制定了《关于人民公社管理体制的若干规定（草案）》，明确规定生产队（或管理区）的所有制目前还是公社的主要基础，是人民公社的基本核算单位；取消一县一社的体制。这些规定中，最重要的是队为基础、等价交换、按劳分配。这是会议纠正“左”倾错误的重要成果，是对原先设想的“一大二公”的大公社在一定程度上的否定。

【中央政治局会议】（1959年3月17日） 中央政治局会议于1959年3月17日在北京召开。刘少奇主持会议。会议讨论西藏叛乱问题。3月10日，西藏地方政府和上层反动集团发动以拉萨为中心的武装叛乱。在湖北的毛泽东于12日、15日分别致电、致信中共中央。毛泽东指出：拉萨上层反动集团可能认为我们示弱、胆怯、无能。建议在西藏军事上采取守势，政治上采取攻势，目的是分化上层，教育下层。并请中央考虑对达赖可能出走在政治上取何种态度和需要采取的措施。3月17日，达赖喇嘛逃离拉萨前往印度。19日夜，西藏叛乱集团向人民解放军驻拉萨部队发动全面武装进攻。20日上午，人民解放军西藏军区部队奉命平定叛乱。22日，拉萨的叛乱被彻底平定。

【中央政治局常委扩大会议】（1959年3月25日） 中央政治局常委扩大会议于1959年3月25日在上海召开。毛泽东、刘少奇、周恩来、陈云、林彪、邓小平、彭真、李富春、彭德怀、李先念、柯庆施、李井泉、陈伯达、薄一波、陶铸、林铁、欧阳钦、杨尚昆、胡乔木、吴冷西出席会议。毛泽东主持会议。会议研究西藏上层反动集团叛乱、政治局扩大会议的议程以及国家机构领导人的人选问题（即国家主席、副主席、总理、副总理，各部部长的人选）。新华社3月28日讯公布了中华人民共和国国务院解散西藏地方政府的命令、新华社关于西藏叛乱事件的公报、中国人民解放军西藏军区布告。

【上海会议】（1959年3月25日至4月1日） 中央政治局扩大会议于1959年3月25日至4月1日在上海召开。会议的主要议题是工业问题、人民公社问题、国家机构领导人的人选问题。关于工业问题，毛泽东说，这次会议是工业问题为主；四天研究工业问题，“再不搞工业不得了”。薄一波作了关于第一季度工业计划执行情况和第二季度安排的发言。李先念作了关于当前财贸工作的情况和意见的发言。关于人民公社问题，毛泽东在会上谈了人民公社的12个问题；会议检查了八届六中全会以来人民公社的整顿工作，讨论了公社整顿中提出来的若干问题，形成了《关于人民公社的十八个问题》的会议纪要，对人民公社管理体制问题作了若干原则规定。纪要指出，“基本队有制、部分社有制的情况不能很快改变”，人民公社应“一般是以相当于原来高级农业生产合作社的单位作为基本核算单位”，同时，又要有“生产小队的部分所有制”，生产小队是包产单位，向生产队实行包产、包工、包成本和超产奖励的办法。第一次规定生产小队也应有部分所有制和一定的管理权限。会议纪要改变了第二次郑州会议关于纠正“共产风”时，对过去的旧账一般不算的意见。会议纪要指出，“对人民公社建立以来的各种账目作一次认真的清理，结清旧账，建立新账”，“原则上过去的旧账都要结算，有些不易算清或者无法处理的，算一算也有好处，对群众有个交待”。会议纪要重申人民公社计算劳动报酬的原则是“按劳分配，多劳多得”。会议纪要规定供给制必须坚持下去。

【八届七中全会】（1959年4月2日至5日） 八届七中全会于1959年4月2日至5日在上海举行。出席会议的有中央委员81人，候补中央委员80人。不是中央委员和候补中央委员的中央各部门负责人和各省、市、自治区党委第一书记列席了会议。毛泽东主持会议。会议通过了《一九五九年国民经济计划草案》《关于人民公社的十八个问题》和《关于国家机构和人事配备的方案》。会议讨论通过了1959年国民经济计划草案。草案对主要指标作了适当调整，钢产量从原来的2000万吨确定为1800万吨，其中好钢1650万吨；原煤从原来的4亿吨确定为3.8亿吨；基本建设限额以上项目由原来的1500个缩减为1000个左右，基本建设投资由360亿元减为260亿到280亿元。粮棉仍维持原来的高指标，其他农产品指标略有一些降低。会议决定将调整后的计划草案提交二届人大一次会议审定公布。这个计划虽然作了较大幅度的调整，但仍然规定了比1958年还高的增长速度，显然是严重脱离实际的。会议检查了人民公社的整顿工作，同意3月下旬在上海召开的中央政治局扩大会议作出的《关于人民公社的十八个问题》的会议纪要。毛泽东在会议上作了工作方法问题的讲话，共讲了16个问题。全会还讨论并决定了准备向第二届人大一次会议提出的国家机构领导人员候选人的提名方案。

【中国人民政治协商会议第三届全国委员会第一次会议】（1959年4月17日至29日） 中国人民政治协商会议第三届全国委员会第一次会议于1959年4月17日至29日在北京召开。周恩来主持开幕式并宣布会议开幕，本届委员1071人，出席开幕会的911人。李维汉作《中国人民政治协商会议第二届全国委员会常务委员会工作报告》。会议期间，委员们列席了第二届全国人民代表大会第一次会议，听取了周恩来的《政府工作报告》，李富春《关于一九五九年国民经济计划草案的报告》和李先念《关于一九五八年国家决算和一九五九年国家预算草案的报告》。会议讨论通过了政治决议、关于常务委员会工作报告的决议和关于提案审查的决议。会议推举毛泽东为政协第三届全国委员会名誉主席，选举周恩来为政协第三届全国委员会主席，彭真、李济深、郭沫若、沈钧儒、黄炎培、李维汉、李四光、陈叔通、陈嘉庚、包尔汉、陈毅、康生、帕巴拉•格列朗杰、阿沛•阿旺晋美14人为副主席。选举常务委员143人。在大会讨论中，有338人作了发言或联合发言。

【第二届全国人民代表大会第一次会议】（1959年4月18日至28日） 第二届全国人民代表大会第一次会议于1959年4月18日至28日在北京举行。4月18日的开幕式由毛泽东主持，出席会议的代表1138人。27日，会议选举刘少奇为中华人民共和国主席，宋庆龄、董必武为副主席，朱德为全国人民代表大会常务委员会委员长，林伯渠、李济深、罗荣桓、沈钧儒、郭沫若、黄炎培、彭真、李维汉、陈叔通、达赖喇嘛•丹增嘉措、赛福鼎•艾则孜、程潜、班禅额尔德尼•确吉坚赞、何香凝、刘伯承、林枫为副委员长，彭真兼秘书长。谢觉哉为最高人民法院院长，张鼎丞为最高人民检察院检察长。大会任命周恩来连任中华人民共和国国务院总理。28日，根据周恩来的提名，任命陈云、林彪、彭德怀、邓小平、邓子恢、贺龙、陈毅、乌兰夫、李富春、李先念、聂荣臻、薄一波、谭震林、陆定一、罗瑞卿、习仲勋为副总理；根据刘少奇的提名，任命彭德怀、林彪、刘伯承、贺龙、陈毅、邓小平、罗荣桓、徐向前、聂荣臻、叶剑英、程潜、张治中、傅作义、卫立煌为国防委员会副主席。会议批准了周恩来作的《政府工作报告》，李富春作的《关于一九五九年度国民经济计划草案的报告》，李先念作的《关于一九五八年度决算和一九五九年度国家预算草案的报告》，彭真作的《全国人民代表大会常务委员会工作报告》。会议还作出了《关于西藏问题的决议》。通过了关于撤销司法部、监察部的决议，原司法部主管的工作由最高人民法院管理。通过了第二届全国人民代表大会民族委员会和法案委员会的主任委员、委员人选。会议听取了提案审查委员会关于提案的审查报告后，通过了提案审查意见。

【省、市财贸书记粮食工作会议】（1959年4月21日至5月3日） 中共中央于1959年4月21日至5月3日在安徽省合肥市召开了有河北、山西、黑龙江、陕西、甘肃、山东、江苏、上海等16个省、市财贸书记参加的粮食工作会议。各省、市粮食厅长列席了会议。会议着重研究了改变农村粮食管理体制问题。过去，除了国家的征购粮食以外，留在农村的粮食基本上都是由承包单位（当时称生产小队）管理，有些则分到社员家里。会议认为，这种管理制度，不符合兴办公共食堂、实行生活集体化的要求，不利于加强基本队有制和逐步向公社所有制过渡，因而提出将留在农村的粮食全部由基本核算单位统一保存和管理，任何动支必须经过基本核算单位批准。5月3日，李先念在会议上讲了粮食问题，首先谈了夏季粮食和油菜籽的征购指标问题，另外还谈到粮食工作方面的几个问题。

【协作区主任会议】（1959年6月29日） 协作区主任会议于1959年6月29日在武昌“江峡”轮上召开。毛泽东、刘少奇、周恩来、林伯渠、柯庆施、李井泉、王任重、欧阳钦、林铁、张德生、田家英出席。毛泽东主持会议。毛泽东在会上讲话，提出庐山会议准备讨论的14个问题。这14个问题是：（1）读书。高级干部读《政治经济学》，给县、社干部另编《好人好事》《坏人坏事》和《党的政策》三本。（2）形势。好转没有？何时好转？（3）今年的工作任务。（4）明年的工作任务。（5）四年的任务（五年计划的框子）。（6）当前宣传问题。（7）食堂问题。（8）综合平衡。（9）工业和农副业中的群众路线。（10）国际形势。（11）生产队的半核算单位问题。（12）基层党组织领导作用问题。（13）粮食三定政策。（14）如何过日子？

【部分中央领导人和各协作区主任会议】（1959年7月2日） 部分中央领导人和各协作区主任会议于1959年7月2日在庐山召开。毛泽东、刘少奇、周恩来、朱德、李富春、彭德怀、李先念、谭震林、柯庆施、李井泉、陶铸、王任重、欧阳钦、林铁、张德生、杨尚昆出席会议。毛泽东主持会议。会议研究庐山中央政治局扩大会议要讨论的问题和会议开法。关于讨论的问题，毛泽东除在6月29日提出的14个问题外，又增加了4个问题，共18个问题。增加的4个问题是：农村初级市场的恢复问题；体制问题，即收回财权、人权、工权、商权，由中央和省市两级控制，反对无政府主义；协作关系问题；加强工业管理和提高商品质量问题。

【庐山会议】（1959年7月2日至8月1日、8月2日至16日） 中央政治局扩大会议于1959年7月2日至8月1日在江西庐山召开（此次会议与8月2日至16日召开的八届八中全会统称为庐山会议）。中央政治局委员和各省、市、自治区党委第一书记，中央、国家机关一些部门的负责同志参加了政治局扩大会议。毛泽东主持会议。会议的原定议题是总结经验教训，调整指标，继续纠正“左”倾错误。会议开始时，毛泽东提出读书、形势、任务、综合平衡、群众路线等19个问题要大家讨论。他在讲话中，对国内形势概括了三句话："成绩伟大，问题不少，前途光明。"一部分同志也认为纠"左"已经差不多了，对实际工作中的缺点错误的批评是泼冷水，是右倾。但许多同志在发言中批评了"共产风"、高指标、国民经济比例失调和不按客观经济规律办事的错误，要求从实际出发认真总结1958年的经验教训。彭德怀于7月14日给毛泽东写了一封信。信中首先肯定1958年"大跃进"的成绩，经济增长的速度是各国从未有过的，多快好省的总路线是正确的；然后着重指出了存在的问题，认为"大跃进"造成的突出矛盾，是由于比例失调引起各方面的紧张。7月16日，毛泽东将彭德怀的信加上了"彭德怀同志的意见书"的标题，批示印发与会同志讨论。讨论中，有些同志对信提出质疑或表示反对，但黄克诚、张闻天、周小舟等不少同志表示赞同信中的观点。23日，毛泽东在大会上讲话，错误地批判了彭德怀的信，指责"意见书"表现了"资产阶级的动摇性"，是右倾机会主义的反党纲领。从此，会议方向从反"左"转为反右，对彭德怀、黄克诚、张闻天、周小舟等的所谓"右倾机会主义""反党集团"问题进行揭发批判。7月31日至8月1日，召开了中央政治局常委会，清算彭德怀的历史旧账。

八届八中全会于8月2日至16日在庐山召开。中央委员75人，候补中央委员74人出席会议。中央有关部门和各省、市、自治区党委的其他工作同志14人列席了会议。会议继续揭发批判所谓"彭、黄、张、周右倾反党集团"，指责彭德怀的"意见书"是"右倾机会主义分子向党进攻，妄图篡党夺权的纲领"，并毫无根据地宣称彭、黄、张、周结成了"军事俱乐部"性质的反党集团，并牵连历史问题一起批判。会议检查了1959年国民经济计划的执行情况，决定调整降低1959年的经济计划指标。全会通过了《关于以彭德怀同志为首的反党集团的错误的决议》《为保卫党的总路线、反对右倾机会主义而斗争的决议》《关于撤销黄克诚同志中央书记处书记的决定》《关于开展增产节约运动的决议》。

【中央军委扩大会议】（1959年8月18日至9月12日）　中共中央于1959年8月18日至9月12日在北京召开军委扩大会议。出席会议的有全军选派的师以上党员干部1061人，另有508名有关人员列席了会议。会议的主要内容是揭发批判彭德怀、黄克诚的所谓"反党罪行"和"资产阶级军事路线"。会上，毛泽东、刘少奇、周恩来、李富春等作了报告。会议还追查了彭德怀的所谓里通外国问题，清算了彭德怀、黄克诚的所谓历史旧账。9月12日，彭德怀违心地作了书面检讨。同日，大会通过《中共中央军事委员会扩大会议决议》，给彭德怀戴上"单纯军事观点"和"资产阶级军事路线"的帽子。这次会议贯彻和发展了庐山会议对彭德怀等所谓"反党罪行""资产阶级军事路线"的批判，给后来党内、军内造成了极为不良的影响。

【省、市委文教书记会议】（1959年11月9日至28日）　中央文教小组于1959年11月9日至28日在北京召开省、市委文教书记会议。会议主要讨论教育事业的长远发展规划，理论工作和文教系统的“反右倾”运动等问题。会议提出，在第二个五年计划期间，要力争完成扫盲任务，并普及小学教育。第三个五年计划期间，力争普及初级中学。第四个五年计划时，高等学校要发展到约占全国劳动力的1%的（200万人左右）在校学生。大力发展业余高等教育。高级中学发展到毕业生为高等学校招生数的3倍（约360万至400万人）。大办业余的中等专业学校，预计在第三至第四个五年计划内，使不能升入高中学习的初中毕业生都可入业余中等专业学校学习。在1962年前，力争每个协作区都形成一个比较完整的教育体系。要发展师范教育，解决好师资培训问题，明确师范教育是教育工作的“先行官”。会议认为，在教育事业的发展上要抓两头：一头是办好重点学校，另一头是抓好普及教育。11月19日，周恩来出席会议，并在会上作了国际国内形势的报告。

【中央政治局扩大会议】（1959年11月30日至12月4日） 中央政治局扩大会议于1959年11月30日至12月4日在杭州召开。毛泽东、刘少奇、周恩来、邓小平、彭真、李富春、李先念、陆定一、薄一波、罗瑞卿、胡乔木、廖鲁言、安志文、柯庆施、李井泉、陶铸、王任重、林铁、张仲良、王世泰、欧阳钦、江华等出席会议，林彪、陈毅、贺龙、陈伯达、康生、王稼祥、谭政出席了12月4日的会议。毛泽东主持会议。这次会议主要讨论中苏关系、中印关系等国际形势和1960年国民经济计划问题。会议之后，周恩来致信尼赫鲁，提出和平解决中印边界争端的首要步骤，建议两国总理在12月26日举行会谈。说明中国政府本着和解和走向全线撤军的愿望，准备同意首先在有争议的朗久、巴里加斯等所有边境地点双方不派驻武装人员，欢迎印方关于双方停止边境巡逻的建议，希望这项建议适用于全部边境。

【全国文化工作会议】（1959年12月8日至1960年1月4日） 中央宣传部于1959年12月8日至1960年1月4日在北京召开全国文化工作会议。会议主题是文化工作“反右倾”、鼓干劲、争取更大的跃进。会议认为修正主义、资产阶级思想影响仍是文学艺术上的主要危险，其主要表现是以人性论反对阶级论，以人道主义反对革命斗争；并强调所谓19世纪欧洲资产阶级文学艺术在当前的消极作用。会议提出，必须开展一个彻底批判资产阶级文学艺术的运动，批判修正主义，批判19世纪欧洲文学。会议点名批判巴人（王任权）对人性的看法，李何林的“写真实”，郭小川的《望星空》，海默的《洞箫横吹》，还有《布谷鸟又叫了》《西望长安》《英雄虎胆》等，会上把这些作品错误地斥为修正主义。

【中央政治局扩大会议】（1960年1月7日至17日） 中央政治局扩大会议于1960年1月7日至17日在上海文化俱乐部召开。出席会议的有中央政治局委员，省、市、自治区党委第一书记和中央有关部门的负责人。毛泽东主持会议。会议听取李富春关于1960年国民经济计划和今后三年、八年设想的报告，林彪关于国防问题的报告，聂荣臻关于科学规划的报告，陆定一关于教育工作的报告。会议讨论了经济形势问题。会议错误地估计了“反右倾”以后的所谓大好经济形势，认为所谓困难无非是女人的头发夹子少了一点，肥皂少了一点，是小插曲。1月9日，毛泽东在会上说，经过“反右倾”以后，现在的情况是国内形势极好。基于对形势这样的估计，会议决定1960年继续“跃进”。会议讨论并正式批准了国家计委《关于1960年国民经济计划的报告》，提出了三年实现赶上英国的设想，讨论了今后三年和八年的设想。会后，各省响应党中央的号召，在“大跃进”“反右倾”的形势下，纷纷大办县、社工业，大办水利、大办养猪场等，使“共产风”重新严重泛滥起来。

【民建第二次全国代表大会】（1960年2月19日至21日） 民建第二次全国代表大会于1960年2月19日至21日在北京举行。此次会议是与工商联三大同时举行的。出席会议的有民建、工商联各级组织负责同志和工商界骨干分子共1800多人。其中民建代表459人，代表135个地方组织的23900多名成员。从1959年12月16日至1960年2月18日，首先召开了60多天的预备会议。2月19日至21日举行正式会议。黄炎培致开幕词。陈叔通作了《全国工商业者，坚决响应中共八届八中全会的伟大号召，在总路线的光辉照耀下，提高自觉，鼓足干劲，更好地投入增产节约运动，更好地进行政治思想改造，为祖国的社会主义建设作出更多的贡献》的报告。盛丕华代表民建一届中央委员会作了会务报告。大会通过了《中国民主建国会章程》。大会选举产生由169名委员组成的民建第二届中央委员会。民建二届一中全会选举黄炎培为主任委员。

【全国工商联第三届会员代表大会】（1960年2月19日至21日） 全国工商联第三届会员代表大会于1960年2月19日至21日在北京举行。此次会议是与民建第二次全国代表大会同时举行的。出席会议的有民建、工商联各级组织负责同志和工商界骨干分子共1800多人。从1959年12月16日至1960年2月18日，首先召开了60多天的预备会议。2月19日至21日举行正式会议。在正式会议的开幕式上，包尔汉、蔡廷锴、高崇民、许之桢、史良和杨静仁分别向大会致词。大会期间，刘少奇、朱德、陈毅、李先念、谭震林和李维汉等接见了全体与会代表。刘少奇和全国工商联、民建中央的领导人进行了座谈。李维汉在主席团扩大会议上作了《坚决靠拢共产党、努力自我改造，一心一意为社会主义服务》的讲话。根据预备会议的讨论，形成了大会文件《全国工商业者，坚决响应党的八届八中全会的伟大号召，在总路线的光辉照耀下，提高自觉，鼓足干劲，更好地投入增产节约运动，更好地进行政治思想改造，为祖国的社会主义建设作出更多的贡献》。大会根据工商界实际，提出了“听毛主席的话、跟共产党走、走社会主义道路”（简称“听、跟、走”）的口号。大会选出了294名执行委员。2月22日召开的全国工商联三届一次执委会议选举陈叔通为主任委员。

【省、市委文教书记会议】（1960年3月7日至12日、5月16日至21日） 中央文教小组于1960年3月7日至12日、5月6日至21日在北京召开省、市文教书记会议。会议讨论了教学革命的方针、原则和文教部门大办生产企业、开展学术批判、学生参加生产劳动等问题的具体政策。会议强调，当前思想战线的斗争锋芒必须对准现代修正主义，在哲学、社会科学、文艺各方面进一步开展彻底革命，要以毛泽东思想为武器，大破大立，建立起我国自己的一套社会科学和自然科学体系。中共中央宣传部部长陆定一在会上提出，要在哲学、社会科学和文艺方面批判修正主义，挖十八九世纪资产阶级学术思想的"老祖坟"，并在教育战线进行教育革命。会议之后，各省、市在高等学校、文艺界、教育界、学术界开展了以反现代修正主义为中心的学术批判运动，主要批判"人道主义""人性论""和平主义""学术自由"等观点。

【天津会议】（1960年3月24日至25日） 天津会议于1960年3月24日至25日在停靠天津的专列上召开。出席会议的有：毛泽东、刘少奇、周恩来、邓小平、彭真、李富春、李先念、陈伯达、薄一波、王鹤寿、彭涛、张霖之、吕正操、赵尔陆、胡绳、吴冷西、乌兰夫、林铁、陶鲁笳、刘仁、万晓塘、欧阳钦、黄火青、吴德、王任重、吴芝圃、张仲良。会上，毛泽东提出了要讨论的1960年国民经济建设、城市人民公社、农村人民公社、公共食堂、工农业生产、教育、增产节约与综合利用、国际形势和国内社会的主要矛盾等17个问题。25日，邓小平在会上的讲话中还谈了关于正确地宣传毛泽东思想的问题。

【全国政协三届二次会议】（1960年3月29日至4月11日） 全国政协三届二次会议于1960年3月29日至4月11日在北京举行。3月29日的开幕式由周恩来主持，出席委员851名。陈叔通受常务委员会委托，在会上作了政协第三届全国委员会第一次会议以来常务委员会的工作报告。会议通过了中国人民政治协商会议第三届全国委员会第二次会议的决议、中国人民政治协商会议第三届全国委员会第二次会议关于提案审查的决议。会议补选何香凝为全国委员会副主席。周恩来在闭幕之前讲了话。

【二届全国人大二次会议】（1960年3月30日至4月10日） 二届全国人大二次会议于1960年3月30日至4月10日在北京举行。3月30日的第一次全体会议由朱德主持，出席代表1063名。大会通过了关于1960年国民经济计划、1959年国家决算和1960年国家预算的决议，批准了李富春、李先念向大会作的报告；通过了关于为提前实现全国农业发展纲要而奋斗的决议，决议批准了谭震林向大会作的报告；大会通过决议，批准了全国人民代表大会常务委员会的工作报告；张友渔作了关于提案的审查报告，大会通过了提案审查意见。

【中央政治局扩大会议】（1960年6月8日至18日） 中央政治局扩大会议于1960年6月8日至18日在上海文化俱乐部召开。毛泽东、刘少奇、周恩来、朱德、陈云、林彪、邓小平、柯庆施、李井泉、乌兰夫、欧阳钦、陶铸、王任重、张仲良、杨尚昆出席会议。毛泽东主持会议。会议主要讨论第二个五年计划后三年（1960年到1962年）的补充计划，并讨论国际形势。会议讨论对苏共中央6月2日和7日两次来信的复信。会议决定由彭真、康生、王稼祥等组成中国共产党代表团，出席罗马尼亚工人党6月20日至25日举行的第三次代表大会和12个社会主义国家共产党、工人党代表团举行的会晤。6月18日，毛泽东写了《十年总结》一文，强调了实事求是的原则。毛泽东在会议上重新倡导实事求是的思想路线，对于全党冷静客观的认识形势，对于调整安排“二五”计划后三年的补充计划，是有重要意义的。

【北戴河会议】（1960年7月5日至8月10日）　中央政治局常委扩大会议（即北戴河会议）于1960年7月5日至8月10日在北戴河中直俱乐部第一会议室召开。出席会议的有毛泽东、刘少奇、朱德、陈云、邓小平、董必武、彭真、李富春、贺龙、李先念、柯庆施、李井泉、谭震林、乌兰夫、陆定一、陈伯达、康生、薄一波、王稼祥、谭政、杨尚昆、陶铸、曾希圣、张德生、欧阳钦、吴芝圃、黄火青、张仲良、刘子厚。毛泽东主持会议。会议讨论通过了《中央关于全党动手，大办农业、大办粮食的指示》和《中央关于开展以保粮、保钢为中心的增产节约运动的指示》两个文件，并批准李富春、薄一波提出的《1960年第三季度工业交通生产中的主要措施》。会议确定压缩基本建设战线，保证钢铁等工业的生产；认真清理劳动力，加强农业第一线，保证农业生产等措施；并决定以后国民经济计划不再搞两本账，只搞一本账，不搞计划外的东西，不留缺口。会上还通过了《关于向党员干部介绍布加勒斯特会议情况和中苏关系问题的通知》。针对苏联的行动，毛泽东在会上讲话指出，1917年到1945年，苏联是自力更生，一个国家建设社会主义，这是列宁主义的道路，我们也要走这条道路。他提出，农村以生产队为基本核算单位的三级所有制，至少五年不变，死死规定下来。这次会议还初步讨论了要对国民经济实行调整的方针。

【中央军委扩大会议】（1960年9月14日至10月24日）　中央军委扩大会议于1960年9月14日至10月24日在北京举行。根据林彪的提议，会议以加强政治思想工作为中心议题，并讨论了部队组编以及装备规划等问题。会议作出了《关于加强军队政治思想工作的决议》。《决议》塞进了林彪的“四个第一”以及所谓“政治思想工作方向偏”等话。林彪还把会议的矛头引向总政治部主任谭政等人，罗织罪名，进行了30余天的所谓“揭发批判”。会议还作出了《中共中央军事委员会扩大会议关于谭政同志错误的决议》。说这次会议是“反对彭、黄资产阶级军事路线斗争的继续”，指责谭政对军队政治工作方向发生“严重偏差”，“应负主要责任”。会后，又在总政治部内制造了一个所谓“谭政反党宗派集团”，错误地撤销了谭政的总政治部主任职务，错误地处分了总政治部的一些同志。1979年3月，中共中央、中央军委批准总政治部《关于为“谭政反党宗派集团”冤案彻底平反的决定》。因谭政的所谓“问题”受到迫害、株连的同志，也都得到了平反和恢复名誉。

【中央工作会议】（1960年12月24日至1961年1月13日） 中央工作会议于1960年12月24日至1961年1月13日在北京召开。毛泽东等中共领导同志和中央有关部门的负责人出席了会议。会议讨论了1961年国民经济计划，着重分析了当时的农村形势，总结了各地整风整社试点的经验，研究了进一步开展农村整风整社运动和贯彻执行中共中央《关于农村人民公社当前政策问题的紧急指示信》的问题，作出了《关于农村整风整社和若干政策问题的讨论纪要》。会议纪要指出，在整风整社中，要彻底检查和纠正“共产风”、浮夸风、强迫命令风、生产瞎指挥生产风、干部特殊化作风；要彻底反对贪污、浪费、官僚主义；要彻底清算“一平二调”，坚决退赔。退了东西，赔了钱，还必须向群众作检讨。在整风整社中，一定要充分发扬民主，解除干部和群众的顾虑，尽力使他们敢于说出心里话。1月13日，毛泽东在会上作了重要讲话。他批评“一平二调”“共产风”是“人祸”；要求大家勇于承认错误，有多少错误就说多少，有“左”反“左”，有右反右，有什么反什么。他还提出大兴调查研究之风，1961年要成为实事求是年。

【八届九中全会】（1961年1月14日至18日） 八届九中全会于1961年1月14日至18日在北京召开。出席会议的有中央委员83人，候补中央委员87人，另有中央有关部门和省、市、自治区党委的负责同志23人列席了会议。会议着重讨论了1961年国民经济计划、贯彻1960年11月3日中共中央发出的《关于农村人民公社当前政策问题的紧急指示信》（即“十二条”）和农村整风整社等问题。全会听取了李富春作的《关于1960年国民经济计划执行情况和1961年国民经济计划主要指标的报告》。全会讨论并通过了李富春的报告。全会的主要内容是：(1) 国民经济问题。全会根据我国当时经济工作中出现的比例关系严重失调和严重不平衡问题，决定从1961年起，对整个国民经济实行“调整、巩固、充实、提高”的方针。这个方针以调整为重点，适当调整国民经济各部门的比例关系和发展速度。全会要求在编制国民经济计划工作中，要按农、轻、重的次序安排经济。(2) 市场商品供应问题。全会指出，由于农业欠收和轻工业原料不足而形成的市场商品供应的暂时困难，是一个急需解决的重要问题。全会要求各有关部门迅速采取措施，帮助轻工业、城乡手工业、家庭副业和郊区农业的发展，增加各种日用品和副食品的生产；同时改进商业工作，活跃农村市场，以便逐步改善商品供应状况。(3) 农村问题。全会通过了在1960年12月24日至1961年1月13日中共中央工作会议上产生的《关于农村整风整社和若干政策问题的讨论纪要》。纪要肯定了贯彻紧急指示信后，农村的形势开始好转，并决定在农村深入贯彻“十二条”，继续进行整风整社。会议还听取和讨论了邓小平《关于1960年11月在莫斯科举行的各国共产党和工人党代表会议的报告》，并通过了《中国共产党第八届中央委员会第九次会议关于各国共产党和工人党代表会议的决议》。会议批准了1960年9月中央政治局关于成立东北、华北、华东、中南、西南、西北六个中央局的决定。八届九中全会正式通过了“调整、巩固、充实、提高”的八字方针。它对于后来大规模的经济调整工作起了巨大指导作用。“八字方针”贯彻执行的结果，使我国社会主义经济建设克服了严重困难，取得了新的进展。

【中央政治局常委扩大会议】（1961年3月14日） 中央政治局常委扩大会议于1961年3月14日在广州召开。毛泽东主持会议。会议讨论修改《农村人民公社工作条例（草案）》等问题及中央工作会议的议程问题。周恩来在会上谈了粮食、经济作物和对外贸易等问题。刘少奇在发言中指出：群众提出他们对多产多购少吃很有意见。他们要求，如果他们丰产了，多产了，可以多购，但他们也要多吃；如果少产了，那就少产少购少吃。我们对多产的，应该有所奖励，国家应采取这个政策。按劳分配，不但要表现在工资问题上，而且要表现在实物上，就是说多产的要能多吃一点，多用一点。增加收入的问题，不但贫队要增加收入，富队也要增加收入，这样他们才满意。我们不是提出，要让90%以上的人增加收入吗？如果让富队不增加收入，那就达不到90%以上的人增加收入。

【广州中央工作会议】（1961年3月15日至23日） 广州中央工作会议于1961年3月15日至23日在广州小岛招待所召开。毛泽东主持会议，各中共中央局书记，各省、市、自治区党委书记参加会议。此次会议前，毛泽东于1961年3月10日至13日在广州小岛招待所主持召开有中共中央华东局、中南局、西南局及所属各省、市、自治区负责人参加的工作会议（即三南会议），刘少奇、周恩来、陈云、邓小平于3月11日至13日在北京主持召开有中共中央华北局、东北局、西北局及所属各省、市、自治区负责人参加的工作会议（即三北会议），两个会议主要讨论人民公社体制和工作条例问题。后来，北京方面向毛泽东建议，两边合起来开会，得到毛泽东同意。14日，参加三北会议的同志到达广州。从3月15日起，这两个会议合并为中央工作会议，在广州小岛招待所召开，继续进行《农村人民公社工作条例（草案）》（简称“农业六十条”）的制订工作。这次会议讨论通过了《农村人民公社工作条例（草案）》《中共中央关于讨论〈农村人民公社工作条例（草案）〉给全党同志的信》和《中共中央关于认真进行调查工作问题给各中央局，各省、市、自治区党委的一封信》。这次会议是公社化以来中央同志第一次坐下来一起讨论和解决农业问题。

【中央工作会议】（1961年5月21日至6月12日） 中央工作会议于1961年5月21日至6月12日在北京召开。会议分三个阶段：第一阶段，毛泽东提出了四个题目让大家讨论，即退赔、调查研究、群众路线、平反与处分问题。会议开了五天。第二阶段，讨论中共中央几个文件的初稿，即“农业六十条”的修改稿；中共中央关于人民公社六十条的指示；关于退赔问题的规定；关于山林问题的规定；关于商业问题的规定；关于手工业问题的规定；关于粮食问题的指示等。会议进行了十余天。第三阶段，围绕粮食问题，开了两个半天的大会。周恩来、陈云、李先念分别就粮食问题、精减问题、商业问题等讲了话。会议最后通过了《农村人民公社工作条例修正草案》。修正后的草案比原草案做了如下重要的改动：(1)关于耕畜、工具的所有制问题，将原来规定的大队所有改为由大队、生产队和社员所有，并由群众民主讨论决定；可以归大队所有，也可以归生产队所有；也可以有些归大队所有，有些归生产队所有。(2)增加了山林问题的规定，允许把国有和公社所有的山林，划归生产大队所有，大队可以把小片的零星的山林分别给生产队和社员所有。(3)建立分段或季节包工责任制，将原规定只建立田间管理责任制，修改为建立生产责任制，扩大了包工责任制的范围。(4)在分配制度方面，将原草案中保留三成的供给制全部取消，改为不论男女老少，不论干部社员，一律同工同酬。(5)公共食堂办与不办，完全由社员讨论决定，并规定社员的口粮都应分配到户，由社员自己支配。(6)对公社各级干部应具有的工作态度、作风和方法，综合为“党政干部三大纪律、八项注意”。会议还讨论了商业和手工业问题，制定了《关于改进商业工作的若干规定(试行草案)》(即“商业四十条”)、《关于城乡手工业若干政策问题的规定(试行草案)》(即“手工业三十五条”)。会议还讨论制定了《关于减少城镇人口和压缩城镇粮食销量的九条办法》。会议确定今后在不脱产干部和社员群众之间，不许再开展“反右倾”或者“左”倾的斗争，禁止给他们戴政治帽子。

【庐山中央工作会议】(1961年8月23日至9月16日) 中共中央于1961年8月23日至9月16日在庐山召开工作会议(即庐山中央工作会议)。毛泽东主持会议。会议着重讨论工业、粮食、财贸及教育等问题。周恩来、陈云、邓小平、李富春、李先念等在会上作了报告，毛泽东讲了话。会议期间还印发了中央农村工作部编印的《各地贯彻执行六十条的情况和问题》，介绍农村形势有了较大的好转，生产有了起色；还介绍了在灾情严重、生产破坏严重的地方，出现了“包产到户”“按劳分田”等情况。会议讨论并通过了《关于当前工业问题的指示》《国营工业企业工作条例(草案)》(简称“工业七十条”)、《中华人民共和国教育部直属高等学校暂行工作条例(草案)》(简称“高教六十条”)、《关于轮训干部的决定》。

【中央工作会议】(1961年12月20日至1962年1月10日) 中共中央于1961年12月20日至1962年1月10日在北京召开了工作会议。这次会议讨论了国际国内形势、1962年度国民经济计划及长远计划、党的工作等问题，为召开扩大的中央工作会议做准备。21日，刘少奇在讲话中指出：这个时期的缺点和错误，责任是谁的？第一，中央负责；第二，省市负责；第三，省市以下也有责任。各有各的账，大家来检查一下，回到实事求是的马克思主义的方针上来。不说老实话，或者虚假浮夸，故意多报，故意少报，这种事情作为党的纪律也要定下，以前的就算了，以后如果再搞这种事情，要开除党籍，或者至少要受纪律处分。28日，周恩来在大会上作当前形势和1962年八项工作的报告。报告提出1962年的八项工作是：（1）放下架子，不管生产、基建、事业、企业，都要精兵简政；（2）坚决减人；（3）争取农业增产；（4）保证木、煤、钢、矿、运这五件工业上最迫切的事；（5）清理物资；（6）保证市场；（7）贯彻各种政策、条例（包括农业、工业、学校、商业等各种具体的规章制度）；（8）建立新秩序（“四条组织原则”“八条办事方针”“三八作风”等）。

【七千人大会】（1962年1月11日至2月7日）　扩大的中央工作会议于1962年1月11日至2月7日在北京举行。参加会议的有中央各部门、各中央局、各省市自治区党委以及地委、县委、重要工矿企业和部队的负责干部，共7000多人，故称七千人大会。这次大会的主要目的，是总结经验，统一认识，加强党内的民主集中制，以便进一步纠正“大跃进”以来工作中的错误，切实贯彻调整国民经济的方针。大会由毛泽东主持，刘少奇代表中共中央作了书面报告和讲话，周恩来、邓小平作了重要讲话，林彪也在会上讲了话。这次会议分为两个阶段。第一阶段，从1月11日到29日，主要讨论、修改刘少奇代表中共中央所作的书面报告（第一稿）。这个“书面报告”未经中央政治局讨论，直接发给到会同志进行讨论和提意见，然后集中大家的意见写出第二稿。27日，向全体与会同志发出了第二稿，同时刘少奇作了补充说明。讲话号召全党和各级领导干部发扬党的实事求是的优良作风，调查研究，充分发扬党内民主和人民民主，从实际出发来拟定政策、拟定计划、拟定措施。第二阶段，从29日到2月7日会议闭幕。主要是发扬民主，“开出气会”，开展批评和自我批评。毛泽东在29日的大会上，号召发扬民主。30日，毛泽东在会上作了自我批评，并承担了责任，说“凡是中央犯的错误，直接的归我负责，间接的我也有份，因为我是中央主席”。而林彪则说：“过去的工作搞得好的时候，正是毛泽东思想不受干扰的时候。凡是毛主席的思想不受尊重，受干扰时，就会出毛病。”2月6日，邓小平就党的工作问题讲了话。同时，代表中央书记处，对几年来工作中的缺点错误，作了自我批评，也承担了责任。2月7日下午，周恩来在全体会上讲话，详细分析了当时的经济形势，说明了国内经济的严重情况，提出了克服这些困难的主要办法。同时，从国务院工作的角度作了自我批评，对几年来的问题承担了责任。周恩来讲话后，会议正式闭幕。会后，由刘少奇主持对书面报告作了修改补充，完成了第三稿，作为正式文件下发到省（后又收回）。

【西楼会议】（1962年2月21日至23日） 中央政治局常委扩大会议于1962年2月21日至23日在北京中南海西楼举行，即西楼会议。会议由刘少奇主持，参加会议的除中央常委外，还有各中央局、各省、市、自治区党委第一书记，中央各部和国务院各部委党组的主要成员。毛泽东因在外地，未出席这次会议。会议的中心是讨论1962年的国家财政预算和整个经济形势等问题。会上，陈云作了《目前财政经济情况和克服困难的若干办法》的报告。与会同志认为陈云的报告，把困难讲够了，心里踏实了，办法找到了，信心增加了。刘少奇赞同陈云的讲话，并建议召开一次国务院会议，由陈云充分讲一讲，让参加国务院会议的全体成员都了解我们的经济情况，了解我们的方针。会后，刘少奇、周恩来、邓小平专程到武汉向毛泽东汇报了会议内容，得到了毛泽东的同意，并商定成立中央财经小组，由陈云任组长，李富春为副组长。

【全国科学工作会议】（1962年2月16日至3月12日） 全国科学工作会议于1962年2月16日至3月12日在广州召开。会议由聂荣臻主持，与会同志提出知识分子的阶级属性等种种问题。聂荣臻、陶铸认为这些问题严重阻碍着党的知识分子政策的进一步贯彻落实和知识分子作用的进一步发挥，便向周恩来作了汇报。3月2日，周恩来向出席全国科学工作会议和全国话剧、歌剧、儿童剧创作座谈会等会议的同志作了《论知识分子问题》的报告。报告从理论和历史上论述了我国知识分子的阶级属性问题。周恩来说，在帝国主义统治下的半殖民地和殖民地国家的知识分子，不同于帝国主义国家的知识分子，有很大特殊性。这部分知识分子中的大多数常常"站在民族立场上，反对外国殖民者和本国的卖国贼、民族叛徒以及帝国主义直接或间接豢养的走狗，成为革命的、爱国的知识分子"。"中国现代知识分子，是属于这种特定范围的社会阶层"。"十二年来，我国的大多数知识分子已有了根本的转变和极大的进步"，我国的绝大多数知识分子是属于劳动人民的知识分子。周恩来强调在社会主义建设中要发挥科学和科学家的作用，指出破除迷信不是破除科学，而要同尊重科学相结合。3月6日，陈毅受周恩来的嘱托，在全国科学工作会议上作了为知识分子"脱帽加冕"的讲话，即脱掉资产阶级知识分子的帽子，加上劳动人民知识分子之冕。会上，文化部部长沈雁冰、副部长齐燕铭，以及田汉、阳翰笙、老舍、曹禺等讲了话和发了言。周恩来和陈毅的讲话，坚持了党对知识分子问题的马克思主义观点，从根本上恢复和继承了1956年1月知识分子问题会议对知识分子的估计，对改善党和知识分子的关系，充分调动广大知识分子的积极性产生了重要作用。

【中央政治局常委扩大会议】（1962年3月12日至13日） 中央政治局常委扩大会议于1962年3月12日至13日在北京召开。刘少奇主持会议。会议讨论和通过陈云等2月26日在国务院各部委党组成员会议上所作的《关于目前财政经济情况和克服困难的若干办法》报告的批语，以及中央关于节约的紧急指示、中央关于渡荒的指示等文件。陈云《关于目前财政经济情况和克服困难的若干办法》指出：目前我们在财政经济方面是存在着困难的。陈云在讲话中，讲到克服困难的有利条件：（1）社会主义建设总路线在实践中已经逐步地丰富起来。（2）粮食、家禽、猪的产量在回升，这是肯定无疑的。（3）几年来扩大了工业、交通的生产能力，其中许多部分，将会在经济恢复中起作用。（4）人民在克服困难、恢复经济中，是同我们党合作的。（5）党的各级领导干部取得了正、反两方面的经验。陈云还在讲话中提出了克服困难的若干办法。在13日的会议上，刘少奇提议由陈云担任中央财经小组组长，得到与会者的赞同。会后，刘少奇同周恩来、邓小平到武汉，向毛泽东汇报12日、13日中共中央政治局常委扩大会议通过批转陈云等讲话的决定，以及由陈云担任中央财经小组组长的建议等问题，毛泽东表示同意。中央批转陈云等讲话的文件于18日发出，宣布陈云任中央财经小组组长的通知于4月19日发出。中共中央正式决定：中央财经小组由陈云为组长，李富春、李先念为副组长，周恩来、谭震林、薄一波、罗瑞卿、程子华、谷牧、姚依林、薛暮桥等为组员。

【全国政协三届三次会议】（1962年3月23日至4月18日）　全国政协三届三次会议于1962年3月23日至4月18日在北京举行。3月23日的开幕式由周恩来主持，出席委员888名；应邀列席的共803人。陈叔通在会上作了政协全国委员会常务委员会的工作报告。会议举行小组会和全体会议，讨论陈叔通的报告和周恩来总理的政府工作报告，共有223位委员和列席的各界人士在全体会议上发言。委员们在讨论中，对国内外形势，过去的工作和今后的方针任务，有阐述，有发挥，有表扬，有批评，有建议，各抒己见，畅所欲言。会议收到提案468件。会议通过了中国人民政治协商会议第三届全国委员会第三次会议决议，通过了关于提案审查的决议。周恩来最后致闭幕词。

【二届全国人大三次会议】（1962年3月27日至4月16日）　二届全国人大三次会议于1962年3月27日至4月16日在北京举行。3月27日的第一次全体会议由朱德主持，出席代表1016名。大会批准了周恩来作的政府工作报告，批准了全国人民代表大会常务委员会的工作报告，批准了预算委员会的审查报告，通过了提案审查委员会的提案审查意见和代表资格审查委员会关于补选的代表资格审查报告。会议期间，中华人民共和国外交部向大会分发了中国政府和印度政府从1961年12月到1962年3月交换的22件照会，以及1960年12月中、印两国官员关于边界问题的报告。

【第十二次全国统战工作会议】（1962年4月23日至5月21日）　第十二次全国统战工作会议于1962年4月23日至5月21日在北京召开。出席这次会议的有各省、市、自治区统战部正副部长和中央有关部门的负责同志共126人。这次会议学习和讨论了周恩来有关统一战线的形势和任务的讲话，讨论了中央统战部提交会议讨论的四个文件：《关于1962年工作安排的意见》《关于民族问题的讲话》（李维汉1961年9月在新疆维吾尔自治区干部会议上的讲话提纲）、《关于进一步加强统一战线工作，改善党同党外人士合作共事关系的意见》《关于民族工作会议的报告以及民族工作会议提出的重要问题和处理意见》。会议期间，还对合作共事关系、民主党派性质、知识分子工作、精简中涉及资产阶级分子处理原则、对右派分子工作等问题进行讨论。在会上发言的有：张执一、许涤新、史永、陈林、彭友今、萧贤法、赵卓云、王锡珍、吴景之、贾渔萍、廖沫沙、程子健、张树明等。5月17日，周恩来、邓小平听取这次统战工作会议的汇报后，作了指示。徐冰最后作了总结报告，李维汉讲了话。这次会议主要讨论和研究如下几个问题：(1) 调整关系，正确处理当前几个突出问题。(2) 加强合作，改善同党外人士的共事关系。(3) 发扬民主，认真实行互相监督的方针。(4) 组织学习，帮助党外人士逐步改造世界观。这次统战工作会议，对上述问题的研究和各项方针政策，对统一战线的巩固和发展具有重大的历史意义。

【中央工作会议】（1962年5月7日至11日） 中央工作会议于1962年5月7日至11日在北京举行。出席会议的有在京的中央政治局常委刘少奇、周恩来、朱德、邓小平；中央政治局和书记处成员彭真、陈毅、李富春、贺龙、李先念、乌兰夫、陆定一、陈伯达、康生、谭震林、王稼祥、李雪峰、杨尚昆、罗瑞卿；各中央局书记，中央各部门负责人；国务院工交、农林、财贸、文教、科学各口的负责人，以及工作人员共105人。刘少奇主持会议。会议的中心是讨论《中央财经小组关于讨论一九六二年调整计划的报告（草稿）》。会议分析了全国财政经济方面的严重困难情况，指出一部分地区和一些部门最困难的时期还没有过去。刘少奇强调，目前的经济形势应该说是一个很困难的形势。现在的主要危险还是对困难估计不够。会议同意中央财经小组的报告，决定对国民经济进行全面的大幅度的调整，切实按照农、轻、重次序进行综合平衡，坚决缩短工业生产建设战线，大量减少职工和城镇人口，加强农业战线，增加农业所需要的生产资料和日用品生产，保证市场供应，制止通货膨胀等。这次会议进一步正视和分析国民经济的严重困难形势，制定了大幅度调整国民经济的具体方针、办法和措施，是进一步扭转国民经济困难形势的一次关键性会议。

【北戴河会议】（1962年8月6日至24日） 中央工作会议于1962年8月6日至24日在北戴河举行，即北戴河会议。会议主要讨论农村、财贸、城市等方面的问题。毛泽东主持会议。毛泽东首先说明，这次工作会议，是“为中央全会准备文件”。为了便于讨论和畅所欲言，参加会议的成员分为六个大组和若干小组。会议成立了一个核心小组，成员有政治局常委、书记处书记，再加上各大区第一书记、中央各口负责同志，共23

人。8月6日，即会议开幕的第一天，毛泽东说，还有一些问题可以谈一谈，一是究竟有没有阶级？阶级还存不存在？二是去年和今年我们的工作怎么样？三是有些什么矛盾？一类是敌我矛盾，一类是人民内部矛盾。四是积累同消费的矛盾。毛泽东强调阶级还存在，有阶级就有阶级矛盾和阶级斗争，有社会主义和资本主义两条道路的斗争，要贯穿整个社会主义历史时期。北戴河会议，用部分时间讨论了毛泽东的上述讲话，并以讲话精神为指导，为即将召开的八届十中全会准备文件。

【八届十中全会】（1962年9月24日至27日） 八届十中全会于1962年9月24日至27日在北京召开。毛泽东主持了会议。参加会议的有中央委员82人，候补中央委员88人。中央有关部门和各省、市、自治区党委的其他工作同志33人列席了会议。中央政治局决定，彭德怀、习仲勋、张闻天、黄克诚、贾拓夫五人不参加全会。9月24日，毛泽东作了关于阶级、形势、矛盾和党内团结问题的讲话，断言在整个社会主义历史阶段资产阶级都将存在和企图复辟，并成为党内产生修正主义的根源。会议根据毛泽东关于阶级、形势、矛盾的讲话，批判了所谓“黑暗风”“单干风”和“翻案风”。会上，康生首先提出，李建彤写的历史小说《刘志丹》有严重政治问题，习仲勋、贾拓夫、刘景范等人曾为小说《刘志丹》提出过意见，是利用小说反党，为高岗“翻案”，是个“反党集团”（党中央已于1980年为所谓“习仲勋反党集团”正式平反）。全会接受了毛泽东关于阶级、形势和矛盾的基本观点，并将它写进八届十中全会的公报。公报指出：“在无产阶级革命和无产阶级专政的整个历史时期（这个时期需要几十年，甚至更多的时间）存在着无产阶级和资产阶级之间的阶级斗争，存在着社会主义和资本主义这两条道路的斗争。被推翻的反动统治阶级不甘心于灭亡，他们总是企图复辟。这种阶级斗争是错综复杂的、曲折的、时起时伏的，有时甚至是很激烈的。这种阶级斗争，不可避免地要反映到党内来。外国帝国主义的压力和国内资产阶级影响的存在，是党内产生修正主义思想的社会根源。在对外国阶级敌人进行斗争的同时，我们必须及时警惕和坚决反对党内各种机会主义的思想倾向。”公报还提出了“千万不要忘记阶级斗争”的号召。全会讨论并通过了《关于进一步巩固人民公社集体经济、发展农业生产的决定》和《农村人民公社工作条例（修正草案）》。会议还讨论并通过了《关于商业工作问题的决定》《关于有计划地交流各级党政主要领导干部的决定》《关于加强党的监察机关的决定》。全会增选陆定一、康生、罗瑞卿为中央书记处书记。撤销黄克诚、谭政的中央书记处书记职务。还增选了中央监察委员21人，候补委员21人。

【组织工作会议】（1962年10月25日至12月8日） 组织工作会议于1962年10月25日至12月8日在北京召开。会议着重讨论了执政党的建设问题，从党的组织工作方面保证进一步巩固人民公社集体经济和发展农业生产的问题，并且讨论了组织工作中其他若干重大问题。会议期间，刘少奇于11月12日同参加组织工作会议的中央组织部和各中央局组织部负责人谈话，着重谈了执政党建设问题。11月29日，邓小平就执政党干部问题与会发表了讲话。会议指出：我们党已经有了1700多万党员。大多数党员是好的或者基本上是好的。大多数基层组织是有战斗力的。但是，大约有15%到20%的党员不具备党员条件，其中有极少数人是蜕化变质分子、阶级异己分子和其他各种坏分子；大约有百分之十几的支部，涣散无力，没有真正成为党在群众中的战斗堡垒。因此，会议认为，今后党在基层组织工作方面的主要任务是，继续做好重新教育党员的工作，并在做好这些工作的基础上，有领导、有计划、有步骤地对所有的党员进行一次重新登记，以达到进一步提高党员质量、纯洁和巩固党的组织、增强党的战斗力的目标。会议提出了《关于重新登记党员试点工作的意见》《关于试行建立共产主义小组的意见》《关于改进干部管理制度的几点意见》《关于中国共产党农村基层组织工作条例试行草案》《中国共产党国管工业企业基层组织工作条例试行草案》。会后，中央组织部将《组织工作会议纪要》报告中共中央。1963年1月21日，中共中央批转这个纪要，并作出了批示，指出：党要管党。执政的党，必须永远注意加强党的建设，必须认真地执行民主集中制，必须对干部和党员提出更高更严的要求。

【中央政治局委员、中央书记处成员、各中央局第一书记会议】（1963年2月6日至9日） 1963年2月6日至9日，刘少奇在北京主持召开中央政治局委员、中央书记处成员、各中央局第一书记会议。讨论大中城市集市贸易、粮食、劳动工资、增产节约和城市开展“五反”（反对贪污盗窃、反对投机倒把、反对铺张浪费、反对分散主义、反对官僚主义）运动问题，为即将召开的中央工作会议做准备。6日，在讨论到国营商业要打破地区封锁、减少流通环节时，刘少奇发言指出：要组织一个全国的市场，不要组织一个地方的市场，全局要照顾局部，局部要照顾全局。组织起来以后地方就没有道理阻止物资出口，这叫做打破封建割据。打破封锁这一条，这回一定要解决，再也不能拖拉了。8日，周恩来在会上就当年粮食和农产品的收购工作作了发言，讲述了粮食的生产、征购、销售、上调、进口、库存等方面的情况，说明形势一天比一天好。提出：今年粮食产量计划数字是3216亿斤，比去年增加195亿斤，并且力争总产超过3200亿斤。

【全国农业科学技术工作会议】（1963年2月8日至3月31日） 中共中央和国务院于1963年2月8日至3月31日在北京联合召开全国农业科学技术工作会议。参加会议的有1200多位农业科学技术专家、党政有关部门负责人、各地科协和研究机关及高等院校负责人。会议制定了1963年至1972年农业科学技术发展规划，提出了3000多项实现农业发展纲要所需要进行的科学研究课题。毛泽东以及党和国家的其他领导人接见了出席会议的代表。周恩来、谭震林、聂荣臻向大会作了报告。2月26日，周恩来作了《目前形势和我们的任务》的报告，报告指出："十三年来，我们经历了两个革命阶段，首先是完成民主革命尚未完成的任务，与此同时开始了社会主义革命。我们在社会主义建设方面经历了三个时期：建国初期的经济恢复时期，第一个五年计划时期，第二个五年计划时期。我们虽然掌握了社会主义政权，但在思想意识和作风上，并不很巩固，几千年的封建主义、几十年的资本主义影响，仅仅十三年的社会主义教育是不行的。"报告阐明会后主要的任务是：努力完成和超额完成1963年国民经济计划（包括在上半年内完成尚未完成的100多万人的精简任务），继续搞科学规划，加强国防力量，进行社会主义教育。在谈到卫生工作问题时说：晚婚和计划生育，是卫生保健中关系到全民族健康和全民族前途的问题。这个问题过去曾经提倡过多次，但重视不够，常常放松。人口众多，应该肯定是好事，但长处中也埋藏着缺点。这次会议制定的农业科学技术发展规划的基本内容：规划要求全国农业科学技术人员广泛调查研究我国自然资源及其利用情况，在农、林、牧、副、渔各方面开辟新的资源；应用我国丰富的精耕细作传统和现代化科学技术措施，大幅度提高现有耕地、畜群、森林、水域或副业生产水平；全面研究900多万平方公里国土的利用问题；加强基础农学的理论研究，开辟缺门学科和发展薄弱学科；研究和发扬祖国农业遗产；加强农业技术经济的研究。

【中央工作会议】（1963年2月11日至28日）　中共中央于1963年2月11日至28日在北京召开工作会议。刘少奇主持了12日、13日的会议。12日，刘少奇在彭真作关于"五反"运动的报告后说：八届十中全会讲阶级、阶级斗争，现在就是正式部署一个行动，搞一个阶级斗争。对象是投机倒把、贪污盗窃，还有一些严重的铺张浪费，严重的蜕化变质、违法乱纪，严重的分散主义。总是口里讲阶级斗争，不办事情，不好。13日，周恩来在会上作关于粮食和精简问题的报告。报告指出：1962年比1961年粮食增产了200多亿斤，这是形势得以好转的中心问题；而精兵简政，减少城市人口工作取得的成绩，又使粮食销量得以减少。这个成绩得来不易，必须继续巩固。15日，刘少奇作了关于反对现代修正主义问题的报告，驳斥了苏共领导人策划的反华"大合唱"，同时阐明了我党在一些重大问题上的立场和观点。会议讨论了1963年的国民经济计划、精简工作和粮食问题、农产品收购和严格管理大中城市集市贸易和坚决打击投机倒把的一些具体政策问题，以及关于中小学教育工作条例（草案）等问题。会议讨论制定了《中共中央关于厉行节约和反对贪污盗窃、反对投机倒把、反对铺张浪费、反对分散主义、反对官僚主义运动的指示》，以及在农村开展社会主义教育运动等问题。会议期间，毛泽东介绍了湖南开展社会主义教育运动抓阶级斗争的经验，河北省保定地区结合本地实际情况和当年分配开展清理账目、清理仓库、清理财务、清理工分（简称“小四清”）为主要内容进行整风整社的经验。毛泽东指出，“阶级斗争，一抓就灵”，督促各地注意抓阶级斗争和社会主义教育问题。

【杭州小型会议】（1963年5月7日至11日） 中共中央于1963年5月7日至11日在杭州召集有部分中央政治局委员和大区书记参加的小型会议，即杭州小型会议，讨论农村社会主义教育问题。会议由毛泽东主持。会议期间，毛泽东作了许多次讲话和插话。会议最后讨论并通过了由毛泽东亲自主持制定的《中共中央关于目前农村工作中若干问题的决议（草案）》（简称“前十条”）。

【中央政治局会议】（1963年5月18日） 中央政治局会议于1963年5月18日在北京召开，讨论由毛泽东在杭州召集有部分中央政治局委员和各中央局书记参加的小型会议讨论制定的《中共中央关于目前农村工作中若干问题的决议（草案）》（简称“前十条”）。在会议上，周恩来介绍了文件产生和起草过程。会议经过讨论，对文件做了一些修改后通过，并于20日下发各地，作为开展农村社会主义教育运动的纲领性文件。“前十条”重申了八届十中全会关于阶级、阶级矛盾和阶级斗争的论点，认为当前中国社会中出现了严重的尖锐的阶级斗争情况，资本主义势力和封建势力正在对我们猖狂进攻，要求重新组织革命的阶级队伍，开展大规模的群众运动，打退资本主义和封建势力的进攻。“前十条”强调指出：“任何时候都不可忘记阶级斗争，不可忘记无产阶级专政，不可忘记依靠贫农、下中农，不可忘记党的政策，不可忘记党的工作。”强调毛泽东肯定的湖南和河北的成功经验：“阶级斗争，一抓就灵。”这次会议之后，各地根据“前十条”的精神，重新训练干部，进行试点，为大规模开展农村社会主义教育运动进行准备。

【《关于工业发展问题》起草委员会会议】（1963年8月20日至24日） 中共中央于1963年8月20日至24日在北京召开《关于工业发展问题》起草委员会会议。邓小平主持会议。8月20日，邓小平在会上作了关于工业发展问题的《立足现实，瞻望前途》的发言。发言指出：关于工业的发展问题，我主要考虑的是如何立足现实，瞻望前途。现在我们的基础如何，要有清醒的估计，估计得过高或过低都不好。摸清了现在的基础，从现实出发，总结本国的经验，吸取外国的经验，工业发展就可以做到多快好省，实现总路线的要求。邓小平指出：“是否先提一个近期的目标，如再经过五年至七年的努力，初步或基本建立一个全国范围的独立的工业体系。我们好好精打细算，合理规划，争取在一九七〇年达到这个目标。如果不行，加一年两年。我们基本建成或者说是初步建成一个独立的工业体系，也就是为工业、为农业、为国防建设的更快发展打下基础。”23日，周恩来在会上发言，同意邓小平提出的把“立足现实，瞻望前途”作为研究我国工业发展方针的出发点，并作了四点补充：第一，必须进一步总结14年的建设经验。对正面和反面的经验，都必须加以分析。正确地总结经验，可以大大提高我们建设的信心。第二，必须对现实有恰当的估计。对目前我国工业的基础要反复地调查研究，要摸清工业和农业的现实，必须研究几个基本数据，根据基本数据，做出必要的计算。第三，必须瞻前顾后，有一个远期的奋斗目标。用二十三年的时间超过美国和苏联，可能快了些。“我看不要把走在世界前列作为重点，还是提四个现代化。是否可以提，用二十三年的时间或者是在二十世纪内实现四个现代化，把我国建设成为世界先进的社会主义强国？”第四，必须抓住中国的特点。可以用八个字来概括：“国大、物博、人多、任重。”

【中央工作会议】（1963年9月6日至27日） 中央工作会议于1963年9月6日至27日在北京召开。会议讨论了农村工作、1964年的国民经济计划、工业发展的方针等问题。会议接受了周恩来的意见，从1963年起，再用三年时间，继续进行调整、巩固、充实、提高的工作，把它作为第二个五年计划（1958年至1962年）到第三个五年计划（1966年至1970年）之间发展国民经济的过渡阶段。在这个阶段中，工业各部门，要认真做好提高质量，增加品种，填平补齐，成龙配套的工作；并要搞好设备更新和专业化协作。然后再分两步走：第一步，建立一个独立的比较完整的工业体系和国民经济体系，使我国的工业大体上接近世界先进水平；第二步，使我国工业走在世界前列，全面实现农业、工业、国防和科学技术现代化。依据发展国民经济的这一战略方针，会议提出了《1964年国民经济计划（草案）》。会议通过了《中共中央关于农村社会主义教育运动中一些具体政策的规定（草案）》（简称“后十条”）。“后十条”同“前十条”一样，强调“阶级斗争是最基本的”，要“以阶级斗争为纲”。同时“后十条”又着重提出了在运动中团结95%以上的农民群众和农村干部的重要性，并规定了若干具体政策界限。10月14日，中央发出通知，决定将“前十条”和“后十条”下发全国城乡，向一切人宣读，“使全国家喻户晓”。这样，从1963年冬到1964年冬，“社会主义教育”运动就在部分县、社开展起来。部分领导同志也到农村“蹲点”摸索进行农村社会主义教育运动的经验。

【二届全国人大四次会议】（1963年11月17日至12月3日） 二届全国人大四次会议于1963年11月17日至12月3日在北京举行。11月17日的第一次全体会议由朱德主持。大会通过了《关于一九六三年国民经济计划和一九六四年国民经济计划、一九六三年国家预算和一九六四年国家预算初步安排的决议》，通过了《关于第三届全国人民代表大会代表名额和选举问题的决议》，并且批准了彭真作的《关于第三届全国人民代表大会代表名额和选举问题的说明》。会议批准了全国人民代表大会常务委员会的工作报告。会议还通过了预算委员会关于国家预算的审查报告。

【全国政协三届四次会议】（1963年11月17日至12月4日） 全国政协三届四次会

议于1963年11月17日至12月4日在北京举行。11月17日的开幕式由周恩来主持，出席委员833名。陈叔通在会上作了政协第三届全国委员会常务委员会的工作报告，报告中提出了中国人民政协的六项任务。全体委员列席了第二届全国人民代表大会第四次会议，听取了政府工作报告等。会议期间，共有209位委员在全体会议上发言。会议通过了中国人民政治协商会议第三届全国委员会第四次会议决议。会议决定：中国人民政治协商会议第三届全国委员会的任期延至1964年9月。责成常务委员会负责进行关于召开第四届全国委员会的筹备工作。

【中央文艺工作会议】（1964年1月3日） 中共中央于1964年1月3日在北京举行座谈会，即中央文艺工作会议，中宣部和有关文艺工作者30余人参加了会议。刘少奇主持会议。会上，刘少奇传达了毛泽东1963年12月关于文艺工作的批示：各种艺术形式——戏剧、曲艺、音乐、美术、舞蹈、电影、诗和文学等等，问题不少，人数很多，社会主义改造在许多部门中，至今收效甚微。许多部门至今还是“死人”统治着。不能低估电影、新诗、民歌、美术、小说的成绩，但其中的问题也不少，至于戏剧等部门，问题就更大了。社会经济基础已经改变了，为这个基础服务的上层建筑之一的艺术部门，至今还是大问题。这需要从调查研究着手，认真地抓起来。许多共产党人热心提倡封建主义和资本主义的艺术，却不提倡社会主义艺术，岂非咄咄怪事。会后，毛泽东于1964年2月13日发出指示：要把唱戏的、写诗的、戏剧家、文学家赶出城，统统都轰下去，分期分批到农村、工厂，不要总住机关。从此，在文艺界也开始抓阶级斗争，文艺工作者大批下放到农村、工厂。

【中央工作会议】（1964年5月15日至6月17日） 中央工作会议于1964年5月15日至6月17日在北京举行。毛泽东、刘少奇、周恩来、朱德、邓小平等参加了会议。会议讨论了农业规划和农村工作、第三个五年计划（1966—1970年）、政治工作问题。此外，还讨论了“反修防修”、培养接班人和两种劳动制度、两种教育制度等问题。会前，毛泽东在听取关于第三个五年计划的汇报时指出，农业是一个拳头，国防是一个拳头，要使拳头有劲，屁股就要坐稳，屁股就是基础工业。在这种思想指导下，提出了第三个五年计划的初步设想。在会议期间，毛泽东提出了把全国划分为一、二、三线的战略布局，要下决心搞三线建设，首先把攀枝花钢铁基地，以及与此相联系的交通、煤、电建设起来。会议着重讨论了农村社会主义教育运动，会议通过了《中华人民共和国贫下中农协会组织条例（草案）》，要求在社会主义教育运动中，要将该草案和“双十条”一起向广大社员和干部宣讲。关于社会主义教育运动问题，会议认为全国基层有三分之一的领导权不在我们手里。在会上，毛泽东还讲了“反修防修”的问题，提出中国出了修正主义要顶住，担心党中央出修正主义。6月16日，毛泽东提出了培养和造就千百万无产阶级革命事业接班人的问题。会议期间，中央发布了《关于当前工作中应该注意的几个问题的指示》，强调在抓紧“五反”和社会主义教育运动的同时，必须抓紧生产工作，特别是在农忙时期，“一切工作应该服从生产的需要，只能促进生产，决不能妨碍生产”。这次会议，使党在指导思想上的“左”的错误有所发展。

【中央局第一书记会议】（1964年8月29日至9月1日） 中央局第一书记会议于1964年8月29日至9月1日在北京召开。刘少奇主持会议。会议讨论社会主义教育运动的部署和“后十条”（修正草案）。修正草案提出，敌人拉拢腐败干部，“建立反革命的两面政权”，是“敌人反对我们的主要形式”，认为“这次运动，是一次比土地改革运动更为广泛、更为复杂、更为深刻的大规模的群众运动”；强调有些地区还要“认真地进行民主革命的补课工作”。修正草案改变了原来依靠基层组织和基层干部的规定，强调必须把放手发动群众放在第一位，首先解决干部中的问题，并规定整个运动都由工作队领导。8月30日，毛泽东同参加中央局第一书记会议的李井泉、陶铸、李雪峰、刘澜涛、宋任穷、王任重、谭启龙谈话。关于“四清”问题，毛泽东说：有分歧，不一致，怎么办？不是什么路线之争，不是彻底革命和改良主义的问题，是个部署问题，是个方法问题。他说：社会主义才搞了15年，我们认识了社会主义社会有阶级和阶级斗争，而阶级斗争的时间会很长，又认识有三分之一的地方民主革命不彻底，我们是三分天下有其二。他说：关于经济工作，我主张搞一个总司令部，现在还没定下来。社会主义教育，搞一个司令部，少奇挂帅。

【中央政治局常委会议】（1964年10月16日） 中央政治局常委会议于1964年10月16日在北京中南海菊香书屋召开。毛泽东主持会议。会议讨论赫鲁晓夫下台一事。毛泽东说：赫鲁晓夫下台表示要变，如果不变，那为什么要下台呢？这是很明显的道理。所以苏共领导今后会有一些改变，这是可能的。但是，也不可能很快就变，更不可能大幅度地变。至于怎样地改变，变到什么程度，这还得看一看，看一看各方面的情况怎么样，看一看苏共方面究竟有什么变化，然后我们再考虑相应对策。会议决定：由中共中央主席毛泽东、中华人民共和国主席刘少奇、全国人大常委会委员长朱德、国务院总理周恩来联名致电祝贺勃列日涅夫当选为苏共中央第一书记，柯西金被任命为苏联部长会议主席。会议决定暂不发表论战文章。贺电于当日发出。

【中央政治局常委会议】（1964年10月19日） 中央政治局常委会议于1964年10月19日在北京中南海菊香书屋召开。毛泽东主持会议。会议听取李富春汇报计划工作革命问题和1965年计划安排问题。当汇报到计划工作和经济工作的主要毛病是脱离实际、脱离群众时，毛泽东说：对，就是这个问题。当汇报到我国对外贸易构成已转变为资本主义国家占60%、社会主义国家占40%时，毛泽东说：这个合理嘛！资本主义世界大，社会主义国家只有十几个。当汇报到水利问题时，毛泽东说：三峡水库还搞不搞？总司令反对搞，怕淹了重庆，我说搞。现在我们倾向于不搞。三门峡没用处了嘛，蓄水就淤。当汇报到三线建设时，毛泽东说：总而言之，向云贵川、陕甘宁挤，还有个湘西、鄂西、豫西。搞攀枝花、酒泉、长阳三个基地。酒泉钢铁基地的规模不要太大，100多万吨够了。铁矿多，可以拉出来另建。当汇报到第三个五年计划集中建设三线，农业投资可能要减少，增加工业交通投资时，毛泽东说：是要这样。农业主要靠大寨精神，靠群众办事。当汇报到上下不要对口时，毛泽东说：对，就是这样。当议论到是否能争取有十年和平时间时，毛泽东说：有可能，再有十年，原子弹、氢弹、导弹我们都搞出来了，世界大战就打不成了。

【中央工作会议】（1964年12月15日至1965年1月14日） 中央工作会议于1964年12月15日至1965年1月14日在北京召开。毛泽东主持会议。会议的主要任务是，讨论当前的农村社会主义教育运动问题，通过一个关于农村社会主义教育运动的文件，解决前一阶段运动中出现的一些问题。会议在12月下旬形成《农村社会主义教育运动中目前提出的一些问题》（中共中央政治局召集的全国工作会议讨论纪要），共17条，作为中共中央文件印发。但在这期间，毛泽东同刘少奇在“四清”问题上发生严重分歧。从1965年1月上旬开始，中央工作会议继续举行，讨论纪要。最后，根据毛泽东的讲话，修改整理出有23条的《农村社会主义教育运动中目前提出的一些问题》（通称“二十三条”）。1月14日，中共中央印发这个纪要，并指出：“中央过去发出的关于社会主义教育运动的文件，如有同这个文件抵触的，一律以这个文件为准。”“二十三条”包含着纠正“四清”中“左”的做法的内容，但从根本的方面看，在指导思想上发展了“左”倾错误。它不但片面强调社教运动的性质是解决社会主义和资本主义的矛盾，而且把解决无产阶级和资产阶级两个阶级的斗争、社会主义和资本主义两条道路的斗争，上升为十多年来党的一条基本理论。特别是正式明确地规定运动的重点“是整党内那些走资本主义道路的当权派”，这就为后来的“文化大革命”把斗争矛头集中指向所谓“党内走资派”提供了理论依据。

【中央政治局常委扩大会议】（1964年12月20日） 中央政治局常委扩大会议于1964年12月20日在北京人民大会堂河北厅召开。出席会议的有中央政治局常委、部分政治局委员和书记处书记、各中央局第一书记和少数省委第一书记，共31人。毛泽东主持会议。主要讨论农村当前的主要矛盾问题。刘少奇说：陶铸同志提出农村当前的主要矛盾是富裕农民阶层跟广大群众、贫下中农的矛盾。是这样提，还是说原来的地富坏跟蜕化变质的有严重错误的坏干部结合起来跟群众的矛盾？毛泽东说：地富反坏是后台老板，“四不清”干部是当权派。农村的中心问题是这一批干部，主要是大队和生产队的干部，骑在农民头上，农民不好混，穷得要死。地主、富农那些人已经搞臭过一次了，至于这些当权派从来没有搞臭过，他又是共产党，上面又听他的。就要发动群众来整我们这个党，整那个支部，整那个公社党委，中心问题是整党，不整党没有希望。不要提阶层，那个东西一提就吓倒人了，只提党，党委，讲分子。干部里面无非是左、中、右。我相信，右的，特别坏的，总是只占一部分；左的也很少；中间派有人讲问题不那么多，但是沾了一点，坏事也做了一点，要把这一部分拉过来。过去那个“四清”，清财务、清仓库、清工分、清账目，那只是经济，变成一清了。我赞成把过去那个“四清”的概念改变，现在就是包含一个思想，一个组织，一个政治，一个经济。

【中国人民政治协商会议第四届全国委员会第一次会议】（1964年12月20日至1965年1月5日）　中国人民政治协商会议第四届全国委员会第一次会议于1964年12月20日至1965年1月5日在北京召开。本届委员共1199人。周恩来主持开幕式并在闭幕式上讲话。郭沫若在会上作了政协第三届全国委员会常务委员会的工作报告。与会委员列席了第三届全国人民代表大会第一次会议，听取了国务院总理周恩来作的《政府工作报告》、最高人民法院院长谢觉哉作的《关于最高人民法院工作报告》和最高人民检察院检察长张鼎丞作的《关于最高人民检察院工作报告》。会议推举毛泽东为政协第四届全国委员会名誉主席，选举周恩来为政协第四届全国委员会主席，彭真、陈毅、叶剑英、黄炎培、陈叔通、刘澜涛、宋任穷、徐冰、高崇民、蔡廷锴、韦国清、邓子恢、李四光、傅作义、滕代远、谢觉哉、沈雁冰、李烛尘、帕巴拉•格列朗杰、许德珩、李德全、马叙伦22人为副主席，平杰三为秘书长，于树德等159人为常务委员。在这次会议的整个大会讨论中，先后作了发言或书面发言的委员共有179人。大会通过了政协第四届全国委员会第一次会议决议。大会还听取提案审查委员会关于提案的审查报告，通过了关于提案审查的决议。

【第三届全国人民代表大会第一次会议】（1964年12月21日至1965年1月4日）　第三届全国人民代表大会第一次会议于1964年12月21日至1965年1月4日在北京举行。12月21日的会议由刘少奇主持，出席会议代表2836人。毛泽东、刘少奇、宋庆龄、朱德、周恩来、邓小平等出席开幕式。1月3日，大会选举刘少奇为中华人民共和国主席，宋庆龄、董必武为副主席；选举朱德为全国人民代表大会常务委员会委员长；彭真、刘伯承、李井泉、康生、郭沫若、何香凝、黄炎培、陈叔通、李雪峰、徐向前、杨明轩、程潜、赛福鼎•艾则孜、林枫、刘宁一、张治中、阿沛•阿旺晋美、周建人等18人为人大常委会副委员长；选举杨秀峰为最高人民法院院长，张鼎丞为最高人民检察院检察长；决定周恩来任国务院总理。1月4日，任命林彪、陈云、邓小平、贺龙、陈毅、柯庆施、乌兰夫、李富春、李先念、谭震林、聂荣臻、薄一波、陆定一、罗瑞卿、陶铸、谢富治等

16人为国务院副总理；任命林彪、刘伯承、贺龙、陈毅、邓小平、徐向前、聂荣臻、叶剑英、罗瑞卿、程潜、张治中、傅作义、蔡廷锴为国防委员会副主席。会议批准了周恩来做的《政府工作报告》，通过了《关于政府工作报告、一九六五年国民经济计划主要指标和一九六五年的国家预算初步安排的决议》。会议批准了人大常委会工作报告、谢觉哉作的最高人民法院工作报告和张鼎丞作的最高人民检察院工作报告。大会还通过了全国人民代表大会民族委员会主任委员、委员人选和法案委员会主任委员、委员人选。

【中央政治局会议】（1965年5月11日、14日、15日、24日、31日） 1965年5月11日、14日、15日、24日、31日，刘少奇在北京主持召开中央政治局会议。会议讨论1965年基本建设计划和预算的调整。会议通过国家基本建设委员会党组《关于一九六五年基本建设计划调整情况的报告》和《关于适应战备形势，调整一九六五年国家预算报告》，通过《中共中央关于在全国工交系统建立政治工作机关的决定》。刘少奇在讲话中指出：现在全国是1260多个基本建设项目，跟最高时期的1700个差不多了。战线已经相当长了，各地、各部门要切实控制这种基本建设战线拉长的情绪，要切实控制，不准自由上马，以后中央批也要注意。同时，这1200多个里头有一些是可以推迟的。要注意，不要又搞一次基本建设战线过长。周恩来在发言中提出“四保”：保战备，保援外，保“三线”，保重点。要求根据轻重缓急和主要次要进行排队。15日，会议听取国家经委副主任叶林关于工业生产的汇报和李富春关于“小三线”建设的汇报。24日，会议听取赵尔陆关于国防工业的汇报和张爱萍关于第二颗原子弹爆炸情况的汇报。31日，会议听取余秋里关于长期规划和第三个五年计划初步设想的汇报。

【中央工作会议】（1965年9月18日至10月12日） 中央工作会议于1965年9月18日至10月12日在北京举行。会议着重讨论1966年的国民经济计划和长远规划问题。会议批准了由国家计划委员会提出的《一九六六年国民经济计划纲要》。《纲要》强调“省、地、县、社四级党委要把农业放在首要地位”。“各地区、各部门必须在继续深入开展社会主义教育运动的同时，掀起一个群众性的增产节约运动”。关于第三个五年计划的方针，会议同意了以“国防建设第一，加速三线建设，逐步改变工业布局”的思想。会议还讨论了财贸问题，提出要“藏粮于民”，稳定征购，三年一定，并决定在第三个五年计划期间，拿出200亿元来调整物价，降低农业生产资料和部分生活资料的价格，使广大城乡人民，首先是农民获得好处。关于党的建设，会议认为必须加强党在基层的领导，在经过“四清”的地方积极慎重地发展党员，争取农村人民公社每个生产队都有党的小组或党员。在会议期间，10月10日，毛泽东同大区第一书记谈了话，提出要战备。各省要把“小三线”建设好。不要怕敌人不来，不要怕兵变，不要怕造反。又说，如中央出了修正主义，你们怎么办？毛泽东的回答是："很可能出，这是最危险的。"中央出了修正主义，你们就造反。各省有了"小三线"，就可以造反嘛。过去有些人就是迷信国际，迷信中央。现在你们要注意，不管谁讲的，中央也好，中央局也好，省委也好，不正确的，你们可以不执行。

【中央政治局扩大会议】（1965年11月6日、15日、16日） 中央政治局扩大会议于1965年11月6日、15日、16日在北京召开。刘少奇主持会议。会议讨论城市半工半读教育制度问题。11月6日，刘少奇在会上讲话指出："我们的国民教育有三种形式：一种是全日制；一种是业余教育；一种是半工半读、半农半读。"半工半读学校要培养有社会主义觉悟、有文化科学知识、有技术、有实际操作能力的新型劳动者。在中国避免出修正主义、避免资本主义复辟，根本的有三条措施，第一是社会主义教育运动，一定要坚持到底；第二是改革我们的教育制度，搞半工半读，全日制要改革，还要加强业余教育；第三是干部参加劳动。我们把这三个办法实行了，也许能够避免，也许还不能避免。15日、16日，刘少奇继续主持中央政治局扩大会议，再次讨论城市半工半读教育制度问题。刘少奇在讲话中指出：工业部门既是生产队，也是教育队，今后要注意教育。青少年参加劳动，还要注意卫生，劳动时间不能过长，不能过重。现在有些半工半读学校，劳动重，功课也重，要提醒注意。

【中央政治局扩大会议】（1965年11月17日至18日） 中央政治局扩大会议于1965年11月17日至18日在北京召开。刘少奇主持会议。会议讨论1966年国民经济计划、建设重点以及半工半读教育等问题。会议先后听取余秋里关于全国计划会议情况的汇报，谷牧关于基本建设情况的汇报，赵尔陆关于国防工业情况的汇报，吴波（当时任财政部副部长）关于财政情况的汇报；讨论并批准1966年国民经济计划。16日，周恩来在讨论插话和发言中指出：不要使人误解为现在实行半工半读就是为了消灭三大差别，这个方向必须肯定，但是到消灭差别还要经过相当长的时间。半工半读是个方针、方向性的问题，这个问题不解决不行。消灭体力劳动和脑力劳动的差别是长远的目标，现在是尽可能使体力劳动、脑力劳动相结合，不要使两者对立，不要像过去那样"劳心者治人，劳力者治于人"。教育为无产阶级政治服务，教育与生产劳动相结合，半工半读的前途是培养青年成为有社会主义觉悟、有文化的劳动者。这三句话，必须联系起来，才有目的性。并提出实现半工半读就要解决的几个思想问题。会议决定抓紧试办和推广半工半读、半耕半读的学制，并同意刘少奇提出的"五年试验，十年推广，如果五年试验不够，也可以增加一点试验时间"的意见。会议最后原则批准了1966年发展国民经济基本建设计划。

【中央政治局常委扩大会议】（1965年12月8日至15日） 1965年11月18日，林彪提出了"突出政治"的五项原则，其中心是"要把毛主席的书当作全军各项工作的最高指示”。林彪自主持中央军委日常工作以后，多次提出“毛泽东思想是当代马克思列宁主义的顶峰”，“毛主席的话句句是真理，一句顶一万句”，并说，学习马列主义“要99%地学习毛泽东著作”，进而提出学习毛主席著作只要学“老三篇”就够了，要“走捷径”“立竿见影”。甚至说，“政治可以冲击一切”，等等。罗瑞卿抵制了林彪的所谓“突出政治”“顶峰”“活学活用”等一套做法。为此，林彪于1965年11月30日写信给毛泽东，并派叶群携带由林彪授意由吴法宪、李作鹏等人写的揭发材料，到杭州向毛泽东告状，说罗瑞卿“反党、反毛主席”，“逼林彪让贤”。林彪等人所用的材料，就是1965年2月14日、15日所谓刘亚楼（刘于1965年5月逝世，已死无对证）在罗瑞卿指使下向叶群提出的四条意见，核心问题是让她劝林彪“再不要多管军队的事情了”“一切交给罗去管”。

中央政治局常委扩大会议于1965年12月8日至15日在上海召开。毛泽东主持会议。林彪、叶群、吴法宪、李作鹏等，对罗瑞卿进行“背靠背”的揭发，任意罗织罪名。会议以“反对突出政治”“篡军反党”等罪名，决定对罗瑞卿进行“隔离审查”。会后，罗瑞卿被调离军事方面的领导岗位。由杨成武代总参谋长。

【部队文艺工作座谈会】（1966年2月2日至20日） 部队文艺工作座谈会于1966年2月2日至20日在上海召开（即林彪委托江青召开的部队文艺工作座谈会）。江青主持会议。总政治部按照林彪的指令，派总政治部副主任刘志坚，宣传部部长李曼村，文化部部长谢镗忠、副部长陈亚丁参加了会议。中间因江青有事，10日至15日未开会。座谈会主要活动，一是看电影、戏剧，这是座谈会的主要活动，先后看了30多部电影和3场戏；二是个别交谈和集体座谈；三是阅读有关文件和资料；四是江青接见《南海长城》的导演、摄影师和部分演员，同他们谈话三次。会后，形成《林彪同志委托江青同志召开的部队文艺工作座谈会纪要》。这个《纪要》由江青、张春桥、陈伯达亲自加工，整理成文。经毛泽东三次修改，又由林彪转军委批准，再报中共中央，以中共中央文件的形式于1966年4月10日发出。《纪要》完全抹杀新中国成立以来文艺界在党的领导下所取得的巨大成绩，诬蔑新中国成立以来文艺界“被一条与毛主席思想相对立的反党反社会主义的黑线专了我们的政，这条黑线就是资产阶级的文艺思想、现代修正主义的文艺思想和所谓三十年代文艺的结合”。《纪要》声称“要坚决进行一场文化战线上的社会主义大革命，彻底搞掉这条黑线”。这个《纪要》反映了毛泽东对文化领域阶级斗争形势的严重估计；这个《纪要》制定的经过，又反映了林彪与江青互相勾结进行篡党夺权的野心。《纪要》的炮制，标志着林彪和江青勾结起来利用“文化大革命”大搞反革命破坏活动的开始。

【文化革命五人小组扩大会议】（1966年2月3日） 文化革命五人小组扩大会议于1966年2月3日在北京召开。出席会议的有五人小组成员彭真、陆定一、康生、周扬、吴冷西，以及许立群、胡绳、姚溱、王力、范若愚、刘仁、郑天翔，共12人。会议由彭真主持，讨论了学术批判中出现的问题。会后将讨论的结果，整理成为《文化革命五人小组关于当前学术讨论的汇报提纲》（后来被称为“二月提纲”）。《提纲》认为，当前学术讨论和学术批判的性质“是马克思列宁主义、毛泽东思想同资产阶级思想在意识形态领域内的一场大斗争，是我国无产阶级取得政权并且实行社会主义革命后，在学术领域中清除资产阶级和其他反动或错误思想的斗争，是兴无灭资的斗争，即社会主义同资本主义两条道路斗争中的一个组成部分。这场大辩论势必扩展到其他学术领域中去。”《提纲》试图对学术讨论中“左”的偏向加以限制，要求“坚持毛泽东同志1957年3月在党的全国宣传工作会议上所讲的‘放’的方针”，提出“要坚持实事求是，在真理面前人人平等的原则，要以理服人，不要像学阀一样武断和以势压人，要提倡‘坚持真理、随时修正错误’，要有破有立（没有立，就不可能达到真正、彻底的破）”，还提出“报上公开点名作重点批判要慎重”等问题。2月5日，刘少奇主持中央政治局在京常委讨论并通过了这个《提纲》。2月8日，彭真、陆定一、康生等去武汉向毛泽东汇报，毛泽东也没有表示反对。2月12日，由中央将《提纲》批发到全党。“二月提纲”的形成，反映了党内相当多数同志对思想文化领域的批判运动所持的慎重态度，但江青等人却对此极为不满。此后不久，围绕着“二月提纲”，开始了一场新的、更严重的斗争。中央文化革命五人小组，是根据毛泽东的提议于1964年7月成立的，任务是负责领导有关方面贯彻执行中央和毛泽东有关文学艺术和哲学社会科学问题的指示。经党中央指定，彭真为组长，组员有陆定一、康生、周扬、吴冷西。

【中央政治局常委扩大会议】（1966年3月17日至20日） 中央政治局常委扩大会议于1966年3月17日至20日在杭州召开。出席会议的有毛泽东、刘少奇、朱德、彭真、陈伯达、康生和各中央局第一书记、中央有关部门负责人。毛泽东主持会议。会议主要讨论文化界和教育界的问题。谈到学术批判问题时，毛泽东说：我的意见，还是要打倒什么翦伯赞呀，侯外庐呀等等一批才好，不是打倒多了。这些人都是资产阶级，帝王将相派。优柔寡断，我们党内这种人相当多啊！谈到编辑《毛泽东选集》第五卷、第六卷时说：我也没有写什么，不如第四卷。毛泽东思想的提法，最高最活，不要那样提，也不要讲顶峰。在和吴冷西谈到《人民日报》时说：《人民日报》登过不少乌七八糟的东西，提倡鬼戏，捧海瑞，犯了错误，要从错误中得到教训。我过去批评你们不搞理论，批评过多次。不犯错误的报纸是没有的，《人民日报》要从犯错误中吸取教训。问题在于错了就改，改了就好。在谈到学术界、教育界的问题时，毛泽东说：过去我们是蒙在鼓里，许多事情不知道，事实上是资产阶级、小资产阶级掌握的。我们对民族资产阶级及其知识分子，是区别于买办资产阶级的，这是改变苏区的政策。这种区别的政策是灵活的，把资产阶级、小资产阶级同买办资产阶级等同起来是不对的。在谈到中央和地方在经济方面的关系时说：地方积累要搞，不能都集中到中央而地方不能扩大再生产。中央计划同地方计划结合，中央不能管死，省也不能完全统死，计划也不要统死。总而言之，不能太死，不能卡死。不论农业扩大再生产也好，工业扩大再生产也好，都要注意中央和地方分权，不能竭泽而渔。

【中央政治局常委扩大会议】（1966年4月16日至24日） 中央政治局常委扩大会议于1966年4月16日至24日在杭州召开。出席会议的有毛泽东、刘少奇（4月20日参加会议）、周恩来、林彪、邓小平、彭真、陈毅、李先念、陈伯达、康生、聂荣臻、叶剑英、谢富治、萧华、李井泉、陶铸、李雪峰、刘澜涛、宋任穷、魏文伯、江华等，毛泽东主持会议。会议主要批评彭真，同时讨论撤销中央文化革命五人小组及其汇报提纲，重新设立文化革命小组等问题。

【中央政治局扩大会议】（1966年5月4日至26日） 中央政治局扩大会议于1966年5月4日至26日在北京召开。会议由刘少奇主持（因毛泽东在外地，会议情况由康生负责向毛泽东请示汇报）。参加会议的成员共76人，包括“文化小组”的江青、张春桥、关锋、戚本禹等八人。这次会议的主要议题是讨论并通过由毛泽东主持制定的《中国共产党中央委员会通知》，同时揭发批判彭真、罗瑞卿、陆定一、杨尚昆等的所谓“反党错误”。会议于5月16日通过了《中国共产党中央委员会通知》（通称“五一六通知”）。决定撤销彭真主持起草、中央于1966年2月12日批转的《文化革命五人小组关于当前学术讨论的汇报提纲》，并指责《提纲》的作者是“站在资产阶级立场上保护资产阶级、反对无产阶级”；撤销原来的《文化革命五人小组》及其办事机构，重新设立文化革命小组，隶属于政治局常委之下，并从组织上赋予中央文化革命小组以更大的权力。“五一六通知”号召全党“高举无产阶级文化革命的大旗，彻底揭露那批反党反社会主义的所谓‘学术权威’的资产阶级反动立场，彻底批判学术界、教育界、新闻界、文艺界、出版界的资产阶级反动思想，夺取在这些文化领域中的领导权”。5月18日，林彪在会上作了长篇讲话。他引证古今中外各种政变的历史，指出：“这里最大的问题是防止反革命政变，防止颠覆、防止‘苦迭打’”。林彪在讲话中鼓吹“个人崇拜”，竭力称颂毛泽东是“天才”。会议批判了彭真、罗瑞卿、陆定一、杨尚昆的所谓“反党错误”，5月23日，会议正式作出决定，停止或撤销了他们的职务。

【中央政治局常委扩大会议】（1966年6月3日、4日、6日、8日） 中央政治局常委扩大会议于1966年6月3日在北京召开，刘少奇主持会议。听取中共北京市委第一书记李雪峰关于北京地区“文化大革命”情况的汇报，指出：社会主义文化革命已是高潮，要使北京市大中学校有良好的秩序，要把学生很快地组织起来，走上轨道。会议同意李雪峰在汇报中提出的开展运动的八条要求：（1）大字报要贴在校内；（2）开会不要妨碍工作、教学；（3）游行不要上街；（4）内外区别对待，不准外国人参加，外国留学生不参加运动；（5）不准到被揪斗的人家里闹；（6）注意保密；（7）不准打人、污蔑人；（8）积极领导，坚持岗位。会议同意中共北京市委向北京市的一些大学、中学派出工作组，领导这些学校的文化革命运动，并要中央各部委和共青团中央抽调干部，作为中共北京市委工作组的成员派往各学校。6月4日，刘少奇继续主持会议，研究“文化大革命”的问题。陈伯达在会上提出要撤销人民日报社总编辑吴冷西的领导职务，刘少奇、邓小平没有同意。6月6日、8日，刘少奇继续主持会议，听取北京地区“文化大革命”情况的汇报，他在会上提出：这次“文化大革命”运动要善于领导、敢于领导。

【中央政治局常委扩大会议】（1966年6月14日至28日）　刘少奇于1966年6月14日至28日多次召集中央政治局常委扩大会议。会议听取北京地区“文化大革命”情况的汇报，讨论运动中有关问题。在这些会议上，刘少奇先后提出：对这一场斗争，咱们都没有经验，工作组也没有经验，有的工作组是好的，能与学生“三同”，同吃、同住、同工作，不好的应该撤回；要划一个线；不要把什么人都说成是黑帮；不要党的领导、中断党的领导是不好的；大部分党委是好的嘛，不要打倒一切；运动的整个过程，要抓生产、工作、生活，恢复星期日，注意劳逸结合，注意反革命破坏；要用“二十三条”的精神、禁止打人、侮辱人和变相的体罚；就是当权派、黑帮，也允许他们改正错误、给出路。20日，刘少奇将反映驻北京大学工作组制止乱打乱斗事件的《北京大学文化革命简报》（第九号）转发全国，在为中共中央起草的批语中指出：“中央认为北大工作组处理乱斗现象的办法是正确的，及时的。各单位如果发生这种现象，都可参照北大的办法处理。”

【中央政治局扩大会议】（1966年7月13日）　中央政治局扩大会议于1966年7月13日在北京召开，刘少奇主持会议。会议听取共青团中央关于《北京市中学文化革命的初步规划》的汇报。在讨论中刘少奇对中学进行文化革命的目的、要求和政策等作了指示：（1）我们的教育，是从资产阶级教育沿袭下来的，所以，不能对所有具有资产阶级教育思想的人都批判，只是批判少数代表人物，大多数人从中受到教育，树立无产阶级的教育路线。（2）建立、健全党团组织生活，恢复和发挥党支部的领导作用、团支部的助手作用。这应单列一条。不要把党、团组织放在一起，要在运动中观察党、团组织，看它能不能领导，同时也锻炼党、团组织。要明确地提出，把建立、整顿、健全党、团组织，恢复党支部的领导作用、团支部的助手作用，作为一条任务。（3）清经济。政治清了，组织清了，思想也清了，趁这个机会把经济也清一下。他还提出：第一段工作，初中在八九月底搞完，争取10月上课，高中在九十月搞完。

【中央政治局常委扩大会议】（1966年7月19日、22日） 中央政治局常委扩大会议于1966年7月19日在北京召开，刘少奇主持会议。会议研究“文化大革命”有关问题。陈伯达在会上提出撤销工作组，遭到邓小平等多数同志的反对。刘少奇支持多数同志的意见，说：工作组有好的、有坏的，他们在第一线，有他们的辛苦，要求不能过高；现在是如何帮助他们，教育他们，总结工作经验；学生中间认识不一致，行动不一致，可以再辩论一个时候，取得经验再向黑帮进攻。22日，刘少奇继续主持中共中央政治局常委扩大会议，讨论《北京市高等院校文化大革命初步规划》。刘少奇对高等院校的运动作了指示：（1）斗争方向问题，主攻方向是当权派；（2）如何斗争的问题，不外乎是两种，文斗、武斗，应该主张文斗，斗争之前要有准备，不打无准备之仗，不打无把握之仗；（3）组织队伍，队伍首先要统一思想；（4）不要“戴帽子”，不限制人家自由。关于工作组问题，刘少奇说：多数工作组是好的，还是教育帮助，改正错误。赶工作组，有的不应该赶。

【中央政治局常委和中央文革小组成员会议】（1966年7月24日） 中央政治局常委和中央文革小组成员会议于1966年7月24日在北京召开。毛泽东主持会议。会上，毛泽东对派工作组提出批评，说不要搞工作组，不要发号施令，并作出撤销工作组的决定。次日，毛泽东在接见各中共中央局书记和中央文革小组成员时再次严厉批评工作组捣了很多乱，起了坏作用，阻碍运动；提出不要工作组，要由革命师生自己闹革命。毛泽东说：不准包围报馆，不准包围省委，不准包围国务院，不准到中央来，都是阻碍群众革命。天天忙于日常事务，不下去跑，没有感性知识，怎么指导运动？

【八届十一中全会（扩大）】（1966年8月1日至12日） 八届十一中全会（扩大）于1966年8月1日至12日在北京召开。会议由毛泽东主持。出席会议的有中央委员和候补中央委员141人。中央政治局常委除陈云请假外，其他人都出席了会议（林彪开始请假，6日返回北京参加会议）。列席的有省、市、自治区党委及中央有关部门的负责同志、中央文革小组全体成员和首都高等学校的师生代表47人。8月1日，全会正式开始。刘少奇首先讲话。他列举了自十中全会以来在国内、国际方面的一些主要工作，对派工作组的问题承担了责任。在刘少奇讲话时，毛泽东不断插话，一再对工作组问题提出批评，并严厉指责工作组犯了方向、路线错误，说工作组实际上是站在资产阶级立场上，反对无产阶级革命。在8月4日召开的中央政治局常委扩大会上，毛泽东对派工作组一事提出更加严厉的指责，说：中央自己违背自己命令。中央下令停课半年，专门搞“文化大革命”，等到学生起来了，又镇压他们。说得轻一些，是方向性的问题，实际上是方向问题，是路线问题，是路线错误，违反马克思主义的。牛鬼蛇神，在座的就有。刘少奇在会上又一次对派工作组一事承担了责任。8月5日，毛泽东写了《炮打司令部——我的一张大字报》，大字报虽然未点名，但明显地主要针对刘少奇。8月7日，毛泽东的大字报发表后，会议立即转为集中揭发和批判刘少奇。在会议期间，朱德、陈云、邓子恢、薄一波等，也都受到不同程度的批判。8月8日，全会通过《关于无产阶级文化大革命的决定》。《决定》强调："当前开展的无产阶级文化大革命，是一场触及人们灵魂的大革命，是我国社会主义革命发展的一个更深入、更广阔的新阶段。""在当前，我们的目的是斗垮走资本主义道路的当权派，批判资产阶级的反动学术'权威'，批判资产阶级和一切剥削阶级的意识形态。""运动的重点，是整党内那些走资本主义道路的当权派。"但是没有对"走资派"作出明确的判别标准。8月12日，根据毛泽东提议，全会改组了中央领导机构，选举毛泽东、林彪、周恩来、陶铸、陈伯达、邓小平、康生、刘少奇、朱德、李富春、陈云为中央政治局常委。林彪名列第二，实际上成为毛泽东的接班人。全会决定撤销彭真、罗瑞卿、陆定一及杨尚昆的中央书记处书记和候补书记的职务；补选陶铸、陈伯达、康生、徐向前、聂荣臻、叶剑英为政治局委员，李雪峰、宋任穷、谢富治为政治局候补委员。

【中央工作会议】（1966年10月9日至28日）　中央工作会议于1966年10月9日在北京人民大会堂东大厅召开。原定只开几天，后一再延长，直到28日才结束，共开了20天。会议由毛泽东主持，以批判"资产阶级反动路线"为主题。16日，陈伯达作了题为《无产阶级文化大革命中的两条路线》的讲话，25日，林彪也讲了话。他们在讲话中，公开点名批判刘少奇、邓小平是资产阶级反动路线的代表人物；提出"群众运动是天然合理"的论调。25日，毛泽东在会上讲了话，指出在北京我的意见不能实行，推行不了。搞了一线、二线，出了相当多的独立王国。所以，十一中全会对一线、二线的问题，就作了改变。一线、二线不统一，别人有责任，我也有责任。毛泽东特别说明，出现的问题也不能完全怪少奇同志和小平同志，他们有责任，中央也有责任，我也有责任。在会上毛泽东还提出了对待所谓"乱"的方针，主张乱它几个月，大字报要上街，工农兵不要干涉学生的"文化大革命"，等等。会议的最后一天，周恩来根据毛泽东的意见，对会议如何传达做了具体部署，要求各省于会后在同一时间内召开三级干部会议。关于运动中若干具体问题，周恩来作了原则性的答复。会后，全国掀起批判所谓"资产阶级反动路线"的高潮。在林彪、江青指使下，从12月开始，全国各地组织游行，公开喊出"打倒刘少奇、邓小平"的口号。

【全国计划会议、工业交通会议】（1966年11月17日至23日）　全国计划会议、工业交通会议于1966年11月17日至23日在北京召开。会前，周恩来要余秋里抓紧准备召开这次会议，力求把1967年的计划安排得早些、好些；要谷牧组织一个班子，研究工交系统如何贯彻"抓革命、促生产"的方针，使工业生产减少损失。会议认为，当前工业生产存在的主要问题是：(1) 生产指挥系统不健全，5%至10%的工业企业领导班子瘫痪。各省主管业务部门的领导干部，一般都忙于运动和接待工作，不能集中精力抓生产。(2) 运输紧张。全国大串连，是运输紧张的主要原因。(3) 设备维修差，地方企业的维修计划只能完成60%左右。(4) 机械工业的在制品大量减少。(5) 学生、青年、徒工外出串连，大学生和一部分不升学的中学生推迟到明年分配和招收，劳动力不足，影响了生产。根据会议的意见和周恩来多次讲话精神，谷牧起草出《工交企业进行文化大革命的若干规定》（又称“十五条”）。会议期间，“十五条”遭到陈伯达和中央文革小组的反对和指责。22日，周恩来同李富春到毛泽东处将此情况作了汇报。毛泽东听后表示：(1) 工矿企业还是要分期分批进行“文化大革命”。(2) 八小时生产不能侵犯，工人只能业余时间闹革命。(3) 文件提出后，让谷牧带个班子到上海、沈阳、天津听取各派工人的意见，继续进行修改，争取12月份出发。(4) 原稿上把“当权派”划宽了，同意把“忘本、自私、压制群众”等几类人去掉。会后，11月24日，周恩来参加对《工交企业进行文化大革命的若干规定》修改稿的讨论和修改。会上，刘澜波、吕正操、吕东等对中央文革小组陈伯达等企图搞乱工交企业的一些做法表示愤怒。周恩来提出：我们不入地狱谁入地狱？我们不入虎穴谁入虎穴？他要求大家为了党和国家的利益，要不惜牺牲自己的个人利益，要有我们当年跟敌人打仗深入虎穴取虎子的精神，要抱定入“地狱”的决心。

【中央政治局扩大会议】（1966年12月4日至6日） 中央政治局扩大会议于1966年12月4日至6日在北京召开。林彪主持会议。会议听取了谷牧关于工交企业座谈会的汇报，并准备通过“工业十条”，会前他准备了关于工交座谈会的《汇报提纲》，会上讨论了这个提纲。林彪、康生、陈伯达、王力等对谷牧根据周恩来的指示所写的《关于工交企业文化革命座谈会的汇报提纲》进行指责和批判，称《汇报提纲》“集中反映了一套错误的东西，就是不要搞文化大革命”。这次会议之后，9日，中共中央下达《关于抓革命、促生产的十条规定（草案）》。15日，中央政治局又通过了《关于农村无产阶级文化大革命的指示（草案）》。由此，“文化大革命”的动乱，迅速蔓延到全国的工矿和农村。

【中央政治局碰头会】（1966年12月9日） 中央政治局碰头会于1966年12月9日在中南海游泳池毛泽东的住处召开。毛泽东、周恩来等出席，周恩来主持碰头会。会议讨论通过了陈伯达等重新起草的《中共中央关于抓革命、促生产的十条规定（草案）》，通称“工业十条”。文件规定：工人群众在“文化大革命”中有建立革命组织的权利，各单位工人群众之间、工人组织之间，可以在业余时间，在本市革命串连，交流文化革命经验。学生可以有计划地到厂矿，在工人业余时间进行革命串连。工人也可以派代表到本市学校进行串连。这个规定草案于12月10日发出。

【中央政治局会议】（1967年1月11日）　中央政治局会议于1967年1月11日在北京人民大会堂河北厅召开。周恩来主持会议。会上在谈到外面有很多有关贺龙的大字报时，周恩来说：主席说了，政治局不要公开点贺龙的名，我们政治局的同志和常委同志不要在公开的场合点他的名，只是要他去登门听取大家的批评，不公开。当然也不要让红卫兵去揪他。会上，徐向前、叶剑英、朱德先后发言，强调军队要稳定。会议通过《中共中央、国务院、中央军委、中央文革小组给上海市各革命造反团的贺电》。贺电号召全国的党、政、军、民各界，号召全国的工人、农民、革命学生、革命知识分子、革命干部，学习上海市革命造反派的经验，一致行动起来，打退资产阶级反动路线的新反扑，使“无产阶级文化大革命”，沿着以毛泽东为代表的无产阶级革命路线胜利前进。会议通过《中共中央关于反对经济主义的通知》，《通知》指出：“有一小撮党内走资本主义道路的当权派，为了破坏无产阶级文化大革命，转移斗争目标，挑动不明真相的少数人大闹经济主义，向无产阶级专政的社会主义国家进行斗争。”会议还通过《关于制止腐蚀群众组织的通知》，中共中央、国务院、中央军委《关于保护银行的通知》，中共中央《关于广播电台问题的通知》。会议决定：改组全军文化革命小组，成立新的全军文化革命小组，在中央军委和中央文化革命小组直接领导下进行工作。徐向前任全军文化革命小组组长，江青为顾问，萧华、杨成武、王新亭、徐立清、关锋、谢镗忠、李曼村为副组长。

【中央政治局常委扩大会议】（1967年1月16日）　中央政治局常委扩大会议于1967年1月16日在北京召开。毛泽东主持会议。会议讨论“左”派夺权问题。毛泽东在讲话中说：我们的干部十几年来有些变化了。“左”派群众起来夺权，这是好的。右派夺权当然不好，“左”派力量发展很快，上海的“左”派工人去年11月上旬有1000多人，今年1月上旬100万再加上学生，就是主力军。群众选举新干部，就让他们选嘛！工厂、书记让他们去选。被接管的地方可以选。接管很好，只管政务，只管监督，不管业务，事情还是原来的人去搞。军队接管电台，只能在“左”派不占优势时暂时接管，如果“左”派占优势，就交给他们去管。过去是军队打江山，现在是工农自己打江山，军队帮助。军队完全不介入是不可能的。

【中央政治局常委、中央文革小组成员碰头会】（1967年1月28日）　中央政治局常委、中央文革小组成员碰头会于1967年1月28日凌晨在中南海游泳池毛泽东住处召开。周恩来主持会议。会议讨论中央军委“八条命令”稿。下午，到毛泽东处开会，后同徐向前、聂荣臻、叶剑英一起修改“军委八条”，删去原稿中“今后右派冲击要抵制，左派冲击要欢迎”一句，同时，中央军委颁布八条命令。其主要内容：（1）必须坚决支持真正的无产阶级革命派，争取和团结大多数，坚决反对右派，对那些证据确凿的反革命组织和反革命分子，坚决采取专政措施。（2）一切指战员、政治工作人员、勤务、医疗、科研和机要工作人员，必须坚守岗位，不得擅离职守。要抓革命，促战备、促工作、促生产。（3）军队内部开展“文化大革命”的单位，应该实行“大鸣、大放、大字报、大辩论”，充分运用摆事实、讲道理的办法。严格区别两类矛盾。不允许用对待敌人的方法来处理人民内部矛盾，不允许无命令自由抓人，不允许任意抄家、封门，不允许体罚和变相体罚，例如戴高帽，挂黑牌，游街，罚跪，等等。认真提倡文斗，坚决反对武斗。（4）一切外出串连的师生、文艺团体、体工队、医院和军事工厂的职工等，应迅速返回本地区、本单位进行斗批改，把本单位被一小撮走资本主义道路当权派篡夺的权夺回来，不要逗留在北京和其他地方。（5）对于冲击军事领导机关问题，要分别对待。过去如果是反革命冲击了，要追究；如果是“左”派冲击了，可以不予追究。今后则一律不许冲击。（6）军队内战备系统和保密系统，不准冲击，不准串连。凡非文化革命的文件、档案和技术资料，一概不得索取和抢劫。有关文化革命的资料暂时封存，听候处理。（7）军以上机关应按规定分期分批进行“文化大革命”。军、师、团、营、连和军委指定的特殊单位，坚持采取正面教育的方针，以利于加强战备，保卫国防，保卫“无产阶级文化大革命”。（8）各级干部，特别是高级干部，要用毛泽东思想严格管教子女，教育他们努力学习毛主席著作，认真与工农相结合，拜工农为师，参加劳动锻炼，改造世界观，争取做无产阶级革命派。干部子女如有违法乱纪行为，应该交群众教育，严重的，交公安和司法机关处理。

【中央政治局常委扩大会议】（1967年2月10日） 中央政治局常委扩大会议于1967年2月10日在北京召开。毛泽东、林彪、周恩来、陈伯达、康生、李富春、叶剑英、王力出席。毛泽东主持会议。毛泽东要求中央文革小组开会批评陈伯达、江青在群众中公开点名打倒一个常委。毛泽东提出政治局常委扩大会议范围要扩大，提名增加陈毅、谭震林、徐向前、李先念、谢富治、关锋、戚本禹等。

【怀仁堂碰头会】（1967年2月11日、16日） 自1967年2月上旬起，周恩来在中南海怀仁堂主持召开碰头会，商讨党政业务工作。会上再次爆发了老一辈革命家揭露、抨击中央文革小组乱党乱军行径的斗争。其中在2月11日、16日的会上，叶剑英、聂荣臻、徐向前、谭震林、陈毅、李先念、余秋里等对“文化大革命”的错误做法表示强烈不满，对江青、康生、陈伯达、张春桥等人的乱党乱军、打击迫害老干部的行为进行激烈抨击。这种抗争主要是围绕运动要不要党的领导、老干部应不应该都打倒、要不要稳定军队三个问题进行。

【中央政治局会议】（1967年2月19日） 中央政治局会议于1967年2月19日在北京召开。毛泽东、周恩来、李富春、叶剑英、李先念、康生、谢富治、叶群（代表林彪）等出席。毛泽东主持会议。毛泽东对谭震林、陈毅、徐向前等人16日在怀仁堂碰头会上的发言进行了严厉批评。会议决定对谭震林、陈毅、徐向前以及李富春、李先念、叶剑英、聂荣臻进行批评。江青等猛烈攻击他们是“资产阶级复辟逆流”（后称“二月逆流”）。此后，中央政治局停止活动，原由周恩来主持、各副总理及有关负责人参加，处理党和国家大事的中央政治局常委碰头会被中央文革碰头会取代。

【军以上干部会议】（1967年2月26日至3月25日）　中共中央、中央军委于1967年2月26日至3月25日在北京召开军以上干部会议。会议的主题是在打倒刘少奇、认清“文化大革命”的“重要性”和“迫切性”、分清“主流和支流”等重大问题上统一军队高级干部的思想。3月9日，康生在会上传达了毛泽东1966年5月和1967年2月对外宾谢胡、卡博、巴卢库等谈话的主要内容。两次谈话的主题是：“文化大革命”是两个阶级、两条道路、两条路线的尖锐斗争，是防止资本主义复辟、把社会主义革命进行到底的斗争。同日，陈伯达在会上讲了话，他以毛泽东的大字报《炮打司令部》为基础，从历史上一系列重大问题上污蔑刘少奇、邓小平、彭真。3月13日，周恩来在会上讲话呼吁：无论如何要在3月份解决省、市、自治区的领导机构问题，以便抓革命、促生产。他又说：陷于瘫痪、半瘫痪状态的单位，被坏人篡夺了领导权的单位，边防、沿海、交通要道、专政机构、机密要害部门、国防企业单位，都应实行军管。文教卫生工作也要抓起来，防疫工作非常急迫。有的同志怕军队成了工作组，这要看什么工作组，如果站在毛主席革命路线一边推动无产阶级“文化大革命”，促进三结合的实现，为什么不可以？不要怕。各地军管会要注意帮助当地领导干部出来亮相。各单位群众组织必须归口。对反动组织，对严重违法乱纪和泄露国家机密的，应予以逮捕法办。3月20日，林彪在会上讲话。他把阶级斗争扩大化、绝对化、永久化，并鼓吹“文化大革命”“损失是最小最小最小，而得到的成绩是最大最大最大”，要“采取主动的进攻”，“刮他十一级、十二级台风”。

【八届十二中全会】（1968年10月13日至31日）　八届十二中全会于1968年10月13日至31日在北京召开。会议由毛泽东主持。全会是在极不正常的情况下召开的。出席会议的中央委员和候补中央委员共59人。许多中央委员被剥夺了出席会议的权利，原97名中央委员除去世10人外，只有40人到会，不足半数。会议的第一天从到会的19名候补中央委员中挑选了10名补为中央委员（未按惯例递补），才刚刚超过中央委员会的半数；一些出席会议的中央委员继续遭受诬陷性的批判。出席会议的还有中央文革小组全体成员、军委办事组成员、各省市自治区革命委员会和各大军区的主要负责人、中央直属机关人员共74人，超过中央委员和候补中央委员的总数。全会的主要议题是通过关于刘少奇专案的审查报告和新修改的党章草案。毛泽东在开幕式上讲了话，要求大家讨论：究竟“文化大革命”是否必要，是否正确，成绩是不是主要的。会议一开始，康生、江青等借口讨论毛泽东提出的“文化大革命”是否必要的问题，批判所谓“二月逆流”，分组围攻陈毅、叶剑英、李富春、李先念、徐向前、聂荣臻等同志（谭震林被剥夺参加会议的资格，未参加会议），同时批判了所谓“一贯右倾”的朱德、陈云、邓子恢。全会通过了由江青、康生、谢富治等人凭伪证写成的《关于叛徒、内奸、工贼刘少奇罪行的审查报告》，决定把刘少奇永远开除出党，撤销其党内外一切职务（1969年11月12日，刘少奇在河南开封监狱被迫害致死）。在表决通过决议时，中央委员陈少敏不畏高压，没有举手。这次会议从组织上完成了“打倒刘少奇”的手续。会上，林彪、江青一伙鼓噪要公审刘少奇、开除邓小平的党籍，由于毛泽东的反对而未能得逞。全会通过了召开党的第九次全国代表大会的决定，以及《关于九大代表产生的决定》和《关于中国共产党章程（草案）的决定》。这次全会对于刘少奇所作的政治结论和组织处理是完全错误的。

【中国共产党第九次全国代表大会】（1969年4月1日至24日） 中国共产党第九次全国代表大会于1969年4月1日至24日在北京举行。出席这次大会的代表共1512名，代表全党2200万党员。在九大代表的产生过程中，由于党组织瘫痪，根本无法进行正常的选举，大都是由革命委员会同各造反派组织的头头协商决定或上级组织指定的。这使林彪、江青等人得以乘机把他们帮派体系的许多人封为大会代表，有的是在确定为九大的代表以后，才赶办入党手续的，造成组织上的严重不纯。九大有三项议程：林彪代表中国共产党中央委员会作政治报告；修改中国共产党章程；选举党的中央委员会。林彪向大会作了《在中国共产党第九次全国代表大会上的报告》。这篇由张春桥、姚文元主持起草的报告的基本思想，就是鼓吹“无产阶级专政下继续革命的理论”，这被说成是毛泽东思想的最新发展。《报告》把这场给全国人民带来灾难的“文化大革命”说成是“完全必要的”，“非常及时的”，并且认为这是“社会主义社会两个阶级、两条道路、两条路线长期尖锐斗争的必然结果”。《报告》第一次把社会主义阶段的任何时候、任何情况下都要以阶级斗争为中心的错误指导思想，正式规定为“我党在整个社会主义历史阶段的基本路线”。大会讨论并通过了《中国共产党章程》，把“无产阶级专政下继续革命的理论”写入总纲，而只字不提发展生产力，还取消了有关党员权利的规定，并把林彪“是毛泽东同志的亲密战友和接班人”写进了总纲。大会选举了170名中央委员和109名候补中央委员。其中原八届中央委员和候补中央委员只有53人，不到九届中央委员的五分之一。林彪、江青一伙的主要成员、亲信和追随者进入党的中央委员会。九大通过的政治报告和党章，使“文化大革命”的错误理论和错误实践合法化，加强了林彪、江青集团在党中央的地位。九大在思想上、政治上和组织上的指导方针都是完全错误的。

【九届一中全会】（1969年4月28日）九届一中全会于1969年4月28日下午在北京举行。全体中央委员出席了会议，全体候补中央委员列席了会议。毛泽东主持会议。会议选举毛泽东、林彪、（以下按姓氏笔画为序）叶群、叶剑英、刘伯承、江青、朱德、许世友、陈伯达、陈锡联、李先念、李作鹏、吴法宪、张春桥、邱会作、周恩来、姚文元、康生、黄永胜、董必武、谢富治为中央政治局委员。选举纪登奎、李雪峰、李德生、汪东兴为中央政治局候补委员。选举毛泽东为中央委员会主席，林彪为中央委员会副主席。选举毛泽东、林彪、（以下按姓氏笔画为序）陈伯达、周恩来、康生为中央政治局常务委员。毛泽东在讲话中再次肯定了“文化大革命”。

【中央政治局、中央工作会议】（1970年3月8日至20日） 中央政治局会议于1970年3月8日在北京召开。周恩来主持会议。会议传达毛泽东提出的关于召开四届人大和修改宪法的意见。会议一致拥护毛泽东的意见，商定立即着手进行以下工作：（1）成立由周恩来、张春桥、黄永胜、谢富治、汪东兴组成的工作小组，负责四届人大代表名额和选举工作，并约各省、市、自治区负责人面商；（2）成立由康生、张春桥、吴法宪、李作鹏、纪登奎组成的工作小组，负责修改宪法工作，先将修改要点写出，至4月8日完成修改工作；（3）由周恩来、姚文元主持起草政府工作报告稿，集中讲当前政策和计划问题等。从此，开始了修改宪法的准备工作。13日，周恩来主持中央政治局会议，讨论通过由周恩来草拟的《中华人民共和国第四届全国人民代表大会代表名额和选举的决定》及关于四届人大代表名额分配问题的两个协商方案。周恩来在会上对《决定》和两个协商方案作了说明。次日，致信毛泽东、林彪，报告政治局商议情况，并提出：代表中非党员不应少于40%，爱国民主人士不应少于100人。16日，周恩来主持中央政治局会议，讨论通过修改宪法工作小组起草的《关于修改宪法问题的请示》及附件，商定各省、市、各大军区等来京参加中央工作会议人员名单。次日，致信毛泽东、林彪报告此事。3月17日至20日，周恩来在北京主持召开中央工作会议。出席会议的有各省、市、自治区革命委员会党的核心小组和各大军区、军委各总部、各军兵种负责人共103人。会议主要进行了四项议程。（1）一致拥护毛泽东提出的关于召开四届人大和修改宪法的意见。（2）修改、通过《中华人民共和国第四届全国人民代表大会代表名额和选举的决定》。（3）一致拥护毛泽东、林彪及中央政治局委员、政治局候补委员由各地、各部门选举为四届人大代表。（4）讨论、修改关于四届人大代表名额分配的协商和调整方案。（5）关于各地、各部门候选代表的推选工作和修改宪法进一步征求意见的部署。在20日的会上，周恩来宣读中央工作会议纪要，并做解释、说明。

【中央政治局会议】（1970年3月10日） 中央政治局会议于1970年3月10日在北京召开，周恩来主持会议。会议讨论设立国务院文化组问题。会议商定：（1）在国务院之下设立一文化组，管理有关文艺、电影、出版、图书、博物等方面的工作。（2）文化组的思想政治领导属中央政治局，政治局分工归中央文革；文化组的行政领导属国务院，党中央对该组的指示和决定，由国务院组织实施。（3）文化组设组长、副组长和组员若干人，提议吴德为组长，刘贤权为副组长，石少华等七人为组员。（4）文化组设一小的工作机构。次日，周恩来、陈伯达、康生联名向毛泽东、林彪报告此事。毛泽东批示："同意。"

【中央政治局会议】（1970年3月24日） 中央政治局会议于1970年3月24日在北京召开，周恩来主持。会议修改通过了《中共中央关于清查"五一六"反革命阴谋集团的通知》，审查批准上海等17个省、市、自治区报送的省级革命委员会成员名单。次日，周恩来与陈伯达、康生联名将两件事报毛泽东、林彪。27日，经毛泽东批准，《中共中央关于清查"五一六"反革命阴谋集团的通知》发出。这个通知错误地把遭到诬陷的解放军高级将领萧华、杨成武、余立金、傅崇碧等，同原中央文革小组成员，帮助林彪、江青一伙干了很多坏事，当时已被隔离审查的王力、关锋、戚本禹混在一起，都说成是"五一六"阴谋集团的操纵者。《通知》指出清查"五一六"有些单位出现了扩大化的倾向，提醒各级领导和组织"必须引起特别警惕和注意"。揭露"五一六"反革命阴谋集团，重点应当是揭露它的骨干分子和幕后操纵者。《通知》还指出有些单位在清查"五一六"的斗争中，搞"逼、供、信"，甚至采用体罚或变相体罚的手段，这是完全错误的，必须坚决制止。《通知》指出在防止清查"五一六"扩大化的同时，不要放松对其他反革命分子的斗争。对其他反动组织，应根据中央历次指出的，是什么组织就叫什么组织，是什么性质就定什么性质，而不要一律都叫"五一六"。

【中央政治局会议】（1970年4月12日） 中央政治局会议于1970年4月12日在北京召开，周恩来主持。1970年4月11日，林彪从苏州通过电话向在长沙的毛泽东提出，关于国家主席问题"仍然建议由毛主席兼任"，"否则，不适合人民的心理状态"；副主席可设可不设。林彪还表示他自己"不宜担任副主席的职务"。这个电话记录同时传达给中央政治局。会议讨论林彪关于要毛泽东兼任国家主席的意见。多数政治局委员同意由毛泽东担任国家主席，并将讨论意见报告毛泽东。毛泽东在报告上批示："我不能再作此事，此议不妥。"

【中央专委会会议】（1970年4月14日） 中央专委会会议于1970年4月14日晚在北京召开，周恩来主持。会议听取从发射场回京的钱学森、李福泽、杨国宇、任新民、戚发轫等的汇报，批准"东方红一号"卫星和"长征一号"火箭进入发射工作位置。周恩来要大家认真工作，搞好协作。20日，周恩来通过解放军国防科学技术委员会副主任罗舜初发出指示：第一颗卫星的发射要做到"安全可靠，万无一失，准确入轨，及时预报”。在卫星准备发射期间，还要求参加此项工作的工程技术人员“认真地、仔细地、一丝不苟、一个螺丝钉都不放过地”进行发射前的准备工作。在检测中发现的问题全部得到解决后，将卫星发射准备工作情况报告毛泽东。23日，毛泽东批准于24日夜间发射。24日，中国第一颗人造地球卫星“东方红一号”发射成功。26日，《人民日报》发布新闻公报，向中国及世界报道中国第一颗人造地球卫星成功发射的消息。

【中央政治局会议】（1970年5月16日至17日） 中央政治局会议于1970年5月16日至17日在北京召开，周恩来主持。会议讨论当前形势和外交部有关建议。会议商定：（1）推迟原定于5月20日举行的中美会谈，将双方联络员的会晤，定于6月20日；（2）建议毛泽东发表一简短声明，支持国际反美革命斗争、印度支那人民最高级会议和西哈努克政府；（3）召开国内群众集会和示威游行，北京群众大会请毛泽东、林彪出席，西哈努克讲话。次日，周恩来向毛泽东书面报告所商定各事，并附外交部当日“关于推迟中美会谈第一三七次会议的请示”件。毛泽东阅批：照办。17日，周恩来继续主持中央政治局会议，讨论修改由有关部门起草的毛泽东声明稿。会议认为，该声明内容应突出毛泽东5月11日同越南劳动党领导人黎笋谈话中提出的一些重要思想。根据政治局讨论的意见，18、19两日又多次修改声明稿。19日，周恩来、康生、陈伯达将修改后的二稿报送毛泽东审定。毛泽东批示：照办。19日，周恩来同西哈努克会谈。受毛泽东委托，将准备发表的毛泽东声明《全世界人民团结起来，打败美国侵略者及其一切走狗！》的法文译本拿给西哈努克看，征求意见。

【中央政治局会议】（1970年6月13日） 中央政治局会议于1970年6月13日在北京召开，周恩来主持会议。会议讨论通过了中共中央关于1969、1970、1971年度大专院校毕业生分配通知稿。通知要求，这三届毕业生自1970年7月份起开始分配，主要去向是农村、边疆和工矿生产第一线。次日，周恩来与陈伯达、康生联名写信给毛泽东、林彪的报告中说：中央原管的大专院校，除北大、清华、北师大、北京工学院等拨给北京市代管外，其他中央各部委所辖院校，大多数已下放给地方，与所在地厂、矿、专业结合。中央究竟留几个院校（如外语）作为试点，待商定后再报。毛泽东阅批：照办。

【中央政治局会议】（1970年7月10日） 中央政治局会议于1970年7月10日在北京召开，周恩来主持会议。会议传达毛泽东关于修改宪法、召开九届二中全会和四届人大会议的指示，审议《中央准备召开党的九届二中全会和四届人大的工作计划（送审稿）》。工作计划包括：（1）建议成立由毛泽东、林彪分别担任正、副主任的中央修改宪法起草委员会；（2）7月11日至8月20日，完成宪法修改的准备工作，讨论通过四届人大代表名单，同时准备政府工作报告、国民经济计划等文件；（3）8月21日至28日，召开九届二中全会；（4）9月15日至24日，召开四届人大会议。次日，将工作计划稿分别报送毛泽东、林彪。

【中央专委会会议】（1970年7月15日至16日） 中央专委会会议于1970年7月15日至16日在北京召开，周恩来主持会议。会议听取核潜艇核动力陆上模式堆运行试验准备工作情况汇报，着重审查模式堆启动运行安全问题。周恩来强调：充分准备，一丝不苟，万无一失，一次成功。对启动运行试验中的每个环节都要认真研究，二机部要吸收本部门以外的一些专家来“挑毛病”。他还指出，这次试验，是我们开发利用核动力的起点，也是奠定核电站建设的基础。会议决定派清华大学、二机部二院专家和有关部门领导赶赴现场，跟班工作，及时处理问题。会后，周恩来又两次电话指示参试人员：不要急，要仔细做工作，加强现场检查。越是试验阶段，越要全力以赴，一丝不苟，才能符合要求。经各方面的努力，此次试验获得成功。

【中央政治局常委会议】（1970年8月22日） 中央政治局常委会议于1970年8月22日在江西庐山召开。毛泽东、林彪、周恩来、陈伯达、康生出席。毛泽东主持会议。会议讨论了关于九届二中全会的会议日期、修改宪法和形势等问题。会议决定：九届二中全会由毛泽东主持，第一次全体会议由周恩来讲形势，修改宪法问题由周恩来或康生讲。

【九届二中全会】（1970年8月23日至9月6日） 九届二中全会于1970年8月23日至9月6日在江西庐山召开。出席会议的有中央委员155人，候补中央委员100人。会议由毛泽东主持。全会的原定议程是：（1）讨论修改宪法问题。（2）讨论国民经济第四个五年计划问题。（3）讨论加强战备问题。在周恩来宣布全会的议程以后，林彪突然要求首先发言，仍然坚持设国家主席，并利用宣传“毛泽东是天才”的观点把矛头指向江青集团。林彪集团的几个主要成员不顾会议议程，在各自小组上按照林彪讲话的主旨和陈伯达提供的马克思主义经典作家有关称“天才”的语录，抓住设国家主席和称天才两个问题，不指名地攻击张春桥。载有陈伯达等人发言的全会第六号简报印发后，在各组引起强烈反响，要求把“不赞成毛主席当国家主席”的人“揪出来”。这使会议充满紧张的气氛。毛泽东了解到全会上出现的这种不正常情况后，主持召开政治局常委扩大会议，决定立即停止讨论林彪的讲话，收回第六号简报，责令陈伯达检讨。31日，毛泽东写了《我的一点意见》，严厉批评陈伯达“采取突然袭击，煽风点火，唯恐天下不乱，大有炸平庐山，停止地球转动之势”，提出“决不能跟陈伯达的谣言和诡辩混在一起”，“不要上号称懂得马克思，而实际上根本不懂马克思那样一些人的当”。全会按照毛泽东的意见，对陈伯达展开揭发批判，吴法宪等也受到批评。全会于9月6日恢复原定议程，基本完成预定任务。会上，宣布对陈伯达进行审查。

【华北会议】（1970年12月22日至1971年1月24日） 华北会议于1970年12月22日

至1971年1月24日召开。出席会议的有北京军区和华北地区的党政军负责同志。会议由周恩来主持。会议的重点是揭发、批判陈伯达，并揭发批判李雪峰、郑维山的错误。会议期间，宣布了中共中央改组北京军区的决定，撤销了郑维山的北京军区司令员和李雪峰的北京军区政治委员职务，任命李德生为北京军区司令员、谢富治为北京军区第一政治委员，纪登奎为北京军区第二政治委员。1971年1月24日，周恩来根据毛泽东的指示，代表中共中央在华北会议上作了重要讲话，系统地揭露了陈伯达的罪行。他指出：这次会议通过对陈伯达的揭发批判，更加认清了他的反党罪行，进一步同他划清了界限。讲话要求华北会议后，北京军区师以上党委，华北地区各省、市、自治区革命委员会党的核心小组，都要按照中央既定的部署，有领导、有计划、有步骤地进一步开展批陈整风运动，彻底肃清陈伯达的流毒和影响。

【批陈整风汇报会】（1971年4月15日至29日）　批陈整风汇报会于1971年4月15日至29日北京召开。周恩来主持会议。参加这次会议的有中央、地方和部队的负责人99人。在第一次全体会议上，周恩来在讲话中回顾了自九届二中全会以来开展“批陈整风”的过程，说明黄永胜、吴法宪、叶群、李作鹏、邱会作五人几次失掉自我教育机会，在毛泽东一再督促下，才作出检讨。针对军委办事组一直批陈不利的问题，主动承担了自己督促、帮助不够的责任，希望在庐山会议上犯有错误的同志，能够联系实际，搞好自我教育。指出：我们这个会议的目的，是“惩前毖后，治病救人”，从团结的愿望出发，进行批评和自我批评，在新的基础上达到新的团结。会上，黄永胜、吴法宪作了检讨发言。17日至21日，周恩来参加中央批陈整风汇报会东北组讨论。19日，主持中央政治局会议和各组召集人汇报会议，根据毛泽东的意见，决定延长讨论时间。20日，致信19日回到北京的林彪，送去有关中央“批陈整风”汇报会的材料及毛泽东的批示。林彪仍无出席会议之意。22日，周恩来主持中央政治局会议，研究中央“批陈整风”汇报会进展情况。会议商定自24日起，各组进入“批陈整风”、自我教育的经验交流阶段，并决定由周恩来、江青、张春桥、黄永胜、姚文元、纪登奎六人起草会议结束时的讲话大纲。24日、25日，中央“批陈整风”汇报会华东、华北、中南、西南、西北和东北六个组进行分组讨论。29日，中央“批陈整风”汇报会召开全体会议。周恩来受中央政治局委托，在会上作总结讲话。主要内容如下：（1）会议的过程和评价；（2）陈伯达的罪行；（3）军委办事组五位同志所犯的错误，是方向路线错误；（4）今后办法。会上，还宣读了中共中央《关于把批陈整风运动推向纵深发展的通知》。

【中央政治局会议】（1971年5月26日）　1971年5月26日，根据毛泽东的意见，周恩来主持召开中央政治局会议，商讨中美关系问题。会后，周恩来起草了《中央政治局关于中美会谈的报告》。《报告》回顾了自第二次世界大战以来中美关系的演变过程，估计了同基辛格的预备会谈和尼克松的访问可能出现的各种情况，并拟出相应的对策，提出中美会谈的八点方针，主要是：美国一切武装力量和专用军事设施，应规定限期从中国台湾省和台湾海峡撤走；台湾是中国的领土，解放台湾是中国的内政，外人不容干预；中国人民力争和平解放台湾；中国政府和人民坚决反对进行“两个中国”或“一中一台”的活动；美国如欲同中国建交，必须承认中华人民共和国是代表中国的唯一合法政府。《报告》还有针对性地回答了一些对中美会谈存有疑虑的问题。29日，毛泽东批示同意《报告》。同日，向尼克松发出口信，欢迎基辛格来北京举行一次秘密的预备性会谈，为尼克松访华做准备工作。

【全国外事工作会议】（1971年5月27日至31日） 全国外事工作会议于1971年5月27日至31日在北京召开。参加会议的有中央和地方党政军负责人及外事部门负责人。周恩来在5月30日、31日的会议上讲话，阐述在新形势下的外交政策，批评并纠正对外宣传工作中存在的偏差。提出：我们现在是处在一个新的形势下，因此，我们的外事工作要跟过去有所不同，要有所变化。在无产阶级“文化大革命”中，我们同许多国家几乎中断了来往，许多方面的活动停止了，现在不行。（外国人）不仅是左派、中间派要来，右派也要来一点，这就需要我们适应新的形势。关于新中国成立后外交工作的评价，他说：我不同意那种极左思潮的说法，好像我国外交路线也是修正主义路线，因为毛主席一直关心这条战线，亲自抓、亲自领导这条路线。关于对外宣传方面的问题，指出：现在存在两种倾向，一种是自吹自擂，使用不适当的语言、夸大的语言强加于人；另一种是缩手缩脚。这两种倾向有一个特点，都是不实事求是。对于不实事求是的对外宣传，我们外事工作人员应该当场给予纠正，并敢于当面承认错误，应该有这个勇气。谈到“文化大革命”中各项事业受影响、被破坏的情况时，他说：这些事情为什么不能跟人家说？这几年我们出版的东西少了，要补上来；文艺方面除了八个样板外，只要内容是健康的、革命的，形式不是萎靡、庸俗的，就要允许人家尝试。又说：我们不赞成把“苏修”这两个字到处搬用，把东欧一些国家都叫“修字号”，都给加上标签；“帝、修、反”三个字是简化了的，随便往人家头上加，这不好。会上，周恩来还建议扩大发行《参考消息》，以使基层党员干部了解熟悉国际方面的知识和变化。

【中央工作会议】（1971年6月4日至18日） 中央工作会议于1971年6月4日至18日在北京举行。出席这次会议的有各有关方面的负责人共225人。在第一次全体会议上，周恩来宣讲《中央政治局关于中美会谈的报告》。他在谈到批判对外工作中的极左思潮时说：一直到现在我们总说批判极左思潮不彻底，不敢大胆批评，包括我们中央许多部门，一直到现在还有。你不把极左思潮肃清，怎么能掌握正确的政策呢？他强调：对外宣传必须一分为二，坚持两点论，既有成绩，也有缺点。我们总是不敢把“文化大革命”

中的缺点跟人家讲，什么都好，这不通了嘛！总之，毛主席的方针就是不要强加于人，不要以我为核心，自以为左，藐视一切，瞧不起人家。9日至15日，周恩来参加中央工作会议各组讨论。18日，他出席中央工作会议结束会议，就国际形势、中美关系以及国内等工作问题发表讲话，提出：在当前新形势下，要动员全党了解和体会毛主席的外交路线和政策，同时，还要批判在“文化大革命”中被坏人利用的极左思潮，特别是对外政策方面的极左行动，像火烧英国代办处、主张出兵香港、随便提“断交”、冲砸大使馆、到外交部“夺权”，等等。这种“左”的言行要批判，但也要防止右的。又说：现在我国比较落后，我们还要抓革命、促生产。只有把生产搞上去，才好实事求是地对外宣传，开展人民外交。

【中央专委会会议】（1971年6月25日）　中央专委会会议于1971年6月25日在北京召开，周恩来主持会议。会议听取中国第一艘攻击型核潜艇将进行第一次启动的全艇联合试验的汇报。他说：核潜艇我们第一次搞，试验工作要稳当一些，一步一步把工作做好，多花一些时间充分试验。要通过实验取得各种科学数据和资料，积累经验。又说，海上试验可分为码头、水面、浅水和深水航行四个阶段进行。1971年9月，此艘核潜艇下水，1974年8月1日，经过四个阶段试验的中国第一艘核潜艇，被中央军委命名为“长征一号”正式编入海军战斗序列。

【中央政治局会议】（1971年9月13日、16日）　中央政治局会议于1971年9月13日在北京人民大会堂召开。此次会议是根据毛泽东的指示召开的。周恩来主持会议。在京中央政治局成员出席会议。会上宣布了林彪叛逃事件，研究部署应付各种情况的措施。周恩来亲自给11个大军区和29个省、市、自治区主要负责人打电话，通报林彪外逃情况，要求各地听从党中央、毛主席指挥；派李先念、华国锋、邱会作分别到京西宾馆、海军司令部和总后勤部主持工作，报告情况；指示外交部，密切注意外电报道，研究并提出因林彪事件引起的对外交涉和应对方案。周恩来和中央政治局部分成员与总参谋部负责人共同拟定紧急战备指示，指示叶剑英处理林彪善后问题及战备事项。

16日，周恩来再次主持召开中央政治局会议。会议讨论通过中共中央《关于林彪叛国出逃的通知》。《通知》宣告：林彪于1971年9月13日仓皇出逃，于蒙古人民共和国境内温都尔汗附近坠毁。中央号召全党同志首先是高级干部同林彪划清界限。这一文件，根据内外有别、有步骤地传达的原则，先传达到省、市、自治区党委常委以上的党组织，然后传达到地、师以上干部，再传达到全体党员。10月下旬传达到全国人民。

【中央政治局会议】（1971年9月30日）　中央政治局会议于1971年9月30日在北京召开，周恩来主持会议。会议初步总结九一三事件以来各项工作。会议商定：（1）逐步扩大中共中央《关于林彪叛国出逃的通知》的传达范围。（2）建议在叶剑英主持下，组成以叶剑英、谢富治、张春桥、李先念、李德生、纪登奎、汪东兴、陈士榘、张才千、刘贤权十人为成员的军委办公会议。(3)军委三总部分由李德生、张才千、余秋里主持工作。(4)提议华国锋为国务院业务组副组长。(5)派刘西尧等人去国防科委主持工作。(6)由周恩来、康生、江青、张春桥、姚文元、纪登奎、李德生、汪东兴、吴德、吴忠十人组成中央林陈反党集团专案组,下设由纪登奎、汪东兴领导的办公机构。会议还研究了有关外事工作。经报毛泽东同意,10月3日,中共中央分别发出撤销军委办事组、成立由叶剑英主持的军委办公会议的通知和成立由周恩来负责的审查林彪、陈伯达反党集团专案组的通知。

【在京上层爱国人士座谈会】(1971年12月29日至31日) 在京上层爱国人士座谈会于1971年12月29日至31日在北京召开,出席会议的包括全国人大常委会委员、部分全国政协委员和其他一些民主人士。叶剑英、李富春、聂荣臻、徐向前、蔡畅、邓颖超、王震、曾山、张云逸、张鼎丞等在京老同志先后参加了座谈会。周恩来主持座谈会。在座谈会上,周恩来传达中央关于揭批林彪、陈伯达反党集团的一系列文件,并介绍九一三事件后中央采取的若干重要措施情况。会议进行过程中,周恩来多次讲话,回顾中共中央粉碎林彪集团反革命政变阴谋的过程。这次座谈会为组织好与会人员的小组讨论,周恩来委托以李富春为首的十位老同志参加和领导各组座谈,并负责解释文件。会议期间,周恩来还询问了一些民主人士的身体情况和生活情况,肯定他们为党和国家所做的工作,提倡大家要做“党的诤友”。

【批林整风汇报会】(1972年5月21日至6月23日) 中央批林整风汇报会于1972年5月21日至6月23日在北京召开。周恩来主持会议。参加会议的有中央党政等各部门和各省、市、自治区负责人312人。在5月21日第一次全体会议上,周恩来就会议印发的文件逐一作出说明、解释,回顾了1970年九届二中全会以来与林彪反党集团斗争的过程,并批判了林彪在历史上的错误。24日至26日,周恩来参加中央批林整风汇报各小组召集人会议、东北组讨论。27日,周恩来去毛泽东处后,主持召开中央政治局会议,提出要在“批林整风”汇报会上,根据毛泽东去年巡视南方谈话中着重提到的中共党内十次路线斗争问题,讲一点个人的认识和我个人在历史上所犯的路线错误。次日,又在中央“批林整风”汇报会各组召集人会议上宣布此事。5月29日至6月7日,周恩来起草了将在中央“批林整风”汇报会上作的《对我们党在新民主主义革命阶段六次路线斗争的个人认识》报告提纲。7日将所写提纲送毛泽东审阅。毛泽东圈阅了提纲及附信。6月10日至12日,周恩来在中央“批林整风”汇报会上,连用三个晚上作了《对我们党在新民主主义革命阶段六次路线斗争的个人认识》的报告。6月23日,在中央“批林整风”汇报会最后一次全体会上,周恩来作了《关于国民党造谣污蔑地登载所谓“伍豪启事”的真相》的报告,对1932年国民党特务伪造“伍豪启事”的情况作了详细说明，同时讲述了1967年5月19日就此事专门写给毛泽东的报告，公布了毛泽东1968年1月16日为此写的批示，并在会上宣布：根据毛泽东的意见和中央政治局的决定，会后将把报告录音、录音记录稿以及其他有关文献资料存入中央档案馆，并发给各省、市、自治区存档。

【中央政治局会议】（1972年7月27日）　中央政治局会议于1972年7月27日召开。周恩来主持会议并报告同竹入义胜会谈情况。1972年7月27日会见受田中首相委托来华的日本公明党中央执行委员长竹入义胜，与竹入举行第一次会谈。周恩来说：现在发生一个具体问题。因为田中内阁承认中华人民共和国政府是代表中国的唯一正统政府，我们对“正统”二字不太理解。我们说中华人民共和国政府是代表全中国人民的唯一合法政府。中国有这样一种解释：“合法”的反义词是“非法”。中国人民只承认中华人民共和国政府为代表中国的唯一合法政府，蒋介石被推翻了，所以它是非法的。去年联合国也恢复了中华人民共和国的合法席位，把蒋介石集团赶出去了，也就是说，国际组织也承认中华人民共和国政府是合法的，蒋介石政府是非法的。竹入表示回去以后，一定建议田中，今后讲话时要用“合法政府”这个词。经过讨论，会议通过《中日联合声明要点（草案）》及三点：（1）台湾是中华人民共和国的领土，解放台湾是中国的内政；（2）联合声明公布后，日本政府将从台湾撤出其使馆，并采取有效措施使蒋介石集团的使领馆从日本撤走；（3）对日本的团体和个人在台湾的投资和经营的企业，在台湾解放时，当予适当照顾。28日，将《中日联合声明要点（草案）》送毛泽东审阅。

【中央专委会会议】（1972年8月6日）　中央专委会会议于1972年8月8日召开。周恩来主持会议。会议听取国防科委和“风暴一号”试验火箭参试单位负责人汇报试验准备情况。周恩来在谈到尖端工业和基础工业关系时说：尖端工业要抓上去，以提高基础工业的发展水平，二者要并肩前进，互相促进，互相协作，互相竞赛，推动整个国家工业的进步。他强调：要严格把住产品质量关，把工作做细，努力做到万无一失。

【中央政治局会议】（1973年3月3日）　中央政治局会议于1973年3月3日召开。周恩来主持会议。会议认为，九大后一度将中央和地方的测绘、气象、电信部门划归军事部门领导，对开展业务工作和对外交往多有不便。经讨论商定：将这三个部门仍归国务院管辖，并恢复邮电部。6日，经毛泽东同意，中共中央批转国务院、中央军委《关于调整测绘、气象、邮电部门体制问题的请示》。5月23日，国务院、中央军委联合发出调整三个部门的通知。

【中央政治局会议】（1973年3月9日）　中央政治局会议于1973年3月9日召开。周恩来主持会议。这次会议，周恩来根据毛泽东的意见，向政治局简要说明自年初以来病情发展情况。为防止病情恶化，提出检查治疗的具体步骤，为此，正式向政治局请假两周。

提议：在自己离开的两周内，政治局会议和报告由叶剑英主持和签署；组织宣传工作由江青、张春桥批办或上报；中央军委事务由叶剑英处理上报；国务院事务由李先念和国务院业务组处理或上报。关于落实干部政策及干部处理问题，由纪登奎、李德生、汪东兴等提出先易后难的方案，送交政治局讨论后报毛泽东批准。次日，将政治局会议研究各事报告毛泽东。毛泽东批示“同意”。

【中央政治局会议】（1973年3月29日）　根据毛泽东的意见，中央政治局会议于1973年3月29日召开。周恩来主持会议。会议决定：邓小平正式参加国务院业务组工作，兼以国务院副总理身份参加对外活动；有关重要政策问题，邓小平列席政治局会议参加讨论。这次会议还研究了党的第十次全国代表大会筹备问题，提出在5月召开中央工作会议。为此，中央政治局成立政治报告起草小组、党章修改小组、林彪专案报告和决议起草小组、十大代表名额和产生方案起草小组四个工作机构。

【中央工作会议】（1973年5月20日至31日）　中央工作会议于1973年5月20日至31日在北京召开。参加这次会议的有中央政治局委员、候补委员和省、市、自治区党委负责人等246人。5月20日，中央工作会议举行第一次全体会议，周恩来主持会议，宣布会议的三项议程：（1）讨论筹备召开党的第十次全国代表大会；（2）讨论各地、各单位批林整风运动情况；（3）讨论1973年国民经济计划。在讲到1973年国民经济计划时，传达了毛泽东的指示：（1）关于项目多了，计划工作至今还没有走上轨道。（2）搞计划要依靠地方，以省、市、自治区为主。（3）要把协作区搞起来，一旦有事好办。（4）只注意生产，不注意上层建筑、路线，不对。要批判孔子。23日，周恩来主持中央工作会议第二次全体会议，就党的十大代表名额产生情况讲了话，张春桥就党章修改问题作了说明。25日，周恩来在毛泽东处召开中央政治局会议，汇报中央工作会议各项议程进展情况。会上，毛泽东提出要注意抓路线、抓上层建筑、抓意识形态，并要求学一点历史和批判孔子。26日，周恩来主持中央工作会议第三次全体会议，传达毛泽东25日在中央政治局会议上的讲话。31日，周恩来主持中央工作会议第四次全体会议。在会上着重谈了国民经济计划问题，提出：要继续认真贯彻毛主席关于发挥中央和地方两个积极性的指示，坚持企业下放，加强党的一元化领导；要在中央统一计划下，发挥地方的积极性。会议根据毛泽东的意见，宣布解放谭震林、李井泉、乌兰夫等13名老干部。决定王洪文、华国锋、吴德列席中央政治局会议并参加政治局的工作。会议一致同意《中央政治局关于修改党章问题的请示》和《中共中央关于党的第十次全国代表大会代表产生的决定草案（修改稿）》。

【中国共产党第十次全国代表大会】（1973年8月24日至28日）　中国共产党第十次全国代表大会于1973年8月24日至28日在北京举行。出席大会的代表有1249名，代表全国2800万党员。党的十大是由于林彪事件的发生而提前召开的。大会的议程有三项：周恩来代表中共中央作政治报告；王洪文代表中共中央作关于修改党章的报告，并向大会提出《中国共产党章程（草案）》；选举第十届中央委员会。

周恩来在政治报告中指出：粉碎林彪反革命集团的胜利，是对国内外敌人沉重的打击。九一三事件后，全党、全军、全国亿万各族人民进行了认真讨论，对资产阶级野心家、阴谋家、两面派、叛徒、卖国贼林彪及其死党，表示了极大的无产阶级义愤。政治报告分析了国际形势的特点和发展趋势，指出，我们仍然处于帝国主义和无产阶级革命的时代，第三世界同欧洲、北美、大洋洲人民的正义斗争，互相鼓舞，互相支持，国家要独立，民族要解放，人民要革命，已经成为不可抗拒的历史潮流。王洪文在《关于修改党章的报告》中继续九大的“左”倾错误，并错误地肯定九大政治路线和组织路线的正确。党章修改草案肯定“文化大革命”所谓的意义，并且写上：“这样的革命，今后还要进行多次”。这实际上是把九大肯定的错误理论写进党章，使它合法化。

大会批判了林彪反革命集团的罪行，与会代表坚决拥护中共中央的决议：永远开除资产阶级野心家、阴谋家、反革命两面派、叛徒、卖国贼林彪的党籍；永远开除陈伯达的党籍，撤销其党内外一切职务；拥护中共中央对林彪反革命集团其他成员进行处理和采取的全部措施。28日，大会通过了上述两个报告和《中国共产党章程》。大会最后选举产生了195名中央委员和124名候补中央委员。一些久经考验的在“文化大革命”中备受打击迫害的老干部，如邓小平、王稼祥、乌兰夫、李井泉、谭震林、廖承志等被选为中央委员。但是追随江青反革命集团的骨干分子，更多地被选进了中央委员会。这次大会继续了九大的错误，坚持“无产阶级专政下继续革命”的错误理论，把毛泽东提出的“天下大乱，达到天下大治。过七八年又来一次。牛鬼蛇神自己跳出来”，认定为“客观规律”，预言“党内两条路线斗争将长期存在，还会出现十次、二十次、三十次”。

【十届一中全会】（1973年8月30日） 十届一中全会于1973年8月30日在北京举行。周恩来主持会议。会议选举毛泽东为中央委员会主席，周恩来、王洪文、康生、叶剑英、李德生为中央委员会副主席。选举毛泽东、（以下按姓氏笔画为序）王洪文、韦国清、叶剑英、刘伯承、江青、朱德、许世友、华国锋、纪登奎、吴德、汪东兴、陈永贵、陈锡联、李先念、李德生、张春桥、周恩来、姚文元、康生、董必武为中央政治局委员，吴桂贤、苏振华、倪志福、赛福鼎·艾则孜为中央政治局候补委员。选举毛泽东、王洪文、叶剑英、朱德、李德生、张春桥、周恩来、康生、董必武为中央政治局常务委员会委员。会议还批准了8月29日由中央军委提出的新的军委组成人员名单。

【中央政治局会议】（1973年9月12日） 中央政治局会议于1973年9月12日召

开。周恩来主持会议。会议主要是讨论四届人大会议各项筹备工作。会议商定：(1) 发出关于召开四届人大会议的通知。(2) 关于修改宪法草案工作，拟送几个重点单位试作修改。(3) 关于四届人大的其他筹备工作，拟先在政治局内组成三个小组进行工作：(1) 组织工作小组，王洪文任组长，李德生、李先念、纪登奎、吴德、汪东兴为组员，负责审查全部人事组成名单。(2) 宪法修改小组，康生任组长，张春桥为代组长，江青、纪登奎、苏振华、倪志福为组员，负责宪法修改、整理工作。(3) 政府工作报告起草小组，周恩来任组长，王洪文、叶剑英、张春桥、姚文元、李先念、华国锋为组员，负责政府工作报告的起草工作，并先于近期提出报告要点或大纲。以上三组工作，均需在10月15日前进行完毕。14日，周恩来报告毛泽东政治局商议情况，提出“这些程序如果进行得顺利，四届人大正式会议开五六天就能解决”。毛泽东圈阅了报告。

【中央政治局会议】(1973年11月17日、21日至12月初) 1973年11月17日晚，周恩来根据毛泽东的指示，主持召开中央政治局会议，传达毛泽东对中美会谈的意见，并介绍同基辛格会谈的情况。会上，江青斥责周恩来是“右倾机会主义”。周恩来起而与之争辩。18日，周恩来两次向毛泽东书面报告政治局会议情况，表示自己在此次中美会谈中“做得不够”。根据毛泽东的意见，中央政治局于11月21日至12月初连续开会批评周恩来和叶剑英的所谓“错误”。会上，江青等人对周恩来和叶剑英进行围攻，斥责此次中美会谈是“丧权辱国”“投降主义”。周恩来违心地作了检查。江青、姚文元还提出这是“第十一次路线斗争”，诬蔑周恩来是“错误路线的头子”，是“迫不及待”地要代替毛泽东。之后，江青将要求增补她本人和姚文元为政治局常委的意见，报毛泽东。12月9日，毛泽东先后同周恩来、王洪文等谈话，提出这次会开得很好。就是有人讲错了两句话，一个是讲“十一次路线斗争”，不应该那么讲，实际上也不是；一个是讲总理“迫不及待”。总理不是迫不及待，江青自己才是迫不及待。对江青所提增补常委意见，毛泽东表示：“增补常委，不要。”

【中央政治局会议】(1973年12月12日至22日) 中央政治局于1973年12月12日至22日在北京召开多次会议，讨论邓小平的职务和八大军区司令员对调问题。12日，在毛泽东主持召开的中央政治局会议上，毛泽东批评“政治局不议政”“军委不议军”，说：“你们不改，我就开会，到这里来。”毛泽东还表示赞同叶剑英的意见，“全国各大军区司令员互相对调”。提议邓小平参加中央军委工作，当军委委员。又说，“(邓) 是不是当政治局委员，以后开二中全会报告追认”。政治局会议一致拥护毛泽东的指示，并研究了贯彻实施的具体办法。22日，周恩来主持召开中央政治局会议，讨论通过中央军委关于八个大军区司令员实行对调的命令和中共中央关于邓小平任职的通知。根据命令，任命李德生为沈阳军区司令员，陈锡联为北京军区司令员，许世友为广州军区司令员，丁盛为南京军区司令员，杨得志为武汉军区司令员，曾思玉为济南军区司令员，皮定均为福州军区司令员，韩先楚为兰州军区司令员。同日，周恩来为中共中央起草关于邓小平担任中央政治局委员、中央军委委员，参加中央和军委领导工作的决定通知，并注明此通知可下达到党内外群众。

【中央政治局会议】（1973年12月30日） 中央政治局会议于1973年12月30日在北京召开。周恩来主持会议。会议议定三件事：（1）通知新调任的各大军区司令员和政治局委员均出席年底或元旦军民联欢会，并由新华社公开报道；（2）将毛泽东12月中旬以来几次谈话要点下发各省、市、自治区负责人，口头传达至县、团级领导干部；（3）在中央政治局内成立读书班，自1月1日起开始学习毛泽东最近关于外交工作、政治局工作和军委工作的几次讲话，并联系当前实际斗争进行讨论。

【中央政治局会议】（1974年1月31日） 中央政治局会议于1974年1月31日在北京召开。周恩来主持会议，讨论批林批孔问题。会议提出：在党政机关、军队系统、生产部门和大中学校等，“应早一点规定一些政策界限”，报经中央和毛泽东审批后，“下达全国试行”。其中，各野战军和军委、各军区的作战、机要、通信、情报、运输、供给等部门不搞“四大”；党政机关应“集中在一个易于观看的地方贴大字报”。机关的学习“初期可定半天，其他时间仍搞业务”；学校、工厂都不放假搞运动，“学校可分出一定时间学习和批判，工厂可在生产外的时间搞，（农村）公社亦然”。会议还决定成立由周恩来、王洪文、张春桥、江青、姚文元、华国锋和汪东兴等七人组成的小组，代表中央处理批林批孔日常事务。军队系统根据李先念建议，由军委六人小组（叶剑英、王洪文、张春桥、邓小平、陈锡联、苏振华）负责处理有关问题。2月1日，周恩来、王洪文联名致信毛泽东，汇报政治局会议情况。毛泽东圈阅了此信。

【中央政治局会议】（1974年3月26日、4月3日至5日） 1974年3月下旬，周恩来在北京连续主持召开中央政治局会议，讨论外交部根据毛泽东提议由邓小平担任出席联大特别会议代表团团长的报告。26日，在中央政治局会议上，除江青外，与会成员一致同意由邓小平率团出席联大会议。为此，江青搅闹政治局。周恩来要王海容、唐闻生将会议情况报告毛泽东。27日，毛泽东致信江青，告：邓小平同志出国是我的意见，你不要反对为好。当晚，周恩来参加中央政治局主管批林批孔的七人小组会议。会上江青才被迫同意邓小平率团出席特别联大。会后，周恩来致信毛泽东：“大家一致拥护主席关于小平同志出国参加特别联大的决定。小平同志于27日起减少国内工作，开始准备出国工作。”4月3日至5日，周恩来主持召开中央政治局会议，讨论修改邓小平在联大特别会议上作的主题发言稿，并研究中国代表团在出席会议期间的具体工作方针等。

【中央政治局会议】（1974年7月17日） 中央政治局会议于1974年7月17日在中南海游泳池毛泽东住处召开。毛泽东主持会议。在会上批评江青、张春桥、姚文元和王洪文自“批林批孔”以来所进行的一系列帮派活动。

【中央政治局会议】（1974年12月21日至22日） 中央政治局会议于1974年12月21日至22日在北京召开。王洪文、叶剑英、邓小平、张春桥、李先念、江青、姚文元、纪登奎、吴德等部分在京中央政治局成员参加会议。会议讨论人大人事安排问题。根据会议讨论情况，草拟出四届人大常务委员会委员长、副委员长和国务院副总理名单第一、第二方案。22日，周恩来召开有王洪文、叶剑英、张春桥、纪登奎、华国锋、陈永贵、陈锡联、倪志福、吴桂贤等参加的部分在京中央政治局成员会议，讨论21日会议所批两个方案名单。经过协商，又拟出两项名单的第三方案。同日，周恩来与王洪文联名将三个方案送毛泽东参阅。

【中央政治局会议】（1975年1月1日） 中央政治局会议于1975年1月1日在北京人民大会堂召开，周恩来主持会议。会议讨论四届人大有关人事安排问题。根据毛泽东一再提出的要安定团结的指示，会议确定了“基本不动，个别调整”的原则，讨论通过邓小平起草的关于国务院的部、委设置和各部部长、委员会主任、最高人民法院院长人选的报告。讨论中，将原报告拟定的交通、燃化、商业三个部的机构设置又做调整，并决定仍设立文化、教育两部，以“避免国内外不必要的议论”。由此，国务院系统共计设置29个工作部。4日，周恩来和王洪文联名向毛泽东报告会议情况，并送去讨论通过的人事安排方案。

【十届二中全会】（1975年1月8日至10日） 十届二中全会于1975年1月8日至10日在北京京西宾馆召开。会议由周恩来主持。会议讨论了第四届全国人民代表大会的准备工作。决定将《中华人民共和国宪法修改草案》《关于修改宪法的报告》《政府工作报告》和全国人民代表大会常务委员会、国务院成员的候选人名单，提请全国人民代表大会讨论。会议追认邓小平为中央政治局委员，选举邓小平为中共中央副主席、中央政治局常委；会议批准了李德生关于免除他所担任的中共中央副主席、中央政治局常委的请求。10日，周恩来在会上讲话，说：二中全会闭幕前，请示毛主席有什么话要说，主席讲了八个字“还是安定团结为好”。最后，我还是说主席的话，“还是安定团结为好”。希望中央政治局的工作，各省、市、自治区的工作，解放军的工作，各级革命委员会一直到人民公社的工作，都要遵照主席的指示做好。1975年是安定团结的一年，是争取跃进胜利的一年。我相信，在毛主席的谆谆教导下，安定团结，一定会把各项工作做得更好。

【第四届全国人民代表大会第一次会议】（1975年1月13日至17日） 第四届全国人民代表大会第一次会议于1975年1月13

日至17日在北京举行。出席会议的代表2864人。周恩来带病在四届人大一次会议上作了《政府工作报告》。在《政府工作报告》中，周恩来重申了毛泽东提出的20世纪内全面实现农业、工业、国防和科学技术的现代化，使我国国民经济走在世界前列的宏伟目标。张春桥作了修改宪法的报告。大会选举朱德为全国人大常委会委员长，董必武、宋庆龄、康生、刘伯承、吴德、韦国清、赛福鼎·艾则孜、郭沫若、徐向前、聂荣臻、陈云、谭震林、李井泉、张鼎丞、蔡畅、乌兰夫、阿沛·阿旺晋美、周建人、许德珩、胡厥文、李素文、姚连蔚等22人为副委员长；任命周恩来连任国务院总理，邓小平、张春桥、李先念、陈锡联、纪登奎、华国锋、陈永贵、吴桂贤、王震、余秋里、谷牧、孙健为副总理。大会任命江华为最高人民法院院长。1月17日，大会通过了修改后的《中华人民共和国宪法》，通过了关于政府工作报告的决议。

【全国工业书记会议】（1975年2月25日至3月8日） 中共中央于1975年2月25日至3月8日在北京召开全国各省、市、自治区党委主管工业的书记会议。会议的主要议题是解决铁路运输问题，以此为突破口，推动整个工交战线整顿工作和国民经济的发展。由于1974年的“批林批孔”运动，徐州、南京、南昌、太原等铁路局的运输严重堵塞，阻碍了津浦、京广、陇海、浙赣四条铁路大干线的畅通，危及整个工业生产和一些城市的生活。铁路运输已经成为整个工交战线和国民经济的突出的薄弱环节。因此，会议的主要议题是解决铁路运输问题，以此为突破口，推动整个工交战线整顿工作和国民经济的发展。3月5日，为了扭转铁路运输每况愈下的局面，邓小平在会上作了题为《全党讲大局，把国民经济搞上去》的讲话，指出：“解决铁路问题的办法，就是加强集中统一，建立必要的规章制度，增强组织性纪律性，还必须反对派性。现在闹派性已经严重地妨害我们的大局。要把这个问题摆到全体职工面前，要讲清楚这是大是大非问题。这个问题不解决，光解决具体问题不行。”根据邓小平解决铁路问题的意见，经过会议的认真讨论。于3月5日作出了《关于加强铁路工作的决定》（即“中央九号文件”）。决定提出了实行全国铁路以铁道部领导为主的管理体制以加强集中统一领导，健全必要的规章制度，整顿铁路秩序，同各种破坏行为作斗争，确保运输安全正点等五条重大措施。会后，铁道部长万里率工作组，先后到徐州、太原、郑州、长沙等，在地方的配合下，对问题严重的铁路局进行了重点整顿。根据中央决定精神，首先进行整顿的徐州铁路分局，仅经过一个多月的时间便大为改观，过去21个月未完成国家计划，4月份提前三天完成了国家计划。其他严重堵塞的路局也很快全部疏通，全国铁路平均日装车数创历史最高水平。在铁路整顿的明显效果带动下，各条战线和地区，也根据中央文件的精神开始了整顿工作。

【中央政治局会议】（1975年4月27日、5月3日、5月27日、6月3日） 中央政治局于1975年4月27日在北京召开会议，研究贯彻毛泽东4月23日批示精神。毛泽东在一个报告上批示："提法似应提反对修正主义，包括反对经验主义和教条主义，二者都是修正马列主义的，不要只提一项，放过另一项。""不论何者都应教育，应以多年时间逐渐提高马列为好。"毛泽东批评江青等人："我党真懂马列的不多，有些人自以为懂了，其实不大懂，自以为是，动不动就训人，这也是不懂马列的一种表现。"会上，叶剑英、邓小平等在发言中严词批评江青、张春桥等人大反经验主义的错误，并对江青在1974年12月中央政治局扩大会议上所提出所谓"第十一次路线斗争"、在"批林批孔"运动中以个人名义送材料和进行"四人帮"宗派活动的问题，提出尖锐质问。江青被迫作出检讨。会后，王洪文以汇报政治局会议情况为由，致信毛泽东，诬告周恩来、叶剑英、邓小平总是把形势说得一团漆黑，支持、纵容社会上最凶的谣言，并称："这场争论，实际上是总理想说而不好说的话，由叶、邓说出来，目的是翻前年十二月会议的案。"5月3日，毛泽东召集在京的中央政治局委员开会。会上，毛泽东对江青等人反对经验主义及其宗派活动进行尖锐的批评。会上，毛泽东强调说，"要搞马列主义，不要搞修正主义；要团结，不要分裂；要光明正大，不要搞阴谋诡计。不要搞四人帮，你们不要搞了，为什么照样搞呀？为什么不和二百多的中央委员搞团结，搞少数人不好，历来不好。"在反复强调"三要三不要"之后，毛泽东说："我的看法，有的同志不信三条，不听我的，这三条都忘记了，九大、十大都讲这三条，这三条要大家再议一下。"毛泽东还说：他们（指江青等人的问题），"上半年解决不了，下半年解决；今年解决不了，明年解决；明年解决不了，后年解决"。同时，又说："我看问题不大，不要小题大作，但有问题要讲明白。"根据毛泽东的提议，中共中央政治局在5月27日和6月3日两次召开会议，对"四人帮"进行了批评。会议由邓小平主持。邓小平、叶剑英、李先念等在发言中就江青等人的"第十一次路线斗争""批林批孔"又批"走后门"和反"经验主义"三件事，批评了江青等人。王洪文作了检讨，笼统地说，"主要由我来负责"。江青等则否认有"四人帮"，不作检查。在毛泽东和中央政治局其他成员的批评之后，江青被迫作了一些检讨。

【钢铁工业座谈会】（1975年5月8日至29日）　中共中央于1975年5月8日至29日在北京召开钢铁工业座谈会。5月29日，邓小平、叶剑英、李先念到会并讲了话。邓小平在讲话中着重强调了解决钢铁生产存在的严重问题的四条办法：（1）必须建立一个坚强的领导班子。这样的领导班子是作战指挥部，要一不软，二不懒，三不散，要找不怕被打倒的人参加。（2）必须坚决同派性作斗争。对坚持闹派性的人，要寸土必争，寸土不让。该调的调，该批的批，该斗的就斗。（3）必须落实政策。不仅要解决戴上帽子的那些人的问题，而且要解决他们周围受牵连的人的问题，还要特别注意那些有经验的干部、老工人、技术骨干、老模范，要把这一部分人的积极性调动起来。(4)必须建立必要的规章制度，建立强有力的独立的生产指挥机构。过去一个时期根本谈不上什么规章制度，现在执行规章制度宁可要求严些。邓小平在讲话中首次提出了“三项指示为纲”的口号。他说：毛主席最近三条重要指示，一条是关于理论问题的重要指示，是防修反修，再一条是关于安定团结的指示，还有一条把国民经济搞上去。这就是我们今后一个时期各项工作的纲。这三条重要指示，是“互相联系的，不可分割的，一条都不能忘记”。会议上，邓小平全面概括和总结了自铁路整顿工作以来的基本经验，基本上形成了中央关于进行全面整顿工作的基本指导思想和基本方针。“三项指示为纲”口号的提出，成为当时历史条件下，党和人民同“四人帮”的倒行逆施作斗争的一个重要思想武器。

【中央军委扩大会议】(1975年6月24日至7月15日)　中央军委扩大会议于1975年6月24日至7月15日在北京召开。参加会议的有中央军委常委，军委各总部、各大军区、各军兵种、国防科委、国防工办、军事科学院和军委直属军事院校的负责人，共70多人。会议由邓小平、叶剑英主持。会议的中心议题是军队的思想作风和组织问题，集中讨论并通过了《关于压缩军队定额、调整编制体制和安排超编干部的报告》。同时，深入批判了林彪一伙的反革命罪行，讨论军队进行整顿的措施。在会议最后两天(7月14日和15日)，中共中央军委副主席邓小平和叶剑英作了重要报告。

【国防工业重点企业会议】(1975年7月20日至8月4日)　中央军委于1975年7月20日至8月4日在北京召开了国防工业重点企业会议。这次会议主要是研究军工企业的整顿问题。8月3日，邓小平在会议上作了《关于国防工业的整顿》的讲话。他在讲话中提出了三条整顿措施：第一，一定要建立敢字当头的领导班子。领导班子问题一定要抓紧解决，要找一些能办事、敢于办事的同志来负责。主要是配备好一二把手，一二把手敢字当头，就可以把队伍带起来。第二，一定要坚持质量第一，特别是军工产品。没有必要的规章制度，质量难于保证，这方面要很好整顿。要发挥科技人员的积极性，要搞好三结合，科技人员不要灰溜溜的。不是把科技人员叫“老九”吗？毛主席说，“老九不能走”。这就是说，科技人员应当受到重视。要给他们创造比较好的条件，使他们能够专心致志地研究一些问题。这对于我们事业的发展将会是很有意义的。第三，一定要关心群众。这不是说一句话就可以解决的，要做许多踏踏实实的工作。群众对生活方面的议论是相当多的，不要以为都是讲怪话。我们党和国家一定要关心群众生活，现在应该提出这个问题了。叶剑英在会上发言指出：现在有大大小小的野心家。不指名地批评了江青一伙。李先念在讲话中指出，要建立和健全总工程师、总会计师的责任制，保证企业的正常生产秩序。

【全国农业学大寨会议】(1975年9月15日至10月19日)　全国农业学大寨会议

于1975年9月15日在山西省昔阳县（大寨大队所在县）开幕，于10月19日在北京闭幕。出席开幕会议的有3700多人。华国锋主持开幕会议。陈永贵致开幕词。邓小平代表中共中央、国务院致祝词并作重要报告。江青于9月12日在大寨群众大会上讲话，强调评《水浒传》“要联系实际”，“看看宋江如何排斥晁盖，架空晁盖”。会议讨论了农业学大寨，在全国普及大寨县的问题，同时，研究了农业机械化的问题。10月15日，在人民大会堂举行全体大会，华国锋作了题为《全党动员，大办农业，为普及大寨县而奋斗》的总结报告。

【打招呼会议】（1975年11月24日） 中共中央于1975年11月24日在北京召开打招呼会议。参加这次会议的主要是党、政、军机关一些负责的老同志，也有几位青年负责同志，共130余人。会上，邓小平宣读了由毛泽东审阅批准的《打招呼的讲话要点》，并分组进行了讨论。《打招呼的讲话要点》是：（1）清华大学党委副书记刘冰等人，于1975年8月、10月两次写信给毛主席，用造谣诬蔑、颠倒黑白的手段，诬告于1968年7月带领工人宣传队进驻清华、现任清华大学党委书记的迟群、副书记谢静宜两同志，他们的矛头实际上是对着毛主席的。根据毛主席的指示，清华大学党委自11月3日起召开常委扩大会议，就刘冰等同志的信展开了大辩论。这个会议逐步扩大，现在已经在全校师生中进行辩论。（2）毛主席指出：“清华大学刘冰等人来信告迟群和小谢。我看信的动机不纯，想打倒迟群和小谢。他们信中的矛头是对着我的。”中央认为，毛主席的指示非常重要。清华大学出现的问题绝不是孤立的，是当前两个阶级、两条道路、两条路线斗争的反映。（3）清华大学的这场大辩论必然影响全国。打招呼会议以后，清华大学开始“反击右倾翻案风”，并很快波及全国。

【第二次打招呼会议】（1976年2月25日至3月3日） 中共中央于1976年2月25日至3月3日在北京召开各省、市、自治区和各大军区负责人会议，亦称第二次打招呼会议。会上传达了毛泽东自1975年10月至1976年1月多次关于“批邓、反击右倾翻案风”的谈话即《毛主席重要批示》。3月3日，中共中央发出《关于学习〈毛主席重要指示〉》的通知，转发了毛泽东关于“批邓、反击右倾翻案风”的讲话，要求组织团以上干部学习。同日，中共中央转发华国锋在第二次打招呼会议上的讲话的通知。会议以后，所谓“批邓、反击右倾翻案风”在全国迅速展开。

【中央政治局会议】（1976年4月1日至7日） 中央政治局从1976年4月1日起，多次召开会议。4月1日，中共中央政治局讨论了南京等地出现的局势，并发出通知，把“南京事件”指责为“分裂以毛主席为首的党中央、扭转批邓大方向的政治事件”。4月2日，北京市委根据中共中央政治局的意见，派出民兵、警察干预、制止人们的悼念活动。3日凌晨，又将放置在天安门广场的悼念品撤走。广场上的活动更明显地转向声讨“四人帮”，批判“文化大革命”，拥护邓小平。4日（清明节）到天安门的群众达到高潮，有数十万人。4月4日晚，中共中央政治局开会讨论天安门事件。叶剑英、朱德、许世友、李先念等未参加。会议认定“这次是反革命性质的反扑”，“存在一个地下的‘裴多菲俱乐部’”，并决定“搞一次大的反击”。会议的决定得到了毛泽东的批准。4月5日凌晨，撤走并销毁了天安门广场上所有花圈，还逮捕了一些人。4月6日凌晨，中共中央政治局的部分委员听取了北京市委关于天安门事件的汇报，认定天安门事件是“反革命暴乱性质”的，“要揪司令部”，决定继续组织民兵和警卫部队，待命、随机行动，并建议北京市委把天安门事件写成材料通报全国。这次会议的决定，由毛远新写了书面材料向毛泽东作了报告，毛泽东表示同意。4月7日下午，毛远新向毛泽东报告天安门事件的情况，并请示公开发表《人民日报》记者关于天安门事件的所谓“现场报道”（经姚文元组织炮制，把天安门事件定为“反革命政治事件”，“妄图扭转当前批邓和反击右倾翻案风的大方向”）和4月5日吴德的广播讲话。毛泽东表示同意，并表示，解除邓小平的一切职务，保留党籍，以观后效。毛泽东还提议，华国锋任国务院总理。中共中央政治局讨论了毛泽东的指示，并作出了两个相应的决议。

【中央政治局会议】（1976年10月6日） 中央政治局会议于1976年10月6日晚10点在北京玉泉山9号楼举行。会议由华国锋主持。会议听取华国锋、叶剑英的报告。会议完全赞同处置“四人帮”反革命集团所采取的果断行动。当夜不在京未能出席的政治局委员韦国清、许世友、李德生、赛福鼎·艾则孜等，由汪东兴向他们通过电话通报政治局关于处置“四人帮”的决定，都表示拥护。会议还一致通过了华国锋为中共中央主席、中央军委主席；决定出版《毛泽东选集》第五卷；永远保存毛泽东的遗体，在北京建立毛主席纪念堂等事项。

【中央政治局分批召开的打招呼会议】（1976年10月7日至14日） 中共中央政治局于1976年10月7日至14日在北京分批召开了中央党、政、军机关，各省、市、自治区、各大军区负责人参加的打招呼会议，通报了王洪文、张春桥、江青、姚文元反党集团事件，提出了既要解决问题，又要稳定局势的方针。会议期间，华国锋提出要“继续批邓、反击右倾翻案风”，号召广大党员干部对“文化大革命”要做到“三个正确对待”，即所谓正确对待“文化大革命”，正确对待群众，正确对待自己。叶剑英在会上指出，粉碎“四人帮”篡党夺权的阴谋，只是“初战的胜利”，至于从思想上肃清“四人帮”的余毒，还得长时间努力。

【全国宣传工作座谈会】（1976年11月15日至19日） 全国宣传工作座谈会于1976年11月15日至19日在北京召开。会上传达了经中共中央批准的《当前宣传要点的请示报告》，初步揭批了“四人帮”篡党夺权和破坏宣传理论战线的罪行，并部署了继续揭批“四人帮”的任务。由于当时的历史局限，揭批“四人帮”时只提批右，不提批“左”。

【第二次全国农业学大寨会议】（1976年12月10日至27日） 第二次全国农业学大寨会议于1976年12月10日至27日在北京召开。陈永贵在会上作了题为《彻底揭批“四人帮”，掀起普及大寨县运动的新高潮》的报告。12月25日晚，华国锋在会上作重要讲话。他指出，王、张、江、姚是一伙“极右派”，我们要保卫和发展“文化大革命”的胜利成果。他在讲话中还提出了1977年全党全军和全国各族人民的四项主要任务。首先，深入开展揭发批判“四人帮”的伟大群众运动，是1977年的中心任务。第二，加强党的建设。要以加强党的集中统一领导，加强党的民主集中制，发扬党的优良作风为中心内容，在全党进行一次马克思主义的思想教育运动，把我们的党建设好。第三，深入开展农业学大寨、工业学大庆的群众运动，努力把国民经济搞上去。第四，进一步把群众性的学习马列著作和毛主席著作的运动推向新的高潮。与会代表还认真学习了毛泽东的《论十大关系》。

【全国铁路工作会议】（1977年2月2日至15日） 全国铁路工作会议于1977年2月2日至15日在北京召开。28个省、市、自治区党委的负责人，20个铁路局和16个铁路分局党委的负责人，中共中央、国务院、中国人民解放军有关部门的负责人共200多人。会议驳斥了“四人帮”对1975年铁路整顿的诬蔑，肯定邓小平主持起草的《关于加强铁路工作的决定》是正确的，并按照其基本精神，对搞好铁路运输工作作出规划，强调必须建立健全一套管好社会主义企业的科学的规章制度。铁路系统要建立岗位责任制、考勤制、铁路技术管理规程、技术操作规程、质量检验制度、经济核算制度、设备管理和维修制度等必要的规章制度，并一定要坚决执行。要继续大力整顿铁路治安秩序，切实保障铁路运输的安全正点，畅通无阻。会议强调指出：管好铁路，必须处理好中央和地方的关系，在中央的统一领导下，发挥两个积极性。与会代表还认真学习了毛泽东的《论十大关系》和华国锋在第二次全国农业学大寨会议上的讲话，揭发批判了“四人帮”的罪行。

【全国计划会议】（1977年3月3日至16日） 全国计划会议于1977年3月3日至16日在北京召开。会议讨论了1977年的国民经济计划，通过了国家计委向中央政治局提出的《关于1977年国民经济计划几个问题的汇报提纲》。会议针对当时经济领域存在的思想混乱，就社会主义经济建设的重大原则问题，提出“十个要不要”进行了讨论，批判了“四人帮”的一系列谬论，澄清了人们的混乱思想。

【中央工作会议】（1977年3月10日至22日） 中央工作会议于1977年3月10日至22日在北京召开。会议初步总结了粉碎“四人帮”以来的工作，并部署了当年的任务。会议通过了国家计委《关于1977年国民经济计划几个问题的汇报提纲》和《1977年国民经济计划指标》。华国锋在讲话中指出五个月来揭批“四人帮”的斗争发展迅猛，要在一段时间内把重点放到揭批“四人帮”的反革命面目和罪恶历史上来，为十届三中全会对“四人帮”的处理奠定群众基础和舆论基础。关于邓小平问题，华国锋说，中央在决定解决“四人帮”反党集团问题的时候，认为邓小平同志的问题应当正确地解决，但是要有步骤，要有一个过程。中央决定要继续提“批邓、反击右倾翻案风”的口号，是经过反复考虑的。关于天安门问题，他认为天安门广场干部群众对周恩来总理的悼念活动，广大群众是满意的。但认为贴大字报、发表演说，把群众的注意力引到天安门事件问题上来，甚至公开点名攻击中央负责同志，这种做法是完全错误的。要求人们不要在天安门事件这样一些问题上再争论了。同时，华国锋在会上再次提出“两个凡是”、必须坚持“以阶级斗争为纲”和“无产阶级专政下继续革命”的理论，强调要巩固和发展“文化大革命的胜利果实”，“抓纲治国”等。在会上，陈云、王震等老同志郑重提议要邓小平出来工作，要为天安门事件平反，得到多数与会同志的赞同。会议还决定，在1977年下半年适当时间，提前召开中国共产党第十一次全国代表大会。

【中央军委座谈会】（1977年3月24日） 中央军委座谈会于1977年3月24日在北京召开。3月7日恢复主持中央军委日常工作的中共中央副主席、中央军委副主席叶剑英在会上作了《坚决贯彻中央工作会议精神，把揭批“四人帮”运动引向深入》的报告。针对林彪、“四人帮”破坏军队建设的罪行，叶剑英明确提出了应该不应该坚持党对军队的绝对领导，应该不应该继承和发扬我党我军的优良传统，应该不应该整顿军队，应该不应该遵守革命纪律和规章制度，应该不应该按照接班人“五项条件”搞好老中青三结合，应该不应该强调军队要稳定，应该不应该坚持野战军、地方武装、民兵三结合的武装力量体制，应该不应该准备打仗等十个必须澄清的是非问题，强调把被林彪、“四人帮”颠倒了的是非问题纠正过来，加速我军革命化、现代化建设。

【全国工业学大庆会议】（1977年4月20日至5月13日） 全国工业学大庆会议于1977年4月20日至23日先在大庆召开、4月27日至5月13日在北京召开。5月5日，余秋里受党中央委托，在会上作了题为《全党、全国工人阶级动员起来，为普及大庆式企业而奋斗》。5月9日，华国锋在会上发表讲话，指出建设速度问题，不是一个单纯的经济问题，而是一个政治问题。为了在20世纪末实现四个现代化的目标，要认清形势，抓住当前的有利时机，努力做好工作，尽快地使我们的国家强盛起来。提出在第五个五年计划期间，全国至少要有三分之一的企业办成大庆式企业。大庆还要向更高的目标进军。石油部门要为创建十来个“大庆油田”而斗争。所有企业，都要努力向大庆看齐。

【十届三中全会】（1977年7月16日至21日） 党的十届三中全会于1977年7月16日至21日在北京举行。这次全会是毛泽东去世后，华国锋主持中央工作以来的第一次中央全会。华国锋主持会议并作重要讲话。这次会议的任务是，从政治上、思想上和组织上为党的第十一次全国代表大会的胜利召开，做好充分的准备。全会通过了《关于追认华国锋同志任中国共产党中央委员会主席、中国共产党中央军事委员会主席的决议》《关于恢复邓小平同志职务的决议》《关于王洪文、张春桥、江青、姚文元反党集团的决议》，决定开除王、张、江、姚的党籍，撤销他们的党内外一切职务。三中全会还决定在当年适当的时候召开党的第十一次全国代表大会。7月21日，邓小平在会上强调：对毛泽东思想的体系要有一个完整的准确的认识，不能只从个别词句来理解毛泽东思想，而必须从毛泽东思想的整个体系去获得正确认识。要善于学习、掌握和运用毛泽东思想的体系来指导我们的各项工作。只有这样才不至于割裂、歪曲、损害毛泽东思想。毛泽东倡导的作风，群众路线和实事求是这两条是最根本的东西。

【科学和教育工作座谈会】（1977年8月4日至8日） 科学和教育工作座谈会于1977年8月4日至8日在北京召开。此次座谈会共邀请了30多位著名科学家和教育工作者参加。座谈会由邓小平主持。这次座谈会的目的，是研究和讨论科学研究怎样才能搞得更快更好，教育怎样才能适应我国四个现代化建设的要求、适应赶超世界先进水平的要求。8日，邓小平在座谈会结束时发表讲话指出，我们国家要赶上世界先进水平，要从科学和教育着手。并着重就关于对17年的估计问题、关于调动积极性问题、关于体制、机制问题、关于教育制度和教育质量问题、关于后勤工作问题、关于学风问题等谈了意见。他明确肯定：新中国成立后17年的教育战线“主导方面是红线”；17年中，“我国的知识分子绝大多数是自觉自愿地为社会主义服务的”，“知识分子的名誉要恢复”。

【中国共产党第十一次全国代表大会】（1977年8月12日至18日） 中国共产党第十一次全国代表大会于1977年8月12日至18日在北京举行。这是一次提前召开的全国代表大会。出席大会的代表1510人，代表全国3500多万党员。华国锋代表党中央作政治报告，提出这次大会担负的重大的历史责任，着重总结了同“四人帮”的斗争，宣告“文化大革命”已经结束，分析了面临的国际、国内形势，提出了党在当前和今后一个时期内的八项任务：第一，一定要把揭批“四人帮”的伟大斗争进行到底；第二，一定要搞好整党整风，加强党的建设；第三，一定要把党的各级领导班子整顿好、建设好；第四，一定要抓革命促生产，把国民经济搞上去；第五，一定要搞好文化教育领域的革命，大力发展社会主义的文化教育事业；第六，一定要强化人民的国家机器；第七，一定要发扬民主，健全民主集中制；第八，一定要贯彻执行统筹兼顾、全面安排的方针。叶剑英在会上作关于修改党章的报告，就以下八个方面作了重要说明：关于高举和捍卫毛主席的伟大旗帜；关于党的性质和指导思想；关于党在整个社会主义历史阶段的基本纲领和党的基本任务；关于“三要三不要”的基本原则；关于党的民主集中制；关于党的干部路线；关于保持和发扬党的优良传统和优良作风；关于对党员和党的基层组织的要求。邓小平在致闭幕词时强调指出，我们一定要恢复和发扬毛主席为我们党树立的群众路线、实事求是、批评与自我批评、谦虚谨慎、戒骄戒躁、艰苦奋斗等优良传统和作风，全心全意为中国人民和世界人民服务；我们一定要恢复和发扬民主集中制的优良传统和作风，在全党、全军、全国努力造成一个又有集中又有民主，又有纪律又有自由，又有统一意志，又有个人心情舒畅、生动活泼，那样一种政治局面。会议还提出，在适当的时候召开第五届全国人民代表大会、召开中国人民政治协商会议第五届全国委员会第一次会议。大会选举了新的中央委员会委员201人，候补中央委员132人。由于当时历史条件的限制，大会不仅没有纠正“文化大革命”的错误理论和方针政策，反而加以肯定，因而没有从根本上着手纠正“文化大革命”的错误，党的十一大未能完成从理论和党的指导方针上拨乱反正的任务。

【十一届一中全会】（1977年8月19日）　十一届一中全会于1977年8月19日在北京举行。会议选举了中央委员会主席、副主席，中央政治局委员、候补委员，中央政治局常务委员会委员。选举华国锋为中央委员会主席；选举叶剑英、邓小平、李先念、汪东兴为中央委员会副主席；选举华国锋、韦国清、乌兰夫、方毅、邓小平、叶剑英、刘伯承、许世友、纪登奎、苏振华、李先念、李德生、吴德、余秋里、汪东兴、张廷发、陈永贵、陈锡联、耿飚、聂荣臻、倪志福、徐向前、彭冲为中央政治局委员；选举陈慕华、赵紫阳、赛福鼎·艾则孜为中央政治局候补委员；选举华国锋、叶剑英、邓小平、李先念、汪东兴为中央政治局常务委员会委员。

【全国计划会议】（1977年11月24日至12月11日）　全国计划会议于1977年11月24日至12月11日在北京召开，主要研究经济的长远规划问题。会后，国家计委向中央政治局提交了《关于经济计划的汇报要点》。《汇报要点》提出，今后23年，经济发展要分三个阶段，打几个大战役。第一阶段，在“五五”计划后三年，重点是打好农业和燃料、动力、原材料工业这两仗，为“六五”计划作准备。第二阶段，在“六五”计划期间，各项生产建设事业都要有较大的展开，提高到一个新水平。到1985年要达到：钢6000万吨，原油2.5亿吨，在工业方面新建和续建120个大项目。第三阶段，在2000年以前全面实现四个现代化，使我国经济走在世界的前列。华国锋出席闭幕会并讲话，指出被“四人帮”干扰破坏的国民经济长期停滞不前甚至倒退下降的局面已经扭转，现在要加速发展经济。他还提出，揭批“四人帮”的反革命路线，重点放在中共十大以来，特别是批林批孔以来。会议忽视了经济建设的客观规律。1978年2月5日，中央政治局批转了这个《汇报要点》。

【中国人民政治协商会议第五届全国委员会第一次会议】（1978年2月24日至3月8日）　中国人民政治协商会议第五

届全国委员会第一次会议于1978年2月24日至3月8日在北京举行。本届全国政协共有委员1988人，出席开幕式的委员1862人。华国锋、叶剑英、邓小平、李先念、汪东兴等出席了会议。邓小平宣布会议开幕。许德珩在会上作了《中国人民政治协商会议第四届全国委员会常务委员会工作报告》；韦国清作《关于修改中国人民政治协商会议章程的说明》。会议指出，在新的历史条件下，全国政协的基本任务是要加强全国各族人民的大团结，发展工人阶级领导的，以工农联盟为基础的，团结广大知识分子和其他劳动群众，团结爱国民主党派、爱国人士、台湾同胞、港澳同胞和国外侨胞的革命统一战线，把一切可以团结的力量都团结起来，并且尽量地把消极因素转化为积极因素，反对国内外的敌人，进一步巩固工人阶级政权，为把我国建设成为社会主义现代化强国而奋斗。会议通过了《中国人民政治协商会议章程》和《中国人民政治协商会议第五届全国委员会第一次会议决议》，选举邓小平为第五届全国政协主席，乌兰夫、韦国清、彭冲、赵紫阳、郭沫若、宋任穷、沈雁冰、许德珩、欧阳钦、史良、朱蕴山、康克清、季方、王首道、杨静仁、张冲、帕巴拉·格列朗杰、周建人、庄希泉、胡子昂、荣毅仁、童第周为副主席，齐燕铭为秘书长，丁光训等243人为常务委员。邓小平在闭幕会上讲话。

【第五届全国人民代表大会第一次会议】（1978年2月26日至3月5日） 第五届全国人民代表大会第一次会议于1978年2月26日至3月5日在北京召开。2月26日的会议由叶剑英主持，出席会议代表3456人。华国锋代表国务院作题为《团结起来，为建设社会主义现代化强国而奋斗》的政府工作报告。华国锋还概述了《1976年—1985年发展国民经济十年规划纲要》。叶剑英作关于修改宪法的报告。大会通过了重新修订的《中华人民共和国宪法》；通过了关于政府工作报告的决议；通过了中华人民共和国国歌。大会选举叶剑英为全国人大常委会委员长，宋庆龄、聂荣臻、刘伯承、乌兰夫、吴德、韦国清、陈云、郭沫若、谭震林、李井泉、张鼎丞、蔡畅、邓颖超、赛福鼎·艾则孜、廖承志、姬鹏飞、阿沛·阿旺晋美、周建人、许德珩、胡厥文为副委员长。选举江华为最高法院院长，黄火青为最高人民检察院检察长。大会任命华国锋为总理，邓小平、李先念、徐向前、纪登奎、余秋里、陈锡联、耿飚、陈永贵、方毅、王震、谷牧、康世恩、陈慕华为副总理。邓小平在闭幕会上讲话并宣布大会闭幕。

【全国科学大会】（1978年3月18日至31日） 全国科学大会于1978年3月18日至31日在北京召开。这次大会是中共中央决定召开的。中共中央于1977年9月18日发出了关于1978年春天召开全国科学大会的通知，指出全国科学大会的任务是，高举毛泽东思想的伟大旗帜，贯彻执行党的第十一次全国代表大会的路线，深入揭批“四人帮”，交流经验，制定规划，表扬先进，特别要表扬有发明创造的科学技术工作者和工农兵群众，动员全党全军全国各族人民和全体科学技术工作者，向科学技术现代化进军。1977年9月，在北京召开了有200多人参加的全国科学大会预备会议。9月25日下午，华国锋等党和国家领导人接见了出席预备会议的代表。华国锋还指示："阶级斗争、生产斗争、科学实验三大革命运动一起抓，大干快上，把科学技术工作搞得生气勃勃"。1978年3月18日下午3时，华国锋宣布全国科学大会开幕。参加大会的有全国各省、市、自治区，中央直属机关和国家机关，中国人民解放军和国防工业部门的5586名代表。邓小平作重要讲话，主要讲了三个问题：对科学是生产力的认识问题、对"又红又专"的理解认识问题、科学技术部门中怎样实现党委领导下的分工负责制。他强调科学技术是生产力，"四化"的关键是科学技术的现代化；指出我国知识分子的绝大多数已经是工人阶级的一部分，是党的一支依靠力量，要在我国造就更宏大的科学技术队伍；党委的领导，主要是政治上的领导，保证正确的政治方向，保证党的路线、方针、政策的贯彻，调动各个方面的积极性。方毅在会上作了报告并就《一九七八年至一九八五年全国科学技术发展规划纲要（草案）》作了说明。3月24日，华国锋作了《提高整个中华民族的科学文化水平》的报告。31日下午，大会闭幕。郭沫若作书面讲话，纪登奎致闭幕词，大会讨论并制定了《一九七八年至一九八五年全国科学技术发展规划纲要（草案）》，表彰了826个先进集体、1192名先进科技工作者和7657项优秀科技成果的完成单位和个人，号召大家树雄心，立壮志，向科学技术现代化进军。叶剑英、聂荣臻分别为大会作了题为《忆秦娥•祝科学大会》《攀高峰•争朝夕》的诗词，郭沫若为大会题写了《全国科学大会》的横幅。

【全国教育工作会议】（1978年4月22日至5月16日） 全国教育工作会议于1978年4月22日至5月16日在北京举行。这次会议召开的主要目的是：学习毛泽东的教育思想和华国锋、党中央关于教育工作的一系列指示；在思想、路线、方针、政策等方面明确一些问题；认真总结正反两方面的经验；讨论研究有关发展全国教育事业规划和大、中、小学工作条例等问题。邓小平在会上讲话，要求提高教育质量，提高科学文化的教学水平，更好地为无产阶级政治服务；学校要大力加强革命秩序和革命纪律，造就具有社会主义觉悟的一代新人，促进整个社会风气的革命化；教育事业必须和国民经济发展的要求相适应；尊重教师的劳动，提高教师的质量。刘西尧在会上作工作报告。会议期间，方毅多次来参加小组会，具体指导开好这次会议，并作了重要指示。全体代表讨论了《一九七八年至一九八五年全国教育事业规划纲要（草案）》《全国普通高等学校暂行工作条例（草案）》《全日制中学暂行工作条例（草案）》和《全日制小学暂行工作条例（草案）》。

【全军政治工作会议】（1978年4月27日至6月6日） 全军政治工作会议于1978年4月27日至6月6日在北京举行，会议着重讨论和解决了在新的历史条件下发扬政治工作优良传统，提高我军战斗力的中心议题。韦国清主持会议，并在会上作了题为《在新的历史条件下发扬政治工作优良传统，提高我军战斗力》的报告。华国锋、叶剑英、邓小平等两次到会作重要讲话。叶剑英在5月29日作了题为《政治工作是我军的生命线》的讲话，强调在新的历史条件下做好政治工作的重要性，一定要完整准确地学习毛泽东关于政治工作的理论和指示，全面系统地把它继承下来，并在新的历史条件下加以运用和发展。邓小平在6月2日的讲话中强调：实事求是，一切从实际出发，理论和实际相结合，这是毛泽东思想的出发点和根本点，是做好一切工作必须遵循的原则，并再次批评了“两个凡是”的错误观点，有力地支持了正在开展的关于真理标准问题的讨论。

【烟台会议】（1978年6月14日至22日） 全部摘掉右派分子帽子工作会议(即烟台会议)于1978年6月14日至22日在山东烟台召开。此次会议由中央组织部、宣传部、统战部、公安部、民政部等五个部门联合召开。会议讨论并制定了《贯彻中央关于全部摘掉右派分子帽子决定的实施方案》。9月17日，中共中央在转发这个实施方案的批语中指出：“对于过去错划了的人，要做好改正工作，有反必肃，有错必纠，这是我党的一贯方针。已经发现划错了的，尽管事隔多年，也应予以改正。”“希望各级党委认真负责，切实做好这项工作。”

【国务院务虚会】（1978年7月6日至9月9日） 国务院务虚会于1978年7月6日至9月9日在北京召开。会议研究加快我国四个现代化的建设速度问题。会议提出要组织国民经济的新的跃进，要以比原来设想更快的速度实现四个现代化，强调要放手利用国外资金，大量引进国外先进技术设备。会议还讨论了经济管理体制的改革问题，指出今后在经济领导工作和管理工作中，一定要坚决地摆脱墨守行政层次、行政方式的老框框，放手发挥经济手段和经济组织的作用；一定要改变手工业式、小农经济式甚至封建衙门式的管理方法，坚决实行专业化，发展合同制，贯彻按劳分配原则；一定要保障工业企业的必要的独立地位，适当扩大它们的经济自主权。李先念在会上作总结讲话，就我国经济建设的经验教训和改革开放问题指出，必须勇敢地改革一切不适应生产力发展的生产关系，不适应经济基础要求的上层建筑，放手发挥经济手段和经济组织的作用，努力用现代化的管理方法来管理现代化的经济。同时，还必须同外国进行经济文化交流。自力更生决不是闭关自守，绝不能不学习外国的先进事物。为了大大加快我们掌握世界先进技术的速度，必须积极从国外引进先进技术设备。这比关起门来，样样自己从头摸索的爬行主义，要快不知多少倍。

【中国工会第九次全国代表大会】（1978年10月11日至21日） 中国工会第九次全国代表大会于1978年10月11日至21日在北京举行。出席大会的代表共1967人。会议的召开，标志着全国总工会作为全国工会领导机关的活动正式恢复。这次大会的任务，主要是讨论八届执行委员会提出的工作报告，总结工人运动的经验，讨论和确定新时期工人运动的任务和工会工作的基本方针，修改中国工会章程，选举中华全国总工会第九届执行委员会。华国锋、叶剑英、邓小平、李先念、汪东兴出席了大会。邓小平代表中央和国务院向大会致辞，他指出：揭批“四人帮”的斗争在全国广大范围内已经取得决定性的胜利，我们已经能够在这一胜利的基础上开始新的战斗任务。实现四个现代化，是一场根本改变我国经济和技术落后面貌，进一步巩固无产阶级专政的伟大革命。各个经济战线不仅需要进行技术上的重大改革，而且需要进行制度上、组织上的重大改革。工会要教育全体会员维护企业实行高度集中的行政领导，维护生产指挥系统的高度权威；要教育全体会员积极参加企业的管理；要努力保障工人的福利；要密切联系群众。12日，倪志福受中华全国总工会第八届执行委员会的委托，向大会作了题为《中国工人阶级新的伟大历史使命》的报告。22日，全国总工会第九届执委会举行第一次会议，倪志福当选为全国总工会主席。

【中央工作会议】（1978年11月10日至12月15日）　中央工作会议于1978年11月10日至12月15日在北京举行。参加这次会议的有各省、自治区、直辖市和各大军区的主要负责人，中央党政军各部门和群众团体的主要负责人共212人。华国锋主持开幕式并讲话。会议原定议题为：讨论如何尽快把农业生产搞上去；商定1979年、1980年国民经济计划的安排；学习、讨论李先念在国务院务虚会上的讲话。中央政治局根据邓小平的提议，决定在讨论这些议题前，先讨论把全党工作的着重点转移到社会主义现代化建设上来的问题，华国锋在讲话中指出，这是此次会议的中心思想。对会议的主要议题，许多希望首先解决思想路线是非和重大历史是非的同志很不满意。陈云在分组讨论中率先提出，为实现党内的安定团结，需要由中央考虑和决定，解决一些“文化大革命”遗留的和历史遗留的问题，平反一批重大冤假错案，系统解决历史遗留问题。这一建议很快得到与会同志的响应。11月25日，华国锋代表中央政治局宣布，为天安门事件、“薄一波等六十一人叛徒集团”等已经查明的重大错案平反。会议对真理标准问题上出现的意见分歧进行讨论，要求确立实事求是思想路线的呼声更为强烈。

会议认为，应继续贯彻执行以农业为基础的方针，尽快把农业生产搞上去。会议对《关于加快农业发展速度的决定》和《农村人民公社工作条例（试行草案）》，作了重大修改，提交三中全会审议。关于1979年、1980年两年国民经济计划的安排，会议总结了新中国成立以来经济建设的经验教训，指出了国民经济中重大比例失调的问题和生产、建设、流通、分配中的混乱现象，必须采取一系列新的措施，纠正急于求成造成的错误倾向，解决好国民经济重大比例失调等问题。会议对犯有错误的几位同志，及中央几个部门的工作提出了批评，华国锋就“两个凡是”

问题作了自我批评。会议还讨论酝酿了中央政治局关于人事问题和中央纪律检查委员会人选的意见。

12月13日，邓小平在闭幕会上作题为《解放思想，实事求是，团结一致向前看》的讲话，主要内容是：解放思想是当前的一个重大政治问题；民主是解放思想的重要条件；处理遗留问题为的是向前看；研究新情况，解决新问题。鉴于邓小平等讲话的重要性，会议又继续进行了两天讨论。此次中央工作会议为随后召开的党的十一届三中全会做了充分的准备。邓小平在闭幕会上的讲话实际上成为三中全会的主题报告。

第三部分　改革开放和社会主义现代化建设新时期

【十一届三中全会】（1978年12月18日至22日）　十一届三中全会于1978年12月18日至22日在北京举行。出席会议的中央委员169人，候补中央委员112人，中央及地方有关部门的负责人列席了会议。华国锋主持会议，叶剑英、邓小平、李先念、汪东兴出席会议。会议的主要任务是确定把全党工作重点转移到社会主义现代化建设上来。在全会之前召开的中央工作会议，为全会作了充分准备。全会根据中央工作会议的精神，决定从1979年起，把全党的工作重点和全国人民的注意力转移到社会主义现代化建设上来。全会高度评价关于真理标准问题的讨论，确立了解放思想、实事求是的思想路线；否定了“两个凡是”的错误方针，果断地停止使用“以阶级斗争为纲”的错误口号。

全会提出了改革开放的任务，指出实现现代化是一场广泛、深刻的革命，要求大幅度提高生产力，多方面改变同生产力发展不适应的生产关系和上层建筑，改变一切不适应的管理方式、活动方式和思想方式。会议决定改变国民经济中一些重大比例失调的状况；同时对我国权力过于集中的经济管理体制和经营管理方法进行改革，并且在自力更生的基础上，积极发展同世界各国平等互利的经济合作，努力采用世界先进技术和设备。由此，中国开始了从“以阶级斗争为纲”到以经济建设为中心、从僵化半僵化到全面改革、从封闭半封闭到对外开放的历史性转变。

会议总结和吸取党的历史经验教训，决定健全党的民主集中制，健全党规党法，严肃党纪，加强了党的领导机构并成立中央纪律检查委员会。经过充分酝酿，全会增选陈云为中央政治局委员、政治局常务委员、中央委员会副主席；增选邓颖超、胡耀邦、王震为中央政治局委员；增补黄克诚、宋任穷、胡乔木、习仲勋、王任重、黄火青、陈再道、韩光、周惠为中央委员，将来提请党的第十二次全国代表大会对这一增补手续予以追认。全会选举产生了100人组成的中央纪律检查委员会，选举陈云为中央纪律检查委员会第一书记，邓颖超为第二书记，胡耀邦为第三书记，黄克诚为常务书记，王鹤寿等为副书记，并选举了中央纪律检查委员会的常务委员会委员。

全会提出，要在解放思想、实事求是、有错必纠的方针指导下，审查和解决历史上遗留的重大问题和一些重要领导人的功过是非问题。决定撤销中央发出的有关“反击右倾翻案风”运动和天安门事件的错误文件；审查和纠正了过去对彭德怀、陶铸、薄一波、杨尚昆等同志所作的错误结论。全会在坚持实事求是地解决历史问题的同时，按照历史实际充分肯定毛泽东的伟大功绩，指出，要求一个革命领袖没有缺点、错误，那不是马克思主义，也不符合毛泽东历来对自己的评价。全会决定把对“文化大革命”的全面总结，留待以后适当时候去作。

全会在总结新中国成立以来农业发展的经验教训的基础上，深入讨论并原则同意《中共中央关于加快农业发展若干问题的决定（草案）》和《农村人民公社工作条例（试行草案）》；制定了加强农业的措施。全会还讨论了民主法制问题、科学和教育工作等。

这次全会结束了粉碎“四人帮”后党和国家工作在徘徊中前进的局面。党在思想、政治、组织等领域的拨乱反正从这次全会开始全面展开，我国的改革开放由这次全会揭开了序幕。经过这次全会，邓小平实际上成为中央领导集体的核心，邓小平理论也逐步形成和发展起来。十一届三中全会作为一个伟大转折点载入党的光辉史册。

【中央政治局会议】（1978年12月25日） 中央政治局会议于1978年12月25日在北京召开。会议的中心议题是讨论人事问题。讨论决定了中共十一届三中全会新增选4位中央政治局委员的分工：陈云分管中央纪委、公安、检查、法院、民政等中央政法部门；邓颖超分管工会、青年团、妇联等群众团体；胡耀邦分管中央日常工作和宣传工作；王震仍分管第三、第四、第五、第六机械工业部等国防工业部门。会议决定，中共中央设立秘书长、副秘书长处理中央的日常工作。会议还讨论决定了胡耀邦任中央秘书长兼中央宣传部长，胡乔木任中央副秘书长兼毛泽东著作编辑出版委员会办公室主任，姚依林任中央副秘书长兼中央办公厅主任，宋任穷任中央组织部长，张平化任中央党校副校长，王任重任国务院副总理兼国家农业委员会主任（经人大常委会讨论通过后公布），杨德中任中央办公厅警卫局局长兼中央警卫师师长、党委书记等人事安排。同时免去汪东兴中共中央办公厅主任、中央办公厅警卫局局长、毛泽东著作编辑出版委员会办公室主任等职务。这次会议进一步解决组织领导问题，为贯彻十一届三中全会的路线、方针、政策提供了组织保证。

【十一届中央纪委一次全会】（1979年1月4日至22日） 十一届中央纪委一次全会于1979年1月4日至22日在北京举行。中央纪律检查委员会是根据1977年8月党的十一大通过的党章，关于重新恢复设置党的纪律检查委员会的条款，在1978年12月党的十一届三中全会上选举产生的，共有委员100名，97名委员出席了这次会议。江华、黄火青、宋任穷列席了会议。陈云主持会议并讲话。邓颖超、胡耀邦、黄克诚等同志出席会议并讲话。会议着重讨论并拟定了《关于党内政治生活的若干准则》、通过了《中共中央纪律检查委员会关于工作任务、职权范围、机构设置的规定》。陈云在会议开幕时的讲话中，强调要维护党规党法，整顿党风，恢复和发扬党内民主和党的实事求是、群众路线、批评和自我批评的优良作风。指出只有这样，才能实现安定团结和四个现代化。他回顾了国际共产主义运动和党的历史，阐明了维护党规党法，整顿党风的重要意义。会议认真学习讨论了党的十一届三中全会公报和重要文件。指出党在长期的革命斗争中，历来是十分重视纪律检查工作的。“文化大革命”期间，全部撤销了党的各级纪律检查机构，彻底摧毁了党的纪律检查工作，这是极其沉痛的历史教训。会议认真讨论了党的各级纪律检查委员会的工作，指出各级纪律检查委员会的中心工作就是抓好党风。全会还决定对康生、谢富治的问题进行审查。1月26日，中共中央纪律检查委员会向全党发出通告，通报了这次全体会议的情况。这次会议，从制度上为搞好党风，作了具体规定，对加强和改善党的领导有着重要意义。

【省、市、自治区党委宣传部长会议】（1979年1月7日至11日） 中央宣传部于1979年1月7日至11日在北京召开各省、市、自治区党委宣传部长会议，讨论全党工作重点转移后宣传工作的根本任务。胡耀邦讲话指出，全党工作重点转移后，党的宣传工作根本任务是：把马克思列宁主义、毛泽东思想的普遍真理同实现四个现代化的伟大实践密切结合起来。研究新情况，解决新问题，尽可能使思想理论工作走在实际工作的前头，使马列主义、毛泽东思想在实践中不断丰富和发展，指导我们夺取新长征的胜利。他在会上宣布：中共中央决定为所谓“中宣部阎王殿”彻底平反。“中宣部阎王殿”的说法，出自林彪、陈伯达炮制的《一九六五年九月到一九六六年五月文化战线上两条道路斗争大事记》。这次会议对转变党的宣传工作的指导思想起到了重要的作用。

【理论工作务虚会】（1979年1月18日至4月3日） 理论工作务虚会于1979年1月18日至4月3日在北京召开。会议分两个阶段进行：第一阶段于1月18日至2月15日由中央宣传部、中国社会科学院召开，中央和北京理论宣传单位100余人及各省、市、自治区的联络员参加；第二阶段于3月下旬至4月3日由中共中央主持召开，称党的理论工作务虚会，与会者逐步扩大到近500人。第一阶段会议开始时，胡耀邦作会议引言，讲了召开这个会议的由来和方法。他指出：这次会议的目的是总结理论宣传战线的基本经验教训，着重讨论工作重点转移后的理论工作，继续扫清前进道路上的思想障碍，研究和解决层出不穷的新问题。会议对“两个凡是”的错误主张和思想僵化现象进行了尖锐批评，对多年来被歪曲了的一些重大理论问题，如关于社会主义时期阶级斗争的一些提法、关于无产阶级专政下继续革命的口号等进行了深入的讨论。在会议的第二阶段，为准备第二阶段会议的讲话，邓小平于3月27日同胡耀邦、胡乔木等谈话。他针对党内和社会上出现的资产阶级自由化倾向，指出：“四个坚持”，现在该讲了。他说：思想理论界应有一个主导思想。理论工作的主导思想、中心任务是要引导人们向前看。有那么一种倾向，就是迷恋于算旧账。对三中全会以来的精神宣传得少，还出现了一些似是而非的提法，甚至是偏激的提法。这样不好，不利于团结一致向前看，不利于调动人民的积极性，不利于一心一意奔向四个现代化。搞四个现代化，我们会遇到许多困难，要使群众做好准备。许多新的问题，需要理论界去研究，去回答，现在缺少这样的理论家。3月30日邓小平在理论工作务虚会上发表《坚持四项基本原则》的讲话，指出：过去搞民主革命，要适合中国情况，走毛泽东同志开辟的农村包围城市的道路。现在搞建设，也要适合中国情况，走出一条中国式的现代化道路。我们要实现四个现代化就必须在思想政治上坚持四项基本原则。这是实现四个现代化的根本前提。这四项基本原则是：必须坚持社会主义道路；必须坚持无产阶级专政；必须坚持党的领导；必须坚持马列主义、毛泽东思想。我们必须一方面继续肃清“四人帮”散布的极左思潮的流毒，另一方面用巨大的努力同怀疑或反对四项基本原则的思潮作坚决的斗争。会议认为，宣传和贯彻这四项基本原则是重大的政治任务，又是重大的理论任务。会议要求继续解放思想，坚持实事求是，把解放思想同坚持四项基本原则统一起来。会议研究确定了全党工作重点转移后理论宣传工作的根本任务，特别是邓小平的讲话，促进了十一届三中全会确立的思想路线和政治路线的正确贯彻。

【中央政治局会议】（1979年3月21日至23日） 中央政治局会议于1979年3月21日至23日在北京召开，讨论1979年计划和国民经济调整问题。此前，中央领导人和有关部门已经对这一问题做了比较充分的酝酿，针对1979年计划中留有很大物资缺口的问题，陈云曾于1月1日和5日作了两次批示：“我认为不要留缺口，宁肯降低指标，宁可减建某些项目。”“有物资缺口的不是真正可靠的计划。”1月6日，邓小平批示：“我们要从总方针上来一个调整。”“今年计划有些指标要压缩一下，不然不踏实，不可靠。”根据陈云和邓小平的意见，国家计委会同有关部门对1979年国民经济计划进行了调整。对这个调整过的计划，政治局会议进行了讨论。3月21日，陈云在讲话中提出：我们搞四个现代化，要讲实事求是。现在比例失调的情况相当严重，最好有三年的调整时间。23日，邓小平发表讲话指出：现在的中心任务是三年调整。这是个大方针、大政策。过去提以粮为纲，以钢为纲，现在到该总结的时候了。人口增长要控制，争取到1985年把人口增长率降到千分之十以下，在这方面，应该立法，限制人口增长。他还说：我同外国人谈话，用了一个新名词：中国式的现代化。到本世纪末，我们大概只能达到发达国家70年代的水平，人均收入不可能很高。

会议原则同意了国家计委对1979年国民经济计划进行的修改和调整，决定用三年时间调整国民经济。

【中央工作会议】（1979年4月5日至28日） 中央工作会议于1979年4月5日至28日在北京召开，主要讨论1979年国民经济计划和经济调整问题。各省、市、自治区党委第一书记及主管经济的负责人和中央党政军机关负责人参加会议。这次会议前，中共中央于3月21日至23日召开政治局会议，讨论并原则同意了国家计委修改和调整1979年国民经济计划的意见，决定用三年时间调整国民经济，并提交这次中央工作会议讨论通过。4月5日，李先念受中共中央和国务院委托，在会上作了关于国民经济调整的讲话。他分析了经济形势，论述了调整经济的必要性，提出了“调整、改革、整顿、提高”的八字方针。同时指出：我们一定要从自己国家的实际出发，走出一条在社会主义制度下实现现代化的中国式的道路。会议对李先念的讲话进行了讨论，基本上统一了对调整问题的认识。会议通过了中央提出的八字方针和调整后的1979年国民经济计划，决定从当年起用三年时间，认真搞好调整。

【全国政协五届二次会议】（1979年6月15日至7月2日） 全国政协五届二次会议于1979年6月15日至7月2日在北京举行。6月15日的开幕式由乌兰夫主持，出席委员1734名。邓小平在开幕词中指出，我国的统一战线已经成为工人阶级领导的、工农联盟为基础的社会主义劳动者和拥护社会主义的爱国者的广泛联盟。中国的社会主义现代化建设事业，继续需要政协就有关国家的大政方针、政治生活和四个现代化建设中的各项社会经济问题，进行协商、讨论，实行互相监督，发挥对宪法和法律实施的监督作用。中共中央、国务院、中央军委各部门主管统战工作的负责人，以及各民主党派、各人民团体的负责人列席开幕式。许德珩在会上作了《中国人民政治协商会议第五届全国委员会常务委员会工作报告》。大会增选刘澜涛、陆定一、李维汉、胡愈之、王昆仑、班禅额尔德尼·确吉坚赞为五届政协全国委员会副主席，刘澜涛兼秘书长。大会通过了政治决议、关于常务委员会工作报告的决议，通过了五届政协二次会议提案审查委员会关于提案的审查报告。乌兰夫致闭幕词。

【五届全国人大二次会议】（1979年6月18日至7月1日） 五届全国人大二次会议于1979年6月18日至7月1日在北京举行。6月18日的第一次全体会议由叶剑英主持，出席代表3279名。大会通过决议，批准了华国锋的政府工作报告，批准了1979年国民经济计划和余秋里的报告，批准了1978年国家决算、1979年国家预算和张劲夫的报告。会议还通过了关于修正《中华人民共和国宪法》若干规定的决议，通过了地方各级人民代表大会和地方各级人民政府组织法、全国人民代表大会和地方各级人民代表大会选举法、人民法院组织法、人民检察院组织法、刑法、刑事诉讼法和中外合资经营企业法。通过了关于全国人民代表大会常务委员会工作报告的决议和关于最高人民法院和最高人民检察院工作报告的决议；选举了由81名各族代表组成的五届人大民族委员会。大会增选彭真、萧劲光、朱蕴山、史良为人大常委会副委员长；任命陈云、薄一波、姚依林为国务院副总理，陈云不再担任人大常委会副委员长。

【全国纪律检查工作会议】（1979年7月9日至25日） 全国纪律检查工作会议于1979年7月9日至25日在北京召开。由中央纪律检查委员会主持召开的这次会议，主要听取各省、市、自治区纪律检查工作负责同志的汇报，并交流了经验。会议回顾了中央纪律检查委员会成立七个月来纪律检查工作的情况，分析了党风、党纪的基本状况，研究了进一步搞好党风，严肃党纪，坚决而有步骤地加强党的建设的若干问题。会议认为，在党中央领导下，中央纪律检查委员会确定的工作方针是正确的；《关于党内政治生活的若干准则》征询意见稿，对于加强党的思想建设和组织建设开始发生了重大影响；各级党组织建立了纪律检查机构，调查处理了一大批案件，摸索和积累了一些搞好纪律检查工作的经验。但按照新时期加强党的建设的要求，还需要继续努力，把事情办得更好些。7月22日，胡耀邦在会上作了题为《关于搞好党风、严肃党纪的几点意见》的重要讲话。胡耀邦指出：我们的党，正在领导中国人民进行一场新的伟大的斗争，这就是举国上下同心同德，为实现四个现代化而奋斗，把我们的伟大祖国建设成为一个强大的社会主义国家。各级纪律检查委员会，要从新形势的需要和党的现状出发，认真研究如何坚决而又有步骤地加强党的建设，做好纪律检查工作。他对做好纪律检查工作提出六点要求：（1）要认真教育我们的党员，特别是教育党员干部，坚决执行和维护党中央所确定的新时期的路线、方针和一整套政策，以保证全党政治上和思想上的统一。（2）要认真地坚决地同派性作斗争，维护全党在马克思主义原则基础上的统一。（3）要认真地把党的组织生活搞得更加正常，一切按照民主集中制办事，不允许个人说了算，不允许搞极端民主化和无政府主义。（4）要努力克服一部分党员，特别是某些领导干部严重脱离群众，严重腐蚀党的肌体的不良作风，发扬我们党的优良作风。（5）要认真恢复历来行之有效的党内斗争的优良传统，坚持“团结——批评——团结”和“惩前毖后、治病救人”的方针。（6）要有步骤地改革党的干部制度，有步骤地实行选举、考试、考核、监督、奖惩、罢免、轮换、退休等制度。他还提出：除了配合有关部门加强党的思想建设和组织建设外，要迅速拟定出一系列党规党法，诸如党内政治生活准则、领导干部生活待遇标准，认真执行民主集中制的具体规定、党员的权利和义务等，报经中央批准后实行。王鹤寿作了会议总结发言。

【全国统战工作会议】（1979年8月15日至9月3日） 全国统战工作会议于1979年8月15日至9月3日在北京召开。这次会议是从1963年相隔16年后召开的，按照历史延续亦称第十四次全国统战工作会议。由中央统战部召开的这次会议，主要是根据党的十一届三中全会确定的方针，总结历史经验教训，并对新时期统战工作中提出的一些理论和政策问题进行讨论和研究。出席这次会议的有中央各有关部门及各省、自治区、直辖市统战部负责人共271人。刘澜涛主持会议并在开幕式上讲话。大会分成八个小组，采取小组讨论与大组发言的形式进行。罗青长就祖国统一问题作了报告。李维汉结合历史上我党统一战线的经验教训和他从事统战工作的体会讲了话。9月1日，中央政治局领导听取了关于这次会议情况的汇报，并作了重要指示，刘澜涛向大会作了传达。9月3日，乌兰夫作了总结讲话，会议闭幕。会议讨论了国内阶级状况的根本变化和统战工作的基本任务，明确了新时期统战工作的性质、任务、方针和政策。会议认为，新时期的统一战线是一个非常广泛的联盟，从国内关系说，资产阶级已经消灭了，过去工人阶级同民族资产阶级的联盟也已不复存在。社会主义工人、农民、知识分子和其他拥护社会主义的爱国者，是我国社会的主人。另一方面，新时期的统一战线还包括广大的台湾同胞、港澳同胞和海外侨胞，包括一切热爱祖国的人们。只要赞成祖国统一，即使并不赞成社会主义制度的人，也要团结。按照中央的指示，现阶段统一战线不宜叫社会主义统一战线，而应当称为革命的爱国的统一战线，它是社会主义劳动者和爱国者的广泛联盟。10月14日，中共中央批转全国统战工作会议文件《新的历史时期统一战线的方针任务》。

【全国组织工作座谈会】（1979年9月5日至10月7日）　全国组织工作座谈会于1979年9月5日至10月7日在北京召开。在中共中央直接领导下由中央组织部主持召开的这次座谈会，主要是为适应全党工作重心的转移，研究党的组织建设问题。参加座谈会的有3位省委书记，各省、市、自治区党委组织部长或副部长，中央和国家机关有关负责人，以及地、县党委、厂矿企业、大专院校等40个单位的负责人，共281人。为开好这次会议，中央组织部会前做了认真的准备。1979年春夏，在各地进行大量调查研究的同时，派出7个调查组对12个省进行了调查，起草了《关于加强领导班子建设的几点意见》《关于干部制度改革的意见》和《关于善始善终地搞好落实干部政策工作的意见》，并会同中央宣传部起草了《关于加强干部教育工作的通知》和《关于加强党员教育健全党的组织生活的意见（草案）》。会议对上述文件进行了认真的讨论，反复修改，形成正式文件。明确了组织工作的任务，对培养接班人、领导班子建设、干部制度改革、落实干部政策和组织部门自身建设问题，进一步统一了认识。会议提出把加强领导班子建设、培养选拔中青年领导干部，改革干部制度作为当前最迫切的任务。胡耀邦在会上作了重要讲话，指出组织工作上的首要任务，就是精心选拔和培养一大批年富力强的各级领导班子接班人。这是党中央的一个重大决策，具有深远意义。他传达了邓小平关于组织工作的重要意见，党的组织工作上一些与四个现代化密切相关的问题，不能用在全党搞政治运动的方法来解决，今后也不用这种方法了。当前搞好经济工作，实行四个现代化是最大的政治，是压倒一切的政治任务。

【十一届四中全会】（1979年9月25日至28日） 十一届四中全会于1979年9月25日至28日在北京举行。出席这次会议的有中央委员189人，候补中央委员118人。华国锋、叶剑英、邓小平、李先念、陈云、汪东兴出席了会议。另有16名中央机关和地方党委的负责同志列席了会议。会议的主要任务是：讨论通过叶剑英代表中共中央、全国人大常委会和国务院在庆祝中华人民共和国成立30周年大会上的讲话稿和《中共中央关于加快农业发展若干问题的决定》。华国锋主持会议。全会讨论并一致通过叶剑英的讲话稿。全会认为，叶剑英的讲话充分肯定了新中国成立以来党和人民所取得的伟大成就，初步总结了新中国成立30年来的重要经验教训，明确提出社会主义制度还处在幼年时期，还不成熟，不完善，我们要从中国实际出发，努力走出一条适合中国情况和特点的实现现代化的道路；改革和完善社会主义法制，建设高度的物质文明和高度的社会主义精神文明，这些都是我们社会主义现代化的重要目标。全会讨论并一致通过《中共中央关于加快农业发展若干问题的决定》。这个决定草案在党的十一届三中全会原则上通过后，经过9个月来全国范围的学习、讨论和试行，深受亿万农民群众的欢迎，收到了很好的效果。全会根据全国讨论和试行情况，集中广大群众和干部的意见，对决定草案作了必要的修改。认为正式通过的决定，对我国农业现状的分析、对历史经验的总结和实现农业现代化的部署，是符合实际情况的；提出的一系列方针、政策，是适合我国现阶段农业生产发展的需要的，是顺乎民心的。全会通过协商和无记名投票，增补王鹤寿、刘澜波、刘澜涛、安子文、李昌、杨尚昆、周扬、陆定一、洪学智、彭真、蒋南翔、薄一波等12人为中央委员，准备在党的第十二次全国代表大会时，对这一增补手续予以追认；增选赵紫阳、彭真为中央政治局委员。

【庆祝中华人民共和国成立三十周年大会】（1979年9月29日） 1979年9月29日下午，中共中央、全国人大常委会、国务院在北京人民大会堂隆重举行大会，庆祝中华人民共和国成立30周年。中共中央、全国人大常委会、国务院的负责同志，参加十一届四中全会的中央委员和候补中央委员，在京的全国人大常委会委员、政协全国委员会常务委员，各民主党派和无党派爱国人士的代表，中央党政军机关和人民团体的负责同志，各条战线的英雄模范、各少数民族和台湾、港、澳同胞及华侨代表，共一万多人出席庆祝大会。华国锋主持大会，叶剑英代表中共中央、全国人大常委会和国务院作重要讲话。讲话高度评价了毛泽东、周恩来、朱德等老一辈无产阶级革命家的不朽功绩；概述了新中国成立30年来取得的伟大成就和走过的曲折道路，总结了社会主义和社会主义建设的基本经验。讲话指出：我们要在改革和完善社会主义经济制度的同时，改革和完善社会主义政治制度，发展高度的社会主义民主和完备的社会主义法制。我们要在建设高度物质文明的同时，提高全民族的教育科学文化水平和健康水平，树立崇高的革命理想和革命道德风尚，发展高尚的丰富多彩的文化生活，建设高度的社会主义精神文明。这些都是我们社会主义现代化的重要目标，也是实现四个现代化的必要条件。我们的一切工作，都要围绕现代化建设这个中心，为这个中心服务。

【省市自治区党委第一书记座谈会】（1979年10月4日至10日） 1979年10月4日至10日，中央在北京召开各省、直辖市、自治区党委第一书记座谈会，主要讨论经济工作和1980年国民经济计划安排。华国锋、邓小平、李先念、陈云出席会议并讲话。李先念代表中央政治局常委介绍了经济调整取得的成果和存在的主要问题，以及对计划安排的意见。指出调整好积累和消费的比例关系，是调整国民经济的一个重要内容。强调1980年和1981年两年的经济工作，调整是关键。邓小平在会上指出：经济工作是当前最大的政治，经济问题是压倒一切的政治问题。所谓政治，就是四个现代化。在谈到中国式的现代化的标准时，他提出了到20世纪末国民生产总值达到人均1000美元的设想。这次会议为随后国务院召开的全国计划会议拟定国民经济计划、确定财政体制改革做了重要的准备。

【民革第五届全国代表大会】（1979年10月11日至22日） 民革第五届全国代表大会于1979年10月11日至22日在北京举行。出席大会的代表326人。开幕式由陈此生主持。王昆仑致开幕词。屈武作代表资格审查报告。朱蕴山代表民革第四届中央委员会作工作报告。大会通过了《政治决议》，选举产生了由145名委员和51名候补委员组成的第五届中央委员会。陈此生致闭幕词。10月23日召开的民革五届一中全会选举朱蕴山为主席。大会期间，中共中央、全国人大常委会、国务院领导人叶剑英、邓小平、李先念等接见了8个民主党派和全国工商联参加代表大会的代表，并举行了招待会。邓小平在招待会上作了重要讲话。

【民盟第四次全国代表大会】（1979年10月11日至22日） 民盟第四次全国代表大会于1979年10月11日至22日在北京举行。出席大会的代表474人。史良致开幕词。胡愈之代表民盟三届中央委员会作工作报告。李文宜作《关于修改盟章的说明》。大会选举产生由188名委员和44名候补委员组成的民盟新一届中央委员会。10月23日召开的民盟四届一中全会选举史良为主席。

【民建第三次全国代表大会】（1979年10月11日至22日） 民建第三次全国代表大会于1979年10月11日至22日在北京举行。此次会议是与全国工商联第四届会员代表大会同时举行的。民建出席大会的代表361人，代表着18339名成员。大会由胡厥文致开幕词。胡子昂作了《坚定不移跟党走，尽心竭力为四化》的工作报告。大会通过了

《中国民主建国会章程》和政治决议。大会选举产生由175名委员组成的新一届中央委员会。民建三届一中全会选举胡厥文为主任委员。

【民进第四次全国代表大会】（1979年10月11日至22日） 民进第四次全国代表大会于1979年10月11日至22日在北京举行。出席大会的正式代表248人，列席32人。周建人致开幕词。徐伯昕代表民进五届中央委员会作题为《团结起来，为加速社会主义现代化建设贡献力量》的工作报告。雷洁琼就章程的修改向大会作了说明。大会选举产生了由99名委员和19名候补委员组成的民进第六届中央委员会。24日召开的民进六届一中全会选举周建人为主席。

【农工党第八次全国代表大会】（1979年10月11日至22日） 农工党第八次全国代表大会于1979年10月11日至22日在北京举行。出席会议的代表258人，列席24人。季方致开幕词。周谷城作了题为《在为社会主义现代化建设服务的道路上前进》的报告。严信民作了修改党章的说明。会议选举产生了由委员62人、候补委员27人组成的农工党第八届中央委员会。10月24日召开的农工党八届一中全会推选季方为主席。

【致公党第七次全国代表大会】（1979年10月11日至22日） 致公党第七次全国代表大会于1979年10月11日至22日在北京举行。出席大会的代表78人，列席2人，代表全党303名党员。黄鼎臣致开幕词并作了题为《同心同德，为把我国建设成为社会主义现代化强国贡献力量》的工作报告。伍觉天作了关于修改《中国致公党章程》的说明。在通过的新章程总纲中明确规定：致公党坚决接受中国共产党的领导，走社会主义道路，拥护无产阶级专政，坚持马克思列宁主义、毛泽东思想。大会选举产生了由24名委员、6名候补委员组成的致公党第七届中央委员会。致公党七届一中全会选举黄鼎臣为主席。

【九三学社第三届全国社员代表大会】（1979年10月11日至20日） 九三学社第三届全国社员代表大会于1979年10月11日至20日在北京举行。许德珩致开幕词。周培源作题为《解放思想、献身四化》的工作报告。大会对九三学社章程进行了重大修改，并把坚持四项基本原则写进了社章的总纲。大会选举产生了九三学社第六届中央委员会。严济慈致闭幕词。24日召开的九三学社六届一中全会选举许德珩为主席。

【台盟第二次全盟代表大会】（1979年10月11日至22日） 台盟第二次全盟代表大会于1979年10月11日至22日在北京举行。出席大会的正式代表57人，特邀代表7人，此外，有9名台湾同胞列席了大会。当时盟员总数为189人。蔡啸代表总部领导小组作了题为《团结起来，为祖国统一和祖国建设的伟大事业贡献力量》的报告。大会通过了《政治决议》和新的《台湾民主自治同盟章程》。盟章规定："本盟的最高领导机关是全盟代表大会，大会闭幕后是它产生的总部理事会。"大会选举产生了由27名理事和5名候补理事组成的新一届总部理事会，蔡啸当选为总部理事会主席。这次大会是台盟1947年11月12日在香港成立32年之后召开的一次空前的、承前启后的盛会。1949年10月台盟总部决定以参加第一届政协大会的代表为总部理事成立理事会，谢雪红为主席。30多年来，台盟接受中国共产党的领导，走过了光荣伟大而艰难曲折的道路。

【全国工商联第四届会员代表大会】（1979年10月11日至22日） 全国工商联第四届会员代表大会于1979年10月11日至22日在北京举行。此次会议是与民建第三次全国代表大会同时举行的。参加大会的工商联、民建代表共819人，其中工商联代表458人。大会由胡厥文致开幕词。胡子昂作了题为《坚定不移跟党走，尽心竭力为四化》的工作报告。大会通过了《政治决议》，通过了修改后的《中国工商业联合会章程》。大会选出了282名执行委员。10月23日召开的全国工商联四届一次执委会议选举胡子昂为主任委员。

【中国文学艺术工作者第四次全国代表大会】（1979年10月30日至11月16日） 中国文学艺术工作者第四次全国代表大会于1979年10月30日至11月16日在北京举行。出席会议的代表3200人，这次大会是粉碎“四人帮”后文艺界的一次盛会。邓小平代表中共中央、国务院致祝词，指出：新时期我国文艺工作的任务是要提高全民族的科学文化水平，发展高尚的丰富多彩的文化生活，建设高度的社会主义精神文明。这篇祝词成为新时期党指导文艺工作的基本纲领。茅盾致开幕词，周扬作题为《继往开来，繁荣社会主义新时期的文艺》的报告，夏衍致闭幕词。大会肯定“文化大革命”前17年的文艺路线基本是正确的，文艺工作的成绩是显著的。11月16日，大会选举产生由456人组成的全国文联第四届委员会，选举茅盾为名誉主席、周扬为主席。

【十一届中央纪委二次全会】（1980年1月7日至25日） 十一届中央纪委二次全会于1980年1月7日至25日在北京举行。胡耀邦主持会议。会议总结了中央纪委成立一年来的工作，讨论了党的历史上遗留的几个重大是非问题，修改和充实了即将提交党中央通过的《关于党内政治生活的若干准则（草案）》和《关于刘少奇、瞿秋白同志的复查平反报告》等文件；确定本年纪律检查工作的任务是：（1）把工作重点进一步转移到保证党的十一届三中全会的路线、方针、政策的贯彻执行，保证实现“四化”建设上来；（2）协助各级党委监督、保证《关于党内政治生活的若干准则（草案）》和《关于高级干部生活待遇的若干规定》作为党规党法，在全国贯彻执行；（3）继续加强纪检机关的自身建设，吸收中青年优秀干部，建立健全纪检机构。建议将各省、市、自治区和以下各级党的纪律检查委员会的领导关系改为受同级党委和上级纪委双重领导，同级党委领导为主。有关报告和建议随后获中央批准。

【中共中央召集的干部会议】（1980年1月16日） 中共中央召集的干部会议于1980年1月16日在北京人民大会堂召开，邓小平代表中共中央作《目前的形势和任务》的报告。报告指出80年代我们要做三件大事：第一，在国际事务中反对霸权主义，维护世界和平；第二，台湾回归祖国，实现祖国统一；第三，加紧经济建设，就是加紧四个现代化建设。三件事的核心是现代化建设。这是我们解决国际问题、国内问题的最主要的条件。实现四个现代化所必须解决的四个前提是：第一，要有一条坚定不移的、贯彻始终的政治路线；第二，要有一个安定团结的政治局面；第三，要有一股艰苦奋斗的创业精神；第四，要有一支坚持走社会主义道路的、具有专业知识和能力的干部队伍。报告强调坚持和改善党的领导的重要性。

【在京党政军干部会议】（1980年2月10日） 在京党政军干部会议于1980年2月10日在北京召开。李先念在会上作《关于当前经济问题》的报告。报告指出：当前的经济形势是，我们终于开始实现工作重点转到社会主义现代化建设上来的伟大战略转移，并及时提出了调整、改革、整顿、提高的指导国民经济的正确方针，明确了战略转移之后第一个战役的目标和任务。当前存在的困难是，工农业发展水平大大落后于人民生活需要，基建规模过大，财政收入减少，涨价商品过多，经济管理水平低，等等。报告阐述了1980年、1981年经济工作各个方面的主要任务和基本要求，强调了经济工作中必须坚持贯彻的方针和原则。3月15日，中央转发了李先念的报告。

【十一届五中全会】（1980年2月23日至29日） 十一届五中全会于1980年2月23日至29日在北京举行。到会中央委员201人，候补中央委员118人。另有各地方各部门负责同志37人列席会议。华国锋、叶剑英、邓小平、李先念、陈云出席会议，并作了重要讲话。会议由华国锋主持。全会的主要议题是加强和改善党的领导。全会讨论和通过了《关于党内政治生活的若干准则》；讨论了《中国共产党章程》修改草案；通过了《关于召开党的第十二次全国代表大会的决议》，决定提前召开党的第十二次全国代表大会。全会增选胡耀邦、赵紫阳为中央政治局常委；决定重新设立中央书记处，作为中央政治局和它的常务委员会领导下的经常工作机构，并选举胡耀邦为中央委员会总书记，选举万里、王任重、方毅、谷牧、宋任穷、余秋里、杨得志、胡乔木、胡耀邦、姚依林、彭冲等11位同志为中央书记处书记。会议期间，叶剑英、陈云、李先念先后就建立书记处等问题讲话。邓小平作题为《坚持党的路线，改进工作方法》的讲话，着重强调了关于坚持党的政治路线、思想路线和组织路线问题。全会批准了汪东兴、纪登奎、吴德、陈锡联的辞职请求，免除或提请免除他们所担负的党和国家的领导职务。全会决定向全国人民代表大会建议修改宪法第四十五条，取消公民"有运用大鸣、大放、大辩论、大字报的权利"的规定。因为历史经验已经证明，"四大"作为一个整体从未起过积极作用，取消它符合全国人民的意愿和要求。全会还通过了《关于为刘少奇同志平反的决议》，恢复刘少奇作为伟大的马克思主义者和无产阶级革命家、党和国家主要领导人之一的名誉。

【中央军委常委扩大会议】（1980年3月4日至12日） 中央军委常委扩大会议于1980年3月4日至12日在北京召开。会议集中讨论军队精简整编问题。决定全军再次进行精简整编，减少部队数量，提高部队质量。确定这次精简整编主要是大力精简机关，改革不合理的编制体制，裁并重叠机构，压缩非战斗人员和保障部队，部分部队实行简编，并将部分部队移交地方，以加强军队现代化建设和提高部队战斗力。徐向前就军队的定额和编制体制问题，以及精减后的干部安置问题讲了话。3月12日，邓小平在会上作题为《精简军队，提高战斗力》的讲话，指出：现在军队要“消肿”，主要是要解决军队机构重叠、臃肿，以及由此带来的各级指挥不灵等问题。我们的军队体制有很多问题，不改革不行；体制和制度问题中，很重要的是建立军官服役、退役制度和干部经过院校培训制度。同时还强调要加强军队的思想政治工作。

【西藏工作座谈会】（1980年3月14日至15日） 西藏工作座谈会于1980年3月14日、15日在北京召开，讨论西藏建设的方针、任务和若干政策问题。此次会议由中央书记处召开，中央书记处部分同志听取了西藏自治区在京的几位负责同志的工作汇报，并作了重要指示。中央有关部门负责同志参加了会议。会议回顾了西藏和平解放和民主改革以来的历史发展，总结了经验教训。会议指出，由于林彪、“四人帮”推行极左路线，严重阻碍和损害了西藏各项建设事业的发展，破坏了党的民族政策、宗教政策和亲密团结的民族关系，给农牧业生产和群众生活造成了很大困难。会议提出：在新的历史条件下，西藏自治区的中心任务和奋斗目标是，加强各族干部和各族人民的团结，调动一切积极因素，发展国民经济，提高各族人民的物质生活水平和文化科学水平，有计划有步骤地使西藏兴旺发达、繁荣富裕起来。4月7日，中共中央发出《关于转发〈西藏工作座谈会纪要〉的通知》，确认会议提出的西藏自治区的中心任务和奋斗目标，中央还提出了指导西藏工作的八条方针。

【中央政治局会议】（1980年4月23日） 中央政治局会议于1980年4月23日在北京召开，讨论通过《中共中央关于丧失工作能力的老同志不当十二大代表和中央委员候选人的决定》。《决定》指出：召开党的第十二次全国代表大会的筹备工作正在进行，为了使出席这次大会的代表和大会选举产生的中央委员，有相当比例的年富力强的同志，使党的领导机构能够适应社会主义现代化建设繁重任务的需要，保证党的集体领导的长期稳定性，中央决定，凡属年事已高、丧失工作能力和自理能力的老同志，不当党的十二大代表和中央委员的候选人。这是废除实际存在的干部职务终身制和逐步更新领导班子的一个重要步骤。

【全国劳动就业工作会议】（1980年8月2日至7日） 全国劳动就业工作会议于

1980年8月2日至7日在北京召开。这次会议由中共中央召开，会议由万里主持。出席会议的有全国28个省、市、自治区和中央有关部门的负责人，各省、市、自治区的劳动、知青工作部门及部分市、县的负责人共300多人。会议回顾了新中国成立30年来，尤其是粉碎“四人帮”以后3年来，全国劳动就业工作取得的成绩。会议认为，我们的劳动就业工作还存在着许多需要解决的问题。指出，多年来由于压制乃至取消个体经济，加上在劳动制度上对所有城镇劳动力采取由国家包下来统一分配的办法，造成年年有大批需要就业的人等着国家分配。必须逐步做到城镇劳动力在一定范围内流动；解决劳动力就业问题上，打破由国家全包的老框框，实行在国家统筹规划和指导下，劳动部门介绍就业、自愿组织起来就业和自谋职业结合的方针。大力扶植个体经济适当发展，一切守法的个体劳动者应当受到社会尊重。会议提出解决劳动就业问题的根本途径是：解放思想，放宽政策，发展生产，广开就业门路。

【中央政治局扩大会议】（1980年8月18日至23日） 中央政治局于1980年8月18日至23日在北京召开扩大会议。会议的中心议题是讨论党和国家领导制度的改革，以及拟提请五届全国人大三次会议调整的国务院负责人人选等有关问题。8月18日，会议听取了邓小平作的《党和国家领导制度的改革》的讲话。他在讲话中提出改革党和国家领导制度及其他制度的举措，强调要废除干部领导职务实际上存在的终身制，逐步实现各级领导人员的革命化、年轻化、知识化、专业化。8月31日，中央政治局讨论通过了邓小平的讲话，这个讲话实际上成为我国政治体制改革的纲领。会议还讨论了国务院领导成员的变动问题。包括华国锋不兼任总理，由赵紫阳接替；邓小平、陈云、李先念、徐向前、王震不兼任副总理，由精力较强的同志担任；王任重因任党内重要职务，也不兼任副总理，陈永贵请求解除他的副总理职务，中央决定同意。人大常委会副委员长和全国政协副主席的人选，经与有关方面协商，也准备建议作一些变动，并作为中共中央的正式建议，提请人大会议和政协会议讨论决定。

【五届全国人大常委会第十五次会议】（1980年8月21日至26日） 五届全国人大常委会第十五次会议于1980年8月21日至26日在北京召开。叶剑英主持会议。会议通过了国籍法草案、婚姻法修改草案、中外合资经营企业所得税法草案和个人所得税法草案；通过了《中华人民共和国律师暂行条例》，批准了国务院提出的《广东省经济特区条例》。

【全国政协五届三次会议】（1980年8月28日至9月12日） 全国政协五届三次会议于1980年8月28日至9月12日在北京举行。8月28日的开幕式由乌兰夫主持，出席委员1712名。邓小平致开幕词，希望我国统一战线和人民政协在发挥社会主义制度优越性的实践中，作出积极的贡献。中共中央和各省、市、自治区统战部门负责人、国务院参事、政协全国委员会和各省、市、自治区政协负责人等列席开幕式；各国驻中国的外交使节和外国记者旁听了开幕式。许德珩在会上作了《中国人民政治协商会议第五届全国委员会常务委员会工作报告》。会议期间，全体委员对国家的大政方针、政治生活、四化建设和文教、科技、民族、宗教、社会生活等各方面的重大问题，对新时期进一步加强人民政协工作问题，热烈地、认真地开展了讨论，提出了许多宝贵的意见、批评和建议，到9月10日已收到提案461件。大会通过了《中国人民政治协商会议第五届全国委员会第三次会议政治决议》《中国人民政治协商会议第五届全国委员会第三次会议关于常务委员会工作报告的决议》《中国人民政治协商会议第五届全国委员会第三次会议关于修改政协章程的决议》和章程修改委员会名单、《中国人民政治协商会议第五届全国委员会第三次会议提案审查委员会关于提案的审查报告》和决议。大会增选何长工、萧克、程子华、杨秀峰、沙千里、包尔汉、周培源、钱昌照为政协第五届全国委员会副主席。乌兰夫致闭幕词，邓小平宣布大会胜利闭幕。

【五届全国人大三次会议】（1980年8月30日至9月10日）　五届全国人大三次会议于1980年8月30日至9月10日在北京举行。8月30日的第一次全体会议由叶剑英主持，出席代表3255名。大会决定和增选国务院、人大常委会的领导成员：接受华国锋辞去国务院总理的请求，并决定赵紫阳为国务院总理；接受邓小平、李先念、陈云、徐向前、王震、王任重辞去国务院副总理职务的请求，接受陈永贵要求解除他国务院副总理职务的请求，增补杨静仁、张爱萍、黄华为国务院副总理；接受聂荣臻、刘伯承、张鼎丞、蔡畅、周建人辞去人大常委会副委员长职务的请求，补选彭冲、习仲勋、粟裕、杨尚昆、班禅额尔德尼·确吉坚赞为五届全国人大常委会副委员长，杨尚昆兼五届全国人大常委会秘书长。大会通过了各项决议：关于1980年、1981年国民经济计划安排，1979年国家决算、1980年国家预算和1981年国家概算的决议；关于修改《中华人民共和国宪法》第四十五条的决议；关于修改宪法和成立宪法修改委员会的决议；关于全国人民代表大会常务委员会工作报告的决议；关于最高人民法院工作报告和最高人民检察院工作报告的决议。大会通过了《中华人民共和国国籍法》《中华人民共和国婚姻法》《中华人民共和国中外合资经营企业所得税法》和《中华人民共和国个人所得税法》。

【省市自治区党委第一书记座谈会】（1980年9月14日至22日）　省市自治区党委第一书记座谈会于1980年9月14日至22日在北京召开。会议主要讨论加强和完善农业生产责任制问题，并形成《关于进一步加强和完善农业生产责任制的几个问题》的会议纪要。纪要肯定了党的十一届三中全会以来各地建立的各种形式的农业生产责任制，同时指出：集体经济是我国农业向现代化前进的不可动摇的基础；加强和完善农业生产责任制，在不同的地方、不同的社队，要根据实际情况，采取各种不同形式，不可拘泥于一种模式，搞“一刀切”；在边远山区和贫困落后地区，长期“吃粮靠返销，生产靠贷款，生活靠救济”的生产队，可以包产到户，也可以包干到户，并在一个较长时间内稳定。这是联系群众，发展生产，解决温饱问题的一种必要的措施。9月27日，中共中央印发了这一纪要，并为此发出通知，要求各地及时组织传达讨论，澄清思想，统一认识，结合当地具体情况贯彻执行，以利于动员广大农村干部和群众，做好工作，发展农业生产。这次会议，对于统一全党的思想认识，因地制宜地建立和完善农业生产责任制，起了重要的促进作用。

【五届全国人大常委会第十六次会议】（1980年9月26日至29日） 五届全国人大常委会第十六次会议于1980年9月26日至29日在北京召开。根据最高人民检察院和最高人民法院的建议，全国人大常委会决定成立最高人民检察院特别检察厅和最高人民法院特别法庭，对林彪、江青两个反革命集团案公开进行审判。准备审判10名主犯江青、张春桥、姚文元、王洪文、陈伯达、黄永胜、吴法宪、李作鹏、邱会作、江腾蛟。特别法庭的判决是终审判决。1981年1月25日，最高人民法院特别法庭将对林彪、江青反革命集团10名主犯进行了宣判。其中判处江青死刑，缓期2年执行，剥夺政治权利终身；判处张春桥死刑，缓期2年执行，剥夺政治权利终身；判处姚文元有期徒刑20年，剥夺政治权利5年；判处王洪文无期徒刑，剥夺政治权利终身。

【中央政治局会议】（1980年11月10日至12月5日） 中央政治局于1980年11月10日、11日、13日、14日、17日、18日、19日、29日、12月5日先后开了九次会议，除刘伯承、聂荣臻因病未参加（聂荣臻来信表示同意会议内容）和陈永贵、赛福鼎·艾则孜未通知到会外，实到政治局委员21人，候补委员1人。中央书记处书记7人列席。会议的主要议题是：讨论、批准向党的十一届六中全会提出的人事变动方案。到会的29人都讲了话。在此前8月举行的中央政治局扩大会议以后和讨论《关于建国以来党的若干历史问题的决议（讨论稿）》的过程中，有许多同志提出，华国锋不适宜继续担任中央委员会主席和中央军委主席，要求中央调整他的工作。在这次政治局会议的第一次会议上，华国锋提出辞去中央主席、军委主席和党内其他职务的请求，并对粉碎“四人帮”以来的工作做了一些检查和解释。其他同志在发言中对华国锋在过去四年工作中的错误，以及他在这次会议上的发言提出了批评意见。华国锋在过去四年中做过一些有益的工作，但显然缺乏作为中央主席所必要的政治能力和组织能力，对军委主席不能胜任等。鉴于上述情况，中央政治局认为华国锋继续担任现职是不适当的，但希望六中全会继续选举他为中央政治局常委和中央委员会副主席。中央政治局最后通过三项决议：（1）向将要召开的十一届六中全会建议，同意华国锋辞去中央委员会主席、中央军委主席职务。（2）向六中全会建议，选举胡耀邦为中央委员会主席，邓小平为中央军委主席。（3）在六中全会前，暂由胡耀邦主持中央政治局和中央常委会的工作，由邓小平主持中央军委工作，都不用正式名义。会议还决定，对《关于建国以来党的若干历史问题的决议（讨论稿）》，参照讨论中提出的意见进行改写，最后提请六中全会讨论通过。中央政治局认为，现在通过这一决议的时机已经成熟，不宜再行延迟。12月5日，中央政治局会议一致通过《中共中央政治局会议通报》，决定把这次会议的内容通知省军级常委以上同志，并由他们向参加讨论党的历史问题的4000名同志传达。1981年1月9日，中共中央发出《关于扩大传达〈中共中央政治局会议通报〉的通知》，决定将有关情况传达到县、团级党员干部。

【中央纪委第三次贯彻《关于党内政治生活的若干准则》座谈会】（1980年11月14日至29日）　中央纪委第三次贯彻《关于党内政治生活的若干准则》座谈会于1980年11月14日至29日在北京召开。来自各省区市、中央一级党政机关、军委直属机关、各军种、各大军区、军事院校的纪律检查机关负责人和有关同志共375人参加了会议。会议集中讨论研究了如何围绕进一步贯彻《准则》，坚决纠正党内和社会上的不正之风问题。11月26日，胡耀邦在会上作《搞好党风的几个问题》的讲话，传达了陈云关于执政党的党风问题是有关党的生死存亡问题的重要意见。11月27日，黄克诚就如何认识和评价毛泽东、如何对待毛泽东思想问题作了讲话。

【中央工作会议】（1980年12月16日至25日）　中共中央于1980年12月16日至25日在北京召开工作会议，主要讨论经济形势和经济调整问题。各省、市、自治区党委第一书记及主管经济的负责人和中央党政军机关负责人参加会议。陈云在会上作了题为《经济形势与经验教训》的讲话。他强调：我们要改革，但步子要稳；好事要做，又要量力而行；对实现四个现代化，决不要再作不切实际的预言；建国以来经济建设方面的主要错误是“左”的错误；目前的调整意味着某些方面的后退，而且要退够，不要害怕这个清醒的健康的调整。陈云还强调，干部队伍的革命化、年轻化、知识化、专业化、制度化，仍然是我们在干部政策上的大方针。邓小平作《贯彻调整方针，保证安定团结》的讲话，强调经济调整是件大事，如果不调整，四化建设就不可能顺利进行；为保证调整的顺利进行，必须坚定不移地执行三中全会以来一切行之有效的方针、政策、措施，继续把经济搞活，执行对外开放政策；改善党的领导，最主要的，就是加强思想政治工作；要有步骤地和稳妥地实行干部离休、退休制度，废除实际上存在的干部领导职务终身制；安定团结的政治局面是继续巩固还是遭到破坏，是这次调整成败的关键。这次中央工作会议，总结了30多年经济建设的经验教训，对经济工作上的“左”倾错误作了比较彻底的清理；对在我国这样生产力发展比较落后的国家，进行现代化建设的长期性、艰巨性有了比较清醒的认识；开始提出了要实行经济发展道路的转轨，并初步指出了新路子的基本特征，从而进一步实现了经济指导思想的根本转折，使“调整、改革、整顿、提高”的方针开始得到了切实贯彻。

【十一届中央纪委三次全会】（1981年2月24日至3月4日） 十一届中央纪委三次全会于1981年2月24日至3月4日在北京召开。邓颖超作《坚定不移地搞好党风》的讲话。会议通过决议指出，陈云提出的执政党党风问题是有关党的生死存亡的问题，对我们党的建设具有重大意义，是做好纪律检查工作的基本指导思想。会议强调纪律检查委员会要把工作的重点放在保证党的路线、方针、政策的执行上来。

【中央政治局扩大会议】（1981年5月19日至29日） 中央政治局于1981年5月19日至29日在北京召开扩大会议，进一步讨论《关于建国以来党的若干历史问题的决议》。出席会议的有政治局委员、候补委员、书记处书记、老干部、中央党政军机关负责人共74人，起草小组成员列席会议。5月19日会议开始时，由胡乔木对决议稿中涉及的诸如不用路线斗争等说法、毛泽东晚年思想表述、前十年的评价等原则问题作了几点说明。同日下午，邓小平对决议稿的起草情况作了说明。他指出，中心是两个问题，一个是毛泽东同志的功绩是第一位，还是错误是第一位？第二，我们32年，特别是“文化大革命”前十年，成绩是主要的，还是错误是主要的？是漆黑一团，还是光明是主要的？还有第三个问题，就是这些错误是毛泽东同志一个人的，还是别的人也有点份？这个决议稿中多处提到我们党中央要承担责任，别的同志要承担点责任，恐怕这比较合乎实际。第四，毛泽东同志犯了错误，这是一个伟大的革命家犯错误，是一个伟大的马克思主义者犯错误。根据邓小平的意见，政治局扩大会议从5月21日起分组讨论，一直到29日结束。在讨论中，大家对稿子普遍给予较高的评价，认为再进一步修改后，可以提交十一届六中全会讨论通过。同时，这次讨论又提出了一些很好的意见。如关于建国以前的历史，要照顾到各个方面、各条战线，增加一些对重要历史事件的叙述；关于毛泽东思想的评价，应充实毛泽东在社会主义建设方面、在革命的战略策略、思想政治工作等方面的内容，以更加全面、科学地反映毛泽东思想的面貌与贡献；增写周恩来在“文化大革命”期间所起的特殊作用的文字，等等。随后起草组吸收会议的意见，对决议稿进行了修改。这次会议对于决议的最终形成有着重要的意义。

【十一届六中全会】（1981年6月27日至29日） 十一届六中全会于1981年6月27日至29日在北京举行。出席会议的中央委员195人，候补中央委员114人，列席会议的53人。胡耀邦、叶剑英、邓小平、赵紫阳、李先念、陈云、华国锋主持了会议。这次会议的议程是：（1）审议和通过《关于建国以来党的若干历史问题的决议》；（2）改选和增选中央主要领导成员。全会之前召开了预备会议，对上述议题进行了充分的酝酿和认真的讨论。会议一致通过了《关于建国以来党的若干历史问题的决议》，对新中国成立以来党的重大历史事件特别是“文化大革命”，对毛泽东的功过是非和毛泽东思想的基本内容与指导意义作出总结和评价。《决议》指出：“文化大革命”是一场由领导者错误发动，被反革命集团利用，给党、国家和各族人民带来严重灾难的内乱。《决议》认为，就毛泽东的一生来看，他对中国革命的功绩远远大于他的过失，他的功绩是第一位的，错误是第二位的。毛泽东思想是马克思列宁主义在中国的运用和发展，是被实践证明了的关于中国革命的正确的理论原则和经验总结，是中国共产党集体智慧的结晶。毛泽东思想是中国共产党的宝贵的精神财富，它将长期指导我们的行动。《决议》初步总结了十一届三中全会以来，党逐步确立的适合中国情况的社会主义现代化建设道路的十个要点。全会一致同意华国锋辞去中共中央主席和中央军委主席职务的请求。全会对中央主要领导成员进行了改选和增选：选举胡耀邦为中央委员会主席，增选赵紫阳、华国锋为中央委员会副主席；选举邓小平为中央军事委员会主席，增选习仲勋为中央书记处书记。中央政治局常务委员会由中央主席和副主席组成，他们是：胡耀邦、叶剑英、邓小平、赵紫阳、李先念、陈云、华国锋。这次全会是继十一届三中全会后党的历史上又一次具有重大意义的会议。全会及其通过的《关于建国以来党的若干历史问题的决议》，完成了中国共产党在指导思想上拨乱反正的任务。

【庆祝中国共产党成立六十周年大会】（1981年7月1日） 1981年7月1日下午，首都各界万人在人民大会堂隆重集会，庆祝中国共产党成立60周年。胡耀邦在大会上发表讲话。邓小平、李先念、陈云、华国锋和中央政治局委员，以及参加十一届六中全会的中央委员、候补中央委员，各省、市、自治区主要负责人，中央党政军机关和人民团体负责人，各民主党派代表等出席大会。胡耀邦在讲话中指出：刚刚结束的党的十一届六中全会，通过了《关于建国以来党的若干历史问题的决议》。回顾了党的60年战斗历程，总结了新中国成立以来32年党的基本经验。60年的经验，集中到一点，就是要有一条马克思主义的革命路线，要有一个能够确立和坚持这条路线的无产阶级政党。为了把党建设成为能够团结和领导全国各族人民进行社会主义现代化建设的坚强核心，全体党员要为中国社会主义现代化建设事业奋不顾身，全心全意为人民服务；要善于在新的历史条件下把马列主义、毛泽东思想推向前进；要进一步健全党的民主生活，严格党的组织纪律。

【省市自治区党委书记座谈会】（1981年7月2日至4日） 省、市、自治区党委书记座谈会于1981年7月2日至4日在北京召开。会议主要讨论陈云关于《提拔培养中青年干部是当务之急》的建议和主持起草的《关于老干部离休、退休问题座谈会纪要》。7月2日陈云在会上发表讲话，强调必须立即主动地成千上万地提拔中青年干部，特别是40岁以下的干部；要做好老干部的离退休工作。同日，邓小平在会上讲话指出：十一届六中全会后，专门把诸位留下来开两天会，讨论陈云关于提拔培养中青年干部和老干部离退休这两条建议，就是因为这个问题十分迫切，十分重要。选拔培养中青年干部是个战略问题，是决定我们命运的问题。要把这个问题当作第一位的任务来解决。这次会议，为推进党的干部队伍的新老交替和干部退休制度的建立有着重要意义。

【全国思想战线问题座谈会】（1981年8月3日至8日） 全国思想战线问题座谈会于1981年8月3日至8日在北京召开。会议由中央宣传部召集，王任重主持。参加这次会议的有各省、市、自治区委员会主管宣传文化教育工作的书记、宣传部部长，各大军区、各军兵种宣传部、文化部的负责同志，中共中央和国务院各有关部门的负责同志以及文艺、理论、新闻出版工作者等，共300多人。会议的议题是加强党对思想战线的领导，改变涣散软弱的状态。座谈会传达讨论了邓小平7月17日同中央宣传部门有关负责同志的谈话。邓小平在谈话中肯定党对思想战线和文艺战线的领导有显著成绩的同时，严肃指出了当前存在涣散软弱的状态，对错误倾向不敢批评。对于资产阶级自由化等错误倾向，我们不能再搞反右派运动那样的政治运动，但批评的武器一定不能丢。邓小平重申坚持四项基本原则的重要意义，指出资产阶级自由化的核心就是反对党的领导，而没有党的领导，肯定会天下大乱，四分五裂。邓小平希望全党、全军和全国各族人民在党中央的领导下，在党的十一届六中全会精神和《关于建国以来党的若干历史问题的决议》的基础上，团结一致，整齐步伐，使我们的思想战线、文艺战线和其他战线不断取得新的胜利。8月3日，胡耀邦在座谈会上发表讲话指出，邓小平谈话的基本点和核心是一句话，我们党对思想战线的领导处于软弱的状态，必须改变这种状态。讨论这个问题，不是追究谁的责任，而是要分析其原因，研究克服的正确办法。他要求中央和省、市、自治区的思想战线各个部门必须在思想领导方面有一个比较显著的进步。他也要求全党、各级党委、各条战线，在思想领导上面都要有一个较大的进展。哪个地方、哪条战线有什么问题，就解决什么问题；主要问题是什么，就集中力量解决什么问题，总之，对症下药，实事求是。在会议结束时，胡乔木作了重要讲话，习仲勋也讲了话。与会同志对思想战线的领导涣散软弱的状态分析了原因，进行了批评和自我批评，并对如何克服涣散软弱的办法作了研究，表示决心要有一个显著的改进。

【中央农村工作会议】（1981年10月4日至21日） 中央农村工作会议于1981年10月4日至21日在北京召开，讨论起草放宽农业政策的文件。各省主管农村工作的负责人参加。中央书记处成员于10月12日接见与会代表，一起讨论了文件草稿。胡耀邦在讨论中针对包产到户究竟姓什么的争论问题指出：现在有一个问题，文件需要讲清楚。这就是，农村改革，包产到户，并未动摇农村集体经济；可是有些干部、群众总是用习惯语言，把改革说成是“分田单干”，这是不正确的，责任制用了“包”字本身，就说明不是“单干”；土地是最基本的生产资料，坚持土地公有，只是“包”给农民，就不是“分田”，这应向干部和群众进行宣传解释，说明我国农业坚持土地公有制是长期不变的，建立生产责任制也是长期不变的。最后，文件草稿由与会代表带回各省组织讨论，再根据各省的意见进行修改定稿，中央政治局于12月21日讨论通过，定名为《全国农村工作会议纪要》。1982年1月1日，中共中央批转了这个纪要，这就成为关于农村工作的第一个“中央一号文件”。这个文件的重大意义是初步说明了包产到户不姓资，并强调了要进一步注重放宽农村政策。文件指出包产到户、包干到户，同其他形式的各种农业生产责任制一样，“都是社会主义集体经济的生产责任制”。

【纪念辛亥革命七十周年大会】（1981年10月9日） 纪念辛亥革命70周年大会于1981年10月9日下午在人民大会堂隆重举行。党和国家领导人、国内外来宾、首都各界人士共1万多人出席纪念大会。胡耀邦在纪念大会上作了重要讲话。他指出：1911年以孙中山先生为领袖的革命党人在中国发动了推翻清皇朝的革命，树起了民主共和的旗帜，建立了中华民国，这是在中国历史上具有重大意义的一次革命。在今天的形势下，我国大陆的9.8亿同胞和台湾的1800万同胞，共同纪念这个光荣节日，尤其具有巨大的现实意义。胡耀邦说，在目前时期我们的内外任务，概括说来，有三件大事，这就是：实现“四化”建设、保卫世界和平、完成统一大业。尽快结束台湾同祖国大陆分离的要求，已成为日益高涨而不可抗拒的历史潮流。台湾问题，纯属我国内政。这个问题要由海峡两岸的领导人和人民来解决。胡耀邦呼吁实行第三次国共合作，并以共产党负责人的身份，邀请蒋经国先生和台湾其他党政军人士及各界人士，亲自来大陆和故乡看一看。他说，我们如果能够互相谅解，互相尊重，长期合作，风雨同舟，使我数千年文明古国真正昂首阔步于世界，中山先生必当含笑于九泉。中国国民党革命委员会中央委员会副主席、辛亥革命70周年纪念筹备委员会秘书长屈武，中国民主建国会中央委员会主任委员胡厥文，全国人民代表大会常务委员会委员、政协全国委员会常务委员缪云台，先后在纪念大会上讲了话。

【全国政协五届四次会议】（1981年11月28日至12月14日） 全国政协五届四次会议于1981年11月28日至12月14日在北京举行。11月28日的开幕式由邓小平主持。共有2054名委员参加。许德珩在会上作了《中国人民政治协商会议第五届全国委员会常务委员会工作报告》。五届政协三次会议提案审查委员会向大会提出了关于五届政协三次会议以来提案工作情况的书面报告。会议期间，委员们列席了五届人大四次会议，认真审议了一年来政协常委会的工作，讨论了五届人大四次会议上的各项报告以及法律草案，提出了许多中肯的批评和积极的建议。会议通过了《中国人民政治协商会议第五届全国委员会第四次会议政治决议》，增选刘斐、董其武为五届政协全国委员会副主席，还通过了《中国人民政治协商会议第五届全国委员会第四次会议关于常务委员会工作报告的决议》，同意大会提案审查委员会关于提案的审查情况的报告。

【五届全国人大四次会议】（1981年11月30日至12月13日） 五届全国人大四次会议于1981年11月30日至12月13日在北京举行。11月30日的第一次全体会议由叶剑英主持，出席代表3154名。大会通过关于政府工作报告的决议，关于批准国务院1980年国家决算和1981年国家概算执行情况报告的决议；批准了全国人民代表大会常务委员会工作报告，最高人民法院工作报告和最高人民检察院工作报告；通过了《中华人民共和国经济合同法》和《中华人民共和国外国企业所得税法》，原则批准了《中华人民共和国民事诉讼法草案》，并授权全国人民代表大会常务委员会根据代表和其他方面所提出的意见，在修改后公布试行；通过了关于推迟审议宪法修改草案的决议，决定将中华人民共和国宪法修改草案的审议工作推迟到第五届全国人民代表大会第五次会议进行；通过了关于开展全民义务植树运动的决议。补选朱学范为第五届全国人民代表大会常务委员会副委员长。

【省市自治区党委第一书记座谈会】（1981年12月15日至23日） 中共中央于1981年12月15日至23日在北京召开省、市、自治区党委第一书记座谈会。主要是听取各书记汇报1981年的情况和1982年的工作打算，并对中央领导工作提出意见。胡耀邦、陈云在会上讲话。胡耀邦指出，1981年全党工作取得了新进展。主要标志是：国民经济继续好转，走上了稳定发展的轨道，政治局面更加安定。1982年的奋斗目标是：第一，要两手抓，在物质文明和精神文明的建设方面都取得令人满意的成就。第二，在经济上要努力争取一个扎扎实实、没有“水分”的一定的发展速度，提高经济效益。第三，努力争取社会治安、社会风尚和党风有一个好转。陈云在讲话中强调，农业经济必须以计划经济为主、市场调节为辅；经济工作的另一个大方针是：既要使十亿人民有饭吃，又要进行社会主义建设。

【全国统战工作会议】（1981年12月21日至1982年1月6日） 中央统战部于1981年12月21日至1982年1月6日在北京召开全国统战工作会议。各省、自治区、直辖市党委统战部和部分地、市党委统战部的负责人，中央和国家机关有关部门负责人出席会议。会议着重讨论当前统一战线面临的新形势和新任务，着重研究如何落实各方面的统战政策，进一步加强同广大党外人士的紧密团结，为实现国家的三大任务作出积极贡献。平杰三受中央统战部委托，就会议的主要议题作了发言。1月3日，中央书记处听取了会议情况的汇报。1月5日，胡耀邦、乌兰夫、彭冲、习仲勋、宋任穷等中央领导人，以及党内长期从事统战工作的老同志李维汉、廖承志、刘澜涛、杨静仁等，在中南海怀仁堂会见了参加会议的全体同志，并同大家进行了热烈座谈。同日，胡耀邦在会见出席会议的同志时强调指出，统一战线是建设社会主义强大国家的一个重要法宝，我们要努力巩固和扩大爱国统一战线，不断加强和发展各民族、各阶层、各党派和一切爱国力量的大团结，为实现我国的社会主义现代化建设、完成祖国统一大业和保卫世界和平而努力奋斗。

【中央书记处会议】（1982年1月11日）　中央书记处会议于1982年1月11日上午在北京召开，讨论采取紧急措施，开展打击走私贩私、贪污受贿的活动。这次会议是根据中央常委的指示召开的。中央常委从中央纪委的一份简报上看到，广东省的一些干部甚至担负一定领导职务的干部有极端严重的走私贩私的犯罪行为。同时考虑到，其他省、市、自治区和中央一些部门的干部甚至一些负责干部，同样不同程度地存在着走私贩私，贪污受贿，把大量国家财产窃为己有等严重违法犯罪行为。有鉴于此，中央常委提出，对于这个严重毁坏党的威信，关系党的生死存亡的重大问题，全党一定要抓住不放，雷厉风行地加以解决。为此，中央书记处召开会议讨论了这个问题，并决定：（1）中央和国家机关由两个直属党委立即分别召开各部委党组负责同志会议，要求他们以党性保证贯彻执行中央常委的指示。（2）军队系统由杨尚昆、杨得志、韦国清召开相应会议，保证全军坚决带头贯彻执行中央常委的指示。（3）派习仲勋、余秋里、彭冲、王鹤寿立即去广东、福建、浙江、云南等走私贩私最为严重的省，传达中央常委的指示，并采取紧急措施。（4）中央要求各省、市、自治区党委，也要重视这方面的问题，并采取相应措施。会议提出，在全国范围内只要认真处理这样的案件，并大张旗鼓地在干部和人民中间加以公布，党风和整个社会风气就会得到很大扭转。如果哪一个省、市、自治区和部门的党委优柔寡断，对上述问题熟视无睹，姑息养奸，中央就将追究责任。同日，中共中央向各省、市、自治区、各大军区党委发出《紧急通知》，通报了会议的情况。

【中央政治局扩大会议】（1982年1月11日、13日）　中央政治局扩大会议于1982年1月11日、13日在北京召开，讨论中央机构精简问题。13日下午，邓小平在会上作《精简机构是一场革命》的讲话，他指出：精简机构是一场革命。当然，这不是对人的革命，而是对体制的革命。实现干部的革命化、年轻化、知识化、专业化，是革命和建设的战略需要。政治局扩大会议一致同意邓小平这个讲话。19日，中共中央将邓小平的讲话印发中央和国务院各部委党组。中共中央直属机关和中央国家机关的机构改革工作逐步展开。

【中央书记处会议】（1982年1月14日）　中央书记处于1982年1月14日召开会议，讨论指导对外经济关系的全面发展问题。胡耀邦在会上就对外经济关系问题发表意见，指出：我国的社会主义现代化建设，要利用两种资源——国内资源和国外资源；要打开两个市场——国内市场和国外市场；要学会两套本领——组织国内建设的本领和发展对外经济关系的本领。当前，要很好地总结经验，制定一整套的正确方针、政策和措施，走出一条适合我国情况和国际情况的发展我国对外经济关系的路子，做好吸收外资，正确引进先进技术，大力发展劳务合作，把国内产品打入国际市场等工作。

【中央政治局会议】（1982年4月10日） 中央政治局于1982年4月10日召开会议，讨论《中共中央、国务院关于打击经济领域中严重犯罪活动的决定》。同日下午，邓小平在讨论这一决定的会议上指出：我们必须坚持社会主义道路的四项必要的保证，即：第一，体制改革；第二，建设社会主义精神文明；第三，打击经济犯罪活动；第四，整顿党的作风和党的组织，包括坚持党的领导，改善党的领导。在实现四个现代化过程中，我们要有两手，一手就是坚持对外开放和对内搞活经济的政策，一手就是坚决打击经济犯罪活动。4月13日，中共中央、国务院公布这一决定。《决定》尖锐地指出：打击经济领域的严重犯罪活动，进行反对腐化变质的斗争，关系到我国社会主义现代化建设的成败，关系到我们党和国家的盛衰兴亡，这场斗争必然是长期的、持久的。

【全国政法工作会议】（1982年7月10日至24日） 全国政法工作会议于1982年7月10日至24日在北京召开。讨论和研究政法工作的若干重要问题。共400多人参加了会议。会议由彭真、彭冲主持。会议强调，新时期政法工作的主要任务是健全社会主义民主和法制，加强人民民主专政，保卫和促进以经济建设为中心的社会主义现代化建设。为此，要围绕经济建设这个中心任务，从实际出发，加速制定一些新的法规，并在总结实践经验的基础上，对现行法律适时进行必要的修改和补充。彭真在会上作总结讲话时指出，当前政法工作的突出任务是要坚决打击各种经济犯罪活动。

【中央政治局扩大会议】（1982年7月30日） 中央政治局扩大会议于1982年7月30日在北京召开。讨论召开中共十一届七中全会有关问题和十二大设立顾问委员会以及废除领导职务终身制问题。邓小平、陈云先后在会上讲话。邓小平在讲话中指出，设顾问委员会是废除领导职务终身制的过渡办法，是我们干部领导职务从终身制走向退休制的一种过渡。在这个过渡阶段，必须认真使干部队伍年轻化，为退休制度的建立和领导职务终身制的废除创造条件。陈云在讲话中指出，党的干部交接班问题历来是党的一件大事。他对提拔青年干部讲了两点意见：一方面，必须成千上万地提拔，决不是提拔几个或几十个；另一方面，在提拔中青年干部时，必须对“三种人”保持警惕，决不能提拔造反起家的人、帮派思想严重的人、打砸抢分子，对这些人一个也不能提拔，必须坚决撤下来。

【十一届七中全会】（1982年8月6日） 十一届七中全会于1982年8月6日在北京举行。出席会议的有中央委员185人，候补中央委员112人。有关方面负责同志21人列席了会议。胡耀邦、叶剑英、邓小平、赵紫阳、李先念、陈云、华国锋主持了这次会议。会议决定，1982年9月1日召开中国共产党第十二次全国代表大会。全会审议通过了中央委员会向党的第十二次全国代表大会的报告；审议通过了《中国共产党章程（修改草案）》，一致决定将这两个文件提交党的第十二次全国代表大会审议。会议还讨论通过了给因年高久病，不再担任领导职务的刘伯承、蔡畅的致敬信。全会正式会议前开了六天的预备会议，就上述议题进行了充分的酝酿和认真的讨论。这次全会为中国共产党第十二次全国代表大会的召开做了充分准备。

【中国共产党第十二次全国代表大会】（1982年9月1日至11日）　中国共产党第十二次全国代表大会于1982年9月1日至11日在北京举行。大会正式代表1545人，候补代表145人，代表全国3900多万党员。这次大会的使命是，通过对过去六年历史性胜利的总结，为进一步肃清“文化大革命”遗留的消极后果，全面开创社会主义现代化建设新局面，确定继续前进的正确道路、战略步骤和方针政策。邓小平在开幕词中明确提出了“建设有中国特色的社会主义”的重大命题。他指出：“我们的现代化建设，必须从中国的实际出发，无论是革命还是建设，都要注意学习和借鉴外国经验。但是，照抄照搬别国经验、别国模式，从来不能得到成功。这方面我们有过不少教训。把马克思主义的普遍真理同我国的具体实际结合起来，走自己的道路，建设有中国特色的社会主义，这就是我们总结长期历史经验得出的基本结论。”胡耀邦代表十一届中央委员会作题为《全面开创社会主义现代化建设的新局面》的报告。报告共分六个部分：（1）历史性的转变和新的伟大任务；（2）促进社会主义经济的全面高涨；（3）努力建设高度的社会主义精神文明；（4）努力建设高度的社会主义民主；（5）坚持独立自主的对外政策；（6）把党建设成为领导社会主义现代化事业的坚强核心。报告系统地总结了党的历史经验和新取得的经验，宣布我们已经在指导思想上完成了拨乱反正的艰巨任务，在各条战线的实际工作中取得了拨乱反正的重大胜利，实现了历史性的伟大转变。中国共产党在新的历史时期的总任务是：团结全国各族人民，自力更生，艰苦奋斗，逐步实现工业、农业、国防和科学技术现代化，把我国建设成为高度文明、高度民主的社会主义国家。到20世纪末，我国经济建设的总的奋斗目标是：在不断提高经济效益的前提下，力争使全国工农业的年总产值翻两番，即由1980年的7100亿元增加到2000年的2.8万亿元左右，使人民的物质文化生活达到小康水平。

大会审议通过了报告和新修订的《中国共产党章程》，批准了中央纪律检查委员会的工作报告，选举产生了由委员210人、候补委员138人组成的中央委员会，由委员172人组成的中央顾问委员会和由委员132人组成的中央纪律检查委员会。叶剑英、陈云就干部队伍新老合作和交替问题讲了话，李先念致闭幕词。中国共产党第十二次全国代表大会的胜利召开，标志着党成功地实现了具有重大历史性意义的伟大转变。

【十二届一中全会】（1982年9月12日至13日） 十二届一中全会于1982年9月12日至13日在北京举行。会议由胡耀邦、赵紫阳主持。全会第一天到会的中央委员210人，中央候补委员138人。中央顾问委员会委员149人和黄克诚列席了会议。会议选举万里、习仲勋、王震、韦国清、乌兰夫、方毅、邓小平、邓颖超、叶剑英、李先念、李德生、杨尚昆、杨得志、余秋里、宋任穷、张廷发、陈云、赵紫阳、胡乔木、胡耀邦、聂荣臻、倪志福、徐向前、彭真、廖承志为中央政治局委员，姚依林、秦基伟、陈慕华为中央政治局候补委员；选举胡耀邦、叶剑英、邓小平、赵紫阳、李先念、陈云为中央政治局常委；选举胡耀邦为中央委员会总书记；选举万里、习仲勋、邓力群、杨勇、余秋里、谷牧、陈丕显、胡启立、姚依林为中央书记处书记，乔石、郝建秀为书记处候补书记。会议决定，邓小平为中央军事委员会主席；叶剑英、徐向前、聂荣臻为副主席，杨尚昆为常务副主席。9月13日全会在北京继续举行。到会中央委员209人，中央候补委员138人。中央顾问委员会委员156人，中央纪律检查委员会委员128人，列席了会议。全会批准了中央顾问委员会全体会议选举产生的主任、副主任和常务委员会委员人选，批准了中央纪律检查委员会全体会议选举产生的书记和常务委员会委员人选。在会议结束前，胡耀邦代表新产生的中央书记处，对党的当前和今后的工作部署作了重要讲话。

【十二届中顾委一次全会】（1982年9月13日） 十二届中顾委一次全会于1982年9月13日在北京举行，选举产生中央顾问委员会领导机构。全会选举邓小平为中央顾问委员会主任，薄一波、许世友、谭震林、李维汉为副主任，王平等24人为常务委员会委员。邓小平在会上讲话指出：中央顾问委员会是个新东西，是根据中国共产党的实际情况建立的，是解决党的中央领导机构新老交替的一种组织形式。目的是使中央委员会能够逐步年轻化，同时让一些老同志在退出第一线之后继续发挥一定的作用。他希望顾问委员会的成员要联系群众，真正起到党章规定的“助手和参谋”的作用。

【十二届中央纪委一次全会】（1982年9月13日） 十二届中央纪委一次全会于1982年9月13日在北京举行，选举产生中央纪律检查委员会领导机构。全会选举陈云为中央纪律检查委员会第一书记，黄克诚为第二书记，王鹤寿为常务书记，王从吾、韩光、李昌、马国瑞、韩天石为书记，马国瑞等11人为常务委员。陈云在会上讲话指出：过去三年多来，党的纪律检查部门在中央和各级党委的领导下，做了若干工作。但是，要在我们党执政的情况下长久保持好的党风，任务还非常重。中纪委和各级纪委今后的主要工作，仍然是协助中央和各级党委，切实抓紧抓好党风的整顿。要继续建立和健全党的纪律检查部门。要把党的纪律检查队伍本身的干部选好、用好。

【全国农村思想政治工作会议】（1982年10月27日至11月5日） 全国农村思想政治工作会议于1982年10月27日至11月5日在北京举行。会议是由中央书记处委托中央宣传部和书记处农村政策研究室联合召开的。郁文、杜润生主持会议并讲话。全国29个省、市、自治区主管农村工作的书记、副书记、副省长、副市长和从事农村工作、宣传工作的负责同志，以及部分地、县委负责人参加了会议。中组部、农牧渔业部、全国妇联、共青团中央等有关单位也派人参加了会议。会议期间，万里、邓力群到会作了讲话。会上，各地总结交流了经验。大家分析了党的十一届三中全会以来农村出现的空前繁荣、活跃，农民心情舒畅的新形势。研究了党的十二大以后要大力推进社会主义物质文明和精神文明建设的新要求。大家认为，为争取农村在政治上、经济上、文化上、科学技术上更加欣欣向荣，今后在继续放宽政策、搞活经济的同时，必须加强党在农村的思想政治工作。这是农村社会主义精神文明建设的中心环节，是坚持和改善党在农村的领导的重要组成部分。这项工作的根本任务就是要用马列主义、毛泽东思想，用共产主义思想教育农村干部、党员和群众，提高广大农民自觉抵制封建主义、资本主义腐朽思想，反对各种不良社会风气的觉悟，使广大农民逐渐锻炼成为有理想、有道德、有文化、守纪律的新型的劳动者，积极为社会主义现代化建设事业多作贡献，把我国农村建设成为富裕的、文明的、社会主义的新农村。

【全国党员教育工作会议】（1982年11月14日至24日） 全国党员教育工作会议于1982年11月14日至24日在济南召开，会议是由中央书记处委托中央组织部和中央宣传部联合召开。参加会议的有各省、市、自治区党委主管党群工作的书记和组织部、宣传部的负责同志，各地党员教育刊物的主编，中央和国家机关、解放军总政治部的有关负责同志，共250多人。宋任穷、邓力群到会作了讲话。会议以十二大精神为指导，强调当前和今后几年内，要在全党加强以新党章为主要内容的党员教育工作，要求全体党员认真学习、坚决执行新党章，努力做符合新党章要求的合格党员，在社会主义物质文明和精神文明建设中发挥先锋模范作用。会议指出，我们党是以马克思列宁主义、毛泽东思想武装起来的工人阶级先锋队。目前已拥有3900多万党员，在我们党内集合了中国工人阶级和中国人民的优秀分子。即使遭受了“文化大革命”的严重伤害，我们党的队伍的主流仍然是纯洁和强有力的。经过这几年的恢复和整顿，党的状况有了很大改善，党的优良传统和作风正在发扬，党同群众的联系得到加强。但是由于十年内乱的流毒至今还没有完全肃清，由于在新的情况下，国内外各种剥削阶级思想对我们党的侵蚀，党内确实存在着思想不纯、作风不纯和组织不纯的问题，亟需加强教育和整顿。会议认为，加强党员教育是全党的一件大事。各级党委都应按照新党章的规定，实行党政分工，加强党的自身建设，改变长期存在的忽视党员教育、党不管党的状况。

【全国政协五届五次会议】（1982年11月24日至12月11日） 全国政协五届五次会议于1982年11月24日至12月11日在北京举行。11月24日的开幕式由邓小平主持。他说，我们的统一战线不仅包括全体社会主义劳动者，还包括拥护社会主义的爱国者和拥护祖国统一的爱国者，是最广泛的爱国统一战线。我们一定要坚持“长期共存，互相监督”，“肝胆相照，荣辱与共”的方针，加强同各民主党派、无党派民主人士和一切爱国的党外朋友们的合作，为开创我国社会主义现代化建设的新局面，为开创爱国统一战线的新局面，为开创人民政协工作的新局面而共同奋斗。刘澜涛受邓小平的委托，作了《关于〈中国人民政治协商会议章程（修改草案）〉的说明》；胡子昂作了《中国人民政治协商会议第五届全国委员会常务委员会工作报告》；五届政协四次会议提案审查委员会向大会提出了关于五届政协四次会议以来提案工作情况的书面报告。委员们对国家大事和政协的重要工作，进行了认真的讨论，共提出提案539件，提出提案的委员有608人，共1446人次。大会通过了《中国人民政治协商会议章程》和关于政协章程的决议；通过了关于常务委员会工作报告的决议；通过了关于提案审查情况的报告和关于这个报告的决议。乌兰夫致闭幕词。

【五届全国人大五次会议】（1982年11月26日至12月10日） 五届全国人大五次会议于1982年11月26日至12月10日在北京举行。11月26日的第一次全体会议由叶剑英主持，出席代表3055名。大会通过了中华人民共和国的第四部宪法，通过了中华人民共和国全国人民代表大会组织法、中华人民共和国国务院组织法、关于修改地方各级人民代表大会和地方各级人民政府组织法的若干规定的决议、关于修改全国人民代表大会和地方各级人民代表大会选举法的若干规定的决议；批准了《关于第六个五年计划的报告》，批准了《中华人民共和国国民经济和社会发展第六个五年计划》和根据这个五年计划制定的1983年国民经济和社会发展计划；通过了关于批准国务院1982年国家预算执行情况和1983年国家预算报告的决议；通过了关于全国人大常委会工作报告的决议，关于最高人民法院工作报告和最高人民检察院工作报告的决议。

【中国共产主义青年团第十一次全国代表大会】（1982年12月20日至30日） 中国共产主义青年团第十一次全国代表大会于1982年12月20日至30日在北京举行。出席大会的有来自全国各地、包括56个民族的1900多名代表。这次大会的主要任务是：以中共十二大精神为指针，动员全国各族青年，同心同德，艰苦奋斗，为伟大祖国的繁荣、富强和统一贡献青春、智慧和力量。大会开幕时，胡耀邦、邓小平、陈云、邓颖超等党和国家领导人到会祝贺，胡启立代表党中央致祝词，王兆国向大会作工作报告。大会闭幕时，倪志福、郭力文、刘东生、颜金生、许德珩，分别代表全国总工会、全国妇联、中国科协、人民解放军全体指战员、各民主党派向大会致祝词。大会通过了新的《中国共产主义青年团章程》；选出了新一届共青团中央委员会。在12月31日举行的共青团十一届一中全会上，王兆国当选为团中央书记处第一书记。1984年12月11日至14日召开的共青团十一届三中全会选举胡锦涛为团中央书记处第一书记。1985年11月29日至30日召开的共青团十一届四中全会选举宋德福为团中央书记处第一书记。

【全国职工思想政治工作会议】（1983年1月7日至22日） 全国职工思想政治工作会议于1983年1月7日至22日在北京举行。这次会议是中央书记处委托中宣部、中组部、中央书记处研究室、国家经委、中华全国总工会、共青团中央和全国妇联七个单位联合召开的，是新中国成立后首次全国职工思想政治工作会议。900余人参加了会议。1月7日大会开幕，邓力群主持会议并讲话。他说，这次全国职工思想政治工作会议是一次很重要的会议。讨论的问题是怎样加强和改进党在职工中的思想政治工作，发挥工人阶级在国家政治生活中的领导作用，团结全国人民，努力实现十二大通过的宏伟纲领，贯彻执行五届人大五次会议通过的新宪法和六五计划。1月20日下午，胡耀邦到会作了题为《四化建设和改革问题》的报告。他指出，要搞四个现代化建设必须进行一系列的改革，改革要贯穿四个现代化建设的整个过程，这应该成为我党领导四化建设的一个极为重要的指导思想。他说，我们改革的总方针应当是：从实际出发，全面而系统地改，坚决而有秩序地改。会议期间，讨论了新的历史条件下职工思想政治教育的内容、方法、教材，企业思想政治工作队伍的建设以及加强和改善党对企业思想政治工作的领导等问题。交流了做好职工思想政治工作的经验。这次会议对充分调动政工干部做好思想政治工作的积极性、主动性和创造性，从根本上提高职工的政治素质，加快社会主义现代化建设，确保十二大纲领的胜利实现，具有重要的意义。

【十二届中央纪委二次全会】（1983年1月28日至2月7日） 十二届中央纪委二次全会于1983年1月28日至2月7日在北京举行。到会中央纪律检查委员会委员123人，各省、市、自治区和中央一级有关部门的纪律检查机关负责人103人列席了会议。王鹤寿代表常委会向全体会议作了题为《尽快实现党风的根本好转》的报告。王从吾代表常委会提出了《关于一年来打击经济领域中严重犯罪活动工作的初步总结和今后的意见》的书面报告。黄克诚出席大会并作了重要讲话。这次会议，根据党的十二大精神，并以胡耀邦和邓小平有关改革问题的重要讲话为指导思想，认真审议并一致通过了王鹤寿所作的报告。会议研究了如何动员全党力量尽快实现党风的根本好转以及开创纪律检查工作新局面的措施，具体部署了1983年的纪律检查工作。会议认真讨论了王从吾提出的关于打击经济领域中严重犯罪活动的书面报告，认为必须继续协助各级党委把这项工作坚决抓紧抓好。会议还对纪律检查系统的组织建设问题进行了讨论。全会要求各级党委和各级纪律检查机关，团结全党同志，动员各方面力量，为尽快实现党风的根本好转而奋斗。2月12日，中共中央批准了王鹤寿在会上的报告，并为此发出通知。通知说，这个报告对当前党风状况的估计，对纪律检查工作经验的总结，对力争尽快实现党风根本好转、开创纪律检查工作新局面而提出的措施和意见，都是实事求是的、可行的。

【第二次全国党校工作会议】（1983年2月22日至3月2日） 第二次全国党校工作会议于1983年2月22日至3月2日在北京召开。这次会议是中共中央委托中央组织部、中央宣传部和中央党校召开的。各省、市、自治区主管党校或组织工作的领导人和中央、省、地、市委党校负责人300多人出席了会议。这次会议的内容是，研究全国党校的改革问题，使党校由轮训干部为主转向以培训干部为主，逐步实现正规化，为培养革命化、年轻化、知识化、专业化的党政干部作出新贡献。2月22日大会开幕。胡耀邦、邓小平、陈云打来电话，叶剑英、赵紫阳、李先念寄来祝词，预祝会议圆满成功。在开幕大会上，王震、宋任穷讲了话。王震在讲话中指出，党的十二大和五届人大五次会议确定的奋斗目标和任务能否顺利实现，党的路线、方针、政策能否贯彻执行，关键是我们能否选拔和培训出大批符合现代化建设要求的各级党政领导干部。通过机构改革，老同志陆续退出第一线，大批德才兼备、年富力强的中青年干部走上领导岗位。在这样的形势下，加强对干部的培训，使干部教育工作经常化、正规化、制度化，不断提高干部队伍的马列主义、毛泽东思想素质和文化科学素质，就成为我们面临的一项越来越紧迫的任务。宋任穷主要讲了调整省市自治区领导班子和用改革精神做好干部教育工作的问题。蒋南翔主持了开幕式，并在会上讲话。邓力群、胡启立参加了会议。会议期间，与会者根据十二大精神和中央有关指示，认真讨论了党校正规化建设的方针，实现正规化以后的性质、任务、地位和作用，以及党校自身建设等问题。会议期间，胡乔木就党校建设问题向代表们讲了话，邓力群作了题为《共产主义实践活动和共产主义思想教育》的报告，吴学谦报告了国际形势。

【纪念马克思逝世一百周年大会】（1983年3月13日） 纪念马克思逝世100周年大会于1983年3月13日下午在北京人民大会堂举行。邓小平、李先念等党和国家领导人，一些外国的同志、朋友和帮助我国进行社会主义建设的专家，中共中央直属机关和国务院各部门、人民解放军领导机关、各民主党派、各人民团体和北京市的负责人，各界群众代表近万人，出席纪念大会。胡耀邦在会上作题为《马克思主义伟大真理的光芒照耀我们前进》的讲话。他说：中国革命的胜利是十月革命后马克思主义发展历史上最重大的事件。马克思主义发展历史的一条根本经验，就是各国党要根据自己的实际，决定自己的路线和政策。现在我们大家都更加深切地感到，没有马克思的学说，就没有我们的今天。无论过去、现在和将来，我们都要向马克思请教，认真学习他的著作，从中汲取智慧和力量。

【中国人民政治协商会议第六届全国委员会第一次会议】（1983年6月4日至22日） 中国人民政治协商会议第六届全国委员会第一次会议于1983年6月4日至22日在北京举行。6月4日的开幕会由胡子昂主持，邓颖超致开幕词，本届委员共2039人，出席开幕会的1794人。邓小平、李先念、彭真等中共中央领导人出席开幕式，祝贺大会召开。委员们还列席了六届全国人大一次会议。会议通过了《中国人民政治协商会议第六届全国委员会第一次会议决议》。会议选举邓颖超为中国人民政治协商会议第六届全国委员会主席，杨静仁、刘澜涛、陆定一、陈子华、康克清、季方、庄希泉、帕巴拉·格列朗杰、胡子昂、王昆仑、钱昌照、董其武、陶峙岳、周叔弢、杨成武、萧华、陈再道、吕正操、周建人、周培源、包尔汉、缪云台、王光英、邓兆祥、费孝通、赵朴初、叶圣陶、屈武、巴金为副主席，彭友今为秘书长，丁玲等297名常务委员。邓颖超致闭幕词。

【第六届全国人民代表大会第一次会议】（1983年6月6日至21日） 第六届全国人民代表大会第一次会议于1983年6月6日至21日在北京举行。6月6日的第一次全体会议会议由彭真主持并致开幕词，2884名代表出席。会议选举李先念为中华人民共和国主席，乌兰夫为副主席；选举彭真为第六届全国人民代表大会常务委员会委员长，陈丕显、韦国清、耿飚、胡厥文、许德珩、彭冲、王任重、史良、朱学范、阿沛·阿旺晋美、班禅额尔德尼·确吉坚赞、赛福鼎·艾则孜、周谷城、严济慈、胡愈之、荣毅仁、叶飞、廖汉生、韩先楚、黄华为副委员长；选举邓小平为中华人民共和国中央军事委员会主席；决定任命赵紫阳为国务院总理。决定万里、姚依林、李鹏、田纪云为副总理，方毅、谷牧、康世恩、陈慕华、姬鹏飞、张劲夫、张爱萍、吴学谦、王丙乾、宋平为国务委员。根据中央军事委员会主席邓小平的提名，会议决定叶剑英、徐向前、聂荣臻、杨尚昆为中央军事委员会副主席，余秋里、杨得志、张爱萍、洪学智为中央军事委员会委员。选举郑天翔为最高人民法院院长，杨易辰为最高人民检察院检察长。大会通过了关于《政府工作报告》的决议，批准了赵紫阳代表国务院作的《政府工作报告》；通过了关于1983年国民经济和社会发展计划报告的决议、关于1982年国家决算的决议，批准了国务院副总理兼国家计划委员会主任姚依林所作的《关于1983年国民经济和社会发展计划的报告》，批准了国务院提出的1982年国家决算和财政部部长王丙乾所作的《关于1982年国家决算的报告》；批准了五届全国人大常委会副委员长兼秘书长杨尚昆代表五届全国人大常委会所作的工作报告、最高人民法院院长江华所作的最高人民法院工作报告、最高人民检察院检察长黄火青所作的最高人民检察院工作报告。根据新宪法的规定，通过了全国人民代表大会民族委员会、法律委员会、财政经济委员会、教育科学文化卫生委员会、外事委员会、华侨委员会六个专门委员会的组成人员。

【中央工作会议】（1983年6月25日至30日） 中共中央于1983年6月25日至30日在北京召开工作会议。会议主要讨论适当集中财力物力，保证重点建设问题。6月30日，陈云、邓小平先后在会上讲话。陈云在讲话中指出：这几年群众生活比过去有了较大改善，今后还要继续改善。建设要有重点，要分轻重缓急。重点只能由中央根据全局的长远的利益，经过综合平衡来确定。全党全民应集中财力、物力保重点。同时，我们搞革命、搞建设，切莫忘了要后继有人。趁我们还在的时候，把第三梯队也建立起来。这是党和国家的大计。邓小平在讲话中表示完全同意陈云的讲话，指出：陈云的讲话不仅谈了经济问题，还谈了一个重要的政治问题，即干部队伍三个梯队的配备问题。这个问题关系到我们党和国家的命运，讲得非常好。他说，这次会议应该解决的问题都提出来了，最重要的是集中。一个是集中资金搞重点建设，一个是集中精力搞技术改造。体制改革是为了实现这两点。我们过去提出，进行社会主义现代化建设，要实行对外开放政策。这是正确的，但是必须有两手。一手坚持对外开放政策，这个不能变。另一手是必须打击经济犯罪和其他犯罪行为。根据这次会议精神，7月27日，中共中央、国务院发布《集中财力物力，保证重点建设》宣传提纲，指出这是今后一个时期内经济建设的重要环节。

【全国宣传工作会议】（1983年7月7日至17日） 中共中央于1983年7月7日至17日在北京召开全国宣传工作会议。各省、自治区、直辖市党委宣传部部长，中央各宣传、文教单位的负责人，参加了会议。胡耀邦、习仲勋、宋任穷等会见了各省、自治区、直辖市的同志，胡耀邦并就思想作风、领导作风问题作了重要讲话。胡乔木到会就学习《邓小平文选》问题作了重要讲话。邓力群在会议结束时作了总结报告。会议讨论研究了如何学习和宣传《邓小平文选》的问题。与会同志认为，《邓小平文选》集中代表了1975年至1982年这段时间党中央对党和国家一些重要问题的见解，既表现了邓小平对解决这些重大问题的首创性，也表现了他集思广益、坚持民主集中制、坚持群众路线、反对个人崇拜和个人专断的民主作风。会议认为，《邓小平文选》是我们建设有中国特色的社会主义的建国大纲，制定党的路线、方针、政策的理论基础，是毛泽东思想的继承和发展。会议确定，学习和宣传《邓小平文选》是今后宣传工作的重点。各地各部门首先要组织县团级以上干部认真通读，领会精神实质，为今年秋冬开始的整党做好思想准备。会议还讨论研究了当前和今后宣传工作的其他问题。与会同志还在会上交流了各地宣传工作的情况和经验，决心为进一步开创宣传工作的新局面而努力。

【全国组织工作座谈会】（1983年7月16日至20日） 中央组织部于1983年7月16

日至20日在北京召开全国组织工作座谈会。出席这次会议的有各省、市、自治区党委的组织部部长。胡耀邦在会议期间接见了出席这次会议的同志和出席全国宣传会议的部分同志并作了重要讲话。宋任穷、余秋里到会讲话。陈野苹在会上作了《以改革的精神加速领导班子和干部队伍“四化”建设》的报告。会议强调以改革的精神加速领导班子的革命化、年轻化、知识化、专业化建设，从组织上保证社会主义现代化建设任务的实现，这是当前组织战线面临的一个重大课题。参加会议的同志以党的十二大精神和中央提出的“改革要坚决，经济要抓紧”以及要建设好第三梯队的要求为指导思想，认真学习了《邓小平文选》中有关干部、组织工作的论述，回顾和总结了过去五年，特别是党的十一届三中全会以来组织工作的成绩和经验，讨论了在新形势下组织工作的主要任务以及完成任务的主要措施。全国组织工作座谈会提出今后主要任务是要以改革精神加速领导班子“四化”建设；重视建设好“第三梯队”，努力提高干部队伍素质；坚决贯彻执行干部“四化”的方针，改善领导班子的结构，提高干部队伍的素质，改革干部制度，认真搞好全面整党，进一步加强和改善党的领导，提高党组织的战斗力。

【中国妇女第五次全国代表大会】（1983年9月2日至12日）　中国妇女第五次全国代表大会于1983年9月2日至12日在北京举行。出席大会的1939名代表，来自祖国56个民族，其中许多人是在长期革命斗争中、在社会主义建设中作出了突出贡献的先进人物。胡耀邦、邓小平、赵紫阳、李先念、彭真等党和国家领导人出席大会，向代表们表示热烈祝贺。康克清宣布大会开幕，雷洁琼致开幕词。邓颖超代表中共中央在大会上致词。胡锦涛代表全国总工会、中国科协、中国文联、中国作协、全国侨联、全国台联、共青团中央、全国青联、全国学联向大会致祝词。康克清代表全国妇联四届执委会向大会作题为《奋发自强，开创妇女运动新局面》的工作报告。会议选举产生了全国妇联第五届执行委员会，康克清当选为主席，张帼英任书记处第一书记；通过了关于康克清代表四届执委会所作的《奋发自强，开创妇女运动新局面》工作报告的决议、关于《中华全国妇女联合会章程》的决议。张帼英致闭幕词。

【十二届二中全会】（1983年10月11日至12日）　十二届二中全会于1983年10月11日至12日在北京举行。全会之前，举行了预备会议。胡耀邦、叶剑英、邓小平、赵紫阳、李先念、陈云出席并主持会议。到会的中央委员201人，候补中央委员136人。中央顾问委员会委员150人，中央纪律检查委员会委员124人，中央机关和地方党委的负责同志11人，列席了会议。会议经过认真热烈的讨论，一致通过了《中共中央关于整党的决定》。这个决定，体现了党的十二大精神，明确规定了这次整党的基本方针、基本任务、基本政策和基本方法。全会认为，这个决定的贯彻执行，必将保证整党工作正确地顺利地进行。为了保证整党工作的日常领导，这次全会经过充分酝酿，选举产生了中央整党工作指导委员会。在这次全会上，邓小平、陈云就整党问题分别作了重要讲话。邓小平在讲话中，还提出了加强思想战线工作的问题。全会决定中央于今冬明春召开会议，专门讨论这个问题，并作出相应的决定。全会依照党章规定，决定递补中央候补委员杨泰芳、郎大忠（傣族）为中央委员。全会决定增补魏文伯、奎璧（蒙古族）、张苏、杜星垣、贾庭三为中央顾问委员会委员，以后提请下届党的全国代表大会追认。全会号召全体党员，认真学习《中共中央关于整党的决定》，积极参加整党。

【十二届中顾委二次全会】（1983年10月15日至16日） 十二届中顾委二次全会于1983年10月15日至16日在北京举行。会议由薄一波、陆定一、刘澜涛主持。到会委员153人。胡耀邦出席会议并作了重要讲话。会议一致拥护党的十二届二中全会通过的《中共中央关于整党的决定》，一致同意邓小平、陈云在中央全会上的重要讲话，并讨论了在整党中发挥中顾委和中顾委委员作用的问题。与会委员讨论了中顾委成立一年多以来的工作和今后的工作安排，一致同意《中央顾问委员会向中央的工作报告》。

【十二届中央纪委三次全会】（1983年10月17日至25日） 十二届中央纪委三次全会于1983年10月17日至25日在北京举行。到会委员123人。省、市、自治区纪委书记和中央有关部门纪检工作负责人52人列席了会议。这次会议，是在陈云、黄克诚的指导下进行的。会议一致拥护党的十二届二中全会通过的《中共中央关于整党的决定》，一致同意邓小平、陈云在中央全会上的重要讲话。会议集中讨论了从纪律检查工作方面保证中央整党决定的贯彻执行问题。会议认为，在整党中，各级纪律检查机关首先要把自身的思想、作风、组织整顿好。要在党委统一领导下，把整党作为自己的中心任务，积极做好有关的各项工作。在整党的过程中，要抓紧做好经常性的端正党风、严肃党纪的工作。为了贯彻执行中央的整党决定，加强党的纪律，会议讨论并原则通过了中央纪委《加强党的纪律的若干规定（草稿）》，委托常委修改后报请中央审批。会议讨论了抵制和清除精神污染的问题。提出纪委要十分重视这方面工作，保证党的四项基本原则的贯彻执行。会议还讨论了加强党的纪律检查机关的组织建设和思想作风建设问题，以适应整党的要求。全会以无记名投票方式增选了中央纪委常务委员会委员。王鹤寿主持了会议，并作了总结讲话。全会要求，各级纪委和全体纪检工作人员，认真学习整党文件，积极参加整党工作，与全党同志一起，为完成整党任务，尽快实现党风根本好转而努力奋斗！

【中国工会第十次全国代表大会】（1983年10月18日至29日） 中国工会第十次全国代表大会于1983年10月18日至29日在北京召开。大会主席团执行主席顾大椿宣布大会开幕。李先念代表党中央、国务院向大会致词。倪志福代表第九届执行委员会向大会作了题为《在社会主义物质文明和精神文明建设中发扬工人阶级的主人翁精神》的工作报告。胡耀邦、邓小平、彭真、邓颖超、乌兰夫等党和国家领导人，在人民大会堂会见出席工会十大全体代表和特邀代表，并同他们合影留念。中华全国总工会第十届执行委员会选举倪志福为主席。大会还宣布了关于表彰115个先进基层工会、990个先进工会小组和9954名优秀工会工作者与优秀工会积极分子的决定。顾大椿致闭幕词。

【民建第四次全国代表大会】（1983年11月8日至19日） 民建第四次全国代表大会于1983年11月8日至19日在北京举行。此次会议是与工商联五大同时举行的。出席民建四大的代表共500人，来自192个地方组织，代表着26372名成员。胡子昂主持开幕式。胡厥文致大会开幕词。习仲勋宣读了中共中央的贺词。胡子昂代表民建三届中央委员会和全国工商联四届执行委员会作了《坚定不移跟党走，尽心竭力为四化，为开创民建会、工商联工作的新局面而努力奋斗》的两会共同工作报告。孙晓村受民建三届中央委员会的委托，作了题为《团结奋斗，自强不息，开创民建工作新局面》的工作报告。大会通过了《中国民主建国会章程》。大会选举产生由186名委员组成的第四届中央委员会。17日，胡耀邦、邓小平、彭真、邓颖超等在人民大会堂会见了全体代表。18日召开的民建四届一中全会选举胡厥文为主席。胡子昂致闭幕词。大会期间，胡耀邦、邓小平、彭真、邓颖超等会见了全体代表。

【全国工商联第五届会员代表大会】（1983年11月8日至19日） 全国工商联第五届会员代表大会于1983年11月8日至19日在北京举行。此次会议是与民建第四次全国代表大会同时举行的。参加大会的工商联代表600人。胡子昂主持开幕式。胡厥文致开幕词。习仲勋宣读了中共中央的贺词。胡子昂作了民建、工商联的共同工作报告。张敬礼受全国工商联四届执行委员会的问题，作了题为《发扬爱国主义传统，积极贡献经营才能，为社会主义现代化建设奋发前进》的全国工商联工作报告。大会通过了修改后的《中华全国工商业联合会章程》。大会选出了289名执行委员。17日，胡耀邦、邓小平、彭真、邓颖超等在人民大会堂会见了全体代表。11月18日召开的全国工商联五届一次执委会议选举胡子昂为主席。胡子昂致闭幕词。

【民进第五次全国代表大会】（1983年11月9日至21日） 民进第五次全国代表大会于1983年11月9日至21日在北京举行。出席大会的正式代表370人，列席代表50人。赵朴初主持开幕式。周建人致开幕词。宋任穷宣读了中共中央的贺词。雷洁琼代表民进中央作了题为《团结奋斗，自强不息，全面开创民进工作的新局面》的工作报告。17日，胡耀邦、邓小平、彭真、邓颖超等会见了全体代表。大会通过了新的《中国民主促进会章程》，选举产生了由154人组成的民进新一届中央委员会。陈舜礼致了闭幕词。22日召开的民进七届一中全会选举周建人为主席。

1984年12月18日召开的民进七届二中全会选举叶圣陶为主席。1987年6月5日至10日召开了民进全国代表会议，递补14名中央候补委员为中央委员，增选31人为中央委员，补选22人为候补委员，选举产生了由38人组成的第一届中央参议委员会。1987年6月11日召开的民进七届五中全会选举叶圣陶为名誉主席，雷洁琼为主席。

【台盟第三次全盟代表大会】（1983年11月24日至12月5日） 台盟第三次全盟代表大会于1983年11月24日至12月5日在北京举行。出席大会的正式代表119人，列席代表7人。李纯青主持开幕式。苏子蘅致开幕词。胡启立宣读了中共中央的贺词。李纯青代表台盟第二届总部理事会作了题为《振兴中华，统一祖国，开创台盟工作新局面》的工作报告。大会审议并通过了新的《台湾民主自治同盟章程》。大会选举产生了由41名理事、11名候补理事组成的台盟第三届总部理事会。大会还通过了《台湾民主自治同盟第三次全盟代表大会决议》和《关于反对美国国会干涉中国内政制造“两个中国”的决议》。12月3日，胡耀邦、邓小平、彭真、邓颖超等在人民大会堂会见了全体代表。12月6日召开的台盟第三届总部理事会选举苏子蘅为主席。

【农工党第九次全国代表大会】（1983年11月25日至12月4日） 农工党第九次全国代表大会于1983年11月25日至12月4日在北京举行。到会代表406人，代表着全国1.37多万名党员。周谷城、沈其震主持大会开幕式。季方致开幕词。薄一波宣读了中共中央的贺词并讲话。周谷城代表农工党八届中央委员会作了题为《团结一致，振奋精神，全面开创我党工作新局面》的工作报告。会议还通过了新的《中国农工民主党章程》和农工党第九次全国代表大会决议。大会选举产生了由委员127人、候补委员25人组成的农工党第九届中央委员会。沈其震致闭幕词。12月3日，胡耀邦、邓小平、彭真、邓颖超等在人民大会堂会见了全体代表。12月7日召开的农工党九届一中全会选举季方为主席。1986年12月29日至1987年1月4日召开的农工党九届三中全会推选季方为名誉主席，选举周谷城为主席。1987年6月18日至24日召开的农工党全国代表会议选举产生了以卢嘉锡为主席的中央咨监委员会。

【致公党第八次全国代表大会】（1983年11月28日至12月7日） 致公党第八次全国代表大会于1983年11月28日至12月7日在北京举行。出席大会的代表188人，代表全党1424名党员。黄鼎臣主持开幕式。伍禅致开幕词。陈丕显宣读了中共中央的贺词。黄鼎臣代表致公党七届中央委员会作了题为《毋忘团结奋斗，致力振兴中华，为全面开创致公党工作新局面而努力》的工作报告。伍觉天作了关于修改《中国致公党章程》的说明。大会选举产生了由48名委员、14名候补委员组成的致公党第八届中央委员会。12月3日，胡耀邦、邓小平、彭真、邓颖超等在人民大会堂会见了全体代表。12月6日召开的致公党八届一中全会选举黄鼎臣为主席。大会通过了《中国致公党第八次全国代表大会决议》等。

【全国农村工作会议】（1983年11月29日至12月15日）　中共中央于1983年11月29日至12月15日在北京召开全国农村工作会议。各省、市、自治区主管农村工作和财贸工作的负责同志、中央各有关部门的负责同志和有关方面的代表400多人出席会议。这次会议的任务，是分析1983年初中央发布的《当前农村经济政策的若干问题》贯彻执行以来农村出现的形势，拟订关于1984年农村工作方针，向中央提出建议，以便进一步适应、保持和发展农村已经开创的新局面。胡启立主持了在怀仁堂举行的第一次全体会议。万里在会上作了长篇讲话。姚依林和田纪云分别就我国经济形势与集中资金保证重点建设，理顺农业内部关系与调整农用物资供求关系等问题，在会议上讲了话。万里在讲话中充分肯定了一年来农村的大好形势，同时也指出目前整个农村的经济基础还非常薄弱。最后提出1984年农村要抓的几项工作，希望会议进行充分讨论。会议期间，杜润生作了题为《农村前进中几个问题》的讲话。他从理论和实践结合的高度，阐述了通过联产承包制形式，将小型分散的家庭经营引入合作经济的重大意义，以及家庭承包制将要长期存在的客观依据，回答了人们普遍关心的一系列问题，展望了推行联产承包责任制，建立有统有分的双层经营结构这一具有中国特色的社会主义现代化农业的广阔前程，并就发展农村商品生产的历史意义和农村技术改造政策作了说明。与会者分析了农村各方面的情况，着重指出：1984年的工作重点应当是进一步完善责任制，稳定土地承包关系，以鼓励农民更合理有效地利用土地提高生产效益。各地现行承包合同期限多是一年至三年，农民要求延长承包期限，这个要求是合理的，有利于农村经济发展，应予满足。农民还要求进一步把经济搞活，使商品交换能够畅通，解决买难卖难的问题。会议一致肯定，发展商品生产是农村富裕化的前提，是农业现代化的前提，是整个农村实现党的十二大提出的宏伟经济纲领的必要条件。为农村生产者解决好产前产后服务，满足他们对生产资料供应、产品销售、科技、运输、信息、信用贷款等方面的要求，才能进一步推动农村商品生产的发展，必须认真抓紧，做出成绩。

【九三学社第四届全国社员代表大会】（1983年12月2日至14日）　九三学社第四届全国社员代表大会于1983年12月2日至14日在北京举行。出席代表300人，代表全国1.1万多名社员。严济慈主持开幕式。许德珩致开幕词。邓力群宣读了中共中央的贺词。周培源受上届中央委员会委托，向大会作了题为《团结奋斗，振兴中华，为社会主义现代化建设作出新贡献》的工作报告。大会修改通过了九三学社章程，选举产生了由169名委员和24名候补委员组成的第七届中央委员会。潘菽致闭幕词。12月3日，胡耀邦、邓小平、彭真、邓颖超等在人民大会堂会见了全体代表。12月12日召开的七届一中全会选举许德珩为主席。1987年12月28日至1988年1

月2日召开的九三学社七届三中全会，接受许德珩辞去九三学社主席职务的请求，并一致推选他为九三学社名誉主席，一致推举周培源为九三学社中央委员会主席。

【民盟第五次全国代表大会】（1983年12月14日至25日） 民盟第五次全国代表大会于1983年12月14日至25日在北京举行。出席大会的代表686人。胡愈之主持开幕式。史良致开幕词。习仲勋宣读了中共中央的贺词。费孝通受民盟四届中央委员会的委托，作了题为《团结起来，为建设社会主义物质文明和精神文明贡献一切力量》的工作报告。李文宣作《关于修改盟章的报告》。会议通过了《中国民主同盟第五次全国代表大会决议》。大会选举了新的一届中央委员会，共261人；候补委员37人。胡愈之致闭幕词。12月23日，胡耀邦、邓小平、李先念、彭真等在人民大会堂会见了全体代表。12月27日召开的民盟五届一中全会选举史良为主席。1986年12月31日召开的民盟五届三中全会选举楚图南为主席。

【民革第六次全国代表大会】（1983年12月21日至30日） 民革第六次全国代表大会于1983年12月21日至30日在北京举行。出席大会的代表550人，代表全国1.8万多名民革成员。朱学范、郑洞国主持开幕式。王昆仑致开幕词。王震宣读了中共中央的贺词。屈武受民革五届中央委员会的委托，作了题为《团结奋斗，为振兴中华、统一祖国作出新的贡献》的工作报告。贾亦斌作关于修改民革章程的说明。大会选举产生了由196名委员和51名候补委员组成的民革第六届中央委员会。23日，党和国家领导人胡耀邦、邓小平、李先念、彭真等在人民大会堂会见出席大会的全体代表。28日召开的民革六届一中全会选举王昆仑为主席。大会通过了《中国国民党革命委员会第六次全国代表大会决议》等。朱学范致闭幕词。1987年2月召开的民革六届三中全会选举屈武为主席。在1987年12月召开的民革六届五中全会上，屈武主动辞去主席职务，全会推举他为名誉主席，选举朱学范为主席。

【西藏工作座谈会】（1984年2月27日至3月28日） 中央书记处于1984年2月27日至3月28日在北京召开西藏工作座谈会。胡耀邦主持会议并作了重要讲话。习仲勋、宋任穷、姚依林、胡启立、乔石、郝建秀、薄一波、李鹏、田纪云、杨静仁等出席会议。中共西藏自治区委员会阴法唐、热地、多杰才旦等同志和中央统战部、中央组织部、国家民委、国家计委、国家经委等有关部委的负责同志参加了会议。会议主要是检查总结1980年中央书记处召开第一次西藏工作座谈会以来西藏自治区党委领导工作取得的成绩和存在的问题，按照整党精神和几年来的实践，对西藏的基本情况来一次"再认识"，对现行的方针政策作一次再研究，力求提出更切实、更有力的措施，争取较迅速地、大步地把西藏工作推向前进，把经济搞上去，使人民尽快富裕起来。会议结束后，参加座谈会的西藏同志到江苏、广东两省参观访问，回京后讨论通过会议纪要。4月1日，中共中央印发会议纪要。

【沿海部分城市座谈会】（1984年3月26日至4月6日） 中央书记处和国务院于1984年3月26日至4月6日在北京联合召开沿海部分城市座谈会。根据邓小平的建议，会议确定：进一步开放由北至南14个沿海城市——大连、秦皇岛、天津、烟台、青岛、连云港、南通、上海、宁波、温州、福州、广州、湛江、北海，作为我国实行对外开放的一个新的重要步骤。到会的有沿海部分城市和有关的省、市、自治区负责同志，中共中央、全国人大常委会和国务院有关部门的负责同志。胡耀邦、赵紫阳、王震、方毅、杨尚昆、余秋里、宋任穷、姚依林、陈慕华、邓力群、谷牧、胡启立、乔石、郝建秀、田纪云、姬鹏飞、王丙乾、宋平等党和国家领导人参加座谈会。座谈会着重讨论了这些沿海城市如何放开步伐，更好地引进外资和先进技术以及有关的政策问题，并提出一些建议。座谈会讨论了如何把经济特区办得更快些更好些的问题，认为各特区都应改革管理体制和管理机构，使特区的管理能够对国际市场的频繁变化作出灵敏反应，获得最佳的经济效益。关于将厦门经济特区扩大到全岛的问题，座谈会认为国务院有关部门和福建省要帮助厦门市采取积极的切实步骤，努力实现这一奋斗目标。座谈会还讨论了进一步搞好海南岛的开发建设，加强管理干部和专业人才的培训工作，抓好经济特区和进一步开放的沿海港口城市社会主义精神文明建设等问题。5月4日，中共中央、国务院转发《沿海部分城市座谈会纪要》，并发出通知，指出：沿海开放城市的建设，主要靠政策，一是给前来投资和提供先进技术的外商以优惠待遇；二是扩大这些城市的自主权，让他们有充分的活力去开展对外经济活动。

【全国政协六届二次会议】（1984年5月12日至26日） 全国政协六届二次会议于1984年5月12日至26日在北京举行。5月12日的开幕式由邓颖超主持，出席委员1715名；李先念、彭真等到会祝贺。胡子昂受政协六届全国委员会常务委员会的委托，向大会作了工作报告；萧华作了政协第六届全国委员一次会议以来提案工作情况的报告。邓颖超在闭幕会上的讲话中指出，委员们发扬爱国主义和对人民负责的精神，对政协工作和政府工作敢于提出批评和建议，体现了人民政协的民主监督作用，并就落实政策特别是落实知识分子政策和改进提案工作发表了意见。会议增选马文瑞、茅以升、刘靖基为政协第六届全国委员会副主席。会议通过了六届政协全国委员会二次会议政治决议、政协六届常务委员会工作报告的决议、关于政协六届二次会议提案审查情况的报告。

【六届全国人大二次会议】（1984年5月15日至31日） 六届全国人大二次会议于1984年5月15日至31日在北京举行。5月15日的第一次全体会议由主席团常务主席担任执行主席，彭真宣布大会开幕，出席代表2709名。大会通过关于政府工作报告的决议、关于1984年国民经济和社会发展计划报告的决议、关于1983年国家决算和1984年国家预算的决议，通过《中华人民共和国民族区域自治法》和《中华人民共和国兵役法》，通过关于全国人大常委会工作报告的决议、关于最高人民法院工作报告的决议、关于最高人民检察院工作报告的决议和关于海南行政区建置的决定。

【庆祝中华人民共和国成立三十五周年大会暨阅兵式】（1984年10月1日）1984年10月1日，首都50万军民在天安门广场举行盛大的阅兵仪式和群众游行，隆重庆祝中华人民共和国成立35周年。上午10时庆典开始。胡耀邦、邓小平、赵紫阳、李先念、陈云、彭真、邓颖超、徐向前、聂荣臻、乌兰夫等党和国家领导人来到天安门城楼主席台。民主柬埔寨主席西哈努克亲王和夫人，联合政府总理宋双，负责外交事务的副主席乔森潘、黄文欢，正在我国访问的赞比亚总统卡翁达的夫人，国际奥委会主席萨马兰奇和夫人等贵宾也应邀登上天安门城楼同中国人民一起欢度节日。各民主党派中央主要负责人，在京的中央委员和候补委员，中顾委委员，中纪委常委，全国人大常委会委员，政协全国委员会常务委员，中央党政军各部门主要负责人，担任过中央党政军各部门主要领导职务的老同志，军委总部和军委纪委的一些负责人，北京市和北京军区的主要负责人，各省、市、自治区在京参加庆祝活动的负责人，也在天安门城楼上参加庆典。在城楼下各个观礼台观礼的人中有：中央党政军各部门和各人民团体的负责人，在京的党的十二大代表、中纪委委员、全国人大代表、政协全国委员会委员、各民主党派中央委员，全国劳动模范代表，人民解放军英雄模范代表，各界知名人士，离休、退休干部和职工代表，各少数民族国庆观礼团成员，台湾同胞、港澳同胞的代表和回来参加国庆观礼的海外侨胞。各国驻华使节，在京的外国友人，帮助我国工作的专家等，也参加了国庆观礼。邓小平检阅部队并发表讲话，向为进行社会主义现代化建设、为完成祖国统一大业、为保卫祖国安全而奋斗的同志们、同胞们、朋友们致最热烈的节日祝贺。他在讲话中谈到我国当前的主要任务和对外政策。他满怀信心地宣布，最近几年的情况表明，党的十二大提出的宏伟目标是能够达到的。他说，中国坚决主张维护世界和平，反对一切侵略和霸权主义。中国将长期实行对外开放，愿意在和平共处五项原则的基础上，同世界一切国家建立、发展外交关系和经济文化关系。我们主张用谈判方式解决国际争端，如同我国和英国谈判解决香港问题一样。邓小平说，我们主张对我国神圣领土台湾实行和平统一，希望全国各族同胞共同促进这一天早日到来。

【十二届三中全会】（1984年10月20日）　十二届三中全会于1984年10月20日在北京召开。出席这次全会的中央委员会委员和候补中央委员321人。中央顾问委员会委员，中央纪律检查委员会委员，以及地方、中央各有关方面的主要负责同志共297人列席了会议。胡耀邦、邓小平、赵紫阳、李先念、陈云出席并主持会议。叶剑英因病未出席会议。全会之前举行了六天预备会议。全会一致通过了《中共中央关于经济体制改革的决定》。《决定》明确提出：进一步贯彻执行对内搞活经济、对外实行开放的方针，加快以城市为重点的整个经济体制改革的步伐，是当前我国形势发展的迫切需要。改革的基本任务是建立起具有中国特色的、充满生机和活力的社会主义经济体制，促进社会生产力的发展。《决定》认为：改革计划体制，首先要突破把计划经济同商品经济对立起来的传统观念，明确认识社会主义计划经济必须自觉依据和运用价值规律，是在公有制基础上的有计划的商品经济。商品经济的充分发展，是社会经济发展不可逾越的阶段，是实现我国经济现代化的必要条件。《决定》明确了改革的基本目标和各项要求。全会还一致通过了《中国共产党第十二届中央委员会第三次全体会议关于召开党的全国代表会议的决定》。全会决定于1985年9月召开党的全国代表会议，会议的议题是：（1）讨论和通过关于国民经济和社会发展第七个五年计划纲要的建议；（2）增选中央委员会成员等组织事项。全会号召全党、全军和全国各族人民，认真学习《中共中央关于经济体制改革的决定》，以充分的信心和勇气，切实有效地进行工作，努力夺取改革的全面胜利，为更好地开创社会主义现代化建设的新局面而奋斗！

【十二届中顾委三次全会】（1984年10月22日至23日）　十二届中顾委三次全会于1984年10月22日至23在北京举行。出席这次全会的有中顾委委员140人。薄一波、许世友主持这次会议。邓小平出席全会并作了重要讲话。他高度评价关于经济体制改革的决定。他说，这次经济体制改革的文件是马克思主义基本原理和中国社会主义实践相结合的政治经济学，解释了什么是社会主义。他再次阐述了按“一国两制”解决香港和台湾问题的方针和到20世纪末工农业年总产值翻两番的重大意义，着重指出：翻两番、把经济搞上去才是真正治本的途径。我们的开放政策不会变。无论怎么样开放，公有制经济始终还是主体。得益处的大头是国家，是人民。与会全体委员一致拥护党的十二届三中全会作出的《中共中央关于经济体制改革的决定》。大家表示，要认真学习这一指导我国经济体制改革的纲领性文件，并同全党和全国人民一道，为夺取改革的全面胜利而共同努力。与会全体委员一致拥护党的十二届三中全会作出的关于召开党的全国代表会议的决定。全会讨论了中顾委的工作，一致同意《中顾委常委向中央的工作汇报》。

【十二届中央纪委四次全会】（1984年10月25日至29日）　十二届中央纪委四次全会于1984年10月25日至29日在北京举行。会议的主要议题是学习党的十二届三中全会决定，讨论纪律检查工作如何保证中央决定贯彻执行的问题。出席这次全会的中央纪律检查委员会委员117人。省、自治区、直辖市纪委书记和中央、国家机关各部委纪检组长77人，列席了会议。军委纪委书记和委员也列席了会议。王鹤寿主持会议。胡耀邦、陈云向会议提出了在经济体制改革中做好纪律检查工作的指导思想。黄克诚对开好这次会议提出了重要意见。全会一致拥护党的十二届三中全会作出的《中共中央关于经济体制改革的决定》。与会同志深信，这一决定的实行必将推动我国经济建设的迅速发展，对建设具有中国特色的社会主义有深远的历史意义。会议一致拥护关于召开党的全国代表会议的决定。全会审议通过了中央纪委常委会提交的《加强纪律检查工作，保证经济体制改革顺利进行》的报告。会议认为，进行经济体制改革，必须有好的党风，严明的党纪。社会主义物质文明建设和社会主义精神文明建设要一起抓，防止和反对不正之风。纪律检查机关要研究新情况，适应新情况，进行本身的改革，努力把工作做好，支持和保证全国经济体制的改革。全会还讨论了《关于加强纪检机关建设的意见》。

【中央书记处会议】（1984年11月15日） 中央书记处于1984年11月15日举行会议，讨论中央整党工作指导委员会文件《第一期整党的基本情况和第二期整党的部署意见》。胡耀邦主持会议。出席会议的有参加书记处会议各同志，中央整党工作指导委员会的负责同志和委员。中央整党工作指导委员会的《意见》说：第一期整党是按照中央整党决定所规定的基本任务、方针、政策和方法，紧密结合党和国家的中心任务来进行的。从总体来看，一年来的整党工作发展是健康的，取得了显著的成绩。参加第一期整党的，主要是中央各部委、各省自治区直辖市和全军各大单位的领导机关。《意见》在谈到第二期整党的部署时指出，按照中央整党决定的要求，第二期整党要在明后两年完成。从今年冬天到明年，进行和完成地、县以及相当于这两级的企业事业、大专院校、科研机构等单位的整党，从明年冬天到后年，进行和完成县以下单位的整党。文件还总结了第一期整党工作的经验，提出了要解决存在的问题。文件最后说，第二期整党工作，由各省自治区直辖市和国家机关各部委的党委、党组统一领导。中央和中央整党工作指导委员会将通过发布有关通知和派遣联络员和巡视员等方式，在重大方针政策和其他重大问题上加以指导。中央书记处原则上同意这一文件。

【全国宣传部长会议】（1984年11月15日至12月2日） 全国宣传部长会议于1984年11月15日至12月2日在北京召开。会议主要学习十二届三中全会文件。胡耀邦在会上作题为《如何把部门工作做得更好些》的讲话。他针对工作中存在的问题，提出思想政治工作、宣传工作及其他部门的工作必须为四个现代化建设这个最大的政治服务，克服多年来“以阶级斗争为纲”的消极影响，正确处理局部和整体、理论和实际、破和立、领导和被领导等的关系。他强调对待马克思主义，一定要采取紧密结合实际地加以研究、加以分析的态度，把理论和实际更加紧密地结合起来。

【全国农村工作会议】（1984年12月中下旬） 中共中央于1984年12月中下旬在

北京召开全国农村工作会议，准备和讨论下一年的中央一号文件。各省、市、自治区主管农村工作的负责同志、中共中央和国务院各有关部门的负责同志参加了这次会议。胡耀邦在会前亲自部署了调查研究工作。万里、习仲勋、方毅、胡启立、郝建秀、李鹏、杜润生出席了12月14日在中南海怀仁堂举行的全体会议。胡启立主持这次会议并讲话。万里代表中共中央、国务院在会上作重要讲话。习仲勋也在会上作了讲话。万里在讲话中对党的十一届三中全会以来的全国政治、经济形势作了高度的评价，围绕如何进一步发展农村商品经济问题提出了很有指导意义的意见。参加会议的同志带来了落实中央1984年一号文件、各地农村商品生产蓬勃发展的新消息，认真总结和交流了近一年农村改革中的新经验，并联系国民经济的改革形势，分析了农村经济发展的新趋势，提出了进一步活跃农村经济的具体政策建议，上报中共中央、国务院审批。会议认为，我国农村经过五年多成功的经济改革，党中央连续三年发出了三个一号文件，集中了群众的经验和智慧，得到了全体农民和农村干部的热烈拥护和积极贯彻执行，迎来了新的形势。

【全国政法工作会议】（1985年1月21日至29日） 全国政法工作会议于1985年1月21日至29日在北京召开。会议主要总结1983年8月中共中央作出《关于严厉打击刑事犯罪活动的决定》以来的贯彻执行情况，研究政法工作面临的新情况、新问题。中央政法委员会和各省、市、自治区政法委员会的领导同志，中央和各省、市、自治区政法机关的负责人出席会议。陈丕显主持会议。1月28日，彭真在全体会议上讲话。他说，中央下决心依法从重从快地严厉打击严重刑事犯罪活动，到现在一年多时间，情况大变，全国各地的社会秩序有了明显好转，人民普遍有了安全感，全国人民无不拍手称快。同时也还要估计到这场斗争是长期的、艰巨的、复杂的。目前刑事犯罪案件的发案率，有的下降得多，有的下降得少，个别地方还有上升的。因此，我们要继续依法从重从快打击严重刑事犯罪活动。还要加强思想、政治、经济、文化各条战线的工作，实行综合治理。他提出，政法工作的根本任务就是要保卫和促进四化建设的顺利进行。政法工作为经济基础所决定，也要反过来为经济基础服务；要为经济的改革、开放服务。

【第二期整党工作会议】（1985年2月28日至3月6日） 中央整党工作指导委员会于1985年2月28日至3月6日在北京召开第二期整党工作会议。会议中心议题是讨论如何加强领导，搞好第二期整党工作，巩固和发展第一期整党成果，特别是坚决纠正新形势下的不正之风的问题。参加会议的有：各省、自治区、直辖市党委整党办公室负责人，中央整党工作指导委员会即将派往各地的第二期整党巡视员小组成员，中央整党工作指导委员会派出的第一期整党联络员小组成员，中央、国家机关十个口整党工作指导小组和全军整党办公室的负责同志。2月28日，薄一波在大会上作长篇讲话。3月4日，胡耀邦主持中央书记处会议，听取了中央整党工作指导委员会办公室关于这次会议情况的汇报，并进行讨论，作出了决策。3月5日，胡耀邦、赵紫阳、习仲勋、王震、杨尚昆等接见与会同志，并参加大会；大会由薄一波主持，胡启立受中央书记处委托，在会上传达了中央书记处关于第二期整党工作的意见，要求把纠正新的不正之风、增强党性、加强纪律作为第二期整党的突出重点。余秋里、王鹤寿、乔石在3月5日的会上也就搞好整党工作，特别是纠正新的不正之风问题讲话。与会同志围绕这次会议中心议题，认真讨论了薄一波、胡启立等的讲话，并就如何贯彻执行中央书记处的意见提出建议。会议认为，第二期整党特别要注重加强对广大党员的党性、党纪教育，提高广大党员的思想政治素质。权力下放了，更要坚持和增强党性，加强纪律，这样才能搞好改革和建设，使党的对外开放、对内搞活经济的正确政策，有效地得到贯彻执行。

【全国科学技术工作会议】（1985年3月2日至7日） 全国科学技术工作会议于1985年3月2日至7日在北京召开。会议的中心议题是研究科技体制改革的重大问题。方毅致开幕词。宋健就科技体制改革的政策问题作了说明。在谈到科技体制改革的指导思想时，他说，科技体制改革与经济体制改革是紧密衔接的。它的任务是改革现行的管理体制，造成这样一种环境，使大部分研究机构，特别是那些与技术开发密切相关的研究单位产生面向经济的内在活力，自动地面向经济，重视经济效益，社会将给予为振兴经济而作出贡献的单位和个人以更多的尊敬和荣誉，科技人员的物质待遇也将和他们的贡献相联系。3月7日上午，胡耀邦、邓小平、赵紫阳、彭真、邓颖超和中共中央、国务院其他领导同志出席闭幕式，会见了与会同志和首都科技界代表。邓小平在会上发表重要讲话，他说：我们今天到这里来，是祝贺你们会议的成功，是表示对科学技术、对知识的尊重。邓小平指出：经济体制，科技体制，这两方面的改革都是为了解放生产力。新的经济体制，应该是有利于技术进步的体制，应该是有利于经济发展的体制。双管齐下，长期存在的科技与经济脱节的问题，有可能得到比较好的解决。他强调，一个公有制占主体，一个共同富裕，这是我们所必须坚持的社会主义的根本原则。胡耀邦接着讲话。他说，七年前小平同志讲那段话的时候，我们粉碎“四人帮”还不到一年半。他号召我们全党全国人民要结束愚昧状态，他的那次讲话，鼓舞我们科技界为四个现代化作出了可喜的成绩，鼓起了全国人民尊重知识，追求知识的热情。胡耀邦说，七年后的今天，小平同志作了第二次讲话。他要求我们继续消除妨碍科学技术发展的某些消极因素，调动科技界千军万马，作出更加辉煌的贡献。如果说过去的七年是初试锋芒，那么现在可以大显身手了。我们的党要更好地为发展科学技术扫清道路，更充分地发挥科技人员的聪明才智。最后，胡耀邦希望科技界的广大同志，树立共产主义的远大理想，在四个现代化建设中走在前面。

【全国政协六届三次会议】（1985年3月25日至4月8日） 全国政协六届三次会议于1985年3月25日至4月8日在北京举行。3月25日的开幕式由邓颖超主持，出席委员1673名；彭真、乌兰夫等到会祝贺。受政协六届全国委员会常务委员会的委托，胡子昂作了常委会的工作报告；杨静仁作了关于落实政策工作情况的报告；萧华提出了关于政协六届二次会议以来提案工作情况的书面报告。邓颖超在闭幕会上发表讲话，就纠正不正之风、改进宣传工作、教育改革等问题发表了意见。会议增选华罗庚为全国政协副主席。会议通过了政协六届三次会议政治决议、关于常务委员会工作报告的决议、关于落实政策工作情况的报告的决议、关于六届三次会议提案审查情况的报告。

【六届全国人大三次会议】（1985年3月27日至4月10日） 六届全国人大三次会议于1985年3月27日至4月10日在北京举行。3月27日的第一次全体会议由主席团常务主席担任执行主席，彭真宣布大会开幕，出席代表2712名。大会通过了关于政府工作报告的决议，关于1985年国民经济和社会发展计划的决议，关于1984年国家预算执行情况和1985年国家预算的决议；批准了全国人大常委会的工作报告，最高人民法院的工作报告，最高人民检察院的工作报告；通过了关于批准《中华人民共和国政府和大不列颠及北爱尔兰联合王国政府关于香港问题的联合声明》的决定；通过了关于成立中华人民共和国香港特别行政区基本法起草委员会的决定；通过了关于授权国务院在经济体制改革和对外开放方面可以制定暂行的规定或者条例的决定；通过了中华人民共和国继承法。

【全国教育工作会议】（1985年5月15日至20日） 中共中央、国务院于1985年5月15日至20日在北京召开全国教育工作会议。会议主要讨论《中共中央关于教育体制改革的决定（草案）》，研究实行教育体制改革的步骤和措施。参加这次会议的有各省、自治区、直辖市主管教育工作的领导同志，宣传（科教、教卫）部长、高教和教育厅（局）长，中央、国务院各部委的有关负责人，部分市、地、县和厂矿企业、事业单位的代表，各级各类学校的代表，各民主党派、人民团体的代表，以及知名教育家和专家学者共600多人。胡启立致开幕词。何东昌就《决定（草案）》的起草经过，以及文件的指导思想作了说明。会议期间，代表们还先后听取了万里、邓小平的讲话。5月27日，中共中央正式颁布《关于教育体制改革的决定》。《决定》指出，教育体制改革的根本目的，是提高民族素质，多出人才、出好人才。要把发展基础教育的责任交给地方，有步骤地实行九年制义务教育；调整中等教育结构，大力发展职业技术教育；改革高等学校的招生计划和毕业生分配制度，扩大高等学校办学自主权；调动各方面积极因素，保证教育体制改革的顺利进行。

【中央军委扩大会议】（1985年5月23日至6月6日） 中央军委扩大会议于1985

年5月23日至6月6日在北京举行。会议主要讨论贯彻我国政府关于军队减少员额100万的战略决策，研究制定落实这一决策的措施和步骤。出席会议人员，除全体中央军委委员外，还有全军部队军以上主要领导干部。杨尚昆主持会议并作总结；杨得志作改革体制、精简整编，加速军队现代化、正规化建设的报告；余秋里、张爱萍、洪学智分别就改革体制、精简整编中的有关问题讲话。会议期间，胡耀邦、邓小平出席6月4日的全体会议并作重要讲话。邓小平宣布：中国政府决定人民解放军减少员额100万。他指出：我们下这样大的决心，这是中国共产党、中国政府和中国人民有力量、有信心的表现。它表明，拥有10亿人口的中华人民共和国，愿意并且用自己的实际行动对维护世界和平作出贡献。粉碎“四人帮”以后，特别是党的十一届三中全会以后，我们对国际形势的判断有变化，对外政策也有变化，这是两个重要的转变。第一个转变，是对战争与和平问题的认识。我们改变了原来认为战争的危险很迫近的看法，在较长时间内不发生大规模的世界战争是有可能的，维护世界和平是有希望的。第二个转变，是我们的对外政策。我们改变了从日本到欧洲一直到美国的“一条线”战略。我们中国不打别人的牌，也不允许任何人打中国牌。胡耀邦在讲话中说，这次会议是个着眼大局作决策的会议。会议决定，对军队建设指导思想实现战略性转变，即把军队工作从立足早打、大打、打核战争的临战准备状态转入和平建设的轨道。会议确定，在新的历史条件下军队建设的总方针是：坚持人民解放军建设的基本原则，继承发扬优良传统，不断发展现代化的因素；实行精兵政策，减少数量，提高质量；把重点放在发展武器装备和提高人的素质上，实行科学编组，使人和武器装备更好地结合起来；既使军队成为保卫社会主义祖国的钢铁长城，又要使军队成为建设社会主义精神文明和物质文明的重要力量。会议通过《军队体制改革、精简整编方案》。这次会议不仅从组织上、工作上解决了军队体制改革、精简整编的问题，而且在军队建设指导思想上开始了战略性转变，在人民解放军历史上有着重要意义。

【全国端正党风工作经验交流会】（1985年6月22日至29日） 中央纪律检查委员会于1985年6月22日至29日在北京召开全国端正党风工作经验交流会。会议主要交流县级单位端正党风工作的典型经验。会议开始时，由王鹤寿主持，韩光讲话。韩光说，这次会议主要交流县级单位端正党风工作的经验。这一层非常关键，全国有2000多个县，企业更多，把这些单位一个一个地抓好，我们的党风根本好转就有了切实的保证。我们要通过这次会议，使这些成功的经验在全国推广。会议总结、交流了16个地、市、县和厂矿企业等单位刹歪风、正党风的经验。6月29日会议结束时，由王从吾主持，传达了陈云的书面讲话。王鹤寿在会上讲话。陈云在书面讲话中提出，希望纪检部门的同志和全党同志时时刻刻注意，在物质文明建设的同时，认真抓精神文明建设，两个文明一起抓。社会主义精神文明建设，关键是搞好执政党的党风，提高党员的党性觉悟。王鹤寿在讲话中说，一些歪风邪气干扰和破坏着经济建设和体制改革的顺利进行。我们必须清醒地注意到目前忽视精神文明建设这种新情况。我们的任务，就是两个文明一起抓，这是关系到社会主义物质文明建设成败的一个重要问题。

【纪念抗日战争和世界反法西斯战争胜利四十周年大会】（1985年9月3日）　纪念抗日战争和世界反法西斯战争胜利40周年大会于1985年9月3日在北京人民大会堂隆重举行。大会是由全国人大常委会和政协全国委员会召开的。胡耀邦、彭真、乌兰夫、万里、习仲勋、王震、杨尚昆、薄一波等党和国家领导人出席。在京的中央委员和候补委员、中顾委委员、中纪委委员、全国人大常委会委员、全国政协常委、中共中央直属机关、中央国家机关、人民解放军领导机关、北京市的负责人、各民主党派和人民团体负责人，知名人士，抗战时期牺牲的国民党著名将领的亲属及抗战时期的老复员军人和烈士亲属等，也参加了大会。外国驻华使节应邀列席了大会。大会由许德珩主持，彭真发表重要讲话。彭真在会上讲话指出，抗日战争和世界反法西斯战争的胜利，是具有伟大历史意义的事件。在经过40年的沧桑变化之后，我们中国人民同世界人民一道，隆重纪念这个重要的历史节日，重温这一正义战争胜利的深远意义和丰富经验，对于我国的建设事业和世界和平事业，显然都是很有教益的。抗日战争的历史经验告诉我们，国共两党合作是符合中华民族根本利益的；希望台湾当局顺应历史潮流，作出明智抉择。我们希望台湾的广大人民，工商、科技、教育、文艺、新闻等各界人士，共同为实现祖国和平统一贡献力量。我们也希望海内外所有中华儿女，通过各种途径和方式，为促进祖国和平统一出力。胡子昂代表各民主党派、陈俊生代表各人民团体也在大会上讲了话。

【十二届四中全会】（1985年9月16日）　十二届四中全会于1985年9月16日在北京举行。出席这次会议的，有中央委员188人，候补中央委员129人；列席会议的，有中央顾问委员会委员130人，中央纪律检查委员会委员121人，不是上述三个委员会成员的中央党政军机关和各省、自治区、直辖市党委的主要负责同志40人。会议由胡耀邦、邓小平、赵紫阳、李先念、陈云主持。叶剑英因病未出席会议。全会决定：9月18日召开中国共产党全国代表会议；讨论并原则通过了《中共中央关于制定国民经济和社会发展第七个五年计划的建议（草案）》，决定将这个文件提请党的全国代表会议审议。全会讨论确定了关于进一步实现中央领导机构成员新老交替的原则。全会收到了64位老同志请求不再担任第十二届中央委员会委员和候补委员、37位老同志请求不再担任中顾委委员、30位老同志请求不再担任中纪委委员的信，全会高度评价这些老同志从党和人民利益出发，积极促进中央领导机构成员新老交替的表率行动，同意他们不再担任中央三个委员会成员的请求，并向党的全国代表会议报告。全会给叶剑英和黄克诚写了致敬信，在他们由于健康原因请求不再担任中央领导职务的时候，以全会的名义表达全党同志对他们的崇高敬意和亲切问候。全体会议之前，开了四天预备会议，就上述议题进行了充分的酝酿和认真的讨论。

【中国共产党全国代表会议】（1985年9月18日至23日） 中国共产党全国代表会议于1985年9月18日至23日在北京举行。这次党的全国代表会议，是十二届三中全会根据党章的有关规定决定召开的。会议的议题是讨论并通过关于制定“七五”计划的建议、增选中央委员会成员等组织事项。出席这次会议的代表共992名。其中中央委员会的委员和候补委员343人，中央顾问委员会委员161人，中央纪律检查委员会委员127人，不是中央三个委员会成员的省、自治区、直辖市、各大军区、中央党政军各部门和群众团体的主要负责人35人，另有326名是根据中央的要求推选出来的各条战线的党员代表。9月18日上午，全国代表会议在人民大会堂开幕。胡耀邦、邓小平、赵紫阳、李先念、陈云主持会议。胡耀邦致开幕词，赵紫阳在会上就《中共中央关于制定国民经济和社会发展第七个五年计划的建议（草案）》作了说明。在23日的闭幕会上，邓小平、陈云发表重要讲话，李先念致闭幕词。邓小平指出：十一届三中全会以来的近七年，是建国以来最好的关键性的时期之一。我们主要做了两件事，一是拨乱反正，二是全面改革。改革是社会主义制度的自我完善，在一定的范围内也发生了某种程度的革命性变革。这是一件大事，表明我们已经开始找到了一条建设有中国特色的社会主义的路子。他强调：端正党风是端正社会风气的关键。不加强精神文明的建设，物质文明的建设也要受破坏，走弯路。光靠物质条件，我们的革命和建设都不可能胜利。邓小平肯定了一批老同志带头为废除领导职务终身制，推进干部制度的改革所起的作用，指出干部的新老交替，是从组织上保证我们党的政策的连续性。他要求新老干部都要学习马克思主义理论。陈云强调，干部队伍要保持梯队结构；粮食生产要抓紧抓好；社会主义经济，还是要有计划按比例；抓党风的好转，仍是全党的一件大事；要加强思想政治工作，维护党的思想政治工作部门的权威；要坚持民主集中制原则。会议通过了《中共中央关于制定国民经济和社会发展第七个五年计划的建议》，批准了一批老同志不再担任中央三个委员会成员的请求，并增选了一批新的中央委员、候补中央委员、中央顾问委员会委员和中央纪律检查委员会委员。

【十二届五中全会】（1985年9月24日） 十二届五中全会于1985年9月24日在北京举行。出席这次会议的，有中央委员202人，候补中央委员128人；列席会议的，有中央顾问委员会委员172人，中央纪律检查委员会委员127人。经过党的全国代表会议同意不再担任中央三个委员会成员的老同志也列席了会议。胡耀邦、邓小平、赵紫阳、李先念、陈云主持了这次会议。为适应新的形势和任务需要，按照进一步实现中央领导机构成员新老交替的原则，这次全会对中央政治局常委提出的、中央政治局反复酝酿的候选人名单，进行充分的认真的讨论，对中央政治局和中央书记处的成员，进行了局部调整。全会增选田纪云、乔石、李鹏、吴学谦、胡启立、姚依林为中央政治局委员，增选和调整后的中央政治局由22位同志组成。他们是：政治局委员、政治局常务委员会委员胡耀邦、邓小平、赵紫阳、李先念、陈云；政治局委员万里、习仲勋、方毅、田纪云、乔石、李鹏、杨尚昆、杨得志、吴学谦、余秋里、胡乔木、胡启立、姚依林、倪志福、彭真；政治局候补委员秦基伟、陈慕华。全会根据习仲勋、谷牧、姚依林的请求，同意他们不再担任中央书记处书记；全会增选乔石、田纪云、李鹏、郝建秀、王兆国为中央书记处书记。增选和调整后的中央书记处由11位同志组成。他们是：总书记胡耀邦，书记胡启立、万里、余秋里、乔石、田纪云、李鹏、陈丕显、邓力群、郝建秀、王兆国。全会认为，经过部分调整和增选后的中央政治局、中央书记处将更富有朝气和活力，对于确保党的方针政策的连续性，具有十分重要的意义；对于进一步巩固和发展当前我国大好的政治、经济形势，更加有力地推进我国的全面改革和社会主义现代化建设事业，必将产生深远的影响。这次全会还批准了中央顾问委员会第五次全体会议增选的中央顾问委员会常务委员会委员和副主任人选；批准了中央纪律检查委员会第六次全体会议增选的中央纪律检查委员会常务委员会委员和第二书记、常务书记、书记人选。

【十二届中顾委五次全会】（1985年9月24日）　十二届中顾委五次全会于1985年9月24日在北京举行。出席这次会议的，有中顾委委员168人；列席会议的，有经过党的全国代表会议同意不再担任中顾委委员的同志14人。薄一波主持会议并讲话。会议增选的中央顾问委员会常务委员是：王震、李一氓、李德生、宋任穷、黄镇。增选的中央顾问委员会副主任是：王震、宋任穷。增选和调整后的主任、副主任和常务委员是：主任邓小平，副主任王震、薄一波（常务）、许世友、宋任穷，常务委员王平、王震、王首道、邓小平、伍修权、刘澜涛、江华、许世友、李一氓、李德生、萧克、宋任穷、宋时轮、陆定一、陈锡联、段君毅、耿飚、姬鹏飞、黄镇、黄火青、程子华、薄一波。

【十二届中央纪委六次全会】（1985年9月24日）　十二届中央纪委六次全会于1985年9月24日在北京举行。出席会议的，有中央纪律检查委员会委员125人；列席会议的，有经过党的全国代表会议同意不再担任中纪委委员的18人。会议由王鹤寿主持。陈云就加强党的纪律检查工作问题作了重要的书面讲话。王鹤寿也讲了话。全会增选王德瑛、肖洪达、陈作霖、傅杰、强晓初为中央纪律检查委员会常务委员。全会选举王鹤寿为第二书记，韩光为常务书记，强晓初、陈作霖为书记。增选和调整后的名单是：第一书记陈云，第二书记王鹤寿，常务书记韩光，书记强晓初、韩天石、陈作霖；常务委员王德瑛、王鹤寿、包玉山、刘丽英（女）、李之琏、李正亭、肖洪达、陈云、陈作霖、傅杰、韩光、韩天石、强晓初。

【纪念苏兆征同志诞辰一百周年大会】（1985年11月11日） 纪念苏兆征同志诞辰100周年大会于1985年11月11日在珠海市举行。王震等领导同志，省港大罢工老工人代表、港澳工联代表、苏兆征同志亲属、珠海市机关干部等1500多人参加了纪念大会。王震在纪念大会上讲话。他代表中共中央、国务院，对苏兆征烈士表示深切的怀念，向烈士的亲属表示亲切的慰问。他说，苏兆征同志的一生，是和中国工人阶级求生存、谋解放的革命斗争紧密联系在一起的。他的英名和事迹，永远留存在中国人民群众的心中。王震说，我们要学习苏兆征同志当年领导工人运动的伟大魄力和求实精神，在具有历史意义的经济体制改革中，胸怀全局，勇于探索，大胆创新，不断总结，开拓前进。叶选平、方苞等同志，苏兆征的长子苏清河、长女苏丽娃也在大会上讲了话。

【中央农村工作会议】（1985年12月5日至21日） 中共中央、国务院于1985年12月5日至21日在北京召开中央农村工作会议。各省、市、自治区和中央有关部委的负责同志参加会议，汇报和交流了各地一年来贯彻落实中央一号文件，进行农村改革的新成果、新经验；深入分析、研究了当前农村改革和农村经济发展中出现的新情况、新问题；探讨了推进农村改革向纵深发展的新措施、新办法；对明年农村工作提出了建议。胡启立主持了6日举行的第一次全体会议。会上，万里以《总结经验，坚持改革》为题作重要讲话。12日，田纪云作《发展改革成果，繁荣商品经济》的报告。会议期间，中央政治局和书记处分别听取了汇报，审议了文件。18日，赵紫阳、万里、田纪云、乔石、姚依林在中南海接见出席会议的同志。听取会议汇报后，赵紫阳就当前农村改革的形势和如何使农村改革进一步深入的问题讲话。会议结束时，杜润生就农村改革形势和发展前景、坚持改革与深入改革、一部分人先富的政策和共同富裕的目标、商品经济与发展合作制等理论和实践问题作了阐明。会议指出，我国农村在成功地进行了以实行家庭联产承包责任制为中心的第一步改革的基础上，又迈出了以改革农产品统派购制度、调整农村产业结构为中心的重大的一步，并取得很大成绩。我国农村经济已开始走上有计划发展商品经济的轨道。会议确定1986年农村工作的指导思想是：巩固、消化、补充农村改革已经取得的成果，存利除弊，着重把改革中出现的一些突出问题解决好，让改革发挥出更好的效益。会议进一步推动了农村改革的深入发展，对国民经济全局的稳定和在20世纪末实现小康目标具有重要意义。

【中央机关干部大会】（1986年1月6日、9日） 中央书记处于1986年1月6日、9日在北京人民大会堂召开中央机关干部大会。出席大会的中央党、政、军机关和北京市的领导干部共8000多人。田纪云作《关于当前经济形势和经济体制改革问题》的讲话，王兆国作《关于中央机关端正党风的问题》的讲话，杨尚昆作《端正党风军队要走在前头》的讲话。9日，胡耀邦作《中央机关要做全国的表率》的讲话；赵紫阳在大会结束前也讲了话。大会由胡启立主持。大会号召中央党政军机关的全体党员、干部在端正党风中做全国的表率，为实现全党风气和社会风气的根本好转，为把以城市为重点的整个经济体制改革逐步引向胜利，为完成"七五"计划，建设有中国特色的社会主义而奋斗。胡启立在会上宣布：中央书记处决定成立中央机关端正党风领导小组，由乔石任组长，王兆国、强晓初任副组长。他要求中央各机关认真学习中央领导同志在大会上的讲话，正确认清形势，带头端正党风，把80年代后五年的工作做得更好。

【十二届中央纪委七次全会】（1986年1月28日至2月1日） 十二届中央纪委七次全会于1986年1月28日至2月1日在北京举行。出席这次会议的有中央纪律检查委员会委员111人，省、自治区、直辖市和中央国家机关部委及解放军纪律检查机关负责人列席会议。会议的主要任务，是进一步贯彻党的全国代表会议和中央机关干部大会精神，传达中央领导同志最近关于端正党风问题的重要指示，部署1986年端正党风的工作，动员和组织全党和社会力量，为实现党风的根本好转而奋斗。全会认真学习了胡耀邦和邓小平的重要讲话及陈云的重要批示，进一步学习了中央领导同志在中央机关干部大会上的讲话。王鹤寿主持了会议。韩光向全会报告了中央纪委关于端正党风问题向中央书记处的《汇报提纲》，并传达中央书记处指示。中央书记处原则同意《汇报提纲》。全会要求各级党委和纪检机关根据《汇报提纲》，结合实际情况，贯彻执行。此外，全会还讨论了《新形势下增强党性、端正党员思想作风的若干问题（草稿）》和《关于整顿纪律的通知（草稿）》。全会认为，在党中央领导下，当前端正党风，纠正不正之风，出现了大好形势。各级党委要加强领导，纪检部门一定要紧紧跟上，协助各级党委把这项工作抓紧抓好。各级纪检组织和全体纪检干部，要在端正党风工作中作出表率；要振奋精神，改进工作方法，与有关部门密切配合，狠抓大案要案，特别要严肃查处领导机关和领导干部的不正之风和违法乱纪行为；要充分利用活的反面典型材料，对广大党员、干部进行党性、党风、党纪教育；随着工作的深入，及时了解新情况和新问题，加强领导，掌握政策，使这项工作真正按照党中央的部署顺利进行。

【全国政法工作会议】（1986年2月21日至3月4日） 中央政法委员会于1986年2月21日至3月4日在北京召开全国政法工作会议。参加会议的，有各省、自治区、直辖市和部分城市党委主管政法工作的负责同志，各省、自治区、直辖市政法委员会、法院、检察院、公安和司法厅局的负责同志，部分省、市国家安全厅局的负责同志，中央政法部门和其他有关部门的负责同志，共270多人。会议由乔石主持。乔石在会议开始时作了报告。会议期间，彭真、万里、胡乔木到会讲话。他们在肯定政法工作成绩的同时，都就当前的治安形势和面临的新情况新问题，就加强民主与法制建设、加强人民民主专政、加强政法队伍的建设等问题作了系统阐述。参加全军政法工作会议的同志也到会听了中央领导同志的讲话。会议研究和部署了1986年的政法工作，强调要进一步推进社会主义民主和法制建设，毫不动摇地坚持人民民主专政，严厉打击严重刑事犯罪和经济犯罪活动，坚决取缔和制止各种社会丑恶现象，在社会治安已经取得明显好转的基础上，实现社会治安的稳定好转，以保障社会安定，更好地为经济的改革、开放、搞活服务，为社会主义物质文明和精神文明建设服务。会议认为，把我国建设成为有高度的社会主义民主与健全的社会主义法制的社会，是我们国家的一件根本大事，一项根本建设，是经济体制改革和教育改革、科技改革顺利进行的根本保证，是我们国家长治久安的根本保证。中国共产党要勇敢地承担这个重担，而且也只有我们党才能担当起这个重担。如果不完成这个历史任务，要建设具有高度民主和高度文明的社会主义现代化强国的根本任务，就不可能实现。

【董必武、林伯渠诞辰一百周年纪念会】（1986年3月5日） 董必武、林伯渠诞辰100周年纪念会于1986年3月5日在北京举行。党和国家领导人与各界人士400多人，怀着景仰的心情，深切怀念这两位德高望重的老革命家。薄一波主持纪念会。彭真在纪念会上讲话，称董必武同志是中国共产党的创建人之一，卓越的无产阶级革命家和法学家，伟大的马克思主义者，党和国家的重要领导人。王震在纪念会上讲话，称林伯渠同志是伟大的马克思主义者、杰出的无产阶级革命家，是党和国家德高望重的领导人，是我们党内在20世纪初参加过辛亥革命的为数不多的老前辈之一。

【全国政协六届四次会议】（1986年3月23日至4月11日） 全国政协六届四次会议于1986年3月23日至4月11日在北京举行。3月23日的开幕式由邓颖超主持，出席委员1674名；彭真、乌兰夫等到会祝贺。受政协六届全国委员会常务委员会委托，胡子昂在会上作了常委会的工作报告；彭友今作了全国政协六届三次会议以来提案工作情况的报告。会议开幕以来，至4月8日共收到提案1202件，提出提案的委员达3036人次。委员提案已经成为人民政协实行政治协商和民主监督的一条重要渠道。会议增选王恩茂、钱学森、雷洁琼为全国政协副主席，改选周绍铮为秘书长。会议通过了全国政协六届四次会议政治决议，政协常务委员会工作报告的决议，关于政协六届四次会议提案审查情况的报告。

【六届全国人大四次会议】（1986年3月25日至4月12日） 六届全国人大四次会议于1986年3月25日至4月12日在北京举行。3

月25日的第一次全体会议由主席团常务主席担任执行主席，彭真宣布大会开幕，出席代表2729名。大会通过了关于第七个五年计划和第七个五年计划的报告的决议，通过了关于1986年国民经济和社会发展计划的决议，关于1985年国家预算执行情况和1986年国家预算的决议；批准了全国人大常委会的工作报告，最高人民法院的工作报告，最高人民检察院的工作报告；通过了《中华人民共和国民法通则》《中华人民共和国义务教育法》《中华人民共和国外资企业法》；补选楚图南为六届全国人大常委会副委员长；决定任命乔石为国务院副总理，宋健为国务委员。

【中央政治局常委会】（1986年6月28日）　中央政治局常委会议于1986年6月28日在北京举行，听取乔石关于端正党风工作情况的汇报。邓小平在会上强调要在全体人民中树立法制观念。他指出：党要管党内纪律的问题，法制范围的问题应该由国家和政府管。这是一个党和政府的关系问题，是一个政治体制的问题。现在从党的工作来说，重点是端正党风，但从全局来说，是加强法制。政治体制改革同经济体制改革应该相互依赖，相互配合。只搞经济体制改革，不搞政治体制改革，经济体制改革也搞不通。从这个角度来讲，我们所有的改革最终能不能成功，还是决定于政治体制改革。

【十二届六中全会】（1986年9月28日）　十二届六中全会于1986年9月28日在北京举行。出席这次会议的有中央委员199人，候补中央委员126人；列席会议的有中央顾问委员会委员161人，中央纪律检查委员会委员122人，有关负责同志25人。胡耀邦、邓小平、赵紫阳、李先念、陈云主持会议。全会通过《中共中央关于社会主义精神文明建设指导方针的决议》。全会认为，这个决议，根据马克思主义基本原理同中国实际相结合的原则，进一步阐明社会主义精神文明建设的战略地位、根本任务和基本指导方针，是新的历史时期加强我国社会主义精神文明建设的纲领性文献。全会相信，这个决议，对于推动我国物质文明建设和精神文明建设，促进全面改革和对外开放，建设具有中国特色的社会主义，必将产生巨大而深远的影响。全会通过《中国共产党第十二届中央委员会第六次全体会议关于召开党的第十三次全国代表大会的决议》，决定大会于1987年10月在北京召开。全会同意按照党章的规定递补尹长民为中央委员。全体会议之前，举行了五天预备会议，就上述议题进行了认真的讨论。预备会议期间，还听取和讨论了姚依林代表中央财经领导小组作的关于当前经济形势和经济工作的情况通报。全会号召全党、全军和全国各族人民，认真学习和贯彻落实《中共中央关于社会主义精神文明建设指导方针的决议》，坚持社会主义物质文明和精神文明建设一起抓，以现代化建设和全面改革的优异成绩，迎接党的第十三次全国代表大会的召开。

【十二届中顾委六次全会】（1986年9月28日）　十二届中顾委六次全会于1986年9月28日在北京举行。中顾委委员160人出席这次全会。薄一波、宋任穷主持。薄一波着重就中顾委如何贯彻执行《中共中央关于社会主义精神文明建设指导方针的决议》发表了意见。与会同志一致拥护十二届六中全会通过的《决议》。大家表示，要认真学习、广泛宣传这个在新的历史时期加强我国社会主义精神文明建设的纲领性文献，要以身作则，同全党同志一道为决议的贯彻执行而努力。与会同志一致拥护《中国共产党第十二届中央委员会第六次全体会议关于召开党的第十三次全国代表大会的决议》。

【十二届中央纪委八次全会】（1986年10月3日至7日）　十二届中央纪委八次全会于1986年10月3日至7日在北京举行。出席这次全会的中央纪律检查委员会委员124人；中央纪委机关有关方面负责同志列席了会议。会议的中心议题，是学习贯彻党的十二届六中全会精神。王鹤寿和韩光主持了这次会议。全会一致拥护党的十二届六中全会通过的《中共中央关于社会主义精神文明建设指导方针的决议》，认为这个决议，是新的历史时期指导我国人民进行社会主义精神文明建设的纲领性文献。决议的贯彻实施，对于保证社会主义现代化建设事业的顺利发展，具有重大的现实意义和长远意义。全会一致拥护《中国共产党第十二届中央委员会第六次全体会议关于召开党的第十三次全国代表大会的决议》。会议期间，陈云就如何贯彻党的十二届六中全会决议作了重要讲话。他指出，社会主义精神文明建设，是有关整个社会主义建设成败的大问题。中纪委常委要从全党的纪检工作上，考虑提出一个提纲挈领的规划来。全国党的纪律检查部门，要从纪检工作上保证、促进社会主义经济体制、政治体制改革的健康发展。党的各级纪检工作部门不仅要对妨碍、破坏改革的人和事坚决反对和纠正，而且更要使纪检工作成为促进改革的重要力量。纪律检查部门和全党各级党的组织，必须重视执政党条件下党员的政治思想教育和党性教育。王鹤寿在会上就执政党条件下端正党风和党员思想作风的问题讲了话。韩光作了《认真学习贯彻党的十二届六中全会精神，发展全党抓党风的好形势》的报告。

【中央整党工作指导委员会第十一次全体会议】（1986年11月6日）　中央整党工作指导委员会第十一次全体会议于1986年11月6日在北京举行。会议就如何进一步搞好村级整党、解决好整党中的遗留问题、做好整党工作总结等三个重大问题进行认真研究和讨论。中央总书记、中央整党工作指导委员会主任胡耀邦，中央整党工作指导委员会副主任余秋里、薄一波、胡启立、王鹤寿，中央整党工作指导委员会顾问杨尚昆，中央政治局委员、中央端正党风领导小组组长乔石等在会上作重要讲话。

【中央农村工作会议】（1986年11月8日至12日）　中共中央、国务院于1986年11月8日至12日在北京召开中央农村工作会议。出席会议的有各省、自治区、直辖市和中央有关部委的负责人。胡启立主持了开幕会。会上，田纪云作了题为《坚持改革，促进农村经济持续稳步发展》的讲话；万里以《如何认识和对待农村社会主义精神文明建设》为题作了讲话。会议期间，赵紫阳等党和国家领导人会见了出席会议的人员。在12日的闭幕会上，杜润生作了讲话。会议交流了各地农村改革所取得的新成果、新经验；分析研究了当前农村改革和农村商品经济发展中出现的新情况、新问题；探讨了突破各项难点、推进农村改革向纵深发展的新措施、新办法。会议充分肯定了一年来农村改革和农村经济发展取得的新成绩，提出要按照巩固、落实、完善、配套的方针，把农村改革继续推向前进。会议要求各级党委、政府和全体农村工作者，再接再厉，以饱满的改革精神和脚踏实地的工作，促进农村商品经济持续稳步发展。会议还着重讨论了贯彻落实《中共中央关于社会主义精神文明建设指导方针的决议》，加强农村社会主义精神文明建设问题。会议提出，1987年农村工作总的要求是继续坚持改革，搞好基层整党，争取粮食有较大幅度的增产，全面发展商品经济，促进农村经济持续稳步发展。

【纪念朱德同志诞辰一百周年大会】（1986年12月1日）　纪念朱德同志诞辰100周年大会于1986年12月1日在北京人民大会堂举行。首都各族各界人士5000多人参加大会。纪念大会前，胡耀邦、赵紫阳、彭真、乌兰夫、万里、习仲勋、杨尚昆、杨得志、胡启立、姚依林、王震、薄一波、宋任穷等党和国家领导人亲切会见朱德的夫人康克清和其他亲属，同他们合影留念。彭真主持大会。胡耀邦在纪念会上发表长篇讲话，赞扬朱德是伟大的马克思主义者，伟大的无产阶级革命家、政治家、军事家，是光照千秋的人民领袖之一。胡耀邦说，朱德是中国人民军队的主要缔造者之一，是中华人民共和国的开国元勋，他的一生对中国革命和建设事业的建树是多方面的。他运用马克思主义的普遍真理解决中国的实际问题，对于毛泽东思想特别是毛泽东军事思想的形成和发展作出了杰出的贡献。更令人怀念的是，他作为人民军队的总司令，既是伟大的统帅，又是普通士兵，既是党的一位杰出领袖，又是一个模范的共产党员。他功盖千秋。他的德行堪称楷模，可与日月同辉。他光辉的一生是同中国革命的艰难历程和伟大胜利融合在一起的。我们纪念朱德，就要学习他那坚定的革命精神、求实的科学态度、崇高的道德品质、优良的思想作风，一代接一代地把朱德和其他老一辈无产阶级革命家所开创的伟大事业进行到底。朱德同志诞辰110周年纪念座谈会于1996年12月10日在北京人民大会堂举行。江泽民出席座谈会并作重要讲话，李鹏、乔石、刘华清等出席座谈会，胡锦涛主持座谈会。纪念朱德同志诞辰120周年座谈会于2006年12月1日在北京举行，胡锦涛出席座谈会并发表重要讲话，吴邦国主持座谈会，曾庆红出席座谈会。

【中央军委扩大会议】（1986年12月11日至25日）　中央军委扩大会议于1986年12月11日至25日在北京举行。这次会议的主要内容是讨论《中央军委关于新时期军队政治工作的决定》，同时部署军事、政治、后勤等方面的工作。邓小平和中央其他领导同志对这次会议十分关心，会见了到会的全体同志。杨尚昆主持会议，并在会议结束时作总结讲话。余秋里、杨得志、张爱萍、洪学智分别就新时期的军队政治工作、军事工作、国防建设、后勤工作讲了话。会议认真总结了人民解放军的政治工作经验，强调全军要贯彻党的十二届六中全会精神，进一步加强新时期军队的政治工作和精神文明建设。全军高级干部在这次会议上就加强新时期军队的政治工作进行了广泛、深入的讨论。与会同志认为，我军已经走过近60年的战斗历程，过去我们之所以能够团结一致，英勇奋斗，克服种种困难，战胜强大的敌人，最根本的是靠党的领导和强有力的政治工作。与会同志以高度负责的精神，实事求是地回顾和分析了我军从古田会议以来政治工作的基本原则和优良传统，总结了从50年代后期到“文化大革命”期间政治工作的历史教训，特别是邓小平主持军委工作以来军队政治工作的新鲜经验。明确了我军新时期政治工作的指导思想、任务和要求，统一了思想，增强了责任感，形成《中央军委关于新时期军队政治工作的决定》。1987年1月27日，中央军委正式颁发了这一决定，同年2月15日中共中央批转了这一决定。这次军委扩大会议，是研究新形势下加强军队建设的一次具有历史意义的会议。

【中央政治局扩大会议】（1987年1月16日） 中央政治局于1987年1月16日在北京举行扩大会议。参加这次会议的有，中央政治局委员18人，中央政治局候补委员2人；中央书记处书记4人；中央顾问委员会负责人17人；中央纪律检查委员会负责人2人；以及其他有关同志。会议听取胡耀邦的检讨，并对他进行了严肃的同志式的批评，同时也如实地肯定了他工作中的成绩。会议作出如下决定：（1）一致同意接受胡耀邦辞去党中央总书记职务的请求；（2）一致推选赵紫阳代理党中央总书记；（3）以上两项决定，将提请党的下一次中央全会追认；（4）继续保留胡耀邦中央政治局委员、中央政治局常委的职务。会议指出，全党要继续执行十一届三中全会以来党中央的路线、方针和各项内外政策，继续坚持四项基本原则，反对资产阶级自由化，继续坚持以经济建设为中心，集中力量发展社会生产力，继续实行全面改革，实行对外开放、对内搞活经济的政策，继续发展社会主义民主、完善社会主义法制、巩固和扩大爱国统一战线，动员、组织全党同志和全国各族人民，团结一致，艰苦奋斗，努力完满实现第七个五年计划的任务。

【全国政协六届五次会议】（1987年3月24日至4月8日） 全国政协六届五次会议于1987年3月24日至4月8日在北京举行。3月24日的开幕会由杨静仁、屈武主持，邓颖超讲话，出席委员1665名；彭真、乌兰夫等党和国家领导人到会祝贺。费孝通作了政协第六届全国委员会常务委员会工作报告，彭友今作了全国政协六届四次会议以来提案工作情况的报告。委员们还列席了六届全国人大五次会议，听取和讨论了政府工作报告及其他有关报告，通过小组讨论和大会发言，对改进政府工作和政协工作提出许多有益的意见和建议。会议增选汪锋、钱伟长为全国政协副主席。会议通过了政协六届五次会议政治决议，政协六届常委会工作报告的决议，关于政协六届五次会议提案情况和审查意见的报告。

【六届全国人大五次会议】（1987年3月25日至4月11日） 六届全国人大五次会议于1987年3月25日至4月11日在北京举行。这次大会报到的代表2831人。3月25日的第一次全体会议由主席团常务主席担任执行主席，彭真宣布大会开幕。赵紫阳作政府工作报告。大会通过了九项决议、决定：关于政府工作报告的决议，关于1987年国民经济和社会发展计划的决议，关于1986年国家预算执行情况和1987年国家预算的决议，关于授权全国人大常委会审议批准中葡两国政府关于澳门问题联合声明的决定，关于中华人民共和国村民委员会组织法草案的决定，关于第七届全国人民代表大会代表名额和选举问题的决定，关于全国人大常委会工作报告的决议，关于最高人民法院工作报告的决议，关于最高人民检察院工作报告的决议。

【全国控制编制调整干部结构工作会议】（1987年5月16日至20日） 全国控制编制调整干部结构工作会议于1987年5月16日至20日在北京召开。这次会议由中央组织部和劳动人事部召开。参加会议的有各地组织、人事、编制部门的干部。为适应经济体制改革的要求，控制机构、编制和干部队伍的膨胀，中央书记处和国务院决定，在尽可能不增加机关干部总数的前提下，调整干部分布结构，充实加强政法和经济监督调节部门。会议是为落实这一决定精神召开的。赵东宛在会上分析了我国干部的部门、层次分布情况，指出：目前各级政府专业经济管理部门干部过多，而经济监督、调节部门人员不足，这种干部结构不能适应经济体制改革的要求。随着经济体制的改革和政府管理职能的转变，干部的部门、层次分布必然要进行相应的调整。何勇在会上强调这次调整干部结构的重要意义。他说，中央决定为政法系统和工商、税务等经济监督调节部门充实力量，不仅是当前工作的迫切需要，也是保证经济、政治体制改革顺利进行，实现党的政治任务的重要措施，具有战略意义。他说，做好这一工作，精简机构和编制，制止干部队伍盲目膨胀，不仅能够及时有效地控制行政经费过猛的增长势头，同时还能逐年减少国家的行政经费开支。

【全国整党工作总结会议】（1987年5月26日至30日） 中央整党工作指导委员会于1987年5月26日至30日在北京召开全国整党工作总结会议。各省、自治区、直辖市党委的负责同志，中央、国家机关各部委党组、党委的主要负责同志，全军整党办公室的负责人等，参加会议。5月26日，胡启立主持了开幕会，赵紫阳出席并发表了讲话。薄一波代表中共中央和中共中央整党工作指导委员会作了《关于整党的基本总结和进一步加强党的建设》的报告。他说，这次整党是有成绩的。总的说来，全党在思想、作风、纪律、组织四个方面，都比整党前有了进步，党内存在的思想、作风、组织严重不纯的状况，已经有了改变，同时积累了一些正确处理党内问题的重要经验。他指出，整党结束以后，各级党组织必须始终紧紧围绕坚持四项基本原则，坚持改革、开放、搞活的两个基本点，开展党的各项建设工作，努力把党的建设继续推向前进。薄一波根据三年半整党的经验，对进一步加强新时期党的建设提出了五条建议。5月30日，会议闭幕，薄一波作总结讲话。他指出，党的经常性建设是全党的任务，各级党委和有关职能部门要把这项工作切实抓起来，各地整党工作机构撤销前，要抓紧把遗留问题处理好，把工作交接好。

【庆祝中国人民解放军建军六十周年大会】（1987年7月31日） 中共中央、国务院、中央军委于1987年7月31日下午在人民大会堂隆重召开庆祝中国人民解放军建军60周年大会。来自各个方面的4000多名代表参加大会。赵紫阳、邓小平、李先念、陈云、胡耀邦、彭真、邓颖超、聂荣臻等党和国家领导人同各界代表一起共同庆祝这一光辉节日。赵紫阳主持大会。杨尚昆在大会上发表讲话。他回顾了60年前南昌起义的历史壮举和我军60年的战斗历程，特别提到自党的十一届三中全会以来，中央军委主席邓小平主持工作以来，军队建设贯彻改革精神，取得了新的进步，军队面貌发生了深刻变化，为今后的发展打下了良好的基础。他在讲话中还阐述了中国人民解放军在新的历史时期的地位、作用和任务。

【全面推行厂长负责制工作会议】（1987年8月25日至29日） 经中共中央、国务院批准，国家经委、中央组织部、全国总工会于1987年8月25日至29日在北京联合召开全面推行厂长负责制工作会议。研究进一步贯彻落实中共中央、国务院颁发的有关实行厂长负责制的三个条例，加快推行厂长负责制。薄一波在讲话中指出：实践证明，厂长负责制是行之有效的企业领导制度。中央和国务院认为，当前在全民所有制工业企业全面推行厂长负责制的条件已经成熟，各地、各部门不能再犹豫、动摇和观望。要按照中央的要求，加快步伐，扎扎实实地把这项改革工作搞好。会议期间，与会代表就进一步实行厂长负责制进行了认真讨论，交流了经验，研究解决存在的问题。会议提出：全国所有的大中型工业企业1987年内要普遍实行厂长负责制，全民所有制工业企业全面实行厂长负责制要在1988年底以前完成。会议闭幕前，赵紫阳和彭真、乔石、李鹏、姚依林、倪志福等领导同志会见了与会代表。陈秉权代表会议领导小组作了总结发言。

【十二届中顾委七次全会】（1987年10月19日） 十二届中顾委七次全会于1987年10月19日在北京举行。出席这次会议的有中央顾问委员会委员159人。中顾委副主任王震主持会议，并致开幕词，中顾委副主任薄一波在会上讲了话。全会讨论并通过了中央顾问委员会向党的第十三次全国代表大会的工作报告，一致同意将这个报告提请党的第十三次全国代表大会审议。

【十二届中央纪委九次全会】（1987年10月19日） 十二届中央纪委九次全会于1987年10月19日在北京举行。中央纪律检查委员会委员121人出席会议。陈云作了书面讲话，指出：端正党风的关键是提高党员素质。王鹤寿讲了话。会议由韩光主持。全会讨论并通过了《中央纪律检查委员会向党的第十三次全国代表大会的工作报告》，同意提请党的第十三次全国代表大会审议。

【十二届七中全会】（1987年10月20日） 十二届七中全会于1987年10月20日在北京举行。出席这次会议的，有中央委员202人，候补中央委员122人。列席会议的，有中央顾问委员会委员161人，中央纪律检查委员会委员121人，有关负责同志39人。赵紫阳、邓小平、李先念、陈云、胡耀邦主持了这次会议。全会决定，1987年10月25日在北京召开中国共产党第十三次全国代表大会。全会讨论并通过了中央委员会向党的第十三次全国代表大会的报告，讨论并通过了《中国共产党章程部分条文修正案》，一致决定将这两个文件提请党的第十三次全国代表大会审议。全会讨论并原则同意《政治体制改革总体设想》，决定将这个文件的主要内容写入中央委员会向党的第十三次全国代表大会的报告。全会确认1987年1月16日中共中央政治局扩大会议关于接受胡耀邦辞去中央委员会总书记职务的请求的决定和推选赵紫阳代理中央委员会总书记的决定。全会还确认1987年7月14日中共中央政治局关于撤销沈图中央委员职务的决定。全体会议之前举行了五天预备会议。

【中国共产党第十三次全国代表大会】（1987年10月25日至11月1日） 中国共产党第十三次全国代表大会于1987年10月25日至11月1日在北京举行。会议的中心议题是进一步加快和深化改革。大会正式代表1936人、特邀代表61人，代表全国4600多万党员。赵紫阳代表十二届中央委员会向大会作题为《沿着有中国特色的社会主义道路前进》的报告。报告分七个部分：（1）历史性的成就和这次大会的任务；（2）社会主义初级阶段和党的基本路线；（3）关于经济发展战略；（4）关于经济体制改革；（5）关于政治体制改革；（6）在改革开放中加强党的建设；（7）争取马克思主义在中国的新胜利。报告阐明中国正处在社会主义初级阶段，规定了党在这个阶段的基本路线，即“领导和团结全国各族人民，以经济建设为中心，坚持四项基本原则，坚持改革开放，自力更生，艰苦创业，为把我国建设成为富强、民主、文明的社会主义现代化国家而奋斗”。根据我国国情和邓小平的设计，报告提出分三步走的经济发展战略部署。关于经济体制改革，报告提出，要围绕转变企业经营机制这个中心环节，分阶段地进行计划、投资、物资、财政、金融、外贸等方面体制的配套改革，加快建立和培育社会主义市场体系，逐步建立起有计划商品经济新体制的基本框架。新的经济运行机制，从总体上来说应当是“国家调节市场，市场引导企业”的机制。报告指出，十一届三中全会以来，我们党在对社会主义再认识的过程中，在哲学、政治经济学和科学社会主义等方面，发挥和发展了一系列科学理论观点。这些观点，构成了建设有中国特色的社会主义理论的轮廓，初步回答了我国社会主义建设的阶段、任务、动力、条件、布局和国际环境等基本问题。

大会审议通过了报告和《中国共产党章程部分条文修正案》，批准了中央顾问委员会和中央纪律检查委员会的工作报告。大会首次以差额选举方式选举产生由委员175人、候补委员110人组成的中央委员会，由委员200人组成的中央顾问委员会，由委员69名组成的中央纪律检查委员会。大会的突出贡献，是系统阐述了社会主义初级阶段的理论，明确概括了党在社会主义初级阶段的基本路线。

【十三届一中全会】（1987年11月2日） 十三届一中全会于1987年11月2日在北京举行。赵紫阳主持会议。到会的中央委员173人，候补中央委员106人。中央顾问委员会委员、中央纪律检查委员会委员列席会议。全会选举万里、田纪云、乔石、江泽民、李鹏、李铁映、李瑞环、李锡铭、杨汝岱、杨尚昆、吴学谦、宋平、赵紫阳、胡启立、胡耀邦、姚依林、秦基伟为中央政治局委员，丁关根为候补委员；选举赵紫阳、李鹏、乔石、胡启立、姚依林为中央政治局常务委员会委员；选举赵紫阳中央委员会总书记；根据中央政治局常务委员会的提名，通过胡启立、乔石、芮杏文、阎明复为中央书记处书记，温家宝为候补书记。决定邓小平为中央军事委员会主席，赵紫阳为第一副主席，杨尚昆为常务副主席。全会批准十三届中顾委一次全会选出的中央顾问委员会主任、副主任和常务委员会委员。全会批准了十三届中央纪委一次全会选出的中央纪律检查委员会书记、副书记和常务委员会委员。

【十三届中顾委一次全会】（1987年11月2日） 十三届中顾委一次全会于1987年11月2日上午在北京举行。出席会议的中央顾问委员会委员有187人。薄一波主持会议并讲话。全会选举陈云任中央顾问委员会主任，薄一波、宋任穷任副主任，常务委员有王平、王首道、伍修权、刘澜涛、江华、李一氓、李德生、杨得志、萧克、余秋里、宋任穷、宋时轮、张劲夫、张爱萍、陆定一、陈云、陈丕显、陈锡联、胡乔木、段君毅、耿飚、姬鹏飞、黄华、黄镇、康世恩、程子华、薄一波。选举结果报中央委员会批准。

【十三届中央纪委一次全会】（1987年11月2日） 十三届中央纪委一次全会于1987年11月2日上午在北京举行。到会中央纪律检查委员会委员68人。乔石主持会议。全会选举乔石任中央纪律检查委员会书记，陈作霖、李正亭、肖洪达任副书记，常务委员会委员有王德瑛、乔石、刘丽英、李正亭、肖洪达、陈作霖、郭林祥、傅杰。选举结果报中央委员会批准。

【六届全国人大常委会第二十三次会议】（1987年11月12日至24日） 六届全国

人大常委会第二十三次会议于1987年11月12日至24日在北京召开。会议主要审议决定接受赵紫阳辞去国务院总理职务的请求，并审议决定任命国务院代总理；学习讨论党的十三大文件、审议几个法律草案和有关报告。彭真主持会议并讲话。11月24日，李先念将赵紫阳提出的辞去国务院总理职务的请求和由李鹏任国务院代总理的建议，提请全国人大常委会审议决定。经过审议，会议决定：（1）同意赵紫阳辞去国务院总理职务，报请第七届全国人民代表大会第一次会议确认。（2）同意国务院总理赵紫阳建议，在第七届全国人民代表大会第一次会议决定国务院总理的人选以前，由国务院副总理李鹏任国务院代总理，行使总理职权，领导国务院的工作。

【十三届中央政治局第一次全体会议】（1987年11月14日）　第十三届中央政治局于1987年11月14日在北京举行第一次全体会议。出席会议的有中央政治局委员16人，因公请假的政治局委员1人、政治局候补委员1人。会议由赵紫阳主持。会议讨论通过《十三届中央政治局工作规则（试行）》《十三届中央政治局常务委员会工作规则（试行）》《十三届中央书记处工作规则（试行）》。会议讨论并同意中央党校《关于改革中央党校工作的报告》。会议决定江泽民任上海市委书记；免去芮杏文上海市委书记职务。

【台盟第四次全盟代表大会】（1987年11月23日至30日）　台盟第四次全盟代表大会于1987年11月23日至30日在北京举行。出席大会的代表144人。苏子蘅主持会议。李纯青致开幕词。习仲勋宣读了中共中央的贺词。林盛中代表台盟第三届总部理事会作了工作报告。蔡子民作了台盟盟章修改草案的说明。根据新盟章，原台盟总部理事会改为台盟中央委员会；为加强集体领导，将原总部主席、副主席、秘书长制改为主席团制，主席团主席任期为一年，连选得连任；增设中央评议委员会。大会选举产生了台盟第四届中央委员会委员49名，候补委员15名；中央评议委员25名。大会通过了第四次全盟代表大会政治决议。12月1日召开的台盟四届一中全会选举林盛中为主席团第一任主席（以后四年，蔡子民连选连任主席团主席），推举苏子蘅为名誉主席。台盟中央评议委员会第一次全体会议选举李纯青为主席（1990年5月逝世，12月李辰接任主席）。

【党风建设座谈会】（1987年12月9日至10日）　中央书记处于1987年12月9日至10日在北京召开党风建设座谈会。赵紫阳主持会议。会议主要就当前党风建设中的若干重要问题进行认真讨论。中央有关领导同志及有关部门负责同志参加座谈会。会议提出，党风建设是新形势下需要认真研究和解决的一个重大问题，各级党委都要把这个问题提到自己的重要议事日程上来。会议认为：正确认识党风问题，离不开改革开放；正确解决党风问题，也离不开改革开放。一些问题的产生同改革开放的新情况有关，要解决它也必须靠加快和深化改革开放。在党风建设上，我们要走出一条不靠政治运动而靠改革和制度建设的新路子。端正党风要靠改革开放和制度建设。会议在谈到制度建设时指出，政治上也好，经济上也好，其他领域也好，今后要尽量增加透明度，增加开放程度，给人们创造平等竞争的机会。会议强调指出：改革开放中的党风建设，是一个非常重要而又亟待解决的问题。党风建设面临着许多新情况，有些问题有待于继续进行调查和研究。中央书记处召开党风建设座谈会，只是开个头。各级党委都要花力气深入探讨，提高认识，抓紧这方面的工作。

【十三届中央政治局第二次全体会议】（1987年12月16日） 第十三届中央政治局于1987年12月16日在北京召开第二次全体会议。出席会议的有中央政治局委员16人，政治局候补委员1人；政治局委员1人因公缺席。赵紫阳主持会议。会议讨论并原则同意关于党中央、国务院机构改革方案。会议决定：党中央机构改革方案由中央书记处组织实施；国务院机构改革方案经全国人民代表大会批准后由国务院组织实施。

【十三届中央政治局第三次全体会议】（1988年1月9日） 第十三届中央政治局于1988年1月9日上午在北京召开第三次全体会议。出席会议的有中央政治局委员15人，政治局候补委员1人；因公请假的有政治局委员2人。会议由赵紫阳主持。会议讨论并原则同意修改后的《中华人民共和国全民所有制工业企业法（草案）》，根据党的十三大报告精神，在草案总则第二条第二款中增写了："国家对企业实行所有权和经营权分离的原则"。并增写一条："中国共产党在企业中的基层组织，对党和国家的方针、政策在本单位的贯彻执行实行保证监督"。"支持厂长依法充分行使职权"。会议提议由国务院将这个草案提请全国人民代表大会常务委员会审议。4月13日，第七届全国人大第一次全体会议通过《中华人民共和国全民所有制工业企业法》。

【全国宣传部长会议】（1988年1月23日至25日） 中央宣传部于1988年1月23日至25日在北京召开全国宣传部长会议。会议主要讨论1988年宣传工作要点。这个"要点"包括继续组织好十三大文件的学习，深入进行党的基本路线教育；开展社会主义初级阶段理论的研究；以经济建设为中心，配合各项改革措施的出台，切实有效地宣传改革；加强新形势下基层思想政治工作的研究和指导，继续搞好城乡精神文明建设；在改革开放中加强党员教育，促进党风建设；积极、审慎地推进新闻、出版工作的改革；贯彻落实繁荣文艺的方针政策，抓好文艺体制改革；适应进一步对外开放的需要，加强对外宣传和文化交流工作；加强宣传队伍建设，积极稳妥地进行宣传部门的改革，等等。

【十三届中央政治局第四次全体会议】（1988年2月6日） 第十三届中央政治局于1988年2月6日上午在北京召开第四次全体会议。出席会议的有中央政治局委员15人，政治局候补委员1人；政治局委员2人因公缺席。赵紫阳主持会议。会议主要讨论经济形势和当前的经济工作。会议认为，1987年全国的生产、建设、流通和外贸的情况都比预期好，经济体制改革有较大的进展。经济增长速度较高而又较为正常健康，效益比较好，企业活力明显增强，宏观调控有新的进步，经济生活中长期存在的某些不稳定因素正在趋于缓解。但经济生活中存在的突出问题是物价上涨幅度过大。会议强调，1988年的经济工作，要认真总结和运用去年的好经验，全面理解和正确掌握进一步稳定经济、进一步深化改革的方针，以改革总揽全局。对于沿海地区经济发展战略，这是一个关系到我国四化建设全局的重大战略部署，必须坚决组织实施，决不能贻误时机。

【十三届中央政治局第五次全体会议】（1988年3月3日至4日）　第十三届中央政治局于1988年3月3日至4日在北京召开第五次全体会议。出席会议的有中央政治局委员15人，政治局候补委员1人；政治局委员2人因公缺席。赵紫阳主持会议。会议决定，十三届二中全会于3月15日在北京召开。会议讨论同意赵紫阳代表中央政治局《在中国共产党第十三届中央委员会第二次全体会议上的工作报告》，讨论同意中央政治局向七届全国人大推荐的国家机构领导人员人选名单和向七届全国政协推荐的全国政协领导人员人选名单，决定就上述名单同各民主党派、无党派爱国人士和有关人民团体协商，并提请党的十三届二中全会审议。

【十三届中央政治局第六次全体会议】（1988年3月9日）　第十三届中央政治局于1988年3月9日在北京召开第六次全体会议。出席会议的有中央政治局委员12人，政治局候补委员1人；政治局委员5人因公缺席。赵紫阳主持会议。会议讨论并原则同意李鹏代表国务院将向第七届全国人民代表大会第一次会议作的《政府工作报告（讨论稿）》。建议在进一步征求意见修改后，提请第七届全国人民代表大会第一次会议审议。

【十三届二中全会】（1988年3月15日至19日）　十三届二中全会于1988年3月15日至19日在北京举行。出席这次全会的有中央委员171人，候补中央委员107人。中央顾问委员会委员、中央纪律检查委员会委员和有关负责同志列席了会议。赵紫阳、李鹏、乔石、胡启立、姚依林主持这次会议。全会审议通过赵紫阳代表中央政治局所作的工作报告。全会一致认为，中央政治局以改革总揽全局，在组织实施十三大决议，落实经济发展战略，推进经济体制改革和政治体制改革，加强党的建设等方面进行了卓有成效的工作。全会审议通过中央政治局提出，并经党内外广泛协商，拟向七届全国人大推荐的国家机构领导人员人选名单和拟向七届全国政协推荐的全国政协领导人员人选名单。全会决定，将上述两个名单分别向七届全国人大一次会议主席团和七届全国政协一次会议主席团推荐。全会期间，与会同志在民主、团结和生动活泼的气氛中，就上述议题进行了充分认真的讨论。全会号召，全党同志要继续贯彻十三大确定的党的基本路线，加强党的自身建设，紧密团结全国各族人民，进一步解放思想，进一步深化和加快改革，扩大对外开放，持续稳定地发展国民经济，为建设富强、民主、文明的社会主义现代化国家，进行坚韧不拔的努力！

【十三届中顾委二次全会】（1988年3月19日） 十三届中顾委二次全会于1988年3月19日下午在北京举行。出席会议的中央顾问委员会委员有173人。会议由宋任穷主持，薄一波在会上讲话。全会赞同赵紫阳代表中央政治局在十三届二中全会上作的工作报告，赞同十三届二中全会审议通过的向七届全国人大一次会议主席团推荐的国家机构领导人员人选名单和向七届全国政协一次会议主席团推荐的全国政协领导人员人选名单。

【十三届中央纪委二次全会】（1988年3月20日至22日） 十三届中央纪委二次全会于1988年3月20日至22日在北京举行。出席这次全会的有中央纪律检查委员会委员68人。有关省、自治区，国务院部门和军队纪检机关的主要负责同志列席了会议。乔石主持会议。赵紫阳、李鹏、乔石、胡启立、姚依林会见与会全体同志。全会一致赞同赵紫阳代表中央政治局在十三届二中全会上作的工作报告；一致赞同十三届二中全会决定向七届全国人大一次会议主席团推荐的国家机构领导人员人选名单和向七届全国政协一次会议主席团推荐的全国政协领导人员人选名单。全会审议通过了乔石代表中央纪律检查委员会常务委员会作的《认真贯彻党的十三大精神，努力做好纪律检查工作》的报告。这个报告从加强新时期党的建设出发，进一步明确了纪律检查工作的指导思想和方针任务，强调全党要增强纪律观念，发扬党的三大作风，坚持从严治党，加强纪检工作，搞好党风建设，对保证党的基本路线的贯彻执行，具有重要的指导意义。全会还讨论了《党的纪律检查机关体制改革方案》。全会表示，要坚决响应党的十三届二中全会的号召，进一步解放思想，加快和深化改革，坚定地、创造性地贯彻执行党的路线和方针政策，把创新精神与增强纪律观念统一起来，集中力量管好党纪，协助党委管好党风，以改革的精神加强纪检队伍建设，为实现党的十三大提出的各项任务作出新的贡献。

【中国人民政治协商会议第七届全国委员会第一次会议】（1988年3月24日至4月10日） 中国人民政治协商会议第七届全国委员会第一次会议于1988年3月24日至4月10日在北京举行。3月24日的开幕式由李先念主持，本届共有委员2081人，1915名委员出席开幕式。赵紫阳、李鹏、彭真、乔石、胡启立、姚依林、乌兰夫等出席开幕式，热烈祝贺会议召开。钱学森在会上作全国政协第六届委员会常务委员会工作报告。委员们列席了七届全国人大一次会议，听取和讨论政府工作报告及其他报告。会议选举李先念为第七届全国政协主席，王任重、阎明复、方毅、谷牧、杨静仁、康克清、帕巴拉·格列朗杰、胡子昂、钱昌照、周培源、缪云台、王光英、邓兆祥、赵朴初、屈武、巴金、马文瑞、刘靖基、王恩茂、钱学森、钱伟长、胡绳、孙晓村、程思远、卢嘉锡、钱正英、苏步青、司马义·艾买提为副主席，周绍铮为秘书长，丁轸宇等280名常务委员。会议原则通过全国政协七届一次会议政治决议、全国政协七届一次会议提案审查的报告。李先念致闭幕词。

【第七届全国人民代表大会第一次会议】（1988年3月25日至4月13日） 中华人民共和国第七届全国人民代表大会第一次会议于1988年3月25日至4月13日在北京举行。3月25日的第一次全体会议由万里主持，应到代表2970人，出席代表2892人。会议确认了1987年11月24日六届全国人大常委会第二十三次会议通过的关于同意赵紫阳辞去国务院总理职务的决定。国务院作政府工作报告。会议选举杨尚昆为中华人民共和国主席、王震为副主席，选举万里为七届全国人大常委会委员长，习仲勋、乌兰夫、彭冲、韦国清、朱学范、阿沛·阿旺晋美、班禅额尔德尼·确吉坚赞、赛福鼎·艾则孜、周谷城、严济慈、荣毅仁、叶飞、廖汉生、倪志福、陈慕华、费孝通、孙起孟、雷洁琼、王汉斌为副委员长；选举邓小平为中华人民共和国中央军事委员会主席。决定李鹏为国务院总理，姚依林、田纪云、吴学谦为副总理，李铁映、秦基伟、王丙乾、宋健、王芳、邹家华、李贵鲜、陈希同、陈俊生为国务委员。会议决定赵紫阳、杨尚昆为中央军事委员会副主席，洪学智、刘华清、秦基伟、迟浩田、杨白冰、赵南起为中央军事委员会委员；选举任建新为最高人民法院院长、刘复之为最高人民检察院检察长。大会批准了国务院代总理李鹏作的政府工作报告、国务院副总理兼国家计划委员会主任姚依林所作的《关于1988年国民经济和社会发展计划草案的报告》、国务委员兼财政部部长王丙乾所作的《关于1987年国家预算执行情况和1988年国家预算草案的报告》；通过《关于成立中华人民共和国澳门特别行政区基本法起草委员会的决定》《关于设立海南省的决定》《关于建立海南经济特区的决议》；审议通过了全国人大常委会副委员长陈丕显代表第六届全国人民代表大会常务委员会所作的工作报告、最高人民法院院长郑天翔所作的《最高人民法院工作报告》、最高人民检察院检察长杨易辰所作的《最高人民检察院工作报告》。通过了《中华人民共和国全民所有制工业企业法》《中华人民共和国中外合作经营企业法》；大会还通过了《关于国务院机构改革方案的决定》，原则批准国务院机构改革方案。通过了《中华人民共和国宪法修正案》，宪法第十一条增加规定："国家允许私营经济在法律规定的范围内存在和发展。私营经济是社会主义公有制经济的补充。国家保护私营经济的合法的权利和利益，对私营经济实行引导、监督和管理。"第十条第四款修改为："任何组织或者个人不得侵占、买卖或者以其他形式非法转让土地。土地的使用权可以依照法律的规定转让。"杨尚昆和万里分别在闭幕会上讲话。

【七届国务院第一次常务会议】（1988年4月14日） 七届国务院第一次常

务会议于1988年4月14日在北京召开。李鹏主持会议。会议讨论了国务院总理、副总理、国务委员的工作分工和国务院工作规则，并为将要召开的国务院第一次全体会议做了准备。据不完全统计，本届政府共召开123次国务院常务会议。

【十三届中央政治局第七、第八次全体会议】（1988年4月15日、27日） 1988年4月15日上午和27日上午，第十三届中央政治局在北京先后举行第七次和第八次全体会议，就七届全国人大一次会议、全国政协七届一次会议期间人大代表、政协委员提出的重要意见和建议，进行认真讨论。出席会议的有中央政治局委员15人，政治局候补委员1人；政治局委员2人因公缺席。有关方面的负责同志列席会议。赵紫阳主持会议。会议高度评价两个大会取得的重大成果，认为这标志着我国社会主义民主和法制建设又前进了一步。4月15日上午举行的中央政治局会议，着重讨论了人大代表、政协委员反映强烈的教育、物价和党风政纪等方面的问题。为了使这些问题得到切实解决，会议确定组成若干小组，对上述问题分别进行研究，提出意见和措施。4月27日上午举行的中央政治局会议，认真讨论了这些小组经过充分调查、酝酿提出的建议。会议认为，这些小组就解决教育、物价和党风政纪等方面问题而提出的意见是正确的，措施是基本可行的，应认真落实。会议要求党政军各部门党组织、全体共产党员特别是党员领导干部，必须带头做到廉洁奉公，严守法纪，提高工作效率，全心全意为人民服务。会议强调指出，中央政治局第四次会议和十三届二中全会关于我国经济形势的分析是正确的，关于今年经济工作的方针和国务院的部署也是正确的。今年第一季度整个国民经济发展的态势良好。但是也必须看到，前进道路上还存在不少矛盾和困难。在这种情况下，特别需要强调遵守纪律，顾全大局，强调个人利益服从集体利益、局部利益服从整体利益、暂时利益服从长远利益。只要认真贯彻执行中央和国务院既定的方针和部署，就能够顺利地克服各种困难和矛盾，使我国经济、政治形势继续健康发展。会议还指出，我国正处在改革和四化建设的关键时期，需要全党和全国人民极大地振奋精神，增强凝聚力。在经济体制改革和政治体制改革中，要重视解决为政清廉的问题，必须改进和加强思想政治工作。要通过加强理想教育和纪律教育，激励广大党员、干部和群众励精图治，艰苦奋斗，齐心协力，把改革、开放和整个社会主义现代化建设事业继续推向前进。

【七届国务院第一次全体会议】（1988年4月19日） 七届国务院第一次全体会议于1988年4月19日在北京召开。李鹏主持会议。会上宣布了国务院工作规则和国务院总理、副总理、国务委员的分工，对当前几项工作提出了要求。李鹏说，新的政府要以改革统揽全局，推动各方面的建设和工作。新的政府要继承和发扬好的传统和作风，同时应该有新的作风，这个新的作风主要是三条：为政要清廉；要加强组织性、纪律性；要克服官僚主义，提高工作效率。

【全国干部理论教育工作会议】（1988年5月4日至7日） 中央宣传部于1988年5月4日至7日在北京召开全国干部理论教育工作会议。研究全国县级以上党政机关党员干部深入学习社会主义初级阶段理论和党的基本路线问题。各省、市、自治区党委宣传部负责同志出席会议。王忍之、王维澄、李彦、王惠德在会上讲话。会议认为，半年来在全党干部中广泛进行的对十三大文件的学习，已经收到良好效果。当前的任务是把这一学习引向深入，关键是要使县级和县级以上党政机关的党员在职干部，比较透彻地理解和掌握十三大文件所阐明的我国社会主义初级阶段的理论，以及依据这一理论制定的党在这个历史阶段的基本路线，从而带动党外干部、基层干部和广大群众的学习。会议期间，胡启立邀请参加会议的各省、市、自治区党委宣传部负责同志座谈，听取他们的意见，并讲话。会议决定，在全国县级以上党政机关的党员干部中，深入进行社会主义初级阶段理论和党的基本路线的学习。会议认为，各地区、各部门的情况不同，在干部中如何深入进行这一学习，请各省、市、自治区和中央各部委的党政领导根据各自的情况、需要和工作部署来确定。在基本路线教育这个总的题目下，在遵循中央对学习十三大文件精神的根本要求和指导方针的前提下，深入这一学习的着手处、着重点、方式、方法，完全可以多种多样，充分发挥各省、市、自治区和中央各部委的主动性和创造性。会议要求党政机关的党员领导干部和宣传、思想工作干部带头学好，并把指导学习的责任担当起来。同时要充分发挥干部理论教育讲师团的作用。龚育之对中宣部关于这一学习的意见（讨论稿）作了说明。

【中国共产主义青年团第十二次全国代表大会】（1988年5月4日至8日） 中国共产主义青年团第十二次全国代表大会于1988年5月4日至8日在北京举行。出席大会的代表1943名。开幕式上，刘延东宣布共青团十二大开幕。胡启立受党中央委托，向大会表示祝贺。宋德福代表共青团第十一届中央委员会向大会作工作报告。杨尚昆、李鹏、万里、乔石、姚依林、王震等党和国家领导人到会祝贺。阎明复出席闭幕式。代表们以无记名投票方式选举产生了165名十二届团的中央委员和70名候补中央委员。大会通过关于第十一届中央委员会工作报告的决议；通过关于实行团员证制度的决议；通过关于确定《光荣啊，中国共青团》为代团歌的决议。大会以多数票同意通过了团章部分条文修正案决议。5月10日至11日，中国共产主义青年团第十二届中央委员会举行第一次全体会议。全会选举宋德福为中国共产主义青年团第十二届中央书记处第一书记。

【十三届中央政治局第九次全体会议】（1988年5月30日至6月1日） 第十三届中央政治局于1988年5月30日至6月1日在北京召开第九次全体会议。出席会议的中央政治局委员15人，政治局候补委员1人，有关方面负责人和部分省、自治区的党委书记列席了会议。会议的中心议题，是讨论当前我国改革和经济发展的形势问题。赵紫阳作《关于建立社会主义商品经济新秩序》的讲话。会议认为，目前我国的改革进入了关键阶段。九年来，我们的改革有了很大进展，成效是显著的。随着改革的深化，现在一些难度很大而又不能绕开的问题摆在我们的面前。改革会有风险，但不进则退，退是没有出路的。我们必须抓住历史给予的有利条件，进一步贯彻党的十三大提出的加快和深化改革的方针，迎着风浪前进，坚决而又稳妥地把改革中不可回避的问题解决好。会议指出，价格和工资制度改革需要有通盘的考虑和系统的方案。发展社会主义商品经济，要按价值规律办事，理顺原来很不合理的价格关系。工资问题同物价问题紧密联系。要主动地理顺物价，就必须相应地解决工资问题。价格和工资制度的改革，既要理顺关系、促进生产，又要使大多数群众生活水平逐步有所提高。为此，必须深化企业改革，提高管理水平，促进技术进步。要制定配套的改革措施，创造良好的经济环境。会议还决定，要制定价格、工资改革的系列方案。会议认为，为了保证改革开放的顺利进行，必须创造一个稳定的社会环境。党和国家机关要把保持廉洁的问题提上重要议事日程，依法惩处贪污、受贿、弄权渎职、敲诈勒索等犯罪活动。要坚持从严治党，加强基层党组织建设。要改造和加强思想政治工作。要加强法制建设，保证社会的安定。总之，要通过深化经济体制改革和政治体制改革，逐步建立起与社会主义商品经济相适应的新秩序。

【民建第五次全国代表大会】（1988年6月16日至28日） 民建第五次全国代表大会于1988年6月16日至28日在北京举行。出席会议的代表569名，来自231个地方组织，代表41744名成员。阎明复宣读了中共中央的贺词。叶笃义代表其他民主党派中央致贺词。荣毅仁代表全国工商联致贺词。孙起孟代表民建四届中央委员会向大会作了题为《加强自身建设，发挥政党职能，为实现本会现阶段的总任务而团结奋斗！》的工作报告。孙晓村代表中央咨议委员会向大会提交了书面工作报告。汤元炳受民建章程修改委员会的委托，向大会作了关于《中国民主建国会章程（修改草案）》的说明。大会选举产生了由170名委员、30名候补委员组成的民建第五届中央委员会。6月27日召开的民建五届一中全会推选胡厥文为名誉主席，选举孙起孟为主席。同日，中央咨议委员会选举孙晓村为咨议委员会主任。

【全国组织工作会议】（1988年6月25日至7月1日） 中央组织部于1988年6月25日至7月1日在北京召开全国组织工作会议。283名各省、自治区、直辖市主管组织工作的党委负责人、组织部长和中央国家机关干部部门的负责人出席会议。会议研究了组织工作在新形势下要解决的主要问题。宋平在会议上说，最近，党中央指出，我国的改革到了一个关键时刻。全党全国要统一思想，统一步调，同心同德，闯过难关。在这种情况下，各级党组织更要重视党的建设，从严治党，加强组织性、纪律性，提高党组织的战斗力，充分发挥党员的先锋模范作用，在中央的统一领导之下，同全国人民一道，把改革推向前进，逐步建立起社会主义商品经济新秩序。组织战线在新形势下要解决的主要问题，概括起来，一是要从严治党，把党的基层组织和党员队伍建设好；一是要深化干部人事制度的改革，加强干部队伍和领导班子的建设，在宏观管理上下功夫，以保证党的基本路线的贯彻执行。宋平还就农村基层党组织、企业党组织、机关党组织和地方党委在新形势下如何发挥作用，分别提出了意见。会议期间，赵紫阳、胡启立、芮杏文、温家宝等会见了参加会议的全体代表，并和部分代表举行座谈，听取了会议情况汇报。赵紫阳在同全国组织工作会议代表座谈时指出，解决党政机关廉洁问题必须加强监督；提高干部工作的透明度、实行机会均等，是干部制度改革的重要原则；评价干部要把生产力标准和德才兼备的原则统一起来。

【七届国务院第二次全体会议】（1988年7月15日）　七届国务院第二次全体会议于1988年7月15日在北京召开。李鹏主持会议并作了重要讲话。会议的中心议题是通报上半年的经济情况和部署下半年工作。李鹏说：上半年的经济形势比预料的好。下半年的经济工作要坚持以改革总揽全局，继续贯彻进一步“深化改革，稳定经济”的方针，为1989年的改革和发展迈出较大的步伐奠定良好基础。国家计委、农业部、财政部、人民银行的负责人分别对上半年的计划、农业、财政、金融情况系统地向会议作了报告，并对下半年工作提出了一些意见。

【十三届中央政治局第十次全体会议】（1988年8月15日至17日）　第十三届中央政治局于1988年8月15日至17日在北戴河召开第十次全体会议，讨论并原则通过《关于价格、工资改革的初步方案》。出席会议的有中央政治局委员15人，政治局候补委员1人；政治局委员2人因公缺席。有关方面负责人列席会议。赵紫阳主持会议。这一方案是在充分酝酿和认真准备的基础上制定的。政治局第九次全体会议决定要制定价格、工资改革的系统方案。从6月2日起，中央责成专门机构组织有关部门反复研究今后五年特别是明年的价格、工资改革和配套措施问题。经过几上几下的论证，有关机构提出了初步方案。这次政治局全体会议讨论的方案的主要内容是：价格、工资改革的必要性；改革需要遵循的主要原则；1989年至1993年改革的轮廓设想；1989年改革的初步方案；改革中可能遇到的主要风险和基本对策；必须采取的配套改革措施。会议认为，价格改革的总方向是：少数重要商品和劳务价格由国家管理，绝大多数商品价格放开，由市场调节，以转换价格形成机制，逐步实现“国家调控市场，市场引导企业”的要求。根据各方面的条件和现实的可能，今后五年左右的时间，价格改革的目标是初步理顺价格关系，即解决对经济发展和市场发育有严重影响、突出不合理的价格问题。工资改革总的要求是，在价格改革过程中，通过提高和调整工资、适当增加补贴，保证大多数职工实际生活水平不降低，并能随着生产的发展而有所改善，同时进一步贯彻按劳分配原则，解决工资分配中一些突出不合理的问题。总之，价格、工资改革实际上是改革的全面深化。搞好这一改革，对于我国确立社会主义商品经济新秩序，加快社会主义现代化建设，具有极为重大的意义。会议原则通过《关于价格、工资改革的初步方案》。会议还决定，9月将在北京先后召开中央工作会议和十三届三中全会，讨论和审议关于价格、工资改革的方案。在此之前，还要在党外人士和有关专家中就这一方案广泛征求意见。

【中国妇女第六次全国代表大会】（1988年9月1日至6日） 中国妇女第六次全国代表大会于1988年9月1日至6日在北京举行。出席会议的妇女代表1200多名。陈慕华主持大会开幕式，杨尚昆代表中共中央向大会致祝词。张帼英受康克清委托，向大会作题为《自尊、自信、自立、自强，为深化改革、振兴中华建功立业》的工作报告。会议提出深化改革时期妇女运动的方针和政策，制定了妇联体制改革的方案，修订了《中华全国妇女联合会章程》，选举产生了全国妇联新的领导机构。会议通过了全国妇联第五届执行委员会工作报告的决议，通过了修改全国妇联章程的决议，还通过了全国妇联会徽图案的决议。在全国妇联六届一次执委会议上，选举陈慕华为全国妇联主席，康克清为全国妇联名誉主席。推举张帼英为六届全国妇联书记处第一书记。

【中央工作会议】（1988年9月15日至21日） 中央工作会议于1988年9月15日至21日在北京召开。出席这次中央工作会议的有中央党政军各方面的负责同志和各省、自治区、直辖市、各大军区负责同志共217人。会议讨论了治理经济环境，整顿经济秩序，全面深化改革的问题。赵紫阳主持会议并作重要讲话，姚依林作关于价格、工资改革初步方案的说明，李鹏、乔石、胡启立也在会上讲话。会议认真研究了全面深化改革的指导方针和配套措施。会议认为，深化改革不仅是价格、工资改革，而且是多方面的改革。明后两年要把改革和建设的重点放到治理经济环境、整顿经济秩序上来。这既是深化改革的必要条件，也是深化改革的重要内容。会议分析了当前经济形势，提出坚决抑制通货膨胀、深化改革的若干重要政策建议。会议强调指出，十一届三中全会以来的十年，我国改革开放的成绩是巨大的。现在要认真总结经验，进一步加强党的领导，切实解决面临的问题，继续把改革和建设推向前进。

【十三届三中全会】（1988年9月26日至30日） 十三届三中全会于1988年9月26日至30日在北京举行。出席会议的，有中央委员165人，候补中央委员103人；列席会议的，有中央顾问委员会委员184人，中央纪律检查委员会委员67人，不是上述三个委员会成员的有关方面主要负责同志63人。赵紫阳、李鹏、乔石、胡启立、姚依林主持全会。全会听取并审议通过赵紫阳代表中央政治局作的报告。全会同意中央政治局对我国当前政治经济形势的分析，批准中央政治局向这次全会提出的治理经济环境、整顿经济秩序、全面深化改革的指导方针和政策、措施。全会确定，把1989和1990两年改革和建设的重点突出地放到治理经济环境和整顿经济秩序上来。全会认为，我国总的经济形势是好的，但存在的困难和问题也不少，突出的是物价上涨幅度过大。为了创造理顺价格的条件，为了经济建设持续、稳步、健康地发展，必须在坚持改革、开放总方向的前提下，认真治理经济环境和整顿经济秩序。治理经济环境，主要是压缩社会总需求，抑制通货膨胀。整顿经济秩序，就是要整顿目前经济生活中特别是流通领域中出现的各种混乱现象。在这两方面都要采取坚决有力的措施。全会指出，必须有领导有秩序地推进相互配套的全面改革。不理顺价格就谈不上真正确立新经济体制的基础，但深化改革又不仅仅是一个价格改革问题，而是多方面的综合改革。在多方面的综合改革中，应当特别注重深化企业改革，尤其是大中型国有企业的改革。企业改革一要进一步推动政企分开，使有条件的企业真正放开经营；二要认真完善承包制，进行以公有制为主体的股份制试点和发展企业集团试点。通过建立在国家宏观控制下的企业自主经营、自负盈亏、自我约束的机制，提高经济效益。那些对治理通货膨胀有重大作用的改革要抓紧推进。全会指出，为了保证治理经济环境、整顿经济秩序和深化改革任务的顺利完成，必须加强党的领导，充分发挥我们的政治优势。要特别强调党的领导核心作用和党的纪律，特别强调局部利益服从全局利益。全会原则通过《关于价格、工资改革的初步方案》，建议国务院在今后五年或较长一些时间内，根据严格控制物价上涨的要求，并考虑各方面的实际可能，逐步地、稳妥地组织实施。全会还原则通过《中共中央关于加强和改进企业思想政治工作的通知》，提出要建立在厂长（经理）全面负责下的企业职工思想政治工作新体制。

【十三届中央纪委三次全会】（1988年9月29日至30日）　十三届中央纪委三次全会于1988年9月29日至30日在北京举行。出席这次全会的中央纪律检查委员会委员有67人。中央机关有关部门、军队纪检机关的主要负责同志，中央纪委机关各厅室主任列席了会议。乔石主持会议。全会听取并审议通过乔石代表中央纪律检查委员会常务委员会作的《加强党的纪律，保证全面深化改革目标的顺利实现》的报告。全会一致拥护十三届三中全会通过的治理经济环境、整顿经济秩序、全面深化改革的指导方针和政策、措施，要求各级纪检机关认真贯彻执行。全会认为，为了保证治理环境、整顿秩序、深化改革的顺利进行，全党必须增强纪律观念，加强组织纪律性，坚持党的民主集中制原则。党的各级组织和每个共产党员都要自觉地同中央保持一致，维护中央的权威，发挥党的领导核心作用，增强党的凝聚力和战斗力。全会强调，要严格执行党的纪律，严肃查处违纪行为。对违抗中央方针、政策和决定，扰乱经济秩序和其他违纪行为，都要严肃查处，并按照党章的规定给予必要的纪律处分，直至开除党籍。全会提出，必须加强纪检队伍的建设，努力提高思想政治素质和工作水平。各级纪检干部要认真学习党的方针、政策，振奋精神，深入实际，努力工作，坚持原则，秉公执纪，承担起党和人民赋予的重大责任。全会号召，各级纪检机关和全体纪检干部要在各级党委统一领导下，以新的姿态和卓有成效的工作，为保证治理经济环境，整顿经济秩序，全面深化改革目标的顺利实现作出新的贡献。

【十三届中顾委三次全会】（1988年9月30日）　十三届中顾委三次全会于1988年9月30日在北京举行。出席全会的委员有184人。宋任穷主持会议并讲话。全会一致拥护赵紫阳代表中央政治局在十三届三中全会上作的报告，赞同十三届三中全会原则通过的《关于价格、工资改革的初步方案》和《中共中央关于加强和改进企业思想政治工作的通知》。与会全体委员认为，十三届三中全会提出的治理经济环境、整顿经济秩序、全面深化改革的指导方针和各项政策、措施，是正确的、稳妥的。大家表示，一定要牢牢掌握坚持四项基本原则、坚持改革开放这两个基本点，积极发扬党的政治优势，加强党的领导，坚决维护党中央和国务院的权威，统一思想、统一行动、严守纪律、服从大局、廉洁奉公、艰苦奋斗，同全党同志和全国各族人民紧密地团结在一起，为夺取全面改革和社会主义现代化建设的新胜利作出应有的贡献。

【民盟第六次全国代表大会】（1988年10月8日至16日）　民盟第六次全国代表大会于1988年10月8日至16日在北京举行。出席大会的代表883人。费孝通主持开幕式。楚图南致开幕词。阎明复宣读了中共中央的贺词。朱学范代表其他民主党派和工商联致贺词。钱伟长代表民盟五届中央委员会作了题为《在社会主义和爱国主义旗帜下，推进政治民主、改革开放，为建设有中国特色的社会主义而奋斗》的工作报告。林亨元作了中央参议委员会的工作报告。大会通过了《中国民主同盟章程》、中央参议委员会组织条例和《中国民主同盟第六次全国代表大会决议》。大会选举产生了由250名委员和50名候补委员组成的新一届中央委员会；协商选举了由149人组成的新一届参议委员会。10月17日召开的民盟六届一中全会选举楚图南为名誉主席，费孝通为主席。

【七届国务院第三次全体会议】（1988年10月11日）　七届国务院第三次全体会议于1988年10月11日在北京召开。李鹏主持会议。会议的中心议题是把十三届三中全会提出的任务变为实际行动，着重做好1988年第四季度的工作，并为1989年的改革和建设做好准备。会上，国家计委、财政部、人民银行、物价局、物资部、商业部、农业部、体改委、铁道部、能源部和国务院办公厅的负责同志，分别就压缩基建规模、控制财政赤字和集团购买力、稳定金融和稳定物价、整顿流通环节和清理公司、加强粮食工作和市场管理，以及增加有效供给，搞好秋、冬农业生产，加强冬季运输和改善电力供应等问题作了专题汇报，讲了从各方面落实三中全会精神的措施和情况。田纪云、吴学谦在会上发了言。李鹏最后讲话，着重讲了以下五个问题：（1）正确领会三中全会精神；（2）增强贯彻执行三中全会各项方针和措施的信心；（3）当前需要特别抓紧做好的几项工作；（4）把深化企业改革放在重要的位置；（5）国务院和各部委要对实施各项措施切实负起责任。

【全国宣传部长会议】（1988年10月16日至19日）　全国宣传部长会议于1988年10月16日至19日在北京召开。出席会议的有各省、自治区、直辖市、计划单列市党委和中直机关工委、中央国家机关工委、解放军总政治部的宣传部长及有关部门负责人。会议主要讨论和部署在全国城乡广泛深入开展的形势教育，以使全国上下统一思想，统一行动，齐心协力地完成十三届三中全会提出的各项任务。王忍之、王维澄、李彦在会上讲话。胡启立、芮杏文就如何进行形势教育、做好宣传工作到会听取了意见。会议确定，今冬明春要着重抓好对党员，特别是对县级以上党员领导干部的形势教育。当前首先要抓好对城市党政机关党员、干部的教育；在此基础上向高等院校和大中型企业展开；然后再在农村和其他方面进行形势教育。

【中国工会第十一次全国代表大会】（1988年10月22日至28日）　中国工会第十一次全国代表大会于1988年10月22日至28日在北京举行。大会开幕式由万绍芬主持。赵紫阳代表中共中央和国务院向大会致祝词。倪志福受十届执行委员会委托，向大会作题为《推进工会改革，团结亿万职工，在全面深化改革中发挥主力军作用》的工作报告。大会选举产生中国工会第十一届执行委员会，倪志福当选为全国总工会主席，朱厚泽任全总书记处第一书记。大会通过了关于第十届执行委员会工作报告的决议、关于中国工会章程部分条文修正案的决议、关于第十届执行委员会财务工作报告的决议、关于第十届经费审查委员会工作报告的决议。会上还宣布了关于表彰237个模范职工之家、621名优秀工会工作者和971名优秀工会积极分子的决定。

【十三届中央政治局第十三次全体会议】（1988年10月29日）　第十三届中央政治局于1988年10月29日在北京举行第十三次全体会议。出席会议的有中央政治局委员15人，政治局候补委员1人；中央政治局委员2人因公缺席。有关方面负责人列席会议。赵紫阳主持会议。会议讨论深化农村改革和加速农业发展的问题。会议认为，我国农村经济改革已经走过了10年的历程，改革促进了农村经济体制的转换，使农村面貌发生了重大变化。农村改革的巨大成就，支持了国民经济的发展，为整个经济体制改革创造了有利的环境并提供了有益的经验。但近几年来，由于人口的增长，消费水平的提高，主要农产品供求矛盾在新的水平上继续存在。会议指出，农业是整个国民经济的基础。对于农业生产，特别是粮食生产，任何时候都不能放松。搞好农业生产，增加农产品供给，对于平衡市场、稳定大局至关重要，对于治理经济环境，整顿经济秩序，全面深化改革，保证国民经济长期稳定的发展也具有重大意义。因此，应当采取得力措施解决当前农业面临的问题，并对中长期农业的改革和建设及早作出安排，努力把农业生产提高到新水平。会议指出，解决农业问题的根本途径，是通过进一步完善联产承包责任制、深化农村改革、增加农业投入和推广农业科学技术来加快农业发展。会议着重讨论了今后两年搞好农业生产的措施。

【全国农村工作会议】（1988年11月2日至7日） 中共中央、国务院于1988年11月2日至7日在北京召开全国农村工作会议。出席会议的有各省、自治区、直辖市分管农业的负责同志，各计划单列市负责同志和中央、国务院有关部门的负责同志。会议的中心议题是，研究深化农村改革，大力发展农业，特别是明后两年搞好农业生产的措施，千方百计夺取明年的农业丰收的问题。李鹏主持开幕会。他说，党的十三届三中全会决定，在明后两年内，经济改革和经济发展要以治理经济环境、整顿经济秩序为重点。这是涉及全局的重大战略决策，所有农村同全国一样，必须按照党中央和国务院的部署，统一思想，统一步调，坚决而切实地贯彻执行这个决策。中央政治局于10月29日召开第十三次会议，就今后深化农村改革和加速农业发展的问题，特别是明后两年农村工作问题进行了讨论，并确定了这次全国农村工作会议的中心议题。田纪云作了题为《必须充分重视和大力发展农业》的讲话。针对1984年以后我国粮食生产出现新的徘徊情况，他指出：如果这种局面不改变，继续下去，将会给改革、给整个国民经济的发展和人民生活的稳定与改善带来严重影响。他强调，在新形势下，农业仍然是国民经济的基础，粮食是基础的基础。农业是整个国民经济发展的最大制约因素。农业特别是粮食生产的发展状况如何，不仅对实现“七五”计划和20世纪末经济发展目标有着重要的影响，而且对明后两年治理经济环境，整顿经济秩序，抑制通货膨胀，控制物价大幅度上涨是至关重要的。会议期间，与会同志全面分析农村改革与农村经济发展中出现的新情况、新问题，在此基础上提出深化农村改革、加速农业发展的具体措施。李鹏在闭幕会上发表重要讲话，强调要不失时机做好当前粮食征购工作，同心协力去争取明年农业好收成。提出深化改革在大多数地区将以完善家庭承包制为主要内容。要求大家同心协力，克服困难，做好工作，为争取明年全国农业生产有个好收成作出应有的贡献。

【农工党第十次全国代表大会】（1988年11月9日至13日） 农工党第十次全国代表大会于1988年11月9日至13日在北京举行。出席会议的代表572人，列席26人。周谷城主持会议并讲话。芮杏文宣读了中共中央的贺词。孙起孟代表其他民主党派和全国工商联致贺词。卢嘉锡代表农工党九届中央委员会作了题为《团结起来，沿着有中国特色的社会主义道路继续前进》的报告。邓昊明作了《中央咨监委员会的工作报告》。章师明作了《关于中国农工民主党章程（草案）的说明》的报告。大会通过了中央咨监委员会组织条例等。大会选举了农工党中央委员会委员160人，候补委员25人；农工党中央咨监委员会委员87人。大会推举周谷城为名誉主席。方荣欣致闭幕词。11月14日召开的农工党十届一中全会选举卢嘉锡为中央委员会主席；选举沈其震为中央咨监委员会主席。

【民革第七次全国代表大会】（1988年11月12日至20日）　民革第七次全国代表大会于1988年11月12日至20日在北京举行。出席大会的代表589人，代表3.8万多名党员。会议由朱学范主持。屈武致开幕词。阎明复宣读了中共中央的贺词。费孝通代表其他各民主党派中央、全国工商联致贺词。贾亦斌受民革六届中央委员会委托作了题为《振奋精神，团结奋斗，为统一祖国、振兴中华贡献力量》的工作报告。谭惕吾受监察委员会委托作监委会工作报告。大会选出民革中央委员会委员171人，候补委员66人；选出民革中央监察委员会委员166人。11月19日召开的民革七届一中全会推举屈武为名誉主席，选举朱学范为主席。

【民进第六次全国代表大会】（1988年11月19日至28日）　民进第六次全国代表大会于1988年11月19日至28日在北京举行。出席大会的正式代表475人，列席代表41人。葛志成宣布大会开幕。陈舜礼致开幕词。芮杏文宣读了中共中央的贺词。周培源代表其他民主党派和全国工商联向大会表示热烈祝贺。雷洁琼代表民进七届中央委员会作了题为《发挥政党职能，推进全面改革，为建设有中国特色的社会主义贡献力量》的工作报告。大会还听取了修改会章的说明报告和第一届参议委员会的工作报告。大会选举产生了由173名委员和22名候补委员组成的新一届民进中央委员会，选举产生了由59人组成的第二届民进中央参议委员会。大会推举谢冰心为名誉主席，选举雷洁琼为主席。赵朴初致闭幕词。

【全国工商联第六届会员代表大会】（1988年11月27日至12月3日）　全国工商联第六届会员代表大会于1988年11月27日至12月3日在北京举行。出席会议的代表694人。荣毅仁致开幕词。阎明复宣读了中共中央的贺词。周谷城代表其他民主党派、孙起孟代表民建中央、李容光代表全国总工会致辞。孙孚凌作了题为《坚持改革开放，团结工商业界，发挥新时期工商联的积极作用》的工作报告。大会通过了修改后的章程。大会选出了321名执行委员。12月2日召开的全国工商联六届一次执委会议选举荣毅仁为主席，推选胡子昂为名誉主席。

【致公党第九次全国代表大会】（1988年12月12日至18日）　致公党第九次全国代表大会于1988年12月12日至18日在北京举行。出席大会的代表277人，代表全党7912名党员。黄鼎臣致开幕词。芮杏文宣读了中共中央的贺词。董寅初代表致公党八届中央委员会作了题为《热爱祖国，致力为公，在建设有中国特色的社会主义旗帜下开拓前进》的工作报告。黄清渠作关于修改《中国致公党章程（草案）》的说明。大会选举产生了由91名委员、9名候补委员组成的致公党第九届中央委员会。致公党九届一中全会选举董寅初为主席，推举黄鼎臣为名誉主席。

【纪念党的十一届三中全会召开十周年理论讨论会】（1988年12月18日至22日）纪念党的十一届三中全会召开十周年理论讨论会于1988年12月18日至22日在北京举行。数百名专家、学者从理论上探讨发生在中国的这场震动世界的变革。这次会议由中共中央委托中央宣传部、中央党校和中国社会科学院联合举办。此次理论讨论会共收到900多篇学术论文，最后遴选出191篇入选论文，内容涉及社会主义商品经济理论、国情调查、体制改革研究等诸多方面。赵紫阳、杨尚昆、李鹏、万里等党和国家领导人出席理论讨论会的开幕式。他们代表党和国家向全国的理论工作者们致意。赵紫阳在开幕式上讲话，王忍之在开幕式上致词。12月22日，理论讨论会闭幕。胡绳致闭幕词。会上，与会者回顾了十年来理论研究取得的进展，交流了研究成果，探讨了现代化建设和改革开放中的一系列重要理论问题，还就如何进一步繁荣理论研究工作进行了讨论。大会从191篇入选论文中评选出22篇优秀论文。

【十三届中央政治局第十四次全体会议】（1988年12月24日）　第十三届中央政治局于1988年12月24日在北京举行第十四次全体会议。出席会议的，有中央政治局委员13人，政治局候补委员1人；政治局委员4人因公缺席。赵紫阳主持会议。有关方面负责人列席会议。会议主要讨论当前国际形势和中国的对外工作。会议认为，当前国际形势正在发生转折性的变化。全世界正从对抗转向对话，由紧张转向缓和，有可能出现一个有利于维护世界和平、促进发展的新时期。我国有可能争取到一个长期稳定的国际环境，以集中力量搞好改革和四化建设。会议强调，党的十一届三中全会以来，我国的对外政策进行了重大调整，已取得了明显成效。实践证明，我国奉行的独立自主的和平外交政策是正确的，今后应继续贯彻执行。同时为了适应形势的变化，我们应在总结经验的基础上，对独立自主的和平外交政策加以发展和丰富。我们要积极推动国际形势朝着长期缓和的方向发展，继续反对霸权主义和强权政治，积极倡导在和平共处五项原则的基础上建立国际政治新秩序和在平等互利的基础上建立国际经济新秩序，大力发展同世界各国的政治关系、经贸关系、科技合作、文化交流和民间往来。我们要继续坚持对外开放的政策，并把加强国际经济、科技合作摆到对外工作的更加重要地位。

【全国党员教育工作会议】（1988年12月27日至30日）　中共中央委托中央组织部、中央宣传部于1988年12月27日至30日在北京联合召开全国党员教育工作会议。会议主要研究新形势下如何加强改进党员教育工作问题。出席会议的有来自各省、自治区、直辖市的党委副书记和组织部、宣传部、纪委负责人，中纪委、解放军总政治部、中央直属机关和中央国家工委负责人，以及国务院有关部委党务工作的负责人，共计150人。宋平在会上讲话指出，拥有4700万党员的中国共产党，担负着建设有中国特色的社会主义的历史重任，面临着执政和改革开放的双重考验。这就要求广大党员一方面提高素质，增强党性，在各条战线上发挥先锋模范作用；另一方面又要对社会上的各种思潮、各种实际问题做出正确理解和回答，加强党同群众的联系，带领人民群众实现四化、振兴中华。王忍之在会上作专题报告。他指出，我们党的队伍的主流是健康、积极向上的。1987年和1988年，15名荣获国务院授予的全国劳动模范称号者，都是共产党员。全国各条战线近几年所授予的各类奖章或荣誉称号获得者中，党员均占大多数。我国十年改革、建设成就的取得，同广大党员的努力分不开。但也必须看到，在如此广泛、深刻的历史转变中，党员中存在着思想、理论准备不足的问题。一些党员社会主义、共产主义信念动摇，理想模糊，纪律松弛，经不起金钱、权力的诱惑和错误思想的侵袭，甚至出现极少数腐败分子。这些问题尖锐地说明，加强党员教育工作刻不容缓。会议结束时，乔石讲话指出：十年改革已经取得了举世瞩目的成绩，但是要继续前进，还必须花很大力气克服当前的困难。越是困难，越要有一个好的精神状态，越要加强党的领导，发挥党组织的核心作用和监督保证作用，发挥党员的先锋模范作用。

【七届国务院第四次全体会议】（1988年12月30日） 七届国务院第四次全体会议于1988年12月30日在北京召开。李鹏主持会议。会议回顾了十三届三中全会以来国务院的工作，同时布置了1989年、主要是1989年一季度的工作。会议确定了1989年经济工作的14项具体安排。李鹏要求国务院各部门对上述工作要认真研究，作出具体安排，把中共中央、国务院发布的关于治理、整顿的各项政策、措施，坚定不移地贯彻下去，同时在实践中积极探索对国民经济进行宏观控制的手段和方法，为1989年全年治理经济环境、整顿经济秩序、全面深化改革和生产建设的稳定发展，打下良好的基础。会上，外交部负责人汇报了国际形势的新变化和对外政策的有关情况，人事部负责人汇报了国务院机构改革的实施情况。

【九三学社第五次全国代表大会】（1988年12月31日至1989年1月8日） 九三学社第五次全国代表大会于1988年12月31日至1989年1月8日在北京举行。出席代表484人，代表全社3.7万多名社员。严济慈主持会议。周培源致开幕词。阎明复宣读了中共中央的贺词。卢嘉锡代表其他民主党派和全国工商联向大会致贺词。孙承佩代表九三学社七届中央委员会作了题为《发扬民主科学精神，为建设有中国特色的社会主义努力奋斗》的工作报告。徐采栋作关于九三学社章程修改草案的说明。大会选举产生由201

名委员、40名候补委员组成的九三学社第八届中央委员会，选举产生了由93名老社员组成的九三学社第一届中央参议委员会。郝诒纯致闭幕词。九三学社八届一中全会选举周培源为主席，许德珩、严济慈、茅以升、金善宝被推选为名誉主席，王淦昌为参议委员会主任。

【全国政法工作座谈会】（1989年1月12日至19日） 全国政法工作座谈会于1989年1月12日至19日在北京举行。会议着重讨论在治理经济环境、整顿经济秩序、全面深化改革中，如何进一步加强政法工作的问题。中央政法领导小组成员王芳、刘复之、任建新、贾春旺、蔡诚、周文元，各省、自治区、直辖市党委分管政法工作的负责同志和政法领导机构的负责同志，各大军区、各军兵种政法领导小组和解放军政法各部门的负责同志，中央政法各部门和有关部门的负责同志出席座谈会。座谈会由乔石主持。广东等地的代表在会上就当前的社会治安状况、党对政法工作的领导、社会治安的综合治理、政法队伍的建设等问题发表了意见。1月18日，赵紫阳在同全国政法工作座谈会代表座谈时强调，当前社会治安方面的问题很多，必须进行综合治理。这里最重要的就是各级党委要坚持两手抓，一手抓发展商品经济，一手抓思想和政治领域的工作。会议确定：1989年和1990年两年政法工作的主要任务，是维护安定团结的政治局面，严厉打击严重刑事犯罪活动和严重经济犯罪活动，为全面深化改革和经济建设创造安定的社会环境，提供有力的法律保障和及时有效的法律服务。2月17日，中共中央批转中央政法领导小组的《全国政法工作座谈会纪要》。

【全国纪检工作会议】（1989年1月23日至28日） 中央纪律检查委员会于1989年1月23日至28日在北京召开全国纪检工作会议。这次会议主要是总结交流党的十三大以来纪检工作的情况和经验，按照从严治党的方针，讨论和部署在治理、整顿、调整、改革中如何进一步加强党风党纪建设的问题。来自全国各省、自治区、直辖市及计划单列市的纪委负责人；中直机关工委、中央国家机关工委以及中央国家机关有关部委纪委、纪检组，中央军委纪委的负责人等120多人出席了会议。乔石在会议开幕式上指出，各级纪检机关的干部要增强紧迫感和责任感，在治理、整顿和调整工作关键的一年中，牢牢把握住当前的有利时机，在全面深化改革中提高全党的组织纪律观念，加强党的纪律，加强纪律检查工作，保证党中央战略部署的顺利实施。陈作霖在开幕式上代表中央纪委常委会作题为《在全面深化改革中加强党的纪律检查工作》的报告。会上，代表们还听取了19位同志的经验介绍。乔石在会议结束时强调，在治理、整顿和全面深化改革中，增强党性，提高纪律观念是全党的一件大事。领导干部要增强党性提高纪律观念，党委要支持纪委排除阻力，秉公执纪，查处重大违纪案件。

【十三届中央政治局第十五次全体会议】（1989年1月27日） 第十三届中央政

治局第15次全体会议于1989年1月27日在北京举行。出席会议的中央政治局委员13人，政治局候补委员1人；政治局委员4人因公缺席。中央有关部门负责同志列席会议。赵紫阳主持会议并讲话。会议讨论在改革开放的新形势下加强政法工作，稳定社会治安问题。会议认为，社会治安是广大群众十分关心的一件大事。加强政法工作，保持社会安定，是治理经济环境、整顿经济秩序、全面深化改革的重要保障，是广大人民群众的愿望。从党中央到各级党委，都要坚持“一手抓建设，一手抓法制”的方针，加强对政法工作的领导，对政法工作给予充分的重视和更大的支持。会议指出，社会治安问题，是多种社会矛盾的综合反映。解决社会治安问题，必须动员全社会的力量，通过教育、管理、法治等各种手段，消除危害社会治安的因素，实行综合治理。会议强调，要把综合治理和集中打击、集中整顿结合起来。首先要集中力量把大中城市、交通干线和沿海开放地区的社会治安搞好。要继续坚持依法从重从快惩处严重犯罪分子的方针，集中打击那些严重危害社会、危害改革开放和经济建设的犯罪活动。同时切实加强基层组织建设、精神文明建设、社会主义民主和法制建设，从根本上巩固社会治安的基础。会议强调，必须继续加强政法队伍的建设，提高广大政法干警的政治素质和业务素质。政法各部门都要从实际出发，建立对干警进行教育训练、考核晋升的制度，继续充实、提高政法队伍。要充分发挥政法部门中各级党组织的核心作用和战斗堡垒作用，大力加强思想政治工作，坚持为政清廉。政法部门要自觉接受监督机关和广大群众的监督，从严治理内部，严肃查处政法队伍中的违法乱纪行为。各级党委和政府应积极帮助政法部门改善工作条件。

【十三届中央政治局第十六次全体会议】（1989年2月25日）　第十三届中央政治局第16次全体会议于1989年2月25日在北京举行。出席会议的有中央政治局委员14人，政治局候补委员1人；政治局委员3人因公缺席。赵紫阳主持会议。会议讨论李鹏代表国务院将向七届全国人大二次会议作的《政府工作报告（讨论稿）》。会议经过认真讨论，原则同意《政府工作报告（讨论稿）》，建议在进一步征求意见和经过修改以后，提请七届全国人大二次会议审议。

【七届国务院第五次全体会议】（1989年3月3日）　七届国务院第五次全体会议于1989年3月3日在北京召开。李鹏主持会议并作了重要讲话。会议布置讨论修改国务院将向七届全国人大二次会议作的《政府工作报告（征求意见稿）》。国务院研究室负责人汇报了《报告》的起草过程，介绍了《报告》的主题和基本内容。国务院各部委负责人在一周内对《报告》提出修改、补充意见。与此同时，《报告》还将发给各省、自治区、直辖市和其他各有关方面的负责人征求意见。李鹏说，十年改革使我国在各个方面都发生了巨大的历史性变化，但我们在前进中也遇到了暂时的困难，要实事求是地总结经验，进一步动员全国人民一心一意进行治理整顿，深化改革，使我国的改革和建设能够克服面临的困难，健康地向前发展。

【全国政协七届二次会议】（1989年3月19日至27日） 全国政协七届二次会议于1989年3月19日至27日在北京举行。3月19日的开幕会由李先念主持，出席委员1793名；杨尚昆、李鹏、万里、乔石、胡启立、姚依林、王震等到会祝贺。受全国政协常务委员会的委托，钱伟长在会上作了七届全国政协常委会工作报告。程思远在会上作了关于政协七届全国委员会一次会议以来提案工作情况的报告。李先念在闭幕会上讲了话。会议期间共收到委员提案1811件，提出提案的委员共计7444人次，提案中意见、措施和建议的比重比去年增多，更趋于建设性。会议增选侯镜如和丁光训为全国政协副主席。会议通过了政协七届二次会议政治决议、政协常委会工作报告的决议和政协七届二次会议提案审查情况的报告。

【七届全国人大二次会议】（1989年3月20日至4月4日） 七届全国人大二次会议于1989年3月20日至4月4日在北京举行。3月20日的第一次全体会议由主席团常务主席担任执行主席，万里宣布大会开幕，出席代表2768名。大会批准了李鹏作的政府工作报告，姚依林作的关于1989年国民经济和社会发展计划草案的报告，王丙乾作的关于1988年国家预算执行情况和1989年国家预算草案的报告，彭冲作的全国人大常委会工作报告，任建新作的关于最高人民法院工作的报告，刘复之作的关于最高人民检察院工作的报告等；通过了《中华人民共和国行政诉讼法》《中华人民共和国全国人民代表大会议事规则》；通过了关于国务院提请审议授权深圳市制定深圳经济特区法规和规章的议案的决定。

【十三届中央政治局第十七次全体会议】（1989年4月8日） 十三届中央政治局第十七次全体会议于1989年4月8日在北京举行。出席会议的有中共中央政治局委员15人，政治局候补委员1人；政治局委员2人因公缺席。有关方面负责人列席了会议。赵紫阳主持会议。会议讨论《中共中央关于教育发展和改革若干问题的决定（草案）》。《决定（草案）》是在充分进行调查研究和广泛听取各方面意见的基础上形成的。中央政治局常委和国务院多次听取研讨情况和文件起草情况的汇报，认真研究了全国人大代表、全国政协委员、民主党派、社会团体和各界人士关于教育问题的许多重要的意见和建议，讨论了教育在现代化建设中的重要地位和教育经费、教师待遇、品德教育、教育发展战略、教育立法、教育改革等问题，提出了发展和改革教育的具体措施。会议决定：将这个《决定（草案）》在党内外更大的范围内进一步征求意见，适当时候召开十三届四中全会予以审议。

【中央政治局常委会】（1989年4月24日） 中共中央政治局常委会于1989年4月24日晚在北京召开。因中共中央总书记赵紫阳在朝鲜访问，会议由中共中央政治局常委李鹏主持。听取中共北京市委、市人民政府和国家教委关于首都高校情况和社会动向的汇报。自4月15日中共中央政治局委员胡耀邦逝世后，在悼念活动期间，极少数人借机煽动，攻击党和国家领导人，反对共产党的领导和社会主义制度。北京和其他一些大城市出现较大规模的学潮和动乱。中共北京市委、市人民政府向中共中央提出对当前事态明确表明态度等建议。中共中央政治局常委认为，一场有计划、有组织的反党反社会主义的政治动乱已经摆在面前，会议决定成立中央制止动乱小组，由《人民日报》发表社论向全党和全国人民指出这场斗争的性质。4月25日，邓小平发表重要谈话，对于中共中央政治局常委会的决定表示完全赞同和支持，指出这不是一般的学潮，而是一场否定共产党的领导、否定社会主义制度的政治动乱。

【中央和北京市党政军干部大会】（1989年5月19日）　中共中央、国务院于1989年5月19日晚召开中央和北京市党政军干部大会，号召大家紧急动员起来，坚决制止在首都已经发生的动乱，迅速恢复各方面的正常秩序。国家主席、副主席，中共中央、国务院、全国人大常委会、中央军委、中顾委、中纪委、全国政协和北京市的领导同志出席了大会。大会由乔石主持。李锡铭在会上首先介绍了最近一个时期北京市学潮的发生和发展的情况，说明了已经出现的动乱对北京市各方面所产生的严重影响。李鹏代表中央政治局常委会在会上讲话。他在讲话中呼吁：希望在天安门广场绝食的学生立即停止绝食、离开广场，接受治疗；希望广大同学和社会各界立即停止游行活动，再也不要对绝食学生进行所谓的“声援”了。杨尚昆在讲话中说，为了维护首都社会治安，恢复正常秩序，我们不得已，从外地调来了一部分人民解放军部队。这完全是为了协助首都武警、公安干警执行任务，绝对不是针对学生的。希望社会各界和广大人民群众，对此给予充分的理解和支持。

【十三届四中全会】（1989年6月23日至24日）　十三届四中全会于1989年6月23日至24日在北京召开。出席这次全会的有中央委员170人，候补中央委员106人。列席会议的中央顾问委员会委员184人，中央纪律检查委员会委员68人，有关方面负责同志29人。全会之前，中央政治局于6月19日至21日举行的扩大会议，批评了赵紫阳在反党反社会主义的动乱中所犯错误。邓小平在会上讲话。政治局扩大会议为四中全会的召开做了准备。

全会审议并通过了李鹏代表中央政治局提出的《关于赵紫阳同志在反党反社会主义的动乱中所犯错误的报告》。会议认为，赵紫阳在关系党和国家生死存亡的关键时刻犯了支持动乱和分裂党的错误，对动乱的形成和发展负有不可推卸的责任，其错误的性质和造成的后果是极为严重的。他在担任党和国家重要领导职务期间，虽然在改革开放和经济工作方面做了一些有益的工作，但是在指导思想上和实际工作中也有明显失误。鉴于赵紫阳的上述严重错误，全会决定，撤销他的中央委员会总书记、中央政治局常务委员会委员、中央政治局委员、中央委员会委员和中共中央军事委员会第一副主席的职务，对他的问题继续进行审查。

全会对中央领导机构的部分成员进行了必要的调整：选举江泽民为中央委员会总书记；增选江泽民、宋平、李瑞环为中央政治局常委；增补李瑞环、丁关根为中央书记处书记；免去胡启立的中央政治局常委、中央政治局委员、中央书记处书记职务，免去芮杏文、阎明复的中央书记处书记职务。

全会强调，要继续坚决执行党的十一届三中全会以来的路线方针政策，继续坚决执行党的十三大确定的“一个中心、两个基本点”的基本路线。江泽民在全会上讲话说：这次中央领导核心做了一些人事调整，但是党的十一届三中全会以来的路线和基本政策没有变，必须贯彻执行。在这个最基本的问题上，我要十分明确地讲两句话：一句是坚定不移，毫不动摇；一句是全面执行，一以贯之。

【十三届中顾委四次全会】（1989年6月24日） 十三届中顾委四次全会于1989年6月24日在北京举行。出席会议的委员有184人。宋任穷主持会议并讲话。会议坚决拥护李鹏代表中央政治局向十三届四中全会提出的《关于赵紫阳同志在反党反社会主义的动乱中所犯错误的报告》，完全赞同和支持党的四中全会《关于撤销赵紫阳同志党的中央委员会总书记和其他职务的决议》和四中全会对中央政治局常委会和中央书记处组成人员的调整。会议坚决拥护江泽民担任党中央总书记。大家表示，要全力支持中央新的领导集体的工作。与会全体委员认为，在这场反党反社会主义的动乱中，赵紫阳犯了支持动乱和分裂党的错误，其性质和后果都是极其严重的。赵紫阳长期以来，消极对待坚持四项基本原则、反对资产阶级自由化的方针，严重忽视党的建设、精神文明建设和思想政治工作，给党的事业造成了严重的损失。十三届四中全会对赵紫阳错误的揭露、批评和对他的组织处理，是完全必要和完全正确的。

【十三届中央纪委四次全会】（1989年6月24日） 十三届中央纪委四次全会于1989年6月24日在北京举行。出席会议的委员69人，中央、国家机关纪检部门和中央纪委机关各厅室的负责同志列席了会议。会议的中心议题是学习贯彻十三届四中全会精神。乔石主持会议。全会一致拥护十三届四中全会通过的李鹏代表中央政治局提出的《关于赵紫阳同志在反党反社会主义的动乱中所犯错误的报告》；一致拥护十三届四中全会关于撤销赵紫阳党的中央委员会总书记、中央政治局常务委员会委员、中央政治局委员、中央委员会委员、中共中央军事委员会第一副主席职务并对他的问题继续进行审查的决定；一致拥护对中央领导机构部分成员的调整。全会认为，十三届四中全会的召开，对于进一步稳定全国局势，对于继续坚定不移地贯彻执行党的十一届三中全会的路线、方针、政策，继续坚定不移地以经济建设为中心、坚持四项基本原则、坚持改革开放，具有非常重大的现实意义和深远的历史意义。全会要求，各级党的组织和纪律检查机关要认真学习、贯彻十三届四中全会精神和邓小平最近几次重要讲话精神，以此统一全党的思想和行动，在坚持四项基本原则、反对资产阶级自由化这个大是大非问题上，做到立场坚定、旗帜鲜明，与党中央保持高度一致。党的纪律检查机关要认真履行职责，严肃党的纪律。对在这场动乱和反革命暴乱中丧失政治立场违反党的纪律的党员，要严格执行纪律，直至开除党籍。违法犯罪的由司法机关依法惩处。对在动乱和反革命暴乱中对抗党中央决策或被坏人控制、操纵的党组织，要坚决整顿，严肃处理。各级党组织和纪律检查机关要加强党风党纪建设，发扬党的三大作风和艰苦奋斗的优良传统，搞好党内监督，增强组织纪律性，坚持民主集中制原则，维护党的团结和统一。要继续贯彻从严治党的方针，集中力量查处危害严重、影响大的党员违纪案件，惩治腐败分子，纯洁党的队伍，维护党的形象。

【党外人士座谈会】（1989年6月28日）　中共中央于1989年6月28日下午在中南海怀仁堂召开党外人士座谈会。江泽民、李鹏、乔石、姚依林、宋平、李瑞环出席座谈会。丁关根、温家宝、阎明复也出席了座谈会。李鹏主持会议并向党外人士通报了中共十三届四中全会的情况。在座谈会上，江泽民就当前社会各界普遍关心的问题发表了重要讲话。他说，要继续坚持以经济建设为中心，搞好经济工作。中国改革开放的总方针和总政策决不会变；不仅不会变，而且要更好、更有效地坚持改革开放，使这一伟大事业前进得更稳、更好甚至更快。江泽民强调，要继续坚持共产党领导的多党合作和政治协商制度，更好地发挥人民政协、各民主党派、各人民团体在国家政治生活中的作用。今后，我们党将继续坚持和扩大爱国统一战线。我们的有关统一战线的各项方针不变，“一国两制”的方针不变，对台湾、香港、澳门的方针不变，既定的民族政策、宗教政策、侨务政策也不变。

在座谈会上，民革中央主席朱学范、民盟中央主席费孝通、民建中央主席孙起孟、民进中央主席雷洁琼、农工党中央常务副主席方荣欣（代表卢嘉锡主席）、致公党中央主席董寅初、九三学社中央常务副主席孙承佩（代表周培源主席）、台盟中央主席团主席蔡子民、无党派人士程思远、全国工商联主席荣毅仁、少数民族代表阿沛·阿旺晋美在座谈会上发了言。党外人士在座谈发言中认为，中共十三届四中全会开得非常及时，非常成功，具有重大的现实意义和深远的历史影响。他们表示完全拥护江泽民为中共中央总书记，完全拥护对赵紫阳所犯错误的处理决定，完全拥护全会对中共中央领导机构部分成员进行调整的决定，表示要一如既往与中国共产党肝胆相照荣辱与共。

【纪念“七一”大力加强党的建设座谈会】（1989年7月1日）　中央组织部于

1989年7月1日下午在中南海怀仁堂举行纪念“七一”大力加强党的建设座谈会。会议由宋平主持。薄一波、宋任穷和50多位抗日战争以前参加革命工作的老党员参加了座谈会。这些老党员大部分是中顾委的常委和委员，也有其他方面的老同志。康世恩、王鹤寿、陈丕显、伍修权、胡乔木、黄火青、陆定一、耿飚、王首道等同志，先后在会上发了言。他们就学习、宣传马克思列宁主义、毛泽东思想，坚持四项基本原则、反对资产阶级自由化，发扬党的优良传统，加强思想政治工作，考核党员干部，发挥企业党组织作用，加强党的思想理论建设等方面，提出了意见和建议。

江泽民最后讲话说，中国共产党是中国社会主义现代化建设事业不可动摇的领导核心。没有共产党，就没有新中国。这是为中国近代史和中国革命史所证明了的。没有共产党，就没有日益强大的、改革开放的社会主义新中国。这也是40年来中华人民共和国的发展史所证明了的。要下决心对各级党的组织从思想上到组织上进行一次认真的整顿。提高党员素质，加强党的战斗力，这个任务已经突出地摆到全党同志的面前。江泽民说，我们新的中央领导集体刚刚组成，任重道远。我们一定要认真贯彻民主集中制的原则，依靠中央领导集体的智慧和力量，依靠全党同志和人民群众的支持，认真切实地做好工作。我们将身体力行，在执行党的决议、遵守党的纪律、维护党的团结、加强党的建设方面做表率；在坚持四项基本原则，坚持改革开放方面做表率；在艰苦创业、反对腐败方面做表率。我们真心诚意地接受全党同志的监督，接受全国人民的监督。

【全国宣传部长会议】（1989年7月17日至21日） 中央宣传部于1989年7月17日至21日在北京召开全国宣传部长会议。各省、自治区、直辖市党委宣传部长和首都主要新闻、文化、出版单位的负责人出席了会议。王忍之在会上讲了话。他说，宣传舆论阵地的领导权要掌握在马克思主义者手中，要掌握在执行党的路线的同志手中。当前，宣传、意识形态领域工作的根本任务，就是要在党中央的领导下，在意识形态领域中把这场斗争进行到底，在意识形态领域中消除再一次产生动乱的根源，保证真正贯彻执行党的十一届三中全会以来的路线。7月20日，江泽民、李鹏、李瑞环在全国宣传部长会议上讲话。指出，制止动乱和平息反革命暴乱后，全党必须高度重视和加强宣传、思想战线的工作。当前思想政治工作的任务就是要学习、宣传四中全会精神和邓小平的重要讲话，统一全党和全国人民的思想，深入进行坚持四项基本原则、反对资产阶级自由化的教育。与会同志认为，在具有历史意义的十三届四中全会之后召开这次宣传部长会议，是非常及时的。在制止动乱和平息反革命暴乱取得决定性胜利的时刻，各级宣传部门需要冷静地思考过去和未来，明确今后宣传、思想工作的方针和任务，按照十三届四中全会精神，大力加强宣传、思想工作。

【中央政治局全体会议】（1989年7月27日至28日） 中央政治局于1989年7月27

日至28日在北京举行全体会议。中央政治局委员13人、政治局候补委员1人出席会议；政治局委员1人因公缺席。中央顾问委员会副主任、中共中央书记处成员、国务院常务会议组成人员及有关方面负责同志十人列席会议。江泽民主持会议。讨论并通过《中共中央、国务院关于近期做几件群众关心的事的决定》和《中共中央关于加强宣传、思想工作的通知》。会议认为，十三届四中全会以来，全国形势进一步稳定，全会提出的四件大事正在抓紧落实。当前，迫切需要做好几件人民群众普遍关心的事情。坚决惩治腐败，带头廉洁奉公、艰苦奋斗，就是人民群众普遍关心的事情。党中央、国务院决定，近期在这方面先做七件事；涉及对领导干部的要求，首先从党中央和国务院的领导同志做起。这对于振奋党心民心，保证我们的党和党所领导的改革开放与现代化建设事业立于不败之地，具有重要的意义。

【七届国务院第六次全体会议】（1989年8月15日） 七届国务院第六次全体会议于1989年8月15日在北京召开。李鹏主持会议。会议的中心议题是通报经济情况，部署今后几个月工作。李鹏说，1月至7月我国的经济形势是好的，发展比较平稳，今后几个月经济工作的重点仍然是三件事：即继续稳定物价，争取全年农业的好收成，缓解总供给与总需求的矛盾。会上，国家计委、农业部、物价局、审计署的负责同志分别发了言。

【全国组织部长会议】（1989年8月18日至22日） 中央组织部于1989年8月18日至22日在北京召开全国组织部长会议。出席会议的有各省、自治区、直辖市和部分大城市党委的组织部长，中央、国家机关各部委干部人事部门的负责人。会议的主题是贯彻落实十三届四中全会精神，讨论加强党的建设问题。宋平在会议开始时作了报告。他说，今年春夏之交，极少数人利用学潮，掀起了一场有计划、有组织、有预谋的政治动乱。我们的党和国家经历了一次生死存亡的严峻考验。他说，这场斗争也使我们清醒地看到，党组织和党员队伍中存在着许多问题，有的还相当严重。这场风波中，极少数人之所以能够蒙蔽、煽动不少群众，一个重要原因是我们党内确实存在腐败现象，使一部分群众对党和政府丧失了信心。全党同志必须认识到这个问题的严重性，努力发扬党的密切联系群众和艰苦奋斗的优良传统，坚决清除党内存在的消极、腐败现象。宋平指出，大力加强党的建设，关系到改革开放和社会主义现代化建设的成败。各级党委一定要聚精会神地抓好党的建设。要坚持从严治党的方针，搞好各级领导班子的建设、干部队伍的建设、基层组织的建设和党员队伍的建设。强调要纠正被资产阶级自由化搞乱了的思想理论问题，教育党员无论何时何地都要坚持四项基本原则、坚持改革开放。

8月21日，江泽民、李鹏、乔石、宋平、李瑞环等同出席会议的全体同志进行了座谈。座谈会由宋平主持，赵宗鼐在会上介绍了大家讨论的情况和对党建工作提出的意见和建议。辽宁、湖北省委组织部负责人和航空航天部人事劳动司负责人先后在会上发言，他们结合地区、部门的情况，谈了对加强党建工作的看法。接着，李鹏、李瑞环、乔石、江泽民先后讲话。李鹏说，党的十三届四中全会产生了以江泽民同志为总书记的中央领导核心，全党同志都要支持和维护这个核心，这对我们党和国家的长治久安，对坚持四项基本原则，搞好改革开放，推进社会主义现代化事业，是非常重要的。江泽民在座谈时指出，大力加强党的建设是我国改革开放和社会主义现代化建设顺利进行的可靠保证，各级党委一定要聚精会神地抓好党的建设。

【中央政治局会议】（1989年8月28日） 中央政治局于1989年8月28日在北京举行全体会议。会议由江泽民主持。出席会议的有中央政治局委员14人，政治局候补委员1人。根据十三届四中全会的精神，讨论加强党的建设的几个重要问题，通过了《中共中央关于加强党的建设的通知》。《通知》要求各级党委必须遵照党的基本路线，聚精会神抓党的建设，下决心解决好当前党的建设中的八个迫切问题：（1）认真做好清查和清理工作，纯洁党的组织。（2）认真考察领导干部，加强领导班子建设。（3）切实搞好思想整顿，加强党的思想教育。（4）发扬党的优良作风，克服消极、腐败现象。（5）切实加强党的基层组织建设。（6）继续做好民主评议党员的工作。（7）严格党员标准，确保发展党员的质量。（8）加强党建理论的学习、宣传和研究。

【全国先进基层党组织、优秀党务工作者表彰会】（1989年9月20日至22日） 全国先进基层党组织、优秀党务工作者表彰会于1989年9月20日至22日在北京举行。出席表彰会的有全国的先进基层党组织、优秀党务工作者的代表。大会共表彰389个集体和591名个人。20日的大会开幕式由赵宗鼐主持。宋平就提高党员素质、增强党组织战斗力问题作了讲话。先进基层党组织、优秀党务工作者的代表汇报和交流了基层党组织和党务工作的经验。22日表彰大会闭幕。江泽民、杨尚昆、李鹏、万里、乔石等与出席这次表彰大会的代表见面。江泽民在闭幕会上讲话强调：党的建设，必须紧紧围绕党的政治路线来进行，为党的政治路线服务；必须坚持党的建设的优良传统，积极探索在新的形势下搞好党的建设的新经验；要认真执行“党要管党”的原则。

【全国劳动模范和先进工作者表彰大会】（1989年9月28日） 全国劳动模范和先进工作者表彰大会于1989年9月28日在北京召开。江泽民、杨尚昆、李鹏、万里、乔石、姚依林、宋平、李瑞环、王震等出席了大会。会前，邓小平、彭真与出席开幕式的其他领导同志一起，在人民大会堂亲切地会见出席表彰大会的代表。倪志福主持大会。田纪云在大会上宣读《国务院关于表彰全国劳动模范和先进工作者的决定》，屠学信等1987名同志被授予“全国劳动模范”光荣称号，彭时雄等803名同志被授予“全国先进工作者”光荣称号。李鹏代表党中央和国务院发表了重要讲话。他说，今天，党中央、国务院在北京隆重召开全国劳动模范和先进工作者表彰大会，就是要充分肯定先进模范人物的带头作用、骨干作用和桥梁作用，就是要坚决支持先进模范人物在各条战线上的创造性劳动和无私奉献，就是要动员和号召全国人民向先进模范人物学习。这次表彰大会是自1959年时隔30年之后的一次人数多、规模大、范围广的群英盛会。

【庆祝中华人民共和国成立四十周年大会】（1989年9月29日）　庆祝中华人民共和国成立40周年大会于1989年9月29日下午在人民大会堂举行。首都各界群众一万多人参加，杨尚昆主持大会。江泽民讲话指出，回顾40年的历史，我们至少可以得出四个方面的基本结论：社会主义制度的确立、巩固和发展，体现了中国现代社会运动的客观规律，是中国历史上最伟大、最深刻的变革；社会主义制度是在自身基础上不断发展和完善的制度；发扬爱国主义精神，坚持独立自主、自力更生的方针，是中国革命也是中国社会主义建设取得胜利的一条根本经验；用马克思列宁主义、毛泽东思想武装起来的中国共产党，是中国工人阶级的先锋队，是中国各族人民利益的忠实代表，在国家独立和发展的过程中担负着极其重要的使命。

【李大钊同志诞辰一百周年纪念大会】（1989年10月28日）　李大钊同志诞辰100周年纪念大会于1989年10月28日在北京举行。大会由彭真主持。江泽民、杨尚昆、李鹏、乔石、姚依林、宋平、李瑞环等出席。中央有关部门负责人、各民主党派和各人民团体代表及北京市群众代表共1000人，参加了纪念大会。江泽民出席并发表讲话。他说，作为中国共产党早期的卓越领导人，李大钊在中国革命的许多条战线上进行过英勇的斗争，作出了重大的贡献。他在中国共产主义运动中，在中国人民的民族解放和社会解放事业中，占有崇高的历史地位。

【十三届五中全会】（1989年11月6日至9日）　十三届五中全会于1989年11月6日至9日在北京召开。出席这次全会的有中央委员167人，候补中央委员106人。列席的有中央顾问委员会委员183人，中央纪律检查委员会委员67人，有关方面负责人53人。全会之前，中央政治局于10月30日至11月3日召开中央工作会议，讨论和研究了我国当前的经济问题。全会审议并通过了《中共中央关于进一步治理整顿和深化改革的决定》。全会认为，继续坚定不移地执行治理整顿和深化改革的方针，是克服当前经济困难，实现国民经济持续、稳定、协调发展的根本途径。全会决定，包括1989年在内，用三年或者更长一点时间，基本完成治理整顿任务。全会讨论并通过了《中国共产党十三届五中全会关于同意邓小平同志辞去中共中央军事委员会主席职务的决定》。全会认为，邓小平从党和国家的根本利益出发，在自己身体还健康的时候辞去现任职务，表现了一个无产阶级革命家的广阔胸怀。全会在充分酝酿的基础上，决定江泽民为中央军事委员会主席，杨尚昆为中央军事委员会第一副主席，刘华清为中央军事委员会副主席，杨白冰为中央军事委员会秘书长；并决定增补杨白冰为中央书记处书记。江泽民在全会结束时作了讲话。

【十三届中顾委五次全会】（1989年11月10日） 十三届中顾委五次全会于1989年11月10日在北京举行。出席全会的委员183人。全会由宋任穷主持，薄一波作了讲话。全会完全赞同十三届五中全会通过的《中共中央关于进一步治理整顿和深化改革的决定》。全会一致拥护《中国共产党十三届五中全会关于同意邓小平同志辞去中共中央军事委员会主席职务的决定》，完全赞同对邓小平的卓著功勋所作的高度评价。全会一致拥护十三届五中全会决定江泽民为中央军事委员会主席，杨尚昆为第一副主席，刘华清为副主席，杨白冰为秘书长，增补杨白冰为中央书记处书记。全会指出，一定要自觉地维护党中央的集中统一领导，一定要尽力而为地支持中央做好工作。

【十三届中央纪委五次全会】（1989年11月10日至12日） 十三届中央纪委五次全会于1989年11月10日至12日在北京举行。出席的有中央纪律检查委员会委员67人。有关方面的负责人列席会议。会议学习、贯彻了党的十三届五中全会精神，研究了在进一步治理整顿和深化改革中加强党的纪律检查工作。乔石主持会议并讲话。全会一致拥护十三届五中全会通过的《中共中央关于进一步治理整顿和深化改革的决定》；一致拥护《中国共产党十三届五中全会关于同意邓小平同志辞去中共中央军事委员会主席职务的决定》；一致赞同关于邓小平对中国革命和建设作出的巨大贡献的评价；一致拥护决定江泽民为中央军事委员会主席，杨尚昆为第一副主席，刘华清为副主席，杨白冰为秘书长，增补杨白冰为中央书记处书记。全会以无记名投票的方式，增选了中央纪律检查委员会常务委员。

【中央军委扩大会议】（1989年11月10日至12日） 中央军委于1989年11月10日至12日在北京举行扩大会议，研究和部署1990年的军队工作。这次会议是在十三届五中全会决定军委领导成员调整之后召开的。江泽民、杨尚昆、刘华清出席会议并讲话。三总部和全军各大单位、武警总部主要负责人参加会议。会议强调，军队工作要继续贯彻邓小平提出的新时期军队建设理论和一系列方针原则，把军队的革命化、现代化、正规化建设推向前进。11月12日，邓小平在会见参加军委扩大会议的军队高级干部时说，我们的军队是党的军队，是社会主义国家的军队，是人民的军队。我们的军队始终要忠于党、忠于国家、忠于社会主义、忠于人民。

【全军政治工作会议】（1989年12月11日至17日） 全军政治工作会议于1989年12月11日至17日在北京举行。参加会议的有总政治部、军委纪委的负责人郭林祥、周克玉、周文元、于永波，全军各大单位的政治部主任以及有关方面的负责人。杨白冰主持会议。会议的主要议题是研究新形势下如何加强和改进军队政治工作，讨论和修改《关于新形势下加强和改进军队政治工作的若干问题》这一文件。中央和中央军委十分关心这次会议。刘华清到会讲话。他说，这次会议的主题关系到军队建设的根本方向，是个解决全局性问题的会议，将在我军建设上产生深远的重要影响。1990年2月16日中央批转了会议文件。

【七届国务院第七次全体会议】（1989年12月27日）　七届国务院第七次全体会议于1989年12月27日在北京召开。李鹏主持会议并作了重要讲话。李鹏在讲话中回顾了一年来治理整顿、深化改革工作取得的成效和当前存在的问题，分析了国际形势和我们的对策，部署了1990年的主要工作。国家统计局负责人通报了1989年国内经济发展情况，外交部负责人通报了当前的国际形势。

【全国文化艺术工作情况交流座谈会】（1990年1月5日至10日）　中央宣传部和文化部于1990年1月5日至10日在北京召开全国文化艺术工作情况交流座谈会。会议就如何认真地、全面地回顾反思十年来特别是近年来文化艺术工作的经验教训，如何正确地实事求是地确定今后文化工作的任务，广泛地交换了意见。在大会开幕式上，贺敬之讲话，他用辩证的观点全面阐述了成绩与问题、反“左”与反右、整顿与繁荣、稳定与反对资产阶级自由化、社会效益与经济效益等五个方面的关系。1月10日，江泽民、李瑞环等在人民大会堂会见会议代表。江泽民提出，广大文艺工作者要以毛主席《在延安文艺座谈会上的讲话》精神和邓小平关于文艺问题的论述为指导思想，坚持为人民服务、为社会主义服务的方向，注重民族形式、民族风格，同时吸收外国的优秀文化，向人民群众奉献出更多更好的精神食粮。李瑞环作《关于弘扬民族优秀文化的若干问题》的讲话，指出，弘扬民族优秀文化是全党全社会关心瞩目的一个重要问题，也是文化战线面临的一项迫切任务。

【全国组织部长会议】（1990年2月16日至19日）　中央组织部于1990年2月16日至19日在北京召开全国组织部长会议。会议的中心议题是讨论、研究如何全面深入地搞好干部考察工作，切实加强各级领导班子建设，确保党和国家的各级领导权牢牢掌握在忠于马克思主义的人手里。吕枫作会议主题报告。吕枫说，维护和巩固党的领导地位，坚持社会主义制度，关键是建设好各级领导班子。建设好领导班子，首先是选人的问题。2月18日，江泽民、宋平在中南海怀仁堂同全国各省、自治区、直辖市党委组织部长进行座谈。江泽民说：中央提出考察干部有着重要意义。通过干部考察，要加强各级领导班子建设。领导班子建设不仅要着眼当前，还要着眼于21世纪。

【全国政法工作会议】（1990年2月28日至3月6日）　全国政法工作会议于1990年2月28日至3月6日在北京召开。会议围绕“稳定压倒一切”的指导思想，着重研究了如何动员全党全社会的力量，维护社会稳定，同时解决政法战线一些带全局性的问题。各省、自治区、直辖市党委和武汉、广州市委主管政法工作的负责人，中央政法各部门和有关部门负责人，解放军各大单位负责人出席会议。乔石到会讲话，指出：要狠抓综合治理，搞好社会治安；要保障社会主义民主，维护社会主义法制。会议期间，江泽民、李鹏等分别和与会同志座谈。会议提出，动员全党和全社会的力量，竭尽全力维护社会稳定，是今年和今后一个时期政法工作的基本指导方针。4月2日，中央发出《关于维护社会稳定加强政法工作的通知》，并决定恢复中央政法委员会。

【七届国务院第八次全体会议】（1990年3月2日） 七届国务院第八次全体会议于1990年3月2日在北京召开。李鹏主持会议并作了重要讲话。李鹏说，我们在1989年做了三件大事：制止动乱和平息反革命暴乱；治理整顿初见成效；在思想政治领域里的工作出现重大转机，基本上改变了抓物质文明建设和抓精神文明建设一手硬一手软的状况。李鹏说，国务院准备提交七届全国人大三次会议审议的政府工作报告，总的指导思想是坚持“一个中心、两个基本点”的基本路线，贯彻党的十三届四中全会和五中全会精神，动员全国人民稳定地发展我国的政治、经济形势，不断把我国的社会主义现代化事业推向前进。中国人民银行负责人汇报了当前金融形势和准备采取的几项措施；劳动部负责人汇报了当前部分企业停工待工的情况及解决的意见；国务院生产委员会负责人汇报了当前工交生产的形势和促进生产的意见；国务院研究室负责人介绍了《政府工作报告（征求意见稿）》的主题思想和各部分的要点。

【全国党史工作部门负责人座谈会】（1990年3月8日至13日） 中央党史研究室于1990年3月8日至13日在北京召开全国党史工作部门负责人座谈会。会议重点讨论了在当前形势下党史工作如何更好地为坚持四项基本原则，为宣传贯彻党的路线、加强党的建设和思想政治工作等服务的问题。会议提出，根据当前形势的要求和各地的实际情况，地方党史工作要把党史资料征编工作同党史研究工作有机地结合起来。在继续搞好民主革命时期党史的资料征编和课题研究工作的同时，大力加强社会主义时期党史的资料征编和课题研究工作。要正确处理党史学科的基本建设与党史工作为社会主义建设服务的关系，努力发挥党史工作的社会功能。3月13日杨尚昆在接见与会同志时，希望党史工作者共同努力，尽快写出一部完整的中国共产党历史。要通过党史来回答，在中国为什么要坚持共产党的领导，为什么要走社会主义道路，为什么要实行共产党领导的多党合作制等问题。

【十三届六中全会】（1990年3月9日至12日） 十三届六中全会于1990年3月9日至12日在北京召开。出席这次全会的有中央委员166人，候补中央委员103人。中央顾问委员会委员、中央纪律检查委员会委员、有关方面负责人列席全会。江泽民、李鹏在全会上作了讲话。全会审议通过了《中共中央关于加强党同人民群众联系的决定》。《决定》强调：人民群众是我们党的力量源泉和胜利之本。能否始终保持和发展同人民群众的血肉联系，直接关系到党和国家的盛衰兴亡。当前特别要注意切实解决群众最为关心而又有条件解决的问题，以实际行动密切党群关系。全会认为，我们党是马克思列宁主义、毛泽东思想武装起来的全心全意为人民服务的工人阶级先锋队。党在长期斗争中创造和发展起来的相信群众，依靠群众，从群众中来到群众中去的群众路线，是党的根本工作路线，是党的优良传统和政治优势。在党的十三届四中全会、五中全会所确定的工作已经全面展开，各项事业正在健康发展的时候，向全党郑重提出密切党同群众联系的要求，并作出相应的决定，不仅对于实现我国政治经济和社会的进一步稳定发展具有重要的现实意义，而且对于实现党在新时期的总目标、总任务，推进有中国特色的社会主义的伟大事业，将产生深远的影响。全会提出，各级党组织要组织广大党员用整风精神认真学习和贯彻中央的决定。各地区、各部门都要根据各自的实际情况，制订实施细则，认真执行。

【十三届中顾委六次全会】（1990年3月12日）　十三届中顾委六次全会于1990年3月12日在北京举行。出席会议的中顾委委员共180人。薄一波主持会议，宋任穷讲话。全会一致拥护党的十三届六中全会审议通过的《中共中央关于加强党同人民群众联系的决定》，认为这个文件抓住了党的建设的根本性问题，提出了明确的指导思想和措施，对于进一步密切党同人民群众的血肉联系，保持党的工作的生机和活力，必将产生深远影响。这是继十三届四中全会、五中全会之后，党中央为发扬党的优良传统和作风，全面加强党的建设采取的又一重大决策。全会认为，十三届四中全会以来，以江泽民为核心的新的中央领导集体，正确处理了很多复杂的重要的问题，工作是卓有成效的。

【十三届中央纪委六次全会】（1990年3月12日）　十三届中央纪委六次全会于1990年3月12日在北京举行。出席这次会议的中纪委委员67人。乔石主持会议并作了《加强党风建设，继承发扬党的优良传统和作风》的讲话。全会一致拥护党的十三届六中全会通过的《中共中央关于加强党同人民群众联系的决定》。全会认为，密切联系群众，是党的优良传统和作风，是执政党党风建设的极为重要的问题。在新的历史时期，党要经得起执政和改革开放的严峻考验，保持党的工人阶级先锋队性质，就必须建设一个好的党风。全会要求，各级党委、纪委、全体纪检干部，要认真学习、贯彻党的十三届六中全会精神，高度重视和加强党风建设，增强紧迫感和责任感，通过卓有成效的工作，大力推进党风建设和廉政建设。

【全国政协七届三次会议】（1990年3月18日至29日）　全国政协七届三次会议于1990年3月18日至29日在北京举行。3月18日的开幕会由李先念、王任重主持，李先念宣布大会开幕，出席委员1711名；江泽民、杨尚昆、李鹏、万里、乔石、姚依林、宋平、李瑞环等到会祝贺。受全国政协常务委员会委托，钱伟长向大会作了工作报告。李先念在闭幕会上讲了话。会议补选洪学智为全国政协副主席。本次会议是全国政协第一次使用电子表决器进行选举。会议通过了政协第七届全国委员会第三次会议政治决议，通过了关于常务委员会工作报告的决议和关于政协七届三次会议提案审查情况的报告。

【七届全国人大三次会议】（1990年3月20日至4月4日） 七届全国人大三次会议于1990年3月20日至4月4日在北京举行。3月20日的第一次全体会议由主席团常务主席担任执行主席，万里宣布大会开幕，近3000名代表出席会议。大会批准了李鹏作的政府工作报告，邹家华作的关于1989年国民经济和社会发展计划执行情况与1990年计划草案的报告，王丙乾作的关于1989年国家预算执行情况和1990年国家预算草案的报告，彭冲作的全国人大常委会工作报告，任建新作的关于最高人民法院工作的报告，刘复之作的关于最高人民检察院工作的报告等。大会决定接受邓小平辞去中华人民共和国中央军事委员会主席职务的请求，选举江泽民为中华人民共和国中央军事委员会主席，任命刘华清为中华人民共和国中央军事委员会副主席。通过了中华人民共和国香港特别行政区基本法，包括三个附件和区旗、区徽图案；通过了关于设立香港特别行政区的决定、关于香港特别行政区第一届政府和立法会产生办法的决定、关于批准香港特别行政区基本法起草委员会关于设立全国人民代表大会常务委员会香港特别行政区基本法委员会的建议的决定；通过了关于修改中华人民共和国中外合资经营企业法的决定。

【高等学校党的建设工作会议】（1990年4月12日至16日） 中央组织部、宣传部和国家教委于1990年4月12日至16日在北京召开高等学校党的建设工作会议。这是建国以来首次高等学校党的建设工作会议。各省、自治区、直辖市负责高校工作的领导同志，部分高校校系的党委书记，党中央、国务院有关部委的领导及主管教育的同志出席座谈会。4月12日上午会议开幕时，李铁映作了题为《加强高等学校党的建设，培养社会主义事业接班人》的讲话。他指出，坚持党的领导，加强高校党的建设，是办好有中国特色的社会主义大学的根本保证。同日，江泽民在中南海怀仁堂同出席会议的部分代表座谈。江泽民指出，对青年学生要进行近代史教育、国情教育，并从理论与实际的结合上进行形势教育。通过爱国主义教育，进一步调动青年学生和知识分子的积极性。对青年学生要有个正确估价、正确态度。青年学生是我们社会主义的接班人，要热情关怀他们。李鹏在座谈会前会见了全体会议代表。李鹏在座谈会前会见全体会议代表时讲了话，宋平在座谈会上讲了话。

【全国党校校长会议】（1990年6月9日至15日） 全国省、自治区、直辖市党校校长会议于1990年6月9日至15日在北京召开。各省、自治区、直辖市负责党校工作的代表95人，以及中央、国务院有关部委的负责人出席会议。乔石主持开幕会并作讲话。他说，党校是加强党的建设和用马克思主义理论培养教育干部的一个十分重要的阵地。我们要努力把党校办成轮训党的领导骨干、培养理论骨干和组织理论队伍、加强对马克思主义学习研究的重要阵地。6月12日，江泽民、乔石、宋平、李瑞环在中南海怀仁堂与出席会议的同志座谈。江泽民作题为《关于加强党校建设的几个问题》的讲话。他指出，党校作为培训党的领导干部，组织和培养马克思主义理论队伍，学习和研究马列主义、毛泽东思想的重要阵地，作为干部增强党性锻炼的熔炉，应当大有作为，也是能够大有作为的。9月5日，中共中央发出《关于加强党校工作的通知》，明确规定了党校的培养目标和基本任务。

【全国统战工作会议】（1990年6月11日至15日） 中共中央于1990年6月11日至15日在北京召开全国统战工作会议。参加这次会议的有：各省、自治区、直辖市、计划单列市党委主管统战工作的负责人、统战部长，中央统战部和中央、国家机关有关部门以及有关人民团体的负责人等，共200多人。乔石主持会议。江泽民在开幕式上作《努力发展最广泛的爱国统一战线》的讲话。他说，统一战线历来是党的总路线总政策的组成部分。今后一个时期，爱国统一战线的任务是：高举爱国主义、社会主义旗帜，团结一切可以团结的力量，调动一切积极因素，同心同德，群策群力，为巩固和发展安定团结的政治局面服务，为推进社会主义现代化建设和改革开放服务，为健全社会主义民主和法制服务，为促进“一国两制”、和平统一祖国服务。江泽民还就台湾问题的解决发表了重要意见。丁关根在闭幕会上讲话。7月14日，中共中央发出《关于加强统一战线工作的通知》。

【农村工作座谈会】（1990年6月16日至22日） 中央政策研究室于1990年6月16日至22日在北京召开农村工作座谈会。江泽民、李鹏、姚依林、宋平、陈俊生，与应邀到会的14个省市的同志，中共中央、国务院有关部委负责人以及部分老同志一起座谈。江泽民在座谈会上讲话。他说，巩固和发展工农联盟，是我们党的一个重要原则，也是我们党的一大政治优势。我国11亿人口，8亿多在农村。农村稳定了，农民安居乐业了，也就从根本上保证了我们国家和社会全局的稳定。农业是国民经济的基础。要把国内的工作搞好，保持稳定发展，首先就要抓好农业这个基础产业。江泽民强调，农村改革的深化，农业生产的发展，农村工作的全面进步，都离不开党的领导。我们要进一步加强和改进党对农民和农村工作的领导，落实好党在农村的各项方针政策。李鹏就壮大集体经济实力、兴办乡村集体企业问题发表了意见。宋平在会议结束时作了总结讲话。

【七届国务院第九次全体会议】（1990年7月11日） 七届国务院第九次全体会议于1990年7月11日在北京召开。李鹏主持会议并就当前国内外形势和如何做好下半年工作发表了重要讲话。李鹏在讲话中指出，1990年以来的治理整顿深化改革进一步取得明显成效，我国经济的整个趋势，继续向好的方向发展，可以说最困难的时期已经或正在逐步渡过。会上，外交部负责人通报了国际形势和我国外交工作情况，国家计委负责人通报了国内经济形势。

【纪检工作座谈会】（1990年7月12日至28日） 中央纪律检查委员会于1990年7月12日至28日先后分片在中央和国家机关，中南、西南、西北地区和华北，东北、华东地区召开纪检工作座谈会。乔石在中纪委全国纪检干部培训中心、陈作霖在兰州、李正亭在上海分别出席上述三片座谈会。上述地区各省、自治区、直辖市和计划单列市及新疆生产建设兵团纪委的负责人，在这些地区工作的中央纪委委员和中央纪委有关厅室的负责人出席了会议。座谈会围绕深入贯彻落实十三届六中全会精神，分析形势，交流经验，集中讨论和研究了如何加强以密切党群关系为核心内容的党风和廉政建设。11月4日，中共中央批转中纪委《关于加强党风和廉政建设的意见》。

【全国村级组织建设工作座谈会】（1990年8月5日至10日） 全国村级组织建设工作座谈会于1990年8月5日至10日在山东省莱西县召开。此次会议由中央组织部、中央政策研究室、民政部、共青团中央、全国妇联筹办。全国30个省、自治区、直辖市党委和政府的有关领导、各地五个部门和组织的负责同志以及一些基层单位的同志共200多人出席会议。8月8日，宋平在座谈会上讲话指出，现阶段的农民问题和农村工作问题，归根到底，是党要按照新时期基本路线的要求，加强以党支部为核心的村级组织建设，教育、引导、团结和组织农民，不断提高农业生产力，发展农村经济，坚定不移地走社会主义道路，促进农村社会的全面进步。会议指出，加强村民委员会的建设最主要的是要做到，让村民依法民主选举村委会领导班子成员，乡党委和政府，村党支部也可提名推荐，但不要包办代替村民的选举；要建立健全村民会议或村民代表会议制度。

【全国对外宣传工作会议】（1990年10月29日至11月4日） 全国对外宣传工作会议于1990年10月29日至11月4日在北京召开。来自全国各省、自治区、直辖市、计划单列市和中央、国务院有关部门的负责同志在会上着重讨论了在目前形势下怎样更好地向世界介绍中国的问题。会议还交流了对外介绍中国的经验。在全国对外宣传工作会议召开期间，江泽民、李鹏、李瑞环分别在会上作了重要讲话。11月2日，江泽民、李鹏、乔石、宋平、李瑞环见了出席会议的全体同志。

【全国精神文明建设活动工作会议】（1990年11月7日至11日） 中央宣传部和国务院办公厅于1990年11月7日至11日在湖北省沙市召开全国精神文明建设活动工作会议。参加这次会议的有各省、市、自治区和中央有关部委，解放军、武警、工会、共青团和妇联等方面的负责人共300多人。王忍之讲话时说，深入开展群众性的精神文明建设活动，依靠亿万人民群众的广泛参与，把建设社会主义精神文明的任务落实到城乡基层，是一个意义重大的创造，是我们进行精神文明建设正在走的一条成功之路。徐惟诚作了题为《广泛吸引群众参与，把精神文明建设活动推向前进》的报告。关广富介绍了湖北省精神文明建设的情况和经验。李瑞环专程到沙市，9日同出席会议的代表座谈，听取他们对进一步加强精神文明建设的意见和建议。李瑞环提出，对“八五”期间和今后十年的社会主义精神文明建设，应当有一个同经济建设相适应的总体设想和安排，采取切实有力的措施，使精神文明与物质文明同时建设，协调发展。

【全军军事工作会议】（1990年11月28日至12月3日） 总参谋部于1990年11月28日至12月3日在北京召开全军军事工作会议。围绕以坚持战斗力标准，实现军事上过硬为主题，重点研究了军事训练和部队管理问题。出席会议的有解放军各总部、各军区、军兵种、国防科工委、军事科学院、国防大学和武警总部的领导及有关部门的负责人。迟浩田主持会议。12月1日，江泽民到会发表讲话。他要求全军部队在新形势下，加强军事训练，搞好管理工作，使部队真正做到“政治合格，军事过硬，纪律严明，保障有力”。与会者认为，中央军委关于部队工作要以军事训练为中心，以正规化建设为重点，要严格训练，严格管理的一系列指示，反映了我军建设的客观规律和部队的现实，是有效履行我军职能所必需的。12月3日会议结束时，江泽民、杨尚昆、刘华清、杨白冰、秦基伟、赵南起会见了出席会议的全体同志。迟浩田作了总结讲话。

【全国对台工作会议】（1990年12月6日至12日） 中共中央于1990年12月6日至12日在北京召开全国对台工作会议。参加会议的代表有全国省、市委及各部委对台工作的负责人200多人。会议由吴学谦主持。江泽民、杨尚昆、李鹏、乔石、宋平、李瑞环会见全体代表。会议期间，江泽民、杨尚昆、李鹏在会上作了讲话。会议指出，争取早日解决台湾问题，实现祖国的完全统一，是全党全国90年代的重大政治任务，全党要坚定不移地贯彻执行“和平统一、一国两制”方针，扎扎实实做好对台工作，积极主动地促进两岸关系深入发展，加速祖国和平统一进程。会议重申，实现国家统一，寄希望于台湾当局，更寄希望于台湾人民。国共两党应当尽早接触谈判。谈判中可以吸收两岸其他政党、团体有代表性的人士参加。谈判可以在高层进行，也可以先从较低的层次开始。国共两党应尽早接触谈判，当务之急是实现双向的、直接的“三通”。

【十三届七中全会】（1990年12月25日至30日） 十三届七中全会于1990年12月25日至30日在北京举行。出席这次会议的中央委员171人，候补中央委员107人。列席这次会议的中顾委委员161人，中纪委委员67人，有关方面负责人78人。全会审议并通过《中共中央关于制定国民经济和社会发展十年规划和“八五”计划的建议》。江泽民作了讲话，李鹏就《建议》草案作了说明。《建议》草案在形成过程中，曾广泛征求了党内同志和党外人士的意见，集中了各方面的智慧。全会之后，国务院将据此制定十年规划和“八五”计划的纲要草案，提请第七届全国人民代表大会第四次会议审议。全会指出，从1991年到2000年，在我国社会主义现代化建设的历史进程中是非常关键的时期。我们要抓住历史机遇，迎接挑战，努力实现现代化建设的第二步战略目标，把国民经济的整体素质提高到一个新水平。全会强调，制定与实施十年规划和“八五”计划，必须坚定不移地走建设有中国特色的社会主义道路，坚定不移地推进改革开放，坚定不移地贯彻执行国民经济持续、稳定、协调发展的方针，坚定不移地执行自力更生、艰苦奋斗、勤俭建国的方针，坚定不移地贯彻执行物质文明建设和精神文明建设一起抓的方针。30日，江泽民在全会闭幕时的讲话中指出：建设有中国特色的社会主义是一篇大文章。邓小平同志已经为它确定了基本思路和基本原则。这是在新的历史条件下对马列主义、毛泽东思想的重大发展。全党同志特别是党的高级干部，都要把心思用在这里，经过实践，集思广益，继续把这篇大文章做好。

【十三届中顾委七次全会】（1990年12月30日） 十三届中顾委七次全会于1990年12月30日在北京举行。出席会议的中顾委委员共161人。宋任穷主持会议并作讲话。全会一致拥护十三届七中全会审议通过的《中共中央关于制定国民经济和社会发展十年规划和“八五”计划的建议》，完全赞同江泽民的讲话和李鹏对《建议》草案所作的说明。大家认为《建议》深刻总结了多年来建设和改革的经验，科学地分析了国际国内的形势，提出了今后十年和“八五”期间我国国民经济和社会发展的基本任务及各项方针、政策。它是我们实现第二步战略目标的行动纲领，标志着我国社会主义现代化建设将进入一个新的发展阶段。

【十三届中央纪委七次全会】（1990年12月30日） 十三届中央纪委七次全会于1990年12月30日在北京举行。出席这次全体会议的中央纪委委员66人。乔石主持会议。全会一致拥护党的十三届七中全会通过的《中共中央关于制定国民经济和社会发展十年规划和“八五”计划的建议》。全会认为，这个《建议》从全国各族人民的最高利益出发，认真总结十一届三中全会以来的实践经验，在科学分析国际国内形势的基础上，实事求是地提出了今后十年和第八个五年计划时期我国国民经济和社会发展的基本任务和方针政策，进一步明确了第二步战略目标，为20世纪内我国的社会主义现代化建设指明了方向，是指导我们把建设有中国特色的社会主义事业继续推向前进的纲领性文件。全会还以无记名投票的方式，补选王德瑛为中央纪律检查委员会副书记，陈达之为常务委员会委员。

【全国组织部长会议】（1991年1月7日至11日） 全国省、自治区、直辖市党委组织部长会议于1991年1月7日至11日在北京举行。会议开幕时吕枫作了题为《关于一九九一年组织工作的主要任务》的报告。会议期间，宋平同部分与会同志进行座谈。他在座谈中说，党的十三届四中全会以来，以江泽民同志为核心的党中央非常重视党的建设。组织工作部门在各级党委的领导下，做了大量工作，取得了明显成效。会议指出，1991年是我国“八五”计划和十年规划的第一年。为顺利实施“八五”计划，需要从组织上提供坚实可靠的保证。各级党组织要继续按照中央关于加强党的建设的各项部署，进一步搞好党的政治建设、思想建设、组织建设、作风建设，发展党建工作的好形势，全面提高党的战斗力。

【全国宣传部长会议】（1991年1月16日至19日）　全国宣传部长会议于1991年1月16日至19日在北京召开。会议听取王忍之的工作报告，讨论1991年宣传工作要点。1月19日，李瑞环在中南海怀仁堂同与会同志座谈。李瑞环指出，党的十三届七中全会是我们党在历史的关键时刻召开的非常重要的会议，是一次总结过去、开创未来的会议。贯彻落实好七中全会精神，是今后全党的中心任务，也是党的宣传部门的首要任务和工作主题。我们的工作，就是要通过生动活泼、形式多样、卓有成效的舆论宣传，把全党的认识统一到七中全会精神上来，把干部和群众的精力引导到实现第二步战略目标的伟大实践中来。丁关根出席座谈会。

【全国农业工作会议】（1991年1月18日至23日）　全国农业工作会议于1991年1月18日至23日在北京召开。18日会议开幕时，宋平、王震会见了参加会议的全体代表。宋平讲话强调，不久前结束的十三届七中全会提出了今后五年和十年农业发展的目标。要实现这个目标，首先要有好的政策，充分调动农民的积极性，还要大力推广科技兴农，要逐渐增加农业投入。23日会议结束时，田纪云到会并讲话。他说，去年农业全面丰收，对稳定经济、稳定社会、稳定形势起了支柱性的作用；今年对农业只能加强，不能削弱。会议提出：以家庭联产承包为主的责任制是党在农村的基本政策，应在稳定的前提下，逐步加以完善。完善的主要途径应是发展多形式、多层次的服务，并逐步形成社会化服务体系。科技兴农是农业的希望所在，要努力把科技、教育兴农这件大事继续向前推进一步。充分发挥中央、地方、集体、农民四个积极性，组织和吸引各方面的财力，努力增加农业投入，提高农业投资比重。

【全国统一战线工作座谈会】（1991年2月2日至6日）　全国统一战线工作座谈会于1991年2月2日至6日在北京举行。参加这次座谈会的有各省、自治区、直辖市及计划单列市党委统战部长，中央有关部门的负责同志等，共100多人。江泽民、乔石在会议期间同与会代表座谈并作了讲话。江泽民、乔石要求从事统一战线工作的同志认真贯彻中央制定的有关方针政策，团结一切可以团结的人，调动一切积极因素，进一步巩固和扩大爱国统一战线，使爱国统一战线在实现第二步战略目标、建设有中国特色的社会主义的宏伟事业中，发挥更大作用。丁关根在会上就统一战线工作的方针、任务和今后一个时期主要工作作了报告。会议提出：要高举爱国主义、社会主义两面旗帜，进一步巩固和扩大包括两个范围的联盟在内的最广泛的统一战线：一个是大陆范围内以爱国主义和社会主义为政治基础的团结全体劳动者和爱国者的联盟，一个是大陆范围外以爱国和拥护祖国统一为政治基础的团结台湾同胞、港澳同胞和国外侨胞的联盟。

【七届国务院第十次全体会议】（1991年3月2日） 七届国务院第十次全体会议于1991年3月2日在北京召开。李鹏主持会议并讲话。会议对进一步讨论修改国务院即将在七届全国人大四次会议上作的政府工作报告和《中华人民共和国国民经济和社会发展十年规划和第八个五年计划纲要（草案）》工作作了部署。李鹏说，国务院各部委要从国民经济和社会发展的全局出发，认真组织讨论，进一步提出修改意见。同时，还要在有关方面及各省、自治区、直辖市和各民主党派中广泛征求意见，努力修改好这两个文件。在会上，国家计委负责人作了关于国民经济和社会发展十年规划和第八个五年计划纲要（草案）的说明，国务院研究室负责人作了国民经济和社会发展十年规划和“八五”计划纲要的报告的说明，外交部负责人通报了当前国际形势。

【中央社会治安综合治理委员会第一次全体会议】（1991年3月22日） 中央社会治安综合治理委员会第一次全体会议于1991年3月22日在北京召开。组成中央社会治安综合治理委员会的中央国家机关、人民团体和解放军等27个成员单位的成员或成员的代表共31人出席会议。为了加强对全国社会治安综合治理工作的组织领导，中央决定成立中央社会治安综合治理委员会，协助党中央、国务院领导全国社会治安综合治理工作。乔石任主任，任建新、王芳任副主任。乔石主持会议并讲话，希望全体同志积极献计献策，为进一步抓好社会治安综合治理工作共同作出努力。会议通过该委员会1991年的工作重点：狠抓党中央、国务院和全国人大常委会“两个决定”的贯彻落实，特别是要督促各地区、各部门充分发挥主观能动性，认真贯彻落实中共中央、国务院《关于加强社会治安综合治理的决定》中提出的是年必须着重抓好的七项任务，一项一项地抓落实。

【全国政协七届四次会议】（1991年3月23日至4月4日） 全国政协七届四次会议于1991年3月23日至4月4日在北京举行。3月23日的开幕会由王任重主持，李先念宣布大会开幕，出席委员1704名；江泽民、杨尚昆、李鹏、万里、乔石、宋平、李瑞环、王震等到会祝贺。受全国政协常务委员会委托，钱伟长向大会作了工作报告。李先念在闭幕会上讲了话。自会议开幕至3月30日，提案委员会共收到委员提案1689件。其中，九三学社、中国致公党的提案，是以两个民主党派中央的名义提出的。提案委员会对立案的1659件提案，确定分别送请中共中央、国务院办公厅以及有关部委，各省、自治区、直辖市和有关人民团体等149个单位研究办理。会议增选叶选平为全国政协副主席；补选宋德敏为全国政协秘书长。会议通过了全国政协七届四次会议政治决议；通过了全国政协七届四次会议关于常务委员会工作报告的决议；通过了全国政协提案委员会关于政协七届四次会议提案审查情况的报告。

【七届全国人大四次会议】（1991年3月25日至4月9日）　七届全国人大四次会议于1991年3月25日至4月9日在北京举行。3月25日的第一次全体会议由万里主持，出席代表2661名。大会批准了《国民经济和社会发展十年规划和第八个五年计划纲要》以及李鹏总理就这一纲要所作的报告，邹家华作的关于1990年国民经济和社会发展计划执行情况与1991年计划草案的报告，王丙乾作的关于1990年国家预算执行情况和1991年国家预算草案的报告，彭冲作的全国人大常委会工作报告，任建新作的关于最高人民法院工作的报告，刘复之作的关于最高人民检察院工作的报告等；通过了《中华人民共和国民事诉讼法》（自公布之日起施行）、《中华人民共和国外商投资企业和外国企业所得税法》（自1991年7月1日起施行）。

【全国纪律检查工作会议】（1991年4月15日至19日）　全国纪律检查工作会议于1991年4月15日至19日在山东济南举行。会议主要是通报全国纪律检查工作的情况，交流了加强党风和廉政建设的经验。4月19日，乔石就党风党纪怎样保证党的十三届七中全会决议的贯彻，保证全党和全国人民顺利实施第二步战略目标等问题，在会上讲话。他强调指出，从严治党，严肃执纪，搞好党风建设，是全党和全国人民普遍的强烈要求。我们一定要结合经济建设和改革开放的实际，结合社会主义精神文明建设的实际，来加强党风和廉政建设，从严治党。会议提出，今后一个时期纪检工作的主要任务是：严肃查处违反党的政治纪律的案件，着重查处经济领域里党员干部的违纪案件，坚决查处严重官僚主义失职、渎职的案件，继续查处以权谋私、侵犯群众利益的违纪案件，认真查处违反人事纪律的案件。同时，各级纪委要认真抓好道德败坏、腐化堕落等各类党内违纪案件的查处工作。

【首次全国党建理论讨论会】（1991年4月23日至28日）　中央组织部、中央宣传部、中央政策研究室共同举办的首次全国党建理论讨论会于1991年4月23日至28日在北京召开。参加讨论会的有各省、自治区、直辖市党委组织部和政研室以及计划单列市党委组织部的负责人，中直机关工委、中央国家机关工委及部分部委负责人和从事党务工作、理论研究的同志，解放军总政治部等单位的负责人。会议开幕式由吕枫主持。王忍之作题为《加强党的思想建设》的讲话。会议期间，江泽民、乔石、宋平、李瑞环同与会部分同志座谈，对加强党的建设，特别是加强党的理论建设、加强党建理论的研究和宣传等问题作了指示。会议闭幕时宋平讲话指出，在新的形势下，我们面临着两项重要任务，一个是把经济搞上去，一个是反对国内外敌对势力的和平演变，关键是把我们的党建设好。党建理论研究，要以马克思主义为指导，紧紧围绕这个主题来进行。要坚持理论联系实际的原则，下功夫进行调查研究，认真分析新情况，科学地回答现实生活提出的问题。

【全国高校党建工作暨优秀思想政治工作者表彰会议】（1991年6月21日至26日） 中央组织部、中央宣传部、国家教委党组、共青团中央、全国教育工会于1991年6月21日至26日在北京召开全国高校党建工作暨优秀思想政治工作者表彰会。来自全国高校的400多名党务工作者，中组部、中宣部、国家教委的领导及高校主管等部门的负责人参加会议。在开幕式上，吕枫作了题为《高校党组织要把培养合格的社会主义事业接班人作为自己的根本任务》的报告。23日，李铁映到会讲话，提出：要把高校建设成培养社会主义事业建设者和接班人的重要阵地。他就加强高校党组织建设问题指出：切实把领导班子建设好，是加强高校党建工作的关键。要用一年左右的时间，集中精力把全国1075所高校中需要调整的领导班子调整好。26日，宋平、李铁映出席表彰会。会后，宋平、李铁映同部分受表彰者和出席会议的部分代表座谈。

【庆祝中国共产党成立七十周年大会】（1991年7月1日） 中共中央于1991年7月1日在北京人民大会堂举行庆祝中国共产党成立70周年大会。江泽民、杨尚昆、李鹏、万里、李先念、乔石、宋平、李瑞环、王震等和首都万名群众出席大会。大会由李鹏主持，江泽民讲话。江泽民把党领导全国各族人民为中国社会的进步所作的贡献归纳为三件大事：完成反帝反封建的新民主主义革命任务，结束了中国半殖民地半封建社会的历史；消灭剥削制度和剥削阶级，确立了社会主义制度；开创建设有中国特色的社会主义的道路，逐步实现社会主义现代化。他说，这三件大事，使中国发生了翻天覆地的变化。在70年的斗争中，我们党积累了极其丰富的经验，归结到一点，就是把马克思主义的基本原理同中国革命和建设的具体实际相结合，走自己的道路。江泽民指出，当代中国共产党人的庄严使命是：坚持党的基本路线，团结和带领全国各族人民，沿着建设有中国特色的社会主义道路，自力更生，艰苦创业，把我国建设成为富强、民主、文明的社会主义现代化国家。

【中央政治局会议】（1991年7月16日） 第十三届中央政治局会议于1991年7月16日召开。会议听取我国部分地区灾情、汛情的汇报，研究部署抗灾救灾工作。江泽民主持会议。会议指出，今年以来，我国部分地区气候异常，涝、旱、风、雹等自然灾害频繁，特别是江淮和太湖流域发生严重洪涝灾害，使工农业生产和人民生命财产受到重大损失。在严重的自然灾害面前，广大干部群众在党和政府的坚强领导下，奋起抗灾。人民解放军、武警和公安干警发扬不怕牺牲、连续作战的精神，同灾区人民齐心协力，团结抗灾。许多地方和部门以各种方式及时支援灾区。会议指出，面对这种严峻形势，各地区、各部门要进一步动员起来，振奋精神，加强领导，团结协作，战胜灾害。会议并对抗灾救灾工作提出了具体要求。

【全国外事工作会议】（1991年7月22日至26日）　全国外事工作会议于1991年7月22日至26日在北京召开。各省、市、自治区主管外事工作的主要负责同志及外办主任，中央党政军各部门、各单位和主要人民团体主管外事工作的负责人，以及部分驻外使节等参加会议。江泽民在讲话中，对当前国际形势作了深刻的分析，从各个方面阐明了我国贯彻执行的独立自主和平外交政策。他特别强调在坚持改革开放的新形势下，要建设一支忠于祖国、献身社会主义事业、精通业务的外事队伍。他着重指出，中国十年改革开放取得的巨大成就，证明社会主义制度是富有生命力的。中国有11.5亿人口，960万平方公里土地，5000年的文明史和5000多万共产党员。只要我们中国把自己的事情办好，就是对世界社会主义事业的重大贡献。李鹏在会上讲话中，回顾并深刻分析了国际形势的发展和特点，高度评价我国在外交战线上取得的成就和在改革开放中各个部门和各个地区对外交往的发展，并提出当前我国外交工作的主要任务。

【七届国务院第十一次全体会议】（1991年8月1日）　七届国务院第十一次全体会议于1991年8月1日在北京召开。李鹏主持会议并就当前经济形势和如何做好1991年后五个月的工作发表了重要讲话。李鹏指出，各地区、各部门在后五个月里，要结合工作实际，认真学习和贯彻江泽民同志在庆祝中国共产党成立70周年大会上的讲话，贯彻落实中央政治局抗洪救灾会议精神，认真解决好经济工作中的突出问题，进一步促进全国经济形势继续向好的方面转化，全面完成1991年国民经济和社会发展计划。会上，国家计委负责人汇报了我国当前经济发展情况和需要着重抓好的几项工作，国务院生产办公室负责人汇报了关于搞活企业提高效益的情况，水利部负责人汇报了关于当前抗洪救灾的情况。

【中央党史工作领导小组会议】（1991年8月8日）　中央党史工作领导小组会议于1991年8月8日召开。杨尚昆主持会议。会议审议并批准中央党史研究室所著《中国共产党的七十年》一书的出版。主编胡绳汇报该书编写情况。杨尚昆和胡乔木、邓力群发表了意见。会前，薄一波对该书提出了意见。会议认为，这本书就其总体内容看来，是一本具有相当高水平的党史著作，是干部、党员学习党史的比较好的教材。《中国共产党的七十年》一书，是中央党史研究室根据中央党史工作领导小组的决定，为纪念中国共产党成立70周年而撰写的。全书45万余字，简明而又完整地叙述了党的历史道路和基本经验，力求答复人们关心的与党史有关的一些深层次问题。邓小平为《中国共产党的七十年》题写了书名。

【中央工作会议】（1991年9月23日至27日）　中共中央于1991年9月23日至27日

在北京召开工作会议。会议的主要议题是着重研究如何进一步搞好国营大中型企业的问题。江泽民主持会议。23日，李鹏受中央政治局委托作了题为《关于当前经济形势和进一步搞好国营大中型企业的问题》的讲话。会议认为，经过三年的努力，整个国民经济已经恢复到正常年份的增长速度，经济秩序也有比较明显改善。但还存在不少困难和问题，比较突出的是经济效益下降趋势尚未扭转，国家财政比较困难，一些主要经济关系没有理顺。这些问题的存在，都同部分国营大中型企业活力不强，效益不高有着直接关系。为此，会议确定经济工作的指导方针是：进一步推进改革开放，在巩固治理整顿成果和继续保持总供给与总需求基本平衡的基础上，把经济工作的重点转移到调整结构和提高效益的轨道上来。27日，江泽民作总结讲话。他强调要把搞好国营大中型企业作为坚持社会主义道路的一件大事，摆到突出位置，集中精力抓下去。会议要求各地区、各部门和广大职工把增强国营大中型企业活力和提高经济效益，摆到突出位置上来。

【全国干部培训工作会议】（1991年10月7日至10日）　全国干部培训工作会议于1991年10月7日至10日在北京召开。各省、自治区、直辖市、计划单列市党委组织部部长以及中央国家机关各部委的有关负责人出席会议。吕枫在开幕式上讲话指出，加强干部培训，既是全面提高干部素质、提高领导水平的一项十分重要的战略措施，又是加强党的思想理论建设、巩固党的执政地位的一项迫切任务。各级党委和各级领导干部，一定要把这件事放在心上，抓在手上，加强领导，在全党掀起一个新的学习热潮，进一步开创干部培训工作的新局面。宋平在会议期间同与会代表座谈。会议提出，干部培训要突出对干部特别是高中级干部的马克思主义理论教育，注重增强党性锻炼，使各级领导权牢牢掌握在忠于马克思主义的人手里。

【十三届八中全会】（1991年11月25日至29日）　十三届八中全会于1991年11月25日至29日在北京举行。出席会议的中央委员171人，候补中央委员105人。中顾委委员、中纪委委员和有关方面负责人列席会议。全会由中央政治局主持，江泽民作了讲话。全会审议并通过了《中共中央关于进一步加强农业和农村工作的决定》。《决定》提出了90年代农业和农村工作的主要任务：农业综合生产能力和效益要提高到新水平，到20世纪末确保粮食总产量达到5000亿公斤，农村国民生产总值再翻一番；农村改革要有一个新的进展，逐步建立和完善适应社会主义有计划商品经济发展的经济体制和运行机制；农村社会面貌要有新的变化。《决定》还提出了必须始终把农业真正摆在首位；必须继续稳定家庭联产承包责任制，不断完善统分结合的双层经营机制等基本原则。全会审议并通过了《关于召开中国共产党第十四次全国代表大会的决议》，确定党的十四大于1992年第四季度在北京举行。全会充分肯定十一届三中全会以来党在农村的各项基本政策，高度评价80年代我国农村改革和建设所取得的巨大成就。我国农村的伟大变革，是以邓小平同志为代表的中国共产党人，把马克思主义基本原理同中国具体实际相结合的一个伟大创造，极大地丰富了我们党建设有中国特色社会主义的理论和实践。全会指出，农业是经济发展、社会安定、国家自立的基础。没有农村的稳定和全面进步，就不可能有整个社会的稳定和全面进步；没有农民的小康，就不可能有全国人民的小康；没有农业的现代化，就不可能有整个国民经济的现代化。全会强调，要坚定不移地深化农村改革，促进农村经济全面发展。党在农村实行的以家庭联产承包为主的责任制等一系列基本政策，适应现阶段农村生产力水平，深受广大群众的欢迎，必须长期保持稳定，并不断充实完善。全会认为，必须进一步加强农业基础建设。这是推进农业现代化、增强农业发展后劲的重要物质技术前提。必须切实加强农村社会主义精神文明建设和民主法制建设，努力造就一代有理想、有道德、有文化、有纪律的新型农民。要进一步加强和改进党对农村工作的领导。

【十三届中顾委八次全会】（1991年11月29日）　十三届中顾委八次全会于1991年11月29日在北京举行。出席会议的委员共167人。薄一波主持会议。全会一致拥护党的十三届八中全会审议通过的《中共中央关于进一步加强农业和农村工作的决定》和《关于召开中国共产党第十四次全国代表大会的决议》，完全赞同江泽民在全会上的讲话。全会认为，《决定》对80年代农村改革和建设的历史性成就作了充分肯定，实事求是地指出了存在的问题，进一步明确了90年代我国农业和农村工作的主要任务，并确定了相应的方针和政策措施。这是动员全党和广大干部、群众，为进一步开创我国农村工作新局面，建设有中国特色社会主义新农村的具有重大指导意义的文件。

【十三届中央纪委八次全会】（1991年11月29日）　十三届中央纪委八次全会于1991年11月29日在北京举行。出席会议的委员63人。乔石主持会议。全会一致拥护党的十三届八中全会通过的《中共中央关于进一步加强农业和农村工作的决定》；一致拥护《关于召开中国共产党第十四次全国代表大会的决议》；完全赞成江泽民在十三届八中全会闭幕时的讲话。全会认为，《中共中央关于进一步加强农业和农村工作的决定》全面总结了十余年来党领导广大农民建设有中国特色社会主义新农村的成就和经验，是今后我们党指导农村工作、推动农业发展的重要历史性文件。全会要求，各级党委、纪委要深入贯彻党的十三届八中全会精神，加强农村党的纪律检查工作。

【全国组织部长会议】（1991年12月9日至13日）　全国组织部长会议于1991年12月9日至13日在北京召开。吕枫在会上讲话指出：要以做好党的十四大组织准备工作为重点，紧紧围绕经济建设这个中心，从严治党，大力加强各级领导班子建设、基层党组织建设和党员、干部队伍建设，为继续贯彻执行党的基本路线，顺利实现第二步战略目标，提供更坚强的组织保证。12日下午，丁关根到会就进一步做好90年代的统一战线工作，搞好党同党外人士的合作共事讲话，指出要努力贯彻中国共产党领导的多党合作和政治协商制度，加强和改善党同党外人士的合作共事关系。13日，宋平在中南海怀仁堂同全国各省、自治区、直辖市党委组织部长座谈，指出要继续抓好党的建设，进一步提高党的战斗力，迎接党的十四大的召开。

【海峡两岸关系协会成立大会】（1991年12月16日） 海峡两岸关系协会于1991年12月16日上午在人民大会堂台湾厅举行成立大会。这是一个以促进海峡两岸交往，实现祖国统一为宗旨的民间组织。协会理事会的65名成员来自社会各界。出席会议的有54名理事。汪道涵当选会长，唐树备为常务副会长，经叔平、邹哲开为副会长。一致通过荣毅仁任协会名誉会长。吴学谦出席大会并讲话。王兆国到会讲话，他代表中央台湾工作办公室、国务院台湾事务办公室，对海峡两岸关系协会的成立表示热烈祝贺。王兆国表示，在海峡两岸关系发展的新形势下，协会的成立必将推动和扩大两岸各方面的交往和交流，促进祖国和平统一事业。国务院台办将根据两岸关系发展的实际需要，委托海峡两岸关系协会，与台湾有关部门授权团体、人士商谈海峡两岸交往中的有关问题，包括签署协议性文件。成立大会一致通过了《海峡两岸关系协会章程》。

【七届国务院第十二次全体会议】（1991年12月23日） 七届国务院第十二次全体会议于1991年12月23日在北京召开。李鹏主持会议。李鹏在会上讲话指出，1991年国务院的工作，是在以江泽民同志为核心的党中央的领导下进行的，认真、积极地贯彻执行了小平同志倡导的“一个中心、两个基本点”的党的基本路线，各项工作都取得了明显的成就。1992年全国经济工作的任务是，进一步深化改革、扩大开放，在巩固和发展治理整顿成果和坚持总量平衡的基础上，把经济工作转移到调整结构、提高效益的轨道上来，保持国民经济持续、稳定、协调地发展。会上，邹家华通报了我国1991年的经济形势并提出了1992年经济工作的主要任务；钱其琛通报了国际形势和外交工作；李铁映通报了教育工作情况；宋健通报了科技发展情况；国家体改委负责人汇报了1991年体制改革工作情况；监察部负责人汇报了监察工作和廉政建设情况；经贸部负责人汇报了贯彻落实经贸体制改革的情况；冶金部负责人汇报了冶金工业情况；能源部负责人汇报了电力建设情况；纺织部负责人汇报了如何克服当前困难，组织生产和丰富市场供应问题。

【中央民族工作会议】（1992年1月14日至18日） 中央民族工作会议于1992年1月14日至18日在北京召开。参加这次会议的有56个民族的350多名代表。江泽民在开幕式上作了题为《加强各民族大团结，为建设有中国特色的社会主义携手前进》的讲话，要求各级党委和政府必须密切联系少数民族和民族地区的实际，坚定不移地全面贯彻执行党的基本路线，巩固和发展社会主义的民族关系，坚持和完善民族区域自治制度，进一步加强各族人民的大团结。强调要加快发展少数民族和民族地区的经济文化等各项事业，促进各民族的共同繁荣。李鹏主持开幕式并在闭幕会上作总结讲话。此次会议是新中国成立以来第一次由中共中央、国务院共同召开的中央民族工作会议。

【全国政法工作会议】（1992年1月20日至24日） 全国政法工作会议于1992年1月20日至24日在广东珠海召开。乔石主持会议并在会上作了报告。乔石指出，各级政法部门要把为改革开放和经济建设服务，作为一切工作的根本出发点和最终目标，把维护政治安定和社会稳定抓紧抓好，促进和保障经济发展。乔石指出，1992年政法工作的主要任务是以搞好社会治安综合治理为重点，维护社会稳定，争取社会治安逐步好转。为搞好国营大中型企业，加强农业和农村工作，促进改革开放和经济发展提供更多更好的安全保障和法律服务，迎接党的十四大胜利召开。任建新在会上作了题为《大力推进社会治安综合治理》的讲话。

【全国宣传部长会议】（1992年1月22日至25日） 全国宣传部长会议于1992年1月22日至25日在北京召开。王忍之在会上讲话指出，1992年的宣传思想工作，要紧密围绕党的中心任务来开展，为党的第十四次全国代表大会的召开创造良好的舆论环境。李瑞环于1月25日在人民大会堂同全国宣传部长会议代表进行座谈。李瑞环强调指出，要用建设有中国特色的社会主义的理论和路线进一步统一全党思想，增强团结，振奋精神，推动全局工作。宣传部门要准确把握1992年宣传工作的重点，突出经济建设这个中心，加大改革开放宣传的分量，采取坚决措施克服目前宣传工作中严重存在的形式主义，努力为经济建设帮忙鼓劲。

【七届国务院第十三次全体会议】（1992年3月2日） 七届国务院第十三次全体会议于1992年3月2日在北京召开。李鹏主持会议并在听取汇报后讲了话。他说，1992年以来国民经济保持了良好的发展势头。中央工作会议制定的关于搞好大中型企业的20条政策措施正逐步落实，收到了初步效果，工业生产继续向好的方向发展，经济效益有所好转；去冬今春各地农村贯彻党的十三届八中全会精神，开展了大规模水利基本建设，抓紧了春种春耕生产。但是，我们也要清醒地看到经济方面仍存在着不少问题，需要通过深化改革来解决。我们要抓住国内外有利时机，加快改革开放的步伐，集中精力把经济建设搞上去。李鹏说，我国三年治理整顿的主要任务已基本完成，国民经济转入正常发展的阶段。会上，国家计委负责人通报了国内经济情况；外交部负责人通报了国际形势和外交工作；国务院研究室负责人就有关《政府工作报告》征求意见稿作了说明。

【中央政治局会议】（1992年3月9日至10日） 第十三届中央政治局全体会议于1992年3月9日至10日在北京召开。会议主要讨论了中国改革和发展的若干重大问题。

江泽民主持会议。会议完全赞同邓小平的南方谈话，强调必须坚定不移贯彻执行党的基本路线，抓住当前有利时机，加快改革开放步伐，集中精力把经济建设搞上去，沿着有中国特色的社会主义道路继续前进。会议认为，始终不渝地坚持以经济建设为中心，坚持四项基本原则、坚持改革开放，是党的十一届三中全会以来，在邓小平建设有中国特色社会主义思想的指导下，我们党带领亿万人民在实践中得出的最为宝贵的经验，是社会主义中国这十几年间发生巨大变化的根本原因。会议强调，判断姓“社”姓“资”，应该主要看是否有利于发展社会主义社会的生产力，是否有利于增强社会主义国家的综合国力，是否有利于提高人民的生活水平。看准了的，就大胆地试，大胆地闯。计划和市场，都是经济手段。要大胆吸收和借鉴人类社会创造的一切文明成果，吸收和借鉴当今世界各国包括西方发达国家的先进经营方式和管理方式。会议指出，坚持党的基本路线，加快改革和建设步伐，关键在于狠抓各项工作的落实。当前，要特别注意抓住改革和建设中牵动全局的重大问题，深入调查研究，确定今后一个时期的战略思想和政策主张，并认真组织实施。

【全国政协七届五次会议】（1992年3月18日至28日） 全国政协七届五次会议于1992年3月18日至28日在北京举行。受李先念的委托，方毅主持了3月18日的开幕会，出席委员1625名。党和国家领导人江泽民、杨尚昆、李鹏、万里、乔石、姚依林、宋平等到会祝贺。受政协第七届常务委员会委托，洪学智向大会作了常委会的工作报告。会议期间共有28名委员在大会上发言，会议还收到书面发言223份。会议通过了全国政协七届五次会议政治决议；通过了全国政协七届五次会议关于常务委员会工作报告的决议；通过了全国政协提案委员会关于全国政协七届五次会议提案审查情况的报告。

【七届全国人大五次会议】（1992年3月20日至4月3日） 七届全国人大五次会议于1992年3月20日至4月3日在北京举行。3月20日的第一次全体会议由万里主持，出席代表2569名。大会批准了李鹏作的政府工作报告，邹家华作的关于1991年国民经济和社会发展计划执行情况与1992年计划草案的报告，王丙乾作的关于1991年国家预算执行情况和1992年国家预算草案的报告，彭冲作的全国人大常委会工作报告，任建新作的关于最高人民法院工作的报告，刘复之作的关于最高人民检察院工作的报告等；通过了《中华人民共和国全国人民代表大会和地方各级人民代表大会代表法》（自公布之日起施行）、《中华人民共和国工会法》（自公布之日起施行）、《中华人民共和国妇女权益保障法》（自1992年10月1日起施行）；通过了《第七届全国人民代表大会第五次会议关于第八届全国人民代表大会代表名额和选举问题的决定》；通过了关于兴建长江三峡工程的决议。

【计划生育工作座谈会】（1992年3月29日） 中共中央、国务院于1992年3月29日在北京召开计划生育工作座谈会。江泽民、李鹏作了讲话。江泽民强调，严格控制人口增长是一项长期的战略任务，决不能有丝毫的自满松劲情绪。能否完成国家已经制定的人口计划，直接关系到现代化建设第二步战略目标的实现。各级党政一把手要亲自抓，负总责，实行人口与计划生育目标管理责任制。要把计划生育作为当前农村正在进行的社会主义思想教育的一项重要内容。李鹏强调，要积极宣传贯彻《婚姻法》，严格婚姻登记管理，坚决制止早婚早育，大力提倡晚婚晚育；要加强流动人口的计划生育管理。陈慕华在座谈会上讲话。

【中央政治局会议】（1992年5月16日）　第十三届中央政治局会议于1992年5月16日在北京召开。会议讨论通过了《关于加快改革，扩大开放，力争经济更好更快地上一个新台阶的意见》。这是中央为贯彻落实邓小平南方谈话精神而制定的一个专题方案，作为当年中央第四号文件下发。文件指出，抓紧有利时机，加快改革开放步伐，力争经济更好更快地上一个新台阶，是当前全党的战略任务。关于加快改革的步伐，文件指出，为保证和促进企业经营机制的转换，必须加快配套改革的步伐：一是转变政府职能，二是建立和完善社会劳动保障体系，三是培育和发展市场体系。关于进一步扩大对外开放，文件提出了一些具体措施，包括以上海浦东开发为龙头，进一步开发长江沿岸城市；逐步开放沿边城市，形成周边的对外开放格局等。

【全国高等学校党的建设工作会议】（1992年7月1日至4日）　全国高等学校党的建设工作会议于1992年7月1日至4日在北京召开。这次会议由中央组织部、中央宣传部和国家教委党组召开。李铁映在开幕会上作了题为《加强党的建设，深化高教改革，为经济建设服务》的报告。6月30日下午，江泽民、李鹏、宋平、李铁映等在北京人民大会堂会见了出席会议的代表。李鹏在讲话中指出，高等教育战线肩负着培养人才的重要任务。我们的教育方针是德智体全面发展，思想政治工作非常重要。要加强党的基本路线的教育，培养出更多的“四有”人才。

【七届国务院第十四次全体会议】（1992年7月21日）　七届国务院第十四次全体会议于1992年7月21日在北京召开。李鹏主持会议。会议主要是通报上半年的经济情况，部署下半年的经济工作。李鹏指出，在邓小平同志重要谈话和中央政治局全体会议精神的鼓舞和指引下，我国改革开放和经济建设出现了蓬勃发展的新局面，国民经济由1991年的全面回升进入一个高速增长的新阶段。李鹏说，总的看，上半年我国经济发展态势是好的，经济运行情况是正常的。虽然经济增长速度比较高，但社会总供给与总需求基本平衡，国际收支状况良好，物价总水平控制在原定计划幅度之内，国家宏观调控还处于比较主动的地位。在讲到下半年的经济工作时，李鹏讲了要妥善解决经济发展中的八个重大问题。邹家华、朱镕基分别在会上就发展房地产和转换企业经营机制、发展股票市场问题讲了话。外交部负责人在会上通报了上半年国际形势和我国的对外关系。

【中央政治局会议】（1992年7月22日） 第十三届中央政治局会议于1992年7月22日在北京召开。会议讨论通过了《关于加强政法工作，更好地为改革开放和经济建设服务的意见》。《意见》提出，今后一个较长时期政法工作的指导思想是：坚定不移地贯彻党的“一个中心、两个基本点”的基本路线，坚持“两手抓、两手硬”，强化人民民主专政职能，狠抓社会治安综合治理，努力搞好法律服务，切实维护社会稳定，保障和促进改革开放和经济建设的顺利进行。要把是否有利于解放和发展生产力、把经济建设搞得更好，是否有利于加快改革开放和坚持四项基本原则，是否有利于维护政治安定和社会稳定，作为政法工作的出发点、最终目的和检验我们一切工作的根本标准。《意见》提出，政法工作要增强服务意识、改革意识、防“左”意识、社会主义民主和法制意识、群众意识。

【中央政治局会议】（1992年9月3日） 第十三届中央政治局会议于1992年9月3日在北京召开。会议通过了《关于加强和改进宣传思想工作，更好地为经济建设和改革开放服务的意见》和《关于加强党的建设，提高党在改革和建设中的战斗力的意见》。前一个文件提出：当前宣传思想战线面临的主要任务，就是要认真学习、深入贯彻邓小平重要谈话和中央政治局全体会议精神，解放思想，统一认识，振奋精神，全面宣传“一个中心、两个基本点”的基本路线，更好地为经济建设和改革开放服务。后一个文件指出：党建工作要认真贯彻邓小平重要谈话和中央政治局全体会议精神，毫不动摇地坚持党的基本路线，牢固树立以经济建设为中心的思想，从严治党，搞好党的自身建设，密切党与人民群众的联系，使党的各级组织和广大共产党员始终站在改革开放和建设的前列，充分发挥党在建设有中国特色社会主义伟大事业中的领导核心作用。

【中央政治局会议】（1992年9月17日） 第十三届中央政治局会议于1992年9月17日在北京召开。会议建议党的十四大于10月12日在北京召开，提请十三届九中全会审议决定。会议通过了十三届中央委员会向十四大的报告稿，提请十三届九中全会审议。会议指出：十四大是在深入贯彻邓小平南方重要谈话精神，我国改革开放和经济建设进入一个新阶段的形势下召开的。大会将以邓小平建设有中国特色的社会主义的理论为指导，认真总结十一届三中全会以来14年的实践经验，确定今后一个时期的战略部署，动员全党同志和全国各族人民，进一步解放思想，把握有利时机，加快改革开放和现代化建设步伐，夺取有中国特色的社会主义事业的更大胜利。

【十三届九中全会】（1992年10月5日至9日） 十三届九中全会于1992年10月5日至9日在北京举行。出席会议的有中央委员166人，候补中央委员105人。列席会议的有中顾委委员169人，中纪委委员65人，有关部门负责人65人。中央政治局主持会议，江泽民作了讲话。全会决定10月12日在北京召开中国共产党第十四次全国代表大会。全会讨论并通过中央委员会向党的十四大的报告和《中国共产党章程（修正案）》，一致决定将这两个文件提请党的十四大审议。全会同意中央政治局关于对赵紫阳在1989年政治动乱中所犯错误继续审查情况的汇报，同意维持党的十三届四中全会对赵紫阳所犯错误的结论并结束审查。

【十三届中顾委九次全会】（1992年10月9日）　十三届中顾委九次全会于1992年10月9日在北京召开。出席会议的委员169人。受陈云委托，薄一波、宋任穷主持这次会议。全会讨论并通过了《中共中央顾问委员会向党的第十四次全国代表大会的工作报告》，提请党的十四大审议。会议认为，即将召开的党的第十四次全国代表大会，是我们党的历史上继往开来、团结奋进的一次重要会议，对于加快改革开放和现代化建设步伐，夺取有中国特色的社会主义事业的更大胜利，保证党和国家的长治久安具有重大而深远的意义。

【十三届中央纪委九次全会】（1992年10月9日）　十三届中央纪委九次全会于1992年10月9日在北京召开。出席会议的委员65人。乔石主持会议并讲话。乔石指出，党的十三大以来，在党中央的正确领导下，各级纪委坚定不移地贯彻执行党的基本路线和一系列方针政策，围绕经济建设这个中心，全面履行纪检机关的各项职能，做了大量工作，取得了显著成绩。他希望广大纪检干部努力学习邓小平同志建设有中国特色社会主义的理论，坚持纪检工作为党的基本路线服务，搞好自身建设，加强团结，努力工作。全会讨论通过了《中共中央纪律检查委员会向党的第十四次全国代表大会的工作报告》，同意提请党的十四大审议。

【中国共产党第十四次全国代表大会】（1992年10月12日至18日）　中国共产党第十四次全国代表大会于1992年10月12日至18日在北京举行。大会正式代表1989人，特邀代表46人，代表全国5100多万党员。在中国改革开放和现代化建设的关键时刻，邓小平视察南方并发表重要讲话，高屋建瓴地阐述了关系党和国家前途命运的一系列重大问题，为建设有中国特色的社会主义指明了继续前进的方向，也为此次大会的召开奠定了思想理论基础。大会的任务是：以邓小平同志建设有中国特色社会主义的理论为指导，认真总结十一届三中全会以来14年的实践经验，确定今后一个时期的战略部署，动员全党同志和全国各族人民，进一步解放思想，把握有利时机，加快改革开放和现代化建设步伐，夺取有中国特色社会主义事业的更大胜利。

江泽民在会上作了题为《加快改革开放和现代化建设步伐，夺取有中国特色社会主义事业的更大胜利》的报告。报告共分为四个部分：（1）14年伟大实践的基本总结；（2）90年代改革和建设的主要任务；（3）国际形势和我们的对外政策；（4）加强党的建设和改善党的领导。这次大会作出三项具有深远意义的重大决策：一是要求全党抓住机遇，加快发展，集中精力把经济建设搞上去。大会认为，现在国内条件具备，国际环境有利，既有挑战，更有机遇，是加快发展、深化改革，促进社会全面进步的好时机，要紧紧抓住这个有利时机。同时提出，90年代我国经济的发展速度，应该从原定的国民生产总值平均每年增长6%，调整为8%—9%；到20世纪末，我国国民经济整体素质和综合国力将迈上一个新台阶，国民生产总值将超过原定比1980年翻两番的目标，人民生活由温饱进入小康。二是明确我国经济体制改革的目标是建立社会主义市场经济体制。大会要求，围绕社会主义市场经济体制的建立，要抓紧制定总体规划，有计划、有步骤地进行相应的体制改革和政策调整。三是确立邓小平建设有中国特色社会主义理论在全党的指导地位。江泽民回顾改革开放14年来的实践，从九个方面概括了建设有中国特色社会主义理论的主要内容，指出这个理论第一次比较系统地初步回答了中国这样的经济文化比较落后的国家如何建设、巩固和发展社会主义的一系列根本问题，是马克思列宁主义基本原理与当代中国实际和时代特征相结合的产物，是毛泽东思想的继承和发展，是全党和全国人民集体智慧的结晶，是中国共产党和中国人民最可珍贵的精神财富。

大会审议通过了报告和《中国共产党章程（修正案）》，批准了中央顾问委员会和中央纪律检查委员会的工作报告，选举产生由委员189人、候补委员130人组成的中央委员会和由委员108人组成的中央纪律检查委员会。大会决定不再设立中央顾问委员会。

【十四届一中全会】（1992年10月19日） 十四届一中全会于1992年10月19日在北京举行。出席会议的有中央委员188人，候补中央委员129人。全会选举丁关根、田纪云、朱镕基、乔石、刘华清、江泽民、李鹏、李岚清、李铁映、李瑞环、杨白冰、吴邦国、邹家华、陈希同、胡锦涛、姜春云、钱其琛、尉健行、谢非、谭绍文为中央政治局委员，温家宝、王汉斌为中央政治局候补委员；选举江泽民、李鹏、乔石、李瑞环、朱镕基、刘华清、胡锦涛为中央政治局常委，江泽民为中央委员会总书记；根据中央政治局常务委员会的提名，由胡锦涛、丁关根、尉健行、温家宝、任建新组成中央书记处；决定了中央军事委员会组成人员，江泽民为中央军委主席；批准了中央纪律检查委员会第一次全体会议选举产生的书记、副书记和常务委员会委员人选，尉健行为中央纪委书记。

【十四届中央纪委一次全会】（1992年10月19日） 十四届中央纪委一次全会于1992年10月19日在北京举行。出席会议的中央纪委委员107人，尉健行主持会议。会议选举了中央纪律检查委员会书记、副书记和常务委员会委员。选举尉健行为中央纪律检查委员会书记，选举侯宗宾、陈作霖、曹庆泽、王德瑛、徐青为副书记，选举王光、王德瑛、刘丽英、安启元、李至伦、何勇、陈作霖、侯宗宾、徐青、曹庆泽、尉健行、彭钢、傅杰为常务委员会委员，报中央委员会批准。

【民建第六次全国代表大会】（1992年11月19日至27日） 民建第六次全国代表大会于1992年11月19日至27日在北京举行。出席会议的代表569名，来自254个地方组织，代表5.4万多名成员。李岚清宣读了中共中央的贺词。雷洁琼代表其他民主党派中央、全国工商联向大会致贺词。孙起孟代表民建五届中央委员会作《积极贯彻中共十四大精神，努力开创民建工作新局面》的工作报告。浦洁修代表中央咨议委员会向大会提交了书面工作报告。大会通过了新的《中国民主建国会章程》。大会选举产生由165名委员、19名候补委员组成的民建六届中央委员会。民建六届一中全会选举孙起孟为主席。同日召开的六届中央咨议委员会第一次会议推举浦洁修为主任委员。1996年12月10日至13日召开的民建六届五中全会，根据孙起孟的多次请求及十三次中常委会议的建议，接受他辞去民建中央主席和中央委员职务，并一致推举他为民建中央名誉主席；全会选举成思危为主席。

【台盟第五次全盟代表大会】（1992年11月23日至28日） 台盟第五次全盟代表大会于1992年11月23日至28日在北京举行。出席大会的正式代表158人，特邀代表6人。蔡子民致开幕词。邹家华宣读了中共中央的贺词。贾亦斌代表各民主党派、工商联，郭平坦代表全国台联分别致词。蔡子民代表第四届中央委员会作了题为《为建设有中国特色社会主义，促进祖国和平统一贡献力量》的工作报告。潘渊静作了《关于修改台湾民主自治同盟章程的说明》。新的盟章将主席团制改为主席、副主席、秘书长制，使领导核心能较稳定地集中精力开展工作。大会选举产生了由委员52人、候补委员7人组成的台盟第五届中央委员会。大会推举22人组成台盟第二届中央评议委员会。11月29日召开的台盟五届一中全会推举苏子蘅为名誉主席；选举蔡子民为中央委员会主席。台盟中央第二届评议委员会推举李辰为评议委员会主席。

【农工党第十一次全国代表大会】（1992年12月3日至8日） 农工党第十一次全国代表大会于1992年12月3日至8日在北京举行。出席开幕式的代表508人。卢嘉锡主持开幕会。李铁映宣读了中共中央的贺词。费孝通代表其他民主党派和全国工商联致贺词。卢嘉锡代表农工党十届中央委员会作了题为《解放思想，实事求是，团结一致，真抓实干，为夺取有中国特色社会主义事业的更大胜利作出新贡献》的工作报告。章师明作关于《中国农工民主党章程（修改草案）》的说明的报告。大会审议批准了第二届中央咨监委员会的工作报告。会议推举周谷城为农工党名誉主席，选举产生了由154名委员和18名候补委员组成的农工党第十一届中央委员会，由112名委员组成的农工党中央咨监委员会。12月9日召开的农工党十一届一中全会选举卢嘉锡为中央委员会主席，推举沈其震为农工党中央咨监委员会主席，并审议通过了中央咨监委员会组织条例。

【民进第七次全国代表大会】（1992年12月11日至17日） 民进第七次全国代表大会于1992年12月11日至17日在北京举行。大会正式代表481人，列席代表47人。雷洁琼主持开幕式。赵朴初致开幕词。丁关根宣读了中共中央的贺词。卢嘉锡代表其他民主党派和全国工商联向大会表示诚挚的祝贺。雷洁琼代表民进八届中央委员会作了题为《解放思想，实事求是，为建设有中国特色社会主义多做贡献》的工作报告。大会修改了章程，选举产生了由159名委员和19名候补委员组成的民进第九届中央委员会，由83人组成的民进第三届中央参议委员会。大会一致推举谢冰心和赵朴初为名誉主席。12月18日召开的民进九届一中全会选举雷洁琼为主席。

【全国政法工作会议】（1992年12月14日至19日） 全国政法工作会议于1992年12月14日至19日在北京举行。任建新在会上讲话。王芳主持会议。刘复之、贾春旺、蔡诚、陶驷驹以及各省、市、自治区党委主管政法工作的负责人出席了会议。12月16日，江泽民、乔石在人民大会堂与出席会议的部分代表，就当前政法战线的形势和加强政法工作的重要任务等问题进行了座谈。座谈会之前，江泽民、李鹏、乔石、李瑞环、朱镕基、刘华清、胡锦涛等在人民大会堂会见了出席会议的全体代表。

【民革第八次全国代表大会】（1992年12月14日至22日） 民革第八次全国代表大会于1992年12月14日至22日在北京举行。出席大会的正式代表607人。彭清源主持开幕式。贾亦斌致开幕词。尉健行宣读了中共中央的贺词。李沛瑶受民革七届中央委员会委托，作题为《学习和贯彻中共十四大精神，进一步发挥参政党的职能，为建设有中国特色的社会主义作出新的贡献》的工作报告。彭清源作关于修改民革章程的说明。大会选举产生了由171名委员和38名候补委员组成的民革第八届中央委员会。12月22日召开的民革八届一中全会推举朱学范、侯镜如、孙越崎为名誉主席；选举李沛瑶为主席。1996年11月召开的民革八届五中全会选举何鲁丽为主席。

【致公党第十次全国代表大会】（1992年12月15日至20日） 致公党第十次全国代表大会于1992年12月15日至20日在北京举行。出席大会的代表295人，代表全党11496名党员。钱其琛宣读了中共中央的贺词。杨纪珂致大会开幕词。董寅初代表致公党九届中央委员会作了题为《团结奋斗，致力为公，为建设有中国特色社会主义做出新贡献》的工作报告。陆榕树作关于《中国致公党章程（修正案）》的说明。大会选举产生了由87名委员、4名候补委员组成的致公党第十届中央委员会。十届一中全会选举董寅初为主席，推举黄鼎臣为名誉主席。

【民盟第七次全国代表大会】（1992年12月22日至28日） 民盟第七次全国代表大会于1992年12月22日至28日在北京举行。大会共有代表850人。费孝通致开幕词。田纪云宣读了中共中央的贺词。孙起孟代表其他民主党派和工商联致贺词。钱伟长代表民盟六届中央委员会作了《努力发挥参政党作用，在建设有中国特色社会主义的伟大事业中作出新贡献》的工作报告，陈敏之代表叶笃义作《关于中国民主同盟章程修改的说明》，林亨元作《关于民盟中央参议委员会组织条例修改的说明》。大会选举产生了由225名委员和39名候补委员组成的民盟新一届中央委员会。大会推举楚图南为民盟中央名誉主席，推举产生了由164人组成的民盟第七届参议委员会。大会通过了《中国民主同盟第七次全国代表大会决议》。12月29日召开的民盟七届一中全会选举费孝通为主席。

【九三学社第六次全国代表大会】（1992年12月26日至30日）　九三学社第六次全国代表大会于1992年12月26日至30日在北京举行。出席代表535人。吴阶平主持开幕式。周培源致开幕词。中共中央派代表到会宣读贺词。孙起孟代表其他民主党派和全国工商联致贺词。徐采栋受九三学社八届中央委员会委托作了题为《发挥科技优势，提高参政水平，为加快改革开放和现代化建设贡献力量》的报告。郝诒纯作关于修改《九三学社章程》的说明。王淦昌代表九三学社中央参议委员会在开幕式上讲了话。大会选举产生了由213名委员组成的九三学社第九届中央委员会及新一届中央参议委员会。大会审议通过了《九三学社中央参议委员会组织条例》《九三学社第六次全国代表大会决议》等。吴阶平致闭幕词。12月31日召开的九三学社九届一中全会选举周培源、严济慈、金善宝为名誉主席，吴阶平为中央委员会主席，王淦昌为中央参议委员会主任。

【全国青年干部锻炼成长经验交流会】（1993年1月8日至12日）　全国青年干部锻炼成长经验交流会于1993年1月8日至12日在湖北省武汉市召开。胡锦涛专程到会听取青年干部的发言并作了讲话。他强调，青年同志要充分认识到自己的历史责任，严格要求自己，全面锻炼自己，不断提高德才素质，真正担当起历史赋予的重任，不辜负党和人民的殷切期望，接好老一辈英勇革命斗争精神的班。胡锦涛指出，青年干部要使自己成熟起来，一方面要努力学习马列主义毛泽东思想的基本原理，特别要学习邓小平建设有中国特色社会主义的理论，认清历史发展的总趋势，使自己的思想和行动顺应时代的要求；一方面要勇于实践，始终把自己置身于改革开放和现代化建设的群众实践之中，在广阔天地里锻炼成长。

【全国省市区纪委书记、监察厅（局）长会议】（1993年1月11日至13日）　全国省市区纪委书记、监察厅（局）长会议于1993年1月11日至13日在北京举行。尉健行在会上就中央纪律检查委员会、国家监察部从本年起合署办公，实行一套工作机构，履行党的纪律检查和行政监督两项职能的体制讲话。尉健行指出，中央决定中央纪委与监察部合署办公，是我国党政监督体制的一项重大改革，是适应加快现代化建设新形势，进一步加强党的纪律检查工作和强化行政监察机关职能，并使之形成合力的重大措施。尉健行指出，民主党派和无党派人士担任监察部和各级监察机关领导职务的制度继续坚持执行。尉健行要求各级纪检监察机关以改革的精神加强业务和队伍建设，更好地发挥监督检查的职能作用，为维护政治稳定、促进改革开放和经济建设服务。

【全国宣传部长座谈会】（1993年1月11日至16日） 全国宣传部长座谈会于1993年1月11日至16日在北京召开。会议的主题是：贯彻党的十四大精神，用邓小平建设有中国特色社会主义理论指导宣传思想工作，以经济建设为中心，更好地为改革开放和现代化建设服务，推动宣传思想工作迈出新步伐，登上新台阶，作出新贡献。15日，江泽民、李鹏、丁关根、李铁映等在人民大会堂接见出席全国宣传部长座谈会的全体代表并同代表们进行座谈。江泽民说，宣传思想工作历来是党的工作的一个极其重要的组成部分，是一条重要的战线。在加快改革开放步伐，建立社会主义市场经济体制的新形势下，宣传思想工作更具有新的特殊重要性。这条战线涉及各个领域，关系到建设有中国特色社会主义事业的全局。

【中央军委扩大会议】（1993年1月13日至19日） 中央军委扩大会议于1993年1月13日至19日在北京召开。会议制定了新时期积极防御的军事战略方针，其基本精神是以毛泽东军事思想和邓小平新时期军队建设思想为指导，服从和服务于国家安全战略，军事斗争准备立足打赢一场可能发生的现代技术特别是高技术条件下的局部战争，加速我军质量建设，努力提高我军作战能力，扬长避短，灵活应变，遏制战争，赢得战争，保卫国家领土主权和海洋权益，维护祖国统一和社会稳定，为改革开放和现代化建设提供强有力的安全保障。13日，江泽民在会上主要就国际形势和军事战略方针问题发表了重要讲话。

【纪念宋庆龄同志诞辰一百周年大会】（1993年1月20日） 纪念宋庆龄同志诞辰100周年大会于1993年1月20日在北京人民大会堂举行。江泽民、李鹏、李瑞环、胡锦涛等领导同志，首都各界及海外来宾4000余人出席大会。会议由万里主持。江泽民在大会上讲话，盛赞宋庆龄是爱国主义、民主主义、国际主义和共产主义的伟大战士，是杰出的国际社会活动家，是保卫世界和平事业久经考验的前驱，是中国共产党的优秀党员。江泽民说，宋庆龄的一生，是为国为民、为人类进步事业不停息地战斗奋进的一生，是不断追求、不断探索，不断认识新事物、接受新思想，紧随着时代脚步不断前进的一生。她为中国人民的革命和建设，为保卫世界和平，为人类进步事业所作出的杰出贡献和所建立的丰功伟绩，在历史上永放光芒。会前，江泽民等会见了70余位宋庆龄的生前亲友和国际友人。

【十四届二中全会】（1993年3月5日至7日） 十四届二中全会于1993年3月5日至7日在北京举行。出席这次全会的有中央委员184人，中央候补委员125人，有关负责人49人列席会议。中央政治局主持会议，江泽民作了讲话。全会科学分析了我国当前的经济形势，强调指出，在当前和整个90年代，抓住国内和国际的有利时机，加快改革开放和现代化建设步伐，这个指导思想要坚定不移。全会认为，"八五"计划若干指标的调整是必要的、符合实际的，调整后的指标经过全党和全国人民的共同努力是能够实现的。要继续保持经济发展的好势头，在提高质量、优化结构、增进效益的基础上求得较快的发展速度，促过社会全面进步。各地情况不同，在速度问题上不搞"一刀切"。全会审议通过了《关于调整"八五"计划若干指标的建议》。全会认为，党政机构改革，是政治体制改革和社会主义政治建设的重要内容，也是深化经济体制改革、加快社会主义现代化建设步伐的重要条件，必须抓紧进行。机构改革应以适应社会主义市场经济发展的要求为目标，转变职能，理顺关系，精兵简政，提高效率。全会审议通过了《关于党政机构改革的方案》。全会审议通过了中央政治局提出，经过与党内外协商形成的，拟向八届全国人大一次会议推荐的国家机构领导人员人选名单和拟向全国政协八届一次会议推荐的全国政协领导人员人选名单。

【中国人民政治协商会议第八届全国委员会第一次会议】（1993年3月14日至27日） 中国人民政治协商会议第八届全国委员会第一次会议于1993年3月14日至27日在北京举行。3月14日的开幕会由李瑞环主持，本届委员共2093人，出席开幕会的委员1911人。江泽民、杨尚昆、李鹏、万里、乔石、朱镕基、刘华清、胡锦涛等到会祝贺。叶选平在会上作了政协第七届全国委员会常务委员会工作报告。政协第七届全国委员会提案委员会向大会提交了五年提案工作情况的书面报告。委员们列席了八届全国人大一次会议，听取并讨论了李鹏作的政府工作报告。大会选举李瑞环为第八届全国政协主席，叶选平、吴学谦、杨汝岱、王兆国、阿沛·阿旺晋美、赛福鼎·艾则孜、洪学智、杨静仁、周培源、邓兆祥、赵朴初、巴金、刘靖基、钱学森、钱伟长、胡绳、钱正英、苏步青、侯镜如、丁光训、董寅初、孙孚凌、安子介、霍英东、马万祺为副主席，宋德敏为秘书长，丁石孙等288人为常务委员。会议通过了政协八届一次会议政治决议和关于修改《中国人民政治协商会议章程》第四章第四十一条政协组织任期的决议、政协八届一次会议提案委员会关于提案审查情况的报告。

【第八届全国人民代表大会第一次会议】（1993年3月15日至31日） 第八届全国人民代表大会第一次会议于1993年3月15日至31日在北京举行。3月15日的第一次全体会议由乔石主持，出席代表2898名。会议选举江泽民为中华人民共和国主席、荣毅仁为副主席；江泽民为中华人民共和国中央军事委员会主席；选举乔石为第八届全国人大常委会委员长，田纪云、王汉斌、倪志福、陈慕华、费孝通、孙起孟、雷洁琼、秦基伟、李锡铭、王丙乾、帕巴拉·格列朗杰、王光英、程思远、卢嘉锡、布赫、铁木尔·达瓦买提、甘苦、李沛瑶、吴阶平为副委员长。决定李鹏为中华人民共和国国务院总理；决定刘华清、张震为中华人民共和国中央军事委员会副主席，迟浩田、张万年、于永波、傅全有为中华人民共和国中央军事委员会委员；选举任建新为最高人民法院院长；选举张思卿为最高人民检察院检察长。大会决定朱镕基、邹家华、钱其琛、李岚清为副总理，李铁映、迟浩田、宋健、李贵鲜、陈俊生、司马义•艾买提、彭珮云、罗干为国务委员。会议通过了八届全国人大法律委员会、财政经济委员会、民族委员会、内务司法委员会、教育科学文化卫生委员会、外事委员会、华侨委员会、环境保护委员会的主任委员、副主任委员、委员名单。通过了李鹏作的政府工作报告、邹家华作的关于1992年国民经济和社会发展情况与1993年计划草案的报告、刘仲藜作的关于1992年国家预算执行情况和1993年国家预算草案的报告。罗干作了关于国务院机构改革方案的说明，会议批准国务院机构改革方案。会议还通过了中华人民共和国澳门特别行政区基本法，包括三个附件和区旗、区徽图案；关于设立澳门特别行政区的决定；关于中华人民共和国澳门特别行政区基本法的决定；关于澳门特别行政区第一届政府、立法会和司法机关产生办法的决定；关于批准澳门特别行政区基本法起草委员会关于设立全国人民代表大会常务委员会澳门特别行政区基本法委员会的建议的决定。通过了关于授权全国人民代表大会常务委员会设立香港特别行政区筹备委员会的准备工作机构的决定。通过了关于彭冲作的全国人民代表大会常务委员会工作报告、任建新作的最高人民法院工作报告和刘复之作的最高人民检察院工作报告。会议通过了《中华人民共和国宪法修正案》，肯定中国正处于社会主义初级阶段，国家实行社会主义市场经济等。江泽民、乔石分别在闭幕会上讲话。

【计划生育工作座谈会】（1993年3月21日） 中共中央、国务院于1993年3月21日在北京召开计划生育工作座谈会。这是第三次在全国人大开会期间召开全国计划生育工作座谈会。江泽民、李鹏在座谈会上讲话。江泽民指出，计划生育基本国策决不动摇；控制人口增长是实现我国第二步、第三步战略目标必不可少的重要条件；计划生育工作的重点要放在农村。李鹏提出，要更自觉地树立人口、经济、社会、资源、环境的整体观念，各有关部门和群众团体对计划生育工作要齐抓共管，对人口问题实行综合治理。

【经济情况通报会】（1993年4月1日） 经济情况通报会于1993年4月1日在北京召开。此次会议就1993年第一季度投资规模增长过快、金融货币发行和信贷规模过多过大、开发区热等经济形势作了情况通报。江泽民发表对经济工作的意见。他说：当前，国内形势和国际环境为加快改革和发展提供了难得的机遇。抓住机遇，加快发展，必须从中国当前的实际情况出发，坚持做到解放思想和实事求是相统一。力求做到既加快发展，尽力而为，又从实际出发，量力而行。在发展速度上，不搞“一刀切”，一定要从客观实际出发，有条件的能搞多快就搞多快，暂时没有条件加快发展的不要勉强。要防止经济过热。

【八届国务院第一次常务会议】（1993年4月9日）　八届国务院第一次常务会议于1993年4月9日在北京召开。李鹏主持会议。会议为国务院第一次全体会议作了准备。据不完全统计，本届政府共召开65次国务院常务会议。

【八届国务院第一次全体会议】（1993年4月10日）　八届国务院第一次全体会议于1993年4月10日在北京召开。李鹏主持会议并讲话。会议通过了国务院直属机构、办事机构及其他机构设置，国务院总理、副总理、国务委员的工作分工，国务院工作规则和国务院组成人员内外事活动等有关制度。李鹏强调，我们这一届政府的首要任务是发展经济，促使国民经济更好更快地上一个新台阶。在本届政府任期内，要完成原定国民生产总值比1980年翻两番的宏伟目标。我们一定要有一个结构合理、质量高、效益好的发展速度。李鹏提出，我们要在建立社会主义市场经济体制上迈出较大步伐。在发展物质文明的同时，抓好精神文明建设，使社会和经济协调发展，使人民群众的物质生活和文化生活都有进一步提高。李鹏说，要顺利进行社会主义经济建设，我们不仅要有一个稳定的内部环境，也需要一个和平的外部环境。我们将在和平共处五项原则的基础上建立和发展同世界各国的友好合作关系。李鹏还谈到了机构改革问题。他说，国务院各部委下一步要抓紧进行“三定”工作，即定职能，定机构，定编制，目的是转变职能，理顺关系，精简机构，下放权力，做到宏观管好，微观搞活，以适应建立社会主义市场经济体制的需要。

【中国共产主义青年团第十三次全国代表大会】（1993年5月3日至10日）　中国共产主义青年团第十三次全国代表大会于1993年5月3日至10日在北京举行。胡锦涛在会上作《肩负起历史的重任》的祝词。开幕式前，党和国家领导人江泽民、乔石、李瑞环、朱镕基、刘华清、胡锦涛、荣毅仁等在人民大会堂宴会厅接见了出席共青团十三大的全体代表和工作人员，并和大家合影留念。李克强代表共青团十二届中央委员会向大会作报告。大会审议并通过《中国共产主义青年团第十三次全国代表大会报告的决议》《关于中国共产主义青年团章程（修正案）的决议》，选举产生了新一届中央委员会，李克强当选为团中央书记处第一书记。

【全国培养选拔少数民族干部工作座谈会】（1993年6月5日至9日）　中央组织部、中央统战部和国家民委于1993年6月5日至9日在北京召开全国培养选拔少数民族干部工作座谈会。会议讨论了有关培养选拔少数民族干部工作的八年规划。胡锦涛于6月8日上午在中南海怀仁堂与代表座谈时强调：培养少数民族干部，事关民族问题能否正确解决的大局，事关社会稳定、国家长治久安的大局，是一件具有战略意义的大事，必须高度重视，采取有效措施，努力取得新的成绩。胡锦涛指出，加快少数民族地区的改革和发展，要靠党的正确政策，靠全国的支援，更要靠民族地区广大干部带领各族群众自力更生，艰苦奋斗。从一定意义上讲，继续努力培养造就一支适应新形势新任务要求，坚决维护国家统一、民族团结，同群众保持密切联系、受到群众信赖的少数民族干部队伍，是少数民族地区更好更快发展的关键所在。

【八届国务院第二次全体会议】（1993年7月10日） 八届国务院第二次全体会议于1993年7月10日在北京召开。受李鹏的委托，朱镕基主持会议。会议部署贯彻落实党中央、国务院关于加强宏观调控、做好当前经济工作的措施。根据党中央、国务院的决定，会议宣布，近日将派出10个中央调查组，前往20个省、自治区、直辖市，督促检查各地贯彻落实的情况。朱镕基对国务院各部门的工作提出了要求，对贯彻落实好党中央、国务院的重大决策作了动员和部署。罗干在会上宣布了10个中央调查组组成情况。邹家华、钱其琛、李岚清和宋健、陈俊生等同志在会上发了言。

【全国机构改革工作会议】（1993年7月21日至23日） 全国机构改革工作会议于1993年7月21日至23日在北京召开。会议主要议题是贯彻落实中央《关于党政机构改革的方案》和《关于党政机构改革方案的实施意见》；具体部署各级机构改革的步骤和要求；研究机构改革中的一些政策性问题。胡锦涛主持会议并宣读李鹏为会议写的信。罗干在会上作了《适应社会主义市场经济的发展，全面推进地方机构改革》的报告。7月23日下午，江泽民、朱镕基在中南海怀仁堂会见与会代表，并与部分代表进行了座谈。江泽民指出，机构改革是深化经济改革，建立社会主义市场经济体制和加快现代化建设的重要条件，是我国政治体制改革、加强社会主义民主与法制建设的紧迫任务，也是全面贯彻党的基本路线、巩固党的执政地位和社会主义政权的客观需要。

【全国高校党建工作会议】（1993年7月26日至30日） 中央组织部、中央宣传部和国家教委党组于1993年7月26日至30日在北京召开全国高校党建工作会议。会议着重研究了如何正确认识和把握发展高等教育与建立社会主义市场经济的关系，使高等教育更好地适应社会主义市场经济的需要。朱开轩作了题为《从严治党，深化改革，落实“纲要”》的工作报告。7月29日上午，江泽民在人民大会堂会见了与会代表。会见结束后，李岚清与会议代表进行座谈，就高校的党建工作和思想政治工作、加强精神文明建设、高校教师课余社会兼职问题、校办产业问题谈了意见。

【全国组织工作座谈会】（1993年8月9日至13日） 全国组织工作座谈会于1993年8月9日至13日在北京召开。吕枫在会上对下半年的工作进行了安排和部署。胡锦涛于8月9日在会上作了讲话。胡锦涛指出，在新的历史条件下，要按照党的十四大的要求建设好我们的党，必须坚持把领导班子的建设作为加强党的建设的重点，认真抓好，特别要抓好思想作风建设这个长远起作用的根本性建设。8月12日，江泽民同出席座谈会的全体代表座谈。江泽民在讲话中强调，中国的事情要办好，归根到底取决于党的自身建设和党的领导。加强党的建设，首先必须把各级领导班子建设好。领导班子建设，组织建设是基础，思想作风建设是根本。江泽民在讲话中要求县以上领导机关要高度重视并扎扎实实抓好党的基层组织建设。

【十四届中央纪委二次全会】（1993年8月20日至25日） 十四届中央纪委二次全会于1993年8月20日至25日在北京举行。出席会议的中纪委委员106人。各省、自治区、直辖市，中央各部门，解放军、武警部队纪检监察机关的负责人和有关方面负责人列席会议。尉健行代表中央纪委作题为《适应新形势，深入反腐败，为全面贯彻党的基本路线服务》的报告。21日，江泽民在大会上讲话指出，腐败是一种历史现象，从本质上说是剥削制度、剥削阶级的产物。共产党和社会主义制度，是同任何腐败现象根本不相容的。我国在社会主义条件下，仍然存在腐败现象，有种种复杂原因。我们既要看到反腐败斗争是一项长期的艰巨任务，又要有现实的紧迫感，采取有力措施，坚决制止腐败现象蔓延的势头，把突出问题解决好。

【中国妇女第七次全国代表大会】（1993年9月1日至6日） 中国妇女第七次全国代表大会于1993年9月1日至6日在北京举行。1180位代表出席了会议。江泽民、李鹏等会见出席大会的全体代表。胡锦涛代表党中央向大会致词。黄启璪作了《全国妇女团结起来，为建设有中国特色的社会主义努力奋斗》的工作报告。大会认真总结了改革开放15年来我国妇女运动和妇女工作的经验，明确了90年代我国妇女运动的光荣任务，修改了《中华全国妇女联合会章程》，选举产生了全国妇联新一届领导机构。陈慕华再次当选全国妇联主席，黄启璪为书记处第一书记。

【八届国务院第三次全体会议】（1993年9月17日） 八届国务院第三次全体会议于1993年9月17日在北京召开。李鹏主持会议。罗干在会上宣读了《国务院关于近期开展反腐败斗争的实施意见》；财政部负责人分别宣读了《关于治理乱收费的规定》和《关于对行政性收费、罚没收入实行预算管理（收支两条线）的规定》的两个征求意见稿；国家经贸委负责人宣读了《关于党政机关与所办经济实体脱钩的规定》征求意见稿；监察部负责人宣读了《关于严禁用公款变相出国（境）旅游的规定》征求意见稿。会议原则通过了上述几个规定。李鹏在会上指出，近几个月以来，党中央、国务院着重抓了三件大事：一是对国民经济加强宏观调控，主要运用经济手段，已经取得初步成效；二是研究建立社会主义市场经济体制的问题，相应研究了金融、财政、国有资产管理、投资体制和外贸等项配套改革措施；三是部署反腐败斗争，推进廉政建设。抓好这三件大事，对于建立社会主义市场经济体制，促进改革开放和经济建设健康发展，促进两个文明建设，不仅有重要的现实意义，而且有深远的历史意义。国务院各部门、各级政府和各级领导要坚决贯彻执行党中央反腐败斗争的决定，使反腐败斗争务必在年内取得明显成效。

【全国国有企业党建工作座谈会】（1993年9月21日至23日） 中央组织部和中央政策研究室于1993年9月21日至23日在北京召开全国国有企业党建工作座谈会。会议期间，与会同志就如何适应贯彻落实国有工业企业转换经营机制条例，深化企业内部改革，进一步搞好国有大中型企业的要求，切实加强和改进企业党的工作等问题进行座谈讨论。9月23日，胡锦涛与出席会议的代表进行座谈。胡锦涛指出，要成功地建立社会主义市场经济体制；要增强整个国家的经济实力，提高人民生活水平，保持社会稳定；要巩固和发展当前好的形势，推动改革开放和现代化建设更快更好地发展，都必须进一步搞好国有企业特别是大中型企业。这是一件关系全局的大事。企业党组织要紧密结合企业改革和生产经营开展工作，为企业改革和发展服务，在这个过程中发挥政治核心作用。

【全国工商联第七届会员代表大会】（1993年10月13日至17日） 全国工商联第七届会员代表大会于1993年10月13日至17日在北京举行。出席大会的代表702人。李岚清宣读了中共中央、国务院的贺词。王兆国代表全国政协、孙起孟代表各民主党派中央、杨兴富代表各人民团体在大会上致贺词。张绪武作了《努力发挥工商联的积极作用，为建设有中国特色社会主义的伟大事业做出新贡献》的工作报告。大会通过了修改后的《章程》。大会选出330名执行委员。10月17日召开的全国工商联七届一次执委会选举经叔平为主席，推选王光英为名誉主席。

【中央农村工作会议】（1993年10月18日至21日） 中共中央于1993年10月18日至21日在北京召开农村工作会议。江泽民在开幕会上讲话，着重阐述五个问题：一是全党要始终高度重视农业、农村和农民问题；二是当前深化农村改革的主要任务；三是千方百计加快农村经济发展和社会进步；四是大力抓好农村基层组织建设；五是切实加强和改进党对农村工作领导。21日，李鹏在会上讲话强调：在市场经济条件下，政府领导农业和农村经济的主要职能，可以概括为“引导、支持、保护、调控”八个字。会议讨论了江泽民的讲话，深入讨论了《关于当前农业和农村经济发展的若干政策措施》。11月5日，中共中央、国务院发布了这个文件。

【中国工会第十二次全国代表大会】（1993年10月24日至30日） 中国工会第十二次全国代表大会于1993年10月24日至30日在北京举行。代表人数1600人，特邀代表296人。党和国家领导人江泽民、李鹏、乔石、李瑞环、刘华清、胡锦涛等出席大会开幕式，胡锦涛代表党中央、国务院向大会致祝词。张丁华向大会作了题为《团结动员全国职工发挥主力军作用，为夺取有中国特色社会主义事业的更大胜利而奋斗》的工作报告。大会通过了《关于全总第十一届执委会工作报告的决议》《关于〈中国工会章程部分条文修正案〉的决议》等四个决议。大会选举产生中国工会第十二届执行委员会，尉健行当选为中华全国总工会主席。

【学习《邓小平文选》第三卷报告会】（1993年11月2日） 中共中央于1993年11月2日下午在北京人民大会堂举行学习《邓小平文选》第三卷报告会。报告会由李鹏主持。胡锦涛宣读了《中共中央关于学习〈邓小平文选〉第三卷的决定》。江泽民在报告会上讲话。他说，《邓小平文选》第三卷是邓小平领导我们推进改革开放和社会主义现代化建设丰富经验的理论总结，也是引导我们继续胜利前进的科学指南。坚持邓小平建设有中国特色社会主义的理论，就是真正坚持和发展马克思列宁主义、毛泽东思想。学习《邓小平文选》第三卷，要牢牢把握"解放思想，实事求是"这个精髓；紧紧抓住"只有社会主义才能救中国，只有社会主义才能发展中国，我们坚持的社会主义是有中国特色的社会主义"这个首要的基本的理论问题，提高对于"一个中心、两个基本点"的基本路线的认识，坚定不移地走自己的路。

【全国统战工作会议】（1993年11月3日至7日） 全国统战工作会议于1993年11月3日至7日在北京召开。李瑞环主持会议。王兆国作了题为《以邓小平同志建设有中国特色社会主义理论为指导进一步加强新形势下的统一战线工作》的工作报告。11月7日，江泽民等与出席全国统战工作会议的代表座谈。江泽民在讲话中强调了搞好新时期统一战线工作的重要性，深刻阐述了做好新形势下民族、宗教工作的意义和方针政策，要求各级党委加强对统一战线工作的领导。他强调要继续巩固和发展社会主义的民族关系，坚持和完善民族区域自治制度，加快民族地区的经济发展和社会进步；要全面、正确地贯彻执行党的宗教政策，依法加强对宗教事务的管理，积极引导宗教与社会主义社会相适应。

【十四届三中全会】（1993年11月11日至14日） 十四届三中全会于1993年11月11日至14日在北京举行。出席会议的中央委员182人，候补中央委员128人。有关负责人54人列席了会议。全会由中央政治局主持，江泽民作了讲话。全会审议并通过《中共中央关于建立社会主义市场经济体制若干问题的决定》。《决定》指出：社会主义市场经济体制是同社会主义基本制度结合在一起的。建立社会主义市场经济体制，就是要使市场在国家宏观调控下对资源配置起基础性作用。为实现这个目标，必须坚持以公有制为主体、多种经济成分共同发展的方针，进一步转换国有企业经营机制，建立适应市场经济要求，产权清晰、权责明确、政企分开、管理科学的现代企业制度；建立全国统一开放的市场体系，实现城乡市场紧密结合，国内市场与国际市场相互衔接，促进资源的优化配置；转变政府管理经济的职能，建立以间接手段为主的完善的宏观调控体系，保证国民经济的健康运行；建立以按劳分配为主体，效率优先、兼顾公平的收入分配制度，鼓励一部分地区一部分人先富起来，走共同富裕的道路；建立多层次的社会保障制度，为城乡居民提供同我国国情相适应的社会保障，促进经济发展和社会稳定。这些主要环节是相互联系和相互制约的有机整体，构成社会主义市场经济体制的基本框架。《决定》指出，当前培育市场体系的重点是，发展金融市场、劳动力市场、房地产市场、技术市场和信息市场等。11月14日，江泽民在闭幕会上发表讲话指出，全会通过的《中共中央关于建立社会主义市场经济体制若干问题的决定》，是我们在90年代进行经济体制改革的行动纲领。

【八届国务院第四次全体会议】（1993年11月27日） 八届国务院第四次全体会议于1993年11月27日在北京召开。李鹏主持会议。会议讨论贯彻落实党的十四届三中全会《决定》，实施财税、金融、投资、外贸等各项改革方案，以及为保持国民经济持续、快速、健康发展的各项任务和措施。会议认为，1992年以来，在邓小平同志重要谈话和党的十四大精神指引下，我国改革开放、经济建设和各方面的工作都出现了新的局面，总的形势是好的。对于经济快速增长中出现的突出矛盾和问题，党中央和国务院及时采取了宏观调控措施，经过各级政府和各个部门的共同努力，已经取得积极成效。会议指出，1994年的经济工作中要全面贯彻党的十四大精神和十四届三中全会《决定》，要抓住机遇，深化改革，优化结构，提高效益，促进发展。

【全国政法工作会议】（1993年12月21日至25日） 全国政法工作会议于1993年12月21日至25日在北京召开。罗干在会上传达了中央政治局常委会关于加强政法工作的重要指示。任建新在会上提出，我国各级政法部门1994年将广泛推行工作和办案责任制，特别是错案追究制。这是全国政法工作改革的具体措施之一。12月24日，江泽民、李鹏等同会议部分人员举行座谈。江泽民强调，各级党委、政府特别是各省、自治区、直辖市的领导同志，一定要在紧紧抓住经济建设这个中心的同时，认真地分析各种不安定因素，采取有力措施，千方百计地维护社会政治稳定，保证改革开放和现代化建设的顺利进行。

【纪念毛泽东同志诞辰一百周年大会】（1993年12月26日） 中共中央、全国人大常委会、国务院、全国政协、中央军委于1993年12月26日在北京隆重举行纪念毛泽东同志诞辰100周年大会。江泽民、李鹏、乔石、李瑞环、朱镕基、刘华清、胡锦涛、荣毅仁等和首都各界一万多人出席了大会。大会由李鹏主持。江泽民在大会上讲话，强调毛泽东思想永远是中国共产党人的理论宝库和中华民族的精神支柱，阐述了邓小平继承、丰富和发展毛泽东思想，创立建设有中国特色社会主义理论的重大意义；号召全党同志和全国各族人民更加紧密地团结起来，抓住机遇，加快发展，改革创新，艰苦奋斗，朝着既定的伟大目标奋勇前进。纪念大会结束后，江泽民、李鹏、乔石、李瑞环、朱镕基、刘华清、胡锦涛、荣毅仁等和首都各界群众代表一起，来到毛主席纪念堂瞻仰了毛泽东遗容。26日至30日，毛泽东生平和思想研讨会在北京举行。

【全国宣传思想工作会议】（1994年1月24日至29日） 中共中央于1994年1月24日至29日在北京召开全国宣传思想工作会议。会议的主要任务是，在邓小平同志建设有中国特色社会主义理论和党的基本路线指导下，贯彻党的十四大和十四届三中全会精神，按照“两手抓、两手都要硬”的方针，研究和部署在新形势下加强和改进宣传思想工作。江泽民在开幕会上的报告中指出，我们的宣传思想工作，要以科学的理论武装人，以正确的舆论引导人，以高尚的精神塑造人，以优秀的作品鼓舞人，不断培养和造就一代又一代有理想、有道德、有文化、有纪律的社会主义新人，在建设有中国特色社会主义的伟大事业中发挥有力的思想保证和舆论支持作用。李鹏、朱镕基分别于1月26日、28日到会讲话。

【八届国务院第五次全体（扩大）会议】（1994年2月15日） 八届国务院第五次全体（扩大）会议于1994年2月15日在北京召开。李鹏主持会议。会议讨论即将提交八届全国人大二次会议审议的政府工作报告（征求意见稿）。李鹏在会上讲话指出，1993年，是全面贯彻党的十四大精神，沿着建设有中国特色社会主义道路胜利前进的一年，改革开放和现代化建设取得重大成就，各方面工作出现了新的局面，基本上完成了八届全国人大一次会议确定的年度任务。他说，1994年是国民经济继续保持良好发展势头的重要一年，也是推进改革的关键一年。中共中央在全面分析当前国内外形势的基础上，明确提出了1994年全党全国工作的基本方针。国务院和各级政府在各项工作中都要认清这个大局，认真处理好改革、发展和稳定三者之间的关系。要始终坚持两手抓、两手都要硬的方针，在集中力量搞好经济发展和改革的同时，积极发展科技教育文化事业，加强社会主义精神文明建设，加强社会主义民主和法制建设。这也是我们起草政府工作报告所遵循的基本方针。会上，政府工作报告起草小组负责人介绍了有关报告的起草情况。

【十四届中央纪委三次全会】（1994年2月25日至3月1日） 十四届中央纪委三次全会于1994年2月25日至3月1日在北京举行。中央纪委委员103人出席会议。全会回顾总结了中央纪委二次全会以来全党贯彻执行中央关于反腐败斗争近期抓好几项工作的决定的情况，研究部署了1994年反腐败斗争的任务。全会审议通过了尉健行作的《深入持久反腐败，为改革、发展和稳定服务》的报告。28日，江泽民在会上讲话强调：开展反腐败斗争，说到底是要在新形势下巩固和加强同人民群众的联系，巩固我们党的执政地位，使我们党更好地担负起领导改革开放和社会主义现代化建设的历史重任。

【全国党校工作会议】（1994年3月4日至7日） 全国党校工作会议于1994年3

月4日至7日在北京召开。胡锦涛在会上讲话强调，要以邓小平同志建设有中国特色社会主义的理论和党的十四大、十四届三中全会精神为指导，研究在新形势下党校工作面临的新情况和新问题，统一认识，加强领导，全面深化党校教育改革，把党校教育事业推向一个新阶段。3月7日，江泽民在中南海怀仁堂同出席会议的同志座谈，提出面对新的形势和任务，全党一定要重视和加强学习。要从领导干部做起，来一个脚踏实地、讲求实效的学习竞赛，看谁学得更多一点、更好一点、收获更大一点，保证各项工作的顺利进行。

【全国政协八届二次会议】（1994年3月8日至19日） 全国政协八届二次会议于1994年3月8日至19日在北京举行。3月8日的开幕会由李瑞环主持，出席委员1860名。党和国家领导人江泽民、李鹏、乔石、朱镕基、刘华清、胡锦涛、荣毅仁到会祝贺。叶选平受常务委员会的委托，在会上作了中国人民政治协商会议第八届全国委员会常务委员会工作报告。李瑞环在闭幕会上发表了重要讲话。委员们对涉及改革开放、现代化建设和广大人民群众切身利益的重大问题，提出了许多很好的意见和建议。会议增选朱光亚、万国权为八届全国政协副主席；补选朱训为秘书长。会议通过了政协第八届全国委员会第二次会议政治决议，通过了政协第八届全国委员会第二次会议关于常务委员会工作报告的决议，通过了关于《中国人民政治协商会议章程（修正案）》的决议，通过了关于政协八届二次会议提案审查情况的报告。

【八届全国人大二次会议】（1994年3月10日至22日） 八届全国人大二次会议于1994年3月10日至22日在北京举行。3月10日的第一次全体会议由乔石主持，出席代表2808名；出席全国政协八届二次会议的委员，中央党政军领导机关负责同志，各民主党派中央和群众团体负责人列席了大会；各国驻华使节旁听了大会。大会批准了李鹏作的政府工作报告，陈锦华受国务院委托所作的关于1993年国民经济和社会发展计划执行情况与1994年国民经济和社会发展计划草案的报告，刘仲藜受国务院委托所作的关于1993年国家预算执行情况和1994年国家预算草案的报告，田纪云作的全国人大常委会工作报告，任建新作的关于最高人民法院工作的报告，张思卿作的关于最高人民检察院工作的报告等；通过了《中华人民共和国预算法》（自1995年1月1日起施行）；通过了关于授权厦门市人民代表大会及其常务委员会和厦门市人民政府分别制定法规和规章在厦门经济特区实施的决定；决定将全国人大环境保护委员会改为全国人大环境与资源保护委员会。

【全国计划生育工作座谈会】（1994年3月22日） 中共中央、国务院于1994年3月22日在北京召开全国计划生育工作座谈会。彭珮云汇报了当前人口形势与计划生育工作以及筹备第四次世界妇女大会的情况。江泽民在讲话中指出，我国实行计划生育，是依据马克思主义关于人口生产要与物质资料生产相适应的理论，从我国的基本国情出发所作出的正确决策。希望各地在新的一年里，继续抓紧抓好计划生育工作，努力把计划生育工作提高到一个新的水平，为实现控制人口增长计划，促进经济和社会发展作出新的贡献。李鹏出席座谈会并讲话。

【中央农村工作会议】（1994年3月23日） 中共中央于1994年3月23日在北京召开农村工作会议。会议明确提出，今年全国农业和农村工作的基本任务是：认真贯彻党的十四届三中全会和去年10月召开的中央农村工作会议精神，稳定党在农村的基本政策，深化农村经济体制改革，提高农业综合生产能力，促进农村经济发展、农民收入增加、农村社会稳定，为各项重大改革措施顺利实施和国民经济持续、快速、健康发展，创造良好的经济环境和稳定的社会环境。江泽民、李鹏在会上分别作了讲话。乔石、李瑞环、刘华清、胡锦涛出席会议。朱镕基主持会议并作了讲话。4月10日，中共中央、国务院发出《关于1994年农业和农村工作的意见》。

【全国教育工作会议】（1994年6月14日至17日） 中共中央、国务院于1994年6月14日至17日在北京召开全国教育工作会议。会议的主要任务是，贯彻党的十四大和十四届三中全会精神，进一步落实教育优先发展的战略，动员全党全社会认真实施《中国教育改革和发展纲要》，为实现90年代我国教育改革和发展的任务而奋斗。江泽民、李鹏、李瑞环、朱镕基，胡锦涛等出席开幕式。江泽民在会议上讲话，李鹏代表党中央、国务院作了题为《动员起来，为实施〈中国教育改革和发展纲要〉而努力》的主题报告。7月3日，国务院发布关于《中国教育改革和发展纲要》的实施意见。

【八届国务院第六次全体会议】（1994年7月16日） 八届国务院第六次全体会议于1994年7月16日在北京召开。李鹏主持会议。会议讨论了1994年上半年经济形势和下半年的经济工作。会上，国家计委负责人汇报了国家计委关于1994年上半年改革、发展的基本情况和下半年工作的意见。会议认为，1994年以来，各地区、各部门遵照党中央确定的全党、全国工作大局，努力做好各方面工作，改革开放和经济建设取得新的进展，社会保持稳定，改革和发展形势总的是好的。会议同时对前进中存在的困难、问题和下半年的经济工作提出了意见。李鹏、朱镕基分别就当前经济形势和下半年经济工作讲了话。

【第三次西藏工作座谈会】（1994年7月20日至23日） 中共中央、国务院于1994年7月20日至23日在北京召开第三次西藏工作座谈会。会议的主要任务是：围绕西藏的发展和稳定两件大事，研究新情况，解决新问题，进一步明确加强西藏工作的指导思想，落实加快发展和维护稳定的各项措施，努力开创西藏工作的新局面。江泽民、李鹏、李瑞环在会上讲话。会议制定的《关于加快西藏发展、维护社会稳定的意见》，从战略全局的高度，总结了西藏工作的历史经验，分析了西藏面临的形势，明确了今后一个时期西藏工作的方针和任务，制定了加快西藏发展、维护社会稳定的政策和措施。

【全国农村精神文明建设座谈会】（1994年7月21日至24日） 中央宣传部和国务院办公厅于1994年7月21日至24日在河南林州市召开全国农村精神文明建设座谈会。会议的主要任务是，进一步贯彻落实全国宣传思想工作会议和中央农村工作会议精神，总结交流近年来农村精神文明建设的经验，研究在建立社会主义市场经济体制过程中加强农村精神文明建设的思路。刘云山、刘济民在会上讲话。会议认为，加强农村精神文明建设，是党的农村工作一项十分重要的战略任务，它是维护全党工作大局，实现战略目标的需要，是保持农村和全国稳定的重要保证。

【中央纪委监察部工作会议】（1994年8月23日至26日） 中央纪委监察部工作会议于1994年8月23日至26日在北京召开。这次会议是中央纪委、监察部合署以来召开的第一次工作会议。会议的主要议题是，总结中央纪委、监察部合署以来的工作经验，研究在新形势下加强纪检监察机关的自身改革和建设，进一步发挥纪检监察职能，使反腐败斗争更深入、持久、卓有成效，更好地为改革、发展、稳定的大局服务。尉健行在会上强调指出，今后四个月，各级纪检监察机关要加大办案力度，抓紧查结一批重大违法违纪案件；加强督促协调，一项一项地狠抓反腐败各项工作的落实，坚决实现今年反腐败斗争的阶段性目标。李贵鲜在会议上讲话。曹庆泽代表中央纪委、监察部作了工作报告。

【八届国务院第七次全体（扩大）会议】（1994年8月26日） 八届国务院第七次全体（扩大）会议于1994年8月26日在北京召开。李鹏主持会议。会议的主要议题是通报国内外形势，安排下半年的工作，重点是经济工作。李鹏在分析1994年以来的形势时认为，遵照党中央所确定的“抓住机遇、深化改革、扩大开放、促进发展、保持稳定”的全党全国工作的大局，正确处理改革、发展、稳定三者之间的关系，改革和发展运行情况总的说是好的，各方面的工作都取得了新的进展。李鹏指出，十多年来改革和发展的实践经验，使人们在三个重要观点上达到了广泛的共识：一是发展社会主义市场经济必须有国家的宏观调控，二是国民经济持续、快速、健康发展必须抑制通货膨胀，三是要妥善处理改革、发展和稳定的关系。1994年党中央、国务院把抑制通货膨胀作为妥善处理改革、发展、稳定三者之间关系的重要环节，采取一系列切实有效的措施进行宏观调控，使物价上涨过猛的势头逐步得到缓解。朱镕基、钱其琛分别就经济形势、经济工作和国际形势、外交工作讲了话。

【十四届四中全会】（1994年9月25日至28日） 十四届四中全会于1994年9月25日至28日在北京举行。出席这次会议的中央委员182人，候补中央委员122人。中纪委委员、有关方面负责人列席会议。全会由中央政治局主持，江泽民于28日在会上作了讲话。全会集中讨论了党的建设问题，并作出了《中共中央关于加强党的建设几个重大问题的决定》。《决定》指出：在当代世界风云变幻的条件下，在当代中国改革开放和现代化建设的伟大变革中，把党建设成为用建设有中国特色社会主义理论武装起来、全心全意为人民服务、思想上政治上组织上完全巩固、能够经受住各种风险、始终走在时代前列的马克思主义政党，是以邓小平同志为核心的第二代中央领导集体开创的、以江泽民同志为核心的第三代中央领导集体正在领导全党继续进行的新的伟大的工程。《决定》强调：党的思想建设、组织建设和作风建设是相辅相成的整体。当前，在全面贯彻落实中央关于思想建设和作风建设的部署的同时，加强党的组织建设已经成为突出的环节。《决定》从无产阶级政治家的高度对党的高级干部提出了五条严格要求。全会增选黄菊为中央政治局委员；决定增补吴邦国、姜春云为中央书记处书记。

【十四届中央纪委四次全会】（1994年9月29日）　十四届中央纪委四次全会于1994年9月29日在北京举行。出席全会的中央纪委委员103人，列席全会3人。在此之前，中央纪委委员列席了党的十四届四中全会。这次全会的议题是：研究如何监督、保证十四届四中全会通过的《中共中央关于加强党的建设几个重大问题的决定》提出的各项任务的落实，并做出工作部署。中央纪律检查委员会常务委员会主持了会议。全会审议通过了尉健行代表中央纪委常委会作的《全面发挥监督职能，保证党的十四届四中全会决定贯彻落实》的报告。

【全国农村基层组织建设工作会议】（1994年10月26日至29日）　中共中央于1994年10月26日至29日在北京召开全国农村基层组织建设工作会议。胡锦涛代表中央在会上作报告，指出：到20世纪末，我国要初步建立起社会主义市场经济体制，农业生产要登上新台阶，农村改革要有新进展，农村社会面貌要有新变化，全国多数农村要达到小康标准。适应新的形势和任务，农村基层组织建设必须明确前进目标，这就是：要建设一个团结、坚强、群众拥护的好领导班子，尤其要有一个好书记；培养锻炼一支富有战斗力的好队伍；选准一条适合当地加快经济发展的好路子；完善一个好经营体制；健全一套体现民主管理、保证工作有效运转的好管理制度。29日，江泽民、乔石、李瑞环、朱镕基、刘华清、胡锦涛在中南海会见出席会议的同志。11月5日，中共中央发出《关于加强农村基层组织建设的通知》。

【中央经济工作会议】（1994年11月28日至12月1日）　中央经济工作会议于1994年11月28日至12月1日在北京召开。会议分析了当前形势，统一了思想认识，研究确定了1995年经济工作指导思想、主要任务和政策措施。江泽民在会上作题为《认清形势，统一思想，做好明年经济工作》的讲话。李鹏作题为《继续加强和改善宏观调控，确保明年国民经济持续、快速、健康发展》的讲话。

朱镕基作题为《统一认识，协调步伐》的总结讲话。会议提出1995年经济工作的主要任务是：继续加强和改善宏观调控，抑制通货膨胀，保持国民经济发展的好势头；以深化国有企业改革为重点，推进各项配套改革，完善宏观管理体制；增加农业投入，确保农副产品供应，全面发展和繁荣农村经济；加大结构调整力度，强化管理和推动技术进步，提高经济的整体素质和效益。

【全国组织工作会议】（1994年11月30日至12月3日）　全国组织工作会议于1994年11月30日至12月3日在北京举行。会议着重研究和部署培养选拔德才兼备的领导干部、加强各级领导班子建设的工作。11月30日，胡锦涛在会上作题为《抓紧培养选拔德才兼备的领导干部，把各级领导班子建设成为贯彻党的基本路线的坚强领导集体》的报告，提出要把全面提高县以上党政领导干部的素质，作为今后干部工作的一个重点。12月2日，江泽民讲话强调：当前和今后一个时期，干部队伍建设必须着重完成两项战略任务：一是全面提高现有领导干部的素质，把县以上各级领导班子建设好；二是抓紧培养选拔优秀年轻干部，努力造就大批能够跨世纪担当重任的领导人才。这是当务之急，是全面推进党的建设这个新的伟大的工程的关键性工程。

【学习《邓小平文选》和建设有中国特色社会主义理论研讨会】（1994年12月14日至17日）　学习《邓小平文选》和建设有中国特色社会主义理论研讨会于1994年12月14日至17日在北京举行。这次研讨会由中央宣传部、中央党校、中央文献研究室、中国社会科学院、国家教委、解放军总政治部召开。参加会议的有来自全国各地的专家学者和有关部门的人员250多人。与会者集中研讨了建设有中国特色社会主义的基本理论，以及社会主义市场经济理论、精神文明建设理论、党的建设理论等一系列重大理论问题。胡锦涛在开幕式上作报告，李岚清作总结讲话，薄一波、胡绳在会上讲话。

【全国政法工作会议】（1994年12月21日至24日）　全国政法工作会议于1994年12月21日至24日在北京召开。任建新作了题为《一手抓维护稳定，一手抓队伍建设，更好地为全党全国工作大局服务》的报告。12月23日，江泽民等接见了出席会议的代表；会见之后，江泽民、李鹏等就在向社会主义市场经济体制过渡时期，如何进一步加强政法工作等问题，同部分代表进行座谈。江泽民在讲话中强调，政法工作是全党工作的重要组成部分。高度重视和切实抓好政法工作，是全党工作大局的必然要求。各级党政领导一定要认真贯彻“两手抓、两手都要硬”的战略方针，增强新形势下驾驭全局的能力，指导和支持政法工作和社会治安综合治理工作，为深化改革、扩大开放、发展经济、保持稳定创造良好的社会环境。

【全国统战部长会议】（1995年1月6日至9日）　全国统战部长会议于1995年1月6日至9日在北京召开。王兆国在讲话中指出：这次会议总结了各地统战部门开展民族、宗教工作的经验，明确了解决好民族、宗教问题的基本思路，为做好新形势下的民族、宗教工作打下了基础。会议还明确了新形势下统战部门在民族、宗教工作方面的职能就是要当好党委在民族、宗教工作方面的参谋机构、办事机构和协调机构。具体职能是：掌握方针政策，培养民族干部，联系代表人士，协调化解矛盾，抓好宣传教育，多办实事好事。李瑞环出席闭幕会议，并同与会代表座谈。

【全国宣传部长会议】（1995年1月16日至21日）　全国宣传部长会议于1995年1月16日至21日在北京召开。会议强调要贯彻中央总的工作精神做好宣传思想工作，围绕“四项主要任务”，团结鼓劲，狠抓落实，更好地为人民服务，为社会主义服务，为全党全国工作大局服务。19日，江泽民与出席会议的同志座谈并讲话。江泽民指出，宣传思想战线的同志们要引导全党同志自觉关心、维护和服从大局，牢固树立全国一盘棋的思想，把全国人民凝聚到建设有中国特色社会主义的伟大事业上来。江泽民强调，中央提出用邓小平同志建设有中国特色社会主义理论武装全党，这是一项根本任务，是一件大事。学习要深化，研究要深化，宣传要深化。在整个现代化建设过程中，宣传思想战线要加强艰苦奋斗、自力更生的精神及爱国主义、集体主义、社会主义宣传教育。

【十四届中央纪委五次全会】（1995年1月20日至23日）　十四届中央纪委五次全会于1995年1月20日至23日在北京举行。中央纪委委员102人出席会议。各省、自治区、直辖市，中央和国务院各部门纪检监察机关负责人、出席解放军纪检工作会议的同志列席会议。中央纪律检查委员会常务委员会主持会议。尉健行作了题为《深入工作，狠抓落实，努力取得反腐败斗争新成效》的报告。报告指出：要继续落实中央纪委二次全会以来部署的各项任务，着重在深入上下功夫，逐步建立、健全党内监督约束机制，使斗争取得新的成效。1月23日，江泽民在会上讲话指出：在改革开放和发展社会主义市场经济的新形势下，加强全党的思想政治建设，提高广大干部和党员的思想政治素质，这对于保持我们党的先进性、纯洁性，防止和抵制腐朽思想文化影响的侵蚀，有效地进行反腐败斗争，是极为重要的。李鹏、李瑞环、刘华清、胡锦涛等出席会议。

【全军纪律检查工作会议】（1995年1月23日）　全军纪律检查工作会议于1995年1月23日在北京举行。于永波在会议上强调，1995年军队党风廉政建设要加强领导，落实抓党风廉政建设的责任制，党委对本单位的党风廉政建设负总责，机关部门坚持谁主管谁负责，以更大的决心推进反腐倡廉工作。于永波要求认真学习江泽民在中央纪委五次全会上的重要讲话和中央纪委五次全会精神，推动军队思想政治建设和党风廉政建设。他指出，反腐倡廉，要着眼治本，打牢拒腐防变的思想基础。要把思想政治建设放到军队各项建设的首位，在全军部队普遍深入地进行爱国奉献教育、革命人生观教育、尊干爱兵教育和艰苦奋斗教育。

【新春茶话会】（1995年1月30日） 由中央台湾工作办公室、国务院台湾事务办公室、台湾民主自治同盟、中国和平统一促进会、全国政协祖国统一联谊委员会、中华全国台湾同胞联谊会、海峡两岸关系协会等举办的新春茶话会于1995年1月30日在北京人民大会堂举行。江泽民发表题为《为促进祖国统一大业的完成而继续奋斗》的讲话，提出八项看法和主张：（1）坚持一个中国的原则，是实现和平统一的基础和前提；（2）对于台湾同外国发展民间性经济、文化关系，我们不持异议；（3）进行海峡两岸和平统一谈判，是我们的一贯主张；（4）努力实现和平统一，中国人不打中国人；（5）面向21世纪世界经济的发展，要大力发展两岸经济交流与合作，以利于两岸经济共同繁荣，造福整个中华民族；（6）中华各族儿女共同创造的五千年灿烂文化，始终是维系全体中国人的精神纽带，也是实现和平统一的一个重要基础；（7）要充分尊重台湾同胞的生活方式和当家作主的愿望，保护台湾同胞的一切正当权益；（8）我们欢迎台湾当局的领导人以适当身份前来访问，我们也愿意接受台湾方面的邀请，前往台湾。

【八届国务院第八次全体会议】（1995年2月18日） 八届国务院第八次全体会议于1995年2月18日在北京召开。李鹏主持会议。会议讨论即将提请八届全国人大三次会议审议的《政府工作报告（稿）》。与会同志对《报告》中提出的1994年改革和发展中的成就、当前存在的困难和问题，以及1995年工作的安排，认真地讨论并发表了意见。李鹏强调，我们要在广泛征求各方面意见的基础上，修改好《报告》，要实事求是并认真负责地作好政府工作报告。会议确定，《报告》在征求各方面意见和进一步修改后，将按程序提请第八届全国人大第三次会议审议。

【中央农村工作会议】（1995年2月24日至28日） 中共中央、国务院于1995年2月24日至28日在北京召开农村工作会议。姜春云在开幕式上作了题为《全面落实中央加强农业的决策，加快农业和农村经济发展步伐》的讲话。27日，江泽民、李鹏、朱镕基出席会议并讲话。江泽民强调指出，在发展社会主义市场经济的新形势下，一定要正确处理农业、农村和农民问题，全党要比过去任何时候都要更加重视农业和农村工作。李鹏作了题为《增加粮棉生产开创农村经济新局面》的讲话。朱镕基就会议代表提出的粮食、棉花、化肥购销体制改革的有关政策问题讲了话。

【全国政协八届三次会议】（1995年3月3日至14日） 全国政协八届三次会议于1995年3月3日至14日在北京举行。3月3日的开幕会由李瑞环主持，出席委员1850名。党和国家领导人江泽民、李鹏、乔石、朱镕基、刘华清、胡锦涛、荣毅仁到会祝贺。叶选平受常务委员会的委托，在会上作了中国人民政治协商会议第八届全国委员会常务委员会工作报告。李瑞环在闭幕会上发表了重要讲话。李瑞环在讲话中说，政治协商、民主监督、参政议政是人民政协的主要职能。八届全国政协常委会第九次会议制定和通过了《政协全国委员会关于政治协商、民主监督、参政议政的规定》。各级政协组织要把贯彻中共中央有关通知的精神，落实《规定》的各项要求，作为当前和今后一个时期的主要任务。会议通过了政协第八届全国委员会第三次会议政治决议、政协第八届全国委员会第三次会议关于常务委员会工作报告的决议；通过了关于政协第八届全国委员会第三次会议提案审查情况的报告。

【八届全国人大三次会议】（1995年3月5日至18日）　八届全国人大三次会议于1995年3月5日至18日在北京举行。3月5日的第一次全体会议由乔石主持，出席代表2811名。大会批准了李鹏作的政府工作报告，批准了陈锦华受国务院委托所作的关于1994年国民经济和社会发展计划执行情况与1995年国民经济和社会发展计划草案的报告，同意刘仲藜受国务院委托所作的关于1994年国家预算执行情况和1995年中央及地方预算草案的报告，批准了田纪云作的全国人大常委会工作报告，任建新作的关于最高人民法院工作的报告，张思卿作的关于最高人民检察院工作的报告等；通过了《中华人民共和国教育法》（自1995年9月1日起施行）、《中华人民共和国中国人民银行法（自公布之日起施行）；决定任命吴邦国、姜春云为国务院副总理。

【全国计划生育工作座谈会】（1995年3月18日）　中共中央、国务院于1995年3月18日在中南海怀仁堂召开全国计划生育工作座谈会。江泽民主持座谈会并讲话。出席座谈会的还有李鹏、乔石、李瑞环、朱镕基、刘华清、胡锦涛、黄菊、谢非、宋平、陈慕华、彭珮云、罗干等。彭珮云通报了当前人口形势和计划生育工作情况。宋平就中国计划生育协会的工作讲话。江泽民在讲话中指出，我国控制人口增长所取得的成就是举世公认的，但是也应清醒地看到我国人口基数和年出生人口的绝对数都很大，目前的低生育水平还很不稳定，计划生育工作还存在不平衡现象。他指出：要把计划生育工作与发展经济、消除贫困、保护生态环境、合理开发利用资源、普及文化教育、发展医疗卫生事业、提高妇女地位、完善社会保障等方面的工作结合起来，统筹规划，综合考虑，实现相互促进，协调发展。

【全国纪检监察干部工作会议】（1995年4月10日至12日）　全国纪检监察干部工作会议于1995年4月10日至12日在福州召开。这次会议是中央纪委、监察部恢复组建以来召开的第一次全国纪检监察干部工作会议。会议提出，要用改革精神加强纪检监察机关领导班子和队伍建设，为党风廉政建设和反腐败斗争提供坚强有力的组织保证。会议确定的今后一个时期纪检监察干部工作的主要任务是，紧紧围绕反腐败斗争和党风廉政建设，以培养选拔优秀年轻干部、加强领导班子建设为重点，全面提高纪检监察干部素质，建设一支党性强、作风好、业务精、有战斗力的队伍。

【全国培养选拔年轻干部工作经验交流会】（1995年4月20日至23日） 中央组织部于1995年4月20日至23日在北京召开全国培养选拔年轻干部工作经验交流会。22日，胡锦涛在会上强调，培养选拔一大批德才兼备的优秀年轻干部，既是当前加强领导班子建设和干部队伍建设的一项紧迫任务，又是事关党和国家全局与未来的一项战略任务。各级党委要认真按照党的十四届四中全会的精神和中央的部署，狠抓贯彻落实，务必使这项工作取得新的进展。他指出，总结多年的经验，加强和改进培养教育年轻干部的工作，必须把搞好理论学习、注重实践锻炼、严格教育管理三个基本环节抓住抓好，把解决世界观、人生观这个根本问题贯穿于这三个基本环节之中。

【庆祝“五一”国际劳动节暨表彰全国劳动模范和先进工作者大会】（1995年4月29日） 庆祝“五一”国际劳动节暨表彰全国劳动模范和先进工作者大会于1995年4月29日在北京举行。江泽民、李鹏、乔石、李瑞环、朱镕基、刘华清、胡锦涛等出席大会。罗干主持会议。尉健行发表了题为《弘扬劳动模范的崇高思想，为改革发展稳定再立新功》的讲话。邹家华宣读了《国务院关于表彰全国劳动模范和先进工作者的决定》，授予郭玉明等2157名同志全国劳动模范荣誉称号，授予罗玲等716名同志全国先进工作者荣誉称号。上海劳模包起帆代表全国劳模和先进工作者宣读了题为《争做“改革发展稳定”的模范》的倡议书。江泽民在会上讲话强调，工人阶级是我们党的阶级基础，是我们国家的领导阶级。我们党所领导的改革和社会主义现代化建设的全部活动与整个进程，都必须全心全意地依靠工人阶级，这在任何时候、任何情况下都不能动摇。

【全军思想政治建设座谈会】（1995年5月22日至25日） 全军思想政治建设座谈会于1995年5月22日至25日在北京举行。于永波在座谈会上重申了邓小平1989年提出的军队要忠于党、忠于人民、忠于国家、忠于社会主义的“四个忠于”。他强调：加强思想政治建设，最重要的是要保证党对军队的绝对领导，使全军在任何情况下都同以江泽民同志为核心的党中央、中央军委保持高度一致。25日，江泽民在会见与会全体同志时说，在新的形势下，要始终保持我军的性质，保证党对军队的绝对领导，关键是要抓好干部队伍建设。

【全国科学技术大会】（1995年5月26日至30日） 中共中央、国务院于1995年5月26日至30日在北京召开全国科学技术大会。出席这次大会的有中共中央、国务院、全国政协、中央军委，以及各民主党派和工商联的负责人，党、政、军、群各部门和各省、自治区、直辖市的负责人，科学家和科技界的代表。江泽民、李鹏、乔石、李瑞环、朱镕基、刘华清、胡锦涛、荣毅仁等参加开幕式。26日上午，江泽民在会上发表题为《实施科教兴国战略》的讲话，号召全面落实“科技是第一生产力”思想，实施科教兴国战略，加速全社会的科技进步。26日下午，李鹏作了题为《加速科技进步，实现国家富强》的讲话。27日上午，朱镕基向参加全国科技大会的代表作了关于国内经济形势的报告。宋健代表党中央、国务院作了总结报告。5月6日，中共中央、国务院作出了《关于加速科学技术进步的决定》，提出实施科教兴国战略。

【优秀县（市）委书记表彰会】（1995年6月30日）　中央组织部于1995年6月30日在北京召开大会，表彰在社会主义现代化建设中作出优异成绩的100名优秀县（市）委书记。这次评出的优秀县（市）委书记，来自全国30个省区市，他们在领导岗位上团结和带领群众艰苦奋斗，为兴一方经济、富一方群众、建一方文明、保一方平安而努力工作，做出了突出成绩。江泽民在会议上讲话。他强调，为了更好地发挥党的领导核心作用，党必须在新形势下不断加强自身建设，努力提高执政水平和领导水平。县以上各级领导同志，要按照四中全会的要求锻炼和提高自己，努力成为新时期合格的领导干部。尤其要在坚持正确的政治方向、增强全局观念、加强理论学习、全心全意为人民服务等方面有一个大的进步。

【第五次全国高校党的建设工作会议】（1995年7月10日至13日）　中央组织部、中央宣传部、国家教委党组于1995年7月10日至13日在北京召开第五次全国高等学校党的建设工作会议。全国108所普通高等学校的代表，各省、自治区、直辖市党委主管教育工作的负责人、党委有关部门、教育行政部门的负责人，中央、国务院有关部委教育司局负责人参加。会议着重研究加强高校领导班子建设，以进一步推动高等教育事业的改革发展。7月11日，李鹏接见会议代表并讲话。李岚清、张全景在会上讲了话。朱开轩向大会作了题为《加强高校领导班子建设，进一步推动高等教育事业的改革和发展》的报告。会后，下发了《关于加强高等学校领导班子建设工作的若干意见》等文件。

【首都各界纪念抗日战争暨世界反法西斯战争胜利五十周年大会】（1995年9月3日）　首都各界纪念抗日战争暨世界反法西斯战争胜利50周年大会于1995年9月3日下午在北京人民大会堂举行。江泽民、李鹏、乔石、李瑞环、朱镕基、刘华清、胡锦涛、荣毅仁出席了大会。江泽民在讲话中强调指出，中国抗日战争是世界反法西斯战争的重要组成部分，是世界反法西斯战争的东方主战场。中华民族为世界反法西斯战争的胜利付出了巨大的民族牺牲，为人类文明进步事业作出了彪炳千古的历史贡献。中国共产党及其领导的人民抗日力量，是中华民族抗战的中流砥柱。3日上午，江泽民等出席了首都各界向人民英雄纪念碑敬献花篮仪式。

【十四届五中全会】（1995年9月25日至28日）　十四届五中全会于1995年9月25日至28日在北京举行。出席这次会议的中央委员176人，候补中央委员125人。中央纪律检查委员会常务委员会委员和有关方面的负责人列席会议。全会由中央政治局主持。全会审议并通过了《中共中央关于制定国民经济和社会发展“九五”计划和2010年远景目标的建议》。《建议》提出，“九五”时期国民经济和社会发展的主要奋斗目标是：全面完成现代化建设的第二步战略部署，到2000年在我国人口将比1980年增长三亿左右的情况下，实现人均国民生产总值比1980年翻两番；基本消除贫困现象，人民生活达到小康水平；加快现代企业制度建设，初步建立社会主义市场经济体制。2010年的主要奋斗目标是：实现国民生产总值比2000年翻一番，使人民的小康生活更加富裕，形成比较完善的社会主义市场经济体制。《建议》提出：实现奋斗目标的关键是实行两个具有全局意义的根本性转变：一是经济体制从传统的计划经济体制向社会主义市场经济体制转变，二是经济增长方式从粗放型向集约型转变。28日，江泽民在全会闭幕时讲话，系统阐述了社会主义现代化建设中的若干重大关系。1996年3月17日，八届全国人大四次会议批准《国民经济和社会发展“九五”计划和2010年远景目标纲要》。全会按照党章规定，递补中央候补委员耿全礼、马启智为中央委员。全会决定增补张万年、迟浩田为中央军事委员会副主席，王克、王瑞林为中央军事委员会委员。全会审议并通过了中央纪律检查委员会《关于陈希同同志问题的审查报告》。

【全国农村基层组织建设经验交流会】（1995年10月5日至8日） 中央组织部于1995年10月5日至8日在北京召开全国农村基层组织建设经验交流会。会议的主要议题是学习贯彻落实十四届五中全会精神，全面分析农村基层组织建设的形势，进一步推动农村基层组织建设持续深入地开展。胡锦涛出席闭幕会并作了讲话。他强调指出，各级党政领导干部要很好领会、认真贯彻十四届五中全会精神，从全国改革、发展、稳定的大局出发，站在确保实现“九五”和2010年经济和社会发展目标的战略高度，坚决按照中央的部署和要求，进一步加强农村基层组织建设的领导，坚持不懈地把这项工作做好。

【全国精神文明建设经验交流会】（1995年10月18日至22日） 中央宣传部、国务院办公厅于1995年10月18日至22日在江苏省张家港市召开全国精神文明建设经验交流会。会议的主题是以邓小平同志建设有中国特色社会主义理论和党的基本路线为指导，贯彻十四届五中全会精神，总结推广张家港市重视精神文明建设、促进两个文明协调发展的经验，交流全国各地精神文明建设的经验，研究在社会主义市场经济条件下，如何进一步加强精神文明建设的问题。14个单位在会上介绍了近几年来社会主义精神文明建设的新进展、新成果。

【中央经济工作会议】（1995年12月5日至7日） 中共中央、国务院于1995年12月5日至7日在北京召开经济工作会议。会议主要任务是贯彻十四届五中全会精神，研究和部署1996年的经济工作。会议强调：1996年需要着重抓好以下几方面的工作：一是继续加强农业的基础地位，力争农业和农村经济有新的发展。二是切实加快国有企业改革步伐，务求取得明显进展。三是继续加强和改善宏观调控，创造良好的经济环境和经济秩序。四是努力提高对外开放水平，积极参与国际合作和竞争。江泽民在会上作了题为《统一思想，齐心协力，奋发进取，讲求实效，做好明年经济工作》的讲话；李鹏作了题为《做好明年经济工作，为"九五"创造良好开端》的讲话；朱镕基作了题为《再接再厉，做好明年经济工作》的总结讲话。

【全国组织工作座谈会】（1995年12月11日至13日）　全国组织工作座谈会于1995年12月11日至13日在北京召开。会议提出，1996年组织工作要以加强县以上领导班子思想政治建设为重点，全面提高领导干部素质，抓紧培养选拔年轻干部，大力加强党的基层组织建设，特别是农村、企业、机关党的工作，继续推进党的建设这一新的伟大工程，为实现"九五"计划和2010年远景目标提供坚强的组织保证。13日，胡锦涛出席座谈会并讲话。他在讲话中强调，办好中国的事情"关键在党""关键在人"，要抓紧抓好党的建设，尤其要抓好领导班子建设，进一步发挥党在改革、发展和稳定中的领导核心作用。

【中央军委扩大会议】（1995年12月）　中央军委扩大会议于1995年12月在北京召开。会议讨论通过《"九五"期间军队建设计划纲要》，明确提出科技强军战略，其重点是加强国防科研，改善武器装备，提高官兵的科技素质，建立科学的体制编制，提高科技创新能力和科学管理水平。同时，中央军委提出"两个根本性转变"，即在军事斗争准备上，由准备应付一般条件下局部战争向准备打赢现代技术特别是高技术条件下局部战争转变；在军队建设上，由数量规模型向质量效能型、由人力密集型向科技密集型转变。12月17日，江泽民在会议上指出：讲政治是我军优良传统的精髓和军队建设的灵魂。因此，任何时候都必须把思想政治建设摆在首位，任何时候在讲政治的问题上都必须有更高的要求和更高的自觉性，最根本的就是要保证党对军队的绝对领导，保证人民军队的性质。在坚持党对军队的绝对领导问题上必须旗帜鲜明、态度坚定。

【全国政法工作会议】（1995年12月18日至21日）　全国政法工作会议于1995年12月18日至21日在北京召开。会议确立了今后一个时期政法工作的指导方针，确定了"九五"期间和到2010年政法工作的主要奋斗目标。任建新作了题为《维护社会稳定，为"九五"计划和2010年远景目标的实现提供有力保障》的讲话。20日下午，江泽民、李鹏在人民大会堂与出席会议的部分代表座谈并讲话。江泽民指出，政法工作的首要任务是维护国家政治和社会的稳定。没有稳定，什么事也干不成。因此，必须全党动手，全力维护政治和社会稳定。江泽民指出：中央最近强调高级干部一定要讲政治，其中提出要有政治辨别力、政治敏锐性。我们政法战线的同志要有这方面的自觉性、坚定性，在政治上过得硬。越是深化改革、扩大开放，越要注意政治。

【中央农村工作会议】（1996年1月5日至8日） 中央农村工作会议于1996年1月5日至8日在北京举行。会议主题是研究实现“九五”期间农业和经济发展的基本思路，重点部署1996年的农业和农村工作。会议强调坚持把加强农业放在发展国民经济的首位，稳定和完善党在农村的基本政策，深化农村改革，解决影响农业和农村经济发展的突出问题，探索扶持、保护、促进农业发展的新机制、新措施，调动农民的积极性，坚持两个文明一起抓，促进农业和农村经济发展、农民收入增加。会议提出了1996年农业和农村工作要解决的八个问题。姜春云在会上作了题为《为实现“九五”农业发展目标，争取今年农业有一个好收成而奋斗》的讲话。会议期间，江泽民等接见了出席会议的代表。

【全国统战部长会议】（1996年1月22日至25日） 全国统战部长会议于1996年1月22日至25日在北京召开。这次会议的主要任务和议题是，进一步贯彻党的十四届五中全会精神，传达学习中央领导同志最近关于统一战线工作的重要指示精神，进一步明确统战工作的有关方针政策。25日，江泽民等在中南海会见出席会议代表。江泽民在会见时说，统一战线是我们党夺取革命和建设事业胜利的重要法宝，统战部门是党委的重要职能部门，统战事业是大有可为的事业。会见后，李瑞环、胡锦涛等与代表们进行座谈。李瑞环在讲话中指出，在新的历史条件下，我们要自觉服从服务于全党工作的大局，通过卓有成效的工作，为促进中华民族在大目标下实现更加广泛、更加坚实的大团结大联合作出新的贡献。

【全国宣传部长会议】（1996年1月22日至26日） 全国宣传部长会议于1996年1月22日至26日在北京举行。会议总结党的十四大以来宣传思想工作的经验，规划“九五”期间的目标任务，部署了1996年的重点工作。会议确定了今后五年宣传工作的指导思想；强调了宣传思想工作必须坚持十条重要方针原则；今后五年宣传思想工作要进一步落实的四项主要任务和八个方面工作。24日，江泽民等在中南海与出席全国宣传部长会议的同志座谈。江泽民要求各级党委切实加强对宣传思想工作的领导，把精神文明建设放到更加突出的地位，为经济建设和社会进步提供有力保证。李鹏在会上讲了话。

【十四届中央纪委六次全会】（1996年1月24日至27日） 十四届中央纪委六次全会于1996年1月24日至27日在北京举行。中央纪委委员98人出席了会议。全会审议通过了尉健行作的工作报告。江泽民于1月26日在全会上讲话指出，在新的历史条件下、在新的国内外环境中，努力保持党的工人阶级先锋队性质，不断增强党的凝聚力和战斗力，切实提高党的执政水平和领导水平，这是决定社会主义在中国巩固和发展的根本问题。各级党委务必从战略和全局的高度认识抓好党的建设的极端重要性，紧紧围绕经济建设这个中心任务，继续全面加强党的建设，并按照中央部署，加大工作力度，坚定不移地把反腐败斗争引向深入，务必使领导干部廉洁自律、查处违法违纪案件、纠正部门和行业不正之风，都取得更大更明显的实效。

【八届国务院第九次全体会议】（1996年2月5日） 八届国务院第九次全体会议于1996年2月5日在北京召开。李鹏主持会议。会议布置讨论即将提请八届全国人大第四次会议审议的题为《关于国民经济和社会发展"九五"计划和2010年远景目标纲要的报告》，即《政府工作报告（征求意见稿）》。李鹏在会议上说，1996年是"九五"计划开始的头一年，《报告》是按照十四届五中全会的《建议》，提出了今后五年和十五年的奋斗目标及指导方针，促进经济发展和推进经济体制改革的任务及政策措施。《报告》突出了科教兴国战略和可持续发展，加强精神文明和民主法制建设，加强社会治安的综合治理。《报告》强调要继续积极促进祖国和平统一大业，阐述了国际形势和我国的外交政策，还部署了1996年的政府工作。会上，国务院研究室负责人代表起草小组对《报告》的起草经过和主要内容作了说明。

【全国政协八届四次会议】（1996年3月3日至13日） 全国政协八届四次会议于1996年3月3日至13日在北京举行。3月3日的开幕会由李瑞环主持，出席委员1862名。党和国家领导人江泽民、李鹏、乔石、朱镕基、刘华清、胡锦涛、荣毅仁到会祝贺。叶选平受常务委员会的委托，在会上作了中国人民政治协商会议第八届全国委员会常务委员会工作报告。李瑞环在闭幕会上发表了重要讲话。会议期间，委员们在充分肯定"九五"计划和2010年远景目标纲要、政府工作报告和政协常委会工作报告的同时，还积极献计献策，大会共收到341份书面发言，20多名委员分别在3月8日和3月9日的大会上发言，内容涉及政治、经济、文化和社会生活的各个方面。会议增选何鲁丽为八届全国政协副主席。通过了政协第八届全国委员会第四次会议政治决议，通过了政协第八届全国委员会第四次会议关于常务委员会工作报告的决议，通过了关于政协八届四次会议提案审查情况的报告。

【八届全国人大四次会议】（1996年3月5日至17日） 八届全国人大四次会议于1996年3月5日至17日在北京举行。3月5日的第一次全体会议由乔石主持，出席代表2793名。大会批准了《国民经济和社会发展"九五"计划和2010年远景目标纲要》及李鹏就纲要所作的报告，同意陈锦华受国务院委托所作的关于1995年国民经济和社会发展计划执行情况与1996年国民经济和社会发展计划草案的报告，同意刘仲藜受国务院委托所作的关于1995年中央及地方预算执行情况及1996年中央及地方预算草案的报告，批准了田纪云作的全国人大常委会工作报告，任建新作的关于最高人民法院工作的报告，张思卿作的关于最高人民检察院工作的报告等；通过了《中华人民共和国行政处罚法》（自1996年10月1日起施行）、《全国人民代表大会关于修改〈中华人民共和国刑事诉讼法〉的决定》（自1997年1月1日起施行），江泽民签署第六十三号、第六十四号主席令公布了这两部法律；通过了《全国人民代表大会关于授权汕头市和珠海市人民代表大会及其常务委员会、人民政府分别制定法规和规章在各自的经济特区实施的决定》。

【中央计划生育工作座谈会】（1996年3月10日） 中共中央、国务院于1996年3月10日在中南海怀仁堂召开计划生育工作座谈会。江泽民主持座谈会。他强调，人口问题是关系全局的重大问题。要实现可持续发展，首先必须合理控制人口规模。要把控制人口、节约资源、保护环境放到重要位置，为子孙后代创造可持续发展的良好环境。他还要求各级党委、政府要从可持续发展的战略高度认识人口问题的重要性，带领和团结群众坚定不移地贯彻执行计划生育基本国策，控制人口数量，提高人口素质，为2000年将我国人口控制在13亿以内，为全面实现社会主义现代化建设第二步战略目标而努力奋斗。李鹏在会上作了讲话。

【纪念李维汉同志诞辰一百周年座谈会】（1996年6月2日） 纪念李维汉同志诞辰100周年座谈会于1996年6月2日在北京举行。李瑞环等领导同志，中央国家机关、各民主党派、全国工商联和统战系统负责人，与李维汉一起战斗、工作过的老同志，李维汉的亲属子女，以及李维汉家乡的领导同志等出席座谈会。座谈会由洪学智主持。李瑞环在讲话中指出，李维汉长期主持党的统一战线工作，在民主党派问题、民族宗教问题、民族资产阶级和资本主义工商业社会主义改造问题等方面都提出了十分精辟的见解，极大地丰富了毛泽东统一战线思想的理论宝库，是我们党的统一战线的著名理论家和卓越领导人。李瑞环强调，我们纪念李维汉同志，就是要学习他对党无限忠诚，对统一战线工作极端负责的崇高精神；学习他坚持实事求是，理论联系实际，注重调查研究的科学态度；学习他坚持真理，修正错误，严于律己，勇于自我批评的高尚品质；学习他密切联系群众，广交、深交党外朋友的优良作风。

【纪念中国共产党成立七十五周年座谈会】（1996年6月21日） 中共中央于1996年6月21日在北京召开纪念中国共产党成立75周年座谈会。江泽民、李鹏、乔石、李瑞环、朱镕基、刘华清、胡锦涛，以及来自全国各地的优秀领导干部和优秀共产党员代表，中央党校中青年干部培训班学员，有关部门的负责人出席座谈会。江泽民在会上发表题为《努力建设高素质的干部队伍》的讲话，提出建设高素质干部队伍的基本要求是：（1）要有远大的共产主义理想，坚持正确的政治方向，坚定地走建设有中国特色社会主义道路，坚决贯彻执行党的基本理论、基本路线和各项方针政策；（2）努力实践党的全心全意为人民服务的基本宗旨，密切联系群众，特别是工农群众，坚决维护人民群众的利益；(3) 解放思想，实事求是，一切从实际出发，善于开拓前进，具有唯物辩证的思想方法和工作方法；(4) 模范遵纪守法，保持清正廉洁，发扬艰苦奋斗精神，自觉拒腐防变，坚决反对消极腐败现象；(5) 刻苦学习，勤奋敬业，不断加强知识积累和经验积累，具备做好本职工作的专业知识和能力。座谈会由胡锦涛主持。

【全国先进基层党组织和优秀党务工作者表彰大会】(1996年6月28日至30日) 中央组织部于1996年6月28日至30日在北京召开全国先进基层党组织和优秀党务工作者表彰大会。这次会上受到表彰的有邯郸钢铁（集团）有限责任公司党委等500个先进基层党组织，仉振亮等500名优秀党务工作者，李同安等12名党员被授予优秀共产党员称号。6月28日，胡锦涛出席会议并发表题为《坚持和发扬党的三大作风》的讲话。

【全国组织部长会议】(1996年7月9日至12日) 中央组织部于1996年7月9日至12日在北京召开全国组织部长会议。会议主要是学习领会江泽民在纪念中国共产党成立75周年座谈会上关于努力建设高素质干部队伍的重要讲话，研究进一步加强领导班子和干部队伍建设的措施。7月11日，胡锦涛到会与各省、自治区、直辖市党委组织部长及部分代表座谈。他指出，各级党政领导干部要充分认识建设一支高素质干部队伍的极端重要性和现实紧迫性；要大力培养选拔优秀年轻干部。同时，要始终坚持选人用人的正确导向，克服用人上的不正之风，毫不手软地惩治违法乱纪现象。

【八届国务院第十次全体会议】(1996年9月17日) 八届国务院第十次全体会议于1996年9月17日在北京召开。李鹏主持会议。会议总结1996年上半年的工作，部署今后几个月的任务。李鹏指出，1996年以来，改革开放和经济建设取得了新的成绩，各项社会事业有新的发展。总的看，“九五”计划第一年开了一个好局。他要求各部门抓紧完成年初确定的各项任务，为1997年的工作打下扎实的基础。国家计委负责人汇报了1996年以来的经济运行情况和1997年计划的初步安排；外交部负责人汇报了当前的国际形势和我国的外交工作；国务院台办负责人汇报了5月份以来的台湾局势与两岸关系的情况；国务院港澳办负责人汇报了关于香港和澳门回归的准备工作；水利部负责人汇报了1996年的防汛抗旱工作。在听取了汇报后，李鹏就1996年以来的形势和今后几个月的任务讲了话。

【中央扶贫开发工作会议】(1996年9月23日至25日) 中央扶贫开发工作会议于1996年9月23日至25日在北京召开。会议的主要目的是进一步统一全党的认识，动员全社会的力量，加大扶贫开发的力度，坚决实现国家“八七”扶贫攻坚计划。江泽民、李鹏在会上讲话。江泽民指出：到20世纪末基本解决我国农村贫困人口的温饱问题，是党中央、国务院既定的战略目标。由救济式扶贫转向开发式扶贫，是扶贫工作的重大改革，也是扶贫工作的一项基本方针；广泛动员全社会力量参与扶贫，是扶贫工作的一条重要方针。扶贫工作要实行责任制，各级党政一把手要亲自组织指挥本地区的扶贫攻坚战；各级党政机关要组织大批干部，到贫困村具体帮助扶贫；要把扶贫攻坚的任务和措施落实到贫困村和贫困户。10月23日，中共中央、国务院作出《关于尽快解决农村贫困人口温饱问题的决定》。

【十四届六中全会】（1996年10月7日至10日） 十四届六中全会于1996年10月7日至10日在北京举行。出席这次会议的中央委员181人，候补中央委员124人。中纪委委员和有关方面的负责人列席会议。全会由中央政治局主持。江泽民作了讲话。全会审议并通过《中共中央关于加强社会主义精神文明建设若干重要问题的决议》。《决议》指出，精神文明建设的指导思想是：以马克思列宁主义、毛泽东思想和邓小平建设有中国特色社会主义理论为指导，坚持党的基本路线和基本方针，加强思想道德建设，发展教育科学文化，以科学的理论武装人，以正确的舆论引导人，以高尚的精神塑造人，以优秀的作品鼓舞人，培育有理想、有道德、有文化、有纪律的社会主义公民，提高全民族的思想道德素质和科学文化素质，团结和动员各族人民把我国建设成为富强、民主、文明的社会主义现代化国家。今后15年的奋斗目标是：在全民族牢固树立建设有中国特色社会主义的共同理想，牢固树立坚持党的基本路线不动摇的坚定信念；实现以思想道德修养、科学教育水平、民主法制观念为主要内容的公民素质的显著提高，以积极健康、丰富多彩、服务人民为主要要求的文化生活质量的显著提高，以社会风气、公共秩序、生活环境为主要标志的城乡文明程度的显著提高；在全国范围内形成物质文明建设和精神文明建设协调发展的良好局面。《决议》指出：在新形势下加强精神文明建设，是对全党同志的一个重要考验，也是在社会主义现代化进程中必须认真解决的历史性课题。全会审议并通过了《关于召开党的第十五次全国代表大会的决议》，确定党的十五大于1997年下半年在北京举行。全会按照党章规定，决定递补中央候补委员孙文盛为中央委员。

【十四届中央纪委七次全会】（1996年10月11日） 十四届中央纪委七次全会于1996年10月11日在北京举行。出席这次全会的中央纪委委员101人，列席全会12人。这次全会的议题是：学习、贯彻党的十四届六中全会精神，研究进一步加强党风廉政建设，加大反腐败力度，监督、保证和促进六中全会提出的各项任务的落实。全会审议通过了尉健行作的题为《加强党风廉政建设，推动社会主义精神文明建设健康发展》的报告。全会要求各级党委要始终不渝地贯彻“两手抓，两手都要硬”的根本方针，使物质文明建设和精神文明建设相互促进，协调发展。全会指出，加强精神文明建设首先要从严治党，执政党的党风关系党的生死存亡。全会认为，开展反腐败斗争是加强党风廉政建设、促进社会主义精神文明建设的一项非常重要的工作。

【纪念红军长征胜利六十周年大会】（1996年10月22日） 中共中央、中央军委于1996年10月22日在北京隆重举行纪念红军长征胜利60周年大会。李鹏、乔石、李瑞环、朱镕基、胡锦涛出席纪念大会。刘华清主持大会。江泽民在会上讲话。江泽民指出，伟大的长征给党和人民留下了伟大的长征精神。这种精神，就是把全国人民和中华民族的根本利益看得高于一切，坚定革命的理想和信念，坚信正义事业必然胜利的精神；就是为了救国救民，不怕任何艰难险阻，不惜付出一切牺牲的精神；就是坚持独立自主、实事求是，一切从实际出发的精神；就是顾全大局、严守纪律、紧密团结的精神；就是紧紧依靠人民群众，同人民群众生死相依、患难与共，艰苦奋斗的精神。江泽民强调，要把长征精神一代一代地传下去，激励和鼓舞全国人民在建设有中国特色社会主义的新长征道路上不断夺取新的胜利。

【全国农村基层组织建设工作座谈会】（1996年10月25日至28日） 全国农村基层组织建设工作座谈会于1996年10月25日至28日在北京举行。来自各省、自治区、直辖市的党委组织部长和农村基层组织建设联系会议办公室负责人共150人参加会议。胡锦涛出席会议开幕式并作了讲话。他强调指出，建设物质文明关键在党，建设精神文明关键也在党。在加强农村基层组织建设中，要坚持以党的基本理论、基本路线和基本方针为指导，认真贯彻党的十四届四中、五中、六中全会精神，围绕实现跨世纪宏伟目标和我国农村改革、发展和社会进步的任务，进一步落实“五个好”的目标要求，全面、深入、扎实、持久地做好工作，把农村基层组织建设提高到新水平。10月26日，陈俊生、刘云山在会上讲话。

【纪念孙中山先生诞辰一百三十周年大会】（1996年11月12日） 纪念孙中山先生诞辰130周年大会于1996年11月12日在北京人民大会堂举行。江泽民在会上发表讲话，称赞孙中山先生是杰出的爱国主义者和民族英雄，是中国民主革命的伟大先行者，在我国各族人民和一切爱国人士中享有崇高的威望。孙中山先生给中华民族和中国人民留下了许多宝贵的精神遗产，特别是他的爱国思想、革命意志和进取精神，值得我们永远学习、继承和发扬。希望全国各族人民进一步团结起来，海峡两岸、海内外一切敬仰孙中山先生的爱国者进一步团结起来，为实现祖国的繁荣富强，为完成祖国统一大业，为维护世界和平、促进共同发展，为使中华民族为人类作出更大贡献而努力奋斗。

【中央经济工作会议】（1996年11月21日至24日） 中共中央、国务院于1996年11月21日至24日在北京召开经济工作会议。会议确定，1997年经济工作要切实推进两个根本性转变，继续实行适度从紧的财政货币政策，降低物价上涨幅度，加强农业基础地位，加快改革特别是国有企业改革步伐，加大结构调整力度，培育新的经济增长点，积极开拓市场，提高对外开放水平，促进国民经济持续、快速、健康发展和社会全面进步。1997年总的宏观经济政策应保持连续性、稳定性和必要的灵活性，做到稳中求进。为此，经济工作要把总量控制与结构调整更好地结合起来，把宏观调控与微观搞活更好地结合起来，把深化改革与促进发展更好地结合起来，把经济发展与社会发展更好地结合起来。江泽民在会上就当前形势和明年经济工作的总体要求、主要任务作了讲话。李鹏就1997年经济工作的部署作了讲话。朱镕基作总结讲话。李瑞环、刘华清、胡锦涛出席会议。

【全国组织部长会议】（1996年12月15日至16日） 全国组织部长会议于1996年12月15日至16日在北京举行。中央组织部召开的这次会议，主要是学习贯彻党的十四届六中全会和中央经济工作会议精神，研究部署1997年的工作任务。张全景在讲话中要求各级党委和组织部门，继续推进县以上领导班子的思想政治建设，加大选拔优秀年轻干部的力度，认真贯彻落实《党政领导干部选拔任用工作暂行条例》和《中国共产党地方委员会工作条例（试行）》，进一步加强以农村、国有企业党建工作为重点的基层组织建设，努力建设高素质的干部队伍，不断提高党员队伍的素质，以优异成绩迎接党的十五大的召开。

【八届国务院第十一次全体会议】（1996年12月16日） 八届国务院第十一次全体会议于1996年12月16日在北京召开。李鹏主持会议。会议讨论了香港特别行政区筹备委员会的报告，并听取了国务院港澳事务办公室负责人就第一任行政长官人选的产生过程等情况所作的汇报。朱镕基、钱其琛发表了重要意见。经过讨论，大家都认为，香港特别行政区第一任行政长官人选的产生过程是民主的，体现了公正、公平、公开的原则，完全符合基本法和全国人大有关决定的规定。李鹏指出，在全国人大香港特别行政区筹备委员会主任委员会议主持下，由400位全部是香港永久性居民组成的香港特别行政区第一届政府推选委员会，于1996年12月11日在香港选举董建华为香港特别行政区第一任行政长官人选。这是香港有史以来第一次由港人自己来选择最高行政首长，标志着香港即将进入一个新的时代。会后李鹏签署国务院第二〇七号令，任命董建华为中华人民共和国香港特别行政区第一任行政长官，于1997年7月1日就职。

【全国政法工作会议】（1996年12月17日至20日） 全国政法工作会议于1996年12月17日至20日在北京召开。任建新作了工作报告。会议确定1997年政法工作总的任务是：维护社会持续稳定，严厉打击严重刑事犯罪和经济犯罪，坚决查禁社会丑恶现象，进一步落实社会治安综合治理措施，建设高素质的政法队伍，为改革开放和经济建设创造良好的社会环境，保障、促进物质文明建设和精神文明建设协调发展。会议提出，将在1997年上半年，结合党性党风教育，在全国范围内集中力量开展一次专项治理地方和部门保护主义的活动。江泽民、李鹏、胡锦涛于12月18日与部分代表进行了座谈。江泽民、李鹏发表了讲话。

【中央农村工作会议】（1997年1月10日至13日） 中央农村工作会议于1997年1月10日至13日在北京举行。这次会议的主要议题是，分析当前农业和农村形势，研究部署1997年的工作任务。重点是研究新情况，总结新经验，解决新问题，再接再厉，乘势前进，确保农业和农村经济持续稳定增长。会议强调了1997年农业和农村工作要着力做好的八个方面工作。姜春云在会议开幕时作了题为《正确分析形势，统一思想认识，努力实现今年农业的持续稳定增长》的工作报告。1月13日，江泽民与会议部分代表座谈时强调：要进一步加强党对农业和农村工作的领导，保持和推进农业发展的好势头，努力实现今年农业和农村工作的基本任务。李鹏、朱镕基出席会议并讲话。

【全国宣传部长会议】（1997年1月14日至18日） 全国宣传部长会议于1997年1月14日至18日在北京召开。会议强调，新的一年，宣传思想战线要为改革、发展、稳定提供有力思想保证，为香港回归和党的十五大召开创造良好舆论氛围。丁关根在会上讲话，提出做好当前和今后一个时期宣传思想工作必须遵循的基本要求。1月17日，江泽民会见全体与会代表并讲话，指出：宣传思想战线要高举邓小平建设有中国特色社会主义理论旗帜，紧紧围绕恢复对香港行使主权和党的十五大召开这两件关系全局的大事，扎扎实实地做好工作。希望按照中央总的工作精神和这次会议的部署，坚持以经济建设为中心，开创精神文明建设新局面，为促进改革开放和现代化建设提供更加有力的思想保证，为两件大事创造安定团结的舆论环境。

【全国新闻系统电视电话会议】（1997年1月23日） 中央宣传部、广播电影电视部、新闻出版署、中华全国新闻工作者协会于1997年1月23日在北京召开全国新闻系统电视电话会议。全国新闻系统2000多人出席了这次电视电话会议。会议在全国30个会场同时举行。会议号召全国新闻界认真贯彻党的十四届六中全会精神，加强职业道德建设，禁止有偿新闻，开展创建文明单位、树立行业新风的活动。会议要求，各新闻单位要认真学习贯彻新颁布的《中国新闻工作者职业道德准则》和《关于禁止有偿新闻的若干规定》两个文件。会议授予41家新闻单位“精神文明示范单位”荣誉称号。

【十四届中央纪委八次全会】（1997年1月27日至29日） 十四届中央纪委八次全会于1997年1月27日至29日在北京举行。中央纪委委员100人出席会议。尉健行作了题为《把握大局，再接再厉，努力取得反腐败斗争新成效》的工作报告。全会提出，1997年反腐败和党风廉政建设工作，要按照“把握大局，再接再厉，同心同德，开拓前进”的根本要求，坚持党中央确定的反腐败指导思想、基本原则，加大力度，狠抓落实，务求实效，把反腐败斗争继续引向深入，为推进社会主义物质文明建设和精神文明建设服务，为维护改革、发展、稳定的大局服务。29日，江泽民在会上讲话指出：反腐败斗争是关系党心、民心，关系党和国家前途命运的严重政治斗争。在这个问题上旗帜必须鲜明，态度必须坚定，工作必须锲而不舍。

【八届国务院第十二次全体会议】（1997年2月4日） 八届国务院第十二次全体会议于1997年2月4日在北京召开。李鹏主持会议。会议布置讨论即将提请八届全国人大第五次会议审议的《政府工作报告（征求意见稿）》。国务院研究室负责人对《报告》的起草经过和主要内容作了说明。会议决定，将此稿发到各省、自治区、直辖市和有关部门、单位广泛征求意见。李鹏指出，在新的一年里，我们要切实推进经济体制和经济增长方式的转变，稳中求进，保持国民经济持续、快速、健康发展，促进社会全面进步。他特别强调，要加快国有企业改革步伐，坚持两手抓、两手都要硬的方针，加强社会主义精神文明建设，努力开创各项工作的新局面。

【邓小平同志追悼大会】（1997年2月25日） 中共中央、全国人大常委会、国务院、全国政协、中央军委于1997年2月25日在北京人民大会堂举行邓小平同志追悼大会。江泽民、李鹏、乔石、李瑞环、朱镕基、刘华清、胡锦涛、荣毅仁，邓小平的夫人卓琳和子女等亲属，首都各族各界人士一万多人参加追悼大会。江泽民在追悼大会上致悼词。江泽民在悼词中高度评价了邓小平光辉、战斗的一生和建立的丰功伟绩，指出邓小平留给我们的最可宝贵的财富，就是他创立的建设有中国特色社会主义理论和在这个理论指导下制定的党在社会主义初级阶段的基本路线。邓小平是我党我军我国各族人民公认的享有崇高威望的卓越领导人，伟大的马克思主义者，伟大的无产阶级革命家、政治家、军事家、外交家，久经考验的共产主义战士，于1997年2月19日在北京逝世，享年93岁。

【全国政协八届五次会议】（1997年2月27日至3月12日） 全国政协八届五次会议于1997年2月27日至3月12日在北京举行。2月27日的开幕会由李瑞环主持，出席委员1846名。党和国家领导人江泽民、李鹏、乔石、朱镕基、刘华清、胡锦涛、荣毅仁到会祝贺。叶选平受常务委员会的委托，在会上作了中国人民政治协商会议第八届全国委员会常务委员会工作报告。李瑞环在闭幕会上发表了重要讲话。会议期间，36位委员作了大会口头发言；委员们多次列席八届全国人大五次会议的全体会议，听取政府工作报告和计划、财政以及最高人民法院、最高人民检察院的工作报告，并进行了热烈讨论，发表了许多很好的意见和建议。中共中央和国务院的领导同志还分别到小组看望委员，听取委员们的意见和建议。60多位国务院的部长、副部长听取了大会发言。会议通过了政协第八届全国委员会第五次会议政治决议，通过了关于常务委员会工作报告决议，通过了政协提案委员会关于政协八届五次会议提案审查情况的报告。

【八届全国人大五次会议】（1997年3月1日至14日） 八届全国人大五次会议于1997年3月1日至14日在北京举行。3月1日的第一次全体会议由乔石主持，出席代表2808名。大会批准了李鹏作的政府工作报告，批准了陈锦华受国务院委托所作的关于1996年国民经济和社会发展计划执行情况与1997年国民经济和社会发展计划草案的报告，同意刘仲藜受国务院委托所作的关于1996年中央和地方预算执行情况及1997年中央和地方预算草案的报告，批准了田纪云作的全国人大常委会工作报告，任建新作的关于最高人民法院工作报告，张思卿作的关于最高人民检察院工作报告等；通过了修订的《中华人民共和国刑法》和《中华人民共和国国防法》，江泽民签署第83号、第84号主席令公布了这两部法律；通过《第八届全国人民代表大会第五次会议关于第九届全国人民代表大会代表名额和选举问题的决定》《中华人民共和国香港特别行政区选举第九届全国人民代表大会代表的办法》；通过《第八届全国人民代表大会第五次会议关于批准设立重庆直辖市的决定》；通过了《关于全国人民代表大会常务委员会检查中华人民共和国农业法实施情况的报告的决议》《关于全国人民代表大会香港特别行政区筹备委员会工作报告的决议》。

【中央计划生育和环境保护座谈会】（1997年3月8日）　中央计划生育和环境保护座谈会于1997年3月8日在北京召开。江泽民、李鹏、乔石、李瑞环、刘华清、胡锦涛等出席座谈会。江泽民主持座谈会并讲话。他强调，计划生育和环境保护都是必须长期坚持的基本国策。我们进行社会主义现代化建设，必须毫不动摇地坚持以经济建设为中心，集中力量把国民经济搞上去。必须把经济发展与人口、资源、环境结合起来全盘考虑，统筹安排，努力控制人口增长，合理利用资源，切实保护好环境，确保经济持续、快速、健康发展和社会全面进步。李鹏在座谈会上作了讲话。彭珮云、宋健在会上汇报了工作。

【全国机关党建工作座谈会】（1997年4月25日至27日）　中央组织部于1997年4月25日至27日在北京召开全国机关党建工作座谈会。会议的主要议题是：认真学习贯彻党中央关于加强党的建设的一系列重要指示精神，按照“讲学习、讲政治、讲正气”的要求，总结交流机关党的建设工作经验，研究提出进一步加强机关党的建设工作的意见。27日，胡锦涛在会上讲话强调，“讲学习、讲政治、讲正气”，是把建设有中国特色社会主义事业全面推向新世纪的需要，是加强、改进党的建设和政权建设的需要，也是时代和人民对党的干部的要求。各级党委要提高认识，增强责任感和紧迫感，把开展“三讲”教育作为加强机关建设的突出任务，切实抓出成效。领导机关、领导干部应当做得更好，真正起表率作用。

【纪念叶剑英同志诞辰一百周年座谈会】（1997年4月28日）　纪念叶剑英同志诞辰100周年座谈会于1997年4月28日在北京人民大会堂举行。胡锦涛主持座谈会。江泽民、李鹏、乔石、李瑞环、朱镕基、刘华清、荣毅仁等出席座谈会。江泽民在讲话中指出，叶剑英同志是久经考验的共产主义忠诚战士，坚定的马克思主义者，伟大的无产阶级革命家、政治家、军事家，中国人民解放军的缔造者之一，中华人民共和国的开国元勋，长期担任党、国家和军队重要领导职务的卓越领导人。叶剑英在60多年的革命生涯中，为中国人民的解放事业和社会主义建设事业殚精竭虑，作出了重大贡献，建立了丰功伟绩，深受全党、全军和全国人民的爱戴与敬重。叶剑英同志党性坚强、信念坚定，胸怀宽广、谦逊质朴，好学深思、实事求是，这些崇高思想和高尚品质，是永远值得我们学习和发扬的宝贵精神财富。

【中央精神文明建设指导委员会第一次全体会议】（1997年5月26日） 中央精神文明建设指导委员会第一次全体会议于1997年5月26日在北京召开。由中央国家机关、人民团体和解放军等20个部门的22名负责同志担任的中央精神文明建设指导委员会委员出席了会议。江泽民、李鹏出席会议并在会上作了讲话。胡锦涛等领导及中央有关部门的负责同志出席会议。中央精神文明建设指导委员会主任丁关根、副主任李铁映讲话。中央精神文明建设指导委员会是根据党的十四届六中全会决议，由中央决定成立的，主要职责是督促检查各地、各部门贯彻落实党的十四届六中全会精神和中央关于精神文明建设的一系列方针、政策的情况，协调解决精神文明建设主要是思想道德和文化建设方面的有关问题，总结推广交流先进经验。会议还讨论了中央精神文明建设指导委员会及其办公室的主要职责、工作制度和年内的主要工作安排。

【第六届全国高校党建工作会议和全国中小学德育工作会议】（1997年6月11日至14日） 第六届全国高校党建工作会议和全国中小学德育工作会议于1997年6月11日至14日在北京召开。全国高校党建工作会议由中央组织部、中央宣传部和国家教委召开，议题是总结1990年以来高校党建工作的基本经验，研究深入贯彻党的十四届六中全会决议精神，推动高校社会主义精神文明建设，进一步加强高校党的建设，促进高等教育事业的改革和发展。国家教委召开的全国中小学德育工作会议，主要是研究落实《中共中央关于进一步加强和改进学校德育工作的若干意见》，进一步明确今后一个时期中小学德育工作的任务。江泽民会见与会代表并讲话。胡锦涛、李岚清参加会见。

【首都各界庆祝香港回归祖国大会】（1997年7月1日） 中共中央、全国人大常委会、国务院、全国政协、中央军委于1997年7月1日在北京工人体育场举行首都各界庆祝香港回归祖国大会。江泽民在大会上讲话指出：香港回归，标志着中国人民洗雪了香港被侵占的百年国耻，开创了香港和祖国内地共同发展的新纪元；标志着我们在完成祖国统一大业的道路上迈出了重要一步；标志着中国人民为世界和平、发展与进步事业作出了新的贡献。6月30日午夜至7月1日凌晨，举世瞩目的中英两国政府香港政权交接仪式在香港会议展览中心新翼五楼大会堂隆重举行。

【庆祝中国人民解放军建军七十周年大会】（1997年7月31日） 中共中央、国务院、中央军委于1997年7月31日在北京人民大会堂举行庆祝中国人民解放军建军70周年大会。江泽民在会上讲话时指出，要实现我们的宏图大业，要维护我们国家的统一和安全，要促进世界的和平与稳定，我们必须有一支强大的军队，有一个巩固的国防。全军同志要增强责任感和使命感，全面加强军队建设，按照“政治合格、军事过硬、作风优良、纪律严明、保障有力”的总要求，努力开创我军革命化、现代化、正规化建设的新局面。

【十四届七中全会】（1997年9月6日至9日） 十四届七中全会于1997年9月6日至9日在北京举行。出席会议的有中央委员182人，候补中央委员123人。中纪委委员和有关负责人列席会议。会议由中央政治局主持。江泽民作了讲话。会议决定，中国共产党第十五次全国代表大会于9月12日在北京召开。全会讨论并通过了中央委员会向党的第十五次全国代表大会的报告，讨论并通过了《中国共产党章程修正案》，一致决定将这两个文件提请党的第十五次全国代表大会审议。全会在民主、团结的气氛中，就我国改革开放和社会主义现代化建设跨世纪发展的若干重大问题，进行了热烈讨论，为十五大的胜利召开做了充分准备。全会按照党章规定，决定递补克尤木·巴吾东为中央委员。全会审议通过了中央纪律检查委员会关于陈希同问题的审查报告。

【十四届中央纪委九次全会】（1997年9月6日至9日） 十四届中央纪委九次全会于1997年9月6日至9日在北京举行。中央纪委委员105人出席了会议，并在此期间列席了十四届七中全会。尉健行在会上讲话。全会审议并通过了《中共中央纪律检查委员会向党的第十五次全国代表大会的工作报告》，同意提请党的十五大审议。全会要求，各级党委、纪委和全体党员要高举邓小平建设有中国特色社会主义理论的伟大旗帜，在以江泽民同志为核心的党中央的领导下，进一步加强党风廉政建设，深入开展反腐败斗争，为实现党的十五大的战略部署作出新的贡献。

【中国共产党第十五次全国代表大会】（1997年9月12日至18日） 中国共产党第十五次全国代表大会于1997年9月12日至18日在北京举行。大会正式代表2048人，特邀代表60人，代表全国5800多万党员。这次大会在我国改革开放和社会主义现代化建设发展的关键时刻召开，是一次承前启后、继往开来，高举邓小平理论伟大旗帜，坚定不移地沿着十一届三中全会以来正确路线胜利前进，动员全党和全国各族人民团结奋斗，把建设有中国特色社会主义事业全面推向21世纪的大会。江泽民在会上作了题为《高举邓小平理论伟大旗帜，把建设有中国特色社会主义事业全面推向二十一世纪》的报告，报告共十个部分：（1）世纪之交的回顾和展望，（2）过去五年的工作，（3）邓小平理论的历史地位和指导意义，（4）社会主义初级阶段的基本路线和纲领，(5)经济体制改革和经济发展战略，(6)政治体制改革和民主法制建设，(7)有中国特色社会主义的文化建设，(8)推进祖国和平统一，(9)国际形势和对外政策，(10)面向新世纪的中国共产党。大会首次使用“邓小平理论”这个概念，把这一理论作为指引党继续前进的旗帜。报告指出：建设有中国特色社会主义的经济、政治和文化的基本目标、基本政策，有机统一，不可分割，构成党在社会主义初级阶段的基本纲领。这个纲领，是邓小平理论的重要内容，是党的基本路线在经济、政治、文化等方面的展开，是这些年来最主要经验的总结。世纪的前十年，是我国实现现代化建设第二步战略目标、向第三步战略目标迈进的关键时期。在这个时期，建立比较完善的社会主义市场经济体制，保持国民经济持续快速健康发展，是必须解决好的两大课题。大会还就社会主义初级阶段的所有制结构和公有制实现形式，以及依法治国、建设社会主义法治国家等问题提出了新的论断，指出：公有制为主体、多种所有制经济共同发展，是我国社会主义初级阶段的一项基本经济制度。公有制经济不仅包括国有经济和集体经济，还包括混合所有制经济中的国有成分和集体成分。国有经济起主导作用，主要体现在控制力上。公有制实现形式可以而且应当多样化，非公有制经济是我国社会主义市场经济的重要组成部分。依法治国，是党领导人民治理国家的基本方略，是发展社会主义市场经济的客观需要，是社会文明进步的重要标志，是国家长治久安的重要保障。大会对如何实现“三步走”战略目标第三部目标作出进一步规划，提出了新的“三步走”发展战略，并对我国跨世纪发展作出战略部署。

大会通审议通过了报告和《中国共产党章程（修正案）》，批准了中央纪律检查委员会的工作报告，选举产生由委员193人、候补委员151人组成的中央委员会和由委员115人组成的中央纪律检查委员会。大会的最大贡献，是把邓小平理论确立为全党的指导思想，对于全党、全国各族人民胜利实现20世纪末的奋斗目标，进而在21世纪开创更加壮阔、更加辉煌的前程产生极其重大而深远的影响。

【十五届中央纪委一次全会】（1997年9月19日） 十五届中央纪委一次全会于1997年9月19日在北京举行。中央纪委委员113人出席会议，尉健行主持会议。全会选举尉健行为中央纪律检查委员会书记，韩杼滨、曹庆泽、何勇、周子玉、夏赞忠、刘丽英为副书记，马駇、刘丽英、祁培文、李至伦、李登柱、何勇、周子玉、赵洪祝、袁纯清、夏赞忠、曹庆泽、尉健行、彭钢、韩杼滨、傅杰为常务委员会委员，报中央委员会批准。与会人员列席了十五届一中全会。

【十五届一中全会】（1997年9月19日） 十五届一中全会于1997年9月19日在北京举行。出席的有中央委员191人，候补中央委员151人。全会选举丁关根、田纪云、朱镕基、江泽民、李鹏、李长春、李岚清、李铁映、李瑞环、吴邦国、吴官正、迟浩田、张万年、罗干、胡锦涛、姜春云、贾庆林、钱其琛、黄菊、尉健行、温家宝、谢非为中央政治局委员，曾庆红、吴仪为中央政治局候补委员；选举江泽民、李鹏、朱镕基、李瑞环、胡锦涛、尉健行、李岚清为中央政治局常委，江泽民为中央委员会总书记；根据中央政治局常务委员会的提名，通过胡锦涛、尉健行、丁关根、张万年、罗干、温家宝、曾庆红为中央书记处书记；决定江泽民为中央军事委员会主席；批准尉健行为中央纪律检查委员会书记。

【民盟第八次全国代表大会】（1997年10月17日至22日） 民盟第八次全国代表大会于1997年10月17日至22日在北京举行。大会共有代表746人，其中正式代表638人。钱伟长主持开幕式。费孝通致开幕词。姜春云宣读了中共中央的贺词。何鲁丽代表其他民主党派和全国工商联致贺词。丁石孙代表民盟七届中央委员会作了题为《高举爱国主义、社会主义旗帜，为实现我国跨世纪的宏伟目标而奋斗》的工作报告。冯之浚向大会作《中国民主同盟章程修改报告》。大会选举产生了由258名委员组成的民盟第八届中央委员会。大会通过了《中国民主同盟第八次全国代表大会决议》。10月23日召开的民盟八届一中全会选举丁石孙为主席。

【农工党第十二次全国代表大会】（1997年10月27日至11月1日） 农工党第十二次全国代表大会于1997年10月27日至11月1日在北京举行。出席会议的代表617人，列席72人。卢嘉锡主持开幕式。方荣欣致开幕词。罗干宣读了中共中央的贺词。丁石孙代表其他民主党派和全国工商联致贺词。卢嘉锡代表农工党十一届中央委员会作了题为《高举邓小平理论伟大旗帜，认真履行参政党职能，为实现跨世纪宏伟目标贡献力量》的工作报告。章师明作关于《中国农工民主党章程》修改的说明的报告。大会通过了农工党第十二次全国代表大会决议等。大会选出了由188名委员组成的农工党中央委员会。农工党十二届一中全会推举卢嘉锡为名誉主席，选举蒋正华为主席。

【致公党第十一次全国代表大会】（1997年11月1日至6日） 致公党第十一次全国代表大会于1997年11月1日至6日在北京举行。出席大会的代表257人，代表全党15713名党员。董寅初致开幕词。李铁映宣读了中共中央的贺词。陈舜礼代表其他民主党派中央、全国工商联向大会致贺词。杨纪珂代表致公党十届中央委员会作题为《继往开来，团结进取，为民族振兴和祖国统一大业做出新贡献》的报告。杜宜瑾作关于《关于〈中国致公党章程〉修正案》的说明。大会选举产生由92名委员组成的致公党第十一届中央委员会。致公党十一届一中全会选举罗豪才为主席，推举董寅初为名誉主席。

【全国工商联第八届会员代表大会】（1997年11月3日至7日） 全国工商联第八届会员代表大会于1997年11月3日至7日在北京举行。出席大会的代表742名。田纪云宣读了中共中央、国务院的贺词。王兆国代表全国政协、成思危代表各民主党派、方嘉德代表各人民团体向大会致贺词。经叔平作了《高举邓小平理论伟大旗帜，肩负起工商联跨世纪历史使命》的工作报告。大会通过了修改后的《章程》。大会选出了358名执行委员。11月6日召开的全国工商联八届一次执委会议选举经叔平为主席，推选王光英为名誉主席。

【九三学社第七次全国代表大会】（1997年11月8日至13日） 九三学社第七次全国代表大会于1997年11月8日至13日在北京举行。出席代表586名，代表全国6万多名社员。郝诒纯主持开幕式。吴阶平致开幕词。吴邦国宣读了中共中央的贺词。卢嘉锡代表其他民主党派中央和全国工商联致贺词。受九三学社九届中央委员会委托，徐采栋在会上作了题为《在邓小平理论伟大旗帜指引下，向着新世纪的宏伟目标阔步前进》的报告。郝诒纯就起草《九三学社章程（修正案）》情况作了说明。大会选举产生了由225人组成的九三学社第十届中央委员会，推举王淦昌为第十届中央委员会名誉主席。13日召开的九三学社十届一中全会选举吴阶平为主席。

【台盟第六次全盟代表大会】（1997年11月12日至17日） 台盟第六次全盟代表大会于1997年11月12日至17日在北京举行。本次大会共有代表159名，特邀代表4人。张克辉主持开幕式。蔡子民作开幕讲话。钱其琛宣读了中共中央的贺词。罗豪才代表其他民主党派中央、全国工商联向大会致贺词。杨国庆代表全国台联致贺词。张克辉代表台盟五届中央委员会作了题为《在邓小平理论指引下，高举爱国主义和社会主义旗帜，为振兴中华统一祖国而奋斗》的报告。陈仲颐作了《关于〈台湾民主自治同盟章程（修改草案）〉的说明》。大会通过了《台湾民主自治同盟第六次全盟代表大会决议》。大会选举产生由57名委员组成的新一届台盟中央委员会。17日召开的台盟六届一中全会推举蔡子民为名誉主席，张克辉为主席。

【民建第七次全国代表大会】（1997年11月13日至18日） 民建第七次全国代表大会于1997年11月13日至18日在北京举行。出席会议的代表580名，来自293个地方组织，代表69452名会员。温家宝宣读了中共中央的贺词。经叔平代表其他民主党派中央、全国工商联向大会致贺词。成思危代表民建六届中央委员会作题为《在邓小平理论指引下，继承和发扬民建优良传统，为实现跨世纪的历史任务而努力奋斗》的工作报告。浦洁修代表中央咨议委员会向大会提交了书面工作报告。大会通过了新的《中国民主建国会章程》。大会选举产生由185名委员组成的民建第七届中央委员会。民建七届一中全会选举成思危为主席，推举孙起孟为名誉主席。

【全国金融工作会议】（1997年11月17日至19日） 全国金融工作会议于1997年11月17日至19日在北京召开。此次会议由中共中央、国务院召开。会议指出，金融是现代经济工作的核心，进一步做好金融工作，保证金融安全、高效、稳健运行，是国民经济持续快速健康发展的基本条件。会议强调，要进一步做好金融工作，必须以邓小平理论和党的十五大精神为指导，按照建立社会主义市场经济体制的方向，深化和加快金融改革，进一步整顿和规范金融秩序，建立健全符合我国国情的现代金融体系和金融制度，引导金融业健康发展。会议要求，力争用三年左右时间大体建立与社会主义市场经济发展相适应的金融机构体系、金融市场体系和金融调控监管体系，显著提高金融业的经营和管理水平，基本实现全国金融秩序明显好转。江泽民、李鹏、朱镕基作了讲话。

【民革第九次全国代表大会】（1997年11月24日至30日）　民革第九次全国代表大会于1997年11月24日至30日在北京举行。出席会议的代表615人，代表全国5.3万多名党员。彭清源致开幕词。吴邦国宣读了中共中央的贺词。丁石孙代表各民主党派中央和全国工商联致贺词。何鲁丽就民革成立50周年发表讲话，方少逸代表民革老同志讲话。彭清源受八届中央委员会委托，作题为《在邓小平理论指引下，开创跨世纪民革工作新局面，为统一祖国、振兴中华而努力奋斗》的工作报告。李赣骝作关于党章修改草案的说明。大会选举产生了由185名委员、23名候补委员组成的民革新一届中央委员会。11月29日召开的民革九届一中全会选举何鲁丽为主席。

【民进第八次全国代表大会】（1997年11月26日至12月2日）　民进第八次全国代表大会于1997年11月26日至12月2日在北京举行。出席大会代表479人。楚庄主持开幕式。雷洁琼致开幕词。丁关根宣读了中共中央的贺词。王文元代表其他民主党派和全国工商联致贺词。受民进第九届中央委员会委托，陈舜礼在会上作了题为《继往开来，团结奋进，为建设有中国特色社会主义做出新贡献》的报告。梅向明作了关于《中国民主促进会章程（修改草案）》的报告。大会选举产生由187名委员组成的民进第十届中央委员会。12月1日召开的民进十届一中全会推举雷洁琼、谢冰心、赵朴初为名誉主席，选举许嘉璐为主席。

【中央经济工作会议】（1997年12月9日至11日）　中共中央、国务院于1997年12月9日至11日在北京召开经济工作会议。会议确定，1998年的经济工作要继续推进经济体制和经济增长方式的根本转变，进一步加强农业的基础地位，加快国有企业改革步伐，加大经济结构调整力度，加强和改善宏观调控，提高对外开放水平，安排好群众生活，实现国民经济持续、快速、健康发展和社会全面进步。会议提出了1998年经济工作中的六项主要任务。江泽民就当前国际国内形势，认真贯彻落实十五大提出的经济工作的各项任务，1998年经济工作的总体要求、工作重点和主要任务作了讲话。李鹏和朱镕基分别就1997年经济工作情况、1998年经济工作的部署和经济改革、发展的几个问题作了讲话。

【全国组织工作会议】（1997年12月21日至24日）　全国组织工作会议于1997年

12月21日至24日在北京召开。会议的任务是：认真总结经验，研究和部署面向新世纪的组织工作。胡锦涛在开幕会上作报告时强调，各级党委和组织部门要做好面向新世纪的党建工作和组织工作，为把建设有中国特色社会主义事业全面推向21世纪，提供更加坚强的组织保证。22日，江泽民在会上讲话，强调完成我国跨世纪发展的各项任务，一靠正确的理论和路线的指导，二靠广大人民群众的团结奋斗，三靠党的各级组织坚强有力。这三条中，干部是一个重要的决定因素。面对新世纪，全党干部首先是几千名高级干部、几万名中级干部要肩负起重大的历史责任。

【全国政法工作会议】（1997年12月23日至25日） 全国政法工作会议于1997年12月23日至25日在北京举行。任建新作了题为《认真贯彻党的十五大精神，切实维护社会稳定，积极推进依法治国》的工作报告。25日下午，江泽民、李鹏出席会议并讲话。江泽民指出，搞好各项工作归根到底人的因素是最根本的。政法工作要不断开创新的局面，必须进一步全面提高政法干警的思想、作风、纪律和业务素质。党的十五大明确把依法治国确定为党领导人民治理国家的基本方略，并把依法治国、建设社会主义法治国家作为政治体制改革的一项重要内容。这是一个重大的决策。李鹏在讲话中要求各级政府部门提高依法行政自觉性，政法部门要把严肃执法作为生命线。

【中央军委扩大会议】（1997年12月） 中央军委扩大会议于1997年12月在北京召开。会议提出了到21世纪中叶国防和军队现代化建设分三步走的发展战略。第一步，到2010年，用十几年时间，努力实现新时期军事战略方针提出的各项要求，主要是解决好军队的规模、体制编制和政策制度问题，为国防和军队的现代化打下坚实基础。第二步，到2020年，随着国家经济实力的增长和军费的相应增加，加快质量建设的步伐，使国防和军队现代化建设有一个较大的发展。第三步，再经过30年的努力，到21世纪中叶，实现国防和军队的现代化。12月7日，江泽民在会上讲话提出：打赢未来高技术战争，保持人民军队的性质、本色和作风，是新时期军队建设的两个历史性课题。解决好“打得赢”“不变质”这两个历史性课题，是部队一切工作的出发点和落脚点。

【中央农村工作会议】（1998年1月7日至9日） 中央农村工作会议于1998年1月7日至9日在北京举行。会议提出，1998年农业和农村工作要坚持稳中求进的指导方针，稳定和加强农业的基础地位，稳定和落实党在农村的基本政策，稳定农产品总量，稳定农村社会秩序，力求农村改革有新突破，产业结构调整有新进展，农村经济整体素质和效益有新提高，农民收入有新增长。9日下午，江泽民在会见会议代表时指出，当前的一个突出问题是，一部分农业产品销售不畅，价格下跌，农民收入增长减缓。做好今年的农业和农村工作，关键是稳定党在农村的各项政策，特别是要进一步稳定和落实土地承包政策、减轻农民负担的政策和粮食收购政策。

【全国宣传部长会议】（1998年1月12日至15日）　全国宣传部长会议于1998年1月12日至15日在北京举行。各省、自治区、直辖市、新疆生产建设兵团党委宣传部部长，中直机关工委、中央国家机关工委、解放军总政治部和武警部队政治部的有关方面负责人，部分中央、国家机关和中央宣传思想工作部门的负责人出席会议。会议提出了1998年宣传思想工作总的要求和工作目标，强调要以科学的理论武装人，以正确的舆论引导人，以高尚的精神塑造人，以优秀的作品鼓舞人，把全党思想统一到十五大精神上来，把全国各族人民的力量凝聚到实现十五大确定的各项任务上来。15日，江泽民、李鹏、朱镕基、胡锦涛、尉健行会见出席会议的代表。丁关根主持会议并讲话。

【全国精神文明建设工作会议】（1998年1月15日至17日）　全国精神文明建设工作会议于1998年1月15日至17日在北京召开。这是中央文明委成立以来召开的第一次全国性工作会议。尉健行在会上强调，全面贯彻落实十五大精神，必须坚持不懈地加强精神文明建设。全党一定要高度自觉，在抓好经济建设的同时，坚持把精神文明建设放在更加突出的地位，以更大的决心，更有力的措施，紧紧围绕十五大精神，进一步激发人民群众的积极性和创造性，为落实十五大确定的各项任务创造良好的社会环境。15日，江泽民等会见全体代表。

【十五届中央纪委二次全会】（1998年1月20日至22日）　十五届中央纪委二次全会于1998年1月20日至22日在北京举行。中央纪委委员112人出席会议。会议审议通过尉健行作的《以党的十五大精神为指导，加大工作力度，深入开展反腐败斗争》的工作报告。会议强调，党风廉政建设和反腐败工作要坚持标本兼治、综合治理，既要克服已经发生的腐败现象，又要通过深化改革，从源头上预防和治理腐败。要坚持从领导机关、领导干部抓起，尤其要加强对各级领导干部的管理和监督。22日，江泽民在会上讲话时指出，在新的一年里，要不失时机地加大反腐败斗争的力度，力求取得更明显的成效。各级领导干部在拒腐防变、反腐倡廉中一定要起表率作用。必须建设一支政治上靠得住、工作上作风上过得硬、特别能战斗的高素质的执纪执法队伍。

【八届国务院第十三次全体会议】（1998年2月4日）　八届国务院第十三次全体会议于1998年2月4日在北京召开。李鹏主持会议。会议布置讨论即将提请九届全国人大第一次会议审议的《政府工作报告（征求意见稿）》。国务院研究室负责人对《报告》的起草经过和主要内容作了说明。会议决定，将此稿发到各省、自治区、直辖市和有关部门、单位广泛征求意见。李鹏在讲话中指出，本届政府的五年任期即将结束。五年来，我国社会主义现代化事业取得了举世瞩目的巨大成就，经济体制改革迈出决定性步伐，对外开放提高到新的水平，社会生产力、综合国力、人民生活又上了一个新的台阶。我国政通人和，百业俱兴，国力增强，人民高兴，是新中国成立以来比较好的发展时期之一。这些成就的取得，是在邓小平理论的指引下，在以江泽民同志为核心的党中央领导下，全国各族人民同心同德、努力奋斗的结果。

【全国统战部长会议】（1998年2月10日至13日） 全国统战部长会议于1998年2月10日至13日在北京召开。13日下午，江泽民、李瑞环、胡锦涛等在中南海怀仁堂接见出席会议的代表。江泽民指出，全党同志特别是各级领导干部对形势应有全面清醒的认识，一定要坚定信心，团结一致，加倍工作，善为筹谋，坚决按照党的十五大的战略部署，把建设有中国特色社会主义事业继续推向前进。李瑞环在座谈时强调，统战工作要牢牢把握大团结大联合的主题，为实现党的十五大提出的宏伟目标服务；要下大力量研究问题、研究政策；统战干部要加强学习，开阔视野，发扬传统，改进作风。

【纪念周恩来同志诞辰一百周年大会】（1998年2月23日） 纪念周恩来同志诞辰100周年大会于1998年2月23日在北京举行。大会由李鹏主持。江泽民、乔石、朱镕基、李瑞环、刘华清、胡锦涛、尉健行、李岚清、荣毅仁等与首都各界人士6000多人出席大会。江泽民在会上讲话，高度评价周恩来的卓著功勋、崇高精神和人格，指出：周恩来的精神，就是共产主义远大理想同脚踏实地的工作作风的结合，对上负责同对下负责的结合，高度的原则性同高度的灵活性的结合；号召全党全军和全国各族人民，特别是各级领导干部，都要努力学习周恩来同志的崇高精神，并努力贯彻到自己的思想和行动中去，把各项工作做得更好。纪念周恩来同志诞辰110周年座谈会于2008年2月29日在北京举行，胡锦涛出席并发表重要讲话，吴邦国、贾庆林、李长春、习近平、李克强、贺国强等出席座谈会，温家宝主持座谈会。

【十五届二中全会】（1998年2月25日至26日） 十五届二中全会于1998年2月25日至26日在北京举行。中央政治局主持会议。出席全会的中央委员192人，候补中央委员149人。有关负责人列席会议。全会审议通过了中央政治局提出，经与党内外协商形成的，拟向九届全国人大一次会议推荐的国家机构领导人员人选名单和拟向全国政协九届一次会议推荐的全国政协领导人员人选名单。全会审议通过了《国务院机构改革方案》，建议国务院将这个方案提交九届全国人大一次会议审议。全会认为，开好九届全国人大一次会议和全国政协九届一次会议，对于全面贯彻落实党的十五大精神，高举邓小平理论伟大旗帜，把建设有中国特色社会主义事业全面推向21世纪，具有重要意义。全会指出，机构改革是深化经济体制改革、发展社会主义市场经济的客观要求，是密切党和政府与人民群众联系的迫切需要，是党和国家领导制度改革的一项重要任务，也是政治体制改革的重要内容。全会全面分析了我国目前的经济形势，认为总的形势是好的。全会认为，中央关于经济工作的决策和部署是完全正确的，全党要认真贯彻执行。面对亚洲一些国家发生的金融危机，最根本的是要做好国内的经济工作，增强承受和抵御风险的能力。全会号召全党和全国各族人民更加紧密地团结起来，高举邓小平理论伟大旗帜，在以江泽民同志为核心的党中央领导下，齐心协力，开拓进取，在建设有中国特色社会主义的伟大事业中不断创造新的业绩。

【中国人民政治协商会议第九届全国委员会第一次会议】（1998年3月3日至14日）　中国人民政治协商会议第九届全国委员会第一次会议于1998年3月3日至14日在北京举行。3月3日的开幕会由李瑞环主持，本届共有委员2195人，出席开幕会的委员2084人。江泽民、李鹏、乔石、朱镕基、刘华清、胡锦涛、尉健行、李岚清、荣毅仁等到会祝贺会议开幕。叶选平代表政协第八届全国委员会常务委员会向大会作了工作报告。全体委员列席了第九届全国人民代表大会第一次会议，听取并讨论了政府工作报告。会议选举李瑞环为全国政协主席，叶选平、杨汝岱、王兆国、阿沛•阿旺晋美、赵朴初、巴金、钱伟长、卢嘉锡、任建新、宋健、李贵鲜、陈俊生、张思卿、钱正英、丁光训、孙孚凌、安子介、霍英东、马万祺、朱光亚、万国权、胡启立、陈锦华、赵南起、毛致用、白立忱、经叔平、罗豪才、张克辉、周铁农、王文元为副主席，郑万通为秘书长，丁衡高等290人为常务委员。会议通过了全国政协九届一次会议政治决议，全国政协九届一次会议关于全国政协八届常委会工作报告的决议，全国政协九届一次会议提案审查委员会关于提案审查情况的报告。李瑞环致闭幕词。

【第九届全国人民代表大会第一次会议】（1998年3月5日至19日）　第九届全国人民代表大会第一次会议于1998年3月5日至19日在北京举行。3月5日的第一次全体会议由田纪云主持，出席代表2944名。会议选举江泽民为中华人民共和国主席，胡锦涛为副主席；选举李鹏为第九届全国人民代表大会常务委员会委员长，田纪云、谢非、姜春云、邹家华、帕巴拉•格列朗杰、王光英、程思远、布赫、铁木尔•达瓦买提、吴阶平、彭珮云、何鲁丽、周光召、成克杰、曹志、丁石孙、成思危、许嘉璐、蒋正华为副委员长；选举江泽民为中华人民共和国中央军事委员会主席。会议决定朱镕基为国务院总理，张万年、迟浩田为中央军事委员会副主席，傅全有、于永波、王克、王瑞林为中央军事委员会委员；选举肖扬为最高人民法院院长，韩杼滨为最高人民检察院检察长。会议决定李岚清、钱其琛、吴邦国、温家宝为国务院副总理，迟浩田、罗干、吴仪、司马义•艾买提、王忠禹为国务委员。会议还通过了九届全国人大财经委员会、民族委员会、法律委员会、内务司法委员会、教育科学文化卫生委员会、外事委员会、华侨委员会、环境与资源保护委员会、农业与农村委员会的主任委员、副主任委员、委员名单。会议批准了李鹏作的政府工作报告，陈锦华作的1997年国民经济和社会发展计划执行情况与1998年计划草案报告，刘仲藜作的1997年中央和地方预算执行情况及1998年预算草案报告。罗干就国务院机构改革方案作说明，会议审查批准了《国务院机构改革方案》。会议还批准了田纪云作的全国人大常委会工作报告，任建新作的最高人民法院工作报告，张思卿作的最高人民检察院工作报告。江泽民、李鹏在闭幕会上发表讲话。

【中央计划生育和环境保护工作座谈会】（1998年3月15日） 中央计划生育和环境保护工作座谈会于1998年3月15日在北京召开。江泽民主持会议并讲话。他指出，计划生育和环境保护工作关系经济社会的可持续发展，关系子孙后代的生存和繁衍，是必须长期坚持的基本国策。不仅本世纪最后这几年要抓得很紧，下个世纪也要抓得很紧，在整个社会主义初级阶段都要抓得很紧。李鹏、朱镕基、李瑞环、胡锦涛、尉健行、李岚清出席座谈会。李鹏在会上讲话。彭珮云、宋健等在会上发言。

【九届国务院第一次常务会议】（1998年3月22日） 九届国务院第一次常务会议于1998年3月22日在北京召开。朱镕基主持会议。会议对国务院的工作规则和直属机构、办事机构、直属事业单位等机构的设置进行了讨论。会议按照既有分工又有协作的精神，对本届国务院常务会议组成人员的工作作了分工。会议讨论并原则通过了《国务院工作规则（修订稿）》。会议决定，将原则通过的《关于国务院机构设置和调整国务院议事协调机构的意见》及《国务院工作规则（修订稿）》提交新一届国务院第一次全体会议讨论通过。据不完全统计，本届政府共召开68次国务院常务会议。

【九届国务院第一次全体会议】（1998年3月24日） 九届国务院第一次全体会议于1998年3月24日在北京召开。朱镕基主持会议并发表讲话。会议通报了国务院领导同志工作分工，讨论通过了《国务院机构设置和调整国务院议事协调机构方案》，讨论通过了修订后的《国务院工作规则》。王忠禹和人事部负责人分别就规则和方案作了说明。朱镕基说，本届政府总的任务是，高举邓小平理论伟大旗帜，在以江泽民同志为核心的党中央领导下，坚持党的基本路线和基本纲领，全面贯彻落实党的十五大制定的跨世纪战略部署，继续解放思想，实事求是，深化改革，扩大开放，把建设有中国特色社会主义的伟大事业全面推向21世纪。朱镕基最后说，本届政府的任务十分繁重和光荣，政府工作人员特别是国务院组成人员，必须保持良好的精神状态和旺盛的斗志，坚定信心，励精图治，高效廉政，做好跨世纪的一届政府工作。朱镕基提出了五项要求，还与大家约法三章。

【辽宁、吉林、黑龙江和内蒙古四省区党政负责人座谈会】（1998年3月24日至26日） 辽宁、吉林、黑龙江和内蒙古四省区党政主要负责人座谈会于1998年3月24日至26日在长春召开。座谈会由朱镕基主持。朱镕基指出，企业下岗职工安置和实施再就业工程，事关改革、发展、稳定的大局，要采取有力措施，千方百计做好这项工作。他还指出，现行粮食流通体制存在很多矛盾和问题，既不利于保护农民的生产积极性，又不适应社会主义市场经济的要求。粮食流通体制已到了非改革不可的时候了。改革的方向只能是把粮食企业完全交给地方统筹管理。4月21日，国务院邀请部分在京全国人大常委会委员和专门委员会委员就国有企业下岗职工再就业和粮食流通体制改革工作进行座谈。朱镕基主持座谈会并讲话。4月22日，国务院就上述问题又邀请部分全国政协委员座谈。

【纪念真理标准讨论二十周年座谈会】（1998年5月8日）　中央宣传部、中央党校主办的纪念真理标准讨论20周年座谈会于1998年5月8日在北京举行。胡锦涛出席座谈会并讲话。李铁映、姜春云、钱其琛、曾庆红、王兆国和中央有关部门负责人，以及思想理论、新闻界的学者600余人参加座谈会。胡锦涛在讲话中强调指出，这场讨论，冲破了“两个凡是”的严重束缚，推动了全国性的马克思主义思想解放运动，是十一届三中全会实现建国以来我党历史上具有深远意义的伟大转折的思想先导，是20年改革开放历程的思想先导，为我们党重新确立马克思主义的思想路线、政治路线和组织路线奠定了理论基础，在党和国家的历史进程中产生了重大而深远的影响。

【中央对台工作会议】（1998年5月11日至13日）　中央对台工作会议于1998年5月11日至13日在北京举行。会议指出，随着香港问题的解决和澳门问题的即将解决，解决台湾问题、实现祖国完全统一，是包括台湾同胞在内的全国人民的崇高愿望，是党和国家极其重要的神圣的历史使命。全党要按照十五大关于进一步加强对台工作的精神，继续贯彻“和平统一、一国两制”的基本方针和发展两岸关系、推进祖国和平统一进程的八项主张，统一思想，努力做好各项对台工作，全面发展两岸关系，为解决台湾问题、最终实现祖国的完全统一创造有利条件。11日，江泽民到会讲话。会议期间，钱其琛作了讲话。陈云林作了工作汇报。

【国有企业下岗职工基本生活保障和再就业工作会议】（1998年5月14日至16日）　中共中央、国务院于1998年5月14日至16日在北京召开国有企业下岗职工基本生活保障和再就业工作会议。吴邦国作了工作报告。江泽民在开幕会上讲话指出，全党动手，动员全社会的力量，共同做好国有企业下岗职工基本生活保障和再就业工作，具有十分重大的意义。这项工作不仅是重大的经济问题，也是重大的政治问题；不仅是现实的紧迫问题，也是长远的战略问题。16日，朱镕基在会议总结讲话中指出，解决国有企业人员过多的问题，不能照搬国外的做法，也不能沿用计划经济的办法，只能根据我国现阶段的实际情况，制定符合中国国情的政策、措施。6月9日，中共中央、国务院发出《关于切实做好国有企业下岗职工基本生活保障和再就业工作的通知》。

【纪念张太雷同志诞辰一百周年座谈会】（1998年6月16日）　纪念张太雷同志

诞辰100周年座谈会于1998年6月16日在北京举行。胡锦涛等领导同志，中组部、中宣部、中央统战部、解放军总政治部、全国妇联等单位的负责同志，从事党史、青运史研究的专家学者，原共青团中央的部分老同志，天津大学的负责同志，以及张太雷同志的亲属和部分青年学生代表参加了座谈会。李克强主持座谈会。曾庆红在座谈会上讲话指出，张太雷同志的革命生涯主要是在党的创建时期和大革命时期渡过的，他紧密结合革命斗争实践，运用马克思主义的基本原理，较早地对中国国情和中国革命的性质、任务作出了比较符合实际的阐述和分析，为中国共产党的发展与壮大，为中国革命的胜利，建立了不可磨灭的历史功勋。我们今天缅怀他，就是要学习他坚定的革命信念、崇高的革命品格和大无畏的献身精神，继承和发扬党的优良传统和作风。

【九届国务院第二次全体会议】（1998年6月19日） 九届国务院第二次全体会议于1998年6月19日在北京召开。朱镕基主持会议。会议总结了前阶段各部门“三定”方案的制定工作，对下一步实施“三定”工作作出部署。朱镕基指出，各部门的“三定”方案已全部经国务院批准，机构改革进入了实施“三定”的攻坚阶段，必须加强领导，精心组织，周密部署，以改革的精神和高度的政治责任感，做好人员定岗和分流工作。会上，人事部负责人就制定机构“三定”方案情况和有关实施工作作了说明。

【中国共产主义青年团第十四次全国代表大会】（1998年6月19日至25日） 中国共产主义青年团第十四次全国代表大会于1998年6月19日至25日在北京举行。江泽民等到会祝贺，胡锦涛代表党中央发表题为《迈向新世纪，创造新业绩》的祝词。李克强宣布大会开幕。周强代表共青团第十三届中央委员会作了题为《在邓小平理论指引下团结带领各族青年为实现党的跨世纪宏伟目标而奋斗》的报告。会议通过共青团十四大关于十三届中央委员会报告的决议、关于《中国共产主义青年团章程（修正案）》的决议，并选举产生新一届团中央委员会。新一届团中央委员会由177名委员、118名候补委员组成。共青团十四届一中全会选举周强为团中央书记处第一书记。24日上午，江泽民在中南海接见了56个民族的团代表，并与新当选的团中央领导成员和部分团十四大代表进行座谈。

【全国农村基层组织建设经验交流暨表彰会议】（1998年6月27日至29日） 全国农村基层组织建设经验交流暨表彰会议于1998年6月27日至29日在北京举行。胡锦涛在会上作了题为《适应跨世纪发展需要，把农村基层党组织建设得更加坚强有力》的讲话。他在讲话中指出：各级党委务必从全局上战略上充分认识进一步搞好农村基层组织建设的重要性，紧紧围绕十五大提出的农村改革、发展、稳定的各项任务，着眼于提高农村基层组织建设的整体水平，坚持不懈地把这项工作继续抓紧抓好。温家宝在会上作了关于当前农业形势和农村工作的报告。

李铁林宣读了《中共中央组织部关于表彰农村基层组织建设工作先进单位和优秀个人的决定》。31名县（市）委书记、79名乡（镇）党委书记、126个农村党支部、31个包村部门、33名驻村工作队员，被分别授予全国农村基层组织建设工作优秀县（市）委书记、优秀乡（镇）党委书记、先进村党支部、先进单位、先进个人荣誉称号。

【第七次全国高校党的建设工作会议】（1998年7月3日至5日）　第七次全国高校党的建设工作会议于1998年7月3日至5日在北京举行。此次会议由中央组织部、中央宣传部、教育部党组召开。会议的主要任务是：研究部署高教战线兴起学习马列主义、毛泽东思想特别是邓小平理论新高潮；深入贯彻《中国共产党普通高等学校基层组织工作条例》，坚持完善党委领导下的校长负责制；总结交流近年来高校党建和思想政治工作的经验，表彰党的建设和思想政治工作先进高等学校。胡锦涛、尉健行、李岚清、丁关根等会见与会代表并出席开幕式，李岚清在会上讲话。5日，朱镕基就当前国内和国际经济形势，向京津高校师生代表和出席第七次全国高校党建工作会议的代表近万人作了报告。

【中央大型企业工作委员会工作会议】（1998年7月9日）　中央大型企业工作委员会工作会议于1998年7月9日在北京召开。在京大型企业领导人参加会议。中央大型企业工作委员会是经中央批准成立的，吴邦国担任书记。吴邦国在会上指出，中央决定成立中央大型企业工委，是贯彻落实党的十五大精神，深化国有企业改革，加强国有大型企业领导班子建设，建立适应社会主义市场经济体制的企业领导干部管理制度的重大决策。中央大型企业工委的职责是：负责管理国务院监管的大型国有企业和国家控股企业中党的领导职务，以促进党的路线方针政策和党中央、国务院有关精神在大型国有企业的贯彻落实；根据社会主义市场经济体制和建立现代企业制度的要求，研究探索改革和加强大型国有企业党的领导班子建设。

【全国打击走私工作会议】（1998年7月13日至15日）　中共中央、国务院于1998年7月13日至15日在北京召开全国打击走私工作会议。吴仪在会议开幕时作了题为《提高认识，周密部署，深入开展反走私斗争》的报告。江泽民在13日接见会议代表时强调指出，全党要进一步提高认识，加强领导，统一部署，统一行动，严厉打击走私犯罪活动。15日，朱镕基在会上指出，各地方、各部门和各个方面一定要统一思想，加强领导，周密部署，开展一场大规模的反走私联合行动和专项斗争，迅速而严厉地打击走私犯罪活动。党中央、国务院决定对现行缉私体制进行重大改革。一是组建国家缉私警察队伍，专司打击走私犯罪活动的职能。二是以海关为主，公安、工商等执法部门联合缉私，对查获的走私案件由海关统一处理。三是改革现行缉私罚没收支管理办法，坚持收支两条线制度。

【学习邓小平理论工作会议】（1998年7月17日至19日） 学习邓小平理论工作会议于1998年7月17日至19日在北京召开。这次会议由中央组织部、中央宣传部召开，主要任务是以邓小平理论和党的十五大精神为指导，学习贯彻《中共中央关于在全党深入学习邓小平理论的通知》，进一步动员全党兴起学习邓小平理论的新高潮。17日，江泽民在会上讲话指出：高举邓小平理论伟大旗帜，把建设有中国特色社会主义事业全面推向21世纪，这是党的十五大的主题，是全党各项工作的主题，也是兴起理论学习新高潮的主题。深入学习邓小平理论，要同学习和贯彻十五大精神结合起来，紧紧围绕十五大的主题，在全面、正确地理解和掌握邓小平理论科学体系和精神实质上下功夫，在全面、正确地理解和掌握十五大精神上下功夫。

【中央政治局常委扩大会议】（1998年8月7日） 中央政治局常委扩大会议于1998年8月7日在北京召开。会议作出了关于长江抗洪抢险工作的决定。6月中下旬以来，长江发生1954年以来第二次全流域性洪水。8月9日，朱镕基在湖北长江抗洪第一线察看长江大堤防守情况时，传达了党中央和江泽民最近关于长江抗洪抢险工作的指示，强调当前长江防汛形势十分严峻，沿江各地要把长江抗洪抢险作为头等大事，全力以赴抓好。要坚决严防死守，确保长江大堤的安全，不能有丝毫松懈和动摇。8月13日，江泽民赴湖北长江抗洪抢险第一线，看望、慰问、鼓励广大军民，指导抗洪抢险斗争。8月14日，江泽民在武汉发表讲话，就决战阶段的长江抗洪抢险工作作总动员。

【中国妇女第八次全国代表大会】（1998年8月31日至9月5日） 中国妇女第八次全国代表大会于1998年8月31日至9月5日在北京召开。党和国家领导人江泽民、李鹏、李瑞环、胡锦涛、尉健行、李岚清等到会祝贺。陈慕华宣布大会开幕。胡锦涛代表党中央致祝词。顾秀莲代表中华全国妇女联合会第七届执行委员会向大会作了题为《高举邓小平理论伟大旗帜，团结动员各族各界妇女为实现我国跨世纪的宏伟目标努力奋斗》的工作报告。9月5日，李岚清向大会作题为《实施科教兴国战略，迎接二十一世纪的机遇与挑战》的专题报告。大会提出了到2010年中国妇女发展的总目标，今后五年中国妇女运动的指导思想和主要任务，修改了《中华全国妇女联合会章程》。大会选举产生全国妇联第八届执行委员会。在全国妇联第八届执委会第一次会议上，选举彭珮云为全国妇联主席，推举陈慕华为全国妇联名誉主席。全国妇联八届一次常委会推选顾秀莲任书记处第一书记。

【全国抗洪抢险总结表彰大会】（1998年9月28日） 中共中央、国务院于1998年9月28日在北京举行全国抗洪抢险总结表彰大会。会议由朱镕基主持。江泽民在会上讲话指出，坚决战胜这场洪水，是保护人民生命财产安全，保卫改革开放和现代化建设成果的一场重大斗争，也是对中国人民与天奋斗的勇气、信心和力量的一场严峻考验。在同洪水的搏斗中，我们的民族和人民展示出了一种十分崇高的精神。这就是万众一心、众志成城，不怕困难、顽强拼搏，坚韧不拔、敢于胜利的伟大抗洪精神。抗洪精神是爱国主义、集体主义和社会主义精神的大发扬，是社会主义精神文明的大发扬，是我们党和军队的光荣传统和优良作风的大发扬，是中华民族的民族精神在当代中国的集中体现和新的发展。

【军队武警部队政法机关不再从事经商活动工作会议】（1998年10月6日至7日） 中共中央、国务院、中央军委于1998年10月6日至7日在北京召开军队武警部队政法机关不再从事经商活动工作会议。尉健行主持会议，胡锦涛讲话。会议回顾总结了前一阶段的工作，研究讨论了实施方案，着重对下一步企业的撤销和交接工作进行了部署，要求各有关方面齐心协力，密切配合，扎实工作，确保按期完成军队、武警部队和政法机关与所办经营性企业彻底脱钩的任务。胡锦涛在讲话中说，两个多月前，中央在部署开展反走私联合行动和专项斗争的同时，作出了军队、武警部队和政法机关一律不再从事经商活动的决定。这一重大决策公布后，得到了全党、全军和全国人民的衷心拥护。

【全军抗洪抢险庆功表彰大会】（1998年10月8日） 中央军委于1998年10月8日在北京举行全军抗洪抢险庆功表彰大会。张万年主持大会。江泽民等出席。江泽民在讲话中指出，在这场伟大的斗争中，我军充分展示出坚决听从党的指挥，视人民利益重于一切的高度政治觉悟；充分展示出指挥果断、反应迅速、战无不胜的过硬素质；充分展示出英勇顽强、连续作战、不怕牺牲的战斗作风；充分展示出令行禁止、秋毫无犯的严明组织纪律性；充分展示出密切配合、官兵一致的团结协作精神；充分展示出全面、快速、高效的保障能力。迟浩田宣读了中央军委给参加抗洪抢险部队先进单位及个人授予荣誉称号和记功的命令，宣读了国务院、中央军委给武警部队抗洪抢险先进单位及个人授予荣誉称号和记功的命令。于永波宣读了解放军四总部表彰抗洪抢险先进单位和个人的通报。

【十五届三中全会】（1998年10月12日至14日） 十五届三中全会于1998年10月12日至14日在北京举行。出席这次会议的中央委员185人，候补中央委员148人。中纪委常委和有关方面的负责人列席会议。全会由中央政治局主持。江泽民作了讲话。全会认为，农业、农村和农民问题是关系我国改革开放和现代化建设全局的重大问题。完成十五大确定的我国跨世纪发展的宏伟任务，必须进一步加强农业的基础地位，保持农业和农村经济的持续发展，保持农民收入的稳定增长，保持农村社会的稳定。会议通过了《关于农业和农村工作若干重大问题的决定》。全会高度评价农村改革20年所取得的巨大成就和创造的丰富经验。全会按照十五大确定的我国社会主义初级阶段的基本纲领和总体部署，从经济、政治、文化三个方面，提出了从现在起到2010年，建设有中国特色社会主义新农村的奋斗目标，确定了实现这些目标必须坚持的方针。全会强调，以公有制为主体、多种所有制经济共同发展的基本经济制度，以家庭承包经营为基础、统分结合的经营制度，以劳动所得为主和按生产要素分配相结合的分配制度，必须长期坚持。《决定》还具体阐述了“长期稳定以家庭承包经营为基础、统分结合的双层经营体制”“深化农产品流通体制改革，完善农产品市场体系”“加快以水利为重点的农业基本建设，改善农业生态环境”“依靠科技进步，优化农业和农村经济结构”“推进农村小康建设，加大扶贫攻坚力度”等问题。

【中国工会第十三次全国代表大会】（1998年10月19日至24日） 中国工会第十三次全国代表大会于1998年10月19日至24日在北京举行。江泽民、李鹏、朱镕基、李瑞环、胡锦涛、尉健行、李岚清出席开幕式。胡锦涛代表党中央向大会致祝词，希望全国各级工会把维护全国人民总体利益与维护职工具体利益统一起来，全面履行工会的维护、建设、参与、教育等各项社会职能。会议通过《关于全国总工会第十二届执行委员会工作报告的决议》《关于〈中国工会章程〉（修正案）的决议》，选举产生了全国总工会第十三届执行委员会。第十三届执委会第一次会议选举了新的全国总工会主席团，尉健行再次当选为中华全国总工会主席。

【纪念刘少奇同志诞辰一百周年大会】（1998年11月20日） 纪念刘少奇同志诞辰100周年大会于1998年11月20日在北京举行。李鹏主持大会。江泽民、朱镕基、李瑞环、胡锦涛、尉健行、李岚清等及首都各界人士6000多人出席大会。江泽民在讲话中强调，刘少奇为中国人民的解放和新中国的建设，在政治、经济、军事、外交、文化教育和党的建设等领域都建树了卓著的功勋。我们今天纪念他，就要学习他对共产主义信仰坚定不移，对党和人民的事业赤胆忠心的精神；学习他一切从实际出发，坚持实事求是的精神；学习他为了党和人民的利益，勇于坚持真理、修正错误的精神；学习他刻苦学习、善于进行理论思考和理论创造的精神。纪念刘少奇同志诞辰110周年座谈会于2008年11月11日在北京举行。胡锦涛出席并发表重要讲话，温家宝主持座谈会，贾庆林、李长春、习近平、李克强、贺国强等出席座谈会。

【“三讲”教育电视电话会议】（1998年12月5日） 中共中央于1998年12月5日召开“三讲”教育电视电话会议。会议对在县级以上党政领导班子、领导干部中深入开展以“讲学习、讲政治、讲正气”为主要内容的党性党风教育进行动员部署。胡锦涛在会上讲话时要求，各级党委特别是主要领导，要充分认识深入开展“三讲”教育的必要性和重要性，以高度的政治责任心、足够的领导精力和良好的精神状态，把这项事关大局的重要任务切实抓紧抓好。尉健行主持会议指出：各地各部门一定要充分认识以县以上各级党政领导班子为重点，开展“三讲”教育的必要性、重要性，明确目标要求，坚持正确的指导思想和原则，按照党中央的部署，紧密结合实际，周密安排，有领导、有计划、有步骤地进行。

【中央经济工作会议】（1998年12月7日至9日）　中共中央、国务院于1998年12月7日至9日在北京召开经济工作会议。江泽民在会上讲话，回顾1998年的经济工作，分析当前的经济形势，提出了1999年经济工作的整体要求、重点内容和需要把握的重大问题。朱镕基讲话就1999年经济工作做出部署。会议确定1999年经济工作的总体要求是：继续推进改革开放，把扩大国内需求作为促进经济增长的主要措施，稳定和加强农业，深化国有企业改革，调整经济结构，努力开拓城乡市场，千方百计扩大出口，防范和化解金融风险，整顿经济秩序，保持国民经济持续快速健康发展和社会全面进步。会议提出了1999年要抓好的三项重点工作和需要把握好的四个重大问题。

【党的十一届三中全会召开二十周年纪念大会】（1998年12月18日）　党的十一届三中全会召开20周年纪念大会于1998年12月18日在北京人民大会堂举行。江泽民发表讲话，强调十一届三中全会的伟大意义和深远影响，已经和正在随着实践的发展越来越充分地显示出来，并将贯穿于建设有中国特色社会主义事业的全部进程。20年的历史经验归结到一点，就是把马克思主义的基本原理同中国的具体实际相结合，走自己的路，建设有中国特色的社会主义。江泽民指出，全党同志要继续解放思想，实事求是，创造性地开展工作；要继续加强学习，提高自己，紧跟时代前进的步伐；要继续坚韧不拔，奋发有为，全心全意为祖国和人民服务，带领广大群众为祖国富强创造出更加辉煌的业绩。

【全国政法工作会议】（1998年12月21日至23日）　全国政法工作会议于1998年12月21日至23日在北京举行。罗干作工作报告，总结了1998年的政法工作，分析了当前政法工作面临的形势，确定了1999年全国政法工作的总任务。23日，江泽民在人民大会堂与会议代表进行座谈。他强调指出，各级党政领导特别是党政主要负责同志，要更好地承担起维护稳定的政治责任。政法机关是维护稳定的专门力量，要充分发挥职能作用。我们任何时候都不能忘记“稳定是压倒一切的”这个重要原则，必须坚持“两手抓，两手都要硬”，确保改革开放和建设的顺利进行。朱镕基、尉健行出席座谈会。

【中央农村工作会议】（1998年12月28日至30日）　中央农村工作会议于1998年12月28日至30日在北京举行。温家宝作了题为《全面贯彻十五届三中全会精神，努力做好1999年农业和农村工作》的报告。会议分析了当前农业和农村工作面临的新形势，提出1999年农业和农村工作的总要求，即全面贯彻党的十五届三中全会和中央经济工作会议精神，稳定党在农村的基本政策，深化农村改革；调整农业和农村经济结构，发展高产优质高效农业；加强以水利为重点的农业基础设施建设，改善农业生态环境；加强农村基层民主法制建设、精神文明建设、基层党组织和干部队伍建设。在工作安排上，重点解决当前农村存在的突出问题，着力抓好增加农民收入和保持农村稳定这两件关系全局的大事。会议提出了完成1999年农业和农村工作的目标与任务需要抓好的六个方面工作。30日，江泽民会见出席会议的代表并讲话。

【十五届中央纪委三次全会】（1999年1月13日至15日） 十五届中央纪委三次全会于1999年1月13日至15日在北京举行。出席会议的中央纪委委员112人。会议审议并通过了尉健行所作的《加大力度，标本兼治，推动反腐败斗争深入开展》的工作报告。15日，江泽民在会上发表讲话强调：面对新时期的新任务，面对新形势下各种前所未遇的严峻考验和巨大挑战，我们必须充分发挥党的严密的组织性和铁的纪律这个优势。全党纪律严明，朝气蓬勃，我们就能无往而不胜。从严治党，严肃党纪，最根本的就是全党各级组织和全体党员、干部，都要做到严格按党章办事，按党内生活准则和党的各项规章办事。当前必须着重严肃党的政治、组织、经济工作和群众工作四个方面的纪律。

【全国统战部长会议】（1999年1月18日至21日） 全国统战部长会议于1999年1月18日至21日在北京举行。王兆国在会上讲话指出：1999年的统战工作要抓住新中国成立50周年和澳门回归祖国等历史契机，全面推进各个领域的统战工作，巩固和发展统一战线团结、稳定、振奋、活跃的大好局面，为深化改革、促进发展、维护稳定作出新的贡献。1月20日，李瑞环同会议代表进行座谈，强调团结大多数，调动积极性，是统一战线“安身立命”之本，是常做常新的任务。

【全国宣传部长会议】（1999年1月20日至23日） 全国宣传部长会议于1999年1月20日至23日在北京召开。21日下午，江泽民、朱镕基、胡锦涛、李岚清、张万年等与出席会议的同志进行座谈，丁关根主持座谈会。江泽民强调：宣传思想工作要继续唱响主旋律，打好主动仗。要高举邓小平理论伟大旗帜，进一步兴起学习邓小平理论新高潮。胸中要有大局，牢牢把握正确的舆论导向。对错误的东西要头脑清醒，心中有数，沉着处理。不能把错误的东西炒热，更不能让错误的东西干扰党和国家工作的大局。在事关政治方向、政治原则问题上，必须旗帜鲜明，分清是非，不能听之任之。要特别注意维护社会政治稳定。严格遵守党的政治纪律和宣传纪律，切实做到令行禁止。该管的要管住，重要的宣传阵地和传播手段，一定要把好关口，丝毫不能出问题。

【纪念瞿秋白同志诞辰一百周年座谈会】（1999年1月29日） 纪念瞿秋白同志诞辰100周年座谈会于1999年1月29日在北京召开。李铁映主持座谈会。尉健行等中央领导同志，老同志代表，中央和国家机关及军队有关部门的负责同志，瞿秋白的亲属和家乡常州市的代表，以及首都各界人士300余人参加。尉健行在讲话中说，瞿秋白是中国共产党早期的主要领导人之一，伟大的马克思主义者，卓越的无产阶级革命家、理论家和宣传家，中国革命文学事业的重要奠基者之一。瞿秋白在传播马克思主义，在中国共产党早期理论建设中，作出过巨大贡献，是艰苦探索中国革命道路的优秀先行者，是中国先进知识分子的优秀代表，是开风气之先的早期共产党人之一。

【九届国务院第三次全体会议】（1999年2月1日） 九届国务院第三次全体会议于1999年2月1日在北京召开。朱镕基主持会议。会议布置讨论即将提请九届全国人大第二次会议审议的《政府工作报告（征求意见稿）》。会议决定，将此稿发到各省、自治区、直辖市和有关部门、单位广泛征求意见。朱镕基在讲话中指出，1998年，我们面对复杂严峻的国内外经济环境，克服重重困难，改革开放和社会主义现代化建设取得举世瞩目的成绩。国民经济持续发展，各项改革继续推进，人民生活进一步改善，社会主义民主法制和精神文明建设取得新的进展，社会稳定，民族团结。这种好的形势来之不易，主要是在邓小平理论指引下，以江泽民同志为核心的党中央坚强领导和全国各族人民团结奋斗的结果。同时，朱镕基分析了我国面临的形势，提出了政府1999年要着力抓好的几项重点工作。

【全国对外宣传工作会议】（1999年2月25日至27日） 全国对外宣传工作会议于1999年2月25日至27日在北京举行。26日，江泽民在会上讲话指出，我们要在国际上形成同我国的地位和声望相称的强大宣传舆论力量，更好地为改革开放和现代化建设服务，为促进祖国统一、世界和平和人类进步作出更大的贡献。赵启正在闭幕会上指出，1999年对外宣传工作要紧紧围绕改革开放和现代化建设，配合国庆50周年、澳门回归等大事，站在面向新世纪的高度，积极运用科学高效的外宣手段，系统全面地向世界展示50年来我国经济发展和社会进步的巨大成就，宣传全国人民满怀豪情地迈向21世纪的精神风貌，进一步传播准确的中国社会进展情况，为改革开放和现代化建设创造更加有利的国际舆论环境。

【全国政协九届二次会议】（1999年3月3日至12日） 全国政协九届二次会议于1999年3月3日至12日在北京举行。3月3日的开幕会由李瑞环主持，出席委员2013名；党和国家领导人江泽民、李鹏、朱镕基、胡锦涛、尉健行、李岚清到会祝贺。叶选平受常务委员会委托，在会上作了全国政协九届常委会工作报告。李瑞环在闭幕会上发表了重要讲话。会议期间，委员们列席了九届全国人大二次会议，听取并讨论了政府工作报告和其他重要报告，讨论了宪法修改的有关问题，就国家经济、政治、社会生活中的重大问题和政协工作，提出了许多很好的意见和建议。会议通过了政协九届全国委员会第二次会议政治决议、政协九届全国委员会第二次会议关于常务委员会工作报告的决议、关于政协九届二次会议提案审查情况的报告。

【九届全国人大二次会议】（1999年3月5日至15日） 九届全国人大二次会议

于1999年3月5日至15日在北京举行。3月5日的第一次全体会议由李鹏主持，出席代表2869名。大会批准了朱镕基作的政府工作报告，批准了曾培炎受国务院委托所作的关于1998年国民经济和社会发展计划执行情况与1999年国民经济和社会发展计划草案的报告，同意项怀诚受国务院委托所作的关于1998年中央和地方预算执行情况及1999年中央和地方预算草案的报告，批准了姜春云作的全国人大常委会工作报告，肖扬作的关于最高人民法院工作的报告，韩杼滨作的关于最高人民检察院工作的报告等；通过了《中华人民共和国合同法》，江泽民签署第15号主席令予以公布，自1999年10月1日起施行，《经济合同法》《涉外经济合同法》《技术合同法》将同时废止；通过了《中华人民共和国澳门特别行政区第九届全国人民代表大会代表的产生办法》，根据这一办法，澳门回归后，将产生澳门特别行政区九届全国人大代表12名。

【中央人口资源环境工作座谈会】（1999年3月13日） 中共中央于1999年3月13日在北京举行人口资源环境工作座谈会。江泽民主持会议并讲话。江泽民指出，促进我国经济和社会的可持续发展，必须在保持经济增长的同时，控制人口增长，保护自然资源，保持良好的生态环境，这是根据我国国情和长远发展的战略目标而确定的基本国策；必须从战略的高度深刻认识处理好经济发展同人口、资源、环境的关系的重要性，把这件事关中华民族生存和发展的大事作为紧迫任务，坚持不懈地抓下去。朱镕基就如何学习、贯彻、落实江泽民的讲话精神作了部署。

【全国“三讲”教育工作电视电话会议】（1999年3月19日至21日） 中共中央于1999年3月19日至21日召开全国“三讲”教育工作电视电话会议。胡锦涛在会上讲话指出，“三讲”教育试点基本上达到了中央要求，领导干部受到了一次深刻的马克思主义理论教育，增强了贯彻党的基本理论、基本路线的自觉性和坚定性；查找剖析了领导班子和领导干部党性党风方面存在的突出问题，明确了努力方向；在恢复和发扬批评与自我批评的优良传统方面有明显进步，健全活跃了党内生活，增强了领导班子的团结；领导干部受到一次生动的群众路线、群众观点的再教育，保持廉洁、接受群众监督的意识增强；振奋了精神，改进了工作。中央要求继续自上而下、分级分批地有计划进行“三讲”教育，确保质量，防止走过场。

【“三讲”教育报告会】（1999年4月16日） 中央组织部、中央宣传部、中央直属机关工委、中央国家机关工委、中央金融工委于1999年4月16日召开“三讲”教育报告会。中央、国家机关部级干部和部分司局级干部1600多人参加了报告会。报告会由丁关根主持。胡锦涛在报告会上阐述了“三讲”教育的重要意义。他说，深入开展“三讲”教育，是我们党为迎接新世纪、完成新的历史任务所作的重要思想准备和组织准备；是从实际出发加强领导班子建设、提高领导干部队伍思想政治素质的重要任务；是推动全党兴起学习邓小平理论新高潮，从根本上加强全党的思想政治教育的重要举措；也是对在改革开放和发展社会主义市场经济条件下，如何有效解决党内尤其是领导干部中党性党风方面存在问题的一次创造性探索。一定要把整风精神贯穿到“三讲”教育的全过程，这是确保高质量地做好工作的关键所在。

【五四运动八十周年纪念大会】（1999年5月4日） 中央宣传部、教育部、共青团中央于1999年5月4日在北京人民大会堂召开五四运动80周年纪念大会。江泽民、李鹏、朱镕基、李瑞环、胡锦涛、李岚清出席大会。胡锦涛在大会上发表了题为《发扬伟大的爱国主义精神为建设有中国特色社会主义努力奋斗》的讲话，强调指出，今天我们继承和发扬五四传统，就要坚持以马克思列宁主义、毛泽东思想和邓小平理论为指导，坚持党的基本路线，发扬民族自尊、自信、自强的精神，汲取一切有益的新思想、新经验，努力建设有中国特色社会主义的经济、政治、文化，把改革开放和现代化事业不断推向前进。

【九届国务院第四次全体会议】（1999年5月20日） 九届国务院第四次全体会议于1999年5月20日在北京召开。朱镕基主持会议。会议听取了国务院港澳事务办公室、澳门特别行政区筹委会负责人就第一任行政长官人选的产生过程等情况所作的汇报。李岚清、钱其琛发表了意见。大家认为，澳门特别行政区第一任行政长官人选的产生过程符合澳门特别行政区基本法和全国人大有关决定的规定，体现了公平、公正、公开、民主和廉洁的原则，得到了澳门社会各界人士的普遍欢迎和认同。朱镕基指出，在全国人大澳门特别行政区筹备委员会主任委员会议的主持下，由199位全部是澳门永久性居民组成的澳门特别行政区第一届政府推选委员会经过大量工作，于1999年5月15日在澳门选举何厚铧为澳门特别行政区第一任行政长官人选。由澳门同胞自己来选择澳门的最高行政长官，这在澳门历史上是第一次。它标志着澳门即将进入一个新时代。朱镕基签署了国务院第264号令，任命何厚铧为中华人民共和国澳门特别行政区第一任行政长官，于1999年12月20日就职。

【中央扶贫开发工作会议】（1999年6月8日至9日） 中央扶贫开发工作会议于1999年6月8日至9日在北京举行。会议总结了改革开放以来扶贫开发工作取得的巨大成绩，农村尚未解决温饱问题的贫困人口从1978年的2.5亿减少到1998年的4200万，农村贫困率从30.7%下降到4.6%。贫苦地区的生活条件改善，科技、教育、文化、卫生事业得到发展。会议确定了1999年至2000年扶贫攻坚的基本目标和主要任务。9日，江泽民在会上讲话，提出要确保实现八七扶贫攻坚的战略目标。他指出：今后两年，每年要力争解决1000万左右贫困人口的温饱问题，牢固树立扶贫开发长期作战的思想。28日，中共中央、国务院作出《关于进一步加强扶贫开发工作的决定》。

【全国教育工作会议】（1999年6月15日至18日） 中共中央、国务院于1999年6月15日至18日在北京召开改革开放以来的第三次全国教育工作会议。会议的主题是，以提高民族素质和创新能力为重点，深化教育体制和结构改革，全面推进素质教育，振兴教育事业，实施科教兴国战略。15日，江泽民在会上讲话，强调：必须全面贯彻党的教育方针，坚持教育为社会主义、为人民服务，坚持教育与社会实践相结合，以提高国民素质为根本宗旨，以培养学生的创新精神和实践能力为重点，努力造就“有理想、有道德、有文化、有纪律”的，德育、智育、体育、美育等全面发展的社会主义事业建设者和接班人。18日，朱镕基在闭幕式上讲话指出，我国教育要有一个较大的发展，加快教育发展主要靠改革。要加大教育投入，提高办学效益，进一步加强教师队伍建设。

【全国高校党建工作会议】（1999年6月18日至19日） 中央组织部、中央宣传部和教育部于1999年6月18日至19日在北京召开第八次全国高校党建工作会议。李岚清在会议开幕式上讲话，强调要进一步加强高校党建工作，推动高等教育的改革发展和全面素质教育的实施。陈至立作了题为《按照“三讲”要求，加强高校党建工作，为高等教育事业的改革和发展提供坚强的政治保证》的报告。白克明作了会议总结讲话。北京市委教工委、上海市教工委、清华大学、中国人民大学、山东大学在会上介绍了加强党建工作和思想政治工作的经验。

【全国第二次“三讲”教育工作会议】（1999年6月28日至29日） 全国第二次“三讲”教育工作会议于1999年6月28日至29日在北京召开。会议期间，江泽民、胡锦涛、尉健行等会见了出席会议的中央“三讲”教育巡视组组长并合影。会议强调，各地各部门党委（党组）要认真学习、贯彻江泽民同志在纪念中国共产党成立78周年座谈会上的重要讲话，紧密结合实际，坚持高标准、严要求，再接再厉、深入扎实地开展好“三讲”教育。与会同志认真学习、讨论了江泽民同志的重要讲话精神，总结交流了前一段开展“三讲”教育的情况和经验。曾庆红主持了29日的全体会议。曾庆红要求各地各部门党委（党组）切实把“三讲”教育抓实、抓细、抓好，抓出成效。

【全军政治工作会议】（1999年7月5日至9日） 全军政治工作会议于1999年7月5日至9日在北京举行。会议的主要任务是，贯彻落实江泽民关于探索新形势下治军特点和规律的重要指示，集中研究改革开放和发展社会主义市场经济条件下军队思想政治建设面临的重大问题。8日，江泽民出席会议并讲话。张万年、迟浩田、傅全有、于永波、王克、王瑞林、曹刚川出席会议。于永波在讲话中强调，在新的形势下，推动军队思想政治建设的进步和发展，最重要的就是始终不渝地坚持邓小平理论的指导地位，深入贯彻落实江泽民关于思想政治建设的一系列重要论述。

【中央部门机构改革工作会议】（1999年7月6日）　中共中央部门机构改革工作会议于1999年7月6日在北京召开。胡锦涛在会上讲话指出，党中央部门的机构改革，是一项事关全局的重大改革举措，也是今年下半年党中央部门的一项重要工作。党中央部门机构改革要着眼于使各部门关系协调、职责清晰、机构和人员编制精干，形成一个结构合理、管理科学、工作高效的运行机制。这是继1998年国务院机构改革和正在进行的地方政府机构改革之后的又一项重大改革举措。这次机构改革，主要是根据形势的变化和党的中心工作的需要，进一步理顺职能关系，精简、调整内设机构和人员编制，优化人员结构，增强机关活力。

【省部长经济工作座谈会】（1999年7月15日）　中共中央、国务院于1999年7月15日在北京召开省部长经济工作座谈会。会议的主要议题是，贯彻落实中央关于经济工作的部署，进一步统一思想，做好当前经济工作。朱镕基在会上讲话，强调当前要着力抓好五个方面的工作：一是采取有力措施，促进投资需求较快增长。二是增加城乡居民收入，着力开拓消费市场。三是千方百计扩大出口，积极有效利用外资。四是继续推进国有企业改革。五是大力发展教育事业。他强调，各级领导干部特别是省部级领导干部必须全面地、正确地认识当前经济形势，坚决地贯彻落实中央关于经济工作的部署，把握大局，振奋精神，坚定信心，齐心协力，扎实工作，努力把经济工作做得更好。

【表彰为研制“两弹一星”作出突出贡献的科技专家大会】（1999年9月18日）　中共中央、国务院、中央军委于1999年9月18日在北京人民大会堂举行表彰为研制“两弹一星”作出突出贡献的科技专家大会。朱镕基宣读了《中共中央、国务院、中央军委关于表彰为研制“两弹一星”作出突出贡献的科技专家并授予“两弹一星功勋奖章”的决定》，授予于敏、王大珩、王希季、朱光亚、孙家栋、任新民、吴自良、陈芳允、陈能宽、杨嘉墀、周光召、钱学森、屠守锷、黄纬禄、程开甲、彭桓武和追授王淦昌、邓稼先、赵九章、姚桐斌、钱骥、钱三强、郭永怀“两弹一星功勋奖章”。江泽民在大会上讲话指出：伟大的事业，产生伟大的精神。在为“两弹一星”事业进行的奋斗中，广大研制工作者培育和发扬了一种崇高的精神，这就是热爱祖国、无私奉献，自力更生、艰苦奋斗，大力协同、勇于登攀的“两弹一星”精神。

【十五届四中全会】（1999年9月19日至22日）　十五届四中全会于1999年9月19日至22日在北京举行。全会由中央政治局主持。出席这次会议的中央委员189人，候补中央委员147人。中纪委常委和有关方面的负责人列席会议。全会认为，推进国有企业改革和发展是一项重要而紧迫的任务。国有企业是国民经济的支柱，必须大力促进国有企业的体制改革、机制转换、结构调整和技术进步。目前，国有企业改革和发展正处于关键时期，一些深层次矛盾和问题必须加以解决。这次会议集中研究国有企业的问题是适时和必要的。全会审议并通过《中共中央关于国有企业改革和发展若干重大问题的决定》，确定了从现时起到2010年国有企业改革和发展的主要目标和必须坚持的指导方针，作出了全面的战略部署。江泽民在会上作了重要讲话。全会决定增补胡锦涛为中央军事委员会副主席。全会审议并通过了《中共中央纪律检查委员会关于许运鸿问题的审查报告》。全会决定，撤销许运鸿中央委员会候补委员职务，开除其党籍。

【庆祝中国人民政治协商会议成立五十周年大会】（1999年9月22日） 庆祝中国人民政治协商会议成立50周年大会于1999年9月22日在北京全国政协礼堂举行。李瑞环主持大会。江泽民、李鹏、朱镕基、胡锦涛、尉健行、李岚清出席大会。曾经担任过全国政协领导职务的老同志，以及各民主党派中央、全国工商联负责人和无党派代表人士，全国政协常委，中央和国务院各部委负责人，各省、自治区、直辖市政协和副省级市政协负责人等共1000多人出席大会。各国驻华使节应邀出席大会。江泽民讲话指出：统一战线工作是全党的工作，人民政协事业是建设有中国特色社会主义事业的重要组成部分。改革开放越深入，经济建设越发展，越需要加强统一战线和人民政协的工作。坚持和发展最广泛的爱国统一战线是一项关系国家和社会主义事业兴旺发达的战略任务。何鲁丽代表各民主党派中央和全国工商联在大会上致词。

【中央民族工作会议暨国务院第三次全国民族团结进步表彰大会】（1999年9月29日） 中央民族工作会议暨国务院第三次全国民族团结进步表彰大会于1999年9月29日在北京举行。参加中央民族工作会议的384名代表和出席国务院第三次全国民族团结进步表彰大会的423名代表，中央和国家机关各部门主要负责人以及首都各界代表4000多人参加会议。江泽民、李鹏、朱镕基、李瑞环、胡锦涛、尉健行、李岚清出席大会。江泽民在会上讲话。这次民族工作会议的任务是：进一步认识和把握社会主义初级阶段民族问题的规律，深入研究民族工作面临的新形势，全面部署跨世纪的民族工作，以利更好地团结全国各族人民努力实现党的十五大确定的宏伟目标。

【首都各界庆祝中华人民共和国成立五十周年大会暨阅兵仪式】（1999年10月1日） 首都各界庆祝中华人民共和国成立50周年大会暨阅兵仪式于1999年10月1日在北京天安门广场举行，50万军民参加了盛大的阅兵式和群众游行。江泽民检阅了由42个威武雄壮、军容严整、装备精良、精神抖擞的人民解放军陆海空三军和人民武装警察部队、民兵预备役部队组成的地面方队。检阅部队后，江泽民登上天安门城楼发表了讲话。江泽民说，经过50年特别是改革开放20年来艰苦卓绝的奋斗，昔日积贫积弱的中国发生了翻天覆地的历史巨变。实践已经充分证明，只有社会主义才能救中国，只有社会主义才能发展中国。实践也充分证明，建设有中国特色社会主义，是实现中国经济繁荣和社会全面进步的康庄大道。江泽民强调，我们将继续坚持党的基本理论、基本路线、基本纲领，依靠全国各族人民的力量，在新的世纪里不断谱写建设有中国特色社会主义的新篇章；继续坚持“和平统一、一国两制”的方针，在实现香港和澳门顺利回归以后，最终完成台湾与祖国大陆的统一；继续坚持独立自主的和平外交政策，在和平共处五项原则的基础上发展同所有国家的友好合作关系。江泽民讲话结束后，阅兵分列式开始。之后是群众游行队伍通过天安门广场。当日晚，首都各界、各族群众在天安门广场举行国庆联欢晚会。江泽民等登上天安门城楼，与人民群众共度节日之夜。2日，江泽民等与数十万首都群众一起参加游园活动，庆祝中华人民共和国成立50周年。

【中央经济工作会议】（1999年11月15日至17日） 中共中央、国务院于1999年11月15日至17日在北京召开经济工作会议。江泽民、李鹏、朱镕基、李瑞环、胡锦涛、尉健行、李岚清出席会议。江泽民在会上讲话，分析了国际国内政治、经济形势，全面总结了今年的工作，提出了明年经济工作的指导思想和主要任务。朱镕基就2000年经济工作部署作了讲话。会议提出了2000年经济工作的指导思想和总体要求，提出了2000年经济工作的五项主要任务，并从八个方面作出具体部署。会议回顾这两年来的经验：第一，坚持用发展的办法解决前进中的问题；第二，适应形势变化适时调整宏观经济政策；第三，重点抓好关系国民经济发展全局的大事。会议全面分析国际经济形势得出一个结论：经济全球化趋势已经和正在给各国经济发展带来深刻的影响，我们既面临着新的发展机遇，也面临着严峻挑战，一定要增强紧迫感，努力使自己发展得更快、更好。

【纪念李立三同志诞辰一百周年座谈会】（1999年11月16日） 纪念李立三同志诞辰100周年座谈会于1999年11月16日在北京举行。尉健行等领导同志，中央和国家机关有关部委、各民主党派、各社会团体的负责人和李立三同志的生前友好及夫人李莎等亲属共100多人参加了座谈会。座谈会由张俊九主持。尉健行回顾李立三同志的经历后指出，李立三同志的一生是同中国工人运动紧密联系在一起的。他长期担任中国工人运动的领导工作，为中国人民的解放事业和伟大的共产主义事业贡献了自己的毕生精力。他的一生，是革命的一生，战斗的一生。我们缅怀李立三同志，就是要学习他对党对人民忠心耿耿，对敌斗争坚决勇敢、不畏艰险的革命精神；学习他服从真理，谦虚诚恳，勇于自我批评，注意吸取历史经验的高尚品质；学习他顾全大局，坚持原则，为人坦率的优良作风。

【首都各界庆祝澳门回归祖国大会】（1999年12月20日） 中共中央、全国人大常委会、国务院、全国政协、中央军委于1999年12月20日在首都体育馆举行首都各界庆祝澳门回归祖国大会。江泽民到会并讲话。他指出，“一国两制”在香港的成功实践，为澳门提供了宝贵的经验。中央政府将坚定不移地实行“一国两制”“澳人治澳”、高度自治的方针，保持澳门现行的社会、经济制度不变，生活方式不变，法律基本不变；坚定不移地支持澳门特别行政区行政长官和政府依法施政，坚定不移地保障澳门居民充分享有基本法赋予的权利和自由。在澳门的外来投资者的利益将依法受到保护。12月19日午夜至20日凌晨，中葡两国政府在澳门文化中心花园馆举行澳门政权交接仪式，宣告中国政府对澳门恢复行使主权，中华人民共和国澳门特别行政区成立。江泽民、朱镕基等出席仪式。

【中央军委扩大会议】（1999年12月） 中央军委扩大会议于1999年12月在北京召开。会议提出，为适应世界新军事变革发展趋势，从我国的国情和军情出发，走以信息化带动机械化、以机械化促进信息化的跨越式发展道路，通过深化改革，实现军队建设的整体转型，建设一支能够打赢未来信息化战争的强大的现代化正规化革命化军队。会议决定，积极推进中国特色军事变革。核心和方向是建设信息化军队，打赢信息化战争；发展道路是以机械化为基础、以信息化为主导，实现军队现代化跨越式发展；重要原则是坚持一切从国情军情出发，走自己的路，始终不渝地坚持人民军队的政治优势。

【中央农村工作会议】（2000年1月5日至6日） 中央农村工作会议于2000年1月5日至6日在北京举行。会议提出，适应农业和农村经济发展新阶段的要求，必须大力推进农业和农村经济结构战略性调整，全面提高农业和农村经济的素质和效益，增加农民收入。这是我国农业和农村经济发展新阶段的中心任务。要深刻认识这次结构调整的重大意义，面向农业现代化，面向整个国民经济调整和世界范围的农业科技革命，做好结构调整工作。推进农业和农村经济结构的调整必须坚持面向市场，坚持因地制宜，充分尊重农民的自主权。温家宝在会上讲话，对当前农村形势、今年农业和农村工作的主要任务和政策措施作了全面的阐述。王忠禹主持会议。会议讨论了《中共中央、国务院关于做好2000年农业和农村工作的意见（讨论稿）》。1月16日，中共中央、国务院通过了该意见。

【全国第三次“三讲”教育工作会议】（2000年1月5日至7日） 全国第三次“三讲”教育工作会议于2000年1月5日至7日在北京举行。胡锦涛在会上讲话，总结一年来“三讲”教育的基本情况和基本经验，介绍了中央政治局常委在江泽民倡导下进行“三讲”的情况，并提出了“三讲”教育下一步工作的意见。胡锦涛强调指出，全国几十万领导干部和几百万干部群众参与的这次“三讲”教育，是新形势下加强党的建设，特别是领导班子、领导干部思想政治建设的一次创造性探索和成功实践，是延安整风精神和党的“三大作风”在新时期的丰富和发扬。今年各级党委仍然要按照中央的部署和要求，把搞好“三讲”教育作为加强党的建设工作的重中之重，切实抓紧抓好。

【全国统战部长会议】（2000年1月6日至8日） 全国统战部长会议于2000年1

月6日至8日在北京召开。王兆国在开幕会上指出，世纪之交，要进一步强化大局意识、政治意识和责任意识，创造性地做好各个领域的统战工作，为深化改革、促进发展、保持稳定作出新贡献。1月8日下午，李瑞环在人民大会堂会见了出席全国统战部长会议的代表和全国统战理论工作会暨中国统一战线理论研究会第三届理事会会议的代表并讲话。李瑞环希望统战干部和统战理论工作者在学习理论的过程中重视理论与实际的结合，在结合上有所创造，有所前进。

【全国组织部长会议】（2000年1月8日至9日）　全国组织部长会议于2000年1月8日至9日在北京举行。会议的主要任务是贯彻全国第三次“三讲”教育工作会议精神，紧紧围绕全党全国工作大局，研究部署2000年的组织工作。曾庆红在会议讲话中指出，当前国内外形势发生了许多重大而深刻的变化，这既给新时期党的建设特别是组织工作提供了新的机遇和有利条件，又对党的组织工作提出了新的考验、新的课题和新的要求。我们应当站在战略的高度，自觉地把组织工作放到国际国内大背景和全党全国工作大局中去思考、去把握，以改革的精神，研究新情况，解决新问题，努力做好面向新世纪的组织工作。

【全国宣传部长会议】（2000年1月9日至11日）　全国宣传部长会议于2000年1月9日至11日在北京召开。丁关根主持会议并讲话。11日，胡锦涛在会上讲话强调，宣传思想战线要在以江泽民为核心的党中央领导下，高举邓小平理论伟大旗帜，坚决贯彻党的基本路线和党在新时期指导宣传思想工作的一系列方针和原则，坚持唱响主旋律、打好主动仗，最大限度地发挥好党的宣传思想工作的优势，把全党的思想更好地统一起来，把全国各族人民的力量更好地凝聚起来，为实现我国跨世纪发展的宏伟目标而奋斗。刘云山对2000年宣传思想工作作了部署。

【十五届中央纪委四次全会】（2000年1月12日至14日）　十五届中央纪委四次全会于2000年1月12日至14日在北京举行。出席会议的中央纪委委员112人。会议审议通过了尉健行作的《坚定信心，加大力度，深入推进党风廉政建设和反腐败斗争》的工作报告。14日，江泽民就从严治党问题发表讲话。他强调指出，当今中国的事情办得怎么样，关键取决于我们党，取决于党的思想、作风、纪律、组织状况和战斗能力、领导水平。党的性质、党在国家和社会生活中所处的地位、党肩负的历史使命，要求我们治国必先治党，治党务必从严。治党始终坚强有力，治国必会正确有效。全会增选刘锡荣、傅杰为中央纪委副书记，吴定富为中纪委常委。

【九届国务院第五次全体会议】（2000年1月26日）　九届国务院第五次全体会议于2000年1月26日在北京召开。朱镕基主持会议。会议布置讨论即将提请九届全国人大三次会议审议的《政府工作报告（征求意见稿）》。国务院研究室有关负责同志对《报告》的起草经过和主要内容作了说明。会议决定，将此稿发到各省、自治区、直辖市和有关部门、单位广泛征求意见。朱镕基在讲话中说，1999年在错综复杂的国内外环境中，我国改革开放和现代化建设继续全面推进，各条战线都取得了新的成绩。国民经济增长质量和效益提高，国有企业改革和脱困取得重要进展，科技教育和社会事业全面发展，城乡人民生活继续改善。社会主义精神文明和民主法制建设进一步加强，社会保持稳定。朱镕基分析了我国面临的形势，提出了政府2000年要着力抓好的几项重点工作。他强调指出，现在中央关于改革和发展的大政方针已经明确，一些主要的法律法规也已经颁布，要保证中央的政策措施和国家的法律法规进一步落到实处，当务之急是“严”字当头，强化科学管理。各级政府和各行各业都要在加强管理上下大功夫、真功夫、硬功夫。各级领导干部都要敢于抓管理，善于抓管理，务必取得明显成效。

【全国政协九届三次会议】（2000年3月3日至11日）　全国政协九届三次会议于2000年3月3日至11日在北京举行。3月3日的开幕会由李瑞环主持，出席委员2000名；党和国家领导人江泽民、李鹏、朱镕基、胡锦涛、尉健行、李岚清到会祝贺。叶选平受常务委员会委托，在会上作了全国政协九届常委会工作报告；周铁农受常委会委托，向大会作政协九届二次会议以来提案工作情况的报告。李瑞环在闭幕会上发表了重要讲话。会议期间，委员们还列席了九届全国人大三次会议，听取和讨论了政府工作报告和其他重要报告，对一年来在错综复杂的情况下各方面工作取得的新成绩给予高度评价，就推动改革开放和现代化建设提出了许多意见和建议。会议通过了政协九届全国委员会第三次会议政治决议、关于常委会工作报告的决议、关于中国人民政治协商会议章程修正案的决议、关于九届二次会议以来提案工作情况报告的决议，以及关于政协九届三次会议提案审查情况的报告。

【九届全国人大三次会议】（2000年3月5日至15日）　九届全国人大三次会议于2000年3月5日至15日在北京举行。3月5日的第一次全体会议由李鹏主持，出席代表2895名。大会批准了朱镕基作的政府工作报告，批准了曾培炎受国务院委托所作的关于1999年国民经济和社会发展计划执行情况与2000年国民经济和社会发展计划草案的报告，同意项怀诚受国务院委托所作的关于1999年中央和地方预算执行情况及2000年中央和地方预算草案的报告，批准了李鹏作的全国人大常委会工作报告，肖扬作的关于最高人民法院工作的报告，韩杼滨作的关于最高人民检察院工作的报告等；通过了《中华人民共和国立法法》，江泽民签署第31号主席令予以公布，自2000年7月1日起施行。

【中央人口资源环境工作座谈会】（2000年3月12日）　中央人口资源环境工作座谈会于2000年3月12日在北京举行。江泽民主持座谈会并讲话，他强调：在改革开放和社会主义现代化建设的过程中，我们必须始终把经济发展与人口资源环境工作紧密结合起来，统筹安排，协调推进。根据我国经济和社会发展的远景目标，到2010年，全国人口要控制在14亿以内；基本改变环境恶化的状况，使城乡环境有比较明显的改善。坚持做好人口资源环境工作，关系到我国经济和社会的安全，关系到我国人民生活的质量，关系到中华民族生存和发展的长远大计。各级党委、政府，人口资源环境部门和其他有关部门，都要充分认识这方面工作的极端重要性和艰巨性，牢固树立“打持久战”的思想，坚持不懈地抓下去。

【全国培养选拔年轻干部工作座谈会】（2000年4月27日至28日） 全国培养选拔年轻干部工作座谈会于2000年4月27日至28日在北京召开。会议的主要任务是，统一思想，交流经验，研究部署今后一个时期培养选拔年轻干部的工作。27日，胡锦涛在座谈会上强调指出，抓紧培养选拔年轻干部，造就一大批能够跨世纪担当重任、始终坚持“三个代表”要求的领导人才，是我们党适应新形势、迎接新挑战，全面推进社会主义现代化建设事业的必然要求；是关系老一辈无产阶级革命家开创的社会主义事业代代相传、党和国家长治久安的战略大计。一定要充分认识这项任务的重要性和紧迫性，抓紧做好新形势下培养选拔年轻干部的工作。

【全国劳动模范和先进工作者表彰大会】（2000年4月29日） 全国劳动模范和先进工作者表彰大会于2000年4月29日在北京举行。江泽民、李鹏、朱镕基、李瑞环、胡锦涛、尉健行、李岚清等出席大会，朱镕基主持大会。王忠禹宣读《国务院关于表彰全国劳动模范和先进工作者的决定》，授予1931人全国劳动模范荣誉称号，授予1015人全国先进工作者荣誉称号。江泽民在会上讲话强调，我们肩负的改革开放和现代化建设的任务光荣而艰巨。伟大的事业需要伟大的精神力量。全社会都要学习和弘扬先进模范人物的崇高精神，以坚定的信心和旺盛的热情投身到建设有中国特色社会主义事业中去。

【纪念李富春、蔡畅同志诞辰一百周年座谈会】（2000年5月22日） 纪念李富春、蔡畅同志诞辰100周年座谈会于2000年5月22日在北京举行。朱镕基等领导同志，中央和国家机关、军队有关部门及湖南省的负责同志，李富春和蔡畅同志的亲属及生前好友等出席座谈会。曾庆红主持座谈会。朱镕基说，今年5月22日和5月14日，分别是李富春、蔡畅同志诞辰100周年。这一对同年同月诞生的终生革命伴侣，是久经考验的忠诚的共产主义战士、杰出的无产阶级革命家，为中国革命和建设事业作出了不可磨灭的重要贡献。朱镕基指出，追思他们的业绩，我们应当学习他们爱国主义的伟大精神，为民族振兴、祖国富强而贡献力量；学习他们对党和人民的无限忠诚，坚定对马克思主义的信仰、对社会主义的信念，增强对改革开放和现代化建设的信心、对党和政府的信任；学习他们实事求是、求真务实、勤勤恳恳的思想作风和工作作风，脚踏实地做好各项工作；学习他们谦虚谨慎、严于律己、艰苦奋斗、大公无私的崇高情操，保持共产党人的革命气节和高尚品格。

【全国党校工作会议】（2000年6月7日至9日）　全国党校工作会议于2000年6月7日至9日在北京召开。这次会议的主要任务是：学习贯彻6月5日中共中央作出的《关于面向二十一世纪加强和改进党校工作的决定》，在总结近几年来党校工作经验的基础上，着重解决面向21世纪加强和改进党校工作的若干重大问题，努力把党校教育事业提高到一个新水平。胡锦涛出席会议开幕式并讲话。9日，江泽民到会讲话指出，历史和现实都表明，一个政党，一个国家，能不能培养出优秀的领导人才，在很大程度上决定着这个党、这个国家的兴衰存亡。中国的社会主义事业能不能巩固和发展下去，中国能不能在未来激烈的国际竞争中始终强盛不衰，关键就要看我们党能不能培养造就一大批高素质的领导人才。

【中央思想政治工作会议】（2000年6月28日至29日）　中央思想政治工作会议于2000年6月28日至29日在北京举行。28日，江泽民在会上发表讲话，阐述了思想政治工作的重要地位和作用，指出党的思想政治工作是经济工作和其他一切工作的生命线，是团结全党和全国各族人民实现党和国家各项任务的中心环节，是我们党和社会主义国家的重要政治优势。他提出并阐述了如何认识社会主义发展的历史进程、如何认识资本主义发展的历史进程、如何认识我国社会主义改革实践过程对人们思想的影响、如何认识当今的国际环境和国际政治斗争带来的影响等重大问题。丁关根作了总结讲话。

【第九次全国高等学校党的建设工作会议】（2000年7月5日至7日）　中央组织部、中央宣传部和教育部党组于2000年7月5日至7日在北京召开第九次全国高等学校党的建设工作会议。李岚清、丁关根、曾庆红等出席会议。李岚清代表党中央、国务院在第九次全国高校党建工作会议和全国中小学德育工作会议上发表讲话，指出，要认真学习和理解江泽民同志在中央思想政治工作会议上的讲话精神，并贯彻落实到工作中去，开创高校党的建设和思想政治工作的新局面，为高等教育的改革和发展提供坚强有力的政治、思想和组织保证。要以思想建设和组织建设为重点，进一步加强和改进高校党建工作，增强党在广大师生中的凝聚力和号召力。陈至立作了《高举旗帜，锐意创新，努力开创新世纪高校党建和思想政治工作的新局面》的报告。

【东北三省党的建设和“十五”期间经济社会发展座谈会】（2000年8月27日）　东北三省党的建设和“十五”期间经济社会发展座谈会于2000年8月27日在长春召开。江泽民主持会议并讲话。温家宝、曾庆红出席座谈会。江泽民强调，经济建设是中心，社会主义的根本任务是发展社会生产力，这一点我们不能有丝毫动摇。全面加强党的建设，保持党的生机和活力，是推进现代化建设的根本保证。全党同志要认清形势，扎实工作，为实现党在新世纪的伟大任务而努力奋斗。江泽民指出，人民群众是社会主义现代化建设事业的最终决定力量。把人民群众的利益实现好、维护好、发展好，这是正确处理改革发展稳定关系的结合点，是保证经济持续增长的动力所必须的，也是维护社会稳定、巩固党的执政基础所必须的。

【纪念张闻天同志诞辰一百周年座谈会】（2000年8月30日）　纪念张闻天同志诞辰100周年座谈会于2000年8月30日在北京举行。座谈会由胡锦涛主持。江泽民出席座谈会并讲话，张闻天的亲属及生前友好等约300余人出席。江泽民称张闻天是为党的事业奋斗了一生的忠诚的马克思主义者、杰出的无产阶级革命家。江泽民回顾了张闻天光辉的一生，高度评价了他的历史功绩。江泽民指出，张闻天同志具有深厚的马克思主义理论修养、高度的党性原则和敏锐的政治眼光，他一生光明磊落，无私无畏。我们缅怀张闻天同志，要学习他对党和人民事业的坚定信念；学习他敢于坚持真理、修正错误的崇高品德；学习他孜孜不倦、刻苦学习的精神；学习他实事求是、谦虚谨慎、艰苦朴素的优良作风。

【十五届五中全会】（2000年10月9日至11日）　十五届五中全会于2000年10月9日至11日在北京举行。会议由中央政治局主持。出席这次会议的中央委员183人，中央候补委员144人。中央纪律检查委员会常务委员会委员和有关方面的负责人列席会议。全会审议并通过了《中共中央关于制定国民经济和社会发展第十个五年计划的建议》。江泽民作了讲话。朱镕基就《建议》草案作了说明。全会高度评价改革开放20多年特别是“九五”计划以来我国经济建设和社会发展所取得的巨大成就，深入分析了世纪之交我国改革开放和现代化建设所面临的国际和国内形势，认为从新世纪开始我国将进入全面建设小康社会，加快推进现代化的新的发展阶段。全会按照十五大对新世纪我国现代化建设的总体展望和部署提出了“十五”期间我国经济社会发展的主要奋斗目标。全会认为：发展是硬道理，是解决中国所有问题的关键；实现国民经济持续快速健康发展必须以提高经济效益为中心，对经济结构进行战略调整；推动经济发展和结构调整必须依靠体制创新和科技创新；不断提高城乡居民物质文化生活水平是经济发展的出发点和归宿；推动社会主义现代化建设必须实现经济发展和社会全面进步。2001年3月15日，九届全国人大四次会议批准《国民经济和社会发展第十个五年计划纲要》。全会审议并通过《中共中央纪律检查委员会关于徐鹏航同志问题的审查报告》，决定撤销徐鹏航中央委员会候补委员职务，给予其留党察看两年处分。

【首都各界纪念中国人民志愿军抗美援朝出国作战五十周年大会】（2000年10月25日）　首都各界纪念中国人民志愿军抗美援朝出国作战50周年大会于2000年10月25日在北京人民大会堂举行。江泽民出席大会并讲话。李鹏、朱镕基、李瑞环、李岚清出席大会。胡锦涛主持大会。江泽民高度评价了中国人民志愿军抗美援朝出国作战的历史地位和丰功伟绩，精辟概括了伟大的抗美援朝精神。抗美援朝战争的胜利，是世界爱好和平人民的伟大胜利，是维护正义、反对强权的英勇壮举，是爱国主义和革命英雄主义的壮丽史诗，是中国人民为维护世界和平和人类进步事业建立的巍峨丰碑。号召全党全军和全国各族人民努力学习和发扬志愿军的伟大爱国主义精神和革命英雄主义精神，更加奋发地投身于建设有中国特色社会主义的伟大事业。

【深圳经济特区建立二十周年庆祝大会】（2000年11月14日） 深圳经济特区建立20周年庆祝大会于2000年11月14日在深圳举行。江泽民出席庆祝大会并讲话。他指出：发展经济特区，是建设有中国特色社会主义事业的重要组成部分，将贯穿我国改革开放和现代化建设的全过程。经济特区要继续当好改革开放和现代化建设的排头兵，继续争当建设有中国特色社会主义的示范地区，继续充分发挥技术的窗口、管理的窗口、知识的窗口和对外政策的窗口的作用，努力形成和发展经济特区的中国特色、中国风格、中国气派。江泽民会见了深圳、珠海、汕头、厦门、海南经济特区和浦东新区及其所在省市负责人。钱其琛、曾庆红、邹家华、吴阶平、叶选平、霍英东、马万祺和习仲勋、谷牧出席庆祝大会并参加会见。

【中央经济工作会议】（2000年11月28日至30日） 中央经济工作会议于2000年11月28日至30日在北京举行。江泽民在会上讲话。朱镕基就2001年经济工作部署作了讲话。会议指出，2001年经济工作的总体要求是：抓住机遇，加快发展。坚持扩大国内需求的方针，继续实施积极的财政政策和稳健的货币政策，综合运用各种宏观调控手段，巩固和发展经济增长的好形势。依靠体制创新和科技创新，以信息化带动工业化，大力推进经济结构的战略性调整。强化农业的基础地位，加大对农业的支持和保护力度，增加农民收入。加快转变企业经营机制，加强企业管理，巩固和扩大国有企业改革和脱困成果。做好加入世界贸易组织的各项准备工作，提高对外开放水平，积极发展开放型经济。多渠道扩大就业，加快建立和完善社会保障体系，进一步改善人民生活。正确处理改革发展稳定的关系，促进国民经济持续快速健康发展和社会全面进步，努力实现“十五”计划的良好开局。会议从十个方面具体部署了2001年的经济工作。

【全国政法工作会议】（2000年12月1日至2日） 全国政法工作会议于2000年12月1日至2日在北京举行。尉健行出席会议并讲话。他要求各级党委、政府和政法部门认清形势，明确任务，坚定信心，全力维护社会稳定，保障“十五”计划的顺利实施和改革开放与社会主义现代化建设的顺利进行。他指出，各级政法部门要充分发挥职能作用，依法严厉打击敌对分子、民族分裂分子、邪教组织骨干分子、严重刑事犯罪和经济犯罪分子，加大对各种不安定因素的预防和控制力度，切实加强基层基础工作，落实社会治安综合治理的各项措施，在各级党委、政府的领导下，依靠广大人民群众和社会各方面的力量，共同维护社会政治稳定。罗干在会上作工作报告。他在报告中总结了2000年的政法工作，分析了面临的形势和任务，提出了新世纪特别是2001年政法工作的基本方针和指导思想。

【全国农村“三个代表”重要思想学习教育工作会议】（2000年12月3日至5日） 全国农村“三个代表”重要思想学习教育工作会议于2000年12月3日至5日在成都召开。这次会议的主要任务是，认真学习和贯彻中央关于从今冬明春开始，用两年左右的时间，在全国县（市）部门、乡镇、村领导班子和基层干部中，有计划、有步骤地开展“三个代表”重要思想的学习教育活动的决策，对这次学习教育活动作出部署。胡锦涛在会上讲话，深刻阐述了开展“三个代表”重要思想学习教育活动的重要性和紧迫性。胡锦涛提出了尤其要注意把握好的四个问题。温家宝在会上介绍了当前农业和农村经济发展情况，并就贯彻“三个代表”重要思想，改进农村基层干部的思想和工作作风问题讲了话。曾庆红出席会议并作总结讲话。

【全国统战工作会议】（2000年12月4日至6日） 全国统战工作会议于2000年12月4日至6日在北京举行。4日，江泽民在会上讲话指出，统一战线工作的根本任务就是争取人心、凝聚力量，为实现党和国家的宏伟目标而团结奋斗。进入新世纪，党对统一战线的基本要求是：高举爱国主义、社会主义旗帜，团结一切可以团结的力量，调动一切积极因素，化消极因素为积极因素，为建设有中国特色社会主义的经济、政治、文化服务，为维护安定团结的政治局面服务，为实现祖国完全统一服务，为维护世界和平与促进共同发展服务。6日，李瑞环在与出席会议的代表座谈时强调指出，要牢牢把握大团结大联合的主题，进一步巩固和发展最广泛的爱国统一战线；要下大功夫研究问题、研究政策。31日，中共中央通过《关于加强统一战线工作的决定》。

【全国“三讲”教育工作总结会议】（2000年12月16日至17日） 全国“三讲”教育工作总结会议于2000年12月16日至17日在北京召开。这次会议的主要任务是，对两年来的“三讲”集中教育工作作出实事求是的总结，结合贯彻党的十五届五中全会精神，研究如何巩固和扩大“三讲”教育成果，运用成功经验推进新世纪党的建设，努力开创党建工作的新局面。16日，胡锦涛在会议上讲话强调，要用好“三讲”教育的成功经验，认真贯彻落实党要管党、从严治党的方针，全面推进党的建设新的伟大工程。17日，曾庆红主持闭幕会并讲话。他指出，两年的实践有力地证明，党中央关于在县级以上党政领导班子、领导干部中深入开展“三讲”教育的决策是完全正确、十分必要的。要不断巩固扩大“三讲”教育成果，切实用好“三讲”教育经验。

【十五届中央纪委五次全会】（2000年12月25日至27日） 十五届中央纪委五次全会于2000年12月25日至27日在北京举行。出席会议的中央纪委委员112人。会议审议通过了尉健行所作题为《加大治本力度，狠抓工作落实，取得反腐败斗争的新成效》的工作报告。26日，江泽民在会上强调，要从始终保持与人民群众血肉联系的政治高度来看待党风廉政建设和反腐败斗争，在继续抓好治标的同时，加大治本的工作力度，从源头上预防和治理腐败。为适应反腐败斗争的需要，进一步加强党的纪律检查工作，中央决定逐步做到地方各级纪委书记由同级党委副书记担任。在继续抓好村务公开、乡（镇）政权机关政务公开和厂务公开的同时，要在县级政权机关全面推行政务公开。要逐步开展县以上党政领导干部经济责任审计的试点工作。

【全国组织部长会议】（2000年12月28日至30日） 全国组织部长会议于2000年12月28日至30日在北京召开。会议对进入新世纪后一个时期党的建设和组织工作进行了研究和部署。胡锦涛在会上发表讲话。尉健行出席会议。会议由曾庆红主持。胡锦涛强调指出：要深刻认识“三个代表”重要思想对加强和改进党的建设的重大指导意义，认真扎实地做好党建工作，进一步增强做好党建工作的信心。我们党的干部队伍正处在整体性新老交替的重要时期，要进一步加强领导班子和干部队伍建设，不失时机地抓紧做好培养选拔优秀年轻干部的工作。要围绕改革、发展、稳定的大局，认真执行党要管党的原则和从严治党的方针，把思想政治建设放在首位，以领导班子建设和基层组织建设为重点，全面推进党的建设新的伟大工程，为实现“十五”计划的良好开局提供坚强的思想、政治和组织保证。

【中央农村工作会议】（2001年1月3日至5日） 中共中央、国务院于2001年1月3日至5日在北京召开农村工作会议。会议讨论了《中共中央、国务院关于做好2001年农业和农村工作的意见（讨论稿）》。会议指出，当前农业和农村工作中突出的问题是农民增收困难。新阶段增加农民收入，要有新的思路，采取综合性的措施。实现增加农民收入的目标，要继续搞好扶贫开发工作。要加强农业基础地位，确保国家粮食安全。实行农村税费改革，是党中央、国务院为加强农业、保护农民积极性作出的一项重大决策，是继实行家庭承包经营之后农村的又一项重大改革，搞好这项改革对中国农村的发展和稳定具有重大而深远的意义。会议传达了江泽民近日就做好农业和农村工作所作的重要指示。江泽民指出，巩固和加强农业基础的工作仍要坚持不懈地抓下去，一刻都不能放松。温家宝在会上对当前农村形势、今年农业和农村工作的主要任务和政策措施作了全面的阐述。1月11日，中共中央、国务院下发《关于做好2001年农业和农村工作的意见》。

【全国宣传部长会议】（2001年1月8日至11日） 全国宣传部长会议于2001年1月8日至11日在北京召开。10日，江泽民与出席会议的代表座谈并讲话，强调要继续宣传好抓住机遇、加快发展的思想，继续唱响主旋律，打好主动仗，深入研究和宣传“三个代表”的要求，在全社会大力宣传和弘扬为实现社会主义现代化而不懈奋斗的精神。会议指出，理论工作要增强说服力和战斗力，新闻工作要提高引导水平，文艺出版工作要多出优秀作品，思想政治工作要增强针对性和实效性，精神文明创建工作要求实求深求进。所有工作都要着眼于振奋精神，鼓舞士气，统一思想，凝聚力量；所有工作都要牢牢把握正确导向，促进改革发展，维护社会稳定。要把揭批"法轮功"作为一项重要工作坚持不懈地抓下去。

【九届国务院第六次全体会议】（2001年1月18日）　九届国务院第六次全体会议于2001年1月18日在北京召开。朱镕基主持会议。会议讨论即将提请九届全国人大四次会议审议的《关于国民经济和社会发展第十个五年计划纲要的报告（征求意见稿）》和《国民经济和社会发展第十个五年计划纲要（草案）》。国务院研究室、国家发展计划委员会负责同志对《报告（征求意见稿）》和《纲要（草案）》的起草经过和主要内容作了说明。会议决定，将《报告（征求意见稿）》发到各省、自治区、直辖市和有关部门、单位广泛征求意见。朱镕基在会上指出，过去五年，全国各族人民在以江泽民同志为核心的党中央领导下，面对错综复杂的国际国内形势，团结奋进，各个方面都取得重大成就，如期完成了"九五"计划，胜利实现了现代化建设第二步战略目标。这是我国发展史上的一个新的里程碑。朱镕基说，"十五"计划是进入新世纪的第一个五年计划。《国民经济和社会发展第十个五年计划纲要（草案）》从我国面临的国内外形势出发，把发展作为主题，把结构调整作为主线，把改革开放和科技进步作为动力，把提高人民生活水平作为根本出发点，规划了未来五年我国经济和社会发展的宏伟蓝图。朱镕基强调，2001年，要坚持扩大内需方针，大力加强农业和增加农民收入，巩固和扩大国有企业改革成果，加快建立和完善社会保障体系，进一步改善人民生活，做好加入世界贸易组织的各项准备工作。要把整顿和规范市场经济秩序作为一项重要任务切实抓紧抓好。要继续处理好改革、发展和稳定的关系，实施科教兴国和可持续发展的战略方针，加强社会主义精神文明建设，搞好社会治安综合治理，巩固和保持经济与社会发展的良好势头。

【中央工作会议】（2001年2月12日至14日）　中央工作会议于2001年2月12日至14日在北京召开。会议分析了当前国际国内形势，研究和部署了新世纪初全党必须做好的重要工作。江泽民主持会议并讲话。这次会议对于推动全党同志面对新世纪的新形势新任务，进一步解放思想，切实做好各项工作，开创党和国家事业的新局面具有重要意义。会议要求全党更加紧密地团结在以江泽民同志为核心的党中央周围，坚持以邓小平理论和党的基本路线为指导，按照"三个代表"要求，认清形势，把握大局，齐心协力，真抓实干，为加快改革开放和社会主义现代化建设，实现"十五"计划的宏伟目标而努力奋斗。

【国家科学技术奖励大会】（2001年2月19日） 国家科学技术奖励大会于2001年2月19日在北京举行。胡锦涛主持大会。江泽民到会并向吴文俊和袁隆平颁发2000年度国家最高科学技术奖。朱镕基代表党中央、国务院在大会上讲话，指出要尊重知识，崇尚科学。崇尚科学的民族，才是最有希望的民族。对做出重大科学发现、技术发明和利用科学技术推动经济社会发展有突出贡献的人员进行奖励，是党和国家长期坚持的一项重要制度。李岚清宣读了《国务院关于2000年度国家科学技术奖励的决定》。会上，公布了2000年度国家科学技术奖励获奖人选和项目，其中获国家自然科学奖二等奖15项；获国家技术发明奖二等奖23项；获国家科学技术进步奖一等奖22项，二等奖228项。美国科学家潘诺夫斯基和印度科学家库西获中华人民共和国国际科学技术合作奖。根据中共中央、国务院的决定，自2000年起设立国家最高科学技术奖，以国家名义对为科学技术发展作出杰出贡献的科学家给予最高荣誉的奖励。

【九届全国人大常委会第二十次会议】（2001年2月26日至28日） 九届全国人大常委会第二十次会议于2001年2月26日至28日在北京召开。李鹏主持会议。会议表决通过了《中华人民共和国药品管理法（修订案）》；表决通过了全国人大常委会关于修改中华人民共和国民族区域自治法的决定，明确规定“民族区域自治是国家的一项基本政治制度”。

【全国政协九届四次会议】（2001年3月3日至12日） 全国政协九届四次会议于2001年3月3日至12日在北京举行。3月3日的开幕会由李瑞环主持，出席委员2097名；党和国家领导人江泽民、李鹏、朱镕基、胡锦涛、尉健行、李岚清到会祝贺。叶选平受常务委员会委托，在会上作了全国政协九届常委会工作报告；万国权受常委会委托，向大会作政协九届三次会议以来提案工作情况的报告。李瑞环在闭幕会上发表了讲话。会议期间，委员们还列席了九届全国人大四次会议，听取和讨论了《关于国民经济和社会发展第十个五年计划纲要的报告》以及其他报告，对“九五”期间我国取得的巨大成就给予高度评价，对“十五”计划纲要草案表示赞同，并提出了许多很好的意见和建议。会议通过了政协九届全国委员会第四次会议政治决议、关于常委会工作报告的决议、关于政协九届三次会议以来提案工作情况报告的决议，以及关于政协九届四次会议提案审查情况的报告。

【九届全国人大四次会议】（2001年3月5日至15日） 九届全国人大四次会议于2001年3月5日至15日在北京举行。3月5日的第一次全体会议由李鹏主持，出席代表2870名。大会批准了关于国民经济和社会发展第十个五年计划纲要及朱镕基作的关于纲要的报告，批准了曾培炎受国务院委托所作的关于2000年国民经济和社会发展计划执行情况与2001年国民经济和社会发展计划草案的报告，同意项怀诚受国务院委托所作的关于2000年中央和地方预算执行情况及2001年中央和地方预算草案的报告，批准了李鹏作的全国人大常委会工作报告，肖扬作的关于最高人民法院工作的报告，韩杼滨作的关于最高人民检察院工作的报告等；通过了关于修改中外合资经营企业法的决定，江泽民签署第48号主席令予以公布，自公布之日起施行。

【“三讲”学习教育活动工作会议】（2001年3月9日） 中央组织部、中央企业工委管理的国有大中型企业领导班子及成员“三讲”学习教育活动工作会议于2001年3月9日在北京举行。吴邦国在会上强调指出：在国有大中型企业中开展“三讲”学习教育活动，是党中央在新时期加强国有企业党的建设，提高国有企业领导班子及成员的整体素质特别是思想政治素质，加快国有企业改革与发展步伐的重大举措。要按照中央的要求，扎扎实实地开展“三讲”学习教育活动，切实解决企业领导班子及成员存在的影响企业改革与发展的突出问题，抓住重要环节，突出工作重点，加强组织领导，周密部署，做到学习教育活动与企业生产经营“两不误、两促进”。

【中央人口资源环境工作座谈会】（2001年3月11日） 中央人口资源环境工作座谈会于2001年3月11日在北京举行。江泽民主持座谈会并讲话。他强调，人口资源环境工作，是强国富民安天下的大事。在新的世纪，这项工作只能加强，不能削弱。新世纪的人口资源环境工作充满机遇和挑战，需要全党全社会的高度重视和积极参与，各地、各部门要密切配合，团结一致，充分发挥社会主义制度集中力量办大事的优势，把人口资源环境工作提高到一个新的水平。朱镕基在座谈会上就如何学习、贯彻江泽民总书记的讲话精神，切实做好人口资源环境工作讲了话。

【培养选拔年轻干部专题会议】（2001年4月18日至19日） 中央组织部于2001年4月18日至19日在北京召开培养选拔年轻干部专题会议。会议回顾总结了近几年来特别是2000年全国培养选拔年轻干部工作座谈会以来取得的新成绩。2000年以来，全国有20多个省、区、市面向社会公开选拔了400多名年轻优秀的厅局级领导干部，全国有11万多名年轻干部通过竞争上岗走上了领导岗位。会议根据新形势和新任务的要求，对当前和今后一个时期培养选拔年轻干部工作进行了部署。会议要求，各级党委及组织部门要抓住领导班子调整和地方各级领导班子换届的有利时机，把培养选拔年轻干部工作提高到一个新水平。中央组织部将会同有关部门分期分批从中央、国家机关和东部地区以及国有重要骨干企业、高等院校、科研院所选派年轻干部到西部地区挂职锻炼和任职。今年先从中央、国家机关选派100名。同时，要继续抓紧抓好后备干部队伍建设，进一步改革和完善年轻干部培养选拔制度。

【中央扶贫开发工作会议】（2001年5月24日至25日） 中央扶贫开发工作会议于2001年5月24日至25日在北京召开。会议总结了《国家八七扶贫攻坚计划》实施以来的成就和经验，讨论《中国农村扶贫开发纲要（2001—2010年）》，部署今后十年的扶贫开发工作。温家宝在会上作工作报告。报告指出，经过七年的扶贫攻坚，全国农村没有解决温饱的贫困人口减少到3000万，占农村人口的比重下降到3%左右。除了少数社会保障对象和生活在自然条件恶劣地区的特困人口以及部分残疾人以外，全国农村贫困人口的温饱问题已经基本解决，中央确定的扶贫攻坚目标基本实现。25日，江泽民在会上讲话，提出了今后十年我国扶贫开发的奋斗目标。

【第四次西藏工作座谈会】（2001年6月25日至27日）　中共中央、国务院于2001年6月25日至27日在北京召开第四次西藏工作座谈会。会议的主要任务是：总结第三次西藏工作座谈会以来西藏工作的成绩和经验，分析新世纪初西藏工作面临的形势和任务，研究进一步做好西藏工作的一些重大问题，促进西藏实现跨越式发展和长治久安。江泽民在讲话中全面总结了第三次西藏工作座谈会以来西藏工作取得的成绩和重要经验，深刻分析了当前西藏工作面临的形势，提出了进一步做好西藏工作的指导思想和主要任务。朱镕基就西藏工作部署讲了话。李瑞环在会议结束时讲了话。

【全国党史研究室主任会议暨全国党史系统先进单位、先进工作者表彰会和全国党史系统纪念建党八十周年学术讨论会】（2001年6月30日至7月3日）　全国党史研究室主任会议暨全国党史系统先进单位、先进工作者表彰会和全国党史系统纪念建党80周年学术讨论会于2001年6月30日至7月3日在北京举行。胡锦涛在会见与会代表时发表讲话指出：多年来，全国党史部门、广大党史工作者在以史鉴今、资政育人方面作出了积极贡献。面对新的形势和任务，希望同志们切实做好党史的征编、研究、教育、宣传工作，更好地为贯彻执行党的基本路线服务，为加强和改进党的建设服务，为培育“四有”新人服务。胡锦涛提出，在党史工作中，要把党史研究与党和国家的工作大局结合起来，把党史研究与加强革命传统教育结合起来，把党史研究与探索世界政党兴衰成败的规律结合起来。曾庆红在会上发表题为《以“三个代表”重要思想为指导努力做好新世纪初的党史工作》的讲话。

【庆祝中国共产党成立八十周年大会】（2001年7月1日）　中共中央于2001年7月1日在北京人民大会堂举行庆祝中国共产党成立80周年大会。江泽民在会上系统总结中国共产党80年光辉历程和基本经验，全面阐述“三个代表”重要思想的科学内涵，提出了新的历史条件下加强和改进党的建设的重大任务，要求全党同志居安思危，增强忧患意识，不骄不躁，继续为实现党的基本路线和历史任务而奋斗。江泽民强调，中国共产党的80年，是把马克思列宁主义同中国实践相结合而不断追求真理、开拓创新的80年，是为民族解放、国家富强和人民幸福而不断艰苦奋斗、发愤图强的80年，是为完成肩负的历史使命而不断经受考验、发展壮大的80

年。胡锦涛在会上宣读了《中共中央关于表彰全国先进基层党组织和优秀共产党员、优秀党务工作者的决定》。

【全国村级“三个代表”重要思想学习教育工作电视电话会议】（2001年7月10日） 全国村级“三个代表”重要思想学习教育工作电视电话会议于2001年7月10日举行。从2000年冬天、2001年春天开始，在全国农村广泛开展了“三个代表”重要思想学习教育活动。第一批主要在乡镇和县（市）部门进行。第二批主要在村级和乡镇站所进行，将在2000年冬天全面展开。这次电视电话会议主要是回顾第一批学习教育活动的情况，分析工作形势，总结交流经验，明确下一步的任务。胡锦涛在会上强调指出，各级党委要把学习领会贯彻好江泽民同志“七一”重要讲话作为农村“三个代表”重要思想学习教育活动的一项重要任务，周密安排，切实抓好，把广大农村基层干部的思想和行动统一到讲话精神上来，把讲话精神认真落实到推进农村改革、发展、稳定的各项工作中去。温家宝出席会议并讲话。

【庆祝西藏和平解放五十周年大会】（2001年7月19日） 庆祝西藏和平解放50周年大会于2001年7月19日在拉萨举行。中共中央、全国人大常委会、国务院、全国政协、中央军委发来贺电。胡锦涛出席大会并讲话。他指出：西藏的和平解放是中国现代史上的一件大事，是西藏发展史上一个具有划时代意义的转折点。胡锦涛强调，只有在中国共产党的领导下，只有在祖国大家庭的怀抱中，只有坚定地走建设有中国特色社会主义道路，西藏才有繁荣进步的今天和更加美好的未来。胡锦涛还强调，西藏的发展、稳定和安全，直接关系到西藏各族人民的根本利益，关系到民族团结、祖国统一和国家安全。实现西藏的繁荣进步，保持西藏的安定团结，是包括西藏人民在内的全国各族人民的共同愿望和共同责任。胡锦涛还向西藏自治区赠送了江泽民题写的“祝贺西藏和平解放50周年”金匾。

【全国市县乡机构改革工作座谈会】（2001年9月8日至9日） 全国市县乡机构改革工作座谈会于2001年9月8日至9日在北京举行。这次座谈会的主要任务是，落实中央编委会议精神，进一步研究部署市县乡机构改革方案的组织实施工作，严格控制机构编制增加，切实搞好机构编制工作。曾庆红、王忠禹出席会议并讲话。张志坚作了工作报告。自2001年2月全国市县乡机构改革工作会议以来，全国已有30个省、区、市上报了市县乡人员编制精简方案。其中，24个省、区、市的方案已经党中央、国务院批准下发，正在组织实施；6个省、区、市的方案不久即可下发。在已印发和报批的方案中，全国市县乡人员编制总的精简比例将达到19.3%，单列管理的政法机关专项编制精简比例为10%。

【十五届六中全会】（2001年9月24日至26日） 十五届六中全会于2001年9月24日至26日在北京举行。出席这次会议的中央委员190人，中央候补委员139人。中央纪律检查委员会委员和有关方面负责人列席会议。

全会高度评价江泽民在庆祝中国共产党成立80周年大会上的讲话，全面分析了进入新世纪党面临的新形势新任务，认为这次会议着重研究党的作风建设是适时和必要的，并审议通过了《中共中央关于加强和改进党的作风建设的决定》，提出作风建设“八个坚持、八个反对”的要求，即：坚持解放思想、实事求是，反对因循守旧、不思进取；坚持理论联系实际，反对照抄照搬、本本主义；坚持密切联系群众，反对形式主义、官僚主义；坚持民主集中制原则，反对独断专行、软弱涣散；坚持党的纪律，反对自由主义；坚持清正廉洁，反对以权谋私；坚持艰苦奋斗，反对享乐主义；坚持任人唯贤，反对用人上的不正之风。全会审议通过《关于召开党的第十六次全国代表大会的决议》，确定党的十六大于2002年下半年在北京召开。全会决定递补中央候补委员汤洪高为中央委员；审议通过中共中央纪律检查委员会关于石兆彬问题、李嘉廷问题的审查报告。

【纪念辛亥革命九十周年大会】（2001年10月9日） 纪念辛亥革命90周年大会于2001年10月9日在北京举行。江泽民出席大会并讲话，指出：辛亥革命在中国近代历史发展中占有重要地位，是中国人民为改变自己命运而奋起革命的一个伟大里程碑。中国共产党人是孙中山先生所开创的事业的忠实继承者，始终把自己为之奋斗的事业视为辛亥革命的继续和发展。振兴中华，必须依靠整个中华民族的团结合作与共同奋斗。只要在热爱祖国、振兴中华这个大目标上一致，不论属于哪个党派团体、哪个民族，不论抱有何种信仰、居住何地，都应携起手来，共同完成民族复兴的伟大历史使命。何鲁丽代表各民主党派、全国工商联在纪念大会上发言，周强代表群众团体发言。

【中央经济工作会议】（2001年11月27日至29日） 中央经济工作会议于2001年11月27日至29日在北京举行。江泽民、李鹏、朱镕基、李瑞环、胡锦涛、尉健行、李岚清出席会议。江泽民在会上讲话，总结2001年的工作，分析当前国际国内形势，提出2002年经济工作的总体要求和工作重点，部署改革发展稳定的主要任务，提出了工作重点和措施，动员全党和全国人民统一思想、坚定信心，沉着应对、趋利避害，转变作风、扎实工作，努力促进经济持续快速健康发展和社会全面进步，以优异成绩迎接党的十六大召开。朱镕基就2002年经济工作具体部署发表讲话。

【全国宗教工作会议】（2001年12月10日至12日） 中共中央、国务院于2001年12月10日至12日在北京召开全国宗教工作会议。江泽民在会上讲话指出，新世纪初宗教工作的基本任务是：全面贯彻党的宗教信仰自由政策，依法管理宗教事务，积极引导宗教与社会主义社会相适应，坚持独立自主自办的原则，巩固和发展党同宗教界的爱国统一战线，维护稳定、增进团结，为推进社会主义现代化建设、实现祖国完全统一、维护世界和平与促进共同发展而努力奋斗。江泽民强调，党对宗教工作的领导，政府对宗教事务的管理，只能加强，不能削弱。全党同志必须从保证党和国家长治久安，促进改革发展稳定大局的政治高度观察和处理宗教问题，增强责任感和紧迫感。2002年1月20日，中共中央、国务院作出《关于加强宗教工作的决定》。

【中央农村工作会议】（2002年1月6日至7日） 中央农村工作会议于2002年1月6日至7日在北京举行。会议提出，当前和今后一个时期，要坚定不移地推进农业和农村经济结构的战略性调整，提高农业整体素质和效益，促进农民收入持续稳定增长。会议讨论了《中共中央、国务院关于做好2002年农业和农村工作的意见（讨论稿）》。温家宝在会议上作了题为《以增加农民收入为基本目标，大力推进农业和农村经济结构战略性调整》的报告，对当前农村形势、调整农业结构和增加农民收入的主要任务与政策措施作了全面的阐述。王忠禹主持了全体会议。河南省、福建省、浙江省、湖北省、陕西省的有关负责人在大会上作了发言。10日，中共中央、国务院下发《关于做好2002年农业和农村工作的意见》。

【全国宣传部长会议】（2002年1月11日至13日） 全国宣传部长会议于2002年1月11日至13日在北京举行。胡锦涛在会上讲话指出，学习宣传贯彻江泽民同志“七一”重要讲话和“三个代表”重要思想，是宣传思想战线的一项根本任务，也是推动全党全国统一思想的重要保证。要准确把握“七一”讲话体现的与时俱进的理论品质，深刻理解讲话提出的新思想、新观点、新论断，在解放思想中统一思想。要深刻认识“三个代表”重要思想是马列主义、毛泽东思想、邓小平理论的继承和发展。要大力弘扬理论联系实际、学以致用的学风，在人民群众的实践创造中汲取理论营养，进行理论概括，深入研究和正确回答重大理论和实践问题，拿出有深度、有分量、有说服力的理论成果。

【九届国务院第七次全体会议】（2002年1月22日） 九届国务院第七次全体会议于2002年1月22日在北京召开。朱镕基主持会议。会议布置讨论即将提请九届全国人大五次会议审议的《政府工作报告（征求意见稿）》。会议认为，此稿已经国务院总理办公会议多次讨论，数易其稿，此次讨论修改后可以发到各省、自治区、直辖市和有关部门、单位广泛征求意见。朱镕基在讲话中说，过去的一年，在国际形势复杂多变，世界经济和贸易明显减速的情况下，我国改革开放和社会主义现代化建设取得了新的重大成就。国民经济持续快速健康发展，经济体制改革继续深化，科技、教育和各项事业全面发展，社会政治保持稳定，城乡居民生活进一步改善。朱镕基指出，2002年，要坚持实施扩大国内需求的方针，促进经济较快增长；加快农业和农村经济发展，努力增加农民收入；积极推进经济结构调整和经济体制改革；适应加入世贸组织新形势，全面提高对外开放水平；继续大力整顿和规范市场经济秩序；贯彻科教兴国战略，加强精神文明建设；进一步转变政府职能，加强政风建设。

【十五届中央纪委七次全会】（2002年1月23日至25日） 十五届中央纪委七次全会于2002年1月23日至25日在北京举行。中纪委委员108人出席会议。会议审议通过了尉健行所作的《以“三个代表”重要思想为指导，贯彻党的十五届六中全会精神，取得党风廉政建设和反腐败斗争的新成果》的工作报告。25日，江泽民在会上讲话，从巩固党的执政地位、维护国家长治久安的高度，深刻分析了我国在新世纪面临的国际国内形势，阐述了切实加强干部队伍建设的极端重要性，要求领导干部必须牢固树立正确的权力观，强调要进一步健全选贤任能的机制和完善干部考察、评价、监督、激励的科学机制；充分肯定了这些年来反腐倡廉工作和党的纪律检查工作取得的成绩，强调党的纪律检查工作必须适应形势和任务的发展，与时俱进，开拓创新。要求纪检干部坚持解放思想、实事求是，加强学习、加强实践，不断提高素质。

【国家科学技术奖励大会】（2002年2月1日） 中共中央、国务院于2002年2月1日在北京举行国家科学技术奖励大会。江泽民出席大会，并向获得2001年度国家最高科学技术奖的王选、黄昆颁发奖励证书和奖金。朱镕基在大会上讲话。朱镕基说，要更加重视科学技术的巨大作用。要大力推进科技创新和产业化。要千方百计培养和延揽优秀科技人才。李岚清宣读了《国务院关于2001年度国家科学技术奖励的决定》。胡锦涛主持大会。会上，颁布了2001年度国家科学技术奖励获奖人选和项目，其中获国家自然科学奖二等奖18项；获国家技术发明奖二等奖14项；获国家科学技术进步奖一等奖17项，二等奖174项。德国科学家米夏埃尔·佩策特、美国杨又迪博士、瑞典科学家比约昂·艾利克·维尔汉姆·诺登斯强姆、加拿大毛焕宇博士、日本科学家黑田吉益、巴西若则·依斯拉尔·瓦加斯博士获中华人民共和国国际科学技术合作奖。

【中央政治局常委会会议】（2002年2月4日） 第十五届中央政治局常委会于2002年2月4日在北京举行会议，专门听取关于当前困难群众生产和生活情况的汇报，研究安排好困难群众生产和生活的问题。江泽民主持会议并讲话。会议认为，抓紧解决好困难群众的生产和生活问题，对于深化改革、扩大开放、促进发展、保持稳定具有重要意义，是关系全局的重要工作，必须放在突出的位置上。要把中央制定的扶持困难群众的各项政策措施全部落实到位，春节前要集中做好扶贫济困工作，并广泛动员全社会的力量深入持久地开展扶贫济困活动。同时把党的作风建设与扶持困难群众的工作紧密结合起来，作为转变作风的重要环节。

【全国金融工作会议】（2002年2月5日至7日） 中共中央、国务院于2002年2月5日至7日在北京召开全国金融工作会议。会议的主要任务是，以加强金融监管、深化金融改革、防范金融风险、整顿金融秩序、改善金融服务为主题，全面总结1997年全国金融工作会议以来的金融工作，对今后一个时期的金融工作作出部署。5日，江泽民在会上讲话时，分析了国内外经济金融形势，阐述了金融工作的重要性，指出了今后一个时期金融工作的指导方针和主要任务。朱镕基在讲话中对下一阶段金融工作作出全面部署，对加强金融监管、推进国有商业银行改革等重点工作提出了具体要求。

【中央人口资源环境工作座谈会】（2002年3月10日） 中央人口资源环境工作座谈会于2002年3月10日在北京召开。江泽民主持座谈会并发表重要讲话，李鹏、朱镕基、李瑞环、胡锦涛、尉健行、李岚清等出席座谈会。江泽民强调，为了实现我国经济和社会的持续发展，为了中华民族的子孙后代始终拥有生存和发展的良好条件，我们一定要按照可持续发展的要求，正确处理经济发展同人口资源环境的关系，促进人和自然的协调与和谐，努力开创生产发展、生活富裕、生态良好的文明发展道路。朱镕基在座谈会上就如何学习、贯彻江泽民总书记的讲话精神，切实做好人口资源环境工作讲了话。座谈会上，国家计生委主任汇报了人口形势和计划生育工作情况，国家环保总局局长汇报了环境形势和环境保护工作情况，国土资源部部长汇报了国土资源保护和利用工作情况，水利部部长汇报了水资源保护和利用工作情况。辽宁省、四川省、甘肃省、湖南省、北京市领导先后发言，分别汇报了本地区计划生育、环境保护、国土资源保护和利用、水资源保护和利用等工作情况。

【全国政协九届五次会议】（2002年3月3日至13日） 全国政协九届五次会议于2002年3月3日至13日在北京举行。3月3日的开幕会由李瑞环主持，出席委员2082名；党和国家领导人江泽民、李鹏、朱镕基、胡锦涛、尉健行、李岚清到会祝贺。叶选平受常务委员会委托，在会上作了全国政协九届常委会工作报告；罗豪才代表常委会作了政协九届四次会议以来提案工作情况的报告。李瑞环在闭幕会上发表了讲话。会议期间，委员们还列席了九届全国人大五次会议，听取和讨论了政府工作报告以及计划和预算报告，高法、高检的工作报告。委员们对政府工作报告等给予高度评价，表示赞成和拥护，并提出了意见和建议。会议通过了政协第九届全国委员会第五次会议政治决议、政协九届五次会议关于常委会工作报告的决议、政协九届五次会议关于政协九届四次会议以来提案工作情况报告的决议，以及关于政协九届五次会议提案审查情况的报告。

【九届国务院第八次全体会议】（2002年3月4日） 九届国务院第八次全体会议于2002年3月4日在北京召开。朱镕基主持会议。会议审议了香港特别行政区上报的关于选举董建华为特别行政区第二任行政长官的报告，并听取了国务院港澳事务办公室负责人关于香港特别行政区第二任行政长官候任人产生过程汇报。朱镕基签署了国务院第347号令，任命董建华为中华人民共和国香港特别行政区第二任行政长官，于2002年7

月1日就职。

【九届全国人大五次会议】（2002年3月5日至15日） 九届全国人大五次会议于2002年3月5日至15日在北京举行。3月5日的第一次全体会议由李鹏主持，出席代表2866名。大会批准了朱镕基作的政府工作报告，曾培炎受国务院委托所作的关于2001年国民经济和社会发展计划执行情况与2002年国民经济和社会发展计划草案的报告，同意项怀诚受国务院委托所作的关于2001年中央和地方预算执行情况及2002年中央和地方预算草案的报告，李鹏作的全国人大常委会工作报告，肖扬作的关于最高人民法院工作的报告，韩杼滨作的关于最高人民检察院工作的报告等；通过了关于第十届全国人民代表大会代表名额和选举问题的决定，通过了《中华人民共和国香港特别行政区选举第十届全国人民代表大会代表的办法》《中华人民共和国澳门特别行政区选举第十届全国人民代表大会代表的办法》。

【纪念中国共产主义青年团成立八十周年大会】（2002年5月15日） 纪念中国共产主义青年团成立80周年大会于2002年5月15日在北京人民大会堂举行。江泽民出席并讲话，希望青年们树立远大理想，坚持发奋学习，注重锤炼品德，不断开拓视野，勇于进取创新，始终艰苦奋斗，努力为我国先进生产力和先进文化的发展作出自己的贡献，努力为最广大人民谋利益。李鹏、朱镕基、李瑞环、尉健行、李岚清出席，胡锦涛主持大会。团中央第一书记周强、群众团体代表张俊九、团员青年代表王雯在大会上发言。纪念大会开始前，江泽民、李鹏、朱镕基、李瑞环、胡锦涛、尉健行、李岚清等会见了先进青年典型、先进团员、基层先进团组织代表。

【纪念罗亦农同志诞辰一百周年座谈会】（2002年5月17日） 纪念罗亦农同志诞辰100周年座谈会于2002年5月17日在北京举行。曾庆红主持座谈会。李鹏、胡锦涛等领导同志，中央和国家机关有关部门及上海市、湖南省的负责同志，老同志代表，罗亦农同志的亲属等出席座谈会。李鹏、胡锦涛在会上的讲话，全面评价了罗亦农同志在中国共产党初创时期，传播马克思主义，加强党的建设，领导革命斗争，组织工人运动，建立农村革命根据地，以及为党的工作重点转变和探索中国革命正确道路等方面作出的重要贡献，要求大家努力学习罗亦农同志坚定的革命信念、高尚的革命品质和大无畏的献身精神，牢记历史重托，肩负时代责任，把老一辈无产阶级革命家开创的社会主义伟大事业不断推向前进。

【全国宣传部长会议】（2002年8月26日至28日） 全国宣传部长会议于2002年8月26日至28日在北京召开，研究部署迎接党的十六大的宣传工作。28日，江泽民会见出席全国宣传部长会议和全国组织工作座谈会的全体同志并讲话。江泽民强调，党的十六大是我们党在新世纪召开的第一次全国代表大会，也是在我国进入全面建设小康社会、加快推进社会主义现代化的新的发展阶段召开的一次十分重要的会议。宣传思想战线和组织战线要按照中央的部署，进一步做好各项工作，以优异成绩迎接党的十六大的召开。会议指出，当前，宣传思想战线要全力做好迎接党的十六大的宣传工作。兴起学习宣传贯彻"三个代表"重要思想的热潮；兴起宣传改革开放和党的建设辉煌成就的热潮。唱响共产党好、社会主义好、改革开放好，把精神振奋起来，把力量凝聚起来，满怀深情迎接十六大，以优异成绩迎接十六大。

【全国再就业工作会议】（2002年9月12日至13日）　中共中央、国务院于2002年9月12日至13日在北京召开全国再就业工作会议。12日，江泽民在会上讲话指出：扩大就业，促进再就业，不仅是重大的经济问题，也是重大的政治问题。千方百计解决好群众的就业问题，就是为人民办实事，就是贯彻"三个代表"要求的重大实践。国有企业下岗失业人员，为国家建设作出过贡献，理应得到国家和社会的关心和帮助。解决好他们的再就业问题，是整个就业工作的重中之重，是各级党委和政府以及全社会义不容辞的责任。13日，朱镕基在会议上讲话指出，进一步做好下岗失业人员再就业工作，是党中央、国务院从当前改革发展稳定大局出发作出的重要决策。各地区、各部门一定要以对国家和人民极端负责的态度，采取更加有力的措施，切实加大工作力度，千方百计促进就业和再就业；同时，继续加强社会保障体系建设。

【纪念彭真同志诞辰一百周年座谈会】（2002年10月11日）　纪念彭真同志诞辰100周年座谈会于2002年10月11日在北京召开。李鹏主持座谈会。江泽民、胡锦涛、尉健行等出席座谈会。江泽民在讲话中指出，彭真同志是伟大的无产阶级革命家、政治家，杰出的国务活动家，坚定的马克思主义者，我国社会主义法制的主要奠基人，党和国家的卓越领导人。他为中国人民的解放事业，为社会主义革命和建设事业，建立了不朽的功绩，深受全党全国人民的尊敬和爱戴。彭真同志具有坚定的共产主义信念和百折不挠、坚韧不拔的意志，对党、对人民无限忠诚。他善于运用马克思主义的立场、观点和方法，分析和解决问题，具有创造性地开拓新局面和处理复杂问题的胆略和才能。在关系党和国家前途命运的关键时刻和重大政治问题上，他坚持原则，旗帜鲜明。他始终牢记党的全心全意为人民服务的根本宗旨，保持人民公仆的本色，谦虚谨慎，艰苦朴实，严于律己。他模范地执行民主集中制原则和党的集体领导制度，坚持党的群众路线，深入群众，深入实际，作风民主。他一生追求真理，无论遇到什么困难和挫折，都保持乐观主义精神，对党的事业充满必胜的信心。彭真同志的崇高品德和光辉思想，是我们党的宝贵精神财富，值得全党同志永远学习。

【十五届七中全会】（2002年11月3日至5日）　十五届七中全会于2002年11月3日至5日在北京举行。出席会议的有中央委员186人，中央候补委员139人。中纪委委员和有关负责人列席会议。全会总结了十五大以来五年的工作，回顾了1989年十三届四中全会以来改革开放和社会主义现代化建设的历史进程。全会认为，这13年来，国际局势风云变幻，我国改革开放和社会主义现代化建设的进程波澜壮阔，以江泽民同志为核心的第三代中央领导集体，高举邓小平理论伟大旗帜，团结带领全党和全国各族人民，坚持党的十一届三中全会以来的路线不动摇，从容应对来自各方面的困难和风险，改革开放取得历史性突破，我国的综合国力大幅度跃升，祖国和平统一大业取得重大进展，人民生活总体上实现了由温饱到小康的历史性跨越，开创了建设有中国特色社会主义事业的崭新局面。这13年取得的巨大成就，必将载入中华民族伟大复兴的光辉史册。这13年积累的宝贵经验，对建设有中国特色社会主义事业具有长远的指导意义。会议决定，中国共产党第十六次全国代表大会于2002年11月8日在北京召开。全会讨论并通过了十五届中央委员会向党的第十六次全国代表大会的报告，讨论并通过了《中国共产党章程（修正案）》，全会决定将这两个文件提请党的第十六次全国代表大会审议。全会审议并通过了《中共中央纪律检查委员会关于王雪冰问题的审查报告》。

【中国共产党第十六次全国代表大会】（2002年11月8日至14日） 中国共产党第十六次全国代表大会于2002年11月8日至14日在北京举行。大会正式代表2114人，特邀代表40人，代表全国6600多万党员。党的十六大，是中国共产党在新世纪召开的第一次全国代表大会，也是在我国进入全面建设小康社会、加快推进社会主义现代化的新的发展阶段召开的一次十分重要的代表大会。大会的主题是：高举邓小平理论伟大旗帜，全面贯彻“三个代表”重要思想，继往开来，与时俱进，全面建设小康社会，加快推进社会主义现代化，为开创中国特色社会主义事业新局面而奋斗。

江泽民代表第十五届中央委员会作《全面建设小康社会，开创中国特色社会主义事业新局面》报告。报告共十部分：(1) 过去五年的工作和十三年的基本经验；(2) 全面贯彻“三个代表”重要思想；(3) 全面建设小康社会的奋斗目标；(4) 经济建设和经济体制改革；(5) 政治建设和政治体制改革；(6) 文化建设和文化体制改革；(7) 国防和军队建设；(8) “一国两制”和实现祖国的完全统一；(9) 国际形势和对外工作；(10) 加强和改进党的建设。大会系统总结了党的十三届四中全会以来13年的奋斗历程和10条基本经验。报告科学阐述了“三个代表”重要思想的时代背景、历史地位、精神实质和指导意义，进一步阐明了贯彻“三个代表”重要思想的根本要求。“三个代表”重要思想是对马克思列宁主义、毛泽东思想和邓小平理论的继承和发展，反映了当代世界和中国的发展变化对党和国家工作的新要求，是加强和改进党的建设、推进我国社会主义自我完善和发展的强大理论武器，是全党集体智慧的结晶，是党必须长期坚持的指导思想。始终做到“三个代表”，是我们党的立党之本、执政之基、力量之源。报告从四个方面提出了在新世纪新阶段全面建设小康社会的目标。大会通过了《全面建设小康社会，开创中国特色社会主义事业新局面》报告的决议和关于中央纪律检查委员会工作报告的决议。选出新一届中央委员会和中央纪律检查委员会。通过关于《中国共产党章程（修正案）》的决议。党章修正案中明确规定，中国共产党是中国工人阶级的先锋队，同时是中国人民和中华民族的先锋队，是中国特色社会主义事业的领导核心，代表中国先进生产力的发展要求，代表中国先进文化的前进方向，代表中国最广大人民的根本利益；党的最高理想和最终目标是实现共产主义；中国共产党以马列主义、毛泽东思想、邓小平理论和“三个代表”重要思想作为行动指南，“三个代表”重要思想是党必须长期坚持的指导思想。此次大会把“三个代表”重要思想和马克思列宁主义、毛泽东思想、邓小平理论一道确立为中国共产党的指导思想，是一个历史性贡献，具有划时代的意义。大会提出全面建设小康社会的奋斗目标，对于凝聚全党和全国各族人民的力量，加快推进社会主义现代化，同样具有十分重要的意义。另外，大会让一批德才兼备、年富力强的领导干部进入新一届中央委员会，也充分反映了党的兴旺发达，后继有人。

【十六届中央纪委一次全会】（2002年11月15日）　十六届中央纪委一次全会于2002年11月15日在北京召开。中央纪委委员121人出席会议。吴官正主持会议。全会选举吴官正为书记，何勇、夏赞忠、李至伦、张树田、刘锡荣、张惠新、刘峰岩为副书记，干以胜、马馼、马志鹏、王振川、刘峰岩、刘家义、刘锡荣、李至伦、吴官正、吴毓萍、何勇、沈德咏、张树田、张惠新、赵洪祝、夏赞忠、黄树贤、解厚铨为常务委员会委员，报中央委员会批准。

【十六届一中全会】（2002年11月15日）　十六届一中全会于2002年11月15日在北京举行。胡锦涛主持会议并讲话。出席会议的有中央委员198人，中央候补委员158人。中央纪委委员列席会议。全会选举王乐泉、王兆国、回良玉、刘淇、刘云山、李长春、吴仪、吴邦国、吴官正、张立昌、张德江、陈良宇①、罗干、周永康②、胡锦涛、俞正声、贺国强、贾庆林、郭伯雄③、黄菊、曹刚川、曾庆

① 2007年7月，鉴于陈良宇严重违纪，中共中央经立案审查后决定给予其开除党籍、开除公职处分，对其涉嫌犯罪问题移送司法机关依法处理。2008年4月，天津市第二中级人民法院认定陈良宇犯受贿罪，判处其有期徒刑14年，没收个人财产人民币30万元；犯滥用职权罪，判处其有期徒刑7年，两罪并罚，决定执行有期徒刑18年，没收个人财产人民币30万元。

② 2014年12月，鉴于周永康严重违纪，中共中央经立案审查后决定给予其开除党籍处分。2015年6月，周永康因受贿、滥用职权、故意泄露国家秘密罪被天津市第一中级人民法院判处无期徒刑，剥夺政治权利终身。

③ 2015年7月，鉴于郭伯雄严重违纪，中共中央经立案审查后决定给予其开除党籍处分，对其涉嫌严重受贿犯罪问题及线索移送最高人民检察院授权军事检察机关依法处理。2016年7月，郭伯雄因受贿罪被军事法院判处无期徒刑，剥夺政治权利终身，并处没收个人全部财产，追缴的赃款赃物上缴国库，剥夺上将军衔。

红、曾培炎、温家宝为中央政治局委员，王刚为中央政治局候补委员；选举胡锦涛、吴邦国、温家宝、贾庆林、曾庆红、黄菊、吴官正、李长春、罗干为中央政治局常委，胡锦涛为中央委员会总书记；根据中央政治局常务委员会的提名，通过曾庆红、刘云山、周永康、贺国强、王刚、徐才厚①、何勇为中央书记处成员；决定了中央军事委员会组成人员，江泽民为中央军委主席；批准了中央纪律检查委员会第一次全体会议选举产生的书记、副书记和常务委员会委员人选，吴官正为中央纪委书记。

【中央政治局会议】（2002年11月16日） 中央政治局会议于2002年11月16日在北京召开。胡锦涛主持会议。会议研究部署学习、贯彻十六大精神。会议强调，十六大是党在新世纪召开的第一次代表大会，也是在开始实施现代化建设第三步战略部署的新形势下召开的一次非常重要的会议。深入学习贯彻十六大精神，把全党和全国各族人民的思想统一到十六大精神上来，同心同德完成十六大确定的各项任务，确保党和国家在新世纪新阶段奋斗目标的胜利实现，是全党当前和今后一个时期的首要政治任务。会议审议了《中共中央关于学习贯彻党的十六大精神的通知》，决定下发全党。会议还研究了政治局工作分工和加强政治局自身建设的有关问题。

【全国工商联第九次会员代表大会】（2002年11月23日至27日） 全国工商联第九次会员代表大会于2002年11月23日至27日在北京举行。出席大会的代表842人。王兆国宣读了中共中央、国务院的贺词。叶选平代表全国政协、成思危代表各民主党派、孙宝树代表有关人民团体分别致贺词。经叔平作了《按照“三个代表”要求，开创工商联工作新局面》的工作报告。大会通过了修改后的《章程》。大会选出412名执行委员。11月26日召开的全国工商联九届一次执委会议选举黄孟复为主席。梁金泉致闭幕词。从全国工商联九大开始，会员代表大会称“次”，不再称“届”。

【台盟第七次全盟代表大会】（2002年11月28日至12月3日） 台盟第七次全盟代表大会于2002年11月28日至12月3日在北京举行。本次大会共有代表224名。林文漪主持开幕式。刘亦铭致开幕词。刘云山宣读了中共中央的贺词。罗豪才代表兄弟民主党派、全国工商联向大会致贺词。杨国庆代表全国台联致贺词。张克辉代表台盟六届中央委员会作了题为《继往开来，为把台盟建设成为适应新世纪要求的参政党而努力奋斗》的报告。吴国祯作关于修改《台湾民主自治同盟章程》的说明。会议选举产生了由58名

① 2014年6月，鉴于徐才厚严重违纪，中共中央经立案审查后决定给予其开除党籍处分，将其涉嫌受贿犯罪问题及问题线索移送最高人民检察院授权军事检察机关依法处理。经依法审查查明，徐才厚涉嫌受贿犯罪事实清楚，证据确实、充分，应当追究其刑事责任。2015年3月15日，徐才厚死亡，根据相关规定，军事检察院对徐才厚作出不起诉决定，其涉嫌受贿犯罪所得依法处理。

委员组成的台盟第七届中央委员会。选举张克辉为台盟第七届中央委员会主席，推举蔡子民为名誉主席。2005年12月12日至15日召开的台盟七届四中全会接受张克辉辞去台盟中央主席职务，同时推举他为台盟中央名誉主席；全会选举林文漪为台盟中央主席。

【中央政治局会议】（2002年12月2日） 中央政治局会议于2002年12月2日在北京召开。胡锦涛主持会议。会议分析当前经济形势，研究2003年经济工作。会议指出，2002年以来，全党和全国人民以邓小平理论和“三个代表”重要思想为指导，认真贯彻落实中央关于经济工作的部署，扎实做好各项工作，使国民经济继续保持良好的发展势头。实践证明，党中央、国务院采取的一系列政策措施是完全正确的。会议强调，2003年是全面贯彻落实党的十六大精神，开创中国特色社会主义事业新局面的重要一年。做好2003年的经济工作，对于党和国家事业的发展具有特别重要的意义。要坚持把发展作为党执政兴国的第一要务，按照全面建设小康社会的要求，努力促进国民经济持续快速健康发展。会议强调，面对复杂多变的国际形势，面对国内改革发展稳定的艰巨任务，面对前进道路上的困难和挑战，全党同志一定要高举邓小平理论伟大旗帜，全面贯彻“三个代表”重要思想，按照党的十六大提出的要求，进一步增强忧患意识和紧迫感，倍加顾全大局，倍加珍视团结，倍加维护稳定，更好地带领广大人民群众，艰苦奋斗，开拓进取，努力夺取改革开放和现代化建设的新胜利。会议决定近期召开中央经济工作会议，还通过了十六届中央政治局工作规划和其他事项。

【九三学社第八次全国代表大会】（2002年12月3日至8日） 九三学社第八次全国代表大会于2002年12月3日至8日在北京举行。出席代表624人，代表全国8.5万多名社员。安振东主持开幕会。吴阶平致开幕词。王兆国宣读了中共中央的贺词。丁石孙代表其他民主党派中央、全国工商联致贺词。王文元代表九三学社十届中央委员会作了题为《与时俱进，开拓创新，为建设适应新世纪要求的参政党团结奋斗》的工作报告。洪绂曾就起草《九三学社章程修正案（草案）》情况作了说明。大会选举产生了由225名委员组成的九三学社第十一届中央委员会。12月7日召开的九三学社十一届一中全会选举韩启德为主席，推举吴阶平为名誉主席。

【首都各界纪念中华人民共和国宪法公布施行二十周年大会】（2002年12月4日） 首都各界纪念中华人民共和国宪法公布施行20周年大会于2002年12月4日在北京举行。李鹏主持大会。胡锦涛出席大会并发表重要讲话。吴邦国、温家宝、贾庆林、曾庆红、罗干出席大会。胡锦涛强调指出，在全国上下认真学习贯彻党的十六大精神的热潮中，我们隆重纪念宪法公布施行20周年，在全社会进一步树立宪法意识和宪法权威，切实保证宪法的贯彻实施，这对于推动全党和全国各族人民为全面建设小康社会，开创中国特色社会主义事业新局面而团结奋斗，具有十分重要的意义。我国宪法1954年由第一届全国人民代表大会第一次会议通过。现行宪法是在1954年宪法的基础上，经过全面修改，于1982年由第五届全国人民代表大会第五次会议通过，公布施行的。

【农工党第十三次全国代表大会】（2002年12月4日至8日） 农工党第十三次全国代表大会于2002年12月4日至8日在北京举行。李蒙致开幕词。贺国强宣读了中共中央的贺词。许嘉璐代表各民主党派中央、全国工商联致贺词。蒋正华受农工党十二届中央委员会的委托作了题为《与时俱进奋发有为为全面建设小康社会加快推进社会主义现代化做出更大贡献》的工作报告。大会审议通过了《中国农工民主党章程（修正案）》；审议通过了中国农工民主党第十三次全国代表大会决议等。大会选举产生了由190名委员组成的新一届农工党中央委员会。8日举行的农工党十三届一中全会选举蒋正华为主席。桑国卫致闭幕词。

【民革第十次全国代表大会】（2002年12月5日至9日） 民革第十次全国代表大会于2002年12月5日至9日在北京举行。出席会议的代表621人。周铁农主持开幕式并致开幕词。贺国强宣读了中共中央的贺词。吴阶平代表各民主党派中央和全国工商联致贺词。何鲁丽代表第九届中央委员会向大会作了题为《与时俱进，开拓创新，为把民革建设成为适应新世纪要求的参政党而努力》的报告。李赣骝在会上作了《关于中国国民党革命委员会章程（修改草案）的说明》。会议通过了《中国国民党革命委员会第十次全国代表大会决议》等。大会选举产生了由212名委员组成的民革第十届中央委员会。12月8日召开的民革十届一中全会选举何鲁丽为主席。

【中央经济工作会议】（2002年12月9日至10日） 中央经济工作会议于2002年12月9日至10日在北京召开。温家宝主持会议。胡锦涛、朱镕基、李岚清、吴邦国、贾庆林、曾庆红、黄菊、吴官正、李长春、罗干出席会议。胡锦涛就当前国际国内形势，认真贯彻落实党的十六大提出的经济工作的各项任务，2003年经济工作的总体要求和主要任务作重要讲话。朱镕基就2003年经济工作作了全面部署。会议确定，2003年经济工作的总体要求是：以邓小平理论和“三个代表”重要思想为指导，认真贯彻党的十六大精神，积极应对国内外环境变化带来的困难和挑战，坚持扩大内需的方针，继续实施积极的财政政策和稳健的货币政策，进一步深化改革，全面提高对外开放水平，加快经济结构的战略性调整，积极发展农业和农村经济，大力推进新型工业化，促进国民经济持续快速健康发展，实现速度和结构、质量、效益相统一。正确处理改革发展稳定的关系，切实做好就业和再就业工作，完善社会保障体系，提高城乡居民生活水平，保持社会稳定。会议指出，实现这一总体要求，必须着重把握好以下四个方面：（1）坚持扩大内需的方针，继续实施积极的财政政策和稳健的货币政策。（2）加快结构调整，提高经济增长的质量和效益。（3）进一步推进改革开放，为发展提供强大动力。（4）加强就业和社会保障工作，努力提高人民生活水平。会议从进一步培育和扩大国内需求，促进农业和农村经济全面发展，继续推进产业结构调整和西部开发，深化经济体制改革，继续整顿和规范市场经济秩序，努力提高对外开放水平，切实做好扩大就业和社会保障工作，积极实施科教兴国战略和可持续发展战略，大力做好增收节支等方面，部署了2003年经济工作。温家宝在会议结束时作总结讲话。

【致公党第十二次全国代表大会】（2002年12月10日至14日）　致公党第十二次全国代表大会于2002年12月10日至14日在北京举行。出席大会的代表355人，代表全党2.1万名党员。郑守仪致开幕词。吴仪宣读了中共中央的贺词。张克辉代表其他民主党派中央、全国工商联向大会致贺词。罗豪才代表致公党第十一届中央委员会作题为《致力为公，与时俱进，努力建设适应新世纪要求的参政党》的报告。杜宜瑾作关于《中国致公党章程（修正案）》的说明。大会选举产生了由99名委员组成的致公党第十二届中央委员会。致公党十二届一中全会选举罗豪才为主席。

【中央政治局常委会会议】（2002年12月12日）　中央政治局常委会会议于2002年12月12日在北京召开。胡锦涛主持会议。吴邦国、温家宝、贾庆林、曾庆红、黄菊、吴官正、李长春、罗干出席。会议专门听取有关部门关于解决困难群众生产生活问题的情况汇报，并对进一步做好这项工作进行了研究部署。会议指出，党中央、国务院一贯高度重视困难群众的生产生活问题，近年来为解决这方面问题采取了一系列重大措施。各级党委和政府一定要从贯彻党的十六大精神、实践“三个代表”重要思想的高度，从密切党和人民群众血肉联系、维护改革发展稳定大局的高度，充分认识关心群众生活、解决好困难群众生产生活问题的极端重要性，把它作为一项重大的政治任务切实抓紧抓好。会议强调，各级领导干部一定要牢记党的全心全意为人民服务的宗旨，进一步转变作风，深入基层，深入群众，特别是深入到困难多、问题多、矛盾多的地方，倾听群众呼声，体察群众情绪，关心群众疾苦，检查扶贫帮困各项措施的落实情况，并进一步采取有效措施，切实帮助困难群众解决突出问题。会议决定，由中共中央办公厅、国务院办公厅就切实安排好2003年元旦、春节期间的群众生活专门下发通知，并在近期内派出检查组到有关地方和部门对中央精神的落实情况进行重点督促检查。20日，中共中央、国务院转发《国务院办公厅关于当前解决困难群众生产生活问题的情况汇报》。

【全国计划会议】（2002年12月13日至14日）　全国计划会议于2002年12月13日至14日在北京召开。朱镕基批示指出：近几年来，国家计划部门在党中央、国务院的领导下，加强和改进宏观调控，促进国民经济的持续快速健康发展，特别是在贯彻扩大内需方针，管好用好国债投资方面，与各部门、各地方密切配合，做了大量卓有成效的工作。朱镕基希望计划系统广大干部坚持执政为民，廉政勤政，务实高效，与时俱进，为加快社会主义现代化建设作出新贡献。曾培炎出席会议，并作了《认真贯彻党的十六大精神，迈出全面建设小康社会的新步伐》的报告。14日，温家宝在会议上讲话指出，要继续坚持扩大内需的方针，实施积极的财政政策和稳健的货币政策，保持宏观经济政策的连续和稳定，保持经济、社会的稳定和发展。会议提出，为实现2003年宏观调控的预期目标，要加大对农业和农村经济发展的支持力度，千方百计增加农民收入。加快调整农业结构，抓好优势农产品区域布局调整；继续加强农村基础设施建设；认真落实减轻农民负担的各项措施，在总结经验的基础上，农村税费改革试点工作2003年在全国范围内推开；加强对农村富余劳动力转移的协调和指导。

【民盟第九次全国代表大会】（2002年12月13日至18日） 民盟第九次全国代表大会于2002年12月13日至18日在北京举行。大会共有代表806人。冯之浚主持开幕会。罗涵先致开幕词。吴仪宣读了中共中央的贺词。何鲁丽代表其他民主党派和全国工商联致贺词。丁石孙代表民盟八届中央委员会作了题为《努力建设高素质参政党，为我国全面建设小康社会作出新贡献》的工作报告。冯之浚向大会作《中国民主同盟章程修改报告》。大会选出了由265名委员组成的民盟第九届中央委员会。大会通过了《中国民主同盟第九次全国代表大会决议》。12月19日召开的民盟九届一中全会选举丁石孙为主席。

【民建第八次全国代表大会】（2002年12月14日至18日） 民建第八次全国代表大会于2002年12月14日至18日在北京举行。出席会议的代表580人，来自326个地方组织，代表89139名成员。曾培炎宣读了中共中央的贺词。黄孟复代表其他民主党派中央、全国工商联致贺词。成思危代表民建七届中央委员会作题为《与时俱进，奋发有为，建设适应新世纪要求的参政党》的工作报告。大会通过了新的《中国民主建国会章程》。大会选举产生由185名委员组成的民建第八届中央委员会。民建八届一中全会选举成思危为主席，推举孙起孟为名誉主席。

【全国组织工作会议】（2002年12月16日至18日） 全国组织工作会议于2002年12月16日至18日在北京召开。这次全国组织工作会议的主要任务是，以邓小平理论和“三个代表”重要思想为指导，认真贯彻落实十六大精神和中央经济工作会议精神，对当前和今后一个时期的组织工作作出部署。16日的会议由贺国强主持，曾庆红、吴官正出席。曾庆红强调，全面建设小康社会的伟大事业必将给党的建设和组织工作注入强大活力，提供广阔舞台，同时也提出了更高的要求。各级党委要认真贯彻落实十六大精神，与时俱进，开拓创新，全面推进党的建设新的伟大工程，努力开创新世纪新阶段组织工作的新局面。胡锦涛17日在同会议代表座谈时指出，全党要从党和国家兴旺发达、长治久安的高度，充分认识加强和改进党的建设的极端重要性，深刻理解并全面落实党的十六大对党的建设作出的总体部署，与时俱进，开拓创新，努力提高党的建设的整体水平，使我们党更加朝气蓬勃地团结带领全国各族人民全面建设小康社会、开创中国特色社会主义事业新局面。座谈会由曾庆红主持，吴官正、李长春、罗干出席。18日，贺国强作会议总结讲话。

【民进第九次全国代表大会】（2002年12月16日至21日）　民进第九次全国代表大会于2002年12月16日至21日在北京举行。大会共有代表503名。张怀西、楚庄主持开幕会。许嘉璐致开幕词。刘云山宣读了中共中央的贺词。蒋正华代表各民主党派中央和全国工商联致贺词。许嘉璐代表民进十届中央委员会作了题为《开拓创新，求真务实，为全面建设小康社会作出新贡献》的工作报告。梅向明作了关于《中国民主促进会章程修正案》的报告。大会选举产生由189名委员组成的新一届民进中央委员会。20日召开的民进十一届一中全会选举许嘉璐为主席。大会通过了《中国民主促进会第九次全国代表大会决议》。张怀西致闭幕词。

【全国政法工作会议】（2002年12月19日至20日）　全国政法工作会议于2002年12月19日至20日在北京召开。罗干出席会议并讲话，强调2003年和今后一个时期的政法工作，要依法严厉打击各种严重犯罪活动，加强社会治安综合治理，积极稳妥地推进政法工作改革，继续狠抓政法队伍建设，全力维护国家安全和社会稳定，为全面建设小康社会提供有力的法治保障，创造良好的社会环境。

【十六届中央政治局第一次集体学习】（2002年12月26日）　十六届中央政治局第一次集体学习于2002年12月26日在北京举行。这次学习的主题是认真贯彻实施宪法和全面建设小康社会。胡锦涛在主持学习时强调，实现十六大提出的宏伟目标和各项任务，必须坚持实施依法治国的基本方略，在全社会进一步树立宪法意识和宪法权威，切实保证宪法的贯彻实施，充分发挥宪法对我国社会主义物质文明、政治文明、精神文明协调发展的促进和保障作用。胡锦涛强调，我们党要团结带领全国各族人民抓住机遇、迎接挑战，与时俱进、开拓创新，实现全面建设小康社会的宏伟目标，不断开创中国特色社会主义事业新局面，必须坚持把学习作为全党一项十分重要的任务，不断加强，不断推进，努力使全党的马克思主义理论水平和科学文化水平不断有新的提高。中央政治局经过讨论认为，为了适应党和国家事业发展的需要，为了更好地承担起党和人民所赋予的重任，我们必须进一步加强学习。除了自学以外，中央政治局还要进行集体学习。今天这次学习活动，是新一届中央政治局集体学习的第一次，开了个头。这要作为一项制度长期坚持。

【中央精神文明建设指导委员会全体会议】（2002年12月30日）　中央精神文明建设指导委员会全体会议于2002年12月30日在北京召开。中共中央政治局常委、中央精神文明建设指导委员会主任李长春主持会议并讲话。中共中央政治局委员、书记处书记、中央文明委副主任刘云山出席会议。会议总结2002年工作，部署2003年工作。会议强调，精神文明建设要坚持以邓小平理论和“三个代表”重要思想为指导，坚持党的基本理论、基本路线、基本纲领和基本经验，解放思想，实事求是，与时俱进，开拓创新，积极全面深入地学习宣传贯彻十六大精神，加强思想道德和文化建设，广泛深入地开展群众性精神文明创建活动，把全党的思想统一到十六大精神上来，把全国各族人民的力量凝聚到实现十六大提出的任务上来，不断提高人们的思想道德和科学文化素质，努力培育“四有”新人，为全面建设小康社会提供强大的精神动力、思想保证和智力支持，营造良好的社会环境。

【中央农村工作会议】（2003年1月7日至8日） 中央农村工作会议于2003年1月7日至8日在北京召开。胡锦涛、温家宝在会上讲话。曾庆红、黄菊、李长春出席会议。胡锦涛就贯彻党的十六大精神，解决好农业、农村和农民问题，实现全面建设小康社会的宏伟目标作了重要讲话。胡锦涛指出，必须统筹城乡经济社会发展，把解决好农业、农村和农民问题作为全党工作的重中之重，放在更加突出的位置。要坚持“多予、少取、放活”的方针，发挥城市对农村带动作用，实现城乡经济社会一体化发展。温家宝就当前和今后一个时期的农业和农村工作作了部署。会议指出，全面建设小康社会，必须统筹城乡经济社会发展，更多地关注农村，关心农民，支持农业，把解决好农业、农村和农民问题作为全党工作的重中之重，放在更加突出的位置，努力开创农业和农村工作的新局面。16日，中共中央、国务院发出《关于做好农业和农村工作的意见》。

【全国宣传部长会议】（2003年1月7日至9日） 全国宣传部长会议于2003年1月7日至9日在北京召开。会议以邓小平理论和“三个代表”重要思想为指导，深入学习贯彻党的十六大精神，总结2002年工作，分析当前形势，部署2003年任务。刘云山主持会议并就认真学习贯彻党的十六大精神，用“三个代表”重要思想统领宣传思想工作，开创工作新局面作了讲话。8日，李长春同出席全国宣传部长会议的代表座谈。他强调，党的十六大把“三个代表”重要思想同马克思列宁主义、毛泽东思想、邓小平理论一道确立为党必须长期坚持的指导思想，实现了我们党指导思想上的又一次与时俱进。在新世纪新阶段做好宣传思想工作，把宣传思想工作提高到新水平，必须坚持用“三个代表”重要思想统领宣传思想工作。出席全国文化厅局长会议、全国广播影视工作会议和全国文明办主任会议的代表也参加了座谈会。

【九届国务院第九次全体会议】（2003年1月27日） 九届国务院第九次全体会议于2003年1月27日在北京召开。朱镕基主持会议。会议布置讨论即将提请十届全国人大一次会议审议的《政府工作报告（征求意见稿）》。国务院研究室负责人对《报告》的起草经过和主要内容作了说明。会议决定，将此稿发到各省、自治区、直辖市和有关部门、单位广泛征求意见。朱镕基在讲话中说，本届政府的五年任期即将结束。这五年，是很不平凡的五年。本届政府坚持以邓小平理论为指导，全面贯彻“三个代表”重要思想，紧紧围绕全党和全国工作大局，认真履行职责，尽心尽力工作，完成各项任务。朱镕基指出，这五年，全国各族人民在中国共产党领导下，战胜种种困难，改革开放和现代化建设取得举世公认的伟大成就。国民经济保持良好发展势头，经济体制改革攻坚取得突破性进展，对外开放呈现崭新局面，科技、教育事业蓬勃发展，社会主义民主政治和精神文明建设成效明显，人民生活总体达到小康水平。其他各方面工作都取得了显著成绩。这五年，是全国各族人民不畏艰难、开拓创新，沿着中国特色社会主义道路阔步前进的五年；是国家面貌日新月异、各项事业蒸蒸日上、人民生活显著改善的五年；是我国社会稳定、民族团结、国际影响日益扩大的五年。朱镕基说，五年来各方面的成就来之不易，是以江泽民同志为核心的第三代中央领导集体正确领导和决策的结果，是各部门、各地区和全国各族人民齐心协力、团结奋斗的结果。

【中央政治局会议】（2003年1月28日）　中央政治局会议于2003年1月28日在北京召开。胡锦涛主持会议。会议听取中央纪律检查委员会关于2003年工作的汇报，分析党风廉政建设和反腐败斗争面临的形势，研究和部署当前和今后一个时期党风廉政建设和反腐败工作。会议指出，坚决反对和防止腐败，是全党的一项重大政治任务。全党同志特别是各级领导干部，务必深刻认识反腐败斗争的艰巨性、长期性和紧迫性，务必以更大的决心、更有力的措施、更扎实的工作，旗帜鲜明、毫不动摇地把党风廉政建设和反腐败斗争深入进行下去。会议强调，开展党风廉政建设和反腐败斗争，要以邓小平理论和“三个代表”重要思想为指导，紧紧围绕发展这个党执政兴国的第一要务来展开，坚决贯彻党要管党、从严治党的方针，坚持标本兼治、综合治理，逐步加大治本力度。要依纪依法坚决惩治各种腐败行为，认真纠正人民群众反映强烈的不正之风，注重制度建设和创新，加强从源头上预防和解决腐败问题的工作。会议强调，各级领导干部首先是我们中央政治局的同志，一定要坚持党的性质和宗旨，正确行使人民赋予的权力，自觉接受广大党员和人民群众的监督，高举旗帜、与时俱进，发扬民主、团结统一，艰苦奋斗、求真务实，清正廉洁、一心为民，始终保持共产党人的政治本色和革命气节，为党和人民的事业尽职尽责、无私奉献。会议同意2003年2月召开中共中央纪律检查委员会第二次全体会议。

【十六届中央政治局第二次集体学习】（2003年1月28日）　十六届中央政治局第二次集体学习于2003年1月28日在北京举行。这次学习的主题是世界经济形势和我国经济发展。胡锦涛在主持学习时强调，要注重学习世界经济知识和分析世界经济形势，不断提高在对外开放条件下推动我国经济发展的规律性认识。全面认识世界经济发展变化带来的有利条件和不利因素，善于趋利避害，继续推动我国经济持续快速健康发展。

【十六届中央纪委二次全会】（2003年2月17日至19日） 十六届中央纪委二次全会于2003年2月17日至19日在北京举行。中央纪律检查委员会常务委员会主持会议。出席会议的中央纪委委员120人。会议的主题是：以邓小平理论和“三个代表”重要思想为指导，认真学习、贯彻党的十六大精神，研究提出当前及今后一个时期党风廉政建设和反腐败斗争的总体要求和基本思路，对2003年党风廉政建设和反腐败工作作出部署，解放思想，实事求是，与时俱进，扎实工作，努力开创党风廉政建设和反腐败工作的新局面。会议审议通过了吴官正代表中央纪律检查委员会常务委员会所作的《全面贯彻党的十六大精神，努力开创党风廉政建设和反腐败工作新局面》的工作报告。19日，胡锦涛出席全会第二次大会并发表了重要讲话。他强调指出，适应新形势新任务的需要，当前和今后一个时期深入开展党风廉政建设和反腐败工作，必须高举邓小平理论伟大旗帜，以“三个代表”重要思想为指导，全面贯彻十六大精神，解放思想、实事求是、与时俱进，坚持标本兼治、综合治理的方针，在继续下大气力惩处腐败的同时，加强教育，发展民主，健全法制，强化监督，创新体制，把反腐倡廉寓于各项重要政策措施之中，从源头上预防和解决腐败问题，更好地为实现全面建设小康社会的奋斗目标服务。

【十六届二中全会】（2003年2月24日至26日） 十六届二中全会于2003年2月24日至26日在北京举行。中央政治局主持会议。出席这次全会的有，中央委员191人，候补中央委员151人。有关负责同志列席了会议。胡锦涛作了重要讲话。全会审议通过了中央政治局在广泛征求党内外意见、反复酝酿协商的基础上提出的拟向十届全国人大一次会议推荐的国家机构领导人员人选建议名单和拟向全国政协十届一次会议推荐的全国政协领导人员人选建议名单，决定将这两个建议名单分别向十届全国人大一次会议主席团和全国政协十届一次会议主席团推荐。全会审议通过了《关于深化行政管理体制和机构改革的意见》，建议国务院根据这个意见形成《国务院机构改革方案》提交十届全国人大一次会议审议。胡锦涛在会上着重就建设社会主义政治文明问题发表讲话，并代表中央政治局向全会报告工作。他指出：建设社会主义政治文明，最根本的是要坚持党的领导、人民当家作主和依法治国的有机统一，坚持社会主义方向，坚持和发展我国社会主义政治制度的特点和优势，坚持走中国特色的政治发展道路。他指出：中央政治局和中央政治局常委会已经作出决定，今后每次召开中央全会，中央政治局都要向全会报告工作，以接受大家的监督。

【国家科学技术奖励大会】（2003年2月28日） 国家科学技术奖励大会于2003年2月28日在北京举行。胡锦涛主持大会。江泽民、朱镕基、李岚清、吴邦国、温家宝、曾庆红、李长春出席大会并为获奖代表颁奖。首都科技界代表3000余人出席会议。朱镕基代表党中央、国务院在大会上讲话。李岚清宣读了《国务院关于2002年度国家科学技术奖励的决定》。中国工程院院士、国家并行计算机工程技术研究中心主任金怡濂获得2002年度国家最高科学技术奖。“物理有机化学前沿领域两个重要方面——有机分子簇集和自由基化学的研究”获国家自然科学奖一等奖，23项成果获国家自然科学奖二等奖；21项成果获国家技术发明奖二等奖；18项成果获国家科学技术进步奖一等奖，200项成果获二等奖。德国罗伯特·昂格特、日本平野敏右、法国罗伯特·迪盖特、美国汉密尔顿和曹韵贞等5人获中华人民共和国国际科学技术合作奖。

【中国人民政治协商会议第十届全国委员会第一次会议】（2003年3月3日至14日）　中国人民政治协商会议第十届全国委员会第一次会议于2003年3月3日至14日在北京举行。3月3日的开幕会由贾庆林主持，出席委员2150名；党和国家领导人江泽民、胡锦涛、李鹏、朱镕基、李瑞环、李岚清、吴邦国、温家宝、曾庆红、黄菊、吴官正、李长春、罗干到会祝贺。受政协第九届全国委员会常务委员会委托，李贵鲜向大会作工作报告。受政协第九届全国委员会常务委员会委托，周铁农向大会报告九届政协的提案工作情况。会议选举贾庆林为政协第十届全国委员会主席，选举王忠禹、廖晖、刘延东、阿沛·阿旺晋美、巴金、帕巴拉·格列朗杰、李贵鲜、张思卿、丁光训、霍英东、马万祺、白立忱、罗豪才、张克辉、周铁农、郝建秀、陈奎元、阿不来提·阿不都热西提、徐匡迪、李兆焯、黄孟复、王选、张怀西、李蒙为政协第十届全国委员会副主席，选举郑万通为政协第十届全国委员会秘书长。会议通过了政协第十届全国委员会第一次会议政治决议、政协十届一次会议关于政协第九届全国委员会常务委员会工作报告的决议、政协十届一次会议关于政协第九届全国委员会常务委员会提案工作情况报告的决议，以及政协十届一次会议提案审查委员会关于政协十届一次会议提案审查情况的报告。

【第十届全国人民代表大会第一次会议】（2003年3月5日至18日）　第十届全国人民代表大会第一次会议于2003年3月5日至18日在北京举行。3月5日的第一次全体会议由吴邦国主持，出席代表2916名。大会选举胡锦涛为中华人民共和国主席，曾庆红为副主席。选举江泽民为中央军事委员会主席。选举吴邦国为委员长，选举王兆国、李铁映、司马义·艾买提、何鲁丽、丁石孙、成思危、许嘉璐、蒋正华、顾秀莲、热地、盛华仁、路甬祥、乌云其木格、韩启德、傅铁山为副委员长。决定任命温家宝为国务院总理；胡锦涛、郭伯雄、曹刚川为中央军事委员会副主席，徐才厚、梁光烈、廖锡龙、李继耐为中央军事委员会委员。选举肖扬为最高人民法院院长，选举贾春旺为最高人民检察院检察长。决定任命黄菊、吴仪、曾培炎、回良玉为国务院副总理，周永康、曹刚川、唐家璇、华建敏、陈至立为国务委员。会议经过表决，批准了朱镕基作的政府工作报告。曾培炎作的2002年国民经济和社会发展计划执行情况与2003年国民经济和社会发展计划草案的报告，项怀诚作的关于2002年中央和地方预算执行情况及2003年中央和地方预算草案的报告。王忠禹作了关于国务院机构改革方案的说明，大会批准了国务院机构改革方案。会议还表决通过了李鹏作的九届全国人大常委会工作报告、肖扬作的最高人民法院工作报告、韩杼滨作的最高人民检察院工作报告。胡锦涛、吴邦国在闭幕会上发表讲话。

【中央人口资源环境工作座谈会】

（2003年3月9日）　中央人口资源环境工作座谈会于2003年3月9日在人民大会堂召开。胡锦涛主持座谈会并发表重要讲话。朱镕基、吴邦国、温家宝、贾庆林、曾庆红、黄菊、吴官正、李长春、罗干等出席座谈会。胡锦涛在讲话中强调，切实做好人口资源环境工作，对保持国民经济持续快速健康发展、不断提高经济增长的质量和效益，对不断提高人民群众的生活质量、促进人的全面发展，对改善生态环境、促进人与自然的和谐，都具有十分重大的意义。各地区各部门都要从确保实现全面建设小康社会宏伟目标的战略高度，进一步增强责任感和使命感，坚定不移地按照十六大提出的要求做好人口资源环境的各项工作。朱镕基在讲话中着重强调了当前做好人口资源环境工作需要着力抓好的几项重点工作。

【十届国务院第一次常务会议】

（2003年3月19日）　十届国务院第一次常务会议于2003年3月19日在北京召开。温家宝主持会议。会议按照既分工负责又团结协作的精神，对本届国务院领导同志的工作作了分工。会议根据十届全国人大一次会议通过的国务院机构改革方案，讨论并通过了国务院直属特设机构、直属机构、办事机构、直属事业单位、部委管理的国家局以及国务院议事协调机构和临时机构等的设置。会议决定，设立国务院国有资产监督管理委员会、中国银行业监督管理委员会，组建国家食品药品监督管理局，将国家安全生产监督管理局由原来部委管理的国家局改为国务院直属机构。会议讨论并原则通过了《国务院工作规则（草案）》，决定将《国务院工作规则（草案）》提交将要召开的国务院第一次全体会议讨论通过。会议研究部署了当前需要抓紧做好的七件事。据不完全统计，本届政府共召开210次国务院常务会议。

【十届国务院第一次全体会议】

（2003年3月21日）　十届国务院第一次全体会议于2003年3月21日在北京召开。温家宝主持会议并发表重要讲话。会议通报了国务院领导同志分工，宣布了国务院机构设置，讨论通过了《国务院工作规则》。温家宝说，做好未来五年的政府工作，要坚持解放思想，实事求是，与时俱进，最重要的是把握好两条：一是抓住和用好机遇，积极推进改革和发展；二是培养和用好人才，充分调动各方面的积极性和创造性。温家宝指出，本届政府总的任务是：以邓小平理论和“三个代表”重要思想为指导，认真落实党的十六大精神，全面建设小康社会，加快推进社会主义现代化；坚持把发展作为第一要务，以经济建设为中心，继续深化改革，扩大对外开放，逐步完善社会主义市场经济体制，加快经济结构战略性调整，大力实施科教兴国战略和可持续发展战略，走新型工业化道路，促进国民经济持续快速健康发展，不断提高人民生活水平；正确处理改革发展稳定的关系，全力维护社会稳定；切实加强民主法制建设、精神文明建设和政府自身建设，促进社会主义物质文明、政治文明和精神文明协调发展，把中国特色社会主义伟大事业全面推向前进。温家宝指出，新一届政府要有新气象、新面貌，关键要在实行科学民主决策、坚持依法行政、加强行政监督这三个方面有明显进步。

【中央政治局会议】（2003年3月28日）　中央政治局会议于2003年3月28日在北京召开。胡锦涛主持会议。会议研究进一步改进会议和领导同志活动新闻报道等工作。会议讨论了《关于进一步改进会议和领导同志活动新闻报道的意见》。会议指出，中央和国家机关要带头，各级领导机关和领导干部要严格自律，自觉支持新闻媒体改进报道工作。新闻单位要坚持正确的舆论导向，大力宣传党的理论路线方针政策，多报道对工作有指导意义、群众关心的内容，力求准确、鲜明、生动，努力使新闻报道贴近实际、贴近群众、贴近生活，更好地为人民服务、为社会主义服务、为党和国家工作大局服务。会议讨论了《关于中央政治局同志出国访问的规定》。会议认为，中央政治局同志出国访问应根据对外工作需要，本着务实、精干、节约的原则安排，并对减少代表团出访人员、节约使用交通工具和简化出访送迎仪式等作了具体规定。《关于进一步改进会议和领导同志活动新闻报道的意见》和《关于中央政治局同志出国访问的规定》将于近日实施。

【十六届中央政治局第三次集体学习】（2003年3月28日）　十六届中央政治局第三次集体学习于2003年3月28日在北京举行。这次学习的主题是世界就业发展趋势和我国就业政策研究。胡锦涛在主持学习时强调，做好就业和再就业工作，关系到人民群众的切身利益，关系到改革发展稳定的大局，关系到实现全面建设小康社会的宏伟目标，关系到实现全体人民的共同富裕。各级党委和政府要坚持以“三个代表”重要思想和十六大精神为指导，从我国的基本国情出发，认真贯彻中央的有关方针政策，把新形势下的就业和再就业工作做得更好。

【全国农村税费改革试点工作电视电话会议】（2003年4月3日）　全国农村税费改革试点工作电视电话会议于2003年4月3日召开。回良玉主持会议。温家宝出席会议并作重要讲话。他指出，中央决定，2003年农村税费改革试点工作在全国范围推开，这是深化农村改革、促进农村发展的一项重大决策。全面推开农村税费改革试点工作，要以“三个代表”重要思想为指导，认真贯彻党的十六大精神，以彻底减轻农民负担、促进农民增收为目标，理顺国家、集体和农民的分配关系，推动农村上层建筑的变革，建立与社会主义市场经济要求相适应的农业管理体制和运行机制，进一步解放和发展农村生产力。安徽、江西省负责同志在会上发了言。

【十六届中央政治局第四次集体学习】（2003年4月28日） 十六届中央政治局第四次集体学习于2003年4月28日在北京举行。这次学习的主题是当代科技发展趋势和我国的科技发展，以及运用科学技术加强非典型肺炎防治工作。胡锦涛在主持学习时强调，要大力弘扬中华民族精神，充分运用科学技术力量，为防治非典型肺炎斗争提供强大精神动力和强大科技支持，坚决打赢防治非典型肺炎的攻坚战。

【十届国务院第二次全体会议】（2003年5月21日） 十届国务院第二次全体会议于2003年5月21日在北京召开。温家宝主持会议并发表重要讲话。温家宝总结了新一届国务院组成以来的工作，全面分析了非典防治形势和经济形势。温家宝强调，要进一步贯彻中央关于坚持“两手抓”的方针，一手抓非典防治工作，一手抓经济发展和其他工作，建立防治非典特殊时期良好的工作秩序，努力减少非典造成的损失，以更加旺盛的斗志，更加顽强的作风，更加扎实的工作，夺取防治非典和经济建设双胜利。

【中央政治局会议】（2003年5月23日） 中央政治局会议于2003年5月23日在北京召开。胡锦涛主持会议。会议研究和部署进一步加强人才工作等问题。会议认为，人才问题是关系党和国家事业发展的关键问题。近年来，根据国际国内形势的发展变化，中央站在推进改革开放和社会主义现代化的战略高度，作出了人才资源是第一资源的科学判断，提出了人才强国战略和党管人才原则，制定并实施了加强和改进人才工作的一系列重大方针政策，逐步确立了人才工作的基本思路和宏观布局，推动人才工作取得了重要成绩。我们党在新世纪新阶段人才工作的紧迫任务是：适应全面建设小康社会的需要，抓住培养、吸引、使用人才三个环节，着力建设党政人才、企业经营管理人才和专业技术人才三支队伍，重点培养一批适应社会主义现代化建设和改革开放要求的高层次人才，创新人才工作机制，努力创造人才辈出、人尽其才的良好局面，把各类优秀人才聚集到党和国家的各项事业中来。会议还研究部署了编写出版《“三个代表”重要思想学习纲要》等其他事项。

【十六届中央政治局第五次集体学习】（2003年5月23日） 十六届中央政治局第五次集体学习于2003年5月23日在北京举行。这次学习的主题是世界新军事变革的发展态势。胡锦涛在主持学习时强调，要坚持以毛泽东军事思想、邓小平新时期军队建设思想为指导，全面贯彻“三个代表”重要思想，认真落实十六大提出的国防和军队建设的各项任务，从我国国情出发，借鉴世界新军事变革的经验，抓住机遇，在国家经济发展、科技进步的基础上，实现国防和军队现代化的跨越式发展。

【全国文化体制改革试点工作会议】（2003年6月27日至28日）　全国文化体制改革试点工作会议于2003年6月27日至28日在北京召开。会议按照党的十六大关于深化文化体制改革的要求，研究部署文化体制改革试点工作。李长春、刘云山、陈至立出席会议并讲话。中央和国务院有关部门、文化体制改革试点地区的党委、政府和试点单位的负责同志参加了会议。李长春在会上讲话指出，要通过深化改革，建立有利于加强和改善党的领导，充分发挥社会主义市场经济体制的作用，充分发挥国有文化企事业单位的主体主导作用，充分调动社会各方面的力量，充分调动广大文化工作者的积极性、创造性，推动文化创新，多出精品、多出人才的文化管理体制和运行机制，为推动文化事业文化产业的繁荣发展创造条件。要抓好公益性文化事业和经营性文化产业的改革和发展，推动我国文化事业和文化产业走上良性循环、健康发展的轨道。会议确定在9个地区和35个文化单位进行试点。

【“三个代表”重要思想理论研讨会】（2003年7月1日至3日）　“三个代表”重要思想理论研讨会于2003年7月1日至3日在北京召开。这次研讨会是经中央批准，由中央宣传部、中央政策研究室、中央党校、中央文献研究室、中央党史研究室、教育部、中国社会科学院和解放军总政治部联合召开的。这次理论研讨会的主要任务是，认真贯彻落实十六大精神，交流学习、宣传、实践“三个代表”重要思想的体会，推动兴起学习贯彻“三个代表”重要思想新高潮。李长春主持会议。胡锦涛、吴邦国、贾庆林、曾庆红、黄菊、吴官正、罗干等中央领导出席会议，800多人出席了会议。胡锦涛强调，“三个代表”重要思想是面向21世纪的中国化的马克思主义，是新世纪新阶段全党全国人民继往开来、与时俱进，实现全面建设小康社会宏伟目标的根本指针。“三个代表”重要思想反映了我国最广大人民的共同意愿，体现了当今世界和中国发展的时代精神，显示了马克思主义科学理论的强大力量，是全党全国人民在新世纪新阶段继续团结奋斗的共同思想基础。兴起学习贯彻“三个代表”重要思想新高潮，根本目的就是要推动全党更好地带领人民群众把中国特色社会主义事业推向前进。学习贯彻“三个代表”重要思想，必须牢牢把握立党为公、执政为民的本质，以最广大人民的根本利益为根本出发点和落脚点。刘云山作总结讲话。张学忠、李建国、虞云耀、张文岳、赵可铭、龙新民、殷一璀、冷溶、谷安林、李慎明、程天权、纪玉祥、赵存生等同志作了大会发言。

【十六届中央政治局第六次集体学习】（2003年7月21日）　十六届中央政治局第六次集体学习于2003年7月21日在北京举行。这次学习的主题是党的思想理论与时俱进的历史考察。胡锦涛在主持学习时强调，我们党80多年的奋斗历史，是我们党不断推进马克思主义中国化、坚定不移地走自己的路的历史，是我们党坚持和发展马克思主义一部生动而重要的教科书。在全党兴起学习贯彻“三个代表”重要思想新高潮的重要时刻，重温党的思想理论与时俱进的历史进程，对于我们进一步认识学习贯彻“三个代表”重要思想的重大意义，具有十分重要的作用。

【中国共产主义青年团第十五次全国代表大会】（2003年7月22日至26日） 中国共产主义青年团第十五次全国代表大会于2003年7月22日至26日在北京举行。胡锦涛、吴邦国、温家宝、贾庆林、曾庆红、黄菊、吴官正、李长春、罗干等党和国家领导人到会祝贺。3500多人参加了开幕式，其中1500多名团代表代表着全国6980万名共青团员。吴官正代表党中央发表《在全面建设小康社会的伟大实践中谱写新的青春乐章》的祝词。周强代表共青团第十四届中央委员会作了题为《在“三个代表”重要思想指引下团结带领广大青年为全面建设小康社会而努力奋斗》的报告。大会选举了新一届团中央委员会，选出189名委员、129名候补委员。共青团第十五届一中全会第一次会议25日选举产生了新的团中央领导机构。全会选举周强为团十五届中央委员会书记处第一书记。会议通过了中国共产主义青年团第十五次全国代表大会关于十四届中央委员会报告的决议。大会还通过了中国共产主义青年团第十五次全国代表大会关于《中国共产主义青年团章程（修正案）》的决议。25日，胡锦涛同团中央新一届领导班子成员和团十五大部分代表进行了座谈。

【全国防治非典工作会议】（2003年7月28日） 全国防治非典工作会议于2003年7月28日在北京召开。这次会议是党中央、国务院决定召开的一次重要会议，会议的主要任务是：以“三个代表”重要思想和十六大精神为指导，认真总结防治非典的工作和经验，研究和部署加强公共卫生建设工作，进一步推动经济社会协调发展。温家宝主持会议并讲话。胡锦涛、吴邦国、贾庆林、曾庆红、黄菊、吴官正、李长春、罗干等出席会议。胡锦涛在会上发表重要讲话指出，面对突如其来的非典疫情的严峻考验，全党全国人民在党中央、国务院的坚强领导下，坚持一手抓防治非典这件大事不放松，一手抓经济建设这个中心不动摇，夺取了防治非典工作的阶段性重大胜利，保持了经济较快增长的良好势头。这场斗争的胜利，进一步显示了我国社会主义制度的巨大优越性，更加坚定了全国各族人民走中国特色社会主义道路的信心；极大地提高了我国人民战胜困难的勇气和能力，增强了中华民族的凝聚力；极大地增强了世界各国对中国发展前景的信心，扩大了我国在国际上的影响。胡锦涛从8个方面对抗击非典斗争积累的经验、获得的启示进行了总结。2003年年初以来，我国内地24个省区市先后发生非典型肺炎疫情，共波及266个县和市（区）。6月24日，世界卫生组织宣布取消对北京的旅行警告，并将北京从近期有当地传播的名单中删除。至此，我国已经没有再受到世界卫生组织旅行警告的省市，我国内地已没有被其列入近期有当地传播名单的省市。7月17日，全国防治非典指挥部召开阶段性总结大会提出，防治工作由应急转入常态，由指挥部各组成部门按照统一部署和要求，落实经常性防治措施。截止到8月16日10时，我国内地累计报告非典型肺炎临床诊断病例5327例，治愈出院4959例，死亡349例（另有19例死于其他疾病，未列入非典病例死亡人数中），我国内地已经没有非典型肺炎临床诊断病例。非典型肺炎疫情在包括中国、美国、加拿大在内的全球32个国家和地区蔓延。

【振兴东北老工业基地座谈会】（2003年8月3日）　振兴东北老工业基地座谈会于2003年8月3日在长春市召开。这次座谈会是温家宝在黑龙江、吉林考察期间主持召开的。黑龙江、吉林和辽宁省委、省政府主要负责人，国务院有关部门负责人出席了座谈会。在听取黑龙江、吉林和辽宁三省负责人的汇报后，温家宝作了重要讲话。温家宝指出，实施西部大开发战略，加快东部地区发展并率先实现全面小康和现代化，支持东北地区等老工业基地加快调整、改造，实行东西互动，带动中部，促进区域经济协调发展，这是党中央作出的我国现代化建设的重大战略布局。东北地区等老工业基地具有重要的战略地位，要把老工业基地调整、改造和振兴摆到更加突出的位置，用新思路、新体制、新机制、新方式，走出加快老工业基地振兴的新路子。1日晚和2日晚，温家宝分别在哈尔滨市和吉林市召开座谈会，与部分国有企业负责人共商加快振兴老工业基地大计。10月5日，中共中央、国务院发出《关于实施东北地区等老工业基地振兴战略的若干意见》。

【十六届中央政治局第七次集体学习】（2003年8月12日）　十六届中央政治局第七次集体学习于2003年8月12日在北京举行。这次学习的主题是世界文化产业发展状况和我国文化产业发展战略。胡锦涛在主持学习时强调，大力发展社会主义文化，建设社会主义精神文明，是贯彻落实“三个代表”重要思想的必然要求，是全面建设小康社会的必然要求，也是促进经济社会协调发展和人的全面发展的必然要求。我们必须从全面建设小康社会的全局和实现中华民族伟大复兴的高度，深刻认识加强文化建设的战略意义，在推进社会主义物质文明和政治文明建设的同时，更加自觉地推进社会主义文化建设。

【全国再就业工作座谈会】（2003年8月15日至16日）　全国再就业工作座谈会于2003年8月15日至16日在北京召开。温家宝主持会议并讲话。胡锦涛、温家宝、黄菊、曾庆红、李长春等出席会议。这次会议是党中央、国务院根据目前我国就业形势决定召开的一次重要会议。会议的主要任务是：以“三个代表”重要思想和十六大精神为指导，检查贯彻落实2002年全国再就业工作会议精神和《中共中央、国务院关于进一步做好下岗失业人员再就业工作的通知》的情况，总结交流做好再就业工作的经验，研究解决存在的问题，进一步推动再就业工作。胡锦涛在会上发表重要讲话指出，各级党委和政府要从贯彻落实"三个代表"重要思想和十六大精神的战略高度，从坚持立党为公、执政为民的战略高度，从实现全面建设小康社会宏伟目标的战略高度，充分认识做好就业和再就业工作的重要性、紧迫性和长期性，切实加强对再就业工作的领导，坚决落实中央关于促进再就业工作的方针政策和各项措施，发动社会各界共同努力，开拓创新，扎实工作，不断取得再就业工作的新成绩。胡锦涛指出：就业是民生之本。要以增加就业岗位为目标，以落实再就业政策为主线，以强化再就业服务为手段，以加大资金投入为保障，以帮助困难人员就业为重点，继续把再就业工作抓紧抓实。天津、吉林、江西、湖北、四川及劳动和社会保障部负责人在座谈会上作了发言。黄菊作会议总结。

【中国妇女第九次全国代表大会】

（2003年8月22日至26日） 中国妇女第九次全国代表大会于2003年8月22日至26日在北京举行。胡锦涛、吴邦国、温家宝、贾庆林、曾庆红、黄菊、吴官正、李长春、罗干等党和国家领导人到会祝贺。1600多人参加了开幕式。李长春代表党中央发表《在全面建设小康社会的进程中充分发挥我国妇女的伟大历史作用》的祝词。顾秀莲代表中华全国妇女联合会第八届执行委员会向大会作了题为《以"三个代表"重要思想为指导，团结动员全国各族各界妇女为全面建设小康社会而奋斗》的工作报告。大会选举产生由245名委员组成的新一届全国妇联执委会。全国妇联第九届执委会第一次会议推举陈慕华、彭珮云为全国妇联名誉主席。会议选举顾秀莲为全国妇联主席，推选黄晴宜为书记处第一书记。会议通过了关于中华全国妇女联合会第八届执行委员会报告的决议。通过了关于《中华全国妇女联合会章程（修正案）》的决议。27日，胡锦涛同全国妇联新一届领导班子成员和中国妇女九大部分代表进行了座谈。

【中国工会第十四次全国代表大会】

（2003年9月22日至26日） 中国工会第十四次全国代表大会于2003年9月22日至26日在北京举行。胡锦涛、吴邦国、温家宝、贾庆林、曾庆红、黄菊、吴官正、李长春、罗干等党和国家领导人到会祝贺。3300多人参加了开幕式。曾庆红代表党中央发表《我国工人阶级要在全面建设小康社会的伟大事业中发挥主力军作用》的祝词。王兆国代表中华全国总工会第十三届执行委员会向大会作了题为《以"三个代表"重要思想为指导，团结动员广大职工在全面建设小康社会中充分发挥工人阶级主力军作用》的报告。大会选举产生了由267名委员组成的新一届中华全国总工会执行委员会，由40名委员组成的经费审查委员会。选举王兆国为中华全国总工会主席，推选张俊九为书记处第一书记。大会通过了关于中华全国总工会第十三届执行委员会报告的决议、关于《中国工会章程（修正案）》的决议、关于中华全国总工会第十三届执行委员会财务工作报告的决议和关于中华全国总工会第十三届经费审查委员会工作报告的决议。28日，胡锦涛同全国总工会新一届领导班子成员和中国工会十四大部分代表进行了座谈。

【全国林业工作会议】（2003年9月27日至28日） 全国林业工作会议于2003年9月27日至28日在北京召开。温家宝出席会议并讲话，强调要加快推进林业发展历史性转变。回良玉在会上作了《加强林业建设，再造秀美山川，实现林业的跨越式发展》的报告。会议强调，要按照全面建设小康社会的要求，努力推进林业发展的历史性转变，就是要推进由以采伐天然林为主向以采伐人工林为主转变，由毁林开荒向局部地区退耕还林转变，由无偿使用森林生态效益向有偿使用森林生态效益转变，由部门办林业向全社会办林业转变。同年6月25日，中共中央、国务院以中发〔2003〕9号文件的形式颁发了《关于加快林业发展的决定》。

【十六届中央政治局第八次集体学习】（2003年9月30日） 十六届中央政治局第八次集体学习于2003年9月30日在北京举行。这次学习的主题是坚持依法治国、建设社会主义政治文明。胡锦涛在主持学习时强调，必须从全面建设小康社会的战略全局出发，充分认识社会主义政治文明建设的重要性，深刻把握社会主义政治文明建设的规律，继续积极稳妥地推进政治体制改革，扩大社会主义民主，健全社会主义法制，依法治国，建设社会主义法治国家，实现社会主义民主政治的制度化、规范化和程序化，巩固和发展民主团结、生动活泼、安定和谐的政治局面。

【十六届三中全会】（2003年10月11日至14日） 十六届三中全会于2003年10月11日至14日在北京举行。全会由中央政治局主持。出席这次全会的有，中央委员188人，候补中央委员154人。中央纪律检查委员会常务委员会委员和有关方面的负责同志列席了会议。全会听取和讨论了胡锦涛受中央政治局委托作的工作报告，审议通过了《中共中央关于完善社会主义市场经济体制若干问题的决定》，审议通过了《中共中央关于修改宪法部分内容的建议》并决定提交第十届全国人民代表大会常务委员会审议。吴邦国、温家宝分别就《建议（讨论稿）》和《决定（讨论稿）》向全会作了说明。全会强调，完善社会主义市场经济体制的主要任务是：完善公有制为主体、多种所有制经济共同发展的基本经济制度，建立有利于逐步改变城乡二元经济结构的体制，形成促进区域经济协调发展的机制，建设统一开放竞争有序的现代市场体系，完善宏观调控体系、行政管理体制和经济法律制度，健全就业、收入分配和社会保障制度，建立促进经济社会可持续发展的机制。要按照统筹城乡发展、统筹区域发展、统筹经济社会发展、统筹人与自然和谐发展、统筹国内发展和对外开放的要求，更大程度地发挥市场在资源配置中的基础性作用，为全面建设小康社会提供强有力的体制保障。

【庆祝我国首次载人航天飞行圆满成功大会】（2003年11月7日） 中共中央、国务院、中央军委于2003年11月7日在北京人民大会堂举行庆祝我国首次载人航天飞行圆满成功大会。吴邦国主持大会。胡锦涛出席大会并发表重要讲话。江泽民为杨利伟颁奖。温家宝宣读了《中共中央、国务院、中央军委关于授予杨利伟同志“航天英雄”荣誉称号并颁发“航天功勋奖章”的决定》。2003年10月15日9时整，中国第一艘载人飞船在酒泉卫星发射中心发射升空。中国太空飞行第一人杨利伟环绕地球14圈后，于次日6时23分乘返回舱在内蒙古预定地区着陆，中国首次载人航天飞行取得圆满成功。“神舟五号”的成功发射使中国成为继美国和俄罗斯之后，世界上第三个独立进行载人航天的国家。

2005年10月12日至17日，“神舟六号”载人飞船飞行试验成功。这是我国第二次进行载人航天飞行，也是我国第一次将两名航天员同时送上太空。我国首次真正意义上有人参与的空间飞行试验取得圆满成功。2008年9月25日至28日，“神舟七号”载人航天飞行获得圆满成功。航天员翟志刚在刘伯明、景海鹏协助下成功完成首次空间出舱任务，中国成为世界上第三个独立掌握空间出舱关键技术的国家。2011年11月1日，“神舟八号”飞船发射升空进入预定轨道。11月3日1时36分，“神舟八号”与此前发射的“天宫一号”成功交会对接。中国成为继美、俄之后世界上第三个完全独立掌握太空交会对接技术的国家。作为中国载人航天“三步走”战略目标第二步中的关键环节，突破和掌握空间交会对接技术，为开展更大规模的载人航天活动奠定了基础。

【中央政治局会议】（2003年11月24日） 中央政治局会议于2003年11月24日在北京召开。胡锦涛主持会议。会议分析当前经济形势，研究2004年经济工作；讨论进一步加强人才工作、实施人才强国战略问题。会议决定近期召开中央经济工作会议和全国人才工作会议，就相关工作进行研究部署。

【十六届中央政治局第九次集体学习】（2003年11月24日） 十六届中央政治局第九次集体学习于2003年11月24日在北京举行。这次学习的主题是15世纪以来世界主要国家发展历史考察。胡锦涛在主持学习时强调，在全面建设小康社会、加快推进社会主义现代化的新形势下，在深刻变化的国际环境中，我们要更加重视学习历史知识，善于从中外历史上的成功失败、经验教训中进一步认识和把握历史发展和社会进步的规律，认识和把握时代发展大势，提高治国理政的才干，不断开创中国特色社会主义事业的新局面。

【中央经济工作会议】（2003年11月27日至29日） 中央经济工作会议于2003年11月27日至29日在北京召开。胡锦涛、吴邦国、温家宝、曾庆红、黄菊、吴官正、李长春、罗干等中央领导出席会议。胡锦涛在会上发表了重要讲话，从全局和战略的高度，全面分析了当前国际国内形势，明确提出了2004

年经济工作的总体要求，着重强调了做好2004年经济工作需要把握的重要原则和重大问题，并对加强和改善党对经济工作的领导提出了明确要求。温家宝在讲话中系统总结了2003年的经济工作，并就做好2004年经济工作作了具体部署。广东、陕西、辽宁和湖北省的负责人在大会上发了言。会议指出，2004年经济工作的总体要求是：以邓小平理论和“三个代表”重要思想为指导，全面贯彻十六大和十六届三中全会精神，坚持以人为本，树立全面、协调、可持续的发展观，按照稳定政策、适度调整，深化改革、扩大开放，把握全局、解决矛盾，统筹兼顾、协调发展的思路，做好各项工作。坚持扩大内需的方针，继续实施积极的财政政策和稳健的货币政策，保护好、引导好、发挥好各方面加快发展的积极性，切实把工作重点转到调整经济结构、转变增长方式、提高增长质量和效益上来，实现国民经济持续快速协调健康发展和社会全面进步。

【全国宣传思想工作会议】（2003年12月5日至7日） 全国宣传思想工作会议于2003年12月5日至7日在北京召开。胡锦涛、温家宝、曾庆红、吴官正、李长春等中央领导出席会议。胡锦涛在会上发表重要讲话强调，为了适应全面建设小康社会的新形势新任务，宣传思想工作要高举邓小平理论和“三个代表”重要思想的伟大旗帜，全面贯彻十六大精神，着眼于巩固马克思主义在我国意识形态领域的指导地位，着眼于服务经济建设这个中心和全党全国工作大局，着眼于促进社会全面进步和人的全面发展，坚持解放思想、实事求是、与时俱进，坚持以科学的理论武装人、以正确的舆论引导人、以高尚的精神塑造人、以优秀的作品鼓舞人，坚持贴近实际、贴近生活、贴近群众，努力形成体现中国先进生产力的发展要求、体现中国先进文化的前进方向、体现中国最广大人民的根本利益的理论指导、舆论力量、精神支柱和文化条件，引导和激励全党全国人民为实现全面建设小康社会的宏伟目标而团结奋斗。李长春在报告中认真总结了十三届四中全会以来宣传思想工作的成功经验，深入分析了新世纪新阶段宣传思想工作面临的新形势新任务，全面部署了当前和今后一个时期的宣传思想工作。刘云山在讲话中，对贯彻落实全国宣传思想工作会议精神提出了要求，对2003年的宣传思想工作进行了总结，对2004年宣传思想工作进行了部署。北京、上海、广东、陕西等地有关负责同志在会上发了言。

【全国政法工作会议】（2003年12月12日至13日） 全国政法工作会议于2003年12月12日至13日在北京召开。罗干出席会议并讲话。他强调，2004年和今后一个时期的政法工作要以邓小平理论和“三个代表”重要思想为指导，认真贯彻党的十六大、十六届三中全会和中央经济工作会议精神，紧紧围绕完善社会主义市场经济体制、全面建设小康社会的要求，全力维护社会稳定，推进司法体制改革和政法队伍建设，为改革发展创造长期和谐稳定的社会环境和公正高效的法治环境。

【全国人才工作会议】（2003年12月19日至20日） 全国人才工作会议于2003年12月19日至20日在北京召开。胡锦涛、吴邦国、温家宝、贾庆林、曾庆红、黄菊、吴官正、李长春、罗干等中央领导出席会议。胡锦涛在会上发表重要讲话强调，人才问题是关系党和国家事业发展的关键问题。全党同志必须从全局和战略的高度，以高度的政治责任感和历史使命感，把实施人才强国战略作为党和国家一项重大而紧迫的任务抓紧抓好，努力造就数以亿计的高素质劳动者、数以千万计的专门人才和一大批拔尖创新人才，建设规模宏大、结构合理、素质较高的人才队伍，充分发挥各类人才的积极性、主动性和创造性，开创人才辈出、人尽其才的新局面，大力提升国家核心竞争力和综合国力，为全面建设小康社会和实现中华民族的伟大复兴提供重要保证。温家宝在会议上讲话。曾庆红在会议结束时作总结讲话。中国科学院、江苏省、四川省、北京大学、中国航天科技集团公司等五个单位在会上发言。26日，中共中央、国务院作出《关于进一步加强人才工作的决定》。

【全国组织部长会议】（2003年12月21日至22日） 全国组织部长会议于2003年12月21日至22日在北京召开。会议的主要任务是，贯彻中央的一系列重大部署，回顾总结2003年的组织工作，研究安排2004年的工作，进一步统一思想，振奋精神，不断开创组织工作新局面。这次会议之前，与会代表出席了全国人才工作会议。曾庆红部署了2004年党建工作。贺国强作工作报告。湖北、重庆、中宣部、国防科工委、上海宝钢集团、清华大学等六个单位代表作了大会发言。赵洪祝作了会议总结。

【中央政治局会议】（2003年12月23日） 中央政治局会议于2003年12月23日在北京召开。胡锦涛主持会议。会议听取中央纪律检查委员会关于十六大以来反腐倡廉工作的汇报，分析党风廉政建设和反腐败工作面临的形势，研究部署2004年的党风廉政建设和反腐败工作，讨论《中国共产党党内监督条例（试行）》稿和《中国共产党纪律处分条例》修订稿。会议指出，《中国共产党党内监督条例（试行）》和《中国共产党纪律处分条例》是十分重要的党内法规，要求各级党组织和广大党员干部认真贯彻执行，进一步发扬党内民主，加强党内监督，严守党的纪律，维护党的团结和统一，不断增强党的创造力、凝聚力和战斗力。会议同意2004年1月召开中央纪律检查委员会第三次全体会议。

【中央农村工作会议】（2003年12月24日至25日） 中央农村工作会议于2003年12月24日至25日在北京召开。会议讨论了《中共中央、国务院关于促进农民增加收入若干政策的意见（讨论稿）》。会上，回良玉就当前和今后一个时期的农业和农村工作，特别是促进农民增收工作作了部署。会议指出，当前，我国农业和农村经济正处在新的发展阶段。党中央、国务院作出了推进农业和农村经济结构战略性调整的重大决策，提出了要把增加农民收入作为中心任务和基本目标，制定了多予、少取、放活的方针，采取了一系列政策措施，农业和农村经济发展取得了巨大成就。吉林、浙江、安徽、河南、四川、云南等省的有关负责人在大会上发了言。

【纪念毛泽东同志诞辰一百一十周年座谈会】（2003年12月26日） 纪念毛泽东同志诞辰110周年座谈会于2003年12月26日在北京举行。座谈会由曾庆红主持。胡锦涛、吴邦国、温家宝、贾庆林、黄菊、吴官正、李长春、罗干等中央领导出席座谈会，中央和国家机关有关部委、人民团体、解放军和武警部队、北京市、湖南省的负责同志，各民主党派、全国工商联主要负责人和无党派人士，部分老同志，毛泽东同志原身边工作人员、亲属子女和家乡代表，以及参加“全国纪念毛泽东同志诞辰110周年学术研讨会”的代表出席了会议。胡锦涛在讲话中回顾了毛泽东同志一生的丰功伟绩，总结了以毛泽东同志为主要代表的中国共产党人对中国革命和建设作出的卓越贡献。胡锦涛指出，在革命和建设的长期实践中，以毛泽东同志为主要代表的中国共产党人，努力推进马克思主义的中国化，形成了具有鲜明中国特点的科学指导思想，这就是毛泽东思想。毛泽东思想是马克思列宁主义在中国的创造性运用和发展，是被实践证明了的关于中国革命和建设的正确的理论原则和经验总结，是中国共产党集体智慧的结晶。在任何时候任何情况下，我们都要始终高举毛泽东思想的伟大旗帜。

【十六届中央纪委三次全会】（2004年1月11日至13日） 十六届中央纪委三次全会于2004年1月11日至13日在北京举行。中央纪律检查委员会常务委员会主持会议。出席会议的中央纪委委员115人。会议以邓小平理论和“三个代表”重要思想为指导，深入学习贯彻党的十六大和十六届三中全会精神，深化对党风廉政建设和反腐败指导思想、基本原则、工作方针的认识，总结十六大以来反腐倡廉工作，研究和部署2004年的任务。胡锦涛、吴邦国、温家宝、贾庆林、曾庆红、黄菊、吴官正、李长春、罗干等党和国家领导人，以及中央和国家机关及有关方面的负责同志，解放军驻京各大单位及武警部队的负责同志出席全会第二次大会。胡锦涛强调，要把握住重要战略机遇期，推动经济社会协调发展，不断开创中国特色社会主义事业新局面，实现全面建设小康社会的宏伟目标，很重要的一条就是要始终坚持求真务实，全面科学地判断形势，抓住机遇，迎接挑战，克服困难，把加快发展的立足点放到真抓实干上。胡锦涛指出，十六届三中全会在总结经验的基础上，根据形势的发展变化，提出了建立健全教育、制度、监督并重的惩治和预防腐败体系的目标。这是我们党对社会主义市场经济条件下深入开展党风廉政建设和反腐败斗争提出的新要求，是加大从源头上防治腐败的根本举措。各级党委和政府都要按照这个要求，扎扎实实地做好工作。会议审议通过了吴官正代表中央纪律检查委员会常务委员会所作的《坚持用“三个代表”重要思想指导党风廉政建设和反腐败工作，为全面建设小康社会提供政治保证》的工作报告。全会补选马馼为中央纪委副书记，吴玉良为中央纪委常务委员会委员。

【十届国务院第三次全体会议】（2004年1月18日） 十届国务院第三次全体会议于2004年1月18日在北京召开。温家宝主持会议。会议讨论即将提请十届全国人大二次会议审议的《政府工作报告（征求意见稿）》。会议决定，将此稿发往各省、自治区、直辖市和有关部门、单位广泛征求意见。温家宝指出，在过去一年政府工作中，我们对现代化建设的规律有了更加深刻的认识，有几点尤为重要：一是树立全面、协调、可持续的科学发展观；二是坚持以人为本，把政府工作的出发点和落脚点放在提高人民群众的物质文化生活水平和健康水平上；三是统筹兼顾宏观经济各项目标，全面考虑经济增长、社会就业、物价稳定和国际收支平衡；四是全面履行政府的四项职能，特别要强化政府的公共管理和社会服务职能；五是坚持依法行政，建设法治政府。这些经验和体会是我们继续做好工作的宝贵财富。

【纪念邓颖超同志诞辰一百周年座谈会】（2004年2月10日） 纪念邓颖超同志诞辰100周年座谈会于2004年2月10日在北京召开。贾庆林主持座谈会。胡锦涛、曾庆红等领导同志，各民主党派中央、全国工商联负责人，有关方面负责同志，邓颖超同志亲属和原身边工作人员等出席了座谈会。胡锦涛在讲话中指出，邓颖超同志是伟大的无产阶级革命家、政治家，著名社会活动家，坚定的马克思主义者，党和国家的卓越领导人，中国妇女运动的先驱。她在70多年的革命生涯中，为中国革命、建设和改革事业毫无保留地奉献了自己的一切。她是20世纪中国妇女的杰出代表，也是中国妇女的骄傲，在国内外享有崇高声誉，深受全党和全国人民的尊敬和爱戴。胡锦涛强调，我们要继承老一辈革命家的遗志，学习他们的革命精神、崇高品德、优良作风和治党治国经验，坚持以马克思列宁主义、毛泽东思想、邓小平理论和“三个代表”重要思想为指导，团结奋斗，开拓进取，与时俱进，锐意创新，实现全面建设小康社会的宏伟目标，不断把中国特色社会主义伟大事业推向前进。

【国家科学技术奖励大会】（2004年2月20日） 国家科学技术奖励大会于2004年2月20日上午在北京举行。黄菊主持大会。胡锦涛、温家宝、曾庆红、李长春出席大会并为获奖代表颁奖。温家宝代表党中央、国务院在大会上讲话。陈至立在会上宣读了《国务院关于2003年度国家科学技术奖励的决定》。中国科学院院士、中国科学院地质与地球物理研究所研究员刘东生，中国工程院院士、中国载人航天工程总设计师王永志获得2003年度国家最高科学技术奖。会上，颁布了2003年度国家科学技术奖励获奖人选和项目。其中，“澄江动物群与寒武纪大爆发”项目获国家自然科学奖一等奖，18项成果获国家自然科学奖二等奖；19项成果获国家技术发明奖二等奖；“中国载人航天工程”项目获国家科学技术进步奖特等奖，16项成果获国家科学技术进步奖一等奖，199项成果获二等奖。美国数学家丘成桐、德国农业经济学家伏格乐、日本医学家水岛裕、意大利马塔切纳博士等4人获中华人民共和国国际科学技术合作奖。

【十六届中央政治局第十次集体学习】（2004年2月23日） 十六届中央政治局第十次集体学习于2004年2月23日在北京举行。这次学习的主题是世界格局和我国的安全环境。胡锦涛在主持学习时强调，要坚持以宽广的眼界观察世界、分析形势，清醒地看到激烈的国际竞争带来的严峻挑战，清醒地看到前进道路上的困难和风险，紧紧抓住并切实用好重要战略机遇期，牢牢把握我国发展的主动权，团结和带领全国人民不断夺取中国特色社会主义事业的新胜利。

【全国政协十届二次会议】（2004年3月3日至12日） 全国政协十届二次会议于2004年3月3日至12日在北京举行。3月3日的开幕会由王忠禹主持，出席委员2095名；党和国家领导人胡锦涛、江泽民、吴邦国、温家宝、曾庆红、黄菊、吴官正、李长春、罗干到会祝贺。贾庆林代表政协第十届全国委员会常务委员会向大会报告工作。会议期间，委员们围绕政府工作报告阐述的2004年的主要任务，协商讨论、建言献策，提出了许多有价值的意见和建议；积极参与修改宪法的讨论，并对最高人民法院、最高人民检察院的工作提出了意见和建议。会议表决通过了政协第十届全国委员会第二次会议关于常务委员会工作报告的决议、关于政协十届一次会议以来提案工作情况报告的决议、关于中国人民政治协商会议章程修正案的决议和政协十届二次会议政治决议。

【十届全国人大二次会议】（2004年3月5日至14日） 十届全国人大二次会议于2004年3月5日至14日在北京举行。3月5日的第一次全体会议由吴邦国主持，出席代表近3000名。会议通过了宪法修正案，在宪法中确立了“三个代表”重要思想在国家政治和社会生活中的指导地位，把十六大确定的重大理论观点和重大方针政策写入了宪法。大会批准了温家宝作的政府工作报告，吴邦国作的全国人大常委会工作报告，肖扬作的关于最高人民法院工作的报告，贾春旺作的关于最高人民检察院工作的报告等；通过了关于2003年国民经济和社会发展计划执行情况与2004年国民经济和社会发展计划的决议，通过了关于2003年中央和地方预算执行情况及2004年中央和地方预算的决议。

【中央人口资源环境工作座谈会】（2004年3月10日） 中央人口资源环境工作座谈会于2004年3月10日在北京召开。胡锦涛、吴邦国、温家宝、贾庆林、曾庆红、黄菊、吴官正、李长春、罗干等出席座谈会。胡锦涛强调，坚持以人为本，全面、协调、可持续的发展观，是我们以邓小平理论和“三个代表”重要思想为指导，从新世纪新阶段党和国家事业发展全局出发提出的重大战略思想；要深刻认识科学发展观对做好人口资源环境工作的重要指导意义，切实做好新形势下的人口资源环境工作。温家宝在座谈会上就如何学习和贯彻胡锦涛总书记的讲话精神，切实做好人口资源环境工作讲了话。座谈会上，国家人口计生委主任张维庆、国家环保总局局长解振华、国土资源部部长孙文盛、水利部部长汪恕诚分别汇报了有关人口资源环境等方面的工作情况。云南省省长徐荣凯、湖北省省长罗清泉、浙江省委书记习近平、四川省委书记张学忠、甘肃省省长陆浩等先后发了言。

【全国农业和粮食工作会议】（2004年3月23日）　全国农业和粮食工作会议于2004年3月23日在北京召开。会议贯彻落实中央1号文件和十届人大二次会议通过的《政府工作报告》精神，采取更直接、更有力、更果断的措施，进一步调动农民积极性，大力发展粮食生产，努力增加农民收入，为国民经济平稳较快发展打下坚实基础。会议决定，2004年在黑龙江、吉林两省先行免征农业税改革试点；河北、内蒙古、辽宁、江苏、安徽、江西、山西、山东、河南、湖北、湖南、四川12个粮食主产省（区）降低农业税税率一个百分点。沿海及其他有条件的地区也可以进行免征农业税试点。同时对重点粮食品种实行最低收购价。

【国务院振兴东北地区等老工业基地领导小组第一次会议】（2004年3月23日）　国务院振兴东北地区等老工业基地领导小组第一次会议于2004年3月23日在北京召开。中共中央政治局常委、国务院总理、国务院振兴东北地区等老工业基地领导小组组长温家宝主持会议并作了重要讲话。中共中央政治局常委、国务院副总理、国务院振兴东北地区等老工业基地领导小组副组长黄菊，中共中央政治局委员、国务院副总理、国务院振兴东北地区等老工业基地领导小组副组长曾培炎出席会议并讲了话。国务院振兴东北地区等老工业基地领导小组全体成员参加了会议，有关部门和东北三省负责人列席了会议。会议指出，实施东北地区等老工业基地振兴战略，是党中央、国务院从全面建设小康社会全局考虑作出的重大决策。实施这一战略，要坚持以邓小平理论和“三个代表”重要思想为指导，全面贯彻党的十六大和十六届三中全会精神，树立和落实科学发展观，按照“五个统筹”的要求，统筹规划，分步实施，打好基础，扎实推进，争取振兴东北地区等老工业基地有一个良好的开端。

【中央政治局会议】（2004年3月29日）　中央政治局会议于2004年3月29日在北京召开。胡锦涛主持会议。会议主要研究支持粮食主产区和种粮农民的政策措施及干部人事制度改革等问题。会议强调，要坚持把解决好“三农”问题作为全党工作的重中之重，积极支持粮食生产，高度重视农民特别是种粮农民增收问题，保持国民经济持续快速协调健康发展。会议审议通过《公开选拔党政领导干部工作暂行规定》《党政机关竞争上岗工作暂行规定》《党的地方委员会全体会议对下一级党委、政府领导班子正职拟任人选和推荐人选表决办法》《党政领导干部辞职暂行规定》和《关于党政领导干部辞职从事经营活动有关问题的意见》五个干部人事制度改革文件。此前，经中央同意，中纪委和中组部联合下发《关于对党政领导干部在企业兼职进行清理的通知》。这六个文件的颁布是中央从整体上不断推进干部人事制度改革的重要举措。

【十六届中央政治局第十一次集体学习】（2004年3月29日） 十六届中央政治局第十一次集体学习于2004年3月29日在北京举行。这次学习的主题是当今世界农业发展状况和我国农业发展。胡锦涛在主持学习时强调，要牢固树立和切实落实科学发展观，深刻认识加快农业发展的重要性，增强发展农业的自觉性和主动性，始终坚持农业基础地位不动摇，始终坚持加强、支持、保护农业不动摇，大力建设现代农业，切实巩固农业基础地位。

【十届全国人大常委会第八次会议】（2004年4月2日至6日） 十届全国人大常委会第八次会议于2004年4月2日至6日在北京召开。吴邦国主持会议。会议通过了修订后的对外贸易法和全国人大常委会关于《中华人民共和国香港特别行政区基本法》附件一第七条和附件二第三条的解释。“解释”为特区政府有关工作提供了最坚实法律基础。

【中央纪委监察部派驻机构统一管理工作会议】（2004年4月7日） 中央纪委监察部派驻机构统一管理工作会议于2004年4月7日在北京召开。何勇主持会议。中央纪委、监察部及有关部委的负责同志出席了会议。吴官正在讲话中强调，对派驻机构实行统一管理，是党中央为改革和完善纪律检查体制作出的重大决策，是加强党内监督的一项重大举措。党中央决定，中央纪委监察部2004年要全面实行对派驻机构的统一管理，将派驻机构由中央纪委监察部和驻在部门双重领导改为由中央纪委监察部直接领导。李至伦宣读了《关于对中央纪委监察部派驻机构实行统一管理的实施意见》。国家工商总局局长王众孚和中央纪委驻新闻出版总署纪检组组长任泽民分别介绍了开展试点工作的情况。

【十六届中央政治局第十二次集体学习】（2004年4月26日） 十六届中央政治局第十二次集体学习于2004年4月26日在北京举行。这次学习的主题是法制建设与完善社会主义市场经济体制。胡锦涛在主持学习时强调，改革发展稳定的任务越是繁重，越要增强依法治国、依法执政的自觉性和坚定性，越要注重维护法制的统一和尊严，依法处理和解决各种矛盾和问题，引导和规范各种社会行为，为全面建设小康社会、不断开创中国特色社会主义事业新局面提供有力的法制保证。

【中央实施马克思主义理论研究和建设工程工作会议】（2004年4月27日至28日） 中央实施马克思主义理论研究和建设工程工作会议于2004年4月27日至28日在北京召开。刘云山主持会议。有关地方党委和中央有关部门负责同志，马克思主义理论研究和建设工程咨询委员会成员，工程各课题组的首席专家和主要成员共200多人出席了会议。胡锦涛会见全体代表时指出，中央决定实施马克思主义理论研究和建设工程，是关系党和国家事业发展的战略任务，是加强党的理论建设的重大举措。李长春在会上讲话，阐述实施马克思主义理论研究和建设工程的重大意义和面临的极好机遇，提出实施这项工程的总的要求和主要任务。刘云山作总结讲话。

【纪念任弼时同志诞辰一百周年座谈会】（2004年4月30日） 纪念任弼时同志诞辰100周年座谈会于2004年4月30日在北京人民大会堂召开。曾庆红主持座谈会，胡锦涛、吴官正、李长春、罗干出席。中央和国家机关有关部门、解放军和湖南省的负责同志，部分老同志，任弼时同志的亲属、原身边工作人员和家乡代表，以及参加"任弼时同志生平和思想研讨会"的代表出席了会议。胡锦涛在讲话中指出，任弼时同志是伟大的马克思主义者，杰出的无产阶级革命家、政治家、组织家，中国共产党和中国人民解放军的卓越领导人，以毛泽东同志为核心的中国共产党第一代领导集体的重要成员。任弼时同志的革命生涯，同中国共产党的建立、发展、壮大，同中国新民主主义革命胜利的全部历史紧密地联系在一起。他为中国人民的解放事业和新中国的诞生贡献出了自己的一切，受到全党、全军、全国人民的敬仰和爱戴。纪念任弼时同志诞辰110周年座谈会于2014年4月26日在北京召开。刘云山出席座谈会并讲话。

【全国加强和改进未成年人思想道德建设工作会议】（2004年5月10日至11日） 全国加强和改进未成年人思想道德建设工作会议于2004年5月10日至11日在北京召开。这是新中国成立以来中共中央第一次召开这样的会议。李长春主持会议并讲话。胡锦涛、吴邦国、贾庆林、曾庆红、黄菊、吴官正、罗干等出席会议。全国各省、自治区、直辖市党委和政府、副省级城市和新疆生产建设兵团党委分管负责同志和宣传部、文明办负责同志，中央和国家机关及军队有关单位负责同志出席了会议。胡锦涛在会上强调，进一步加强和改进未成年人思想道德建设，是中央从推进新世纪党和国家事业发展、实现党和国家长治久安出发作出的一项重大决策，对于确保我国在激烈的国际竞争中始终立于不败之地，确保实现全面建设小康社会、进而实现现代化的宏伟目标，确保中国特色社会主义事业兴旺发达、后继有人，确保实现中华民族的伟大复兴，具有重大而深远的战略意义。教育部、文化部、国家广电总局、国家新闻出版总署、共青团中央、全国妇联的负责同志在会上发了言。刘云山作会议总结。

【中央政治局会议】（2004年5月28日） 中央政治局会议于2004年5月28日在北京召开。胡锦涛主持会议。会议研究健全和完善村务公开和民主管理制度。会议强调，要进一步健全村务公开制度、规范民主决策机制．完善民主管理制度、强化村务管理的监督机制、保障农民群众的知情权、决策权、参与权和监督权，努力推进农村基层民主的制度化、规范化、程序化。

【十六届中央政治局第十三次集体学习】（2004年5月28日） 十六届中央政治局第十三次集体学习于2004年5月28日在北京举行。这次学习的主题是繁荣和发展我国的哲学社会科学。胡锦涛在主持学习时强调，我们一定要从党和国家事业发展全局的战略高度，把繁荣发展哲学社会科学作为一项重大而紧迫的战略任务切实抓紧抓好，推动我国哲学社会科学有一个新的更大发展，为中国特色社会主义事业提供强有力的思想保证、精神动力和智力支持。

【全国粮食流通体制改革工作会议】（2004年5月31日至6月1日） 全国粮食流通体制改革工作会议于2004年5月31日至6月1日在北京召开。各省、自治区、直辖市政府和国务院有关部门主要负责同志参加了会议。温家宝在会上指出：深化粮食流通体制改革的主要任务是，放开收购市场，直接补贴粮农，转换企业机制，维护市场秩序，加强宏观调控。这次深化粮食流通体制改革，特别需要把加强粮食市场管理作为突出任务。回良玉作总结讲话。黑龙江、浙江、安徽、河南、湖南、广东等六省政府负责人作了大会发言。

【中央政治局会议】（2004年6月29日） 中央政治局会议于2004年6月29日在北京召开。胡锦涛主持会议。会议研究进一步做好新形势下发展党员工作。会议指出，按照十六大要求，遵循“坚持标准、保证质量、改善结构、慎重发展”的方针，重点做好在工人、农民、知识分子、军人和干部中发展党员的工作，加强在生产、工作第一线和高知识群体、青年中发展党员的工作，注意把符合党员条件的其他社会阶层的先进分子吸收到党内来。要把发展党员工作与加强党员教育管理结合起来。要建立健全党员队伍自我纯洁机制，严肃处理不合格党员，及时处分违纪党员。

【十六届中央政治局第十四次集体学习】（2004年6月29日） 十六届中央政治局第十四次集体学习于2004年6月29日在北京举行。这次学习的主题是加强党的执政能力建设。胡锦涛在主持学习时强调，要坚持以马克思列宁主义、毛泽东思想、邓小平理论和“三个代表”重要思想为指导，认真总结我们党加强执政能力建设的经验，深入分析和研究党执政所面临的新情况新问题，大力加强党的执政理论建设，为党的执政能力建设提供强有力的理论指导。

【十六届中央政治局第十五次集体学习】（2004年7月24日） 十六届中央政治局第十五次集体学习于2004年7月24日在北京举行。这次学习的主题是坚持国防建设与经济建设协调发展的方针。胡锦涛在主持学习时强调，必须从确保国家现代化建设的安全环境和确保国家主权和领土完整的战略高度，全面贯彻国防建设与经济建设协调发展的方针，在经济发展的基础上努力推进国防建设，促进和保证全面建设小康社会宏伟目标的胜利实现。

【纪念邓小平同志诞辰一百周年大会】（2004年8月22日） 纪念邓小平同志诞辰100周年大会于2004年8月22日在北京举行。吴邦国主持大会。胡锦涛、江泽民、温家宝、贾庆林、曾庆红、黄菊、吴官正、李长春、罗干等出席大会。在京中央党政军群各部门和北京市负责同志，各民主党派中央、全国工商联的负责人和无党派人士代表，首都各界6000多人出席了纪念大会。胡锦涛在讲话中深切缅怀了邓小平同志为民族独立、人民解放和国家富强、人民幸福建立的不朽功勋，高度评价了他为推进党领导的伟大事业和开创党的建设新的伟大工程作出的不可磨灭的贡献，高度评价了邓小平同志的崇高品德、博大胸怀、卓越胆识和革命风格。胡锦涛指出，邓小平同志留给我们的最可宝贵的财富，就是他创立的邓小平理论和在这个理论指导下制定的党在社会主义初级阶段的基本路线，邓小平理论是指导中国人民胜利实现社会主义现代化的科学理论。"三个代表"重要思想同马克思列宁主义、毛泽东思想、邓小平理论是一脉相承而又与时俱进的科学体系，是马克思主义在中国发展的最新成果。我们要坚持以邓小平理论和"三个代表"重要思想为指导，紧密联系实践发展，紧紧围绕中国特色社会主义这个主题，不断把马克思主义的中国化推向前进，不断把中国特色社会主义伟大事业推向前进，不断把党的建设新的伟大工程推向前进。

【十届国务院第四次全体会议】（2004年9月1日） 十届国务院第四次全体会议于2004年9月1日在北京召开。温家宝主持会议。会议审议了澳门特别行政区政府上报的关于选举何厚铧为澳门特别行政区第二任行政长官人选的报告，并听取了国务院港澳事务办公室负责人关于澳门特别行政区第二任行政长官人选产生过程的汇报。温家宝签署了任命何厚铧为中华人民共和国澳门特别行政区第二任行政长官的国务院第414号令。

【第一次全国经济普查电视电话会议】（2004年9月13日） 第一次全国经济普查电视电话会议于2004年9月13日召开。国务院副总理、第一次全国经济普查领导小组组长曾培炎在会上指出，这次经济普查是全国范围内第一次对工业、建筑业和服务业发展情况进行统一调查，是一项宏大的社会系统工程。做好经济普查工作，全面掌握国情国力，是国家经济社会发展的一项基础性工作，对于加强党的执政能力、提高政务工作水平具有重要意义。

【首都各界纪念全国人民代表大会成立五十周年大会】（2004年9月15日） 首都各界纪念全国人民代表大会成立50周年大会于2004年9月15日在北京举行。吴邦国主持大会。胡锦涛、温家宝、贾庆林、曾庆红、黄菊、吴官正、李长春、罗干等出席大会。在京中央党政军群各部门和北京市负责同志，各民主党派中央、全国工商联的负责人和无党派人士代表等出席大会。胡锦涛在会上讲话指出，人民代表大会制度是我国的根本政治制度。在我国实行人民代表大会制度，是我们党把马克思主义基本原理同中国具体实际相结合的伟大创造，是近代以来中国社会发展的必然选择，是中国共产党带领全国各族人民长期奋斗的重要成果，反映了全国各族人民的共同利益和共同愿望。我们要坚持以马克思列宁主义、毛泽东思想、邓小平理论和“三个代表”重要思想为指导，更好地把坚持党的领导、人民当家作主和依法治国统一于社会主义民主政治建设的实践，统一于社会主义现代化建设的全过程，推动人民代表大会制度的与时俱进，使社会主义民主更加完善，社会主义法制更加完备，依法治国基本方略得到全面落实，人民的政治、经济、文化权益得到切实保障。

【十六届四中全会】（2004年9月16日至19日）　十六届四中全会于2004年9月16日至19日在北京举行。全会由中央政治局主持。出席这次全会的有，中央委员194人，候补中央委员152人。中央纪律检查委员会委员和有关方面负责同志列席了会议。胡锦涛作了重要讲话。全会听取和讨论了胡锦涛受中央政治局委托作的工作报告，审议通过了《中共中央关于加强党的执政能力建设的决定》。曾庆红就《决定（讨论稿）》向全会作了说明。全会强调：加强党的执政能力建设，是时代的要求、人民的要求。要通过全党共同努力，使党始终成为立党为公、执政为民的执政党，成为科学执政、民主执政、依法执政的执政党，成为求真务实、开拓创新、勤政高效、清正廉洁的执政党。全会确定当前和今后一个时期加强党的执政能力建设的主要任务和各项部署。全会审议通过《关于同意江泽民同志辞去中共中央军事委员会主席职务的决定》，高度评价江泽民同志为党、为国家、为人民作出的杰出贡献。全会审议通过《关于调整充实中共中央军事委员会组成人员的决定》，决定胡锦涛任中共中央军事委员会主席。全会按照党章规定，决定递补中央委员会候补委员艾斯海提·克里木拜、王正伟为中央委员会委员。全会审议并通过了《中共中央纪律检查委员会关于田凤山问题的审查报告》，决定撤销田凤山中央委员会委员职务，给予其开除党籍处分。

【十六届中央纪委四次全会】（2004年9月20日）　十六届中央纪委四次全会于2004年9月20日在北京举行。中央纪律检查委员会常务委员会主持会议。出席这次全会的中共中央纪律检查委员会委员113人，列席11人。这次全会的主要任务是：学习贯彻党的十六届四中全会精神，努力提高党的纪律检查工作能力，深入开展党风廉政建设和反腐败斗争，为加强党的执政能力建设提供坚强有力的保证。全会审议通过了吴官正代表中央纪委常委会所作的《认真贯彻落实十六届四中全会精神，为加强党的执政能力建设提供有力保证》的报告。全会一致拥护四中全会审议通过的《决定》和各项决议，一致高度评价江泽民同志为党、为国家、为人民作出的杰出贡献，一致拥护胡锦涛同志代表中央政治局所作的工作报告和重要讲话。全会强调，抓紧建立健全与社会主义市场经济体系相适应的教育、制度、监督并重的惩治和预防腐败体系，是当前和今后一个时期反腐倡廉的重大任务。

【中央政治局会议】（2004年10月21日） 中央政治局会议于2004年10月21日在北京召开。胡锦涛主持会议。会议讨论并决定从2005年1月起在全党开展以实践“三个代表”重要思想为主要内容的保持共产党员先进性教育活动。会议要求，各级党委要以高度的政治责任感，把开展先进性教育活动作为学习贯彻十六大和十六届四中全会精神的一项重要措施来抓。要坚持理论联系实际，务求实效；坚持正面教育为主，认真开展批评与自我批评；坚持发扬党内民主，走群众路线；坚持领导干部带头，发扬表率作用；坚持区别情况，分类指导。

【十六届中央政治局第十六次集体学习】（2004年10月21日） 十六届中央政治局第十六次集体学习于2004年10月21日在北京举行。这次学习的主题是我国民族关系史的几个问题。胡锦涛在主持学习时强调，各级党委和政府一定要站在全局和战略的高度，坚持以邓小平理论和“三个代表”重要思想为指导，全面把握新形势下的民族问题，认真做好新形势下的民族工作，不断开创民族工作新局面。

【全国新型农村合作医疗试点工作会议】（2004年10月22日至23日） 全国新型农村合作医疗试点工作会议于2004年10月22日至23日在北京召开。党中央、国务院对推进新型农村合作医疗试点工作高度重视。2004年7月，胡锦涛、温家宝作出重要指示，肯定了新型农村合作医疗试点工作取得的进展，强调要继续加强领导，充分估计这项改革的艰巨性和复杂性，做好克服困难的思想准备和工作准备，充分尊重农民的意愿，因地制宜，完善试点方案，并不断探索和总结，循序渐进、扎扎实实地推进试点工作。吴仪出席会议并发表讲话。卫生部、财政部和农业部三部门《关于建立新型农村合作医疗制度意见的通知》，要求从2003年起，各省、自治区、直辖市至少要选择二到三个县（市）先行试点，取得经验后逐步推开。到2010年，实现在全国建立基本覆盖农村居民的新型合作医疗制度的目标，减轻农民因疾病带来的经济负担，提高农民健康水平。新型农村合作医疗试点工作自2003年7月起在全国开展。

【十六届中央政治局第十七次集体学习】（2004年12月1日） 十六届中央政治局第十七次集体学习于2004年12月1日在北京举行。这次学习的主题是中国社会主义道路探索的历史考察。胡锦涛在主持学习时强调，中国特色社会主义道路，是我们党在长期实践中经过艰辛探索而逐步开辟出来的，是一条实现中国繁荣富强和中国人民幸福安康的正确道路。只有坚持走中国特色社会主义道路，才能发展中国、振兴中国。只有坚持走中国特色社会主义道路，才能实现全面建设小康社会的宏伟目标和中华民族的伟大复兴。

【中央经济工作会议】（2004年12月3日至5日） 中央经济工作会议于2004年12

月3日至5日在北京召开。胡锦涛、吴邦国、温家宝、贾庆林、曾庆红、黄菊、吴官正、李长春、罗干等出席会议。胡锦涛在会上发表重要讲话，从全局和战略的高度，全面分析了当前国际国内形势，明确提出了2005年经济工作的指导思想和总体要求及必须把握的原则，着重强调了2005年经济工作的主要任务。温家宝在讲话中全面总结了2004年的经济工作，阐述了2005年经济工作中需要高度重视的问题，并对2005年经济工作作出了具体部署。会议指出，2005年经济工作的总体要求是，全面落实科学发展观，坚持发展这个第一要务，进一步提高驾驭社会主义市场经济的能力，加强和改善宏观调控，着力推进改革开放，加快调整经济结构、转变经济增长方式，更好地利用重要战略机遇期，实现经济社会全面协调可持续发展。浙江、湖南、贵州和吉林省的主要负责同志在大会上发了言。

【全国政法工作会议】（2004年12月7日至8日）　全国政法工作会议于2004年12月7日至8日在北京召开。罗干出席会议并在讲话时强调，要着力提高政法机关对敌斗争、维护国家安全的能力，打击预防犯罪、驾驭治安局势的能力，加强基层基础工作、化解矛盾纠纷的能力，严格公正执法、保障社会公平正义的能力，服务经济建设、促进改革发展的能力，为全面建设小康社会创造和谐稳定的社会环境和公正高效的法制环境。各级党委、政府和政法部门的领导既要看到大好形势和有利条件，更要清醒地看到维护稳定的复杂形势和突出问题。要高度重视和正确处理人民内部矛盾，维护社会和谐稳定；要加强新形势下的对敌斗争，维护国家安全；要大力加强社会治安防控体系建设，推进社会治安综合治理；要围绕发展这个党执政兴国的第一要务，维护社会主义市场经济的法律秩序；要以保证司法公正为目标，积极稳妥地推进司法体制改革。

【全国宣传部长会议】（2004年12月17日至18日）　全国宣传部长会议于2004年12月17日至18日在北京召开。李长春在讲话中强调，宣传思想战线要高举邓小平理论和“三个代表”重要思想伟大旗帜，全面宣传贯彻党的十六大和十六届三中、四中全会精神，全面宣传贯彻科学发展观，解放思想、实事求是、与时俱进，贴近实际、贴近生活、贴近群众，创新内容、创新形式、创新管理体制和工作机制，努力做到在领导方式上有新改进，在繁荣发展上有新思路，在实现途径上有新手段，在破解难题上有新举措，在推进工作上有新成效，不断提高建设社会主义先进文化的能力。李长春从十个方面总结了党的十六大以来宣传思想工作的进展和成效，对深入宣传贯彻十六届四中全会精神，进一步加强和改进宣传思想工作，不断提高建设社会主义先进文化的能力，提出六点要求。刘云山对做好2005年的宣传思想工作进行了部署。

【十六届中央政治局第十八次集体学习】（2004年12月27日）　十六届中央政治局第十八次集体学习于2004年12月27日在

北京举行。这次学习的主题是面向2020年的中国科技发展战略。胡锦涛在主持学习时强调，要坚定不移地树立和落实科学发展观，坚定不移地实施科教兴国战略，充分发挥科技进步和创新在经济社会发展中的巨大作用，更好地推进我国社会主义现代化建设。

【中央农村工作会议】（2004年12月28日至29日） 中央农村工作会议于2004年12月28日至29日在北京召开。华建敏主持了第一次全体会议。回良玉出席会议并讲话。会议认真总结了2004年农业和农村工作，深入分析了当前形势，全面部署了2005年农业和农村工作，着重研究了加强农业综合生产能力建设、促进粮食稳定增产和农民持续增收的政策措施。会议明确提出，2005年农业和农村工作的总体要求是：全面落实科学发展观，贯彻统筹城乡发展的方略，坚持“多予、少取、放活”的方针，进一步加大农村改革力度，加大对农村投入力度，加大对“三农”工作领导力度，稳定、完善和强化对农业的扶持政策，切实加强农业综合生产能力建设，大力推进农业科技进步，继续调整农业和农村经济结构，努力实现粮食稳定增产、农民持续增收，促进农村经济社会全面发展。会议讨论了《中共中央、国务院关于进一步加强农村工作、提高农业综合生产能力若干政策的意见（讨论稿）》。文件要求，坚持坚持“多予、少取、放活”的方针，稳定、完善和强化各项支农政策。当前和今后一个时期，要把加强农业基础设施建设，加快农业科技进步，提高农业综合生产能力，作为一项重大而紧迫的战略任务，切实抓紧抓好。黑龙江、河南、安徽、福建、新疆、湖北等省、自治区的有关负责人在大会上发了言。

【保持共产党员先进性教育活动工作会议】（2005年1月5日至6日） 保持共产党员先进性教育活动工作会议于2005年1月5日至6日在北京召开。5日上午的会议以电视电话会议的形式举行，吴官正主持会议。曾庆红在讲话中强调，在全党开展保持共产党员先进性教育活动，是党中央作出的一项重大决策，是坚持用“三个代表”重要思想武装全党的一个重大举措，是实现全面建设小康社会宏伟目标的重要保证，是推进党的建设新的伟大工程的一项基础工程。要抓住学习实践“三个代表”重要思想这条主线，把握保持共产党员先进性这个主题，明确提高党的执政能力这个着眼点，坚持党要管党、从严治党这个方针，务求先进性教育活动取得扎扎实实的成效。在全党开展以实践“三个代表”重要思想为主要内容的保持共产党员先进性教育活动，是党的十六大提出来的。十六大以后，先在全国党政机关、农村、城市基层等五种类型的19个单位进行了试点。在取得成功经验的基础上，党中央决定，从2005年1月开始，用一年半左右的时间，分三批，对全国6800多万名党员进行一次集中教育，引导广大党员坚定理想信念，坚持党的宗旨，增强党的观念，发扬优良传统，认真解决党员和党组织在思想、组织、作风及工作方面存在的突出问题，不断增强党员队伍和党组织的创造力、凝聚力、战斗力。这次会议的主要任务是，对在全党开展先进性教育活动作出部署，对第一批开展这次教育活动的全国县及县以上党政机关和部分企事业单位进行动员。会议期间，参加会议的同志认真学习了《中共中央关于在全党开展以实践“三个代表”重要思想为主要内容的保持共产党员先进性教育活动的意见》，并围绕曾庆红的重要讲话进行了讨论。中央统战部、四川省委等八个单位分别介绍了开展先进性教育活动试点工作的主要做法和经验。贺国强在闭幕会上讲话。第二批先进性教育活动从2005年7月份开始，到12月底基本结束，参加单位主要是城市基层和乡镇机关。第三批先进性教育活动从2005年11月底开始，到2006年6月前基本结束，参加单位主要是村，同时还有部分党政机关及其他基层单位。

【十六届中央纪委五次全会】（2005年1月10日至11日）　十六届中央纪委五次全会于2005年1月10日至11日在北京举行。中央纪委委员115人出席了会议，列席286人。这次全会以邓小平理论和“三个代表”重要思想为指导，深入学习贯彻党的十六大和十六届三中、四中全会精神，总结2004年的工作，研究部署2005年的工作任务。吴官正代表中央纪律检查委员会常务委员会作了题为《严肃党的纪律，加大预防力度，深入开展党风廉政建设和反腐败斗争》的工作报告。胡锦涛、吴邦国、温家宝、贾庆林、曾庆红、黄菊、李长春、罗干等出席11日上午的全会第二次大会。胡锦涛在会上讲话时强调，反腐倡廉能力，是党的执政能力的重要体现，是巩固党的执政地位的重要保证。各级党委和政府都要增强忧患意识，做到居安思危，从提高党的执政能力、巩固党的执政地位的战略高度进一步认识做好反腐倡廉工作的极端重要性，始终把反腐倡廉作为一件大事来抓，始终旗帜鲜明、毫不动摇地反对腐败。治标和治本是反腐倡廉相辅相成、相互促进的两个方面。对任何违纪违法行为，都必须毫不留情地予以追究。要进一步加强对反腐倡廉工作的领导，加强反腐倡廉的理论建设和纪律检查机关自身建设。

【新时期保持共产党员先进性专题报告会】（2005年1月14日）　新时期保持共产党员先进性专题报告会于2005年1月14日在北京召开。这是中央政治局常委参加先进性教育活动的第一场重要活动。按照中共中央关于在全党开展以实践“三个代表”重要思想为主要内容的保持共产党员先进性教育活动的总体安排，中共中央政治局常委参加第一批先进性教育活动。曾庆红主持报告会。胡锦涛、吴邦国、温家宝、贾庆林、黄菊、吴官正、李长春、罗干等出席报告会。中央党政军群各部门和北京市的党员负责同志等参加了报告会。胡锦涛在会上作了重要报告。他强调，先进性是马克思主义政党的根本特征，也是马克思主义政党的生命所系、力量所在。党的先进性建设是马克思主义政党自身建设的根本任务。开展党的先进性建设，就是要使党的理论和路线方针政策顺应时代发展的潮流和我国社会发展进步的要求、反映全国各族人民的利益和愿望，使各级党组织不断提高创造力、凝聚力和战斗力、始终发挥领导核心作用和战斗堡垒作用，使广大党员不断提高自身素质、始终发挥先锋模范作用，使我们党保持与时俱进的品质、始终走在时代前列，不断提高执政能力、巩固执政地位、完成执政使命。胡锦涛在会上提出了新时期共产党员保持先进性的六条基本要求。

【全国加强和改进大学生思想政治教育工作会议】（2005年1月17日至18日） 全国加强和改进大学生思想政治教育工作会议于2005年1月17日至18日在北京召开。李长春主持会议并讲话。胡锦涛、温家宝、曾庆红、吴官正、罗干出席会议。陈至立作会议总结。全国各省、自治区、直辖市和新疆生产建设兵团的有关负责同志，中央和国家机关、军队有关单位以及高等学校有关负责同志参加了会议。胡锦涛在会上讲话强调，高校是培养人才的重要基地，必须把培养中国特色社会主义事业的建设者和接班人作为根本任务。要切实加强和改进大学生思想政治教育工作，培养造就千千万万具有高尚思想品质和良好道德修养、掌握现代化建设所需要的丰富知识和扎实本领的优秀人才，使大学生们能够与时代同步伐、与祖国共命运、与人民齐奋斗，这对于确保实现全面建设小康社会、进而实现现代化的宏伟目标，确保实现中华民族的伟大复兴，具有重大而深远的战略意义。加强和改进大学生思想政治工作，要在全面做好各项工作的基础上深入进行以下几个方面的教育：一是要以理想信念教育为核心，深入进行正确的世界观、人生观、价值观教育。二是要以爱国主义教育为重点，深入进行民族精神教育。三是要以基本道德规范为基础，深入进行公民道德教育，引导大学生自觉遵守爱国守法、明理诚信、团结友爱、勤俭自强、敬业奉献的基本道德规范，养成良好的道德品质和文明行为。四是要以大学生全面发展为目标，深入进行素质教育，促进大学生思想道德素质、科学文化素质和健康素质协调发展。

【十届国务院第五次全体会议】（2005年1月21日） 十届国务院第五次全体会议于2005年1月21日在北京召开。温家宝主持会议。会议讨论即将提请十届全国人大三次会议审议的《政府工作报告（征求意见稿）》。会议决定，将此稿发往各省、自治区、直辖市和有关部门、单位广泛征求意见。温家宝指出，做好2005年工作，必须把握全局，突出重点。要坚持以科学发展观统领经济社会发展全局，着力搞好宏观调控，着力推进改革开放，着力建设和谐社会，实现社会主义物质文明、政治文明和精神文明共同进步。

【中央政治局会议】（2005年1月24日） 中央政治局会议于2005年1月24日在北京召开。胡锦涛主持会议。会议研究加强中国共产党领导的多党合作和政治协商制度建设问题。会议讨论了《中共中央关于进一步加强中国共产党领导的多党合作和政治协商制度建设的意见（送审稿）》。会议决定，将此稿进一步征求各民主党派中央和无党派人士意见后下发。3月，中共中央颁发了该《意见》。这是继1989年以后，中国共产党历史上第二个关于多党合作和政治协商制度的文件。

【十六届中央政治局第十九次集体学习】（2005年1月24日）　十六届中央政治局第十九次集体学习于2005年1月24日在北京举行。这次学习的主题是新时期保持共产党员先进性研究。胡锦涛在主持学习时强调，加强党的先进性建设，提高党的执政能力，最终要落实到实现好、维护好、发展好最广大人民的根本利益上来。这是衡量党的一切工作是非得失的根本标准，也是衡量党的先进性的根本标准。

【十六届中央政治局第二十次集体学习】（2005年2月21日）　十六届中央政治局第二十次集体学习于2005年2月21日在北京举行。这次学习的主题是努力构建社会主义和谐社会。胡锦涛在主持学习时强调，要加强对构建社会主义和谐社会重大问题的调查研究和理论研究，着力提高构建社会主义和谐社会的本领，把社会主义和谐社会建设的各项工作落到实处。

【全国政协十届三次会议】（2005年3月3日至12日）　全国政协十届三次会议于2005年3月3日至12日在北京举行。3月3日的开幕会由王忠禹主持，出席委员2186名；党和国家领导人胡锦涛、吴邦国、温家宝、曾庆红、黄菊、吴官正、李长春、罗干到会祝贺。贾庆林代表政协第十届全国委员会常务委员会向大会报告工作。会议期间，委员们就国家政治、经济、社会生活中的重大问题和人民群众普遍关心的问题进行了协商讨论，提出了意见和建议。有关经济建设方面的提案1940件，占44.34%；科教文卫体方面的提案1284件，占29.35%；政法、统战和其他方面的提案1151件，占26.31%。会议增选董建华、张梅颖、张榕明为政协第十届全国委员会副主席。会议通过了政协第十届全国委员会第三次会议关于常务委员会工作报告的决议、关于政协十届二次会议以来提案工作情况报告的决议，政协提案委员会关于政协十届三次会议提案审查情况的报告和政协第十届全国委员会第三次会议政治决议。全国政协十届三次会议在政治决议中表示，完全赞同制定《反分裂国家法》。

【十届全国人大三次会议】（2005年3月5日至14日）　十届全国人大三次会议于2005年3月5日至14日在北京举行。3月5日的第一次全体会议由吴邦国主持，出席代表近3000名。大会批准了温家宝作的政府工作报告，吴邦国作的全国人大常委会工作报告，肖扬作的关于最高人民法院工作的报告，贾春旺作的关于最高人民检察院工作的报告等；通过了关于2004年国民经济和社会发展计划执行情况与2005年国民经济和社会发展计划的决议，通过了关于2004年中央和地方预算执行情况及2005年中央和地方预算的决议；会议接受江泽民关于辞去中华人民共和国中央军事委员会主席职务的请求，选举胡锦涛为中华人民共和国中央军事委员会主席，并决定补充任命了中华人民共和国中央军事委员会其他组成人员；表决通过了《反分裂国家法》，将中央关于解决台湾问题的大政方针以法律的形式固定下来，胡锦涛签署第34号主席令予以公布，自公布之日起施行。

【中央人口资源环境工作座谈会】（2005年3月12日） 中央人口资源环境工作座谈会于2005年3月12日在北京召开。胡锦涛、吴邦国、温家宝、贾庆林、曾庆红、黄菊、吴官正、李长春、罗干等出席座谈会。胡锦涛在会上讲话强调，全面落实科学发展观，进一步调整经济结构和转变经济增长方式，是缓解人口资源环境压力、实现经济社会全面协调可持续发展的根本途径。要加快调整不合理的经济结构，彻底转变粗放型的经济增长方式，使经济增长建立在提高人口素质、高效利用资源、减少环境污染、注重质量效益的基础上，努力建设资源节约型、环境友好型社会。温家宝就学习和贯彻胡锦涛总书记的重要讲话精神、切实做好人口资源环境工作作了讲话。座谈会上，国家人口计生委主任张维庆、国家环保总局局长解振华、国土资源部部长孙文盛、水利部部长汪恕诚分别汇报了有关人口资源环境等方面的工作情况。河南省省长李成玉、广东省省长黄华华、重庆市市长王鸿举、天津市市长戴相龙等先后发了言。

【十届国务院第六次全体会议】（2005年3月12日） 十届国务院第六次全体会议于2005年3月12日在北京召开。温家宝主持会议。会议审议了香港特别行政区行政长官董建华关于请求辞去香港特别行政区行政长官职务的报告，并听取了国务院港澳事务办公室负责人就有关情况所作的汇报，批准董建华辞去香港特别行政区行政长官职务。温家宝签署了国务院第433号令，即日生效。

【国家科学技术奖励大会】（2005年3月28日） 国家科学技术奖励大会于2005年3月28日在北京举行。胡锦涛、温家宝、曾庆红、黄菊、李长春出席大会并为获奖代表颁奖。温家宝代表党中央、国务院在大会上讲话。黄菊主持大会。陈至立在会上宣读了《国务院关于2004年度国家科学技术奖励的决定》。2004年度国家自然科学奖授奖项目二等奖28项；国家技术发明奖授奖项目28项，其中一等奖2项，二等奖26项；国家科学技术进步奖授奖项目244项，其中一等奖16项，二等奖228项；授予5名外籍科学家中华人民共和国国际科学技术合作奖。

【纪念蔡和森同志诞辰一百一十周年座谈会】（2005年3月30日） 纪念蔡和森同志诞辰110周年座谈会于2005年3月30日在北京召开。座谈会由刘云山主持。曾庆红等领导同志，中央和国家机关、军队有关部门及湖南省的负责同志，蔡和森同志的亲属，有关专家学者等共约200人出席。曾庆红在讲话中回顾了蔡和森同志的革命历程和不朽功勋。曾庆红说，蔡和森同志短暂而光辉的一生，是为党的事业鞠躬尽瘁的一生，是为宣传和捍卫真理英勇奋斗的一生。我们要学习和发扬蔡和森同志对共产主义理想坚定不移的精神、对党和人民的事业无限忠诚的精神、刻苦学习并善于结合实践进行理论思考和理论创新的精神、崇高的革命品格和大无畏的献身精神。

【十六届中央政治局第二十一次集体学习】（2005年4月15日）　十六届中央政治局第二十一次集体学习于2005年4月15日在北京举行。这次学习的主题是关于我国经济社会发展战略的若干问题。胡锦涛在主持学习时强调，只有坚持以科学发展观统领经济社会发展全局，从新世纪新阶段我国经济社会发展的阶段性特征出发，理清发展思路，创新发展模式，提高发展质量，夯实发展基础，增强发展后劲，才能更好地推动社会主义经济建设、政治建设、文化建设与和谐社会建设全面发展。

【全国劳动模范和先进工作者表彰大会】（2005年4月30日）　全国劳动模范和先进工作者表彰大会于2005年4月30日在北京举行。温家宝主持大会。胡锦涛、贾庆林、曾庆红、黄菊、吴官正、李长春、罗干等出席大会。华建敏宣读《国务院关于表彰全国劳动模范和先进工作者的决定》，授予2124人全国劳动模范荣誉称号、授予845人全国先进工作者荣誉称号。胡锦涛在讲话中强调，要大力弘扬爱岗敬业、争创一流，艰苦奋斗、勇于创新，淡泊名利、甘于奉献的劳模精神。劳模精神，是我们伟大民族精神的重要体现，是激励我们奋勇前进的重要精神动力。要在全社会广泛宣传劳动模范和先进工作者的先进事迹、优秀品质、高尚精神，推动全社会进一步尊重劳模、关心劳模、学习劳模，使劳模精神不断发扬光大。

【中央民族工作会议暨国务院第四次全国民族团结进步表彰大会】（2005年5月27日）　中央民族工作会议暨国务院第四次全国民族团结进步表彰大会于2005年5月27日在北京举行。贾庆林主持大会。胡锦涛、温家宝、曾庆红、黄菊、吴官正、李长春、罗干等出席会议。参加中央民族工作会议的416名代表和出席国务院第四次全国民族团结进步表彰大会的530名代表，中央和国家机关及军队有关单位负责同志以及首都各界代表3300多人参加了大会。胡锦涛在讲话指中强调，新世纪新阶段的民族工作必须把各民族共同团结奋斗、共同繁荣发展作为主题。共同团结奋斗，就是要把全国各族人民的智慧和力量凝聚到全面建设小康社会上来，凝聚到建设中国特色社会主义上来，凝聚到实现中华民族的伟大复兴上来。共同繁荣发展，就是要牢固树立和全面落实科学发展观，切实抓好发展这个党执政兴国的第一要务，千方百计加快少数民族和民族地区经济社会发展，不断提高各族群众的生活水平。华建敏宣读了《国务院关于表彰全国民族团结进步模范集体和模范个人的决定》。北京市宣武区牛街街道等642个模范集体、李素芝等676个模范个人受到表彰。5月31日，中共中央、国务院作出《关于进一步加强民族工作加快少数民族和民族地区经济社会发展的决定》。

【十六届中央政治局第二十二次集体学习】（2005年5月31日） 十六届中央政治局第二十二次集体学习于2005年5月31日在北京举行。这次学习的主题是经济全球化趋势与当前国际贸易发展的新特点。胡锦涛在主持学习时强调，在新世纪新阶段，我们要紧紧抓住和切实用好重要战略机遇期，实现全面建设小康社会的宏伟目标，必须继续毫不动摇地实施对外开放的基本国策。要从树立和落实科学发展观的战略高度，立足国情，扬长避短，趋利避害，坚持用全球战略眼光观察和谋划国内发展和对外开放，努力实现我国经济社会又快又好地发展。

【国家能源领导小组第一次会议】（2005年6月2日） 国家能源领导小组第一次会议于2005年6月2日在北京召开。中共中央政治局常委、国务院总理、国家能源领导小组组长温家宝主持会议。中共中央政治局常委、国务院副总理、国家能源领导小组副组长黄菊，中共中央政治局委员、国务院副总理、国家能源领导小组副组长曾培炎，国务委员兼国务院秘书长华建敏出席会议。国家能源领导小组全体成员参加了会议，有关部门和企业负责人列席了会议。温家宝指出，能源问题是关系我国经济发展、社会稳定和国家安全的重大战略问题。党中央、国务院高度重视能源工作，决定成立国家能源领导小组。能源领导小组主要是负责对能源战略规划和重大政策、能源开发与节约、能源安全与应急、能源对外合作等前瞻性、综合性、战略性工作的领导。会议认为，必须充分认识新形势下做好能源工作的重要性和紧迫性，必须把能源工作摆到更加突出的战略位置。会议对近期工作作出部署。

【纪念陈云同志诞辰一百周年大会】（2005年6月13日） 纪念陈云同志诞辰100周年大会于2005年6月13日在北京举行。大会由吴邦国主持。胡锦涛、温家宝、贾庆林、曾庆红、黄菊、吴官正、李长春、罗干在主席台前排就座。在京中央党政军群各部门和北京市负责同志，各民主党派中央、全国工商联的负责人和无党派人士代表，部分老同志代表，陈云同志夫人于若木等在主席台就座。首都各界3000多人出席了纪念大会。胡锦涛在讲话中深切缅怀了陈云同志在革命、建设、改革各个历史时期为民族独立、人民解放和国家富强、人民幸福建立的历史功勋，高度评价了陈云同志在70多年革命生涯中充分表现出的无产阶级革命家的气魄、胆略和高超政治智慧，高度评价了陈云同志的崇高思想、品德和风格。胡锦涛强调，全党全国各族人民更加紧密地团结起来，开拓进取，埋头苦干，为实现全面建设小康社会的宏伟目标，为实现中华民族的伟大复兴，继续在中国特色社会主义的广阔道路上奋勇前进。纪念陈云同志诞辰110周年座谈会于2015年6月12日在北京召开，习近平、李克强、俞正声、刘云山、王岐山、张高丽等出席，习近平发表重要讲话。

【十届国务院第七次全体会议】（2005年6月21日） 十届国务院第七次全体会议于2005年6月21日在北京召开。温家宝主持会议。会议审议了香港特别行政区政府关于香港特别行政区行政长官补选结果的报告，听取了国务院港澳事务办公室负责人关于新的行政长官候任人产生过程的汇报。这次香港特别行政区行政长官选举，是在行政长官出缺后进行的一次补缺选举。温家宝签署了任命曾荫权为中华人民共和国香港特别行政区行政长官的国务院第437号令，即日起就职，任期至2007年6月30日。

【中央政治局会议】（2005年6月27日） 中央政治局会议于2005年6月27日在北京召开。胡锦涛主持会议。会议讨论国家中长期科学和技术发展规划的若干重大问题，研究部署加快我国科学技术事业发展的有关工作。会议强调，我们必须更加坚定地把科技进步和创新作为经济社会发展的首要推动力量，把提高自主创新能力作为调整经济结构、转变增长方式、提高国家竞争力的中心环节，把建设创新型国家作为面向未来的重大战略。今后15年，我国科技工作要坚持自主创新、重点跨越、支撑发展、引领未来的指导方针，坚持把提高自主创新能力摆在全部科技工作的核心位置，大力加强原始性创新、集成创新和在引进先进技术基础上的消化、吸收、创新，努力在若干重要领域掌握一批核心技术，拥有一批自主知识产权，造就一批具有国际竞争力的企业和品牌，为我国经济社会发展和国防现代化建设提供强大科技支撑。

【十六届中央政治局第二十三次集体学习】（2005年6月27日） 十六届中央政治局第二十三次集体学习于2005年6月27日在北京举行。这次学习的主题是国际能源资源形势和我国能源资源战略。胡锦涛在主持学习时强调，能源资源问题是关系我国经济社会发展全局的一个重大战略问题。我们要从推动我国经济社会持续发展和人民生活水平不断提高的全局出发，全面分析能源资源形势，深入研究能源资源问题，全面做好能源资源工作，促进形成可持续的生产方式和消费模式，建立资源节约型国民经济体系和资源节约型社会，为实现全面建设小康社会的宏伟目标和我国的长远发展提供可靠的能源资源保证。

【国家知识产权战略制定工作领导小组第一次会议】（2005年6月30日） 国家知识产权战略制定工作领导小组第一次会议于2005年6月30日在北京召开。中共中央政治局委员、国务院副总理、国家知识产权战略制定工作领导小组组长吴仪主持会议。会议听取了国家知识产权局局长、国家知识产权战略制定工作领导小组副组长田力普的工作汇报，审议了有关会议文件。国家知识产权战略制定工作领导小组成员单位及相关单位的有关负责同志出席了会议。经国务院批准，2005年1月国务院成立了以吴仪为组长，知识产权局等20多个部门参加的国家知识产权战略制定工作领导小组，具体领导组织这项工作。

【引导鼓励高校毕业生面向基层就业工作座谈会】（2005年7月5日） 引导鼓励高校毕业生面向基层就业工作座谈会于2005

年7月5日在北京召开。会议由中组部、人事部和教育部联合召开。会议的主题是，深入学习贯彻中共中央办公厅、国务院办公厅近日下发的《关于引导和鼓励高校毕业生面向基层就业的意见》精神。张柏林主持会议。贺国强、陈至立在会上作了重要讲话。贺国强指出，高校毕业生是国家宝贵的人才资源。引导和鼓励高校毕业生面向基层就业，特别是到西部和艰苦边远地区就业，是党中央、国务院从党和国家事业发展全局出发作出的一项重大决策。鼓励和支持大学生到基层建功立业，是党中央的长期方针，也是国务院工作的明确目标。会上，教育部部长周济，人事部副部长侯建良，内蒙古自治区党委常委、组织部长陈朋山，清华大学党委书记陈希，分别代表职能部门、地方党委组织部门和高校作了发言，提出了贯彻落实中央文件的具体措施。团中央和全国学联宣读了“面向基层，面向西部，锻炼成才，建功立业”的倡议书。一名应届高校毕业生和一名往届高校毕业生代表发了言。

【促进中部地区崛起座谈会】（2005年8月14日）　促进中部地区崛起座谈会于2005年8月14日在长沙召开。会议研究促进中部崛起的基本思路和政策措施。温家宝主持座谈会。中部地区山西、安徽、江西、河南、湖北、湖南六省主要负责同志出席会议并作了发言，国务院有关部门负责同志参加了会议。温家宝强调，促进中部地区崛起，是我国发展新阶段整体战略布局的重要组成部分，中央高度重视，要全面落实科学发展观，充分发挥比较优势，促进中部地区崛起。

【中央政治局会议】（2005年8月26日）　中央政治局会议于2005年8月26日在北京召开。胡锦涛主持会议。会议研究进一步做好西藏工作。会议指出，西藏工作在党和国家全局工作中具有重要地位。新世纪新阶段，牢牢把握和切实用好重要战略机遇期，进一步做好西藏发展稳定工作，建设团结、民主、富裕、文明、和谐的社会主义新西藏，具有十分重要的意义。会议强调，要坚持以科学发展观统领经济社会发展全局，坚持中央关心、全国支援和西藏艰苦奋斗相结合，加快西藏全面建设小康社会的步伐。会议指出，要认真做好西藏自治区成立40周年庆祝活动，体现中央对西藏的关怀，反映西藏40年来的发展进步，进一步增强西藏各族人民在全面建设小康社会的进程中实现跨越式发展和长治久安的信心和决心，不断开创西藏工作的新局面。

【十六届中央政治局第二十四次集体学习】（2005年8月26日）　十六届中央政治局第二十四次集体学习于2005年8月26日在北京举行。这次学习的主题是世界反法西斯战争的回顾与思考。胡锦涛在主持学习时强调，我们要深刻总结党团结带领人民开展抗日斗争的重要历史经验，并结合新的历史条件，用这些重要历史经验教育党员、教育人民，激励全党同志和全国人民进一步认识和把握我国发展和时代进步的大势，进一步增强为实现全面建设小康社会的宏伟目标而奋力拼搏的信心和决心。

【全国扶持人口较少民族发展工作会议】（2005年8月29日至30日）　全国扶持人口较少民族发展工作会议于2005年8月29日至30日在北京召开。会议贯彻胡锦涛、温家宝要求加大支持力度，研究制定扶持人口较少民族加快发展的具体规划和政策措施，切实帮助22个人口较少民族加快发展的重要指示精神，安排部署扶持人口较少民族加快发展工作。回良玉在会上强调，扶持人口较少民族加快发展，是党中央、国务院作出的重大决策，是新世纪新阶段我国民族工作的一项重要任务。我们要认真贯彻落实中央民族工作会议和中央领导同志关于扶持人口较少民族发展的重要指示精神，切实贯彻实施经国务院批准的《扶持人口较少民族发展规划（2005—2010年）》，争取用五年左右的时间，使人口较少民族聚居的行政村基础设施得到明显改善，群众生产生活存在的突出问题得到有效解决，基本解决现有贫困人口的温饱问题，经济社会发展基本达到当地中等或以上水平。

【纪念中国人民抗日战争暨世界反法西斯战争胜利六十周年大会】（2005年9月3日）　纪念中国人民抗日战争暨世界反法西斯战争胜利60周年大会于2005年9月3日在北京举行。吴邦国主持大会。胡锦涛、江泽民、温家宝、贾庆林、曾庆红、黄菊、吴官正、李长春、罗干等领导同志出席会议，抗战老战士和老同志代表，中央党政军群各部门和北京市主要负责人，各民主党派中央、全国工商联负责人和无党派人士代表，海内外爱国人士、抗日将领或其遗属代表，为中国人民抗日战争胜利作出贡献的国际友人或其遗属代表，各国驻华使节，首都各界代表共约6000人参加了大会。胡锦涛在讲话中强调，中国人民抗日战争是世界反法西斯战争的重要组成部分，是世界反法西斯战争的东方主战场。我们隆重纪念中国人民抗日战争和世界反法西斯战争的伟大胜利，就是要牢记历史、不忘过去、珍爱和平、开创未来，更好地推进全面建设小康社会、实现中华民族伟大复兴的光辉事业，更好地促进人类和平与发展的崇高事业。胡锦涛说，在那场空前壮阔的伟大斗争中，中华民族进一步弘扬了以爱国主义为核心的伟大民族精神，并表现出许多鲜明的特点，这就是：坚持国家和民族利益至上、誓死不当亡国奴的民族自尊品格，万众一心、共赴国难的民族团结意识，不畏强暴、敢于同敌人血战到底的民族英雄气概，百折不挠、勇于依靠自己的力量战胜侵略者的民族自强信念，开拓创新、善于在危难中开辟发展新路的民族创造精神，坚持正义、自觉为人类和平进步事业贡献力量的民族奉献精神。第二炮兵原司令员李水清代表抗战老战士发言，全国人大常委会副委员长、民革中央主席何鲁丽代表各民主党派中央、全国工商联和无党派人士发言，共青团中央书记处第一书记周强代表各人民团体发言。

【全国实施公务员法工作会议】（2005年9月20日至21日）　全国实施公务员法工作会议于2005年9月20日至21日在北

京召开。华建敏主持会议。曾庆红在会上讲话指出，公务员法是我国第一部属于干部人事管理总章程性质的重要法律，它的颁布实施，是我国社会主义民主法制建设史上的一件大事，在我国干部人事制度发展史上具有里程碑意义。要增强贯彻落实公务员法的责任感和自觉性，健全和完善中国特色公务员制度，努力建设一支政治坚定、业务精湛、作风过硬、人民满意的公务员队伍。贺国强作了总结讲话。华建敏对贯彻落实会议精神提出要求。《中华人民共和国公务员法》由中华人民共和国第十届全国人民代表大会常务委员会第十五次会议于2005年4月27日通过，自2006年1月1日起实施。

【十六届中央政治局第二十五次集体学习】（2005年9月29日） 十六届中央政治局第二十五次集体学习于2005年9月29日在北京举行。这次学习的主题是国外城市化发展模式和中国特色的城镇化道路。胡锦涛在主持学习时强调，坚持走中国特色的城镇化道路，按照循序渐进、节约土地、集约发展、合理布局的原则，努力形成资源节约、环境友好、经济高效、社会和谐的城镇发展新格局。

【十六届五中全会】（2005年10月8日至11日） 十六届五中全会于2005年10月8日至11日在北京举行。全会由中央政治局主持。出席这次全会的有，中央委员191人，候补中央委员150人。中央纪律检查委员会常务委员会委员和有关方面的负责同志列席了会议。全会听取和讨论了胡锦涛受中央政治局委托作的工作报告，审议通过了《中共中央关于制定国民经济和社会发展第十一个五年规划的建议》。温家宝就《建议（讨论稿）》向全会作了说明。胡锦涛在会讲话强调，科学发展观是指导发展的世界观和方法论的集中体现，是我们推动经济社会发展、加快推进社会主义现代化必须长期坚持的重要指导思想。要坚持发展为了人民、发展依靠人民、发展成果由人民共享，不断实现好、维护好、发展好最广大人民的根本利益。全会提出了“十一五”时期要坚持“六个必须”的原则，提出了“十一五”时期经济社会发展的目标，提出了今后五年经济社会发展和改革开放的主要任务。

【全国统战部长会议】（2005年11月16日至17日） 全国统战部长会议于2005年11月16日至17日在北京召开。贾庆林在会见全体与会代表时强调，各级统战部门和统战干部要深刻领会和把握党的十六届五中全会精神，真正把思想统一到全会精神上来，把力量凝聚到全会提出的各项任务上来，以高度的责任感和使命感，扎扎实实地做好统战工作，继续谱写统一战线事业的新篇章。刘延东在会上讲话。

【中央政治局会议】（2005年11月25日） 中央政治局会议于2005年11月25日在北京召开。胡锦涛主持会议。会议分析当前经济形势，研究2006年经济工作，讨论深化文化体制改革工作。会议认为，两年多来文化体制改革试点工作取得了明显成效，为进一步深化改革奠定了良好基础。要坚持社会主义先进文化的前进方向，遵循社会主义精神文明建设的特点和规律，适应社会主义市场经济发展的要求，坚持文化事业和文化产业协调发展，全面推进体制机制创新，调动广大文化工作者的积极性和创造性，繁荣社会主义文化，解放和发展文化生产力，不断满足人民群众日益增长的精神文化需求。会议决定近期召开中央经济工作会议。

【十六届中央政治局第二十六次集体学习】（2005年11月25日）　十六届中央政治局第二十六次集体学习于2005年11月25日在北京举行。这次学习的主题是世界马克思主义研究与我国马克思主义理论研究和建设工程。胡锦涛在主持学习时强调，建设中国特色社会主义的伟大事业，呼唤着马克思主义理论的创新和发展，也为马克思主义理论展现思想魅力和发挥指导作用创造了广阔舞台。要肩负起时代赋予的光荣使命，坚持把马克思主义基本原理同我国具体实际和时代特征紧密结合起来，不断为丰富和发展马克思主义作出新的贡献。

【中央经济工作会议】（2005年11月29日至12月1日）　中央经济工作会议于2005年11月29日至12月1日在北京召开。胡锦涛、吴邦国、温家宝、贾庆林、曾庆红、黄菊、吴官正、李长春、罗干等中央领导出席会议。胡锦涛在会上发表重要讲话，全面分析了当前的国际国内形势，全面总结了2005年的经济工作，深入分析了“十五”时期经济社会发展工作的成就及取得的重要认识和经验，明确提出了2006年经济工作的指导思想、总体要求和主要任务。温家宝在讲话中着重全面分析了当前我国经济形势，阐述了2006年经济社会发展主要预期目标和需要解决的重点问题，具体部署了2006年的经济工作。会议指出，2006年经济工作的总体要求是：坚持以科学发展观统领经济社会发展全局，保持宏观经济政策的连续性和稳定性，着力加快改革开放，着力增强自主创新能力，着力推进经济结构调整和经济增长方式转变，着力提高经济增长的质量和效益，实现又快又好发展，促进和谐社会建设，为顺利实施“十一五”规划开好局、起好步。这个总体要求的精神实质，就是要推动经济社会发展切实转入科学发展的轨道。这是我国社会主义现代化建设面临的重大而紧迫的任务，2006年务必迈出实质性步伐。

【全国政法工作会议】（2005年12月5日至6日）　全国政法工作会议于2005年12月5日至6日在北京召开。罗干出席会议并在讲话中指出，2006年和今后一个时期的政法工作要大力加强人民内部矛盾的排查调处，严厉打击各种犯罪活动，加快建设社会治安防控体系，依法调节经济关系，不断推进司法体制改革和政法队伍建设，为顺利实施“十一五”规划、构建社会主义和谐社会、全面建设小康社会创造良好稳定的社会环境和公正高效的法治环境。

【全国宣传部长会议】（2005年12月7日至8日）　全国宣传部长会议于2005年12月7日至8日在北京召开。李长春在讲话中强调，宣传思想战线要高举邓小平理论和“三个代表”重要思想伟大旗帜，深入贯彻十六大和十六届三中、四中、五中全会精神，贯彻中央经济工作会议精神，全面落实科学发展观，解放思想、实事求是、与时俱进，牢牢把握正确导向，贴近实际、贴近生活、贴近群众，创新内容、创新形式、创新手段，不断提高宣传思想工作的水平，为实现“十一五”规划的各项任务，为全面建设小康社会、构建社会主义和谐社会提供强大的精神支撑。刘云山对做好2006年的宣传思想工作进行了部署。

【全国组织部长会议】（2005年12月12日至13日） 全国组织部长会议于2005年12月12日至13日在北京召开。曾庆红出席会议并发表重要讲话。他充分肯定了十六大以来党的建设和组织工作在围绕中心、服务大局方面取得的成绩，强调在新的一年里，要高举邓小平理论和“三个代表”重要思想伟大旗帜，深入贯彻十六大和十六届三中、四中、五中全会精神，全面落实科学发展观，突出保持共产党员先进性教育活动和地方党委换届这两个重点，按照加强党的执政能力建设和党的先进性建设的要求，全面推进党的建设新的伟大工程，在实施“十一五”规划的开局之年开创党建工作和组织工作新局面。曾庆红着重就开展先进性教育活动同加强党的执政能力建设和党的先进性建设的关系问题作了深刻阐述。贺国强对2005年的组织工作进行了总结，并对2006年的组织工作作了具体部署。

【中央政治局会议】（2005年12月20日） 中央政治局会议于2005年12月20日在北京召开。胡锦涛主持会议。会议研究推进社会主义新农村建设工作，研究部署2006年党风廉政建设和反腐工作。会议决定近期召开中央农村工作会议。同意2006年1月召开中央纪律检查委员会第六次全体会议。

【十六届中央政治局第二十七次集体学习】（2005年12月20日） 十六届中央政治局第二十七次集体学习于2005年12月20日在北京举行。这次学习的主题是行政管理体制改革和完善经济法律制度。胡锦涛在主持学习时强调，必须从全面建设小康社会、加快推进社会主义现代化的全局出发，从实现好、维护好、发展好最广大人民的根本利益出发，深刻认识推进行政管理体制改革的重大意义，加强研究，通盘规划，突出重点，精心部署，坚定不移地把行政管理体制改革继续推向前进。

【中央农村工作会议】（2005年12月28日至29日） 中央农村工作会议于2005年12月28日至29日在北京召开。会议以邓小平理论和“三个代表”重要思想为指导，全面落实科学发展观，认真贯彻党的十六大和十六届三中、四中、五中全会以及中央经济工作会议精神，总结2005年农业和农村工作，研究“十一五”期间推进社会主义新农村建设，全面部署了2006年农业和农村工作。回良玉主持会议。温家宝出席会议并作重要讲话，黄菊等中央领导出席会议。回良玉作了报告。会议讨论了《中共中央、国务院关于推进社会主义新农村建设的若干意见（讨论稿）》。会议强调，党的十六届五中全会提出了推进社会主义新农村建设的任务，具有重大的历史意义和现实意义。建设社会主义新农村，是一个全面的目标，绝不单纯是搞新村建设，必须按照“生产发展、生活宽裕、乡风文明、村容整洁、管理民主”的要求，全面推进农村的经济、政治、文化、社会和党的建设；建设社会主义新农村是一项长期的任务，必须因地制宜，从实际出发，尊重农民意愿，注重实效，着力解决农民生产、生活中最迫切的实际问题，使新农村建设带给农民实惠、受到农民拥护，扎实稳步地向前推进。2005年12月29日第十届全国人民代表大会常务委员会第十九次会议决定：第一届全国人民代表大会常务委员会第九十六次会议于1958年6月3日通过的《中华人民共和国农业税条例》自2006年1月1日起废止。

【十六届中央纪委六次全会】（2006年1月5日至6日） 十六届中央纪委六次全会于2006年1月5日至6日在北京举行。中央纪委常务委员会主持会议。出席会议的中央纪委委员110人，列席299人。这次全会以邓小平理论和“三个代表”重要思想为指导，深入贯彻党的十六大和十六届三中、四中、五中全会精神，全面落实科学发展观，总结2005年工作，研究部署2006年党风廉政建设和反腐败工作任务。全会审议通过了吴官正代表中央纪委常委会所作的《全面履行党章赋予的职责，进一步加大防治力度，不断开创党风廉政建设和反腐败工作新局面》的报告。胡锦涛、吴邦国、温家宝、贾庆林、曾庆红、黄菊、吴官正、李长春、罗干等党和国家领导人出席全会第二次大会，有关方面的负责同志参加了会议。胡锦涛在会上讲话强调，要紧密联系建设中国特色社会主义的丰富实践，紧密联系党的建设特别是党风廉政建设和反腐败工作的现实需要，认真学习党章，自觉遵守党章，切实贯彻党章，坚决维护党章，努力促进党的执政能力建设和先进性建设，不断解决好提高党的领导水平和执政水平、提高拒腐防变和抵御风险能力两大历史性课题，更好地团结带领全国各族人民为全面建设小康社会、加快推进社会主义现代化而努力奋斗。

【全国科学技术大会】（2006年1月9日至11日） 全国科学技术大会于2006年1月9日至11日在北京举行。这是党中央、国务院在新世纪召开的第一次全国科技大会，也是继1956年知识分子会议、1978年全国科学大会、1995年全国科技大会之后，我国科技发展史上的又一个里程碑。这次会议的主要任务是：分析形势，统一思想，总结经验，明确任务，部署实施《国家中长期科学和技术发展规划纲要（2006—2020年）》，动员全党全社会坚持走中国特色自主创新道路，为建设创新型国家而努力奋斗，进一步开创全面建设小康社会、加快推进社会主义现代化的新局面。吴邦国主持大会。胡锦涛、温家宝、贾庆林、曾庆红、黄菊、吴官正、李长春、罗干等中央领导，出席全国科学技术大会的全体代表、2005年度国家科学技术奖获奖代表、首都科技界代表等共3000多人出席9日上午的第一次全体会议。胡锦涛发表了题为《坚持走中国特色自主创新道路为建设创新型国家而努力奋斗》的重要讲话。他强调，本世纪头20年，是我国经济社会发展的重要战略机遇期，也是我国科技事业发展的重要战略机遇期。我们必须认清形势、坚定信心、抢抓机遇、奋起直追，围绕建设创新型国家的奋斗目标，进一步深化科技改革，大力推进科技进步和创新，大力提高自主创新能力，推动我国经济社会发展切实转入科学发展的轨道。温家宝宣读了《国务院关于2005年度国家科学技术奖励的决定》。中国科学院院士、中国科学院大气物理研究所名誉所长叶笃正，中国科学院院士、中国人民解放军第二军医大学东方肝胆外科医院院长吴孟超获得2005年度国家最高科学技术奖。黄菊主持9日下午举行的第二次全体会议，温家宝出席会议并发表题为《认真实施科技发展规划纲要，开创我国科技发展的新局面》的重要讲话，吴官正、李长春、罗干等出席。李长春出席闭幕会。闭幕会上，国家发展改革委、科技部、财政部、北京、上海、山东、四川、深圳以及企业、科研机构和高等院校的负责同志作大会发言。

【劳动和社会保障工作座谈会】

（2006年1月13日） 劳动和社会保障工作座谈会于2006年1月13日在北京召开。黄菊在会上讲话强调，做好劳动保障工作，解决好人民群众最关心、最直接、最现实的就业再就业、社会保障、劳动权益维护等问题，是以人为本的直接体现，也是构建社会和谐的坚实基础。劳动保障部和财政部负责人部署了下一步劳动和社会保障工作安排，6个省区负责同志作了交流发言。从1998年到2005年，财政社会保障经费年支出由598亿元增长到3600亿元左右，年均增长29.4%；占财政总支出的比重也从5.5%增长到11%。据了解，从1998年到2005年，全国财政对企业职工基本养老保险基金的年补助支出从22亿元增长至600多亿元，增长了26倍，8年累计补助支出达3000多亿元；中央财政对企业职工基本养老保险基金的年补助支出从20亿元增长至545亿元，8年累计补助支出2826亿元。确保了城镇企业职工基本养老金按时足额发放。2003年至2005年，中央财政在每年保持国有企业下岗职工基本生活保障补助资金100亿元规模不变的基础上，3年共安排再就业资金239亿元，地方财政也相应安排了资金。

【十届国务院第八次全体会议】

（2006年1月20日） 十届国务院第八次全体会议于2006年1月20日在北京召开。温家宝主持会议。会议讨论即将提请十届全国人大四次会议审议的《政府工作报告（征求意见稿）》和《“十一五”规划纲要（草案）》。会议决定，将这两个文件发往各省、自治区、直辖市和有关部门、单位征求意见。温家宝说，2006年是实施“十一五”规划的第一年，做好各方面工作具有承前启后的重要意义。要坚持以科学发展观统领经济社会发展全局，坚持加快改革开放和自主创新，坚持推进经济结构调整和增长方式转变，坚持把解决涉及人民群众利益问题放在突出位置，全面加强社会主义经济建设、政治建设、文化建设与和谐社会建设。温家宝强调，各级政府要切实担负起人民的重托，就必须搞好自身改革和建设。要加快政府职能转变，推进政企分开，强化社会管理和公共服务职能；要认真履行职责，提高办事效率；要严格纪律，做到令行禁止；要健全行政问责制，做到赏罚严明；要加强廉政建设和反腐败斗争，坚决纠正不正之风；要真抓实干，把各项工作落到实处。

【中央政治局会议】（2006年1月25日） 中央政治局会议于2006年1月25日在北京召开。胡锦涛主持会议。会议研究加强人民政协工作。会议认为，人民政协是中国共产党把马克思列宁主义统一战线理论、政党理论和民主政治理论同中国具体实践相结合的伟大创造，是中国共产党同各民主党派、人民团体和各族各界人士风雨同舟、团结奋斗的伟大成果。在全面建设小康社会、加快推进社会主义现代化的新的发展阶段，提高党的执政能力，发展社会主义民主政治，构建社会主义和谐社会，推进中国特色社会主义的伟大事业，必须大力加强人民政协工作，充分发挥人民政协的作用。人民政协工作必须坚持以马克思列宁主义、毛泽东思想、邓小平理论和“三个代表”重要思想为指导，坚持中国共产党的领导，坚持在宪法和法律范围内开展工作，坚持社会主义初级阶段的基本路线、基本纲领、基本经验，坚持团结和民主两大主题，坚持科学发展观，把促进发展作为履行职能的第一要务，坚持把实现和维护最广大人民的根本利益作为人民政协工作的出发点和落脚点。2月8日，中共中央发布《关于加强人民政协工作的意见》。

【十六届中央政治局第二十八次集体学习】（2006年1月25日） 十六届中央政治局第二十八次集体学习于2006年1月25日在北京举行。这次学习的主题是关于建设社会主义新农村。胡锦涛在主持学习时强调，要从建设中国特色社会主义事业的全局出发，深刻认识建设社会主义新农村的重要性和紧迫性，切实增强做好建设社会主义新农村各项工作的自觉性和坚定性，积极、全面、扎实地把建设社会主义新农村的重大历史任务落到实处，使建设社会主义新农村成为惠及广大农民群众的民心工程。

【十六届中央政治局第二十九次集体学习】（2006年2月21日） 十六届中央政治局第二十九次集体学习于2006年2月21日在北京举行。这次学习的主题是世界产业结构调整的趋势和我国加快转变经济增长方式的战略抉择。胡锦涛在主持学习时强调，要抓住机遇、迎接挑战，保持我国经济社会发展的良好势头，关键是要坚持以科学发展观统领经济社会发展全局，加快转变经济增长方式，推动我国经济社会发展切实转入以人为本、全面协调可持续发展的轨道。

【全国政协十届四次会议】（2006年3月3日至13日） 全国政协十届四次会议于2006年3月3日至13日在北京举行。3月3日的开幕会由王忠禹主持，出席委员2154名；党和国家领导人胡锦涛、吴邦国、温家宝、曾庆红、吴官正、李长春、罗干到会祝贺。贾庆林代表政协第十届全国委员会常务委员会向大会报告工作。委员们格外关注的问题有：社会主义新农村建设、自主创新、节约资源、循环经济、环境保护、协调发展、思想道德建设，以及涉及群众切身利益的义务教育、就业和再就业、医药卫生、社会保障、收入分配、安全生产等。会议期间，提案委员会就“关于农业增产、农民增收，促进社会主义新农村建设问题”和“关于加快科技自主创新成果转化问题”，召开了两次提案办理协商会，邀请国家发改委、财政部、农业部、科技部等15个有关部委，与提出提案的民主党派中央、政协委员当面沟通情况，交换意见，共商解决问题的措施。会议通过了政协第十届全国委员会第四次会议关于常务委员会工作报告的决议，关于政协十届三次会议以来提案工作情况报告的决议，政协提案委员会关于政协十届四次会议提案审查情况的报告和政协第十届全国委员会第四次会议政治决议。

【十届全国人大四次会议】（2006年3月5日至14日） 十届全国人大四次会议于2006年3月5日至14日在北京举行。3月5日的第一次全体会议由吴邦国主持，出席代表2927名。大会批准了温家宝作的政府工作报告，吴邦国作的全国人大常委会工作报告，肖扬作的关于最高人民法院工作的报告，贾春旺作的关于最高人民检察院工作的报告等；通过了关于国民经济和社会发展第十一个五年规划纲要；通过了关于2005年国民经济和社会发展计划执行情况与2006年国民经济和社会发展计划的决议；通过了关于2005年中央和地方预算执行情况及2006年中央和地方预算的决议等。

【中央政治局会议】（2006年3月27日） 中央政治局会议于2006年3月27日在北京召开。胡锦涛主持会议。会议研究促进中部地区崛起工作。会议指出，促进中部地区崛起，是党中央、国务院继作出鼓励东部地区率先发展、实施西部大开发、振兴东北地区等老工业基地战略后，从我国现代化建设全局出发作出的又一重大决策，是落实促进区域协调发展总体战略的重大任务。促进中部地区崛起，要坚持把改革开放和科技进步作为动力，着力增强自主创新能力、提升产业结构、转变增长方式、保护生态环境、促进社会和谐，努力建设全国重要的粮食生产基地、能源原材料基地、现代装备制造及高技术产业基地和综合交通运输枢纽，在发挥承东启西和产业发展优势中崛起，实现中部地区经济社会全面协调可持续发展。会议还研究了其他事项。

【十六届中央政治局第三十次集体学习】（2006年3月27日） 十六届中央政治局第三十次集体学习于2006年3月27日在北京举行。这次学习的主题是国外安全生产的制度措施和加强我国安全生产的制度建设。胡锦涛在主持学习时强调，高度重视和切实抓好安全生产工作，是坚持立党为公、执政为民的必然要求，是贯彻落实科学发展观的必然要求，是实现好、维护好、发展好最广大人民的根本利益的必然要求，也是构建社会主义和谐社会的必然要求。各级党委和政府要牢固树立以人为本的观念，关注安全，关爱生命，进一步认识做好安全生产工作的极端重要性，坚持不懈地把安全生产工作抓细抓实抓好。

【全国文化体制改革工作会议】（2006年3月28日至30日） 全国文化体制改革工作会议于2006年3月28日至30日在北京召开。李长春出席并讲话。他指出，党的十六大以来，宣传思想文化战线按照党中央关于繁荣社会主义文化和文化体制改革的一系列决策部署，推进体制创新、机制创新和文化创新，文化体制改革试点工作取得重大突破，为进一步深化文化体制改革提供了经验，奠定了基础。2005年12月23日下发的《中共中央、国务院关于深化文化体制改革的若干意见》，明确了深化文化体制改革的指导思想、方针原则、基本目标和主要任务。要以发展为主题，以改革为动力，以体制机制创新为重点，以创造更多更好适应人民群众需求的精神文化产品为目标，深入推进文化体制改革，解放和发展文化生产力，促进文化事业全面繁荣和文化产业快速发展，为建设社会主义先进文化作出新的贡献。刘云山对文化体制改革试点工作作了总结，对推进文化体制改革作出具体部署。陈至立作总结讲话，对贯彻落实会议精神提出了要求。浙江、深圳等试点地区以及北京儿童艺术剧院等试点单位负责人在大会上发言。

【两岸经贸论坛】（2006年4月14日至15日） 两岸经贸论坛于2006年4月14日至15日在北京举行。论坛由中共中央台办海研中心与中国国民党国政研究基金会共同主办，两岸经济科技交流与合作中心与两岸和平发展基金会协办。开幕式由中共中央台湾工作办公室主任陈云林、中国国民党国政研究基金会副董事长林丰正共同主持。与会人员有两岸相关企业、工商团体负责人，两岸著名经济界专家学者以及大陆台资企业协会会长等共500多人。中共中央政治局常委、全国政协主席贾庆林和中国国民党荣誉主席连战出席了论坛开幕式，并分别发表了题为《以民为本，深化合作，共同开创两岸经贸互利双赢的新局面》和《和平繁荣，共同期望》的演讲。闭幕式由中共中央台湾工作办公室常务副主任李炳才和中国国民党国政研究基金会资深顾问徐立德共同主持。贾庆林和连战出席了闭幕式。李炳才在闭幕式上宣读了本届论坛共同建议。陈云林受权宣布和通报了大陆方面将进一步采取的促进两岸交流合作、惠及台湾同胞的15项政策措施。中国国民党副主席吴伯雄在闭幕式上讲话，中国国民党国政研究基金会副董事长林丰正在闭幕式上致辞。在为期两天的论坛中，与会两党人士和两岸企业界人士、专家学者、台商代表围绕“两岸经贸交流与直接通航”的主题进行了深入的研讨，在许多问题上取得广泛的共识。

【中央政治局会议】（2006年5月26日） 中央政治局会议于2006年5月26日在北京召开。胡锦涛主持会议。会议研究改革收入分配制度和规范收入分配秩序问题。会议强调要坚持和完善按劳分配为主体、多种分配方式并存的分配制度，坚持各种生产要素按贡献参与分配，在经济发展的基础上，更加注重社会公平，合理调整国民收入分配格局，加大收入分配调节力度，使全体人民都能享受到改革开放和社会主义现代化建设的成果。要积极推进收入分配制度改革，进一步理顺分配关系，完善分配制度，着力提高低收入者收入水平，扩大中等收入者比重，有效调节过高收入，取缔非法收入，努力缓解地区之间和部分社会成员收入差距扩大的趋势。要按照《中华人民共和国公务员法》规定实行国家统一的职务与级别相结合的公务员工资制度的要求，深化公务员工资制度改革，建立科学完善的公务员薪酬制度。合理调整机关事业单位离退休人员待遇。完善机关工人工资制度。要随着经济发展，适当提高企业离退休人员基本养老金标准、各类优抚对象抚恤补助标准、城市低保对象补助标准，并注意提高其他低收入人员待遇水平。

【十六届中央政治局第三十一次集体学习】（2006年5月26日） 十六届中央政治局第三十一次集体学习于2006年5月26日在北京举行。这次学习的主题是国际知识产权保护和我国知识产权保护的法律和制度建设。胡锦涛在主持学习时强调，加强我国知识产权制度建设，大力提高知识产权创造、管理、保护、运用能力，是增强我国自主创新能力、建设创新型国家的迫切需要，是完善社会主义市场经济体制、规范市场秩序和建立诚信社会的迫切需要，是增强我国企业市场竞争力、提高国家核心竞争力的迫切需要，也是扩大对外开放、实现互利共赢的迫切需要。要充分发挥知识产权在增强国家经济科技实力和国际竞争力、维护国家利益和经济安全方面的重要作用，为我国进入创新型国家行列提供强有力的支撑。

【十六届中央政治局第三十二次集体学习】（2006年6月29日） 十六届中央政治局第三十二次集体学习于2006年6月29日在北京举行。这次学习的主题是坚持科学执政、民主执政、依法执政。胡锦涛在主持学习时强调，科学执政、民主执政、依法执政，核心是要为人民执好政、掌好权。要把坚持党的领导、人民当家作主和依法治国有机统一起来，不断改革和完善党的领导方式和执政方式，不断提高党的执政能力和领导水平，在为人民治国理政的实践中体现党的先进性、发展党的先进性、永葆党的先进性。

【庆祝中国共产党成立八十五周年暨总结保持共产党员先进性教育活动大会】（2006年6月30日） 庆祝中国共产党成立85周年暨总结保持共产党员先进性教育活动大会于2006年6月30日在北京举行。吴邦国主持大会。胡锦涛、温家宝、贾庆林、曾庆红、黄菊、吴官正、李长春、罗干等中央领导出席大会。胡锦涛在会上讲话强调，先进性是马克思主义政党的生命所系、力量所在。我们党只有不断保持和发展自身的先进性，始终走在时代前列，才能巩固党的执政地位、提高党的执政能力、完成党的执政使命。必须清醒认识新的历史条件下加强党的自身建设的必要性、紧迫性、艰巨性、复杂性，全面把握党所肩负的历史使命和党员队伍的总体状况，扎扎实实加强党的先进性建设。这次先进性教育活动是我们党参加人数最多、规模最大的一次马克思主义集中教育活动，实现了预期目标，取得了显著成效。保持和发展党的先进性是马克思主义政党自身建设的根本任务和永恒课题，必须把加强党的先进性建设作为一项重大战略任务更加突出、更加紧迫地提到全党面前。曾庆红宣读了《中共中央关于表彰全国先进基层党组织和优秀共产党员、优秀党务工作者的决定》。全国先进基层党组织代表、山东省寿光市孙家集街道三元朱村党支部书记王乐义，全国优秀共产党员和优秀党务工作者代表、北京市海淀区人民法院党组成员、民事审判第五庭庭长宋鱼水先后发言。

【全国统战工作会议】（2006年7月10日至12日） 全国统战工作会议于2006年7月10日至12日在北京召开。贾庆林主持会议。胡锦涛、吴邦国、温家宝、曾庆红、黄菊、吴官正、李长春、罗干出席。胡锦涛在会上讲话指出：在新世纪新阶段，统一战线地位重要、作用重大，要坚持以马克思列宁主义、毛泽东思想、邓小平理论和“三个代表”重要思想为指导，全面贯彻落实科学发展观，高举爱国主义、社会主义旗帜，团结一切可以团结的力量，调动一切可以调动的积极因素，为促进社会主义经济建设、政治建设、文化建设、社会建设服务，为促进香港、澳门长期繁荣稳定和祖国和平统一服务，为维护世界和平、促进共同发展服务。胡锦涛强调，要把巩固和壮大统一战线，作为提高党的执政能力的一项重要任务，作为发展中国特色社会主义事业的一项重要任务，作为增强中华民族凝聚力的一项重要任务，摆到全党工作的重要位置，真正抓紧抓实抓好，努力把统一战线建设成为坚持以人为本、具有强大凝聚力的统一战线，建设成为具有空前广泛性和巨大包容性的统一战线，不断巩固全体社会主义劳动者、社会主义事业的建设者、拥护社会主义的爱国者和拥护祖国统一的爱国者的最广泛的联盟，共创我们的幸福生活和美好未来。刘延东在会上作了题为《努力开创新世纪新阶段统一战线工作新局面》的工作报告。北京、上海、江苏、河南、湖北、新疆六省区市的代表在会上发言。7月24日，中共中央发出《关于巩固和壮大新世纪新阶段统一战线的意见》，指出新世纪新阶段统一战线已经进一步发展成为全体社会主义劳动者、社会主义事业的建设者、拥护社会主义的爱国者和拥护祖国统一的爱国者的最广泛的联盟，进一步阐明统一战线在若干重要领域的方针政策。

【十六届中央政治局第三十三次集体学习】（2006年7月25日） 十六届中央政治局第三十三次集体学习于2006年7月25日在北京举行。这次学习的主题是红军长征胜利的回顾和思考。胡锦涛在主持学习时强调，只有铭记历史，特别是铭记我们党领导人民创造的中国革命史，才能深刻了解过去、全面把握现在、正确创造未来。我们必须坚持不懈地学习中国革命史，进一步从历史和现实的比较中加深对我国国情和中国特色社会主义道路的理解和认识，进一步从理论和实践的结合上增强贯彻党的基本理论、基本路线、基本纲领、基本经验的自觉性和坚定性，进一步结合新的时代条件发扬光大我们党在革命战争时期形成的光荣革命传统。

【学习《江泽民文选》报告会】（2006年8月15日） 学习《江泽民文选》报告会于2006年8月15日在北京举行。报告会由吴邦国主持。胡锦涛、温家宝、贾庆林、曾庆红、黄菊、吴官正、李长春、罗干等出席报告会。中央党政军群各部门和北京市负责同志，各民主党派中央、全国工商联负责人和无党派人士代表，部分理论、宣传工作者代表出席报告会。胡锦涛在会上发表重要讲话。他强调，《江泽民文选》为我们更深入地学习领会“三个代表”重要思想，更好地用“三个代表”重要思想武装头脑、指导实践、推动工作，继续推进中国特色社会主义伟大事业和党的建设新的伟大工程，提供了最好的教材。学习《江泽民文选》是当前和今后一个时期党的思想政治建设和党员干部理论学习培训的重要任务。要弘扬理论联系实际的马克思主义学风，联系改革开放和社会主义现代化建设的实际，联系本地区本部门的工作实际和干部群众的思想实际，努力做到学以致用、用以促学、学用相长，着力提高广大党员、干部的思想认识水平，着力推进各地区各部门的工作。李长春宣读了《中共中央关于学习〈江泽民文选〉的决定》。

【中央外事工作会议】（2006年8月21日至23日） 中央外事工作会议于2006年8月21日至23日在北京召开。胡锦涛、吴邦国、温家宝、贾庆林、曾庆红、黄菊、吴官正、李长春、罗干等出席会议。胡锦涛在会上发表重要讲话，从全局和战略的高度，全面分析了当前国际形势发展变化的新趋势新特点，深刻阐述了新世纪新阶段做好外事工作的重要性和紧迫性，进一步明确了外事工作的指导思想、基本原则、总体要求和主要任务，对加强和改进党对外事工作的领导提出了具体要求。温家宝在讲话中分析了我国改革开放和社会主义现代化建设的形势，着重阐述了做好新形势下外事工作需要解决的重点问题，并对当前和今后一个时期的外事工作作出了具体部署。会议强调，新世纪新阶段的外事工作，要高举和平、发展、合作的旗帜，坚持独立自主的和平外交政策，坚定不移地走和平发展道路，全方位开展外事工作，维护和用好重要战略机遇期，维护国家主权、安全、发展利益，努力为我国改革开放和社会主义现代化建设营造良好国际环境和有利外部条件，为推动建设持久和平、共同繁荣的和谐世界作出贡献。唐家璇作了会议总结，对贯彻落实会议精神提出了要求。有关方面负责同志在会上发了言。

【中央政治局会议】（2006年8月29日） 中央政治局会议于2006年8月29日在

北京召开。胡锦涛主持会议。会议研究党员领导干部报告个人有关事项的规定等问题。会议认为，加强党风廉政制度建设，完善党内监督制度，真正形成用制度规范从政行为、按制度办事、靠制度管人的有效机制，是加强党的执政能力建设和先进性建设的必然要求。制定党员领导干部报告个人有关事项的规定，是我们党为坚持党要管党、从严治党的方针，加强党员领导干部的监督管理、促进党员领导干部廉洁从政而采取的重要举措。要强调党员领导干部向党组织报告个人有关事项的职责，明确需要报告的事项，确定受理报告的机关，完善报告程序，强化监督检查，使这项制度更加切合实际，更加具有可操作性。在系统总结1997年1月31日中共中央办公厅、国务院办公厅公布的《关于领导干部报告个人重大事项的规定》实施经验的基础上，中央纪委起草、中央办公厅于2006年9月24日正式印发了《关于党员领导干部报告个人有关事项的规定》，对报告的事项、报告的程序，以及如何监督检查作出了更加明确、具体的规定。2010年5月26日，中共中央办公厅、国务院办公厅印发《关于领导干部报告个人有关事项的规定》。《关于党员领导干部报告个人有关事项的规定》与1995年发布的《关于党政机关县（处）级以上领导干部收入申报的规定》同时废止。

【十六届中央政治局第三十四次集体学习】（2006年8月29日）　十六届中央政治局第三十四次集体学习于2006年8月29日在北京举行。这次学习的主题是世界教育发展趋势和深化我国教育体制改革。胡锦涛在主持学习时强调，必须坚定不移地实施科教兴国战略和人才强国战略，切实把教育摆在优先发展的战略地位，推动我国教育事业全面协调可持续发展，努力把我国建设成为人力资源强国，为全面建设小康社会、实现中华民族的伟大复兴提供强有力的人才和人力资源保证。

【全国农村综合改革工作会议】（2006年9月1日至2日）　全国农村综合改革工作会议于2006年9月1日至2日在北京召开。回良玉主持会议。温家宝在会上发表了题为《不失时机推进农村综合改革为社会主义新农村建设提供体制保障》的讲话。温家宝强调，农业税的取消，标志着我国农村改革开始进入综合改革的新阶段。要充分认识农村综合改革的重要性和艰巨性，按照巩固农村税费改革成果和完善社会主义市场经济体制的要求，推进乡镇机构、农村义务教育和县乡财政管理体制改革，建立精干高效的农村行政管理体制和运行机制、覆盖城乡的公共财政制度、政府保障的农村义务教育体制，促进农民减负增收和农村公益事业发展，全面推动社会主义新农村建设。农村综合改革不仅涉及经济领域的改革，而且涉及政治、社会、文化等领域的改革，是一次重大的制度创新和社会变革，要在试点的基础上全面推进。有条件的地方要在全省范围内开展试点，暂不具备条件的省份要进一步扩大市、县试点范围，力争五年期间或更长一点时间基本完成乡镇机构、农村义务教育和县乡财政管理体制改革的任务。温家宝指出，我国近30年的农村改革取得了巨大成功。农村改革的第一步，以家庭承包经营为核心，建立农村基本经济制度和市场机制，保障农民生产经营自主权。第二步，以农村税费改革为核心，统筹城乡发展，调整国民收入分配关系。第三步，以促进农村上层建筑变革为核心，实行农村综合改革，解决农村上层建筑与经济基础不相适应的一些深层次问题。这几步改革贯穿一条红线，就是保障农民的物质利益，维护农民的民主权利，解放和发展生产力。回良玉作总结讲话。10月8日，国务院发出《关于做好农村综合改革工作有关问题的通知》。

【中央政治局会议】（2006年9月24日） 中央政治局会议于2006年9月24日在北京召开。会议审议中央纪委《关于陈良宇同志有关问题初核情况的报告》。根据调查的情况，陈良宇涉及上海市劳动和社会保障局违规使用社保资金、为一些不法企业主谋取利益、袒护有严重违纪违法问题的身边工作人员、利用职务上的便利为亲属谋取不正当利益等严重违纪问题。中央决定，依据《中国共产党章程》和《中国共产党纪律检查机关案件检查工作条例》的有关规定，由中共中央纪律检查委员会对陈良宇同志的问题立案检查，免去陈良宇同志上海市委书记、常委、委员职务，停止其担任的中央政治局委员、中央委员职务。

【中央政治局会议】（2006年9月25日） 中央政治局会议于2006年9月25日在北京召开。胡锦涛主持会议。会议讨论十六届五中全会以来中央政治局的工作，研究构建社会主义和谐社会等问题。中央政治局听取了《中共中央关于构建社会主义和谐社会若干重大问题的决定》稿在党内外一定范围征求意见的情况报告，决定根据这次会议讨论的意见进行修改后将文件稿提请十六届六中全会审议。会议指出，我们要构建的社会主义和谐社会，是在中国特色社会主义道路上，中国共产党领导全体人民共同建设、共同享有的和谐社会。会议决定，中国共产党第十六届中央委员会第六次全体会议于10月8日至11日在北京召开。

【十六届六中全会】（2006年10月8日至11日） 十六届六中全会于2006年10月8日至11日在北京举行。全会由中央政治局主持。出席这次全会的有，中央委员195人，候补中央委员152人。中央纪律检查委员会常务委员会委员和有关方面负责同志列席了会议。胡锦涛作了重要讲话。全会听取和讨论了胡锦涛受中央政治局委托作的工作报告，审议通过了《中共中央关于构建社会主义和谐社会若干重大问题的决定》。吴邦国就《决定（讨论稿）》向全会作了说明。全会全面分析了当前的形势和任务，研究了构建社会主义和谐社会的若干重大问题。全会指出，社会和谐是中国特色社会主义的本质属性，是国家富强、民族振兴、人民幸福的重要保证。构建社会主义和谐社会，是从中国特色社会主义事业总体布局和全面建设小康社会全局出发提出的重大战略任务，反映了建设富强民主文明和谐的社会主义现代化国家的内在要求，体现了全党全国各族人民的共同愿望。全会提出，到2020年，构建社会主义和谐社会的目标和主要任务是：社会主义民主法制更加完善，依法治国基本方略得到全面落实，人民的权益得到切实尊重和保障；城乡、区域发展差距扩大的趋势逐步扭转，合理有序的收入分配格局基本形成，家庭财产普遍增加，人民过上更加富足的生活；社会就业比较充分，覆盖城乡居民的社会保障体系基本建立；基本公共服务体系更加完备，政府管理和服务水平有较大提高；全民族的思想道德素质、科学文化素质和健康素质明显提高，良好道德风尚、和谐人际关系进一步形成；全社会创造活力显著增强，创新型国家基本建成；社会管理体系更加完善，社会秩序良好；资源利用效率显著提高，生态环境明显好转；实现全面建设惠及十几亿人口的更高水平的小康社会的目标，努力形成全体人民各尽其能、各得其所而又和谐相处的局面。全会强调，构建社会主义和谐社会，要遵循以下原则：必须坚持以人为本，必须坚持科学发展，必须坚持改革开放，必须坚持民主法治，必须坚持正确处理改革发展稳定的关系，必须坚持在党的领导下全社会共同建设。胡锦涛在讲话中指出：我国发展已站在一个新的历史起点上，经济体制深刻变革，社会结构深刻变动，利益格局深刻调整，思想观念深刻变化，深层次矛盾逐步显现，必须把构建社会主义和谐社会摆在更加突出的地位。他指出：建设社会主义核心价值体系，最根本是要坚持马克思主义的指导地位，坚持不懈地用马克思主义中国化的最新成果武装全党、教育人民。他强调：要把各方面的积极性引导到实现科学发展上来，扎实促进经济又好又快发展。全会决定党的十七大于2007年下半年在北京召开。

【纪念红军长征胜利七十周年大会】

（2006年10月22日）　纪念红军长征胜利70周年大会于2006年10月22日在北京举行。吴邦国主持大会。胡锦涛、江泽民、温家宝、曾庆红、黄菊、吴官正、李长春、罗干等中央领导出席大会，中央党政军群各部门和北京市负责人，各民主党派中央、全国工商联负责人和无党派人士代表以及首都各界群众共约3000人参加了大会。胡锦涛在会上讲话指出：我们纪念红军长征胜利，就是要激励全党全军全国各族人民在中国特色社会主义道路上继续奋勇前进。长征精神，就是把全国人民和中华民族的根本利益看得高于一切，坚定革命的理想和信念，坚信正义事业必然胜利的精神；就是为了救国救民，不怕任何艰难险阻，不惜付出一切牺牲的精神；就是坚持独立自主、实事求是，一切从实际出发的精神；就是顾全大局、严守纪律、紧密团结的精神；就是紧紧依靠人民群众，同人民群众生死相依、患难与共、艰苦奋斗的精神。老红军老同志代表、原昆明军区政委谢振华，解放军代表、空军试飞团副团长李中华，青年代表、北京大学学生刘凯先后发言。

【中央政治局会议】（2006年10月23日） 中央政治局会议于2006年10月23日在北京召开。胡锦涛主持会议。会议研究2006年至2010年全国干部教育培训规划。会议强调，要紧紧围绕党和国家工作大局，按照实事求是、与时俱进、艰苦奋斗、执政为民的要求，以增强执政意识、提高执政能力为重点，联系实际创新路、加强培训求实效，大规模培训干部，大幅度提高干部素质，把提高干部教育培训质量摆在更加突出的位置，努力实现规模和质量、效益的统一，不断开创干部教育培训工作新局面，推动学习型政党、学习型社会建设，为实现"十一五"时期经济社会发展目标提供思想政治保证、人才保证和智力支持。会议指出，"十一五"时期干部教育培训工作的主要任务是，根据"十一五"时期经济社会发展需要和干部队伍的实际，把政治理论培训作为首要任务，全面加强政策法规、业务知识、文化素养培训和技能训练；把干部教育培训的普遍性要求与不同类别、不同层次、不同岗位干部的特殊需要结合起来，调动干部的积极性和主动性，增强教育培训的针对性和实效性。

【十六届中央政治局第三十五次集体学习】（2006年10月23日） 十六届中央政治局第三十五次集体学习于2006年10月23日在北京举行。这次学习的主题是国外医疗卫生体制和我国医疗卫生事业发展。胡锦涛在主持学习时强调，医疗卫生事业是造福人民的事业，关系广大人民群众的切身利益，关系千家万户的幸福安康，也关系经济社会协调发展，关系国家和民族的未来。各级党委和政府都要切实把发展医疗卫生事业、提高人民群众健康水平放在更加重要的位置，走中国特色医疗卫生改革发展道路，加快医疗卫生事业改革发展步伐，努力满足人民群众日益增长的医疗卫生服务需求。

【孙中山先生诞辰一百四十周年纪念大会】（2006年11月12日） 孙中山先生诞辰140周年纪念大会于2006年11月12日在北京人民大会堂隆重举行。贾庆林主持大会。胡锦涛、吴邦国、温家宝、曾庆红、吴官正、李长春、罗干出席大会。各民主党派中央、全国工商联负责人和无党派人士，孙中山先生的亲属及海外来宾，以及首都各界人士等约3000人出席纪念大会。胡锦涛在会上发表重要讲话强调，孙中山先生追求真理的开拓进取精神和矢志不渝的爱国主义情怀，天下为公的博大胸怀和放眼世界的开放心态，生命不息、奋斗不止的坚强意志和鞠躬尽瘁、死而后已的高尚品德，是他留给我们的宝贵精神遗产。在我们为实现中华民族伟大复兴而奋斗的征程上，这一精神遗产仍然具有重要的启迪和教育意义，值得我们永远学习继承和发扬光大。

【全国政法工作会议】（2006年11月27日至28日） 全国政法工作会议于2006年11月27日至28日在北京召开。罗干出席会议并讲话。罗干在讲话中对过去一年的全国政法工作给予了充分肯定。罗干指出，做好政法工作、维护社会稳定既是和谐社会的保障，也是和谐社会的重要内容。他强调，要紧紧围绕构建社会主义和谐社会这个大目标和总要求，坚持以邓小平理论和“三个代表”重要思想为指导，深入贯彻党的十六大和十六届六中全会精神，全面落实科学发展观，以化解社会矛盾为主线，加强司法保障，加强政法机关社会管理能力建设，加强政法队伍思想政治建设，最大限度地增加和谐因素，最大限度地减少不和谐因素，为党的十七大胜利召开，为实现重要战略机遇期的顺利发展创造和谐稳定的社会环境和公正、高效、权威的法治环境。

【中央政治局会议】（2006年11月30日） 中央政治局会议于2006年11月30日在北京召开。胡锦涛主持会议。会议分析当前经济形势、研究2007年经济工作，讨论人口和计划生育工作。会议高度评价2006年经济工作，并指出了当前经济运行中的矛盾和问题。会议强调，做好2007年经济工作，务必保持经济平稳较快增长，避免出现大的起伏；务必在调整经济结构和转变经济增长方式上有更大成效，努力提高经济增长的质量和效益；务必在解决群众切身利益问题上有新举措，推动构建社会主义和谐社会取得积极进展。会议认为，人口问题始终是制约我国全面协调可持续发展的重大问题，是影响经济社会发展的关键因素。实行计划生育以来，我国人口和计划生育工作取得巨大成就，有力促进了经济发展和社会进步。以人的全面发展统筹解决人口问题，变人口压力为人力资源优势，为经济社会发展提供持久动力，是实现中华民族伟大复兴的战略选择。人口和计划生育工作思路必须由单纯控制数量为主向在稳定低生育水平的基础上统筹解决人口问题转变，工作方式必须由行政制约为主向依法管理、优质服务、综合施治转变，着重抓好稳定低生育水平、提高出生人口素质、综合治理出生人口性别比偏高问题、完善流动人口管理服务体系、积极应对人口老龄化等重点任务。会议决定近期召开中央经济工作会议。

【十六届中央政治局第三十六次集体学习】（2006年11月30日） 十六届中央政治局第三十六次集体学习于2006年11月30日在北京举行。这次学习的主题是我国社会主义基层民主政治建设研究。胡锦涛在主持学习时强调，扩大基层民主，保证人民群众直接行使民主权利，依法管理自己的事情，是社会主义民主最广泛的实践，是社会主义民主政治建设的基础性工作。必须深刻认识发展社会主义基层民主政治的重大意义，推动社会主义基层民主政治建设不断取得新进展。

【全国宣传部长会议】（2006年12月1日至2日） 全国宣传部长会议于2006年12月1日至2日在北京召开。李长春出席会议并讲话。各省、自治区、直辖市和新疆生产建设兵团以及副省级城市的党委宣传部长、中央和国家机关有关部委、中央宣传思想文化系统各单位、总政宣传部、武警部队政治部和有关人民团体的负责同志出席会议。出席全国文明办主任会议的代表列席会议。李长春指出，建设社会主义核心价值体系是十六届六中全会在思想文化建设上的一个重大理论创新，是我们党深刻总结历史经验、科学分析当前形势提出的一项重大任务。宣传思想战线要以社会主义核心价值体系为根本，扎实推进和谐文化建设。刘云山对2007年宣传思想工作作出具体部署。

【中央经济工作会议】（2006年12月5日至7日） 中央经济工作会议于2006年12月5日至7日在北京召开。胡锦涛、吴邦国、温家宝、贾庆林、曾庆红、黄菊、吴官正、李长春、罗干等中央领导出席会议。胡锦涛在会上发表重要讲话，全面分析了当前的国内经济形势和国际经济环境，明确提出了2007年经济工作的指导思想和总体要求，深刻阐述了做好2007年经济工作需要把握的原则和主要任务。温家宝在讲话中就2007年经济工作的主要目标、任务和有关重大问题作了具体部署。会议指出：总结近几年的经验，结合当前经济社会发展面临的新形势，我们在贯彻落实科学发展观方面的主要体会是，必须深刻认识又好又快发展是全面落实科学发展观的本质要求，必须坚持把"三农"问题放在经济社会发展全局的突出位置，必须在结构优化中促进总量平衡，必须把促进国际收支平衡作为保持宏观经济稳定的重要任务，必须不断强化企业激励机制和约束机制，必须坚持促进经济社会协调发展。2007年经济工作的总体要求是：以邓小平理论和"三个代表"重要思想为指导，认真贯彻党的十六大和十六届三中、四中、五中、六中全会精神，全面落实科学发展观，加快构建社会主义和谐社会，继续加强和改善宏观调控，着力调整经济结构和转变增长方式，着力加强资源节约和环境保护，着力推进改革开放和自主创新，着力促进社会发展和解决民生问题，推动经济社会发展切实转入科学发展的轨道，努力实现国民经济又好又快发展，为党的十七大召开创造良好环境。

【全国组织部长会议】（2006年12月12日至13日） 全国组织部长会议于2006年12月12日至13日在北京召开。贺国强主持会议。曾庆红出席会议并讲话，曾庆红在讲话中强调，2007年是深入贯彻落实科学发展观、积极推进社会主义和谐社会建设的重要一年。全国组织战线的同志要围绕中心、服务大局，在全面落实科学发展观和加快构建社会主义和谐社会的实践中大力加强党的执政能力建设和先进性建设，进一步开创党的组织工作的新局面，以优异成绩迎接党的十七大胜利召开。

【纪念乌兰夫同志诞辰一百周年座谈会】（2006年12月21日） 纪念乌兰夫同志诞辰100周年座谈会于2006年12月21日在北京召开。王兆国主持座谈会。曾庆红等领导同志，中央和国家机关、部队有关部门、内蒙古自治区的负责同志，乌兰夫同志的亲属、生前友好和原身边工作人员等出席座谈会。曾庆红在讲话中指出，乌兰夫同志的一生，是为祖国的解放和统一不断奋斗的一生，是为社会主义现代化建设和改革开放事业不断奉献的一生，是为各民族的平等、团结和共同繁荣不断追求的一生。曾庆红强调，纪念乌兰夫同志，缅怀他的不朽功勋，就是要促进和推动一切有利于民族团结、国家统一、社会进步的事业，就是要继承和弘扬一切有利于社会主义现代化建设的崇高思想和精神。我们要学习他勇于坚持真理，善于运用马克思主义，始终立足于我国的实际，探索创新，解决我国的民族问题；学习他始终坚持实事求是的思想路线，在中国特色社会主义建设事业中，一切从实际出发，一切为了人民；学习他始终把中华民族的根本利益和国家整体利益放在首位，求团结的大局，促统一的大义；学习他自觉扎根于群众之中，关心群众，依靠群众。

【中央农村工作会议】（2006年12月22日至23日）　中央农村工作会议于2006年12月22日至23日在北京召开。会议以邓小平理论和“三个代表”重要思想为指导，认真贯彻党的十六大和十六届三中、四中、五中、六中全会和中央经济工作会议精神，总结2006年农业和农村工作，深入分析当前形势，着重研究了积极发展现代农业、扎实推进社会主义新农村建设的政策措施，全面部署了2007年农业和农村工作。会议讨论了《中共中央、国务院关于积极发展现代农业，扎实推进社会主义新农村建设的若干意见（讨论稿）》。华建敏主持第一次全体会议。回良玉出席会议并讲话。会议指出，我国农业和农村正发生重大而深刻的变化，农业正处于由传统向现代转变的关键时刻。促进农村社会和谐，首先要发展农村生产力。推进新农村建设，首要任务是建设现代农业。发展现代农业总的思路和目标是：用现代物质条件装备农业，用现代科学技术改造农业，用现代产业体系提升农业，用现代经营形式推进农业，用现代发展理念引领农业，用培养新型农民发展农业，提高农业水利化、机械化和信息化水平，提高土地产出率、资源利用率和劳动生产率，提高农业素质、效益和竞争力。吉林、江苏、河南、湖南、广东、重庆等省、直辖市的有关负责同志在大会上发言。

【中央政治局会议】（2006年12月25日）　中央政治局会议于2006年12月25日在北京召开。胡锦涛主持会议。会议听取中央纪律检查委员会2006年工作汇报，分析当前党风廉政建设和反腐败工作形势，研究部署2007年党风廉政建设和反腐败工作。会议认为，2006年以来，全党高举邓小平理论和“三个代表”重要思想伟大旗帜，全面贯彻落实科学发展观，学习党章、遵守党章、贯彻党章、维护党章，在全面推进改革开放和社会主义现代化建设的伟大进程中，落实《教育、制度、监督并重的惩治和预防腐败体系实施纲要》，扎实开展党风廉政建设，推进反腐倡廉制度创新，加大从源头上防治腐败力度，党风廉政建设和反腐败斗争取得了新进展新成效，特别是在严肃党纪政纪、治理商业贿赂、查处腐败案件、纠正损害群众利益的不正之风方面取得了较好效果。同时也要看到，当前一些领域的腐败现象仍然比较严重，一些损害群众利益的突出问题还没有从根本上得到解决，反腐倡廉任务仍然艰巨。会议强调，要坚持标本兼治、综合治理、惩防并举、注重预防的方针，突出重点，继续抓好领导干部的教育、监督和廉洁自律，继续抓好大案要案查处，继续抓好纠正损害群众利益的不正之风，继续抓好源头治理、推进体制机制创新，以更坚决的态度、更有力的措施、更扎实的工作，深入开展党风廉政建设和反腐败斗争。会议同意2007年1月召开中央纪律检查委员会第七次全体会议。

【十六届中央政治局第三十七次集体学习】（2006年12月25日） 十六届中央政治局第三十七次集体学习于2006年12月25日在北京举行。这次学习的主题是关于我国建设资源节约型社会。胡锦涛在主持学习时强调，全党全社会都必须按照科学发展观的要求，充分认识建设资源节约型、环境友好型社会的重要性和紧迫性，下最大决心、花最大气力抓好节约能源资源工作。

【十六届中央纪委七次全会】（2007年1月8日至10日） 十六届中央纪委第七次全体会议于2007年1月8日至10日在北京举行。中央纪委常务委员会主持会议。出席会议的中央纪委委员110人，列席315人。这次全会以邓小平理论和“三个代表”重要思想为指导，全面落实科学发展观，深入贯彻党的十六大及十六大以来历次中央全会精神，认真学习贯彻胡锦涛同志在中央纪委第七次全会上的重要讲话，总结2006年工作，研究部署2007年党风廉政建设和反腐败工作任务。全会审议通过了吴官正代表中央纪委常委会所作的《拓展从源头上防治腐败工作领域，深入推进党风廉政建设和反腐败斗争》的报告。吴官正主持全会第二次大会，胡锦涛、吴邦国、温家宝、贾庆林、曾庆红、李长春、罗干等出席。胡锦涛在会上讲话强调，切实抓好领导干部作风建设，使领导干部始终保持振奋的精神和良好的作风，始终坚持党的根本宗旨，是我们党在执政情况下必须面对的考验。胡锦涛指出，要在各级领导干部中大力倡导勤奋好学、学以致用，心系群众、服务人民，真抓实干、务求实效，艰苦奋斗、勤俭节约，顾全大局、令行禁止，发扬民主、团结共事，秉公用权、廉洁从政，生活正派、情趣健康等八个方面的良好风气。全会增选干以胜同志为中央纪委副书记。

【全国金融工作会议】（2007年1月19日至20日） 全国金融工作会议于2007年1月19日至20日在北京召开。这次会议的主要任务是，总结近几年来的金融工作，分析当前金融形势，统一思想认识，全面部署今后一个时期的金融工作。华建敏主持会议。温家宝在讲话中指出，2002年以来金融工作取得显著成绩，金融业迅速发展壮大，金融改革迈出重大步伐，金融各项功能进一步发挥，金融领域对外开放稳步扩大，金融监管和法制建设明显加强，整个金融业发生了历史性变化，在经济社会发展中发挥重要的支撑和促进作用。温家宝指出，当前和今后一个时期金融改革发展要着力抓好以下几项工作：继续深化国有银行改革，加快建设现代银行制度；加快农村金融改革发展，完善农村金融体系；大力发展资本市场和保险市场，构建多层次金融市场体系；全面发挥金融的服务和调控功能，促进经济社会协调发展；积极稳妥推进金融业对外开放；提高金融监管能力，强化金融企业内部管理，保障金融稳定和安全。华建敏作总结讲话。

【全国统战部长会议】（2007年1月21日至22日）　全国统战部长会议于2007年1月21日至22日在北京召开。贾庆林22日在与全国统战部长会议代表座谈时强调，要坚持以邓小平理论和“三个代表”重要思想为指导，坚持以科学发展观统领统一战线工作全局，以迎接十七大胜利召开和学习贯彻十七大精神为主线，努力推进新世纪新阶段统一战线建设，为全面建设小康社会、构建社会主义和谐社会提供广泛的力量支持。刘延东对2007年统一战线工作进行了部署。

【中央政治局会议】（2007年1月23日）　中央政治局会议于2007年1月23日在北京召开。胡锦涛主持会议。会议研究部署金融改革发展工作。会议强调，今后时期金融工作要坚持以金融改革开放和科技进步为动力，着力推进现代金融体系和制度建设，着力提升金融创新能力和服务水平，着力提高金融运行效率和金融企业经营效益，着力加强金融调控和监管，着力维护金融稳定和安全，显著增强我国金融业的综合实力、竞争力和抗风险能力，促进经济社会全面协调可持续发展，充分发挥金融对全面建设小康社会、加快推进社会主义现代化的重要作用。1月29日，中共中央、国务院发出《关于全面深化金融改革促进金融业持续健康安全发展的若干意见》。

【十六届中央政治局第三十八次集体学习】（2007年1月23日）　十六届中央政治局第三十八次集体学习于2007年1月23日在北京举行。这次学习的主题是世界网络技术发展和我国网络文化建设与管理。胡锦涛在主持学习时强调，加强网络文化建设和管理，充分发挥互联网在我国社会主义文化建设中的重要作用，有利于提高全民族的思想道德素质和科学文化素质，有利于扩大宣传思想工作的阵地，有利于扩大社会主义精神文明的辐射力和感染力，有利于增强我国的软实力。我们必须以积极的态度、创新的精神，大力发展和传播健康向上的网络文化，切实把互联网建设好、利用好、管理好。

【十届国务院第九次全体会议】（2007年1月26日）　十届国务院第九次全体会议于2007年1月26日在北京召开。温家宝主持会议。会议讨论即将提请十届全国人大五次会议审议的《政府工作报告（征求意见稿）》。会议决定，将此稿发各省、自治区、直辖市和有关部门、单位征求意见。温家宝说，2006年是我国实施“十一五”规划的第一年，在党中央、国务院领导下，全国人民团结奋斗，取得了国民经济和社会发展的重大成就，实现了“十一五”时期良好开局。我们要充分看到成绩，增强继续前进的决心和信心。同时，要保持清醒头脑，正视存在的困难和问题，坦诚地向人民报告工作中的缺点和不足。温家宝说，2007年是本届政府任期的最后一年，我们要一如既往，毫不懈怠，把政府工作做得更好，向人民交出满意的答卷。要把握大局，突出重点，最重要的，是坚持以科学发展观统领经济社会发展全局，保持经济平稳较快发展，防止出现大的起落；着力调整经济结构和转变增长方式，着力加强资源节约和环境保护，着力推进改革开放和自主创新，着力促进社会发展和解决民生问题，推动经济社会发展切实转入科学发展的轨道。

【中央政治局会议】（2007年2月15日） 中央政治局会议于2007年2月15日在北京召开。胡锦涛主持会议。会议讨论国务院拟提请第十届全国人民代表大会第五次会议审议的政府工作报告稿。会议指出，过去的一年经济平稳快速增长，经济效益稳步提高，改革开放进一步深化，社会主义民主法制建设和精神文明建设得到加强，社会事业加快发展，人民生活继续改善，社会安定和谐，综合国力进一步增强，我们朝着全面建设小康社会目标又迈出坚实的一步。会议强调，2007年要加快构建社会主义和谐社会，继续加强和改善宏观调控，着力调整经济结构和转变增长方式，着力加强资源节约和环境保护，着力推进改革开放和自主创新，着力促进社会发展和解决民生问题，推动经济社会发展切实转入科学发展的轨道，正确处理改革发展稳定的关系，清醒地看到并扎实解决存在的突出问题和矛盾，全面推进社会主义经济建设、政治建设、文化建设、社会建设和党的建设，为党的十七大召开创造良好的环境和条件。

【十六届中央政治局第三十九次集体学习】（2007年2月15日） 十六届中央政治局第三十九次集体学习于2007年2月15日在北京举行。这次学习的主题是国外区域发展情况和促进我国区域协调发展。胡锦涛在主持学习时强调，促进区域协调发展，是改革开放和社会主义现代化建设的战略任务，也是全面建设小康社会、构建社会主义和谐社会的必然要求。全党全国必须从贯彻落实科学发展观、构建社会主义和谐社会的战略高度，深刻认识促进区域协调发展的重大意义，把促进区域协调发展摆在更加重要的位置，切实把区域发展总体战略贯彻好、落实好。

【国家科学技术奖励大会】（2007年2月27日） 国家科学技术奖励大会于2007年2月27日在北京举行。李长春主持大会。胡锦涛、温家宝、曾庆红出席大会并为获奖代表颁奖。温家宝代表党中央、国务院在大会上讲话。陈至立在会上宣读了《国务院关于2006年度国家科学技术奖励的决定》。会上，颁布了2006年度国家科学技术奖励获奖人选和项目。2006年度国家自然科学奖授奖项目29项，其中一等奖2项，二等奖27项；国家技术发明奖授奖项目56项，其中一等奖1项，二等奖55项；国家科学技术进步奖授奖项目241项，其中特等奖1项，一等奖20项，二等奖220项；授予2名外籍科学家中华人民共和国国际科学技术合作奖。其中，中国科学院院士、中国科学院遗传发育所研究员李振声获得2006年度国家最高科学技术奖，“歼十飞机工程”项目获得国家科学技术进步奖特等奖。

【全国政协十届五次会议】（2007年3月3日至15日）　全国政协十届五次会议于2007年3月3日至15日在北京举行。3月3日的开幕会由王忠禹主持，出席委员2144名；党和国家领导人胡锦涛、吴邦国、温家宝、曾庆红、吴官正、李长春、罗干到会祝贺。贾庆林代表政协第十届全国委员会常务委员会向大会报告工作。会议期间，胡锦涛等党和国家领导同志出席了开幕会和闭幕会，听取大会发言，参加各界别小组讨论，与政协委员共商国是。最高人民法院、最高人民检察院和中央国家机关有关部门的负责同志列席了各次全体会议和分组会议，认真听取意见，及时沟通情况。委员们认真讨论政府工作报告等文件，紧紧围绕经济社会发展中的重大问题开展协商讨论，积极建言献策，提出了许多有分量、建设性的意见和建议。会议通过了政协第十届全国委员会第五次会议关于常务委员会工作报告的决议、政协第十届全国委员会提案委员会关于政协十届五次会议提案审查情况的报告和政协第十届全国委员会第五次会议政治决议。

【十届全国人大五次会议】（2007年3月5日至16日）　十届全国人大五次会议于2007年3月5日至16日在北京举行。3月5日的第一次全体会议由吴邦国主持，出席代表近3000名。大会批准了温家宝作的政府工作报告，吴邦国作的全国人大常委会工作报告，肖扬作的关于最高人民法院工作的报告，贾春旺作的关于最高人民检察院工作的报告等；通过了关于2006年国民经济和社会发展计划执行情况与2007年国民经济和社会发展计划的决议草案，通过了关于2006年中央和地方预算执行情况与2007年中央和地方预算的决议草案；通过了《中华人民共和国物权法》《中华人民共和国企业所得税法》，及《关于第十一届全国人民代表大会代表名额和选举问题的决定》《中华人民共和国香港特别行政区选举第十一届全国人民代表大会代表的办法》《中华人民共和国澳门特别行政区选举第十一届全国人民代表大会代表的办法（草案）》等。

【中央政治局会议】（2007年3月23日）　中央政治局会议于2007年3月23日在北京召开。胡锦涛主持会议。会议听取2008年北京奥运会筹办工作汇报。会议高度评价奥运筹备工作，会议强调，举办一届有特色、高水平的奥运会，必须贯彻绿色奥运、科技奥运、人文奥运的理念，必须切实履行我们在申办奥运会时作出的庄严承诺，必须坚持节俭办奥运、廉洁办奥运的方针，必须发挥社会主义制度能够集中力量办大事的优势。要提高对筹办工作特点和规律的认识，增强工作的整体性、协调性、规范性，不断提高工作水平。要科学配置和合理使用资金、物资、人力资源，加强管理和监督工作，使资金和工程运作公开透明，发挥最大效益。要动员广大人民群众广泛参与奥运，展示我国人民企盼奥运、参与奥运、奉献奥运的良好精神面貌。

【十六届中央政治局第四十次集体学

习】（2007年3月23日） 十六届中央政治局第四十次集体学习于2007年3月23日在北京举行。这次学习的主题是关于制定和实施物权法的若干问题。胡锦涛在主持学习时强调，实施物权法，最根本的是要从我国社会主义初级阶段的国情和实际出发，全面准确地把握并坚持和完善国家基本经济制度，重点针对现实生活中迫切需要规范的问题统筹协调各种利益关系，切实维护好最广大人民的根本利益，促进社会和谐。

【全国治安管理工作会议】（2007年3月29日至30日） 全国治安管理工作会议于2007年3月29日至30日在北京召开。会议决定，我国将大力推进以建立城乡统一的户口登记制度为重点的户籍管理制度改革，逐步取消农业户口、非农业户口的二元户口性质，实现公民身份平等。河北、辽宁、山东、广西、重庆等12个省（自治区、直辖市）近年来取消了农业户口和非农业户口的二元户口性质划分，统一了城乡户口登记制度，统称为居民户口。

【中央政治局会议】（2007年4月23日） 中央政治局会议于2007年4月23日在北京召开。胡锦涛主持会议。会议研究加强青少年体育工作和网络文化建设工作。会议强调，广大青少年身心健康、体魄强健、意志坚强、充满活力，是一个民族旺盛生命力的体现，是社会文明进步的标志。体育对青少年的思想品德、智力发育、审美素养的形成都有不可替代的重要作用。要全面贯彻党的教育方针，高度重视青少年体育工作，使广大青少年在增长知识、培养品德的同时，锻炼和发展身体的各项素质和能力，成长为中国特色社会主义事业的合格建设者和接班人。会议强调，网络文化建设和管理，要坚持社会主义先进文化的前进方向，坚持正确的宣传导向，坚持把社会效益放在首位，坚持一手抓建设、一手抓管理。要在网上建设具有广泛影响力的思想文化传播平台，努力宣传科学理论、传播先进文化、倡导科学精神、塑造美好心灵、弘扬社会正气，形成积极向上的主流舆论，巩固马克思主义在意识形态领域的指导地位。5月7日中共中央、国务院发出《关于加强青少年体育增强青少年体质的意见》。

【十六届中央政治局第四十一次集体学习】（2007年4月23日） 十六届中央政治局第四十一次集体学习于2007年4月23日在北京举行。这次学习的主题是我国农业标准化和食品安全问题研究。胡锦涛在主持学习时强调，实施农业标准化，保障食品安全，是关系人民群众切身利益、关系我国社会主义现代化建设全局的重大任务。我们要从贯彻落实科学发展观、构建社会主义和谐社会的战略高度，以对人民群众高度负责的精神，提高对实施农业标准化和保障食品安全重大意义的认识，扎扎实实做好工作，切实实现好、维护好、发展好最广大人民的根本利益。

【全国节能减排工作电视电话会议】（2007年4月27日） 全国节能减排工作电视电话会议于2007年4月27日召开。曾培炎主持会议。温家宝在会上强调，要认真贯彻落实科学发展观，统一认识，明确任务，加强领导，狠抓落实，以更大的决心、更大的气力、更有力的措施，确保“十一五”节能减排目标的实现，促进国民经济又好又快发展。5月23日，国务院发出《关于印发节能减排综合性工作方案的通知》。

【全国农村党员干部现代远程教育工作会议】（2007年4月28日） 全国农村党员干部现代远程教育工作会议于2007年4月28日在北京召开。中央决定，在全国农村全面推开全国农村党员干部现代远程教育工作，力争到2010年底，在全国基本建成农村党员干部现代远程教育体系。贺国强出席会议并讲话。山东、湖南、贵州、黑龙江、新疆、广东等六省区作了大会发言。根据中央的部署，全国农村党员干部现代远程教育工作，从2003年初开始，先在山东、湖南、贵州以及安徽省金寨县进行试点。2005年初，试点地区扩大到山西、辽宁、吉林、黑龙江、江苏、浙江、河南、四川和新疆等九个省区。到2006年底，整个试点工作基本结束。

【长江三角洲地区经济社会发展座谈会】（2007年5月17日） 长江三角洲地区经济社会发展座谈会于2007年5月17日在上海召开。温家宝主持座谈会。座谈会上，江苏省、浙江省、上海市和国务院有关部门负责人先后发言，就长三角地区经济社会发展进行讨论，提出意见和建议。在听取了大家的发言后，温家宝讲话指出，要进一步解放思想，推进改革开放，充分发挥区域优势，促进长江三角洲地区实现率先发展、科学发展，增强综合实力、创新能力、可持续发展能力和国际竞争力。

【中央政治局会议】（2007年6月16日） 中央政治局会议于2007年6月16日在北京召开。胡锦涛主持会议。会议研究加强公共文化服务体系建设。会议指出，加强公共文化服务体系建设的目标任务是，按照结构合理、发展平衡、网络健全、运行有效、惠及全民的原则，以政府为主导、以公益性文化单位为骨干、鼓励全社会积极参与，努力建设公共文化产品生产供给、设施网络、资金人才技术保障、组织支撑和运行评估为基本框架的覆盖全社会的公共文化服务体系，切实保障人民群众看电视、听广播、读书看报、进行公共文化鉴赏、参加大众文化活动等基本文化权益。

【全国人民调解工作会议】（2007年7月6日） 全国人民调解工作会议于2007年7月6日在北京召开。罗干在会上强调，人民调解是一项中国特色的社会主义法律制度，是化解民间纠纷的有效手段，在社会矛盾纠纷调解工作体系中具有基础作用。要不断强化人民调解工作化解矛盾纠纷的功能，进一步发挥人民调解工作预防矛盾纠纷的作用，注重发挥人民调解工作的法制宣传教育功能，有效预防和化解矛盾纠纷，维护社会和谐稳定。会上还对模范人民调解委员会、模范人民调解员和全国法院指导人民调解工作先进集体、先进个人进行了表彰。截至2006年年底，全国人民调解组织达84万多个，调解员

498万多人。近三年来，人民调解组织调解各类矛盾纠纷1580多万件，调解成功率达95%以上。

【第一次全国高校统战工作会议】（2007年7月6日） 全国高校统战工作会议于2007年7月6日在北京召开。会议由中央统战部和教育部党组联合召开。刘延东在会上强调，高校统战工作是党的统战工作的重要组成部分，对于促进我国政党关系和谐具有特殊重要的意义。随着"一国两制"在港澳的成功实施和两岸关系的不断发展，来内地高校读书的港澳台学生和海外华侨华人子女越来越多，内地与港澳台海外的高校之间的交流合作越来越密切，高校在巩固发展海内外中华儿女大团结工作中的作用日益突出。周济作会议总结。

【国家应对气候变化及节能减排工作领导小组第一次会议】（2007年7月9日） 国家应对气候变化及节能减排工作领导小组第一次会议于2007年7月9日在北京召开。中共中央政治局常委、国务院总理、国家应对气候变化及节能减排工作领导小组组长温家宝主持会议并讲话。中共中央政治局委员、国务院副总理、国家应对气候变化及节能减排工作领导小组副组长曾培炎出席会议并讲了话。国家应对气候变化及节能减排工作领导小组全体成员参加了会议，有关部门负责人列席了会议。会议指出，成立国家应对气候变化及节能减排工作领导小组，充分表明中国政府对这项工作高度重视。领导小组主要任务是：研究制定国家应对气候变化的重大战略、方针和对策，统一部署应对气候变化工作，协调解决应对气候变化工作中的重大问题；组织贯彻落实国务院有关节能减排工作的方针政策，研究审议重大政策建议，协调解决工作中的重大问题，统一部署节能减排工作。会议听取了发展改革委、环保总局、统计局关于应对气候变化和节能减排工作进展情况及下半年工作安排的汇报，关于节能减排统计指标体系、监测体系和考核体系建设情况和2006年指标完成情况的汇报，审议了《推动落实节能减排综合性工作方案部门分工》《落实应对气候变化国家方案部门分工》等文件。

2013年7月，根据国务院机构设置及人员变动情况和工作需要，国务院决定对国家应对气候变化及节能减排工作领导小组组成单位和人员进行调整。李克强任国家应对气候变化及节能减排工作领导小组组长，张高丽、杨洁篪任副组长。领导小组成员包括国务院副秘书长肖捷，外交部、国家发展和改革委员会等国务院16个部委负责人，以及国家税务总局等部门和单位主要负责人。国家应对气候变化及节能减排工作领导小组具体工作由发展改革委承担。

【纪念杨尚昆同志诞辰一百周年座谈会】（2007年7月20日） 纪念杨尚昆同志诞辰100周年座谈会于2007年7月20日在北京召开。曾庆红主持座谈会。胡锦涛、温家宝等领导同志，中央和国家机关、部队有关部门、重庆市的负责同志，杨尚昆同志的亲属、生前友好和原身边工作人员等出席座谈会。胡锦涛在讲话中高度评价了杨尚昆同志光辉战斗的一生。他说，杨尚昆同志是伟大的无产阶级革命家、政治家、军事家，坚定的马克思主义者，党、国家、人民军队的卓越领导人。他为党领导的革命、建设、改革事业贡献了毕生精力，作出了重大贡献。我们要学习他对理想信念无比坚定、对党和人民无限忠诚，学习他勇于追求真理、善于开辟工作新局面，学习他严于律己、公道正派，始终保持共产党人的优良品质。

【全国城镇居民基本医疗保险试点工作会议】（2007年7月23日至24日）　全国城镇居民基本医疗保险试点工作会议于2007年7月23日至24日在北京召开。23日，温家宝与出席会议的部分代表进行了座谈，听取他们对试点工作的意见和建议，并作了重要讲话。温家宝指出，建立城镇居民基本医疗保险制度，是我国在建立城镇职工基本医疗保险制度和新型农村合作医疗制度之后又一重大举措，主要解决城镇非从业人员，特别是中小学生、少年儿童、老年人、残疾人等群体看病就医问题。吴仪出席会议并讲话，要求国务院确定的2007年首批79个试点城市，要在9月底前出台实施方案并正式启动。

【十六届中央政治局第四十二次集体学习】（2007年7月26日）　十六届中央政治局第四十二次集体学习于2007年7月26日在北京举行。这次学习的主题是南昌起义和井冈山革命根据地的建立。胡锦涛在主持学习时强调，我们要重温我们党领导人民军队和全国各族人民为民族独立、人民解放而浴血奋战的伟大历程，弘扬崇高革命精神和优良革命传统，激励全党全军全国各族人民在中国特色社会主义伟大道路上继续奋勇前进。胡锦涛指出，全党同志必须牢记，形势越好越要增强忧患意识，执政越久越要增强公仆意识，条件越优越要增强节俭意识。我们要始终保持共产党人的政治本色，坚决反对形式主义、官僚主义，坚决反对享乐主义、奢侈浪费，坚决反对各种消极腐败现象，真正做到思想上始终清醒、政治上始终坚定、作风上始终务实。

【庆祝中国人民解放军建军八十周年暨全军英雄模范代表大会】（2007年8月1日）　庆祝中国人民解放军建军80周年暨全军英雄模范代表大会于2007年8月1日在北京举行。温家宝主持会议。胡锦涛、江泽民、吴邦国、贾庆林、曾庆红、吴官正、李长春、罗干等出席大会。胡锦涛在会上讲话指出：在80年的顽强奋斗中，人民解放军培育和形成了优良革命传统，集中起来就是听党指挥、服务人民、英勇善战。他强调：在新世纪新阶段，我们必须坚持以毛泽东军事思想、邓小平新时期军队建设思想、江泽民国防和军队建设思想为指导，把科学发展观作为加强国防和军队建设的重要指导方针，在更高的起点上推进国防和军队现代化。军队老干部代表、原昆明军区司令员张铚秀，英雄模范代表、解放军航天医学工程研究所副所长杨利伟，地方双拥代表、北京市副市长赵凤桐在会上分别发言。

【庆祝内蒙古自治区成立六十周年大会】（2007年8月8日） 庆祝内蒙古自治区成立60周年大会于2007年8月8日在呼和浩特举行。曾庆红率中央代表团出席庆祝大会并讲话。回良玉在会上宣读了中共中央、全国人大常委会、国务院、全国政协、中央军委为庆祝内蒙古自治区成立60周年发来的贺电。胡锦涛为中央人民政府赠送的“民族团结宝鼎”题写鼎名。

【中央政治局会议】（2007年8月28日） 中央政治局会议于2007年8月28日在北京召开。胡锦涛主持会议。会议研究中国共产党第十六届中央委员会第七次全体会议和中国共产党第十七次全国代表大会筹备工作，审议中共中央纪律检查委员会向党的第十七次全国代表大会的工作报告稿。会议决定，中共十六届七中全会于10月9日召开；中央政治局将向十六届七中全会建议，中国共产党第十七次全国代表大会于10月15日在北京召开。会议同意将中共中央纪律检查委员会向党的第十七次全国代表大会的工作报告稿提交党的十六届七中全会讨论。

【十六届中央政治局第四十三次集体学习】（2007年8月28日） 十六届中央政治局第四十三次集体学习于2007年8月28日在北京举行。这次学习的主题是世界金融形势和深化我国金融体制改革。胡锦涛在主持学习时强调，要充分认识做好金融工作的重要性和紧迫性，深入研究金融领域的新情况新问题，加快推进金融改革，切实保障金融安全，全面做好金融工作，增强金融业综合实力、竞争力和抗风险能力，推动金融业持续健康发展。

【第一次全国法院人民陪审员工作会议】（2007年9月3日） 第一次全国法院人民陪审员工作会议于2007年9月3日在北京召开。肖扬主持会议。罗干出席会议并讲话。中央有关部门负责同志、各高级人民法院负责人参加了会议。罗干强调，人民陪审员制度是我国一项重要的社会主义民主政治制度，也是党的群众路线在人民司法工作中的具体体现。要努力建设中国特色的人民陪审员制度，推进司法民主，促进司法公正，加强社会主义民主建设，为构建社会主义和谐社会提供有力的司法保障。

【中央政治局会议】（2007年9月17日） 中央政治局会议于2007年9月17日在北京召开。胡锦涛主持会议。会议研究拟提请十六届七中全会讨论的十六届中央委员会向中国共产党第十七次全国代表大会的报告稿和《中国共产党章程（修正案）》稿。会议听取了十六届中央委员会向中国共产党第十七次全国代表大会的报告稿在党内外一定范围征求意见的情况报告，听取了《中国共产党章程（修正案）》稿在党内一定范围征求意见的情况报告，决定根据这次会议讨论的意见进行修改后把这两份文件稿提请十六届七中全会讨论。

【十六届中央政治局第四十四次集体学习】（2007年9月28日） 十六届中央政治局第四十四次集体学习于2007年9月28日在北京举行。这次学习的主题是扩大对外开放和维护国家经济安全。胡锦涛在主持学习时强调，在新的历史起点上继续扩大对外开放，必须围绕实现全面建设小康社会的宏伟目标，统筹国内发展和对外开放，坚持“引进来”和“走出去”相结合，在坚持扩大内需方针的同时，坚持互利共赢的开放战略，拓展对外开放的广度和深度，增强参与经济全球化和维护国家经济安全的能力，形成参与国际经济合作和竞争新优势，全面提高开放型经济水平。

【十六届七中全会】（2007年10月9日至12日）　十六届七中全会于2007年10月9日至12日在北京举行。会议由中央政治局主持。出席会议的有中央委员190人，候补中央委员152人。中央纪律检查委员会委员和有关负责同志列席会议。胡锦涛作了重要讲话。会议决定，中国共产党第十七次全国代表大会于2007年10月15日在北京召开。会议听取和讨论了胡锦涛受中央政治局委托作的工作报告。全会讨论并通过了党的十六届中央委员会向党的第十七次全国代表大会的报告，讨论并通过了《中国共产党章程（修正案）》，决定将这两份文件提请党的第十七次全国代表大会审议。胡锦涛就党的十六届中央委员会向党的第十七次全国代表大会的报告讨论稿向全会作了说明。吴邦国就《中国共产党章程（修正案）》讨论稿向全会作了说明。全会按照党章规定，决定递补中央委员会候补委员朱祖良、杜学芳、杨传堂、邱衍汉为中央委员会委员。全会审议并通过了《中共中央纪律检查委员会关于陈良宇问题的审查报告》《中共中央纪律检查委员会关于杜世成问题的审查报告》，确认中央政治局2007年7月26日、4月23日分别作出的给予陈良宇、杜世成开除党籍的处分。全会全面分析了当前的形势和任务，深入讨论了从新的历史起点出发继续推进中国特色社会主义伟大事业和党的建设新的伟大工程的若干重大问题，为召开党的第十七次全国代表大会作了充分准备。

【十六届中央纪委八次全会】（2007年10月11日至12日）　十六届中央纪委八次全会于2007年10月11日至12日在北京举行。中央纪律检查委员会常务委员会主持会议。中央纪律检查委员会委员112人出席会议。吴官正作了重要讲话。全会审议并通过了中共中央纪律检查委员会向党的第十七次全国代表大会的工作报告，同意将报告提请党的第十七次全国代表大会审查。与会代表还列席了中国共产党第十六届中央委员会第七次全体会议。

【中国共产党第十七次全国代表大会】（2007年10月15日至21日）　中国共产党第十七次全国代表大会于2007年10月15日至21日在北京举行。大会正式代表2213人，特邀代表57人，代表全国7300多万党员。大会的主题是：高举中国特色社会主义伟大旗帜，以邓小平理论和“三个代表”重要思想为指导，深入贯彻落实科学发展观，继续解放思想，坚持改革开放，推动科学发展，促进社会和谐，为夺取全面建设小康社会新胜利而奋斗。胡锦涛代表第十六届中央委员会作了题为《高举中国特色社会主义伟大旗帜，为夺取全面建设小康社会新胜利而奋斗》的报告。报告共12个部分：（1）过去五年的工作；（2）改革开放的伟大历史进程；（3）深入贯彻落实科学发展观；（4）实现全面建设小康社会奋斗目标的新要求；（5）促进国民经济又好又快发展；（6）坚定不移发展社会主义民主政治；（7）推动社会主义文化大发展大繁荣；（8）加快推进以改善民生为重点的社会建设；（9）开创国防和军队现代化建设新局面；（10）推进“一国两制”实践和祖国和平统一大业；（11）始终不渝走和平发展道路；（12）以改革创新精神全面推进党的建设新的伟大工程。大会对改革开放推动一个十几亿人口的发展中大国摆脱贫困、加快实现现代化、巩固和发展社会主义的宝贵经验作了“十个结合”的精辟概括，即把坚持马克思主义基本原理同推进马克思主义中国化结合起来，把坚持四项基本原则同坚持改革开放结合起来，把尊重人民首创精神同加强和改善党的领导结合起来，把坚持社会主义基本制度同发展市场经济结合起来，把推动经济基础变革同推动上层建筑改革结合起来，把发展社会生产力同提高全民族文明素质结合起来，把提高效率同促进社会公平结合起来，把坚持独立自主同参与经济全球化结合起来，把促进改革发展同保持社会稳定结合起来，把推进中国特色社会主义伟大事业同推进党的建设新的伟大工程结合起来。大会深刻分析国际国内形势发展变化和新世纪新阶段我国发展一系列新的阶段性特征，对实现全面建设小康社会的宏伟目标作了全面部署。大会首次对马克思主义中国化第二个飞跃的理论成果——中国特色社会主义理论体系作了概括，指出，中国特色社会主义理论体系，就是包括邓小平理论、“三个代表”重要思想以及科学发展观等重大战略思想在内的科学理论体系。大会对以改革创新精神全面推进党的建设新的伟大工程提出了明确要求。大会通过了关于十六届中央委员会报告的决议、关于中央纪律检查委员会工作报告的决议。大会审议通过了《关于〈中国共产党章程（修正案）〉的决议》，一致同意将科学发展观写入党章；把改革开放以来我们取得一切成绩和进步的根本原因，归结起来就是“开辟了中国特色社会主义道路，形成了中国特色社会主义理论体系”这个重大论断写入党章；把党的基本路线中的奋斗目标表述为把我国建设成为富强民主文明和谐的社会主义现代化国家。大会选举产生由委员204人、候补委员167人组成的第十七届中央委员会和由委员127人组成的中央纪律检查委员会。

【十七届中央纪委一次全会】（2007年10月22日） 十七届中央纪委一次全会于2007年10月22日在北京举行。贺国强主持会议。中央纪律检查委员会委员127人出席会议。全会选举了中央纪律检查委员会书记、副书记和常务委员会委员，报中央委员会批准。与会同志列席了中国共产党第十七届中央委员会第一次全体会议。

【十七届一中全会】（2007年10月22日）　十七届一中全会于2007年10月22日在北京举行。胡锦涛主持会议并作了重要讲话。出席会议的有中央委员204人，候补中央委员166人。中央纪律检查委员会委员列席会。全会选举习近平、王刚、王乐泉、王兆国、王岐山、回良玉、刘淇、刘云山、刘延东、李长春、李克强、李源潮、吴邦国、汪洋、张高丽、张德江、周永康、胡锦涛、俞正声、贺国强、贾庆林、徐才厚、郭伯雄、温家宝、薄熙来[①]为中央政治局委员，选举胡锦涛、吴邦国、温家宝、贾庆林、李长春、习近平、李克强、贺国强、周永康为中央政治局常务委员会委员，选举胡锦涛为中央委员会总书记；根据中央政治局常务委员会的提名，通过了中央书记处成员，由习近平、刘云山、李源潮、何勇、令计划[②]、王沪宁组成；决定了中央军事委员会组成人员，主席：胡锦涛，副主席：郭伯雄、徐才厚，委员：梁光烈、陈炳德、李继耐、廖锡龙、常万全、靖志远、吴胜利、许其亮；批准了中央纪律检查委员会第一次全体会议选举产生的书记、副书记和常务委员会委员人选，书记：贺国强，副书记：何勇、张惠新、马馼、孙忠同、干以胜、张毅、黄树贤、李玉赋，常务委员会委员：干以胜、马馼、王伟、令狐安、孙忠同、杜学芳、李玉赋、吴玉良、吴毓萍、邱学强、何勇、张军、张毅、张纪南、张惠新、屈万祥、贺国强、黄树贤、蔡继华。

【中央政治局会议】（2007年10月23日）　中央政治局会议于2007年10月23日在北京召开。胡锦涛主持会议。会议专门对学习宣传贯彻党的十七大精神进行研究部署。会议指出，认真学习宣传贯彻党的十七大精神，关系党和国家工作全局，关系中国特色社会主义事业长远发展，对于动员全党全国各族人民，在以胡锦涛同志为总书记的党中央领导下，高举中国特色社会主义伟大旗帜，奋力夺取全面建设小康社会新胜利、开创中国特色社会主义事业新局面，具有重大现实意义和深远历史意义。会议要求把全党全国各族人民的思想统一到党的十七大精神上来，把力量凝聚到实现党的十七大确定的各项任务上来。

---

① 2012年9月，鉴于薄熙来严重违纪，中共中央经立案审查后决定给予其开除党籍、开除公职处分，对其涉嫌犯罪问题及犯罪问题线索移送司法机关依法处理。2013年9月，济南市中级人民法院一审对薄熙来以受贿罪判处无期徒刑，剥夺政治权利终身，并处没收个人全部财产；以贪污罪判处有期徒刑15年，并处没收个人财产人民币100万元；以滥用职权罪判处有期徒刑7年；数罪并罚，决定执行无期徒刑，剥夺政治权利终身，并处没收个人全部财产。2013年10月，山东省高级人民法院对薄熙来受贿、贪污、滥用职权案二审公开宣判，裁定驳回上诉，维持一审无期徒刑判决的原判。

② 2015年7月，鉴于令计划严重违纪，中共中央经立案审查后决定给予其开除党籍、开除公职处分，对其涉嫌犯罪问题及线索移送司法机关依法处理。2016年7月，天津市第一中级人民法院认定：令计划犯受贿罪，判处无期徒刑，剥夺政治权利终身，并处没收个人全部财产；犯非法获取国家秘密罪，判处有期徒刑五年；犯滥用职权罪，判处有期徒刑四年，决定执行无期徒刑，剥夺政治权利终身，并处没收个人全部财产。

【宣传思想文化工作座谈会】（2007年11月16日至23日） 宣传思想文化工作座谈会于2007年11月16日至23日分别在北京和天津召开。李长春主持了这五次座谈会，讨论研究深入学习贯彻党的十七大精神，进一步加强和改进宣传思想文化工作。来自宣传思想文化战线、中央和国家机关有关部门的负责同志，以及部分省市党委负责人、专家学者畅所欲言，围绕深入学习宣传党的十七大精神、党的十六大以来宣传思想文化工作、建设社会主义核心价值体系、兴起社会主义文化建设新高潮、加强对外宣传工作、加强和改进新形势下宣传思想文化工作等建言献策。大家在发言中充分肯定了过去五年宣传思想文化工作取得的显著成绩，分析了当前思想理论领域出现的新情况新问题，并就进一步做好宣传思想文化工作提出了意见和建议。李长春强调，宣传思想文化战线要高举中国特色社会主义伟大旗帜，深入学习宣传贯彻党的十七大精神，进一步解放思想、实事求是、与时俱进，贴近实际、贴近生活、贴近群众，继承优良传统，加快改革创新，不断开创工作新局面。

【全国工商联第十次会员代表大会】（2007年11月17日至19日） 全国工商联第十次会员代表大会于2007年11月17日至19日在北京举行。出席大会的正式代表880人。贾庆林宣读了中共中央、国务院的贺词。成思危代表各民主党派中央致贺词。孙春兰代表各人民团体致贺词。黄孟复作了题为《坚定不移走中国特色社会主义道路 努力开创工商联工作新局面》的工作报告。大会通过了修改后的《章程》。大会选出了480名执行委员。全哲洙在闭幕式上讲话。11月20日召开的全国工商联十届一次执委会议选举黄孟复为主席。

【中央政治局会议】（2007年11月27日） 十七届中央政治局第二次会议于2007年11月27日在北京召开。胡锦涛主持会议。分析当前经济形势，研究2008年经济工作。会议指出，当前促进经济又好又快发展有不少有利条件，但也必须看到，国际经济环境更加复杂，国民经济运行中长期积累的一些突出矛盾和问题依然存在，改善民生工作仍有不少亟待解决的问题。会议强调，2008年的经济工作要紧紧围绕转变经济发展方式和完善社会主义市场经济体制，继续加强和改善宏观调控，积极推进改革开放和自主创新，着力优化经济结构和提高经济增长质量，切实加强节能减排和生态环境保护，更加重视改善民生和促进社会和谐，推动国民经济又好又快发展。会议提出，要坚持稳中求进，保持经济持续平稳较快协调发展，把防止经济增长由偏快转为过热、防止价格由结构性上涨演变为明显通货膨胀作为宏观调控的首要任务。

【十七届中央政治局第一次集体学习】（2007年11月27日） 十七届中央政治局第一次集体学习于2007年11月27日在北京举行。这次学习的主题是完善中国特色社会主义法律体系和全面落实依法治国基本方略。胡锦涛在主持学习时强调，必须适应我国社会主义经济建设、政治建设、文化建设、社会建设不断发展的客观需要，增强科学执政、民主执政、依法执政的自觉性和坚定性，不断完善中国特色社会主义法律体系，不断推进国家各项工作法治化，切实把党的十七大提出的全面落实依法治国基本方略、加快建设社会主义法治国家的重大任务落到实处。

【台盟第八次全盟代表大会】（2007年11月28日至12月3日）　台盟第八次全盟代表大会于2007年11月28日至12月3日在北京举行。李长春宣读了中共中央的贺词。蒋正华代表各民主党派中央、全国工商联致贺词。梁国扬代表全国台联致了贺词。汪毅夫作《继往开来，续谱华章，开创台盟事业发展的新局面》的讲话。林文漪代表台盟第七届中央委员会作题为《坚持中国特色社会主义政治发展道路，努力开创台盟工作新局面》的工作报告。吴国祯作关于修改《台湾民主自治同盟章程》的说明。大会通过了《台湾民主自治同盟第八次全盟代表大会决议》等，选举产生了由63名委员组成的台盟新一届中央委员会。台盟八届一中全会选举林文漪为主席。

【民盟第十次全国代表大会】（2007年11月29日至12月2日）　民盟第十次全国代表大会于2007年11月29日至12月2日在北京举行。大会共有正式代表810人。冯之浚主持开幕式。张梅颖致开幕词。习近平宣读了中共中央的贺词。许嘉璐代表其他民主党派中央和全国工商联致贺词。蒋树声代表民盟第九届中央委员会作了题为《坚持走中国特色社会主义政治发展道路，为全面建设小康社会作出新贡献》的工作报告。冯之浚作《中国民主同盟章程修改报告》。大会选举产生了由265名委员组成的新一届中央委员会。大会通过了《中国民主同盟第十次全国代表大会决议》。12月3日召开的民盟十届一中全会选举蒋树声为主席。张梅颖作闭幕讲话。

【民进第十次全国代表大会】（2007年12月1日至7日）　民进第十次全国代表大会于2007年12月1日至7日在北京举行。大会共有代表565名。张怀西致开幕词。李克强宣读了中共中央的贺词。韩启德代表其他民主党派中央、全国工商联致贺词。许嘉璐代表民进十一届中央委员会作了题为《高举旗帜，团结奋进，为全面建设小康社会作出新贡献》的工作报告。王立平作了关于《中国民主促进会章程修正案（草案）》的报告。大会通过了《中国民主促进会第十次全国代表大会决议》，选举产生了由197人组成的第十二届中央委员会。12月6日召开的民进十二届一中全会选举严隽琪为主席。

【中央经济工作会议】（2007年12月3日至5日）　中央经济工作会议于2007年12月3日至5日在北京召开。胡锦涛、吴邦国、温家宝、贾庆林、李长春、习近平、李克强、贺国强等中央领导出席会议。胡锦涛在会上发表重要讲话，全面分析了当前我国经济形势和国际经济环境，明确提出了2008年经济工作的指导思想和总体要求，深刻阐述了做好2008年经济工作的大政方针和主要任务。温家宝在讲话中进一步阐述了2008年经济工作的重大问题，并就2008年经济工作的主要目标、任务作了具体部署。2008年经济工作的总体要求是：全面贯彻党的十七大精神，高举中国特色社会主义伟大旗帜，以邓小平理论和“三个代表”重要思想为指导，深入贯彻落实科学发展观，紧紧围绕转变经济发展方式和完善社会主义市场经济体制，继续加强和改善宏观调控，积极推进改革开放和自主创新，着力优化经济结构和提高经济增长质量，切实加强节能减排和生态环境保护，更加重视改善民生和促进社会和谐，推动国民经济又好又快发展。会议指出，实现2008年经济工作的目标和任务，必须坚持稳中求进，保持经济平稳较快发展；必须坚持好字优先，加快转变经济发展方式；必须坚持改革开放，在完善体制机制上取得新突破；必须坚持以人为本，更加重视改善民生。

【九三学社第九次全国代表大会】（2007年12月8日至13日） 九三学社第九次全国代表大会于2007年12月8日至13日在北京举行。韩启德致开幕词。贺国强宣读了中共中央的贺词。何鲁丽代表各民主党派中央和全国工商联致贺词。韩启德代表九三学社十一届中央委员会作了题为《高举中国特色社会主义伟大旗帜，把我社建设成为适应新时期要求的参政党》的工作报告。贺铿作关于《九三学社章程修正案（草案）》的说明。会议选举产生由225名委员组成的九三学社第十二届中央委员会。大会期间举行的九三学社十二届一中全会选举韩启德为主席。

【民革第十一次全国代表大会】（2007年12月9日至15日） 民革第十一次全国代表大会于2007年12月9日至15日在北京举行。出席会议的代表624人。何鲁丽致开幕词。中共中央派代表致贺词。林文漪代表各民主党派中央和全国工商联致贺词。何鲁丽代表民革第十届中央委员会作了题为《坚定不移走中国特色社会主义政治发展道路，为全面建设小康社会而奋斗》的工作报告。周铁农就纪念民革成立60周年发表讲话。童傅作关于《中国国民党革命委员会章程（修改草案）》的说明。大会通过了《中国国民党革命委员会第十一次全国代表大会决议》等。大会选举产生了由209名委员组成的民革十一届中央委员会。会议期间召开的民革十一届一中全会选举周铁农为主席。

【农工党第十四次全国代表大会】（2007年12月11日至15日） 农工党第十四次全国代表大会于2007年12月11日至15日在北京举行。出席会议的选举代表568名、提名代表99名，另有列席代表68名。蒋正华致开幕词。贾庆林宣读了中共中央的贺词。罗豪才代表各民主党派中央和全国工商联致贺词。蒋正华代表农工党十三届中央委员会作题为《坚持走中国特色社会主义政治发展道路，为全面建设小康社会贡献智慧和力量》的工作报告。陈宗兴作关于《中国农工民主党章程（修正案）》的说明。大会通过了《中国农工民主党第十四次全国代表大会决议》等。大会选举产生了由200名委员组成的农工党新一届中央委员会。12月15日召开的农工党十四届一中全会选举桑国卫为主席。

【民建第九次全国代表大会】（2007年12月16日至20日） 民建第九次全国代表大会于2007年12月16日至20日在北京举行。出席大会的代表580名，来自360个地方组织，代表112698名会员。李长春宣读了中共中央的贺词。黄孟复代表其他民主党派中央、全国工商联致贺词。成思危代表民建八届中央委员会作题为《解放思想，开拓进取，为全面建设小康社会而努力奋斗》的工作报告。马培华作了关于《中国民主建国会章程（修改草案）》的说明。大会选举产生由200名委员组成的民建第九届中央委员会。民建九届一中全会选举陈昌智为主席。

【致公党第十三次全国代表大会】（2007年12月17日至21日） 致公党第十三次全国代表大会于2007年12月17日至21日在北京举行。出席大会的代表435人，代表全党近3万名党员。罗豪才致开幕词。习近平宣读了中共中央的贺词。蒋树声代表其他民主党派、全国工商联向大会致贺词。陈光毅代表全国人大华侨委员会、国务院侨办、全国政协港澳台侨委员会和中国侨联致贺词。罗豪才代表致公党第十二届中央委员会作题为《致力为公，参政兴国，为夺取全面建设小康社会新胜利贡献力量》的报告。杨邦杰作关于《中国致公党章程（修正案）》的说明。大会选举产生了由110名委员组成的致公党第十三届中央委员会。致公党十三届一中全会选举万钢为主席。

【中央政治局会议】（2007年12月18日） 中央政治局会议于2007年12月18日在北京召开。胡锦涛主持会议。会议主题是研究推进农业和农村发展工作，研究部署2008年党风廉政建设和反腐败工作。会议认为，转变农业发展方式，提高农业综合生产能力，确保农产品供求平衡，保持农民收入稳步增长的良好势头，促进城乡经济社会协调发展，仍然要进行长期艰苦努力。全党必须增强做好“三农”工作的紧迫感，粮食安全的警钟要始终长鸣，巩固农业基础地位的弦要始终紧绷，解决好“三农”问题作为全党工作重中之重的要求要始终坚持。会议要求，各级党委要准确把握党的十七大对党风廉政建设和反腐败斗争提出的新要求，坚决贯彻落实中央的决策部署，充分认识反腐败斗争的长期性、复杂性、艰巨性，把反腐倡廉建设放在更加突出的位置，推动党风廉政建设和反腐败斗争深入开展。要求抓紧制订并实施《建立健全惩治和预防腐败体系2008—2012年工作规划》。会议决定近期召开中央农村工作会议，同意2008年1月召开中国共产党第十七届中央纪律检查委员会第二次全体会议。

【十七届中央政治局第二次集体学习】（2007年12月18日） 十七届中央政治局第二次集体学习于2007年12月18日在北京举行。这次学习的主题是当代世界宗教和加强我国宗教工作。胡锦涛在主持学习时强调，实现我们的发展目标，必须最大限度地团结一切可以团结的力量，调动一切可以调动的积极因素。我们要正确认识和全面把握宗教工作面临的新情况新问题，积极主动地做好宗教工作，促进宗教关系的和谐，努力把宗教界人士和信教群众紧紧团结在党和政府周围，共同为全面建设小康社会、加快推进社会主义现代化而奋斗。

【中央农村工作会议】（2007年12月22日至23日） 中央农村工作会议于2007年12月22日至23日在北京召开。会议认真学习贯彻党的十七大精神，高举中国特色社会主义伟大旗帜，以邓小平理论和“三个代表”重要思想为指导，深入贯彻落实科学发展观，回顾总结了过去五年的农业农村工作，重点研究了加强农业基础建设、促进农业发展农民增收的政策措施，安排部署了2008年及今后一个时期的农业农村工作。党中央、国务院高度重视这次会议，会前对会议文件进行了专门研究，对开好会议提出了明确要求。胡锦涛总书记、温家宝总理对确保国家粮食安全、促进农民收入持续较快增长做出了重要指示，进一步指明了当前和今后一个时期农业农村工作的努力方向。会议讨论了《中共中央、国务院关于切实加强农业基础建设，进一步促进农业发展农民增收的若干意见（讨论稿）》。中共中央政治局委员、国务院副总理回良玉出席会议并讲话。会议指出，2008年和今后一个时期，农业农村工作的总体要求是：全面贯彻党的十七大精神，高举中国特色社会主义伟大旗帜，以邓小平理论和“三个代表”重要思想为指导，深入贯彻落实科学发展观，按照形成城乡经济社会发展一体化新格局的要求，突出加强农业基础建设，积极促进农业稳定发展、农民持续增收，努力保障主要农产品基本供给，切实解决农村民生问题，扎实推进社会主义新农村建设。12月31日，中共中央、国务院印发《关于切实加强农业基础建设，进一步促进农业发展农民增收的若干意见》。

【十届全国人大常委会第三十一次会议】（2007年12月23日至29日） 十届全国人大常委会第三十一次会议于2007年12月23日至29日在北京召开。吴邦国主持会议。会议表决通过了禁毒法、劳动争议调解仲裁法等，还表决通过了《关于香港特别行政区2012年行政长官和立法会产生办法及有关普选问题的决定》等。

【全国政法工作会议】（2007年12月24日至25日） 全国政法工作会议于2007年12月24日至25日在北京召开。25日，胡锦涛在同会议代表和全国大法官、大检察官座谈时强调，必须从中国特色社会主义事业发展全局的高度，进一步提高对做好政法工作重要性和紧迫性的认识，准确认识和把握政法工作的性质和职责，通过扎扎实实的努力，不断开创政法工作新局面，为全面建设小康社会、加快推进社会主义现代化提供强有力的政法保障。胡锦涛就做好政法工作提出五点要求。吴邦国、温家宝、习近平等出席座谈会。

【国家科学技术奖励大会】（2008年1月8日） 国家科学技术奖励大会于2008年1月8日在北京举行。李克强主持大会。胡锦涛、温家宝、李长春、习近平出席大会并为获奖代表颁奖。温家宝代表党中央、国务院在大会上讲话。陈至立在会上宣读了《国务院关于2007年度国家科学技术奖励的决定》。会上颁布了2007年度国家科学技术奖励获奖人选和项目。2007年度国家自然科学奖二等奖授奖项目39项；国家技术发明奖授奖项目51项，其中一等奖1项、二等奖50项；国家科学技术进步奖授奖项目255项，其中特等奖1项、一等奖19项、二等奖235项；授予4名外籍科学家和1个外国组织中华人民共和国国际科学技术合作奖。中国科学院院士、中国工程院院士、中国石油化工股份有限公司石油化工科学研究院高级顾问闵恩泽，中国科学院院士、中国科学院昆明植物研究所名誉所长吴征镒获得2007年度国家最高科学技术奖；“9409工程”项目获得国家科学技术进步奖特等奖。

【十七届中央纪委二次全会】（2008年1月14日至16日） 十七届中央纪委二次全会于2008年1月14日至16日在北京举行。中央纪委常务委员会主持会议。出席会议的中央纪委委员125人，列席299人。会议认真学习贯彻党的十七大精神，高举中国特色社会主义伟大旗帜，以邓小平理论和“三个代表”重要思想为指导，深入贯彻落实科学发展观，进一步明确了当前和今后一个时期党风廉政建设和反腐败斗争的总体要求，部署了2008年党风廉政建设和反腐败工作。全会审议通过了贺国强代表中央纪委常委会所作的《全面贯彻党的十七大精神，努力开创党风廉政建设和反腐败斗争新局面》的工作报告。胡锦涛、吴邦国、温家宝、贾庆林、李长春、习近平、李克强、贺国强等党和国家领导人出席全会第二次大会。胡锦涛发表重要讲话强调，要准确把握党风廉政建设和反腐败斗争面临的形势和任务，充分认识反腐败斗争的长期性、复杂性、艰巨性，坚持反腐倡廉常抓不懈，坚持拒腐防变警钟长鸣，把反腐倡廉建设贯穿于社会主义经济建设、政治建设、文化建设、社会建设各个领域，体现在党的思想建设、组织建设、作风建设、制度建设各个方面，不断把党风廉政建设和反腐败斗争引向深入。

【纪念陶铸同志诞辰一百周年座谈会】（2008年1月16日） 纪念陶铸同志诞辰100周年座谈会于2008年1月16日在北京召开。刘云山主持座谈会。李长春出席座谈会并讲话。中央和国家机关、人民团体、部队有关部门、湖南省、广东省的负责同志，陶铸同志的亲属、生前友好和原身边工作人员等出席座谈会。李长春在讲话中高度评价了陶铸同志革命战斗的一生。他说，陶铸同志是中国共产党的优秀党员，久经考验的忠诚的革命战士，杰出的无产阶级革命家，党和国家的卓越领导人。他一生为民族独立、人民解放和国家富强作出了重要贡献，是人民群众熟悉和爱戴的革命前辈。李长春强调，今天我们纪念陶铸同志，要学习他对党无限忠诚、为共产主义事业奋斗终生的高贵品质；学习他光明磊落、坚持真理的革命情操；学习他密切联系群众、勤于调查研究、勇于独立思考的优良作风；学习他艰苦朴素、严于律己的崇高精神。

【全国宗教工作系统表彰大会暨2008年全国宗教工作会议】（2008年1月16日） 全国宗教工作系统表彰大会暨2008年全国宗教工作会议于2008年1月16日在北京召开。贾庆林会见全国宗教工作系统先进集体和先进工作者。回良玉参加会见并出席会议。对全国宗教工作系统先进集体和先进工作者进行表彰，在我国宗教工作历史上是第一次，充分体现了党和政府对宗教工作的高度重视和对广大宗教工作干部的亲切关怀。

【全国宣传思想工作会议】（2008年1月21日至23日） 全国宣传思想工作会议于2008年1月21日至23日在北京召开。李长春出席会议并讲话。他在讲话中回顾了党的十六大以来的宣传思想文化工作，总结了五年工作实践中积累的宝贵经验，分析了当前面临的新形势新任务，并就在新的起点上开创宣传思想文化工作新局面作出了部署。22日，胡锦涛同与会代表座谈时强调，要牢牢掌握宣传思想工作的领导权和主动权，高举伟大旗帜，唱响奋进凯歌，振奋民族精神，服务人民大众，以更深刻的认识、更开阔的思路、更有效的政策、更得力的措施，着力建设社会主义核心价值体系，着力巩固壮大主流思想舆论，着力推进改革创新，推动社会主义文化大发展大繁荣，提高国家文化软实力，为继续解放思想、坚持改革开放、推动科学发展、促进社会和谐营造良好氛围，为夺取全面建设小康社会新胜利、开创中国特色社会主义事业新局面提供强大思想文化保证。习近平出席座谈会。刘云山就贯彻落实会议精神、做好2008年宣传思想文化工作提出明确要求。

【十七届中央政治局第三次集体学习】（2008年1月29日） 十七届中央政治局第三次集体学习于2008年1月29日在北京举行。这次学习的主题是实现全面建设小康社会奋斗目标的新要求和推动经济社会又好又快发展。胡锦涛在主持学习时强调，必须从夺取全面建设小康社会新胜利、开创中国特色社会主义事业新局面的战略高度，深刻认识贯彻落实党的十七大提出的实现全面建设小康社会奋斗目标新要求的重要性和必要性，增强自觉性和主动性，扎扎实实把这些新要求贯彻到社会主义现代化建设各个方面，落实到改革发展稳定各个环节。

【全国组织工作会议】（2008年2月17日至19日） 全国组织工作会议于2008年2月17日至19日在北京召开。习近平在会上讲话强调，各级党委和组织部门要认真学习贯彻党的十七大精神，高举中国特色社会主义伟大旗帜，以邓小平理论和“三个代表”重要思想为指导，深入贯彻落实科学发展观，坚持以党的执政能力建设和先进性建设为主线，在坚持改革创新上下功夫，在突破重点难点上下功夫，在做好基础工作上下功夫，在提高工作水平上下功夫，以高度的政治责任感、锐意进取的精神状态、求真务实的工作作风，奋力开创新起点上党的建设和组织工作新局面，为夺取全面建设小康社会新胜利提供坚强的组织保证。18日，胡锦涛在同会议代表座谈时强调，能不能始终带领人民走在时代前列，能不能始终保持同人民群众的血肉联系，能不能始终成为中国特色社会主义事业的坚强领导核心，是对党的最根本的考验。要经受住这个最根本的考验，关键是要坚持以改革创新精神全面推进党的建设新的伟大工程，使党的建设工作更富有时代气息、更富有实际成效。李源潮就贯彻落实会议精神提出要求。

【中央精神文明建设指导委员会第一次全体会议】（2008年2月19日）　中央精神文明建设指导委员会第一次全体会议于2008年2月19日在北京召开。中共中央政治局常委、中央精神文明建设指导委员会主任李长春主持会议并讲话。会议学习贯彻党的十七大精神和全国宣传思想工作会议精神，研究部署当前和今后一个时期的工作。会议指出，党的十六大以来，精神文明建设工作在以胡锦涛同志为总书记的党中央坚强领导下，坚持服务于党和国家工作大局，坚持解放思想、实事求是、与时俱进，坚持以人为本、服务群众，坚持贴近实际、贴近生活、贴近群众，求真务实，开拓创新，取得了明显成效。李长春强调，要深刻领会党的十七大对精神文明建设作出的新部署，深刻领会胡锦涛总书记在全国宣传思想工作会议上提出的新要求，深刻领会人民群众对精神文明建设的新期待，增强责任感和紧迫感，高举旗帜、围绕大局、服务人民、改革创新，在新的历史起点上开创精神文明建设工作新局面。中共中央政治局委员、书记处书记、中央文明委副主任刘云山对做好2008年精神文明建设工作进行了部署。国务委员、中央文明委副主任陈至立出席会议，对进一步做好精神文明建设工作提出了要求。

【十七届中央政治局第四次集体学习】（2008年2月23日）　十七届中央政治局第四次集体学习于2008年2月23日在北京举行。这次学习的主题是国外政府服务体系建设和我国建设服务型政府。胡锦涛在主持学习时强调，建设服务型政府，是坚持党的全心全意为人民服务宗旨的根本要求，是深入贯彻落实科学发展观、构建社会主义和谐社会的必然要求，也是加快行政管理体制改革、加强政府自身建设的重要任务。要在经济发展的基础上，不断扩大公共服务，逐步形成惠及全民、公平公正、水平适度、可持续发展的公共服务体系，切实提高为经济社会发展服务、为人民服务的能力和水平，更好地推动科学发展、促进社会和谐，更好地实现发展为了人民、发展依靠人民、发展成果由人民共享。

【十七届二中全会】（2008年2月25日至27日）　十七届二中全会于2008年2月25日至27日在北京举行。中央政治局主持会议。出席这次全会的有中央委员204人，候补中央委员167人。有关负责同志列席了会议。胡锦涛作了重要讲话。全会审议通过了中央政治局在广泛征求党内外意见、反复酝酿协商的基础上提出的拟向十一届全国人大一次会议推荐的国家机构领导人员人选建议名单和拟向全国政协十一届一次会议推荐的全国政协领导人员人选建议名单，决定将这两个建议名单分别向十一届全国人大一次会议主席团和全国政协十一届一次会议主席团推荐。全会审议通过了在广泛征求意见的基础上提出的《关于深化行政管理体制改革的意见》和《国务院机构改革方案》，同意把《国务院机构改革方案》提请十一届全国人大一次会议审议，提出到2020年建立起比较完善的中国特色社会主义行政管理体制。

【深入学习实践科学发展观活动试点工作座谈会】（2008年2月28日） 深入学习实践科学发展观活动试点工作座谈会于2008年2月28日在北京召开。吉炳轩主持座谈会。李源潮在会上讲话强调，要按照党的十七大精神和中央要求，牢牢把握试点工作的指导思想和基本原则，研究部署深入学习实践科学发展观活动试点工作。部分试点单位主要负责同志在会上作了发言。在全党开展深入学习实践科学发展观活动，是党的十七大作出的一项重大战略部署。中央决定，在全党开展深入学习实践科学发展观活动，先进行试点，取得经验后再自上而下分批展开。承担试点任务的省部级单位为江苏省、江西省、四川省和中央组织部、财政部、国土资源部；中管企业为中国海洋石油总公司和上海宝钢集团公司；中管高校为北京师范大学和浙江大学；中央金融机构为中国建设银行；市级和县级单位为河北省唐山市、邯郸市和鹿泉市、霸州市，广东省惠州市、东莞市和佛山市南海区、清新县，甘肃省平凉市、临夏回族自治州和华亭县、永昌县。

【中国人民政治协商会议第十一届全国委员会第一次会议】（2008年3月3日至14日） 中国人民政治协商会议第十一届全国委员会第一次会议于2008年3月3日至14日在北京举行。3月3日的开幕会由王刚主持，出席委员2195名；党和国家领导人胡锦涛、吴邦国、温家宝、曾庆红、李长春、习近平、李克强、贺国强等到会祝贺。贾庆林代表政协第十届全国委员会常务委员会，向大会报告过去五年的工作。受政协第十届全国委员会常务委员会委托，张梅颖向大会报告十届政协的提案工作情况。十届政协以来，政协委员、政协各参加单位和政协各专门委员会共提交提案23081件，经审查立案21843件。这些提案在协助中国共产党和国家机关实现决策科学化民主化，促进社会主义经济、政治、文化和社会建设等方面，发挥了重要作用。会议选举贾庆林为政协第十一届全国委员会主席，选举王刚、廖晖、杜青林、阿沛·阿旺晋美、帕巴拉·格列朗杰、马万祺、白立忱、陈奎元、阿不来提·阿不都热西提、李兆焯、黄孟复、董建华、张梅颖、张榕明、钱运录、孙家正、李金华、郑万通、邓朴方、万钢、林文漪、厉无畏、罗富和、陈宗兴、王志珍为政协第十一届全国委员会副主席，选举钱运录为政协第十一届全国委员会秘书长。会议通过了中国人民政治协商会议第十一届全国委员会第一次会议政治决议、中国人民政治协商会议第十一届全国委员会第一次会议关于常务委员会工作报告的决议、中国人民政治协商会议第十一届全国委员会第一次会议提案审查委员会关于政协十一届一次会议提案审查情况的报告。

【第十一届全国人民代表大会第一次会议】（2008年3月5日至18日） 第十一届全国人民代表大会第一次会议于2008年3月5日至18日在北京举行。3月5日的第一次全体会议由吴邦国主持，应出席代表2987名，出席代表2970名。会议选举胡锦涛为中华人民共和国主席，习近平为副主席。选举胡锦涛为中华人民共和国中央军事委员会主席。选举吴邦国为第十一届全国人民代表大会常务委员会委员长；王兆国、路甬祥、乌云其木格、韩启德、华建敏、陈至立、周铁农、李建国、司马义·铁力瓦尔地、蒋树声、陈昌智、严隽琪、桑国卫为副委员长。会议决定温家宝为中华人民共和国国务院总理；郭伯雄、徐才厚为中央军事委员会副主席，梁光烈、陈炳德、李继耐、廖锡龙、常万全、靖志远、吴胜利、许其亮为中央军事委员会委员。会议选举王胜俊为最高人民法院院长；曹建明为最高人民检察院检察长。会议决定李克强、回良玉、张德江、王岐山为国务院副总理；刘延东、梁光烈、马凯、孟建柱、戴秉国为国务委员。会议表决通过了十一届全国人大九个专门委员会主任委员、副主任委员、委员名单。会议经过表决，批准了温家宝作的政府工作报告。华建敏作国务院机构改革方案的说明，会议通过了关于国务院机构改革方案的决定。会议表决通过了关于2007年国民经济和社会发展计划执行情况与2008年国民经济和社会发展计划的决议，表决通过了关于2007年中央和地方预算执行情况与2008年中央和地方预算的决议。会议还表决批准了吴邦国作的全国人大常委会工作报告、肖扬作的最高人民法院工作报告、贾春旺作的最高人民检察院工作报告。胡锦涛、吴邦国在闭幕会上讲话。

【十一届国务院第一次常务会议】（2008年3月19日） 十一届国务院第一次常务会议于2008年3月19日在北京召开。温家宝主持会议。会议研究确定了国务院领导同志工作分工；讨论并原则通过《国务院工作规则》，决定将《国务院工作规则》提交即将召开的国务院第一次全体会议审议。根据十一届全国人大一次会议批准的国务院机构改革方案，会议讨论并通过了国务院直属机构和单位的设置，对国务院议事协调机构和临时机构进行了精简和规范。会议还研究了当前工作。本届政府共召开234次国务院常务会议。

【十一届国务院第一次全体会议】（2008年3月21日） 十一届国务院第一次全体会议于2008年3月21日在北京召开。温家宝主持会议并发表重要讲话。会议宣布了国务院领导同志分工和国务院机构设置，讨论通过了《国务院工作规则》。会议分析了国内外形势，对当前政府工作作出部署。温家宝指出，本届政府工作总的任务是：全面贯彻党的十七大精神，高举中国特色社会主义伟大旗帜，以邓小平理论和“三个代表”重要思想为指导，深入贯彻落实科学发展观，继续解放思想，坚持改革开放，推动科学发展，促进社会和谐，加强社会主义经济建设、政治建设、文化建设、社会建设，使国民经济有一个更大的发展、人民生活水平有一个更大的提高、社会公平正义有一个更大的推进、改革开放迈出更大的步伐，夺取全面建设小康社会的新胜利。温家宝强调，今年是全面贯彻党的十七大精神的第一年，也是本届政府的开局之年。我们要按照党的十七大部署和刚刚结束的十一届全国人大一次会议精神，认真扎实地做好政府各项工作，促进经济社会又好又快发展。温家宝强调了当前要着重抓好的九件事。温家宝指出，要认真贯彻落实党的十七大和十七届二中全会精神，按照依法行政、务实高效、公开透明、勤政廉洁的要求，努力建设人民群众满意的政府。认真执行国务院工作规则，实行科学民主决策，坚持依法行政，大力推进政务公开，健全监督制度，加强廉政建设。

【中央政治局会议】（2008年3月28日） 中央政治局会议于2008年3月28日在北京召开。胡锦涛主持会议。会议对促进残疾人事业发展作出部署。会议认为，关心残疾人是社会文明进步的重要标志，残疾人事业是中国特色社会主义事业的重要组成部分。我国有8300多万残疾人，涉及2.6亿家庭人口。促进残疾人事业发展，改善残疾人状况，已成为全面建设小康社会和构建社会主义和谐社会一项重要而紧迫的任务。会议要求，各级党委和政府要加强对残疾人工作的领导，进一步完善残疾人工作领导体制，把残疾人工作列入重要议事日程。

【纪念王震同志诞辰一百周年座谈会】（2008年4月11日） 纪念王震同志诞辰100周年座谈会于2008年4月11日在北京召开。座谈会由李源潮主持。习近平等领导同志，中央和国家机关有关部门、民主党派、人民团体、解放军和湖南省、新疆生产建设兵团的负责同志，王震同志的亲属、生前友好和原身边工作人员等出席座谈会。习近平在讲话中指出，王震同志的一生，是为党和人民的事业不懈奋斗、无私奉献的一生。他为中国人民的解放和新中国的建立，为社会主义建设和改革开放事业，作出了重大贡献，深受全党全国各族人民的尊敬和爱戴。他在60多年的革命生涯中表现出的无产阶级革命家的气魄、胆略和政治智慧，形成的崇高思想、品德和风范，是一笔宝贵的精神财富，永远值得我们学习。我们今天纪念王震同志，就是要深切缅怀他为党和人民建立的卓越功勋，学习他始终忠于党、忠于人民的高尚品质，坚韧不拔、勇于开拓的革命精神，坚持原则、顾全大局的崇高风范，襟怀坦荡、率真赤诚的革命情怀。

【十七届中央政治局第五次集体学习】（2008年4月28日） 十七届中央政治局第五次集体学习于2008年4月28日在北京举行。这次学习的主题是我国加快转变经济发展方式研究。胡锦涛在主持学习时强调，加快转变经济发展方式，是关系国民经济全局紧迫而重大的战略任务，是提高我国经济国际竞争力和抗风险能力的根本举措，是实现全面建设小康社会奋斗目标的重要保证。我们要深刻认识转变经济发展方式的重大意义，大力推动经济增长由粗放型向集约型转变、由片面追求经济增长向全面协调可持续发展转变，不断赢得发展新优势、开创发展新局面。

【纪念关于真理标准问题的讨论三十周年座谈会】（2008年5月8日） 纪念关于真理标准问题的讨论30周年座谈会于2008年5月8日在北京召开。会议由中共中央宣传部、中共中央党校、光明日报社联合召开。刘云山主持座谈会。李长春出席会议并作重要讲话。他强调，今天我们纪念关于真理标准问题的讨论30周年，就是要认真学习贯彻党的十七大精神，高举中国特色社会主义伟大旗帜，以邓小平理论和“三个代表”重要思想为指导，深入贯彻落实科学发展观，深刻总结改革开放30年来我们在坚持党的思想路线，坚持解放思想、实事求是、与时俱进中积累的丰富经验，把思想和行动统一到党的十七大精神上来，继续解放思想，坚持改革开放，推动科学发展，促进社会和谐，为夺取全面建设小康社会新胜利而奋斗。邵华泽、邢贲思、李景田、王伟光、苟天林等同志在座谈会上发言。中央宣传思想工作领导小组成员、中央有关部门负责同志、理论界专家学者近200人参加座谈会。

【中国共产主义青年团第十六次全国代表大会】（2008年6月10日至13日） 中国共产主义青年团第十六次全国代表大会于2008年6月10日至13日在北京举行。胡锦涛、吴邦国、温家宝、贾庆林、李长春、习近平、李克强、贺国强等党和国家领导人到会祝贺。1500多名来自全国各地的团十六大代表，肩负着7500多万共青团员的重托出席大会。李长春代表党中央发表了题为《在发展中国特色社会主义的伟大征程上创造新的青春业绩》的祝词。陆昊代表共青团第十五届中央委员会作了题为《高举中国特色社会主义伟大旗帜团结带领广大青年为夺取全面建设小康社会新胜利而奋斗》的报告。大会选举产生由191名委员、129名候补委员组成的新一届团中央委员会。共青团十六届一中全会第二次会议选举产生了新一届团中央领导机构。全会选举陆昊为团十六届中央委员会书记处第一书记。会议通过了中国共产主义青年团第十六次全国代表大会关于十五届中央委员会报告的决议。大会还通过了中国共产主义青年团第十六次全国代表大会关于《中国共产主义青年团章程（修正案）》的决议。大会一致同意把深入贯彻落实科学发展观写入团章。14日，胡锦涛同团中央新一届领导班子成员和团十六大部分代表进行座谈。

【十七届中央政治局第六次集体学习】（2008年6月27日） 十七届中央政治局第六次集体学习于2008年6月27日在北京举行。这次学习的主题是全球气候变化和我国加强应对气候变化能力建设。胡锦涛在主持学习时强调，必须以对中华民族和全人类长远发展高度负责的精神，充分认识应对气候变化的重要性和紧迫性，坚定不移地走可持续发展道路，采取更加有力的政策措施，全面加强应对气候变化能力建设，为我国和全球可持续发展事业进行不懈努力。

【中央政治局会议】（2008年7月25日） 中央政治局会议于2008年7月25日在北京召开。胡锦涛主持会议。会议决定2008年10月在北京召开中国共产党第十七届中央委员会第三次全体会议，主要议程是，中共中央政治局向中央委员会报告工作，研究推进农村改革发展问题。会议还研究了当前经济形势和经济工作。会议强调，要深入贯彻落实科学发展观，把保持经济平稳较快发展、控制物价过快上涨作为宏观调控的首要任务，把抑制通货膨胀放在突出位置。

【十七届中央政治局第七次集体学习】（2008年7月26日） 十七届中央政治局第七次集体学习于2008年7月26日在北京举行。这次学习的主题是现代奥林匹克运动和办好北京奥运会。胡锦涛在主持学习时强调，北京奥运会开幕在即，举世瞩目。我们要围绕举办一届有特色、高水平奥运会的目标，把办好北京奥运会、残奥会作为当前的头等大事来抓，更加奋发努力、更加深入细致地做好各项筹办工作，努力把北京奥运会、残奥会办成国际社会满意、各国运动员满意、人民群众满意的国际体育盛会，切实履行我们对国际社会的郑重承诺。

【全党深入学习实践科学发展观活动动员大会暨省部级主要领导干部专题研讨班开班式】（2008年9月19日） 全党深入学习实践科学发展观活动动员大会暨省部级主要领导干部专题研讨班开班式于2008年9月19日在北京举行。习近平主持大会。胡锦涛、吴邦国、温家宝、贾庆林、李长春、李克强、贺国强等出席。胡锦涛强调，适应新形势，完成新任务，实现新发展，要求我们必须深化用中国特色社会主义理论体系武装全党工作，把深入学习实践科学发展观摆在突出位置，把党的政治优势和组织优势转化为推动经济社会又好又快发展的强大力量，为全面推进社会主义经济建设、政治建设、文化建设、社会建设，为全面推进党的建设新的伟大工程，为实现全面建设小康社会的宏伟目标，进一步奠定重要的思想基础、政治基础、组织基础。学习实践活动从2008年9月开始，分三批展开，每批半年左右，至2010年2月底基本结束。9月14日中共中央印发《关于在全党开展深入学习实践科学发展观活动的意见》。

【庆祝宁夏回族自治区成立五十周年大会】（2008年9月23日） 庆祝宁夏回族自治区成立50周年大会于2008年9月23日在银川举行。贺国强率中央代表团出席庆祝大会并发表讲话。回良玉在会上宣读了中共中央、全国人大常委会、国务院、全国政协、中央军委为庆祝宁夏回族自治区成立50周年发来的贺电。

【十七届中央政治局第八次集体学习】（2008年9月28日） 十七届中央政治局第八次集体学习于2008年9月28日在北京举行。这次学习的主题是中国特色社会主义理论体系研究。胡锦涛在主持学习时强调，在当代中国，坚持中国特色社会主义理论体系，就是真正坚持马克思主义。只有坚持中国特色社会主义理论体系不动摇，才能坚持中国特色社会主义道路不动摇，才能真正做到高举中国特色社会主义伟大旗帜不动摇。

【全国抗震救灾总结表彰大会】（2008年10月8日） 全国抗震救灾总结表彰大会于2008年10月8日在北京举行。温家宝主持大会。胡锦涛、吴邦国、贾庆林、李长春、习近平、李克强、贺国强等出席大会。胡锦涛在讲话中强调，在波澜壮阔的抗震救灾斗争中，我们用理想凝聚力量、用信念铸就坚强、用真情凝结关爱，大力培育和弘扬了万众一心、众志成城，不畏艰险、百折不挠，以人为本、尊重科学的伟大抗震救灾精神。伟大抗震救灾精神，是党和人民极为宝贵的精神财富。我们要在全党全社会大力弘扬伟大抗震救灾精神，使之转化为艰苦奋斗、重建家园的坚定意志，转化为推动经济社会又好又快发展的强大力量。李克强宣读了《中共中央、国务院、中央军委关于表彰全国抗震救灾英雄集体和抗震救灾模范的决定》。表彰大会上，全国抗震救灾英雄集体代表、四川省都江堰市向峨乡党委书记罗鸿亮，全国抗震救灾英雄集体代表、四川省公安消防总队成都市支队支队长孙国利，全国抗震救灾英雄集体代表、中国人民解放军某部部队长王凯，全国抗震救灾模范代表、四川省成都东冠实业有限公司副总经理陈岩先后发言。5月12日14时28分，四川汶川发生里氏8.0级的特大地震，这是新中国成立以来破坏性最强、波及范围最广、救灾难度最大的一次地震，受灾群众4625万多人，造成69227名同胞遇难、17923名同胞失踪，直接经济损失8451亿元，引发的崩塌、滑坡、泥石流、堰塞湖等次生灾害举世罕见。灾难发生后，党中央、国务院高度重视，中共中央政治局常委会多次召开会议全面部署抗震救灾工作，胡锦涛等党和国家领导人先后亲临重灾区一线，看望受灾群众，指导抗震救灾工作。5月19日至21日全国举行哀悼日活动，深切哀悼遇难同胞。

【十七届三中全会】（2008年10月9日至12日） 十七届三中全会于2008年10月9日至12日在北京举行。全会由中央政治局主持。出席这次全会的有中央委员202人，候补中央委员166人。中央纪律检查委员会常务委员会委员和有关方面负责同志列席了会议。党的十七大代表中从事农业农村工作的部分基层同志和研究农业、农村、农民问题的部分专家学者也列席了会议。胡锦涛作了重要讲话。全会听取和讨论了胡锦涛受中央政治局委托作的工作报告，审议通过了《中共中央关于推进农村改革发展若干重大问题的决定》。回良玉就《决定（讨论稿）》向全会作了说明。全会提出，到2020年，农村改革发展基本目标任务是：农村经济体制更加健全，城乡经济社会发展一体化体制机制基本建立；现代农业建设取得显著进展，农业综合生产能力明显提高，国家粮食安全和主要农产品供给得到有效保障；农民人均纯收入比2008年翻一番，消费水平大幅提升，绝对贫困现象基本消除；农村基层组织建设进一步加强，村民自治制度更加完善，农民民主权利得到切实保障；城乡基本公共服务均等化明显推进，农村文化进一步繁荣，农民基本文化权益得到更好落实，农村人人享有接受良好教育的机会，农村基本生活保障、基本医疗卫生制度更加健全，农村社会管理体系进一步完善；资源节约型、环境友好型农业生产体系基本形成，农村人居和生态环境明显改善，可持续发展能力不断增强。全会按照党章规定，决定递补中央委员会候补委员王新宪为中央委员会委员。全会审议并通过了《中共中央纪律检查委员会关于于幼军同志问题的审查报告》，决定撤销于幼军中央委员会委员职务，确认中央政治局2008年9月5日作出的给予其留党察看两年处分。

【中国工会第十五次全国代表大会】（2008年10月17日至21日） 中国工会第十五次全国代表大会于2008年10月17日至21日在北京举行。王兆国主持开幕式。胡锦涛、吴邦国、温家宝、贾庆林、李长春、习近平、李克强、贺国强等党和国家领导人到会祝贺。1700多名工会十五大代表出席会议。习近平代表党中央发表了题为《在夺取全面建设小康社会新胜利中充分发挥工人阶级主力军作用》的祝词。王兆国代表中华全国总工会第十四届执行委员会向大会作了题为《高举中国特色社会主义伟大旗帜　团结动员亿万职工为夺取全面建设小康社会新胜利而奋斗》的报告。会议选举产生由276名同志组成的中华全国总工会第十五届执行委员会，由40名同志组成的经费审查委员会。中华全国总工会第十五届执行委员会第一次全体会议选举王兆国为中华全国总工会主席，推选孙春兰为书记处第一书记。大会通过了关于全总十四届执委会报告的决议、关于《中国工会章程（修正案）》的决议、关于全总十四届执委会财务工作报告的决议和关于全总十四届经审会工作报告的决议。孙春兰致闭幕词。21日，胡锦涛同全国总工会新一届领导班子成员和工会十五大部分代表进行了座谈。

【中国妇女第十次全国代表大会】（2008年10月28日至31日） 中国妇女第十次全国代表大会于2008年10月28日至31日在北京举行。顾秀莲主持开幕式。胡锦涛、吴邦国、贾庆林、李长春、习近平、李克强、贺国强等党和国家领导人到会祝贺。1400多名代表出席大会。贺国强代表党中央发表了题为《充分发挥妇女“半边天”作用，为夺取全面建设小康社会新胜利贡献智慧和力量》的祝词。黄晴宜代表全国妇联第九届执行委员会作了题为《高举中国特色社会主义伟大旗帜　团结动员全国各族各界妇女为夺取全面建设小康社会新胜利而奋斗》的报告。会议选举产生了255名中华全国妇女联合会第十届执行委员会委员。会议推举陈慕华、彭珮云为全国妇联名誉主席。选举陈至立为全国妇联主席，推选黄晴宜为全国妇联书记处第一书记。11月1日，胡锦涛同全国妇联新一届领导班子成员和妇女十大部分代表进行了座谈。

【十七届中央政治局第九次集体学习】（2008年11月29日）　十七届中央政治局第九次集体学习于2008年11月29日在北京举行。这次学习的主题是关于推动我国科学发展问题研究。胡锦涛在主持学习时强调，在复杂的国内外经济条件下，我们要有效解决前进中遇到的各种矛盾和问题，保持经济平稳较快发展，全面提高综合国力、国际竞争力、可持续发展能力，必须坚定不移地坚持发展是硬道理的战略思想，坚持走科学发展道路。

【中央经济工作会议】（2008年12月8日至10日）　中央经济工作会议于2008年12月8日至10日在北京召开。胡锦涛、吴邦国、温家宝、贾庆林、李长春、习近平、李克强、贺国强等出席会议。胡锦涛在会上发表重要讲话，全面分析了当前国际国内形势，明确提出了2009年经济工作的总体要求和重点任务，阐述了做好2009年经济工作需要把握的原则。温家宝在讲话中全面分析了当前我国经济形势，阐述了2009年经济社会发展主要预期目标和需要解决的重点问题，具体部署了2009年经济工作。会议强调，针对国际金融危机的严重冲击，要把保持经济平稳较快发展作为首要任务，立足扩大内需保持经济平稳较快增长，加快发展方式转变和结构调整提高可持续发展能力，深化改革开放增强经济社会发展活力和动力，加强社会建设加快解决涉及群众利益的难点热点问题，促进经济社会又好又快发展。

【庆祝广西壮族自治区成立五十周年大会】（2008年12月11日）　庆祝广西壮族自治区成立50周年大会于2008年12月11日在南宁召开。中央代表团出席庆祝大会。中央代表团团长发表讲话。张德江在会上宣读了中共中央、全国人大常委会、国务院、全国政协、中央军委为庆祝广西壮族自治区成立50周年发来的贺电。胡锦涛为中央人民政府赠送的“民族团结宝鼎”亲笔题写鼎名。

【纪念党的十一届三中全会召开三十周年大会】（2008年12月18日）　纪念党的十一届三中全会召开30周年大会于2008年12月18日在北京举行。吴邦国主持大会。胡锦涛、江泽民、温家宝、贾庆林、李长春、习近平、李克强、贺国强等出席大会。胡锦涛发表重要讲话，高度评价了党的十一届三中全会在我们党和国家发展历史上的重要地位和伟大意义，深刻总结了30年来我们党领导人民进行改革开放和社会主义现代化建设取得的伟大成就和宝贵经验，明确指出了继续推进改革开放伟大事业的前进方向。

【十七届中央政治局第十次集体学习】（2008年12月26日）　十七届中央政治局第十次集体学习于2008年12月26日在北京举行。这次学习的主题是关于深化改革开放问题研究。胡锦涛在主持学习时强调，要广泛运用改革开放30年的生动事实、伟大成就、宝贵经验，深入持久地进行改革开放宣传教育，使全党同志和全体人民特别是年轻一代深刻认识改革开放的伟大意义，增强坚持改革开放的自觉性和坚定性，始终坚持高举中国特色社会主义伟大旗帜不动摇，坚持中国特色社会主义道路不动摇，坚持中国特色社会主义理论体系不动摇。

【全国组织部长会议】（2008年12月27日至28日） 全国组织部长会议于2008年12月27日至28日在北京召开。习近平出席会议并讲话。习近平强调，新的一年，各级党委和组织部门要全面贯彻党的十七大、十七届三中全会和中央经济工作会议精神，以加强党的执政能力建设和先进性建设为主线，以开展深入学习实践科学发展观活动为重点，以改革创新为动力，围绕坚持改革开放、推动科学发展、促进社会和谐全面加强党的建设和组织工作，为保持经济平稳较快发展，确保全年经济社会发展各项任务顺利完成提供坚强保证。李源潮在闭幕会上提出了2009年组织工作要重点抓好的六个方面工作。沈跃跃作会议总结，五位副部长作了专题发言。

【中央农村工作会议】（2008年12月27日至28日） 中央农村工作会议于2008年12月27日至28日在北京召开。会议认真贯彻党的十七大、十七届三中全会和中央经济工作会议精神，深入贯彻落实科学发展观，总结2008年农业农村工作，分析当前农业农村形势，研究促进农业稳定发展、农民持续增收的政策措施，部署2009年的农业农村工作。会议讨论了《中共中央、国务院关于2009年促进农业稳定发展农民持续增收的若干意见（讨论稿）》。马凯主持了第一次全体会议。回良玉出席会议并讲话。吉林、安徽、河南、广东、四川等省的有关负责同志在大会上发了言。会议强调，2009年中央指导农业农村工作的文件，以促进农业稳定发展、农民持续增收为主题。2009年农业农村工作，要把保持农业农村经济平稳较快发展作为首要任务，围绕稳粮、增收、强基础、重民生，进一步强化惠农政策，增强科技支撑，加大投入力度，优化产业结构，推进改革创新，千方百计保证国家粮食安全和主要农产品有效供给，千方百计促进农民收入持续增长，为经济社会又好又快发展继续提供有力保障。

【纪念《告台湾同胞书》发表三十周年座谈会】（2008年12月31日） 纪念《告台湾同胞书》发表30周年座谈会于2008年12月31日在北京召开。吴邦国主持会议。胡锦涛出席会议并发表重要讲话，贾庆林出席会议。胡锦涛在讲话中深刻阐述了《告台湾同胞书》的重大意义，高度评价了邓小平同志为确立“和平统一、一国两制”方针作出的历史性贡献，高度评价了江泽民同志为丰富和发展中央对台方针政策作出的重大贡献，全面总结了推动两岸关系发展的主要经验。胡锦涛就推动两岸关系和平发展提出六点意见：(1) 恪守一个中国，增进政治互信；(2) 推进经济合作，促进共同发展；(3) 弘扬中华文化，加强精神纽带；(4) 加强人员往来，扩大各界交流；(5) 维护国家主权，协商涉外事务；(6) 结束敌对状态，达成和平协议。座谈会上，全国人大常委会副委员长兼秘书长李建国，全国政协副主席、台湾民主自治同盟中央主席林文漪，中华全国学生联合会主席刘凯，中共中央台湾工作办公室、国务院台湾事务办公室主任王毅先后发言。

【国家科学技术奖励大会】（2009年1月9日）　国家科学技术奖励大会于2009年1月9日在北京举行。李克强主持大会。胡锦涛、温家宝、李长春、习近平出席大会并为获奖代表颁奖。温家宝代表党中央、国务院在大会上讲话。刘延东在会上宣读了《国务院关于2008年度国家科学技术奖励的决定》。2008年度国家自然科学奖二等奖授奖项目34项；国家技术发明奖授奖项目55项，其中一等奖3项、二等奖52项；国家科学技术进步奖授奖项目254项，其中特等奖3项、一等奖26项、二等奖225项；授予3名外籍科学家中华人民共和国国际科学技术合作奖。中国工程院院士王忠诚、中国科学院院士徐光宪获得2008年度国家最高科学技术奖。

【十七届中央纪委三次全会】（2009年1月12日至14日）　十七届中央纪委三次全会于2009年1月12日至14日在北京举行。中央纪委常委会主持会议。出席会议的中央纪委委员123人，列席299人。会议全面贯彻党的十七大和十七届三中全会精神，高举中国特色社会主义伟大旗帜，以邓小平理论和“三个代表”重要思想为指导，深入贯彻落实科学发展观，总结了党的十七大以来党风廉政建设和反腐败工作，研究部署了2009年的任务。全会审议通过了贺国强代表中央纪委常委会所作的《深入贯彻落实科学发展观，以完善惩治和预防腐败体系为重点，扎实推进党风廉政建设和反腐败斗争》的工作报告。胡锦涛、吴邦国、温家宝、贾庆林、李长春、习近平、李克强、贺国强等党和国家领导人出席全会第二次大会。胡锦涛强调，必须坚持不懈地加强领导干部党性修养，使各级领导干部始终保持共产党人的政治本色，发扬党的光荣传统和优良作风，树立和坚持正确的事业观、工作观、政绩观，以优良作风带领广大党员、群众迎难而上、锐意改革、共克时艰。

【十一届国务院第二次全体会议】（2009年1月19日）　十一届国务院第二次全体会议于2009年1月19日在北京召开。温家宝主持会议。会议讨论即将提请十一届全国人大二次会议审议的《政府工作报告（征求意见稿）》。会议决定，将此稿发往各省、自治区、直辖市和中央有关部门、单位征求意见。温家宝指出，2008年是极不寻常、极不平凡的一年。我们全面夺取抗击两场突如其来特大自然灾害的重大胜利，积极应对历史罕见国际金融危机的严重冲击，克服国际市场初级产品价格剧烈波动的不利影响，保持了国民经济平稳较快发展和物价基本稳定。我们正确把握宏观调控的方向、重点、力度和节奏，根据经济形势的变化，适时对宏观经济政策做出重大调整。特别是下半年，针对国际金融危机对我国经济的不利影响，我们果断提出灵活审慎的宏观经济政策，将宏观调控的重点转向保持经济平稳较快增长，明确提出实施积极的财政政策和适度宽松的货币政策，迅速推出扩大内需、促进经济平稳较快增长的十项措施。温家宝指出，要全力做好2009年一季度经济工作，尽快扭转经济增速下滑趋势，千方百计实现今年经济工作的良好开局。温家宝指出，我们的政府是人民的政府，必须始终坚持以人为本的执政理念。越是困难的时候，越要重视民意、体察民情、关注民生，维护社会和谐稳定。各地区、各部门要坚决落实中央关于保障和改善民生的一系列部署，着力解决关系人民群众切身利益的热点难点问题。

【十七届中央政治局第十一次集体学习】（2009年1月23日） 十七届中央政治局第十一次集体学习于2009年1月23日在北京举行。这次学习的主题是中国特色农业现代化道路研究。胡锦涛在主持学习时强调，必须从全面建设小康社会、发展中国特色社会主义的战略高度，全面贯彻党的十七届三中全会精神，坚持把解决好农业、农村、农民问题作为全党工作重中之重，坚定不移走中国特色农业现代化道路，加快推进社会主义新农村建设，更加扎实地做好农业、农村、农民工作。

【十七届中央政治局第十二次集体学习】（2009年2月23日） 十七届中央政治局第十二次集体学习于2009年2月23日在北京举行。这次学习的主题是世界经济形势和推动我国经济又好又快发展。胡锦涛在主持学习时强调，我们一定要增强忧患意识和机遇意识，既充分认识世界经济环境急剧变化给我国经济发展提出的新问题新挑战，又充分认识我国经济发展的基本态势和长期向好趋势；既做好应对世界经济最困难最复杂局面的充分准备，又统筹国内国际两个大局、善于从国际国内条件的相互转化中用好发展机遇、创造发展条件，审时度势、科学决策、周密部署、扎实工作，继续推动经济又好又快发展。

【全国政协十一届二次会议】（2009年3月3日至12日） 全国政协十一届二次会议于2009年3月3日至12日在北京举行。3月3日的开幕会由王刚主持，出席委员2160名；党和国家领导人胡锦涛、吴邦国、温家宝、李长春、习近平、李克强、贺国强等到会祝贺。贾庆林代表政协第十一届全国委员会常务委员会，向大会报告工作。广大政协委员围绕保持经济平稳较快发展这一首要任务，围绕维护社会和谐稳定这一大局，紧密联系实际，积极协商讨论，提出了许多真知灼见，为党和政府决策提供了重要参考和依据。会议通过了政协第十一届全国委员会第二次会议关于常务委员会工作报告的决议、政协第十一届全国委员会提案委员会关于政协十一届二次会议提案审查情况的报告、政协第十一届全国委员会第二次会议政治决议。

【十一届全国人大二次会议】（2009年3月5日至13日） 十一届全国人大二次会议于2009年3月5日至13日在北京举行。3月5日的第一次全体会议由吴邦国主持，出席代表近3000名。大会批准了温家宝作的政府工作报告，吴邦国作的全国人大常委会工作报告，王胜俊作的关于最高人民法院工作的报告，曹建明作的关于最高人民检察院工作的报告等；通过了关于2008年国民经济和社会发展计划执行情况与2009年国民经济和社会发展计划的决议，通过了关于2008年中央和地方预算执行情况与2009年中央和地方预算的决议。

【首次百万农奴解放纪念日庆祝大会】（2009年3月28日） 庆祝百万农奴解放纪念日大会于2009年3月28日在西藏拉萨举行。西藏自治区党委副书记、西藏自治区主席向巴平措主持会议。西藏自治区各族各界干部群众一万余人参加大会。西藏自治区党委书记、西藏军区党委第一书记张庆黎在庆祝大会上发表讲话。各族各界的代表先后发言。2009年1月19日，西藏自治区九届人大二次会议通过决议，决定每年3月28日为西藏百万农奴解放纪念日。1959年3月28日，周恩来总理发布国务院令，命令中国人民解放军驻藏部队彻底平息叛乱，解散西藏地方政府。以这个命令为标志，西藏高原吹响了迅速平息达赖集团全面武装叛乱、实行民主改革的战斗号角。从此，中国共产党领导西藏百万农奴站立起来了，开始了废除政教合一的封建农奴制、加速社会主义新西藏诞生的伟大革命。

【纪念五四运动九十周年大会】（2009年5月4日） 纪念五四运动90周年大会于2009年5月4日在北京举行。大会由中共中央宣传部、教育部、共青团中央联合召开。王兆国主持大会。胡锦涛、吴邦国、温家宝、贾庆林、李长春、习近平、李克强、贺国强等党和国家领导人出席大会。李长春在大会上讲话强调，当代青年要进一步弘扬五四精神，按照胡锦涛总书记提出的要求，把爱国主义作为始终高扬的光辉旗帜，把勤奋学习作为人生进步的重要阶梯，把深入实践作为成长成才的必由之路，把奉献社会作为不懈追求的优良品德，努力成为理想远大、信念坚定的新一代，品德高尚、意志顽强的新一代，视野开阔、知识丰富的新一代，开拓进取、艰苦创业的新一代，切实肩负起时代赋予的光荣使命。会上，青年学生代表、北京大学学生会主席张度，青年职工代表、上海航天局第804研究所高级技师苗俭，青年农民代表、内蒙古自治区奈曼旗白音他拉苏木满都拉呼嘎查党支部书记席宝力皋，青年知识分子代表、“星光中国芯工程”总指挥邓中翰先后发言。

【首届海峡论坛】（2009年5月15日至22日） 首届海峡论坛于2009年5月15日至22日在福建举行。贾庆林出席论坛开幕式并宣布论坛开幕。海峡两岸各界人士6500余人出席论坛开幕式。中共中央台湾工作办公室主任、国务院台湾事务办公室主任王毅和中国国民党副主席、台湾桃园县县长朱立伦分别在开幕式上致辞。贾庆林17日在以“扩大民间交流、加强两岸合作、促进共同发展”为主题的首届海峡论坛大会上发表题为《扩大两岸民间交流　促进两岸合作发展》的致辞。首届海峡论坛由两岸54家单位共同主办，其中大陆方面包括国务院台湾事务办公室和福建省人民政府等26家单位，台湾方面包括台湾省农会等28家单位。论坛共包含开幕式和论坛大会、海峡两岸经贸交易会、海峡文化艺术周、两岸民间交流嘉年华等四大板块18场活动，5月15日至22日分别在福建省福州、厦门、泉州、莆田等地举行。首届海峡论坛是当时两岸规模最大、范围最广、人数最多的民间交流活动。

【十七届中央政治局第十三次集体学习】（2009年5月22日） 十七届中央政治局第十三次集体学习于2009年5月22日在北京举行。这次学习的主题是世界主要国家社会保障体系和我国社会保障体系建设。胡锦涛在主持学习时强调，加快建立覆盖城乡居民的社会保障体系，要坚持广覆盖、保基本、多层次、可持续方针，以社会保险、社会救助、社会福利为基础，以基本养老、基本医疗、最低生活保障制度为重点，以慈善事业、商业保险为补充，统筹协调做好各项工作，实现社会保障事业可持续发展。

【全国少数民族文化工作会议】（2009年6月12日至13日） 全国少数民族文化工作会议于2009年6月12日至13日在北京召开。回良玉、刘延东出席会议并作重要讲话。会议强调，要牢牢把握社会主义先进文化前进方向，紧紧围绕共同团结奋斗、共同繁荣发展的民族工作主题，促进少数民族文化建设与全国文化建设协调发展，促进民族团结、实现共同进步，更加自觉、更加主动地推动社会主义文化大发展大繁荣。会议要求，加强少数民族文化建设，要以建设社会主义核心价值体系为主线，以完善公共文化服务体系为重点，以加强基础设施建设为手段，以推动文化创新为动力，以改革体制机制为保障，以满足各族群众日益增长的精神文化需求为出发点和落脚点。7月5日，国务院印发《关于进一步繁荣发展少数民族文化事业的若干意见》。

【中央林业工作会议】（2009年6月22日至23日） 中央林业工作会议于2009年6月22日至23日在北京召开。会议全面贯彻党的十七大、十七届三中全会和2008年中央10号文件精神，进一步统一思想认识，系统研究新形势下林业改革发展问题，全面部署推进集体林权制度改革工作，推动我国林业又好又快发展。这是新中国成立60年来中央召开的首次林业工作会议。温家宝会见了出席会议的全体代表并发表重要讲话。回良玉出席会议并讲话。会议认为，林业是一项重要的基础产业，是一项具有特殊功能的公益事业。新中国成立以来特别是改革开放以来，我国林业发展取得举世瞩目的巨大成就。会议强调，集体林权制度改革是农村经营制度的又一重大变革。截至2008年底，全国已确权到户的林地面积12.7亿亩，占集体林地的50%。会议强调，全面推进集体林权制度改革，必须确保实现资源增长和农民增收两大基本目标，建立以家庭承包经营为基础的现代林业产权制度和支持林业发展的公共财政制度两项根本制度，坚持尊重农民意愿和依法办事两大重要原则，抓住勘界发证和落实责任两个关键环节，处理好改革与稳定、放活与管理两个重要关系，切实保证改革沿着正确的方向推进。国家林业局和福建、江西、辽宁、云南、湖南、浙江等省的有关负责人在大会上发言。

【十一届全国人大常委会第九次会议】（2009年6月22日至27日）　十一届全国人大常委会第九次会议于2009年6月22日至27日在北京召开。吴邦国主持会议。会议表决通过农村土地承包经营纠纷调解仲裁法、修订后的统计法和关于废止部分法律的决定。会议还表决通过了全国人大常委会关于授权澳门特别行政区对设在横琴岛的澳门大学新校区实施管辖的决定，授权澳门特别行政区自横琴岛澳门大学新校区启用之日起，在本决定规定的期限内对该校区依照澳门特别行政区法律实施管辖。

【纪念李先念同志诞辰一百周年座谈会】（2009年6月23日）　纪念李先念同志诞辰100周年座谈会于2009年6月23日在北京召开。贾庆林主持座谈会。胡锦涛、吴邦国、温家宝、李长春、习近平、李克强等出席。胡锦涛在座谈会上发表重要讲话强调，李先念同志毕生奋斗，为中华民族独立和中国人民解放，为社会主义革命、建设、改革事业，为建设富强民主文明和谐的社会主义现代化国家，作出了不可磨灭的贡献，赢得了全党全军全国各族人民的崇敬和爱戴。李先念同志的崇高思想风范是激励我们沿着中国特色社会主义道路奋勇前进的宝贵精神财富。我们缅怀李先念同志，就是要学习他的光辉思想、崇高品德、高尚风范，使之成为推进党和人民事业发展的重要精神力量。胡锦涛强调，我们要学习李先念同志信仰坚定、始终对党和人民无限忠诚的崇高品格；学习李先念同志勤于和善于学习、坚持群众路线、创造性开展工作的优良作风；学习李先念同志坚持党性原则、谦虚谨慎、顾全大局的优秀品质；学习李先念同志立党为公、执政为民、全心全意为人民服务的公仆精神。

【十七届中央政治局第十四次集体学习】（2009年6月29日）　十七届中央政治局第十四次集体学习于2009年6月29日在北京举行。这次学习的主题是积极推进党内民主建设问题。胡锦涛在主持学习时强调，在新的历史条件下，我们必须高度重视和积极推进党内民主建设，最大限度凝聚全党智慧和力量，最大限度激发全党创造活力，最大限度巩固党的团结统一，更好地坚持科学执政、民主执政、依法执政，进一步形成全党全国各族人民齐心协力推进中国特色社会主义伟大事业的强大合力。

【中央政治局会议】（2009年7月23日）　中央政治局会议于2009年7月23日在北京召开。胡锦涛主持会议。会议决定2009年9月在北京召开中国共产党第十七届中央委员会第四次全体会议，主要议程是，中共中央政治局向中央委员会报告工作，研究加强和改进新形势下党的建设问题。这次会议还研究了当前经济形势和经济工作。会议指出，要继续把促进经济平稳较快发展作为经济工作的首要任务，保持宏观经济政策的连续性和稳定性，全面落实和充实完善刺激经济的一揽子计划和相关政策措施，巩固经济企稳回升势头。

【十七届中央政治局第十五次集体学习】（2009年7月24日）　十七届中央政治局

局第十五次集体学习于2009年7月24日在北京举行。这次学习的主题是中国特色军民融合式发展路子。胡锦涛在主持学习时强调，在新的历史条件下，我们要按照党的十七大提出的要求，站在国家安全和发展战略全局的高度，坚持军民融合式发展，推动国防建设和经济建设良性互动，确保在全面建设小康社会进程中实现富国和强军的统一，确保军队有效履行新世纪新阶段历史使命。

【十一届国务院第三次全体会议】（2009年8月10日） 十一届国务院第三次全体会议于2009年8月10日在北京召开。温家宝主持会议。会议审议了澳门特别行政区政府关于选举崔世安为澳门特别行政区第三任行政长官人选的报告，听取了国务院港澳事务办公室负责人关于澳门特别行政区第三任行政长官人选产生过程的汇报。温家宝签署了任命崔世安为中华人民共和国澳门特别行政区第三任行政长官的国务院第558号令，任期自2009年12月20日起至2014年12月19日止。

【新疆维吾尔自治区干部大会】（2009年8月25日） 新疆维吾尔自治区干部大会于2009年8月25日上午在乌鲁木齐召开。正在新疆考察工作的胡锦涛出席大会并发表重要讲话。他强调，要深刻认识新中国成立以来特别是改革开放以来新疆发生的沧桑巨变，倍加珍惜来之不易的大好局面，紧紧抓住国家深入实施西部大开发战略的宝贵机遇，坚持一手抓改革发展一手抓团结稳定，努力在中国特色社会主义道路上创造新疆更加美好的明天。胡锦涛指出，乌鲁木齐“7·5”事件是一起由境内外“三股势力”精心策划组织的打砸抢烧严重暴力犯罪事件，给各族群众生命财产造成极大损失，给社会稳定造成严重破坏。胡锦涛指出，做好新疆工作关键是要处理好发展和稳定的关系，始终坚持一手抓改革发展，一手抓团结稳定，自觉做到坚持以经济建设为中心不动摇，坚持维护社会大局稳定不动摇，坚持各民族共同团结奋斗、共同繁荣发展不动摇。

【十七届中央政治局第十六次集体学习】（2009年9月9日） 十七届中央政治局第十六次集体学习于2009年9月9日在北京举行。这次学习的主题是新中国成立以来对社会主义现代化的认识和实践。胡锦涛在主持学习时强调，我们要以新中国成立60周年为新的起点，高举中国特色社会主义伟大旗帜，以邓小平理论和“三个代表”重要思想为指导，深入贯彻落实科学发展观，总结经验，把握规律，开拓创新，在新的时代条件下继续推进社会主义现代化，不断夺取全面建设小康社会新胜利、开创中国特色社会主义事业新局面。

【十七届四中全会】（2009年9月15日至18日） 十七届四中全会于2009年9月15日至18日在北京举行。全会由中央政治局主持。出席这次全会的有，中央委员194人，候补中央委员163人。中央纪律检查委员会委员和有关方面负责同志列席了会议。党的十七大代表中部分基层党务工作者、基层党员和从事党建工作研究的专家学者也列席了会议。胡锦涛作了重要讲话。全会听取和讨论了胡锦涛受中央政治局委托作的工作报告，审议通过了《中共中央关于加强和改进新形势下党的建设若干重大问题的决定》。习近平就《决定（讨论稿）》向全会作了说明。会议总结了我们党作为马克思主义执政党加强自身建设的基本经验，对当前和今后一个时期加强和改进党的建设作出了部署，强调要建设马克思主义学习型政党、提高全党思想政治水平，坚持和健全民主集中制、积极发展党内民主，深化干部人事制度改革、建设善于推动科学发展和促进社会和谐的高素质干部队伍，做好抓基层打基础工作、夯实党执政的组织基础，弘扬党的优良作风、保持党同人民群众的血肉联系，加快推进惩治和预防腐败体系建设、深入开展反腐败斗争。全会还全面分析了当前经济形势和任务，及做好民族工作问题。胡锦涛在讲话中指出，要提高党的建设科学化水平，说到底是要不断把握和自觉运用马克思主义执政党建设规律，努力在以科学理论指导党的建设、以科学制度保障党的建设、以科学方法推进党的建设上见到实效。

【十七届中央纪委四次全会】（2009年9月19日）　十七届中央纪委四次全会于2009年9月19日在北京举行。中央纪委常委会主持会议。出席会议的中央纪委委员118人，列席28人。这次全会的主要任务是：认真学习贯彻党的十七届四中全会精神，分析研究党的作风建设和反腐倡廉建设面临的形势与任务，深入推进党风廉政建设和反腐败斗争，为加强和改进新形势下党的建设、夺取全面建设小康社会新胜利、开创中国特色社会主义事业新局面提供坚强有力的保证。全会审议通过了贺国强代表中央纪委常委会所作的《认真贯彻落实党的十七届四中全会精神，深入推进党风廉政建设和反腐败斗争》的报告。全会一致拥护十七届四中全会审议通过的《决定》，一致拥护胡锦涛同志在十七届四中全会上的重要讲话。

【庆祝中国人民政治协商会议成立六十周年大会】（2009年9月20日）　庆祝中国人民政治协商会议成立60周年大会于2009年9月20日在北京举行。贾庆林主持大会。胡锦涛、吴邦国、温家宝、李长春、习近平、李克强、贺国强等出席大会。胡锦涛在讲话中强调，在新的历史条件下，人民政协要高举中国特色社会主义伟大旗帜，以邓小平理论和“三个代表”重要思想为指导，深入贯彻落实科学发展观，继承和发扬人民政协优良传统和宝贵经验，牢牢把握团结和民主两大主题，紧紧围绕党和国家工作大局，继续扎实有效地履行好政治协商、民主监督、参政议政职能，切实发挥好协调关系、汇聚力量、建言献策、服务大局的重要作用，为推进改革开放和社会主义现代化建设、推进祖国和平统一大业、维护世界和平与促进共同发展作出新的贡献。

【首都各界庆祝中华人民共和国成立六十周年大会】（2009年10月1日）　首都各界庆祝中华人民共和国成立60周年大

会于2009年10月1日在北京举行。刘淇主持大会。胡锦涛检阅受阅部队，并发表重要讲话。江泽民、吴邦国、温家宝、贾庆林、李长春、习近平、李克强、贺国强等出席庆祝大会。20万军民参加阅兵仪式和群众游行。胡锦涛在讲话中回顾新中国成立60年来取得的伟大成就，总结新中国60年发展进步的成功经验，展望祖国美好发展前景。胡锦涛指出，新中国60年的发展进步充分证明，只有社会主义才能救中国，只有改革开放才能发展中国、发展社会主义、发展马克思主义。中国人民有信心、有能力建设好自己的国家，也有信心、有能力为世界作出自己应有的贡献。

【十七届中央政治局第十七次集体学习】（2009年11月27日） 十七届中央政治局第十七次集体学习于2009年11月27日在北京举行。这次学习的主题是贯彻落实党的十七届四中全会精神，努力提高党的建设科学化水平。胡锦涛在主持学习时强调，历史和现实告诉我们，在中国，要实现民族独立、人民解放和国家富强、人民富裕，必须坚持中国共产党的领导；中国共产党要肩负起团结带领人民实现中华民族伟大复兴的历史使命，必须顺应世情、国情、党情的新变化，坚持党要管党、从严治党，坚持不懈地以改革创新精神加强和改进党的建设，使我们党始终成为党和人民事业的坚强领导核心。

【中央经济工作会议】（2009年12月5日至7日） 中央经济工作会议于2009年12月5日至7日在北京召开。胡锦涛、吴邦国、温家宝、贾庆林、李长春、习近平、李克强、贺国强等出席会议。胡锦涛在会上发表重要讲话，全面分析了当前国际国内经济形势，深刻阐述了加快经济发展方式转变的重要性和紧迫性，明确提出了2010年经济工作的总体要求、重要原则、主要任务。温家宝在讲话中全面总结了2009年经济工作，阐述了2010年经济社会发展主要预期目标和宏观经济政策，具体部署了2010年经济工作。会议提出2010年经济工作的总体要求是：全面贯彻党的十七大和十七届三中、四中全会精神，以邓小平理论和“三个代表”重要思想为指导，深入贯彻落实科学发展观，保持宏观经济政策的连续性和稳定性，继续实施积极的财政政策和适度宽松的货币政策，根据新形势新情况着力提高政策的针对性和灵活性，特别是要更加注重提高经济增长质量和效益，更加注重推动经济发展方式转变和经济结构调整，更加注重推进改革开放和自主创新、增强经济增长活力和动力，更加注重改善民生、保持社会和谐稳定，更加注重统筹国内国际两个大局，努力实现经济平稳较快发展。

【全国组织部长会议】（2009年12月11日至12日） 全国组织部长会议于2009年12月11日至12日在北京召开。习近平出席会议并讲话。习近平强调，党的十七届四中全会对加强和改进新形势下党的建设和组织工作提出了一系列新要求、新举措、新任务，各级组织部门要把全会确定的各项任务和重大举措分解到组织工作之中，通过扎扎实实的工作保证全会精神的贯彻落实，为继续解放思想、坚持改革开放、推动科学发展、促进社会和谐提供坚强组织保证。习近平指出，德才兼备、以德为先是党的十七大之后胡锦涛同志多次强调、中央反复要求的用人标准。选拔任用干部既要看才、更要看德，把政治上靠得住、工作上有本事、作风上过得硬、人民群众信得过的干部选拔上来。树立正确用人导向，把人选准用好。李源潮在闭幕会上讲话指出，组织工作要为科学发展大局提供坚强保证。沈跃跃作会议总结。

【中央巡视工作领导小组第一次会议】（2009年12月18日）　中央巡视工作领导小组第一次会议于2009年12月18日在北京召开。中共中央政治局常委、中央纪委书记、中央巡视工作领导小组组长贺国强在会上强调，要认真学习贯彻党的十七届四中全会和中央经济工作会议精神，以贯彻落实《中国共产党巡视工作条例（试行）》、成立中央巡视工作领导小组和巡视机构更名为契机，发扬成绩、总结经验，求真务实、开拓创新，进一步提高巡视工作水平，为加快转变经济发展方式、保持经济平稳较快发展、加强和改进新形势下党的建设作出应有贡献。建立和完善巡视制度，是党中央从加强党内监督、提高党的执政能力、保持和发展党的先进性的战略高度作出的一项重大决策。中共中央政治局委员、中央书记处书记、中央组织部部长、中央巡视工作领导小组副组长李源潮，中共中央书记处书记、中央纪委副书记、中央巡视工作领导小组副组长何勇出席会议。会议审议通过了《中央巡视工作领导小组工作规则》和《中央巡视工作领导小组办公室工作规则》。截至2012年11月，中央巡视工作领导小组共召开第18次会议。

【全国政法工作电视电话会议】（2009年12月18日）　全国政法工作电视电话会议于2009年12月18日召开。会议以电视电话会议的形式一直开到县。会议强调，要抓住影响社会和谐稳定的源头性、根本性、基础性问题，深入推进社会矛盾化解、社会管理创新、公正廉洁执法三项重点工作，推动政法工作全面发展进步，确保国家安全和社会和谐稳定，为经济社会又好又快发展提供更加有力的法治保障。最高人民法院、最高人民检察院、公安部、司法部主要负责同志分别就贯彻落实中央精神、做好2010年本系统工作作了具体部署。

【中央农村工作会议】（2009年12月27日至28日）　中央农村工作会议于2009年12月27日至28日在北京召开。会议认真贯彻党的十七大和十七届三中、四中全会以及中央经济工作会议精神，系统总结2009年农业农村工作，重点研究加大统筹城乡发展力度、进一步夯实农业农村发展基础的政策措施，全面部署2010年的农业农村工作。会议讨论了《中共中央、国务院关于加大统筹城乡发展力度，进一步夯实农业农村发展基础的若干意见（讨论稿）》。回良玉出席会议并讲话。会议指出，2010年农业农村工作的总体要求是：全面贯彻落实党的十七大和十七届三中、四中全会以及中央经济工作会议精神，高举中国特色社会主义伟大旗帜，以邓小平理论和“三个代表”重要思想为指导，深入贯彻落实科学发展观，把统筹城乡发展作为全面建设小康社会的根本要求，把改善农村民生作为调整国民收入分配格局的重要内容，把扩大农村需求作为拉动内需的关键举措，把建设现代农业作为转变经济发展方式的重大任务，把建设社会主义新农村和推进城镇化作为保持经济平稳较快发展的持久动力，按照稳粮保供给、增收惠民生、改革促统筹、强基增后劲的基本思路，毫不松懈地抓好“三农”工作，继续为改革发展稳定大局作出新的贡献。黑龙江、江苏、山东、湖北、广西、青海等省、自治区有关负责同志在大会上发了言。

【全国宣传部长会议】（2010年1月4日至5日） 全国宣传部长会议于2010年1月4日至5日在北京召开。李长春出席会议并讲话。他强调，宣传思想文化战线要按照高举旗帜、围绕大局、服务人民、改革创新的总要求，着力在服务党和国家中心工作、夺取应对国际金融危机冲击全面胜利上作出新贡献，在推进马克思主义学习型政党建设、提高全党思想政治理论水平上取得新成效，在加强社会主义核心价值体系建设、进一步凝聚全国各族人民团结奋进的强大精神力量上开创新局面，在深化文化体制改革、促进社会主义文化大发展大繁荣上实现新突破，在提高舆论引导能力和国际传播能力、掌握话语权赢得主动权上迈出新步伐，在推动中华文化“走出去”、提升国家文化软实力上取得新进展，引导和激励全国各族人民为夺取全面建设小康社会新胜利、开创中国特色社会主义事业新局面而奋斗。刘云山作总结讲话。

【十七届中央政治局第十八次集体学习】（2010年1月8日） 十七届中央政治局第十八次集体学习于2010年1月8日在北京举行。这次学习的主题是世界主要国家财税体制和深化我国财税体制改革。胡锦涛在主持学习时强调，面对错综复杂的国际国内形势，我们要夺取应对国际金融危机冲击全面胜利、保持经济平稳较快发展，把改革开放和社会主义现代化建设不断推向前进，就必须深化财税体制改革，完善公共财政体系，提高财政管理绩效。

【国家科学技术奖励大会】（2010年1月11日） 国家科学技术奖励大会于2010年1月11日在北京举行。李克强主持大会。胡锦涛、温家宝、李长春、习近平出席大会并为获奖代表颁奖。温家宝代表党中央、国务院在大会上讲话。刘延东在会上宣读了《国务院关于2009年度国家科学技术奖励的决定》。2009年度国家科学技术奖励共授奖374项（人）。其中，国家最高科学技术奖获得者2人；国家自然科学奖授奖项目28项，包括一等奖1项、二等奖27项；国家技术发明奖授奖项目55项，包括一等奖2项、二等奖53项；国家科学技术进步奖授奖项目282项，包括特等奖3项、一等奖17项、二等奖262项；授予7名外籍科学家中华人民共和国国际科学技术合作奖。中国科学院院士、复旦大学数学研究所名誉所长谷超豪和中国科学院院士、中国航天科技集团公司高级技术顾问孙家栋获得2009年度国家最高科学技术奖。

【十七届中央纪委五次全会】（2010年1月11日至13日） 十七届中央纪委五次全会于2010年1月11日至13日在北京举行。中央纪委常委会主持会议。出席会议的中央纪委委员123人，列席322人。会议全面贯彻党的十七大和十七届四中全会精神，高举中国特色社会主义伟大旗帜，以邓小平理论和“三个代表”重要思想为指导，深入贯彻落实科学发展观，总结了2009年党风廉政建设和反腐败工作，研究部署了2010年的任务。全会审议通过了贺国强代表中央纪委常委会所作的《全面贯彻党的十七届四中全会精神，深入推进党风廉政建设和反腐败斗争》的工作报告。胡锦涛、吴邦国、温家宝、贾庆林、李长春、习近平、李克强、贺国强等出席全会第二次大会。胡锦涛在讲话中分析了反腐倡廉形势，明确提出了2010年党风廉政建设和反腐败工作的总体要求和主要任务，着重阐述了加强反腐倡廉制度建设的重要性、紧迫性和基本要求，指出要建设科学严密完备管用的反腐倡廉制度体系，不断取得党风廉政建设和反腐败斗争新成效。

【中央第五次西藏工作座谈会】（2010年1月18日至20日） 中央第五次西藏工作座谈会于2010年1月18日至20日在北京召开。胡锦涛、吴邦国、温家宝、贾庆林、李长春、习近平、李克强、贺国强等出席。会议全面总结西藏发展稳定取得的成绩和经验，深刻分析西藏工作面临的形势和任务，明确当前和今后一个时期做好西藏工作的指导思想、主要任务、工作要求，对推进西藏实现跨越式发展和长治久安作出了战略部署。会议还对加快四川、云南、甘肃、青海省藏区经济社会发展作出全面部署。胡锦涛强调，当前和今后一个时期西藏工作的指导思想是：高举中国特色社会主义伟大旗帜，以邓小平理论和“三个代表”重要思想为指导，深入贯彻落实科学发展观，坚持中国共产党领导，坚持社会主义制度，坚持民族区域自治制度，坚持走有中国特色、西藏特点的发展路子，以经济建设为中心，以民族团结为保障，以改善民生为出发点和落脚点，紧紧抓住发展和稳定两件大事，确保经济社会跨越式发展，确保国家安全和西藏长治久安，确保各族人民物质文化生活水平不断提高，确保生态环境良好，努力建设团结、民主、富裕、文明、和谐的社会主义新西藏。温家宝就西藏工作部署作了讲话。贾庆林在会议结束时作了讲话。

【十一届国务院第四次全体会议】（2010年1月19日） 十一届国务院第四次全体会议于2010年1月19日在北京召开。温家宝主持会议。会议讨论即将提请十一届全国人大三次会议审议的《政府工作报告（征求意见稿）》。会议决定，将此稿发到各省区市和中央有关部门、单位征求意见，并采取多种形式广泛听取意见。温家宝指出，2009年，我们是在极其严峻复杂的形势下走过来的。受国际金融危机严重冲击，我国经济社会发展遇到严重困难。我们坚定信心、迎难而上、从容应对，把保持经济平稳较快发展作为经济工作的首要任务，实行积极的财政政策和适度宽松的货币政策，全面实施并不断丰富完善应对国际金融危机的一揽子计划。坚持运用市场机制和宏观调控两种手段，坚持处理好短期和长期两方面关系，坚持统筹国内国际两个大局，坚持改善民生与发展经济内在统一，坚持发挥中央和地方两个积极性，全面做好保增长、保民生、保稳定各项工作，在世界率先实现经济回升向好，改革开放和社会主义现代化建设取得新的重大成就。温家宝强调，2010年要把保持经济平稳较快发展和加快转变发展方式有机统一起来，在发展中促转变，在转变中谋发展。

【十七届中央政治局第十九次集体学习】（2010年2月22日） 十七届中央政治局第十九次集体学习于2010年2月22日在北京举行。这次学习的主题是关于实现2020年我国控制温室气体排放行动目标问题。胡锦涛在主持学习时强调，我们要从全面建设小康社会、加快推进社会主义现代化的全局出发，科学判断应对气候变化对我国发展提出的新要求，充分认识应对气候变化工作的重要性、紧迫性、艰巨性，统一思想，明确任务，坚定信念，扎实工作，把应对气候变化作为我国经济社会发展的重大战略和加快经济发展方式转变和经济结构调整的重大机遇，进一步做好应对气候变化各项工作，确保实现2020年我国控制温室气体排放行动目标。

【全国政协十一届三次会议】（2010年3月3日至13日） 全国政协十一届三次会议于2010年3月3日至13日在北京举行。3月3日的开幕会由王刚主持，出席委员2154名；党和国家领导人胡锦涛、吴邦国、温家宝、李长春、习近平、李克强、贺国强等到会祝贺。贾庆林代表政协第十一届全国委员会常务委员会向大会报告工作。与会政协委员认真讨论政府工作报告、政协常委会工作报告和有关报告，围绕经济社会发展的目标任务和重点工作，着眼加快经济发展方式转变和保持经济平稳较快发展，着眼改善民生和维护社会和谐稳定，着眼深化重点领域和关键环节改革、进一步扩大对外开放，努力谋科学发展之计、建促进和谐之言、献富民惠民之策，充分发挥了就重大问题在决策之前和决策执行中进行协商的重要作用。会议增选何厚铧为政协第十一届全国委员会副主席。会议还通过了政协第十一届全国委员会第三次会议关于常务委员会工作报告的决议、政协第十一届全国委员会提案委员会关于政协十一届三次会议提案审查情况的报告、政协第十一届全国委员会第三次会议政治决议。

【十一届全国人大三次会议】（2010年3月5日至14日） 十一届全国人大三次会议于2010年3月5日至14日在北京举行。3月5日的第一次全体会议由吴邦国主持，出席代表近3000名。大会批准了温家宝作的政府工作报告，吴邦国作的全国人大常委会工作报告，王胜俊作的关于最高人民法院工作的报告，曹建明作的关于最高人民检察院工作的报告等；通过了关于2009年国民经济和社会发展计划执行情况与2010年国民经济和社会发展计划的决议，通过了关于2009年中央和地方预算执行情况与2010年中央和地方预算的决议；通过了全国人民代表大会关于修改中华人民共和国全国人民代表大会和地方各级人民代表大会选举法的决定，胡锦涛签署第27号主席令，公布了这一决定，自公布之日起施行。会议作出的关于修改选举法的决定，实行城乡按相同人口比例选举人大代表，符合党的十七大精神，符合我国国情和实际，符合各族人民的共同利益，更好地体现了人人平等、地区平等、民族平等的原则，对于坚持和完善人民代表大会制度，发展社会主义民主政治具有重要意义。

【纪念三八国际劳动妇女节一百周年大会】（2010年3月7日）　纪念三八国际劳动妇女节100周年大会于2010年3月7日在北京举行。陈至立主持会议。胡锦涛、吴邦国、温家宝、贾庆林、李长春、习近平、李克强、贺国强等出席大会并为获得全国三八红旗手和全国三八红旗集体荣誉称号的代表颁奖。胡锦涛发表重要讲话强调，在新的历史条件下，我们要抓住机遇、迎接挑战，积极推动科学发展、促进社会和谐，不断夺取全面建设小康社会新胜利、开创中国特色社会主义事业新局面，需要包括广大妇女在内的全国各族人民携手并肩、不懈奋斗。我国广大妇女要以更加开阔的眼界、更加务实的精神、更加昂扬的姿态，推动我国妇女运动继续扬帆远航、破浪前进，努力创造无愧于祖国、无愧于人民、无愧于时代的新业绩。全国妇联副主席、书记处第一书记宋秀岩，兰州大学副校长郑晓静，江西省南昌市湖坊镇进顺村党委书记、村委会主任罗玉英，中国首批歼击机女飞行员负璐分别在会上发言。

【全党深入学习实践科学发展观活动总结大会】（2010年4月6日）　全党深入学习实践科学发展观活动总结大会于2010年4月6日在北京举行。习近平主持大会。胡锦涛、吴邦国、温家宝、贾庆林、李长春、李克强、贺国强等出席大会。胡锦涛在会上发表重要讲话，全面总结了在全党开展的深入学习实践科学发展观活动的鲜明特点和取得的丰硕成果，深刻阐述了这次学习实践活动的重要经验和有益启示，对以改革创新精神加强党的建设、为深入贯彻落实科学发展观提供坚强保证提出了明确要求，强调要坚持把党的执政能力建设和先进性建设作为主线，以解决影响和制约科学发展的突出问题为重点，把开展学习实践科学发展观活动的成功经验和有效做法运用到经常性工作中去，不断提高党的建设科学化水平，为推动科学发展提供坚强保证。总结大会以电视电话会议形式召开，主会场设在人民大会堂小礼堂，各省、自治区、直辖市和副省级城市、新疆生产建设兵团以及各市（地、州、盟）、县（市、区、旗）和人民解放军、武警部队团级以上单位设分会场。

【全国劳动模范和先进工作者表彰大会】（2010年4月27日） 全国劳动模范和先进工作者表彰大会于2010年4月27日在北京举行。温家宝主持大会。胡锦涛、吴邦国、贾庆林、李长春、习近平、李克强、贺国强等出席。张德江宣读《国务院关于表彰全国劳动模范和先进工作者的决定》，授予2115人全国劳动模范荣誉称号、授予870人全国先进工作者荣誉称号。胡锦涛在讲话中强调，实现全面建设小康社会、进而基本实现现代化的宏伟目标，必须依靠全体人民热爱劳动、勤奋劳动，必须依靠全社会尊重劳动、保护劳动，必须使通过诚实劳动创造美好生活成为亿万人民的共同追求。我们一定要在全社会大力弘扬劳模精神，用劳模的先进事迹感召人民群众，用劳模的优秀品质引领社会风尚，在全社会进一步形成崇尚劳模、学习劳模、争当劳模、关爱劳模的良好氛围。

【新疆工作座谈会】（2010年5月17日至19日） 新疆工作座谈会于2010年5月17日至19日在北京召开。胡锦涛、吴邦国、温家宝、贾庆林、李长春、习近平、李克强、贺国强等出席会议。胡锦涛在会上发表重要讲话，强调做好新形势下新疆工作，是提高新疆各族群众生活水平、实现全面建设小康社会目标的必然要求，是深入实施西部大开发战略、培育新的经济增长点、拓展我国经济发展空间的战略选择，是我国实施互利共赢开放战略、发展全方位对外开放格局的重要部署，是加强民族团结、维护祖国统一、确保边疆长治久安的迫切要求。加快建设繁荣富裕和谐稳定的社会主义新疆，是全党全国各族人民的共同意志，是全体中华儿女的共同责任。全党全国必须充分认识做好新疆工作对党和国家工作全局的重大意义，深刻理解邓小平同志“两个大局”战略思想和中央西部大开发战略决策的重大意义，切实做好新形势下新疆工作，把新疆经济社会发展搞上去，把新疆长治久安工作搞扎实，推进新疆跨越式发展和长治久安，不断开创新疆工作新局面。温家宝对今后一个时期新疆经济社会发展工作作出了具体部署。会议全面总结新中国成立以来特别是改革开放以来新疆发展和稳定工作取得的成绩和经验，深刻分析新疆工作面临的形势和任务，进一步明确当前和今后一个时期做好新疆工作的指导思想、主要任务、工作要求，对推进新疆跨越式发展和长治久安作出了战略部署。

【十七届中央政治局第二十次集体学习】（2010年5月28日） 十七届中央政治局第二十次集体学习于2010年5月28日在北京举行。这次学习的主题是世界医药卫生发展趋势和我国医药卫生体制改革。胡锦涛在主持学习时强调，医药卫生事业关系亿万人民健康，关系千家万户幸福，关系经济发展和社会和谐，关系国家前途和民族未来，是一个十分重大的民生问题。建立健全覆盖城乡居民的基本医疗卫生制度，为群众提供安全、有效、方便、价廉的医疗卫生服务，是党和政府义不容辞的责任，是保障和改善民生、促进人的全面发展的必然要求，是全面建设小康社会、加快推进社会主义现代化的重要任务。

【十七届中央政治局第二十一次集体学习】（2010年6月21日） 十七届中央政治局第二十一次集体学习于2010年6月21日在北京举行。这次学习的主题是加强党的基层组织建设。胡锦涛在主持学习时强调，要把继续解放思想、坚持改革开放、推动科学发展、促进社会和谐落到实处，朝着全面建设小康社会宏伟目标前进，就必须紧紧依靠各级党组织、全体党员紧密团结全国各族人民共同奋斗。只有党的基层组织都充分发挥战斗堡垒作用，党的基层干部都充分发挥骨干带头作用，全体党员都充分发挥先锋模范作用，才能保持党同人民群众的血肉联系，才能为推动党和人民事业发展不断凝聚强大力量。

【深入开展创建先进基层党组织、争当优秀共产党员活动座谈会】（2010年6月30日） 深入开展创建先进基层党组织、争当优秀共产党员活动座谈会于2010年6月30日在北京召开。李源潮主持座谈会。胡锦涛会见与会代表并作重要讲话。胡锦涛强调，深入开展创建先进基层党组织、争当优秀共产党员活动，是加强党的基层组织建设的一项经常性工作，也是新形势下加强党的先进性建设的有效载体和有力抓手。各级党委都要认真开展这项活动，在广大基层党组织和党员中营造学习先进、争当先进、赶超先进的良好风气，推动基层党组织充分发挥战斗堡垒作用、党的基层干部充分发挥骨干带头作用、广大党员充分发挥先锋模范作用，为夺取全面建设小康社会新胜利、开创中国特色社会主义事业新局面作出新的更大的贡献。习近平参加会见并在座谈会上讲话，贺国强参加会见并出席座谈会。座谈会上，四川省汶川县副县长、水磨镇党委书记王志勇，青海省玉树县扎西大同村党支部书记智扎才仁，广西壮族自治区那坡县龙合乡党委书记余炎先，上海世博局中国馆党委副书记、常务副馆长钱之广，吉林省长春市二道区东站街道党工委副书记、十委社区党委书记姚珺，中南大学校长黄伯云，中国铁建第一勘察设计院副院长李金城，青海省玉树军分区司令员、党委副书记吴勇等八位代表先后发言。

【西部大开发工作会议】（2010年7月5日至6日） 西部大开发工作会议于2010年7月5日至6日在北京召开。胡锦涛、吴邦国、温家宝、贾庆林、李长春、习近平、李克强、贺国强等出席会议。胡锦涛在会上讲话强调，深入实施西部大开发战略是实现全面建设小康社会宏伟目标的重要任务，事关各族群众福祉，事关我国改革开放和社会主义现代化建设全局，事关国家长治久安，事关中华民族伟大复兴。今后十年是全面建设小康社会的关键时期，也是深入推进西部大开发承前启后的关键时期。全党全国一定要从大局出发，深刻认识深入实施西部大开发战略的重要性和紧迫性，奋力将西部大开发推向深入，努力建设经济繁荣、社会进步、生活安定、民族团结、山川秀美的西部地区，为实现全面建设小康社会奋斗目标、实现中华民族伟大复兴作出新的更大的贡献。胡锦涛指出，实施西部大开发战略十年来，党中央、国务院确定西部大开发的指导思想、战略目标、主要任务、方针政策，西部地区广大干部群众抓住机遇、振奋精神、奋发努力，东中部地区积极鼓励、支持、引导各方面力量广泛参与和支持西部大开发，全党全国共同创造了西部大开发生机勃勃的良好局面，在西部这片广袤的热土上谱写出新的辉煌篇章。今后十年，深入实施西部大开发战略的总体目标是：西部地区综合经济实力上一个大台阶，基础设施更加完善，现代产业体系基本形成，建成国家重要的能源基地、资源深加工基地、装备制造业基地和战略性新兴产业基地；人民生活水平和质量上一个大台阶，基本公共服务能力与东部地区差距明显缩小；生态环境保护上一个大台阶，生态环境恶化趋势得到遏制。温家宝在会上讲话。李克强作总结讲话。大会向在西部大开发工作中作出突出贡献的先进集体和先进个人代表颁奖。国家发展改革委、财政部、铁道部、陕西省、内蒙古自治区、重庆市、广西壮族自治区、浙江省等单位有关负责同志在会上发言。

【全国教育工作会议】（2010年7月13日至14日） 全国教育工作会议于2010年7月13日至14日在北京召开。李克强主持会议。胡锦涛、温家宝、贾庆林、李长春、习近平、贺国强等出席。胡锦涛在会上讲话强调，全党全国要积极行动起来，坚持育人为本，以改革创新为动力，以促进公平为重点，以提高质量为核心，推动教育事业在新的历史起点上科学发展，加快从教育大国向教育强国、从人力资源大国向人力资源强国迈进，为中华民族伟大复兴和人类文明进步作出更大贡献。温家宝在讲话中阐述了中央制定《国家中长期教育改革和发展规划纲要（2010—2020年）》的主要考虑和确定的教育工作方针，对组织实施《教育规划纲要》作了全面部署。中宣部、发展改革委、财政部、教育部和江苏、福建、山东、湖北、湖南、重庆等10个单位有关负责同志在会上发言。刘延东作总结讲话。7月8日中共中央、国务院印发《国家中长期教育改革和发展规划纲要（2010—2020年）》。

【全国党史工作会议】（2010年7月21日） 全国党史工作会议于2010年7月21日在北京召开。李源潮主持会议。会前，胡锦涛亲切会见与会代表，向会议的召开表示热烈祝贺，向全国党史工作者致以崇高的敬意和诚挚的问候。李长春参加会见。习近平、贺国强参加会见并出席会议。习近平在会议上作重要讲话，他讲了五个问题：(1) 进一步提高对党史工作重要性的认识；(2) 坚持实事求是研究和宣传党的历史；(3) 加强党的历史的学习和教育；(4) 努力提高党史工作的科学化水平；(5) 切实加强对党史工作的领导。会上宣读了有关表彰决定，习近平、贺国强等为32个全国党史系统先进集体和12名先进个人颁奖。

【全军党的建设座谈会】（2010年7月22日至24日） 全军党的建设座谈会于

2010年7月22日至24日在北京召开。胡锦涛会见座谈会代表时强调，加强和改进新形势下军队党的建设，是全面推进党的建设新的伟大工程的重要组成部分，是关系军队建设发展全局的重大政治任务。全军各级党组织要深入贯彻党的十七届四中全会精神和军委部署，结合部队实际，围绕中心任务，扎实抓好军队党的建设各项工作。要以党的创新理论武装为根本加强学习型党组织建设，以思想作风建设为重点加强各级党委班子建设，以创先争优活动为抓手加强基层党组织建设，不断提高军队党的建设科学化水平，为推进部队全面建设、有效履行新世纪新阶段军队历史使命提供强大动力和坚强保证。会上通报表彰了18个先进师旅团级单位党委、35个先进基层党组织和37名优秀共产党员、32名优秀师旅团级单位党委书记、19名优秀党务工作者。

【十七届中央政治局第二十二次集体学习】（2010年7月23日） 十七届中央政治局第二十二次集体学习于2010年7月23日在北京举行。这次学习的主题是深化我国文化体制改革研究。胡锦涛在主持学习时强调，深入推进文化体制改革，促进文化事业全面繁荣和文化产业快速发展，关系全面建设小康社会奋斗目标的实现，关系中国特色社会主义事业总体布局，关系中华民族伟大复兴。我们一定要从战略高度深刻认识文化的重要地位和作用，以高度的责任感和紧迫感，顺应时代发展要求，深入推进文化体制改革，推动社会主义文化大发展大繁荣。

【全国援外工作会议】（2010年8月13日至14日） 全国援外工作会议于2010年8月13日至14日在北京召开。王岐山主持会议。会前，胡锦涛等亲切会见了全体与会代表。温家宝参加会见并出席会议。温家宝在会上讲话指出，新中国60年援外工作走过了不平凡的历程，取得了举世瞩目的辉煌成就。我国援建的大批工农业项目和重大基础设施以及提供的大量适用技术，增强了受援国自主发展能力；援建的大批学校、医院等民生工程，丰富和改善了当地人民的生活；帮助发展中国家培训的各类管理和技术人才，为受援国积累了珍贵的人力资源；派往受援国的医疗队以精湛的医术和良好的医德赢得了当地群众的高度赞誉。60年援外工作的经验，概括起来就是成功开创了具有中国特色的援外发展模式，其深刻内涵是：相互尊重、平等相待；互利互惠、共同发展；力所能及、重信守诺；形式多样、注重实效。商务部、外交部、财政部、上海市、我驻柬埔寨使馆经商处、中国铁路建筑总公司等单位的代表作了大会发言。王岐山作总结讲话。

【十一届全国人大常委会第十六次会议】（2010年8月23日至28日） 十一届全国人大常委会第十六次会议于2010年8月23日至28日在北京召开。吴邦国主持会议。会议表决通过了关于修改预备役军官法的决定、人民调解法等。会议表决通过了全国人大常委会关于批准香港特别行政区基本法附件一香港特别行政区行政长官的产生办法修正案的决定，批准了这一修正案。该修正案自批准之日起生效。会议表决通过了全国人大法律委员会关于香港特别行政区基本法附件二香港特别行政区立法会的产生办法和表决程序修正案草案审查意见的报告，同意对这一修正案予以备案。该修正案以公告方式予以公布。

【全国依法行政工作会议】（2010年8月27日） 全国依法行政工作会议于2010年8月27日在北京召开。马凯主持会议。温家宝在会上强调，依法行政是现代政治文明的重要标志。贯彻依法治国基本方略，推进依法行政，建设法治政府，是我们党治国理政从理念到方式的革命性变化，是我国政治体制改革迈出的重要一步，具有划时代的重要意义。各级政府和所有工作人员要牢固树立法治观念，严格遵守宪法和法律，严格依法办事，不断推进法治政府建设取得新成效。北京市、浙江省、湖南省政府和公安部、工商总局负责人在会上分别发言。10月10日，国务院印发《关于加强法治政府建设的意见》。

【纪念中国人民抗日战争胜利六十五周年座谈会】（2010年9月3日） 纪念中国人民抗日战争胜利65周年座谈会于2010年9月3日在北京召开。李长春出席并讲话。他强调，要牢记历史、不忘过去、珍爱和平、开创未来，大力弘扬以爱国主义为核心的民族精神，巩固全国各族人民和全体中华儿女的大团结，进一步增强民族自信心、自豪感和民族凝聚力，为实现中华民族伟大复兴、促进世界和平与发展的崇高事业而继续努力奋斗。座谈会上，中央党史研究室主任欧阳淞、解放军总政治部副主任刘振起、抗战老战士代表马法古、青年学生代表齐兴达先后发言。

【深圳经济特区建立三十周年庆祝大会】（2010年9月6日） 深圳经济特区建立30周年庆祝大会于2010年9月6日在深圳举行。胡锦涛出席并发表重要讲话。胡锦涛指出，兴办经济特区是党和国家为推进我国改革开放和社会主义现代化作出的一项重大决策，是中国共产党人和中国人民在探索中国特色社会主义道路上进行的一个伟大创举。在邓小平同志亲自关怀下，党中央、国务院决定兴办经济特区，实行特殊政策和灵活措施，发挥它们对全国改革开放和社会主义现代化建设的重要窗口和示范带动作用。经过30年的不懈努力，深圳迅速从一个边陲小镇发展成为一座现代化大城市，综合经济实力跃居全国大中城市前列，创造了世界工业化、现代化、城市化发展史上的奇迹。他强调，面对错综复杂的国际形势，面对艰巨繁重的改革发展稳定任务，我们要胜利实现既定战略目标，必须坚定不移坚持中国特色社会主义道路，坚定不移坚持中国特色社会主义理论体系，勇于变革、勇于创新，永不僵化、永不停滞，不为任何风险所惧，不被任何干扰所惑，继续奋勇推进改革开放和社会主义现代化建设的伟大事业。广东省委常委、深圳市委书记王荣，优秀建设者代表王传福，国有企业代表傅育宁，民营企业代表马化腾，境外投资企业代表李嘉诚在大会上先后发言。

【加快保障性安居工程建设工作座谈会】（2010年9月17日）　加快保障性安居工程建设工作座谈会于2010年9月17日在北京召开。李克强出席会议并讲话。为推进保障性安居工程建设，国务院于8月在江苏召开了华北、华东片区11个省份工作座谈会，这次会议又请东北、中南、西南、西北等片区20个省份和新疆生产建设兵团负责人座谈。住房和城乡建设部负责同志介绍了2010年全国保障性安居工程建设情况，并提出了下一步工作打算。10个省份政府负责同志发了言。在认真听取大家发言后，李克强说，加快保障性安居工程建设，是党中央、国务院作出的重大决策，是关系经济社会发展全局的重大民生工程，是各级政府工作的一项重点任务。他强调，要坚持以人为本、执政为民，着力推进保障性安居工程，加快发展公共租赁住房，促进人民群众安居乐业。

【十七届中央政治局第二十三次集体学习】（2010年9月29日）　十七届中央政治局第二十三次集体学习于2010年9月29日在北京举行。这次学习的主题是正确处理新时期人民内部矛盾问题研究。胡锦涛在主持学习时强调，面对复杂多变的国际形势，面对艰巨繁重的改革发展任务，我们要深刻认识正确处理人民内部矛盾的重要性和紧迫性，着眼于最大限度激发社会创造活力、最大限度增加和谐因素、最大限度减少不和谐因素，更加积极主动地处理好人民内部矛盾，为推动科学发展、促进社会和谐，为实现全面建设小康社会奋斗目标、加快推进社会主义现代化创造良好社会环境。

【十七届五中全会】（2010年10月15日至18日）　十七届五中全会于2010年10月15日至18日在北京举行。全会由中央政治局主持。出席这次全会的有，中央委员202人，候补中央委员163人。中央纪律检查委员会常务委员会委员和有关方面负责同志列席了会议。党的十七大代表中部分基层同志和专家学者也列席了会议。胡锦涛作了重要讲话。全会听取和讨论了胡锦涛受中央政治局委托作的工作报告，审议通过了《中共中央关于制定国民经济和社会发展第十二个五年规划的建议》。胡锦涛在讲话中指出，我国发展仍处于重要战略机遇期，要坚持科学发展，加快转变经济发展方式。温家宝就《建议（讨论稿）》向全会作了说明。会议强调，“十二五”时期是全面建设小康社会的关键时期，是深化改革开放、加快转变经济发展方式的攻坚时期。制定“十二五”规划，要以科学发展为主题，以加快转变经济发展方式为主线，深化改革开放，保障和改善民生，巩固和扩大应对国际金融危机冲击成果，促进经济长期平稳较快发展和社会和谐稳定，为全面建成小康社会打下具有决定性意义的基础。今后五年经济社会发展的主要目标是：经济平稳较快发展，经济结构战略性调整取得重大进展，城乡居民收入普遍较快增加，社会建设明显加强，改革开放不断深化，使我国转变经济发展方式取得实质性进展，综合国力、国际竞争力、抵御风险能力显著提高，人民物质文化生活明显改善，全面建成小康社会的基础更加牢固。全会增补习近平为中央军委副主席。全会按照党章规定，决定递补中央委员会候补委员焉荣竹为中央委员会委员。全会审议并通过了《中共中央纪律检查委员会关于康日新问题的审查报告》，决定撤销康日新中央委员会委员职务，确认中央政治局2009年12月29日作出的给予康日新开除党籍的处分。

【纪念中国人民志愿军抗美援朝出国作战六十周年座谈会】（2010年10月25日） 纪念中国人民志愿军抗美援朝出国作战60周年座谈会于2010年10月25日在北京召开。会前，胡锦涛会见了参加过抗美援朝的老同志和志愿军英模代表。习近平一同会见并在座谈会上发表讲话。他指出，伟大的抗美援朝战争，是保卫和平、反抗侵略的正义之战，抗美援朝战争的伟大胜利，是中朝两国人民和军队团结战斗的伟大胜利，是维护世界和平与人类进步事业的伟大胜利。习近平强调，我们纪念中国人民志愿军抗美援朝出国作战60周年，就是要以发展的思维、长远的眼光更好地汲取历史经验，努力学习和发扬中国人民志愿军的伟大爱国主义精神和革命英雄主义精神，更加奋发有为地推进中国特色社会主义伟大事业。志愿军老战士代表刘玉堤，各民主党派中央、全国工商联和无党派人士代表马培华，各人民团体代表陆昊在座谈会上先后发言。

【学习型党组织建设工作座谈会】（2010年11月19日） 学习型党组织建设工作座谈会于2010年11月19日在北京召开。刘云山主持会议。李长春出席会议并作重要讲话。他强调，推进学习型党组织建设，必须坚持以邓小平理论和“三个代表”重要思想为指导，深入贯彻落实科学发展观，紧紧围绕学习贯彻五中全会精神来进行，着力统一思想、凝聚共识，着力坚定信念、增强信心，着力提升能力素质、提高工作本领，为夺取全面建设小康社会新胜利、开创中国特色社会主义事业新局面提供有力支持。江西省委、广东省委、中央统战部、外交部、中国国电集团公司党组、江苏省泰州市委、四川省自贡市委和湖南大学党委有关负责同志在座谈会上发言。

【十七届中央政治局第二十四次集体学习】（2010年12月3日） 十七届中央政治局第二十四次集体学习于2010年12月3日在北京举行。这次学习的主题是从上海世博会看世界发展的新趋势新理念。胡锦涛在主持学习时强调，上海世博会给我们留下了丰厚物质成果和宝贵精神财富。我们要紧密结合贯彻落实党的十七届五中全会精神，认真总结上海世博会经验，弘扬上海世博会精神，努力把上海世博会成果转化为推动科学发展、促进社会和谐的新优势。

【中央经济工作会议】（2010年12月10日至12日） 中央经济工作会议于2010年12月10日至12日在北京召开。胡锦涛、吴邦国、温家宝、贾庆林、李长春、习近平、李克强、贺国强等出席会议。胡锦涛在会上发表重要讲话，深刻总结2010年及“十一五”时期我国经济社会发展取得的成就，全面分析当前国际国内经济形势，明确提出2011年经济工作的总体要求、重要原则、主要任务。温家宝在讲话中全面总结2010年经济工作，阐述2011年经济社会发展主要预期目标和宏观经济政策，对2011年经济工作作出具体部署。会议强调，2011年经济工作的总体要求是：全面贯彻党的十七大和十七届三中、四中、五中全会精神，以邓小平理论和“三个代表”重要思想为指导，深入贯彻落实科学发展观，正确把握国内外形势新变化新特点，以科学发展为主题，以加快转变经济发展方式为主线，实施积极的财政政策和稳健的货币政策，增强宏观调控的针对性、灵活性、有效性，加快推进经济结构调整，大力加强自主创新，切实抓好节能减排，不断深化改革开放，着力保障和改善民生，巩固和扩大应对国际金融危机冲击成果，保持经济平稳较快发展，促进社会和谐稳定。

【全国组织部长会议】（2010年12月17日至18日）　全国组织部长会议于2010年12月17日至18日在北京召开。习近平出席会议并讲话。他强调，做好2011年的组织工作，要把为“十二五”时期开好局、起好步提供坚强组织保证作为根本立足点和落脚点，把搞好省市县乡党委换届作为重中之重，把狠抓落实作为根本要求，围绕中心、服务大局，突出重点、整体推进，以优异成绩迎接建党90周年。李源潮出席闭幕会并讲话。沈跃跃作会议总结。

【中央农村工作会议】（2010年12月21日至22日）　中央农村工作会议于2010年12月21日至22日在北京召开。会议系统总结2010年农业农村工作，科学谋划“十二五”时期农业农村发展，重点研究加快水利改革发展问题，全面部署2011年农业农村工作。马凯主持第一次全体会议。回良玉出席会议并讲话。会议讨论了《中共中央、国务院关于加快水利改革发展的决定（讨论稿）》。会议指出，“十二五”时期，农业农村工作的指导思想是：全面贯彻党的十七大和十七届三中、四中、五中全会精神，以邓小平理论和“三个代表”重要思想为指导，深入贯彻落实科学发展观，牢固树立“重中之重”战略思想，按照在工业化、城镇化深入发展中同步推进农业现代化的要求，在经济结构战略性调整中着力夯实农业农村发展基础，在收入分配格局调整中着力促进农民增收，在保障和改善民生中着力强化农村基础设施和公共服务，不断加大强农惠农政策力度，深入推进农村改革创新，加快转变农业发展方式，加快推进社会主义新农村建设，加快形成城乡经济社会发展一体化新格局，为促进经济长期平稳较快发展和社会和谐稳定提供有力支撑。黑龙江、江苏、安徽、宁夏等省、自治区和吉林省榆树市、河南省新乡市、广东省增城市的有关负责同志在大会上发了言。2010年全年粮食总产10928亿斤，增产312亿斤，实现了半个世纪以来的首次“七连增”。预计全年农民人均纯收入超过5800元，实际增长10%左右。

【十七届中央政治局第二十五次集体学习】（2010年12月28日）　十七届中央政

治局第二十五次集体学习于2010年12月28日在北京举行。这次学习的主题是在新的历史起点上推动我国经济社会又好又快发展问题。胡锦涛在主持学习时强调，党的十七届五中全会着眼于在新的历史起点上全面建设小康社会、加快推进社会主义现代化，提出了未来五年我国经济社会发展的指导思想、主要目标、重要任务、重大举措。全党同志一定要把思想和行动统一到中央决策部署上来，扎扎实实把党的十七届五中全会精神贯彻落实好。

【全国宣传部长会议】（2011年1月4日至5日）　全国宣传部长会议于2011年1月4日至5日在北京召开。李长春出席会议并讲话。他强调，宣传思想文化战线要按照高举旗帜、围绕大局、服务人民、改革创新的总要求，坚持贴近实际、贴近生活、贴近群众，紧紧围绕科学发展这个主题和加快转变经济发展方式这条主线，着力营造推动科学发展、促进社会和谐的浓厚氛围，着力营造庆祝中国共产党成立90周年的浓厚氛围，加快文化体制机制改革创新，加快构建公共文化服务体系，加快发展文化产业，加强对文化产品创作生产的引导，推动社会主义文化大发展大繁荣，为“十二五”时期发展开好局、起好步提供强大思想保证、精神动力、舆论支持和文化条件。刘云山作总结讲话。

【十七届中央纪委六次全会】（2011年1月9日至11日）　十七届中央纪委六次全会于2011年1月9日至11日在北京举行。中央纪委常委会主持会议。出席会议的中央纪委委员118人，列席329人。会议全面贯彻党的十七大和十七届三中、四中、五中全会精神，高举中国特色社会主义伟大旗帜，以邓小平理论和“三个代表”重要思想为指导，深入贯彻落实科学发展观，回顾总结了2010年党风廉政建设和反腐败工作，研究部署了2011年任务。胡锦涛、吴邦国、温家宝、贾庆林、李长春、习近平、贺国强等出席全会第二次大会。胡锦涛讲话强调，党风廉政建设和反腐败斗争贯彻以人为本、执政为民，要以邓小平理论和“三个代表”重要思想为指导，深入贯彻落实科学发展观，把实现好、维护好、发展好最广大人民根本利益作为一切工作的出发点和落脚点，认真解决损害群众利益的突出问题和反腐倡廉建设中群众反映强烈的突出问题，切实维护社会公平正义；大力加强干部队伍作风建设，保持党同人民群众的血肉联系；紧紧依靠人民群众支持和参与，充分发挥人民群众在党风廉政建设和反腐败斗争中的积极作用；坚决反对腐败、严厉惩治腐败分子，以党风廉政建设和反腐败斗争的实际成效取信于民。全会指出，2011年要坚持标本兼治、综合治理、惩防并举、注重预防的方针，认真执行党风廉政建设责任制，加强以保持党同人民群众血肉联系为重点的作风建设，加强以完善惩治和预防腐败体系为重点的反腐倡廉建设，着力解决反腐倡廉建设中人民群众反映强烈的突出问题，围绕中心、服务大局，突出重点、整体推进，改革创新、狠抓落实，不断提高反腐倡廉建设科学化水平。全会审议通过了贺国强代表中央纪委常委会所作的《坚持改革创新，狠抓工作落实，努力取得党风廉政建设和反腐败斗争新成效》的工作报告。全会增选吴玉良为中央纪委副书记。

【国家科学技术奖励大会】（2011年1月14日） 国家科学技术奖励大会于2011年1月14日在北京举行。李克强主持大会。胡锦涛、温家宝、李长春、习近平出席大会并为获奖代表颁奖。温家宝代表党中央、国务院在大会上讲话。刘延东在会上宣读了《国务院关于2010年度国家科学技术奖励的决定》。2010年度国家科学技术奖励共授奖356项（人）。其中，国家最高科学技术奖获得者2人；国家自然科学奖授奖项目30项，其中一等奖空缺、二等奖30项；国家技术发明奖授奖项目46项，其中一等奖2项、二等奖44项；国家科学技术进步奖授奖项目273项，其中特等奖3项、一等奖31项、二等奖239项；授予5名外籍科学家中华人民共和国国际科学技术合作奖。中国科学院院士、中国工程院院士、国家自然科学基金委员会特邀顾问、中国科学院金属研究所名誉所长、著名材料科学家师昌绪，中国工程院院士、上海交通大学医学院附属瑞金医院终身教授、著名血液学专家王振义获得2010年度国家最高科学技术奖。

【十一届国务院第五次全体会议】（2011年1月18日） 十一届国务院第五次全体会议于2011年1月18日在北京召开。温家宝主持会议。会议讨论即将提请十一届全国人大四次会议审议的《政府工作报告（征求意见稿）》和《“十二五”规划纲要（草案）》。会议决定，将这两个文件发往各省、自治区、直辖市和中央有关部门、单位征求意见。温家宝指出，“十一五”时期是我国发展进程中极不平凡的五年。在党中央、国务院坚强领导下，我们战胜前所未有的一系列困难和风险，改革开放和现代化建设取得新的重大成就，社会生产力、综合国力大幅提升，各项社会事业加快发展，人民生活明显改善，国家面貌发生了历史性变化，国际地位和影响力显著提高。同时，也要清醒看到，我国发展中不平衡、不协调、不可持续的问题依然突出。要直面存在的困难和问题，认真检查政府工作存在的不足，真正做到对人民负责。要着眼于经济社会发展中的重大问题和全局性问题，认真提出修改意见和建议，以推动重点工作取得实质性进展。

【十七届中央政治局第二十六次集体学习】（2011年2月21日） 十七届中央政治局第二十六次集体学习于2011年2月21日在北京举行。这次学习的主题是优先发展教育、建设人力资源强国问题。胡锦涛在主持学习时强调，面向未来，我们一定要增强紧迫感和责任感，坚持把优先发展教育作为贯彻落实科学发展观的基本要求，推动教育事业科学发展，办好人民满意的教育，实现教育和经济社会协调发展，充分发挥教育在党和国家事业中的基础性、先导性、全局性地位和作用。

【全国政协十一届四次会议】（2011年3月3日至13日） 全国政协十一届四次

会议于2011年3月3日至13日在北京举行。3月3日的开幕会由王刚主持，出席委员2182名；党和国家领导人胡锦涛、吴邦国、温家宝、李长春、习近平、李克强、贺国强等到会祝贺。贾庆林代表政协第十一届全国委员会常务委员会向大会报告工作。广大委员紧紧围绕政府工作报告、《国民经济和社会发展第十二个五年规划纲要（草案）》等，着重就加快转变经济发展方式和调整经济结构、保障和改善民生、繁荣和发展社会主义文化等重大问题，提出了许多有价值、有分量的意见和建议。会议通过了政协第十一届全国委员会第四次会议关于常务委员会工作报告的决议、政协第十一届全国委员会提案委员会关于政协十一届四次会议提案审查情况的报告、政协第十一届全国委员会第四次会议政治决议。

【十一届全国人大四次会议】（2011年3月5日至14日） 十一届全国人大四次会议于2011年3月5日至14日在北京举行。3月5日的第一次全体会议由吴邦国主持，出席代表近3000名。大会批准了温家宝作的政府工作报告，吴邦国作的全国人大常委会工作报告，王胜俊作的关于最高人民法院工作的报告，曹建明作的关于最高人民检察院工作的报告等；通过了关于国民经济和社会发展第十二个五年规划纲要；通过了关于2010年国民经济和社会发展计划执行情况与2011年国民经济和社会发展计划的决议，通过了关于2010年中央和地方预算执行情况与2011年中央和地方预算的决议。

【中央政治局会议】（2011年3月28日） 中央政治局会议于2011年3月28日在北京召开。胡锦涛主持会议。会议讨论研究加强市、地、州、盟党政正职干部管理工作。会议认为，地市一级在党和国家工作全局中处于承上启下的重要位置，地市党政正职干部是党治国理政的重要骨干力量，在推进改革发展稳定中担负着重要责任、发挥着关键作用。会议强调，要坚持德才兼备、以德为先标准，按照忠于党、忠于国家、忠于人民，政治上强、具有领导科学发展能力、能够驾驭全局、善于抓班子带队伍、民主作风好、清正廉洁的要求，严格把握人选标准和条件，注重选拔实际工作经验丰富的干部，形成队伍合理结构，推进交流任职，把优秀领导人才选配到市党政正职岗位。要按照干部人事制度改革要求，进一步健全选拔任用机制，完善人选提名，加强考察工作，落实全委会票决制度。要强化教育培训，着力提高推动科学发展、促进社会和谐能力，加强党性锻炼和党性修养，提高教育培训针对性和实效性，拓宽培训渠道，创新培训方式。要健全和改进考核机制，积极引导牢固树立科学发展观和正确政绩观，加强德的考核，全面客观准确考核评价领导科学发展的工作实绩，注重了解群众公认度，支持和鼓励干部踏实干事。要加强管理和监督，促进秉公用权、廉洁从政，加强对贯彻民主集中制情况的监督，严格选人用人行为，落实和完善巡视、经济审计、报告个人有关事项、述职述廉等监督制度。

【十七届中央政治局第二十七次集体学习】（2011年3月28日） 十七届中央政治局第二十七次集体学习于2011年3月28日在北京举行。这次学习的主题是推进依法行政和弘扬社会主义法治精神。胡锦涛在主持学习时强调，全面推进依法行政、弘扬社会主义法治精神，是坚持立党为公、执政为民的必然要求，是推动科学发展、促进社会和谐的必然要求。我们必须增强全面推进依法行政、弘扬社会主义法治精神的自觉性和主动性，加快建设社会主义法治国家。

【十七届中央政治局第二十八次集体学习】（2011年4月26日） 十七届中央政治局第二十八次集体学习于2011年4月26日在北京举行。这次学习的主题是世界人口发展和全面做好新形势下我国人口工作。胡锦涛在主持学习时强调，要充分认识我国人口问题的长期性、复杂性、艰巨性，不断增强做好人口工作的自觉性和主动性，加强战略研究，加强政策统筹，加强工作协调，加强任务落实，不断开创人口工作新局面，为"十二五"时期经济社会发展创造更加有利的人口环境。

【中央政治局会议】（2011年5月30日） 中央政治局会议于2011年5月30日在北京召开。胡锦涛主持会议。会议研究加强和创新社会管理问题。会议指出，经过长期探索和实践，我国建立了社会管理工作领导体系，构建了社会管理组织网络，制定了社会管理基本法律法规，初步形成党委领导、政府负责、社会协同、公众参与的社会管理格局，社会管理与我国国情和社会主义制度总体上是适应的。会议认为，当前，我国既处于发展的重要战略机遇期，又处于社会矛盾凸显期，社会管理任务更为艰巨繁重。随着实际情况的变化，我国社会管理理念思路、体制机制、法律政策、方法手段等方面还存在很多不适应的地方。会议指出，加强和创新社会管理，要全面落实依法治国基本方略，充分发挥党的领导的政治优势和我国社会主义制度优势，总结推广我国社会管理成功经验，借鉴国外社会管理有益成果，推动中国特色社会主义社会管理体系自我完善和发展。会议强调，加强和创新社会管理，要坚持以人为本、服务为先，多方参与、共同治理，关口前移、源头治理，统筹兼顾、协商协调，依法管理、综合施策，科学管理、提高效能的原则，立足基本国情，坚持正确方向，推进改革创新。

【十七届中央政治局第二十九次集体学习】（2011年5月30日） 十七届中央政治局第二十九次集体学习于2011年5月30日在北京举行。这次学习的主题是培育发展战略性新兴产业研究。胡锦涛在主持学习时强调，加快培育发展战略性新兴产业，对实现经济社会全面协调可持续发展，对全面建设小康社会、加快推进社会主义现代化具有重要战略意义。要深入贯彻落实科学发展观，面向经济社会发展重大需求，处理好市场基础性作用和政府引导推动的关系、整体推进和重点突破的关系、立足当前和着眼长远的关系，发挥企业主体作用，加大政策扶持力度，深化体制机制改革，着力营造良好环境，强化科技成果产业化，推动战略性新兴产业快速健康发展。

【十七届中央政治局第三十次集体学习】（2011年6月28日） 十七届中央政治局第三十次集体学习于2011年6月28日在北京举行。这次学习的主题是中国共产党保持和发展党的先进性研究。胡锦涛在主持学习时强调，90年来，我们党在加强和改进自身建设实践中积累的历史经验，对推进党的先进性建设具有长期指导作用，必须十分珍惜并发扬光大。加强党的先进性建设，是加强和改进党的建设的长期任务和永恒课题。我们要充分运用党的建设历史经验，及时总结党的建设新鲜经验，深化对加强和改进新形势下党的建设的规律性认识，继续以改革创新精神全面加强和改进党的建设，不断推进党的先进性建设。

【庆祝中国共产党成立九十周年大会】（2011年7月1日） 庆祝中国共产党成立90周年大会于2011年7月1日在北京举行。吴邦国主持大会。胡锦涛、温家宝、贾庆林、李长春、习近平、李克强、贺国强等出席大会。胡锦涛发表重要讲话，回顾中国共产党90年的光辉历程和取得的伟大成就，总结党和人民创造的宝贵经验，提出新的历史条件下提高党的建设科学化水平的目标任务，阐述了在新的历史起点上把中国特色社会主义伟大事业全面推向前进的大政方针。他强调，全党同志要牢记历史使命，永远保持谦虚、谨慎、不骄、不躁的作风，永远保持艰苦奋斗的作风，勇于变革、勇于创新，永不僵化、永不停滞，不动摇、不懈怠、不折腾，不为任何风险所惧，不被任何干扰所惑，坚定不移沿着中国特色社会主义道路奋勇前进，更加奋发有为地团结带领全国各族人民创造自己的幸福生活和中华民族的美好未来。习近平宣读《中共中央关于表彰全国先进基层党组织和优秀共产党员、优秀党务工作者的决定》，中央决定由中央组织部对近年来在工作中取得优异成绩的500个基层党组织、50名共产党员、200名党务工作者予以表彰，分别授予全国先进基层党组织、全国优秀共产党员和全国优秀党务工作者荣誉称号，并追授方永刚等13名同志全国优秀共产党员荣誉称号。

【中央水利工作会议】（2011年7月8日至9日） 中央水利工作会议于2011年7月8日至9日在北京召开。李克强主持会议。胡锦涛、吴邦国、温家宝、贾庆林、李长春、习近平等出席会议。胡锦涛在会上讲话强调，加快水利改革发展，是事关我国社会主义现代化建设全局和中华民族长远发展重大而紧迫的战略任务，是保障国家粮食安全的迫切需要，是转变经济发展方式和建设资源节约型、环境友好型社会的迫切需要，是保障和改善民生、促进社会和谐稳定的迫切需要，是应对全球气候变化、增强抵御自然灾害综合能力的迫切需要。胡锦涛强调，加快水利改革发展，要坚持民生优先、统筹兼顾、人水和谐、政府主导、改革创新的原则。目标是力争通过五年到十年努力，从根本上扭转水利建设明显滞后局面。到2020年，基本建成防洪抗旱减灾体系、水资源合理配置和高效利用体系、水资源保护和河湖健康保障体系、有利于水利科学发展的体制机制和制度体系。温家宝在会上讲话，并对下一阶段的水利重点工作作出安排。国家发展改革委、财政部、水利部、黑龙江、江苏、山东、湖南、重庆、甘肃等单位有关负责同志在会上发言。回良玉作总结讲话。

【庆祝西藏和平解放六十周年大会】（2011年7月19日） 庆祝西藏和平解放60周年大会于2011年7月19日在拉萨举行。西藏自治区党委副书记、自治区人民政府主席白玛赤林主持大会。西藏各族各界干部群众两万多人参加大会。胡锦涛题写“祝贺西藏和平解放六十周年”贺匾。习近平率中央代表团出席庆祝大会并发表重要讲话。回良玉在会上宣读了中共中央、全国人大常委会、国务院、全国政协、中央军委关于庆祝西藏和平解放60周年的贺电。习近平在讲话中指出，西藏和平解放是西藏历史上具有划时代意义的转折点，也是中国人民解放事业和祖国统一事业的一件大事。它不仅粉碎了外部势力妄想把西藏从中国分裂出去的图谋，捍卫了国家主权和领土完整，维护了祖国统一和民族团结，而且开辟了百万农奴翻身解放的道路，开启了西藏走向繁荣进步的光明前程。习近平强调，中央殷切希望西藏各族干部群众认真学习贯彻胡锦涛同志“七一”重要讲话精神，全面落实中央第五次西藏工作座谈会精神，坚持中央关于西藏工作的指导思想，抓住历史机遇，用好全国支援，继续艰苦奋斗，围绕建设团结、民主、富裕、文明、和谐的社会主义新西藏这个宏伟目标，加快经济发展，着力保障和改善民生，大力弘扬社会主义先进文化，切实维护社会稳定，推进西藏实现跨越式发展和长治久安，努力完成到2020年全面建设小康社会的任务，创造西藏各族人民更加幸福美好的新生活。西藏自治区党委书记、西藏军区司令员、群众代表在会上发言。

【中央政治局会议】（2011年7月22日） 中央政治局会议于2011年7月22日在北京召开。胡锦涛主持会议。会议决定2011年10月在北京召开十七届六中全会，主要议程是：中央政治局向中央委员会报告工作，研究深化文化体制改革、推动社会主义文化大发展大繁荣问题。会议还研究了当前经济形势和经济工作。会议指出，当前，我国经济发展形势总体是好的，同时发展中不平衡、不协调、不可持续矛盾仍然突出，国际环境和国内经济运行又出现了一些新情况、新问题、新矛盾。我们既要正确认识取得的成绩，坚定做好经济工作的信心，又要保持清醒头脑，增强忧患意识，冷静观察，未雨绸缪，做好应对各种困难和潜在风险的准备，巩固经济社会发展好势头。要加快转变经济发展方式，继续加强和改善宏观调控，实施积极的财政政策和稳健的货币政策，着力稳定物价总水平，加快推进结构调整和节能减排，大力保障和改善民生，促进经济平稳较快发展和社会和谐稳定，努力实现“十二五”时期经济社会发展良好开局。

【十七届中央政治局第三十一次集体学习】（2011年8月23日） 十七届中央政治局第三十一次集体学习于2011年8月23日在北京举行。这次学习的主题是完善我国土地管理制度问题研究。胡锦涛在主持学习时强调，要落实节约优先战略，进一步完善符合我国国情的最严格的土地管理制度，坚持各类建设少占地、不占或少占耕地，以较少的土地资源消耗支撑更大规模的经济增长；坚持经济效益、社会效益、生态效益协调统一，不断提高土地利用效率；坚持统一规划、合理布局，促进区域、城乡、产业用地结构优化；坚持当前与长远相结合，提高土地对经济社会发展的保障能力，努力建设资源节约型、环境友好型社会。

【十一届全国人大常委会第二十二次会议】（2011年8月24日至26日） 十一届全国人大常委会第二十二次会议于2011年8月24日至26日在北京召开。吴邦国主持会议。会议表决通过了全国人大常委会关于《中华人民共和国香港特别行政区基本法》第十三条第一款和第十九条的解释。这是香港基本法实施以来第一次由香港特别行政区终审法院在审理有关案件的过程中就基本法有关中央人民政府管理的事务和中央与特别行政区关系的条款，提请全国人大常委会进行解释。

【中央社会管理综合治理委员会第一次全体会议】（2011年9月16日） 中央社会管理综合治理委员会第一次全体会议于2011年9月16日在北京召开。回良玉宣读了中办、国办关于中央社会治安综合治理委员会更名为中央社会管理综合治理委员会的通知。中央决定把中央社会治安综合治理委员会更名为中央社会管理综合治理委员会，赋予协调和指导社会管理工作的重要职能，充实领导力量，增加成员单位，加强工作机构。中央综治委成员结合各自职责任务分别作了发言。会议还讨论并原则通过了中央综治委工作制度。

【中央政治局会议】（2011年9月26日） 中央政治局会议于2011年9月26日在北京召开。胡锦涛主持会议。会议讨论十七届五中全会以来中央政治局的工作，研究深化文化体制改革、推动社会主义文化大发展大繁荣等问题。会议听取了《中共中央关于深化文化体制改革推动社会主义文化大发展大繁荣若干重大问题的决定》稿在党内外一定范围征求意见的情况报告，决定根据这次会议讨论的意见进行修改后将文件稿提请十七届六中全会审议。会议决定，中国共产党第十七届中央委员会第六次全体会议于10月15日至18日在北京召开。

【纪念辛亥革命一百周年大会】（2011年10月9日） 纪念辛亥革命100周年大会于2011年10月9日在北京举行。贾庆林主持大会。胡锦涛、江泽民、吴邦国、温家宝、李长春、习近平、李克强、贺国强等出席大会。胡锦涛强调，100年前，以孙中山先生为代表的革命党人发动了震惊世界的辛亥革命，开启了中国前所未有的社会变革。今天，我们隆重纪念辛亥革命100周年，深切缅怀孙中山先生等辛亥革命先驱的历史功勋，就是要学习和弘扬他们为振兴中华而矢志不渝的崇高精神，激励海内外中华儿女为实现中华民族伟大复兴而共同奋斗。胡锦涛强调，实现中华民族伟大复兴，必须坚定不移高举中国特色社会主义伟大旗帜，必须坚定不移高举爱国主义伟大旗帜，必须坚定不移高举和平、发展、合作旗帜。全国人大常委会副委员长、民革中央主席周铁农代表各民主党派、全国工商联，中国侨联主席林军代表各人民团体在大会上发言。

【十七届六中全会】（2011年10月15日至18日）　十七届六中全会于2011年10月15日至18日在北京举行。全会由中央政治局主持。出席这次全会的有，中央委员202人，候补中央委员163人。中央纪律检查委员会常务委员会委员和有关方面负责同志列席了会议。党的十七大代表中部分基层文化工作者和从事文化研究的专家学者也列席了会议。胡锦涛作了重要讲话。全会听取和讨论了胡锦涛受中央政治局委托作的工作报告，审议通过了《中共中央关于深化文化体制改革推动社会主义文化大发展大繁荣若干重大问题的决定》。李长春就《决定（讨论稿）》向全会作了说明。全会审议并通过了《关于召开党的第十八次全国代表大会的决议》，决定党的十八大于2012年下半年在北京召开。胡锦涛强调，要培养高度的文化自觉和文化自信，坚持中国特色社会主义文化发展道路，努力建设社会主义文化强国。全会审议通过的《决定》，在总结历史经验、科学分析形势的基础上，阐明了中国特色社会主义文化发展道路，确立了建设社会主义文化强国的宏伟目标，提出了新形势下推进文化改革发展的指导思想、重要方针、目标任务、政策举措，充分体现了我们党文化上的高度自觉和政治上的远见卓识，是推进我国文化改革发展的纲领性文件。

【中央扶贫开发工作会议】（2011年11月29日至30日）　中央扶贫开发工作会议于2011年11月29日至30日在北京召开。李克强主持会议。胡锦涛、吴邦国、温家宝、贾庆林、李长春、习近平、贺国强等出席会议。会议的主要任务是：总结我国扶贫开发工作取得的成就和经验，分析当前和今后一个时期扶贫开发形势和任务，全面部署《中国农村扶贫开发纲要（2011—2020年）》贯彻落实工作，动员全党全社会力量，坚决打好新一轮扶贫开发攻坚战。胡锦涛发表重要讲话，温家宝在会议上讲话。会议提出，到2020年深入推进扶贫开发的总体目标是：稳定实现扶贫对象不愁吃、不愁穿，保障其义务教育、基本医疗和住房。贫困地区农民人均纯收入增长幅度高于全国平均水平，基本公共服务主要领域指标接近全国平均水平，扭转发展差距扩大趋势。要坚持开发式扶贫方针，同时实行扶贫开发和农村最低生活保障制度有效衔接，把扶贫开发作为脱贫致富的主要途径，把社会保障作为解决温饱问题的基本手段；坚持统筹城乡发展，坚持扶贫开发与推进城镇化、建设社会主义新农村相结合，与生态环境保护相结合，促进经济社会发展与人口资源环境相协调。要坚持政府主导、分级负责，坚持突出重点、分类指导，坚持全社会参与、合力推进，坚持尊重扶贫对象主体地位、激发贫困地区内在活力。会议对2001—2010年为扶贫开发作出突出贡献的先进集体和先进个人进行了表彰。贵州、新疆、四川、重庆、湖北、广东以及中央统战部、国家发改委、教育部、财政部、国资委等地方和部门负责同志作大会发言。回良玉作总结讲话。中央决定将农民人均纯收入2300元（2010年不变价）作为新的国家扶贫标准。这个标准比2009年提高了92%。大幅度提高扶贫标准，把更多低收入人口纳入扶贫范围，这是社会发展的进步，是扶贫力度加大的重要措施。2011年4月26日，中央政治局会议研究了当前扶贫开发工作面临的形势和任务，审议了《中国农村扶贫开发纲要（2011—2020年）》。

【中央经济工作会议】（2011年12月12日至14日） 中央经济工作会议于2011年12月12日至14日在北京召开。胡锦涛、吴邦国、温家宝、贾庆林、李长春、习近平、李克强、贺国强等出席会议。胡锦涛在会上发表重要讲话，全面分析当前国际国内经济形势，深刻阐述2012年和今后一个时期经济工作必须把握好的重大问题，明确提出2012年经济工作的总体要求、大政方针、主要任务。温家宝在讲话中全面总结2011年经济工作，对2012年经济工作的主要目标、任务和有关重大问题作出具体部署。会议强调，2012年的经济工作，要继续实施积极的财政政策和稳健的货币政策，保持宏观经济政策的连续性和稳定性，增强调控的针对性、灵活性、前瞻性，继续处理好保持经济平稳较快发展、调整经济结构、管理通胀预期的关系，加快推进经济发展方式转变和经济结构调整，着力扩大国内需求，着力加强自主创新和节能减排，着力深化改革开放，着力保障和改善民生，保持经济平稳较快发展和物价总水平基本稳定，保持社会和谐稳定。会议指出，推动2012年经济社会发展，要突出把握好稳中求进的工作总基调。稳，就是要保持宏观经济政策基本稳定，保持经济平稳较快发展，保持物价总水平基本稳定，保持社会大局稳定。进，就是要继续抓住和用好我国发展的重要战略机遇期，在转变经济发展方式上取得新进展，在深化改革开放上取得新突破，在改善民生上取得新成效。2011年12月9日召开的中央政治局会议分析研究了2012年经济工作。

【全国统战部长会议】（2011年12月15日） 全国统战部长会议于2011年12月15日在北京召开。杜青林主持会议。贾庆林在会上强调，要牢牢把握大团结大联合主题，着眼大局、谋划发展，创新思路、破解难题，加强培训、增强素质，打造品牌、彰显价值，不断提高统战工作科学化水平，全方位服务社会主义经济建设、政治建设、文化建设、社会建设以及生态文明建设，开创统一战线工作新局面。

【全国民兵工作会议】（2011年12月15日至17日） 全国民兵工作会议于2011年12

月15日至17日在北京召开。会前，胡锦涛会见了与会代表。温家宝、习近平、李克强等参加会见。温家宝出席会议并作重要讲话。他在讲话中充分肯定了民兵工作取得的成绩，强调在新的历史时期，要按照平时服务、急时应急、战时应战的要求，结合新的形势特点，全面提高民兵建设水平，更好地发挥民兵在经济社会建设和国防建设中的作用。会上，宣读了表彰全国民兵工作先进单位和先进个人的决定，100个先进单位和100名先进个人受到表彰，7个省（自治区、直辖市）和各军区、军兵种汇报交流了民兵工作情况和经验。

【全国组织部长会议】（2011年12月18日至19日）　全国组织部长会议于2011年12月18日至19日在北京召开。习近平出席会议并讲话。他强调，各级党委和组织部门要进一步增强责任感和使命感，坚持改革创新、求真务实、狠抓落实，努力把党的建设和组织工作做得更实更好，为实现经济工作稳中求进和推动科学发展、促进社会和谐提供坚强组织保证，以优异成绩迎接党的十八大胜利召开。习近平强调，2012年部分省区市党委将进行换届，地方人大、政府、政协换届工作也将全面展开。各省区市要继续认真贯彻中央部署，加强组织领导，进一步把工作抓细抓实。要坚持德才兼备、以德为先用人标准，坚持五湖四海、任人唯贤，切实把政治坚定、实绩突出、作风过硬、群众公认的干部选拔上来。要大力加强领导班子思想政治建设，推动领导干部切实解决在对待是与非、公与私、真与假、实与虚方面存在的问题，增强政治意识、大局意识、责任意识、忧患意识，经受住执政考验、改革开放考验、市场经济考验、外部环境考验，防止精神懈怠的危险、能力不足的危险、脱离群众的危险、消极腐败的危险，在提高思想政治素质上不断取得新的进步。李源潮在闭幕会上讲话。沈跃跃作会议总结。

【中央农村工作会议】（2011年12月27日至28日）　中央农村工作会议于2011年12月27日至28日在北京召开。会前，胡锦涛对开好会议作出重要指示，充分肯定2011年农业农村发展的喜人形势，高度评价"三农"对全局工作的重大贡献，明确要求2012年要力争粮食生产再获丰收、农民收入再攀新高、农村民生继续改善。温家宝出席第一次全体会议并讲话。他在讲话中系统回顾总结党的十六大以来农业农村发展取得的巨大成就，阐述在推进工业化城镇化进程中继续做好"三农"工作需要把握好的若干重大问题，对做好2012年农业农村工作提出了要求。会议讨论了《中共中央、国务院关于加快推进农业科技创新持续增强农产品供给保障能力的若干意见（讨论稿）》。会议确定2012年的农业农村工作，要同步推进工业化、城镇化和农业现代化，围绕强科技保发展、强生产保供给、强民生保稳定，进一步加大强农惠农富农政策力度，奋力夺取农业好收成，合力促进农民较快增收，努力维护农村社会和谐稳定。回良玉作总结讲话。黑龙江、安徽、湖北、内蒙古、湖南、甘肃等省区代表作大会发言。31日，中共中央、国务院印发《关于加快推进农业科技创新持续增强农产品供给保障能力的若干意见》。

【中央政治局会议】（2011年12月30日） 中央政治局会议于2011年12月30日在北京召开。胡锦涛主持会议。会议听取中央纪律检查委员会2011年工作汇报，分析当前党风廉政建设和反腐败斗争形势，研究部署2012年党风廉政建设和反腐败工作。会议指出，2011年以来，在党中央、国务院坚强领导下，各级党委、政府和纪检监察机关认真贯彻落实中央关于反腐倡廉建设的一系列重要部署，既扎实抓好党风廉政建设和反腐败斗争各项长期性、基础性工作，又着力解决反腐倡廉建设中人民群众反映强烈的突出问题，加强对中央重大决策部署落实情况的监督检查，进一步落实《建立健全惩治和预防腐败体系2008—2012年工作规划》，深入开展党的作风建设，坚决查办违纪违法案件，加大纠风工作力度，扎实推进专项治理，加强领导干部廉洁自律和监督工作，深化反腐倡廉改革创新和制度建设，党风廉政建设和反腐败工作取得新进展新成效，为全面做好党和国家各方面工作发挥了重要保障和促进作用。会议强调，在看到反腐倡廉工作取得新的进展和成效的同时，必须清醒地看到，当前党风廉政建设和反腐败斗争面临不少新情况新问题，形势依然严峻、任务依然艰巨。会议指出，2012年党风廉政建设和反腐败工作要坚持标本兼治、综合治理、惩防并举、注重预防的方针，严明党的纪律，加强党的作风建设，推进惩治和预防腐败体系建设，着力解决反腐倡廉建设中人民群众反映强烈的突出问题，突出工作重点，狠抓任务落实，以党风廉政建设和反腐败斗争的新成效迎接党的十八大胜利召开。

【全国宣传部长会议】（2012年1月4日至5日） 全国宣传部长会议于2012年1月4日至5日在北京召开。李长春出席会议并讲话。他强调，宣传思想文化战线要按照高举旗帜、围绕大局、服务人民、改革创新的总要求，坚持中国特色社会主义文化发展道路，坚持贴近实际、贴近生活、贴近群众，紧紧围绕党和国家工作大局，紧紧围绕学习宣传贯彻党的十七届六中全会精神和中央经济工作会议精神，紧紧围绕迎接宣传贯彻党的十八大，着力为稳增长、控物价、调结构、惠民生、抓改革、促和谐，实现稳中求进营造良好的氛围，着力推进社会主义核心价值体系建设，着力巩固壮大积极健康向上的主流思想舆论，着力深入推进文化改革发展，为迎接党的十八大胜利召开，为推动科学发展、促进社会和谐，为夺取全面建设小康社会新胜利、开创中国特色社会主义新局面提供强大思想保证、精神动力、舆论支持和文化条件。刘云山作总结讲话。

【全国金融工作会议】（2012年1月6日至7日） 全国金融工作会议于2012年1月6日至7日在北京召开。温家宝在会上指出，近年来，我们坚定不移地继续推进和完成一系列具有里程碑意义的重大金融改革，我国金融业发生了新的历史性变化。温家宝强调，做好新时期的金融工作，要坚持金融服务实体经济的本质要求，坚持市场配置金融资源的改革导向，坚持创新与监管相协调的发展理念，坚持把防范化解风险作为金融工作生命线，坚持自主渐进安全共赢的开放方针。李克强出席会议。王岐山在会议闭幕时对贯彻落实会议精神作了部署。

【十七届中央纪委七次全会】（2012年1月8日至10日）　十七届中央纪委七次全会于2012年1月8日至10日在北京举行。中央纪委常委会主持会议。出席会议的中央纪委委员117人，列席336人。会议回顾总结了2011年党风廉政建设和反腐败工作，科学分析了当前的反腐倡廉形势，研究部署了2012年任务。胡锦涛出席全会第二次大会并发表重要讲话，吴邦国、温家宝、贾庆林、李长春、习近平、李克强、贺国强等出席会议。胡锦涛讲话强调，党风廉政建设和反腐败工作要以邓小平理论和“三个代表”重要思想为指导，深入贯彻落实科学发展观，坚持标本兼治、综合治理、惩防并举、注重预防的方针，严明党的纪律，加强党的作风建设，推进惩治和预防腐败体系建设，着力解决反腐倡廉建设中人民群众反映强烈的突出问题，突出工作重点，狠抓任务落实，以党风廉政建设和反腐败斗争的新成效迎接党的十八大胜利召开。全会审议通过了贺国强代表中央纪委常委会所作的《统一思想认识，加大工作力度，坚定不移将党风廉政建设和反腐败斗争引向深入》的工作报告。

【十一届国务院第六次全体会议】（2012年1月31日）　十一届国务院第六次全体会议于2012年1月31日在北京召开。温家宝主持会议。会议讨论即将提请十一届全国人大五次会议审议的《政府工作报告（征求意见稿）》。会议决定，将这个文件发往各省、自治区、直辖市和中央有关部门、单位征求意见。温家宝强调，2011年，我们巩固和扩大了应对国际金融危机冲击成果，国民经济继续朝着宏观调控预期的方向发展，呈现增长较快、价格趋稳、效益较好、民生改善的良好态势。当前，我国发展仍处于重要战略机遇期，在较长时期内继续保持经济平稳较快发展具备不少有利条件。温家宝对当前的六个重点工作作了部署。

【国家科学技术奖励大会】（2012年2月14日）　国家科学技术奖励大会于2012年2月14日在北京举行。李克强主持大会。胡锦涛、温家宝、李长春出席大会并向获奖的代表颁奖。约3300人参加大会。温家宝代表党中央、国务院在大会上讲话。刘延东在会上宣读了《国务院关于2011年度国家科学技术奖励的决定》。2011年度国家科学技术奖励共授奖374个项目和10名科技专家。其中，中国科学院院士谢家麟和中国科学院院士、中国工程院院士吴良镛获得2011年度国家最高科学技术奖；国家自然科学奖授奖项目36项，其中一等奖空缺、二等奖36项；国家技术发明奖授奖项目55项，其中一等奖2项、二等奖53项；国家科学技术进步奖授奖项目283项，其中特等奖1项、一等奖20项、二等奖262项；授予8名外籍科学家中华人民共和国国际科学技术合作奖。

【十七届中央政治局第三十二次集体学习】（2012年2月20日） 十七届中央政治局第三十二次集体学习于2012年2月20日在北京举行。这次学习的主题是实施更加积极的就业政策。胡锦涛在主持学习时强调，实施更加积极的就业政策，把促进就业放在经济社会发展的优先位置，努力实现社会就业更加充分，关系亿万人民群众切身利益，关系改革发展稳定大局，对推动科学发展、促进社会和谐具有十分重要的意义。

【全国政协十一届五次会议】（2012年3月3日至13日） 全国政协十一届五次会议于2012年3月3日至13日在北京举行。3月3日的开幕会由王刚主持，出席委员2192名；党和国家领导人胡锦涛、吴邦国、温家宝、李长春、习近平、李克强、贺国强等到会祝贺。贾庆林代表政协第十一届全国委员会常务委员会向大会报告工作。会议期间，委员们深入讨论政府工作报告、政协常委会工作报告和有关报告，紧紧围绕加强和改善宏观调控、加快转变经济发展方式、保障和改善民生、深化改革开放、加强文化建设、创新社会管理和推进人民政协事业等咨政建言，提出了很多有价值的意见和建议。会议通过了政协第十一届全国委员会第五次会议关于常务委员会工作报告的决议、政协第十一届全国委员会提案委员会关于政协十一届五次会议提案审查情况的报告、政协第十一届全国委员会第五次会议政治决议。

【十一届全国人大五次会议】（2012年3月5日至14日） 十一届全国人大五次会议于2012年3月5日至14日在北京举行。3月5日的第一次全体会议由吴邦国主持，出席代表近3000名。大会批准了温家宝作的政府工作报告，吴邦国作的全国人大常委会工作报告，王胜俊作的关于最高人民法院工作的报告，曹建明作的关于最高人民检察院工作的报告等；通过了关于2011年国民经济和社会发展计划执行情况与2012年国民经济和社会发展计划的决议，表决通过了关于2011年中央和地方预算执行情况与2012年中央和地方预算的决议；通过了全国人民代表大会关于修改刑事诉讼法的决定，胡锦涛签署第55号主席令，公布了这一决定，自2013年1月1日起施行；通过了关于十二届全国人大代表名额和选举问题的决定、香港特别行政区选举十二届全国人大代表的办法和澳门特别行政区选举十二届全国人大代表的办法。

【全国非公有制企业党的建设工作会议】（2012年3月21日） 全国非公有制企业党的建设工作会议于2012年3月21日在北京召开。习近平会见会议代表并讲话。习近平强调，非公有制企业是发展社会主义市场经济的重要力量。非公有制企业的数量和作用决定了非公有制企业党建工作在整个党建工作中越来越重要，必须以更大的工作力度扎扎实实抓好。习近平指出，加强和改进非公有制企业党建工作，抓好“两个覆盖”、发挥好党组织“两个作用”、加强“两支队伍”建设很重要。李源潮参加会见并在会议上讲话。中央办公厅日前印发了《关于加强和改进非公有制企业党的建设工作的意见》。

【十一届国务院第七次全体会议】（2012年3月28日） 十一届国务院第七次全体会议于2012年3月28日在北京召开。温家宝主持会议。会议审议了香港特别行政区政府关于选举梁振英为香港特别行政区第四任行政长官人选的报告，听取了国务院港澳事务办公室负责人关于香港特别行政区第四任行政长官人选产生过程的汇报。温家宝签署了任命梁振英为中华人民共和国香港特别行政区第四任行政长官的国务院第616号令，于2012年7月1日就职。

【全国深化医药卫生体制改革工作会议】（2012年4月17日） 全国深化医药卫生体制改革工作会议于2012年4月17日在北京召开。李克强出席会议并讲话。他强调，要认真贯彻落实中央的决策部署，巩固三年医改成果，全面实施“十二五”医改规划，突出重点，攻坚克难，加快形成病有所医的制度保障，努力解决看病难、看病贵问题，使全体人民共享改革发展成果。会上，北京、吉林、山东、河南、陕西、青海等省市政府负责人分别发言。三年来，在党中央、国务院坚强领导下，各方迎难而上、协力同心，探索符合国情的医改路径和体制机制，取得了明显进展，五项重点任务如期完成，构建起世界上最大的基本医保网，促进了社会公平，人民群众特别是基层困难群众得到了实惠。“十二五”时期，深化医改要坚持把基本医疗卫生制度作为公共产品向全民提供的基本理念，坚持保基本、强基层、建机制的基本原则，坚持统筹安排、突出重点、循序推进的基本路径。抓住医保、医药、医疗三个重点环节，实行“三轮驱动”，取得新的更大进展。

【纪念中国共产主义青年团成立九十周年大会】（2012年5月4日） 纪念中国共产主义青年团成立90周年大会于2012年5月4日在北京举行。习近平主持会议。胡锦涛、吴邦国、温家宝、贾庆林、李长春、李克强、贺国强等出席纪念大会。约6000人参加了纪念大会。胡锦涛强调，当代青年是无比幸运的一代，又是责任重大的一代。祖国发展的巨大成就为青年成长进步创造了良好条件，祖国建设的艰巨任务为青年大展身手提供了广阔舞台。广大青年要以邓小平理论和“三个代表”重要思想为指导，深入贯彻落实科学发展观，牢记光荣使命，珍惜宝贵机遇，以坚定的信念、宽广的胸怀、创造的激情、务实的态度，踊跃投身改革开放和社会主义现代化建设伟大实践，努力做科学发展的奋力推动者、和谐社会的积极构建者，用自己的双手为全面建设小康社会、建成富强民主文明和谐的社会主义现代化国家奉献力量，谱写中国青年运动浓墨重彩的新篇章。胡锦涛还给当代青年提出五点希望。

【纪念毛泽东同志《在延安文艺座谈会上的讲话》发表七十周年座谈会】（2012年5月23日） 纪念毛泽东同志《在延安文艺座谈会上的讲话》发表70周年座谈会于2012年5月23日在北京召开。刘云山主持座谈会。中央宣传文化系统各部门、解放军总政治部负责人和作家、艺术家代表参加了座谈会。胡锦涛作出重要指示，深刻阐明《讲话》的历史地位和重要作用，高度赞扬70年来一代又一代文艺工作者作出的重要贡献，对新形势下进一步继承和弘扬《讲话》精神、繁荣发展社会主义文艺事业提出了明确要求。李长春出席会议并讲话。会上，文化部部长蔡武、老艺术家于蓝、作曲家印青、作家迟子建先后发言。

【中央政治局会议】（2012年5月28日） 中央政治局会议于2012年5月28日在北京召开。胡锦涛主持会议。会议主要研究深化科技体制改革、加快国家创新体系建设。会议指出，建设创新型国家，加快转变经济发展方式，实现我国发展的战略目标，最根本的是要靠科技的力量，最关键的是要大幅提高自主创新能力。会议强调，深化科技体制改革，要高举中国特色社会主义伟大旗帜，大力实施科教兴国战略和人才强国战略，坚持自主创新、重点跨越、支撑发展、引领未来的指导方针，全面落实科技规划纲要，以提高自主创新能力为核心，以促进科技与经济社会发展紧密结合为重点，着力解决制约科技创新的突出问题，充分发挥科技在经济发展方式转变和经济结构调整中的支撑引领作用，加快建设国家创新体系，为2020年进入创新型国家行列、全面建成小康社会和新中国成立100年时成为世界科技强国奠定坚实基础。

【十七届中央政治局第三十三次集体学习】（2012年5月28日） 十七届中央政治局第三十三次集体学习于2012年5月28日在北京举行。这次学习的主题是坚持走中国特色新型工业化道路和推进经济结构战略性调整。胡锦涛在主持学习时强调，要牢牢把握科学发展这个主题，紧紧围绕转变经济发展方式这条主线，遵循工业化客观规律，适应市场需求变化，根据科技进步新趋势，积极发展结构优化、技术先进、清洁安全、附加值高、吸纳就业能力强的现代产业体系，提高工业发展质量和效益，努力从工业大国向工业强国转变，为全面建设小康社会、加快推进社会主义现代化奠定坚实物质基础。

【第三次全国对口支援新疆工作会议】（2012年5月30日至31日） 第三次全国对口支援新疆工作会议于2012年5月30日至31日在北京召开。这次会议的主要任务是深入贯彻落实中央新疆工作座谈会和前两次全国对口支援新疆工作会议精神，总结新一轮对口支援新疆工作全面实施以来取得的成绩和经验，研究解决存在的困难和问题，部署当前和今后一个时期对口支援新疆工作，进一步推进新疆跨越式发展和长治久安。北京、天津、河北、山西、辽宁、吉林、黑龙江、上海、江苏、浙江、安徽、福建、江西、山东、河南、湖北、湖南、广东、深圳等19个对口支援省市及前方指挥部、后方协调机构负责人，新疆维吾尔自治区及受援的12个地州、新疆生产建设兵团及受援的12个师负责人，中央和国家机关有关部门及部分中央企业负责人参加了会议。会前，胡锦涛、温家宝、习近平、李克强等亲切会见与会代表。李克强在会上讲话。

【十一届全国人大常委会第二十七次会议】（2012年6月26日至30日）　十一届全国人大常委会第二十七次会议于2012年6月26日至30日在北京召开。吴邦国主持会议。会议表决通过出境入境管理法、关于修改中国人民解放军选举全国人大和县级以上地方各级人大代表的办法的决定。会议表决通过了全国人大常委会关于批准澳门特别行政区基本法附件一澳门特别行政区行政长官的产生办法修正案的决定，批准了这一修正案。该修正案自批准之日起生效。会议表决通过了全国人大法律委员会关于澳门特别行政区基本法附件二澳门特别行政区立法会的产生办法修正案草案审查意见的报告，同意对这一修正案予以备案，自公布之日起生效。该修正案以公告方式予以公布。

【全国创先争优表彰大会】（2012年6月28日）　全国创先争优表彰大会于2012年6月28日在北京举行。李源潮主持大会。胡锦涛、习近平、贺国强会见与会代表。习近平讲话指出，两年多来创先争优活动围绕推动科学发展、促进社会和谐、服务人民群众、加强基层组织这个总要求，在全国基层党组织和党员中广泛而深入地开展，取得了丰硕成果。中国共产党在91年的奋斗中形成了自己的理论优势、政治优势、组织优势、制度优势和密切联系群众的优势。这种独特优势，是我们党始终保持先进性和纯洁性的根本法宝。会上宣读了表彰决定，并为受表彰代表颁了奖。对北京市西城区西长安街街道党工委等1000个基层党组织、房萍等100名共产党员、陕西省安塞县委等100个县（市、区、旗）党委进行表彰，分别授予全国创先争优先进基层党组织、全国创先争优优秀共产党员、全国创先争优活动先进县（市、区、旗）党委荣誉称号；同时，追授黄纬禄等24名同志全国创先争优优秀共产党员荣誉称号。江苏省扬州市广陵区曲江街道文昌花园社区党委书记郑翔，大庆油田钻探工程公司1205钻井队队长、党支部书记李新民，陕西省安塞县委书记程引弟在会上发了言。2010年4月6日，中组部、中宣部在北京召开会议，对创先争优活动进行部署。此前，中共中央办公厅转发了中组部、中宣部《关于在党的基层组织和党员中深入开展创先争优活动的意见》。

【全国科技创新大会】（2012年7月6日至7日）　全国科技创新大会于2012年7月6日至7日在北京举行。李克强主持第一次全体会议。胡锦涛、吴邦国、温家宝、贾庆林、李长春、习近平、贺国强等出席。国家科技教育领导小组成员，各省、自治区、直辖市和计划单列市、新疆生产建设兵团党政负责同志，中央和国家机关有关单位、有关人民团体负责同志，解放军各总部和武警部队负责同志，各民主党派中央和全国工商联有关负责人，部分行业协会、高等学校、科研单位、企业和国家高新区代表和部分科技专家等出席会议。全国科技创新大会第一次全体会议以电视电话会议形式召开，主会场设在人民大会堂小礼堂，各省、自治区、直辖市和计划单列市、新疆生产建设兵团以及各市（地、州、盟）设分会场。胡锦涛在会议上发表重要讲话强调，大力实施科教兴国战略和人才强国战略，坚持自主创新、重点跨越、支撑发展、引领未来的指导方针，全面落实国家中长期科学和技术发展规划纲要，以提高自主创新能力为核心，以促进科技与经济社会发展紧密结合为重点，进一步深化科技体制改革，着力解决制约科技创新的突出问题，充分发挥科技在转变经济发展方式和调整经济结构中的支撑引领作用，加快建设国家创新体系，为全面建成小康社会进而建设世界科技强国奠定坚实基础。温家宝在会议上讲话，对增强企业创新能力提出了具体要求。刘延东作总结讲话。7月2日，中共中央、国务院印发《关于深化科技体制改革加快国家创新体系建设的意见》。

【三沙市成立大会暨揭牌仪式】（2012年7月24日）　三沙市成立大会暨揭牌仪式于2012年7月24日在西沙永兴岛举行。三沙市正式成为我国第285个地级市，也是我国领土最南端、陆地面积最小、管辖总面积最大、人口最少的地级市。揭牌仪式上，宣读了国务院关于同意海南省设立地级三沙市的批复、中央军委关于同意组建中国人民解放军海南省三沙警备区的批复。此后，有关参会领导分别为中共三沙市委、三沙市人大常委会、三沙市人民政府、三沙警备区揭牌。设立三沙市，就是要依法履行对西沙群岛、中沙群岛、南沙群岛的岛礁及其海域行政管理和开发保护的神圣职责，把三沙市建设成为维护南海主权和南海资源开发服务的重要基地。

【中央政治局会议】（2012年9月28日）　中央政治局会议于2012年9月28日在北京召开。胡锦涛主持会议。会议研究中国共产党第十七届中央委员会第七次全体会议和中国共产党第十八次全国代表大会筹备工作，审议中共中央纪律检查委员会向党的第十八次全国代表大会的工作报告稿。会议决定，中国共产党第十七届中央委员会第七次全体会议于2012年11月1日在北京召开。中共中央政治局将向党的十七届七中全会建议，中国共产党第十八次全国代表大会于2012年11月8日在北京召开。会议同意将中共中央纪律检查委员会向党的第十八次全国代表大会的工作报告稿提交党的第十七届七中全会讨论。

【中央政治局会议】（2012年10月22日）　中央政治局会议于2012年10月22日在北京召开。胡锦涛主持会议。会议研究拟提请十七届七中全会讨论的十七届中央委员会向中国共产党第十八次全国代表大会的报告稿和《中国共产党章程（修正案）》稿。会议听取了十七届中央委员会向中国共产党第十八次全国代表大会的报告稿在党内外一定范围征求意见的情况报告，听取了《中国共产党章程（修正案）》稿在党内一定范围征求意见的情况报告，决定根据这次会议讨论的意见进行修改后把这两份文件稿提请十七届七中全会讨论。

【十七届七中全会】（2012年11月1日至4日）　十七届七中全会于2012年11月1

日至4日在北京举行。会议由中央政治局主持。出席会议的有中央委员200人，候补中央委员165人。中央纪律检查委员会委员和有关负责同志列席会议。会议决定，中国共产党第十八次全国代表大会于2012年11月8日在北京召开。会议听取和讨论胡锦涛受中央政治局委托作的工作报告。全会讨论并通过党的十七届中央委员会向党的第十八次全国代表大会的报告，讨论并通过《中国共产党章程（修正案）》，决定将这两份文件提请党的第十八次全国代表大会审议。习近平就党的十七届中央委员会向党的第十八次全国代表大会的报告讨论稿和《中国共产党章程（修正案）》讨论稿向全会作说明。全会决定，增补范长龙、许其亮为中共中央军事委员会副主席。全会审议并通过了《中共中央纪律检查委员会关于薄熙来严重违纪问题的审查报告》《中共中央纪律检查委员会关于刘志军严重违纪问题的审查报告》，确认中央政治局2012年9月28日作出的给予薄熙来开除党籍、2012年5月28日作出的给予刘志军开除党籍的处分。

【十七届中央纪委八次全会】（2012年11月3日至4日）　十七届中央纪委八次全会于2012年11月3日至4日在北京举行。中央纪律检查委员会常务委员会主持会议。中央纪律检查委员会委员125人出席会议。贺国强作了重要讲话。全会审议并通过了中共中央纪律检查委员会向党的第十八次全国代表大会的工作报告，同意将报告提请党的第十八次全国代表大会审查。全会增选张军为中央纪委副书记，陈文清为中央纪委常务委员会委员、副书记。

【中国共产党第十八次全国代表大会】（2012年11月8日至14日）　中国共产党第十八次全国代表大会于2012年11月8日至14日在北京举行。开幕大会由吴邦国主持。党的十八大应出席代表2268人，特邀代表57人，共2325人，代表全国8200多万党员，出席大会开幕式的代表2309人。现任和曾任全国人大常委会副委员长、全国政协副主席的党外人士，各民主党派中央、全国工商联主席及在京副主席和无党派人士代表，全国人大、全国政协在京常委中的民主党派、无党派和民族宗教界人士作为来宾列席大会。党内有关负责同志也列席了大会。大会的主题是：高举中国特色社会主义伟大旗帜，以邓小平理论、“三个代表”重要思想、科学发展观为指导，解放思想，改革开放，凝聚力量，攻坚克难，坚定不移沿着中国特色社会主义道路前进，为全面建成小康社会而奋斗。胡锦涛代表第十七届中央委员会向大会作了题为《坚定不移沿着中国特色社会主义道路前进，为全面建成小康社会而奋斗》的报告。报告分12个部分：（1）过去五年的工作和十年的基本总结；（2）夺取中国特色社会主义新胜利；（3）全面建成小康社会和全面深化改革开放的目标；（4）加快完善社会主义市场经济体制和加快转变经济发展方式；（5）坚持走中国特色社会主义政治发展道路和推进政治体制改革；（6）扎实推进社会主义文化强国建设；（7）在改善民生和创新管理中加强社会建设；（8）大力推进生态文明建设；（9）加快推进国防和军队现代化；（10）丰富“一国两制”实践和推进祖国统一；（11）继续促进人类和平与发展的崇高事业；（12）全面提高党的建设科学化水平。

大会通过了关于十七届中央委员会报告的决议，批准胡锦涛同志代表十七届中央委员会所作的报告。决议指出，报告描绘了全面建成小康社会、加快推进社会主义现代化的宏伟蓝图，为党和国家事业进一步发展指明了方向，是全党全国各族人民智慧的结晶，是我们党团结带领全国各族人民夺取中国特色社会主义新胜利的政治宣言和行动纲领，是马克思主义的纲领性文献。大会高度评价十七届中央委员会的工作。大会同意十七届中央委员会对十六大以来十年奋斗历程的基本总结。大会强调，总结十年奋斗历程，最重要的就是我们坚持勇于推进实践基础上的理论创新，围绕坚持和发展中国特色社会主义提出一系列紧密相连、相互贯通的新思想、新观点、新论断，形成和贯彻了科学发展观。科学发展观是中国特色社会主义理论体系最新成果，是中国共产党集体智慧的结晶，是指导党和国家全部工作的强大思想武器。科学发展观同马克思列宁主义、毛泽东思想、邓小平理论、“三个代表”重要思想一道，是党必须长期坚持的指导思想。大会同意报告关于我国社会主义经济建设、政治建设、文化建设、社会建设、生态文明建设的部署，强调要把生态文明建设融入经济建设、政治建设、文化建设、社会建设各方面和全过程，努力建设美丽中国，实现中华民族永续发展。

大会通过了关于中央纪律检查委员会工作报告的决议。大会充分肯定了十七届中央纪律检查委员会的工作。大会通过了关于《中国共产党章程（修正案）》的决议，决定这一修正案自通过之日起生效。把科学发展观同马克思列宁主义、毛泽东思想、邓小平理论、“三个代表”重要思想一道确立为党的行动指南；把中国特色社会主义制度同中国特色社会主义道路、中国特色社会主义理论体系一道写入党章；将生态文明建设写入党章并作出阐述；将有关坚持改革开放的内容写入党章。党章修正案，体现了党的理论创新和实践发展的成果，体现了党的十八大报告确立的重大理论观点、重大方针政策、重大工作部署，反映了近年来党的建设取得的新成果，对加强和改进党的工作和党的建设提出了新要求。

大会选举出由205名委员、171名候补委员组成的十八届中央委员会，选举出十八届中央纪律检查委员会委员130名。

【十八届中央纪委一次全会】（2012年11月15日） 十八届中央纪委一次全会于2012年11月15日在北京举行。王岐山主持会议。中央纪律检查委员会委员应到130人，实到129人。全会选举了中央纪律检查委员会书记、副书记和常务委员会委员，报中央委员会批准。与会同志列席了中国共产党第十八届中央委员会第一次全体会议。

【十八届一中全会】（2012年11月15日）　十八届一中全会于2012年11月15日在北京举行。习近平主持会议并作重要讲话。出席会议的有中央委员205人，候补中央委员171人。中央纪律检查委员会委员列席会议。全会选举习近平、马凯、王岐山、王沪宁、刘云山、刘延东、刘奇葆、许其亮、孙春兰、孙政才[①]、李克强、李建国、李源潮、汪洋、张春贤、张高丽、张德江、范长龙、孟建柱、赵乐际、胡春华、俞正声、栗战书、郭金龙、韩正为中央政治局委员。选举习近平、李克强、张德江、俞正声、刘云山、王岐山、张高丽为中央政治局常务委员会委员。选举习近平为中央委员会总书记。根据中央政治局常务委员会的提名，通过了中央书记处成员，他们是刘云山、刘奇葆、赵乐际、栗战书、杜青林、赵洪祝、杨晶[②]；决定了中央军事委员会组成人员，他们是主席习近平，副主席范长龙、许其亮，委员常万全、房峰辉[③]、张阳[④]、赵克石、张又侠、吴胜利、马晓天、魏凤和。会议批准了十八届中央纪律检查委员会第一次全体会议选举产生的书记、副书记和常务委员会委员人选，他们是书记王岐山，副书记赵洪祝、黄树贤、李玉赋、杜金才、吴玉良、张军、陈文清、王伟，常务委员会委员王伟、王岐山、刘滨、江必新、杜金才、李玉赋、吴玉良、邱学强、张军、张纪南、陈文清、周福启、赵洪祝、侯凯、俞贵麟、姚增科、黄树贤、黄晓薇、崔少鹏。

全会高度评价了胡锦涛为党和国家建立的卓越功勋。胡锦涛在以江泽民同志为核心的第三代中央领导集体中发挥了重要作用。党的十六大以来，胡锦涛紧紧依靠中央领导集体，带领全党全军全国各族人民，牢牢把握我国发展的重要战略机遇期，战胜一系列严峻挑战，奋力把中国特色社会主义事业推进到一个新的发展阶段，为国家繁荣富强、为中华民族伟大复兴作出了杰出贡献，赢得

① 2017年9月，鉴于孙政才严重违纪，中共中央经立案审查后决定给予其开除党籍、开除公职处分，将其涉嫌犯罪问题及线索移送司法机关依法处理。2018年5月，孙政才因受贿罪被天津市第一中级人民法院判处无期徒刑，剥夺政治权利终身，并处没收个人全部财产；对孙政才受贿所得财物及孳息予以追缴。

② 2018年2月，鉴于杨晶严重违纪，中共中央对其立案审查。经查，杨晶同志严重违反政治纪律和政治规矩、廉洁纪律，长期与不法企业主、不法社会人员不当交往，为对方利用其职务影响实施违法行为、谋取巨额私利提供便利条件，其亲属收受对方财物。在审查中，杨晶同志能够认错、悔错。经中央纪委常委会会议研究并报中央政治局会议审议，决定给予杨晶同志留党察看一年、行政撤职处分，降为正部长级，按程序办理。

③ 2018年10月，鉴于房峰辉严重违纪违法，经立案审查后中共中央决定给予其开除党籍处分。军事检察机关对房峰辉案侦查终结，移送审查起诉。2019年2月20日，军事法院依法对房峰辉进行了宣判，认定房峰辉犯受贿罪、行贿罪、巨额财产来源不明罪，数罪并罚，决定执行无期徒刑，剥夺政治权利终身，并处没收个人全部财产，追缴的赃款赃物上缴国库。

④ 2018年10月，鉴于张阳严重违纪违法，中共中央经立案审查后决定开除其党籍，依纪依法追缴涉案财物。经查，张阳严重违反党的政治纪律和政治规矩、组织纪律、廉洁纪律和国家法律法规规定，涉嫌行贿、受贿、巨额财产来源不明犯罪。此前，中央军委已决定开除张阳军籍，取消其上将军衔。接受组织谈话期间，张阳一直在家中居住。2017年11月23日上午，张阳在家中自缢死亡。

了全党全军全国各族人民的衷心爱戴。他集中全党智慧创立了科学发展观，党的十八大已经将其同马克思列宁主义、毛泽东思想、邓小平理论、“三个代表”重要思想一道确立为党必须长期坚持的指导思想。

【中央军委扩大会议】（2012年11月16日） 中央军委扩大会议于2012年11月16日在北京召开。习近平主持会议并发表重要讲话。胡锦涛发表重要讲话指出，习近平同志是合格的党的总书记，也是合格的中央军委主席。习近平同志一定能够团结带领军委班子履行好肩负的重大历史责任。希望军队坚决听党指挥、绝对忠诚可靠，有效履行新世纪新阶段历史使命，在贯彻国防和军队建设主题主线上取得显著成效，始终保持高度集中统一和团结稳定，永远坚持我军光荣传统和优良作风。习近平高度评价胡锦涛为党和国家、为国防和军队建设建立的卓越功勋。习近平指出，胡锦涛从党、国家、军队事业发展全局考虑，主动提出不再担任中共中央总书记、中央军委主席职务，作出这个重大决策，充分体现了他对党、国家、军队事业发展全局的深邃思考，充分体现了他作为一位马克思主义政治家和战略家的高瞻远瞩、博大胸怀、高风亮节。他强调，把国防和军队建设不断推向前进，必须把学习贯彻党的十八大精神作为首要政治任务抓紧抓好，必须毫不动摇坚持党对军队的绝对领导，必须坚决完成各项军事斗争任务，必须按照全面建设的思想努力推进军队的革命化现代化正规化建设，必须始终保持我军光荣传统和优良作风。

【中央政治局会议】（2012年11月16日） 中央政治局会议于2012年11月16日在北京召开。习近平主持会议。会议对学习宣传贯彻党的十八大精神进行研究部署。会议指出，党的十八大是在我国进入全面建成小康社会决定性阶段召开的一次十分重要的会议。认真学习宣传贯彻党的十八大精神，关系党和国家工作全局，关系中国特色社会主义事业长远发展，对于动员全党全国各族人民在以习近平同志为总书记的党中央领导下，高举中国特色社会主义伟大旗帜，满怀信心为全面建成小康社会、夺取中国特色社会主义新胜利而奋斗，具有重大现实意义和深远历史意义。会议强调，当前和今后一个时期的首要政治任务，就是认真学习宣传和全面贯彻落实党的十八大精神，把全党全国各族人民的思想统一到党的十八大精神上来，把力量凝聚到实现党的十八大确定的各项任务上来，为实现党的十八大确定的奋斗目标和工作任务而奋斗。会议强调，大会通过的党章修正案，体现了党的理论创新和实践发展的成果，体现了党的十八大确立的重大理论观点、重大方针政策、重大工作部署，对坚持和完善党的领导、加强和改进党的建设提出了明确要求。认真学习党章，严格遵守党章，是学习贯彻党的十八大精神的重要内容。要把学习党章同学习党的十八大精神紧密结合起来，同学习中国特色社会主义理论体系紧密结合起来。

【十八届中央政治局第一次集体学习】（2012年11月17日） 十八届中央政治

局第一次集体学习于2012年11月17日在北京举行。这次学习的主题是深入学习贯彻党的十八大精神。习近平在主持学习时强调，坚持和发展中国特色社会主义是贯穿党的十八大报告的一条主线。我们要紧紧抓住这条主线，把坚持和发展中国特色社会主义作为学习贯彻党的十八大精神的聚焦点、着力点、落脚点，把党的十八大精神学得更加深入、领会得更加透彻、贯彻得更加自觉。李克强、张德江、俞正声、刘云山、王岐山、张高丽就深刻领会和贯彻落实党的十八大精神谈了体会。

【九三学社第十次全国代表大会】（2012年11月30日至12月4日）　九三学社第十次全国代表大会于2012年11月30日至12月4日在北京举行。会议有代表700名。王志珍主持开幕会。韩启德致开幕词。李克强宣读了中共中央的贺词。蒋树声代表各民主党派中央和全国工商联致贺词。韩启德代表九三学社十二届中央委员会作了题为《弘扬传统，凝心聚力，坚定不移沿着中国特色社会主义道路前进》的工作报告。丛斌作关于《九三学社章程修正案（草案）》的说明。会议选举产生了由240名委员组成的九三学社第十三届中央委员会。大会期间召开的九三学社十三届一中全会选举韩启德为主席。

九三学社是以科学技术界高中级知识分子为主的具有政治联盟特点的政党，是接受中国共产党领导、同中国共产党通力合作的亲密友党，是进步性与广泛性相统一、致力于中国特色社会主义事业的参政党。

【致公党第十四次全国代表大会】（2012年12月3日至6日）　致公党第十四次全国代表大会于2012年12月3日至6日在北京举行。本次大会共有代表485名。万钢致开幕词。张德江宣读了中共中央的贺词。桑国卫代表其他民主党派中央和全国工商联致贺词。李海峰代表全国人大华侨委员会、国务院侨务办公室、全国政协港澳台侨委员会和中国侨联致贺词。万钢代表致公党十三届中央委员会作了题为《凝心聚力，开拓创新，为全面建成小康社会贡献力量》的工作报告。王钦敏作了关于《中国致公党章程（修正案）》的说明。大会选举产生了由118名委员组成的致公党十四届中央委员会。致公党十四届一中全会选举万钢为主席。

中国致公党（简称“致公党”）是以归侨、侨眷中的中上层人士和其他有海外关系的代表性人士为主组成的，具有政治联盟特点的，致力于发展中国特色社会主义的政党。

【中央政治局会议】（2012年12月4日）　中央政治局会议于2012年12月4日在北京召开。习近平主持会议。会议审议中央政治局关于改进工作作风、密切联系群众的八项规定，分析研究2013年经济工作。会议强调，抓作风建设，首先要从中央政治局做起，要求别人做到的自己先要做到，要求别人不做的自己坚决不做，以良好党风带动政风民风，真正赢得群众信任和拥护。会议一致同意关于改进工作作风、密切联系群众的八项规定：一是要改进调查研究，切忌走过场、搞形式主义；要轻车简从、减少陪同、简化接待。二是要精简会议活动，切实改进会风；提高会议实效，开短会、讲短话，力戒空话、套话。三是要精简文件简报，切实改进文风，没有实质内容、可发可不发的文件、简报一律不发。四是要规范出访活动，严格控制出访随行人员，严格按照规定乘坐交通工具。五是要改进警卫工作，减少交通管制，一般情况下不得封路、不清场闭馆。六是要改进新闻报道，中央政治局同志出席会议和活动应根据工作需要、新闻价值、社会效果决定是否报道，进一步压缩报道的数量、字数、时长。七是要严格文稿发表，除中央统一安排外，个人不公开出版著作、讲话单行本，不发贺信、贺电，不题词、题字。八是要厉行勤俭节约，严格执行住房、车辆配备等有关工作和生活待遇的规定。

会议指出，2013年经济工作要稳中求进，即要保持宏观经济政策的连续性和稳定性，适时适度进行预调微调；要着力扩大国内需求，促进投资稳定增长和结构优化；要毫不放松抓好农业生产，落实和完善扶持政策，加大农业科技投入；要保持物价总水平基本稳定，规范市场价格和收费秩序；要扎实推进重点领域改革；要大力保障和改善民生，稳步提高社会保障统筹层次和保障水平。

【农工党第十五次全国代表大会】（2012年12月6日至10日） 农工党第十五次全国代表大会于2012年12月6日至10日在北京举行。大会共有代表667名。陈宗兴主持开幕会。桑国卫致开幕词。俞正声宣读了中共中央的贺词。林文漪代表其他民主党派中央和全国工商联致贺词。桑国卫代表农工党十四届中央委员会作了题为《坚定不移走中国特色社会主义道路，为全面建成小康社会贡献智慧和力量》的工作报告。刘晓峰作了关于《中国农工民主党章程（修正案）》的说明。大会表决通过了《中国农工民主党第十五次全国代表大会决议》。会议选举产生了由214名委员组成的农工党新一届中央委员会。12月10日召开的农工党十五届一中全会选举陈竺为主席。桑国卫致闭幕词。

中国农工民主党（简称“农工党”）是以医药卫生、人口资源和生态环境领域高中级知识分子为主、具有政治联盟特点、致力于建设中国特色社会主义事业的政党，是同中国共产党通力合作的参政党。

【全国工商联第十一次会员代表大会】（2012年12月7日至9日） 全国工商联第十一次会员代表大会于2012年12月7日至9日在北京举行。出席大会的代表960人。刘云山宣读了中共中央、国务院的贺词。陈昌智代表各民主党派中央、王玉普代表有关人民团体向大会致贺词。黄孟复作了题为《高举伟大旗帜促进两个健康为全面建成小康社会作出新贡献》的工作报告。大会通过了修改后的《章程》。大会选出494名执行委员。全哲洙致闭幕词。12月10日召开的全国工商联十一届一次执委会议提议并通过黄孟复为名誉主席，选举王钦敏为主席。

中国工商业联合会（简称“工商联”）是中国共产党领导的面向工商界、以非公有制企业和非公有制经济人士为主体的人民团体和商会组织，是党和政府联系非公有制经济人士的桥梁纽带，是政府管理和服务非公有制经济的助手。

【民盟第十一次全国代表大会】（2012年12月9日至13日） 民盟第十一次全国代表大会于2012年12月9日至13日在北京举行。本次大会共有代表807名。张梅颖和张宝文分别主持开幕会。张梅颖致开幕词。张高丽宣读了中共中央的贺词。周铁农代表其他民主党派中央和全国工商联致贺词。蒋树声代表民盟第十届中央委员会作了题为《继往开来，团结奋进，为全面建成小康社会贡献更大力量》的报告。索丽生作了《中国民主同盟章程修改报告》。大会选举产生了由282名委员组成的新一届中央委员会，讨论通过了《中国民主同盟第十一次全国代表大会决议》。2月13日召开的民盟十一届一中全会选举张宝文为主席。

中国民主同盟（简称“民盟”），是主要由从事文化教育以及科学技术工作的高中级知识分子组成的，具有政治联盟特点的，接受中国共产党领导、同中国共产党通力合作，进步性与广泛性相统一、致力于中国特色社会主义事业的参政党。

【台盟第九次全盟代表大会】（2012年12月11日至15日） 台盟第九次全盟代表大会于2012年12月11日至15日在北京举行。本次大会共有代表294人。林文漪致开幕词。王岐山宣读了中共中央的贺词。严隽琪代表其他民主党派中央、全国工商联致贺词。梁国扬代表全国台联致贺词。林文漪代表台盟八届中央委员会作了题为《坚持走中国特色社会主义政治发展道路，为全面建成小康社会和实现祖国和平统一同心奋斗》的工作报告。杨健作关于修改《台湾民主自治同盟章程》的说明。大会通过了《台湾民主自治同盟第九次全盟代表大会决议》等。大会选举产生了由68名委员组成的台盟九届中央委员会。台盟九届一中全会选举林文漪为主席。

台湾民主自治同盟（简称“台盟”），是由台湾省人士组成的社会主义劳动者、社会主义事业建设者和拥护社会主义爱国者的政治联盟，是接受中国共产党领导、同中国共产党通力合作的亲密友党，是进步性与广泛性相统一、致力于中国特色社会主义事业的参政党。

【民革第十二次全国代表大会】（2012年12月12日至18日） 民革第十二次全国代表大会于2012年12月12日至18日在北京举行。出席会议的代表631人。厉无畏主持开幕会。周铁农致开幕词。张德江宣读了中共中央的贺词。陈昌智代表各民主党派中央和全国工商联致贺词。周铁农代表第十一届中央委员会作了题为《高举中国特色社会主义伟大旗帜，全面开创民革工作新局面》的报告。万鄂湘作了关于《中国国民党革命委员会章程（修正案）（草案）》的说明。周铁农作了对《中国国民党革命委员会章程（修正案）（草案）》再次进行修改的说明。大会通过了《中国国民党革命委员会第十二次全国代表大会决议》等。大会选举产生了由225名委员组成的民革十二届中央委员会。民革十二届一中全会选举万鄂湘为主席。

中国国民党革命委员会（简称“民革”），是具有政治联盟性质的、致力于建设中国特色社会主义和祖国统一事业的政党，是中国共产党领导的多党合作和政治协商制度中的参政党。

【中央经济工作会议】（2012年12月15日至16日） 中央经济工作会议于2012年12月15日至16日在北京召开。李克强主持会议。习近平、温家宝、张德江、俞正声、刘云山、王岐山、张高丽出席会议。习近平在会上发表重要讲话，分析国际国内经济形势，提出2013年经济工作总体要求和主要任务。温家宝在讲话中总结2012年经济工作，对2013年经济工作作出部署。会议提出，稳增长、转方式、调结构，关键是全面深化经济体制改革。要坚持社会主义市场经济的改革方向不动摇，增强改革的系统性、整体性、协同性，以更大的政治勇气和智慧推动下一步改革。要落实好已经出台的改革措施，同时从解决当前突出矛盾出发，及时推出改革新举措。会议指出，要深入研究全面深化体制改革的顶层设计和总体规划，明确提出改革总体方案、路线图、时间表。要坚持有效的改革路径，尊重人民首创精神，尊重实践、尊重创造，坚持全局和局部相配套、治本和治标相结合、渐进和突破相促进，鼓励大胆探索、勇于开拓，允许摸着石头过河。做好2013年的经济工作，必须加快调整经济结构、转变经济发展方式，使经济持续健康发展建立在扩大内需的基础上；必须毫不放松抓好“三农”工作，推动城乡一体化发展；必须坚持实施科教兴国战略，增强经济社会发展核心支撑能力；必须坚持把人民利益放在第一位，进一步做好保障和改善民生工作，使发展成果更多、更公平惠及全体人民；必须全面深化改革，坚决破除一切妨碍科学发展的思想观念和体制机制障碍；必须实施更加积极主动的开放战略，创建新的竞争优势，全面提升开放型经济水平。李克强作总结讲话。

【民进第十一次全国代表大会】（2012年12月15日至21日） 民进第十一次全国代表大会于2012年12月15日至21日在北京举行。大会共有代表577名。罗富和主持开幕会。严隽琪致开幕词。俞正声宣读了中共中央的贺词。韩启德代表各民主党派中央、全国工商联致贺词。严隽琪代表民进十二届中央委员会作了题为《集智聚力，开拓创新，为实现全面建成小康社会奋斗目标作出新贡献》的工作报告。王佐书作了关于《中国民主促进会章程（修正案）（草案）》的报告。大会审议通过了《中国民主促进会第十一次全国代表大会决议》。大会选举产生了由205名委员组成的新一届中央委员会。12月20日召开的民进十三届一中全会选举严隽琪为主席。

中国民主促进会（简称“民进”）是以从事教育文化出版工作的高中级知识分子为主、具有政治联盟性质、致力于建设中国特色社会主义事业的政党，是同中国共产党通力合作的参政党。

【民建第十次全国代表大会】（2012年12月16日至20日） 民建第十次全国代表大会于2012年12月16日至20日在北京举行。张榕明主持开幕会。刘云山宣读了中共中央的贺词。万钢代表各民主党派中央和全国工商联致贺词。陈昌智代表民建九届中央委员会作了题为《弘扬优良传统，努力开拓创新，推动民建事业沿着中国特色社会主义道路蓬勃发展》的工作报告。马培华作了关于《中国民主建国会章程（修改草案）》的说明。大会选举产生了由215名委员组成的民建十届中央委员会。大会期间举行的民建十届一中全会选举陈昌智为主席。

中国民主建国会（简称“民建”）是主要由经济界人士组成的、具有政治联盟特点的、致力于建设中国特色社会主义事业的政党，是中国共产党领导的多党合作和政治协商制度中的参政党。

【中央农村工作会议】（2012年12月21日至22日） 中央农村工作会议于2012年12月21日至22日在北京召开。回良玉出席会议并讲话。会议认真贯彻党的十八大精神，系统总结2012年和过去十年农业农村发展成就，深刻分析“三农”工作面临的新形势新挑战，重点研究加快发展现代农业、进一步增强农村发展活力，全面部署当前和今后一个时期的农业农村工作。会议讨论了《中共中央、国务院关于加快发展现代农业进一步增强农村发展活力的若干意见（讨论稿）》。会议指出，2012年，全国上下认真贯彻中央决策部署，圆满完成了农业农村发展的各项目标任务，粮食产量实现“九连增”，农民增收实现“九连快”，农村民生有大改善，是党的十六大以来“三农”发展持续向好、快速推进喜人态势的承接和延续。2013年农业农村工作的目标任务是要确保粮食等重要农产品再获丰收，确保农民收入增长势头不减弱，继续改善农民生产生活条件，进一步消除制约农业发展的体制障碍，激发农村发展活力。会议强调，当前和今后一个时期，要确保国家粮食安全和重要农产品有效供给；要积极创新农业生产经营体制机制，要“守住一条底线”，“抓住两个关键”，充分保障农民土地承包经营权，不能限制或者强制农民流转承包土地；要加大统筹城乡发展力度；要在“收入倍增”中着力促进农民增收。

【全国组织部长会议】（2012年12月26日） 全国组织部长会议于2012年12月26日在北京召开。赵乐际主持会议。刘云山出席会议并讲话，强调组织战线要充分认识党的十八大对党的建设和组织工作提出的新要求，坚持以邓小平理论、“三个代表”重要思想、科学发展观为指导，以推进党领导的伟大事业为中心，以加强党的执政能力建设、先进性和纯洁性建设为主线，扎扎实实做好各项工作，为实现党的十八大确定的目标任务提供坚强组织保证。赵乐际作工作报告，强调各级组织部门要深入学习领会十八大精神，把握契机，抓住关键，遵循规律，推动组织工作在继承中创新、在创新中发展，会同有关部门扎实开展党的群众路线教育实践活动，着力建设高素质执政骨干队伍，认真落实从严治党任务、严格管理监督干部，统筹推进各类人才队伍建设，积极推进组织制度创新，大力加强党的基层组织建设，切实抓好组织部门自身建设。

【全国统战部长会议】（2012年12月29日） 全国统战部长会议于2012年12月29日在北京召开。俞正声出席会议并讲话，强调统一战线要把学习贯彻党的十八大精神作为当前和今后一个时期的首要政治任务，牢牢把握坚持和发展中国特色社会主义这条主线，紧密结合党外人士的思想实际和统一战线的工作实际，引导统一战线广大成员切实增强道路自信、理论自信、制度自信，把智慧和力量凝聚到实现十八大确定的目标任务上来，充分发挥统一战线在夺取中国特色社会主义新胜利中的重要法宝作用。

【中央政治局会议】（2012年12月31日） 中央政治局会议于2012年12月31日在北京召开。习近平主持会议。会议听取中央纪律检查委员会工作汇报，研究部署2013年党风廉政建设和反腐败工作。会议指出，党的十八大科学判断反腐败斗争形势，对当前和今后一个时期党风廉政建设和反腐败工作作出新部署。新形势下，反腐败斗争形势依然严峻，少数党员干部宗旨意识淡薄，形式主义、官僚主义问题突出，奢侈浪费现象严重，一些领域消极腐败现象易发多发，个别领导干部特别是高级干部严重违纪违法。全党必须增强忧患意识、风险意识、责任意识，既坚定果断刹风整纪，加大办案力度，坚决遏制腐败现象蔓延势头，又树立长期作战思想，注重深化改革，健全体制机制，加强源头治理，不断铲除腐败现象滋生蔓延的土壤，不断以反腐倡廉实际成效推进廉洁政治建设。会议强调，2013年，各级党委、政府和纪检监察机关要以党的十八大精神为指导，认真学习贯彻习近平关于反腐倡廉的重要论述，坚持党要管党、从严治党，坚持标本兼治、综合治理、惩防并举、注重预防，全面推进惩治和预防腐败体系建设，着力严明党的纪律特别是政治纪律，切实转变领导机关和领导干部工作作风，认真解决反腐倡廉中的突出问题，推动党风廉政建设和反腐败斗争向纵深发展。会议要求，坚决维护党章的权威性和严肃性，加强对党的路线方针政策和决议执行情况的监督检查，加强对党的政治纪律、组织纪律、宣传纪律、群众工作纪律执行情况的督促检查，维护党的集中统一。认真落实中央关于改进工作作风、密切联系群众的八项规定，把监督执行八项规定作为经常性工作。

【十八届中央政治局第二次集体学习】（2012年12月31日） 十八届中央政治局第二次集体学习于2012年12月31日在北京举行。这次学习的主题是坚定不移推进改革开放。习近平在主持学习时强调，改革开放是一项长期的、艰巨的、繁重的事业，必须一代又一代人接力干下去。必须坚持社会主义市场经济的改革方向，坚持对外开放的基本国策，以更大的政治勇气和智慧，不失时机深化重要领域改革，朝着党的十八大指引的改革开放方向奋勇前进。

【全国宣传部长会议】（2013年1月4日至5日） 全国宣传部长会议于2013年1月4日至5日在北京召开。刘奇葆主持会议。刘云山出席会议并讲话，强调宣传思想文化战线要按照高举旗帜、围绕大局、服务人民、改革创新的总要求，以学习宣传贯彻党的十八大精神为主线，稳中求进、开拓创新、扎实开局，贴近实际、贴近生活、贴近群众，切实做好宣传思想文化工作，为全面建成小康社会、夺取中国特色社会主义新胜利提供强大的精神文化力量；要深入开展中国特色社会主义宣传教育，引导全党全社会进一步增强道路自信、理论自信、制度自信，在中国特色社会主义道路上为实现中国梦而奋斗；在社会思想意识多元多样、媒体格局深刻变化条件下做宣传思想文化工作，要树立政治意识、服务意识、问题意识、改革创新意识。刘奇葆作了工作部署。

【全国政法工作电视电话会议】（2013年1月7日至8日） 全国政法工作电视电话会议于2013年1月7日至8日召开。孟建柱出席会议并讲话。会前，习近平就做好新形势下政法工作作出指示强调，政法机关在保障人民安居乐业、服务经济社会发展、维护国家安全和社会稳定中具有十分重要的作用。全国政法机关要全面贯彻落实党的十八大精神，坚持依法治国基本方略，以党和国家工作大局为重，以最广大人民利益为念，切实肩负起中国特色社会主义事业建设者、捍卫者的职责使命。习近平要求，全国政法机关要顺应人民群众对公共安全、司法公正、权益保障的新期待，全力推进平安中国、法治中国、过硬队伍建设，深化司法体制机制改革，坚持从严治警，坚决反对执法不公、司法腐败，进一步提高执法能力，进一步增强人民群众安全感和满意度，进一步提高政法工作亲和力和公信力，努力让人民群众在每一个司法案件中都能感受到公平正义，保证中国特色社会主义事业在和谐稳定的社会环境中顺利推进。会议要求，当前和今后一个时期全国政法机关要深入学习贯彻党的十八大和习近平总书记重要指示精神，把深化平安建设、推进法治建设、加强队伍建设作为基础性工程来抓，把建设平安中国、建设法治中国、打造过硬队伍作为政法工作的奋斗目标来追求，有效回应人民群众新期待。

【国家科学技术奖励大会】（2013年1月18日） 国家科学技术奖励大会于2013年1月18日在北京举行。习近平主持大会。胡锦涛、温家宝、李克强、刘云山出席并为获奖代表颁奖。中央和国家机关及军队有关方面负责同志，国家科技教育领导小组成员，国家科学技术奖励委员会委员和首都科技界代表3300余人出席大会。温家宝代表党中央、国务院讲话。李克强宣读《国务院关于2012年度国家科学技术奖励的决定》，中国科学院院士、中国工程院院士郑哲敏和中国工程院院士王小谟获2012年度国家最高科学技术奖。2012年度国家科学技术奖共授奖330个项目和7位科技专家。

【中央精神文明建设指导委员会第一次全体会议】（2013年1月18日） 中央精神文明建设指导委员会第一次全体会议于2013年1月18日在北京召开。中共中央政治局常委、中央精神文明建设指导委员会主任刘云山主持会议。会议学习贯彻党的十八大精神，研究部署2013年工作。刘云山强调，要坚持以邓小平理论、“三个代表”重要思想、科学发展观为指导，以学习宣传贯彻党的十八大精神为主线，以社会主义核心价值体系建设为根本，扎实做好精神文明建设工作，动员和激励全党全国各族人民在以习近平同志为总书记的党中央领导下为全面建成小康社会、夺取中国特色社会主义新胜利而努力奋斗。刘云山充分肯定十六大以来精神文明建设取得的显著成绩和发挥的重要作用。指出贯彻落实十八大精神、实现党和国家未来发展目标，赋予精神文明建设工作更高要求和更大责任。要把精神文明建设放在整个经济社会发展进程中来考虑，放在全面建成小康社会、加快推进现代化建设的背景下来谋划，以更加宽广的视野、更加有力的举措来推进各项工作，在目标追求、内容内涵、方式途径上实现新的提升。中共中央政治局委员、中央精神文明建设指导委员会副主任刘延东、刘奇葆出席会议并讲话。

【十八届中央纪委二次全会】（2013年1月21日至22日） 十八届中央纪委二次全会于2013年1月21日至22日在北京举行。中央纪律检查委员会常务委员会主持会议。出席会议的中央纪委委员129人，列席295人。全会深入贯彻党的十八大精神，高举中国特色社会主义伟大旗帜，以邓小平理论、“三个代表”重要思想、科学发展观为指导，分析了当前反腐倡廉形势，研究部署了2013年党风廉政建设和反腐败工作。全会审议通过了王岐山代表中央纪委常委会所作的《深入学习贯彻党的十八大精神，努力开创党风廉政建设和反腐败斗争新局面》的工作报告。习近平出席全会第二次大会并发表重要讲话。李克强、张德江、俞正声、刘云山、王岐山、张高丽等党和国家领导人出席会议。有关方面负责同志参加了会议。各省、自治区、直辖市和新疆生产建设兵团设分会场。习近平强调，要按照党的十八大的部署，坚持以邓小平理论、“三个代表”重要思想、科学发展观为指导，坚持标本兼治、综合治理、惩防并举、注重预防方针，更加科学有效地防治腐败，坚定不移把党风廉政建设和反腐败斗争引向深入；反腐倡廉必须常抓不懈，经常抓、长期抓，必须反对特权思想、特权现象，必须全党动手；决不允许“上有政策、下有对策”，决不允许有令不行、有禁不止，决不允许在贯彻执行中央决策部署上打折扣、做选择、搞变通；以踏石留印、抓铁有痕的劲头抓下去，善始善终、善作善成，防止虎头蛇尾，让全党全体人民来监督；把权力关进制度的笼子里，形成不敢腐的惩戒机制、不能腐的防范机制、不易腐的保障机制。

【中央政治局会议】（2013年1月28日） 中央政治局会议于2013年1月28日在

北京召开。习近平主持会议。会议研究部署加强新形势下党员发展和管理工作。会议强调，要牢牢把握加强党的执政能力建设、先进性和纯洁性建设这条主线，坚持解放思想、改革创新，坚持党要管党、从严治党，按照控制总量、优化结构、提高质量、发挥作用的总要求，明确目标、突出重点，健全机制、务求实效，不断提高党员发展和管理工作科学化水平，着力把各方面先进分子和优秀人才更多吸收到我们党内，努力建设一支规模适度、结构合理、素质优良、纪律严明、作用突出的党员队伍，夯实党执政的组织基础，为全面建成小康社会、夺取中国特色社会主义新胜利提供坚强组织保证。

【十八届中央政治局第三次集体学习】（2013年1月28日）　十八届中央政治局第三次集体学习于2013年1月28日在北京举行。这次学习的主题是坚定不移走和平发展道路。习近平在主持学习时强调，走和平发展道路，是我们党根据时代发展潮流和我国根本利益作出的战略抉择。我们要以邓小平理论、“三个代表”重要思想、科学发展观为指导，加强战略思维，增强战略定力，更好统筹国内国际两个大局，坚持开放的发展、合作的发展、共赢的发展，通过争取和平国际环境发展自己，又以自身发展维护和促进世界和平，不断提高我国综合国力，不断让广大人民群众享受到和平发展带来的利益，不断夯实走和平发展道路的物质基础和社会基础。

【中央政治局会议】（2013年2月23日）　中央政治局会议于2013年2月23日在北京召开。习近平主持会议。会议讨论《国务院机构改革和职能转变方案（草案）》稿，并讨论向第十二届全国人民代表大会第一次会议推荐的国家机构领导人员建议人选和向政协第十二届全国委员会第一次会议推荐的全国政协领导人员建议人选，并确定将以上两个方面的内容作为十八届二中全会的议题。会议还讨论了国务院拟提请第十二届全国人民代表大会第一次会议审议的《政府工作报告》稿，同意提请第十二届全国人民代表大会第一次会议审议。会议决定于2013年2月26日至28日在北京召开中国共产党第十八届中央委员会第二次全体会议。

【十八届中央政治局第四次集体学习】（2013年2月23日）　十八届中央政治局第四次集体学习于2013年2月23日在北京举行。这次学习的主题是全面推进依法治国。习近平在主持学习时强调，全面建成小康社会对依法治国提出了更高要求。我们要全面贯彻落实党的十八大精神，以邓小平理论、“三个代表”重要思想、科学发展观为指导，全面推进科学立法、严格执法、公正司法、全民守法，坚持依法治国、依法执政、依法行政共同推进，坚持法治国家、法治政府、法治社会一体建设，不断开创依法治国新局面。

【十八届二中全会】（2013年2月26日至28日）　十八届二中全会于2013年2月26日至28日在北京举行。全会由中央政治局主持。出席全会的有中央委员204人，候补中央委员168人。全会听取和讨论习近平受中央政治局委托作的工作报告。李克强就《国务院机构改革和职能转变方案（讨论稿）》向全会作了说明。全会通过拟向十二届全国人大一次会议推荐的国家机构领导人员人选建议名单和拟向全国政协十二届一次会议推荐的全国政协领导人员人选建议名单，通过《国务院机构改革和职能转变方案》，建议国务院将这个方案提交十二届全国人大一次会议审议。全会强调，要深入推进政企分开、政资分开、政事分开、政社分开，健全部门职责体系，建设职能科学、结构优化、廉洁高效、人民满意的服务型政府。全会号召，全党全国各族人民更加紧密地团结起来，在以习近平为总书记的党中央领导下，坚定不移坚持和发展中国特色社会主义，锐意进取，扎实工作，团结奋进，为实现党的十八大确定的目标任务而共同奋斗。

【中国人民政治协商会议第十二届全国委员会第一次会议】（2013年3月3日至12日）　中国人民政治协商会议第十二届全国委员会第一次会议于2013年3月3日至12日在北京举行。3月3日的开幕会由俞正声主持，出席委员2206名；党和国家领导人胡锦涛、习近平、吴邦国、温家宝、贾庆林、李克强、张德江、刘云山、王岐山、张高丽等到会祝贺。贾庆林代表政协第十一届全国委员会常务委员会向大会报告过去五年的工作。受政协第十一届全国委员会常务委员会委托，万钢向大会报告十一届政协的提案工作情况。十一届政协期间，政协委员、政协各参加单位和政协各专门委员会，围绕经济社会发展中的重大问题和涉及群众切身利益的实际问题，提出提案28930件，经审查，立案26699件，为保持经济平稳较快发展、促进民生改善和社会和谐、推进社会主义民主政治建设作出了积极贡献。选举俞正声为政协第十二届全国委员会主席，选举杜青林、令计划、韩启德、帕巴拉·格列朗杰、董建华、万钢、林文漪、罗富和、何厚铧、张庆黎、李海峰、苏荣[①]、陈元、卢展工、周小川、王家瑞、王正伟、马飚、齐续春、陈晓光、马培华、刘晓峰、王钦敏为政协第十二届全国委员会副主席，选举张庆黎为政协第十二届全国委员会秘书长。会议通过了政协第十二届全国委员会第一次会议关于常务委员会工作报告的决议、政协第十二届全国委员会第一次会议提案审查委员会关于政协十二届一次会议提案审查情况的报告、政协第十二届全国委员会第一次会议政治决议。

【第十二届全国人民代表大会第一次会议】（2013年3月5日至17日）　第十二届全国人民代表大会第一次会议于2013年3月

① 2015年2月，鉴于苏荣严重违纪，中共中央经立案审查后决定给予其开除党籍、开除公职处分，将其涉嫌犯罪问题、线索及所涉款物移送司法机关依法处理。2017年1月，山东省济南市中级人民法院对苏荣以受贿罪判处无期徒刑，剥夺政治权利终身，并处没收个人全部财产；以滥用职权罪判处有期徒刑七年；以巨额财产来源不明罪判处有期徒刑七年，决定执行无期徒刑，剥夺政治权利终身，并处没收个人全部财产。

5日至17日在北京举行。3月5日的第一次全体会议由张德江主持，应出席代表2987名，实际出席代表2969名。会议选举习近平为中华人民共和国主席，李源潮为副主席。选举习近平为中华人民共和国中央军事委员会主席。选举张德江为第十二届全国人民代表大会常务委员会委员长，李建国、王胜俊、陈昌智、严隽琪、王晨、沈跃跃、吉炳轩、张平、向巴平措、艾力更·依明巴海、万鄂湘、张宝文、陈竺为副委员长。会议决定李克强为中华人民共和国国务院总理；范长龙、许其亮为中央军事委员会副主席，常万全、房峰辉、张阳、赵克石、张又侠、吴胜利、马晓天、魏凤和为中央军事委员会委员。选举周强为最高人民法院院长，曹建明为最高人民检察院检察长。会议决定张高丽、刘延东、汪洋、马凯为国务院副总理；杨晶、常万全、杨洁篪、郭声琨、王勇为国务委员。会议经过表决，通过了十二届全国人大九个专门委员会组成人员名单。会议表决通过了温家宝作的政府工作报告。马凯作了关于国务院机构改革和职能转变方案的说明，大会通过了这个方案。会议表决通过了关于2012年国民经济和社会发展计划执行情况与2013年国民经济和社会发展计划的决议；表决通过了关于2012年中央和地方预算执行情况与2013年中央和地方预算的决议。会议批准了吴邦国作的全国人大常委会工作报告、王胜俊作的最高人民法院工作报告、曹建明作的最高人民检察院工作报告。习近平、张德江在闭幕会上发表了讲话。

【十二届国务院第一次常务会议】（2013年3月18日） 十二届国务院第一次常务会议于2013年3月18日在北京召开。李克强主持会议。会议研究加快推进机构改革，重点是抓紧把政府职能转变的各项任务落到实处。会议研究确定了国务院领导同志工作分工；讨论通过了《国务院工作规则（修订草案）》，决定将草案提交国务院第一次全体会议审议。根据十二届全国人大一次会议批准的《国务院机构改革和职能转变方案》，会议讨论通过国务院直属机构和单位的设置；批准组建国家食品药品监督管理总局、国家新闻出版广电总局、国家铁路局，重新组建国家海洋局、国家能源局。会议讨论通过国家食品药品监督管理总局和国家铁路局主要职责、内设机构、人员编制“三定”规定。会议要求在2013年6月底前完成其他新组建机构和职能调整机构的“三定”规定。会议研究确定实施《国务院机构改革和职能转变方案》的任务分工，将《方案》内容分解细化为72项任务，逐项明确了责任部门和完成时限。会议指出，《方案》具有法律效力，必须不折不扣地贯彻落实，加快建设职能科学、结构优化、廉洁高效、人民满意的政府。据不完全统计，截至2016年6月30日，本届政府共召开139次国务院常务会议。

【十二届国务院第一次全体会议】（2013年3月20日） 十二届国务院第一次全体会议于2013年3月20日在北京召开。李克强主持会议并发表重要讲话。会议宣布了国务院领导同志分工和国务院机构设置，讨论通过了《国务院工作规则》，对政府工作进行了部署。李克强说，关于2013年工作，中央经济工作会议和政府工作报告都作了全面部署，关键在抓好落实。李克强着重就做好政府工作提出了六点要求：第一，有全局意识；第二，充分调动中央和地方两个积极性；第三，在谋大局当中抓重点；第四，锐意改革形成长效机制；第五，把有限的钱花在建机制、增效益上；第六，不断提高政府的公信力、执行力和效率。

【深化中国梦宣传教育座谈会】（2013年4月8日） 深化中国梦宣传教育座谈会于2013年4月8日在北京召开。座谈会由中央宣传部、教育部、共青团中央召开。刘奇葆主持会议。刘云山出席座谈会并讲话。中央有关部门负责同志参加会议。座谈会上，教育部、共青团中央和中央新闻单位负责人，专家学者、道德模范、基层群众和大学生代表等18位同志踊跃发言，谈认识、谈体会、谈建议，抒发理想、展望未来，交流互动深入、会场气氛热烈。大家认为，习近平总书记提出实现中华民族伟大复兴的中国梦，道出了亿万中华儿女的心声，具有强大的凝聚力感召力。中国梦是你的梦、我的梦、大家的梦，是13亿人共同的梦。大家纷纷表示要立足本职岗位，扎扎实实做好自己的工作，为实现中国梦贡献智慧和力量。刘云山在认真听取发言后说，要把中国梦宣传教育不断引向深入，要在突出思想内涵、增强认知认同上下功夫，在把握实践要求、推动实际工作上下功夫，积聚团结奋进的正能量，激励人们在中国特色社会主义伟大实践中同心共筑中国梦。

【中央政治局会议】（2013年4月19日） 中央政治局会议于2013年4月19日在北京召开。习近平主持会议。会议决定从2013年下半年开始，用一年左右时间，在全党自上而下分批开展党的群众路线教育实践活动。中央政治局带头开展党的群众路线教育实践活动。会议强调，开展党的群众路线教育实践活动，要紧紧围绕保持党的先进性和纯洁性，以为民务实清廉为主要内容，以县处级以上领导机关、领导班子和领导干部为重点，切实加强全体党员马克思主义群众观点教育，把贯彻落实中央八项规定作为切入点，进一步突出作风建设，坚决反对形式主义、官僚主义、享乐主义和奢靡之风，着力解决人民群众反映强烈的突出问题，提高做好新形势下群众工作的能力，保持党同人民群众的血肉联系，发挥党密切联系群众的优势，为推动经济持续健康发展、全面建成小康社会、实现中华民族伟大复兴的中国梦提供坚强保证。党的群众路线教育实践活动全过程，要贯穿“照镜子、正衣冠、洗洗澡、治治病”的总要求。5月9日，中共中央印发《关于在全党深入开展党的群众路线教育实践活动的意见》。

【十八届中央政治局第五次集体学习】（2013年4月19日） 十八届中央政治局第五次集体学习于2013年4月19日在北京举行。这次学习的主题是我国历史上的反腐倡廉。习近平在主持学习时强调，历史的经验值得注意，历史的教训更应引以为戒。面对复杂多变的国际形势和艰巨繁重的改革发展稳定任务，实现“两个一百年”奋斗目标，实现中华民族伟大复兴的中国梦，必须坚持党要管党、从严治党，积极借鉴我国历史上优秀廉政文化，不断提高党的领导水平和执政水平、提高拒腐防变和抵御风险能力，确保党始终成为中国特色社会主义事业的坚强领导核心。

【十二届全国人大常委会第一次专题讲座】（2013年4月22日） 十二届全国人大常委会第一次专题讲座于2013年4月22日在北京举行。张德江主持上午的讲座并讲话。本次专题讲座是常委会组成人员履职学习专题讲座。张德江强调，加强学习是一项重要而紧迫的任务，要把加强学习贯穿于人大工作的全过程，努力把全国人大常委会建设成为学习型人大常委会。要突出学习重点，拓展学习领域。专题讲座是全国人大常委会组成人员集体学习的重要平台，要形成制度并长期坚持下去。

九届以来，全国人大常委会在每次常委会会议后都举办法制讲座。十届全国人大常委会继续了这一做法，并把名称改为专题讲座，讲座内容更广泛。九届全国人大常委会举办30次法制讲座，十届和十一届全国人大常委会分别举行了30次专题讲座。截至2016年7月1日，十二届全国人大常委会已举行22次专题讲座。

【中央政治局常委会议】（2013年4月25日） 中央政治局常委会议于2013年4月25日在北京召开。习近平主持会议并发表重要讲话。会议研究当前经济形势和经济工作。会议强调，要按照稳中求进的要求，坚持以提高经济发展质量和效益为中心，继续实施和用好积极的财政政策和稳健的货币政策，增强政策针对性，统筹考虑稳增长、控通胀、防风险，把深化改革开放、强化创新驱动贯穿持续发展经济、结构转型升级、不断改善民生全过程，加快转变经济发展方式，使质量和效益、就业和收入、环境保护和资源节约协调推进，稳中求进、稳中求优，促进经济持续健康发展。

【中央巡视工作动员暨培训会议】（2013年5月17日） 中央巡视工作动员暨培训会议于2013年5月17日在北京召开。赵洪祝主持会议。王岐山、赵乐际出席会议。王岐山在讲话中强调，要以党的十八大精神为指导，认真贯彻落实习近平总书记关于党风廉政建设和反腐败斗争的一系列重要讲话精神，增强责任感和使命感，紧紧围绕党风廉政建设和反腐败斗争，扎实做好巡视工作，着力发现问题，形成震慑，遏制腐败现象蔓延势头。王岐山指出，巡视是党章赋予的重要职责，是加强党的建设的重要举措，是从严治党、维护党纪的重要手段，是加强党内监督的重要形式。中央巡视组要明确自身定位，履行监督责任，当好党中央的“千里眼”，找出“老虎”和“苍蝇”，对违纪违法问题早发现、早报告。巡视工作要突出四个重点：一是要围绕党风廉政建设和反腐败斗争，着力发现领导干部是否存在权钱交易、以权谋私、贪污贿赂、腐化堕落等违纪违法问题；二是要在贯彻落实八项规定方面，着力发现是否存在形式主义、官僚主义、享乐主义和奢靡之风等问题，紧紧盯住，防止反弹；三是要着力发现是否存在违反党的政治纪律问题；四是要着力发现是否存在选人用人上的不正之风和腐败问题。

截至2016年7月1日，十八届中央共开展了十轮巡视工作，后九次中央巡视工作动员部署会分别于2013年10月23日、2014年3月15日、2014年7月16日、2014年11月18日、2015年2月11日、2015年6月23日、2015年10月23日、2016年2月23日、2016年6月22日召开。十轮巡视共巡视213个地区、部门和单位，实现了对31个省区市、中管国有重要骨干企业和中央金融机构全覆盖。

【十八届中央政治局第六次集体学习】（2013年5月24日） 十八届中央政治局第六次集体学习于2013年5月24日在北京举行。这次学习的主题是大力推进生态文明建设。习近平在主持学习时强调，生态环境保护是功在当代、利在千秋的事业。要清醒认识保护生态环境、治理环境污染的紧迫性和艰巨性，清醒认识加强生态文明建设的重要性和必要性，以对人民群众、对子孙后代高度负责的态度和责任，真正下决心把环境污染治理好、把生态环境建设好，努力走向社会主义生态文明新时代，为人民创造良好生产生活环境。

【中国共产主义青年团第十七次全国代表大会】（2013年6月17日至20日） 中国共产主义青年团第十七次全国代表大会于2013年6月17日至20日在北京举行。习近平、李克强、张德江、俞正声、王岐山、张高丽到会祝贺，刘云山代表中共中央发表《在实现中国梦的伟大实践中谱写壮丽的青春篇章》的祝词。秦宜智代表共青团第十六届中央委员会作了题为《高举团旗跟党走　奋力实现中国梦》的报告。选举产生了由165名委员、110名候补委员组成的新一届团中央委员会。会议通过中国共产主义青年团第十七次全国代表大会关于团十六届中央委员会报告的决议，通过关于《中国共产主义青年团章程（修正案）》的决议。在共青团十七届一中全会上，选举产生新一届团中央领导机构，秦宜智当选书记处第一书记。20日，习近平同团中央新一届领导班子成员集体谈话。

【党的群众路线教育实践活动工作会议】（2013年6月18日） 党的群众路线教育实践活动工作会议于2013年6月18日在北京召开。中央党的群众路线教育实践活动领导小组组长刘云山主持会议。习近平出席会议并发表重要讲话，李克强、张德江、俞正声、王岐山、张高丽出席主会场会议。会议以电视电话会议形式举行。在京中共中央政治局委员、书记处书记，全国人大常委会党员副委员长，国务委员，最高人民法院院长，最高人民检察院检察长，全国政协党员副主席出席主会场会议。在主会场参加会议的还有：中央党的群众路线教育实践活动领导小组成员，各省区市和副省级城市、新疆生产建设兵团党委有关负责同志，中央和国家机关各部委、各人民团体以及中央管理的企业、金融机构和高等院校党组（党委）主要负责同志；党的群众路线教育实践活动中央督导组组长、副组长，人民解放军和武警部队有关负责同志等。各省区市和副省级城市、新疆生产建设兵团领导班子成员在分会场参加会议。会议对全党开展教育实践活动进行部署。习近平讲话强调，开展党的群众路线教育实践活动，是实现党的十八大确定的奋斗目标的必然要求，是保持党的先进性和纯洁性、巩固党的执政基础和执政地位的必然要求，是解决群众反映强烈的突出问题的必然要求；这次教育实践活动的主要任务聚焦到作风建设上，集中解决形式主义、官僚主义、享乐主义和奢靡之风这“四风”问题；全党同志要积极参与到活动中来，以实际行动密切党群干群关系，取得群众满意的成效。

【中央政治局专门会议】（2013年6月22日至25日） 中央政治局专门会议于2013年6月22日至25日在北京召开。习近平主持会议并讲话。会议围绕保持党的先进性和纯洁性，以为民务实清廉为主要内容，切实加强马克思主义群众观点教育；回顾总结贯彻落实中央八项规定情况；联系思想实际和所分管地方部门单位的工作实际，分析在形式主义、官僚主义、享乐主义和奢靡之风方面存在的问题，开展批评和自我批评；研究提出加强作风建设的措施及有关制度规定。这次会议是中央政治局开展教育实践活动的重要内容。会前，中共中央政治局的同志学习了毛泽东、邓小平、江泽民、胡锦涛同志以及党的十八大以来党中央关于坚持群众路线的重要论述，通过谈心谈话听取了有关方面意见和建议，围绕加强作风建设、发挥表率作用进行了反思和剖析，自己动手撰写了发言提纲。同时，根据中央要求，中央办公厅会同中央纪委、中央宣传部、国务院办公厅、财政部调查了解了全党贯彻八项规定精神的情况，就中央政治局加强作风建设广泛征求了意见。会议共安排六个半天时间，完成了三项议程：听取中央八项规定贯彻执行情况和对中央政治局加强作风建设征求意见情况的汇报，中央政治局的同志发言、对照检查自己落实中央八项规定的情况，讨论研究加强作风建设的措施和制度。习近平在讲话中肯定了中央政治局认真贯彻八项规定取得的成效，对中央政治局各位同志的对照检查发言进行了总结，强调改进工作作风、推进党内相关制度改革是全面深化改革的重要内容，并就加强中央政治局自身建设、提高中央政治局工作水平提出五点要求。会议强调，中央政治局发挥领导作用的一项基本要求，就在于要求别人做到的自己首先做到，要求别人不做的自己绝对不做。抓改进作风，必须从中央政治局抓起；进一步落实中央八项规定精神，要同反对形式主义、官僚主义、享乐主义和奢靡之风这“四风”紧密结合起来。会议审议通过了进一步改进作风、密切联系群众的有关制度规定。会议要求中央政治局的同志要带头严格遵守，各地、各部门要自觉执行有关规定，不打折扣、不搞变通，严肃查处违规行为，用实际行动维护制度的权威性。

【十八届中央政治局第七次集体学习】（2013年6月25日） 十八届中央政治局第七次集体学习于2013年6月25日在北京举行。这次学习的主题是中国特色社会主义理论和实践。习近平在主持学习时强调，历史是最好的教科书。学习党史、国史，是坚持和发展中国特色社会主义、把党和国家各项事业继续推向前进的必修课。这门功课不仅必修，而且必须修好。要继续加强对党史、国史的学习，在对历史的深入思考中做好现实工作、更好走向未来，不断交出坚持和发展中国特色社会主义的合格答卷。为了准备这次学习，中共中央政治局各位同志事先学习了中国共产党历史，做了认真思考和准备。六位同志作了重点发言。

【全国组织工作会议】（2013年6月28日至29日） 全国组织工作会议于2013年6月28日至29日在北京召开。会议研究部署今后五年党的建设和组织工作。习近平出席会议并发表重要讲话，刘云山在会议上讲话，王岐山出席。中央党的建设工作领导小组成员，中央和国家机关各部委主要负责人，各省区市和副省级城市、新疆生产建设兵团党委组织部长，中央和国家机关各部委、各人民团体干部（人事）司（局）长，中央管理的金融企业、国有重要骨干企业和高校党委（党组）分管组织人事工作的负责人，解放军总政治部干部部和组织部、武警总部政治部负责人等参加会议。习近平强调，面对复杂多变的国际形势和艰巨繁重的国内改革发展任务，实现党的十八大确定的各项目标任务，进行具有许多新的历史特点的伟大斗争，关键在党，关键在人。关键在党，就要确保党在发展中国特色社会主义历史进程中始终成为坚强领导核心。关键在人，就要建设一支宏大的高素质干部队伍。讲话还阐述怎样是好干部、怎样成长为好干部、怎样把好干部用起来等重大问题，明确提出新时期好干部的标准是信念坚定、为民服务、勤政务实、敢于担当、清正廉洁。赵乐际作总结讲话。

【中央军委党的群众路线教育实践活动专题民主生活会】（2013年7月7日至8日） 中央军委党的群众路线教育实践活动专题民主生活会于2013年7月7日至8日在北京召开。习近平主持会议并发表重要讲话。会议紧紧围绕党在新形势下的强军目标，对照检查贯彻落实中央八项规定精神和《中央军委加强自身作风建设十项规定》情况，联系思想和工作实际，剖析在形式主义、官僚主义、享乐主义和奢靡之风方面存在的问题，积极开展批评和自我批评，研究提出进一步加强作风建设的措施。这次会议是中央军委开展教育实践活动的重要内容。会前，中央军委同志学习了毛泽东、邓小平、江泽民、胡锦涛同志以及党的十八大以来党中央关于坚持群众路线的重要论述，开展了深入的谈心交心，撰写了对照检查发言提纲。根据军委要求，总政治部综合整理了全军贯彻中央八项规定精神和军委十项规定有关情况，军委办公厅征求了四总部和各大单位对军委加强作风建设的意见建议。为期一天半的专题民主生活会完成了三项议程：听取全军贯彻落实中央八项规定精神和军委十项规定情况及对军委加强作风建设征求意见情况的汇报，军委同志对照检查自己落实中央八项规定精神和军委十项规定情况作发言，讨论研究加强作风建设的措施和制度。与会同志在发言中联系实际，把自己摆进去，自我剖析深刻，相互交流诚恳，提出了许多好的意见和建议，体现了整风精神，达到了提高认识、统一思想、改进提高的目的。习近平对加强军委自身建设、提高军委工作水平提出五点要求：一是做到听党指挥、政治坚定，二是做到善谋打仗、能打胜仗，三是做到开拓进取、改革创新，四是做到求真务实、真抓实干，五是做到廉洁自律、风清气正。会议审议通过了进一步加强作风建设的有关制度规定。

【部分省市负责人座谈会】（2013年7月23日）　部分省市负责人座谈会于2013年7月23日在湖北省武汉市召开。这次会议是习近平在湖北调研期间主持召开的，征求对全面深化改革的意见和建议。王沪宁、栗战书和中央有关部门负责同志参加了座谈会。座谈会上，湖北省委书记李鸿忠、山西省委书记袁纯清、黑龙江省委书记王宪魁、上海市市长杨雄、浙江省委书记夏宝龙、湖南省委书记徐守盛和武汉市委书记阮成发、东风汽车公司董事长徐平先后发言，分别谈了他们对全面深化改革的意见和建议。在听取了大家发言后，习近平作了重要讲话。他强调，必须以更大的政治勇气和智慧，不失时机深化重要领域改革，攻克体制机制上的顽瘴痼疾，突破利益固化的藩篱，进一步解放和发展社会生产力，进一步激发和凝聚社会创造力。习近平指出，改革开放是我们党在新的历史条件下带领人民进行的新的伟大革命。事实证明，改革开放是当代中国发展进步的活力之源，是党和人民事业大踏步赶上时代的重要法宝，是大势所趋、人心所向，停顿和倒退没有出路。习近平从六个方面提出了全面深化改革需要深入调查研究的重大问题。第一，进一步形成全国统一的市场体系，形成公平竞争的发展环境。第二，进一步增强经济发展活力，为实现经济持续健康发展提供不竭动力。第三，进一步提高宏观调控水平，提高政府效率和效能。第四，进一步增强社会发展活力，促进社会和谐稳定。第五，进一步实现社会公平正义，通过制度安排更好保障人民群众各方面权益。第六，进一步提高党的领导水平和执政能力，充分发挥党总揽全局、协调各方的作用。

【十八届中央政治局第八次集体学习】（2013年7月30日）　十八届中央政治局第八次集体学习于2013年7月30日在北京举行。这次学习的主题是建设海洋强国。习近平在主持学习时强调，建设海洋强国是中国特色社会主义事业的重要组成部分。党的十八大作出了建设海洋强国的重大部署。实施这一重大部署，对推动经济持续健康发展，对维护国家主权、安全、发展利益，对实现全面建成小康社会目标、进而实现中华民族伟大复兴都具有重大而深远的意义。要进一步关心海洋、认识海洋、经略海洋，推动我国海洋强国建设不断取得新成就。

【全国宣传思想工作会议】（2013年8月19日至20日） 全国宣传思想工作会议于2013年8月19日至20日在北京召开。这次会议回顾总结了党的十七大以来的宣传思想文化工作，研究部署在新的历史起点上努力开创宣传思想文化工作新局面。习近平出席会议并发表重要讲话，强调经济建设是党的中心工作，意识形态工作是党的一项极端重要的工作。宣传思想工作一定要把围绕中心、服务大局作为基本职责，胸怀大局、把握大势、着眼大事，找准工作切入点和着力点，做到因势而谋、应势而动、顺势而为，努力把宣传思想工作做得更好。刘云山出席会议并讲话。刘奇葆作总结讲话。

【中央政治局会议】（2013年8月27日） 中央政治局会议于2013年8月27日在北京召开。习近平主持会议。会议决定2013年11月在北京召开中国共产党第十八届中央委员会第三次全体会议，主要议程是中央政治局向中央委员会报告工作、研究全面深化改革重大问题。会议审议通过了《建立健全惩治和预防腐败体系2013—2017年工作规划》《关于地方政府职能转变和机构改革的意见》，听取中国（上海）自由贸易试验区筹备工作汇报。

【中央政治局会议】（2013年9月30日） 中央政治局会议于2013年9月30日在北京召开。习近平主持会议。会议审议并同意印发《科学发展观学习纲要》。《科学发展观学习纲要》阐述了科学发展观的重大意义、科学内涵、精神实质，阐述了深入贯彻落实科学发展观的基本要求，体现了党的十八大精神，体现了科学发展观同邓小平理论、“三个代表”重要思想既一脉相承又与时俱进的内在关系，为广大党员、干部、群众学习和掌握科学发展观提供了重要参考。会议强调，各地区各部门要抓好《科学发展观学习纲要》的学习实践，着力武装头脑、指导实践、推动工作。

【十八届中央政治局第九次集体学习】（2013年9月30日） 十八届中央政治局第九次集体学习于2013年9月30日在北京举行。这次学习的主题是实施创新驱动发展战略。习近平在主持学习时强调，实施创新驱动发展战略决定着中华民族前途命运。全党全社会都要充分认识科技创新的巨大作用，敏锐把握世界科技创新发展趋势，紧紧抓住和用好新一轮科技革命和产业变革的机遇，把创新驱动发展作为面向未来的一项重大战略实施好。这次中央政治局集体学习走出中南海，把“课堂”搬到了中关村，采取调研、讲解、讨论相结合的形式进行。在中关村国家自主创新示范区展示中心，听取了中关村管委会负责人关于中关村创新发展情况的汇报并参观展厅。之后，在展示中心会议室，听取我国科技创新总体情况介绍，并就实施创新驱动发展战略进行讨论。

【中国工会第十六次全国代表大会】（2013年10月18日至22日） 中国工会第

十六次全国代表大会于2013年10月18日至22日在北京举行。习近平、李克强、张德江、俞正声、刘云山、王岐山、张高丽等到会祝贺。刘云山代表党中央发表《在为实现中国梦不懈奋斗中铸就工人阶级新辉煌》的祝词。李建国代表中华全国总工会第十五届执行委员会作了题为《高举旗帜　改革创新　团结动员亿万职工在实现中国梦历史进程中充分发挥主力军作用》的报告。21日，李克强应邀作经济形势报告。大会选举产生由284名委员组成的中华全国总工会第十六届执行委员会，由41名委员组成的经费审查委员会。在全总十六届执委会第一次全体会议上，李建国当选中华全国总工会主席，推选陈豪为书记处第一书记。大会通过了《关于中华全国总工会第十五届执行委员会报告的决议（草案）》《关于〈中国工会章程（修正案）〉的决议（草案）》《关于中华全国总工会第十五届执行委员会财务工作报告的决议（草案）》和《关于中华全国总工会第十五届经费审查委员会工作报告的决议（草案）》。陈豪致闭幕词。23日，习近平同中华全国总工会新一届领导班子成员集体谈话。

【双周协商座谈会】（2013年10月22日）　全国政协第一次双周协商座谈会于2013年10月22日在北京召开。俞正声主持座谈会。本次协商座谈会的主要议题是分析当前宏观经济形势，就如何统筹稳增长、调结构、促改革，保持经济发展良好势头议政建言。2013年9月18日，政协第十二届全国委员会第六次主席会议通过了《政协全国委员会双周协商座谈会工作办法（试行）》。双周协商座谈会最早可以溯源到第一届全国政协的双周座谈会，从1950年4月至1966年7月共召开114次。截至2016年7月1日，十二届政协共召开51次双周协商座谈会，就经济、政治、文化、社会、生态文明各方面的广泛议题进行了深入的协商座谈，提出了大量的意见和建议。

【周边外交工作座谈会】（2013年10月24日至25日）　周边外交工作座谈会于2013年10月24日至25日在北京召开。李克强主持会议。习近平出席会议并发表重要讲话，张德江、俞正声、刘云山、王岐山、张高丽出席会议。这次会议的主要任务是，总结经验、研判形势、统一思想、开拓未来，确定今后5年至10年周边外交工作的战略目标、基本方针、总体布局，明确解决周边外交面临的重大问题的工作思路和实施方案。这是党中央为做好新形势下周边外交工作召开的一次重要会议。习近平指出，我国周边外交的战略目标，就是服从和服务于实现“两个一百年”奋斗目标、实现中华民族伟大复兴，全面发展同周边国家的关系，巩固睦邻友好，深化互利合作，维护和用好我国发展的重要战略机遇期，维护国家主权、安全、发展利益，努力使周边同我国政治关系更加友好、经济纽带更加牢固、安全合作更加深化、人文联系更加紧密。我国周边外交的基本方针，就是坚持与邻为善、以邻为伴，坚持睦邻、安邻、富邻，突出体现亲、诚、惠、容的理念。习近平强调，要同有关国家共同努力，加快基础设施互联互通，建设好丝绸之路经济带、21世纪海上丝绸之路。杨洁篪也在会上讲话。王毅作总结发言。

【中国妇女第十一次全国代表大会】（2013年10月28日至31日） 中国妇女第十一次全国代表大会于2013年10月28日至31日在北京举行。习近平、李克强、张德江、俞正声、刘云山、王岐山、张高丽到会祝贺。王岐山代表党中央发表《在中国特色社会主义伟大实践中撑起半边天》的祝词。宋秀岩代表中华全国妇女联合会第十届执行委员会作了题为《高举旗帜凝心聚力，团结动员各族各界妇女为实现中国梦而奋斗》的报告。大会选举产生了由296名委员组成的新一届执行委员会。中华全国妇女联合会第十一届执行委员会30日下午举行第一次全体会议，选举沈跃跃为全国妇联第十一届主席，推选宋秀岩为全国妇联书记处第一书记。大会通过关于中华全国妇女联合会第十届执行委员会报告的决议、关于《中华全国妇女联合会章程（修正案）》的决议。刘延东代表国务院和国务院妇女儿童工作委员会对大会圆满成功表示祝贺。沈跃跃致闭幕词。31日，习近平同全国妇联新一届领导班子成员集体谈话。

【中央政治局会议】（2013年10月29日） 中央政治局会议于2013年10月29日在北京召开。习近平主持会议。会议讨论十八届二中全会以来中央政治局工作，研究全面深化改革重大问题，审议并同意印发《党政机关厉行节约反对浪费条例》。会议决定，中国共产党第十八届中央委员会第三次全体会议于11月9日至12日在北京召开；将根据讨论意见修改后的文件稿《中共中央关于全面深化改革若干重大问题的决定》提请十八届三中全会审议。

【十八届中央政治局第十次集体学习】（2013年10月29日） 十八届中央政治局第十次集体学习于2013年10月29日在北京举行。这次学习的主题是加快推进住房保障体系和供应体系建设。习近平在主持学习时强调，加快推进住房保障和供应体系建设，是满足群众基本住房需求、实现全体人民住有所居目标的重要任务，是促进社会公平正义、保证人民群众共享改革发展成果的必然要求。各级党委和政府要加强组织领导，落实各项目标任务和政策措施，努力把住房保障和供应体系建设办成一项经得起实践、人民、历史检验的德政工程。

【全军党的建设工作会议】（2013年11月5日至7日） 全军党的建设工作会议于2013年11月5日至7日在北京召开。这次会议的主要任务是，深入学习贯彻党的十八大精神和习主席一系列重要指示，分析军级以上党委机关开展党的群众路线教育实践活动情况，研究大力加强各级党组织能力建设、先进性和纯洁性建设的措施办法。6日，习近平接见会议代表时强调，我们正在进行具有许多新的历史特点的伟大斗争，这对全面推进党的建设新的伟大工程提出了更高要求，必须把军队党的建设摆在更加突出的位置，始终坚持党对军队的绝对领导，始终坚持以能打仗、打胜仗为根本着眼点，始终坚持党要管党、从严治党方针，始终坚持以改革创新精神加强军队党的建设，不断提高军队党的建设科学化水平，为实现党在新形势下的强军目标提供坚强思想和组织保证。范长龙、许其亮6日出席会议并讲话。

【十八届三中全会】（2013年11月9日至12日） 十八届三中全会于2013年11月9日至12日在北京举行。全会由中央政治局主持。出席全会的有中央委员204人，候补中央委员169人。中央纪律检查委员会常务委员会委员和有关方面负责同志列席了会议。党的十八大代表中部分基层同志和专家学者也列席了会议。习近平作了重要讲话。全会听取和讨论习近平受中央政治局委托作的工作报告，审议通过了《中共中央关于全面深化改革若干重大问题的决定》。习近平就《决定（讨论稿）》向全会作了说明。全会指出，全面深化改革的总目标是完善和发展中国特色社会主义制度，推进国家治理体系和治理能力现代化；必须更加注重改革的系统性、整体性、协同性，加快发展社会主义市场经济、民主政治、先进文化、和谐社会、生态文明，让一切劳动、知识、技术、管理、资本的活力竞相迸发，让一切创造社会财富的源泉充分涌流，让发展成果更多更公平惠及全体人民。全会指出，全面深化改革，必须立足于我国长期处于社会主义初级阶段这个最大实际，坚持发展仍是解决我国所有问题的关键这个重大战略判断，以经济建设为中心，发挥经济体制改革牵引作用，推动生产关系同生产力、上层建筑同经济基础相适应，推动经济社会持续健康发展。全会指出，经济体制改革是全面深化改革的重点，核心问题是处理好政府和市场的关系，使市场在资源配置中起决定性作用和更好发挥政府作用。全会对全面深化改革作出系统部署，强调坚持和完善基本经济制度，加快完善现代市场体系，加快转变政府职能，深化财税体制改革，健全城乡发展一体化体制机制，构建开放型经济新体制，加强社会主义民主政治制度建设，推进法治中国建设，强化权力运行制约和监督体系，推进文化体制机制创新，推进社会事业改革创新，创新社会治理体制，加快生态文明制度建设，深化国防和军队改革，加强和改善党对全面深化改革的领导。全会要求，到2020年，在重要领域和关键环节改革上取得决定性成果，形成系统完备、科学规范、运行有效的制度体系，使各方面制度更加成熟更加定型。

【中央政治局会议】（2013年12月3日） 中央政治局会议于2013年12月3日在北京召开。习近平主持会议。会议分析研究2014年经济工作，听取第二次全国土地调查情况汇报。关于做好2014年经济工作，会议强调要继续坚持稳中求进工作总基调，把改革贯穿于经济社会发展各个领域各个环节，以改革促创新发展，完善调控方式手段，强化经济发展方式转变的内生动力，加快经济结构调整优化，加强基本公共服务体系建设，使广大人民群众共享改革发展成果，促进经济持续健康发展、社会和谐稳定。会议认为，第二次全国土地调查是一次重大国情国力调查，对进一步提高国土资源管理水平、加强和改善宏观调控、科学制定经济社会发展重大规划和政策等具有重要意义。要毫不动摇坚持最严格的耕地保护制度和节约用地制度；要发挥二次调查数据平台作用，推动二次调查成果广泛应用。

【十八届中央政治局第十一次集体学习】（2013年12月3日） 十八届中央政治局第十一次集体学习于2013年12月3日在北京举行。这次学习的主题是历史唯物主义基本原理和方法论。习近平在主持学习时强调，推动全党学习历史唯物主义基本原理和方法论，更好认识国情，更好认识党和国家事业发展大势，更好认识历史发展规律，更加能动地推进各项工作。

【中央经济工作会议】（2013年12月10日至13日） 中央经济工作会议于2013年12月10日至13日在北京召开。习近平、李克强、张德江、俞正声、刘云山、王岐山、张高丽出席会议。习近平在会上发表重要讲话，分析当前国内外经济形势，总结2013年经济工作，提出2014年经济工作的总体要求和主要任务。李克强在讲话中阐述了2014年宏观经济政策取向，对2014年经济工作作出具体部署，并作了总结讲话。会议确定2014年经济工作的总体要求是：全面贯彻落实党的十八大和十八届二中、三中全会精神，坚持稳中求进工作总基调，把改革创新贯穿于经济社会发展各个领域各个环节，保持宏观经济政策连续性和稳定性，着力激发市场活力，加快转方式调结构，加强基本公共服务体系建设，着力改善民生，切实提高经济发展质量和效益，促进经济持续健康发展、社会和谐稳定。会议提出2014年经济工作的主要任务：一是切实保障国家粮食安全，二是大力调整产业结构，三是着力防控债务风险，四是积极促进区域协调发展，五是着力做好保障和改善民生工作，六是不断提高对外开放水平。

【中央城镇化工作会议】（2013年12月12日至13日） 中央城镇化工作会议于2013年12月12日至13日在北京召开。习近平、李克强、张德江、俞正声、刘云山、王岐山、张高丽出席会议。习近平在会上发表重要讲话，分析城镇化发展形势，明确推进城镇化的指导思想、主要目标、基本原则、重点任务。李克强在讲话中论述了当前城镇化工作的着力点，提出了推进城镇化的具体部署，并作了总结讲话。会议提出推进城镇化的六项主要任务：一是推进农业转移人口市民化，二是提高城镇建设用地利用效率，三是建立多元可持续的资金保障机制，四是优化城镇化布局和形态，五是提高城镇建设水平，六是加强对城镇化的管理。会议还讨论了《国家新型城镇化规划》，有关部门将根据会议讨论情况作出修改。这是改革开放以来中央召开的第一次城镇化工作会议。

【中央农村工作会议】（2013年12月23日至24日） 中央农村工作会议于2013年12月23日至24日在北京召开。习近平、李克强、张德江、俞正声、刘云山、王岐山、张高丽出席会议。会议深入贯彻党的十八大和十八届三中全会精神，全面分析“三农”工作面临的形势和任务，研究全面深化农村改革、加快农业现代化步伐的重要政策，部署2014年和今后一个时期的农业农村工作。习近平在会上发表重要讲话，从我国经济社会长远发展大局出发，阐述了推进农村改革发展若干具有方向性和战略性的重大问题，同时提出明确要求。李克强在讲话中深入分析了农业和农村工作形势，并就依靠改革创新推进农业现代化、更好履行政府“三农”工作职责等重点任务作出具体部署。会议讨论了《中共中央、国务院关于全面深化农村改革加快推进农业现代化的若干意见（讨论稿）》。汪洋作总结讲话。

【十二届全国人大常委会第六次会议】（2013年12月23日至28日）　十二届全国人大常委会第六次会议于2013年12月23日至28日在北京召开。张德江主持会议。会议通过关于修改海洋环境保护法等七部法律的决定。会议还通过《关于废止有关劳动教养法律规定的决定》《关于调整完善生育政策的决议》。

【纪念毛泽东同志诞辰一百二十周年座谈会】（2013年12月26日）　纪念毛泽东同志诞辰120周年座谈会于2013年12月26日在北京举行。座谈会由刘云山主持。习近平、李克强、张德江、俞正声、王岐山、张高丽出席座谈会。习近平在讲话中科学评价毛泽东同志的历史功绩和毛泽东思想的历史地位，准确概括毛泽东同志的崇高品德、博大胸怀、卓越胆识和革命风格，系统阐述毛泽东思想活的灵魂及其时代意义，强调必须毫不动摇走党和人民在长期实践探索中开辟出来的正确道路，把中国特色社会主义伟大事业继续推向前进。

【中央政治局会议】（2013年12月30日）　中央政治局会议于2013年12月30日在北京召开。习近平主持会议。会议决定成立中央全面深化改革领导小组；听取中央纪律检查委员会2013年工作汇报，研究部署2014年党风廉政建设和反腐败工作；审议通过《党政领导干部选拔任用工作条例（修订稿）》。中央全面深化改革领导小组由习近平任组长，负责改革的总体设计、统筹协调、整体推进、督促落实，主要职责是研究确定经济体制、政治体制、文化体制、社会体制、生态文明体制和党的建设制度等方面改革的重大原则、方针政策、总体方案；统一部署全国性重大改革；统筹协调处理全局性、长远性、跨地区跨部门的重大改革问题；指导、推动、督促中央有关重大改革政策措施的组织落实。对2002年颁布实施的《党政领导干部选拔任用工作条例》的修订，贯彻了中央对干部工作的新精神新要求，吸收了干部人事制度改革新经验新成果，坚持从严治党、从严管理干部，坚持党管干部原则，坚持好干部标准，坚持继承和创新相结合，着力解决突出问题，强调进一步发挥党组织的领导和把关作用，坚持和完善民主推荐，改进干部考察，规范公开选拔和竞争上岗，从严把握破格提拔，完善干部交流回避，严明干部选拔任用工作纪律。会议同意2014年1月召开第十八届中央纪律检查委员会第三次全体会议。

【十八届中央政治局第十二次集体学习】（2013年12月30日） 十八届中央政治局第十二次集体学习于2013年12月30日在北京举行。这次学习的主题是提高国家文化软实力。习近平在主持学习时强调，提高国家文化软实力，关系“两个一百年”奋斗目标和中华民族伟大复兴中国梦的实现。要弘扬社会主义先进文化，深化文化体制改革，推动社会主义文化大发展大繁荣，增强全民族文化创造活力，推动文化事业全面繁荣、文化产业快速发展，不断丰富人民精神世界、增强人民精神力量，不断增强文化整体实力和竞争力，朝着建设社会主义文化强国的目标不断前进。

【全国宣传部长会议】（2014年1月3日） 全国宣传部长会议于2014年1月3日在北京召开。刘奇葆主持会议。刘云山出席会议并讲话，强调要深入贯彻党的十八大和十八届二中、三中全会精神，贯彻习近平总书记系列重要讲话精神，贯彻全国宣传思想工作会议精神，坚持稳中求进，坚持改革创新，紧紧围绕实现中华民族伟大复兴的中国梦，围绕“两个巩固”（巩固马克思主义在意识形态领域的指导地位，巩固全党全国人民团结奋斗的共同思想基础）的根本任务，扎实做好宣传思想工作，为促进全面深化改革、推动经济持续健康发展、维护社会和谐稳定提供有力的思想保证、舆论支持、精神动力和文化条件。刘奇葆作工作部署，强调要抓住根本任务，加快改革发展，着力攻坚破难，锐意求实创新。要深入学习宣传贯彻习近平总书记系列讲话精神，深化中国特色社会主义和中国梦学习教育，坚定道路自信、理论自信、制度自信；深入宣传贯彻十八届三中全会精神，增强主流媒体舆论引导能力，抓好网上舆论工作这个重中之重；加强意识形态领域的引导和管理，牢牢掌握工作的领导权话语权；培育和践行社会主义核心价值观，加强思想道德建设，形成向上向善的力量；创新文化体制机制，繁荣发展文化事业和文化产业，传承弘扬优秀传统文化，提高国家文化软实力；推动走基层转作风改文风常态化，建强宣传思想文化工作队伍。

【全国统战部长会议】（2014年1月5日至6日） 全国统战部长会议于2014年1月5日至6日在北京召开。俞正声出席会议并讲话，强调统一战线要贯彻落实党的十八大，十八届二中、三中全会和习近平总书记系列重要讲话精神，始终坚持中国特色社会主义道路，积极服务全面深化改革，大力推动理论政策创新，着力破解重点难点问题，不断提升统一战线工作成效和水平，为全面建成小康社会和实现中国梦凝聚力量、汇聚智慧。

【中央政法工作会议】（2014年1月7日至8日） 中央政法工作会议于2014年1月7日至8日在北京召开。习近平出席会议并发表重要讲话，刘云山、张高丽出席会议。习近平强调要坚持党对政法工作的领导，把维护社会大局稳定作为基本任务，把促进社会公平正义作为核心价值追求，把保障人民安居乐业作为根本目标，坚持严格执法公正司法，深化司法体制改革，加强政法队伍建设，维护人民群众切身利益，为实现“两个一百年”奋斗目标、实现中华民族伟大复兴的中国梦提供有力保障。孟建柱就做好2014年政法工作作出部署。

【国家科学技术奖励大会】（2014年1月10日） 国家科学技术奖励大会于2014年1月10日在北京举行。张高丽主持会议。习近平、李克强、刘云山出席并为获奖代表颁奖。约3300人出席大会。李克强代表党中央、国务院在大会上讲话。刘延东在会上宣读了《国务院关于2013年度国家科学技术奖励的决定》。2013年度国家科学技术奖励共授奖10位科技专家和313项成果。其中，国家最高科学技术奖2人；国家自然科学奖54项，其中一等奖1项、二等奖53项；国家技术发明奖71项，其中一等奖2项、二等奖69项；国家科学技术进步奖188项，其中特等奖3项、一等奖24项、二等奖161项；授予8名外籍科学家中华人民共和国国际科学技术合作奖。中国科学院院士、中国科学院大连化学物理研究所张存浩，中国科学院院士、中国人民解放军总装备部程开甲获2013年度国家最高科学技术奖。

【十八届中央纪委三次全会】（2014年1月13日至15日） 十八届中央纪委三次全会于2014年1月13日至15日在北京举行。全会由中央纪律检查委员会常务委员会主持。习近平出席全会并发表重要讲话，李克强、张德江、俞正声、刘云山、王岐山、张高丽等党和国家领导人出席会议。出席会议的中央纪委委员128人，列席299人。这次全会的主要任务是：高举中国特色社会主义伟大旗帜，以邓小平理论、“三个代表”重要思想、科学发展观为指导，深入贯彻党的十八大和十八届二中、三中全会精神，回顾总结2013年党风廉政建设和反腐败工作，研究部署2014年任务。习近平在讲话中强调，坚持党要管党、从严治党，强化党对党风廉政建设和反腐败工作统一领导，强化反腐败体制机制创新和制度保障，加强思想政治教育，严明党的纪律，坚持不懈纠正“四风”，保持惩治腐败高压态势，努力取得人民群众比较满意的进展和成效。全会审议通过了王岐山代表中央纪委常委会所作的《聚焦中心任务，创新体制机制，深入推进党风廉政建设和反腐败斗争》的工作报告。全会增选杨晓渡为中共中央纪律检查委员会常务委员会委员、副书记。

【党的群众路线教育实践活动第一批总结暨第二批部署会议】（2014年1月20日至21日） 党的群众路线教育实践活动第一批总结暨第二批部署会议于2014年1月20日至21日在北京召开。刘云山主持20日上午的会议。习近平出席会议并发表重要讲话，李克强、张德江、俞正声、王岐山、张高丽出席会议。会议以电视电话会议形式举行，开到县一级和人民解放军、武警部队团级以上单位。各省区市和副省级城市、新疆生产建设兵团以及各市（地、州、盟）、县（市、区、旗）班子成员和直属部门负责同志，人民解放军、武警部队团级以上单位领导干部在当地分会场参加会议。习近平在讲话中强调，要充分运用第一批活动经验，紧紧扭住反对“四风”，从群众最关心、最迫切的问题入手，着力解决关系群众切身利益的问题，解决群众身边的不正之风问题，把改进作风成效落实到基层，真正让群众受益，努力取得人民群众满意的实效。刘云山21日上午出席会议并讲话。赵乐际作总结讲话。

【全国组织部长会议】（2014年1月21日至22日） 全国组织部长会议于2014年1月21日至22日在北京召开。赵乐际主持会议。刘云山出席会议并讲话，强调要深入贯彻党的十八大和十八届二中、三中全会精神，贯彻习近平总书记系列重要讲话精神，坚持党要管党、从严治党，扎实做好组织战线各项工作，为全面深化改革、推动经济社会持续健康发展提供有力组织保证。赵乐际作工作报告。

【中央全面深化改革领导小组第一次会议】（2014年1月22日） 中央全面深化改革领导小组第一次会议于2014年1月22日在北京召开。中共中央总书记、国家主席、中央军委主席、中央全面深化改革领导小组组长习近平主持会议并发表重要讲话，中共中央政治局常委、中央全面深化改革领导小组副组长李克强、刘云山、张高丽出席会议。中央全面深化改革领导小组成员出席，中央和国家有关部门负责同志列席会议。习近平强调，全面深化改革，我们具备有利条件，具备实践基础，具备理论准备，也具备良好氛围，要把握大局、审时度势、统筹兼顾、科学实施，充分调动各方面积极性，坚定不移朝着全面深化改革目标前进。会议审议通过了《中央全面深化改革领导小组工作规则》《中央全面深化改革领导小组专项小组工作规则》《中央全面深化改革领导小组办公室工作细则》；审议通过了中央全面深化改革领导小组下设经济体制和生态文明体制改革、民主法制领域改革、文化体制改革、社会体制改革、党的建设制度改革、纪律检查体制改革六个专项小组名单；审议通过了《中央有关部门贯彻落实党的十八届三中全会〈决定〉重要举措分工方案》；听取了各地区各部门贯彻落实党的十八届三中全会精神进展情况，研究了领导小组近期工作。

【十二届国务院第二次全体会议】（2014年1月23日） 十二届国务院第二次全体会议于2014年1月23日在北京召开。李克强主持会议。会议讨论即将提请十二届全国人大二次会议审议的政府工作报告，决定将《政府工作报告（征求意见稿）》发往各省（区、市）和中央有关单位征求意见。李克强说，2013年，面对错综复杂的形势，我们坚持稳中求进工作总基调，统筹稳增长、调结构、促改革，创新宏观调控方式，通过深化改革激发市场活力，通过稳定政策引导社会预期，通过优化供给促进结构调整，通过创新机制保障和改善民生。全年实现7.7%的经济增长，同时保持物价水平相对较低，就业持续扩大，民生不断改善，成绩来之不易，一些行之有效的做法值得认真总结和坚持。

李克强强调，2014年，我们面临的形势依然严峻，任务艰巨繁重。坚持稳中求进、改革创新，保持经济社会持续健康发展，仍要作出不懈努力。各地区、各部门要着力做好一季度重点工作，为全年起好步、开好局。

【中央政治局会议】（2014年1月24日）　中央政治局会议于2014年1月24日在北京召开。习近平主持会议。会议研究决定中央国家安全委员会设置；听取关于一年来贯彻执行中央八项规定情况的汇报，研究部署下一步改进作风工作。中央国家安全委员会作为中共中央关于国家安全工作的决策和议事协调机构，向中央政治局、中央政治局常务委员会负责，统筹协调涉及国家安全的重大事项和重要工作。会议决定，中央国家安全委员会由习近平任主席，李克强、张德江任副主席，下设常务委员和委员若干名。

【十八届中央政治局第十三次集体学习】（2014年2月24日）　十八届中央政治局第十三次集体学习于2014年2月24日在北京举行。这次学习的主题是培育和弘扬社会主义核心价值观、弘扬中华传统美德。习近平在主持学习时强调，把培育和弘扬社会主义核心价值观作为凝魂聚气、强基固本的基础工程，继承和发扬中华优秀传统文化和传统美德，广泛开展社会主义核心价值观宣传教育，积极引导人们讲道德、尊道德、守道德，追求高尚的道德理想，不断夯实中国特色社会主义的思想道德基础。

【十二届全国人大常委会第七次会议】（2014年2月25日至27日）　十二届全国人大常委会第七次会议于2014年2月25日至27日在北京召开。张德江主持会议。会议表决通过全国人大常委会关于确定中国人民抗日战争胜利纪念日和关于设立南京大屠杀死难者国家公祭日的两个决定，分别将9月3日确定为中国人民抗日战争胜利纪念日，将12月13日确定为南京大屠杀死难者国家公祭日。

【京津冀协同发展座谈会】（2014年2月26日）　京津冀协同发展座谈会于2014年2月26日在北京召开。会议专题听取京津冀协同发展工作汇报。习近平主持座谈会。张高丽出席座谈会。北京市委、天津市委和河北省委主要负责人汇报了围绕京津冀协同发展已经开展的工作，并就协同推进基础设施相联相通、产业发展互补互促、资源要素对接对流、公共服务共建共享、生态环境联防联控等提出了设想和建议。会议强调，实现京津冀协同发展，是面向未来打造新的首都经济圈、推进区域发展体制机制创新的需要，是探索完善城市群布局和形态、为优化开发区域发展提供示范和样板的需要，是探索生态文明建设有效路径、促进人口经济资源环境相协调的需要，是实现京津冀优势互补、促进环渤海经济区发展、带动北方腹地发展的需要，是一个重大国家战略，要坚持优势互补、互利共赢、扎实推进，加快走出一条科学持续的协同发展路子来。习近平一直十分关心京津冀协同发展问题。2013年5月，他在天津调研时提出，要谱写新时期社会主义现代化的京津“双城记”。2013年8月，习近平在北戴河主持研究河北发展问题时，又提出要推动京津冀协同发展。此后，习近平多次就京津冀协同发展作出重要指示，强调解决好北京发展问题，必须纳入京津冀和环渤海经济区的战略空间加以考量，以打通发展的大动脉，更有力地彰显北京优势，更广泛地激活北京要素资源，同时天津、河北要实现更好发展也需要连同北京发展一起来考虑。他在对三地调研和思考的基础上，专门主持召开了这次座谈会进行研究和推动。

【中央网络安全和信息化领导小组第一次会议】（2014年2月27日） 中央网络安全和信息化领导小组第一次会议于2014年2月27日在北京召开。中共中央总书记、国家主席、中央军委主席、中央网络安全和信息化领导小组组长习近平主持会议并发表重要讲话，中共中央政治局常委、中央网络安全和信息化领导小组副组长李克强、刘云山出席会议。中央网络安全和信息化领导小组成员出席，中央和国家有关部门负责同志列席会议。习近平强调，网络安全和信息化是事关国家安全和国家发展、事关广大人民群众工作生活的重大战略问题，要从国际国内大势出发，总体布局，统筹各方，创新发展，努力把我国建设成为网络强国。会议审议通过了《中央网络安全和信息化领导小组工作规则》《中央网络安全和信息化领导小组办公室工作细则》《中央网络安全和信息化领导小组2014年重点工作》，并研究了近期工作。

【中央全面深化改革领导小组第二次会议】（2014年2月28日） 中央全面深化改革领导小组第二次会议于2014年2月28日在北京召开。习近平主持会议并发表重要讲话，李克强、刘云山、张高丽出席会议。中央全面深化改革领导小组成员出席，中央和国家机关有关部门负责同志列席会议。习近平强调，全面完成党的十八届三中全会确定的改革任务还有七年时间。起跑决定后程。2014年工作抓得怎么样，对起好步、开好局意义重大。要把抓落实作为推进改革工作的重点，真抓实干，蹄疾步稳，务求实效。会议审议通过《中央全面深化改革领导小组2014年工作要点》《关于十八届三中全会〈决定〉提出的立法工作方面要求和任务的研究意见》《关于经济体制和生态文明体制改革专项小组重大改革的汇报》《深化文化体制改革实施方案》《关于深化司法体制和社会体制改革的意见及贯彻实施分工方案》，听取了关于中央全面深化改革领导小组第一次会议以来各地区各部门改革工作进展情况汇报，部署了当前和今后一个时期工作。

【全国政协十二届二次会议】（2014年3月3日至12日） 全国政协十二届二次会议于2014年3月3日至12日在北京举行。3月3日的开幕会由杜青林主持，出席委员2172名；习近平、李克强、张德江、刘云山、王岐山、张高丽到会祝贺。俞正声代表政协第十二届全国委员会常务委员会向大会报告工作。广大政协委员紧紧围绕党和国家中心工作，通过提案、大会发言、小组讨论、社情民意信息等形式积极发表意见、交流思想、增进共识。会议通过了政协第十二届全国委员会第二次会议关于常务委员会工作报告的决议、政协第十二届全国委员会提案委员会关于政协十二届二次会议提案审查情况的报告、政协第十二届全国委员会第二次会议政治决议。

【十二届全国人大二次会议】（2014年3月5日至13日）　十二届全国人大二次会议于2014年3月5日至13日在北京举行。3月5日的第一次全体会议由张德江主持，出席代表2932名。大会批准了李克强作的政府工作报告，张德江作的全国人大常委会工作报告，周强作的关于最高人民法院工作的报告，曹建明作的关于最高人民检察院工作的报告等；通过了关于2013年国民经济和社会发展计划执行情况与2014年国民经济和社会发展计划的决议，通过了关于2013年中央和地方预算执行情况与2014年中央和地方预算的决议。

【中央军委深化国防和军队改革领导小组第一次全体会议】（2014年3月15日）　中央军委深化国防和军队改革领导小组第一次全体会议于2014年3月15日在北京召开。中共中央总书记、国家主席、中央军委主席、中央军委深化国防和军队改革领导小组组长习近平主持会议并发表重要讲话，中央军委副主席、中央军委深化国防和军队改革领导小组副组长范长龙，中央军委副主席、中央军委深化国防和军队改革领导小组常务副组长许其亮，中央军委深化国防和军队改革领导小组成员出席会议。习近平强调，深化国防和军队改革，要把思想和行动统一到党中央和中央军委的决策部署上来，坚持用强军目标审视改革、以强军目标引领改革、围绕强军目标推进改革，确保深化国防和军队改革工作起好步、开好局。会议宣布了中央军委深化国防和军队改革领导小组人员组成和机构设置，审议通过了有关工作规则和改革重要举措分工方案，研究了近期工作。

【中央国家安全委员会第一次会议】（2014年4月15日）　中央国家安全委员会第一次会议于2014年4月15日在北京召开。中共中央总书记、国家主席、中央军委主席、中央国家安全委员会主席习近平主持会议并发表重要讲话，中共中央政治局常委、中央国家安全委员会副主席李克强、张德江出席会议。中央国家安全委员会常务委员、委员出席，中央和国家有关部门负责同志列席会议。习近平强调，党的十八届三中全会决定成立国家安全委员会，是推进国家治理体系和治理能力现代化、实现国家长治久安的迫切要求，是全面建成小康社会、实现中华民族伟大复兴中国梦的重要保障，目的就是更好适应我国国家安全面临的新形势新任务，建立集中统一、高效权威的国家安全体制，加强对国家安全工作的领导。习近平强调，要准确把握国家安全形势变化新特点新趋势，坚持总体国家安全观，走出一条中国特色国家安全道路。

【十八届中央政治局第十四次集体学习】（2014年4月25日）　十八届中央政治局第十四次集体学习于2014年4月25日在北

京举行。这次学习的主题是切实维护国家安全和社会安定。习近平在主持学习时强调，面对新形势新挑战，维护国家安全和社会安定，对全面深化改革、实现“两个一百年”奋斗目标、实现中华民族伟大复兴的中国梦都十分紧要。各地区各部门要各司其职、各负其责，密切配合、通力合作，勇于负责、敢于担当，形成维护国家安全和社会安定的强大合力。

【中央政治局会议】（2014年5月26日） 中央政治局会议于2014年5月26日在北京召开。习近平主持会议。会议研究进一步推进新疆社会稳定和长治久安工作。会议强调坚决执行中央关于新疆工作大政方针，围绕社会稳定和长治久安这个总目标，以推进新疆治理体系和治理能力现代化为引领，以经济发展和民生改善为基础，以促进民族团结、遏制宗教极端思想蔓延等为重点，坚持依法治疆、团结稳疆、长期建疆，努力建设团结和谐、繁荣富裕、文明进步、安居乐业的社会主义新疆。

【十八届中央政治局第十五次集体学习】（2014年5月26日） 十八届中央政治局第十五次集体学习于2014年5月26日在北京举行。这次学习的主题是使市场在资源配置中起决定性作用和更好发挥政府作用。习近平在主持学习时强调，使市场在资源配置中起决定性作用、更好发挥政府作用，既是一个重大理论命题，又是一个重大实践命题。科学认识这一命题，准确把握其内涵，对全面深化改革、推动社会主义市场经济健康有序发展具有重大意义。在市场作用和政府作用的问题上，要讲辩证法、两点论，“看不见的手”和“看得见的手”都要用好，努力形成市场作用和政府作用有机统一、相互补充、相互协调、相互促进的格局，推动经济社会持续健康发展。这次中央政治局集体学习，由中央政治局同志自学并交流工作体会，四位同志就这个问题作了重点发言。

【第二次中央新疆工作座谈会】（2014年5月28日至29日） 第二次中央新疆工作座谈会于2014年5月28日至29日在北京召开。习近平、李克强、张德江、俞正声、刘云山、王岐山、张高丽出席会议。会议全面总结2010年中央新疆工作座谈会以来的工作，科学分析新疆形势，明确新疆工作的指导思想、基本要求、主攻方向，对当前和今后一个时期新疆工作作了全面部署。习近平强调，以邓小平理论、“三个代表”重要思想、科学发展观为指导，坚决贯彻党中央关于新疆工作的大政方针，围绕社会稳定和长治久安这个总目标，以推进新疆治理体系和治理能力现代化为引领，以经济发展和民生改善为基础，以促进民族团结、遏制宗教极端思想蔓延等为重点，坚持依法治疆、团结稳疆、长期建疆，努力建设团结和谐、繁荣富裕、文明进步、安居乐业的社会主义新疆。李克强就新疆经济社会发展工作作了讲话。俞正声在会议结束时作讲话。

【中央全面深化改革领导小组第三次会议】（2014年6月6日） 中央全面深化改革领导小组第三次会议于2014年6月6日在北

京召开。习近平主持会议并发表重要讲话，李克强、刘云山、张高丽出席会议。中央全面深化改革领导小组成员出席，中央和国家有关部门负责同志列席会议。习近平强调，改革要坚持从具体问题抓起，着力提高改革的针对性和实效性，着眼于解决发展中存在的突出矛盾和问题，把有利于稳增长、调结构、防风险、惠民生的改革举措往前排，聚焦、聚神、聚力抓落实，做到紧之又紧、细之又细、实之又实。会议审议《深化财税体制改革总体方案》和《关于进一步推进户籍制度改革的意见》，建议根据会议讨论情况进一步修改完善后按程序报批实施；会议审议通过《关于司法体制改革试点若干问题的框架意见》《上海市司法改革试点工作方案》和《关于设立知识产权法院的方案》；部署当前和今后一个时期工作。

【中央财经领导小组第六次会议】（2014年6月13日）　中央财经领导小组第六次会议于2014年6月13日在北京召开。中共中央总书记、国家主席、中央军委主席、中央财经领导小组组长习近平主持会议并发表重要讲话，中共中央政治局常委、国务院总理、中央财经领导小组副组长李克强，中共中央政治局常委、国务院副总理、中央财经领导小组成员张高丽出席会议。会议听取了国家能源局关于我国能源安全战略的汇报，领导小组成员进行了讨论。习近平强调，能源安全是关系国家经济社会发展的全局性、战略性问题，对国家繁荣发展、人民生活改善、社会长治久安至关重要。面对能源供需格局新变化、国际能源发展新趋势，保障国家能源安全，必须推动能源生产和消费革命。推动能源生产和消费革命是长期战略，必须从当前做起，加快实施重点任务和重大举措。习近平就推动能源生产和消费革命提出五点要求。

【中央政治局会议】（2014年6月30日）　中央政治局会议于2014年6月30日在北京召开。习近平主持会议。会议审议通过《深化财税体制改革总体方案》《关于进一步推进户籍制度改革的意见》《党的纪律检查体制改革实施方案》；听取中央军委纪律检查委员会《关于对徐才厚严重违纪案的审查报告》，并根据《中国共产党章程》《中国共产党纪律处分条例》有关规定，决定给予徐才厚开除党籍处分，将其涉嫌受贿犯罪问题及问题线索移送最高人民检察院授权军事检察机关依法处理。

【十八届中央政治局第十六次集体学习】（2014年6月30日）　十八届中央政治局第十六次集体学习于2014年6月30日在北京举行。这次学习的主题是加强改进作风制度建设。习近平在主持学习时强调，抓作风是推进党的建设新的伟大工程的重要切入点和着力点，必须坚持从严治党，落实管党治党责任，把作风建设要求融入党的思想建设、组织建设、反腐倡廉建设、制度建设之中，全面提高党的建设工作水平。抓作风既要着力解决当前突出问题，又要注重建立长效机制，下功夫、用狠劲，持续努力、久久为功。这次中央政治局集体学习，由有关负责同志介绍全党以及本地区本部门开展党的群众路线教育实践活动、推动作风建设的情况。

【中央全面深化改革领导小组第四次会议】（2014年8月18日） 中央全面深化改革领导小组第四次会议于2014年8月18日上午在北京召开。习近平主持会议并发表重要讲话，李克强、刘云山、张高丽出席会议。中央全面深化改革领导小组成员出席，中央和国家有关部门负责同志列席会议。习近平强调，2014年是党的十八届三中全会提出全面深化改革的元年，要真枪真刀推进改革，为今后几年改革开好头。各地区各部门要狠抓工作落实，实施方案要抓到位，实施行动要抓到位，督促检查要抓到位，改革成果要抓到位，宣传引导要抓到位，让人民群众感受到实实在在的改革成效，引导广大干部群众共同为改革想招、一起为改革发力。会议审议了《中央管理企业主要负责人薪酬制度改革方案》《关于合理确定并严格规范中央企业负责人履职待遇、业务支出的意见》《关于深化考试招生制度改革的实施意见》，建议根据会议讨论情况进一步修改完善后按程序报批实施；审议通过了《关于推动传统媒体和新兴媒体融合发展的指导意见》《党的十八届三中全会重要改革举措实施规划（2014—2020年）》《关于上半年全面深化改革工作进展情况的报告》。会议还总结了改革工作，分析了改革形势，部署了下一阶段工作。

【中央财经领导小组第七次会议】（2014年8月18日） 中央财经领导小组第七次会议于2014年8月18日下午在北京召开。会议研究实施创新驱动发展战略。习近平主持会议并发表重要讲话，李克强、刘云山、张高丽出席会议。中央财经领导小组成员出席，中央和国家有关部门负责同志列席会议。会议听取了科技部和国家发展改革委关于实施创新驱动发展战略的汇报，领导小组成员进行了讨论。习近平强调，创新始终是推动一个国家、一个民族向前发展的重要力量。我国是一个发展中大国，正在大力推进经济发展方式转变和经济结构调整，必须把创新驱动发展战略实施好。实施创新驱动发展战略，就是要推动以科技创新为核心的全面创新，坚持需求导向和产业化方向，坚持企业在创新中的主体地位，发挥市场在资源配置中的决定性作用和社会主义制度优势，增强科技进步对经济增长的贡献度，形成新的增长动力源泉，推动经济持续健康发展。

【纪念邓小平同志诞辰一百一十周年座谈会】（2014年8月20日） 纪念邓小平同志诞辰110周年座谈会于2014年8月20日在北京召开。刘云山主持座谈会。习近平出席座谈会并发表重要讲话，李克强、张德江、俞正声、王岐山、张高丽出席座谈会。在京中央政治局委员、中央书记处书记，部分全国人大常委会、国务院、全国政协领导同志，中央党政军群有关部门、北京市、四川省委负责同志，各民主党派中央、全国工商联负责同志和无党派人士代表，邓小平同志原身边工作人员和亲属子女及家乡代表，以及出席“全国纪念邓小平同志诞辰110周年学术研讨会”的代表等出席了会议。习近平在讲话中回顾了邓小平同志一生的丰功伟绩，总结了邓小平同志为我国革命、建设、改革作出的卓越贡献，高度评价了邓小平同志和邓小平理论的历史地位和历史功绩，深刻阐述邓小平同志的崇高精神风范，强调邓小平同志擘画的社会主义现代化蓝图正在一步步变成美好现实，伟大的祖国正在一天天走向繁荣富强，中华民族正在一步步走向伟大复兴。

【十二届全国人大常委会第十次会议】（2014年8月25日至31日）　十二届全国人大常委会第十次会议于2014年8月25日至31日在北京召开。张德江主持会议。会议通过了关于修改预算法的决定、关于修改安全生产法的决定、关于修改保险法等五部法律的决定。通过了关于香港特别行政区行政长官普选问题和2016年立法会产生办法的决定等。会议还表决通过了全国人大常委会关于设立烈士纪念日的决定，以法律形式将9月30日设立为烈士纪念日，并规定每年9月30日国家举行纪念烈士活动。

【中央政治局会议】（2014年8月29日）　中央政治局会议于2014年8月29日在北京召开。习近平主持会议。会议审议通过《深化党的建设制度改革实施方案》《中央管理企业负责人薪酬制度改革方案》《关于合理确定并严格规范中央企业负责人履职待遇、业务支出的意见》《关于深化考试招生制度改革的实施意见》。

【十八届中央政治局第十七次集体学习】（2014年8月29日）　十八届中央政治局第十七次集体学习于2014年8月29日在北京举行。这次学习的主题是世界军事发展新趋势和推进我军军事创新。习近平在主持学习时强调，世界新军事革命对我们既是机遇，也是挑战。我们要登高望远、见微知著，看到世界军事领域发展变化走向，看到世界新军事革命重大影响，形成科学的认识和判断，与时俱进大力推进军事创新，有针对性推进国防和军队建设改革，更好坚持党对军队绝对领导、坚持人民军队根本宗旨，使我军真正担当起党赋予的历史重任。

【纪念中国人民抗日战争暨世界反法西斯战争胜利六十九周年座谈会】（2014年9月3日）　纪念中国人民抗日战争暨世界反法西斯战争胜利69周年座谈会于2014年9月3日在北京召开。刘云山主持座谈会。习近平出席座谈会并讲话，李克强出席座谈会。参加过抗日战争的老战士和老同志代表，抗战烈士亲属代表，中央党政军群有关部门负责同志，各民主党派中央、全国工商联负责人和无党派人士代表，为中国人民抗日战争胜利作出贡献的国际友人遗属代表，首都各界群众代表等出席座谈会。习近平强调，历史无法重来，未来可以开创。站在新的历史起点上，我们纪念中国人民抗日战争暨世界反法西斯战争的伟大胜利，就是要铭记历史、警示未来，动员全党全军全国各族人民肩负起历史重任，动员全党全军全国各族人民更加奋发有为地为实现中华民族伟大复兴而奋斗。习近平强调，在中国人民抗日战争的壮阔进程中，形成了伟大的抗战精神，中国人民向世界展示了天下兴亡、匹夫有责的爱国情怀，视死如归、宁死不屈的民族气节，不畏强暴、血战到底的英雄气概，百折不挠、坚忍不拔的必胜信念。座谈会上，中央党史研究室主任，中央军委委员、解放军总政治部主任，参加过抗日战争的老战士代表，青年学生代表先后发言。

【庆祝全国人民代表大会成立六十周年大会】（2014年9月5日） 庆祝全国人民代表大会成立60周年大会于2014年9月5日在北京举行。张德江主持大会。习近平、李克强、俞正声、刘云山、王岐山、张高丽出席大会。约3000人出席大会。习近平在讲话中强调，人民代表大会制度是中国特色社会主义制度的重要组成部分，也是支撑中国国家治理体系和治理能力的根本政治制度；要高举人民民主的旗帜，毫不动摇坚持人民代表大会制度，也要与时俱进完善人民代表大会制度，坚定不移走中国特色社会主义政治发展道路，继续推进社会主义民主政治建设、发展社会主义政治文明。中国特色社会主义政治制度之所以行得通、有生命力、有效率，就是因为它是从中国的社会土壤中生长起来的。中国特色社会主义政治制度过去和现在一直生长在中国的社会土壤之中，未来要继续茁壮成长，也必须深深扎根于中国的社会土壤。

【十二届国务院第三次全体会议】（2014年9月17日） 十二届国务院第三次全体会议于2014年9月17日在北京召开。李克强主持会议。会议审议了澳门特别行政区政府关于选举崔世安为澳门特别行政区第四任行政长官人选的报告，听取了国务院港澳事务办公室负责人关于澳门特别行政区第四任行政长官人选产生过程的汇报。李克强签署了任命崔世安为澳门特别行政区第四任行政长官的国务院第655号令，于2014年12月20日就职。

【庆祝中国人民政治协商会议成立六十五周年大会】（2014年9月21日） 庆祝中国人民政治协商会议成立65周年大会于2014年9月21日在北京举行。俞正声主持大会。习近平、李克强、张德江、刘云山、王岐山出席。800多人出席大会。习近平在讲话中强调，人民政协是人民民主的重要形式。人民政协要适应推进国家治理体系和治理能力现代化的要求，坚持改革创新精神，推进人民政协理论创新、制度创新、工作创新，丰富民主形式，畅通民主渠道，有效组织各党派、各团体、各民族、各阶层、各界人士共商国是，推动实现广泛有效的人民民主。社会主义协商民主，是中国社会主义民主政治的特有形式和独特优势，是中国共产党的群众路线在政治领域的重要体现。实行人民民主，保证人民当家作主，要求我们在治国理政时在人民内部各方面进行广泛商量。在中国社会主义制度下，有事好商量，众人的事情由众人商量，找到全社会意愿和要求的最大公约数，是人民民主的真谛。我们要坚持有事多商量，遇事多商量，做事多商量，商量得越多越深入越好，推进社会主义协商民主广泛多层制度化发展。

【中央民族工作会议暨国务院第六次民族团结进步表彰大会】（2014年9月28日至29日） 中央民族工作会议暨国务院第六次全国民族团结进步表彰大会于2014年9月28日至29日在北京举行。这次会议的主要任务是：准确把握新形势下民族问题、民族工作的特点和规律，统一思想认识，明确目标任务，坚定信心决心，提高做好民族工作能力和水平。习近平、李克强、张德江、俞正声、刘云山、王岐山出席大会。约1100人参加会议。开幕会以电视电话会议形式召开，各省区市和新疆生产建设兵团、副省级城市设分会场。习近平在会上发表重要讲话，全面分析我国民族工作面临的国内外形势，深刻阐述当前和今后一个时期我国民族工作的大政方针。李克强就加快民族地区发展、促进全面建成小康社会作了讲话。刘延东宣读了《国务院关于表彰全国民族团结进步模范集体和模范个人的决定》，对1496个全国民族团结进步模范集体和模范个人进行表彰。会上，广东省、云南省、宁夏回族自治区、国家发展改革委负责同志作大会交流发言。俞正声在会议结束时作总结讲话。会议强调，要坚持把维护民族团结和国家统一作为各民族最高利益，把各族人民智慧和力量最大限度凝聚起来，同心同德为实现"两个一百年"奋斗目标、实现中华民族伟大复兴的中国梦而奋斗。

【中央全面深化改革领导小组第五次会议】（2014年9月29日） 中央全面深化改革领导小组第五次会议于2014年9月29日在北京召开。习近平主持会议并发表重要讲话，李克强、张高丽出席会议。中央全面深化改革领导小组成员出席，中央和国家有关部门负责同志列席会议。习近平强调，要高度重视改革方案的制定和落实工作，做实做细调查研究、征求意见、评估把关等关键环节，严把改革方案质量关，严把改革督察关，确保改革改有所进、改有所成。会议审议《关于引导农村土地承包经营权有序流转发展农业适度规模经营的意见》《积极发展农民股份合作赋予集体资产股份权能改革试点方案》《关于深化中央财政科技计划（专项、基金等）管理改革的方案》，建议根据会议讨论情况进一步修改完善后按程序报批实施。

【党的群众路线教育实践活动总结大会】（2014年10月8日） 党的群众路线教育实践活动总结大会于2014年10月8日在北京举行。刘云山主持会议。习近平出席并讲话，李克强、张德江、俞正声、王岐山、张高丽出席会议。会议以电视电话会议形式举行，开到县一级和人民解放军、武警部队团级以上单位。习近平强调，风清则气正，气正则心齐，心齐则事成。教育实践活动使党在群众中的威信和形象进一步树立，党心民心进一步凝聚，形成了推动改革发展的强大正能量。实践证明，党的十八大作出的在全党深入开展党的群众路线教育实践活动的战略决策是完全正确的，党中央关于这次活动的一系列部署是完全正确的。这次活动为我们进行具有许多新的历史特点的伟大斗争作了思想上组织上作风上的重要准备，其重大意义必将随着时间的推移不断显现出来。习近平强调，历史使命越光荣，奋斗目标越宏伟，执政环境越复杂，我们就越要增强忧患意识，越要从严治党，使我们党永远立于不败之地。这次教育实践活动，对我们探索新形势下从严治党的特点和规律具有十分重要的牵引作用。从严治党必须具体地而不是抽象地、认真地而不是敷衍地落实到位，这是这次活动给我们提供的最深刻的启示。全党要以此为起点，在从严治党上继续探索、不断前进。

【十八届中央政治局第十八次集体学习】（2014年10月13日） 十八届中央政治局第十八次集体学习于2014年10月13日在北京举行。这次学习的主题是我国历史上的国家治理。习近平在主持学习时强调，历史是人民创造的，文明也是人民创造的。对绵延5000多年的中华文明，我们应该多一份尊重，多一份思考。对古代的成功经验，我们要本着择其善者而从之、其不善者而去之的科学态度，牢记历史经验、牢记历史教训、牢记历史警示，为推进国家治理体系和治理能力现代化提供有益借鉴。

【文艺工作座谈会】（2014年10月15日） 文艺工作座谈会于2014年10月15日在北京召开。习近平主持会议并发表重要讲话，刘云山出席座谈会。王沪宁、刘延东、刘奇葆、许其亮、栗战书出席座谈会。中央和国家机关有关部门、解放军总政治部负责人，各领域文艺工作者代表等参加座谈会。座谈会上，中国作协主席铁凝，中国剧协主席、上海京剧院艺术指导尚长荣，空政文工团一级编剧阎肃，中国美协副主席、中国美术学院院长许江，中国舞协主席、国家大剧院舞蹈艺术总监赵汝蘅，中国作协副主席、上海市作协副主席叶辛，中国影协主席、国家话剧院一级演员李雪健先后发言。在听取大家发言后，习近平作了重要讲话。习近平强调，文艺是时代前进的号角，最能代表一个时代的风貌，最能引领一个时代的风气。实现“两个一百年”奋斗目标、实现中华民族伟大复兴的中国梦，文艺的作用不可替代，文艺工作者大有可为。广大文艺工作者要从这样的高度认识文艺的地位和作用，认识自己所担负的历史使命和责任，坚持以人民为中心的创作导向，努力创作更多无愧于时代的优秀作品，弘扬中国精神、凝聚中国力量，鼓舞全国各族人民朝气蓬勃迈向未来。

【十八届四中全会】（2014年10月20日至23日） 十八届四中全会于2014年10月20日至23日在北京举行。全会由中央政治局主持。出席全会的有中央委员199人，候补中央委员164人。中央纪律检查委员会常务委员会委员和有关方面负责同志列席了会议。党的十八大代表中部分基层同志和专家学者也列席了会议。全会听取和讨论习近平受中央政治局委托作的工作报告，通过《中共中央关于全面推进依法治国若干重大问题的决定》。习近平就《决定（讨论稿）》向全会作了说明。全会提出，全面推进依法治国，总目标是建设中国特色社会主义法治体系，建设社会主义法治国家。这就是，在中国共产党领导下，坚持中国特色社会主义制度，贯彻中国特色社会主义法治理论，形成完备的法律规范体系、高效的法治实施体系、严密的法治监督体系、有力的法治保障体系，形成完善的党内法规体系，坚持依法治国、依法执政、依法行政共同推进，坚持法治国家、法治政府、法治社会一体建设，实现科学立法、严格执法、公正司法、全民守法，促进国家治理体系和治理能力现代化。全会明确了全面推进依法治国的重大任务，这就是：完善以宪法为核心的中国特色社会主义法律体系，加强宪法实施；深入推进依法行政，加快建设法治政府；保证公正司法，提高司法公信力；增强全民法治观念，推进法治社会建设；加强法治工作队伍建设；加强和改进党对全面推进依法治国的领导。全会按照党章规定，决定递补中央委员会候补委员马建堂、王作安、毛万春为中央委员会委员。全会审议并通过了中共中央纪律检查委员会关于李东生、蒋洁敏、王永春、李春城、万庆良严重违纪问题的审查报告，审议并通过了中共中央军事委员会纪律检查委员会关于杨金山严重违纪问题的审查报告，确认中央政治局之前作出的给予李东生、蒋洁敏、杨金山、王永春、李春城、万庆良开除党籍的处分。

【十八届中央纪委四次全会】（2014年10月25日） 十八届中央纪委四次全会于2014年10月25日在北京举行。全会由中央纪律检查委员会常务委员会主持。出席这次全会的有中央纪委委员123人。全会的主要任务是，认真学习贯彻党的十八届四中全会精神，对纪检监察系统落实全会精神进行部署，推动党风廉政建设和反腐败斗争深入开展，为全面推进依法治国提供坚强有力保证。王岐山作重要讲话。全会选举刘金国为中共中央纪律检查委员会常务委员会委员、副书记。

【中央全面深化改革领导小组第六次会议】（2014年10月27日） 中央全面深化改革领导小组第六次会议于2014年10月27日在北京召开。习近平主持会议并发表重要讲话，李克强、刘云山出席会议。中央全面深化改革领导小组成员出席，中央和国家有关部门负责同志列席会议。习近平强调，党的十八届四中全会通过了全面推进依法治国的决定，与党的十八届三中全会通过的全面深化改革的决定形成了姊妹篇。全面深化改革需要法治保障，全面推进依法治国也需要深化改革。学习贯彻党的十八届四中全会精神是当前和今后一个时期全党全国的重大政治任务，各地区各部门务必抓紧抓好，切实提高运用法治思维和法治方式推进改革的能力和水平。会议审议了《关于加强社会主义协商民主建设的意见》《关于中国（上海）自由贸易试验区工作进展和可复制改革试点经验的推广意见》《关于加强中国特色新型智库建设的意见》，审议通过了《关于国家重大科研基础设施和大型科研仪器向社会开放的意见》，建议根据会议讨论情况进一步修改完善后按程序报批实施。

【全军政治工作会议】（2014年10月30日至11月2日） 全军政治工作会议于2014年10月30日至11月2日在福建省上杭县古田镇召开。这次会议是习近平亲自提议在古田召开的。会议的主要任务是，贯彻整风精神，研究解决新的历史条件下党从思想上政治上建设军队的重大问题。420余名代表出席会议。31日，习近平出席并讲话，强调军队政治工作的时代主题是，紧紧围绕实现中华民族伟大复兴的中国梦，为实现党在新形势下的强军目标提供坚强政治保证；加强和改进新形势下我军政治工作，当前最紧要的是把四个带根本性的东西立起来：把理想信念在全军牢固立起来，把党性原则在全军牢固立起来，把战斗力标准在全军牢固立起来，把政治工作威信在全军牢固立起来；加强和改进新形势下我军政治工作，当前要重点抓好五个方面：着力抓好铸牢军魂工作，着力抓好高中级干部管理，着力抓好作风建设和反腐败斗争，着力抓好战斗精神培育，着力抓好政治工作创新发展。四总部有关领导，大单位主要领导和政治部主任，军委办公厅领导，副大军区级和军级单位政治委员，总部和大单位机关有关同志，基层和英模代表，以及公安部有关领导共420余名代表出席会议。12月30日，中共中央转发《关于新形势下军队政治工作若干问题的决定》。

【中央财经领导小组第八次会议】（2014年11月4日） 中央财经领导小组第八次会议于2014年11月4日在北京召开。会议研究丝绸之路经济带和21世纪海上丝绸之路规划、发起建立亚洲基础设施投资银行和设立丝路基金。习近平主持会议并发表重要讲话，李克强、刘云山、张高丽出席会议。中央财经领导小组成员出席，中央和国家有关部门负责同志列席会议。会议听取了国家发展改革委员会、财政部、中国人民银行关于“一带一路”规划、发起建立亚洲基础设施投资银行、设立丝路基金的汇报。习近平强调，丝绸之路经济带和21世纪海上丝绸之路倡议顺应了时代要求和各国加快发展的愿望，提供了一个包容性巨大的发展平台，具有深厚历史渊源和人文基础，能够把快速发展的中国经济同沿线国家的利益结合起来。要集中力量办好这件大事，秉持亲、诚、惠、容的周边外交理念，近睦远交，使沿线国家对我们更认同、更亲近、更支持。

【中央外事工作会议】（2014年11月28日至29日） 中央外事工作会议于2014年11月28日至29日在北京召开。会议的主要任务是，以邓小平理论、“三个代表”重要思想、科学发展观为指导，深入贯彻党的十八大和十八届三中、四中全会精神，全面分析国际形势和我国外部环境的变化，明确新形势下对外工作的指导思想、基本原则、战略目标、主要任务，努力开创对外工作新局面。李克强主持会议。习近平出席会议并发表重要讲话，张德江、俞正声、刘云山、王岐山、张高丽出席会议。习近平强调，要高举和平、发展、合作、共赢的旗帜，统筹国内国际两个大局，统筹发展安全两件大事，牢牢把握坚持和平发展、促进民族复兴这条主线，维护国家主权、安全、发展利益，为和平发展营造更加有利的国际环境，维护和延长我国发展的重要战略机遇期，为实现“两个一百年”奋斗目标、实现中华民族伟大复兴的中国梦提供有力保障。中联部、外交部、商务部、文化部、国务院新闻办公室、总参谋部、浙江省、驻美国使馆负责同志作大会交流发言。杨洁篪作会议总结。

【中央全面深化改革领导小组第七次会议】（2014年12月2日）　中央全面深化改革领导小组第七次会议于2014年12月2日在北京召开。习近平主持会议并发表重要讲话，李克强、刘云山、张高丽出席会议。中央全面深化改革领导小组成员出席，中央和国家有关部门负责同志列席会议。习近平强调，改革开放在认识和实践上的每一次突破和发展，无不来自人民群众的实践和智慧。要鼓励地方、基层、群众解放思想、积极探索，鼓励不同区域进行差别化试点，善于从群众关注的焦点、百姓生活的难点中寻找改革切入点，推动顶层设计和基层探索良性互动、有机结合。会议审议了《关于农村土地征收、集体经营性建设用地入市、宅基地制度改革试点工作的意见》《关于加快构建现代公共文化服务体系的意见》《关于县以下机关建立公务员职务与职级并行制度的意见》《关于加强中央纪委派驻机构建设的意见》，审议通过了《最高人民法院设立巡回法庭试点方案》和《设立跨行政区划人民法院、人民检察院试点方案》，建议根据会议讨论情况进一步修改完善后按程序报批实施。

【深入开展宪法宣传教育大力弘扬宪法精神座谈会】（2014年12月3日）　深入开展宪法宣传教育、大力弘扬宪法精神座谈会于2014年12月3日在北京召开。此次座谈会由中央宣传部、全国人大常委会办公厅、司法部联合主办。李建国主持会议。张德江出席座谈会并讲话。约300人参加座谈会。李建国传达了习近平总书记重要指示。习近平在指示中强调，宪法是国家的根本法，是治国安邦的总章程，是党和人民意志的集中体现，具有最高的法律地位、法律权威、法律效力。我国宪法是符合国情、符合实际、符合时代发展要求的好宪法，是我们国家和人民经受住各种困难和风险考验、始终沿着中国特色社会主义道路前进的根本法制保证。坚持依法治国首先要坚持依宪治国，坚持依法执政首先要坚持依宪执政。要坚持党的领导、人民当家作主、依法治国有机统一，坚定不移走中国特色社会主义法治道路，坚决维护宪法法律权威。要以设立国家宪法日为契机，深入开展宪法宣传教育，大力弘扬宪法精神，切实增强宪法意识，推动全面贯彻实施宪法，更好发挥宪法在全面建成小康社会、全面深化改革、全面推进依法治国中的重大作用。中央宣传部、全国人大常委会法制工作委员会、最高人民法院、最高人民检察院、教育部、司法部、国务院法制办有关负责同志在座谈会上发言。党的十八届四中全会通过的《中共中央关于全面推进依法治国若干重大问题的决定》提出，将每年12月4日定为国家宪法日。十二届全国人大常委会第十一次会议表决通过决定，将12月4日设立为国家宪法日。2014年12月4日是首个国家宪法日。

【中央政治局会议】（2014年12月5日） 中央政治局会议于2014年12月5日在北京召开。习近平主持会议。会议分析研究2015年经济工作，强调经济发展形势总体是好的，要坚持稳中求进工作总基调，坚持以提高经济发展质量和效益为中心，主动适应经济发展新常态．保持经济运行在合理区间。会议通过中共中央纪律检查委员会《关于周永康严重违纪案的审查报告》，决定给予周永康开除党籍处分，对其涉嫌犯罪问题及线索移送司法机关依法处理。

【十八届中央政治局第十九次集体学习】（2014年12月5日） 十八届中央政治局第十九次集体学习于2014年12月5日在北京举行。这次学习的主题是加快自由贸易区建设。习近平在主持学习时强调，站在新的历史起点上，实现“两个一百年”奋斗目标、实现中华民族伟大复兴的中国梦，必须适应经济全球化新趋势、准确判断国际形势新变化、深刻把握国内改革发展新要求，以更加积极有为的行动，推进更高水平的对外开放，加快实施自由贸易区战略，加快构建开放型经济新体制，以对外开放的主动赢得经济发展的主动、赢得国际竞争的主动。

【中央经济工作会议】（2014年12月9日至11日） 中央经济工作会议于2014年12月9日至11日在北京召开。习近平、李克强、张德江、俞正声、刘云山、王岐山、张高丽出席会议。习近平在会上发表重要讲话，分析当前国内外经济形势，总结2014年经济工作，提出2015年经济工作的总体要求和主要任务。李克强在讲话中阐述了2015年宏观经济政策取向，对2015年经济社会发展重点工作作出具体部署，并作总结讲话。会议确定2015年经济工作的总体要求是：全面贯彻党的十八大和十八届三中、四中全会精神，以邓小平理论、“三个代表”重要思想、科学发展观为指导，坚持稳中求进工作总基调，坚持以提高经济发展质量和效益为中心，主动适应经济发展新常态，保持经济运行在合理区间，把转方式调结构放到更加重要位置，狠抓改革攻坚，突出创新驱动，强化风险防控，加强民生保障，促进经济平稳健康发展和社会和谐稳定。会议提出2015年经济工作的主要任务：一是努力保持经济稳定增长，二是积极发现培育新增长点，三是加快转变农业发展方式，四是优化经济发展空间格局，五是加强保障和改善民生工作。

【全国组织部长会议】（2014年12月19日） 全国组织部长会议于2014年12月19日在北京召开。赵乐际主持会议。刘云山出席会议并讲话，强调要突出全面从严治党这个主线，坚持思想教育从严、干部管理从严、作风要求从严、组织建设从严、制度执行从严，统筹推进党的建设和组织工作各项任务，为全面建成小康社会、全面深化改革、全面推进依法治国提供坚强组织保证。赵乐际作工作报告。

【中央农村工作会议】（2014年12月22日至23日） 中央农村工作会议于2014年12月22日至23日在北京召开。会议总结2014年农业农村工作，研究依靠改革创新推进农业现代化的重大举措，全面部署2015年和今后一段时期农业和农村工作。汪洋主持会议。李克强出席会议并作重要讲话，张高丽出席会议。会议讨论了《中共中央国务院关于进一步深化农村改革加快推进农业现代化的若干意见（讨论稿）》。国家发改委、科技部、财政部、水利部、农业部、中国人民银行、国家林业局、国务院扶贫办负责人作大会交流发言。会议提出推进农业现代化五项工作：一是大力发展农业产业化，二是积极发展多种形式适度规模经营，三是建设资源节约、环境友好农业，四是加大农业政策和资金投入力度，五是用好两个市场两种资源。汪洋作总结讲话。

【中央政治局会议】（2014年12月29日） 中央政治局会议于2014年12月29日在北京召开。习近平主持会议。会议听取中央纪律检查委员会2014年工作汇报，研究部署2015年党风廉政建设和反腐败工作；审议通过《关于加强社会主义协商民主建设的意见》《关于加强和改进党的群团工作的意见》。会议同意2015年1月12日至14日召开十八届中央纪律检查委员会第五次全体会议。

【中央全面深化改革领导小组第八次会议】（2014年12月30日） 中央全面深化改革领导小组第八次会议于2014年12月30日在北京召开。习近平主持会议并发表重要讲话，李克强、刘云山、张高丽出席会议。中央全面深化改革领导小组成员出席，中央和国家有关部门负责同志列席会议。习近平强调，2014年是全面深化改革的开局之年，改革形成了上下联动、主动作为、蹄疾步稳、狠抓落实的好局面，呈现出全面播种、次第开花的生动景象，在一些重要领域和关键环节取得重大进展和积极成效，有力促进了稳增长、调结构、惠民生、防风险等方面的工作。2015年是全面深化改革的关键之年，气可鼓而不可泄，要巩固改革良好势头，再接再厉、趁热打铁、乘势而上，推动全面深化改革不断取得新成效。会议审议通过《关于2014年全面深化改革工作的总结报告》《中央全面深化改革领导小组2015年工作要点》《贯彻实施党的十八届四中全会决定重要举措2015年工作要点》《关于进一步规范刑事诉讼涉案财物处置工作的意见》。会议还就构建开放型经济新体制、全面深化公安改革等问题进行了研究。

【全国宣传部长会议】（2015年1月5日） 全国宣传部长会议于2015年1月5日在北京召开。刘奇葆主持会议。刘云山出席并讲话，强调要顺应党和国家事业发展新要求，扎实做好宣传思想工作，为全面建成小康社会、全面深化改革、全面依法治国、全面从严治党提供有力思想舆论支持。刘云山指出，做好宣传思想工作，最根本的是用中国特色社会主义凝聚思想共识。要持续深入地学习宣传贯彻习近平总书记系列重要讲话精神，在领会精神实质上下功夫，在入脑入心上下功夫，做到学而信、学而用、学而行。学而信，就要坚定理想信念，筑牢精神支柱；学而用，就要坚持问题导向，用讲话精神指导解决实际问题；学而行，就要内化于心、外化于行，形成推动事业发展、实现中国梦的强大力量。刘奇葆作工作部署，强调要把握正确导向、坚持价值引领、讲好中国故事、强化依法管理、奋力创新求进。

【国家科学技术奖励大会】（2015年1月9日） 国家科学技术奖励大会于2015年1月9日在北京举行。张高丽主持大会。习近平、李克强、刘云山出席大会并为获奖代表颁奖。李克强代表党中央、国务院在大会上讲话。刘延东在会上宣读了《国务院关于2014年度国家科学技术奖励的决定》。2014年度国家科学技术奖励共授奖318项成果、8位科技专家和1个外国组织。其中，国家最高科学技术奖1人；国家自然科学奖46项，其中一等奖1项、二等奖45项；国家技术发明奖70项，其中一等奖3项、二等奖67项；国家科学技术进步奖202项，其中特等奖3项、一等奖26项、二等奖173项；授予7名外籍科学家和1个外国组织中华人民共和国国际科学技术合作奖。中国科学院院士于敏获得2014年度国家最高科学技术奖。

【中央党校第一期县委书记研修班学员座谈会】（2015年1月12日） 中央党校第一期县委书记研修班学员座谈会于2015年1月12日在北京召开。习近平主持座谈会。刘云山等出席座谈会。中央有关部门和中央党校有关负责同志参加座谈会。这期研修班200名学员参加了座谈会。浙江省丽水市莲都区委书记林健东、吉林省四平市伊通县委书记孙立荣、福建省漳州市东山县委书记黄水木、西藏自治区那曲地区双湖县委书记南培、陕西省渭南市富平县委书记郭志英、云南省普洱市宁洱县委书记李鸿等先后发言。在听取发言后，习近平发表了重要讲话。习近平强调，县级政权所承担的责任越来越大，尤其是在全面建成小康社会、全面深化改革、全面依法治国、全面从严治党进程中起着重要作用。焦裕禄同志以自己的实际行动塑造了一个优秀共产党员和优秀县委书记的光辉形象。做县委书记就要做焦裕禄式的县委书记，始终做到心中有党、心中有民、心中有责、心中有戒。从2014年11月起，中央党校举办县委书记研修班，计划到2017年底将全国县（市、区、旗）委书记轮训一遍。举办研修班的目的，主要是对县委书记进行系统理论培训和党性教育，引导县委书记用党的最新理论成果武装头脑、指导实践、推动工作。

【十八届中央纪委五次全会】（2015年1月12日至14日） 十八届中央纪委五次全会于2015年1月12日至14日在北京举行。全会由中央纪律检查委员会常务委员会主持，出席会议的中央纪委委员125人，列席365人。习近平出席全会并发表重要讲话。李克强、张德江、俞正声、刘云山、王岐山、张高丽等党和国家领导人出席会议。这次全会的主要任务是：高举中国特色社会主义伟大旗帜，以邓小平理论、“三个代表”重要思想、科学发展观为指导，深入学习贯彻习近平总书记系列重要讲话精神，回顾总结2014年党风廉政建设和反腐败工作，研究部署2015年任务。全会审议通过了王岐山代表中央纪委常委会所作的《依法治国依规治党，坚定不移推进党风廉政建设和反腐败斗争》的工作报告。全会审议并通过了中央纪律检查委员会常务委员会关于申维辰、梁滨严重违纪问题的审查报告，确认中央纪律检查委员会常务委员会之前作出的给予申维辰、梁滨开除党籍处分的决定。

【中央政治局常委会议】（2015年1月16日）　中央政治局常委会会议于2015年1月16日在北京召开。习近平主持会议并发表重要讲话。会议专门听取全国人大常委会、国务院、全国政协、最高人民法院、最高人民检察院党组汇报工作。会议指出，坚持党的领导，首先是要坚持党中央的集中统一领导，这是一条根本的政治规矩。会议强调，加强党中央的集中统一领导，支持全国人大常委会、国务院、全国政协、最高人民法院、最高人民检察院依法依章程履行职责、大胆工作、发挥作用，这两个方面是统一的，两个方面哪一方面都不能偏。党中央对全国人大常委会、国务院、全国政协、最高人民法院、最高人民检察院的统一领导，很重要的一个制度就是在这些机构成立党组。党组是党中央和地方各级党委在非党组织的领导机关中设立的组织机构，是实现党对非党组织领导的重要组织形式和制度保证。中央政治局常委会听取全国人大常委会、国务院、全国政协、最高人民法院、最高人民检察院党组汇报工作，是保证党中央集中统一领导的制度性安排，意义十分重大，对全党也具有十分重要的示范意义。

【十二届国务院第四次全体会议】（2015年1月19日）　十二届国务院第四次全体会议于2015年1月19日在北京召开。李克强主持会议。会议讨论即将提请十二届全国人大三次会议审议的政府工作报告，决定将《政府工作报告（征求意见稿）》发往各省（区、市）和中央有关单位征求意见。李克强指出，2014年，我国发展面临的国内国际环境复杂严峻，经济下行压力持续加大，多重困难和挑战相互交织。在以习近平同志为总书记的党中央坚强领导下，全国各族人民万众一心，锐意进取，全面完成经济社会发展主要目标任务，经济运行处于合理区间，经济结构有新的变化，发展质量有新的提升，人民生活有新的改善，改革开放取得重大进展，成绩来之不易。李克强强调，当前世界经济深度调整、复苏艰难，我国发展进入新常态，正处于爬坡过坎、攻坚克难的关键时期。2015年经济下行压力依然较大，面临的困难可能更多，政府工作艰巨繁重。必须坚持以经济建设为中心，紧紧抓住发展这个第一要务，按照稳中求进工作总基调，奋发有为，开拓创新，以结构性改革推动结构调整，增加公共产品和服务供给，促进大众创业、万众创新，实现稳增长、调结构的平衡和民生持续改善，努力完成全年经济社会发展和“十二五”规划各项任务，促进经济中高速增长、迈向中高端水平。

【中央政法工作会议】（2015年1月20日） 中央政法工作会议于2015年1月20日在北京召开。习近平近日就政法工作作出重要指示强调，新形势下，政法机关任务更重，人民群众要求更高。希望全国政法机关主动适应新形势，增强工作前瞻性，有效防控各类风险，履行好维护国家安全和社会安定的重大责任。各级党委要切实担负起维护一方稳定的政治责任，把政法工作摆到经济社会发展全局中来谋划，积极研究解决影响政法工作的重大问题。孟建柱传达了习近平重要指示并讲话。会议提出，全国政法机关要主动适应形势新变化，切实增强工作前瞻性、主动性，推动政法工作向善于运用法治思维和法治方式转变、向着力解决深层次问题转变、向善于运用信息化手段转变、向更加开放转变，促进社会既有秩序又有活力，提高服务大局的能力和水平。要坚持以法治为引领，深化司法体制改革，深入推进平安中国、法治中国、过硬队伍建设，有效防控各类风险，忠实履行好维护社会大局稳定、促进社会公平正义、保障人民安居乐业的职责使命，为全面建成小康社会创造安全稳定的社会环境、公平正义的法治环境、优质高效的服务环境。

【全国统战部长会议】（2015年1月20日） 全国统战部长会议于2015年1月20日在北京召开。孙春兰主持会议。俞正声出席会议并讲话，强调统一战线要认真学习贯彻党的十八届三中、四中全会和中央经济工作会议精神，深入学习贯彻习近平总书记系列重要讲话精神，进一步开创统一战线工作新局面，为全面建成小康社会、实现中华民族伟大复兴的中国梦提供广泛强大持久的力量支持。俞正声强调，统战部门贯彻落实《中共中央关于加强社会主义协商民主建设的意见》精神，重点是协助党委搞好政党协商的组织和落实，始终坚持党对政党协商的领导，营造宽松民主的氛围，不断提高政党协商的水平。俞正声指出，党要管党，其中包括党要管统战。各级党委一定要增强统战意识，特别是党委负责同志要亲自主持研究统一战线重大问题，亲自做统一战线重要人士的工作。孙春兰作工作报告。

【中央政治局会议】（2015年1月23日） 中央政治局会议于2015年1月23日在北京召开。习近平主持会议。会议审议通过《国家安全战略纲要》；听取全国人大常委会、国务院、全国政协、最高人民法院、最高人民检察院党组向中央政治局常委会汇报工作的综合情况报告；听取关于2014年贯彻执行中央八项规定情况的汇报，研究部署下一步改进作风工作。会议认为，制定和实施《国家安全战略纲要》，是有效维护国家安全的迫切需要，是完善中国特色社会主义制度、推进国家治理体系和治理能力现代化的必然要求。会议强调，国家安全是安邦定国的重要基石。必须毫不动摇坚持中国共产党对国家安全工作的绝对领导，坚持集中统一、高效权威的国家安全工作领导体制。会议认为，全国人大常委会、国务院、全国政协、最高人民法院、最高人民检察院党组向中央政治局常委会、中央政治局汇报工作，是我们党长期以来形成的一个传统和制度，是保证党中央集中统一领导的制度性安排，要不断完善这方面的制度，自觉遵循并长期坚持。为全面了解2014年中央八项规定贯彻执行情况，中央办公厅、国务院办公厅会同有关部门组成12个督查调研组，分赴有关地区、部门和国有企业进行实地督查调研。从督查调研情况看，各地区各部门按照“坚持、巩固、深化、拓展”的要求，“紧箍咒”越念越紧、“组合拳”越来越密，形成了作风建设的新局面。要坚持不懈抓好中央八项规定精神贯彻落实，坚决防止不良作风反弹回潮。要强化和落实各级党委（党组）抓作风建设的主体责任，制定明细的责任清单和问责规定。要在领导层面继续深入开展反“四风”、转作风活动，特别是集中抓好遵守政治纪律、政治规矩的工作，推动党的作风建设不断取得新成效。

【十八届中央政治局第二十次集体学习】（2015年1月23日）　十八届中央政治局第二十次集体学习于2015年1月23日在北京举行。这次学习的主题是辩证唯物主义基本原理和方法论。习近平在主持学习时强调，辩证唯物主义是中国共产党人的世界观和方法论，我们党要团结带领人民协调推进全面建成小康社会、全面深化改革、全面依法治国、全面从严治党，实现“两个一百年”奋斗目标、实现中华民族伟大复兴的中国梦，必须不断接受马克思主义哲学智慧的滋养，更加自觉地坚持和运用辩证唯物主义世界观和方法论，增强辩证思维、战略思维能力，努力提高解决我国改革发展基本问题的本领。

【中央全面深化改革领导小组第九次会议】（2015年1月30日）　中央全面深化改革领导小组第九次会议于2015年1月30日在北京召开。习近平主持会议并发表重要讲话。李克强、刘云山、张高丽出席会议。中央全面深化改革领导小组成员出席，中央和国家有关部门负责同志列席会议。习近平强调，落实2015年改革任务的责任重、要求高，各地区各部门要明确任务，落实责任，及早部署，精心组织，提高改革方案质量，加大改革落实力度，深入开展改革督察，努力使各项改革举措落地生根，确保各项改革取得预期成效、真正解决问题。会议审议通过了《关于贯彻落实党的十八届四中全会决定进一步深化司法体制和社会体制改革的实施方案》《省（自治区、直辖市）纪委书记、副书记提名考察办法（试行）》《中央纪委派驻纪检组组长、副组长提名考察办法（试行）》《中管企业纪委书记、副书记提名考察办法（试行）》。

【推进“一带一路”建设工作会议】（2015年2月1日）　推进“一带一路”建设工作会议于2015年2月1日在北京召开。张高丽主持会议并讲话。“一带一路”建设工作领导小组成员和有关部门单位负责同志参加了会议。会议认真学习贯彻习近平关于“一带一路”建设的重要讲话和指示精神，学习李克强等中央领导的指示批示要求，安排部署2015年及今后一段时期推进“一带一路”建设的重大事项和重点工作。张高丽表示，推进“一带一路”建设是党中央、国务院统筹国内国际两个大局作出的重大决策，对开创我国全方位对外开放新格局、促进地区及世界和平发展具有重大意义。习近平总书记提出“一带一路”战略构想并要求高举和平、发展、合作、共赢旗帜，秉持亲诚惠容的外交理念，以政策沟通、设施联通、贸易畅通、资金融通、民心相通为主要内容，积极推进“一带一路”建设，与沿线各国共同打造政治互信、经济融合、文化包容的利益共同体、责任共同体和命运共同体，造福沿线国家人民，促进人类文明进步事业。张高丽强调，“一带一路”建设是一项宏大系统工程，要突出重点、远近结合，有力有序有效推进，确保“一带一路”建设工作开好局、起好步。

【推动长江经济带发展工作会议】（2015年2月6日） 推动长江经济带发展工作会议于2015年2月6日在北京召开。张高丽主持会议并讲话。推动长江经济带发展领导小组成员及有关部门负责同志参加了会议。会议认真学习习近平关于推动长江经济带发展的重要讲话和批示精神，学习李克强重要指示要求，研究讨论《2015年推动长江经济带发展工作要点》，部署下一步深入推动长江经济带发展工作。张高丽表示，依托黄金水道推动长江经济带发展，是党中央、国务院准确把握时代变革大趋势，积极适应经济发展新常态作出的重大战略决策。长江经济带在我国区域发展总体格局中具有重要战略地位，建设长江经济带，要按照习近平总书记的要求，科学谋划、创新机制、加强统筹，扎实有序做好工作。

【中央财经领导小组第九次会议】（2015年2月10日） 中央财经领导小组第九次会议于2015年2月10日在北京召开。习近平主持会议并发表重要讲话。李克强、刘云山、张高丽出席会议。中央财经领导小组成员出席，中央和国家有关部门负责同志列席会议。会议听取中央财经领导小组确定的新型城镇化规划、粮食安全、水安全、能源安全、创新驱动发展战略、发起建立亚洲基础设施投资银行、设立丝路基金等重大事项贯彻落实情况的汇报，审议研究京津冀协同发展规划纲要。习近平指出，两年来，中央财经领导小组已经召开了八次会议，确定了不少要办的大事，有必要检查一下这些事是不是落地见效了。总的看，各部门对贯彻落实中央财经领导小组确定的事项态度是坚决的、思路是清楚的、进度也是符合要求的。习近平强调，中央财经领导小组是党领导经济工作的重要平台，落实中央财经领导小组确定的事项，要真抓实干。要明确主体责任，主动作为、形成合力。要重视抓实际成效，善于与时俱进开展工作，确保党中央各项决策落地生根。

【中央政治局会议】（2015年2月12日） 中央政治局会议于2015年2月12日在北京召开。习近平主持会议。会议讨论国务院拟提请第十二届全国人民代表大会第三次会议审议的《政府工作报告》稿，审议《关于巡视31个省区市和新疆生产建设兵团情况的专题报告》。会议强调，我国经济发展进入新常态，经济发展基本面没有改变，我们必须毫不动摇坚持以经济建设为中心，切实抓好发展这个第一要务，坚持不懈推动科学发展，实现有质量有效益可持续的发展。会议强调，全党要清醒认识反腐败斗争依然严峻复杂的形势，深刻认识全面从严治党的重大意义，担负起管党治党的责任。从严治党，关键在治、要害在严。巡视工作必须巩固成果、深化拓展，做到利剑高悬、震慑常在，用最坚决的态度减少腐败存量，用最果断的措施遏制腐败增量。要把巡视监督作为党风廉政建设和反腐败斗争的重要平台，作为上级党组织对下级党组织监督的重要抓手，作为党内监督和群众监督结合的重要方式，为全面从严治党提供有力支撑。

【中央全面深化改革领导小组第十次会议】（2015年2月27日）　中央全面深化改革领导小组第十次会议于2015年2月27日在北京召开。习近平主持会议并发表重要讲话。李克强、刘云山、张高丽出席。中央全面深化改革领导小组成员出席，中央和国家有关部门、上海市负责同志列席会议。习近平强调，要科学统筹各项改革任务，协调抓好党的十八届三中、四中全会改革举措，在法治下推进改革、在改革中完善法治，突出重点，对准焦距，找准穴位，击中要害，推出一批能叫得响、立得住、群众认可的硬招实招，处理好改革“最先一公里”和“最后一公里”的关系，突破“中梗阻”，防止不作为，把改革方案的含金量充分展示出来，让人民群众有更多获得感。会议审议通过了《中国足球改革总体方案》《关于领导干部干预司法活动、插手具体案件处理的记录、通报和责任追究规定》《深化人民监督员制度改革方案》《上海市开展进一步规范领导干部配偶、子女及其配偶经商办企业管理工作的意见》。会议还就行业协会商会与行政机关脱钩、加强城乡社区协商等问题进行了研究。

【全国政协十二届三次会议】（2015年3月3日至13日）　全国政协十二届三次会议于2015年3月3日至13日在北京举行。3月3日的开幕会由杜青林主持，出席委员2153名；习近平、李克强、张德江、刘云山、王岐山、张高丽到会祝贺。俞正声代表政协第十二届全国委员会常务委员会向大会报告工作。广大政协委员紧紧围绕改革发展稳定重大问题和群众关心的实际问题，深入协商议政，积极建言献策。会议通过了政协第十二届全国委员会第三次会议关于常务委员会工作报告的决议、政协第十二届全国委员会提案委员会关于政协十二届三次会议提案审查情况的报告、政协第十二届全国委员会第三次会议政治决议。

【十二届全国人大三次会议】（2015年3月5日至15日）　十二届全国人大三次会议于2015年3月5日至15日在北京举行。3月5日的第一次全体会议由张德江主持，出席代表2907名。大会批准了李克强作的政府工作报告，张德江作的全国人大常委会工作报告，周强作的关于最高人民法院工作的报告，曹建明作的关于最高人民检察院工作的报告等；通过了关于2014年国民经济和社会发展计划执行情况与2015年国民经济和社会发展计划的决议，通过了关于2014年中央和地方预算执行情况与2015年中央和地方预算的决议；通过了关于修改立法法的决定，自公布之日起施行。

【中央政治局会议】（2015年3月24日） 中共中央政治局会议于2015年3月24日在北京召开。习近平主持会议。会议审议通过《关于加快推进生态文明建设的意见》，审议通过广东、天津、福建自由贸易试验区总体方案、进一步深化上海自由贸易试验区改革开放方案。

【十八届中央政治局第二十一次集体学习】（2015年3月24日） 十八届中央政治局第二十一次集体学习于2015年3月24日在北京举行。这次学习的主题是深化司法体制改革、保证司法公正。习近平在主持学习时强调，深化司法体制改革，建设公正高效权威的社会主义司法制度，是推进国家治理体系和治理能力现代化的重要举措。公正司法事关人民切身利益，事关社会公平正义，事关全面推进依法治国。要坚持司法体制改革的正确政治方向，坚持以提高司法公信力为根本尺度，坚持符合国情和遵循司法规律相结合，坚持问题导向、勇于攻坚克难，坚定信心，凝聚共识，锐意进取，破解难题，坚定不移深化司法体制改革，不断促进社会公平正义。

【中央全面深化改革领导小组第十一次会议】（2015年4月1日） 中央全面深化改革领导小组第十一次会议于2015年4月1日在北京召开。习近平主持会议并发表重要讲话。李克强、刘云山、张高丽出席会议。中央全面深化改革领导小组成员出席，中央和国家有关部门负责同志列席会议。习近平强调，必须从贯彻落实“四个全面”战略布局的高度，深刻把握全面深化改革的关键地位和重要作用，拿出勇气和魄力，自觉运用改革思维谋划和推动工作，不断提高领导、谋划、推动、落实改革的能力和水平，切实做到人民有所呼、改革有所应。会议审议通过了《乡村教师支持计划（2015—2020年）》《关于城市公立医院综合改革试点的指导意见》《人民陪审员制度改革试点方案》《关于人民法院推行立案登记制改革的意见》《党的十八届四中全会重要举措实施规划（2015—2020年）》。会议还就深化农村改革、鼓励社会力量兴办教育促进民办教育健康发展等问题进行了研究。

【庆祝“五一”国际劳动节暨表彰全国劳动模范和先进工作者大会】（2015年4月28日） 庆祝“五一”国际劳动节暨表彰全国劳动模范和先进工作者大会于2015年4月28日在北京举行。李克强主持大会。习近平、张德江、俞正声、刘云山、王岐山、张高丽出席。刘云山宣读《中共中央、国务院关于表彰全国劳动模范和先进工作者的决定》，授予2064人全国劳动模范荣誉称号、授予904人全国先进工作者荣誉称号。习近平在讲话中强调，伟大的事业呼唤着我们，庄严的使命激励着我们。我国工人阶级和广大劳动群众要更加紧密地团结在党中央周围，弘扬劳模精神，弘扬劳动精神，弘扬我国工人阶级和广大劳动群众的伟大品格，在实现“两个一百年”奋斗目标的伟大征程上再创新的业绩，以劳动托起中国梦。

【中央政治局会议】（2015年4月30日）　中央政治局会议于2015年4月30日在北京召开。习近平主持会议。会议分析研究当前经济形势和经济工作，审议通过《中国共产党统一战线工作条例（试行）》《京津冀协同发展规划纲要》。会议提出，统一战线作为党的总路线总政策的重要组成部分，是党凝心聚力、攻坚克难、夺取胜利的重要法宝。制定《中国共产党统一战线工作条例》，既是贯彻落实党的十八届四中全会精神的重要举措，也是提高党的统战工作科学化水平的必然要求。会议强调，条例是中国共产党关于统一战线工作的第一部党内法规，各级党委要切实担负起学习、宣传、贯彻条例精神第一责任人的职责，精心组织，周密部署，把条例各项规定落到实处，巩固发展全党重视统战工作良好局面。会议指出，推动京津冀协同发展是一个重大国家战略。战略的核心是有序疏解北京非首都功能，调整经济结构和空间结构，走出一条内涵集约发展的新路子，探索出一种人口经济密集地区优化开发的模式，促进区域协调发展，形成新增长极。

【十八届中央政治局第二十二次集体学习】（2015年4月30日）　十八届中央政治局第二十二次集体学习于2015年4月30日在北京举行。这次学习的主题是健全城乡发展一体化体制机制。习近平在主持学习时强调，加快推进城乡发展一体化，是党的十八大提出的战略任务，也是落实“四个全面”战略布局的必然要求。全面建成小康社会，最艰巨最繁重的任务在农村特别是农村贫困地区。我们一定要抓紧工作、加大投入，努力在统筹城乡关系上取得重大突破，特别是要在破解城乡二元结构、推进城乡要素平等交换和公共资源均衡配置上取得重大突破，给农村发展注入新的动力，让广大农民平等参与改革发展进程、共同享受改革发展成果。

【中央全面深化改革领导小组第十二次会议】（2015年5月5日）　中央全面深化改革领导小组第十二次会议于2015年5月5日在北京召开。习近平主持会议并发表重要讲话。李克强、刘云山、张高丽出席。中央全面深化改革领导小组成员出席，中央和国家有关部门负责同志列席会议。习近平强调，要教育引导各级领导干部自觉用“四个全面”战略布局统一思想，正确把握改革大局，从改革大局出发看待利益关系调整，只要对全局改革有利、对党和国家事业发展有利、对本系统本领域形成完善的体制机制有利，都要自觉服从改革大局、服务改革大局，勇于自我革命，敢于直面问题，共同把全面深化改革这篇大文章做好。会议审议通过了《关于在部分区域系统推进全面创新改革试验的总体方案》《检察机关提起公益诉讼改革试点方案》《关于完善法律援助制度的意见》《深化科技体制改革实施方案》《中国科协所属学会有序承接政府转移职能扩大试点工作实施方案》。会议同意山西、内蒙古、黑龙江、江苏、浙江、安徽、福建、山东、重庆、云南、宁夏开展推进司法责任制、司法人员分类管理、司法人员职业保障、省以下地方法院检察院人财物统一管理等四项改革试点。这是继2014年上海、广东、吉林、湖北、青海、海南、贵州七个试点省市后的第二批试点。

【中央统战工作会议】（2015年5月18日至20日） 中央统战工作会议于2015年5月18日至20日在北京召开。习近平出席会议并发表重要讲话。俞正声出席会议并作总结讲话。习近平强调，全面贯彻落实党的十八大和十八届三中、四中全会精神，坚持以邓小平理论、“三个代表”重要思想、科学发展观为指导，深入研究统战工作面临的形势，扎扎实实做好统一战线各方面工作，巩固和发展最广泛的爱国统一战线，为推进“四个全面”战略布局，为实现“两个一百年”奋斗目标、实现中华民族伟大复兴的中国梦，提供广泛力量支持。俞正声在讲话中指出，习近平总书记的重要讲话，科学回答了新形势下需要不需要统一战线，需要什么样的统一战线，以及怎样巩固和发展统一战线等重大问题，是指导统一战线事业发展的纲领性文献。要认真学习贯彻习近平总书记重要讲话精神，扎实推进各领域统战工作，不断开创党的统一战线事业新局面。孙春兰对《中国共产党统一战线工作条例（试行）》作了说明。中组部、北京市、天津市、湖北省、湖南省、清华大学的代表作大会交流发言。

【全国国家安全机关总结表彰大会】（2015年5月19日） 全国国家安全机关总结表彰大会于2015年5月19日在北京举行。习近平会见全体与会代表，并发表重要讲话。他强调，全国国家安全机关要以受到表彰的先进单位和个人为榜样，认真学习贯彻党的十八大和十八届三中、四中全会精神，贯彻落实总体国家安全观，坚定理想信念，忠诚党的事业，与时俱进开创国家安全工作新局面，为实现“两个一百年”奋斗目标、实现中华民族伟大复兴的中国梦作出更大贡献。孟建柱参加会见并在表彰大会上讲话。

【华东七省市党委主要负责同志座谈会】（2015年5月27日） 华东七省市党委主要负责同志座谈会于2015年5月27日在浙江召开。习近平主持座谈会。这次座谈会是习近平在浙江调研期间专门召开的。听取对“十三五”时期经济社会发展的意见和建议。座谈会上，上海市委书记韩正、江苏省委书记罗志军、浙江省委书记夏宝龙、安徽省委书记张宝顺、福建省委书记尤权、江西省委书记强卫、山东省委书记姜异康先后发言。王沪宁、栗战书和中央有关部门负责同志参加座谈会。在听取大家发言后，习近平发表重要讲话。他强调，“十三五”时期是我国经济社会发展非常重要的时期，各级党委和政府要明大势、看大局，深刻把握国际国内发展基本走势，把我们所处的国内外发展环境和条件分析透，把我们前进的方向和目标理清楚，把我们面临的机遇和挑战搞明白，坚持立足优势、趋利避害、积极作为，系统谋划好“十三五”时期经济社会发展。

【中央政治局会议】（2015年5月29日）　中央政治局会议于2015年5月29日在北京召开。习近平主持会议。会议审议通过了《中国共产党党组工作条例（试行）》。会议指出，中国共产党发挥总揽全局、协调各方的领导核心作用，必须有坚强有力的组织制度保障。在国家机关、人民团体、经济组织、文化组织、社会组织和其他组织领导机关中设立党组，是确保党的理论和路线方针政策得到贯彻落实的重要途径，体现了我们党独特的政治优势、组织优势、制度优势。《条例》对党组的设立、职责、组织原则、议事决策等作出全面规范，对监督检查、责任追究提出明确要求，是党组工作方面一部基础主干党内法规，是党组设立和运行的总依据总遵循。

【十八届中央政治局第二十三次集体学习】（2015年5月29日）　十八届中央政治局第二十三次集体学习于2015年5月29日在北京举行。这次学习的主题是健全公共安全体系。习近平在主持学习时强调，公共安全连着千家万户，确保公共安全事关人民群众生命财产安全，事关改革发展稳定大局。要牢固树立安全发展理念，自觉把维护公共安全放在维护最广大人民根本利益中来认识，扎实做好公共安全工作，努力为人民安居乐业、社会安定有序、国家长治久安编织全方位、立体化的公共安全网。

【中央全面深化改革领导小组第十三次会议】（2015年6月5日）　中央全面深化改革领导小组第十三次会议于2015年6月5日在北京召开。习近平主持会议并发表重要讲话。李克强、刘云山、张高丽出席会议。中央全面深化改革领导小组成员出席，中央和国家有关部门负责同志列席会议。会议审议通过了《关于在深化国有企业改革中坚持党的领导加强党的建设的若干意见》《关于加强和改进企业国有资产监督防止国有资产流失的意见》《关于完善国家统一法律职业资格制度的意见》《关于招录人民法院法官助理、人民检察院检察官助理的意见》《关于进一步规范司法人员与当事人、律师、特殊关系人、中介组织接触交往行为的若干规定》。会议同意海南省就统筹经济社会发展规划、城乡规划、土地利用规划等开展省域“多规合一”改革试点。习近平强调，试点是改革的重要任务，更是改革的重要方法。试点能否迈开步子、趟出路子，直接关系改革成效。要牢固树立改革全局观，顶层设计要立足全局，基层探索要观照全局，大胆探索，积极作为，发挥好试点对全局性改革的示范、突破、带动作用。

【全国农村基层党建工作座谈会】（2015年6月5日至6日）　全国农村基层党建工作座谈会于2015年6月5日至6日在杭州召开。刘云山出席会议并讲话。各省区市、新疆生产建设兵团党委组织部长，中央有关部门负责同志参加会议。与会同志实地考察了浙江农村基层党建情况。刘云山强调，做好“三农”工作关键在农村基层党组织，要深入贯彻习近平总书记重要指示精神，围绕发挥党组织战斗堡垒作用和党员先锋模范作用，强化问题导向、抓好责任落实、加大保障力度，全面提升农村基层党建水平，为促进农村改革发展稳定、协调推进“四个全面”战略布局提供坚强保证。会上，浙江、安徽、湖北省和山东齐河县、辽宁周坨子镇、四川两河村的负责同志介绍了经验。赵乐际作总结讲话。

【部分省区市党委主要负责同志座谈会】（2015年6月18日） 部分省区市党委主要负责同志座谈会于2015年6月18日在贵州召开。习近平在贵州调研期间专门主持召开了这次涉及武陵山、乌蒙山、滇桂黔集中连片特困地区扶贫攻坚座谈会，听取对“十三五”时期扶贫开发工作和经济社会发展的意见和建议。王沪宁、栗战书和中央有关部门负责同志参加座谈会。座谈会上，汪洋汇报了贵州扶贫考察情况，湖北、湖南、广西、重庆、四川、贵州、云南等省市自治区委书记先后发言。会前，汪洋同与会的省区市党委主要负责同志分别到贵州毕节市的一个县了解了当地扶贫开发实际情况。在听取大家发言后，习近平发表重要讲话。他强调，“十三五”时期是我们确定的全面建成小康社会的时间节点，全面建成小康社会最艰巨最繁重的任务在农村，特别是在贫困地区。各级党委和政府要把握时间节点，努力补齐短板，科学谋划好“十三五”时期扶贫开发工作，确保贫困人口到2020年如期脱贫。习近平就加大力度推进扶贫开发工作提出“四个切实”的具体要求：第一，切实落实领导责任。第二，切实做到精准扶贫。第三，切实强化社会合力。第四，切实加强基层组织。

【中央政治局会议】（2015年6月26日） 中央政治局会议于2015年6月26日在北京召开。习近平主持会议。会议审议通过《中国共产党巡视工作条例（修订稿）》《关于推进领导干部能上能下的若干规定（试行）》。《中国共产党巡视工作条例》修订坚决贯彻党的十八大和十八届三中、四中全会精神，贯彻习近平总书记系列重要讲话精神，充分吸收巡视工作实践创新成果，注重解决巡视工作面临的新情况新问题，进一步明确巡视工作定位，围绕党的政治纪律、组织纪律、廉洁纪律、群众纪律、工作纪律和生活纪律，深化巡视监督内容，对机构设置、工作职责、方式权限、纪律要求等作出明确规范，对于推动依法依规开展巡视，更好发挥巡视利剑作用具有重大意义。会议指出，全面从严治党，关键是从严管好用好领导干部。推进干部能上能下，重点是解决能下问题。在干部工作中，既要把党和人民需要的好干部选准用好，又要把那些存在问题或者相形见绌的干部调整下来。制定和实施《关于推进领导干部能上能下的若干规定（试行）》，是全面从严治党、从严管理干部的重要举措，对于促使干部自觉践行“三严三实”要求，解决为官不正、为官不为、为官乱为等问题，建设高素质干部队伍，完善从严管理干部制度体系，具有重要意义。

【十八届中央政治局第二十四次集体学习】（2015年6月26日） 十八届中央政治局第二十四次集体学习于2015年6月26日在北京举行。这次学习的主题是加强反腐倡廉法规制度建设。习近平在主持学习时强调，我们党长期执政，既具有巨大政治优势，也面临严峻挑战，必须依靠党的各级组织和人民的力量，不断加强和改进党的建设、管理、监督。铲除不良作风和腐败现象滋生蔓延的土壤，根本上要靠法规制度。要加强反腐倡廉法规制度建设，把法规制度建设贯穿到反腐倡廉各个领域、落实到制约和监督权力各个方面，发挥法规制度的激励约束作用，推动形成不敢腐不能腐不想腐的有效机制。

【全国优秀县委书记表彰会议】（2015年6月30日） 全国优秀县委书记表彰会议于2015年6月30日在北京召开。为贯彻落实习近平总书记系列重要讲话精神，树立先进典型，激励党员干部特别是领导干部努力成为党和人民信赖的好干部，经党中央同意，中央组织部决定，对在县（市、区、旗）委书记岗位上取得优异成绩的102名同志授予全国优秀县委书记称号。赵乐际主持表彰会议。习近平在会见全国优秀县委书记时要求广大县委书记做政治的明白人、发展的开路人、群众的贴心人、班子的带头人。刘云山参加会见并在表彰会议上讲话。

【中央全面深化改革领导小组第十四次会议】（2015年7月1日） 中央全面深化改革领导小组第十四次会议于2015年7月1日在北京召开。习近平主持会议并发表重要讲话。刘云山、张高丽出席会议。中央全面深化改革领导小组成员出席，中央和国家有关部门负责同志列席会议。习近平强调，领导干部是否做到严以修身、严以用权、严以律己，谋事要实、创业要实、做人要实，全面深化改革是一个重要检验。要把“三严三实”要求贯穿改革全过程，引导广大党员、干部特别是领导干部大力弘扬实事求是、求真务实精神，理解改革要实，谋划改革要实，落实改革也要实，既当改革的促进派，又当改革的实干家。会议审议通过了《环境保护督察方案（试行）》《生态环境监测网络建设方案》《关于开展领导干部自然资源资产离任审计的试点方案》《党政领导干部生态环境损害责任追究办法（试行）》《关于推动国有文化企业把社会效益放在首位、实现社会效益和经济效益相统一的指导意见》。

【中央党的群团工作会议】（2015年7月6日至7日） 中央党的群团工作会议于2015年7月6日至7日在北京召开。习近平、李克强、张德江、俞正声、刘云山、王岐山、张高丽出席会议。这次会议的主要任务是分析研究新形势下党的群团工作面临的新情况新问题，贯彻落实《关于加强和改进党的群团工作的意见》，总结成功经验，解决突出问题，推动改革创新，努力开创党的群团工作新局面。由党中央召开党的群团工作会议，在党的历史上还是第一次。习近平在会上强调，中国特色社会主义事业是亿万人民的事业，党的群团工作肩负着庄严使命。工会、共青团、妇联等群团组织一定要坚持解放思想、改革创新、锐意进取、扎实苦干，切实保持和增强党的群团工作和群团组织的政治性、先进性、群众性，组织动员广大人民群众更加紧密地团结在党的周围，把广大人民群众对美好生活的追求汇聚成强大动力，共同谱写实现“两个一百年”奋斗目标、实现中华民族伟大复兴中国梦的新篇章。北京市、贵州省、全国总工会、共青团中央、全国妇联、清华大学、浙江省嘉善县负责同志作大会发言。刘云山作总结讲话。

【部分省区党委主要负责同志座谈会】（2015年7月17日） 部分省区党委主要负责同志座谈会于2015年7月17日在长春市召开。这次会议是习近平在吉林调研期间专门召开的，主要是听取对振兴东北地区等老工业基地和“十三五”时期经济社会发展的意见和建议。座谈会上，辽宁省委书记李希、吉林省委书记巴音朝鲁、黑龙江省委书记王宪魁、内蒙古自治区党委书记王君先后发言。王沪宁、栗战书和中央有关部门负责同志参加座谈会。在听取大家发言后，习近平发表重要讲话。习近平强调，无论从东北地区来看，还是从全国发展来看，实现东北老工业基地振兴都具有重要意义。振兴东北老工业基地已到了滚石上山、爬坡过坎的关键阶段，国家要加大支持力度，东北地区要增强内生发展活力和动力，精准发力，扎实工作，加快老工业基地振兴发展。

【中央政治局会议】（2015年7月20日） 中央政治局会议于2015年7月20日在北京召开。习近平主持会议。会议决定2015年10月在北京召开中国共产党第十八届中央委员会第五次全体会议。主要议程是，中共中央政治局向中央委员会报告工作，研究关于制定国民经济和社会发展第十三个五年规划的建议。会议审议并通过中共中央纪律检查委员会《关于令计划严重违纪案的审查报告》，决定给予令计划开除党籍、开除公职处分，对其涉嫌犯罪问题及线索移送司法机关依法处理。

【中央政治局会议】（2015年7月30日） 中央政治局会议于2015年7月30日在北京召开。习近平主持会议。会议分析研究当前经济形势和经济工作，研究进一步推进西藏经济社会发展和长治久安工作，决定设立中央统一战线工作领导小组。中央统一战线工作领导小组的主要职责是对统一战线贯彻落实中央重大决策部署和中央关于统一战线重大方针、政策、法律法规情况进行研究，指导各地区各部门各单位党委（党组）贯彻落实中央关于统一战线的方针政策、法律法规，督促检查中央关于统一战线的重大方针、政策、法律法规的贯彻落实等。会议审议并通过中央军委纪律检查委员会《关于对郭伯雄组织调查情况和处理意见的报告》，决定给予郭伯雄开除党籍处分，对其涉嫌严重受贿犯罪问题及线索移送最高人民检察院授权军事检察机关依法处理。

【十八届中央政治局第二十五次集体学习】（2015年7月30日）　十八届中央政治局第二十五次集体学习于2015年7月30日在北京举行。这次学习的主题是中国人民抗日战争的回顾和思考。习近平在主持学习时强调，深入开展中国人民抗日战争研究，必须坚持正确历史观、加强规划和力量整合、加强史料收集和整理、加强舆论宣传工作，让历史说话，用史实发言，着力研究和深入阐释中国人民抗日战争的伟大意义、中国人民抗日战争在世界反法西斯战争中的重要地位、中国共产党的中流砥柱作用是中国人民抗日战争胜利的关键等重大问题。

【中央全面深化改革领导小组第十五次会议】（2015年8月18日）　中央全面深化改革领导小组第十五次会议于2015年8月18日在北京召开。习近平主持会议并发表重要讲话。李克强、刘云山、张高丽出席会议。中央全面深化改革领导小组成员出席，中央和国家有关部门负责同志列席会议。习近平强调，2015年以来，在2014年全面深化改革开局良好的基础上，各方面改革继续呈现蹄疾步稳、纵深推进的良好态势，在一些重要领域和关键环节取得新突破。各级党委和政府要增强改革定力、保持改革韧劲，加强思想引导，注重研究改革遇到的新情况新问题，锲而不舍、坚韧不拔，提高改革精确发力和精准落地能力，扎扎实实把改革举措落到实处。会议审议通过了《关于改进审计查出突出问题整改情况向全国人大常委会报告机制的意见》《关于完善人民法院司法责任制的若干意见》《关于完善人民检察院司法责任制的若干意见》《统筹推进世界一流大学和一流学科建设总体方案》《全面改善贫困地区义务教育薄弱学校基本办学条件工作专项督导办法》《关于建立居民身份证异地受理挂失申报和丢失招领制度的意见》。

【中央第六次西藏工作座谈会】（2015年8月24日至25日）　中央第六次西藏工作座谈会于2015年8月24日至25日在北京召开。会议全面回顾了新中国成立以来特别是中央第五次西藏工作座谈会以来的西藏工作，明确了当前和今后一个时期西藏工作的指导思想、目标要求、重大举措，对进一步推进西藏经济社会发展和长治久安工作作了战略部署。会议还对四川、云南、甘肃、青海省藏区发展稳定工作作出全面部署。习近平出席会议并发表重要讲话。习近平强调，要以邓小平理论、"三个代表"重要思想、科学发展观为指导，坚持"四个全面"战略布局，坚持党的治藏方略，把维护祖国统一、加强民族团结作为工作的着眼点和着力点，坚定不移开展反分裂斗争，坚定不移促进经济社会发展，坚定不移保障和改善民生，坚定不移促进各民族交往交流交融，确保国家安全和长治久安，确保经济社会持续健康发展，确保各族人民物质文化生活水平不断提高，确保生态环境良好。习近平在讲话中指出，西藏工作关系党和国家工作大局。党中央历来高度重视西藏工作。在60多年的实践过程中，我们形成了党的治藏方略，这就是：必须坚持中国共产党领导，坚持社会主义制度，坚持民族区域自治制度；必须坚持治国必治边、治边先稳藏的战略思想，坚持依法治藏、富民兴藏、长期建藏、凝聚人心、夯实基础的重要原则；必须牢牢把握西藏社会的主要矛盾和特殊矛盾，把改善民生、凝聚人心作为经济社会发展的出发点和落脚点，坚持对达赖集团斗争的方针政策不动摇；必须全面正确贯彻党的民族政策和宗教政策，加强民族团结，不断增进各族群众对伟大祖国、中华民族、中华文化、中国共产党、中国特色社会主义的认同；必须把中央关心、全国支援同西藏各族干部群众艰苦奋斗紧密结合起来，在统筹国内国际两个大局中做好西藏工作；必须加强各级党组织和干部人才队伍建设，巩固党在西藏的执政基础。其中，依法治藏、富民兴藏、长期建藏、凝聚人心、夯实基础，是党的十八大以后党中央提出的西藏工作重要原则。李克强就推进西藏和四省藏区经济社会发展作了讲话。俞正声在会议结束时作了讲话。张德江、刘云山、王岐山、张高丽出席会议。

【纪念中国人民抗日战争暨世界反法西斯战争胜利七十周年大会】（2015年9月3日） 纪念中国人民抗日战争暨世界反法西斯战争胜利70周年大会于2015年9月3日在北京举行。李克强主持纪念大会。习近平发表重要讲话并检阅受阅部队。张德江、俞正声、刘云山、王岐山、张高丽、江泽民、胡锦涛出席。65位外国国家元首、政府首脑、政府高级别代表、联合国等国际组织负责人、前政要，30个国家的外军观摩团团长等出席大会。天安门广场举行盛大阅兵仪式。习近平强调，我们纪念中国人民抗日战争暨世界反法西斯战争胜利70周年，就是要铭记历史、缅怀先烈、珍爱和平、开创未来。为了和平，中国将始终坚持走和平发展道路，坚决捍卫中国人民抗日战争和世界反法西斯战争胜利成果，努力为人类作出新的更大的贡献。让我们共同铭记历史所启示的伟大真理：正义必胜！和平必胜！人民必胜！习近平宣布，中国将裁减军队员额30万。

【庆祝西藏自治区成立五十周年大会】（2015年9月8日） 庆祝西藏自治区成立50周年大会于2015年9月8日在拉萨市举行。俞正声率中央代表团出席大会并讲话。刘延东宣读了中共中央、全国人大常委会、国务院、全国政协、中央军委关于庆祝西藏自治区成立50周年的贺电。习近平题写了“加强民族团结　建设美丽西藏”的贺匾。

【中央政治局会议】（2015年9月11日） 中央政治局会议于2015年9月11日在北京召开。习近平主持会议。会议审议通过了《生态文明体制改革总体方案》《关于繁荣发展社会主义文艺的意见》。会议认为，生态文明体制改革是全面深化改革的应有之义。《生态文明体制改革总体方案》是生态文明领域改革的顶层设计。会议要求，各地区各部门务必从改革发展全局高度，深刻认识生态文明体制改革的重大意义，增强责任感、紧迫感、使命感，扎实推进生态文明体制改革，全面提高我国生态文明建设水平。

会议指出，文艺是民族精神的火炬，是时代前进的号角。实现中华民族伟大复兴，离不开中华文化繁荣兴盛，离不开文艺事业繁荣发展。举精神旗帜、立精神支柱、建精神家园，是当代中国文艺的崇高使命。弘扬中国精神、传播中国价值、凝聚中国力量，是文艺工作者的神圣职责。会议强调，党的领导是文艺繁荣发展的根本保证。各级党委要把文艺工作纳入重要议事日程，抓好宏观指导，把好文艺方向。各级政府要把文艺事业纳入经济社会发展总体规划，落实中央支持文艺发展的政策，制定本地支持文艺发展具体措施。

【十八届中央政治局第二十六次集体学习】（2015年9月11日） 十八届中央政治局第二十六次集体学习于2015年9月11日在北京举行。这次学习的主题是践行“三严三实”。习近平在主持学习时强调，党中央在部署这次专题教育时明确提出要以上率下，中央政治局这次集体学习以“三严三实”为题，就是落实这一要求的行动。中央政治局每位同志都要以身作则，为全党做好示范。“三严三实”是我们天天要面对的要求，大家要时时铭记、事事坚持、处处上心，随时准备坚持真理、随时准备修正错误，凡是有利于党和人民事业的，就坚决干、加油干、一刻不停歇地干；凡是不利于党和人民事业的，就坚决改、彻底改、一刻不耽误地改。这次中央政治局集体学习，由中央政治局同志自学并交流体会，五位同志就这个问题作了重点发言，中央政治局各位同志听取了他们的发言，并就有关问题进行了讨论。

【中央全面深化改革领导小组第十六次会议】（2015年9月15日） 中央全面深化改革领导小组第十六次会议于2015年9月15日在北京召开。习近平主持会议并发表重要讲话。李克强、刘云山、张高丽出席。中央全面深化改革领导小组成员出席，中央和国家有关部门负责同志列席会议。习近平强调，以开放促改革、促发展，是我国改革发展的成功实践。改革和开放相辅相成、相互促进，改革必然要求开放，开放也必然要求改革。要坚定不移实施对外开放的基本国策、实行更加积极主动的开放战略，坚定不移提高开放型经济水平，坚定不移引进外资和外来技术，坚定不移完善对外开放体制机制，以扩大开放促进深化改革，以深化改革促进扩大开放，为经济发展注入新动力、增添新活力、拓展新空间。会议审议通过了《关于实行市场准入负面清单制度的意见》《关于支持沿边重点地区开发开放若干政策措施的意见》《关于推进价格机制改革的若干意见》《关于鼓励和规范国有企业投资项目引入非国有资本的指导意见》《关于深化律师制度改革的意见》《法官、检察官单独职务序列改革试点方案》《法官、检察官工资制度改革试点方案》《关于加强外国人永久居留服务管理的意见》。

【全国社会治安防控体系建设工作会议】（2015年9月23日） 全国社会治安防控体系建设工作会议于2015年9月23日在辽宁大连召开。会议强调，政法综治战线要全面贯彻党的十八大和十八届三中、四中全会精神，深入贯彻习近平总书记系列重要讲话精神，紧紧围绕“四个全面”战略布局，牢牢把握推进国家治理体系和治理能力现代化的总要求，主动适应新形势，切实增强风险意识，以提高人民群众安全感和满意度为目标，以理念、体制机制、方式手段创新为动力，以现代科学技术为引领，以基层基础建设为支撑，完善立体化社会治安防控体系，提高维护公共安全能力水平，有效防范、化解、管控影响社会安定的突出问题，防止各类风险聚积扩散，促进社会安定有序、国家长治久安。会议传达了习近平日前就公共安全工作作出的重要指示。孟建柱出席会议并讲话，郭声琨、周强、曹建明等出席会议。

【庆祝中华人民共和国成立六十六周年暨新疆维吾尔自治区成立六十周年大会】（2015年10月1日） 庆祝中华人民共和国成立66周年暨新疆维吾尔自治区成立60周年大会于2015年10月1日在乌鲁木齐举行。俞正声率中央代表团出席大会并讲话。刘延东宣读了中共中央、全国人大常委会、国务院、全国政协、中央军委关于庆祝新疆维吾尔自治区成立60周年的贺电。习近平题写了“建设美丽新疆 共圆祖国梦想”的贺匾。

【中央政治局会议】（2015年10月12日） 中央政治局会议于2015年10月12日在北京召开。习近平主持会议。会议听取了《中共中央关于制定国民经济和社会发展第十三个五年规划的建议》稿在党内外一定范围征求意见的情况报告，决定根据这次会议讨论的意见进行修改后将建议稿提请十八届五中全会审议。会议审议通过了《中国共产党廉洁自律准则》《中国共产党纪律处分条例》。《准则》和《条例》的修订工作，坚持以党章为根本遵循，坚持问题导向，坚持纪严于法、纪在法前，汲取党的建设的历史经验，把从严治党实践成果转化为纪律和道德要求，实现了党内法规建设与时俱进。《准则》紧扣廉洁自律主题，重申党的理想信念宗旨、优良传统作风，坚持正面倡导、重在立德，为党员和党员领导干部树立了看得见、摸得着的高标准，展现了共产党人的高尚道德情操。《条例》把党章对纪律的要求整合成政治纪律、组织纪律、廉洁纪律、群众纪律、工作纪律、生活纪律，开列负面清单，重在立规，划出了党组织和党员不可触碰的底线。会议决定，中国共产党第十八届中央委员会第五次全体会议于10月26日至29日在北京召开。

【十八届中央政治局第二十七次集体学习】（2015年10月12日） 十八届中央政治局第二十七次集体学习于2015年10月12日在北京举行。这次学习的主题是全球治理格局和全球治理体制。习近平在主持学习时强调，我们参与全球治理的根本目的，就是服从服务于实现“两个一百年”奋斗目标、实现中华民族伟大复兴的中国梦。要审时度势，努力抓住机遇，妥善应对挑战，统筹国内国际两个大局，推动全球治理体制向着更加公正合理方向发展，为我国发展和世界和平创造更加有利的条件。

【中央全面深化改革领导小组第十七次会议】（2015年10月13日） 中央全面深化改革领导小组第十七次会议于2015年10月13日在北京召开。习近平主持会议并发表重要讲话。李克强、刘云山出席会议。中央全面深化改革领导小组成员出席，中央和国家有关部门负责同志列席会议。习近平强调，中央通过的改革方案落地生根，必须鼓励和允许不同地方进行差别化探索。全面深化改革任务越重，越要重视基层探索实践。要把鼓励基层改革创新、大胆探索作为抓改革落地的重要方法，坚持问题导向，着力解决好改革方案同实际相结合的问题、利益调整中的阻力问题、推动改革落实的责任担当问题，把改革落准落细落实，使改革更加精准地对接发展所需、基层所盼、民心所向，更好造福群众。会议审议通过了《关于加强和改进行政应诉工作的意见》《深化国税、地税征管体制改革方案》《关于进一步推进农垦改革发展的意见》《关于国有企业功能界定与分类的指导意见》《关于完善矛盾纠纷多元化解机制的意见》。

【全国社会组织党的建设工作座谈会】（2015年10月16日） 全国社会组织党的建设工作座谈会于2015年10月16日在北京召开。赵乐际出席会议并讲话。他强调，要深入学习贯彻习近平总书记系列重要讲话精神，贯彻《关于加强社会组织党的建设工作的意见（试行）》，按照“四个全面”战略布局，坚持实事求是、改革创新，充分发挥党的政治优势和组织优势，切实发挥社会组织党组织的政治核心作用，把党的领导与社会组织依法自治统一起来，把社会组织自身发展与坚持中国特色社会主义方向结合起来，保证社会组织健康有序发展。

【纪念台湾光复七十周年大会】（2015年10月23日） 纪念台湾光复70周年大会于2015年10月23日在北京举行。孙春兰主持大会。俞正声等领导同志，中央党政军有关部门、人民团体和北京市负责同志，首都各界人士、港澳台同胞、海外侨胞、外国驻华使节代表共500余人出席大会。俞正声在题为《共同铭记历史，共圆伟大梦想》的讲话中指出，抗战胜利、台湾光复，洗刷了近代以来中国屡遭外来侵略的民族耻辱，重新确立了中国在世界上的大国地位，开辟了中华民族伟大复兴的光明前景。台湾回归祖国，是包括台湾同胞在内的全体中华儿女赢得抗日战争胜利的成果。1949年以来，尽管两岸尚未统一，但中国主权和领土完整从未分裂，大陆和台湾同属一个中国的事实从未改变。维护国家主权和领土完整，维护台湾是中国领土一部分的地位不被改变，是全体中华儿女的神圣使命。两岸同胞有决心、有能力挫败一切“台独”分裂图谋，维护台海和平，推动两岸关系向前发展。我们纪念台湾光复，就是要铭记历史教训，缅怀先烈功勋，弘扬抗战精神，共谋和平发展，同心致力于实现中华民族伟大复兴。

【十八届五中全会】（2015年10月26日至29日） 十八届五中全会于2015年10月26日至29日在北京举行。中央政治局主持会议。出席这次全会的有，中央委员199人，候补中央委员156人。中央纪律检查委员会常务委员会委员和有关方面负责同志列席了会议。党的十八大代表中部分基层同志和专家学者也列席了会议。习近平作了重要讲话。全会听取和讨论了习近平受中央政治局委托作的工作报告，审议通过了《中共中央关于制定国民经济和社会发展第十三个五年规划的建议》。习近平就《建议（讨论稿）》向全会作了说明。全会提出了“十三五”时期我国发展的指导思想：高举中国特色社会主义伟大旗帜，全面贯彻党的十八大和十八届三中、四中全会精神，以马克思列宁主义、毛泽东思想、邓小平理论、“三个代表”重要思想、科学发展观为指导，深入贯彻习近平总书记系列重要讲话精神，坚持全面建成小康社会、全面深化改革、全面依法治国、全面从严治党的战略布局，坚持发展是第一要务，以提高发展质量和效益为中心，加快形成引领经济发展新常态的体制机制和发展方式，保持战略定力，坚持稳中求进，统筹推进经济建设、政治建设、文化建设、社会建设、生态文明建设和党的建设，确保如期全面建成小康社会，为实现第二个百年奋斗目标、实现中华民族伟大复兴的中国梦奠定更加坚实的基础。全会强调，如期实现全面建成小康社会奋斗目标，推动经济社会持续健康发展，必须遵循以下原则：坚持人民主体地位，坚持科学发展，坚持深化改革，坚持依法治国，坚持统筹国内国际两个大局，坚持党的领导。全会提出了全面建成小康社会新的目标要求：经济保持中高速增长，在提高发展平衡性、包容性、可持续性的基础上，到2020年国内生产总值和城乡居民人均收入比2010年翻一番，产业迈向中高端水平，消费对经济增长贡献明显加大，户籍人口城镇化率加快提高。农业现代化取得明显进展，人民生活水平和质量普遍提高，我国现行标准下农村贫困人口实现脱贫，贫困县全部摘帽，解决区域性整体贫困。国民素质和社会文明程度显著提高。生态环境质量总体改善。各方面制度更加成熟更加定型，国家治理体系和治理能力现代化取得重大进展。全会强调，实现“十三五”时期发展目标，破解发展难题，厚植发展优势，必须牢固树立并切实贯彻创新、协调、绿色、开放、共享的发展理念。这是关系我国发展全局的一场深刻变革。全党同志要充分认识这场变革的重大现实意义和深远历史意义。

全会按照党章规定，决定递补中央委员会候补委员刘晓凯、陈志荣、金振吉为中央委员会委员。全会审议并通过了中共中央纪律检查委员会关于令计划、周本顺、杨栋梁、朱明国、王敏、陈川平、仇和、杨卫泽、潘逸阳、余远辉严重违纪问题的审查报告，确认中央政治局之前作出的给予他们开除党籍的处分。

【中央全面深化改革领导小组第十八次会议】（2015年11月9日） 中央全面深化改革领导小组第十八次会议于2015年11月9日在北京召开。习近平主持并发表重要讲话。李克强、刘云山、张高丽出席会议。中央全面深化改革领导小组成员出席，中央和国家有关部门、上海市、重庆市负责同志列席会议。习近平强调，党的十八届五中全会通过的《中共中央关于制定国民经济和社会发展第十三个五年规划的建议》，是指导我国改革发展的纲领性文件。我国发展走到今天，发展和改革高度融合，发展前进一步就需要改革前进一步，改革不断前进也能为发展提供强劲动力。在全面贯彻党的十八届五中全会精神过程中，要发挥改革的突破性和先导性作用，增强改革创新精神，提高改革行动能力，着力推进国家治理体系和治理能力现代化，着力推进各方面制度更加成熟更加定型，依靠改革为科学发展提供持续动力。会议审议通过了《全国总工会改革试点方案》《上海市群团改革试点方案》《重庆市群团改革试点方案》《关于加快实施自由贸易区战略的若干意见》《关于促进加工贸易创新发展的若干意见》《推进普惠金融发展规划（2016—2020年）》《关于深入推进城市执法体制改革改进城市管理工作的指导意见》《国家高端智库建设试点工作方案》。

【中央财经领导小组第十一次会议】（2015年11月10日）　中央财经领导小组第十一次会议于2015年11月10日在北京召开。习近平主持会议并发表重要讲话。李克强、刘云山、张高丽出席会议。中央财经领导小组成员出席，中央和国家有关部门负责同志列席会议。会议研究经济结构性改革和城市工作。会议听取了国家发展改革委、财政部、人民银行等关于经济结构性改革问题的汇报，听取了住房城乡建设部关于加强城市规划建设管理的汇报。领导小组进行了讨论。习近平强调，推进经济结构性改革，是贯彻落实党的十八届五中全会精神的一个重要举措。要牢固树立和贯彻落实创新、协调、绿色、开放、共享的发展理念，适应经济发展新常态，坚持稳中求进，坚持改革开放，实行宏观政策要稳、产业政策要准、微观政策要活、改革政策要实、社会政策要托底的政策，战略上坚持持久战，战术上打好歼灭战，在适度扩大总需求的同时，着力加强供给侧结构性改革，着力提高供给体系质量和效率，增强经济持续增长动力，推动我国社会生产力水平实现整体跃升。此前，习近平主持召开中央财经领导小组第十次会议，对做好扶贫开发工作、打赢脱贫攻坚战作出全面部署。

【纪念胡耀邦同志诞辰一百周年座谈会】（2015年11月20日）　纪念胡耀邦同志诞辰100周年座谈会于2015年11月20日在北京召开。刘云山主持座谈会。习近平、李克强、张德江、俞正声、王岐山、张高丽出席座谈会。习近平在讲话中回顾了胡耀邦同志一生的丰功伟绩，总结了胡耀邦同志为我国革命、建设、改革作出的卓越贡献，强调胡耀邦同志是久经考验的忠诚的共产主义战士，伟大的无产阶级革命家、政治家，我军杰出的政治工作者，长期担任党的重要领导职务的卓越领导人，为中华民族独立和解放、为社会主义革命和建设、为中国特色社会主义探索和开创建立了不朽功勋。习近平强调，我们纪念胡耀邦同志，就是要学习他坚守信仰、献身理想的高尚品格；就是要学习他实事求是、勇于开拓的探索精神；就是要学习他公道正派、廉洁自律的崇高风范。

【中央政治局会议】（2015年11月23日） 中央政治局会议于2015年11月23日在北京召开。习近平主持会议。会议审议通过《关于打赢脱贫攻坚战的决定》《关于加强和改进新形势下党校工作的意见》，听取关于巡视55家国有重要骨干企业有关情况的专题报告。

【十八届中央政治局第二十八次集体学习】（2015年11月23日） 十八届中央政治局第二十八次集体学习于2015年11月23日在北京举行。这次学习的主题是马克思主义政治经济学基本原理和方法论。习近平在主持学习时强调，要立足我国国情和我国发展实践，揭示新特点新规律，提炼和总结我国经济发展实践的规律性成果，把实践经验上升为系统化的经济学说，不断开拓当代中国马克思主义政治经济学新境界。

【第二次全国高校统战工作会议】（2015年11月24日） 第二次全国高校统战工作会议于2015年11月24日在北京召开。中央和国家机关有关部门，各省、自治区、直辖市和新疆生产建设兵团党委统战部门、教育工作部门，部分高校党委负责同志参加会议。俞正声会见全体代表，充分肯定这些年来高校统战工作取得的显著成绩。他强调，高校党外知识分子集中，是统战工作的战略要地。做好新形势下的高校统战工作，不仅对于推进高校改革发展、巩固壮大统一战线，而且对于如期全面建成小康社会、维护社会和谐稳定、巩固党的执政地位，都具有重要意义。刘延东主持会见活动。孙春兰参加会见，出席第一次全体会议并讲话。

【中央军委改革工作会议】（2015年11月24日至26日） 中央军委改革工作会议于2015年11月24日至26日在北京召开。习近平出席会议并发表重要讲话。习近平强调，深化国防和军队改革是实现中国梦、强军梦的时代要求，是强军兴军的必由之路，也是决定军队未来的关键一招。要深入贯彻党在新形势下的强军目标，动员全军和各方面力量，坚定信心、凝聚意志，统一思想、统一行动，全面实施改革强军战略，坚定不移走中国特色强军之路。范长龙就贯彻习主席重要讲话精神，落实阶段性改革任务提出要求。许其亮就深化国防和军队改革总体方案作说明，并部署领导指挥体制改革任务。

【中央扶贫开发工作会议】（2015年11月27日至28日） 中央扶贫开发工作会议于2015年11月27日至28日在北京召开。会议的主要任务是，贯彻落实党的十八届五中全会精神，分析全面建成小康社会进入决胜阶段脱贫攻坚面临的形势和任务，对当前和今后一个时期脱贫攻坚任务作出部署，动员全党全国全社会力量，齐心协力打赢脱贫攻坚战。习近平出席会议并发表重要讲话。李克强在会上讲话。张德江、俞正声、刘云山、王岐山、张高丽出席会议。习近平指出，新中国成立以来，我们党带领人民持续向贫困宣战。经过改革开放37年来的努力，我们成功走出了一条中国特色扶贫开发道路，使7亿多农村贫困人口成功脱贫，为全面建成小康社会打下了坚实基础。我国成为世界上减贫人口最多的国家，也是世界上率先完成联合国千年发展目标的国家。这个成就，足以载入人类社会发展史册，也足以向世界证明中国共产党领导和中国特色社会主义制度的优越性。但截至2014年底，全国仍有7000多万农村贫困人口。习近平强调，消除贫困、改善民生、逐步实现共同富裕，是社会主义的本质要求，是我们党的重要使命。全面建成小康社会，是我们对全国人民的庄严承诺。脱贫攻坚战的冲锋号已经吹响。我们要立下愚公移山志，咬定目标、苦干实干，坚决打赢脱贫攻坚战，确保到2020年所有贫困地区和贫困人口一道迈入全面小康社会。会议期间，中西部22个省区市党政主要负责同志向中央签署脱贫攻坚责任书。江西、广西、贵州、西藏、甘肃、新疆等6个省区的负责同志作大会发言。中共中央政治局委员、国务院扶贫开发领导小组组长汪洋作总结讲话。

【中央全面深化改革领导小组第十九次会议】（2015年12月9日）　中央全面深化改革领导小组第十九次会议于2015年12月9日在北京召开。习近平主持会议并发表重要讲话。李克强、刘云山、张高丽出席。中央全面深化改革领导小组成员出席，中央和国家有关部门负责同志列席会议。习近平强调，2015年以来，在党中央领导下，各地区各部门全面贯彻落实党的十八届三中、四中、五中全会精神，推动出台了一大批有力度、有分量的改革成果，改革呈现全面发力、多点突破、蹄疾步稳、纵深推进的良好态势。2016年是“十三五”开局之年，各项改革任务、制度建设要向全面建成小康社会这个目标聚焦、向构建发展新体制聚焦，扭住关键，精准发力，严明责任，狠抓落实，确保各项改革取得预期成效。会议审议通过了《国务院部门权力和责任清单编制试点方案》《关于做好新时期教育对外开放工作的若干意见》《关于整合城乡居民基本医疗保险制度的意见》《关于解决无户口人员登记户口问题的意见》《中国三江源国家公园体制试点方案》《关于在全国各地推开司法体制改革试点的请示》《公安机关执法勤务警员职务序列改革试点方案》《公安机关警务技术职务序列改革试点方案》《中央全面深化改革领导小组2015年工作总结报告》《中央全面深化改革领导小组2016年工作要点》。

【全国党校工作会议】（2015年12月11日至12日）　全国党校工作会议于2015年12月11日至12日在北京召开。习近平出席会议并发表重要讲话。李克强、张德江、俞正声、王岐山、张高丽出席会议，刘云山作总结讲话。习近平强调，实现全面建成小康社会奋斗目标、实现中华民族伟大复兴的中国梦，关键在于培养造就一支具有铁一般信仰、铁一般信念、铁一般纪律、铁一般担当的干部队伍。党校承担着为领导干部补钙壮骨、立根固本的重要任务，必须坚持党校姓党这个党校工作根本原则，更加重视干部教育培训工作，切实做好新形势下党校工作。天津、浙江、湖南、贵州、陕西、新疆等六个省区市的负责同志作大会发言。

【中央政治局会议】（2015年12月14日） 中央政治局会议于2015年12月14日在北京召开。习近平主持会议。会议分析研究2016年经济工作，研究部署城市工作，审议通过《关于建立健全党和国家功勋荣誉表彰制度的意见》《中国共产党地方委员会工作条例》《关于实施全面两孩政策改革完善计划生育服务管理的决定》。

【中央经济工作会议】（2015年12月18日至21日） 中央经济工作会议于2015年12月18日至21日在北京召开。习近平、李克强作重要讲话，张德江、俞正声、刘云山、王岐山、张高丽出席会议。习近平在会上发表重要讲话，总结2015年经济工作，分析当前国内国际经济形势，部署2016年经济工作，重点是落实“十三五”规划建议要求，推进结构性改革，推动经济持续健康发展。李克强在讲话中阐述了2016年宏观经济政策取向，具体部署了2016年经济社会发展重点工作，并作总结讲话。会议指出，2016年是全面建成小康社会决胜阶段的开局之年，也是推进结构性改革的攻坚之年。做好经济工作要全面贯彻党的十八大和十八届三中、四中、五中全会精神，以邓小平理论、“三个代表”重要思想、科学发展观为指导，加强和改善党对经济工作的领导，统筹国内国际两个大局，按照“五位一体”总体布局和“四个全面”战略布局，牢固树立和贯彻落实创新、协调、绿色、开放、共享的发展理念，适应经济发展新常态，坚持改革开放，坚持稳中求进工作总基调，坚持稳增长、调结构、惠民生、防风险，实行宏观政策要稳、产业政策要准、微观政策要活、改革政策要实、社会政策要托底的总体思路，保持经济运行在合理区间，战略上坚持持久战，战术上打好歼灭战，着力加强结构性改革，在适度扩大总需求的同时，去产能、去库存、去杠杆、降成本、补短板，提高供给体系质量和效率，提高投资有效性，加快培育新的发展动能，改造提升传统比较优势，增强持续增长动力，推动我国社会生产力水平整体改善，努力实现“十三五”时期经济社会发展的良好开局。

【中央城市工作会议】（2015年12月20日至21日） 中央城市工作会议于2015年12月20日至21日在北京召开。习近平、李克强作重要讲话，张德江、俞正声、刘云山、王岐山、张高丽出席会议。习近平在会上发表重要讲话，分析城市发展面临的形势，明确做好城市工作的指导思想、总体思路、重点任务。李克强在讲话中论述了当前城市工作的重点，提出了做好城市工作的具体部署，并作总结讲话。会议指出，我国城市发展已经进入新的发展时期。改革开放以来，我国经历了世界历史上规模最大、速度最快的城镇化进程，城市发展波澜壮阔，取得了举世瞩目的成就。会议强调，当前和今后一个时期，我国城市工作的指导思想是：全面贯彻党的十八大和十八届三中、四中、五中全会精神，以邓小平理论、“三个代表”重要思想、科学发展观为指导，贯彻创新、协调、绿色、开放、共享的发展理念，坚持以人为本、科学发展、改革创新、依法治市，转变城市发展方式，完善城市治理体系，提高城市治理能力，着力解决城市病等突出问题，不断提升城市环境质量、人民生活质量、城市竞争力，建设和谐宜居、富有活力、各具特色的现代化城市，提高新型城镇化水平，走出一条中国特色城市发展道路。

【中央农村工作会议】（2015年12月24日至25日） 中央农村工作会议于2015年12月24日至25日在北京召开。汪洋出席会议并讲话。会议全面贯彻落实党的十八大和十八届三中、四中、五中全会以及中央经济工作会议精神，总结“十二五”时期“三农”工作，分析当前农业农村形势，部署2016年和“十三五”时期农业农村工作。会议讨论了《中共中央、国务院关于落实发展新理念加快农业现代化实现全面小康目标的若干意见（讨论稿）》。会前，习近平对做好“三农”工作作出重要指示。李克强作出批示。习近平强调，重农固本，是安民之基。“十二五”时期，我国农业农村发展成果丰硕，为我们赢得全局工作主动发挥了重要作用。同时，必须看到，我国农业农村发展面临的难题和挑战还很多，任何时候都不能忽视和放松“三农”工作。“十三五”时期，必须坚持把解决好“三农”问题作为全党工作重中之重，牢固树立和切实贯彻创新、协调、绿色、开放、共享的发展理念，加大强农惠农富农力度，深入推进农村各项改革，破解“三农”难题、增强创新动力、厚植发展优势，积极推进农业现代化，扎实做好脱贫开发工作，提高社会主义新农村建设水平，让农业农村成为可以大有作为的广阔天地。李克强指出，“十二五”以来，“三农”工作取得显著成绩，成为经济社会发展的突出亮点。“十三五”时期，要落实发展新理念，破解发展新难题，夯实现代农业基础，调整优化农业结构，发挥多种形式适度规模经营引领作用，着力提高农业质量效益和竞争力。要注意分析粮食丰收后出现的新情况，有针对性地采取措施，继续调动农民发展现代农业的积极性。要加快农村基础设施建设，把社会事业发展的重点放在农村和接纳农业转移人口较多的城镇，推动新型城镇化与新农村建设协调发展。推进体制机制创新，激发亿万农民创业创新活力，培育新产业新业态，不断拓展农业农村发展新空间、农民增收致富新渠道。

【中央政治局专题民主生活会】（2015年12月28日至29日） 中央政治局专题民主生活会于2015年12月28日至29日在北京召开。习近平主持会议并发表重要讲话。这次会议是按照党中央关于在县处级以上领导干部中开展“三严三实”专题教育的部署，中央政治局参加“三严三实”专题教育的一项重要活动。会议围绕中央政治局带头践行严以修身、严以用权、严以律己、谋事要实、创业要实、做人要实的要求，联系中央政治局工作，联系党的十八大以来中央抓作风建设的实际，联系自身执行中央八项规定的实际，联系严格教育管理家属子女和身边工作人员的实际，联系周永康、薄熙来、徐才厚、郭伯雄、令计划等人案件的深刻教训，进行党性分析，开展批评和自我批评，总结党的十八大以来作风建设的实践，研究加强党风廉政建设、加强中央政治局自身建设的措施。会议首先审议了《关于三年来中央政治局贯彻执行中央八项规定、落实加强作风建设措施情况的报告》《关于对中央政治局践行“三严三实”要求、加强自身建设征求意见情况的报告》。随后，中央政治局同志逐个发言，按照党中央要求进行对照检查。习近平在讲话中肯定了中央政治局带头践行“三严三实”取得的成效，对中央政治局各位同志的对照检查发言进行了总结，并就中央政治局当好“三严三实”表率提出四点要求：第一，自觉把“三严三实”要求体现到坚持坚定正确的政治方向上。第二，自觉把“三严三实”要求体现到落实党中央重大决策部署上。第三，自觉把“三严三实”要求体现到对分管方面的管理上。第四，自觉把“三严三实”要求体现到严格要求自己上。

【中央政治局会议】（2015年12月30日） 中央政治局会议于2015年12月30日在北京召开。习近平主持会议。会议听取中央纪律检查委员会2015年工作汇报，研究部署2016年党风廉政建设和反腐败工作；审议通过《关于全面振兴东北地区等老工业基地的若干意见》。会议同意2016年1月12日至14日召开十八届中央纪律检查委员会第六次全体会议。

【十八届中央政治局第二十九次集体学习】（2015年12月30日） 十八届中央政治局第二十九次集体学习于2015年12月30日在北京举行。这次学习的主题是中华民族爱国主义精神的历史形成和发展。习近平在主持学习时强调，伟大的事业需要伟大的精神。实现中华民族伟大复兴的中国梦，是当代中国爱国主义的鲜明主题。要大力弘扬伟大爱国主义精神，大力弘扬以改革创新为核心的时代精神，为实现中华民族伟大复兴的中国梦提供共同精神支柱和强大精神动力。

【中国人民解放军陆军领导机构、中国人民解放军火箭军、中国人民解放军战略支援部队成立大会】（2015年12月31日） 中国人民解放军陆军领导机构、中国人民解放军火箭军、中国人民解放军战略支援部队成立大会于2015年12月31日在北京举行。许其亮主持大会。习近平、范长龙等出席大会。范长龙宣读了习近平主席签发的中央军委关于组建陆军领导机构、火箭军、战略支援部队及其领导班子成员任职命令和决定。习近平向陆军、火箭军、战略支援部队授予军旗并致训词，代表党中央和中央军委向同志们、向全军部队致以热烈祝贺，强调要坚持以党在新形势下的强军目标为引领，深入贯彻新形势下军事战略方针，全面实施改革强军战略，坚定不移走中国特色强军之路，时刻听从党和人民召唤，忠实履行党和人民赋予的神圣使命，为实现中国梦强军梦作出新的更大的贡献。

【推动长江经济带发展座谈会】（2016年1月5日）　推动长江经济带发展座谈会于2016年1月5日在重庆召开。这次会议是习近平在重庆调研期间召开的，就推动长江经济带发展听取上海、江苏、浙江、安徽、江西、湖北、湖南、重庆、四川、贵州、云南党委主要负责同志和国务院有关部门负责同志的意见和建议。座谈会上，重庆市委书记、上海市委书记、湖北省委书记、国家发展改革委主任、环境保护部部长等五位同志发言。他们结合实际，从不同角度就推动长江经济带发展有关问题谈了认识和看法。习近平边听边记，不时同他们讨论交流。在听取大家发言后，习近平发表重要讲话。他强调，长江是中华民族的母亲河，也是中华民族发展的重要支撑。推动长江经济带发展必须从中华民族长远利益考虑，走生态优先、绿色发展之路，使绿水青山产生巨大生态效益、经济效益、社会效益，使母亲河永葆生机活力。张高丽出席座谈会并讲话。

【全国宣传部长会议】（2016年1月5日）　全国宣传部长会议于2016年1月5日在北京召开。刘奇葆主持会议。刘云山出席会议并讲话，强调要充分认识协调推进“四个全面”战略布局、决胜全面建成小康社会对宣传思想工作的新要求，牢牢把握“两个巩固”的根本任务，以强烈的责任担当做好工作，为“十三五”时期开好局起好步提供有力思想舆论支持。刘云山指出，按照党中央部署推进宣传思想工作，重要的是坚持正确政治方向，把握工作规律，弘扬改革创新精神。要高举党的旗帜，强化看齐意识，在思想上政治上行动上同以习近平同志为总书记的党中央保持高度一致，严守党的政治纪律和政治规矩，紧紧围绕大局开展工作。要统筹建设和管理，统筹理论和舆论，统筹内宣和外宣，统筹网上和网下，统筹时、度、效，提高工作科学化水平。要坚持创新为要，大力推进宣传思想工作理念创新、内容创新、手段创新，更好以创新增活力。刘奇葆作工作部署。

【全国城市民族工作会议】（2016年1月5日至6日）　全国城市民族工作会议于2016年1月5日至6日在北京召开。俞正声作出批示指出，做好城市民族工作，是加强和改进新形势下民族工作和城市工作的重要内容。要全面贯彻中央民族工作会议和中央城市工作会议精神，坚持中国特色解决民族问题的正确道路，依法管理城市民族事务，以保障各民族合法权益为核心，以做好少数民族流动人口服务管理为重点，以推动建立相互嵌入的社会结构和社区环境为抓手，推进城市民族工作制度化、规范化、精细化，让城市更好接纳少数民族群众、让少数民族群众更好融入城市，切实加强各民族交往交流交融。各级党委和政府要高度重视城市民族工作，加强和改进领导，健全体制机制和工作格局，为推动中华民族一家亲、同心共筑中国梦作出新的贡献。王正伟主持会议。刘延东出席会议并讲话。有关地方分管负责同志和中央有关部门负责同志出席会议。

【全国计划生育工作电视电话会议】（2016年1月7日） 全国计划生育工作电视电话会议于2016年1月7日在北京召开。李克强作出重要批示指出：多年来，广大计生工作者围绕坚持计划生育基本国策，付出了巨大努力，作出了积极贡献。新形势下，国家实施全面两孩政策，改革完善计划生育服务管理，是促进人口均衡发展、顺应群众意愿的重大举措。各地区各有关部门要以人民利益为重，扎实推进相关工作，加强妇幼保健能力建设，完善教育、就业、住房、社会保障等配套政策，并加大对计划生育家庭的扶助力度，依法行政，切实把这件惠民生、利长远的好事办好，实现人口与经济社会协调可持续发展。刘延东出席会议并讲话。

【国家科学技术奖励大会】（2016年1月8日） 国家科学技术奖励大会于2016年1月8日上午在北京举行。张高丽主持大会。习近平、李克强、刘云山出席大会并为获奖代表颁奖。李克强代表党中央、国务院在大会上讲话。刘延东在会上宣读了《国务院关于2015年度国家科学技术奖励的决定》。中央和国家机关及军队有关方面负责同志，国家科技教育领导小组成员，国家科学技术奖励委员会委员和首都科技界代表等共约3300人出席大会。2015年度国家科学技术奖共授奖295项成果和7位外籍科技专家。国家自然科学奖42项，其中一等奖1项，二等奖41项；国家技术发明奖66项，其中一等奖1项、二等奖65项；国家科学技术进步奖187项，其中特等奖3项、一等奖17项、二等奖167项；授予7名外籍科技专家中华人民共和国国际科学技术合作奖。

【全国统战部长会议】（2016年1月8日） 全国统战部长会议于2016年1月8日在北京召开。孙春兰主持会议。俞正声出席并讲话，强调统一战线要全面贯彻党的十八届三中、四中、五中全会精神，深入学习贯彻习近平总书记系列重要讲话精神，紧紧围绕协调推进“四个全面”战略布局、树立和贯彻五大发展理念，在新的起点上进一步开创统一战线事业发展新局面，为全面建成小康社会决胜阶段开好局、起好步提供广泛力量支持。俞正声指出，十八大以来，以习近平同志为总书记的党中央把统一战线摆在治国理政的重要位置，对统战工作进行了全面谋划、密集部署，特别是召开中央统战工作会议、颁布《中国共产党统一战线工作条例（试行）》，成为统一战线历史上的重要里程碑。要深入贯彻落实党中央关于统一战线的一系列重大决策部署，吃透中央精神，把握核心要义；抓住重要“窗口期”，推动解决重点难点问题；加强督促检查，确保各项政策规定落到实处。孙春兰作工作报告。

【中央全面深化改革领导小组第二十次会议】（2016年1月11日） 中央全面深化改革领导小组第二十次会议于2016年1月11日在北京召开。习近平主持会议并发表重要讲话。李克强、刘云山、张高丽出席会议。中央全面深化改革领导小组成员出席，中央和国家有关部门负责同志列席会议。习近平强调，全面深化改革头三年是夯基垒台、立柱架梁的三年，2016年要力争把改革的主体框架搭建起来。要牢牢扭住全面深化改革各项目标，落实主体责任，理清责任链条，拧紧责任螺丝，提高履责效能，打通关节、疏通堵点、激活全盘，努力使各项改革都能落地生根。会议审议通过了《关于全面推进政务公开工作的意见》《关于完善国家工作人员学法用法制度的意见》《关于保护、奖励职务犯罪举报人的若干规定》《关于开展承担行政职能事业单位改革试点的指导意见》《科协系统深化改革实施方案》《关于健全落实社会治安综合治理领导责任制的规定》《关于规范公安机关警务辅助人员管理工作的意见》。会议指出，要加强对各领域改革的全面评估，坚持问题导向，把各领域具有四梁八柱性质的改革明确标注出来，排出优先序，重点推进，发挥好支撑作用。特别是要把国有企业、财税金融、科技创新、土地制度、对外开放、文化教育、司法公正、环境保护、养老就业、医药卫生、党建纪检等领域具有牵引作用的改革牢牢抓在手上，坚持抓重点和带整体相结合、治标和治本相促进、重点突破和渐进推动相衔接，精准发力、持续用力，推动改革不断取得新成效。

【十八届中央纪委六次全会】（2016年1月12日至14日）　十八届中央纪委六次全会于2016年1月12日至14日在北京举行。全会由中央纪律检查委员会常务委员会主持。出席这次全会的中央纪委委员124人，列席226人。习近平、李克强、张德江、俞正声、刘云山、王岐山、张高丽等党和国家领导人出席会议。12日上午的会议以电视电话会议形式举行，各省、自治区、直辖市和新疆生产建设兵团以及军队有关单位设分会场。习近平在12日上午的讲话中强调，保持坚强政治定力，坚持全面从严治党、依规治党，聚焦监督执纪问责，深化标本兼治，创新体制机制，健全法规制度，强化党内监督，把纪律挺在前面，持之以恒落实中央八项规定精神，着力解决群众身边的不正之风和腐败问题，坚决遏制腐败蔓延势头，不断取得党风廉政建设和反腐败斗争新成效。全会总结2015年纪律检查工作，部署2016年任务，审议通过了王岐山代表中央纪委常委会所作的《全面从严治党，把纪律挺在前面，忠诚履行党章赋予的神圣职责》工作报告。

【全国组织部长会议】（2016年1月15日）　全国组织部长会议于2016年1月15日在北京召开。赵乐际主持会议。刘云山出席会议并讲话，强调要认真落实党中央部署，紧紧围绕协调推进“四个全面”战略布局，围绕树立和贯彻五大发展理念，突出工作重点，强化责任担当，不断提高组织工作和干部工作水平，为决胜全面建成小康社会开好局起好步提供有力组织保证。刘云山指出，加强新形势下的思想政治建设、深化党内经常性教育，重要的是深入学习党章党规，深入学习习近平总书记系列重要讲话。要引导广大党员自觉用党章和党规党纪规范自己的言行，用党的理论创新成果武装头脑，深刻领会党中央治国理政新理念新思想新战略。通过学习，更好地坚定理想信念，增强看齐意识，在思想上政治上行动上同以习近平同志为总书记的党中央保持高度一致，严守党的政治纪律和政治规矩，把“三严三实”要求体现到修身律己、干事创业各个方面。赵乐际作工作报告。

【推进“一带一路”建设工作会议】（2016年1月15日） 推进“一带一路”建设工作会议于2016年1月15日在北京召开。张高丽主持会议并讲话。王沪宁、汪洋、杨洁篪以及“一带一路”建设工作领导小组成员和有关部门单位负责同志参加了会议。会议认真学习贯彻习近平总书记关于“一带一路”建设的重要讲话和指示精神，学习李克强总理指示批示要求，总结2015年“一带一路”建设工作，研究2016年总体工作思路，部署下一步重点工作。党中央、国务院高度重视“一带一路”建设。习近平总书记指出，“一带一路”是开放的、多元的、共赢的，推进“一带一路”建设合作是中国“十三五”规划的重要内容，将为中国和沿线国家共同发展带来巨大机遇。张高丽在会上强调，要坚持共商共建共享推进“一带一路”建设，打造陆海内外联动、东西双向开放新格局。

【亚洲基础设施投资银行理事会成立大会】（2016年1月16日） 亚洲基础设施投资银行理事会成立大会于2016年1月16日下午在北京举行。当天上午，亚投行开业仪式成功举行，习近平出席大会并致辞。李克强出席亚洲基础设施投资银行理事会成立大会并致辞。亚投行理事会的成立，标志着这个由中国倡议、57个发展中国家和发达国家共同出资筹建的新型多边开发银行开始正式运作，对全球经济治理体系改革具有积极和建设性意义。会前，李克强同出席亚投行理事会成立大会的57个创始成员国代表团团长合影，并见证中国外交部、北京市政府分别与亚投行签署《中华人民共和国政府与亚洲基础设施投资银行总部协定》和《北京市人民政府与亚洲基础设施投资银行谅解备忘录》。

【中央政法工作会议】（2016年1月22日） 中央政法工作会议于2016年1月22日在北京召开。孟建柱在会上传达了习近平总书记重要指示并就学习贯彻习近平总书记重要指示作了部署。习近平重要指示强调，全国政法机关要增强忧患意识、责任意识，防控风险、服务发展，破解难题、补齐短板，提高维护国家安全和社会稳定的能力水平，履行好维护社会大局稳定、促进社会公平正义、保障人民安居乐业的职责使命。会议提出，全国政法机关要用习近平总书记重要指示统一思想、指导工作，全面贯彻党的十八大和十八届三中、四中、五中全会及中央经济工作会议精神，深入贯彻学习习近平总书记系列重要讲话精神，紧紧围绕“五位一体”总体布局和“四个全面”战略布局，牢固树立和贯彻落实创新、协调、绿色、开放、共享的发展理念，主动适应国际形势新变化和经济发展新常态，切实增强忧患意识、责任意识，把防控风险、服务发展和破解难题、补齐短板摆在更加突出位置，以维护国家安全和社会稳定、创新社会治理、深化司法体制改革、加强思想政治和纪律作风建设为着力点，深入推进平安中国、法治中国和过硬队伍建设，全面提升政法工作能力和水平，为实现"十三五"时期经济社会发展良好开局创造安全稳定的社会环境、公平正义的法治环境、优质高效的服务环境。

【十二届国务院第五次全体会议】（2016年1月22日） 十二届国务院第五次全体会议于2016年1月22日在北京召开。李克强主持会议。会议讨论拟提请十二届全国人大四次会议审议的政府工作报告和"十三五"规划纲要草案，决定将《政府工作报告（征求意见稿）》和《"十三五"规划纲要（草案）（征求意见稿）》发往各省（区、市）和中央国家机关有关部门、单位征求意见。李克强说，2015年，经济社会发展稳中有进、稳中有好，完成了全年主要目标任务，经济运行保持在合理区间，结构调整取得积极进展，发展新动能加快成长，人民生活进一步改善。特别是经过五年努力，"十二五"规划确定的主要目标全面实现，我国经济实力、科技实力、国防实力、国际影响力又上了一个大台阶。李克强指出，"十三五"时期是我国实现全面建成小康社会的决胜阶段，也是跨越"中等收入陷阱"的关键时期，我们既面临诸多难得战略机遇，也面临多重矛盾交织叠加的严峻挑战。要牢牢扭住发展第一要务，全面贯彻创新、协调、绿色、开放、共享发展理念，集中力量推动科学发展，努力实现经济中高速增长、迈向中高端水平。要着力推进结构性改革，更加注重供给侧结构性改革，加快新旧发展动能转换，提高全要素生产率。要努力补齐基本民生保障等短板，坚守底线、突出重点、完善制度、引导预期，注重机会公平，坚决打赢脱贫攻坚战，使全体人民更好分享发展改革成果。

【中央财经领导小组第十二次会议】（2016年1月26日） 中央财经领导小组第十二次会议于2016年1月26日在北京召开。习近平主持会议并发表重要讲话。李克强、刘云山、张高丽出席会议。中央财经领导小组成员出席，中央和国家有关部门负责同志列席会议。会议研究供给侧结构性改革方案、长江经济带发展规划、森林生态安全工作。习近平发表重要讲话强调，供给侧结构性改革的根本目的是提高社会生产力水平，落实好以人民为中心的发展思想。要在适度扩大总需求的同时，去产能、去库存、去杠杆、降成本、补短板，从生产领域加强优质供给，减少无效供给，扩大有效供给，提高供给结构适应性和灵活性，提高全要素生产率，使供给体系更好适应需求结构变化。会议分别听取了国家发展改革委、财政部、住房城乡建设部、人民银行、国务院国资委关于去产能、去库存、去杠杆、降成本、补短板的八个工作方案思路的汇报，听取了国家发展改革委关于长江经济带发展规划纲要的汇报，听取了国家林业局关于森林生态安全问题的汇报。

【中央政治局会议】（2016年1月29日） 中央政治局会议于2016年1月29日在北京召开。习近平主持会议。会议审议《中央政治局常委会听取和研究全国人大常委会、国务院、全国政协、最高人民法院、最高人民检察院党组工作汇报和中央书记处工作报告的综合情况报告》。会议认为，中国共产党领导是中国特色社会主义制度的最大优势，加强党的领导关键是坚持党中央集中统一领导。只有增强政治意识、大局意识、核心意识、看齐意识，自觉在思想上政治上行动上同以习近平同志为总书记的党中央保持高度一致，才能使我们党更加团结统一、坚强有力，始终成为中国特色社会主义事业的坚强领导核心。会议对全国人大常委会、国务院、全国政协、最高人民法院、最高人民检察院党组和中央书记处2015年的工作给予充分肯定，同意其对2016年的工作安排。

【十八届中央政治局第三十次集体学习】（2016年1月29日） 十八届中央政治局第三十次集体学习于2016年1月29日在北京举行。这次学习的主题是“十三五”时期我国经济社会发展的战略重点。习近平在主持学习时强调，发展战略重点，是“十三五”时期我国发展的“衣领子”“牛鼻子”。抓准、抓住、抓好战略重点，是保证“十三五”发展开好头、起好步的关键，是保证全面建成小康社会决胜阶段获得全胜的关键。要准确把握“十三五”时期我国发展的战略重点，做到胸中有数、落实有策、行动有策，以奋发有为的精神状态、攻坚克难的拼搏意志、只争朝夕的紧迫劲头，通过抓好发展战略重点带动发展全局，把“十三五”发展宏伟蓝图一步一步变为现实。这次中央政治局集体学习，由中央政治局同志自学并交流工作体会，五位同志就这个问题作了重点发言。

【中国人民解放军战区成立大会】（2016年2月1日） 中国人民解放军战区成立大会于2016年2月1日在北京举行。许其亮主持大会。习近平向东部战区、南部战区、西部战区、北部战区、中部战区授予军旗并发布训令，强调建立东部战区、南部战区、西部战区、北部战区、中部战区，组建战区联合作战指挥机构，是党中央和中央军委着眼实现中国梦强军梦作出的战略决策，是全面实施改革强军战略的标志性举措，是构建我军联合作战体系的历史性进展，对确保我军能打仗、打胜仗，有效维护国家安全，具有重大而深远的意义。范长龙宣读了习近平主席签发的中央军委关于组建战区机关及其领导班子成员任职命令和决定。

【全国优秀农民工和农民工工作先进集体表彰大会】（2016年2月1日） 全国优秀农民工和农民工工作先进集体表彰大会于2016年2月1日在北京举行。李克强作出重要批示指出：农民工是推动国家现代化建设的重要力量，为促进经济社会发展作出了巨大贡献。谨向受表彰的全国优秀农民工和农民工工作先进集体表示热烈祝贺！向广大农民工朋友致以诚挚问候和新春祝福！“十三五”时期，积极推进以人为核心的新型城镇化，落实和完善居住证制度，进一步做好为农民工服务工作，使更多农民工成为有技能的新型产业工人和平等享受权益的新市民，这对于打好扶贫攻坚战、促进社会公平正义具有重大意义。各地区、各有关部门要深化体制机制改革，着力稳定和扩大农民工就业，切实维护劳动保障权益，有序推进农民工融入城市，让发展成果更多惠及全体农民工。希望广大农民工继续发挥自强不息、爱岗敬业的时代精神，踊跃投身大众创业、万众创新，为全面建成小康社会作出更大贡献。此次会议国务院农民工工作领导小组共表彰了981名全国优秀农民工和100个全国农民工工作先进集体。农民工代表在会上发出倡议，号召广大农民工争做新时代的建设者，争做新时代劳动模范，争做新时代优秀人才，争做新时代文明公民，为全面建成小康社会、实现中华民族伟大复兴的中国梦作出新的贡献！

【党的新闻舆论工作座谈会】（2016年2月19日）　党的新闻舆论工作座谈会于2016年2月19日在北京召开。习近平主持座谈会并发表重要讲话。会上，人民日报社社长杨振武、新华社社长蔡名照、中央电视台台长聂辰席和编辑代表范正伟、记者代表李柯勇、主持人代表康辉分别发言，他们谈认识、讲工作、提建议，习近平边听边记，不时插话交流。在听取他们发言后，习近平发表重要讲话。他强调，党的新闻舆论工作是党的一项重要工作，是治国理政、定国安邦的大事，要适应国内外形势发展，从党的工作全局出发把握定位，坚持党的领导，坚持正确政治方向，坚持以人民为中心的工作导向，尊重新闻传播规律，创新方法手段，切实提高党的新闻舆论传播力、引导力、影响力、公信力。习近平指出，在新的时代条件下，党的新闻舆论工作的职责和使命是：高举旗帜、引领导向，围绕中心、服务大局，团结人民、鼓舞士气，成风化人、凝心聚力，澄清谬误、明辨是非，联接中外、沟通世界。要承担起这个职责和使命，必须把政治方向摆在第一位，牢牢坚持党性原则，牢牢坚持马克思主义新闻观，牢牢坚持正确舆论导向，牢牢坚持正面宣传为主。党的十八大以来，以习近平同志为总书记的党中央高度重视党的新闻舆论工作，多次研究有关问题，作出重要部署。召开这次座谈会，目的是推动新闻舆论战线适应形势发展积极改革创新，全面提高工作能力和水平。为召开这次座谈会，习近平到人民日报社、新华社、中央电视台等三家中央新闻单位进行了实地调研。刘云山等中央领导和中央有关部门负责同志陪同参加调研和出席座谈会。中央新闻舆论单位负责同志、北京市有关方面负责同志、中央新闻单位编辑记者代表约180人参加座谈会。

【中央全面深化改革领导小组第二十一次会议】（2016年2月23日）　中央全面深化改革领导小组第二十一次会议于2016年2月23日在北京召开。习近平主持会议并发表重要讲话。李克强、刘云山、张高丽出席会议。中央全面深化改革领导小组成员出席，中央和国家有关部门以及有关地方负责同志列席会议。习近平强调，各地区各部门要牢固树立全局意识、责任意识，把抓改革作为一项重大政治责任，坚定改革决心和信心，增强推进改革的思想自觉和行动自觉，既当改革促进派、又当改革实干家，以钉钉子精神抓好改革落实，扭住关键、精准发力，敢于啃硬骨头，盯着抓、反复抓，直到抓出成效。会议听取了经济体制和生态文明体制改革专项小组关于生态文明体制改革总体方案推进落实情况汇报、社会体制改革专项小组关于司法体制改革推进落实情况汇报、党的纪律检查体制改革专项小组关于党的纪律检查体制改革推进落实情况汇报，全国人大常委会法工委关于立法主动适应改革需要推进落实情况汇报、科技部关于深化科技体制改革推进落实情况汇报、公安部关于深化公安改革推进落实情况汇报，上海市关于推进落实中央部署改革试点任务情况汇报、湖北省关于建立和实施改革落实督察机制情况汇报、福建省三明市关于深化医药卫生体制改革情况汇报、浙江省开化县关于“多规合一”试点情况汇报。

【全国人大常委会首次宪法宣誓仪式】（2016年2月26日）　全国人大常委会首次宪法宣誓仪式于2016年2月26日在北京举行。张德江主持并监誓。王晨和全国人大机关有关负责同志、全国人大机关干部等约50人参加。十二届全国人大常委会第十九次会议任命了全国人大有关专门委员会副主任委员、常委会工作委员会副主任等六名国家工作人员，按照2016年1月1日开始施行的《全国人民代表大会常务委员会关于实行宪法宣誓制度的决定》，上述人员依法进行宪法宣誓。誓词为：“我宣誓：忠于中华人民共和国宪法，维护宪法权威，履行法定职责，忠于祖国、忠于人民，恪尽职守、廉洁奉公，接受人民监督，为建设富强、民主、文明、和谐的社会主义国家努力奋斗！”2015年7月1日，十二届全国人大常委会第十五次会议表决通过了关于实行宪法宣誓制度的决定，明确了各级人民代表大会及县级以上各级人民代表大会常务委员会选举或者决定任命的国家工作人员，以及各级人民政府、人民法院、人民检察院任命的国家工作人员，在就职时应当公开进行宪法宣誓。

【全国政协十二届四次会议】（2016年3月3日至14日）　全国政协十二届四次会议于2016年3月3日至14日在北京举行。3月3日的开幕会由杜青林主持，出席委员2136名；习近平、李克强、张德江、刘云山、王岐山、张高丽到会祝贺。俞正声代表政协第十二届全国委员会常务委员会向大会报告工作。广大政协委员认真贯彻中共中央治国理政新理念新思想新战略，紧紧围绕“五位一体”总体布局和“四个全面”战略布局，深入讨论政府工作报告、“十三五”规划纲要草案和全国政协常委会工作报告等重要文件，议大事谋良策，取得重要成果。会议通过了政协第十二届全国委员会第四次会议关于常务委员会工作报告的决议、政协第十二届全国委员会提案委员会关于政协十二届四次会议提案审查情况的报告、政协第十二届全国委员会第四次会议政治决议。

【十二届全国人大四次会议】（2016年3月5日至16日）　十二届全国人大四次

会议于2016年3月5日至16日在北京举行。3月5日的第一次全体会议由张德江主持，出席代表2890名。大会批准了李克强作的政府工作报告，张德江作的全国人大常委会工作报告，国民经济和社会发展第十三个五年规划纲要，周强作的关于最高人民法院工作的报告，曹建明作的关于最高人民检察院工作的报告等；通过了关于2015年国民经济和社会发展计划执行情况与2016年国民经济和社会发展计划的决议，通过了关于2015年中央和地方预算执行情况与2016年中央和地方预算的决议；通过了《中华人民共和国慈善法》，习近平签署第43号主席令予以公布，自2016年9月1日起施行。

【中央全面深化改革领导小组第二十二次会议】（2016年3月23日）　中央全面深化改革领导小组第二十二次会议于2016年3月23日在北京召开。习近平主持会议并发表重要讲话。刘云山、张高丽出席会议。中央全面深化改革领导小组成员出席，中央和国家有关部门负责同志列席会议。习近平强调，夺取全面建成小康社会决胜阶段的胜利，很关键的一条是通过全面深化改革推动落实新发展理念。要围绕形成有利于落实新发展理念的体制机制，加大改革力度，直面经济发展新常态下面临的矛盾和挑战，对准瓶颈和短板，精准对焦、协同发力，努力在增强创新能力、推动发展平衡、改善生态环境、提高开放水平、促进共享发展上取得新突破。会议审议通过了《关于推行法律顾问制度和公职律师公司律师制度的意见》《关于健全生态保护补偿机制的意见》《关于建立贫困退出机制的意见》《关于加强儿童医疗卫生服务改革与发展的意见》《关于深化投融资体制改革的意见》《关于建立法官检察官逐级遴选制度的意见》《关于从律师和法学专家中公开选拔立法工作者、法官、检察官的意见》《关于加强和规范改革试点工作的意见》。会议强调，推进改革要树立系统思想，推动有条件的地方和领域实现改革举措系统集成。要把住顶层设计和路线图，注重改革举措配套组合，使各项改革举措不断向中心目标靠拢。特别是同一领域改革举措要注意前后呼应、相互配合、形成整体。要抓紧对各领域改革进行全面评估。要拿出抓铁有痕、踏石留印的韧劲来，持之以恒抓改革落实。

【中央政治局会议】（2016年3月25日）　中央政治局会议于2016年3月25日在北京召开。习近平主持会议。会议审议通过《关于经济建设和国防建设融合发展的意见》《长江经济带发展规划纲要》。会议指出，把军民融合发展上升为国家战略，是党中央从国家安全和发展战略全局出发作出的重大决策，是在全面建成小康社会进程中实现富国和强军相统一的必由之路。推进军民融合发展是一项利国利军利民的大战略，军地双方要站在党和国家事业发展全局的高度来认识思考问题，切实把思想和行动统一到党中央决策部署上来，把军民融合的理念和要求贯穿经济建设和国防建设全过程，加快形成全要素、多领域、高效益的军民深度融合发展格局。要加紧推进国家和地方军民融合领导机构建设，编制好经济建设和国防建设融合发展“十三五”规划，构建军民融合法治保障体系。会议指出，长江经济带发展的战略定位必须坚持生态优先、绿色发展，共抓大保护，不搞大开发。要在保护生态的条件下推进发展，增强发展的统筹度和整体性、协调性、可持续性，提高要素配置效率。

【“两学一做”学习教育工作座谈会】（2016年4月6日） “两学一做”学习教育工作座谈会于2016年4月6日在北京召开。座谈会深入学习贯彻习近平总书记重要指示精神，对开展“两学一做”学习教育作出部署。赵乐际主持会议并传达了习近平的重要指示。习近平重要指示强调，“两学一做”学习教育是加强党的思想政治建设的一项重大部署，是协调推进“四个全面”战略布局特别是推动全面从严治党向基层延伸的有力抓手，基础在学，关键在做，各级党组织要履行抓好“两学一做”学习教育的主体责任，坚持区分层次，突出问题导向，确保取得实际成效，把全面从严治党落实到每一个支部、每名党员。刘云山在座谈会上讲话强调，习近平总书记重要指示深刻阐明了“两学一做”学习教育的重要意义、基本要求和主要任务，为开展学习教育指明了方向，要认真学习、很好贯彻。开展学习教育，要把党章党规与习近平总书记系列重要讲话贯通起来学习、统一起来领会，注意区分层次、区分对象，增强针对性和实效性。党员领导干部要学得更多更深一些，深刻领会系列讲话的丰富内涵和核心要义，深刻领会党中央治国理政新理念新思想新战略。要坚持以学促做，引导广大党员增强政治意识、大局意识、核心意识、看齐意识，按照党员标准严格要求自己，做合格共产党员。要强化问题导向，带着具体问题学，针对具体问题改，把解决问题贯穿学习教育全过程。要突出经常性教育特点，贯彻好“三会一课”、组织生活会、民主评议党员等制度，发挥好党支部在从严教育管理党员中的应有作用。各级党委（党组）要加强对学习教育的组织领导，推动领导机关、领导班子、领导干部走在前列、当好表率；坚持分类指导，具体化、精准化地抓好学习教育，调动好基层党组织的主动性创造性；坚持把学习教育同做好改革发展稳定工作结合起来，做到两手抓两促进。江苏省、江西省、贵州省和教育部、中国兵器工业集团公司、清华大学党委（党组）负责同志在会上交流发言。

【中央全面深化改革领导小组第二十三次会议】（2016年4月18日） 中央全面深化改革领导小组第二十三次会议于2016年4月18日在北京召开。习近平主持并发表重要讲话。李克强、刘云山、张高丽出席会议。中央全面深化改革领导小组成员出席，中央和国家有关部门以及有关地方负责同志列席会议。习近平强调，改革既要往有利于增添发展新动力方向前进，也要往有利于维护社会公平正义方向前进，注重从体制机制创新上推进供给侧结构性改革，着力解决制约经济社会发展的体制机制问题；把以人民为中心的发展思想体现在经济社会发展各个环节，做到老百姓关心什么、期盼什么，改革就要抓住什么、推进什么，通过改革给人民群众带来更多获得感。会议审议通过了北京市、广东省、重庆市、新疆维吾尔自治区关于进一步规范领导干部配偶、子女及其配偶经商办企业行为的规定（试行）、《关于建立公平竞争审查制度的意见》《专业技术类公务员管理规定（试行）》《行政执法类公务员管理规定（试行）》《关于推进家庭医生签约服务的指导意见》《关于建立完善守信联合激励和失信联合惩戒制度加快推进社会诚信建设的指导意见》《关于加强民办学校党的建设工作的意见（试行）》《民办学校分类登记实施细则》《营利性民办学校监督管理实施细则》《保护司法人员依法履行法定职责的规定》《宁夏回族自治区空间规划（多规合一）试点方案》《党的十八届五中全会有关改革举措实施规划（2016—2020年）》。

【网络安全和信息化工作座谈会】（2016年4月19日）　网络安全和信息化工作座谈会于2016年4月19日在北京召开。中共中央总书记、国家主席、中央军委主席、中央网络安全和信息化领导小组组长习近平主持座谈会并发表重要讲话。中共中央政治局常委、中央网络安全和信息化领导小组副组长李克强、刘云山出席座谈会。中央网络安全和信息化领导小组成员，中央和国家机关有关部门负责同志，部分省市党委宣传部部长，各省区市网信办主任，部分中央新闻单位和中央新闻网站负责同志，有关专家学者，部分网信企业负责人等参加座谈会。座谈会上，中国工程院院士、中国电子科技集团公司总工程师吴曼青，安天实验室首席架构师肖新光，阿里巴巴集团董事局主席马云，友友天宇系统技术有限公司首席执行官姚宏宇，解放军驻京某研究所研究员杨林，北京大学新媒体研究院院长谢新洲，北京市委网信办主任佟力强，华为技术有限公司总裁任正非，国家计算机网络与信息安全管理中心主任黄澄清，复旦大学网络空间治理研究中心副主任沈逸先后发言。他们分别就实现信息化发展新跨越、加快构建信息领域核心技术体系、互联网企业的国家责任、实现网信军民融合深度发展、发挥新媒体在凝聚共识中的作用、突破信息产业发展和网络安全保障基础理论和核心技术、加强网络信息安全技术能力建设顶层设计等谈了意见和建议。习近平认真听取了大家的发言，并不时就有关问题同发言者深入讨论。在听取发言后，习近平发表了重要讲话。习近平强调，按照创新、协调、绿色、开放、共享的发展理念推动我国经济社会发展，是当前和今后一个时期我国发展的总要求和大趋势，我国网信事业发展要适应这个大趋势，在践行新发展理念上先行一步，推进网络强国建设，推动我国网信事业发展，让互联网更好造福国家和人民。

【全国宗教工作会议】（2016年4月22日至23日）　全国宗教工作会议于2016年4月22日至23日在北京召开。李克强主持会议。习近平、张德江、俞正声、刘云山、王岐山出席会议。习近平在会上讲话强调，新形势下，我们要坚持和发展中国特色社会主义宗教理论，全面贯彻党的宗教工作基本方针，分析我国宗教工作形势，研究我国宗教工作面临的新情况新问题，全面提高宗教工作水平，更好组织和凝聚广大信教群众同全国人民一道，为实现“两个一百年”奋斗目标、实现中华民族伟大复兴的中国梦而奋斗。习近平强调，做好党的宗教工作，把党的宗教工作基本方针坚持好，关键是要在“导”上想得深、看得透、把得准，做到“导”之有方、“导”之有力、“导”之有效，牢牢掌握宗教工作主动权。要构建积极健康的宗教关系，包括党和政府与宗教、社会与宗教、国内不同宗教、我国宗教与外国宗教、信教群众与不信教群众的关系。要坚持政治上靠得住、宗教上有造诣、品德上能服众、关键时起作用的标准，支持宗教界搞好人才队伍建设。教育部、公安部、河北省、江苏省、广东省、宁夏回族自治区负责同志作会议发言。俞正声作总结讲话。

【全国政法队伍建设工作会议】（2016年4月25日） 全国政法队伍建设工作会议于2016年4月25日在北京召开。孟建柱在会上传达了习近平就政法队伍建设作出的重要指示并就学习贯彻习近平重要指示作了部署。习近平对党的十八大以来政法队伍建设取得的成绩给予充分肯定，对新形势下政法队伍建设提出明确要求，强调要坚持把思想政治建设摆在第一位，努力建设信念坚定执法为民敢于担当清正廉洁的政法队伍。会议提出，全国政法机关要认真学习贯彻习近平总书记重要指示精神，紧紧围绕维护社会大局稳定、促进社会公平正义、保障人民安居乐业的总任务，牢牢把握政治过硬、业务过硬、责任过硬、纪律过硬、作风过硬的总要求，坚持中国特色社会主义政法队伍正规化、专业化、职业化方向，以深化司法体制改革为动力，以现代科技手段应用为支撑，以制度建设为保证，着力破解制约政法队伍建设的体制性、机制性、保障性难题，深入推进思想政治、业务能力、纪律作风建设，不断提高政法队伍思想政治素质和履职能力水平，为履行好党和人民赋予的职责使命提供有力保障。

【农村改革座谈会】（2016年4月25日） 农村改革座谈会于2016年4月25日在安徽凤阳县小岗村召开。习近平主持座谈会并发表重要讲话。这次座谈会是习近平在安徽调研期间召开的。王沪宁、栗战书和安徽省、中央有关部门负责同志参加座谈会。座谈会上，滁州市委书记李明、凤阳县委书记米德成、小岗村党委第一书记吴小林、大包干带头人代表严俊昌、种粮大户代表程夕兵先后发言。他们结合小岗村改革开放以来发生的显著变化，畅谈当前党的农村政策亮点和深化农村改革前景，对党和政府进一步支持农业、发展农村、富裕农民提出意见和建议。习近平边听边记，不时同他们交流。在听取大家发言后，习近平发表重要讲话。习近平强调，中国要强农业必须强，中国要美农村必须美，中国要富农民必须富。要坚持把解决好“三农”问题作为全党工作重中之重，加大推进新形势下农村改革力度，加强城乡统筹，全面落实强农惠农富农政策，促进农业基础稳固、农村和谐稳定、农民安居乐业。习近平指出，当前，农业还是现代化建设的短腿，农村还是全面建成小康社会的短板。全党必须始终高度重视农业、农村、农民问题，把“三农”工作牢牢抓住、紧紧抓好，不断抓出新的成效。完善农村基本经营制度，要顺应农民保留土地承包权、流转土地经营权的意愿，把农民土地承包经营权分为承包权和经营权，实现承包权和经营权分置并行。这是农村改革又一次重大制度创新。习近平强调，加快农村发展，要紧紧扭住发展现代农业、增加农民收入、建设社会主义新农村三大任务。

【知识分子、劳动模范、青年代表座谈会】（2016年4月26日）　知识分子、劳动模范、青年代表座谈会于2016年4月26日在安徽合肥召开。习近平主持座谈会并发表重要讲话。这次座谈会是习近平在安徽调研期间召开的，来自安徽省和全国各地的70多名知识分子、劳动模范、青年代表参加座谈会。王沪宁、栗战书和安徽省、中央有关部门负责同志参加座谈会。座谈会上，中科院院士、中国科技大学常务副校长潘建伟，中国工程院院士、中国电子科技集团公司第三十六研究所高级工程师杨小牛，中船重工集团公司第七〇一研究所高级工程师、航母特种装置工程副总设计师王治国，国网安徽省电力公司宿州供电公司运检部带电作业班班长许启金，安徽艾可蓝环保股份有限公司董事长刘屹，西南大学生命科学学院教授罗凌飞先后发言。他们结合自己的学习和工作，围绕科技创新、劳动创造、青春奉献等主题，谈认识、谈感受、提建议。习近平不时询问有关情况，同他们交流。习近平强调，全面建成小康社会，进而实现中华民族伟大复兴的中国梦，必须依靠知识，必须依靠劳动，必须依靠广大青年。广大知识分子、广大劳动群众、广大青年要紧跟时代、肩负使命、锐意进取，把自身的前途命运同国家和民族的前途命运紧紧联系在一起，努力为共同理想和目标而团结奋斗。

【纪念荣毅仁同志诞辰一百周年座谈会】（2016年4月26日）　纪念荣毅仁同志诞辰100周年座谈会于2016年4月26日在北京召开。李源潮主持座谈会。张德江等领导同志，中央和国家机关有关方面负责同志，荣毅仁同志亲属和生前友好等出席座谈会。张德江在讲话中全面回顾了荣毅仁同志的生平业绩和卓越贡献。张德江指出，荣毅仁同志是伟大的爱国主义、共产主义战士；是中国现代民族工商业者的杰出代表，工商联的杰出领导人；是改革开放的先锋人物，中国国际信托投资公司的创始人；是杰出的社会活动家，卓越的国家领导人。我们要学习他热爱祖国，对党和人民无限忠诚，对共产主义和中国特色社会主义充满信心；学习他坚持原则、实事求是，富有开拓进取、敢于担当的革命精神和无私奉献、恪尽职守的敬业精神；学习他胸怀坦荡、光明磊落的崇高品格和严以律己、平易近人的优良作风。

【中央政治局会议】（2016年4月29日） 中央政治局会议于2016年4月29日在北京召开。习近平主持会议。会议分析研究当前经济形势和经济工作。会议认为，2016年以来，在错综复杂的国际国内环境下，各地区各部门按照党中央部署，主动适应经济发展新常态，坚持稳中求进工作总基调，在适度扩大总需求的同时，着力推进供给侧结构性改革，实现了经济发展、结构优化、民生改善的较好开局。会议强调，在充分肯定成绩的同时，也要看到，经济下行压力仍然较大，一些实体企业生产经营仍然困难，市场风险点增多。会议强调，要按照中央经济工作会议决策部署，贯彻党的十八届五中全会精神，落实创新、协调、绿色、开放、共享的发展理念，坚持宏观政策要稳、产业政策要准、微观政策要活、改革政策要实、社会政策要托底的总体思路，对存在的突出矛盾和问题，有针对性采取措施，做好打攻坚战、持久战的准备，扎实做好工作。

【十八届中央政治局第三十一次集体学习】（2016年4月29日） 十八届中央政治局第三十一次集体学习于2016年4月29日在北京举行。这次学习的主题是历史上的丝绸之路和海上丝绸之路。习近平在主持学习时强调，"一带一路"建设是我国在新的历史条件下实行全方位对外开放的重大举措、推行互利共赢的重要平台。我们必须以更高的站位、更广的视野，在吸取和借鉴历史经验的基础上，以创新的理念和创新的思维，扎扎实实做好各项工作，使沿线各国人民实实在在感受到"一带一路"给他们带来的好处。

【中央财经领导小组第十三次会议】（2016年5月16日） 中央财经领导小组第十三次会议于2016年5月16日在北京召开。会议研究落实供给侧结构性改革、扩大中等收入群体工作。习近平主持会议并发表重要讲话。李克强、刘云山、张高丽出席。中央财经领导小组成员出席，中央和国家有关部门以及有关地方负责同志列席会议。会议分别听取了国家发展改革委、国务院国资委、住房城乡建设部推进供给侧结构性改革有关工作方案的汇报，听取了江苏、重庆、河北以及深圳推进供给侧结构性改革情况的汇报，听取了国家发展改革委、财政部、人力资源社会保障部关于扩大中等收入群体工作的汇报。习近平强调，推进供给侧结构性改革，是综合研判世界经济形势和我国经济发展新常态作出的重大决策，各地区各部门要把思想和行动统一到党中央决策部署上来，重点推进"三去一降一补"，不能因为包袱重而等待、困难多而不作为、有风险而躲避、有阵痛而不前，要树立必胜信念，坚定不移把这项工作向前推进。要坚持以人民为中心的发展思想，在全社会大力弘扬勤劳致富、艰苦奋斗精神，激励人们通过劳动创造美好生活，不断提高生活水平。

【哲学社会科学工作座谈会】（2016年5月17日） 哲学社会科学工作座谈会于2016年5月17日在北京召开。习近平主持会议并发表重要讲话。刘云山等中央领导出席座谈会。中央和国家机关有关部门、中央军委政治工作部负责同志，各省区市和新疆生产建设兵团党委宣传部部长，马克思主义理论研究和建设工程咨询委员，有关专家学者和学生代表等参加座谈会。座谈会上，中国社会科学院研究员汝信、北京大学国家发展研究院教授林毅夫、中国社会科学院马克思主义研究院研究员钟君、敦煌研究院研究员樊锦诗、复旦大学中国研究院教授张维为、北京师范大学文学院教授康震、中国政法大学教授马怀德、武汉大学马克思主义学院教授沈壮海、国防大学战略研究所教授金一南、中国人民大学重阳金融研究院研究员王文先后发言。他们分别介绍了哲学、经济学、科学社会主义、历史学、政治学、文学、法学、马克思主义理论、军事学等学科和领域的研究进展，并就如何推动哲学社会科学工作创新发展提出了意见和建议。习近平认真听取大家发言，不时就有关话题同学者们深入讨论。大家发言后，习近平发表了重要讲话。他强调，一个没有发达的自然科学的国家不可能走在世界前列，一个没有繁荣的哲学社会科学的国家也不可能走在世界前列。坚持和发展中国特色社会主义，哲学社会科学具有不可替代的重要地位，哲学社会科学工作者具有不可替代的重要作用。坚持和发展中国特色社会主义，必须高度重视哲学社会科学，结合中国特色社会主义伟大实践，加快构建中国特色哲学社会科学。

【党和国家功勋荣誉表彰工作委员会第一次全体会议】（2016年5月18日） 党和国家功勋荣誉表彰工作委员会第一次全体会议于2016年5月18日在北京召开。中共中央政治局常委、党和国家功勋荣誉表彰工作委员会主任刘云山主持会议并讲话。中共中央政治局委员、党和国家功勋荣誉表彰工作委员会副主任栗战书传达了习近平对党和国家功勋荣誉表彰工作作出的重要指示精神。习近平强调，要充分发挥党和国家功勋荣誉表彰的精神引领、典型示范作用，推动全社会形成见贤思齐、崇尚英雄、争做先锋的良好氛围。习近平指出，建立健全党和国家功勋荣誉表彰制度，是完善和发展中国特色社会主义制度、推进国家治理体系和治理能力现代化的必然要求，是培育和弘扬社会主义核心价值观、增强中国特色社会主义事业凝聚力和感召力的重要手段。会议审议通过了《党和国家功勋荣誉表彰工作委员会工作规则》《党和国家功勋荣誉表彰工作委员会办公室工作细则》《党和国家功勋荣誉表彰工作委员会重点任务分工方案》。党和国家功勋荣誉表彰工作委员会副主任出席会议。2015年12月14日，中央政治局会议审议通过了《关于建立健全党和国家功勋荣誉表彰制度的意见》，决定成立党和国家功勋荣誉表彰工作委员会，负责党和国家功勋荣誉表彰工作的统筹协调、政策制定和督促落实，牵头组织有关功勋荣誉表彰的评选、颁授和典礼等工作。12月27日，十二届全国人大常委会第十八次会议表决通过了《中华人民共和国国家勋章和国家荣誉称号法》，该法自2016

年1月1日起施行。

【中央全面深化改革领导小组第二十四次会议】（2016年5月20日） 中央全面深化改革领导小组第二十四次会议于2016年5月20日在北京召开。习近平主持会议并发表重要讲话。李克强、刘云山、张高丽出席会议。中央全面深化改革领导小组成员出席，中央和国家有关部门负责同志列席会议。会议审议通过了《关于统筹推进城乡义务教育一体化改革发展的若干意见》《关于深化公安执法规范化建设的意见》《关于支持和发展志愿服务组织的意见》《探索实行耕地轮作休耕制度试点方案》《关于发展涉外法律服务业的意见》《各地区以改革举措落实供给侧结构性改革情况》。习近平强调，供给侧结构性改革本质是一场改革，要用改革的办法推进结构调整，为提高供给质量激发内生动力、营造外部环境。各地区各部门要把依靠全面深化改革推进供给侧结构性改革摆上重要位置，坚定改革信心，突出问题导向，加强分类指导，注重精准施策，提高改革效应，放大制度优势。

【中央政治局会议】（2016年5月27日） 中央政治局会议于2016年5月27日在北京召开。习近平主持会议。会议研究部署规划建设北京城市副中心和进一步推动京津冀协同发展有关工作。会议认为，在党中央、国务院领导下，北京、天津、河北三省市和有关部门密切配合，专家咨询委员会充分发挥作用，贯彻落实《京津冀协同发展规划纲要》，务实推进重点工作，交通、生态、产业三个重点领域率先突破取得重要进展，北京非首都功能疏解工作有力有序有效开展，京津冀良性互动取得成效，协同发展实现了良好开局。会议强调，规划建设北京城市副中心，疏解北京非首都功能、推动京津冀协同发展是历史性工程，必须一件一件事去做，一茬接一茬地干，发扬工匠精神，精心推进，不留历史遗憾。会议指出，建设北京城市副中心，不仅是调整北京空间格局、治理大城市病、拓展发展新空间的需要，也是推动京津冀协同发展、探索人口经济密集地区优化开发模式的需要。会议审议了《关于规划建设北京城市副中心和研究设立河北雄安新区的有关情况的汇报》。会议强调，雄安新区是党中央批准的首都功能拓展区，同上海浦东、广东深圳那样具有全国意义，这个定位一定要把握好。这是党的十八大后中央抓的一个新区建设。习近平在讲话中指出："建设北京城市副中心和雄安新区两个新城，形成北京新的'两翼'。这是我们城市发展的一种新选择"，"在新的历史阶段，集中建设这两个新城，形成北京发展新的骨架，是千年大计、国家大事"。2016年3月24日，习近平主持召开中共中央政治局常委会会议，审议并原则同意《关于北京市行政副中心和疏解北京非首都功能集中承载地有关情况的汇报》，确定了集中承载地规划选址，同意定名为"雄安新区"。

【十八届中央政治局第三十二次集体学习】（2016年5月27日） 十八届中央政治局第三十二次集体学习于2016年5月27日

在北京举行。这次学习的主题是我国人口老龄化的形势和对策。习近平在主持学习时强调，坚持党委领导、政府主导、社会参与、全民行动相结合，坚持应对人口老龄化和促进经济社会发展相结合，坚持满足老年人需求和解决人口老龄化问题相结合，努力挖掘人口老龄化给国家发展带来的活力和机遇，努力满足老年人日益增长的物质文化需求，推动老龄事业全面协调可持续发展。

【全国科技创新大会、两院院士大会、中国科协第九次全国代表大会】（2016年5月30日） 全国科技创新大会、中国科学院第十八次院士大会和中国工程院第十三次院士大会、中国科学技术协会第九次全国代表大会于2016年5月30日在北京举行。李克强主持大会。习近平、张德江、俞正声、刘云山、王岐山出席大会。约4000人参加会议。习近平在讲话中强调，科技兴则民族兴，科技强则国家强。我们在这里召开这个盛会，就是要在我国发展新的历史起点上，把科技创新摆在更加重要位置，吹响建设世界科技强国的号角。实现“两个一百年”奋斗目标，实现中华民族伟大复兴的中国梦，必须坚持走中国特色自主创新道路，面向世界科技前沿、面向经济主战场、面向国家重大需求，加快各领域科技创新，掌握全球科技竞争先机。这是我们提出建设世界科技强国的出发点。他指出，我国科技事业发展的目标是，到2020年时使我国进入创新型国家行列，到2030年时使我国进入创新型国家前列，到新中国成立100年时使我国成为世界科技强国。

【纪念李德生同志诞辰一百周年座谈会】（2016年6月24日） 纪念李德生同志诞辰100周年座谈会于2016年6月24日在北京召开。刘云山出席座谈会并在会前会见了李德生同志亲属。许其亮在座谈会上回顾了李德生同志光辉战斗的一生和卓越的历史贡献，强调要学习他对党忠心耿耿、对事业矢志不渝的崇高品格，敢于迎难而上、勇于担当重任的胆略魄力，善于总结经验、积极开拓进取的创新精神，求实务实为民、淡泊个人名利的优秀品质。

【中央全面深化改革领导小组第二十五次会议】（2016年6月27日） 中央全面深化改革领导小组第二十五次会议于2016年6月27日在北京召开。习近平主持会议并发表重要讲话。刘云山、张高丽出席会议。中央全面深化改革领导小组成员出席，中央和国家有关部门以及有关地方负责同志列席会议。会议审议通过了《关于完善人大代表联系人民群众制度的实施意见》《关于推进以审判为中心的刑事诉讼制度改革的意见》《关于设立统一规范的国家生态文明试验区的意见》《国家生态文明试验区（福建）实施方案》《关于加快推进失信被执行人信用监督、警示和惩戒机制建设的意见》《关于海南省域“多规合一”改革试点情况的报告》《2015年各地全面深化改革推进情况和工作建议综合报告》。习近平强调，地方是推进改革的重要力量。各级党委要坚决贯彻落实党中央改革部署，牢固树立政治意识、大局意识、核心意识、看齐意识，增强改革定力，聚集改革资源，激发创新活力，抓实目标任务、精准落地、探索创新、跟踪问效、机制保障，更加富有成效地抓好改革工作。

【中央政治局会议】（2016年6月28日） 中央政治局会议于2016年6月28日在北京召开。习近平主持会议。会议审议通过《中国共产党问责条例》。《条例》贯彻党章，坚持问题导向，紧紧围绕坚持党的领导、加强党的建设、全面从严治党、维护党的纪律、推进党风廉政建设和反腐败工作开展问责。对于失职失责造成严重后果、人民群众反映强烈、损害党执政的政治基础的都要严肃追究责任，既追究主体责任、监督责任，又追究领导责任。要把责任压给各级党组织，分解到组织、宣传、统战、政法等党的工作部门，释放有责必问、问责必严的强烈信号。

【十八届中央政治局第三十三次集体学习】（2016年6月28日） 十八届中央政治局第三十三次集体学习于2016年6月28日在北京举行。这次学习的主题是严肃党内政治生活、净化党内政治生态。习近平在主持学习时强调，我们党95年的奋斗历程充分表明，严肃认真的党内政治生活、健康洁净的党内政治生态，是党的优良作风的生成土壤，是党的旺盛生机的动力源泉，是保持党的先进性纯洁性、提高党的创造力凝聚力战斗力的重要条件，是党团结带领全国各族人民完成历史使命的有力保障，是我们党区别于其他非马克思主义政党的鲜明标志。抓好了党内政治生活，全面从严治党就有了重要基础。全党同志都要行动起来，为开展严肃认真的党内政治生活、净化党内政治生态作出贡献。

【庆祝中国共产党成立九十五周年大会】（2016年7月1日） 庆祝中国共产党成立95周年大会于2016年7月1日在北京举行。李克强主持大会。习近平、张德江、俞正声、刘云山、王岐山、张高丽出席大会。中共中央、全国人大常委会、国务院、最高人民法院、最高人民检察院、全国政协、中央军委领导同志出席大会。中央党政军群各部门和北京市主要负责同志，各民主党派中央、全国工商联负责人和无党派人士代表，老党员、老干部代表，受表彰的全国优秀共产党员、优秀党务工作者和先进基层党组织代表，在华工作的外国专家代表，首都基层党员和各界群众代表，解放军、武警部队官兵代表等约3000人参加大会。习近平在讲话中强调，中国共产党领导中国人民取得的伟大胜利，使具有5000多年文明历史的中华民族全面迈向现代化，让中华文明在现代化进程中焕发出新的蓬勃生机；使具有500年历史的社会主义主张在世界上人口最多的国家成功开辟出具有高度现实性和可行性的正确道路，让科学社会主义在21世纪焕发出新的蓬勃生机；使具有60多年历史的新中国建设取得举世瞩目的成就，中国这个世界上最大的发展中国家在短短30多年里摆脱贫困并跃升为世界第二大经济体，彻底摆脱被开除球籍的危险，创造了人类社会发展史上惊天动地的发展奇迹，使中华民族焕发出新的蓬勃生机。历史告诉我们，历史和人民选择中国共产党领导中华民族伟大复兴的事业是正确的，必须长期坚持、永不动摇；中国共产党领导中国人民开辟的中国特色社会主义道路是正确的，必须长期坚持、永不动摇；中国共产党和中国人民扎根中国大地、吸纳人类文明优秀成果、独立自主实现国家发展的战略是正确的，必须长期坚持、永不动摇。习近平强调，我们党已经走过了95年的历程，但我们要永远保持建党时中国共产党人的奋斗精神，永远保持对人民的赤子之心。一切向前走，都不能忘记走过的路；走得再远、走到再光辉的未来，也不能忘记走过的过去，不能忘记为什么出发。面向未来，面对挑战，全党同志一定要不忘初心、继续前进，并就不忘初心、继续前进提出8个方面的要求。刘云山宣读了《中共中央关于表彰全国优秀共产党员、优秀党务工作者和先进基层党组织的决定》。决定指出，中共中央决定对贾立群等100名共产党员、傅企平等100名党务工作者、中国工程物理研究院党委等300个基层党组织予以表彰，分别授予全国优秀共产党员、全国优秀党务工作者和全国先进基层党组织称号。

索 引

汉语拼音音序索引

cu

D

da

dang

deng

di

dong

E

e

er

F

fang

G

gan

gang

gao

gong

H

hai

han

hang

hong

hou

hu

hua

huai

huang

hui

J

ji

jue

jun

K

ke

L

lao

mu

N

nan

S

san

sha

shou

shuang

si

X

xi

xia

xiang

xiao

xie

xin

xuan

笔画索引

一画

〔一〕

二画

〔一〕

〔丿〕

三画

〔一〕

〔丨〕

四画

〔一〕

〔乛〕

五画

〔一〕

六画

〔一〕

〔丨〕

〔丿〕

〔丶〕

〔乛〕

七画

〔一〕

〔丨〕

〔丿〕

〔丶〕

〔乛〕

八画

〔一〕

〔丨〕

十画

〔一〕

十四画

〔一〕

十五画

〔丿〕

〔丶〕

二十一画

〔丶〕

后 记

《中国共产党历史重要会议辞典》是中国中共党史学会组织编写的《中国共产党历史系列辞典》的一卷专题辞典。

本辞典编写工作于2011年启动。六年来，按照《中国共产党历史系列辞典》总编委会历次会议提出的要求，本辞典编委会从条目确定到内容撰写，反复研究、数易其稿，全部书稿于2017年7月完成编写、审改任务。

本辞典的编写工作始终得到原中央党史研究室室务会、中央党史和文献研究院院务会的高度重视和关心指导。2011年11月，中央党史研究室主任欧阳淞主持召开室务会，作出编写《中国共产党历史系列辞典》的决定。之后，又对编写工作的指导思想、基本原则、辞条体例、学术规范等提出明确要求，全面启动了辞典的编写工作。2014年1月后，中央党史研究室主任曲青山对辞典编写工作提出了重要指导意见，并从人力、财力等各方面给予了大力支持。原中央党史研究室副主任张树军、高永中、冯俊先后分管辞典编写工作，原中央党史研究室副主任李忠杰、吕世光、吴德刚也指导了辞典的编写工作。2018年3月后，中央党史和文献研究院院务会特别是冷溶同志对辞典的编写工作给予了关心指导和大力支持。

本辞典的编写工作是在《中国共产党历史系列辞典》总编委会的直接领导下进行的。中国中共党史学会会长、《中国共产党历史系列辞典》总主编欧阳淞对本辞典编写工作给予有力指导，并组织审阅了其中的若干重要辞条。《中国共产党历史系列辞典》常务副总主编龙新民，副总主编冯俊、李忠杰、谷安林、张树军、高永中、章百家、黄小同参加了本辞典书稿的研究讨论，提出了修改意见。原中央党史研究室副主任沙健孙为本辞典特邀顾问，审阅了全部书稿并作出修改。

本辞典编写工作具体分工如下：（一）条目确立。朱昌裕、张倔作了条目的初步拟定工作，后经编委会多次研究讨论，确定了条目。（二）内容撰写。肖甡负责新民主主义革命时期辞条内容的撰写，姜华宣负责新中国成立至1976年10

月期间辞条内容的撰写，朱昌裕负责1976年11月至1978年11月期间辞条内容的撰写，周炳钦负责1978年12月至1991年12月期间辞条内容的撰写，朱昌裕负责1992年1月至2016年7月期间辞条内容的撰写。（三）核准校改。中共浙江省委党史研究室的王祖强、邢恒超、王文军两次校改了十一届三中全会前的辞条，中共广东省委党史研究室的陈弘君、王涛、谢涛两次校改了十一届三中全会至十六大召开期间的辞条。原中央党史研究室的覃艺审阅了党的十六大召开之前辞条的初稿。

按照《中国共产党历史系列辞典》总编委会的安排，李颖、王英利、汪晓军、黄如军、张琦、张兆宪、李艳杰、王丹石、刘怀望、姚金果、庞松、彭咏梅、文道贵、乔君、朱玲、姚建萍、李宁、石慧、赵撑、季利清等参加了本辞典书稿讨论并提出修改意见。

本辞典在编写、定稿过程中，特请外交部审阅了有关外交工作的条目，得到他们的大力支持。我们也参考了原中央党史研究室、原中央文献研究室、中央党校编写的文献、著作及一些学者的研究成果。在此谨向上述单位、作者和有关出版社表示衷心感谢，向所有关心和支持本辞典编写、出版工作的单位和同志一并表示感谢！

因编者水平有限，本辞典还会有一些不足之处，希望读者提出宝贵意见，以便再版时进一步修订完善。

《中国共产党历史重要会议辞典》编委会

2018年5月